Ines Böger

„Ein seculum ... da man zu Societäten Lust hat"

Darstellung und Analyse der Leibnizschen
Sozietätspläne vor dem Hintergrund
der europäischen Akademiebewegung
im 17. und frühen 18. Jahrhundert

Ausgabe in zwei Bänden

Band 1: Darstellung und Analyse

Herbert Utz Verlag · Wissenschaft
München 1997

Die Deutsche Bibliothek - CIP-Einheitsaufnahme

Böger, Ines:
Ein seculum ... da man zu Societäten Lust hat : Darstellung und Analyse der Leibnizschen Sozietätspläne vor dem Hintergrund der europäischen Akademiebewegung im 17. und frühen 18. Jahrhundert /
Ines Böger. - München : Utz, Wiss., 1997
   (Geschichtswissenschaften)
   Zugl.: München, Univ., Diss., 1996
   ISBN 3-89675-178-6

Bd. 1. Darstellung und Analyse. - 1997

D19

Copyright © Herbert Utz Verlag Wissenschaft 1997

Dieses Werk ist urheberrechtlich geschützt. Die dadurch begründeten Rechte, insbesondere die der Übersetzung, des Nachdrucks, der Entnahme von Abbildungen, der Wiedergabe auf photomechanischem oder ähnlichem Wege und der Speicherung in Datenverarbeitungsanlagen bleiben, auch bei nur auszugsweiser Verwendung, vorbehalten.

ISBN 3-89675-178-6

Printed in Germany

Druck: Komplan R. Biechteler KG, München
Bindung: Buchbinderei Schmidkonz, Regensburg

Herbert Utz Verlag Wissenschaft, München
Tel.: 089/3077-8821 - Fax: 089/3077-9694

VORWORT

Die vorliegende Studie wurde im März 1996 von der Philosophischen Fakultät 9 *Kunst- und Geschichtswissenschaften* der Ludwig-Maximilians-Universität München als Dissertation angenommen. Ohne die hilfreiche Begleitung und großzügige Unterstützung, die mir von vielen Seiten zuteil wurden, wäre sie nicht zustande gekommen.

Ganz besonders möchte ich meinem Doktorvater, Professor Dr. Ludwig Hammermayer danken, der mir stets mit viel Geduld und Verständnis, mit Rat und Tat zur Seite gestanden hat. In Augenblicken des Zweifelns an meiner Arbeit und meiner Fähigkeit, sie gut zu Ende zu bringen, hat er es immer wieder verstanden, mir Vertrauen und Mut zurückzugeben.

Mein Dank gilt auch den Mitarbeitern der Niedersächsischen Landesbibliothek und des Leibniz-Archivs in Hannover, allen voran Frau Dr. Gerda Utermöhlen und Professor Dr. Albert Heinekamp. Frau Dr. Utermöhlen danke ich für zahlreiche Anregungen und weiterführende Hinweise. Dem leider so früh gestorbenen ehemaligen Leiter des Leibniz-Archivs, Professor Dr. Albert Heinekamp, dessen Verdienste um die Erforschung des Denkens und Wirkens von Leibniz nicht hoch genug eingeschätzt werden können, bin ich nicht nur für die umsichtige Betreuung verpflichtet, die er mir während meiner Archiv-Aufenthalte in Hannover zuteil werden ließ. In vielen freundschaftlichen Gesprächen vermittelte er mir darüber hinaus sein umfangreiches Wissen und seine Erfahrung mit dem immensen und vielfältigen Werk des Philosophen.

München, im September 1997   *Ines Böger*

BAND 1: DARSTELLUNG UND ANALYSE

I EINLEITUNG	1
1. Untersuchungsgegenstand und Interessenschwerpunkte	1
1.1 Die Leibnizschen Sozietätspläne als Gegenstand der historischen Forschung	1
1.2 Einführung in die Problematik und Erläuterung des methodischen Ansatzes	3
1.3 Untersuchungsperspektiven und -ziele: Bemerkungen zum Aufbau der Studie	5
2. Forschungsstand und Quellenlage	11
2.1 Die Auseinandersetzung mit den Leibnizschen Sozietätsplänen in der deutschen und ausländischen Forschung	11
2.2 Die Quellen	15
II VORAUSSETZUNGEN UND GRUNDLAGEN	23
1. G.W. Leibniz - ein biographischer Überblick	23
2. Zur Situation der Wissenschaft im 17. Jahrhundert - die Entstehung von Akademien vom 15. bis zum frühen 17. Jahrhundert	37
3. Das zeitgenössische wissenschaftliche Leben und Akademiewesen im Urteil Leibniz': Prämissen des Leibnizschen Sozietätsbegriffs	50
III. DIE LEIBNIZSCHEN SOZIETÄTSPLÄNE VOR DEM HINTERGRUND DER EUROPÄISCHEN AKADEMIEBEWEGUNG DES 17. UND FRÜHEN 18. JAHRHUNDERTS	54
1. Die Sozietätspläne der frühen und mittleren Periode	54
1.1 Mainz (1668 - 1672)	54
1.1.1 Leibniz' Plan für eine *gelehrte Sozietät* in Verbindung mit Vorschlägen zur Reform des Buchwesens	55
1.1.1.1 Pläne für eine Bücherzeitschrift: Nucleus librarius semestralis	56
1.1.1.2 Projekt zur Stiftung einer Societas eruditorum Germaniae *im Anschluß an ein Bücherkommissariat*	66
1.1.2 Religiös und patriotisch motivierte Sozietätspläne	75

1.2 Paris (1672 - 1676): Leibniz' Vorschläge zur Organisation der Wissenschaft unter dem Einfluß seines Parisaufenthaltes   96

1.3 Hannover (1676 - 1716)   115

   1.3.1 Sozietätsprojekte in Verbindung mit Plänen zur Erarbeitung einer Universalenzyklopädie und einer *characteristica universalis*   116

   1.3.2 Die Sozietätspläne im Zusammenhang mit Vorschlägen zu technischen Neuerungen im Harzbergbau   134

   1.3.3 Leibniz' Versuch, eine oberste Kulturinstanz zu schaffen   138

   1.3.4 Gedanken zur Organisation der Wissenschaft in Verbindung mit Vorschlägen zur Verbesserung des Bibliotheks- und Archivwesens im Herzogtum Braunschweig-Lüneburg (Kurfürstentum Hannover)   141

   1.3.5 Kulturprogramm für das Herzogtum Braunschweig-Wolfenbüttel   152

   1.3.6 Akademieprojekte in Verbindung mit Vorschlägen zur Verbesserung der deutschen Sprache   160

Zusammenfassung   181

1.4 Leibniz' Korrespondenz mit Akademieprojektanten und -gründern: Beurteilung und Unterstützung fremder Sozietätsprojekte   189

2. Leibniz' wissenschaftsorganisatorische Konzeption als Ausdruck seines Denkens   213

2.1 **Die philosophisch-religiöse Begründung der Sozietätspläne**   213

   2.1.1 Erkenntnis und Verehrung Gottes als wesentliches Motiv   213

   2.1.2 Die Sorge um das *bonum commune*   215

   2.1.3 Theoria cum praxi   217

   2.1.4 Der Ordensgedanke in den frühen Sozietätsplänen   220

EXKURS: Leibniz' religionspolitische Konzeption - sein Verhältnis zu Kirche und Konfessionalismus   224

2.2 **Die Universalität der Leibnizschen *gelehrten Sozietät***   235

   2.2.1 Die *gelehrte Sozietät* als wirtschafts- und "sozialpolitische" Institution.   237

     2.2.1.1 Die wirtschafts- und "sozialpolitische" Konzeption des Merkantilismus   *237*

*2.2.1.2 Leibniz' Verbindung mit bedeutenden Vertretern des
Frühmerkantilismus: J.J. Becher, Ph. W. v. Hörnigk,
W. v. Schröder, J. D. Crafft*   239

*2.2.1.3 Verbindung von Wissenschaft und (Volks)Wirtschaft
in den Sozietätsplänen*   242

*2.2.1.4 Die gelehrte Sozietät als Träger der Sozialfürsorge
und des staatlichen Gesundheitswesens*   247

*2.2.1.5 Leibniz als Vertreter einer staatlichen Wirtschafts- und
"Sozialpolitik" im Sinne des Merkantilismus*   257

2.2.2 Die gelehrte Sozietät als kulturpolitische Institution   261

2.2.2.1 Der pädagogische Anspruch als wesentlicher
Grundzug in den Sozietätsplänen   261

a) Das Erziehungs- und Bildungsideal im 17.
und frühen 18. Jahrhundert   261

b) Leibniz' Erziehungs- und Bildungsbegriff in
Abhängigkeit seiner Anthropologie   264

c) Der Begriff der Tugend in Leibniz' pädagogischer
Konzeption   265

d) Erziehung der Menschheit zu ihrer eigenen
Vervollkommnung - zur Glückseligkeit   268

e) Erziehung der Jugend   271

aa) Vermittlung praktischer Bildung   271

bb) Verbesserung des Schulwesens   275

cc) Vereinheitlichung von Lehrmethoden und -mitteln   279

dd) Verbindung von Lehre und Spiel: Der Begriff der
"Erbauung" in den Sozietätsentwürfen   280

f) Leibniz als Befürworter eines staatlich gelenkten
Erziehungs- und Bildungssystems   284

2.2.2.2 Die Sozietät als Ordner des Buchwesens   286

a) Die Sozietät als Zensurinstanz   288

b) Die Sozietät als Verleger   291

aa) Die Notwendigkeit umfassender Enzyklopädien   294

bb) Die Bedeutung guter Geschichtsbücher und
Quelleneditionen - die Stellung der Geschichte
in den Sozietätsplänen   297

2.2.2.3 Die philologische Verpflichtung der gelehrten Sozietät:
die Pflege und Verbesserung der deutschen Sprache   307

a) Sprache als "Spiegel des Verstandes"   308

b) Sprache als Ausdruck nationalen Bewußtseins und der
substantiellen Einheit eines Volkes   311

2.2.2.4 Der zivilisatorische Aspekt in den Sozietätsplänen:
die Chinamission der Sozietäten — *315*
  a) Die China-Rezeption in der zweiten Hälfte
  des 17. Jahrhunderts — *315*
  b) Die Chinamission der Jesuiten — *318*
  c) Leibniz' Chinakenntnis, seine Kontakte zur Jesuitenmission
  in China — *320*
  d) Das Chinabild bei Leibniz — *323*
  e) Idee einer europäisch-chinesischen Kultursynthese — *330*
  f) Aufforderung zu einer protestantischen Chinamission — *339*

Zusammenfassung: Die Symbiose von konservativem und fortschrittlichem Denken in Leibniz' Sozietätsplänen. **348**

3. Die Spätprojekte für Berlin, Dresden, Wien, St. Petersburg (1694 - 1716) — 352

3.1 Leibniz als Initiator der 1700 gegründeten Sozietät der Wissenschaften in Berlin — 354

3.1.1 Der politisch-kulturelle Aufstieg Brandenburg-Preußens nach dem Dreißigjährigen Krieg — 354

3.1.2 Leibniz' Bemühen, am Berliner Hof Fuß zu fassen — 358

3.1.3 Die Entstehungsgeschichte der Berliner Sozietät — 366

3.1.3.1 Die Bedeutung des Akademieplanes Benedikt Skyttes — *366*

3.1.3.2 Die Rolle Ezechiel Spanheims und seines gelehrten Kreises — *368*

3.1.3.3 Die Rolle Eberhard von Danckelmans — *372*

3.1.3.4 Astronomie und die Gründung der Sozietät — *375*
  a) Der Wunsch der Kurfürstin nach einem Observatorium — *375*
  b) Die Bedeutung der Vorschläge Erhard Weigels
  zur Kalenderreform — *378*

3.1.4 Ziel, Organisation und Fundierung der Sozietät der Wissenschaften in Berlin — 381

3.1.4.1 Die Berliner Sozietät als universellste Akademie Europas — *381*

3.1.4.2 Die organisatorische Struktur als folgenschwerer Fehler für die Entwicklung der Sozietät — *386*

3.1.4.3 Die Probleme der Finanzierung — *392*

3.1.5 Der Niedergang der Sozietät der Wissenschaften unter Friedrich Wilhelm I. — 399

3.2 Entwurf zu einer *gelehrten Sozietät* in Sachsen — 407

3.2.1 Leibniz' Verbindung zum kursächsischen Hof — 407

3.2.2 Tschirnhaus' Projekt einer mathematisch-
physikalischen Akademie 409

3.2.3 Verhandlungen in Dresden: Leibniz' Sekretär Eckhart
als Sachwalter der Sozietätspläne 412

3.2.4 Das Dresdner Sozietätsprojekt 416

3.2.4.1 Die praktisch-realistische Tendenz *416*

3.2.4.2 Finanzierung *420*

3.2.4.3 Organisation und Verwaltung *421*

3.3. Plan zur Gründung einer Kaiserlichen Sozietät der Wissenschaften in Wien — 423

3.3.1 Leibniz' Bemühen in Wien Fuß zu fassen 423

*3.3.1.1 Hoffnung auf die Nachfolge Peter Lambecks als
Hofbibliothekar (1680/81)* *426*

3.3.1.2 Leibniz' Einführung am Wiener Hof 1688/89 . . . . . *427*

 a) Die Vermittlung an den kaiserlichen Hof durch Royas y
 Spinola - Leibniz als Unterhändler bei den Reunionsgesprächen zwischen Wien und Hannover 427

 b) Unterstützung des Collegium Historicum Imperiale *in Wien* 430

 c) Aussicht auf die Stellung eines Hofhistoriographen in Wien 433

*3.3.1.3 Kurzaufenthalte in Wien 1700/1702 und 1709:
 Intensives Bemühen um Erlangung der Reichshofratswürde* *434*

*3.3.1.4 Letzter Aufenthalt in Wien 1712/1714: Leibniz' Wunsch,
 sich für immer in Wien niederzulassen* *438*

 a) Zusicherung des Direktorats der zukünftigen Kaiserlichen
 Sozietät der Wissenschaften in Wien 439

 b) Bewerbung um das Amt des (Vize)Kanzlers in Siebenbürgen 442

3.3.2 Prinz Eugen von Savoyen und sein Kreis als Fürsprecher
des Sozietätsprojekts 443

3.3.3 Leibniz' Gewährsmann in Wien, Johann Philipp Schmid . . 445

3.3.4 Das Wesen der projektierten Kaiserlichen Sozietät
der Wissenschaften in Wien 445

3.3.4.1 Die Wiener Sozietät als Reichsinstitution *445*

3.3.4.2 Organisation und Verwaltung *446*

*3.3.4.3 Die Sozietät als staatliche Wissenschafts-, Wirtschafts- und
Kulturbehörde* *450*

3.3.4.4 Vorschläge zur Finanzierung der Sozietät *451*

3.3.5 Gründe für das Scheitern des Wiener Sozietätsprojekts . . . 455

3.4 Projekt zur Gründung einer Sozietät der Wissenschaften
in St. Petersburg   456

3.4.1 Der Wandel von Leibniz' Rußlandbild   456

*3.4.1.1 Die Bedeutung Rußlands für die Chinamission - seine
Mittlerfunktion im Hinblick auf eine weltumspannende
Kultursynthese*   *459*

3.4.1.2 Rußlands Charakter einer kulturellen tabula rasa   *464*

3.4.2 Leibniz' Verbindung zum russischen Hof und
seine Beziehung zu Peter dem Großen   466

3.4.3 Leibniz' bildungs- und kulturpolitisches Programm
für Rußland   472

*3.4.3.1 Das "gelehrte Collegium" als staatliche Zentralanstalt
zur Förderung von Kultur, Wissenschaft und Bildung*   *474*

*3.4.3.2 Leibniz' Zivilisationsprojekt als Teil eines für Peter I.
ausgearbeiteten Regierungs- und Verwaltungsplanes*   *476*

3.4.4 Die spezifischen Aufgaben der
russischen Sozietät der Wissenschaften   479

*a) Sammlung von Sprachproben zum Zwecke der
vergleichenden Sprachforschung*   *480*

b) Untersuchungen zur Deklination des Erdmagnetismus   *483*

c) Feststellung der Grenzen zwischen Asien und Amerika   *486*

3.4.5 Vorschläge zur Finanzierung und Organisation   487

3.4.6 Die Internationalität des russischen Akademieprojekts   489

3.4.7 Die Rezeption des Leibnizschen Sozietätsgedankens bei
der Gründung der Petersburger Akademie 1725:
Die Bedeutung des Leibniz-Schülers Christian Wolff   491

IV. GENIALER DENKER ODER BAROCKER PROJEKTEMACHER? LEIBNIZ' SOZIETÄTSKONZEPTION ZWISCHEN UTOPIE UND MODERNEM AKADEMIEBEGRIFF   498

I. EINLEITUNG

1. Untersuchungsgegenstand und Interessenschwerpunkte

1.1 Die Leibnizschen Sozietätspläne als Gegenstand der historischen Forschung

Das Streben nach Organisation und Ausdehnung der Wissenschaft ist ein allgemeineuropäisches Phänomen des 17./18. Jahrhunderts und hatte die Entstehung mehr oder weniger langlebiger Akademien zur Folge. Die verwirrende Vielzahl dieser gelehrten Gesellschaften verhindert nach wie vor eine Zusammenschau; trotz des zunehmenden Interesses für das Wesen und die Geschichte der abendländischen Akademiebewegung, das die historische Forschung der letzten Jahrzehnte dokumentiert, fehlen immer noch grundlegende Einzeluntersuchungen und personengeschichtliche Arbeiten über ihre führenden Träger. Die wenigen bereits vorhandenen Monographien einzelner Institute bieten noch lange nicht den gewünschten Überblick über den internationalen Zusammenhang und Zusammenhalt der Sozietäten Italiens, Frankreichs, Englands, Rußlands und Deutschlands.[1]

Fast ein halbes Jahrhundert lang hat auch Gottfried Wilhelm Leibniz, der Nachwelt vornehmlich als Philosoph und Mathematiker im Gedächtnis, beharrlich das Ziel verfolgt, ein Netz von Akademien zu realisieren, welches sich zunächst über das Reich, später über ganz Europa und schließlich weltweit erstrecken sollte. Und er war zweifellos der erste, der die Probleme der modernen Akademie, der neuzeitlichen Wissenschaft schlechthin, ihre Voraussetzungen, ihre Organisationsformen, ihre Anforderungen und Zielsetzungen bis in die letzten Folgerungen durchdachte. Leibniz hat nicht nur dem Akademiegedanken seine ursprüngliche Universalität zurückgegeben, sondern auch immer wieder den interdisziplinären Zusammenhang aller Wissenschaften betont, eine entsprechende Wissenschaftsorganisation gefordert und vor allem die Nutzbarmachung der wissenschaftlichen Erkenntnis für den Menschen, die Allgemeinheit, den Staat in den Vordergrund gerückt. Als Politiker lag dem vielseitig Begabten das Ziel einer europäischen Friedensordnung besonders am Herzen; im Hinblick auf dieses höchst aktuelle Anliegen sind auch seine Akademiepläne und die mit diesen wiederum aufs engste verbundenen Bemühungen um eine Universalsprache zu interpretieren. Denn in den *gelehrten Sozietäten* als Träger einer supranationalen *République des Lettres* und dem auf Zusammenarbeit ausgerichteten Streben ihrer Mitglieder nach ständig neuen Erfahrungen auf allen Gebieten des menschlichen Wissens erkannte Leibniz letztlich das geeignete Fundament, auf welchem im Laufe der Zeit eine weltweite christliche Gemeinschaft heranwachsen sollte.

Nur eines seiner unzähligen Akademieprojekte wurde zu seinen Lebzeiten verwirklicht, die bis in unsere Tage in (Ost-) Berlin existierende *Akademie der Wissenschaften* (der ehemaligen DDR). Doch auch diese wurde eigentlich erst nach seinem Tode wirklich arbeitsfähig. Ungeachtet dessen wird Leibniz völlig zurecht als treibende Kraft der europäischen Akademiebewegung nicht nur des 17./18. Jahrhunderts apostrophiert. Seine Gesamtkonzeption zur Organisation der Wissenschaft, die, ganz im Sinne der Idee einer Weltzivilisation, kosmopolitische Züge aufweist und über den nationalen und europäischen Rahmen hinaus wie selbstverständlich auch China einbezieht, hat im Grunde bis heute nichts von ihrem Wert verloren. So manche seiner Anregungen und Vorschläge haben erst nachfolgende Generationen realisiert, durchaus in dem Bewußtsein der Verpflichtung gegenüber dem großen deutschen Gelehrten als entscheidendem Initiator. Andere wiederum erscheinen bis in unsere Gegenwart als undurchführbare, fast möchte man sagen weltfremde Projekte, wenngleich auch ihre Verwirklichung mehr denn je wünschenswert wäre.

Die nach über drei Jahrhunderten unverminderte Aktualität der Leibnizschen Pläne und Projekte im allgemeinen - man denke u.a. auch an seinen Entwurf eines Gedankenkalküls, der in der modernen Computertechnik eine glänzende Bestätigung gefunden hat -, auf dem Gebiet der Wissenschaftsplanung und -organisation im besonderen, mag Rechtfertigung genug sein, sich erneut des Werkes von Gottfried Wilhelm Leibniz anzunehmen. Hinzu kommt die paradoxe Tatsache, daß trotz des enormen Aufschwungs, den sowohl die nationale als auch die internationale Leibniz-Forschung in den letzten Jahrzehnten genommen hat, und ungeachtet der sehr umfangreichen und in ihren Untersuchungsperspektiven wie -ergebnissen äußerst vielfältigen "Leibniz-Literatur" das Wirken des Philosophen auf weiten Strecken immer noch unbekannt oder nur ungenügend erforscht ist.

So gilt es auch im Hinblick auf seine Aktivitäten als Akademiegründer noch eine empfindliche Lücke zu schließen. Denn obwohl der im erstaunlichen Ausmaß erhaltene, bisher aber nur teilweise edierte handschriftliche Nachlaß[2] überdeutlich zeigt, daß Leibniz' ganz besonderes Interesse kontinuierlich und bis zuletzt der Förderung der Wissenschaft und der Einrichtung von Sozietäten gewidmet war, und die entsprechenden schriftlichen Zeugnisse weitgehend bekannt, d.h. an verschiedenen Stellen bereits gedruckt, z.T. auch erörtert worden sind, fehlt nach wie vor eine umfassende, gründliche, auf der Auswertung des einschlägigen Quellenmaterials basierende Gesamtdarstellung der Leibnizschen Akademiepläne. Nur auf dieser Grundlage ist es aber erst möglich, die unterschiedlichsten Sozietätsprojekte des Philosophen in den Gesamtkontext der europäischen Akademiebewegung des 17./18. Jahrhunderts zu stellen und gültige Aussagen hinsichtlich ihrer Wirkungsgeschichte zu treffen.

Die vorliegende Dissertation, die als erster Versuch einer solchen Gesamtdarstellung gelten mag und deren vornehmstes Ziel es ist, den oben genannten Ansprüchen gerecht zu werden, versteht sich somit nicht nur als Beitrag zur spezifischen Leibniz-Forschung, sondern auch als bescheidener, wiewohl notwendiger Beitrag für die Erforschung der allgemeinen Akademie- und Wissenschaftsgeschichte. Nicht zuletzt wird sie an manchen Stellen vielleicht auch Hinweise und Anregungen zur weiteren Ergründung der "Leibniz-Epoche" geben können, zumal, wie Paul Hazard erstmals überzeugend nachgewiesen hat[3], für die Beurteilung dieser Übergangszeit vom Barock zur Aufklärung, die wir auch als Frühaufklärung bezeichnen, eigene Maßstäbe angelegt werden müssen.

1.2 Einführung in die Problematik und Erläuterung des methodischen Ansatzes

Die Akademiepläne bzw. -projekte, die in dem hier vorgegebenen Rahmen zu untersuchen waren, sind geistige Produkte eines Gelehrten, der selbst als Universalgenie in die Geschichte eingegangen ist. Um dieser Vielseitigkeit, die von unserem Standpunkt aus, im Zeitalter zunehmender Spezialisierung kaum faßbar und noch weniger nachzuvollziehen ist, mindestens vom Ansatz her zu entsprechen, müßte jede Studie über Leibniz, mag die ihr zugrunde liegende Fragestellung auch noch so begrenzt erscheinen, ähnlich breitgefächert angelegt sein. Dieses Postulat trifft einmal mehr für die Bearbeitung unseres Themas zu; denn die Sozietätspläne reflektieren in ganz besonderem Maße nicht nur die umfassende Gelehrsamkeit ihres Verfassers, sie waren vielmehr der Brennpunkt für alle seine Interessen und Anliegen. Wie in einem Sammelbecken flossen hier eigentlich alle Vorschläge und Anregungen zusammen, die der Philosoph im Laufe seines Lebens zur Verbesserung des menschlichen Daseins immer wieder vorgetragen hat und für die er eben in den Entwürfen zu Sozietätsgründungen mehr Durchsetzungskraft zu erlangen hoffte. Damit wird bereits deutlich, daß die Institutionen, die in unserem Sprachgebrauch Akademien genannt werden, nicht mit jenen gelehrten Gesellschaften deckungsgleich sind, die Leibniz vor Augen hatte, da sie gleichsam nur einen Teilaspekt des Leibnizschen Sozietätsbegriffs erfüllen.[4] Die Akademieprojekte des Philosophen haben dagegen den Charakter umfassender Wissenschafts,- Wirtschafts- und Kulturbehörden. Sie sollten im Grunde alle Aufgaben bewältigen, die im modernen Staat von den verschiedenartigsten Einrichtungen wahrgenommen werden, und in letzter Konsequenz das gesamte politische, wirtschaftliche und kulturelle Leben des Staates mitgestalten. Insofern dokumentieren Leibniz' Akademieentwürfe das spätbarocke Weltbild in seiner ganzen Komplexität, denn für den Staat des ausgehenden 17. Jahrhunderts waren sie konzipiert. Sie spiegeln aber auch, und das macht die Bewältigung des vorgegebenen Themas zusätzlich schwierig, die dem Gelehrten eigenen philosophischen, religions- und reunionspolitischen, seine pädagogisch-zivilisatorischen ebenso wie seine staats-, wirtschafts- und sozialpolitischen Grundgedanken, die eben nicht immer der zeitgenössischen Norm entsprachen, sondern bereits Ausblicke auf die beginnende Aufklärung gewähren.

Der naturgemäß weitgespannten Thematik, die einer Gesamtdarstellung der Leibnizschen Vorstellungen zur Organisation der Wissenschaft inhärent ist, würde freilich nicht Genüge getan, wollte man die entsprechenden Denkschriften, Konzepte und Pläne nur darstellen und erläutern. Dies hat man an den verschiedensten Stellen größtenteils schon getan. Die Leibnizschen Akademieentwürfe müssen vielmehr zum einen in den biographischen Zusammenhang ihres Verfassers gestellt werden, zum anderen ist in den einschlägigen Schriften und Korrespondenzen, auch den passiven, nach Verweisen zu suchen, die Aufschluß über mögliche Anlässe und Hintergründe für das wissenschaftsorganisatorische Wirken des Philosophen geben. Nicht zuletzt wird aufzuzeigen sein, wie politische, wirtschaftliche, wissenschaftliche und religiöse Überlegungen einander entsprechen und im Hinblick auf das eigentliche Ziel einer christlichen, alle Völker, Konfessionen und Gesellschaftsschichten überbrückenden Gemeinschaft in den Sozietätsplänen zum Tragen kommen. Eine ausgewogene Verbindung von strukturgeschichtlich-analytischer und narrativ-deskriptiver Methode, die auch das biographische Element nicht vernachlässigen wird, sollte es jedoch möglich machen, diesen Anforderungen an eine zufriedenstellende und ergiebige Gesamtdarstellung der Leibnizschen Akademiepläne gerecht zu werden.

Die Schwierigkeiten, die es für den Verfasser dabei zu überwinden galt, liegen einmal also in der Vielfältigkeit und der Interdependenz der verschiedenartigsten Motive, Intentionen und Zielvorstellungen, die den Sozietätsplänen zugrunde liegen. Hinzu kam die im Verlauf der Arbeit mitunter entmutigende Tatsache, daß der bisher noch unbearbeitete Quellenbestand in bezug auf das vorgegebene Thema ganz offensichtlich keine Materialien mehr enthält, die grundlegende neue Informationen bieten würden, sondern allenfalls die Quellenbasis quantitativ erweitert.

Daher erschien es sinnvoll, in erster Linie das bereits in großem Ausmaß, oftmals aber in sehr alten, nicht wieder aufgelegten und meist schwer zugänglichen Quelleneditionen oder anderen Publiktationen veröffentlichte Material so weit als möglich vollständig zu sammeln und auszuwerten. Nur fallweise, d.h. zur Klärung noch offener Fragen oder aber, wenn sich bei der Bearbeitung wider Erwarten neue Perspektiven aufgetan haben, wurde der noch ungedruckte Handschriften-Fundus des Leibniz-Archivs in Hannover bzw. der beiden zuständigen Wiener Archive zu Rate gezogen.

Die für den Verfasser der vorliegenden Studie nicht immer befriedigende, wiewohl notwendige kompilatorisch anmutende Methode mag gerechtfertigt sein durch die bessere Nachprüfbarkeit der Ergebnisse sowie durch das Bemühen um Vollständigkeit hinsichtlich der Erfassung des gedruckten Quellenmaterials und der sehr umfangreichen einschlägigen Forschung. Beides dürfte für den erstmaligen Versuch, einen an sich bekannten Gegenstand der Geschichte umfassend darzustellen, nicht ohne Wert sein. Vor allem aber die Erkenntnis, daß die Lebendigkeit der Wissenschaft, insbesondere der historischen, nicht allein darin beruht, bisher Unentdecktes zu vermitteln, sondern auch das an sich Bekannte unter stets neuen Perspektiven anzugehen, bestätigt uns die Zulässigkeit des gewählten Verfahrens.[5]

1.3 Untersuchungsperspektiven und -ziele: Bemerkungen zum Aufbau der Studie

Zweifellos wurde Leibniz bei seinen Bemühungen zur Organisation der Wissenschaft von den bekanntesten der bereits bestehenden europäischen Akademien, der Pariser *Académie Française* bzw. *Académie des Inscriptions et Belles Lettres* und deren mathematisch-naturwissenschaftlich orientiertem Pendant, der *Académie des Sciences*, sowie von der Londoner *Royal Society*, nicht nur angeregt, sondern mitunter maßgeblich beeinflußt. In einem Punkt ging er aber wohl ganz eigene und in gewisser Weise neue Wege. Waren die genannten Gesellschaften entweder ausschließlich philologisch-historischen Themen oder aber den Naturwissenschaften gewidmet, so zeichneten sich die von Leibniz konzipierten Sozietäten durch die Universalität ihrer Zielsetzungen aus. Diese Tatsache ist hinreichend bekannt und findet auch in der einschlägigen Literatur Erwähnung; doch leider begnügt man sich hier in der Regel mit einer - meist noch stark zusammenfassenden - Darstellung des weiten Aktionsradius, den Leibniz für seine Gesellschaften vorgesehen hatte, bzw. mit einer Auflistung ihrer verschiedenartigsten Tätigkeitsbereiche, bei der die entscheidenden Hintergründe allenfalls angedeutet werden. Damit wird jedoch dem für den Gelehrten so Typischem, der engen Verbindung seines gesamten Denkens und Handelns mit der ihm eigenen philosophisch-religiösen Grundauffassung, bei der Beurteilung seiner wissenschaftsorganisatorischen Aktivitäten zu wenig Rechnung getragen. Gerade die universelle Anlage der Sozietäten, ihre Begründung und die Argumentation Leibniz', die die Notwendigkeit der Stiftung von Akademien einsichtig machen sollte, lassen sich immer wieder auf seine spezifischen Grundeinsichten zurückführen.

Leibniz' unverkennbar pantheistische Konzeption setzt ein positives Weltbild voraus. Die Welt, in der wir leben, wird charakterisiert als die "beste aller möglichen Welten", die sich dem allmächtigen Verstand ihres Schöpfers dargeboten hätten. Folglich muß es als oberste Pflicht des Menschen angesehen werden, die von Gott grundsätzlich angelegte alles umfassende Harmonie zu verwirklichen. Und so ist es auch für jeden christlichen Fürsten ein religiöses Gebot, mittels der ihm verliehenen Macht jene Einheit in der menschlichen Gesellschaft zu realisieren, die in dem großen Weltsystem vom Schöpfer selbst bewirkt sei, d.h. letztlich das Wohl der Menschheit zu fördern. Die Voraussetzung hierfür sieht Leibniz schließlich in der Einrichtung von Sozietäten, deren kluge und erfahrene Mitglieder dem Fürsten - allerdings ohne Machtbefugnisse (!) - bei der Bewältigung dieser großen Aufgabe beratend zur Seite zu stehen hätten.

Nun ist es im wesentlichen unsere Absicht, den bei Leibniz zunächst globalen Begriff der Weltharmonie zu konkretisieren, ihn in Zusammenhang mit seinen sozietätsspezifischen Vorstellungen zu bringen und zu erläutern. Dabei wird deutlich werden, daß diesem recht unterschiedliche Betrachtungsweisen immanent sind. Zum einen beinhaltet er Leibniz' Sorge um das Wohl des Vaterlandes, wobei das von ihm gerne zitierte reichspatriotische Motiv zum Tragen kommt. Harmonie meint in diesem Kontext die politische Einigung der deutschen Fürsten, d.h. die Überwindung des durch unzählige territoriale Einzelegoismen zersplitterten Heiligen Römischen Reiches Deutscher Nation. Daß hier auch die kirchliche Spaltung mithineinspielt, wird nachzuweisen sein und soll die tiefe innere Gleichgerichtetheit von Leibniz' Bemühungen um die Förderung der Wissenschaft und die Vereinigung der Konfessionen sichtbar machen.

Eine andere Komponente von Leibniz' Harmonieverständnis zielt auf das Allgemeinwohl der Menschheit. In diesem Zusammenhang muß aufgezeigt werden, daß sich dem Gelehrten das Bemühen um das *bonum commune* zum einen in die pädagogische Aufgabe, zum anderen in die wirtschafts- und sozialpolitische Vorsorge[6] unterteilt.

Das erzieherische Moment bildet einen weiteren wesentlichen Grundzug in den Sozietätsplänen. Im Vordergrund und Mittelpunkt zugleich steht dabei immer die Erziehung der Menschheit zu ihrer eigenen Vervollkommnung; diese definiert ihr Verfasser wiederum proportional zum Stand der von den Menschen betriebenen Wissenschaften.

Interessant und in der einschlägigen Literatur bisher noch nicht beachtet ist der Begriff der *Erbauung*, der in Verbindung mit dem pädagogischen Auftrag der Sozietäten besonders häufig in den Plänen des jungen Leibniz auftaucht. Hier zeigt sich eine für den Gelehrten völlig untypische, spielerisch-vergnügliche und volksnahe Seite, der nachgegangen werden muß.

Das wirtschafts- und sozialpolitische Engagement der projektierten Gesellschaften sollte dagegen den ganz realen, materiellen Bedürfnissen Genüge tun, d.h. einerseits den individuellen Wohlstand und zum anderen die wirtschaftliche Lage und Konkurrenzfähigkeit des Reiches sichern. Mit dieser Absicht hat Leibniz den Akademien Funktionen zugedacht, wie sie heute von Sozial- und Arbeits-, Wissenschafts-, Forschungs-, Gesundheits- und Wirtschaftsministerien wahrgenommen werden. Diese gilt es klar herauszuarbeiten und vor allem hinsichtlich ihrer Nähe zu Forderungen der frühen Merkantilisten zu untersuchen.

Daß Leibniz das für jeden Menschen geltende oberste Gebot, Gott zu ehren und seinen Willen zu erfüllen, mit der Förderung der Wissenschaft und dem besonderen Auftrag der Sozietäten, das *bonum commune* zu gewährleisten, gleichsam identifiziert, bedarf der Erläuterung, zumal hier das zentrale Motiv seiner philosophisch-religiösen Konzeption ganz besonders deutlich hervortritt.

Die endgültige Weltharmonie sah Leibniz schließlich erreicht, wenn deutsche und ausländische Sozietäten auf übernationaler Ebene zu friedlichen Zwecken zusammenarbeiteten. Die so verstandene *Gelehrtenrepublik* verkörpert mithin eine Art Föderativstaat gelehrter Vereinigungen zu dem Zweck, die Zivilisation der

Menschheit mit Hilfe der Wissenschaften im weitesten Sinne, auch ihrer praktischen Anwendung, zu leiten und fördern.

Die Untersuchung des an dieser Stelle notwendig vereinfachend und stark verkürzt wiedergegebenen Themenkomplexes kennzeichnet einen Schwerpunkt der vorliegenden Arbeit. Ihre Ergebnisse, die in erster Linie durch eine Auseinandersetzung mit den Quellen und nicht so sehr durch die Interpretation der Sekundärliteratur erzielt wurden, sollen uns die Motive entschlüsseln, die Leibniz mit seinen Bemühungen zur Organisation der Wissenschaft verband, und uns Antworten auf die Frage gestatten, warum er bereit war, soviel Zeit und Schaffenskraft darauf zu verwenden, und warum er trotz mancher Rückschläge nie aufgehört hat, in immer neuen Ansätzen das deutsche Volk, den Kaiser, die Fürsten und sonstige einflußreiche Persönlichkeiten im Reich wie im Ausland aufzurufen, dieses große Werk unverzüglich in Angriff zu nehmen.

Entscheidend dürfte das grundsätzliche politische Interesse des Philosophen gewesen sein, das sich eben nicht nur in entsprechenden Flugschriften und anderen einschlägigen Stellungnahmen, sondern unverkennbar auch in seinen Sozietätsentwürfen darstellt.

Diese These wird am Beispiel des Akademieprojekts für St. Petersburg gestützt, denn hier war die eigentliche wissenschaftliche Vereinigung nur noch Teil eines kompletten Verwaltungs- und Regierungssystems. Insofern drängt sich natürlich die Vermutung auf, daß Leibniz' Aktivitäten zur Gründung gelehrter Gesellschaften möglicherweise auch Ersatz für fehlgeschlagene politische Ambitionen waren.

Eine weitere Bestätigung finden wir in der offensichtlich zunehmenden Aktualisierung seiner politischen Ziele in den Sozietätsplänen; ein Vergleich der politisch-publizistischen Zeugnisse des Philosophen mit seinen Konzepten, Denkschriften, auch brieflichen Äußerungen zur Organisation der Wissenschaft erweckt zudem den Eindruck, als würde die Zahl der letzteren mit Abnahme der ersteren ansteigen. Nicht zuletzt erkennen wir in der Zäsur, die sich mit Beginn der 90er Jahre abzeichnet, und die es klar herauszuarbeiten gilt, ein zusätzliches Indiz. Waren die sog. frühen Pläne des Universalgelehrten eher utopische Produkte seines genialen Geistes, die die Idee einer Philosophenherrschaft nach dem Vorbild der platonischen *Politeia* und die von einem exakten Herrschaftswissen geleitete Staatskunst propagieren, so entwarf Leibniz in den letzten beiden Jahrzehnten für Berlin, Dresden, Wien und St. Petersburg äußerst konkrete Projekte, die die politischen und sozialen Gegebenheiten der Zeit ebenso einkalkulieren wie die spezifischen Interessen des jeweiligen Fürsten, für die sie bestimmt waren, und die zudem das Ideal eines absolutistischen Wohlfahrtsstaates widerspiegeln. In diesem Zusammenhang wird zu zeigen sein, daß Leibniz, im Gegensatz zu seinen frühen Akademieplänen, in denen mehr oder weniger die Politik der Wissenschaft untergeordnet ist, seine späten Projekte nicht nur unter den Schutz, sondern ausdrücklich in den

Dienst des Staates stellt, sie quasi als Vehikel einer Gesamtverfassung des Staates konzipiert.

Schließlich soll, entgegen manchen anderslautenden Interpretationen, der Nachweis erbracht werden, daß Leibniz, den nahezu alle Weltanschauungen für sich reklamieren, ganz gewiß nicht als Neuerer im revolutionären Sinn zu verstehen ist. Von daher erweist es sich auch als unzulässig, seinem Akademiegedanken ein individuelles oder gesellschaftliches Freiheitsprogramm unterzuschieben. Sein Neuerungsansatz, d.h. seine Vorstellung vom Fortschritt der Wissenschaften zum Wohle der Allgemeinheit bewegte sich immer im Rahmen gültiger gesellschaftspolitischer, geistiger, religiöser und moralischer Spielregeln und war somit eindeutig evolutionär.

Ein Anliegen der Studie wird es sein, diesen Sachverhalt anhand sozietäts- und anderer spezifischer Äußerungen des Philosophen noch einmal unter Beweis zu stellen und damit entsprechende Aussagen marxistisch-tendenziöser Interpretationsansätze zu relativieren.

In dieser Hinsicht wird ein Vergleich mit anderen zeitgenössischen Akademieprojekten aufschlußreich sein, der andererseits aber auch die Originalität, die Leibniz' Vorschlägen zu Sozietätsgründungen gerne zuerkannt wird, an manchen Stellen in Frage stellt.

Neben den Sozietätsplänen für Dresden und Wien wird vor allem die Darstellung und Untersuchung zur Entwicklung der Projekte für Berlin und St. Petersburg erkennen lassen, welches Ansehen Leibniz bei seinen Zeitgenossen als Akademieprojektant und -gründer genoß. Im Hinblick auf Rußland wird die Rezeption der Leibnizschen Sozietätsidee bei der tatsächlichen Stiftung der Akademie durch Peter den Großen 1725 und die Bedeutung des Leibniz-Schülers Christian Wolff als ihr Vermittler von Interesse sein. Die Geschichte der Berliner Akademie, besonders in den Jahren nach ihrer Gründung, wird dokumentieren, wie Leibniz' Vorstellungen und Vorschläge sich in der Realität bewährten, aber auch, daß seine Reputation augenscheinlich immer aufs engste mit dem jeweils regierenden Fürsten verknüpft war.

Im Anschluß an ein relativ umfangreiches, wiewohl notwendiges Kapitel, das wir mit dem Titel "Grundlagen und Voraussetzungen" umschreiben wollen, hat sich zur Bearbeitung der oben skizzierten Themenkomplexe eine Gliederung in drei Untersuchungsabschnitte als sinnvoll erwiesen.

Im Mittelpunkt des einleitenden, propädeutischen Teils steht neben einer Kurzbiographie des Philosophen ein Abriß des wissenschaftlichen Lebens und Akademiewesens bis zum 17. Jahrhundert, der freilich nur die Grundlinien der Entwicklung aufzeigen kann. Beides mag auf den ersten Blick überflüssig erscheinen, ist aber mit

Rücksicht auf unser Ziel einer umfassenden Gesamtdarstellung der Leibnizschen Sozietätspläne durchaus angebracht. Die biographischen Informationen werden Aufschluß geben über die möglichen Einflüsse auf Leibniz' Engagement zur Förderung der Wissenschaft. Der Überblick über die gesamteuropäische Akademiebewegung mit Schwerpunkt auf den Verhältnissen in den deutschen Territorien steckt den Rahmen ab, in den die einzelnen Vorschläge von Leibniz einzuordnen sind. Diese Kenntnis ist letztlich auch Voraussetzung, will man die Realitäts- und Praxisnähe seiner Akademieprojekte beurteilen.

Der folgende erste Abschnitt der Studie hat, entsprechend der gewählten deduktiven Methode, deskriptiven Charakter. Hier sollen die verschiedensten Vorschläge, Initiativen, Konzepte und Denkschriften des Philosophen aus den 70er, 80er, z.T. auch noch der 90er Jahre, die wir der frühen und mittleren Periode seines Schaffens zuordnen wollen, erörtert werden.

Das Studium des einschlägigen Quellenmaterials hat offenbart, daß sich die Abhandlungen des Gelehrten zur Organisation der Wissenschaft nicht selten in Verbindung mit einem Wechsel seines Aufenthaltsortes bzw. Dienstverhältnisses zu bestimmten Zeiten an bestimmten Themen entzündeten, und diese, ungeachtet des grundsätzlich universalistischen Anspruchs, ihren Ausgangs- und Mittelpunkt markieren. Demzufolge hat es sich angeboten, die Pläne, die so gesehen inhaltliche Parallelen aufweisen, in Gruppen zusammengefaßt zu untersuchen, d.h. ihre Gemeinsamkeiten und Eigenarten herauszuarbeiten.

So beherrschen offensichtlich religiös-patriotische Beweggründe die Mainzer Zeit. Das Anliegen einer umfassenden Enzyklopädie, einer *scientia generalis* bestimmt Leibniz' Aktivitäten in den ersten Jahren nach seinem Parisaufenthalt, also in Hannover. Mit zunehmender Bedrohung des Reichs durch die Hegemoniebestrebungen Frankreichs stehen wiederum eindeutig reichspatriotisch motivierte Sozietätspläne im Vordergrund, die in der Verbesserung der deutschen Sprache ihr wesentliches Ziel erkennen lassen.

Bereits an diesen wenigen Beispielen wird ersichtlich, daß die thematisch-inhaltliche Gliederung zugleich eine chronologische zur Folge hat bzw. umgekehrt. Andererseits hat es sich aber auch gezeigt, daß Leibniz alte Vorschläge und Gedanken immer wieder aufgreift und z.T. in modifizierter Form erneut zur Diskussion stellt. Wenn trotz dieses Vorbehalts dem hier gewählten methodischen Zugriff der Vorzug vor anderen Möglichkeiten gegeben wurde, dann in erster Linie, um eine gewisse Systematik und Übersichtlichkeit zu garantieren und die Arbeitsweise zu erleichtern.

Neben seinen eigenen Initiativen zur Organisation der Wissenschaft findet in unserem ersten Arbeitsabschnitt auch Leibniz' Auseinandersetzung mit fremden Akademieprojekten ihren Platz. Ein Vergleich soll bestehende Unterschiede oder Gemeinsamkeiten aufdecken und Aussagen zur Originalität des Philosophen ermöglichen.

Im folgenden umfangreichen analytischen Teil werden die Motive, Intentionen und Zielvorstellungen, wie sie sich aus dem Dargestellten ableiten lassen, untersucht und zueinander in Beziehung gesetzt. Dabei sollte es wieder von besonderem Interesse sein, inwieweit die Ideen und Vorschläge des Gelehrten mit dem zeitgenössischen Denken konform gehen bzw. von diesem abweichen. In dieser Hinsicht gilt es etwa Leibniz' religiöse Auffassung, seine pädagogisch-zivilisatorische oder auch seine wirtschafts- und sozialpolitischen Grundgedanken, wie er sie in den Sozietätsplänen formuliert, in den Gesamtkontext der barocken Weltanschauung zu stellen. Mögliche Wiederholungen und Rückverweise auf bereits Bekanntes müssen dabei in Kauf genommen werden, sollen aber wohl auf ein Minimum reduziert werden.

Da sich die inhaltlichen Schwerpunkte und spezifischen Fragestellungen an dem bewußt ausführlich angelegten Inhaltsverzeichnis ablesen lassen, sei auf eine weitere Erläuterung an dieser Stelle verzichtet. Allerdings bedarf es noch eines Hinweises, in gewisser Weise auch Rechtfertigung des Verfassers. Wie die Gliederungspunkte deutlich werden lassen, birgt eine kritische Prüfung und Würdigung des Leibnizschen Akademiegedankens im Grunde mindestens fünf bis sechs Themen, die jedes für sich eine eigene Monographie rechtfertigten; z.T. liegen entsprechende Publikationen auch schon vor.[7] Angesichts dieses überdimensional breiten Spektrums konnte es nicht möglich sein, ausschließlich eigene Forschungsarbeit zu leisten. Die vorliegende Arbeit basiert somit an verschiedenen Stellen auch auf Ergebnissen der Sekundärliteratur, die jedoch besonders ausgewiesen werden.

Der dritte und letzte Teil unserer Studie wird sich mit den vier großen Sozietätsprojekten für Berlin, Dresden, Wien und St. Petersburg beschäftigen, ohne deren Kenntnis das Bild von Leibniz' Bemühungen um die Förderung der Wissenschaften verfälscht wäre.

Die Konzepte und Denkschriften, die hier u.a. zu beachten sind, dürfen, obgleich sie mitunter zeitlich mit jenen Plänen zusammentreffen, die wir noch der mittleren Periode seines Schaffens zugeordnet haben, zu Recht als Spätwerke des reifen Meisters gekennzeichnet werden. Sie enthalten, manchmal in modifizierter Form, aber dennoch unverkennbar, eigentlich alle Gedanken und Vorschläge, die Leibniz schon in seinen ersten Schriften zur Gründung gelehrter Gesellschaften mitgeteilt hat; insofern repräsentieren sie quasi eine Zusammenschau aller bisher vorgelegten einschlägigen Schriften des Philosophen. Andererseits erweisen sie sich, im Gegensatz zu den anfangs eher utopischen Elaboraten, als äußerst konkrete Empfehlungen, die nicht nur auf die speziellen Interessen und Bedürfnisse des jeweiligen fürstlichen Adressaten bzw. seines Territoriums zugeschnitten waren, sondern sich nun auch intensiv mit Fragen der Organisation und Finanzierung auseinandersetzten. Die letzten vier großen Akademieprojekte des Gelehrten hatten somit ungleich größere Chancen, tatsächlich realisiert zu werden, wie uns das Beispiel Berlin beweist.

Die entsprechenden Gesamtpläne gilt es nachzuzeichnen, die Geschichte ihrer Entstehung muß nachvollzogen werden; besonderes Augenmerk wird dabei auf Leibniz' Bemühungen liegen, sich die unterschiedlichsten Persönlichkeiten zu Diensten zu machen, d.h. sie für die Durchsetzung seiner Vorhaben zu gewinnen.

Neben einer Zusammenfassung der Ergebnisse werden abschließend zwei Fragen zu beantworten sein:
1. Sind Leibniz' Akademiepläne grundsätzlich als Produkte barocker "Projektemacherei" einzustufen, denen jeglicher Anspruch auf Realisierbarkeit fehlte?
2. Inwieweit bleiben die Vorstellungen des Philosophen zur Organisation der Wissenschaft traditionellen Denkmustern verhaftet, oder anders ausgedrückt, in welchem Maße reflektieren sie bereits den geistesgeschichtlichen Umbruch vom Barock zur Aufklärung?

2. Forschungsstand und Quellenlage

2.1 Die Auseinandersetzung mit den Leibnizschen Sozietätsplänen in der deutschen und ausländischen Forschung[8]

Die Leibniz-Forschung hat in den letzten Jahrzehnten einen enormen Aufschwung genommen, der eine kaum mehr überschaubare Fülle von Einzeluntersuchungen mit sehr unterschiedlichen, oft auch widersprüchlichen Perspektiven zur Folge hatte.[9] So haben natürlich auch Leibniz' Sozietätspläne mehr als einmal Eingang in die spezifische Literatur gefunden, eine umfassende Darstellung derselben und ihre kritische Würdigung im Gesamtkontext sowohl des Wirkens und der Weltanschauung des Philosophen als auch der europäischen Akademiebewegung im 17./18. Jahrhundert ist jedoch nach wie vor ein Desiderat.

Zunächst haben sich die frühen Leibniz-Biographen[10] seiner Gedanken zur Organisation der Wissenschaft und des Akademiewesens angenommen. Allen voran Gottschalk E. GUHRAUER, ein Einzelgänger, "der zu seiner Zeit (...) die ganze Leibnizforschung vertrat".[11] 1842 konnte er die erste wissenschaftliche Biographie[12] über Leibniz herausgeben, die auf dem in der Königlichen Bibliothek zu Hannover befindlichen Quellenmaterial basierte. Leibniz' Pläne zu Sozietätsgründungen hat er allerdings nur kurz erwähnt, zudem unvollständig und ohne einen größeren Zusammenhang herzustellen. Ähnlich oberflächlich werden die entsprechenden Schriften von den nachfolgenden Leibniz-Forschern des 19. Jahrhunderts abgehandelt.

In der einer Sammlung von Zitaten vorangestellten Kurzbiographie hat Friedrich KIRCHNER (1876)[13] nur die Vorschläge zur Neuorganisation des Buchwesens und den daran anschließenden Gedanken an eine gelehrte Gesellschaft erwähnt, das

Projekt für Berlin indes etwas ausführlicher dargestellt. Im übrigen hält sich Kirchner sehr an die Ergebnisse Guhrauers. Ludwig GROTE[14], der vornehmlich aus Quellen zweiter Hand schöpfte, stellte 1869 die von Onno KLOPP kurz zuvor veröffentlichten Vorlagen der Mainzer Zeit vor. Edmund PFLEIDERER[15] wiederum, der als typischer Vertreter der Geschichtsschreibung im 19. Jahrhundert, insbesondere seit 1870, gelten mag, hebt in seiner Untersuchung vor allem die nationale bzw. reichspatriotische Gesinnung von Leibniz hervor und interpretiert auch dessen Akademiebestrebungen in diesem Sinne. Auch der Theologe Franz X.KIEFL (1913)[16], der den Bemühungen des Gelehrten um die Organisation der Wissenschaft bereits ein eigenes Kapitel widmet, in dessen Mittelpunkt die vier späten Projekte stehen, muß noch diesem charakteristischen Interpretationsansatz zugerechnet werden. Kuno FISCHER[17], der sich neben einem Überblick über die frühen Sozietätspläne gleichfalls in der Hauptsache der größeren Vorhaben für Berlin, Dresden, Wien und St. Petersburg sowie ihrer Entstehungsgeschichte annahm, versuchte bereits 1889 erstmals in Ansätzen den Zusammenhang zwischen Leibniz' Vorstellungen zur Gründung von gelehrten Gesellschaften und im Hinblick auf eine Enzyklopädie und Universalsprache herzustellen.

In den Forschungsbeiträgen nach 1945 steht unverkennbar die europäische Gesinnung des Philosophen im Vordergrund des Interesses.[18] Entsprechend dem Leibnizschen Universalismus, der nunmehr in den Blickpunkt rückt, wird jetzt vornehmlich die universelle Anlage der Sozietäten und die Idee einer supranationalen *République des Lettres* gewürdigt. Im Rahmen des vorgegebenen umfangreichen Forschungsfeldes beschränken sich aber auch die Biographen jüngeren Datums darauf, die Bemühungen des Philosophen zur Organisation der Wissenschaft in chronologischer Folge zu referieren, ohne tiefer in die Thematik einzudringen; so etwa Kurt HUBER (1951),[19] der ähnlich wie schon vor ihm Francisque BOUILLIER (1878)[20] den Baconschen Organisationsgeist in den Akademieentwürfen zu erkennen glaubt, oder auch Kurt MÜLLER (1966)[21], der zweifellos zu den besten Leibniz-Kennern zu zählen ist.

Gleichwohl werden in den neueren Lebensbeschreibungen die Charakteristika des Leibnizschen Sozietätsgedankens bereits deutlich herausgestellt, d.h. seine innere Verflechtung mit der philosophisch-religiösen Grundauffassung des Gelehrten ebenso wie seine politischen, wirtschaftlichen, kulturpolitischen Implikationen und Konsequenzen.

Paul WIEDEBURG (1962/1970)[22], der sich um die Ergründung des jungen Leibniz verdient gemacht hat, bemüht sich indes, mit speziellem Interesse für die Aufenthalte des Philosophen in Mainz und Paris sowie für den politischen Rahmen, um Aufhellung weiterer Zusammenhänge, Hintergründe und um die Deutung dieser frühen Vorlagen; er stellt zudem die Einflüsse dar, die zu ihrer Entstehung geführt haben, und arbeitet die Unterschiede zwischen den Mainzer und den Pariser Plänen heraus.

Der Bedeutung angemessen, die man Leibniz und seinem Wirken grundsätzlich zuerkennt, fanden seine Entwürfe zu Sozietätsgründungen auch in den größeren Abhandlungen zur geistesgeschichtlichen Entwicklung im Deutschland bzw. Europa des 17./18. Jahrhunderts ihren Platz.

Frühester Vertreter dieser Gattung ist Karl BIEDERMANN (1858)[23], der unter dem nationalen Banner Leibniz als einen Hauptvertreter des neuen deutschen Kulturfortschritts und die von ihm gegründete Berliner Akademie als dessen sicheren Garanten rühmt. Wilhelm DILTHEY (1927)[24] betont dagegen die Ambivalenz des Leibnizschen Akademiegedankens, der die nationalpatriotische und die europäisch-kosmopolitische Perspektive gleichermaßen in sich berge. Rudolf W. MEYER (1948)[25] wiederum, der, wie Paul HAZARD (1935)[26], den gebürtigen Sachsen als verantwortlichen Denker im Umbruch seiner Zeit charakterisiert, versteht dessen Akademiebestrebungen als Ausdruck seiner Zielvorstellung von einer europäischen Kultursynthese. Heinz GOLLWITZER[27] schließlich, der in seiner grundlegenden Studie zur Geschichte des weltpolitischen Denkens (1972) die Leibnizschen Sozietätspläne bezeichnenderweise dem Kapitel über die Projektemacherei des Barockzeitalters zuordnet, stellt die reinen politischen Entwürfe, die die Position pragmatischer Machtpolitik kennzeichneten, den Akademievorhaben gegenüber und interpretiert letztere als Zeichen "sozietätsphilosophischer, kultureller Universalpolitik".

Sehr unterschiedlich benutzt und meist nur im Überblick referiert werden die Leibnizschen Sozietätsentwürfe naturgemäß in den umfangreichen Arbeiten zur Geschichte der europäischen Akademiebewegung; ihre Autoren konstatieren sämtlich und ohne irgendwelche Einschränkungen die wegweisende Bedeutung des deutschen Gelehrten und seiner Ideen zur Förderung der Wissenschaft. Hier ist, das sei nebenbei bemerkt, aufgrund der geographisch übergreifenden Thematik, ein deutlicher Anstieg an angelsächsischen und französischen Forschungsbeiträgen zu verzeichnen.[28]

Natürlich gibt es auch eine Reihe spezifischer Studien, in der Regel Aufsätze oder Einführungen zu entsprechenden Quellenpublikationen, die Leibniz' Bemühungen um die Organisation der Wissenschaft zum Inhalt haben.

Als Herausgeber und Kommentator einschlägiger Schriften haben sich, mit speziellem Interesse für eines der vier späten Projekte des Philosophen, vor allem Adolf HARNACK (1900), Onno KLOPP (1869), Eduard BODEMANN (1883), Louis Alexander FOUCHER de CAREIL (1875) und Waldemar GUERRIER (1873) verdient gemacht.[29] Hier handelt es sich jedoch mehr um fleißige Zusammenstellungen von Fakten, ohne daß die Hintergründe wirklich aufgedeckt wurden; man begnügt sich weitgehend damit, aufzuzeigen, wie sich das Bemühen Leibnizens um die Gründung von Akademien darstellt.

Als einer der ersten Autoren, die es sich zum Ziel gesetzt hatten, die grundsätzlichen Züge der Leibnizschen Sozietätspläne herauszuarbeiten, die Kontinuität nachzuweisen, mit der jene aufeinanderfolgten, und sie schließlich in Zusammenhang mit den Vorstellungen des Philosophen von einer Enzyklopädie zu bringen, ist Louis COUTURAT (1901)[30] zu nennen. Einen umsichtigen, wenn auch knappen Überblick gibt uns in jüngerer und jüngster Zeit Wilhelm TOTOK; in seinem zunächst 1966, dann noch einmal 1994 in überarbeiteter und erweiterter Form erschienenen Aufsatz[31] werden erstmals alle Aspekte angesprochen, die in irgendeiner Verbindung zur Leibnizschen Sozietätsidee stehen, so z.B. auch die Hoffnung des Gelehrten, über die Akademie eine europäisch-chinesische Kultursynthese herzustellen, die in der älteren Forschung kaum beachtet wurde. Erst vor wenigen Jahren hat sich Gerhard KANTHAK in seiner Abhandlung *Der Akademiegedanke zwischen utopischem Entwurf und barocker Projektmacherei* (1987)[32] der Leibnizschen Sozietätspläne angenommen; notwendig zusammenfassend, doch mit ebenso klarem Blick wie Totok für deren wesentliche Grundzüge. Diese setzt er zudem in Beziehung zu ähnlichgerichteten Projekten von Vorgängern und Zeitgenossen des Philosophen sowie zu den Entstehungsgeschichten der großen Akademien in London und Paris.

Wirklich aufschließende und weiterführende Untersuchungsansätze in den letzten Jahrzehnten bieten aber wohl nur Eduard WINTER, Hans Heinz HOLZ und Werner SCHNEIDERS.

Sowohl in seiner Einleitung zu den 1966/67 herausgegebenen *Politischen Schriften* Leibnizens als auch in der sehr umfangreichen, 1983 neuaufgelegten Leibniz-Monographie[33], ist der in der Bundesrepublik lebende marxistische Philosophiehistoriker HOLZ darum bemüht, zu zeigen, daß die Akademiepläne des Gelehrten nicht isoliert von seinen anderen Entwürfen und Weltvorstellungen stehen, sie vielmehr "diese allgemeinsten Grundsätze im spezifischen Mittel des Wissenschafts- und Bildungswesens" reflektieren; dabei stellt er besonders die verschiedenartigsten politischen Funktionen der Akademie im Leibnizschen Sinne heraus. Aber ebenso wie bei den Untersuchungen seines ostdeutschen Kollegen Eduard WINTER[34], der die Sozietätsbestrebungen des Philosophen im Rahmen seiner 1966 und 1968 erschienenen Studien zur Aufklärung bzw. Frühaufklärung behandelt, ist hier äußerste Vorsicht geboten. Vor allem ersterer geht in seinem marxistisch-tendenziösen Interpretationsansatz zu weit, wenn er die Eliminierung der bestehenden Klassenschranken des Feudalsystems als eigentliches sozialpolitisches und geschichtsphilosophisches Ziel des Leibnizschen Sozietätsgedankens charakterisiert. Nicht ganz so überspitzt formuliert E. WINTER, der neben seinen umfangreichen Forschungen zur Aufklärung der Kulturpolitik Leibnizens einen eigenen Artikel widmet.[35] In diesem versucht er nachzuweisen, daß Leibniz, der als "einer der größten Kulturpolitiker aller Zeiten" zu gelten habe, die Kultur als wichtige Funktion der Politik und die gelehrten Gesellschaften als ihren Ausgangs- und Mittelpunkt verstand. In diesem Kontext skizziert Winter alle Bereiche, die auch wir dem Akademieverständnis des Philosophen zugeordnet haben.

Werner SCHNEIDERS[36], Mitarbeiter an der Leibniz-Forschungsstelle der Universität Münster, hat schließlich neue Maßstäbe für die weitere Diskussion der Sozietätspläne gesetzt. Schneiders, der sich bisher leider nur mit den frühen Vorlagen beschäftigt hat, will den Zusammenhang der metaphysisch-religiösen und der politischen Ordnungsvorstellungen bei Leibniz anhand seiner ersten utopischen Projekte aus den Mainzer Jahren nachweisen und dieselben in Bezug zu seiner Idee von einer *civitas Dei* bringen. Die politischen Aspekte in beiden Konzeptionen, die ihm den Zugang zu Leibniz' politischer Philosophie ermöglichen sollen, sieht er jedoch, im Gegensatz zu Holz und Winter, völlig richtig als Ausdruck des Leibnizschen Ideals eines autoritären Wohlfahrstsstaates, der wohl sozialutopischen Charakter aufweist, aber nicht zwangsläufig direkte Widersprüche zu den zeitbedingten herrschenden Verhältnissen in sich trägt.

Untersuchungen zu einzelnen Akademieprojekten des Philosophen bilden die letzte Kategorie der bisher geleisteten spezifischen Forschung.

Allen voran hat sich Adolf HARNACK (1900)[37] in seinem dreibändigen grundlegenden Werk um die Geschichte der Sozietät in Berlin verdient gemacht. Aber ähnlich wie die z.T. recht umfangreichen Arbeiten Eduard BODEMANNS (1883)[38] hinsichtlich des Akademieplanes für Dresden, KLOPPS (1869)[39] für Wien und GUERRIERS (1873)[40] für St. Petersburg, die sämtlich älteren Datums sind und in Verbindung mit entsprechenden Quellenpublikationen stehen, sind diese zwar immer noch wichtig, grenzen das Forschungsfeld z.T. auch nicht unerheblich ein, sind aber aufgrund ihres ausschließlich narrativ-deskriptiven Charakters methodisch überholt.[41]

Festzuhalten bleibt abschließend, daß auf der einen Seite die deutsche historische Forschung sich quantitativ mehr mit der Person Leibnizens als Akademieprojektant und -gründer auseinandersetzt, als es in der ausländischen Leibniz-Literatur der Fall ist; hier steht der deutsche Gelehrte vor allem als Philosoph und Naturwissenschaftler im Vordergrund. Auf der anderen Seite aber wurden die einschlägigen Materialien recht unterschiedlich benutzt, größtenteils nur referiert und bisher noch an keiner Stelle im Rahmen einer umfassenden Gesamtdarstellung diskutiert, die die Pläne des Philosophen in den Kontext sowohl seines Wirkens als auch der europäischen Akademiebewegung und der geistesgeschichtlichen Entwicklung im 17./18. Jahrhundert stellt.

2.2   Die Quellen[42]

Als Gottfried Wilhelm Leibniz am 14. November 1716 in Hannover starb, hinterließ er der Nachwelt ein handschriftliches Erbe, dessen Ausmaß erstaunlich groß ist. Sein erhaltener Briefwechsel stellt, wie man mittlerweile weiß, die umfangreichste Korrespondenz des 17. Jahrhunderts[43] dar und umfaßt über 20 000 Schreiben, davon etwa ein Drittel von Leibniz selbst; die Gesamtzahl seiner schriftlichen Zeugnisse, die an seinem letzten Wohn- und Arbeitsort aufbewahrt sind, dürfte jedoch mit 60 000 noch zu tief angesetzt sein.[44] Das breite Themenspektrum, das eigentlich alle Fragen der Zeit einschließt, sowie die ungeheure Zahl von circa 1 100

Korrespondenten in sechzehn verschiedenen Ländern spiegeln nicht nur die Vielfältigkeit seiner Interessen und geben dem Leibnizschen Briefwechsel fast schon den Charakter einer gelehrten Zeitschrift; sie weisen den Philosophen zudem, ungeachtet seiner relativen Abgeschiedenheit in der hannoverschen Provinz, als würdiges und wichtiges Mitglied der europäischen *République des Lettres* im 17. Jahrhundert aus.[45] So ist es nur verständlich, daß man ihn schon zu seinen Lebzeiten aufforderte, seinen Schriftwechsel herauszugeben.[46]

Gut zwei Drittel des gesamten Leibniz-Nachlasses werden heute in dem der *Niedersächsischen Landesbibliothek* angegliederten *Leibniz-Archiv* aufbewahrt.[47] Bisher liegt jedoch nur etwa ein Drittel der Handschriften und Korrespondenzen, auch der passiven, in zuverlässigen kritischen Ausgaben vor. Zeitlich gesehen ist man mit ihrer Erschließung noch nicht an das Ende des 17. Jahrhunderts gelangt. Der für unser Thema relevante allgemeine, politische und historische Briefwechsel ist immerhin schon bis zum Dezember 1697 im Rahmen der sog. *Akademieausgabe* erfaßt; mit der Bearbeitung des philosophischen und des mathematisch-naturwissenschaftlichen ist man dagegen nur bis zu den Jahren 1685 bzw. 1683 vorgedrungen. Leibniz' politische Schriften sind bis zum Jahr 1689, seine philosophischen bis 1676 ediert. Der erste Band von Leibniz' mathematischen Schriften (der Pariser Zeit, 1672 - 1676, Teil I) liegt seit 1990 vor.[48]

Ein vergleichsweise geringer Teilnachlaß des Philosophen die kirchliche Union und die brandenburg-preußische Sozietät betreffend sowie deren Konzilsprotokolle befinden sich im Zentralen Archiv der Akademie der Wissenschaften in Berlin und wurden erst 1993 von H.-St. BRATHER im Rahmen seines umfangreichen Werkes zur Frühgeschichte der Berliner Akademie[48a] publiziert. Die spezifischen Schwierigkeiten gesamtdeutscher Leibniz-Forschung bis zum politischen Umbruch in unserem Lande und nicht zuletzt die Kenntnis von den Arbeiten Brathers ließen es ratsam erscheinen, für die vorliegende Untersuchung ausschließlich den Fundus der Niedersächsischen Landesbibliothek heranzuziehen. Dieser verteilt sich auf drei Bestandsgruppen, d.h. auf die nach Korrespondenzpartnern geordneten Briefwechsel (LBr), die Leibniz-Handschriften (LH) und die Schriftstücke der Handschriftenabteilung der Bibliothek (Ms).

Eine Übersicht über die in Hannover archivierten Leibniz-Manuskripte gewähren uns die von Eduard BODEMANN[49] zusammengestellten Kataloge; ihr Wert ist nicht hoch genug zu veranschlagen, auch wenn sie sich auf summarische Zusammenfassungen beschränken und an manchen Stellen unvollständig sind. Als unschätzbares Hilfsmittel für jeden Leibniz-Forscher erweist sich überdies der im Leibniz-Archiv befindliche *"Zettel-Katalog"*, den wir dem Dilthey-Schüler und ersten Leiter der Gesamtausgabe (1901 bis 1937) Paul RITTER zu verdanken haben, und der, im Gegensatz zu den Verzeichnissen Bodemanns, für den Zeitraum 1678 bis 1716 so gut wie vollständig sein dürfte.

Ein grundsätzlicher Wandel der Quellenlage vollzog sich mit Beginn des 20. Jahrhunderts. Einmal, indem der Zugang zu den Werken von Leibniz' Zeitgenossen, wie z.b. Christian Huygens, Isaak Newton oder Christian Wolff, durch neue Editionen erleichtert wurde. Den entscheidenden Impuls gab dann die auf dem ersten Kongreß der *Internationalen Assoziation der Akademien* 1901 in Paris vorgetragene Anregung für eine historisch-kritische Gesamtausgabe und der entsprechende Auftrag an die Pariser Akademien *des Sciences* und *des Siences morales et politiques* sowie an die *Königlich Preußische Akademie der Wissenschaften*. Als Ergebnis der deutsch-französischen Zusammenarbeit sehen wir wiederum zwei Kataloge[50], die den Nachlaß des Gelehrten für die Jahre 1646 bis 1676 verzeichnen und somit die Zeit vor Hannover überschaubar machen.

Obwohl dieses große Vorhaben einer interakademischen Leibniz-Ausgabe, das nach über zwei Jahrhunderten Leibniz' Geist und seine Idee einer weltweiten, von den gelehrten Gesellschaften getragenen *République des Lettres* widerspiegelt, durch den ersten Weltkrieg schon sehr bald wieder zerstört wurde, so war doch ein respektabler Anfang gemacht, zumal sich die Berliner *Akademie der Wissenschaften* auch weiterhin um eine Erschließung der Leibnizschen Hinterlassenschaft bemühte.[51] Mit den von Paul RITTER, Erich HOCHSTETTER und Willy KABITZ bearbeiteten Bänden, die den *Allgemeinen, politischen und historischen Briefwechsel* von 1668 bis 1683, den philosophischen bis 1685, die politischen Schriften von 1667 bis 1676 und die philosophischen von 1661 bis 1671 enthalten, war der Grundstein gelegt für die bis 1989 von den zwei deutschen Staaten gemeinsam geförderte Edition von Leibniz' *Sämtlichen Schriften und Briefen*. Die gegenwärtig in (Ost-) Berlin, Hannover und Münster in Zusammenarbeit entstehende sog. *Akademieausgabe* darf auf circa siebzig Bände veranschlagt werden; nur sechsundzwanzig liegen jedoch bisher vor.[52]

Lange bevor die Akademieausgabe aus der Taufe gehoben wurde, haben sich bereits seit den ersten Jahrzehnten des 18. Jahrhunderts vor allem Historiker und Bibliothekare wiederholt darum bemüht, Leibniz' Briefe und Schriften der Öffentlichkeit zugänglich zu machen. Ganz besondere Erwähnung verdienen in diesem Zusammenhang neben den Leibniz-Nachfolgern in der Königlichen Bibliothek zu Hannover J.D. GRUBER (1745) und G.H. PERTZ (1843-47) die Gymnasialprofessoren C.I. GERHARDT (1849-63) und O. KLOPP (1864-84), der französische Philosophie- und Literaturhistoriker L.A. FOUCHER de CAREIL (1859-75) und nicht zuletzt L. DUTENS, dem wir die erste "Gesamt"ausgabe der Werke von Leibniz verdanken.[53]

DUTENS, ein einer alten französischen protestantischen Adelsfamilie entstammender "homme des Lettres", der sich seinen Lebensunterhalt vornehmlich als Privatlehrer oder als Gesellschafter an verschiedenen Höfen Europas verdiente, kann weder als wirklicher Leibniz-Anhänger noch aus heutiger Sicht als Gelehrter eingestuft werden. Und doch ist ihm hier als Außenseiter gelungen, was vor ihm anerkannte Fachleute, wie etwa Leibniz' Sekretär J.G. ECKHART oder der Historiograph des Leibnizianismus C.G. LUDOVICI vergeblich versucht hatten. Er trat, obwohl er in Deutschland kaum Unterstützung für sein Projekt erhalten hatte, 1768 mit einer sechsbändigen Leibniz-Edition hervor, auf deren Mängel zwar vielfach hingewiesen worden ist, mit der sich jedoch in Bezug auf Vollständigkeit und Vielseitigkeit der zu behandelnden Themen keine der bisher vorgelegten Sammlungen messen konnte.[54]

Angesichts der überdimensional umfangreichen Hinterlassenschaft des Philosophen und des frühen Zeitpunktes mußten diese ersten Versuche zu Gesamtausgaben freilich Stückwerk bleiben. Doch mögen die genannten Quellenpublikationen auch lückenhaft und in mancher Hinsicht ungenau sein, so kann in der Leibniz-Forschung dennoch bis heute nicht völlig auf sie verzichtet werden.

Darüber hinaus stehen neben in selbstständigen Abhandlungen veröffentlichten Einzelfunden eine Reihe von älteren wie neueren Editionen zur Verfügung, die spezifischen thematischen Gesichtspunkten gewidmet sind.[55]

Ungeachtet seiner unzähligen brieflichen Äußerungen und Vorschläge zur Wissenschaftsorganisation sind Leibniz' Vorlagen zu Akademiegründungen, d.h. seine Sozietätspläne im engeren Sinn, im wesentlichen bekannt und an verschiedenen Stellen bereits gedruckt worden.

Als erstes einschlägiges Schriftstück, das wir als eigenständigen Sozietätsplan bezeichnen wollen, wurden die *Unvorgreifflichen Gedancken*[56] schon kurz nach dem Tod ihres Verfassers von dessen Adlatus J.G. ECKHART veröffentlicht.[57] Eckhart entsprach damit dem Wunsch seines verstorbenen Dienstherren[58], brachte jedoch das Konzept noch nicht in Verbindung mit der Etablierung einer Akademie oder einer Art Sprachgesellschaft, obgleich dieser Aspekt im ursprünglichen Titel ausdrücklich festgehalten ist.[59] Er setzte es vielmehr in den Rahmen etymologischer und philologischer Erörterungen von Leibniz und dessen Korrespondenten. In der Folgezeit wurde diese Handschrift dagegen zunehmend in den sozietätsspezifischen Kontext, mitunter auch in direkten Bezug zu Leibniz' Initiativen hinsichtlich der 1700 in Berlin gegründeten Sozietät der Wissenschaften gebracht. Erst in jüngster Zeit konnte schließlich schlüssig nachgewiesen werden, daß ihre älteste Fassung in direktem Zusammenhang mit Leibniz' Bemühen um die Stiftung einer deutschen Sprachgesellschaft in Wolfenbüttel (1696/97) steht.[60]

1768 hat Louis DUTENS die von Eckhart publizierten *Etymologischen Sammlungen* und damit auch die *Unvorgreifflichen Gedancken* erstmals im Rahmen einer "Gesamt"ausgabe von Leibniz' Werken veröffentlicht.[61] Entgegen seiner Gepflogenheit, deutsche Texte des Philosophen, z.T. ohne Hinweis, ins Lateinische oder Französische übersetzt zu edieren, hat der Genfer Herausgeber die sprachliche Bedeutung dieses Manuskripts richtig eingeschätzt und auch das deutsche Original wiedergegeben.

Die von Leibniz in Mainz entworfenen Pläne zur Neuorganisation des Buchwesens im Reich und das daran anschließende Projekt zu einer *Societas eruditorum Germaniae* wurden zunächst von Onno KLOPP (1864) publiziert, circa fünfzig Jahre später in die Akademieausgabe, teilweise mit neuer Datierung, wiederaufgenommen.[62] Eingedenk ihres Charakters als Keimzelle aller folgenden Akadmievorhaben des Philosophen[63] fanden die Vorlagen von 1670 (Mainzer Bücherkommissariat) und von 1671 (Sozietät der Wissenschaft in Mainz) auch in HARNACKS umfangreicher Quellensammlung[64] zur Entstehung der Berliner Akademie ihren Platz. Eine deutsche Übersetzung des Konzepts von 1668 für einen *Nucleus librarius Semestralis*, ein dem französischen Vorbild nachempfundenes deutsches *Journal des Savants*, das den Ausgangspunkt für die genannten Entwürfe darstellt, hat schließlich Hans WIDMANN[65] in einer selbständigen Abhandlung (1962) zugänglich gemacht.

Im Gegensatz zu diesen schon relativ früh bekannt gewordenen Projekten des Gelehrten wurden seine eher utopischen Exposés zur Stiftung einer *Societas Philadelphica* bzw. *Confessionum conciliatrix*, die aus dem Jahr 1669 datieren, erst durch ihre Veröffentlichung im Rahmen der Akademieausgabe bekannt.[66] Schon vorher hatten KLOPP und nach ihm wiederum HARNACK die beiden ebenfalls noch aus der Mainzer Zeit stammenden Akademiepläne, *Grundriß* und *Bedenken*, einer breiten Öffentlichkeit zur Kenntnis gebracht.[67]

Erst durch die Arbeiten für die Herausgabe der *Sämtlichen Schriften und Briefe* ist man auch auf zwei merkwürdig anmutende, für Leibniz scheinbar untypische Vorschläge gestoßen, die *Drôle de Pensée* und die *Relation de l'état présent de la Republique des lettres,* die er ganz offensichtlich unter dem Einfluß der Pariser Lebensatmosphäre, vermutlich 1675, zu Papier gebracht hat.[68]

Um die Edition der zahlreichen handschriftlichen Aufzeichnungen, die Leibniz' Akademiegedanken in Beziehung zu seinen Vorstellungen von einer Enzyklopädie und Universalsprache setzen, haben sich neben dem unermüdlichen Onno KLOPP vor allem Louis COUTURAT (1903) und Carl I. GERHARDT (1890) verdient gemacht.[69] Im Rahmen ihrer Ausgaben, die vorwiegend Aufsätze sowie Briefe logischen, philosophischen und mathematischen Inhalts umfassen, wurden u.a. auch die ordensähnlich konzipierten Sozietätsentwürfe bekannt.[70] Die *Consultatio*, eine sehr ausführliche Schrift aus dem Jahr 1679, die eine zu errichtende naturforschende Gesellschaft beschreibt, und der Leibniz bereits eine recht aufschlußreiche Liste potentieller Mitglieder beifügte, finden wir wiederum bei KLOPP, des weiteren bei FOUCHER de CAREIL und HARNACK.[71] Der von der *Akademie der Wissenschaften (der ehemaligen DDR)* 1986 vorgelegte dritte Band der *Politischen Schriften* von Leibniz ermöglicht nun eine Zusammenschau dieser großartigen, meist sehr umfangreichen Abhandlungen, die sämtlich eine Organisation wissenschaftlicher Forschung und Zusammenarbeit mit dem Ziel einer *Encyclopaedia Universalis* fordern. Neben den bereits an anderen Stellen publizierten Schriften enthält dieser

Band ein inhaltlich wie zeitlich verwandtes, doch bislang noch völlig unbekanntes Konzept, das *Consilium de Scribenda Historia Naturali*.[72]

Obwohl die Sozietätspläne, die wir der eben genannten Gruppe zuordnen, ausnahmslos in Hannover angefertigt wurden, läßt sich ihr Adressat nicht mit absoluter Sicherheit feststellen. Ohne jeden Zweifel waren dagegen Leibniz' Vorschläge zur Organisation der Wissenschaft im Zusammenhang mit technischen Neuerungen, z.B. im Harzbergbau, oder in Verbindung mit Empfehlungen zur Verbesserung des Bibliotheks- und Archivwesens für den jeweils regierenden Herzog von Braunschweig-Lüneburg bzw. Kurfürsten von Hannover, später auch für Herzog Anton Ulrich von Wolfenbüttel bestimmt. Eigenständige und besonders ausgewiesene Entwürfe zur Stiftung von Akademien existieren hierzu allerdings nicht; die entsprechenden Anregungen des Philosophen müssen seinem Briefwechsel mit Vertretern des hannoverschen bzw. wolfenbüttelschen Hofes sowie mit seinen herzoglichen Dienstherren entnommen werden; dieser ist mittlerweile bis zum Jahre 1697 vollständig in der Akademieausgabe ediert.[73]

Während die *Unvorgreifflichen Gedancken* schon sehr früh bekannt geworden waren, ist man auf die wesentlich früher datierte *Ermahnung* erst relativ spät gestoßen; GROTEFEND hat sie erstmals 1846 veröffentlicht.[74] In dem vermutlich 1679 abgefaßten Konzept, das ebenfalls die Notwendigkeit und die Möglichkeiten zur Reinigung der deutschen Sprache aufzeigt, wird bereits eine zu diesem Zweck zu etablierende Gesellschaft diskutiert. Meist zusammen mit den *Unvorgreifflichen Gedancken* und in selbständigen Abhandlungen haben sich in der Folgezeit vornehmlich Philologen der *Ermahnung* angenommen.[75] Im Rahmen der Akademieausgabe wurde sie schließlich 1986 allgemein zugänglich.[76]

Die Kenntnis von Leibniz' Anregung zu einer "teutschen Gesellschaft" in Wolfenbüttel haben wir dem ehemaligen hannoverschen Bibliothekar Eduard BODEMANN zu verdanken, der zwei entsprechende Briefe des Philosophen ausfindig machen konnte.[77]

Zwei weitere Schreiben aus diesem Kontext hat man erst unlängst entdeckt und in den dreizehnten Band der Akademieausgabe (1987) aufgenommen. Sie geben dem Vorhaben des Philosophen eine neue Dimension. Engstens verbunden mit den *Unvorgreifflichen Gedancken* sollte die in Aussicht genommene Sprachgesellschaft demnach Teil eines umfassenden Kulturprogramms sein, das Leibniz in den Jahren 1696/97 für das Herzogtum Wolfenbüttel entwickelte.[78]

Das erste konkrete Projekt einer *Sozietät der Wissenschaften in Berlin*, das den Gelehrten mindestens ein Jahrzehnt beschäftigt hatte, ehe es 1700 endlich zur Verwirklichung kam, wurde 1745 publik durch einen von J.E. KAPP[79] mitgeteilten Brief; die einschlägigen Denkschriften und Korrespondenzen haben später KLOPP und HARNACK in größerem Umfang veröffentlicht.[80] Die Edition in den Briefreihen der Akademieausgabe hat dagegen gerade einmal die ersten Anfänge der Berliner Sozietätsgründung erreicht. Gleichwohl sind Leibniz' Briefwechsel mit den Brüdern Jablonski, Frisch sowie mit den Königinnen Sophie Charlotte und Sophie Dorothea bereits an anderen Stellen publiziert.[81] Doch erst 1993 wurde von BRATHER[82] eine mit aufschlußreichen Einführungen und Anmerkungen angereicherte Sammlung ausgewählter Quellen zur Geschichte der Berliner Sozietät der Wissenschaften 1697 - 1716 vorgelegt, die die Bedingungen, Möglichkeiten und Grenzen, unter denen sich deren Gründung und Anfänge vollzogen haben, hervortreten läßt. Brather hat sich dabei vor allem auch um die Erschließung der Akten des Zentralen Archivs der Berliner Akademie der Wissenschaften und anderer Berliner Zentralbehörden verdient gemacht.

Hinsichtlich Leibniz' Initiativen zur Stiftung einer *Kaiserlichen Akademie in Wien* waren es wiederum KLOPP und FOUCHER de CAREIL[83], die seine Konzepte, Denkschriften und Briefe zusammengestellt haben.

Eine größere Sammlung von Manuskripten, die die Gründung einer gelehrten Gesellschaft in *Dresden* zum Inhalt haben, verdanken wir Eduard BODEMANN[84].

Ungleich reichlicher fließen die gedruckten Quellen, die Lebiniz' Rußlandinteresse sowie seine Vorschläge zur Wissenschaftsorganisation und Kultivierung des Reichs Peters des Großen dokumentieren. Nach Gustav ERNST und Moritz von ENGELHARDT (1818) sowie M.C. POSSELT (1843)[85] hat Waldemar GUERRIER 1873[86] eine mit ausführlichen Erläuterungen versehene umfassendere Edition einschlägiger Materialien vorgelegt. Bereits 1722 konnte man dank J.G. KRAUSE[87] von Leibniz' Vorliebe für die Sprachen Rußlands erfahren; denn schon zu diesem frühen Zeitpunkt hat jener in den *Neuen Zeitungen von Gelehrten Sachen* einen Auszug aus dem *Memorial von allerhand Sprachen in der grossen Tartarey* bekanntgegeben.

Soweit es angesichts der Fülle uns erhaltener, größtenteils aber noch nicht bearbeiteter Manuskripte des Gelehrten überhaupt möglich ist, eine gültige Aussage zu treffen, existiert kein - in unserem Sinne - eigenständiger Akademieplan Leibnizens, der nicht schon an irgendeiner, oft aber entlegener Stelle, mindestens auszugsweise, publiziert ist. Andererseits gibt es immer noch eine Reihe von Ergänzungsschriften zu den vier späten Sozietätsprojekten und eine stattliche Zahl noch unbekannter Briefe des Philosophen, in welchen er mit den verschiedensten Partnern seine Vorschläge zur Organisation der Wissenschaft diskutiert; sie harren nach wie vor einer kritischen Sichtung, Veröffentlichung und Kommentierung. Vor allem die in beachtlichem Ausmaß überlieferte Korrespondenz bietet in diesem Zusammenhang noch ein weites Feld, das es zu bearbeiten gilt - eine Aufgabe, die aber wohl das Engagement einer einzigen Person überfordern dürfte. Die von den Verantwortlichen des Leibniz-Archivs in Aussicht gestellte Edition, die ausschließlich Leibniz' schriftlichen Zeugnissen zu Sozietätsgründungen gewidmet sein soll[88], wird dieses Feld hoffentlich beträchtlich eingrenzen.

Da Leibniz sich sein ganzes Leben lang mit Fragen zur Wissenschaftsorganisation, insbesondere mit dem Problem der Stiftung gelehrter Gesellschaften beschäftigt hat, sich hier zudem seine unterschiedlichsten Vorstellungen von der Gestaltung des menschlichen Lebens schlechthin wiederfinden, gilt jedoch ähnlich wie für die noch ausstehende Leibniz-Biographie: vor Abschluß der Akademieausgabe von Leibniz' *Sämtlichen Schriften und Briefen* wird es kaum möglich sein, eine in jeder Hinsicht vollständige und gesicherte Gesamtdarstellung seiner Sozietätspläne vorzulegen.

II VORAUSSETZUNGEN UND GRUNDLAGEN

1. G.W. Leibniz - ein biographischer Überblick

Der Vorwurf ausländischer Historiker, "man folge in Deutschland noch zu oft einer konventionellen biographischen Form der Darstellung"[1], die sich mit narrativer Ereignisgeschichte bzw. chronologischer Aneinanderreihung von Lebensdaten und -stationen historischer Persönlichkeiten begnügt, trifft im besonderen Maße auch auf die Leibniz-Forschung zu. Die meisten vorliegenden Lebensbeschreibungen des Philosophen sind älteren Datums, basieren also auf einem nur geringen Teil des vorhandenen Quellenmaterials und sind zudem methodisch überholt.[2] Aber auch einschlägige Versuche aus neuerer Zeit konnten den Anforderungen an eine moderne wissenschaftliche Biographie, die den individual- und sozialpsychologischen Aspekt gleichermaßen berücksichtigen sollte, bisher nicht gerecht werden.[3]

Der Grund für dieses Defizit liegt jedoch nicht nur in der unüberschaubaren Fülle von Schriften, Korrespondenzen und Gesprächsaufzeichnungen, die Leibniz seiner Nachwelt hinterlassen hat, sondern einmal mehr in der Art dieser schriftlichen Zeugnisse. Denn sie sind meist mit Rücksicht auf bestimmte Personen bzw. auf den jeweiligen Adressaten, mindestens aber auf seine Zeit abgefaßt.[4] So hat Ludwig Feuerbach den Philosophen schon vor einhundertfünfzig Jahren treffend "als das treue Ebenbild seiner Monade" charakterisiert, "deren Wesen es ist, alle anderen Wesen idealiter zu enthalten, in sich abzuspiegeln, mit allen Dingen in einem idealen Verkehr und Verhältnis zu stehen".[5] Noch heute wissen und haben wir somit von Leibniz nur "was und wie er für andere war und dachte, nicht was und wie er an und für sich selber dachte".[6]

Selbst seine unzähligen Briefe vermögen uns nicht den Menschen Leibniz zu entschlüsseln. In ihrer damals weitgehenden Funktion als Ersatz für Zeitung und Zeitschrift[7] zeigen sie den Gelehrten in seinen verschiedenen Ämtern und Aktivitäten oder als brillanten Referenten philosophischer, theologischer, politischer und naturwissenschaftlicher Themen; über sein privates Leben erfahren wir kaum etwas. Dies überrascht um so weniger, wenn man sich Leibniz' Einstellung zum Wert eines Lebens erinnert:

> "Vitae magnitudo non nisi á multitudine actorum aestimari potest." Ne comptons pas les ans, les gestes font la vie", dit RONSARD, dans le Poeme sur la mort de Charles IX."[8]

So erscheint uns der Gelehrte stets als anonymer, unpersönlicher, für sein Zeitalter doch so typischer Polyhistor. Gerade diese Vielseitigkeit ist es letztlich wohl auch, die uns den Zugang zur Person Leibniz' erschwert; denn aus heutiger Sicht kann der Begriff des Universalgelehrten kaum mehr nachvollzogen werden.[9]

Die ersten Informationen über das Leben des Philosophen gibt uns dieser selbst. Seit Descartes *Le Discours de la méthode* waren Selbstdarstellungen sehr beliebt, und so hat auch Leibniz, teils in Briefen, teils in handschriftlichen Aufzeichnungen, sein Leben, wenn auch nur sehr fragmentarisch, beschrieben. Ungeachtet seiner brieflichen Äußerungen sind zwei Schriftstücke überliefert, die uns einen Eindruck von seiner Person vermitteln und Aufschluß über seinen Bildungsweg geben.[10]

Das Tagebuch, das Leibniz am 3. August 1696 in Hannover begann,

"umb Rechnung von meiner noch übrigen Zeit zu halten",

endete bereits am 21. April 1697 und ist in unserem Sinne ebensowenig ergiebig wie das in den Jahren 1680 bis 1683 geführte "Diarium"[11]; beide geben jedoch Einblick in die weitverzweigten Verbindungen, die Leibniz in Europa pflegte, und zeigen einmal mehr seine vielseitigen Interessen.

Die ersten öffentlichen Nachrichten über Leibniz verdanken wir größtenteils Menschen, die unmittelbar in seiner Nähe gelebt haben, so etwa Johann Georg Eckhart, der acht Jahre (1698 - 1706) wissenschaftlicher Sekretär bei Leibniz war, oder dem Philosophen Christian Wolff, einem seiner Schüler.[12] Gleichwohl sind diese biographischen Schriften, ebenso wie jene, die in den ersten Jahren nach dem Tode des Gelehrten noch zahlreich folgten, für die Forschung nur bedingt tauglich, zumal sie sehr lückenhaft sind.[13]

Neue Perspektiven für die Leibniz-Biographie haben erst in der zweiten Hälfte des 18. Jahrhunderts die beiden Historiker Gruber (1745) und Dutens (1768)[14] eröffnet, indem sie, wenn auch nur einen geringen Teil des Briefwechsels bzw. der Handschriften des Philosophen nach bestimmten Ordnungskriterien edierten; nur wer den literarischen Reichtum kennt, den Leibniz hinterlassen hat, kann Einblick in die Vielschichtigkeit seiner Persönlichkeit gewinnen.[15]

Gottfried Wilhelm Leibniz wurde am 21. Juni bzw. 1. Juli 1646[16] als Sohn einer Leipziger Gelehrtenfamilie geboren; sein Vater, Friedrich Leibniz, war Jurist und lehrte Zeit seines Lebens an der Universität Leipzig; achtundzwanzig Jahre lang war er Notar, seit 1635 Mitglied des großen Fürstenkollegiums und Assessor der philosophischen Fakultät, in den letzten zwölf Jahren bis zu seinem Tode 1652 Professor der Moral. Seine dritte Frau und Mutter Gottfried Wilhelms, Katharina Schmuck, war wiederum die Tochter eines angesehenen Professors der Rechte in Leipzig. So waren die besten Voraussetzungen gegeben, um auch in Leibniz schon frühzeitig wissenschaftliche Ambitionen zu wecken. Der Vater hatte allerdings nur wenig direkten Einfluß auf die geistige Entwicklung seines Filius; er starb als dieser gerade sechs Jahre alt war. Daher übte Leibniz sich bereits im Kindesalter als Autodidakt, eine Eigenschaft, die er zeitlebens beibehielt und derer er sich immer wieder gerne rühmte:

"primum quod fere essem autodidaktos"[17]

Schon in der Schule, im Alter von acht Jahren, galt er als Wunder an Gedächtnis und Urteilskraft.[18]

Eine Anekdote, die in diesem Zusammenhang von Leibniz-Biographen sowie von dem Philosophen selbst mit Vorliebe erzählt wird, behandelt die Art und Weise, wie der junge Leibniz sich der lateinischen Sprache bemächtigte - das "erfinderische Lesen".[19] Nach dem Tode des Vaters beschäftigte sich Leibniz fast ausschließlich mit Büchern, auch solchen in fremder Sprache, die ihm zunächst nur durch ihre Illustrationen den Inhalt vermittelten, bis sich allmählich auch der Sinn der Worte entschleierte; mittels dieser Dechiffrierkunst hat er sich schließlich sogar den römischen Geschichtsschreiber Livius entschlüsselt.[20]

Bereits im Alter von vierzehn Jahren war Leibniz mit den Grundprinzipien der Philosophie und der Logik so vertraut, daß er fähig war, ein Gedankenalphabet zu entwickeln; die zunächst natürlich noch unausgereifte Idee sollte später in den Plänen zu einer *Characteristica universalis* gipfeln.

Ostern 1661 begann Leibniz in seiner Vaterstadt Leipzig zunächst das Studium der Philosophie und erwarb vier Semester später den Grad eines Baccalaureus. Am 9. Juni 1663 verteidigte er schließlich unter Jakob Thomasius, einem seiner Lehrer an der philosophischen Fakultät, den er sehr geschätzt und zu dem er sich immer ein freundschaftliches Verhältnis bewahrt hat, seine erste philosophische Schrift: *De principio individui*, über das Verhältnis von Sein, Einheit und Individuum.[21] Damit hatte Leibniz sich eine der schwierigsten und umfassendsten Streitfragen der Scholastik zum Thema gewählt, die Hauptkontroverse zwischen Realismus und Nominalismus, und sich für letzteren entschieden.[22] Dieser ersten Abhandlung sollten noch weitere folgen, so z.B. die *Theodizee*, der *Cours de métaphysique* und die *Monadologie*, um nur die bekanntesten zu nennen.[23]

Nach Abschluß seiner Disputatio verließ Leibniz Leipzig zum ersten Mal, um in Jena bei Erhard Weigel[24] mathematische, bei Andreas Bose historische Studien zu betreiben. Diese Zeit wurde, wie sich noch zeigen wird, überaus wichtig für seine Entwicklung, denn mit Weigel lernte er nicht nur den damals an der Jenaer Hochschule ebenso berühmten wie umstrittenen Gelehrten kennen, sondern auch jenen akademischen Lehrer, der ihn wohl am nachhaltigsten beeinflußt hat.[25]

Einmal hat Weigel seinem Schüler ein auf Verbindung von Mathematik, Physik und Philosophie gerichtetes Denken nahegebracht und damit das für diesen später so typische Streben nach Universalität wachgerufen, zum anderen lernte Leibniz durch seinen Lehrer die mit den Namen Joh. Valentin Andreae, Amos Comenius, Joh. Joachim Becher und Aug. Hermann Francke verbundene allgemeine pädagogisch-politische Reformbewegung kennen; nicht zuletzt, das sollte in diesem Rahmen nicht übersehen werden, hat ihm Erhard Weigel die ersten Anregungen zu seinen Akademieplänen gegeben. Allerdings hatte diese Interessenidentität neben inhaltlichen Differenzen offensichtlich auch ein Konkurrenzdenken zur Folge, das in späteren Jahren, zumindest zeitweise, den Kontakt beider Gelehrter gänzlich abbrechen ließ.[26] Leibniz' sachliche Kritik an der pädagogischen Konzeption Weigels, respektive seinen Sozietätsplänen, richtete sich insbesondere gegen deren mangelnde Praxisbezogenheit.[27]

Gleichwohl wurde er selbst Mitglied der von Weigel in Verbindung mit Andreas Bose geleiteten *Societas Quaerentium*[28]; diese Gesellschaft stellte jedoch weniger eine Akademie moderner Prägung dar, als vielmehr einen den humanistischen nicht unähnlichen universitären Diskussionszirkel, in dem sich Professoren und Studenten einmal wöchentlich trafen, um neben älteren Werken vorwiegend Neuerscheinungen des Büchermarktes zu besprechen.

Aber noch in anderer Hinsicht wurde Jena entscheidend für die weitere Entwicklung des Philosophen, denn immerhin begann Leibniz hier im August 1663 sein eigentliches Berufsstudium der Jurisprudenz. Neben der familiären Vorausbestimmung[29] dürfte der Grund für die Wahl dieser Fachrichtung nicht zuletzt die Erkenntnis gewesen sein, daß er als "Bürgerlicher" nur als Theologe oder Jurist öffentlich wirksam werden konnte;[30] und öffentlich zu wirken, d.h. in Leibnizscher Diktion, dem allgemeinen Wohl zu dienen, war und blieb ihm immer oberstes Prinzip. Schon in so jungen Jahren hatte Leibniz also zu seiner künftigen Lebensdevise gefunden.[31]

Als sich Leibniz, der im Oktober 1663 wieder nach Leipzig zurückgekehrt war, 1664 den Grad eines *magister artium* und 1665 den eines *baccalaurius juris* erlangt hatte, im Herbst 1666 an der Universität seiner Heimatstadt um die Promotion zum Doktor beider Rechte bewarb, mit dem Ziel, in die Juristische Fakultät aufgenommen zu werden, wurde diese Bitte unter dem Vorwand, er sei noch zu jung, abgewiesen. Tatsächlich scheinen jedoch Intrigen älterer Kollegen, möglicherweise verbunden mit Vorbehalten und Skepsis gegenüber dem Weigel-Schüler Leibniz, der es wagte, die Autorität Aristoteles und der Scholastiker anzuzweifeln, der wahre Grund gewesen zu sein; jedenfalls war Leibniz' Alter von zwanzig Jahren für eine Promotion damals durchaus nicht ungewöhnlich.[32]

Immerhin hat die vereitelte Promotion, so Stammler[33], Leibniz' Laufbahn entscheidend beeinflußt - er entwickelte sich vom "kursächsischen oder Universitätsbeamten", der er vielleicht geworden wäre, zum "gelehrten Weltmanne".

Denn als Leibniz nach eigenen Aussagen, "das Werk seiner Neider" erkannt hatte, änderte er seine Pläne.[34] Noch im selben Monat begab er sich nach Altdorf und immatrikulierte sich in der Juristischen Fakultät der nürnbergischen Universität, um endlich am 15. November 1666 mit der *Disputatio de casibus perplexis in jure* zu promovieren.[35] Die Professur, die ihm aufgrund seiner glänzenden Leistung in Aussicht gestellt wurde, lehnte er freilich ab, er "hatte bei weitem Anderes im Sinn".[36] Leibniz siedelte in das nahegelegene Nürnberg über, das er erst im Herbst 1667 wieder verlassen sollte.

Das rege Kulturleben der fränkischen Reichsstadt[37] muß auf den jungen kursächsischen Gelehrten, der für alles Neue besonders aufgeschlossen war, einen außergewöhnlichen Reiz ausgeübt haben. Zweifellos hatte Leibniz in Nürnberg auch ausreichend Gelegenheit, die diversen dort ansässigen Sozietäten sowie einige ihrer Mitglieder kennenzulernen und Anregungen für seine eigenen zukünftigen Pläne zur Wissenschaftsorganisation zu sammeln.[38] Die Tatsache, daß der Gelehrte seine ersten eigenen Sozietätsvorhaben bereits in Mainz formulierte, d.h. kurz nachdem er Nürnberg verlassen hatte, bestätigt uns diese Vermutung.[39]

Er selbst wurde in Nürnberg Mitglied einer *Chymischen Gesellschaft*, die fälschlicherweise immer mit den Rosenkreuzern identifiziert wurde.[40] Laut Eckhart, der sich auf mündliche Aussagen des Philosophen beruft[41], bekam der einundzwanzigjährige Leibniz "Kundschafft von einer gewissen Gesellschaft gelehrter und anderer Männer, welche mit gesamten Rath und Hand allerley Chymische Operationen in geheim machten, und den lapidem Philosophorum finden wollten".[42] Um sich Zugang zu dem Kreis der Adepten zu verschaffen, sann Leibniz auf eine List. Nachdem er "tiefsinnige chymische Bücher" gelesen und sich ihre "obscuresten Redensarten" notiert hatte, verfaßte er, gespickt mit diesen Kenntnissen, einen Brief, "den er selbst nicht verstunde".[43] Diesen sandte er an den Direktor der vermutlich seit 1654 bestehenden alchymistischen Vereinigung, der Leibniz für einen "würcklichen adeptus" hielt und ihn sogar zu seinem Sekretär ernannte.[44] Die Aufgabe des jungen Gelehrten bestand nun vor allem darin, die im Labor durchgeführten chymischen Prozesse zu registrieren und aus Werken bekannter Alchymisten zu exzerpieren.

Wie lange Leibniz Mitglied in diesem Zirkel war - vermutlich während des Winters 1666/67[45] -, ist allerdings nicht auszumachen. Und da weder über die Vereinigung selbst, noch über den Beitritt des Philosophen Originalquellen erhalten sind, werden die tatsächlichen Vorgänge in ihren Verflechtungen wohl auch weiterhin im Dunkeln bleiben.[46] Jedenfalls muß Leibniz' Verhältnis zur Alchymie im Laufe der Jahre ein anderes geworden sein:

> Mich hat Nürnberg zuerst in chemische Studien eingeweiht, und es reut mich nicht, in der Jugend gelernt zu haben, was mich als Mann vorsichtig werden ließ. Denn später bin ich oft zu derartigen Studien gedrängt worden, weniger aus eigenem Antrieb als aus dem der Fürsten, bei denen ich Zutritt hatte. Auch ließ ich es nicht an Neugier fehlen, hielt sie jedoch durch die gebotene Kritik in Grenzen. Ich habe gesehen, wie (Johann Joachim) Becher und andere mir sehr bekannte Leute Schiffbruch erlitten, während sie mit dem günstigen Winde ihrer Alchemistenträume zu segeln glaubten."[47]

Dennoch kann die Bedeutung, die der einjährige Aufenthalt in der fränkischen Reichsstadt für die Entwicklung des jungen Gelehrten hatte, nicht hoch genug eingeschätzt werden.

Einmal wurde in Nürnberg Leibniz' Interesse für die Chymie geweckt, das sich bald auf die Naturwissenschaften im allgemeinen und ihre praktische Anwendung im Bereich der Technik ausdehnen sollte.[48] Zum anderen machte er hier die Bekanntschaft von Johann Michael Dilherr und Daniel Wülfer, zwei damals berühmten Theologen, die als Vertreter einer besonders toleranten Religiosität galten.[49] Durch sie dürfte Leibniz' irenische Grundhaltung und sein auf Ausgleich der Konfessionen gerichtetes Streben wesentlich mitgeprägt worden sein; möglicherweise wurde er durch Dilherr sogar zum ersten Mal mit dem Missionsgedanken, respektive der Idee einer protestantischen Heidenmission konfrontiert.[50]

Die in der Literatur fast einhellig vertretene Meinung, Leibniz habe in Nürnberg auch seinen späteren Förderer Johann Christian von Boineburg[51] kennengelernt, verweist Kurt Müller dagegen in das Reich der Legende.[52] Sehr wahrscheinlich hatte der damals ebenso berühmte wie umstrittene Kurmainzische Staatsmann schon durch seinen Korrespondenten Dilherr von der glänzenden Promotion des Leipziger Gelehrten gehört; zusammengetroffen sind Boineburg und Leibniz jedoch erst in Frankfurt.[53]

Von Frankfurt aus, das eigentlich nur Zwischenstation auf dem Weg nach Holland sein sollte, machte Leibniz einen Abstecher in das nahegelegene, von Kurfürst Johann Philipp von Schönborn regierte Erzbistum Mainz; dort begann er schließlich auch im Frühjahr 1668 seine berufliche Laufbahn.[54]

Schon einige Monate vor seinem Amtsantritt in Mainz hatte Leibniz dem Erzbischof seine *Nova Methodus discendae docendaeque jurisprudentiae* gewidmet und damit offensichtlich großen Eindruck gemacht.[55] Denn Schönborn, der selbst eine Reform des Gesetzbuches wünschte und dem Hofrat Hermann A. Lasser einen entsprechenden Auftrag bereits erteilt hatte, gab dem jungen Leipziger Juristen die Möglichkeit, an diesem Werk mitzuarbeiten. Jedoch erst 1670 fand Leibniz, nicht zuletzt dank seines Mäzens Johann Christian von Boineburg[56] eine feste Anstellung am Oberappellationsgericht in Mainz. Bis Anfang 1673 blieb der Protestant Leibniz am Hofe des katholischen Kurfürsten und Erzbischofs und hatte in Mainz ausreichend Gelegenheit, eine äußerst tolerante Form des Katholizismus zu erleben.[57]

Dies war für den Juristen Leibniz Grund genug, erstmals auch zu theologischen Streitfragen schriftlich Stellung zu nehmen. Aus der Mainzer Zeit stammen immerhin die beiden Abhandlungen *Confessio naturae contra Atheistas*[58] und *Defensio Trinitatis per nova reperta logica*[59], von welchen erstere in kirchlichen Kreisen große Beachtung fand.

Auf Geheiß Boineburgs, dessen Stellung am Hofe schwankend war, nahm der Gelehrte sich zunehmend politischer Probleme an; nicht immer ging er dabei konform mit den Ansichten seines Dienstherrn. Gleich seine erste unter dem Pseudonym Georgius Ulicovius Lithuanus verfertigte Flugschrift *Specimen demonstrationum politicarum pro eligendo rege Polonorum...*[60], in der er entschieden für die Kandidatur des Pfalzgrafen Philipp Wilhelm von Neuburg bei der polnischen Königswahl eintrat, fand nicht die Zustimmung Schönborns; dieser hatte sich eindeutig für den Herzog Karl von Lothringen ausgesprochen. Doch ungeachtet der Fehlschläge, die Leibniz auch in Zukunft immer wieder hinnehmen mußte, war er unermüdlich bestrebt, in das politische Zeitgeschehen einzugreifen. Sein Scheitern als politisch Handelnder führt Haase schließlich auf den kurmainzischen Politiker Boineburg zurück, der den knapp Zwanzigjährigen in eine völlig falsche Richtung gedrängt habe, "nämlich in die Richtung des kleinstaatlichen Pläneschmiedes und Allerweltspolitikers ohne wirklichen politischen Einfluß".[61]

Etwas mehr Erfolg sollte dem Philosophen auf jenem Gebiet beschieden sein, dem er sich ebenfalls während seines Mainz-Aufenthaltes intensiv und beharrlich zu widmen begann, der Wissenschaftsorganisation. In den Jahren 1668 bis 1672 entstanden seine ersten Sozietätspläne, die es im folgenden zu untersuchen gilt.

Nicht zuletzt konnte Leibniz von Mainz aus, nur zu oft durch die Vermittlung Boineburgs, den Grundstock für seine umfangreiche und vielseitige Korrespondenz legen.[62] So z.B. auch mit den wissenschaftlichen Akademien in London und Paris, denen er 1671 mit beachtlichem Erfolg seine ersten zwei Schriften zur Dynamik übersandte.[63] Bereits ein Jahr später hatte Leibniz Gelegenheit, beide Institutionen und verschiedene ihrer Mitglieder persönlich kennenzulernen; dies sollte nicht ohne Einfluß auf seine späteren Projekte zur Organisation der Wissenschaft bleiben.

Um Ludwig XIV. seinen *Ägypten-Plan* zu überreichen[64] und im persönlichen Auftrag Boineburgs war Leibniz Ende März 1672 nach Paris, dem geistigen Zentrum Europas, gekommen, das er selbst einmal als "la plus sçavante (...) (et) la plus puissante ville de l'univers"[65] bezeichnete. Leibniz' politisches Projekt war von Anfang an zum Scheitern verurteilt; sehr wahrscheinlich wurde sein Ägyptischer Plan dem französischen König nicht einmal vorgelegt.[66] Vor allem aber mußte der Gelehrte die Erfahrung machen, daß die französischen Wissenschaftler, ihm, dem Deutschen, zunächst eher skeptisch begegneten. Das ganze Mißtrauen der französischen Gelehrtenwelt gegen die rückständige deutsche Wissenschaft trat ihm entgegen.[67]

> "Paris est un lieu, où il est difficile de se distinguer: on y trouve les plus habiles hommes du temps, en toutes sortes des sciences, et il faut beaucoup de travail, et un peu de solidité, pour y establir sa reputation."[68]

Gleichwohl konnte er hinsichtlich seiner Pläne zu Sozietätsgründungen wichtige Erkenntnisse mit auf den Weg nehmen. Zum einen bestätigen die neuen wissenschaftlichen Gesellschaften in Paris[69] dem späteren Gründer der ersten staatlichen Akademie auf deutschem Boden, daß sich durch das Zusammenwirken vieler eine neue Form wissenschaftlichen Arbeitens eröffnete, die sowohl den Ansprüchen der Zeit als auch den Aufgaben für die Zukunft gerecht wurde. Darüber hinaus zeigten sie, wie eng wissenschaftliche Forschung und ökonomischer Nutzen miteinander verknüpft waren; zweifellos fand Leibniz in Paris endgültig zu seinem Nützlichkeitsprinzip. Und schließlich stärkten sie seine Überzeugung, daß allgemeiner Fortschritt nur möglich sein konnte durch den Abbau dogmatischer Glaubensvorschriften und absolute Freiheit zur wissenschaftlichen Fragestellung, d.h., indem die Unvereinbarkeit von christlicher Offenbarung und rationaler Erkenntnis überwunden würde.[70]

Jedoch erst im Jahre 1699 wurde Leibniz die Ehre zuteil, selbst Mitglied in der *Académie des Sciences* zu werden.[71]

Auch seinen ersten Aufenthalt in London im Januar 1673 hatte Leibniz seinem Förderer in Mainz zu verdanken; denn auf Anraten Boineburgs wurde der junge Gelehrte einer offiziellen Gesandtschaft unter Melchior Friedrich von Schönborn zugeteilt, die die Aufgabe hatte, Friedensverhandlungen zwischen England und den Niederlanden zu führen. Blieb der politische Erfolg auch aus, so hatte Leibniz in der britischen Hauptstadt wiederum den persönlichen Nutzen, diverse Mitglieder der *Royal Society* kennenzulernen.

Anders als in Frankreich wurde er hier gleich zu Anfang vorbehaltlos aufgenommen und man gab ihm zudem Gelegenheit, die von ihm konstruierte Rechenmaschine in einer Sitzung der Sozietät vorzuführen.[72] Im Gegensatz zu Paris, wo er sein Modell - allerdings nur auf dem Papier - bereits gezeigt hatte, machte seine Demonstration in London großen Eindruck; nur wenige Monate später wurde Leibniz in die Akademie aufgenommen. Damit konnte er endlich seine erste wissenschaftliche Ehrung entgegennehmen.

Im Dezember 1672, noch während er in Paris weilte, hatte sich, bedingt durch den Tod Boineburgs, seine endgültige Trennung von Kurmainz angekündigt; als kurze Zeit darauf, im Februar 1673, auch Johann Philipp von Schönborn verstorben war, begannen sich unter dessen Nachfolger die Verhältnisse für Leibniz so zu gestalten, daß er nicht mehr in seine Stellung zurückkehren wollte. Kurfürst Lothar Friedrich von Metternich scheint auch wenig Interesse gezeigt zu haben, den großen und damals schon international anerkannten Gelehrten weiterhin an seinen Hof zu binden.

Festzuhalten bleibt, daß Leibniz' Entscheidung, in Kurmainz seine erste Stellung anzutreten, sicherlich nicht nur auf Boineburg zurückzuführen ist, sondern vielmehr auf sein mit den Jahren immer stärker zu Tage tretendes Bedürfnis, im öffentlichen Leben eine Rolle zu spielen. Kurfürst Johann Philipp von Schönborn, der im Reich wie alle Mainzer Erzbischöfe traditionsgemäß die Funktion des Erzkanzlers innehatte, konnte ihm in dieser Hinsicht die besten Voraussetzungen bieten. Doch trotz der zahlreichen Kontakte im In- und Ausland, auch mit politisch einflußreichen Persönlichkeiten, wie etwa Colbert, die der Philosoph als kurmainzischer Hofrat und Protegé Boineburgs knüpfen konnte, erfüllte sich sein geheimster Wunsch, als unabhängiger gelehrter Staatsmann tätig zu werden, nicht. Er sah sich vielmehr aufgrund seiner finanziellen Situation gezwungen, die Laufbahn eines Fürsten- bzw. Staatsdieners einzuschlagen.

Nachdem Leibniz vorübergehend arbeitslos und in Geldnöten gewesen war und sich seine Hoffnungen auf "ein gewißes amt oder charge (...), so zu verkauffen"[73] in Paris zerschlagen hatten, nahm er das Angebot Herzog Johann Friedrichs an, dem er sehr wahrscheinlich bereits im Oktober 1671 in Frankfurt begegnet war.[74] So begab er sich schließlich Ende November 1676 nach Hannover, das für den Rest seines Lebens Wohn- und Arbeitsort werden sollte.[75] Die Anstellungsverhandlungen hatten sich über drei Jahre hingezogen[76], und fast scheint es, als habe sich der nunmehr dreißigjährige Gelehrte nur den äußeren Zwängen folgend zugunsten Hannovers entschieden.[77]

Ungeachtet dessen fand Leibniz in dem zum katholischen Glauben konvertierten Herzog Johann Friedrich einen nicht nur äußerst toleranten, sondern auch vielseitig interessierten und gebildeten Dienstherren, der für die unzähligen Pläne und Projekte des Philosophen immer ein offenes Ohr hatte, wenngleich er in derartigen Mitteilungen wohl "mehr die neuesten Zeitungen von gelehrten Sachen als den Ausdruck einer nach Verwirklichung strebenden Absicht" erblickte.[78] Immerhin gab man Leibniz Gelegenheit, die von ihm entwickelte *Windkunst* in den Harzbergwerken zu erproben; seine für Hannover entworfenen Akademiepläne blieben dagegen weitgehend ohne Resonanz.[79]

Seinen eigentlichen Dienst in Hannover begann der Gelehrte als Rat und Bibliothekar; bald wurde er wirklicher Hofrat und war somit dem Vizekanzler und Chef der Justizkanzlei Ludolf Hugo unterstellt. Aber schon 1678, d.h. nur ein Jahr nach seiner offiziellen Anstellung, wurde Leibniz persönlicher Berater Johann Friedrichs. Das von nun an besonders enge Verhältnis zum Herzog verlieh ihm trotz seiner bürgerlichen Abstammung zweifellos eine exponierte Stellung innerhalb der vorwiegend adeligen Hofgesellschaft.[80]

Weniger herzlich gestaltete sich dagegen die Verbindung zu Ernst August, dem Bruder und Nachfolger des am 28. Dezember 1679 verstorbenen Johann Friedrich. Denn der ehemalige protestantische Fürstbischof von Osnabrück, der als "glänzender Barockfürst" in die Geschichte einging, war vor allem um das Ansehen und die Geltung seiner Dynastie bemüht, an wirklichem Interesse und Verständnis für die Künste und Wissenschaften fehlte es ihm hingegen.[81] Ganz im Gegensatz zu seiner Gemahlin, Sophie von der Pfalz, die zu den gebildetsten Frauen ihres Zeitalters gehörte; sie wußte die umfassende Gelehrsamkeit eines Leibniz sehr wohl zu schätzen und blieb diesem Zeit ihres Lebens eine aufrichtige Freundin.[82]

Trotz allem sollten die Regierungsjahre Ernst Augusts zur "Glanzzeit in Leibnizens Leben" werden.[83]

Einmal verhalfen ihm die verwandtschaftlichen Verbindungen des Herzogpaares, die Ernst August durch entsprechende Heiratspolitik geschickt zu erweitern wußte, zu neuen freundschaftlichen Beziehungen mit den einflußreichsten und angesehensten Fürsten im Reich.[84] Zum anderen fand er endlich günstigen Boden für seine politischen Ambitionen. Denn das nur geringe Verständnis des neuen Dienstherrn für seine verschiedenartigsten Reformpläne wurde aufgewogen durch die Möglichkeit, die jener ihm bot, an der Erreichung konkreter landespolitischer und dynastischer Ziele mitzuwirken. So hatte Leibniz nun vor allem die Aufgabe, die geheimen Räte bei der juristischen Legitimierung der Staatsgeschäfte zu unterstützen und die politischen Ansprüche des Herzogs historisch-urkundlich zu begründen.[85] In diesem Zusammenhang bleibt es zweifellos Leibniz' Verdienst, die hannoversche Erbfolge in England juristisch-historisch vorbereitet zu haben.

Mit dem herzoglichen Auftrag, eine quellenmäßige Geschichte des Hauses Braunschweig-Lüneburg abzufassen[86], der ihm mit den Jahren zunehmend zur Last werden sollte, begann für den Philosophen zunächst jedoch eine äußerst vielversprechende Phase in seinem Leben. Denn die erforderlichen Archivforschungen, vornehmlich im süddeutschen und italienischen Raum, rechtfertigten fortan seine häufige Abwesenheit von Hannover, gaben ihm so sicherlich auch das Gefühl relativer Unabhängigkeit und ermöglichten es ihm zudem, alte Bekanntschaften wieder aufzufrischen und neue zu schließen. Fast drei Jahre lang, vom Oktober 1687 bis Juni 1690, befand Leibniz sich ausschließlich auf Reisen.[87]

In den diversen italienischen Städten konnte sich der Gelehrte neben seiner eigentlichen historisch-archivalischen Tätigkeit ausgiebig über das wissenschaftliche Leben informieren; in Rom lernte er 1689 nicht nur die führenden Mitglieder der *Accademia del Cimento* kennen, sondern wurde selbst Mitglied einer naturwissenschaftlichen Vereinigung, der unter dem Protektorat der ehemaligen schwedischen Königin Christine stehenden *Accademia fisico-mathematica*.

Noch Jahre später äußerte er sich geradezu enthusiastisch über die Aufgeschlossenheit der italienischen Gelehrten für die moderne Naturwissenschaft. Selbst bei einigen Vertretern des geistlichen Standes, so berichtet er dem Kanzler der neugegründeten Universität Halle, Veit Ludwig von Seckendorff, habe er Unvoreingenommenheit, ja sogar Interesse für die Probleme der naturwissenschaftlichen Forschung feststellen können; das Licht der Aufklärung habe Italien durchdrungen.[88]

In Rom traf Leibniz u.a. auch mit dem Jesuitenpater Claudio Filippo Grimaldi zusammen. Der als Präsident des *Tribunale mathematicum* in Peking tätige Missionar vermittelte dem Philosophen genaueste Kenntnisse über China und die Wesensart der dortigen Jesuitenmission. Diese Unterredung verstärkte Leibniz' Interesse für Fragen des europäisch-chinesischen Kulturaustausches, was sich zunehmend auch in seinen Entwürfen zu Akademiegründungen niederschlug.[89]

Die Möglichkeit für immer in Rom zu bleiben, nahm Leibniz allerdings nicht wahr. Das Angebot, Kustos an der Bibliothek des Vatikans zu werden, lehnte er ab, da er nicht bereit war, den gleichzeitig erwarteten Glaubenswechsel zu vollziehen. Damit habe er, wie er später gegenüber seinem Briefpartner Ezechiel Spanheim bemerkte, die einmalige Chance ausgeschlagen, vielleicht sogar einmal zum Kardinal aufzusteigen. Doch er sei weit davon entfernt, "de faire ces sortes de démarches"[90]

Via "Italien" hatte Leibniz sich bereits mehrere Monate in Wien aufgehalten, das ihm als Sitz des Kaisers und durch die Vereinigung von Politik, Gelehrsamkeit und Kunst immer besonderen Anreiz bot.
Neben der Wiederaufnahme der bereits in Hannover begonnenen Reunionsverhandlungen mit Bischof Cristobal de Rojas y Spinola bemühte er sich in der kaiserlichen Residenzstadt vornehmlich um Kontakte mit einflußreichen Hofbeamten, die ihm bei der Durchsetzung bzw. Realisierung seiner verschiedenartigsten Pläne und Projekte behilflich sein konnten. Schließlich gab Kaiser Leopold I. dem Gelehrten in einer ersten Audienz Anfang November 1688 Gelegenheit, seine vielfältigen Reformvorschläge persönlich vorzutragen; zur Sprache kamen dabei zweifellos auch Leibniz' Pläne zur Gründung einer kaiserlichen Akademie der Wissenschaften, die in diesem frühen Stadium noch primär historische Zielsetzungen aufwiesen.[91] Erstmals äußerte der Philosoph auch den Wunsch, Reichshofrat zu werden.

Mit dem Regierungsantritt Georg Ludwigs im Januar 1698 begann die innere Loslösung des Philosophen von Hannover.[92] Der neue Kurfürst, der als nüchterner Diplomat galt und im wesentlichen darum bemüht war, die Interessen seines Hauses durchzusetzen, zeigte naturgemäß weder für Leibniz' umfangreiche Gelehrsamkeit noch für dessen "Projektemacherei" Verständnis. Für ihn zählte der Gelehrte vornehmlich in seiner Funktion als Historiograph und Verfasser der Geschichte Braunschweig-Lüneburgs, der aufgrund seines mittlerweile internationalen Rufes freilich auch dem Ansehen des aufstrebenden hannoverschen Hofes durchaus förderlich sein konnte. Gleichwohl mußte Leibniz wieder einmal mit Bitterkeit feststellen, daß man "bey habender reputation in der welt" von ihm "nirgend weniger staat (mache) (...) als wo ich bin".[93] Unfähig zu verstehen, daß dieses "lebendige Dictionaire"[94] seine Kenntnisse nicht schneller verarbeiten konnte, bedrängte der Kurfürst den Philosophen ständig, die Welfengeschichte endlich zu einem schnellen Abschluß zu bringen.
Diesem hingegen war seine Aufgabe immer mehr zur Belastung geworden.[95] Denn Leibniz' Anspruch an die zu erstellende Studie hatte sich im Laufe der Zeit, möglicherweise durch den Einfluß des italienischen Historikers Muratori, mit dem er korrespondierte, im Gegensatz zu dem seines Auftraggebers entscheidend geändert. Während der Kurfürst eine Geschichte zum Ruhme seiner Dynastie erwartete, die fallweise politische Ansprüche rechtfertigen sollte, stellten die schließlich im Nachlaß des Philosophen gefundenen *Annales Imperii Occidentes Brunsvicenses*[96] eine "vollständige Historie des okzidentalen Kaisertums von 768 - 1005"[97] dar. Unter diesen Voraussetzungen konnte die von Leibniz geleistete mühevolle tägliche Arbeit am hannoverschen Hofe freilich keine gebührende Anerkennung finden.

Und so nimmt es nicht wunder, daß sich das Verhältnis des Kurfürsten zu seinem Historiographen zusehens verschlechterte.

Die sich häufenden Spannungen und Mißverständnisse veranlaßten Leibniz schließlich, sich seit 1700 immer mehr nach außen zu wenden. Die zahlreichen Reisen, vor allem nach Berlin und Wien, die der Gelehrte unter dem Vorwand archivalischer Forschungen, oftmals auch ohne Erlaubnis seines Dienstherren immer wieder unternahm, trugen nicht unbedingt zur Entspannung der Lage bei:

> "Herr von Leibenitz, nach dem die Königin (Sophie Charlotte) so sehr schmachtet, ist nicht hier, (...) Fragt man ihn, woher es kommt, dass man ihn nicht sieht? So hat er stets zur Entschuldigung, dass er an seinem unsichtbaren Buche arbeitet, dessen Daseyn zu beweisen man, wie mir scheint, eben so viel Mühe haben wird, als Herr von Jaquelot sich für das der Bücher Mose giebt."[98]

Leibniz' Gehilfe Johann Georg Eckhart, den sein Biograph Hermann Leskien als maßlos ehrgeizig und intrigant charakterisiert[99], tat, nicht ohne Hintergedanken, ein Übriges, um die negativen Stimmungen bei Hofe anzuheizen.[100] Als besonderem Vertrauten Minister Bernstorffs dürfte ihm dies nicht allzu schwer gefallen sein. Schließlich war Eckhart dann auch der Nutznießer, als die Entwicklung gegen Leibniz 1713/14, nach einem weiteren unerlaubten Aufenthalt desselben in Wien, ihren Höhepunkt erreichte, und dem Philosophen kurzfristig sogar sein Gehalt gesperrt wurde;[101] 1714 wurde er vom Kurfürsten zum Historiographen ernannt.[102]

Von der kaiserlichen Residenzstadt wieder nach Hannover zurückgekehrt, hegte Leibniz trotz allem die Hoffnung, dem nach England abgereisten Kurfürsten bzw. König Georg I. in die britische Metropole folgen zu dürfen; diese erfüllte sich jedoch nicht. Georg Ludwig bestand vielmehr nach wie vor auf sofortige Fertigstellung der Geschichte seines Hauses und sprach dem Gelehrten zudem ein generelles Reiseverbot aus.

Mehr Verständnis und Entgegenkommen fand Leibniz dagegen bei Peter dem Großen, in dem er endlich einen Gleichgesinnten gefunden zu haben glaubte und dem er nach den Enttäuschungen in Hannover seine ganze Schaffenskraft widmete.[103]

Bis zuletzt hielt er auch Kontakt zum Wiener Hof, mit der Absicht, ganz in die Kaiserstadt umzusiedeln, zumal er 1712 zum Reichshofrat ernannt worden war.[104]

Der Tod vereitelte indes alle Pläne, die Leibniz noch hatte; unbemerkt von seinen Zeitgenossen starb er am 14. November 1716.[105]

Ungeachtet der Tatsache, daß Leibniz selbst kein umfassendes, in sich geschlossenes philosophisches Werk hinterlassen hat,[106] sein rationalistisch-idealistisches Denksystem vielmehr aus den verschiedensten, oftmals nur fragmentarischen schriftlichen Aufzeichnungen nachvollzogen werden muß, ist er der Nachwelt in erster Linie als Philosoph im Bewußtsein. Gleichwohl war der gebürtige Sachse zweifellos ein im besonderen Maße typischer Vertreter des barocken Polyhistorismus, der zudem mit Überzeugung das neu entdeckte Prinzip des universalen Zusammenhangs aller Wissensgebiete vertrat.

"Leibniz wußte, konnte alles," bemerkte einmal seine Zeitgenossin, Liselotte von der Pfalz.[107] Bildhafter und eindrucksvoller brachte Fontenelle in seiner kurz nach dem Tode von Leibniz in der Pariser Akademie vorgetragenen "Eloge" die enzyklopädische Vielseitigkeit dieses großen Gelehrten zum Ausdruck: "pareil en quelque sorte aux Anciens qui avoient l'adresse de mener jusqu' à huit Chevaux attelés de front, il mena de front toutes les Sciences".[108]

Von "Berufs wegen" eigentlich Jurist, wurde Gottfried Wilhelm Leibniz zu einem der führenden Mathematiker des 17./18. Jahrhunderts; ihm gelang u.a., unabhängig von Newton, wie man heute weiß, die bahnbrechende Entwicklung der Integral- und Differentialrechnung. Ebenso intensiv, wenn auch weniger spektakulär, beschäftigte er sich mit den aktuellen Problemen aus den Bereichen der Physik, Biologie, Chemie und Medizin. Die Psychologie, die sich seit Melanchthon immer deutlicher als neuer, eigenständiger Wissenszweig etablierte, bereicherte Leibniz durch die im Zusammenhang mit seiner Lehre von den Monaden entwickelte Theorie der *petites perceptions*.[109] Damit war der Gelehrte lange vor Freud zum Entdecker des Unbewußten geworden und wie mit so vielem, das seiner universalen Kreativität entsprang, seinem Zeitalter weit voraus. Als einen Experten für geographische und geologische Fragen erweist ihn nicht nur die 1749 erstmals vollständig edierte *Protogaea*[110], eine Urgeschichte der Erde. Bemerkenswert sind auch seine Hinweise auf eine systematische Methodik zur Auswertung deskriptiven Materials, die Leibniz in enger Verbindung zur Praxis konzipiert hatte, eine Methode also, die Folgerungen hinsichtlich der Agrikultur, der Ausnutzung von Bodenschätzen oder auch der Landesplanung zuließ. Die praktische Komponente seiner umfassenden Gelehrsamkeit stellte der Philosoph auf dem Gebiet der angewandten Technik unter Beweis; erinnert sei nur an die für den Harzbergbau entwickelte *Windkunst* oder etwa an die Konstruktion seiner Vierspezies-Rechenmaschine. Darüber hinaus war Leibniz Philologe, Historiker und nicht zuletzt Theologe.

Sein ganz besonderes Interesse galt aber wohl der Politik im weitesten Sinne; denn ungeachtet der persönlichen Motive, die Leibniz damit verband, sah er in ihr das Mittel schlechthin, das den allgemeinen Wohlstand und Fortschritt garantierte. Als politisch Handelnder war der Universalgelehrte freilich wenig erfolgreich, zumal sich sein politisches und diplomatisches Wirken durch Stand und Stellung auf Beratung und Publizistik beschränkte. Als Theoretiker, sei es auf wirtschafts-, sozial- oder aber kulturpolitischem Gebiet, hing ihm, nicht ganz zu unrecht, der Makel des weltfremden Projektanten an. Der politisch-soziale und kulturelle Kontext seiner Zeit ließ eine Realisierung seiner unzähligen Pläne und Ideen oft nicht zu; letztlich kann die Tragweite seines Denkens und Wirkens erst aus heutiger Perspektive entsprechend gewürdigt werden.

Brennpunkt seiner vielfältigen Anliegen waren die Akademiepläne, die es im folgenden zu untersuchen gilt. Sie spiegeln nicht nur die enzyklopädische Breite seines Wissens, sondern dokumentieren auch sein spezifisches Wissenschaftsverständnis.

Diesem entspricht einmal das Postulat der Einheit aller Einzelwissenschaften und ihrer interdisziplinären Wechselwirkung, zum anderen ihre praktische Bedeutung. Die Verbindung von Theorie und Praxis barg für Leibniz wiederum eine gesellschaftspolitische Funktion der Wissenschaften; insofern müssen auch die von ihm in Aussicht genommenen Sozietäten u.a. als gesellschaftspolitische Einrichtungen interpretiert werden.

2. Zur Situation der Wissenschaft im 17. Jahrhundert - die Entstehung von Akademien vom 15. bis zum frühen 17. Jahrhundert[1)]

> „Wir leben in einem Jahrhundert, welches von Tag zu Tag aufgeklärter werden wird, so daß alle vorangegangenen Jahrhunderte im Vergleich nur noch als die reine Finsternis erscheinen werden."[2)]

Es hat wohl kaum ein Zeitalter gegeben, das sich, ganz besonders im Bezug auf die Wissenschaften, seiner eigenen Bedeutung in so ausgeprägtem Maße bewußt war, wie das 17. Jahrhundert.[3)] Das von Pierre Bayle, einem Vertreter des französischen Phyrrhonismus, wie oben formulierte zeitgenössische Selbstverständnis kam nicht von ungefähr; immerhin vollzog sich in diesem Zeitraum die entscheidende Entwicklung der modernen Wissenschaft. So konnte denn auch der Nürnberger Gelehrte Joh. Christoph Wagenseil (1633 - 1705) an der Schwelle zum 18. Jahrhundert mit Stolz feststellen: "es wird nicht leicht einige Kunst oder Wissenschaft gennenet werden, welche nicht in diesem, nach der Geburt unseres Heylandes siebenzehenden Jahrhundert, wo nicht gar zur höchsten Vollkommenheit, doch wenigst zu einem großen Wachsthum und Aufnahme solte gebracht worden seyn".[4)]

Der Ursprung für die wohl bedeutendste Reformbewegung im Bereich des geistigen und kulturellen, respektive wissenschaftlichen Lebens Europas lag in der Renaissance, die im wesentlichen ein neues, d.h. positives Mensch- und Weltbild für sich (wieder)entdeckte. Die religiöse Weltverneinung, die noch die theologische Philosophie des Mittelalters bestimmt hatte, mußte einer bewußten Hinwendung zum Diesseits weichen. Die Natur, ihre Erscheinungsfülle sowie ihre immanente Gesetzlichkeit, und der Mensch als individuelle Persönlichkeit rückten damit wieder in den Mittelpunkt des Interesses. Sie galt es nun zu erkennen, was, wie man glaubte, nur durch Beobachtung und Anschauung möglich sein konnte. Der im Schlepptau dieser Geisteshaltung aufkommende Empirismus legte den Grundstein für ein neues Wissenschaftsverständnis ebenso wie für einen neuen Gelehrtentypus. Nicht mehr in der "Lehre", sondern in der Erforschung noch unentdeckter Wahrheiten auf der Grundlage quantitativ bestimmter Gesetzmäßigkeiten sah man nunmehr den eigentlichen Sinn; und daher durfte sich auch der Gelehrte nicht mehr wie bisher ausschließlich mit seiner Rolle als Vermittler überkommener traditioneller Lehrmeinungen begnügen. So wurden Aberglaube und pseudowissenschaftliche Spekulationen zunehmend abgelöst von dem Streben nach exakter und überprüfbarer Wissenschaft. Die Mathematik wurde zum Inbegriff und Vorbild aller wahren Wissenschaft. Ein rasch fortschreitendes Aufblühen vornehmlich der Naturwissenschaften war, insbesondere seit Galileis bahnbrechenden, experimentell und mathematisch vorgehenden Forschungen, die Folge. Das 17. Jahrhundert wurde zum Zeitalter der physikalischen, chemischen, mathematischen und astronomischen Entdeckungen.

Die aus den mathematischen Naturwissenschaften resultierende mechanische Weltanschauung verband sich schließlich mit der Einsicht, daß die Natur technisch genutzt werden konnte und mußte. Durch ihre Verwertbarkeit und ihren Charakter der Allgemeingültigkeit barg diese neue mechanische Naturerkenntnis alle Voraussetzungen in sich, zum Nutzen des Menschen eingesetzt zu werden und den allgemeinen Fortschritt zu fördern. Der Gelehrte des 17. Jahrhunderts hatte mithin also die Aufgabe, methodische Forschung zum Wohle der Menschheit zu betreiben.

Die Verpflichtung des einzelnen auf das *bonum commune* war wiederum ein Postulat des Reformationszeitalters, das zunächst in den protestantischen Gemeinwesen verwirklicht wurde, allmählich aber in die allgemeine Bildung überging.

Den neuen Ansprüchen in ihrer Kombination – methodische Forschung zum allgemeinen Nutzen –, denen Leibniz, wie noch zu zeigen sein wird, in allen seinen Plänen zur Wissenschaftsorganisation die Priorität zuweist, entsprachen die bestehenden Bildungseinrichtungen, die Universitäten, in "Deutschland" nicht. Weder die katholische noch die protestantische Hochschule[5] bot der auf Erfahrung und Experiment sich begründenden wissenschaftlichen Neubesinnung ein geeignetes Obdach; sie war – anders als heute – nur Stätte der Lehre, nicht aber der Forschung. Sie beschäftigte sich mit dem Weiterreichen traditioneller Lehrmeinungen. Und zu wenig galt hier das Bestreben, die wissenschaftlichen Ziele mit dem Nutzen für die Gesellschaft zu verbinden, Erkenntnisse in die Praxis umzusetzen, um die menschlichen Lebensbedingungen zu verbessern.

Nicht zuletzt befand sich die Universität als Institution auch aufgrund des Dreißigjährigen Krieges, der Zersplitterung des Reiches, manifestiert durch die Bestimmungen des Westfälischen Friedens und den daraus resultierenden divergierenden Interessen der einzelnen Territorien, in einer Epoche des Niedergangs; das geistig-wissenschaftliche Leben "Deutschlands" lag weit hinter dem anderer europäischer Länder, besonders dem "Italiens", Englands und Frankreichs zurück.

> "Es ist uns Teutschen gar nicht ruehmlich, daß da wir in erfindung großen theils mechanischer, natuerlicher und anderer künsten und wißenschafften die ersten gewesen, nun in deren vermehr= und beßerung die lezten seyn. Gleich als wenn unser Alt=Vaeter Ruhm gnug were den unsrigen zu behaupten."[6]

stellt Leibniz in einem seiner ersten Entwürfe fest, um der Notwendigkeit einer den neuen Forderungen adäquaten Wissenschaftsorganisation Ausdruck zu verleihen.

Die Voraussetzungen, die zur Gründung von Akademien im modernen Sinne führten, waren im 17. Jahrhundert also auch auf deutschem Boden nicht nur vorhanden, sondern geradezu zwingend.

Die Akademie als Kulturideal ist eine spezifisch abendländische Schöpfung[7]; in ihrem Begriff lebt die Erinnerung an einen der Stammväter der europäischen Wissenschaft weiter, an Plato, der ca. 385 v. Chr. mit seiner "Urakademie" einen Ort der Versammlung zum Austausch philosophischer Gedanken geschaffen hatte.[8]

Noch in der Spätantike fand die platonische Akademie zahlreiche Nachfolger, so auch in Alexandria, wo sich arabische Wissenschaft und Philosophie mit griechischem Denken verbanden und zu einem wichtigen Traditionsvermittler über Spanien für Europa wurden.[9]

Im Mittelalter waren es in Europa dann vor allem die Klöster, wo die Wissenschaften im Rahmen der christlichen Dogmen, d.h. als Töchter der Theologie gepflegt wurden.[10]

In der Renaissance und der mit dieser geistesgeschichtlichen Epoche beginnenden Säkularisierung der Wissenschaften, der Emanzipation der Vernunft, der allmählichen Befreiung des Denkens und Erkennens aus den Schranken, die der Glaube setzte, begann der Akademiegedanke wieder aufzuleben. Das durch die neugewonnene Hegemonialstellung reicher Patrizier und durch das Aufkommen fürstlicher Macht sich ausbildende Mäzenatentum unterstützte das Streben nach neuen Organisationsformen gelehrter Zusammenarbeit außerhalb der herkömmlichen Bildungseinrichtungen, auch der Kirche.[11]

Einen ersten Höhepunkt in dieser Entwicklung kennzeichnet die von Marsilio Ficino und unter dem Patronat Cosimo de Medicis um 1462 in Florenz gegründete Akademie, die wieder in unmittelbarer platonischer Tradition stand. Hier trafen sich Philosophen und Humanisten, um die Schriften Platos zu studieren, zu übersetzen und zu interpretieren. Wurzelnd im humanistischen *Symposion*, so Schalk, präludiert dieser philosophische Zirkel, in dem die *literae* mit der *honestas morum* zusammentrafen, den späteren Akademien des 16. und 17. Jahrhunderts.[12]

Neben der *Accademia Platonica* Ficinos, der wohl berühmtesten aller italienischen Vereinigungen im 15. Jahrhundert, existierten noch ca. fünfhundert andere, mehr oder weniger ernst zu nehmende, denen Dilthey allerdings eine Beteiligung an der Entwicklung des Akademiewesens und der neuzeitlichen Forschung gänzlich in Abrede stellt.[13] Das Entscheidende war jedoch, daß mit der Wiederbelebung der platonischen Philosophie im 15. Jahrhundert, vornehmlich im italienischen Kulturraum, der Begriff der Akademie zum Modewort wurde und damit auch eine inhaltliche Erweiterung erfuhr; waren es zunächst noch Humanistenzirkel, so versuchten bald Gesellschaften aller Art - Lesezirkel, Literaturkreise, ja sogar Tanz- und Fechtschulen -, mit dieser Bezeichnung ihre Bedeutung aufzuwerten. Daß auf der anderen Seite auch noch diverse Universitäten "Akademie" genannt wurden, machte den Gebrauch zusätzlich verwirrend.[14]

So war die Idee der Akademie in Europa lebendig geworden, in allgemeiner Form konnte sie sich jedoch noch nicht durchsetzen.

Auch im 16. Jahrhundert ging die Triebkraft für eine Weiterentwicklung des Akademiegedankens wieder von "Italien" aus. Die italienischen Neugründungen in dieser Zeit knüpften zwar an die Renaissancetradition an, der Akademiebegriff als solcher verlor jedoch bereits zu einem Teil seine verwirrende Ambivalenz; unter Akademien verstand man nun vornehmlich "wissenschaftliche" Zirkel auf privater Basis. Meist verbarg sich hinter dem Namen einer *Accademia* ein kleiner, geistig reger Freundeskreis oder ein einem "gelehrten Verein" unserer Tage nicht unähnliches Gebilde. Diese Gesellschaften stellten sich vor allem die Pflege der Dicht- und Redekunst, der Altertumskunde und der Geschichte zur Aufgabe.[15]

Von Bedeutung für die italienische Sozietätsbewegung des 16. Jahrhunderts wurde abermals Florenz, als sich hier nämlich im Jahre 1540 eine Gruppe von Dichtern zu einem Zirkel, der *Accademia degli Umidi*, zusammenschloß. Ein Jahr später gab Herzog Cosimo II. de Medici dieser zunächst freien Vereinigung eine feste Organisation und unterstellte sie seinem Patronat. Eine quasi kulturpolitische Funktion ergab sich für die nunmehr *Accademia Fiorentina* benannte Gesellschaft weniger durch die ihr zugedachte Aufgabe, die Landessprache zu fördern und zu verbreiten, als vielmehr durch den Auftrag, die geistigen Aktivitäten der herzoglichen Untertanen zu überwachen und zu lenken.[16] In Verbindung mit der straffen Organisation, die zudem aufs engste mit der Florentiner Universität verbunden war[17], zeigen sich also bereits hier, d.h. etwa hundert Jahre vor der eigentlichen Geburtsstunde der staatlichen Akademie, entsprechende Tendenzen.[18]

Bekannter ist aber gleichwohl die von Leonardo Salviati 1582 wiederum in Florenz gegründete *Accademia della Crusca*, der "Archetyp aller europäischen Akademien".[19] Ursprünglich erwachsen aus der Reaktion einiger Literaten auf die Florentiner Akademie, die, wie man glaubt, die freie Entfaltung des akademischen Lebens beeinträchtigte, wurde sie vorbildlich für die europäischen, namentlich die französischen und deutschen Sprachgesellschaften des frühen 17. Jahrhunderts.[20]

Kurzlebiger als die Sprachgesellschaften waren in der Regel jene Akademien, die sich ausschließlich der Förderung der exakten Wissenschaften verschrieben hatten. Da den Naturwissenschaften nach wie vor der Makel des Glaubensfeindlichen anhing, befanden sie sich nur zu oft in direktem Gegensatz zur katholischen Kirche; nicht selten mußten sie sich kirchlichen Interventionen beugen und ihre Vereinigung zumindest offiziell wieder auflösen.[21] Ungeachtet ihrer meist nur kurzen Lebensdauer kündigten sie jedoch bereits die beginnende große Zeit der "Naturforschenden Gesellschaften" an.

Rückblickend gaben diese in der ersten Hälfte des 17. Jahrhunderts entstandenen wissenschaftlichen Zirkel und ihre Mitglieder nicht nur ein getreues Spiegelbild vom hohen Niveau der experimentellen Naturwissenschaften in "Italien", sondern wirkten in besonderem Maße auch auf die Akademiegründungen in anderen europäischen Ländern.[22]

Im Ganzen gesehen hat die italienische Akademiebewegung in ihren drei Entwicklungsphasen - allgemeine humanistische Akademie, Sprachgesellschaft, naturforschende Sozietät - Organisationsmuster entwickelt, die für die frühe Akademiegeschichte paradigmatischen Charakter haben.[23)] Dennoch wird gemeinhin erst die Gründung der *Académie Française* durch Kardinal Richelieu und Ludwig XIII. im Jahre 1635 als eigentliche Geburtsstunde der modernen Akademie bezeichnet.[24)]

Die Entwicklung der Akademie in Frankreich verlief, wenn auch etwas später, ähnlich wie die des italienischen Raumes. Die zunächst enzyklopädisch ausgerichteten gelehrten Gesellschaften vom Typ der Platonischen Akademie in Florenz erfuhren sehr bald eine Verengung ihres Spektrums auf entweder philologisch-literarische Themen, wobei die Sprachgesellschaften wohl aus dem zunehmend nationalen Selbstbewußtsein erwuchsen; oder aber sie widmeten sich ausschließlich mathematisch-naturwissenschaftlichen Fragestellungen.[25)]

Der von Ludwig XIII. zunächst gegen den Willen seiner Mitglieder für den Staat in Anspruch genommene private Zirkel um Valentin Conrart wurde mit seiner Institutionalisierung zugleich auch in den Dienst der absolutistischen Kulturpolitik Richelieus gestellt. Mit ihrer offiziellen Gründung wurde die nunmehr personell erweiterte und *Académie Française* benannte Vereinigung auf die Pflege, Kontrolle und Reglementierung der Landessprache verpflichtet.

Als mathematisch-naturwissenschaftliches Pendant gilt die von Colbert, dem ersten Minister Ludwigs XIV., 1666 gestiftete *Académie des Sciences*. Ihre Vorgeschichte führt zurück auf den oben erwähnten Marin Mersenne[26)] und seine 1635 ins Leben gerufene *Academia Parisienis*, die sich mit Theologie, Philosophie, Literatur und "natürlichen Erscheinungen" befaßte, also enzyklopädischen Charakter hatte. Den weit vorausschauenden Ansprüchen Mersennes für eine internationale und vor allem auch interdisziplinäre wissenschaftliche Zusammenarbeit konnte die nunmehr ausschließlich mathematisch-naturwissenschaftlich orientierte *Académie des Sciences* allerdings erst viel später genügen.[27)]

Colbert aber hatte jedenfalls schon erkannt, daß nicht zuletzt die Pflege der Naturwissenschaften und der Mathematik Möglichkeiten eröffnete, das Ansehen Frankreichs zu fördern und im besonderen die Einkünfte des Königs zu mehren.[28)]

Im Jahre 1662 wurde schließlich in London eine für die weitere Akademieentwicklung bedeutende wissenschaftliche Gesellschaft, die *Royal Society*, fundiert. Ihre Konzeption gründete ungeachtet der verschiedenen Traditionslinien wissenschaftlicher und weltanschaulicher Orientierung, die in ihren Konstitutionsprozeß eingingen, im wesentlichen auf dem Baconschen Programm für eine organisierte Naturforschung.[29)]

Bereits seit 1645 trafen sich auf Anregung des deutschen Emigranten Theodor Haack[30)], zunächst in London im Hause Robert Boyles als *Invisible College*, später z.T. auch in Oxford, schließlich wieder ausschließlich in London im *Gresham College*, Naturforscher, um über Fragen der neuen experimentellen Philosophie zu disputieren. Mit der "Wiedervereinigung" der Londoner und Oxforder Gruppe im

Jahr der Restauration wurden die bis dahin informellen Treffen formalisiert. Zwei Jahre später, 1662, bestätigte König Karl II. die Statuten der Gesellschaft. Damit war die *Royal Society of London for Promoting Natural Knowledges*, so ihr vollständiger Name, offiziell ins Leben gerufen. Sie verblieb jedoch, im Gegensatz zu den französischen Akademien, auch weiterhin eine private Vereinigung ohne staatlich gesicherte Finanzierung, die des Mäzenatentums bedurfte. Ihre Mitglieder, die stets ehrenamtlich arbeiteten, waren mithin keine professionellen Forscher, sondern zum großen Teil "an experimenteller Forschung interessierte Amateure".[31] Wie ihr Name, so weist auch ihr Leitspruch - *Nullius in verba* - auf die extreme naturwissenschaftliche Spezialisierung der *Royal Society* hin.[32]

Zwei Akademietypen hatten sich letztlich durchgesetzt, als der junge Leibniz begann, seine Sozietätspläne zu entwickeln: einerseits gesellschaftlich-private Vereinigungen, die Bildung und Unterhaltung kombinierten, auf der anderen Seite rein wissenschaftliche Zirkel auf privater Basis, nach italienischem Vorbild in erster Linie historisch-philologisch oder naturwissenschaftlich orientiert.

Mit der Gründung der *Académie Française* hatte sich allerdings eine Neubestimmung der Akademie angekündigt - die Akademie als staatliche Institution zur Förderung der Wissenschaft oder der Künste.

Wissenschaftliche Zusammenarbeit und damit verbunden eine ganze Reihe gelehrter Sozietäten hat es auch auf deutschem Boden schon vor bzw. zu Anfang des 17. Jahrhunderts gegeben.

Als Initiator des frühen humanistischen Akademiewesens gegen Ende des 15. Jahrhunderts gilt Konrad Celtis.[33] Direkte Vorbilder der von ihm gegründeten *Sodalitäten* waren die römische Akademie des Pomponius Laetus und die Florentiner Platonische Akademie des Marsilio Ficino; beide hatte Celtis während seines Italienaufenthaltes 1486 persönlich kennengelernt.[34] Von den italienischen Gesellschaften übernahm der deutsche Humanist sowohl die Art der gelehrten Studien, die intensive Beschäftigung mit der antiken Philosophie, Geschichtsschreibung und Poesie als auch die Pflege der Geselligkeit. Die Erforschung der germanischen Vergangenheit als eigenständiger Programmpunkt verlieh den *Sodalitäten* eine gewisse patriotische Tendenz.[35]

Während einer Reise durch deutsche Territorien, die Celtis nach seiner Krönung zum Dichter im Frühjahr 1487 antrat, nahm er die Gelegenheit wahr, an den verschiedenen Orten humanistische Zirkel zu stiften; die meisten von ihnen scheiterten jedoch schon, nachdem ihr Gründer den jeweiligen Ort wieder verlassen hatte.

Etwas langlebiger war dagegen die in Heidelberg ansässige *Sodalitas Literaria Rhenana*, nicht zuletzt, weil sie den Vorteil hatte, in ihrem Landesherrn Kurfürst Philipp von der Pfalz und dem Fürstbischof von Worms, der zugleich Oberhaupt der Akademie war, einflußreiche Gönner zu besitzen.[36]

Immerhin zehn Jahre lang konnte die *Sodalitas Literaria Danubiana* bestehen. Celtis hatte sie 1498 ins Leben gerufen, nachdem er in Wien seinen festen Wohnsitz gefunden hatte; mit dem Tod des Humanisten endete jedoch auch diese Akademie.

Im Anschluß an diese ersten Initiativen, die ausschließlich von Konrad Celtis ausgegangen waren, formierten sich zahlreiche humanistische Zirkel im damaligen Deutschland, die sich Sodalitäten nannten; für die meisten läßt sich allerdings eine nur kurze Lebensdauer nachweisen.[37]

Da die humanistischen gelehrten Gesellschaften, ähnlich der *Academia Platonica*, in der Regel nur einen geringen Organisationsgrad aufwiesen, d.h. meistens nicht einmal Statuten oder andere schriftlich fixierte Regelungen besaßen, lassen sie sich aufgrund von Quellenmaterial kaum erschließen.[38]

Obwohl der Humanismus allgemein als der geistige Boden der deutschen Akademiebewegung des 17. und 18. Jahrhunderts gilt, vor allem weil er erstmals eine säkularisierte Sozietätsidee schuf, gehen die späteren großen gelehrten Gesellschaften weniger auf die Vorstellungen der Humanisten zurück als auf "merkwürdige, überall für kürzere oder längere Zeit aufblühende Sozietäten des frühen 17. Jahrhunderts".[39] Im Vordergrund standen dabei zunächst wieder die nach italienischem Vorbild gegründeten Sprachgesellschaften.[40]

Die von Fürst Ludwig I. von Anhalt-Köthen 1617 in Weimar gestiftete *Fruchtbringende Gesellschaft* war nicht nur die erste dieser Art auf deutschem Boden, sie wurde zugleich auch die bedeutendste. Am Vorabend des Dreißigjährigen Krieges gegründet, verfolgte sie das hochgesteckte Ziel, die politischen und intellektuellen Führungsschichten des Protestantismus zu sammeln und für die Pflege einer nationalen, patriotischen Kultur zu gewinnen. Entsprechend allgemein waren die den Mitgliedern empfohlenen Verhaltensnormen formuliert, die letztlich den Gesamtkodex kultivierten Zusammenlebens umschrieben. Ihre konkrete Aufgabe sah die *Fruchtbringende Gesellschaft* in der Pflege und Förderung der deutschen Sprache. Und hier, so Stoll, namentlich auf poetologischem und sprachtheoretischem Gebiet, konnte sie sich als Autorität profilieren.[41] Besonders deutlich stieg ihr Ansehen, als sich das ursprünglich von Adeligen getragene Unternehmen auch für bürgerliche Literaten und Gelehrte öffnete.[42]

Der unverkennbare italienische Einfluß, den die *Fruchtbringende Gesellschaft* sowohl hinsichtlich ihrer Organisation als auch ihrer Inhalte dokumentiert, ist auf ihren Gründer zurückzuführen, der sich längere Zeit im italienischen Sprachraum aufgehalten hatte und seit 1600 Mitglied der *Accademia della Crusca* war.

Als nach dem Tod Ludwig von Köthens die Herzöge Wilhelm bzw. August von Sachsen ab 1651 den Vorsitz der Sozietät übernahmen, wurde die nunmehr nach ihrem Symbol, dem Palmbaum, in *Palmorden* umbenannte Sprachgesellschaft zunehmend bedeutungslos. Für die Zeit nach 1680 läßt sich ihre Existenz nicht mehr nachweisen.[43]

Im Anschluß an die *Fruchtbringende Gesellschaft*, oftmals auf Initiative eines ihrer Mitglieder, formierten sich in den verschiedenen Städten noch eine Reihe meist recht kurzlebiger Sprachgesellschaften, die sich die Pflege und Reinigung der deutschen Sprache sowie die "Erhaltung und Fortpflanzung aller Ritterlichen Tugenden, Aufrichtung und Vermehrung Teutschen wohlgemeinten Vertrauens"[44] zum Ziel gesetzt hatten. Ihre ausgeprägte Symbolik wie Ordensnamen, Sinnbilder oder Sinnsprüche, ihre "Geheimniskrämerei"[45] läßt darauf schließen, daß sie eine direkte Wirkung nach außen nicht unbedingt beabsichtigten; den deutschen Sprachgesellschaften des frühen 17. Jahrhunderts lag wohl mehr die Idee zugrunde, eine ethische und geistige Elite zu schaffen.[46]

Breitenwirkung mußten dagegen die Vereinigungen der Naturphilosophen anstreben, wollten sie ihre Intention, eine das geistige und sittliche Leben, die Kirche und die Wissenschaften umfassende "Generalreform" verwirklichen. Sie hatten sich zudem ein neues Bildungsideal zu eigen gemacht, in dem die Mathematik und die Naturwissenschaften eine zentrale Rolle spielten.

Vornehmster Vertreter dieser naturphilosophischen Bewegung war der protestantische Theologe Johann Valentin Andreae[47]; auf seine Sozietätsprojekte beriefen sich neben den Pietisten, deren geistiger Vater er war, nicht zuletzt auch die sog. *Rosenkreuzer*.[48]

Seine spezifischen Vorstellungen entdeckt uns der württembergische Theologe in zwei Schriften aus dem Jahre 1620[49], die sozusagen einen Leitfaden zur Gründung von Akademien darstellen und die Idee einer religiös-gelehrten Sozietät propagieren. Realisiert wurde indes nur eines der noch folgenden zahlreichen Sozietätsprojekte, als Andreae 1628 die auf nur wenige Mitglieder beschränkte *Unio christiana* ins Leben rief. Im Gegensatz zu seinen frühen Projekten hat der Theologe hier aber auf wissenschaftliche Zielsetzungen völlig verzichtet und einen rein erbaulich-religiösen Zirkel konzipiert, eine elitäre christliche Gemeinschaft, die ohne Regeln nach dem Beispiele Christi leben und ein wahres, d.h. praktisches Christentum verwirklichen sollte.[50]

Die von Andreae gegründete Vereinigung, deren konkrete Form nicht bekannt ist, hat mindestens bis 1646 existiert; ihre weitere Entwicklung ist allerdings nicht auszumachen.

Eine Sonderstellung innerhalb der naturphilosophischen Vereinigungen nahmen die alchymistischen, z.B. die sog. *Rosenkreuzer*, ein; sie waren mehr als alle anderen dem Verdacht ausgesetzt, glaubensfeindliche Ziele zu verfolgen.

Die *Societas Ereunetica* verkörpert schließlich die erste deutsche Sozietät, die sich ausschließlich den exakten Wissenschaften verschrieben hatte.

Im Jahre 1622 rief der Mathematiker und Naturforscher Joachim Jungius in Rostock diese auf Vernunft und Erfahrung sich gründende philosophische Vereinigung ins Leben; sie sollte sich die Erforschung und die Weitervermittlung neuer Erkenntnisse gleichermaßen angelegen sein lassen und sich um eine Reform der wissenschaftlichen Methoden bemühen.[51] Bereits nach drei Jahren scheiterte Jungius mit diesem Projekt endgültig.

Nur eine einzige naturwissenschaftliche Sozietät des frühen 17. Jahrhunderts hat ihre Probezeit überlebt und besteht auch heute noch als wissenschaftliche Vereinigung, die 1652 gegründete *Academie Naturae Curiosorum* bzw. *Academia Leopoldina Carolina*.[52)] Initiator dieser zunächst überregionalen und erst ab 1878 auf Dauer in Halle ansässigen Gesellschaft war der Schweinfurter Arzt Johann Laurentius Bausch[53)]. Dieser hatte gemäß seinem Wahlspruch *Nunquam otiosus*, Kollegen seines Faches aufgerufen, um gemeinsam die bereits bekannten Heilverfahren zu verbessern, das Aufkommen epidemischer Krankheiten zu verhindern oder zumindest einzudämmen und die Wirkung von Arzneimitteln zu erforschen. Überaus deutlich reflektiert gerade diese Vereinigung von Medizinern den italienischen Einfluß, gleichwohl sich erstaunlich lange die irrige Ansicht halten konnte, daß Bacons *Neu-Atlantis* und seine Konzeption vom *Hause Salomons* als Grundlage der *Leopoldina* anzusehen sind.[54)]

Wirklich attraktiv wurde die von Bausch geformte Sozietät erst nach dem Tod ihres Gründers[55)], was u.a. auch auf zwei wesentliche "Konstruktionsfehler" zurückzuführen sein mag.

Zunächst war die *Leopoldina* von Bausch als rein private Vereinigung konzipiert, womit natürlich auch die finanziellen Mittel fehlten, die für eine erfolgreich arbeitende Gesellschaft dieser Art nötig gewesen wären.[56)] Zum anderen war sie keine Forschungsgemeinschaft im eigentlichen neuen Sinne. Nicht das Experiment, wie es schon Bacon propagierte, war die von ihr praktizierte Forschungsmethode, sondern vielmehr Beobachtung und Berichterstattung über Befunde anderer. Nicht "Utilität", sondern Befriedigung der "curiositet" war das Motiv ihrer Mitglieder.[57)] Die Schweinfurter Akademie beschäftigte sich nach Rudolph Zaunick, dem wohl besten Kenner ihrer Geschichte, ausschließlich mit "deskriptiver Naturwissenschaft im Rahmen der Heilkunde und als Grundlage des medizinischen Fortschritts".[58)]

Philipp Jacob Sachs von Löwenheim (1627-1672), der 1658 Mitglied wurde, war es schließlich zu verdanken, daß sich der Ruf der *Leopoldina* zunehmend besserte. Ihm hat sie das kaiserliche Diplom zu verdanken, das ihr 1677 zuerkannt wurde. Sachs hat auch die damit verbundenen neuen Statuten entwickelt, die als wesentliches Novum den Begriff des Experiments enthielten. Nicht zuletzt sind die *Ephemeriden* auf Sachs zurückzuführen, die 1670 als erstes periodisches Publikationsorgan der Akademie erschienen und somit die "älteste medizinisch-naturwissenschaftliche Fachzeitschrift der Welt" darstellen.[59)]

Eine ausschließlich dem Experiment gewidmete, in der Literatur aber kaum beachtete naturwissenschaftliche Gesellschaft bestand bereits seit 1672 in Altdorf.[60)] Ihr Initiator war der an der ebenfalls dort ansässigen Universität lehrende Professor für Mathematik und Physik Johann Christoph Sturm[61)], dessen Hauptanliegen es war, experimentelle Forschungen auch der Öffentlichkeit zugänglich zu machen. Zu diesem Zweck hatte er in seinem *Collegium Curiosum sive Experimentale* vornehmlich Studenten um sich versammelt, um mit ihnen in seinen eigenen Räumen, die einem nahezu vollständig ausgerüsteten physikalischen Labor glichen, entsprechende Versuche durchzuführen. Ihre Ergebnisse wurden festgehalten in zwei 1676 und 1683 publizierten Foliobänden, die den Namen der Sozietät als Titel trugen. Gleichwohl nichts genaues bekannt ist, darf man annehmen, daß dieses *Collegium* seinen Gründer, wenn überhaupt, nur kurze Zeit überlebt hat.

So hat es nach der Gründung der *Leopoldina*, wenn auch oft nur in Ansätzen, noch zahlreiche Versuche gegeben, auf deutschem Boden freie Sozietäten zu bilden; die meisten waren jedoch in der Regel weniger wissenschaftlich als pädagogisch konzipiert. Vornehmster Vertreter dieser Zielrichtung war zweifellos Johann Amos Comenius.[62]

Das Anliegen des tschechischen Theologen und Pädagogen, der im übrigen ein Schüler Johann Valentin Andreaes war und sich 1628 dessen *Unio christiana* anschloß, bestand darin, das hinfällig gewordene menschliche Dasein von Grund auf zu bessern.[63] Zu diesem Zweck erschien ihm die Verbreitung von Kenntnissen als das geeignetste Mittel. Comenius forderte daher zunächst eine alle Einzelwissenschaften und Künste umfassende Universalwissenschaft. Neben der Geistes- und der Gotteswissenschaft lieferten die Naturwissenschaften das Grundelement dieser in Aussicht genommenen *Pansophia*. Sie allein gewährten dem Menschen Einblick in die göttliche Schöpfung und ermöglichten es ihm, seine gottgesetzte Aufgabe, an der Weltgeschichte mitzuwirken, zu erfüllen.

Wissenschaftliche Erkenntnis im Sinne der *Pansophia* durfte freilich nicht im Besitz einiger weniger Auserwählter bleiben, sondern mußte, mindestens in ihren Grundzügen, möglichst vielen Menschen zugänglich gemacht werden. Aus diesem Grund setzte sich Comenius für den Aufbau eines einheitlichen Bildungssystems, die allgemeine Schulpflicht und die Pflege der Volkssprachen auch im Bereich der Wissenschaft ein.

Ähnlich wie einige Jahrzehnte später G.W. Leibniz konstatierte schon der tschechische Pädagoge die ambivalente Funktion der Wissenschaft: einmal zum Wohle der Menschheit und ihres Fortschrittes, zum anderen als Mittel, Gott zu ehren und dienen.[64]

Eine Möglichkeit, seine pädagogischen Ideen zu verwirklichen, sah Comenius, als er 1641 dem Ruf des deutschstämmigen späteren Mitbegründers der *Royal Society*, Samuel Hartlib, nach London folgte.[65] Sein Konzept entwickelte der Exiltscheche in der noch im selben Jahr verfaßten programmatischen Schrift *Via lucis*, die zunächst nur unter Gleichgesinnten Verbreitung fand und erst 1668 veröffentlicht wurde.[66]

Letztes Ziel war demnach der Aufbau einer einheitlichen internationalen Organisation aller in den europäischen Ländern bereits existierenden Akademien in Verbindung mit der Einrichtung eines internationalen Korrespondenzbüros. Sitz dieser *Comenianischen Weltakademie* sollte das puritanische England sein, das allein schon durch seine geographische Lage prädestiniert war. Ihre Mitglieder hätten sich insbesondere um die Erarbeitung und ständige Verbesserung der *Pansophia* zu bemühen, in allen Ländern Schulen zu errichten sowie deren oberste Aufsicht zu übernehmen; schließlich sollten sie eine Weltsprache entwickeln und die verschiedensten Volkssprachen, auch die orientalischen, studieren und pflegen. Nicht zuletzt sei die Verbreitung des protestantischen Christentums unter Andersgläubigen in Angriff zu nehmen.[67]

Der beginnende Bürgerkrieg in England vereitelte indes die Realisierung all dieser Pläne. Comenius verließ 1642 London und ging nach Schweden.

Die Bemühungen des sog. Hartlib-Dury-Kreises[68], nach 1642 die Reformideen des tschechischen Pädagogen in Verbindung mit konkreten Vorschlägen für ein nationales Bildungsprogramm zur Bewältigung des täglichen Lebens und für eine praktische Politik zur Förderung der angewandten Wissenschaft durchzusetzen, fanden ein Ende mit der Stuart-Restauration; zu eng war dieser deutsch-englische Zirkel mit den Kräften der puritanischen Revolution verbunden.

Zwischen der Gründung der *Royal Society* im Jahre 1660 und den Plänen des Hartlib-Dury-Kreises bestünde, so Kanthak[69], kein direkter Zusammenhang, gleichwohl habe Hartlibs und Durys Propaganda ihre Entstehung vorzubereiten geholfen. Darüber hinaus kann eine personelle Verflechtung nicht geleugnet werden. Vornehmstes Beispiel neben Hartlib selbst ist der Pfälzer Emigrant Theodor Haack, der als Initiator des *Invisible College*, eines direkten Vorläufers der Königlichen Sozietät in London gilt.[70]

Zieht man hingegen die Verbindungslinie zwischen der von König Karl II. 1662 offiziell begründeten *Royal Society* und diesen frühesten Versuchen intellektuell-kommunikativer Zusammenarbeit etwas enger, so läßt sich, ähnlich wie schon für "Italien" und Frankreich, eine Rückentwicklung der Sozietätsidee feststellen: der universalistisch-philosophische Grundgedanke hat dem staatlichen und ausschließlich empiristisch-naturwissenschaftlichen Prinzip weichen müssen.[71]

Zweifellos waren die oben geschilderten Initiativen zu Sozietätsgründungen, die als die wesentlichsten und interessantesten herausgegriffen wurden, notwendig und wichtig, zumal sich durch die nachgewiesenen Kontakte der Projektanten und Mitglieder der verschiedensten Gesellschaften untereinander immer wieder neue Impulse ergaben; wirklich entscheidend für die Entwicklung des modernen deutschen Akademiewesens waren sie freilich nicht. "Erst die Gründung der Preußischen Akademie der Wissenschaften in Berlin durch Leibniz (1701) ist ein neuer Markstein, (...)."[72] Denn Leibniz hat es verstanden, "die Macht der Wissenschaft als autonome zu verkünden und zugleich mit der des Staates und der Religion zu versöhnen"[73]; damit hat er der wissenschaftlichen Akademie einen festen und unangefochtenen Platz neben der Universität als staatlicher Bildungsinstitution für die Zukunft gesichert.

Die gelehrten Gesellschaften des 17. Jahrhunderts waren eine Folge der Bedürfnisse dieses Zeitalters[74], die Gründe für ihr Entstehen lagen in den Merkmalen der neuausgebildeten Wissenschaft.

Noch im 16. Jahrhundert war der persönliche Kontakt unter den Gelehrten Europas vergleichsweise gering; wissenschaftliche Zeitschriften gab es noch nicht, die Postwege waren umständlich, oft auch unzuverlässig, die Drucklegung neuer Erkenntnisse war langwierig, zudem waren die entsprechenden Bücher teuer und auf dem Büchermarkt schwer erhältlich.[75] Der enorme Aufschwung der Naturwissenschaften machte diesen Mangel an Kommunikation evident und weckte zugleich den Wunsch nach organisatorischem Zusammenschluß. Man hatte erkannt, daß die umfangreichen Aufgaben, die sich immer wieder neu stellten, ohne das Prinzip der Arbeitsteilung nicht mehr bewältigt werden konnten. Durch die Zusammenarbeit vieler und regelmäßigen Erfahrungsaustausch war dagegen eine größere Effizienz der Forschungstätigkeit zu erwarten; nicht nur weil diese Arbeitsform dem rein sachlichen Zusammenhang der Wissenschaften besser gerecht werden konnte, sondern auch - das ist noch heute ein nicht zu unterschätzender Faktor - durch den psychologischen Ansporn aufgrund der persönlichen Wechselwirkung der Mitglieder in den einschlägigen Organisationen. Und schließlich forderte der ständig steigende Aufwand an Forschungsmitteln, dem der Einzelne kaum mehr entsprechen konnte, den Zusammenschluß zu Forschungsgemeinschaften.

Da die Universitäten noch zu sehr dem post-scholastischen Schulbetrieb verhaftet waren, d.h., der Notwendigkeit der unbegrenzten Freiheit zur wissenschaftlichen Fragestellung nicht Rechnung trugen, suchte man in den gelehrten Sozietäten bzw. Akademien eine geeignete neue Organisationsform wissenschaftlicher Zusammenarbeit.

Standen die Sozietäten des frühen 17. Jahrhunderts fast ausnahmslos auf dem Fundament weltanschaulicher Ideen, die auf eine politische, religiöse, soziale und pädagogische Reform zielten, so trat dieser gesellschaftliche Aspekt der Akademiebewegung, mithin ihre generalreformatorische Zweckbestimmung, in dem Maße zurück, in dem das Interesse des Staates an der Wissenschaft wuchs. Die Sozietäten in der zweiten Hälfte des 17. Jahrhunderts waren dann schon vorwiegend philologisch-historische oder naturwissenschaftliche Forschungsgemeinschaften.

Einen gemeinsamen Grundzug in der Konstituierungsphase namentlich der englischen und der beiden französischen Akademien finden wir in dem absolutistischen Interesse, Wissenschaft zu institutionalisieren.[76] Dieses wiederum verband sich nicht zuletzt mit der Absicht, die z.T. widerstrebenden intellektuellen Kräfte von der Politik abzuziehen und an den absolutistischen Staat zu binden. Vor dem Hintergrund der politischen Zentralisierung, d.h. der Herausbildung der modernen Nationalstaaten, eröffnete die Zentralisierung und Lenkung des nationalen geistig-kulturellen Lebens auch Möglichkeiten zur Sicherung bestehender Herrschaftsverhältnisse. Die spätere *Académie des Sciences* (1666) steht hierfür als glänzendes Beispiel; sie war eher ein Teil der französischen Staatsverwaltung als eine eigenständige

Sozietät von Wissenschaftlern[77], die ihr angehörigen Gelehrten wurden praktisch in den Staatsdienst genommen.

Auch die deutschen Territorialfürsten hatten bald erkannt, daß die sich neu entfaltende Wissenschaft nicht nur ein Mittel zur Erhöhung des höfischen Glanzes, sondern darüber hinaus auch ein Instrument zur Realisierung ihres Machtstrebens bot, und so begannen sie die gelehrten Gesellschaften zu unterstützen. Diese Tendenz machte sich Leibniz bei seinen wissenschaftsorganisatorischen Plänen zunutze. In seinem Vorschlag für eine *teutsch-liebende Genossenschaft* (1697) schreibt er:

> "Es scheinet, daß anjezo ein seculum sey, da man zu societäten lust hat."[78]

3. Das zeitgenössische wissenschaftliche Leben und Akademiewesen im Urteil Leibniz': Prämissen des Leibnizschen Sozietätsbegriffs

"Nostre siecle a vû naistre de belles societés, et il en a tiré de grandes utilités; mais il pourroit aller encor bien au delà"[1], konstatiert Leibniz am Ende seines Jahrhunderts und nur wenige Jahre vor der Gründung der Sozietät der Wissenschaften in Berlin. Diese Bemerkung dokumentiert nicht nur die Bedeutung, die der Philosoph den neuen Tendenzen zur wissenschaftlichen Zusammenarbeit grundsätzlich beimaß, sondern zugleich auch eine gewisse Unzufriedenheit mit dem zeitgenössischen Akademiewesen, dessen Entwicklung für seine Begriffe viel zu langsam vor sich ging, oftmals auch den falschen Weg genommen habe.

Auch Leibniz betont immer wieder den wegweisenden Charakter der englischen, französischen und italienischen Sozietäten, gleichwohl beanstandet er ihre Einseitigkeit; sie würden sich, mit unterschiedlichen Schwerpunkten, auf nur einen Teil der zu bewältigenden wissenschaftlichen Aufgaben beschränken und könnten so ungeachtet ihrer durchaus nicht zu übersehenden Leistungen keinen wirklichen und nachhaltigen Fortschritt der Wissenschaft als Ganzes erzielen.

Stellvertretend für die europäischen Sprachgesellschaften bemängelt der Gelehrte an der *Académie Française* und ihrem italienischen Vorbild der *Accademia della Crusca*: "ils ne s'amusoient qu'à purger la langue, au lieu de nous porter les fruits qu'ils pouvoient et qu'ils promettoient".[2]

Ähnliche Vorwürfe mußten auch die naturforschenden Vereinigungen hinnehmen. Zweifellos habe man der Königlichen Gesellschaft in London, der *Accademia del Cimento* in Florenz und nicht zuletzt der *Académie des Sciences* in Paris viel zu verdanken, "mais un peu trop d'attachement à des menues experiences leur a nui dans l'opinion du vulgaire qui n'en penetre point l'importance, et a fait même que le fruit a esté moindre qu'il n'auroit pû estre".[3] Allen gemeinsam sei zudem die mangelnde Bereitschaft zusammenzuarbeiten und durch einen interdisziplinären Austausch von Forschungsergebnissen zur Verbesserung der menschlichen Lebensbedingungen beizutragen.

> "Enfin toutes ces societés ... ne sçauroient jouir assez des utilités qui resultent des combinaisons des sciences differentes, et des veues generales de la perfection humaine."[4]

Besonders die französischen Akademien hätten jedoch einen nicht zu leugnenden Vorteil, der, wenn dieses Beispiel Schule machen sollte, trotz allem zu den größten Hoffnungen für die Zukunft berechtigte, nämlich die für jede Forschungstätigkeit so notwendige finanzielle Unterstützung durch den König bzw. den Staat. Das größte Verdienst gebühre somit zweifelsohne Ludwig XIV., wiewohl dieser mehr von "Ehrliebe" als von "liebe der Wißenschafft selbst" motiviert, die noch jungen

Akademien seines Landes unter seinen persönlichen Schutz gestellt und sich ihrer wirtschaftlichen Fundierung angenommen habe.[5]

Demgegenüber charakterisiert Leibniz die noch herrschenden deutschen Verhältnisse und Voraussetzungen als überaus trostlos, zumal es im Reich nur wenige hochgestellte Persönlichkeiten gäbe, wie etwa den Kurfürsten von der Pfalz, Karl Ludwig, oder den Landgrafen Karl von Hessen-Kassel, deren Interesse den Wissenschaften und ihrer Förderung gelte.[6]
Doch nicht nur die unzureichende Finanzierung der bereits bestehenden deutschen Sozietäten sei der Grund, sondern vor allem, und hierin sieht er wohl die eigentliche Ursache, die grundsätzlich geringe Reputation des Gelehrten[7], wie überhaupt aller genialer Persönlichkeiten im Reich. Nur in "Deutschland" sei man so töricht, seine eigenen großen Talente nicht anzuerkennen; diese würden erst dann beachtet, wenn sie im Ausland zu Ruhm gelangt seien.[8] So käme es nicht von ungefähr, wenn sie in andere Länder abwanderten:

> "Es ist alles voll treffliche Mechanicos, Kuenstler und laboranten, welche aber weil bey Uns die Kunst nach Brodt gehet, und die Republique sich solcher dinge so wenig annimt, entweder ihr talentum vergraben, und da sie leben wollen mit gemeinen Minutien sich schleppen mueßen, oder aber wenn sie nichts desto minder ihrem genio folgen, verarmen, veracht, verlaßen, abandonnirt, vor Alchymisten und wohl gar entweder Betrueger oder Narren gehalten werden. Welche Gescheid seyn, gehen fort, und laßen Teutschland mit samt der betteley im stiche, welches wie ein unwiederbringlicher schade es sey, ein Verstaendiger Politicus leicht judiciren kan. Denn ingenia sind mehr vor wahren von contrebande zu achten, als gold, eisen, waffen, und anders so etwa manchen orthen außer landes, oder doch zum wenigsten zu feind zu fuehren verbothen."[9]

Die deutsche Universität sei für einen jungen, aufstrebenden Gelehrten jedenfalls nicht der rechte Ort, um sich zu entfalten.[10] Daher warnt Leibniz vor einem Ausbau des Universitäts- auf Kosten des sich entwickelnden Akademiewesens:

> "Est quaedam apud nos studiorum intemperies, non sine contemtu literarum et detrimento Reipublicae."[11]

Erstmals deutlich formulierte Kritik des Philosophen am dogmatischen Geist der alten Hochschule finden wir in der für Christian Habbeus 1669 entworfenen Denkschrift *"Ursachen worumb Cannstat füglich zur Hauptstadt des Herzogthums Würtenberg zu machen"*.[12] Die Universität, die lange Zeit "ein monopolium" der Mönche gewesen sei, befasse sich, entgegen allen neuen Entwicklungstendenzen der Wissenschaften, nach wie vor mit "leeren Gedancken der Schulgrillen"; im übrigen sei sie "ohne einige erfahrung, that und wuerckligkeit" und somit "in der welt und conversation" nur dem Gespött preisgegeben.[13] Um diesem Übel beizukommen, hält Leibniz es nicht nur für notwendig, alle Fakultäten, besonders aber die medizinische, von Grund auf zu reformieren. Vor allem müsse man sowohl dem Gelehrten und Hochschullehrer als auch dem Studenten Gelegenheit geben, "soviel mueglich bey conversation, bey Leuten und in der welt" zu sein.[14] Aus diesem Grund schlägt er vor, die Universitäten in Residenzstädte zu verlegen.[15] Dies hätte schließlich noch den nützlichen Nebeneffekt für die "studirende Jugend aller Facultäten ohne unterscheid", daß sie "bey ihren patronen, von denen sie befordert werden sollen, beyzeiten bekant" sind.[16] Gleichwohl sieht Leibniz zeit seines Lebens nur die "gelehrte Sozietät" als wirklich geeigneten Ort, an dem auch in Zukunft Wissenschaft im Sinne des Fortschritts betrieben werden konnte[17]; allerdings nicht unbedingt in der Form, in der man sie bisher in "Deutschland" beschrieben habe:

> "Was gestalt in Teutschland die Schuhlen, Academien, Education, peregrination, Zuenffte, Kuenste und Wißenschafften verstellet, verderbet, und verwirret, hat schohn mancher vor mir gesagt, es haben sich auch viele gefunden die einige vorschlaege gethan, dadurch man solchem uebel abkommen koendte, aber theils sind sie zu theorisch und ex Republica Platonis, und Atlantide Baconis genommen gewesen, theils waren sie unverstaendtlich, Lullianisch oder Metaphysisch, theils weit außehend und in Republica gefaehrlich. Mit denen wir allen nichts zu thun haben, sondern wo mueglich ein Mittel finden wollen, welches practicirlich, und doch keinem verstaendigen Menschen mit Grund verdaechtig seyn koenne."[18]

Auch die bereits etablierten deutschen Sozietäten waren im allgemeinen weit davon entfernt, den Ansprüchen des Philosophen zu genügen; sie konnten nicht einmal einem Vergleich mit entsprechenden europäischen Einrichtungen standhalten:

> "Die Fruchtbringende Gesellschaft und Elbische Schwanen orden, auch von etlichen Medicis versuchte Collegium naturae Curiosorum sind ein zeichen unseres willen, daß wir, wie junge vogel, gleichsam zu flattern angefangen: Aber auch dabey unsers unvermögens, und daß denen wollenden nicht unter die arme gegriffen worden; zudem war die Fruchtbringende Gesellschaft sowohl als Schwahnen orden eigentlich nur zu verbeßerung der Teutschen Sprachkunst angesehen, ..."[19]

Die den Naturwissenschaften gewidmete *Leopoldina*, die durchaus nicht zu verachten sei, habe wiederum den großen Fehler, daß sie sich mehr mit "curiosité" als mit "pratique" befasse; zudem praktizierten ihre Mitglieder eine wissenschaftliche Methode, "qui estoit plus propre à ce qui doit servir de repertoire, qu' à donner des ouvertures".[20]

Die oben zitierten Auszüge aus Denkschriften und Briefen des Philosophen, die sich mit dem zeitgenössischen Akademiewesen auseinandersetzen, lassen bereits erkennen, daß dem Leibnizschen Sozietätsverständnis mindestens drei Prämissen zugrunde liegen.

Einmal ist es dem Universalgelehrten Leibniz ein Anliegen, der Akademie ihren ursprünglich enzyklopädischen Charakter wieder zurückzugeben, zumal er angesichts des interdisziplinären Zusammenhangs aller Wissenszweige eine kontinuierliche Weiterentwicklung der noch jungen modernen Wissenschaft durch die zunehmende Spezialisierung gefährdet sieht. Die "gelehrte Sozietät", die es in Zukunft zu verwirklichen galt, durfte daher nicht mehr ausschließlich philologisch-historisch oder naturwissenschaftlich orientiert, sondern mußte verpflichtet sein, wieder alle Gebiete des menschlichen Wissens zu integrieren.

Entsprechend universell wollte Leibniz auch die spezifischen Aufgaben der Akademien festgelegt wissen, die in ihren Ergebnissen, - und damit sind wir bei der zweiten Forderung, die er mit dem Sozietätsbegriff verknüpft -, vor allen Dingen praktisch anwendbar sein mußten. Letztes Ziel war es, immer wieder neue Mittel und Techniken zu finden, die die menschlichen Lebensbedingungen verbessern konnten. Wissenschaft um ihrer selbst willen hatte somit in der "gelehrten Sozietät", wie sie Leibniz damals sah, keine Daseinsberechtigung mehr.

Conditio sine qua non war freilich eine ausreichende Finanzierung der Sozietät, ohne die gemeinschaftliches und produktives wissenschaftliches Arbeiten kaum möglich sein konnte.[21] Entsprechend dem französischen Vorbild sieht Leibniz den Fürsten, respektive den Staat, als geeigneten Finanzierungsträger der gelehrten Gesellschaft. Damit impliziert er schließlich die Berechtigung des Staates, die "gelehrte Sozietät" für seine Zwecke in Anspruch zu nehmen, mindestens aber die Verpflichtung jener Vereinigungen zur Loyalität gegenüber ihrem Förderer.

Bereits in seinen ersten einschlägigen Denkschriften betont Leibniz die Prinzipien der Universalität, Praktikabilität und Finanzierbarkeit, die sich wie ein roter Faden durch alle seine Sozietätsentwürfe ziehen und durch ihre Kombination trotz mancher Gemeinsamkeiten mit anderen zeitgenössischen Akademieprojekten das besondere Charakteristikum der Leibnizschen Sozietätspläne ausmachen.

III. DIE LEIBNIZSCHEN SOZIETÄTSPLÄNE VOR DEM HINTERGRUND DER EUROPÄISCHEN AKADEMIEBEWEGUNG DES 17. UND FRÜHEN 18. JAHRHUNDERTS

1. Die Sozietätspläne der frühen und mittleren Periode

1.1 Mainz (1668 - 1672)

Die ersten Pläne zur Organisation der Wissenschaften in "Deutschland", verbunden mit der Hoffnung des 22-jährigen Leibniz, sich eine selbständige und anerkannte berufliche Stellung zu schaffen, reichen in das Jahr 1668 zurück und fallen somit in die Zeit seines Aufenthaltes in dem von Johann Philipp von Schönborn regierten Erzbistum Mainz.[1] Hier war neben dem Kurfürsten, der sich bis zu seinem Tode 1672 sehr interessiert an dem jungen Leipziger Gelehrten gezeigt hat, Johann Christian von Boineburg zum Dreh- und Angelpunkt für Leibniz geworden. Vermutlich im Herbst 1667 waren sich beide in Frankfurt/M. zum ersten Mal begegnet[2]; und ungeachtet der nicht eindeutig zu klärenden Frage, ob der kurzzeitig in Ungnade gefallene vormalige Minister und maßgebliche politische Ratgeber Schönborns Leibniz am Mainzer Hof eingeführt hat, bleibt es ihm unbenommen, diesen nachhaltig geprägt und gefördert zu haben. Ebenso unbestritten ist die für unser Thema relevante Tatsache, daß die Person Boineburgs aus der Entstehungsgeschichte von Leibniz' ersten Vorlagen zur Organisation des wissenschaftlichen Lebens im Reich nicht wegzudenken ist.

Das Verhältnis zwischen Leibniz und dem als umfassend gebildeten Politiker und vermögenden Mäzen bekannten Boineburg, der nach seiner Rehabilitierung und Aussöhnung mit Schönborn, wenn auch mißtrauisch beobachtet, langsam wieder an Ansehen im Erzbistum gewinnen konnte[3], wurde schon in kurzer Zeit außergewöhnlich eng; der junge ehrgeizige Leipziger Jurist wurde zum Vertrauten und Freund seines Gönners. Boineburg beauftragte Leibniz nicht nur mit privaten Angelegenheiten[4], er ließ ihn auch an allen seinen politischen und kulturellen Vorhaben bzw. Aktivitäten teilhaben. Als Ergebnis dieser intensiven Zusammenarbeit sehen wir eine Reihe von gemeinsamen Projekten, von welchen das *Bedencken welchergestalt Securitas publica interna et externa (...) auf festen Fuß zu stellen* und das *Consilium Aegyptiacum*[5] wohl die bekanntesten sind. Der geistige Vater bzw. Initiator dieser Entwürfe - Leibniz oder Boineburg - ist heute kaum mehr eindeutig auszumachen. Leibniz selbst bezeugt uns die enge Kooperation beider in einem Schreiben an seinen späteren Dienstherrn Johann Friedrich von Braunschweig-Lüneburg:

"(...) il (Boineburg) prenoit encor plaisir de me parler des affaires, et de me faire mettre par écrit quelques unes de ses pensées et de miennes"[6]

So dürften auch die ersten Pläne zur Organisation der Wissenschaft aus den Jahren 1668 bis 1672, die es nun zu untersuchen gilt, nicht nur mit Unterstützung, sondern in engster Verbindung mit Johann Christian von Boineburg entstanden sein. Wir werden im folgenden sehen, daß Paul Ritters Auffassung - "alte Boineburgische Wünsche, für die bisher nur die rechte Feder gefehlt hatte"[7] - nichts mehr hinzuzufügen ist.

1.1.1 Leibniz' Plan für eine *gelehrte Sozietät* in Verbindung mit Vorschlägen zur Reform des Buchwesens

Bereits Leibniz' erster einschlägiger Entwurf, der als "Keimzelle aller späteren Akademiegründungen und Akademieplanungen des reifen Meisters"[8] gelten darf, ist auf Boineburg zurückzuführen.[9] Den direkten Anlaß zur Ausarbeitung dieses, für die Geschichte des deutschen Sozietätswesens so bedeutsamen Planes gab jedoch nicht die zweifellos mißliche Lage, in der sich das wissenschaftliche Leben "Deutschlands" noch um die Mitte des 17. Jahrhunderts befand. Er entzündete sich vielmehr an der Konfusion des Buchwesens im Reich[10] und im besonderen wohl an Leibniz' Unmut über die offensichtliche Abhängigkeit von Buchautoren wie -käufern und damit vor allem auch der Gelehrten von den rein ökonomischen Interessen des Buchhandels.

Sowohl Leibniz als auch Boineburg wurden nur zu oft mit den Mißständen des deutschen Buchwesens konfrontiert. Boineburg, der als Bücherliebhaber im Laufe der Jahre eine erstaunlich umfassende private Bibliothek zusammentragen konnte, beschäftigte sich u.a. mit der Frage, wie über das Medium Buch wissenschaftliche Erkenntnisse für die Allgemeinheit in Gegenwart und Zukunft nutzbar gemacht werden konnten. Sein Interesse galt der *vera eruditio*, die er als Voraussetzung für die notwendige Regeneration des öffentlichen, insbesondere des politischen Lebens seiner Zeit erachtete. Schon vor seiner Bekanntschaft mit Leibniz hatte er begonnen, sich unter diesem Aspekt literarhistorischen Arbeiten zu widmen.[11]

Jener wiederum, der zeit seines Lebens auch als Bibliothekar tätig sein sollte[12] und der sich schon in jungen Jahren einen Namen als Verfasser wissenschaftlicher Abhandlungen machen konnte, wußte zudem von den Schwierigkeiten zwischen Autor, Verleger und Buchhändler sowie von den unzulänglichen Informationsquellen hinsichtlich der Neuerscheinungen auf dem Buchmarkt.

Beide waren natürlich auch vertraut mit den Buchmessen, die halbjährlich in Frankfurt/M. bzw. Leipzig stattfanden. Diese wurden schließlich zum Ausgangspunkt für die von Leibniz vorgetragenen Vorschläge, die zunächst eine Neuordnung des gesamten deutschen Buchwesens zum Ziel hatten.[13]

1.1.1.1 Pläne für eine Bücherzeitschrift: Nucleus librarius semestralis

In zwei Eingaben an Kaiser Leopold I. vom 22. Oktober 1668 und vom 18. November 1669, die sich inhaltlich nicht wesentlich unterscheiden, bittet der Philosoph darum, ihm ein unbefristetes Privileg für einen *Nucleus librarius semestralis* zu gewähren.[14] In den jeweils mitgesandten, im Gegensatz zu den Denkschriften aber lateinisch abgefaßten Beilagen *De Scopo et Usu Nuclei Librarii Semestralis*[15] begründet er sein Vorhaben noch einmal ausführlich und gibt Empfehlungen, wie dieses praktisch durchzuführen wäre.

In Anlehnung an das französische *Journal des Sçavans*[16] wünscht Leibniz ein Periodikum, welches im Anschluß an jede Frankfurter und rechtzeitig zur unmittelbar folgenden Leipziger Buchmesse herausgegeben werden und über die jeweiligen literarisch-wissenschaftlichen Neuerscheinungen referieren sollte. Die Notwendigkeit eines solchen Unternehmens sieht er begründet in der zunehmenden Überschwemmung des Marktes mit neuverlegten Büchern, die es dem Händler wie dem Käufer schwer machte, die richtige Auswahl zu treffen. Die bereits bestehenden Meßkataloge[17] böten keine allzugroße Hilfe, da sie nur die Namen der Verfasser und die Titel der Druckwerke, zudem oft auch ungenaue Angaben enthielten. Leibniz sieht die zu gründende Bücherzeitschrift daher nicht mehr als eine regelmäßig erscheinende Auflistung von Titeln, zumal diese oftmals über die wirklichen Inhalte der so vorgestellten Publikationen hinwegtäuschten. Um in Zukunft "unwiederbringlichen Schaden und endtliche verwirrung zu vermeiden"[18], möchte er seinen *Nucleus* als ein Verzeichnis verstanden wissen, welches die neuesten wissenschaftlichen Druckerzeugnisse nach inhaltlichen Kriterien ordnen und zugleich deren wichtigste Ergebnisse zusammenfassen sollte; daneben beabsichtigt er, Informationen sowohl über die Autoren als auch über bemerkenswerte neue Gedanken derselben zu geben.

In einem offenbar beigelegten "Muster" hat Leibniz, wie es in Verbindung mit Anträgen zur Erlangung von Zeitungsprivilegien damals üblich war[19], seine Vorstellungen von einer zukünftigen Bücherzeitschrift am Beispiel von zehn Autoren und ihren aktuellsten Werken konkretisiert. Gleichwohl uns dieses "Muster auf 10 der besten diese Herbst=Meß edirten Bücher" nicht erhalten ist[20], dürfen wir annehmen, daß das in Aussicht genommene Periodikum langfristig gesehen den Charakter eines umfassenden Nachschlagewerkes über die jeweils neuesten Erkenntnisse in den verschiedenen wissenschaftlichen Disziplinen angenommen hätte.

Positiver wie negativer Kritiken habe sich der *Nucleus* allerdings grundsätzlich zu enthalten. In der wertneutralen Präsentation literarischer Neuerscheinungen markiert Leibniz schließlich auch den wesentlichen Unterschied zum französischen *Journal des Sçavans*[21], das zudem das deutsche Schrifttum kaum berücksichtige und dessen Ausgaben nur mit erheblichen Verzögerungen im Reich erhältlich seien.[22] Warum, so fragt er, sollten die Deutschen von französischen Veröffentlichungen abhängig sein, wenn die Frankfurter Messe, auf der ohnehin die meisten europäischen Publikationen vorgestellt würden, die Möglichkeit böte, weit Größeres zu leisten.[23]

Freilich darf der hier so dezidert formulierte Verzicht auf kritische Meinungsäußerung im Rahmen des *Nucleus* nur mit Vorbehalt zur Kenntnis genommen werden. Selbst wenn der Gelehrte diesen in der Beilage zu seinem zweiten Entwurf vom 18. November 1669 noch deutlicher und überzeugender artikuliert[24], so geschah dies vor allem aus taktischen Gründen; immerhin handelte es sich hier um den Antrag für ein privates Unternehmen, dessen Aktivitäten nicht mit staatlichen Kompetenzbereichen kollidieren durften. In ihrer Wirkung wäre diese Bücherzeitschrift sehr wohl zu einem Rezensionsorgan geworden, nicht zuletzt durch Leibniz' Absicht, nur "der besten herauskommenden Bücher" vorzustellen[25], d.h. die potentiellen Leser a priori durch die von ihm getroffene Auswahl zu beeinflussen. Ebenso unschwer lassen sich die latenten Zensurbestrebungen des Philosophen an den Zielsetzungen ablesen, die dieser als zukünftiger Herausgeber des *Nucleus* zum Ausdruck bringt; sie blieben, wie die Verhandlungen mit Wien zeigen, auch den fachlichen Beratern des Kaisers nicht verborgen:

> "(...) es wird vonnoethen seyn, daß der Kern, inhalt, abtheilung, und denckwürdigste anmerckungen kurz heraus gezogen werden, welcher gestalt denn auf ein Buch nicht leicht mehr als eine Seite gehen (...) dadurch wird iedes Buchs güthe und werth dem Leser ohne mühe und nachschlagen bekand, dem Buchführer bleiben guthe Bücher nicht liegen, der Kauffer wird mit bösen nicht betrogen."[26]

Recht unverhohlen argumentiert Leibniz hier als entschiedener Verfechter einer Überwachung des Buchwesens[27]; ja mehr noch, er selbst bietet sich dem Kaiser quasi als privater Zensor im Dienste des Staates und zum Wohle der Allgemeinheit an. In seiner Eigenschaft als Editor des *Nucleus* wolle er zugleich auch als Berichterstatter für das Buchwesen auf jeder Messe zugegen sein, die einzelnen Autoren mustern, gewissenhaft über den Grundgedanken ihrer Veröffentlichungen referieren und auf diese Weise Sorge tragen, daß Bücher, die gegen die Kirche, gegen den Staat oder gegen die guten Sitten verstießen, nicht etwa zum allgemeinen Schaden veröffentlicht würden.[28]

Leibniz sieht seinen *Nucleus* schließlich als bibliographisches Nachschlagewerk, das den Gelehrten nicht nur die Entscheidung hinsichtlich persönlicher Neuerwerbungen erleichtern, sondern auch über Bücher informieren sollte, die jene nicht selbst kaufen wollten oder konnten. Durch die Aufnahme von wichtigen Werken aus vergangener Zeit wäre die Bücherzeitschrift dann im Laufe der Jahre zu einer umfassenden Literaturgeschichte zu erweitern, die als eine Art "Inventarium quoddam Scientiae Humanae proditae" für die Nachwelt von unschätzbarem Wert sei.[29]
So gesehen dürfen wir den *Nucleus librarius semestralis* bereits als ersten Keim zu einer Idee interpretieren, mit der sich Leibniz erst Jahre später, d.h. nach seiner Rückkehr aus Paris 1676, intensiv auseinanderzusetzen begann und die in zahlrei-

chen Aufsätzen und Denkschriften ihren Niederschlag fand; eine Idee, die in engster Beziehung zu seinen Bemühungen um die Gründung von gelehrten Sozietäten, immer deutlicher zum zentralen Anliegen des Philosophen wurde: die Aufbereitung des gesamten menschlichen Wissens im Rahmen einer Enzyklopädie, einer *scientia generalis*.[30]

Mit seiner Vorstellung, durch kontinuierliches, systematisches Sammeln und Registrieren wissenschaftlicher Erkenntnisse diese für die Allgemeinheit in Gegenwart und Zukunft zugänglich und nutzbar zu machen, knüpfte Leibniz nicht nur an alte Bestrebungen seines Mentors Boineburg an, sie weist ihn nicht zuletzt auch als typischen Vertreter des barocken Polyhistorismus[31] sowie eines neuen Wissenschaftsverständnisses aus.

Leibniz veranschlagte den *Nucleus*, den er nach den vier Fakultäten geordnet wissen wollte, pro Messe auf "etwan ein Alphabet ohne gefähr".[32] Und da er dieses in seiner Konzeption so groß angelegte und zukunftsweisende Werk selbst in Angriff nehmen wollte, bat er den Kaiser, ihm und seinen Erben ein "stetswehrendes privilegium" zu gewähren, "damit keinem im Heil Röm. Reich oder E. Kayserl. Mayt Erblanden nachgelaßen werde, solchen oder anderen dergleichen Nucleum Librarium nachzudrucken und zu verkauffen".[33] Zudem wünschte er eine entsprechende Order, daß ihm als Herausgeber der halbjährlichen Bücherzeitschrift von jeder Neuerscheinung ein Pflichtexemplar unentgeltlich zur Verfügung zu stellen sei. Bei einer Sache, die den Verlegern selbst und dem Staat so viel Nutzen brächte, könnte dies rechtlich nicht verweigert werden.[34]

Als Gelehrter, Autor und Leser wissenschaftlicher Abhandlungen weiß Leibniz um die Bedeutung des Buches als Träger, Vermittler und Bewahrer des menschlichen Wissens, als Medium zur Verbreitung von Aufklärung und Bildung schlechthin. Wenn, so folgert er, das Schrifttum als Indikator für den jeweiligen Stand und die Entwicklung der Wissenschaften das geistig-kulturelle Leben einer Nation reflektiert, dann sollte es möglich sein, dieses durch Steuerung und Verbesserung des Buchwesens zu beeinflussen. Leibniz offeriert dem Kaiser den in Aussicht genommenen "Bücherkern" als das geeignete Regulativ, mit welchem der Buchmarkt in diesem Sinne kontrolliert und manipuliert werden könnte.

Mit Hilfe eines regelmäßig erscheinenden Anzeigers, der über Inhalt und Qualität der neuesten Schriften informiere, im Grunde also, wenn auch indirekt rezensiere, ließe sich, langfristig gesehen, der Publikumsgeschmack verändern. Da der *Nucleus* zudem prinzipiell nur "gute" und "nützliche" Werke vorstelle - freilich nach Ermessen seines Herausgebers, also Leibniz selbst - würde sich sukzessive ein neues Qualitätsbewußtsein der Leser entwickeln. Positive Auswirkungen auf die gesamte Buchproduktion seien zu erwarten, da niemand, weder Autoren noch Verleger, es künftig wagen könnten, leichtfertig "schlechte" Bücher anzubieten[35]:

> "Imo et Bibliopolae forte in edendis quibuslibet schedis imposterum magis consiliosi erunt, si sciant esse quendam perpetuum publicumque indicem bonitatis malitatisque librorum."[36]

Dadurch würde der wissenschaftlich-literarische Markt nicht nur quantitative, sondern zugleich auch qualitative Veränderungen erfahren.

Gleichzeitig diene der *Nucleus* als eine Art allgemeines Informationsblatt für die gelehrte Welt. Einmal, indem er die Ergebnisse neuerschienener Bücher auswerte und zusammenfasse und somit grundsätzlich für jeden präsent mache. Zum anderen, indem er auch Abhandlungen, Hinweise, Gedanken und neue Betrachtungsweisen veröffentliche, die noch nicht gedruckt und daher nur wenigen zur Kenntnis gelangt seien.[37]

Leibniz versteht die zu gründende Bücherzeitschrift also vor allem auch als Kommunikationsmittel. Durch die Vorstellung und Auswertung wissenschaftlicher Neuheiten im Rahmen eines Periodikums würde der Gedankenaustausch der Gelehrten untereinander angeregt und infolgedessen das geistig-kulturelle Leben durch immer neue Impulse beständig gefördert.

Spätestens hier wird, in Anbetracht des desolaten Zustandes, in welchem sich das deutsche Geistesleben um die Mitte des 17. Jahrhunderts befand, die reichspatriotische Motivation und Argumentation des jungen Gelehrten offenkundig. Der Halbjahresbericht könne, so hofft er, ein erster Anfang sein, trotz der territorialen Zersplitterung des Reiches ein einheitliches deutsches Kulturleben zu gestalten, d.h., das weit verstreute, oft entlegene Wissen zusammenzuführen, zu koordinieren und für die Allgemeinheit nutzbar zu machen, um auf diese Weise endlich wieder Anschluß an das kulturelle und wissenschaftliche Niveau anderer europäischer Nationen zu finden.

> "Quam enim excitata nunc Anglorum ingenia; quam varia, quam late diffusa Gallorum literatura ...
> ... quod luxatis quasi artubus agilitate et corresponsu quodam publico destituimur, et nostras ipsi opes late dispersas ignoramus ...
> An expectare velimus, donc etiam Dania et Svecia, et extremi Septentrionis ora ante nos evigilent?"[38]

Mit diesem Ziel hat Leibniz sein *Nucleus*-Projekt bewußt für das Reich als Ganzes konzipiert und aus diesem Grund ist er der festen Überzeugung, daß der Kaiser, um das Wohl seines Landes willen, das gewünschte Privileg zur Durchführung desselben nicht verwehren könne.

Seine Überlegungen gipfeln schließlich in der Vorstellung von einem friedlichen Wettstreit mit Frankreich, der führenden Kulturnation Europas, die jedoch aufgrund der Hegemoniebestrebungen Ludwigs XIV. zugleich eine ständige politisch-militärische Gefahr für das Reich darstellte. Nur durch eine wettbewerbsfähige deutsche Einheit, d.h. durch eine in sich geschlossene, einheitliche Kultur, deren verlorengeglaubte geistige Kräfte wieder erwacht seien, könne Frankreich auf friedlichem Wege in seine Schranken verwiesen werden.

"Certabit Leopoldus Ludovico, experieturque plusne amore an terrore magnus princeps possit."[39]

So sieht Leibniz seinen *Nucleus* sicherlich nicht als mögliche Ergänzung zum französischen *Journal des Sçavans*, sondern als eigenständiges, auf die deutschen Bedürfnisse zugeschnittenes "germanisches" Pendant.[40]

Die zähen und in ihrem Ergebnis für Leibniz glücklosen Verhandlungen mit Wien dokumentiert uns der Briefwechsel des Philosophen und Boineburgs mit dem kaiserlichen Hofbibliothekar sowie Berater Kaiser Leopolds I., Peter Lambeck, dem kurmainzischen Residenten in Wien, Christoph Gudenus, und dem Reichsvizekanzler Leopold W. von Königsegg.[41]

Auf Vermittlung Boineburgs war Leibniz' erster Antrag zur Erlangung eines Privilegs über den Reichshofrat Emmerich Friedrich von Walderdorff an dessen Bruder, den Reichsvizekanzler, und somit an eine der entscheidenden Stellen innerhalb des Reichshofrates gelangt.[42] Denn als Reichsvizekanzler und Leiter der zum Reichshofrat gehörigen Reichskanzlei gehörte Wilderich von Walderdorff zu den einflußreichsten Mitgliedern jener Behörde, der neben der Bücherzensur in Frankfurt/M. auch die Erteilung von Druckprivilegien unterstand.[43]

Walderdorffs Interesse an diesem Gesuch scheint jedoch, "vielleicht noch auß altem Grollen gegen Hr v. Boineburg" und "weillen in der Meinung stehet, der Hr v. Boineburg portire diese sache"[44], äußerst zurückhaltend gewesen zu sein; erst nach langem Zögern sei er bereit gewesen, es, allerdings ohne weiteren Kommentar, an Peter Lambeck weiterzuleiten. Lambeck seinerseits habe es bereits nach nur einem Tag wieder zurückgegeben - offensichtlich ohne es dem Kaiser überhaupt vorgelegt zu haben.[45]

Damit gibt Christoph Gudenus, der es übernommen hatte, die Verhandlungen an Ort und Stelle zu führen und sich als ebenso zuverlässiger wie aufrichtiger Vermittler für Leibniz erwies, diesem bereits in seinem ersten Schreiben vom 9.12.1668[46] zu erkennen, daß nicht nur sachliche Gründe einer Verwirklichung des Projektes entgegenstanden. Neben den hier vorsichtig angedeuteten persönlichen Intrigen, die eine nicht unerhebliche, möglicherweise sogar entscheidende Rolle gespielt haben[47], wurde aber auch eine Reihe von Argumenten gegen die Erteilung des gewünschten Privilegs vorgebracht, die der Gelehrte trotz rhetorischer Meisterleistung nicht zu entkräften vermochte. Im wesentlichen konzentrierte sich die Kritik aus Wien auf drei Punkte.

Wohl mit Rücksicht auf die Buchführer, - damals zugleich auch Verleger - die, obzwar zunftlos, eine starke Stellung im Reich behaupten konnten[48], äußerte man sich besorgt hinsichtlich des monopolähnlichen Charakters, den Leibniz' Bücherzeitschrift ohne Frage angenommen hätte. Sie wäre nicht nur die erste ihrer Art auf deutschem Boden geworden, sondern, legitimiert durch ein unbefristetes allgemeines Privileg, welches vor Nachdruck und Nachahmung gleichermaßen schützte, auch ohne Konkurrenz geblieben. Man könne aber, so die Verlautbarung aus Wien, keinem verbieten, "sein ingenium und muehe in dergleichen, priuata auctoritate auch ahn tag zuebringen".[49] Darüber hinaus werde das für den *Nucleus* vorgesehene Prinzip, nur ausgewählte Neuerscheinungen zu besprechen, Mißbilligung hervorrufen. Aufgrund des überregionalen Werbeeffekts eines derartigen Blattes und seines möglichen Einflusses auf die Verkaufserfolge der Buchhändler würden sich natürlich diejenigen kontinuierlich beschweren, "deren newedirter buchern kunfftig in diesen Extractibus, so Caesara auctoritate beschähen, nit gedacht wurde ... als wan durch solche unterlassung oder praeterirung sie gleichsamb veraechtlich gehalten oder verschlagen wurden."[50]

Aus diesen Gründen und in Anbetracht des damals ohnehin umstrittenen Privilegienwesens[51] waren Leibniz' Aussichten, ein *privilegium perpetuum* zu erhalten, von Anfang an äußerst gering.

So gibt Gudenus Lambecks Vorschlag zum besten, der Gelehrte möge bei den folgenden Messen das Werk zunächst einmal auf eigene Faust in Angriff nehmen. Wenn er "also applausum vorhero bekehme"[52], sei der Kaiser vermutlich eher geneigt, seinem Wunsch nach einem unbefristeten Privileg zu entsprechen. Eingedenk der nicht unerheblichen Kosten, die für den Herausgeber des *Nucleus* voraussichtlich entstehen würden[53], erschien Leibniz das Risiko des Nachdrucks bzw. der Nachahmung jedoch zu groß. In Frankfurt habe er überdies in Erfahrung bringen können, daß "ohne Kayserl. freyheit kein Buchführer das werck über sich zu nehmen unterstehen würde"[54], zumal mit Widerstand, vor allem von seiten der Herausgeber des Meßkatalogs, zu rechnen sei. In Wien war man indes allenfalls gewillt, ein *privilegium impressorium*, d.h. kaiserlichen Schutz gegen möglichen Nachdruck des *Nucleus* zu vergeben.

Nachdem auch Boineburgs Vorschlag, alternativ ein Jahresgehalt für Leibniz auszusetzen[55], kein positives Echo hervorgerufen hatte, konnte Leibniz schließlich nicht mehr umhin, sich mit einem "privilegium de non aemulando" zufriedenzugeben; mögliche Konkurrenzunternehmungen sollten jedoch nur mit zeitlicher Verzögerung veröffentlicht werden und sich nicht zu einem Periodikum entwickeln dürfen.[56] Zu diesen Zugeständnissen war der Gelehrte allerdings erst bereit, als er die Hoffnung auf eine Zusage aus Wien bereits aufgegeben hatte; jedenfalls ist der entsprechende Brief vom Dezember 1669 laut eigenhändigem Vermerk seines Verfassers gar nicht erst abgegangen.[57]

Wiederum im Hinblick auf den zu erwartenden Protest seitens der Buchhändler verweigerte man Leibniz auch die gewünschte Order, die ihm als zukünftigen *Nucleus*-Herausgeber von jeder Neuerscheinung ein kostenfreies Exemplar zusichern sollte. Es sei unzumutbar, jene noch zusätzlich zu belasten, nachdem sie bereits verpflichtet seien, ein solches zu Zensurzwecken dem kaiserlichen Bücherkommissariat in Frankfurt/M. zur Verfügung zu stellen[58]

Wohl aus pragmatischen Gründen scheint Leibniz diese Forderung relativ bereitwillig zurückgenommen zu haben. Immerhin hat er in seinem zweiten Antrag vom 18. November 1669 auf einen derartigen Passus völlig verzichtet.[59] In seinem oben erwähnten, nicht abgesandten und insgesamt eher resignativ anmutenden Briefkonzept, das nur vier Wochen später datiert[60], wartet der findige Gelehrte jedoch schon wieder mit einer neuen Lösung auf: die erforderlichen Bücher könnten auch gegen eine geringe Gebühr ausgeliehen werden.[61] Es erstaunt freilich, daß er nun wieder auf die Kooperationswilligkeit der Buchhändler setzt, deren Neid, Mißgunst und Intrigen, insbesondere gegenüber Selbstverlegern, er ansonsten nicht müde wurde, anzuprangern[62]

Als entschiedener Verfechter einer staatlichen Überwachung und Steuerung des Buchwesens hatte Leibniz seine Absicht, den *Nucleus*, wenn auch indirekt, in diesem Sinne einzusetzen[63], nicht verhehlen können. Und es gelang ihm auch im Verlauf der monatelangen Verhandlungen nicht mehr, die in Wien entstandenen Vorbehalte zu entkräften:

> "Es ist auch nicht ohne daß dieses Werck dem Magisterio Sacri Palatii in durchlauffung der Autoren und ausziehung des kerns und der singularesten säze ähnlich, alleine meinem wenigen bedüncken nach, mit diesem unterscheid, daß dort zugleich ein urthel gefellet, und die autores samt deren meinung nach gelegenheit censiret werden, welches freylich keiner privat person zuständig, weil aber dieses ferne von mir seyn soll, als deßen fürhaben bloß der autoren vornehmste und merckwürdigste sachen anzuzeigen, als sehe nicht, warumb man darinn mehr bedencken, als in ertheilung der Privilegien über die Diaria, Cataloges, Relationes, Theatrum Europaeum und dergleichen wercke haben solle."[64]

Das Bemühen des Gelehrten, sich in seinen unzähligen Stellungnahmen wie auch in seinem zweiten Antrag zur Erlangung eines Privilegs[65] entschieden von dem Vorwurf zu distanzieren, er plane eine private Zensur, fiel nunmehr auf unfruchtbaren Boden.

Ebensowenig reagierte man auf seinen immer wieder zitierten Vergleich mit dem *Journal des Sçavans*. Dieses würde sehr wohl zensieren und dennoch sei für die im Reich edierte lateinische Übersetzung ein Privileg erteilt worden. Warum also nicht für den *Nucleus*, dessen Gesamtkonzept sehr ähnlich sei, gleichwohl er den "Hochmut des Zensierens und Kürzens den Franzosen überließe".[66]

Boineburgs Vorschlag, Leibniz als zukünftiger Herausgeber des *Nucleus* sei im Grunde doch der geeignete Mann für die Leitung des kaiserlichen Bücherkommissariats in Frankfurt/M.[67], mag schließlich als Versuch gewertet werden, die Wünsche für die Gründung einer Bücherzeitschrift mit dem offenkundigen Interesse des Hofes hinsichtlich einer Neuordnung des deutschen Buchwesens sowie einer wirkungs- und sinnvolleren staatlichen Zensur in Einklang zu bringen und damit letztlich auch die privaten Hoffnungen des Gelehrten auf eine gesicherte berufliche Stellung zu unterstützen; dies um so mehr als die Differenzen mit dem kaiserlichen Bücherkommissar Sperling ein offenes Geheimnis waren.[68]

Seine Bemerkung, Leibniz habe die Absicht, sich bei der Realisierung seines Projekts "anderer huelffe (zu) bedienen"[69], legt nicht nur die Vermutung nahe, daß damit der in Wien entstandene Eindruck abgeschwächt werden sollte, jener wolle sich das Recht auf private Zensur anmaßen. Der Ausblick auf ein zukünftiges Herausgeberkollegium weist bereits auf einen Gedanken hin, den der Philosoph wenig später in seinen Denkschriften betreffend das Bücherkommissariat für den Erzbischof Johann Philipp von Schönborn ausführlich erörtert: die Verbindung der reformierten kaiserlichen Bücherbehörde unter der Leitung des Kurfürsten von Mainz mit einer zu gründenden gelehrten Sozietät.[70]

Doch die maßgeblichen Instanzen hielten an ihrem abschlägigen Bescheid fest, auch nachdem Leibniz, wiederum auf Geheiß Boineburgs, am 18. November 1669 sein zweites offizielles Gesuch eingereicht hatte. Beide hatten vergeblich gehofft, daß nach der Ablösung des Reichsvizekanzlers Walderdorff, einem persönlichen Feind Boineburgs, durch den Grafen Königsegg "das bewußte obstaculum aus dem wege geraumt sei."[71] Die endgültige Absage aus Wien wurde dem Mainzer Justizrat, wenn auch "phraseologisch umschrieben", in einem Brief seines zuverlässigen Korrespondenten Christoph Gudenus am 9. Januar 1670 übermittelt.[72]

Ungeachtet der sachlich-juristischen Argumente, die gegen die Erteilung des gewünschten Privilegs sprachen, dürfte der eigentliche Gegner von Leibniz' Plänen indes weniger in der Person Walderdorffs als vielmehr in Peter Lambeck[73] zu finden sein.

Wie Lambecks Biograph Gebhard König überzeugend nachweisen konnte[74], hatte sich zwischen Leopold I. und seinem Bibliothekar, aufgrund ihrer beider Liebe zur relativ jungen Disziplin der Literaturgeschichte und gemeinsamer wissenschaftlicher Arbeiten, eine sehr persönliche Beziehung entwickelt, die diesem eine besondere Stellung als privater Ratgeber des Kaisers verschaffte. Nicht nur in Bildungsfragen war, wie auch Leibniz wußte, der Einfluß des gebürtigen Hamburgers am Wiener Hof sehr hoch einzuschätzen:

> "Scimus eam Tibi in re omnia eruditionem spectante apud Augustum nostrum praeclarum existimationem esse, ut a tua sententia nemo quicquam facile sit abiturus."[75]

So hätte Lambeck es sehr wahrscheinlich auch in der Hand gehabt, den Kaiser für Leibniz' *Nucleus*-Projekt zu gewinnen, zumal die Voraussetzungen in jeder Beziehung günstig waren.

Einmal verlangten die unübersehbare Konfusion des Buchwesens im Reich und im besonderen die Schwierigkeiten mit dem Frankfurter Bücherkommissariat ohnehin nach Neuerungsvorschlägen. Zum anderen hatte Leopold I., der bereits auf

Arbeiten von Leibniz aufmerksam geworden war, offensichtlich Gefallen an dem jungen Gelehrten aus Mainz gefunden und seinen Bibliothekar angewiesen, mit diesem zu korrespondieren.[76)]

Doch Lambeck, den Gebhard König als ehrgeizig und intrigant charakterisiert, versagte Leibniz seine Unterstützung[77)]; ja mehr noch, er befand es augenscheinlich nicht einmal der Mühe wert, diesem auf seine zahlreichen Briefe eigenhändig zu antworten; jedenfalls wurde bisher kein Schreiben des Bibliothekars an den Mainzer Justizrat ermittelt.[78)] Insofern liegt die Vermutung nahe, daß hier persönliche Beweggründe eine Rolle gespielt haben.

So ist nicht auszuschließen, daß Lambeck, der von Leibniz gehört hatte, noch bevor dieser sich in der *Nucleus*-Angelegenheit an ihn wandte[79)], in dem jungen Gelehrten einen Rivalen fürchtete, der seiner eigenen exponierten Stellung am Wiener Hof gefährlich werden konnte; um so mehr als der Kaiser sein Interesse an Leibniz nicht verhehlte. Überdies war er selbst im Begriff, eine Literaturgeschichte herauszugeben, die allerdings, abgesehen von dem 1659 erschienen "Prodromus", unvollendet blieb. Gleichwohl war er verständlicherweise wenig geneigt, ein potentielles Konkurrenzunternehmen[80)] zu forcieren. Blieb Boineburgs wie Leibniz' Bemühen, die Bedenken Lambecks zu zerstreuen, auch ohne Erfolg, so zeigt es immerhin, daß beiden die eigentlichen Motive für das ablehnende Verhalten desselben nicht verborgen geblieben waren.[81)]

Offensichtlich hat sich aber auch Boineburgs Mitwirkung und Unterstützung des *Nucleus*-Projekts negativ ausgewirkt. Nur zu oft mußte Leibniz beteuern, daß der in Mainz und Wien gleichermaßen suspekte ehemalige politische Ratgeber Schönborns aus dieser Angelegenheit keinen persönlichen Nutzen ziehen wolle.[82)] Boineburg, dessen "gefährlicher Ehrgeiz" gefürchtet war, hat eben um dieselbe Zeit seine Ernennung zum Geheimen Rat in Wien betrieben, "ohne Zweifel in der Hoffnung, daß es bei dem bloßen Titel nicht verbleiben werde".[83)] Damit hatte er sich in der Habsburg-Metropole, insbesondere in den Ministern des Kaisers, Auersperg, Lobkowitz und Hocher nicht gerade Freunde geworben.

Wäre Leibniz mit seinem Plan für einen *Nucleus librarius semestralis* am kaiserlichen Hof in Wien durchgedrungen, hätte er sich rühmen können, die erste wissenschaftliche Zeitschrift auf deutschem Boden gegründet zu haben. So wurde es Otto Menckes Verdienst, als er 1682 in Leipzig die *Acta Eruditorum* aus der Taufe hob.[84)] Leibniz selbst mußte sich, ungeachtet der zahlreichen vorbereitenden Gespräche mit deren späteren Herausgeber, die im Frühjahr 1681 der Gründung vorausgegangen waren, mit seiner, wiewohl regen Mitarbeit als Autor der verschiedenartigsten Beiträge bescheiden, von der nicht zuletzt die über fünfundzwanzig Jahre kontinuierlich gepflegte Korrespondenz beider Gelehrten zeugt.[85)]

Allerdings hatte Leibniz drei Jahre zuvor, die alten *Nucleus*-Pläne wieder aufgreifend, noch einmal vergeblich versucht, seine eigenen Vorstellungen von einer gelehrten Zeitschrift zu verwirklichen.[86)]

In den wesentlichen Gründzügen den 1668/69 vorgetragenen Vorschlägen ähnlich, unterscheidet sich der unter dem Titel *Semestria Literaria* vermutlich 1679 entstandene und für seinen derzeitgen Arbeitgeber Herzog Johann Friedrich von Braunschweig-Lüneburg bestimmte Entwurf[87] einmal darin, daß sein Verfasser hier, zunächst ohne kaiserliche Protektion ins Kalkül zu ziehen, für ein Zeitschriftenprojekt wirbt, das, auf private Initiative gegründet, von Privatpersonen getragen werden sollte. Um "den wahren studien und Nüzlichen Wißenschafft aufs nachdrücklichste zu helffen", gäbe es kein besseres Mittel, das "von Privatpersonen ohne weitläuffigkeit und sondere wagnüß beßer zu werck zu stellen" sei.[88]

Die veränderte Argumentationsstruktur weist zudem darauf hin, daß sich Leibniz' Interessenschwerpunkte innerhalb der vergangenen zehn Jahre deutlich verlagert haben. Die Bücherzeitschrift i. e. S., d.h. ihre Bedeutung als eine Art Börsenblatt für den Buchhandel und ihr Nutzen für das gesamte Buchwesen, in den früheren Plänen Ausgangs- und Mittelpunkt seiner Reflexionen, tritt hier deutlich in den Hintergrund und wird nur noch in wenigen Sätzen abgehandelt. Die Überlegungen des Gelehrten konzentrieren sich nun dagegen auf den Wert, den ein alle Wissensgebiete integrierendes Informationsmedium in Verbindung mit einem daran anschließenden *Bureau d'Adresse générale des gens de Lettres*[89] für die Organisation und den Fortschritt der Wissenschaft schlechthin haben würde. Breiten Raum widmet Leibniz dem Gedanken zu einer "Encyclopaedia perfecta"[90], die das eigentliche Ziel aller Bemühungen darstellen sollte. Die ausführliche Erörterung der zu erarbeitenden Enzyklopädie mit Ausblick auf "die rechte Logica oder Methodus cogitandi, sive Ars inveniendi et judicandi Analytica et Combinatoria (...) als ein Schlüssel aller andern erkändtnüß und wahrheiten"[91] reiht dieses Konzept inhaltlich wie zeitlich in eine Serie von Denkschriften zur *scientia generalis* und *characteristica universalis* ein, die der Gelehrte in den Jahren nach seiner Rückkehr aus Paris 1676 zu Papier gebracht hat.[92]

Leibniz' Pläne zur Neuordnung des Buchwesens, deren privater Charakter sich im Laufe der Zeit zunehmend verstärkt, gipfeln schließlich in den wohl eher resignativen Entwürfen zu Subskriptionsgesellschaften aus den Jahren 1699 bis 1716.[93]

In der Vorbestellungs- bzw. Vorfinanzierungspraxis hinsichtlich noch nicht erschienener Bücher, welche die ursprünglich aus England kommende Subskription kennzeichnet[94], sieht Leibniz ein durchaus geeignetes Mittel, ohne obrigkeitsstaatliche Garantien das Risiko des Selbstverlags zu reduzieren und damit grundsätzlich auch die Abhängigkeit von den Buchhändlern bzw. -verlegern. Konsequenterweise berücksichtigt er diese Möglichkeit in fast allen Vorlagen zur Gründung von Akademien und stellt, nachweisbar in seinen einschlägigen Entwürfen für Berlin, Dresden und Wien, Organisationsformen vor, die private Bücherverlage auf Subskriptionsbasis und gelehrte Gesellschaften in sich vereinigten. Auf diese Weise könnten die zukünftigen Sozietäten ihrer Aufgabe als Instanz zur Ordnung des Buchwesens, respektive ihrer Verpflichtung, selbst "gute" und "nützliche" Werke zu verlegen, gerecht werden.

Die Erkenntnis der engen Wechselwirkung zwischen Buchwesen und Geistesleben ließ Leibniz zu dem Schluß kommen, daß eine entsprechende Kontrolle und Lenkung des Buchmarktes für die Entwicklung des kulturellen und wissenschaftlichen Fortschritts als entscheidend vorausgesetzt werden müssen. In diesem Zusammenhang stellen sich seine Vorschläge für eine Bücherzeitschrift im Sinne eines quantitativen wie qualitativen Regulativs der gesamten Buchproduktion als ein erster Schritt zur Verwirklichung seiner umfassenden kulturpolitischen und wissenschaftorganisatorischen Pläne dar. Leibniz selbst bestätigt die Richtigkeit unserer Auffassung, wenn er bereits 1670 an sein *Nucleus*-Projekt wieder anknüpfend, dieses nun deutlich mit Gedanken zur Gründung einer gelehrten Sozietät verbindet.

1.1.1.2 Projekt zur Stiftung einer Societas eruditorum Germaniae *im Anschluß an ein Bücherkommissariat*

Wieder waren es die Differenzen zwischen Wien und dem kaiserlichen Bücherkommissar Sperling[95], die nach wirkungsvollen Maßnahmen für eine Reform des deutschen Buchwesens verlangten und dem Gelehrten, weit entfernt, seine weitreichenden Ziele aufzugeben, neue Möglichkeiten boten, seine umfassenden kulturellen Pläne erneut ins Gespräch zu bringen. Einer Anregung aus Wien folgend, richtete er seinen Blick nun jedoch ganz auf den Kurfürsten und Erzbischof von Mainz, seinen derzeitigen Dienstherrn, obgleich ihm dieser schon einmal, in der *Nucleus*-Angelegenheit, die gewünschte Unterstützung versagt hatte.[96]

Durch "vertrautes schreiben eines guthen Freundes aus Wien"[97] hatte Leibniz erfahren, daß man in der kaiserlichen Metropole, der unerfreulichen Mißstände beim Frankfurter Bücherkommissariat überdrüssig, geneigt war, dieses völlig neu zu gestalten und

> "daß solches amt an das Corpus des Maynzischen Hofraths feste gemacht, einer gewißen person daraus (...) aufgetragen, und dadurch die ober = direktion des ganzen bücherwesens und rei literariae durch ganz Deutschland an Maynz gezogen würde".[98]

Gleichwohl uns besagtes Schreiben leider nicht erhalten ist, dürfen wir als seinen Absender Christoph Gudenus vermuten. Zwei Briefe desselben, die wahrscheinlich an den Sekretär Johann Philipp von Schönborns, Veit Berninger, gerichtet waren, bestätigten uns zudem, daß jener selbst der geistige Vater dieses Gedankens war.[99]

Sichtlich angetan von den Überlegungen seines Vertrauten in Wien, bittet Leibniz den Domprobst und Statthalter von Mainz, Johann von Heppenheim, genannt von Saal, in seiner oben zitierten Denkschrift, den Kurfürsten davon zu unterrichten und auf eine rasche Stellungnahme zu drängen. Man müsse die Gunst der Stunde nützen, denn "die gemüther (...) des orths (= Wien) (seien) bisweilen sehr wanckelmütig"; außerdem sei zu befürchten, daß sich "vielleicht gar ein dritter und etwa wie man nachricht hat Osterreicher dazwischen kommen und sich hierin flechten möchte".[100]

Sehr wahrscheinlich wußte der Gelehrte auch, daß Peter Lambeck vom Kaiser bereits beauftragt war, Neuerungsvorschläge zu unterbreiten, daß dieser Gudenus' Empfehlungen sehr positiv aufgenommen hatte und bereit war, die Antwort Schönborns abzuwarten, ehe er bei Leopold I. erneut vorsprechen wollte.[101]

Mag die Anregung zur Reorganisation des Buchwesens im Reich dieses Mal auch von Christoph Gudenus ausgegangen sein, so war es dann doch wieder Leibniz, der die Idee aufgriff, ihr seine ganz spezielle Prägung gab und schließlich eine Konzeption vorlegte, die bereits das individuelle Kennzeichen seines Geistes, seine Begabung für das Universelle erkennen läßt.

In zwei Entwürfen, die der Denkschrift für von Saal offensichtlich beigefügt, ohne jeden Zweifel aber für Johann Philipp von Schönborn bestimmt waren[102], entwickelt uns der erst 24-Jährige ein umfassendes und weitsichtig angelegtes Projekt, das fast alle Charakteristika aufweist, die auch seine späteren Entwürfe zu Akademiegründungen kennzeichnen. Die beiden Erörterungen, die sich in den wesentlichen Grundzügen als gedankliche Fortsetzung der bereits 1668/69 vorgetragenen Pläne für eine Bücherzeitschrift darstellen, unterscheiden sich allenthalben durch die nun deutlich veränderte Argumentationsperspektive ihres Verfassers sowie die daraus resultierende modifizierte Beweisführung.

Das erste Konzept, welches den Titel *Notanda das Bücherkommissariat betr.* trägt[103], rückt zunächst die Notwendigkeit für eine Reform des Buchwesens, in Sonderheit der dafür zuständigen kaiserlichen Behörde in den Mittelpunkt; Leibniz begründet sie vornehmlich mit massiver Kritik an der von Sperling geübten Handhabung dieses Amtes. Ähnlich wie in seinen oben diskutierten Schriften für einen *Nucleus*, definiert er auch hier aufs genaueste die Aufgaben, die es vor allem hinsichtlich des Buchhandels in Zukunft zu bewältigen galt. Allerdings sollten diese nun nicht mehr auf privater Basis, d.h. mittels eines entsprechend einzusetzenden Periodikums, d.h. wiederum indirekt durch seinen Herausgeber, wahrgenommen werden, sie werden vielmehr dem Kompetenzbereich einer staatlichen Behörde, dem reformierten kaiserlichen Bücherkommissariat offiziell zugeordnet.

Von daher erklärt es sich auch, daß wir Leibniz, der sich noch in seinen Eingaben für Leopold I. 1668/69, zumindest verbal, vom Gedanken der Zensur distanzierte, nun als entschiedenen Verfechter einer strikten Überwachung des Buchwesens, respektive des -handels sehen.

> "Daraus erscheinet daß des Commissarii amt sey providere ne qvid Respublica per rem literariam detrimenti capiat, gehöret also vor denselben für allen dingen Censura librorum, damit nichts schädtliches spargirt werde."[104]

Um Staat, Religion und die guten Sitten wirkungsvoll vor schädlichen Druckerzeugnissen zu schützen, will er dem Erzkanzler bzw. dessen Vertreter in der neu einzurichtenden Behörde das Recht zu einer weitgehenden Zensur einräumen. Denn, und hier klingt wieder Kritik an Sperling an, "ists also nicht eben damit allein gethan, daß man die Bücher, aber zu spät, wenn sie bereits in der welt herumb lauffen, confiscirt (...)"105); nachträglich durchgeführte Konfiskationen machten diese nur noch bekannter und gesuchter, "da sie doch offt anfangs mit guther manier, indem bisweilen kaum wenig exemplaria in die meß kommen, in der stille supprimirt werden könten (...)".[106]

Nicht mehr als Privatmann, der in den Verdacht geraten könnte, er selbst wolle sich besondere Vollmachten anmaßen, sondern als - wenn auch selbsternannter - Sprecher einer zukünftigen staatlichen Institution kann sich der Gelehrte nun rückhaltlos zu seiner innersten Überzeugung bekennen, die er zuvor aus taktischen Gründen nicht offenbaren durfte; Bücherzensur, von staatlicher Seite ausgeübt, war durchaus im Sinne der Zeit.

Schwerpunkt und eigentliches Ziel dieser Vorlage war es aber wohl, den Kurfürsten grundsätzlich für eine Entscheidung zugunsten des von Gudenus angeregten Projekts zu gewinnen. Mit der ihm eigenen Überredungskunst findet der junge Mainzer Justizrat immer wieder neue Argumente, um seinem Dienstherrn ein solches Unternehmen schmackhaft zu machen; dabei versäumt er es natürlich nicht, dem politischen Ehrgeiz seines Kurfürsten Rechnung zu tragen und dessen ganz persönlichen Nutzen zu betonen. Johann Philipp von Schönborn müsse bedenken:

"1. Daß dieses werck von großer conseqvenz sey, mehr als es sich eüßerlich ansehen laße.

2. Daß dadurch Churf. Gn. und dero Erzstifft jura und Regalia vermehrt werden.

3. Wenn andere Chur und Fürsten diese gelegenheit, nähe, und ratione officii, wie hier ArchiCancellariatus, colorem dazu hätten, würden sie gewislich diesem werck mit allem eifer nachsetzen (...)

4. Es sey nicht nur eben umb Bücher privilegien zu thun, deren sich bishehr die Commissarii fast einzig und allein angenommen, (...); wiewohl auch dieses an sich selbst nicht zu verachten.

5. Sondern das Commissariat begreiffe in sich die ganze inspectionem rei literariae soviel dieselbige in publico durch den Druck erscheinet."[107]

Das Recht Schönborns, die Direktion des Buchwesens im Reich zu übernehmen, leitet Leibniz aus der Führungsrolle ab, die dem Mainzer als ranghöchstem deutschen Fürsten unter den Reichsständen zustand; außerdem hätte ohnedies "alles was briefe, schrifften, Uhrkunden betrifft, ja was nur papyr heißet, es sey bedruckt oder beschrieben, seine dependenz" vom Amt des Erzkanzlers.[108] Daher dürfe der Kurfürst es nicht versäumen, in den Entscheidungsprozeß einzugreifen, um seinen berechtigten Anspruch geltend zu machen. So schaffe er die besten Voraussetzungen, das wissenschaftliche Leben zum Wohle aller nach und nach an Mainz zu ziehen.

Zum praktischen Vorgehen rät der Gelehrte seinem Arbeitgeber, er möge dem Reichsvizekanzler die Einsetzung einer Kommission vorschlagen; an diese sei durch "eine generalis commissio ad exeqvendum das Commissariat betr."[109], also durch eine Art Generalauftrag, die Aufsicht über das Buchwesen, unabhängig vom Frankfurter Bücherkommissar und dessen Adjunkten, zu delegieren. Mit ihrer Leitung sollte schließlich per Konzession aus Wien ein unabhängiger Dritter beauftragt werden.

Im Gegensatz zu seinem ersten Konzept nimmt Leibniz' zweite, lateinisch abgefaßte Schrift *De vera ratione Reformandi rem literariam Meditationes*, wie der einleitende Satz klar zu erkennen gibt, einen anderen Ausgangspunkt.[110] Denn hier gibt der Verfasser bereits Empfehlungen für den Fall, daß Leopold I. dem Kurfürsten von Mainz die Oberaufsicht über das Buchwesen und die Direktion des Bücherkommissariats tatsächlich übertragen sollte. Somit handelt es sich nun um konkrete Vorschläge für die Durchführung der gewünschten Neuordnung. Nur noch am Rande werden dabei jedoch jene organisatorischen Maßnahmen besprochen, die ausschließlich das Buchwesen betreffen; sie werden gleich zu Anfang in wenigen Sätzen abgehandelt, die kaum ein Viertel vom Gesamtumfang besagter Vorlage ausmachen. Eine deutliche Verlagerung von Leibniz' Interessen kündigt sich hiermit an.

Um konfessionelle Ausgewogenheit zu gewährleisten, sei das Bücherkommissariat in Zukunft mit zwei Beamten zu besetzen: "alterum Tridentinae alterum Augustanae Confessionis".[111] Neben den nötigen Absprachen mit dem Kurfürsten von Sachsen hinsichtlich der Leipziger Messe müsse vor allem eine Buchhandelsordnung erstellt und auf dem Reichstag ratifiziert werden. Diese solle für alle am einschlägigen Handel beteiligten Berufszweige verbindlich sein, also sowohl für die "verleger als herumbtrager und Krämer, denn auch Buchbinder und Buchdrucker".[112] Und schließlich habe die ständische Vertretung auch die Verwaltung des gesamten Buchwesens durch den Erzkanzler des Reiches offiziell zu bestätigen.

Den Schwerpunkt der *Meditationes* bildet nun allerdings ein Gedanke, den Leibniz bisher, so auch noch in seiner *Notanda*, immer nur angedeutet hatte:

> "Zu geschweigen daß vermittelst solcher gelegenheit die gelehrten und curieusen durch Teütschland, sowohl auf nahegelegenen universitäten als sonsten, nach dem exempel ander nationen zu correspondenzen, communicationen, nahern verständtnüß aufgemuntert (...)".[113]

Äußerst konkret und deutlich nimmt sich dagegen die entsprechende Formulierung des lateinischen Konzepts aus, die fast einem Aufruf gleichkommt und keinen Zweifel mehr über das eigentliche Ziel von Leibniz' Bemühungen läßt:

> "rei literariae stabiliendae causa faciat formari Societatem eruditorum Germaniae"[114]

In aller Deutlichkeit begegnen wir dem Vorschlag zur Gründung einer gelehrten Sozietät in den Konzepten des Philosophen also erstmals 1670. Ein Gedanke, der bisher immer nur schemenhaft aufgetaucht war, wird in den *Meditationes* zum ersten Mal klar und unmißverständlich zum Ausdruck gebracht; ja mehr noch, ihr Verfasser appelliert an den Kurfürsten von Mainz als den prädestinierten Wegbereiter eines sich wiederentfaltenden deutschen Bildungswesens, dieses Werk unverzüglich in Angriff zu nehmen. Und ungeachtet der Tatsache, daß Leibniz' Überlegungen auf Anregungen seines Korrespondenten in Wien, Christoph Gudenus, zurückzuführen sind, dürfen wir die Idee, im Anschluß an ein reformiertes Bücherkommissariat eine gelehrte Gesellschaft zu formieren, als ureigenstes Produkt seines schöpferischen und weitblickenden Geistes betrachten; ebenso wie uns deren detaillierte Beschreibung einen frühen Beweis für die unerschöpfliche organisatorische Phantasie des Philosophen liefert.

Den Vorsitz der in Frankfurt/M. anzusiedelnden *Societas eruditorum Germaniae* sollte der Kurfürst von Mainz selbst übernehmen, die eigentliche Geschäftsleitung jedoch an zwei seiner Vertreter delegieren. Neben bedeutenden, vermögenden Persönlichkeiten, die als Ehrenmitglieder zu gewinnen seien, sollte sich die Gesellschaft aus einer festgelegten Anzahl von Gelehrten zusammensetzen, deren Gehälter aus öffentlichen Mitteln zu finanzieren seien. Wer darüber hinaus Mitglied zu werden wünsche, habe sich dies quasi zu erkaufen.[115]

Die umfangreichen, verschiedenartigsten Aufgabenbereiche, die Leibniz der Gelehrtensozietät zuweist, offenbaren sein spezifisches Anliegen, allgemeinwissenschaftliche Vereinigungen zu fundieren, die möglichst alle Gebiete des menschlichen Wissens integrieren und weit mehr darstellen sollten als die bis dahin bekannten vergleichbaren Organisationen anderer europäischer Länder.

1662 war in London die *Royal Society* ins Leben gerufen worden, der nur vier Jahre später die Gründung der Pariser *Académie des Sciences* als erstes staatliches Unternehmen gefolgt war.[116] Dank seines regen Briefwechsels mit einer Reihe von Mitgliedern beider Akademien war Leibniz mit deren organisatorischen Eigenheiten ebenso vertraut wie mit den jeweiligen Aufgabenstellungen und Arbeitsweisen. Indem er aus diesen Kenntnissen in gewohnter Manier ganz persönliche Schlußfolgerungen gezogen und diese in seine eigenen Überlegungen zur Organisation der Wissenschaft eingebracht hat, sind neben den diversen italienischen Sozietäten vor allem diese beiden Institutionen als Vorbilder, im positiven wie im negativen Sinne, für seine eigenen Akademieprojekte einzustufen. Mag das die Originalität des

Sozietätsgründers Leibniz auch einschränken, so darf dieses Faktum bei der Beurteilung seiner einschlägigen Projekte doch nicht vernachlässigt werden. Uneingeschränkt sein Verdienst bleibt es aber, daß er im bewußten Gegensatz zur Londoner Akademie, deren einseitige Beschäftigung mit ausschließlich naturwissenschaftlicher Forschung er ablehnte, dem Akademiegedanken seine ursprüngliche Universalität wieder zurückgegeben hat.

So sei es Aufgabe der Frankfurter Gesellschaft, eine umfassende Bibliothek aufzubauen und deren Bestände in einem Universalregister zu erfassen. Die Sozietätsmitglieder sollten eine weltweite Korrespondenz mit anderen Gelehrten aufnehmen, im besonderen mit den englischen, französischen sowie italienischen Akademien in Kontakt treten und regen Austausch von Forschungsergebnissen und neuen Erkenntnissen betreiben.

Besonderes Gewicht sei auf die Durchführung, Registrierung und Sammlung von Experimenten jeglicher Art, respektive zur Beantwortung mathematisch-naturwissenschaftlicher Fragestellungen zu legen. In diesem Zusammenhang hält Leibniz es für wichtig, daß alle neuen Erkenntnisse, mögen sie noch so unbedeutend erscheinen, von der Sozietät täglich veröffentlicht werden.

Wir sehen den Philosophen hier nicht nur darum bemüht, dem Gelehrten zu mehr Popularität und Ansehen zu verhelfen, sein Ziel war es wohl vor allem, ihn aus der Isolation des individuellen Forschens herauszulocken und zu kommunikativem Arbeiten zu ermutigen. Zunehmende Transparenz des wissenschaftlichen Lebens könnte zudem, möglicherweise auch außerhalb der etablierten Gelehrtenkreise, zu weiteren und größeren Leistungen anregen und nicht zuletzt neue Erkenntnisquellen erschließen.

In Anlehnung an die *Leopoldina* legt Leibniz der zu gründenden deutschen Gelehrtensozietät die medizinische Forschung besonders ans Herz; ein zentrales Anliegen der Zeit angesichts des desolaten Gesundheitswesens, der unzulänglichen medizinischen Versorgung sowie der Häufigkeit epidemischer Krankheiten, das er auch in seinen Folgeplänen vorrangig behandelt.

Darüber hinaus sollte die Leibnizsche Sozietät aber auch Wissens- und Arbeitsgebiete integrieren, die wir im eigentlichen Sinne und aus heutiger Sicht nicht unbedingt als akademiespezifisch charakterisieren würden. So wollte der Gelehrte ihrem Kompetenzbereich nicht nur die Aufsicht über Handwerk und Handel zuordnen, auch das gesamte deutsche Bank- und Geldwesen sei sukzessive unter ihre Kontrolle zu bringen:

"qvo effecto se dominam rerum reddidit"[117)]

Durchaus zeitgemäß erscheint uns die hier angedeutete Verknüpfung von Politik, Wirtschaft und Wissenschaft indes im Zusammenhang mit den Utopien des 16. und frühen 17. Jahrhunderts, die vor allem mit den Namen Thomas Morus, Tommaso Campanella, Francis Bacon oder in ihrer christlichen Ausprägung mit dem Johann

Valentin Andreäs verbunden sind, ebenso wie vor dem Hintergrund der Reformpädagogik des Frühbarocks, für die allen voran Amos Comenius federführend war.[118] Bei allen geistigen und nationalen Verschiedenheiten ist diesen Bestrebungen das Ziel gemeinsam, mittels rationaler Organisation das menschliche Zusammenleben in allen seinen Bereichen neuzuordnen. Die Sozietät als Hort des menschlichen Wissens und Zentrum vernunftgemäßen Denkens wird so notwendigerweise zum wesentlichen Faktor im Staatsgefüge.[119]

Die Rolle der Sozietät als wesentliche Mitgestalterin des politischen, wirtschaftlichen und gesellschaftlichen Lebens, die Leibniz in seinem ersten Entwurf für Johann Philipp von Schönborn, den *Meditationes*, zunächst nur anklingen läßt, tritt uns bereits in den beiden zeitlich kurz darauf folgenden Schriften, *Grundriß* und *Bedenken*, in aller Deutlichkeit entgegen.[120]

In Anbetracht des weiten, das gesamte Staatswesen umfassenden Aktionsradius, den der Gelehrte für die Sozietät antizipiert, nimmt es wunder, daß er eben jenen Bereich gänzlich ausgeklammert wissen möchte, der trotz oder gerade wegen der in den Verträgen von Osnabrück und Münster getroffenen Regelungen unvermindert das politische Zeitgeschehen beeinflußte und die Einheit und Handlungsfähigkeit des Reichs beeinträchtigte:

> "Eadem societas nihil se immisceat rebus ad religionem pertinentibus (...)"[121]

Wohl mit Rücksicht auf die interne Geschlossenheit der Akademie als Conditio sine qua non für gemeinsames, kooperatives Arbeiten sollten ihre Mitglieder sich aller interkonfessionellen Streitigkeiten enthalten.

Wie bisher in allen einschlägigen Schriften wird dem Thema "Bücherzensur" auch in den *Meditationes* breiter Raum gewidmet.[122]

Die grundsätzliche Notwendigkeit einer sinnvollen und effektiven Zensur literarischer Druckerzeugnisse noch einmal betonend, erläutert uns ihr Verfasser diverse Mittel und Wege einer entsprechenden Überwachung und Lenkung. Neben seinem Aufruf an die Adresse der Verleger, sich zu Verlagsgemeinschaften zusammenzuschließen, um das Risiko bei "guten" aber kostspieligen Publikationen zu reduzieren, generell die Herstellung "nützlicher" Werke zu fördern bzw. Druck und Verbreitung schlechter und überflüssiger Abhandlungen von vorneherein zu verhindern, schlägt er ihnen vor, den Leser durch Publikumskataloge umfassend zu informieren und dadurch die Nachfrage in diesem Sinne zu beeinflussen. Hier werden also die Verleger selbst in die Pflicht genommen, die nunmehr, ihren guten Willen vorausgesetzt, die Aufgabe übernehmen sollen, die zunächst dem Herausgeber des *Nucleus* als "unabhängigem Dritten" zugedacht war.

Des weiteren erörtert Leibniz erstmals die Möglichkeit, durch eine Art Selbstzensur der Autoren, die allgemeine Schreibwut der Zeit, die oft mehr Schlechtes als Nützliches zu Tage fördere, an der Wurzel zu packen und a priori einzudämmen. So seien Bestimmungen zu treffen, daß in Zukunft kein Buch veröffentlicht werde, in dem der Verfasser in seinem Vorwort nicht angeben könne, was er bisher Unbekanntes und dem Staate Dienliches durch sein Werk mitteile:

"Hoc multos a scribendo inepta continebit."[123]

Die offizielle Zensur, für die der Gelehrte nun wieder die traditionellen Kriterien zugrunde legt[124], sollte jedoch wider Erwarten weder von der reformierten Bücherbehörde noch von der ihr angegliederten Sozietät wahrgenommen werden, sondern von der nächstgelegenen Universität des jeweiligen Territoriums, in dem die betreffenden Bücher erscheinen würden. Über das denkbare Motiv für diese Entscheidung kann freilich nur gemutmaßt werden.

Leibniz' irenischer, auf den Ausgleich von Gegensätzen gerichteter Geist mag jedoch dafürsprechen, daß er einerseits ungeachtet der notwendigen Abgrenzung der gelehrten Sozietät als neuem Forum kollektiven Forschens vom etablierten Lehrbetrieb der Hochschule[125] nichts unversucht lassen wollte, Berührungspunkte zwischen beiden Einrichtungen zu schaffen. Andererseits sehen wir den Gelehrten ganz offensichtlich darum bemüht, das Universitätswesen von Anfang an in sein zukünftiges Kulturprogramm zu integrieren, um schließlich die Voraussetzung zu schaffen, es sukzessive unter den einheitlichen Einfluß des ranghöchsten deutschen Kurfürsten zu bringen und somit entgegen dem regionalen kulturellen Eigenleben im "Deutschland" des 17. Jahrhunderts dem Reich als Ganzem nutzbar zu machen.[126]

Die *Meditationes*, als erster eindeutig nachgewiesener Sozietätsentwurf des Philosophen, beschränken sich allerdings nicht auf die Erörterung konstitutioneller und inhaltlicher Kriterien. Im Gegensatz zu seinen folgenden Akademieplänen der frühen Periode, besonders aus den 70er Jahren, die die Notwendigkeit der materiellen Fundierung kaum beachten[127], legt Leibniz seinem Kurfürsten als dem zukünftigen Direktor der *Societas eruditorum Germaniae* einen ebenso umfassenden wie detaillierten Finanzierungsplan vor.[128]

Dem Beispiel Hollands und der Pfalz folgend, sollte eine Reichspapiersteuer eingeführt werden.[129] Jeweils die Hälfte der so gewonnenen Einnahmen eines jeden Territoriums sollte an dessen Fürsten, die andere Hälfte jedoch an die Sozietät abgeführt werden. Anhand eines Rechenexempels versucht der Gelehrte nachzuweisen, daß ihr Ertrag durchaus ausreichen würde, um sowohl die Unkosten dieser Institution als auch die Gehälter ihrer Mitglieder zu decken.[130]

Diese Steuer, für die es unter Strafandrohung keine Ausnahmeregelung geben dürfe, zu erheben und einzutreiben, sei unproblematisch; denn sie beträfe nicht die Bauern und Handwerker, die mit Abgaben schon genug belastet seien, sondern im

Vergleich zu diesen eher müßige Menschen, etwa Kaufleute, Prozessierende und Gelehrte, von denen keine Gefahr der Rebellion ausginge.[131]

Merkantilistische Prinzipien zugrunde legend, beschreibt Leibniz mit der ihm eigenen Akribie die Handhabung der von ihm vorgeschlagenen Steuer auf Papier[132], die zudem den positiven Nebeneffekt habe, daß sie die "multorum scribacitas"[133] eindämme, d.h. somit ein präventives Regulativ darstelle, das sich indirekt auch auf den literarischen Markt auswirken könne.

Die Berechtigung der gelehrten Sozietät, sich aus den Erträgen des besteuerten Papiers zu finanzieren, sieht Leibniz in dem Besteuerungsobjekt selbst begründet:

"Nam qvi chartae servit, de charta vivat"[134]

Als Direktor der als Reichsinstitution konzipierten Gesellschaft[135] hatte Leibniz mit Johann Philipp von Schönborn, dem Kurfürsten von Mainz und Erzkanzler des Reichs, mit Bedacht den ranghöchsten und maßgebendsten deutschen Fürsten vorgeschlagen. Doch dieser hat, vorausgesetzt er kannte die Entwürfe überhaupt und soweit das aus den überlieferten Akten geschlossen werden kann[136], auf die Memoranden seines Justizrates nicht reagiert. Dies erstaunt um so mehr, als Leibniz' Pläne dem ehrgeizigen Streben und dem kulturellen Anliegen Schönborns durchaus entgegenkamen.

Zum einen hatte Kurmainz sich seit dem Ende des 15. Jahrhunderts immer wieder vergeblich um das Aufsichtsrecht über den deutschen Buchhandel bemüht[137], zum anderen hätte die Verwirklichung des Projekts eine entscheidende Machterweiterung des kurmainzischen Einflußbereichs bedeutet. Nicht zuletzt war auch Wien an einer langfristigen Lösung des Konflikts um das kaiserliche Bücherkommissariat interessiert und hätte sich in dieser Angelegenheit vermutlich kooperativ gezeigt.

Das Scheitern des Projekts dürfte auf mehrere Gründe zurückzuführen sein.

Zweifellos haben die bevorstehenden kriegerischen Auseinandersetzungen mit Frankreich[138] Schönborns kulturelle Vorlieben vorübergehend in den Hintergrund gedrängt. Davon abgesehen wäre die Realisierung eines für das Reich als Ganzes entworfenen kulturellen Programms ohnedies auf unüberwindliche Schwierigkeiten gestoßen, deren sich der Kurfürst wohl bewußt war; die damalige politische Situation, gekennzeichnet durch die Einzelegoismen der unzähligen deutschen Territorien, die die notwendigen gemeinsamen Entscheidungen oft unmöglich machten, wäre auch diesem Unternehmen entgegengestanden.

Möglicherweise hat sich aber auch in diesem Fall das enge Verhältnis Leibniz' zu seinem Mentor Boineburg und die intensive Zusammenarbeit beider als nachteilig erwiesen. Jedenfalls konnte schon Ritter schlüssig nachweisen, daß es dem Philosophen sehr wahrscheinlich aus diesem Grund nicht beschieden war, am Mainzer Hof festen Fuß zu fassen.[139]

In diesem Zusammenhang könnte ein Brief Linckers an Leibniz vom 30. August 1671 darauf schließen lassen, daß womöglich auch Neider am Werk gewesen waren, die befürchteten, der sächsische Gelehrte selbst wolle Anspruch auf die Leitung des Bücherkommissariats erheben, und sein Einfluß im Erzbistum wie im Reich könnte zu groß werden.[140]

1.1.2 Religiös und patriotisch motivierte Sozietätspläne

Vermutlich 1669 brachte Leibniz zwei Entwürfe zu Papier, die wir bedingt als die frühesten Sozietätspläne des Philosophen bezeichnen dürfen. In den beiden offensichtlich zusammengehörigen Manuskripten zu einer *Societas Philadelphica* und einer *Societas Confessionum Conciliatrix*[141] begegnen wir Gedanken, die uns im Zusammenhang mit seinen Vorschlägen zur Organisation des Buchwesens mindestens ansatzweise vertraut sind; andererseits tauchen Ideen auf, die auf den ersten Blick merkwürdig und doch wieder typisch für den Entwicklungsgang des jungen Leibniz erscheinen. Gleichwohl unterscheiden sich diese beiden Schriften in mehrfacher Hinsicht von seinen nachfolgenden Sozietätsplänen.

Einmal hat ihr Verfasser, wie er selbst an einigen Stellen andeutet, hier offenbar nicht nur eigenes Gedankengut niedergeschrieben. So stoßen wir auf die Namen Becher, Crafft, van Helmont, de la Court und Labadie.[142] Zudem sehen wir uns, - völlig unüblich für den Perfektionisten, der Leibniz ohne Frage war -, mit "mehr oder minder eiligen Aufzeichnungen"[143] konfrontiert, die sowohl inhaltliche Ungereimtheiten enthalten, vor allem wenn es um konkrete organisatorische oder finanzielle Grundlagen der skizzierten Sozietät geht, als auch zuweilen, respektive im letzten Drittel des ersten Konzepts, den konsequent-logischen Aufbau vermissen lassen, der die Schriften des Philosophen im allgemeinen auszeichnet. Leibniz' Eingeständnis, "nunc qvidem, cum initio singula exacte institui non possint"[144], erweckt schließlich den Eindruck, daß die uns bekannte und wohl einzige Fassung der beiden Entwürfe allenfalls eine erste Sammlung von Gedanken darstellt, oder aber, was wahrscheinlicher ist, gar nicht erst dafür vorgesehen war, an irgendeiner Stelle vorgelegt zu werden.

Die oben diskutierten Eingaben für eine Neugestaltung des deutschen Buchwesens waren für den Kaiser, den Kurfürsten von Mainz bzw. für deren fachliche Berater bestimmt. Um diese spezifische Zielgruppe zu erreichen und zu überzeugen, kam es ihrem Verfasser vornehmlich darauf an, den pragmatischen Nutzen seiner Vorschläge, mitunter auch ihren individuellen Vorteil für den jeweiligen Adressaten zu betonen. Anders nimmt sich dagegen die Rechtfertigung seines Anliegens aus, die er seinem Entwurf zu einer *Societas Philadelphica* vorausschickt. Hier tritt seine metaphysisch-religiöse Grundkonzeption zu Tage, die, wenn auch meist unausgesprochen, allen seinen Sozietätsplänen zugrunde liegt und die gesellschaftspolitische Notwendigkeit gelehrter Sozietäten ebenso begründet wie sein ganz persönliches Bestreben, das wissenschaftliche Leben zu organisieren und zu fördern.

Mit seinem einleitenden Bekenntnis, "Vera Politica est nosse qvid sit sibi utilissimum"[145], scheint Leibniz zunächst auf den politischen Charakter seines Projekts hinzuweisen. In der Tat bestätigt uns vor allem dieser Entwurf die enge Verknüpfung von Wissenschaft und Politik bei Leibniz, die wir schon in seinen *Meditationes* andeutungsweise erkennen konnten. Allerdings macht die folgende Argumentation des Philosophen die Ambivalenz seines Politikbegriffs sichtbar.

Der höchste Nutzen des Menschen bestände darin, Gott, dem allmächtigsten Wesen, wohlgefällig zu sein. Gott wohlgefällig sei alles, was der Vervollkommnung des Universums, d.h. des Menschengeschlechts diene.[146] Indem sich Leibniz auf den Willen Gottes als oberste richterliche Instanz beruft, welche das alleinige und ausschließliche Kriterium für das Wohl des einzelnen vorgibt, den Willen des Schöpfers mit dem des Menschen quasi identifiziert, transformiert er den zunächst individuell-rationalen Anspruch an die Politik in den metaphysisch-ethischen Bereich. Damit wird die universell-religiöse Verpflichtung zum eigentlichen Anliegen der "vera politica", deren letztes Ziel die Förderung des wissenschaftlichen und somit zugleich des gesellschaftlichen Fortschritts sein muß.[147]

Wenn, was Leibniz voraussetzt, Weisheit und Macht den Vollkommenheitsgrad des menschlichen Geschlechts bestimmen, dann ist es gleichsam ein göttlicher Auftrag, nicht nur die geistigen Errungenschaften und praktischen Erfahrungen vergangener Jahrhunderte zu pflegen und zu verbreiten, sondern vor allem auch immer wieder neue Künste und Wissenschaften hervorzubringen.[148]

Nun steht jedoch nicht so sehr die Überwindung des Gegensatzes von Lehre und Forschung, wie wir ihn für das Verhältnis von Universität und Akademie im 17. Jahrhundert konstatieren, im Mittelpunkt seiner Überlegungen. Die sich anschließende Erläuterung der zentralen Begriffe der Wissensvermittlung bzw. -vermehrung offenbart vielmehr den elementaren Glauben des Philosophen an die existentielle und zukunftsweisende Verbindung von Theorie und Praxis, der alle seine einschlägigen Pläne beherrscht und in diesen vielfach modifiziert seinen Ausdruck findet.[149]

Im Kontext seines Konzepts für eine religiös-moralisch begründete und schließlich politisch ausgerichtete gelehrte Gesellschaft betont Leibniz als notwendige Ergänzung zur Wissenschaftsförderung im Sinne von intensiver Naturforschung und allgemeinem Austausch neuer Erkenntnisse die pädagogisch-praktische Verpflichtung. Wissensvermittlung meint demnach das konsequente Bemühen, die Menschen von Jugend an mit allen nützlichen Regeln und Praktiken vertraut zu machen.

> "(§ 7.) Assvefient homines jam cognitis artibus ac scientiis (id est praxibus et regulis utilibus), si inde usqve a juventa educentur ad pietatem, sobrietatem, curam valetudinis, modestiam, laborem, omnesqve omnino virtutes..."[150]

Da die hier spezifizierten pädagogischen Inhalte das gesamte System sittlicher Grundsätze und gesellschaftlicher Normen umschreiben, reklamiert Leibniz folgerichtig neben der intellektuellen die moralisch-ethische Vervollkommnung des Menschen. Nur sie garantiere das friedliche Zusammenleben in der Gemeinschaft und ebne den Weg für eine kontinuierliche wissenschaftliche wie gesellschaftliche Fortentwicklung der menschlichen Spezies.

Jedem stände es natürlich frei, seinen individuellen Beitrag für eine bessere Zukunft zu leisten. Wirkungsvoller sei freilich der Zusammenschluß Gottesfürchtiger in einer ausgedehnten Sozietät.

Die *Societas Philadelphica*, die mit Rücksicht auf das zu verwirklichende Ideal allgemeinen Friedens notwendigerweise auch eine *Societas Confessionum Conciliatrix* sein muß, zeigt nicht nur die innere Gleichgerichtetheit von Leibniz' Bemühungen um die Förderung der Wissenschaften und die Wiedervereinigung der Konfessionen. Sie steht vielmehr exemplarisch für sein umfassendes Programm von Reformbestrebungen, die sämtlich auf eine Verbesserung der von Gott grundsätzlich vollkommen angelegten Welt hinauslaufen. Zugleich dient sie uns als anschauliches Dokument für den irrealen, mitunter visionären Charakter der frühen Schriften des Philosophen, die ihren Verfasser einmal mehr in die Tradition der Sozialutopisten des 16. und frühen 17. Jahrhunderts einreihen.[151]

Vordergründig stellt sich die *Societas Philadelphica* als Vereinigung von frommen Gelehrten dar, die, frei von wirtschaftlichen Sorgen, ihren spezifischen Interessen nachgehen können. Finanziell getragen von der Sozietät, müssen sich ihre Angehörigen zu einer lebenslangen Mitgliedschaft, auf eine straffe Verfassung sowie Gelübde verpflichten, deren Bruch harte Strafen bis hin zum Ausschluß aus der Gemeinschaft zur Folge haben sollte.

Diese konstitutionellen Grundelemente, die gewissermaßen das Bild eines brüderlich-verschworenen Elitebundes vermitteln, haben in der Forschung u.a. dazu geführt, die *Philadelphica* als "konspirative" oder "freimaurerische Geheimgesellschaft" zu charakterisieren.[152] Doch neben den historischen Fakten, die dieser Auffassung widersprechen, sehen wir uns an mehreren Stellen des Manuskripts ausreichend mit Hinweisen des Verfassers versorgt, die Aufschluß über die geistigen Paten seiner Vorschläge geben.[153]

Demnach hat sich Leibniz in organisatorischer Hinsicht am Vorbild religiöser Orden orientiert[154], aus pragmatischen Gründen jedoch einer säkularisierten Spielart den Vorzug gegeben. Mit Rücksicht auf die zukünftigen Mitglieder verzichtet das Reglement der *Philadelphica* nämlich ausdrücklich auf jegliche Art ordenstypischer Enthaltsamkeitsgebote. Die "viri magni", die es in der Hauptsache zu werben gelte, würden sich derartigen Vorschriften erfahrungsgemäß nicht unterordnen. Nicht von ungefähr sei Bechers Versuch, eine politische Sozietät als Ordensgemeinschaft aufzurichten, a priori zum Scheitern verurteilt gewesen.[155]

Besondere Aufmerksamkeit widmet Leibniz der *Societas Jesu*, die er mehrmals namentlich erwähnt; lobend äußert er sich vor allem über den kostenlosen Unterricht der Jesuiten. Nach ihrem Beispiel hätten sich auch die Gelehrten der *Philadelphica* in den Dienst des Menschen zu stellen, d.h. unentgeltlich etwa als "Medici, Judices, praefecti, praesides, consiliarii, advocati, professores, rectores, scribae etc." tätig zu werden.[156] Denn auf diese Weise sichere man sich die Gunst des Volkes.

Vertraut mit den gesellschafts- wie machtpolitischen Realitäten seiner Zeit und als politischer Praktiker wußte er freilich, daß letztlich die Zustimmung der Fürsten über den Erfolg bzw. Mißerfolg eines derartigen Unternehmens entschied. Die Wahl des Philosophen fällt daher auf die drei einflußreichsten Persönlichkeiten in Europa. Und so versucht er in gewohnter Weise, indem er die individuellen, d.h. machtorientierten Interessen seiner präsumtiven Protektoren an diesem Vorhaben in die Waagschale wirft, den Kaiser, den Papst und den französischen König für selbiges zu gewinnen.[157] Sie sollten die Sozietät ihrer gemeinsamen Obhut unterstellen und deren Unabhängigkeit garantieren.

Die *Philadelphica*, das zeigt nicht nur die taktisch kluge Auswahl ihrer zukünftigen Förderer, war dazu bestimmt, die Grenzen von Staaten und Völkern zu überwinden. Mit diesem Ziel wollte ihr geistiger Vater sukzessive alle großen und kleineren Freistaaten, religiösen Orden und wissenschaftlichen Gesellschaften in eine ihrem Wesen nach kosmopolitische Organisation integrieren. Besonders erwähnenswert erscheint Leibniz hier die *Royal Society*, wohl aufgrund der vergleichsweise autarken Stellung, die sie innerhalb der englischen konstitutionellen Monarchie einnahm.[158]

Konsequenterweise siedelt der Gelehrte, der sich bei seinen Überlegungen so oft von patriotischen Gefühlen leiten ließ, die *Philadelphica* nicht innerhalb der Reichsgrenzen an, er verlegt ihren Hauptsitz vielmehr nach "Holland". Als internationales Zentrum von Wissenschaft, Wirtschaft und Handel hätte dieses Land außerordentlich günstige Bedingungen für die Verwirklichung von Leibniz' weitreichenden Plänen geboten.[159]

Im Gegensatz zu den oben diskutierten *Meditationes*, die einen exakten und, soweit sich das aus heutiger Perspektive überhaupt beurteilen läßt, einen ebenso umsichtig wie realistisch angelegten Finanzierungsplan für die zu gründende Sozietät vorlegen, bleiben die wirtschaftlichen Grundlagen der *Philadelphica* eher im Bereich des Spekulativen. Unklar bleibt vor allem, woher das Grundkapital für die Fundierung der Gesellschaft genommen werden sollte.[160] Andererseits klingen in diesem Zusammenhang, mitunter recht unverhohlen, Vorschläge an, die mit so modernen Begriffen wie "Enteignung" und "Zwangsabgaben" verbunden werden können:

> "Ergo Imperator et Rex Galliae consensu Papae per Imperium et Galliam circa qvaedam bona Ecclesiastica instituant, ut cogantur ommnes qvi opimiora et minus onorata habent, certum aliqvid contribuere societati..."[161]

Unterstützung erhofft sich Leibniz auch in dieser Frage von den drei obersten Souveränen des Heiligen Römischen Reiches, Frankreichs und der Kirche.

Im übrigen werde eine gelehrte Sozietät, etabliert im Zentrum von "Kapitalismus" und Kolonialismus, die sich zudem durch unentgeltliche Dienstleistungen in allen nur möglichen Bereichen die Gunst des Volkes wie die der Fürsten erwerbe, in absehbarer Zeit die wirtschaftliche Monopolstellung erreichen, die ihre weitere Existenz sichere. Darüber hinaus werde sie durch die von der Obrigkeit als Gegenleistung gewährte Steuerfreiheit in den Stand gesetzt, ausgedehnte Handelsbeziehungen zu unterhalten. Nach und nach sollte sie den gesamten Handel an sich ziehen. Im Gegensatz zum Handwerk und den Einnahmequellen der Fürsten, die aus taktischen Gründen unangetastet bleiben müßten, könne die Sozietät die Gewinne der Kaufleute ohne weiteres für sich beanspruchen; denn diese könne der Staat am leichtesten entbehren:

> "... manufacturas ad se trahere non potest, nisi plebem irritet; principes ne irritet omissis salariis praecavet; mercatoribus maxime carere potest Respublica et lucrum qvod ipsi habent ad se trahere, et ministris sibi utilissimis, id est societati pro communi bono laboranti vindicare."[162]

Zusätzliches Einkommen sei zu gewährleisten durch eine Art Patentschutz für technische Erfindungen und neue Verfahrenstechniken, die von Mitgliedern der Sozietät entwickelt würden.

Mit der *ostindischen Handelskompanie*, die dem Gelehrten nachahmenswerte Formelemente in ökonomischer Hinsicht liefert, sei in Konkurrenz zu treten; damit werden zugleich künftige kolonisatorische Aktivitäten der *Philadelphica* in Aussicht gestellt. Und schließlich sei eine sozietätseigene Handelskompanie zu formieren, der sich die Reichsten "Hollands" anschließen mögen.[163]

Weitreichender als in den *Meditationes*, d.h. verbunden mit gravierenderen politischen, wirtschaftlichen sowie sozialen Implikationen und kaum mehr nachvollziehbaren Konsequenzen, ist der Kompetenz- und Einflußbereich der zu gründenden *Philadelphica* abgesteckt. Die utopischen Züge, die das Konzept in diesem Zusammenhang unverkennbar annimmt, bestärken einmal mehr die bereits an anderer Stelle geäußerte Vermutung, daß Leibniz mit diesem Sozietätsentwurf nur ein "idealisches Modell" zeichnen wollte und wohl zu keinem Zeitpunkt die Ausführung seines phantastischen Planes in Erwägung gezogen hatte.[164]

Von den uns vertrauten akademiespezifischen Aufgaben auf den Gebieten von Wissenschaft und Forschung, die er hier gar nicht mehr im einzelnen aufführt, hält er offensichtlich nur die Medizin für erwähnenswert. Sie zu fördern sei ein Gebot der Frömmigkeit; im Vergleich zu ihr gäbe es nichts Heiligeres, da sie für das menschliche Geschlecht unentbehrlich sei.[165]

Überdies scheinen die eigentlichen wissenschaftlichen Verpflichtungen, die lapidar als "aliae artes" gekennzeichnet werden[166], im Kontext seines philadelphischen Planes eine eher untergeordnete Rolle zu spielen; sie sind sozusagen nur Mittel zum Zweck. Angesichts der doch recht aufschlußreichen Bemerkung, diese "anderen Künste" seien nicht zu vernachlässigen, "ut omnes principes consentiunt"[167]‚ möchte man ihnen in gewisser Hinsicht gar eine Art Alibifunktion unterstellen. Wichtiger ist Leibniz jedenfalls ohne Frage die politische wie gesellschaftliche Machtstellung, die eine gelehrte Sozietät im obrigkeitsstaatlichen Gefüge idealiter einnehmen würde. Mit nicht zufälligen Ungereimtheiten, die den Modellcharakter der *Philadelphica* unterstreichen, skizziert er den Weg, wie die von ihm gewünschte Umstrukturierung bestehender Machtverhältnisse zu erreichen wäre.

Durch sukzessive Integration der verschiedensten gesellschaftlichen Gruppen in die Gesamtorganisation der Sozietät[168] sei ihren Mitgliedern[169] der Zugang zu den entsprechenden Tätigkeitsbereichen zu ermöglichen. Diese wiederum würden, aufgrund ihrer Weisheit, ihrer rationalen Vernunft und ihrer moralischen Integrität zu Höherem berufen, ähnlich den Weisen des *Hauses Salomons* in Bacons *Nova Atlantis*, in kürzester Zeit die jeweils höchsten Ämter bekleiden. Dafür werde kein Privileg nötig sein, "dum enim gratis serviunt, eo ipso praeferentur".[170] Allerdings müsse man sich auch in Zukunft davor hüten, die Übernahme eines Amtes mit dem Empfang von Geld zu verbinden, um sich die Gunst des Volkes zu erhalten.

Die politisch wie sozial exponierte Stellung der Sozietät und ihrer Mitglieder, die sich als natürliche Folge dessen ergäbe, werde sich auf der Grundlage der ihr eingeräumten wirtschaftlichen Privilegien und Monopole zunehmend festigen. Am Ende finden wir die Gelehrten der Sozietät an den Schaltstellen des Staates, dessen Geschicke sie fortan bestimmen, ohne jedoch direkt in die politische Exekutive einzugreifen. Wie allerdings diese quasi heimliche Philosophenherrschaft realiter funktionieren sollte, bleibt wohlweislich der Phantasie des Lesers überlassen.

Gleichwohl hat Leibniz seiner politischen Philosophie[171], seinen politischen Ambitionen, insbesondere seiner sozialreformerischen Vorstellung selten so dezidiert und unverblümt Ausdruck verliehen, wie in dem uns überlieferten Manuskript zur Gründung einer *Societas Philadelphica*.

In der Sozietätskonzeption des jungen Leibniz sehen wir demnach eine weltweit angelegte Organisation, die nicht nur maßgeblich an der Ausübung realer politischer Macht innerhalb eines Staates beteiligt sein sollte; zum *Allgemeinen Besten*, d.h. im Hinblick auf die notwendige umfassende gesellschaftspolitische Reform, sollte sie in letzter Konsequenz den gesamten Erdkreis beherrschen:

> "Die Sozietät kann sich (...) leicht in den Stand setzen, daß es niemanden mehr gibt, den sie fürchten müßte, daß sie am Steuer des Staates sitze, denn sie ist auch aus diesem Grunde eingerichtet worden, daß sie sich als ein Seminar erweise (...) für die dem Staate nützlichen Menschen. Auch die militärischen Führer können der Sozietät verpflichtet werden, Schiffe und Siedler nach Amerika ausgesandt werden, der ganze Erdkreis nicht mit Gewalt, sondern mit Güte unterworfen werden (...).
> Schließlich wird dann das Menschengeschlecht allenthalben veredelt werden, denn bis dahin war mehr als die Hälfte von ihnen unterentwickelt. Die Sozietät wird sogar unser Schiedsrichter in Kriegen sein und leicht dem Erdkreis Sicherheit vor unrechtmäßiger Gewalt verschaffen.

Denn vor allem möge sie überall die wichtigsten Ämter innehaben und das Volk sich eng verbinden und die regionalen Kräfte in der Hand halten. Oh glänzender und glückverheißender Tag für das Menschengeschlecht, an dem dies alles begonnen wird."[172]

Angesichts der hier vorgetragenen Zukunftsvision überrascht es nicht, daß die *Philadelphica* in marxistisch-tendenziösen Forschungsbeiträgen mit Vorliebe als ein frühes Konzept für eine sozialistisch verstandene internationale Gesellschaft interpretiert wird, die Standesschranken ebenso überwindet wie die Rivalität der Großmächte.[173] Doch Leibniz war ganz gewiß kein "subkutaner" Thomas Müntzer. Sein Ziel war weder die Auflösung der bestehenden Ständeordnung noch die Ablösung des obrigkeitsstaatlichen, monarchischen Prinzips. Nicht nur als der Fürstendiener, der er zeit seines Lebens war, sondern auch auf der Grundlage seines politisch-philosophischen Verständnisses akzeptierte er vielmehr die in seinen Augen gottgewollte Unterscheidung in Regierende und Regierte.[174]

Ebenso ausgeprägt war andererseits aber sein Glaube an die religiös-moralisch wie gesellschaftlich-politisch verpflichtete Wissenschaft. Für die in jeder Hinsicht qualifizierten und engagierten Gelehrten mußte es daher ein Gebot sein, sich zum Wohle der Allgemeinheit an der realen Führung im Staate zu beteiligen, sozusagen als einflußreicher Beraterstab des bzw. der Fürsten. Damit räumt er ihnen allerdings nicht das Recht ein, deren exponierte Stellung in Frage zu stellen. Der von Leibniz in diesem Zusammenhang als warnendes Beispiel zitierte Bund der Pythagoräer dürfte eine andere Deutung kaum zulassen.[175]

Ohne historische politisch-ideologische Entwicklungen um fast zwei Jahrhunderte vorwegzunehmen, möchten wir Leibniz' philadelphischen Plan vielmehr in das Beziehungsfeld der großen Utopien des 16./17. Jahrhunderts einordnen, die sich mit den Namen Morus, Campanella und Bacon ebenso verbinden wie mit den Idealvorstellungen eines Amos Comenius oder Valentin Andreae. So gesehen stellt die *Societas Philadelphica* einen sozialreformerischen Staatsentwurf dar, ohne jedoch subversiv-revolutionäre Elemente in sich zu bergen. In dem wissenschaftlichen, der zugleich den nicht näher definierten gesellschaftlichen Fortschritt bedeutet, sehen wir das eigentliche, humanitäre Ziel, d.h. den wahren Dienst am Menschen.

In der Vision des jungen Akademieplaners von einer *République des lettres* im Sinne einer Gelehrtenherrschaft, als deren Geschäftsstelle sich die *Philadelphica* ausweist[176], erkennen wir aber auch das antike Vorbild einer platonischen Philosophenherrschaft oder das politische, soziale und religiöse Engagement der Pythagoräer, die ja im übrigen ausdrücklich genannt werden.

Nur ihrem Namen nach verwandt mit den vor und um 1700 vornehmlich in "Deutschland", England, Holland und der Schweiz entstandenen theosophischen oder pietistisch-schwärmerischen Gemeinschaften[177], antizipiert Leibniz' philadelphische Sozietät andererseits gewissermaßen die philanthropische Bewegung der Aufklärung.[178]

Leibniz hat es wie kein anderer verstanden, fremdes Gedankengut mit eigenen Überlegungen zu verquicken, um schließlich zu neuen Denkansätzen zu gelangen. So dürfen wir seinen Plan für eine *Societas Philadelphica* gleicherweise als ein Konglomerat fremder und eigener Ideen verstehen.[179] Daß er selbst trotz seines jugendlichen und noch unerfahrenen Enthusiasmuses wohl kaum an die Realisierbarkeit eines derartigen phantastischen Projekts geglaubt hat, unterstreicht eine entsprechende Bemerkung in dem bald darauf entstandenen *Grundriß*:

> "Solche Glückseeligkeit Menschlichen Geschlechts were müglich, wenn eine allgemeine conspiration und verständtnüß nicht inter chimaeras zu rechnen, und zur Utopia Mori, und Civitate Solis Campanellae, und Atlantide Baconi zu sezen, und gemeiniglich der allergrösten Herren consilia von allgemeiner Wohlfart zu weit entfernt weren."[180]

Selten hat Leibniz dem Leser seiner politisch-kulturellen Schriften den Grundzug seines Denkens so unmittelbar entdeckt wie in seinem Entwurf zu seiner *Societas Philadelphica*.

Als Grundstruktur seines Weltbildes sehen wir seinen unerschütterlichen Glauben an die vom Schöpfer selbst angelegte alles umfassende Harmonie, die es auf Erden zu verwirklichen gilt. In diesem gleichsam göttlichen Auftrag erkennen wir auch das zentrale Motiv sämtlicher Anliegen und Aktivitäten des Philosophen. Ganz im Geiste des Barock begreift Leibniz Harmonie als Einheit der Vielfalt[181]; sein spezifisches Harmoniebedürfnis wurzelt im barocken Universalismus, der sich im wissenschaftlich-kulturellen wie im gesellschaftlich-politischen Leben niederschlug. Auch die künstliche Schaffung kollektiver Bindungen, wie sie sich in der Gründung von Gesellschaften zu gemeinsamen Zwecken zeigt, ist Ausdruck dieses zeitbedingten Einheitsstrebens.[182] Geradezu typisch erscheint in diesem Zusammenhang die *Philadelphica*, die als internationale, oder besser kosmopolitische Einrichtung die verschiedensten gesellschaftlichen Kräfte integrieren, zur allgemeinen Verständigung beitragen und letztlich zum Wohle aller den gesamten Erdkreis auf friedfertigem Wege unter ihre Kontrolle bringen sollte.

Das Streben nach Weltharmonie, d.h. Gegensätze auszugleichen und zu Gemeinsamkeiten zu finden, durfte den religiösen Bereich freilich nicht ausklammern. Insofern konnte die so konzipierte Gesellschaft nur interkonfessionellen Charakter haben. Als Modellgemeinschaft, in der Katholiken und Protestanten gleichberechtigt zusammenleben können, wird die *Societas Philadelphica* wie selbstverständlich zur "Vermittlerin unter den Konfessionen". Dabei klingen bereits alle Vorstellungen und Vorschläge an, die der Gelehrte in späteren Jahren im Rahmen seiner Reunionsverhandlungen immer wieder vorgetragen hat.[183]

Natürlich stoßen wir auch in diesem Entwurf des Philosophen auf die gängigen Forderungen der Reformation, denen er sich als überzeugter lutherischer Protestant trotz seines Bemühens um vorurteilsfreies Denken gegenüber dem Katholizismus doch nicht so ganz entziehen konnte. Generell lassen sich seine Überlegungen aber wohl auf die eine Grundüberzeugung reduzieren: Eine friedliche Ökumene der Christenheit kann nur erreicht werden, wenn ein bestimmtes Maß von gegenseitigen Zugeständnissen im Kultus und in der Kirchenverfassung beider Bekenntnisse festgesetzt und dabei weitgehend Toleranz geübt wird. Nur unter dieser Voraussetzung erscheint ihm die Wiedervereinigung aller Kirchen und Sekten in der Una Sancta, d.h. die Anerkennung des Papstes als den ranghöchsten Bischof einer alles einschließenden christlichen Kirche für möglich und wünschenswert.[184]

In der Auseinandersetzung um den katholischen Ritus nahm der Gelehrte, der selbst kein Kirchgänger war, eine verhältnismäßig konziliante Haltung ein; nicht so in den Fragen, die den dogmatischen Bereich berührten. Hier erwartete er von katholischer Seite das größere Entgegenkommen. Denn an seinem Glauben werde ein Protestant nichts ändern:

"Nihil igitur mutabit quoad fidem Evangelicus conciliatus, sed quoad mores vel agenda."[185]

Die Tridentinischen Beschlüsse im speziellen, die er immer wieder als eigentliches Hindernis der möglichen Reunion hervorhob, dürften nicht länger allgemein verbindlich bleiben.[186]

Leibniz spricht sich nicht etwa für eine uneingeschränkte Unterwerfung aus; nur in der an gewisse Bedingungen geknüpften freiwilligen Rückkehr der verschiedenen Konfessionen in die eine universale christliche Kirche sah er eine reelle Chance für eine langfristige Lösung der Glaubensfrage. Von besonderer Wichtigkeit war ihm naturgemäß die Gleichberechtigung der Bekenntnisse in der wiedergewonnenen Gemeinschaft. In seinem Konzept zu einer *Societas Confessionum Conciliatrix* erörtert er daher diesen Aspekt ausführlich am Beispiel der konkreten Situation innerhalb einer interkonfessionellen gelehrten Gesellschaft; seine hier vorgetragenen Forderungen haben freilich Allgemeingültigkeit und charakterisieren einmal mehr seine Grundhaltung in der Reunionsangelegenheit.

An die Adresse seiner Glaubensgenossen richtet Leibniz im besonderen den Apell, das eigene Verhalten in der bisherigen Auseinandersetzung zu überdenken und fortan jegliche Beschuldigungen oder Beschimpfungen gegenüber Katholiken zu unterlassen; "non quod mutuae refutationes sint prohibitae, sed ut omnia verba acria, quaeque adversario non solum errorem sed et nequitatem vel negligentiam vel inscitiam tribuunt, removeantur".[187] Darüber hinaus sollte man sich hinsichtlich der umstrittenen Sakramente zu gewissen Zugeständnissen bereit erklären.[188]

Andererseits müsse der Papst als Mitförderer der Sozietät deren protestantische Mitglieder aus den Exkommunikationsurteilen ausnehmen. Wie überhaupt Protestanten und Katholiken sich grundsätzlich und überall gleicher Rechte erfreuen sollten. So müsse in Zukunft jedem, unabhängig von seiner Konfessionszugehörigkeit, der Zugang zu allen Ämtern offenstehen - ein Postulat, das seine Begründung nicht zuletzt auch in dem spezifischen Auftrag der zu stiftenden Sozietät fand; sollte sie doch die wichtigsten Ämter im Staate sukzessive mit ihren Angehörigen besetzen. Außerdem sei die prinzipielle Gleichstellung von katholischen und protestantischen Würdenträgern zu gewährleisten.[189]

Die *Societas Confessionum Conciliatrix*, die gleichermaßen Vorbild und Basisorganisation für eine friedliche Ökumene darstelle, sei, ebenso wie ihr Reglement, vom obersten Hirten der katholischen Kirche offiziell anzuerkennen. Die somit als quasi weltlicher Orden sanktionierte gelehrte Gesellschaft könne dann wiederum wie eine Art Dachverband das gesamte Säkularpriestertum sowie die entsprechenden Kongregationen in ihre Organisation integrieren.[190]

Rufen wir uns die eingangs erörterten Pläne für eine Neuorganisation des deutschen Buchwesens und die in diesem Zusammenhang konstruierte *Societas Eruditorum Germaniae* in Erinnerung, - sie sollte sich strikt von allen Religionsangelegenheiten fern halten -, so liegt die Bedeutung des Entwurfs zu einer *Societas Philadelphica* bzw. *Confessionum Conciliatrix* in seiner christlich-religiösen Dimension. Als Modell, welches das mögliche Zusammenleben von Katholiken und Protestanten demonstriert, reiht sich dieses Projekt ein in die zahlreichen Vorschläge für eine Wiedervereinigung der christlichen Bekenntnisse, die vor allem die zweite Hälfte des 17. Jahrhunderts kennzeichnen; es wird damit quasi selbst zu einem Gegenstand in der konfessionellen Diskussion. Denn nun erscheint die gelehrte Sozietät im Dienste und als ein Mittel der Reunion.

Die inhaltliche Erweiterung des Akademiegedankens, die Leibniz damit vornimmt, ist nicht zuletzt vor dem Hintergrund der konfessionell toleranten Atmosphäre zu verstehen, die den jungen Gelehrten in Mainz umgab.[191] Doch nicht nur die außergewöhnlich großzügige Haltung des Mainzer Fürstbischofs Johann Philipp von Schönborn hat Leibniz' beginnendes Interesse und anhaltendes Engagement in der Reunionsfrage geprägt. Erste, nicht unerhebliche Einflüsse sind ohne Frage auf eine Gruppe von Männern zurückzuführen, die bereits um 1660 von Mainz aus Wiedervereinigungspläne verwirklichen wollten;[192] unter ihnen befand sich neben Leibniz' Freund und Mentor Boineburg sowie dem mainzer, später kurtrierischen Geheimen Rat Johann Lincker von Lützenwick auch Peter van Walenburch[193], der als Mainzer Weihbischof und wichtigster geistlicher Berater des Kurfürsten die religiös-konziliante Richtung des Fürstbistums ausschlaggebend mitgegründet hatte. Spätestens im Frühjahr 1669 dürfte Leibniz den zum Katholizismus konvertierten Holländer kennen- und schätzengelernt haben; sein reger Gedankenaustausch mit Walenburch, vornehmlich über Reunionsfragen, habe, so berichtet der Philosoph Jahre später, weitgehende Übereinstimmung gezeigt.[194]

Entscheidende Anregungen sind wohl auch aus dem Kreise der Bartholomiten[195] gekommen. Diese von Bartholomäus Holzhauser ins Leben gerufene Weltpriesterkongregation hatte auch noch nach dem Tode ihres Gründers 1658 großen Einfluß im Kurfürstentum Johann Philipp von Schönborns. Als "Orden" ohne Gelübde, dessen letztes, wiewohl utopisches Ziel die Neuformung einer einzigen einheitlichen christlichen Kirche war, dürften die Bartholomiten für Leibniz' philadelphisches Projekt in mancher Hinsicht sogar mehr Vorbild gewesen sein als die mehrmals zitierten Jesuiten. Nicht von ungefähr wollte der Gelehrte sie im besonderen in die als interkonfessionelle Weltorganisation konzipierte *Societas Philadelphica* eingegliedert wissen.[196]

Neben seinem grundsätzlich auf Harmonie und Synthese gerichteten Denken haben sich hier aber sicherlich in nicht geringem Maße auch persönliche Erfahrungen des jungen Gelehrten niedergeschlagen. Leibniz stand unter dem Eindruck der Religionskriege und Glaubensverfolgungen seiner Zeit, vor allem des 30-jährigen Krieges und seiner verheerenden Folgen für das politische, wirtschaftliche wie kulturelle Leben in "Deutschland". Und es war ihm sehr wohl bewußt, daß die Vereinbarungen von Osnabrück und Münster den Brand zwar gelöscht hatten, nicht aber die Glut, die unter der Asche weiterschwelte. Von der religiösen Frage hing nicht nur der Frieden in Europa ab, sondern vor allem auch die Einheit und Sicherheit des Reichs; somit war ihre Lösung nicht zuletzt ein nationales Anliegen. Konsequenterweise durfte und konnte sich eine gelehrte Gesellschaft, die vordringlich das allgemeine Beste im Sinne des Weltfriedens, des Wohlergehens aller Bürger aber auch der Nation als staatsrechtliches Gebilde garantieren sollte, dieser Frage nicht länger entziehen.

In den Mittelpunkt seiner beiden Entwürfe *Grundriß eines Bedenkens* und *Bedenken*, die ebenfalls noch den Mainzer Jahren zuzuordnen sind und um 1671 entstanden sein dürften[197], rückt Leibniz nun das nationale Interesse. Damit nimmt sein Sozietätsprojekt, im Gegensatz zur übernationalen und überstaatlichen *Societas Philadelphica*, jene charakteristischen Züge an, die alle nachfolgenden Pläne kennzeichnen: Als spezifisch deutsche Einrichtung ist die gelehrte Gesellschaft dem jeweiligen Potentaten dienstbar, der sie als staatliche Institution geschaffen hat.

Jenes Manuskript, welches Leibniz mit dem Titel *Grundriß eines Bedenkens* versehen hat, wird von zwei zentralen Fragen eingeleitet, die sein Verfasser im folgenden mit der ihm eigenen akribischen Genauigkeit und logischen Konsequenz beantwortet und die das Konzept inhaltlich in zwei Teile gliedern: zum einen die Frage nach der grundsätzlichen Notwendigkeit einer gelehrten Sozietät, zum anderen die Frage nach ihrer optimalen Beschaffenheit. In seiner Ausführlichkeit mag der *Grundriß*, - nicht von ungefähr hat der Verfasser selbst ihn als solchen bezeichnet -, als eine Art theoretisches Handbuch, als Schlüssel zum Verständnis von Leibniz' Akademieplänen schlechthin gelten. Ohne ein bestimmtes Projekt und einen entsprechenden Adressaten im Auge zu haben, das darf aus der Diktion des Manuskripts geschlossen werden[198], erläutert Leibniz dem Leser den philosophisch-religiösen Kern ebenso wie die gesellschaftlichen, politischen und wirtschaftlichen Komponenten seines Sozietätsgedankens.

Demgegenüber erscheint der zweite Entwurf, das *Bedenken*, als historisch ausgeführte Ergänzung: An eindrucksvollen, nicht selten überspitzt formulierten Beispielen werden die Dringlichkeit und die spezifischen Voraussetzungen eines deutschen Sozietätsprojekts, einem Apell gleich, demonstriert.

Aufschlußreicher im Hinblick auf Leibniz' Sozietätsidee per se ist freilich der *Grundriß*, offenbart er doch die letzten Beziehungen, in die der Philosoph seine Akademiepläne zeit seines Lebens setzte.

Die theologisch-politische Fundierung seines Sozietätsprojekts, die auf die Frage, ob eine Sozietät überhaupt aufzurichten sei, in kleinsten Sequenzen, Schritt für Schritt vorgenommen, den ersten umfangreichen Teil des *Grundriß* bestimmt[199], erweist sich als Ausführung dessen, was Leibniz bereits im Rahmen seines philadelphischen Planes, wenn auch hier noch stark verkürzt, verständlich zu machen versucht hatte. In keinem seiner noch zahlreich folgenden einschlägigen Entwürfe hat der Philosoph diesen metaphysisch-religiösen Erörterungen noch einmal so breiten Raum gewidmet. Sie mußten später, wie sich noch zeigen wird, zunehmend pragmatischen, d.h. vornehmlich staats- und machtpolitischen Erwägungen weichen, die darauf abzielten, den jeweiligen Adressaten zu überzeugen und für das vorgeschlagene Projekt zu gewinnen. Auch insofern liegt die Vermutung nahe, daß allemal der *Grundriß* zunächst rein privaten Zwecken dienen sollte. Es ist also nicht anzunehmen, daß Leibniz ihn an irgendeiner Stelle offiziell vorlegen wollte, obschon auch dieser Plan, wie alle anderen Mainzer Sozietätsentwürfe, im geistigen und politischen Umfeld des Fürstbistums entstanden ist, d.h. sehr wahrscheinlich wieder in Zusammenarbeit, mindestens aber mit Wissen Boineburgs, möglicherweise sogar Schönborns, vor den der Philosoph immer wieder auch persönlich treten durfte.

Leibniz' völliger Verzicht auf geeignete Finanzierungsvorschläge, ohne die, das wußte er sehr wohl, angesichts der notorischen Finanznot der deutschen Fürsten, ein derartiges Projekt kaum zu realisieren gewesen wäre, spricht zudem für diese Auffassung.

So ist der erste ebenso ausführliche wie umfassende und doch nicht vollendete Akademieentwurf des Philosophen denn eher als Versuch des jungen Leibniz zu verstehen, seine bislang z.T. noch jugendlich-unausgereiften, überschwenglichen Gedanken in einer Zusammenschau zu überprüfen und zu ordnen. Mehr als eine Diskussionsvorlage für Gleichgesinnte wie etwa Boineburg dürfte dieses Manuskript nicht gewesen sein.

Die metaphysisch-politische Beweisführung im *Grundriß* läßt sich auf die eine Grundformel reduzieren: das entscheidende Argument für die Durchsetzung einer Sozietätsgründung liegt im göttlichen Auftrag fürstlicher Fortschrittsförderung. Damit nimmt der Gelehrte zum ersten Mal mit Nachdruck die Herrscher monarchisch-absolutistischer Staaten in die Verantwortung. Sie sind ihm nun die Garanten für die Erfüllung der religiösen Pflicht des Menschen, den wissenschaftlichen

Fortschritt voranzutreiben. In kleinen minuziös ausgearbeiteten gedanklichen Schritten dechiffriert Leibniz dem Leser seine zentrale These.[200]

Indem die Einrichtung von Sozietäten dem "allgemeinen Besten" dient, begründet sie zugleich auch den individuellen Nutzen ihrer Stifter "hohen standes, vermögens und ansehens". Denn als ein Gott und den Menschen gleichermaßen "angenehmes werck" verschafft sie den hohen Herren nicht nur unsterblichen Ruhm, sondern vor allem ein gutes Gewissen.

Das gute Gewissen eines Menschen - der zentrale Begriff in der sich anschließenden Definitionskette - fußt auf der Hoffnung auf ewige Glückseligkeit, d.h. auf dem Vertrauen in und dem Glauben an Gott. Hoffnung und Glaube aber wurzeln in der Liebe, die sich in der Freude durch die Betrachtung von Schönheit, d.h. wiederum von "Harmoni und proportion", mit anderen Worten, in der Ausgewogenheit von Wissen und Macht, zeigt:

> "Bestehet nun pulchritudo mentium in scientiae et potentiae proportione, so bestehet pulchritude summae et infinitae mentis in einer infinität der Macht als Weisheit ..."[201]

Die höchste Freude kann daher nur aus der Betrachtung der "Allmacht" und "Allweisheit" Gottes geschöpft werden. Somit entspringen Glaube, Hoffnung und Liebe ein und derselben Quelle, nämlich aus der Erkenntnis des göttlichen Wesens.

> "Ist also Hoffnung und Glaube gegründet auff Liebe, und alle drey auff erkäntnüß."[202]

Wenn nun die reale Welt das planende Werk dieses allmächtigen und allwissenden Gottes ist, wenn Gott also "Ratio ultima rerum" und "Harmonia maxima rerum" ist, so liegt die wirkliche Erkenntnis und somit die höchste Liebe zu Gott in der Einsicht in seine Schöpfung und die von ihm grundsätzlich angelegte "Universal-Harmonie". In dem Bemühen um ihre irdische Verwirklichung als harmonische Einheit von Weisheit und Macht zeigt sich schließlich die wahre Verehrung Gottes.

> "Denn Gott zu keinem anderen End die Vernüfftigen Creaturen geschaffen, als daß sie zu einem Spiegel dieneten, darinn seine unendtliche Harmoni auff unendliche weise in etwas ver=vielfältiget würde."[203]

Diejenigen, die "mit einem geringen Grad des Verstandes und macht" ausgestattet sind, sieht Leibniz als "instrumenta velut mechanica". Andere, die mit Verstand aber ohne Macht versehen wurden, sollten als Ratgeber der Mächtigen dienen.

> "Welchen aber Gott zugleich verstand und macht in hohen Grad gegeben, dieß sind die Helden, so Gott zu ausführung seines Willens, als principaleste instrumenta geschaffen ..."[204]

An dieser Stelle offenbart uns der Gelehrte sein Ideal vom mächtigen und zugleich weisen Fürsten, den Gott selbst sozusagen als seinen Statthalter auf Erden bestimmt hat. Dabei läuft seine Argumentation nicht nur darauf hinaus, den fürstlichen Souverän als zentrale Figur in das religiös-universale Fundament seiner Sozietätsentwürfe zu integrieren, letztlich geht es ihm wohl um mehr. Es ist Leibniz ganz offensichtlich ein Anliegen, das monarchisch-absolutistische Prinzip als solches auf der Basis seiner Metaphysik zu legitimieren. Die "proportion zwischen verstand und macht (sei) auch in dieser Welt das fundament der Gerechtigkeit, der ordnung, der meriten, ja der form der Republick".[205] Indem er dem Fürsten diese Einheit von *sapientia* und *potentia* als grundsätzlich von Gott gegeben zugesteht, rechtfertigt er, mindestens theoretisch, die politischen, d.h. vielmehr die machtpolitischen Realitäten seines Jahrhunderts.

Verstand und Macht können auf dreifache Weise eingesetzt werden: durch Worte, Gedanken und Taten.

"Unde Deum colimus vel ut oratores et sacerdotes, vel ut philosophi naturales, vel ut morales seu Politici".[206]

Ist auch die Verehrung Gottes durch Anbetung und Zeremonien die augenfälligste, so sind gleichwohl die "philosophi naturales", die Naturforscher, Gott am nächsten. Denn durch die Einsicht in die Vorgänge der Natur wird der Mensch der göttlichen Schöpfung teilhaftig und so, aufgrund der prinzipiellen Wesensgleichheit des menschlichen Geistes mit Gott, diesem immer ähnlicher:

"soviel einer wunder der Natur weis, so viel besize er in seinem herzen bildnüße der Majestät Gottes",[207]

Und dennoch bleibt die vollkommenste Art, Gott zu lieben, die als "Moralistae, als Politici, als Rectores Rerum publicarum".[208] Denn Liebe meint Handeln, d.h. "practicé denken, das ist thun, als wenns wahr were".[209] Es kann nicht genügen, die unendliche Schönheit des Weltzusammenhangs zu ergründen, um sich dadurch seinem Schöpfer zu nähern. Letztes Ziel ist vielmehr die "imitatio dei". Daher muß ein jeder entsprechend seiner Fähigkeiten dafür sorgen, daß sich die absolute Schönheit der universalen Harmonie in der menschlichen Gesellschaft widerspiegelt. Gott zu lieben heißt demnach, das Gemeinwohl zu lieben, ihn zu ehren, das allgemein Beste, die Wohlfahrt der Bevölkerung zu fördern.

Einmal erschließt Leibniz damit der philosophischen Diskussion erneut ein Motiv der Reformation, die in der Sorge um das Gemeinwohl, der tätigen Nächstenliebe den eigentlichen Sinn und das höchste Glück des menschlichen Daseins begreift. Indem er weiterhin den Ruhm Gottes mit dem Allgemeinwohl gewissermaßen identifiziert, wird das religiöse Gebot schließlich zur Verpflichtung des Menschen gegenüber der Wissenschaft. Denn nur in ihr liegt der Schlüssel zum wahren

Gottesdienst, gibt sie uns doch die technischen Möglichkeiten zur kontinuierlichen Verbesserung der menschlichen Lebensbedingungen, zur Erweiterung unseres Handlungspotentials an die Hand.

So tritt neben den kosmologisch und zugleich anthropologisch relevanten Aspekt der Wissenschaft, respektive der Naturforschung, ein technisch-praktischer.[210]

In ihrer Konsequenz, die an Morus und Bacon erinnert, reflektiert diese Argumentation schließlich Leibniz' szientistischen Fortschrittsoptimismus. Sie offenbart aber auch sein Bestreben, in einem Zeitalter, in dem insbesondere die experimentelle Naturforschung immer wieder Gefahr lief, der Blasphemie und Häresie bezichtigt zu werden, christliche Theologie und Wissenschaft miteinander in Einklang zu bringen.

Die Verantwortung zu handeln, d.h. die Wissenschaft und ihre praktische Nutzung zu fördern, liegt bei den herrschenden Fürsten, die sich auf diese Weise nicht nur unsterblichen Ruhm "bey den unbetrüglichen Richtern, Gott und der Posterität"[211], sondern auch, und damit sind wir wieder am Ausgangspunkt der Leibnizschen Beweisführung, ein gutes Gewissen durch die Hoffnung auf ewige Glückseligkeit sichern. Als wohlfeiles und doch wirkungsvolles Mittel empfiehlt ihnen Leibniz die Gründung einer "Sozietät oder Academi".

Nach wie vor im Rahmen einer Metaphysik der Politik konzipiert, tritt jedoch im Gegensatz zur *Societas Philadelphica* das sozialutopische Element der Sozietät im *Grundriß* merklich zurück. Zum Tragen kommt diese Tendenz der Entutopisierung im zweiten Teil des Manuskripts, einem umfangreichen Katalog akademiespezifischer Aufgaben. Letztlich ein umfassendes Wirtschaftsprogramm, der "erste große, deutsche nationale Wirtschaftsentwurf nach dem Dreißigjährigen Krieg"[212], charakterisiert er die gelehrte Gesellschaft primär als Instrument der merkantilistischen Wirtschaftspolitik im Dienste des absolutistischen Staates. Der noch in der *Philadelphica* versteckte Aufruf zur Generalreformation reduziert sich auf die Proklamation utilitaristisch verstandener Wissenschaft. Überspitzt formulierte metaphysische Spekulationen machen einer klar definierten Wissenschaftspolitik Platz, die in der Befriedigung aktueller und zukünftiger gesellschaftlicher Bedürfnisse ihr Ziel sieht. Unter dieser Voraussetzung wird die gelehrte Sozietät, indem sie "Theoricos Empiricis felici connubio conjungiert, von einem des andern mängel suppliret"[213], d.h. durch die Anwendung wissenschaftlicher Ergebnisse zum Wohle der Allgemeinheit, vorrangig zur praktisch-politischen Institution.

In der konkreten Ausführung des Projekts[214] demonstriert Leibniz diesen ambivalenten Charakter seines Sozietätsmodells. Die meisten der gleichsam tabellarisch mitgeteilten Programmpunkte kennen wir bereits aus den ersten beiden Mainzer Entwürfen, gleichwohl diese in der Hauptsache noch einem anderen zentralen Anliegen des Philosophen, dem Buchwesen, gewidmet waren, - ein Thema, das im *Grundriß* zwar nach wie vor aktuell ist, aber doch merklich in den Hintergrund tritt.

Als wissenschaftliche Einrichtung im eigentlichen Sinne, ausgestattet mit einem umfangreichen technischen Hilfsapparat, habe sich die Sozietät neben ihrer eigenen Forschungstätigkeit auf verschiedenste Weise dafür einzusetzen, daß Künste, hier verstanden als Technik, und Wissenschaften vermehrt werden. Zu diesem Zweck sollte sie etwa eine wissenschaftliche Zeitschrift gründen und die Korrespondenz der Gelehrten ebenso wie deren Kooperation anregen und fördern. Kurz: Es sei "gleichsam ein (...) handel und commercium mit wißenschafften anzufangen, welches vor allem andern den vortheil hat, daß es unerschöpflich ist, und expendendo nichts verleutert".[215] Darüber hinaus müßten bereits vorhandene Kenntnisse "konserviert" werden: durch das Sammeln von Manuskripten aller Art, von Nachlässen, aber auch durch Erschließung und Bewahrung des bislang vernachlässigten volkstümlichen Wissens, auf dessen Bedeutung Leibniz in allen seinen Plänen immer wieder hinweist. Indices und Kataloge seien anzulegen, um diese unterschiedlichsten Erfahrungswerte allgemein zugänglich zu machen.

Eine spezielle Aufgabe der Sozietät sieht Leibniz in der Verbesserung der Medizin und Chirurgie, der er in diesem Konzept wieder breiten Raum widmet. Dabei verbindet sich herbe Kritik an den bestehenden Verhältnissen, besonders an den Ärzten, die sich nur für ihr Honorar interessierten, nicht aber für den möglichen Fortschritt[216], mit einem Programm aufgeklärter Medizin, welches in neuen Methoden "per artem combinatoriam" den Schlüssel für die Verbesserung der Erkenntnis- und Behandlungsmöglichkeiten der Ärzte deklariert.[217]

Als Mahnung, nicht zuletzt mit Blickrichtung auf die bisher einzige von Medizinern getragene naturwissenschaftliche Akademie auf deutschem Boden, die *Leopoldina*, ist es wohl zu verstehen, wenn der Gelehrte der zukünftigen Sozietät anheimstellt, sich weniger mit Kuriositäten als mit den gemeinen Krankheiten zu beschäftigen. Auch dabei sollte sie immer wieder auf die Kenntnis einfacher Leute zurückgreifen. Sozusagen im Austauschverfahren, indem sie arme Menschen ohne Entgelt medizinisch versorge, auf diesem Weg deren Vertrauen gewänne, könne sie wiederum die "wißenschafft der simplicien, die bisweilen bey Bauern und alten weibern beßer als bey gelehrten", in Erfahrung bringen und "in aerarium hoc scientiarum utilium publicum" einbringen.[218]

Diese Überlegung macht nicht nur die essentiell pragmatische Wissenschaftsauffassung des Philosophen, die im Nützlichkeitsprinzip Baconscher Prägung gipfelt, evident. Sie dokumentiert einmal mehr Leibniz' Ideal einer gesellschaftlich verpflichteten Wissenschaft, die sich in den Dienst des absolutistischen Wohlfahrtsstaates stellt und dessen Fürsorgepflicht gegenüber seinen Bürgern übernimmt. In der Sozietät, wie sie sich im *Grundriß* darstellt, sehen wir schließlich den zentralen Zusammenschluß von Wissenschaft und Staat; sie erweist sich de facto als zentrale Staatsbehörde, in der, neben den Gelehrten, die Vertreter der verschiedensten Berufsgruppen zu finden sind.

In dieser Eigenschaft übernimmt die Sozietät, sozusagen als eine Art zukünftiges Kultusministerium, auch die Verantwortung des Staates für die Erziehung und

Ausbildung seiner Bürger. Ihr umfassender pädagogischer Auftrag, Grundzug in allen Akademieplänen des Philosophen, verbindet sich mit der konkreten Aufgabe, das landeseigene Bildungssystem auszubauen und zu verbessern und gibt ihr das Aufsichtsrecht über sämtliche Lehranstalten.

Leibniz' Vorschläge zur Organisation des Erziehungs- und Unterrichtswesens reflektieren indes ein Bildungsideal, das weniger humanistisch-scholastisch oder im eigentlichen Sinne religiös geprägt ist, im Mittelpunkt steht vielmehr der praktische Nutzen, die Anwendbarkeit des zu Erlernenden. Die Jugend, in deren Händen die Zukunft des Staates liegt, muß zu verantwortungsbewußten und handlungsfähigen Bürgern erzogen werden, die den gesellschaftlichen, staatspolitischen und wirtschaftlichen Anforderungen gewachsen sind. Besonderer Wert muß daher auf das Studium der "realia" gelegt werden, also nicht so sehr "auff poëticam, logicam et philosophiam scholasticam (...) als historiam, mathesin, geographiam, und physicam veram, moralia et civilia studia".[219]

Es ist sicher kein Zufall, daß Leibniz in seinem *Grundriß*, der als äußerst typisches Produkt der Mainzer Jahre gelten mag, den ökonomischen Nutzen von Wissenschaft bzw. Wissenschaftsförderung und Bildung betont. Das Kurfürstentum Johann Philip von Schönborns bot ihm als "Versuchsfeld merkantilistischer Ideen"[220] Anregungen genug. So integriert sich denn auch die hier skizzierte nationale Sozietät in die Gedankenwelt merkantilistischer Wirtschaftskonzeption; sie leitet sich gleichsam ab aus den staatlichen Wirtschaftsinteressen und ist zugleich das Instrument zur Durchsetzung der absolutistisch-merkantilistischen Wirtschaftspolitik, die in der Stärkung und Wettbewerbsfähigkeit der nationalen Ökonomie ihr Ziel sieht. Die Maßnahmen, die Leibniz der zukünftigen gelehrten Gesellschaft diesbezüglich empfiehlt, reihen sich als Stichworte, Geboten gleich, aneinander; neue Ideen, neue Perspektiven enthalten sie gleichwohl nicht. Sie gehen im wesentlichen nicht über jenes Programm hinaus, das von bekannten Vertretern des deutschen Merkantilismus, respektive in dem grundlegenden Werk seines Protagonisten J.J. Becher, dem 1668 erschienenen *Politischen Discurs*, bereits vorgezeichnet war.[221]

Da wirtschaftliche Stärke und Unabhängigkeit eines Landes proportional zu seiner Leistungs- bzw. Produktionsfähigkeit sind, gilt es, durch Innovationen verschiedenster Art, respektive durch technische Erfindungen, die Produktionsträger, d.h. Handwerk und Manufakturen, auszubauen und ständig zu verbessern. So ist es die Aufgabe der Sozietät, "alle einfälle und concepte, eigne und anderer probiren, und sich nicht lang damit schleppen (...) und in summa mit vielen (...) nützlichen richtigen Inventionen, so theils in handen, theils zu haben, theils zu hoffen, allen mit Handarbeit sich nehrenden Menschen zu hülff zu kommen".[222]

Um den Absatz der im Ergebnis zunehmend besseren und billigeren Waren zu garantieren, müssen wiederum Handel und Export gefördert sowie andererseits der eigene Markt durch gezielte Importbeschränkungen auch -verbote vor ausländischen Produkten geschützt werden.

Im Bemühen um wirtschaftliche Leistungsfähigkeit kommt naturgemäß der menschlichen Arbeitskraft als größter Quelle für den Reichtum eines Staates besondere Bedeutung zu. Daher heißt es "Nahrung im Lande zu schaffen, Leüte im lande zu behalten, Leüte hinein zu ziehen".[223] Entsprechend dem Postulat, das Arbeits- und Leistungsvermögen der Glieder eines Staates zu erhalten, verbindet sich das Streben nach wirtschaftlicher Prosperität mit der Verpflichtung zur politisch-sozialen Vorsorge. Unter diesem Aspekt ist Leibniz' Auftrag für die Sozietät zu verstehen, Vorratsmagazine einzurichten, die sowohl vor Preissteigerungen als auch vor Notzeiten schützen sollen, Maßnahmen zur Einschränkung bzw. Beseitigung von Arbeitslosigkeit, Armut und Bettel zu treffen oder auch die Kranken- und Altersversorgung der Bürger zu gewährleisten.

Folgt man einmal mehr dem merkantilistischen Grundprinzip, welches besagt, daß die wirtschaftliche Stärke eines Territoriums dessen staatliche Macht begründet, so ist umgekehrt der Staat als Wirtschaftsgemeinschaft zu definieren, die sich aufgrund ihres stetig steigenden ökonomischen Potentials zum Machtstaat entwikkeln soll. Die gelehrte Sozietät, die Leibniz in seinem *Grundriß* beschreibt, versteht sich in diesem Sinne als Mittel zum Zweck. Auf der Basis merkantilistischer Wirtschaftsanschauung und in ihrem Kompetenzbereich klar abgesteckt, unterstützt sie im nationalen Rahmen den jeweiligen Herrscher, der zugleich ihr Stifter ist, in seinem Machtstreben.

So tritt an die Stelle der weltbeherrschenden Sozietät der *Philadelphier*, die aufgrund ihres elitären Herrschaftswissens quasi autokratisch regieren[224], eine gelehrte Gesellschaft, die sich wohl nach wie vor an der realen Politik beteiligt, sich zugleich aber in die Abhängigkeit des faktischen Staates begibt und sich mit diesem identifiziert. Die Sozietät wird zur Dienerin des Fürsten. Damit nimmt Leibniz seiner Akademiekonzeption die - vermeintliche - politische Brisanz[225] und entwirft nun ein praktikables Grundmodell, das nach Bedarf modifiziert, auch spezifiziert, den jeweiligen historisch-politischen Gegebenheiten angepaßt werden kann.

Demgegenüber erscheint das *Bedenken*[226] als die historisch-ausgeführte Version. Nicht viel älter oder jünger als der *Grundriß*[227], beschränkt sich dieses Konzept darauf, die spezifisch deutschen Voraussetzungen für die Gründung von gelehrten Gesellschaften zu erörtern. Eine ebenso ausführliche wie anschauliche Analyse des deutschen Kulturlebens im Vergleich mit anderen europäischen Ländern, allen voran Frankreich, "Italien" und England, soll die grundsätzliche Notwendigkeit, ja Dringlichkeit deutscher Sozietätsprojekte vor Augen führen. Zeigt sie doch, daß das Reich[228], welches drei Jahrzehnte lang Schauplatz erbittert geführter Religionskriege gewesen war, nicht nur einschneidende politische und wirtschaftliche Einbußen hatte hinnehmen müssen. Der Dreißigjährige Krieg hatte auch kulturell eine Epoche des Niedergangs eingeleitet; die Bestimmungen des Westfälischen Friedens waren nicht das geeignete Instrumentarium, das dieser Entwicklung hätte Einhalt gebieten können. Die in dem Vertragswerk manifestierte Zersplitterung des Reichs in etliche hundert Hoheitsgebiete, die daraus resultierenden Interessendivergenzen und politischen Alleingänge der regierenden Fürsten, die fehlende zentralisierende Kraft und nicht zuletzt das Übergewicht ausländischer Einflüsse im deutschen Staats- und Kulturleben begünstigten vielmehr den intellektuellen Verfall des Reichs, den nicht nur Leibniz mit größter Besorgnis beobachtete. Inferioritätsgefühl, das vor allem von dem Vergleich mit Frankreich lebte, und die Suche nach nationaler Identität waren Ausdruck einer zunehmenden patriotischen Krisenstimmung, die im besonderen Maße von den deutschen Sprachgesellschaften reflektiert wurde.[229]

Auch Leibniz' extrem reichspatriotisch gestimmtes *Bedenken* ist Zeugnis dieser nationalen Aufbruchsstimmung, die die zweite Hälfte des 17. Jahrhunderts beherrschte. Es müsse alles getan werden, so der Tenor seiner Ausführungen, um das Reich wieder an das kulturell-wissenschaftliche Niveau der anderen europäischen Nationen heranzuführen, ja mehr noch, es sollte möglichst schnell seine einstige kulturelle Vormachtstellung zurückgewinnen. So gleicht das *Bedenken* weniger einem Akademieentwurf im eigentlichen Sinne, als vielmehr einem Appell an das nationale Selbstbewußtsein und einem Aufruf, um den wissenschaftlichen Ehrgeiz der Deutschen wiederzuerwecken. Zum Leitgedanken wird das patriotische Gebot, wonach die Fundierung einer Sozietät der Künste und Wissenschaften als nationale Pflicht gilt.

Überaus wortreich und bildhaft gibt uns Leibniz zunächst einen Überblick über die bahnbrechenden technischen Erfindungen und naturwissenschaftlichen Entdeckungen des 15. und 16. Jahrhunderts, die man, wie er mit Genugtuung feststellen kann, bis auf wenige Ausnahmen seinen Landsleuten zu verdanken habe. Die Deutschen würden also mit Recht als die Begründer jener Wissenschaften gelten, die den menschlichen Lebensbedingungen zugute kämen, sie erleichterten, verbesserten und fortentwickelten. Im Vergleich dazu seien etwa die Verdienste von Franzosen und Italienern nur zweitrangig. Unter dem Aspekt der Nützlichkeit seien die von ihnen so erfolgreich betriebenen Geisteswissenschaften nur "leblose" Künste.

> "Will ich derowegen den Italienern und Franzosen, Leoni Xmo und Francisco I. gern die Restaurationen Cultiorum literarum gönnen, wenn sie nur gestehen, daß die realsten und unentbehrlichsten wißenschafften, wenige ausgenommen, zuerst von den Teütschen kommen ..."[230]

An sich böte diese innereuropäische Verteilung kulturell-geistiger Güter beste Voraussetzungen für einen gegenseitigen Wissensaustausch, der allen beteiligten Nationen zugute kommen könnte. Die Realität sähe freilich anders aus.

> "Aus diesen fundament ist kommen, daß wenn wir etwas erfunden, so haben andere Nationen es bald zu schmücken, zu appliciren, zu extendiren, zu perfectioniren gewußt, und es uns denn wieder also auffgepu-

zet, daß wirs selbst nicht mehr vor das unsrige erkennet, wieder zurück geschicket ... wir haben fast überall den grund gelegt, aber die continuation, verfolgung, ausführung, das Schreiner=,Mahler= und Gipswerck ... und dadurch zugleich den Ruhm, andern überlaßen."[231]

So sei der politische, ökonomische wie intellektuelle Abstieg des Reichs kaum mehr aufzuhalten, während sich andere Nationen am kulturell-geistigen Gut der Deutschen bereicherten.

Das Grundübel müsse indes primär im eigenen Verhalten gesucht werden. Wie so oft der Prophet im eigenen Lande nichts gelte, so habe man auch im Reich die eigenen Talente vernachlässigt, es versäumt, sie zu fördern, sie vielmehr aus dem Land gejagt und damit leichtfertig in die Arme ausländischer Potentaten getrieben. Daher müsse in Zukunft dafür Sorge getragen werden, daß, insbesondere was die praktischen Wissenschaften anginge, nicht nur gesät, sondern auch geerntet werde und man die Früchte nicht anderen überlasse.

In Frankreich, "Italien" und England seien entsprechende Vorkehrungen getroffen worden, indem man private gelehrte Versammlungen zunächst geduldet, bald gefördert und schließlich unter staatlichen Schutz gestellt habe, wie das jüngste Beispiel, die französischee *Académie des Sciences*, noch einmal deutlich zeige.[232] Alle vergleichbaren Versuche auf deutschem Boden seien dagegen mehr oder weniger gescheitert[233], was in erster Linie auf die mangelnde Unterstützung entsprechender Projekte zurückzuführen sei. Es fehle an hochgestellten, angesehenen und vermögenden Persönlichkeiten, die bereit seien, sowohl ideelle als auch die notwendige finanzielle Unterstützung zu gewährleisten. Doch ungeachtet aller bisherigen Fehlschläge könne das kulturell-wissenschaftliche Niveau des Reichs eben nur durch die planmäßige Fundierung eines Netzes von gelehrten Gesellschaften wieder angehoben werden. Nur durch die Institutionalisierung von Wissenschaft sei der spezifisch deutsche Irrweg zu überwinden und der unaufhaltsame intellektuelle Verfall sowie seine politisch-ökonomischen Auswirkungen abzuwenden.

Als grundsätzlich nachahmenswertes Vorbild empfiehlt Leibniz die Londoner *Royal Society*. Ihr großer Vorteil bestände darin, daß ihr vom englischen König zwar vielfältige Unterstützung gewährt, ihre Autonomie jedoch in keiner Weise eingeschränkt werde.

"Was ist nun England gegen Teütschland darinn soviel Fürsten seyn ..."[234] Die Voraussetzungen des Reichs seien nicht nur im Hinblick auf die Fülle potentieller Förderer von gelehrten Gesellschaften weitaus besser als die Englands; auch sein geistiges Potential sei ohne Zweifel größer, es werde nur nicht entsprechend genutzt.

"So viel brave Köpfe nun könten im Lande behalten und gebrauchet, so viel leüte vor verarmung, so viel familien vor ruin, so viel schöne concepta, inventa, vorschläge, experimenta, observationes rarae, opera posthuma trefflicher Leüte vor verlieren und vergeßen praeserviert werden, wenn sich die Republik der dinge annehme."[235]

Nicht ganz ohne Seitenhieb auf den rigiden Universitätsbetrieb seiner Zeit geht es ab, wenn Leibniz in diesem Zusammenhang noch einmal die Bedeutung des sog. Volkswissens hervorhebt. Es gäbe so viele "Leute von großen ingenio", die, gleichwohl oftmals verkannt, bisweilen auch verspottet oder verachtet, "mehr aus der erfahrung und natur genommene realitäten (wissen), als mancher in der welt hoch angesehener Gelehrter, der seine aus den büchern zusammen gelesene wißenschafft mit eloquenz, adresse, und anderen politischen streichen zu schmucken, und zu marck zu bringen weis...".[236]

Im besonderen Maße gelte dies für die Medizin. Sie diene der Erhaltung des menschlichen Lebens, also dürfe nichts unversucht gelassen werden, um immer wieder neue Erkenntnisse zu gewinnen: "Der bisherige methodus medendi ist nur eine Hypothesis, deren man sich brauchen mus bis mans einzeln bald hie bald da beßer find."[237]

Äußerst unangebracht sei daher der unter den Vertretern dieser Fakultät weit verbreitete Hochmut; nur weil sie selbst von den einfachsten Vorgängen der Natur nichts verstünden, würden sie volkstümliche Heilmethoden und überlieferte Kenntnisse etwa von "marckschreyern" oder "alten weibern" geringschätzen, ja sogar als Hexerei diffamieren. Keine Theorie, keine Heilmethode könne indes absurd genug erscheinen, um sie nicht in die eigenen Überlegungen bzw. Forschungen einzubeziehen, sie mindestens aber einer genauen Prüfung zu unterziehen.

"Wie Närrisch auch und Paradox der Chinesen reglement in re Medicina scheint, so ists doch weit beßer als das unsrige."[238]

Mit seinem *Bedenken* wendet sich Leibniz nicht an einen bestimmten Fürsten; Adressat ist vielmehr das gesamte deutsche Volk. Der Gelehrte will wachrütteln, er will das Nationalbewußtsein und den wissenschaftlichen Ehrgeiz der Deutschen wiedererwecken. Sein Appell richtet sich im besonderen aber an alle hochgestellten, einflußreichen und vermögenden Persönlichkeiten im Reich, die er auffordert, ihrer nationalen Pflicht nachzukommen und an diesem so dringend notwendigen Bildungswerk mitzuwirken.

Die Zwecksetzung dieser Denkschrift ist ambivalent. Zum einen erhofft sich Leibniz durch die Realisierung seiner Vorschläge den Wiederanschluß des Reichs an das geistig-kulturelle Niveau der europäischen Nachbarstaaten. Der Hintergedanke aber, den der Gelehrte offensichtlich damit verbindet, ist politischer Natur: Auf dem Weg über eine gemeinsame deutsche Kulturpolitik, so glaubt er, ist auch eine Restauration des Reichs als politisch handlungs- und wettbewerbsfähige Einheit möglich.

Damit liegt Leibniz wiederum ganz im Trend der Mainzer Politik jener Jahre, die von Johann Philipp von Schönborns intensivem Bemühen um eine Reichseinigung als Mittel gegen den Expansionsdrang Frankreichs bestimmt wurde.[239] In diesem Sinne hatte der Gelehrte schon einmal 1669, in Verbindung mit seinem *Nucleus*-Projekt, gleichermaßen erfolglos, den Kaiser davon zu überzeugen versucht, daß sich politische und kulturpolitische Ziele miteinander verbinden ließen.[240]

Mittlerweile war einerseits der Expansionsdrang Ludwigs XIV. immer evidenter geworden[241], andererseits konnte man kaum mehr an eine baldige Einigung der deutschen Fürsten glauben. Deswegen hatte Leibniz' derzeitiger Arbeitgeber, der Mainzer Fürstbischof, es in Erwägung gezogen, der Tripelallianz Hollands, Schwedens und Englands gegen Frankreich beizutreten[242], ein folgenschwerer Schritt, zu dem er auch den Kaiser bewegen wollte. Vor diesem Hintergrund scheint der Gelehrte, selbst schwankend in seiner Haltung, zwischen Bewunderung und Abneigung gegenüber Ludwig XIV. hin- und hergerissen[243], noch einmal Gehör für seinen, nicht-militanten Weg zu suchen.

So gesehen entstand das *Bedenken*, ungeachtet seines durchaus ehrlich gemeinten kulturpolitischen Anliegens, zweifellos auch im Zusammenhang und unter dem Einfluß bevorstehender politischer Entscheidungen. Wir können es damit in die Kategorie "jener doppelbödigen Denkschriften" einordnen, die ein großes Thema großartig behandeln, aber gleichzeitig einen weniger offenkundigen Zweck verfolgen.[244] Überaus deutlich zeigt es zudem die grundsätzliche Verquickung politischer und kultureller Zielsetzungen, die ein Spezifikum des Leibnizschen Akademiegedankens darstellt.

1.2 Paris (1672 - 1676): Leibniz' Vorschläge zur Organisation der Wissenschaft unter dem Einfluß seines Parisaufenthaltes

Der *Grundriß*, wohl eines der wertvollsten Dokumente moderner Wissenschaftsplanung aus dem 17. Jahrhundert, steht, so Müller[1], bereits in einem direkten Zusammenhang mit Leibniz' Bemühen, Verbindung mit den namhaften gelehrten Gesellschaften Europas, der *Royal Society* in London sowie den beiden Pariser Akademien aufzunehmen.[2]

Seit Juli 1670 zählte der junge Mainzer Justizrat keinen geringeren als den Akademiesekretär Heinrich Oldenburg zu seinen Briefpartnern in London.[3] Parallel dazu suchte er auch in der französischen Metropole, vornehmlich mit jenen Gelehrten ins Gespräch zu kommen, die einer der beiden großen staatlichen Akademien angehörten und deren Geschicke weitgehend mitbestimmten. Leibniz' Wunsch, diesen Institutionen selbst einmal anzugehören, d.h. rechtzeitig maßgebende Fürsprecher zu gewinnen, dürfte dabei von nicht geringer Bedeutung gewesen sein.

Dank der Vermittlung des französischen Residenten in Mainz, Abbé Jacques de Gravel[4], konnte er schließlich im Juni 1671 mit dem Mathematiker und königlichen Bibliothekar in Paris, Pierre de Carcavy, erstmals brieflich in Kontakt treten[5], mit jenem Gelehrten also, der Colbert nicht nur bei der Gründung der *Aca-*

démie des Sciences beraten hatte, der vielmehr in allen kulturellen Fragen zu den einflußreichsten Ratgebern des mächtigen Ministers gehörte.[6]

Und doch war es wieder Johann Christian von Boineburg, der kraft seiner eigenen vielfältigen Verbindungen seinem Schützling den Weg in das Mekka des europäischen Akademiewesens ebnete.

Mit zwei Aufträgen seines Mentors, zum einen das *Consilium Aegyptiacum* an den französischen König gelangen zu lassen, zum anderen eine private finanzielle Angelegenheit Boineburgs zu regeln, traf Leibniz endlich Ende März 1672 in Paris ein.

Während seines vierjährigen Aufenthaltes in der französischen Hauptstadt reifte der Jurist und Philosoph nicht nur zu einem anerkannten Mathematiker[7], er hatte darüber hinaus ausreichend Gelegenheit, den Wert des organisatorischen Zusammenschlusses von Gelehrten aus nächster Nähe zu erleben. Wie sich mit jedem Ortswechsel des Philosophen nicht nur die Kulisse, sondern auch seine geistige Welt veränderte[8], so blieben auch seine Vorstellungen zur Organisation der Wissenschaft nicht unberührt von seinem Eintritt in jenes kulturelle Zentrum, welches für ihn den geistigen Mittelpunkt Europas schlechthin charakterisierte.[9] "Das zukünftige Wirken von Leibniz läßt sich ohne die in Paris gewonnenen Einsichten nicht verstehen."[10]

Er selbst wurde erst 1699, nach langen, von Enttäuschungen geprägten Jahren des Wartens in die *Académie des Sciences* aufgenommen. Gleichwohl gab man ihm schon während seines Aufenthaltes in Paris Gelegenheit, als Gast an den Sitzungen der Akademie teilzunehmen[11] und so ihre Arbeitsweise kennenzulernen. Durch den regelmäßigen Kontakt mit ihren Mitgliedern[12], aber auch mit den zahlreichen privaten gelehrten Zirkeln der Seine-Stadt[13] konnte Leibniz in der Tat wichtige Erkenntnisse mit auf den Weg nehmen, als er im Oktober 1676 - nur widerwillig - Frankreich verließ, um seine Stellung in dem von Herzog Johann Friedrich regierten Braunschweig-Lüneburg anzutreten. Nicht zuletzt dürften dem Philosophen, dem wir in Berlin die erste staatliche Akademie auf deutschem Boden zu verdanken haben, die Möglichkeiten, aber auch die Gefahren fürstlich-staatlich gelenkter Wissenschaftspolitik vollends bewußt geworden sein.[14] Denn es ist sicher kein Zufall, daß er in seinen Pariser Plänen sehr viel stärker als in den Mainzer Entwürfen die Freiheit und die Eigenstellung der Wissenschaft betont.

Zum Tragen kommen die in Paris gewonnenen Erkenntnisse, wiewohl geistig verarbeitet und den deutschen Verhältnissen angepaßt, bereits in den ersten Akademieplänen, die der Gelehrte nach seiner Rückkehr aus Paris für seinen neuen Dienstherrn in Hannover zu Papier brachte. Doch glücklicherweise sind uns zwei Manuskripte überliefert, die nachweislich noch aus der Pariser Zeit stammen. Die *Drôle de Pensée* und die *Relation*[15] vermitteln uns - sozusagen pur - die Eindrücke, die Leibniz in der Metropole des europäischen Akademiewesens gewonnen hat. Sie spiegeln zudem auf sehr unmittelbare Weise die Pariser Lebensatmosphäre. Andererseits stellt sich gerade hinsichtlich dieser beiden Sozietätsentwürfe die Frage, wo bei Leibniz die Grenze zwischen dem genialen Polyhistor und "Vordenker" auf der einen und einem sehr zeitgebundenen Projektanten auf der anderen Seite anzusiedeln ist.

Schon der Titel des vermutlich noch im September 1675 angefertigten Entwurfs *Drôle de Pensée touchant une nouuelle sorte de Representations* läßt vermuten, daß wir es hier mit einem recht außergewöhnlichen Sozietätsprojekt des Wissenschaftsorganisators Leibniz zu tun haben.[16] In der Tat zeigt uns eben dieses Schriftstück neben Gedanken, die wir als typisch "leibnizisch" sogleich wiedererkennen, eine ganz andere, spielerisch-vergnügliche und volksnahe Seite des Philosophen, die sonst nur selten sichtbar wird.

Wie Leibniz eingangs berichtet, hat ihn die Demonstration einer technischen Kuriosität, d.h. eines Apparates, der sich auf der Seine mechanisch fortbewegen konnte, auf die Idee gebracht, daß es dem wissenschaftlichen Fortschritt durchaus nützlich sein könnte, derartige Vorstellungen systematisch zu fördern. Man muß die sich anschließende Erörterung selbst nachlesen, um den Facettenreichtum und die Phantasie des leibnizschen Genies zu erfahren.

Eine gewisse Anzahl angesehener, am Hofe einflußreicher und vermögender Persönlichkeiten, - Leibniz nennt eine Reihe von Namen, die das Projekt recht eindeutig auf das Paris Ludwigs XIV. und Colberts fixieren[17] -, möge sich zusammenfinden und gemeinsam das Grundkapital aufbringen, das es ermögliche, alles Wissenswerte, alle technischen Erfindungen sowie alle Entdeckungen, welcher Art auch immer, der Öffentlichkeit in anschaulicher Form mitzuteilen. Um bei der Fülle der zu erwartenden Beiträge Desorganisation und Verwirrung von vorneherein zu vermeiden, sollten zwei oder drei Unternehmer, gestützt auf diesen Fundus, ein Privileg für eine "Académie des représentations" erwerben. Jeder, der in Zukunft dem Publikum etwas Neues, etwas Nützliches, etwas Belehrendes oder auch etwas Belustigendes anzuzeigen habe, müsse sich dann dieser neuen Einrichtung bedienen.

> "Le privilege pourroit obliger tous ceux qvi voudroient representer, de le faire dans l'Academie des representations."[18]

Neben Mitarbeitern, "qv'on auroit à gage", etwa "des peintres, des sculpteurs, des charpentiers, des horlogers", aber auch Mathematiker, Ingenieure, Architekten oder Dichter und Musiker[19], seien andere, die nur hin und wieder Beiträge lieferten, von Fall zu Fall entsprechend zu entlohnen.

An Hand von Beispielen skizziert Leibniz im Anschluß an diesen knappen organisatorischen Überblick, ganz gegen seine Gewohnheit, eher ungeordnet, mal in epischer Breite, dann wieder aphorismenhaft, mitunter kaum mehr verständlich, die Sachgebiete, die es zu berücksichtigen gelte. Ihre geradezu verwirrende Vielfalt und Vielschichtigkeit, letztlich ein Abriß aller nur denkbaren Wissens- und Lebensgebiete des Menschen, vermitteln einen ersten Eindruck von der Komplexität und dem gigantisch-utopischen Ausmaß dieses Projekts.

So schlägt er etwa vor, neben Raritätenkabinetten, Anatomiesälen und einer Art Sternwarte, ein Theater zu installieren, in dem die neuesten Erfindungen bzw. Entdeckungen, seien es technische Neuheiten, seien es physikalische oder chemische Experimente, aber auch neue handwerkliche Techniken auf erheiternde und kurzweilige Art vorgeführt werden könnten. Kleine Schauspiele, welche die römische Antike vorstellten oder über Sitten, Gewohnheiten und Trachten fremder Völker informierten, seien darin aufzuführen. Darüber hinaus sollten produzierende wie reproduzierende Künstler Gelegenheit haben, ihre Kunstwerke zu präsentieren bzw. ihre Fertigkeiten und Fähigkeiten unter Beweis zu stellen. Selbst zirzensische Darbietungen, wie die von Seiltänzern, Zauberern, Feuerschluckern und Taschenspielern dürfte man nicht vernachlässigen; auch ein Marionettentheater wäre zu etablieren. Kurz, alles, was wissenswert neu oder auch nur merkwürdig und amüsant erschiene, fände in dieser großangelegten Neugründung seinen Platz.

Neben wissenschaftlich-technischen Hilfseinrichtungen, wie sie Leibniz schon in seinen Mainzer Plänen forderte, also Bibliotheken, botanische Gärten, Laboratorien etc., möchte er jedoch zusätzlich Unternehmungen in sein Gesamtprojekt integriert wissen, die so gar nichts mit dem Akademiegedanken gemein haben wollen, wie wir ihn bisher kennenlernen konnten. Es sollte auch eine "Académie des jeux" mit einer Anzahl von Gaststätten und Spielstuben betrieben werden.[20]

Spätestens hier nimmt dieser Entwurf also eine Wendung, die ihn doch recht deutlich von dem unterscheidet, was Leibniz in Sachen Wissenschaftsorganisation bisher zu Papier gebracht hatte.

Alles in allem erinnert die *Drôle de Pensée* denn auch mehr an die zahlreichen Versuche im 15. und 16. Jahrhundert, besonders in "Italien", Vereine zu gründen, die Bildung und Unterhaltung kombinierten.[21] Und andererseits ist sie doch wieder ein typisches Produkt des Barock, ein eindrucksvolles Dokument barocker Spiel- und Lebensfreude, wie sie sich u.a. in zahlreichen jahrmarktähnlichen Schaustellungen ausdrückt, die, verbunden mit naturwissenschaftlichen Demonstrationen, eine Grunderfahrung jenes Jahrhunderts spiegeln: die Erkenntnis, daß die umgebende Natur noch voller zu entdeckender Geheimnisse steckte, die zu ergründen und in den Dienst der Menschheit zu stellen waren.

Nicht von ungefähr erwähnt Leibniz in diesem Zusammenhang eine Reihe von Zeitgenossen, denen er sich eben in dieser Geisteshaltung verwandt wußte. So etwa den Jesuitenpater Athanasius Kircher (1602 - 1680), der ein in vielem "moderner" Polyhistor war, sich besonders als Philosoph, Mathematiker, Physiker und Archäologe Geltung verschafft und dessen Raritätenkabinett Berühmtheit erlangt hatte.[22] Oder den naturwissenschaftlich gebildeten Magdeburger Bürgermeister Otto von Guericke (1602 - 1686), der mit seinen Regensburger physikalischen Demonstrationen bereits das praktiziert hatte, was seinem Korrespondenten Leibniz vorschwebte.[23] Neben Joachim Jungius (1587 - 1657), dem Begründer der ersten deutschen mathematisch-naturwissenschaftlichen Gesellschaft[24], entsinnt er sich natürlich seines alten Jenaer Lehrers Erhard Weigel (1625 - 1699).[25] Weigel steht aufgrund seiner Vielseitigkeit und seines Anliegens, sein umfangreiches Wissen sowohl auf lebendige und anschauliche Weise an seine Schüler weiterzugeben als es auch in die verschiedensten Lebensbereiche einzubringen und nutzbar zu machen, als besonders typischer Vertreter dieses Zeitgeistes. Auch an Georg Phil. Harsdörffer (1607 - 1658), den Begründer des Nürnberger Pegnitzschäferordens, erinnert er sich in Verbindung mit der Idee für ein von Tänzern dargestelltes lebendes Schachspiel, das geistige Übung mit visuell-ästhetischer Unterhaltung kombinieren sollte.[26]

Schließlich macht die *Drôle de Pensée* im besonderen Maße den Geist der frühen Aufklärung spürbar, der, noch geprägt von mitunter übertriebener, oft naiver Wissenschaftsgläubigkeit, eine Entdecker- bzw. Experimentierfreudigkeit hervorbrachte, die nicht immer auf der Grundlage exakt-naturwissenschaftlicher Methoden befriedigt wurde. Diesen noch vorwiegend auf das "Kuriöse" gerichteten Interessen würde die "Académie des représentations" allemal Genüge tun. Darüber hinaus sollte sie aber, - das war ihre eigentliche Zwecksetzung -, einerseits Anregung sein für all jene, die an der experimentellen Erforschung der Natur und ihrer Gesetze ernsthaft teilhaben wollten, und andererseits die Neugier auch des einfachen Mannes auf eine wahrhafte Durchdringung des Weltzusammenhangs wecken.

Damit geht es also auch in diesem Entwurf einzig und allein darum, der exakten Wissenschaft und ihren Grundlagen zum Durchbruch zu verhelfen, sie populär zu machen.

> "L'usage de cette entreprise, seroit plus grand qv'on ne se pourroit imaginer, tant en public, qv'en particulier. En public il ouuriroit les yeux aux gens; animeroit aux inventions, donneroit des belles veües, instruiroit le monde d'une infinité de nouueautez utiles ou ingenieuses ... Tous les honnestes gens voudroient avoir veu ces curiositez la pour en pouuoir parler. Les dames de qvalité mêmes voudroient y estre menées, et cela plus d'une fois."[27]

So gesehen ist die "Académie des représentations" Mittel und Zweck zugleich. Einmal war sie als Beitrag gedacht, um den spezifischen Hang zu "Wunderlichkeit, Wunder und Hexenküchenalchemie" in Sinn und Verständnis für die Notwendigkeit, die Voraussetzungen und Anforderungen moderner Wissenschaft zu überführen.[28] Zum anderen waren ihre Erträge, die sie etwa durch Aussteller- oder Spielgebühren erwirtschaften könnte, als Finanzierungshilfe für ein Objekt vorgesehen, das Leibniz ohne Frage weit mehr am Herzen lag, nämlich für die Einrichtung der eigentlichen wissenschaftlichen Akademie oder besser Sozietät.

> "Cela serviroit même à établir par tout une assemblé d'Académie des Sciences, qvi s'entretiendroit d'elle même."[29]

Als Zentralstelle für die gelehrte Welt mit Filialen in anderen europäischen Großstädten, wie Rom, Venedig, Wien, Amsterdam oder Hamburg, und einem gut ausgebauten Nachrichtendienst, - hier kommt wieder der kosmopolitische Aspekt der Leibnizschen Sozietätsidee zum Tragen, wie er sich erstmals im philadelphischen Plan offenbarte - würde diese Institution der neuzeitlichen Wissenschaft endgültig den Weg bereiten.

Ein "bureau general d'adresse pour tous les inventeurs" werde dafür sorgen, daß alle Neuheiten erfaßt und entsprechend verbreitet würden. Damit fördere man nicht nur die Popularität des Gelehrten; gleichzeitig sichere man ihm seinen Lebensunterhalt. Denn "tous ceux qvi auroient une nouuelle invention, ou dessein ingenieux, pourroient y venir, ils y trouueroient de qvoy gagner leur vie, faire connoistre leur invention, en tirer du profit."[30] Den Gelehrten in die glückliche Lage zu versetzen, daß dieser sich uneingeschränkt seinen bevorzugten Forschungsgebieten widmen könne, ohne daß er sich um sein tägliches Brot sorgen müsse, war Leibniz immer ein besonderes Anliegen. Hatte er doch selbst ein Leben lang darunter gelitten, daß er so oft aufgrund beruflicher Verpflichtungen persönliche Interessen zurückstecken mußte.

Wie schon in seinen früheren Plänen zur Organisation der Wissenschaft möchte der Philosoph auch der im Rahmen der *Drôle de Pensée* konstruierten gelehrten Gesellschaft i.e.S. alle nur denkbaren Bildungsanstalten angegliedert wissen, "des Academies, colleges ... conversations et conferences" sowie "des Academies d'Exercices, et des Colleges pour la jeunesse".[31] Vielleicht könne man sogar das zwar bereits gegründete aber bisher noch nicht eröffnete "College de 4 nations" integrieren und ihm somit zu seiner tatsächlichen Verwirklichung verhelfen.[32]

Nicht so ausführlich wie in den meisten seiner vorangegangenen Sozietätsentwürfe behandelt Leibniz in der *Drôle de Pensée* die Frage zur Finanzierung der projektierten Gesellschaft. Aus den wenigen, z.T. nur aus Randbemerkungen erkennbaren Hinweisen ergibt sich gleichwohl ein recht klares Bild.

Während Zuwendungen seitens vermögender Hofleute das Grundkapital und damit die Inbetriebnahme der "Académie des représentations" ermöglichten, sollten deren Erträge wiederum, so etwa aus den Einnahmen der Spielstuben und Gaststätten sowie aus Gebühren, die den Ausstellern von Fall zu Fall abzuverlangen seien, die eigentliche wissenschaftliche Akademie finanzieren. Ein sozietätseigenes Bank- und Versicherungswesen würde darüber hinaus die wirtschaftliche Potenz des Gesamtunternehmens garantieren.

> "Peut estre qve des Princes curieux, et des personnes illustres y contribueroient du leur pour la satisfaction publiqve, et pour l'accroissement des sciences."[33]

Doch, das drückt sich in dieser Formulierung unmißverständlich aus, das Gesamtunternehmen, die "gelehrte Sozietät" im besonderen, muß sich grundsätzlich selbst tragen, sie muß wirtschaftlich autark bleiben, um sich von vornherein vor möglichen Eingriffen und Forderungen potentieller Geldgeber zu schützen.

Jegliche Art von Abhängigkeit, die die Freiheit und die Eigenständigkeit der Wissenschaft einschränken könnte, lehnt Leibniz kategorisch ab. Wissenschaft hat, das betont er immer wieder, im Dienste der Menschheit schlechthin zu stehen. Sie muß sich also frei entfalten und entwickeln können, ihre Autonomie darf nicht den Interessen einiger weniger Privilegierter zum Opfer fallen. Auch allzu massiven staatlichen Interventionen ist daher entgegenzuwirken.

Vor dem Hintergrund des wissenschaftlichen Lebens in Frankreich und der spezifischen Kulturpolitik Colberts, - Leibniz berichtet darüber sehr ausführlich in einem Schreiben an den Kurfürsten von Mainz[34], nimmt es allerdings nicht wunder, daß der Gelehrte die geistige Freiheit, die uneingeschränkte Freiheit zur wissenschaftlichen Fragestellung in seinen Pariser Plänen besonders betont.

Als Kardinal Richelieu mit Verfügung vom 20.2.1635 den kleinen privaten gelehrten Zirkel um den Protestanten Valentin Conrart legalisierte und seinem Protektorat unterstellte, d.h. die *Académie française* offiziell ins Leben rief[35], tat er dies freilich nicht ohne Hintergedanken. Seine Absicht war es, Wissenschaft und Künste ebenso wie die beginnende nationale Akademiebewegung zu institutionalisieren und damit gleichzeitig die Spitze der französischen Gelehrtenwelt an das System des Absolutismus zu binden. Die *Académie française* steht, so Hinrichs[36], als "klassisches Beispiel für das Verhältnis des absoluten Staates zur Wissenschaft". Sie war wie alle einschlägigen Einrichtungen, die ihr zahlreich folgten, nicht zuletzt auch das Werkzeug, um die der staatlichen Allmacht widerstrebenden Kräfte, vornehmlich aus den Reihen der hugenottischen Intelligenz, niederzuhalten und für die Zwecke des Staates zu gebrauchen.

Doch erst mit dem mächtigen Minister Ludwigs XIV., Jean Baptiste Colbert, fand diese Entwicklung ihren Höhepunkt. Verstand er es doch, die Gelehrten praktisch in den Staatsdienst zu nehmen. Die von ihm gegründete *Académie des Sciences*, die , wie ihre Vorgängerin, die *Académie française*, zunächst als private Zusammenkünfte im Hause des Descartes-Freundes Marin Mersenne[37] existierte, war mehr ein Teil der französischen Staatsverwaltung, denn eine eigenständige Sozietät von Wissenschaftlern.[38]

Eine bedeutende Rolle in dem von Richelieu eingeleiteten und von Colbert so erfolgreich fortgesetzten Nationalisierungs- oder besser Verstaatlichungsprozeß des geistigen Lebens in Frankreich übernahm der an sich unbedeutende Dichter Jean Chapelain. Dieser hatte sich, wiewohl als Poet wenig ernst genommen, von Boileau, dem Verfasser des Lehrgedichts "L'art poétique" und Begründer der französischen Klassik, gar verlacht, aufgrund seiner umfassenden Bildung und seiner weitverzweigten Verbindungen in der *République des lettres* dennoch ein gewisses Ansehen verschaffen können.[39] Chapelain, der schon Mitglied der *Académie française* war, als diese noch ausschließlich privaten Charakter hatte, stellte sein ganzes Wirken in den Dienst der Kulturpolitik seines engen Freundes Colbert.

Als Colbert, der wohl berühmteste Vertreter des französischen Merkantilismus, die politische Bühne betrat, begann er systematisch damit, Künste und Wissenschaften den Zwecken, respektive den wirtschaftlichen Zielsetzungen des Staates unterzuordnen.

"Nachdem der König dem berühmten Colbert (...) die Reichseinkünfften aufgetragen, ist dessen gröste sorge gewesen, wie die schiffahrt, manufacturen und commercien in dem nun frieden habenden Franckreich aufgebracht werden möchten. Nuhn fließen aber die vortheile dieser dinge von wißenschafft der Natur und Mathematick",

so schreibt Leibniz nach nur kurzer Zeit seines Aufenthaltes in Paris an seinen Mainzer Dienstherren.[40]

Eigeninitiativen der Gelehrten waren von nun an ebensowenig erwünscht wie privates Mäzenatentum; sie hatten vielmehr einer strengen Überwachung und Reglementierung aller Wissenschaftszweige sowie sämtlicher wissenschaftlicher Aktivitäten Platz zu machen. Den entscheidenden Part in diesem Kapitel der Entwicklungsgeschichte des französischen Kulturlebens übernahm eben jener Chapelain. Als eine Art "surintendant des lettres"[41] legte er die Regeln und Normen für alle Kunstgattungen und Wissenschaftsgebiete fest; er führte die Aufsicht über alle bereits bestehenden nationalen Akademien, auch die regionalen; er entschied über die Aufnahmeanträge zukünftiger Mitglieder und er war es, der die königlichen Gratifikationen bzw. Pensionen für Künstler, Literaten und Wissenschaftler, unabhängig von deren Mitgliedschaft in einer der staatlichen Akademien, verteilte.

Nicht von ungefähr hatte sich Leibniz 1670 mit seinem ersten Brief, der ihm den Kontakt zur französischen Gelehrtenwelt herstellen sollte, - allerdings ohne jemals Antwort erhalten zu haben -, an Chapelain gewandt.[42]

Die Auswahl von zukünftigen Mitgliedern der staatlichen Akademien bzw. von Empfängern staatlicher Zuwendungen hing allein davon ab, inwieweit der jeweilige Kandidat sein künstlerisches oder wissenschaftliches Wirken zum Ruhme des französischen Königs eingesetzt hatte. Das Spektrum der zu berücksichtigenden Gebiete ging freilich weit über jenen Rahmen hinaus, den wir heute dem Begriffspaar "Künste und Wissenschaften" zuordnen würden. Es sollte schlechthin alles erfaßt werden, was das Leben erleichterte oder verschönte; dazu gehörten der Bau und die Ausstattung monumentaler Gebäude bzw. herrschaftlicher Häuser oder die Anlage von Gärten ebenso wie jegliche Art von Veranstaltungen, die der Zerstreuung und der Schaulust der höfischen Gesellschaft, aber auch des einfachen Volkes dienten. Alles, was das Reich Ludwigs XIV. in höchstem Glanze zeigte, galt als förderungswürdig.[43]

Eben in diesem Zusammenhang können wir die *Drôle de Pensée* nicht länger als "exotisches" Produkt eines genialen Geistes abtun. Wir erkennen vielmehr eine sehr enge, durchaus reale Beziehung der zunächst eigentümlich anmutenden, ja verwirrenden Vorschläge des Philosophen zu der ganz besonderen Rolle des französischen Gelehrten unter Ludwig XIV. sowie zum spezifischen Auftrag für die dem absolutistischen Staat einverleibten wissenschaftlichen Vereinigungen. Damit steht Jean Chapelain, der diese kulturpolitische Entwicklung in Frankreich wesentlich mitbestimmte und kontrollierte, in vorderster Reihe jener Zeitgenossen, die Leibniz' Entwurf ganz offensichtlich beeinflußt haben. Doch im Gegensatz zu den zahlreichen ihm geistesverwandten Kollegen wie Kircher, Jungius, Guericke, Harsdörfer oder auch Weigel[44], die Leibniz sämtlich lobend hervorhebt, erwähnt er Chapelains Namen - absichtlich oder unabsichtlich - nicht.[45]

Bei aller Gemeinsamkeit, die Leibniz' Projekt mit den kulturpolitischen Realitäten in Frankreich zweifellos aufweist, darf man einen wesentlichen Unterschied jedoch nicht übersehen.

Sicher, die Devise "Künste und Wissenschaften zum Ruhme des Königs und im Dienste des Staates" lehnt der Philosoph grundsätzlich nicht ab. Ja mehr noch, er selbst macht in seinen unzähligen Eingaben zur Gründung gelehrter Sozietäten, - allerdings wohl mehr aus taktischen Gründen -, die jeweiligen Adressaten auf den Prestigewert von Wissenschaft aufmerksam. Höher in der Bewertungsskala steht für ihn indes ihr Nutzen für den Menschen schlechthin, für das Allgemeinwohl und damit im Zusammenhang das freie Wachstum der Wissenschaft und die "Hebung" des allgemeinen Bildungsstandes. Dieser letzten Zielsetzung hatte sich alles andere unterzuordnen, auch das Prestigedenken des Souveräns bzw. das Streben nach Macht und Ansehen des Staates.

> "Enfin tout le monde en seroit allarmé et comme éveillé, et l'entreprise pourroit avoir des svites ausssi belles et aussi importantes qve l'on se sçauroit imaginer, qvi peut estre seront un jour admirées de la posterité."[46]

Das Grundanliegen des Philosophen ist also gleichgeblieben. Schon in den einschlägigen Plänen für den Kaiser bzw. für seinen Mainzer Dienstherrn Johann Philipp von Schönborn ging es Leibniz unabhängig von seinem vordergründigen Gesuch, sei es, ein Privileg für eine Zeitschrift zu erlangen, sei es, das kaiserliche Bücherkommissariat an Mainz zu ziehen, immer nur um eines: Mittel und Wege zu finden, um das menschliche Wissen kontinuierlich zu erweitern, bereits vorhandene Kenntnisse systematisch zu erfassen, sie allgemein zugänglich und sie schließlich zum Wohle der Bevölkerung, im Sinne einer ständigen Verbesserung der Lebensbedingungen, nutzbar zu machen.

Der Weg, den Leibniz in seiner *Drôle de Pensée* unter dem Einfluß der Pariser Lebensatmosphäre und des kulturellen Ambientes, das ihn in der französischen Metropole mit ihrem großen Angebot populärwissenschaftlicher Vorführungen, den zahlreichen Raritätensammlungen, Museen und Theatern umgab, vorschlägt, ist freilich ein anderer.

> "Le jeu seroit le plus beau pretexte du monde de commencer une chose aussi utile au public qve cellecy. Car il faudroit faire donner le monde dans le panneau, profiter de son foible, et le tromper pour le guerir. Y a' - il rien de si juste, qve de faire servir l'extravagance à l'establissement de la sagesse? C'est veritablement miscere utile dulci. Et faire d'un poison un alexitere."[47]

Spätesten an dieser Stelle macht Leibniz dem Leser verständlich, was er mit seinem zunächst so merkwürdig scheinenden Projekt tatsächlich bezweckte. In der Variation des alten Themas "mundus vult decipi" erkennen wir schließlich den Kern seiner Überlegungen.

Die Konzeption seines Planes ist darauf ausgerichtet, das Belehrende mit dem Ergötzlichen, mit der Kurzweil, oder anders ausgedrückt, das Angenehme mit dem Nützlichen zu verbinden. Hinter diesem pädagogischen Leitgedanken, der in allen von Leibniz' Sozietätsentwürfen, wenn auch nicht immer so offenkundig, wiederkehrt, verbirgt sich allerdings zweierlei. Zum einen die Hoffnung, alles Wissen auf unterhaltsame Weise ins Volk zu vermitteln, um so den Bildungsstand sukzessive anzuheben, sowie darüber hinaus selbständiges Denken anzuregen und den oft brachliegenden Erfindungsgeist zu wecken, wobei Leibniz im übrigen auch auf die meist noch verschütteten weiblichen Begabungen hinweist.[48] Zum anderen zeigt uns die ebenso ausführliche wie aufschlußreiche Abhandlung über die Art und Weise, wie die im Rahmen der "Académie des jeux" anzubietenden "Spiele" durchzuführen seien, daß der Gelehrte vor allem auch die moralische Bildung, die ethische Vervollkommnung des Menschen im Auge hat.[49] So sollte z.B. niemals um Bargeld oder um der Gewinnsucht willen gespielt werden, sondern mit Spielmarken, deren Wert von Fall zu Fall festzusetzen sei, also auch gleich Null sein könne. Allerdings sei es durchaus möglich, das Falschspiel zu gestatten, wenn man, und darauf kommt es an, alle Mitspieler darüber informiere und diese damit einverstanden seien. Denn Falschspiel, das quasi zum System erhoben würde, könne überaus lehrreich sein. Das Spielen mit gezinkten Karten etwa oder mit anderen unlauteren Mitteln ohne vorherige Absprache müsse allerdings grundsätzlich verboten sein. Es käme ja darauf an, ein guter und ehrlicher Spieler bzw. ein anständiger Verlierer zu sein.

> "On trouueroit le pretexte, en faisant venir la mode d'estre beau joueur; c'est à dire joueur sans emportement."[50]

Um zu gewährleisten, daß in der "Académie des jeux" alles mit rechten Dingen zuginge, schlägt Leibniz vor, alle Spielsäle "par le moyen des miroirs et tuyaux" überwachen zu lassen. Das, so betont er, sei zugleich "une chose tres importante pour l'estat, et une espece de confessional politique".[51]

Ob und inwieweit sich der Gelehrte hier prinzipiell für das Mittel staatlicher Überwachung ausspricht oder ob er mit diesem taktisch-klugen Hinweis nur die

Lauterkeit seiner eigenen Vorschläge unterstreichen, d.h. verhindern will, daß die von ihm konzipierte "Académie des jeux", wie viele vor ihr, einem Verbot zum Opfer fallen würde, muß vorerst dahingestellt bleiben.[52] Eines macht diese scheinbar nebenbei getroffene Bemerkung aber wohl deutlich: wie eng die Akademiekonzeption des Philosophen mit dem Bereich des Politischen verflochten ist; die Leibnizsche "gelehrte Sozietät" ist in letzter Konsequenz ein politisches Gebilde.

Mit der Symbiose von Unterhaltung und Lehre einerseits, "Spiel" und moralischer Bildung andererseits, die Leibniz seiner Konzeption zugrunde legt, entspricht er, wie oben bereits angeklungen ist, der spezifischen Wissenschaftsauffassung in Frankreich. Nicht nur dem wirtschaftlichen Nutzen, auch dem Unterhaltungswert von "Künsten und Wissenschaften" wurde großer Wert zugeschrieben. Letzteres war geradezu ein Charakteristikum während der Regentschaft Ludwigs XIV. und folgte aus dem oben diskutierten grundsätzlichen Anspruch, daß "Künste und Wissenschaften" dem Staate, und damit war nicht zuletzt die Hofgesellschaft gemeint, und dem Ruhme des Königs zu dienen haben. Wenn Leibniz seine *Drôle de Pensée* in besagten Kontext stellt, dann beweist er einmal mehr, wie anpassungsfähig er sein kann, wenn es um die Durchsetzung seiner Wünsche und Vorstellungen geht. Mit dieser Feststellung dürfte auch die Frage nach dem möglichen Adressaten dieses Entwurfs beantwortet sein.

Einmal abgesehen von äußeren Kriterien und von direkten Hinweisen, die dem Schriftstück ohnedies ausreichend zu entnehmen sind[53], zeigt sich sein Verfasser hier so auffallend Frankreich-orientiert, daß die Größen, auf die er sein Projekt bezieht, nur Ludwig XIV. und dessen erster Minister Colbert sein können. Gleichwohl dürfte es sich, wie bei so vielen von Leibniz' Plänen, auch in diesem Fall zunächst nur um ein Festhalten von Eindrücken und Ideen gehandelt haben, die bei passender Gelegenheit Verwertung finden sollten. Dessenungeachtet dürfen wir die *Drôle de Pensée*, trotz ihres auf den ersten Blick eher exotischen Charakters, als durchaus ernst zu nehmende Vorstudie für seine späteren Pläne in Berlin, Dresden, St. Petersburg und Wien verstehen.[54]

Als Ergänzung und Gegenstück zur *Drôle de Pensée* erweist sich die *Relation de l'état présent de la République des lettres*, deren Entstehungszeit wiederum in das letzte Jahr von Leibniz' Parisaufenthalt fällt.[55] Obschon der Bericht über die *République des lettres* alle Elemente enthält, die die Akademiepläne des Philosophen charakterisieren, gibt er sich als solcher erst auf den zweiten Blick zu erkennen. Bestehend aus drei Teilstücken, einer Aufzeichnung, die sich zunächst einmal mehr durch ein "wirres Durcheinander von Bemerkungen und Betrachtungen" auszeichnet, "von denen man doch kaum eine missen möchte"[56], sowie zwei Konzepten, die beide unvollendet geblieben sind, setzt diese Niederschrift des Gelehrten, die vieles nur andeutet und vieles offenläßt, eine profunde Kenntnis sowohl seiner Sozietätsidee als auch seiner philosophisch-metaphysischen Grundkonzeption voraus. Nur wer mit Hilfe anderer Erkenntnisquellen aus dem reichhaltigen Schatz Leibnizscher Schriften die inhaltlichen Lücken des Manuskripts zu schließen und die Sinnbilder des in echt barocker allegorischer Form vorgetragenen Anliegens zu deuten vermag, wird sich dem in sich geschlossenen Gedankengang, der auch diese Ausarbeitung beherrscht, nähern.

Die *Pensées*, die Leibniz als vorbereitende Notizen seinen beiden Versuchen zu einer ausgeformten Schrift vorausschickt, lassen überdies deutlicher als alle seine Sozietätspläne erkennen, wie geschickt er seine einschlägigen Entwürfe, Denkschriften und offiziellen Eingaben auf den jeweiligen Empfänger zuzuschneiden weiß. Nachdem die Endfassung des Manuskripts dem König, und damit ist ohne jeden Zweifel der französische König gemeint[57], gewidmet werde, sei etwa mit folgenden Worten zu beginnen: "Sire je presente à V^{re} M^{té} la relation d'un pays, ou elle vivra toujours. Ce sont les champs Elisiens des Heros, et il faut passer par la pour avoir commerce avec la posterité."[58]

Ganz gezielt wirft der Gelehrte hier das Prestigedenken Ludwigs XIV., dessen ehrgeiziges Streben nach Macht, Ansehen und unsterblichem Ruhm in die Waagschale, um das Interesse des Monarchen auf seine Pläne zu lenken. Unter diesem Gesichtspunkt sei es zudem angebracht, auf das grundsätzliche Leistungsvermögen im Bereich der Künste und Wissenschaften im allgemeinen, auf die besonderen Verdienste französischer Gelehrter im speziellen hinzuweisen. Natürlich läßt Leibniz es sich nicht nehmen, ganz nebenbei auch eigene wissenschaftliche Entdeckungen hervorzuheben.[59] Zukunftsvisionen einer besseren, weil aufgeklärten Welt sollen den französischen König endgültig dafür gewinnen, sich den Gedankengängen des Verfassers anzuschließen und die notwendigen Schritte einzuleiten, um die "infinité de mondes"[60], die das Universum der Wissenschaften für den Menschen bereithält, zu ergründen.

Auf der Suche nach immer wieder neuen "Territorien" der Wissenschaft, die niemals ein Ende haben wird, darf freilich nichts außer acht gelassen werden; auch dem Entferntesten und scheinbar Unwichtigsten muß Aufmerksamkeit geschenkt werden, nur dann wird jedes Jahrhundert etwas Hervorragendes hervorbringen.

> "On fait des grands bastiments sur les Idées, qvi se trouueront renversez un jour. Mais il restera qvelqve chose de solide et d'admirable."[61]

Etwas Solides und etwas Überdauerndes zu vollbringen, sei das Ziel, welches allen gemeinsam sein sollte. Daher müsse im Bereich des geistigen Schaffens bei aller nötigen Disziplin genügend individueller Freiraum bleiben. So wie die jeweils landesspezifische Eigenart der Gelehrsamkeit zu respektieren sei, so habe man auch die wissenschaftlichen Interessen und Initiativen des einzelnen zu tolerieren.[62] Das gemeinsame Bestreben, Bleibendes für die Nachwelt zu hinterlassen, dürfe nicht gestört werden, indem man durch Überreglementierung und Unitarisierung des Geisteslebens dessen Eigendynamik und Individualität und damit auch die Voraussetzungen zur kreativen Produktivität unterbinde.

Dies gelte, ungeachtet aller durchaus begründeter Unterschiede der Bekenntnisse, im besonderen auch für die Religion. Es gibt, so Leibniz, Menschen, die, weil sie glauben im Besitze der absoluten Wahrheit zu sein, eine allzu kritische Meinung hinsichtlich der Heiligen Schrift einnehmen. Doch es sei nicht daran zu zweifeln, daß es bald möglich sein werde, auf dem Wege der Logistik die Vereinbarkeit von Glaube und Vernunft nachzuweisen.

> "Nous aurons un jour des demonstrations Geometriqves rigoureuses de Deo et Mente."[63]

Die Vernunft, davon war der Gelehrte überzeugt, würde der göttlichen Offenbarung niemals widersprechen, denn beides entspränge ein und derselben Quelle, der Allweisheit des allmächtigen Gottes, beides sei Teil des von ihm angelegten Ordnungssystems.

So wie eines Tages die Aussöhnung von Glaube und Vernunft nur auf der Grundlage logischer Prinzipien stattfinden kann, ebenso wird sich in allen Bereichen des menschlichen Wissens die Logistik letztlich als tragfähiges Fundament erweisen.

> "Je connois des habiles gens, qvi ne se donnent jamais la peine de lire aucune demonstration; en ayant esté de goustés, parceqv'ils voyoient qv'on leur demonstroit qvelqves fois des choses qvi leur paroissoient assez claires. Cependant j'estime fort qv'on a pris à tache de demonstrer rigoureusement."[64]

Denn echte Wissenschaftlichkeit zeichne sich durch konsequente Beweisführung - more geometrico - aus, auch wenn es sich um - vermeintliche - Selbstverständlichkeiten handele, die des Nachweises nicht bedürftig schienen. Zu vieles könne unbeachtet und unentdeckt bleiben, würde man sich dieser Tatsache verschließen. Die Chinesen hätten den Anschluß auf dem Gebiet der Geometrie nur deswegen verpaßt, weil sie keinen Geschmack gefunden hätten an Demonstrationen "de ce qv'on doit et qv'on peut prouuer a priori, l'origine des choses qvi se trouuent par inductions en nombres".[65]

Die eindringliche Forderung des Philosophen nach logischer Beweisführung als conditio sine qua non in allen Wissenschaftszweigen ist freilich kein Gegensatz zu dem, was er noch in seiner *Drôle des Pensée* proklamierte. Beobachten, experimentieren und demonstrieren auf der einen, strenge Beweisführung nach mathematischen Gesetzen auf der anderen Seite schließen sich nicht gegenseitig aus. Um zu haltbaren wissenschaftlichen Ergebnissen zu kommen, müssen sich beide methodischen Zugriffe vielmehr gegenseitig ergänzen.

> "L'art de trouuer qvelqve chose par induction est la même avec l'art de faire des hypotheses avec l'art de faire des definitions."[66]

In diesem Zusammenhang ist auch Leibniz' Plädoyer für eine einheitliche, nach festen Regeln aufgebaute Sprache, die keinen zeitbedingten Veränderungen unterworfen ist, einzuordnen.[67] Gleichwohl sich der Gelehrte hier konsequenterweise für die Verwendung des Lateinischen ausspricht, sehen wir uns bereits auf Leibniz' "Lieblings-idee" hingewiesen: die *lingua unversalis* bzw. *characteristica realis*, eine Art symbolische Begriffssprache, die als Kunstsprache der Vernunft sprachliche Grenzen überwinden und Jahrhunderte überdauern sollte.

Während die *Pensées* eine Sammlung sprunghafter Notizen darstellen, versucht Leibniz in seinen beiden Konzepten den im Titel angekündigten Bericht über die *République des lettres* zu vermitteln. In allegorischer Form beschreibt er die fiktive *République des lettres* als "une colonie de l'autre monde", die ein "gewisser griechischer Abenteurer Pythagoras" errichtet habe.[68]

Mit Hilfe dieser Metapher zeichnet Leibniz das Bild von einem Universum der Wissenschaften, bestehend aus unendlich vielen "Welten", welche es zu entdecken, zu erforschen gilt. Der Wissenschaftler wird dabei der ewig Suchende bleiben, d.h. er wird sich immer wieder neuen Erfahrungen gegenübersehen, er wird aber auch immer wieder auf die Grenzen echter Wissenschaftlichkeit stoßen.

Nicht allen ist es indes vergönnt, an der Erschließung noch unbekannter Gefilde der Wissenschaft teilzuhaben, dies ist offensichtlich nur Auserwählten vorbehalten. Ein fünfjähriges strenges Noviziat sei Voraussetzung gewesen, um sich der Expedition des Pythagoras anzuschließen. Ihre Teilnehmer hätten zudem erst dann das Wort ergreifen dürfen, "apres qve Pythagore leur eût ouuert la bouche".[69]

Der Gelehrte nimmt hier nicht nur den Ordensgedanken, wie er sich erstmals im philadelphischen Plan darstellte, wieder auf. Zugleich gibt er seiner Befürchtung Ausdruck, daß ein Eindringen breiter, ungebildeter Massen in das "Reich des Intellekts" gefährlich werden, es zerstören könnte. Während man darum bemüht sein müsse, die Volksbildung mit allen Mitteln zu fördern, sei andererseits der "Popularisierung geschwätziger Gelehrsamkeit der Vielzuvielen"[70] und der Scharlatanerie, die gerade im 17. Jahrhundert so fruchtbaren Boden fand, Einhalt zu gebieten. Sie würden, das ist hier wohl der tiefere Sinn, dem Ansehen der noch jungen modernen Wissenschaft und des Gelehrten gleichermaßen schaden. Oft sei es daher nötig, sich gegen andere abzugrenzen, sie zu täuschen, um große Leistungen zu vollbringen.[71]

"... les Chinois font mieux en cachant les choses".[72]

Leibniz setzt die grundsätzliche Dummheit des Volkes voraus – dieses Menschbild hat auch seine pädagogische Grundkonzeption bestimmt[73]-, und so gilt für ihn nach wie vor die Einsicht, "mundus vult, imo debet decipi".[74]

Die Wechselbeziehung zwischen Wissenschaft bzw. Kultur und Staat bestimmt schließlich das zweite Konzept (C), welches, obwohl gleichfalls nicht abgeschlossen, zumindest über erste Anfänge hinausgekommen ist. Damit reduziert Leibniz die Fülle von Gedanken und Anregungen, die er, wie seinen vorbereitenden Notizen zu entnehmen ist, in die ausgeformte Schrift einbringen wollte, auf jenen Aspekt, der ihm ganz offensichtlich im Hinblick auf die kulturellen Bedingungen und Voraussetzungen seines Gastlandes von besonderer Wichtigkeit schien.

Wiederum in allegorischer Form warnt der Philosoph vor den Gefahren, die ein einseitiges Abhängigkeitsverhältnis zwischen Kulturschaffen und staatlicher Lenkung wie in Frankreich für den freien Stand der Wissenschaftler, für die geistige Freiheit schlechthin berge. Innerhalb des Reichs des Geistes, der *République des lettres*, könne nur dann Brauchbares und Überdauerndes zustande kommen, wenn diese Art von Abhängigkeitsverhältnis gelöst würde und einem gegenseitigen Geben und Nehmen Platz machte. Mit Hilfe eines eigenartigen Vergleichs versucht der Gelehrte dies bildhaft werden zu lassen.[75]

Zwischen der von Pythagoras gegründeten Inselwelt des Intellekts und den menschlichen Gemeinschaftsbildungen fände ein gegenseitiger Warenaustausch statt. Während die "colonie de l'autre monde" die Erträge ihres geistigen Schaffens ausführe, erhalte sie wiederum unterstützendes Entgelt, welches ihre Existenz weiterhin sichere. Wohlfahrt, Fortschritt und Kultur der Völker, Nationen und Staaten hingen ihrerseits von den in der *République des lettres* geschaffenen und exportierten Güter ab.

Ein wesentlicher Bestandteil dieses Exports sei eine Droge, die Merkur Pythagoras gezeigt und dieser in einem Teil seiner Kolonie angebaut habe. Wir bezeichneten sie als Droge des Ruhms. Sie sei es, die die Menschen voneinander unterscheide, den einen über den anderen hinaushebe.

Doch der geregelte Warenaustausch sei gestört worden durch das Einbrechen "par les sauuages originaires de la terre ferme de l'ignorance et de la misere".[76] Die Einwohner der Kolonie seien unterdrückt, ihre Häuser zerstört worden. Von da an habe dieses einzigartige Produkt aus der Kolonie, die Droge des Ruhms, zunehmend an Wert verloren. Zum einen sei sie oft schon verdorben an ihrem Bestimmungsort eingetroffen, darüber hinaus sei ihr Wert, bedingt durch Überproduktion, inflationär geworden, "par les mauuais ménage des habitans, qvi donnent indifferemment des grandes louanges à tout le monde".[77] Nun seien die Läger in Europa überfüllt, der Absatz nicht mehr garantiert; ja mehr noch, man habe sogar begonnen, die Droge, wenn sie aus der Inselwelt der *République des lettres* käme, geringzuschätzen. Gleichwohl gäbe es nichts besseres als eben diese Droge, vorausgesetzt, man kenne ihre Herstellung und wisse sie richtig zu gebrauchen; dann sei sie "le vray nectar des dieux et la liqveur de l'immortalité".[78]

Deutlich gibt Leibniz auch hier zu verstehen, daß er ein Eindringen breiter Massen in die Gefilde der Wissenschaft für bedenklich hält. Die Qualität wissenschaftlicher Leistungen könne nicht mehr garantiert werden. Die *République des lettres* laufe Gefahr, von Halbwissenheit und Scharlatanerie, die zweifelhaften Ruhm nach sich zögen, überschwemmt zu werden.

Doch ausgehend von den kultur- und wissenschaftspolitischen Realitäten in Frankreich, deren Kenntnis Leibniz ganz offensichtlich voraussetzt, stoßen wir schließlich auf den Kerngedanken seiner metaphorisch verklausulierten Überlegungen: Die Welt der Wissenschaft und der Gelehrsamkeit muß wie eine "colonie de l'autre monde" autark und in sich geschlossen sein, um zu gedeihen; jede Einmischung würde ihre Produktivität einschränken. Und doch hängt sie auf Gedeih und Verderb mit allen übrigen menschlichen Kollektivbildungen zusammen; denn nur durch den "Verkauf ihrer Ware" bleibt sie lebensfähig, kann sie sich erhalten. Die *République des lettres* ist angewiesen auf die "rafraichissemens qv'on appelle pensions"[79)] als Gegenleistung für ebenso hervorragende wie nutzbringende wissenschaftlich-kulturelle Leistungen, die den Mäzenaten, den Herrschern dieser Welt, unsterblichen Ruhm einbringen. Allerdings darf dieses "Geschäft auf Gegenseitigkeit" nicht durch überzogene Forderungen seitens der Staatsgewalt gestört werden, sonst wird es zu einem Ausverkauf der Wissenschaft an die Ruhmsucht der Herrschenden kommen.

Wie Leibniz' System der prästabilierten Harmonie alles als eine zusammenwirkende Ganzheit begreift, so müssen wir auch Staat und Wissenschaft als eine Einheit, als zusammenwirkende Teile der von Gott geordneten Allgemeinschaft sehen. Übertragen wir den Begriff der "fensterlosen Monade" auf den Bereich der Wissenschaft, die *République des lettres*, dann ist sie gleichermaßen als ein weltoffenes "Wesen" zu verstehen, dessen Dasein sich in einer unendlichen Fülle allseitiger Beziehungen befindet, ohne jedoch, und das ist die unerläßliche Voraussetzung, ihre Eigenständigkeit in irgendeiner Weise einzubüßen.[80)]

Es erübrigt sich wohl, darauf hinzuweisen, daß diese spezifische Wissenschaftskonzeption des Philosophen nicht zuletzt auch die Forderung impliziert, daß der Gelehrte nicht durch die Notwendigkeit, sich seinen Lebensunterhalt zu verdienen, in der Freiheit seines Geistes und der Unabhängigkeit seines Arbeitens und Forschens eingeschränkt werden darf.[81)]

Auch die *Relation* sollte als Eingabe für den französischen König oder Colbert Verwendung finden. Den entsprechenden Hinweis können wir den Abschlußsätzen des zweiten Konzepts entnehmen. Ohne den einen oder den anderen beim Namen zu nennen, bringt Leibniz sie ins Spiel, eben an der Stelle, an der er die allegorische Darstellung abbricht, um in die fiktive Realität der Zukunft zu weisen.

> "Un grand prince de nostre temps ayant esté averti par un de ces ministres, qvi a l'inspection du commerce, de ce desordre, et du dégast qvi a svivi la profanation de ce don celeste de l'immortalité, a pris la resolution d'y remedier."[82)]

Der König habe auf die Warnung seines Ministers hin darüber entschieden, daß wahrer Ruhm nur den Heroen beschieden sei. Sie besäßen das ewige Leben, weil sie ihre Mitmenschen glücklich leben ließen und ihr Jahrhundert durch ihre Existenz und ihr Wirken vorantrieben. Bleibender Ruhm sei der einzige Lohn, der ihnen gerecht werde. Allerdings sei darauf zu achten, "qve leur portraits soyent en bronze plus tost qv'en cire"[83]; will sagen, die ruhmbringenden wissenschaftlichen wie kulturellen Leistungen, die dem Mäzen gewidmet würden, müßten ihrerseits wiederum jeder Prüfung standhalten.

Wie in seinem *Consilium Aegyptiacum* läßt Leibniz sein Wunschdenken Wirklichkeit werden.[84] Er vermittelt die Fiktion einer autarken, unabhängigen *République des lettres* als zukünftige Realität; ihr Verhältnis zum Staat wird gekennzeichnet sein durch ein gegenseitiges Geben und Nehmen, ohne daß ihre Angehörigen, die Gelehrten und Kulturschaffenden, in irgendeiner Form dem Diktat der Staatsmacht unterworfen sein werden.

Die Ähnlichkeit der *Relation* mit den diversen Vorentwürfen zum *Consilium Aegyptiacum*, was Stil und Form angeht, läßt Paul Wiedeburg zu dem Schluß kommen, daß Leibniz möglicherweise mit dem Gedanken gespielt habe, Ludwig XIV. statt der Ägyptischen Kreuzzugsidee nun "Suggestionen auf dem Feld der Wissenschaftsförderung" zu geben[85], wobei er, das sei hinzugefügt, nach wie vor den Weltfrieden als politisches Endziel vor Augen hatte. Diese Vermutung liegt in der Tat nahe, erinnert man sich der im Ägyptischen Plan aufkeimenden Vision eines weltumfassenden ewigen Friedens unter der Führung Frankreichs, basierend auf einer neuen allvereinenden Theologie und einem ungeahnten Kulturfortschritt im Zeichen der Vernunft.

Gestützt wird Wiedeburgs Aussage zudem durch zwei Konzepte, die Leibniz ganz offensichtlich noch unter dem Eindruck des ebenso regen wie effizienten staatlich organisierten Kulturlebens in der französischen Metropole verfaßt hat, und die, abgesehen von ihrer Drucklegung bei Gerhardt bzw. Erdmann[86], in der Forschung bisher kaum Beachtung gefunden haben. Gleichwohl der *Discours touchant la methode de la certitude et l'art d'inventer* wie die *Préceptes pour avancer les sciences* sich in der Hauptsache mit den Grundfragen der wissenschaftlichen Erkenntnis- und Urteilsfindung auseinandersetzen, sind sie auch in unserem Zusammenhang nicht ohne Bedeutung. Dokumentieren sie doch andererseits die übertriebenen, ja naiv anmutenden Hoffnungen, die der Gelehrte - mindestens zeitweise - auf Ludwig XIV. als Initiator und Träger einer europäischen Kulturmission setzte; was auch Pfleiderer[87] dazu veranlaßte, eben diese Pläne als "ägyptischen Vorschlag ins Geistige übersetzt" zu charakterisieren.

Man lebe, so Leibniz[88], in einer geistig und wissenschaftlich bedeutenden Zeit, in einem Jahrhundert außerordentlicher Genies, reicher Erfindungen und Entdeckungen. Grenzenlose Zersplitterung, das Gegeneinander statt Miteinander mache jedoch alle berechtigten Hoffnungen auf ein Kulturhoch wieder zunichte. Um einer möglichen negativen Entwicklung, dem drohenden Rückschritt in die Barbarei entgegenzuwirken, bedürfe es der Organisation, der Gliederung und Ordnung des wissenschaftlichen Lebens wie des menschlichen Wissens.

Während zunächst geeignete Möglichkeiten zu schaffen seien, die die bereits vorhandenen Kenntnisse für jedermann zugänglich machten, etwa Kataloge und Repertorien, sowie mit Hilfe einer allgemein gültigen "methode de la certitude" bzw. "art d'inventer" die methodisch-theoretische Grundlage für neue Entdeckungen zu legen sei, dürfe das letzte Ziel einer *scientia generalis*, einer alle Wissensgebiete umfassenden Enzyklopädie, "ut omnium seculorum gentiumque labores in unum conjungantur"[89], nicht aus den Augen verloren werden.

Diese große Aufgabe erfordere freilich die Zusammenarbeit aller unter der obersten Leitung eines mächtigen Fürsten. Politisch rückenfrei und ein Freund der Wissenschaften oder mindestens des aus ihnen erwachsenden Ruhms, sollte sich der französische König dieses Friedenswerkes annehmen. Damit werde er sich selbst ein Denkmal unsterblichen Ruhms setzen.

Aber, so Leibniz in seinen *Préceptes*, "was brauche ich die Fiktion? Warum soll man auf irgendeine entfernte Nachkommenschaft verschieben, was in unserer Zeit ungleich leichter zu verwirklichen wäre, da die Konfusion noch nicht jenen Punkt erreicht hat, an dem sie sich dann befinden wird. Welches Jahrhundert wird dafür geeigneter sein als das unsrige, das man vielleicht eines Tages das Jahrhundert der Erfindungen und der Wunder bezeichnen wird. Das größte Wunder aber, das man verzeichnen können wird, ist vielleicht dieser große Fürst, dessen sich unsere Zeit rühmt und den kommende Generationen sich vergebens wünschen werden."[90]

> "Enfin je comte pour un des plus grands avantages de notre siècle qu'il y a un Monarque qui ... s'est mis dans un état ... à pouvoir exécuter chez lui tout ce qu'il voudra pour le bonheur des peuples ..."[91]

Allein, was er bisher für die Wissenschaft getan habe, würde ausreichen, ihn unsterblich zu machen.[92] Vielleicht, so der Philosoph weiter, "hat schon längst auf seinen Befehl hin einer der klugen Köpfe seines blühenden Königreiches und vor allem seines Hofes, der eine Versammlung außergewöhnlicher Persönlichkeiten darstellt, einen allgemeinen Plan zur Förderung der Wissenschaften aufgestellt, der der Wissenschaft und des Königs würdig ist und weit über das hinausgeht, was ich machen könnte. Aber sollte ich in der glücklichen Lage sein, als erster darüber zu schreiben, bin ich sicher, daß ich dem Weitblick des Monarchen, der auf allen Gebieten bewundernswert ist und der sich ohne Zweifel auch auf die Wissenschaften erstreckt, weder zuvorkommen noch an ihn heranreichen könnte. Alles, was zu wünschen bleibt, ist, daß kein widriger Umstand die Ausführung des Planes verhindern möge, daß der Himmel den König weiterhin begünstige und daß dieser ohne Störung von außen, Europa weiterhin den glücklichen Frieden genießen lasse, durch den er seine glanzvollen Taten gekrönt hat.[93] Dann könne dieser Monarch mehr bewirken als alle Gelehrten dieser Welt, denn er allein sei in der Lage, Ordnung in die Konfusion des wissenschaftlichen Lebens zu bringen und auf diese

Weise größtmögliche Fortschritte zu erzielen. Damit würde er seine Regierung, wie schon auf anderen Gebieten, auch in dieser Hinsicht bemerkenswert machen und der Ruhm und Dank der Nachwelt sei ihm gewiß. Nur die nützlichen Erfindungen und Entdeckungen kämen allen Menschen zugute, denn sie trügen dazu bei, "de montrer des verités importantes pour la pieté et la tranquilité de l'esprit, à diminuer nos maux et à augmenter la puissance des hommes sur la nature".[94]

Leibniz hat den *Discours* wie die *Préceptes* vermutlich 1678/79 zu Papier gebracht, d.h., nachdem er wieder nach "Deutschland" zurückgekehrt war und sich in Hannover niedergelassen hatte.[95] Beide Stücke gehören inhaltlich zu dem großen Komplex seiner Arbeiten zur *scientia generalis* bzw. *characteristica universalis*, die ihn bereits seit 1666 und verstärkt seit seiner Ankunft in Hannover 1676 bis zu seinem Tod beschäftigten. Obwohl also beide Konzepte seinen Plänen zur Wissenschaftsorganisation in Verbindung mit der Erarbeitung einer Enzyklopädie und damit zeitlich wie thematisch der Hannover-Periode zuzuordnen sind[96], dokumentieren sie darüber hinaus überaus eindrucksvoll die ambivalente, fast möchte man sagen schizophrene Haltung, die der Gelehrte gegenüber Ludwig XIV. einnahm.

Ungeachtet seiner Kritik an der aggressiven Hegemonialpolitik des französischen Königs[97] hat Leibniz niemals aufgehört, in Ludwig XIV. den großen Fürsten zu sehen, dem es allein beschieden war, ein geeintes und friedliches Europa kulturellen Höhen zuzuführen. Derartige übertriebene Hoffnungen vermochte Jahre später erst wieder Peter der Große in dem Philosophen zu wecken.[98]

Leibniz' Wunschtraum von einer weltweiten Kulturmission unter der Führung Frankreichs beschränkte sich also durchaus nicht auf das politisch motivierte und zeitbedingte *Consilium Aegyptiacum*, das ihm zudem den Weg in die höchsten Ebenen der französischen Politik öffnen sollte, mithin einen in jeder Hinsicht sehr konkreten Zweck verfolgte. Neben den beiden oben diskutierten Manuskripten, die höchstwahrscheinlich dazu bestimmt waren, in einem wissenschaftlichen Journal Frankreichs, respektive im *Journal des Sçavans*, veröffentlicht zu werden[99], taucht diese Idee schemenhaft immer wieder auch in seinem Briefwechsel mit französischen Gelehrten auf.[100] Dahinter verbarg sich, wie schon Pfleiderer[101] richtig bemerkte, letztlich eine politische Zwecksetzung. Auf dem Weg über eine gemeinsame Kulturpolitik unter der Leitung Frankreichs ließe sich, so glaubte Leibniz, der politische Friede in Europa langfristig sichern. Damit erweitert der Gelehrte seine Mainzer Pläne, deren letztes Ziel eine Reichseinigung sein sollte[102], auf den europäischen Raum.

Eine Frage sei in diesem Zusammenhang erlaubt, die sich im Hinblick auf Leibniz' wissenschaftsorganisatorisches Wirken immer wieder stellen wird: Hat der gelernte Jurist und "verhinderte Staatsmann" möglicherweise versucht, seine fehlgeschlagenen bzw. unterdrückten politischen Ambitionen auf dem Feld der Kultur- und Wissenschaftspolitik zu kompensieren? Ohne den Beweis dafür antreten zu können, ist man hin und wieder durchaus geneigt, diese Frage positiv zu beantworten.

Verstärktes Engagement in Sachen Wissenschaftsorganisation zeigt Leibniz allerdings auch immer dann, wenn es um die Durchsetzung persönlicher Wünsche geht. So können wir dies feststellen in Verbindung mit seinem Bemühen, noch in Mainz, 1671 den Kontakt zur französischen Gelehrtenszene bzw. zur *Académie des Sciences* herzustellen, ebenso bei seinem zweimaligen vergeblichen Versuch, 1675 und 1682, neben Huygens, Casssini und Roemer als viertes ausländisches Mitglied Aufnahme in derselben zu finden.[103]

Demgegenüber fehlen entsprechende konkrete Vorschläge erstaunlicherweise in den Schreiben, die Leibniz 1676 und vermutlich 1682 an Colbert richtete[104], an jenen Minister Ludwigs XIV. also, dem nicht nur in kulturellen Fragen die letzte Entscheidung vorbehalten war. In den beiden "von schmeichelnder Ergebenheit diktierten Konzepten"[105], die heute fast peinlich wirken, beschränkt sich der Philosoph auf Gemeinplätze und schließlich auf das, was ihm wohl doch mehr am Herzen lag, sein Bestreben, korrespondierendes Mitglied der Pariser Akademie zu werden.

1.3 Hannover (1676 - 1716)

Nachdem sich seine Hoffnungen auf eine feste Stellung in Paris endgültig zerschlagen hatten, verließ Leibniz, wenn auch nur ungern und mehr den äußeren Zwängen als inneren Antrieben folgend[1], jene Stadt, die ihm in vielerlei Hinsicht den unschätzbaren Wert des organisatorischen Zusammenschlusses von Gelehrten so eindrucksvoll vor Augen geführt hatte, um in Hannover für den Rest seines Lebens Wohn- und Arbeitsort zu finden.

Ungeachtet der vergleichsweise provinziellen Enge, die ihn in Hannover umgab und die ihm zunehmend zur Belastung werden sollte, sowie der Schwierigkeiten, die er von Anfang an hatte, sich am hannoverschen Hof zu etablieren[2], fand der Philosoph in Herzog Johann Friedrich, seinem neuen Dienstherren, im Grunde den Fürsten, der seinen Idealvorstellungen von einem Souverän sehr nahe kam und auf den zu treffen er sich immer gewünscht hatte:

> "so ist aller mein wundsch gewesen eine hohe Person zu finden, so die leüt unterscheiden, von den dingen gruendtdtlich urtheilen, und durch dero protection, ansehen, huelff und vorschub allerhand nuezlichen gedancken einen nachdruck geben koendte. Dagegen ich von andern sorgen befreyet einzig und allein zu dero gloire und vergnuegung arbeiten wuerde".[3]

Johann Friedrich von Braunschweig Lüneburg, "der Schlüssel für die Berufung Leibniz' nach Hannover"[4], ein vielseitig interessierter und gebildeter Mann, hatte immer ein offenes Ohr für die ebenso zahlreichen wie vielfältigen Pläne seines Bibliothekars und Hofrates. Die Aussichten für eine Verwirklichung dieser Projekte erschienen zunächst also durchaus günstig, zumal Leibniz bereits ein Jahr nach seinem Amtsantritt in Hannover von seinen täglichen Pflichten zunehmend freigestellt wurde und bald fast ausschließlich als persönlicher Berater des Herzogs fungierte.

So nimmt es nicht wunder, daß Leibniz, noch unter dem Eindruck des wissenschaftlich regen Lebens in Paris, in den ersten vier Jahren in Hannover, also während der Regierungszeit Herzog Johann Friedrichs, einmal abgesehen von seinen späten großen Projekten für Berlin, Dresden, Wien und St. Petersburg, seine umfassendsten und vielleicht aufschlußreichsten Pläne zur Organisation der Wissenschaft zu Papier brachte; nachweislich zehn Entwürfe stammen aus der Zeit bis 1679.

1.3.1 Sozietätsprojekte in Verbindung mit Plänen zur Erarbeitung einer Universalenzyklopädie und einer *characteristica universalis*

Nicht unbeeinflußt von seiner Entwicklung zu einem anerkannten Mathematiker, bildete die systematische Bewältigung des Problems einer Enzyklopädie des gesamten theoretischen und praktischen Wissens in Verbindung mit der Schaffung einer auf mathematischen Prinzipien basierenden Universalsprache, der *characteristica universalis*, die logische Arbeit dieser ersten Jahre. Konsequenterweise wird die praktische Lösung dieses Problems zum zentralen Thema, welches die Sozietätspläne der frühen Hannover-Zeit beherrscht.[5]

In Anlehnung an eine seiner ersten Ausführungen zur Gründung einer *Societas Philadelphica* (1669) verknüpfte Leibniz seine Forderung einer umfassenden Enzyklopädie zunächst mit der Idee eines säkularisierten Ordens, der die Sorge für die Verbreitung des wahren Christentums mit der Sorge um weltliches Glück verbinden sollte.[6]

Als erster Entwurf in der Reihe dieser Abhandlungen erscheint bereits 1676 die *Methodus Physica. Characteristica. Emendanda. Societas sive ordo.*[7]

Von allen Vorschlägen, "quae rerum emendarum causa fiunt"[8], schätze er jene am meisten, so Leibniz in seiner Einleitung, deren Früchte man noch zu Lebzeiten genießen dürfe. Daher sollte auch das Ziel aller wissenschaftlichen Bemühungen auf den zu erwartenden Nutzen gerichtet sein. Dieser könne die "perfectio animi", also die intellektuelle und/oder moralisch-ethische Vervollkommnung, die Gesundheit oder die Lebensqualität des Menschen betreffen. Was immer in dieser Hinsicht noch zu erlernen sei, ließe sich auf drei Kategorien reduzieren: demonstrationes, experimenta, historia.[9]

So werde etwa die menschliche Vervollkommnung erreicht durch die Perzeption der göttlichen Beweise, d.h. durch naturwissenschaftliche Erkenntnisse, welche die Existenz Gottes nachwiesen[10], sowie durch die "exercitio virtutum", deren Regeln wiederum durch diese "demonstrationes" überliefert würden. Die Medizin dagegen, die dem körperlichen Wohlbefinden des Menschen diene, beruhe bisher fast ausschließlich auf Erfahrungswerten, also auf Experimenten; denn von den wenigsten Krankheiten kenne man die Ursachen, von den wenigsten Heilmittel ihre wahre Wirkungsweise.[11]

Die Zeit eines einzelnen Menschen sei freilich zu kurz, um selbst alle notwendigen Erfahrungen und Entdeckungen zu machen. Wenn aber alle wichtigen Kenntnisse, auch solche, die bereits wieder in Vergessenheit geraten seien, gesammelt und bekannt gemacht würden, dann wären die Menschen bald in der glücklichen Lage, den meisten sie bedrohenden Übeln erfolgreich entgegenzutreten.

Wie gehabt schlägt Leibniz deshalb vor, zunächst das bereits erworbene Wissen, d.h. alles, was in Büchern an Wissenswertem und Nützlichem gefunden werden könne, in Indices und Universalregistern zusammenzustellen. Zum ersten Mal aber, und hier sehen wir eine deutliche inhaltliche Erweiterung der Sozietätspläne, die auf Leibniz' in Paris gewonnenes mathematisches Verständnis zurückzuführen ist, äußert sich der Gelehrte in der *Methodus* zu den Ordnungsprinzipien, die diesen Sammlungen zugrunde zu legen seien.

Für die systematische Erfassung aller naturwissenschaftlichen Bereiche rät er zu einer Methode, die der algebraischen engstens verwandt sein sollte.

"Est enim Algebrae methodis ex ignotis deducere nota, ut aequatione ductorum ex ignotis cum datis notis facta etiam ignota fiant nota."[12]

Als eine Art Symbolsprache würde die *ars characteristica*, so nennt er diese planmäßige Vorgehensweise, die alle Denkvorgänge überschaubar zusammenfasse und damit in den Realwissenschaften das erreichen könne, was die Algebra in der Mathematik leiste, Arbeitsgänge überflüssig machen, mithin den gesamten Forschungsaufwand rationalisieren.[13]

Mit der Idee der *ars characteristica* verbindet Leibniz schließlich den Gedanken zur Abfassung einer Universalenzyklopädie. Unabhängig von ihrem Wert als übersichtliche und umfassende Darstellung des gesamten vorliegenden Wissensstoffes wird letztere, wie auch in den noch folgenden einschlägigen Schriften, zugleich als unentbehrliche Vorarbeit zur *Characteristica* definiert. Durch die Anordnung der jeweiligen Wissenseinheiten nach einer einheitlichen Methode, d.h. in der Denkreihe ihrer Erforschung bzw. Erkenntnis, in einer logisch streng geordneten Reihe, werde das Gesamtwerk der Enzyklopädie gewisse Gesetzmäßigkeiten erkennen lassen, die wiederum zu neuen Zusammenhängen und Forschungsansätzen führten. So verstanden bilde sie sozusagen die "Grammatik" der *Characteristica*.

Beides, Universalenzyklopädie wie Universalsprache, sei allerdings nur auf der Grundlage organisierter Zusammenarbeit in einer wissenschaftlichen Gesellschaft realisierbar.[14] Diese sollte sich aus drei Gruppen von Mitgliedern zusammensetzen. Einmal aus Gelehrten, "qui accuratissime rationari possint" und denen das geeignete Material zur Verfügung zu stellen sei. Zum anderen aus solchen, die aufgrund entsprechender Anweisungen die notwendigen Experimente durchführten, sowie aus weiteren Mitarbeitern, die alle bedeutenden Erkenntnisse und Ergebnisse sammelten und ordneten.

Eine ausreichende finanzielle Absicherung sollte es allen festen Mitgliedern ermöglichen, sich ausschließlich auf ihre Forschungsaufgaben zu konzentrieren. Darüber hinaus seien ein umfassender wissenschaftlich-technischer Hilfsapparat, allen voran ein Laboratorium und eine Bibliothek einzurichten sowie zusätzliche Gelder zu gewährleisten, so daß weitere Hilfskräfte, wenn erforderlich, oder Experimente finanziert werden könnten. Fürstliche Protektion würde dem Unternehmen die nötige Sicherheit geben.

Nicht von ungefähr erinnert sich der Leser dieses Entwurfes an Leibniz' philanthropisch fundiertes Konzept sozialreformerischer Prägung für eine *Societas Philadelphica* aus dem Jahre 1669, wenn der Gelehrte im Anschluß an seine konkreten Vorschläge zur Organisation und Arbeitsweise der projektierten Sozietät über den letzten Zweck eines derartigen Unternehmens reflektiert.

So gibt er seiner Verwunderung darüber Ausdruck, daß ungeachtet der Vielzahl christlicher Ordensgemeinschaften, auch anderer bedeutender Gründungen bisher noch niemand darüber nachgedacht habe, wie sich christliche Religion und das profane Streben nach Verbesserung der menschlichen Lebensbedingungen in ein und derselben Organisation verwirklichen ließen:

> "si quis unquam tale fundaret institutum, is supra quam credi potest obligaret (sibi) posteritatem veramque nomini suo immortalitatem pararet"[15]

Eine Institution, die das Christlich-ethische und das Pragmatische in sich vereinige, bekäme wie selbstverständlich auch die erforderliche finanzielle Unterstützung, etwa in Form von Vermächtnissen oder Schenkungen, die ihre uneingeschränkte wirtschaftliche und damit auch politisch-gesellschaftliche Autonomie garantiere. Sie würde sich schließlich über alle Nationen und Parteiungen hinwegsetzen "ac cum sapientia etiam pietatem propagaret".[16]

Daher sollten sich allen voran die reichen Klöster auf den Plan gerufen fühlen und alles, was über ihren angemessenen Lebensunterhalt hinausginge, für die Förderung der Wissenschaft zur Verfügung stellen; nur dadurch würden sie dem Ruhm Gottes wirklich dienen. Denn jedes Wunder der Natur, welches dem Menschen zu entschlüsseln gelänge, offenbare auf einmalige Weise die Existenz und Größe ihres Schöpfers.

> "Omne praeclarum (naturae) artificium experimento vel demonstratione detectum, hymnus est verus et realis Deo cantatus, cujus admirationem auget."[17]

Sehr viel deutlicher entwickelt Leibniz den Ordensgedanken allerdings in zwei kürzeren Entwürfen, deren Entstehung vermutlich in das Jahr 1678 fällt. Beide

Pläne, sowohl die Gedanken zur Gründung einer *Societas Theophilorum* als auch die Anregungen für eine Sozietät der *Pacidianer*[18] bewegen sich auf einem tiefen religiösen Fundament.

Die ganz offensichtlich für Herzog Johann Friedrich bestimmte Denkschrift[19], die zur Stiftung einer Gesellschaft der *Theophili* aufruft, nimmt den grundsätzlichen "Bekehrungsauftrag" der Ordensgemeinschaften zum Anlaß, zumal man diesem, wie der Gelehrte meint, nur sehr ungenügend nachkäme. Ungeachtet der Vielzahl christlicher Orden habe es sich bisher noch keiner zur Pflicht gemacht, "die Menschen in der Liebe zu Gott zu entflammen, dem Schöpfer aller Dinge, und seinen Ruhm zu verbreiten."[20] Gerade dieser Auftrag sei aber von besonderer Wichtigkeit, nicht zuletzt, weil die Auseinandersetzung um die Richtigkeit der mechanistischen Weltanschauung bzw. der Lehre von der Vorsehung bereits deutliche Spuren hinterlassen habe. Dem gefährlichen Atheismus, der sich unter dem Vorwand der mechanistischen Philosophie, die Gott eben nicht mehr als Endursache, als "finales causae"[21] aller Dinge verstünde, zunehmend ausbreite, könne nur entgegengewirkt werden, wenn sich eine *Societas Theophilorum* zusammenfände, mit dem Ziel, allen Zweiflern immer wieder neue Beweise für die Existenz und die Allmacht Gottes zu liefern.[22]

Als eine Art Akademieorden sollte diese Gemeinschaft rechtschaffener Christen zum einen die Musik, die Dichtkunst und die Beredsamkeit pflegen. Denn auf diese Weise könnten sie Gott Loblieder singen und die Menschen in der Bewunderung des Schöpfers mitreißen.

Wenn Leibniz in der Sprachforschung ein wichtiges Arbeitsgebiet der Sozietät sieht, "ut Divinae laudes per omnes nationes circumferantur"[23], so unterstreicht er einmal mehr den Missionsanspruch der von ihm konzipierten gelehrten Sozietät, einen Gedanken, den er in seinen späten Entwürfen, respektive für Berlin, allerdings nicht nur wesentlich dezidierter formuliert, sondern auch mit ganz konkreten Rechten und Aufgaben verbindet.

Aus der oben erwähnten Denkschrift für Herzog Johann Friedrich, die Leibniz' Plan für eine *Societas Theophilorum* ankündigt[24], läßt sich gleichwohl entnehmen, daß der Gelehrte den Missionsauftrag für die Sozietätsmitglieder in gewissem Gegensatz oder vielmehr als notwendige Ergänzung zur Missionierungspraxis der Gesellschaft Jesu verstanden wissen wollte; ungeachtet seiner grundsätzlichen Befürwortung der jesuitischen Gepflogenheit, Glaubensfragen nicht zuletzt auf dem Wege über die Wissenschaften zu vermitteln.[25]

> "L'ordre de la charité, Societas Theophilorum, vel Amoris Divini, sollen wahrhafftig ad gloriam Dei gehen, solche gegen die Atheisten aus der Natur und verwunderungswürdigen wercken Gottes behaupten; alda anfangen wo die Jesuiter aufhören, und die studia tractiren welche die Jesuiter nicht pflegen zu treiben, nehmlich Naturae arcanae, und arme krancke Leüte umbsonst curiren, die jugend in altoribus studiis informiren, absonderlich in Theologia mystica, so summus instituti huis

gradus, dazu die Chymica und arcana naturae eine herrliche anleitung geben. Scholasticam theologiam sollen sie nicht tractiren sondern den Jesuitern überlaßen, wie auch Philosophiam scholasticam, sollen nur das jenige tractiren was ohne stylo scholastico, communi loqvendi more zu tractiren. Dieses were das allerherrlichste institutum so zu ersinnen, und köndte sich in der ganzen welt ausbreiten, denn nichts angenehmer seyn würde, als diese Menschen. Dieser Orden müste guthe intelligenz und gleichsam confraternität mit den Jesuitern und andern orden halten."[26]

Wie in allen seinen Akademieplänen räumt Leibniz den Naturwissenschaften einen besonderen Platz ein, da sie allein die wunderbaren Kunstwerke des Weltschöpfers offenbarten und unwiderlegbare Beweise lieferten für die allein gültige Wahrheit, daß alles, die menschliche Existenz schlechthin, auf Gott zurückzuführen ist: "alii ex Theophilorum ordine naturae miracula omnia, ad DEUM referent, mirificaque ejus artificia propalabunt".[27]

Andere wiederum würden durch das Studium der Geschichte die "arcana providentiae consilia" verehren.[28]

Die intensive Beschäftigung mit der christlichen Theologie per se stellt schließlich das fünfte und letzte große Arbeitsgebiet der Sozietät dar.

Dies alles möge nicht nur getan werden, "um den Atheisten den Mund zu stopfen, was mit Gewalt und Furcht vergebens geschieht, sondern damit Gott, der aus der ganzen Natur und aus aller Vernunft hervorleuchtet, auch die Feinde durch einen unverbrüchlichen Beweis besiege, indem sie in ihrer Seele den Irrtum eingestehen".[29]

Nicht nur der Missionsauftrag, der beiden Gesellschaften gemeinsam ist, sondern vor allem das tiefe religiöse Empfinden, welches das Handeln ihrer Mitglieder bestimmt, verbindet die Gemeinschaft der *Theophili* mit jener der *Pacidianer*.[30] Evidenter sind allerdings wiederum die Parallelen, die letztere, jedenfalls was ihre Organisation angeht, zu der bereits 1669 konzipierten *Societas Philadelphica* aufweist.[31]

Nach dem Vorbild religiöser Kongregationen, wobei sich namentlich die Benediktiner und Bernhardiner in ganz Europa anschließen sollten, kennzeichnet die *Societas caritatis* ein striktes Reglement nach dem Muster eben jener Orden, deren Vorschriften im übrigen noch zu ergänzen seien. Ungeachtet der grundsätzlich lebenslangen Mitgliedschaft hätte ein Verstoß gegen die Statuten den sofortigen Ausschluß aus der Gemeinschaft zur Folge. Wie die *Philadelphica* sollte die der kirchlichen Hierarchie unterstellte Sozietät darüber hinaus wie eine Art Dachverband nach und nach den gesamten weltlichen Klerus in ihre Organisation einbinden.

Der aus Theoretikern (contemplativi) und Praktikern (activi) bestehende Akademieorden habe sich in jedem Fall aus Führungsangelegenheiten und politischen Geschäften herauszuhalten. Nur unter dieser Voraussetzung werde sich diese Sozietät mit Recht "pacidiana" nennen dürfen, denn dann werde sie den Frieden Gottes bringen.[32]

In der Pflege der "virtutes morales", die die ethische Vervollkommnung des Menschengeschlechts zum Ziel hätte, müßte sie in jeder Hinsicht Vorbild sein.

> "Ante omnia inter suos, virtutes morales excolent, invidiam, vanam gloriam, simultates, irrisiones, insultationes, calumnias et omnem maledicentiam, imo et jocos mordaces eradicare conabuntur."[33]

Als ausschließlich karitatives Unternehmen sei es der Gesellschaft untersagt, Gewinne zu machen und Reichtümer anzuhäufen. Finanzielle Überschüsse seien vielmehr wieder gemeinnützigen Zwecken zuzuführen.

Die "contemplativi" der Sozietät werden ihr Studium vornehmlich auf die Erkenntnis und den Ruhm Gottes richten. "Jidem accuratas constituent demonstrationes de Deo et anima, de veritate, de justitia et re morum."[34] Sie werden zudem das gesamte menschliche Wissen sammeln und eine Universalsprache erarbeiten, eine Sprache, die den Missionaren zur Bekehrung der Völker dienen wird, weil sie "veritatem (que) ad modum calculi in omnibus rebus quoad ex datis licet per solam vocabulorum considerationem consequendam.[35] Doch zugleich werden sie Gärten pflegen, Tiere hegen und Arzneimittel sammeln bzw. herstellen.

Die "activi" unter den Mitgliedern sollen sich uneingeschränkt der tätigen Nächstenliebe widmen, d.h. sich der Armen und Kranken annehmen, ihnen Hilfe, Schutz und Zuflucht gewähren.

> "Itaque si quis inopia laboret, si animi aegritudine, si morbo, illi societas haec praefugio erit (,) illi non auxilium tantum sed et silentium praestabit."[36]

Neben der unentgeltlichen medizinischen Fürsorge wird die Sammlung einer "historia morborum" eines ihrer wesentlichen Ziele sein.[37]

Ein zweites großes Aufgabengebiet wird die Mission darstellen. Dabei wird allerdings darauf zu achten sein, daß die Missionare der Sozietät die Ungläubigen weniger durch unfruchtbares Disputieren als vielmehr durch ihr eigenes gutes Beispiel zu überzeugen suchen.

Mit den *Semestria Literaria*, einem in sechs Teilkonzepten überlieferten, vorwiegend lateinisch abgefaßten Manuskript, das sehr wahrscheinlich aus dem Jahre 1679 stammt[38], erleben wir eine Neuauflage der bereits 1668/69 vorgetragenen Vorschläge für einen *Nucleus librarius semestralis*.[39] Ihre Lektüre vermittelt gleichwohl einen Eindruck von der geistig-wissenschaftlichen Entwicklung des Philosophen innerhalb des vergangenen Jahrzehnts und der damit verbundenen deutlichen Verlagerung seiner Interessenschwerpunkte.

An den Grundforderungen für eine halbjährliche Bücherzeitschrift hat sich zunächst nichts geändert. Wenngleich neben dem Auftrag, die Buchbestände durch Autoren - und Inhaltsregister zu erschließen, Sachkataloge anzulegen, Autorenviten anzufertigen sowie die Inhalte neuerschienener wie auch bereits edierter Bücher in Exzerpten auszuwerten und sie in Indizes zu erfassen, eine große Aufgabe in den Vordergrund tritt: die Neuherausgabe seltener, antiker und mittelalterlicher Codices, die Edition noch ungedruckter Manuskripte und Codices älterer und lebender Autoren sowie die Sammlung verstreuter, noch unbekannter, auch "literarisch" noch nicht erfaßter Arbeiten und Äußerungen wie Briefe, Tagebücher, Reisebeschreibungen oder auch Notizen zu wissenschaftlichen Arbeiten jedweder Art.[40]

Der wesentliche Unterschied des in Hannover angestrebten Unternehmens zu den in Mainz formulierten Anregungen liegt jedoch in dessen letzter Zwecksetzung.

Galt das Zeitschriftenprojekt per se zunächst als das eigentliche Ziel aller Bemühungen, so markiert es in den entsprechenden Plänen von 1679 nur einen Anfang. Denn ungeachtet ihres nach wie vor einkalkulierten zeitspezifischen Nutzens als eine Art Börsenblatt des Buchhandels, als Informationsmedium für den Leser und im Idealfall als qualitatives Regulativ für den literarischen Markt erscheinen die *Semestia Literaria* nunmehr in der Hauptsache als eine notwendige Sammlung von Vorarbeiten zu einem Werk, das ungleich bedeutender, weil für die Nachwelt von unschätzbarem Wert sein würde: die *Encyclopaedia universalis* bzw. *perfecta*, "in welche die Menschlichen Gedancken oder Notiones zu resolviren und zu ordnen, alle Hauptwahrheiten, so aus der Vernunfft fließen, demonstrative oder grundrichtig und nach Mathematischer ordnung zu erweisen".[41] Um der Kürze willen dürfe diese Universalenzyklopädie nur "Hauptwahrheiten, als Ursprung aller andern" enthalten. Daher müsse vor allen Dingen "die rechte Logica oder Methodus cogitandi ... als ein Schlüssel aller andern erkändtnüß und wahrheiten" beigeordnet werden.[42]

Die inhaltliche Erweiterung der *Nucleus*-Pläne konzentriert sich also auf Überlegungen zur Schaffung eines für die Erfassung der menschlichen Kenntnisse geeigneten Ordnungssystems auf der Grundlage mathematisch-logischer Prinzipien. Die hiermit vorerst allerdings noch recht vage angekündigte Verknüpfung des Gedankens der Enzyklopädie mit dem Problem der *ars inveniendi*, zu verstehen als methodische Vorgehensweise nach algebraischem Muster, die durch die spezifische Anordnung von Forschungsergebnissen bzw. Kenntnissen Schlußfolgerungen und neue Forschungsansätze ermöglicht, erweist sich schließlich als das herausragende Charakteristikum der frühen Hannover-Pläne.

Wesentlich ausführlicher widmet sich Leibniz diesem Thema bereits in dem ebenfalls zum Gesamtkomplex der *Semestria Literaria* gehörigen *Consilium de Literis instaurandis condendaque Encyclopaedia*.[43] Sein Schwerpunkt liegt auf der Darlegung der wissenschaftstheoretischen Grundsätze, auf welche die zu erarbeitende

Universalenzyklopädie zu stellen sei, für deren eingehendere Erörterung in diesem Rahmen aber wohl nicht der rechte Ort ist.

Sie sollte, so viel sei aber zusammenfassend gesagt[44], aus einem theoretischen und einem praktischen Teil bestehen; der theoretische Teil würde auf dem Prinzip der Synthese, der praktische auf dem der Analyse aufbauen. Streng demonstrativ, auf Definitionen, Axiomen, Hypothesen und empirischen Sätzen basierend[45], sollten die theoretischen Kapitel die Forschungsergebnisse aus den verschiedensten wissenschaftlichen Disziplinen vermitteln. Dafür sieht Leibniz wiederum, indem er Auguste Comte's berühmte Einteilung der Wissenschaften gleichsam antizipiert, eine Anordnung von den abstraktesten Grundwissenschaften bis hin zu immer konkreteren Einzelwissenschaften vor.[46]

Als Prüfsteine für den Wert wissenschaftlicher Erkenntnisse, die es in die Universalenzyklopädie aufzunehmen gelte, würden sowohl ihr Wahrheitsgehalt als auch ihre Nutzbarkeit dienen:

"Duo autem esse debent examina ... unum ad lapidem lydium veritatis alterum in aqua probatrice publici usus"[47]

Der praktische Teil der Sammlung sollte schließlich von der Erreichung der menschlichen Glückseligkeit handeln und die praktische Anwendung des menschlichen Wissens demonstrieren:

"Pars Encyclopaediae practica agit de Felicitate comparanda, ostenditque, quomodo liceat uti praecedenti notitia ad vitae commoditatem."[48]

Darüber hinaus wäre zur Veranschaulichung des dargebotenen Wissensstoffes und um "dem Menschlichen gemüth alles leicht und mit Lust beyzubringen", dem Gesamtwerk ein "Atlas Universalis" zur Seite zu stellen, d.h. eine Sammlung von "Tafeln, figuren und wohlgemachter auch da nöthig und nüzlich illuminirter Zeichnungen oder Abriße".[49]

Während Leibniz in der einzigen ausgeführten deutschen Version der *Semestria Literaria*[50] den privaten Charakter des zukünftigen Unternehmens betont,[51] setzt er in seinen lateinisch abgefaßten Entwürfen doch wieder mehr auf staatliche Unterstützung und Absicherung seines Vorhabens.

Es ginge ja nicht nur darum, der durch Überproduktion bedingten inflationären Tendenz des literarischen Marktes entgegenzuwirken, so zwingend notwendig dies auch sei. Denn die mangelnde Qualität der Buchproduktion einer Nation müsse immer als ein untrügliches Indiz für den sukzessiven Niedergang ihrer geistig-wissenschaftlichen Kultur verstanden werden und habe die zunehmende Geringschätzung ihrer geistigen Elite, der Gelehrten zur Folge.[52] Nichtsdestoweniger werde das Werk vorrangig dem öffentlichen Wohl, respektive im Bereich der Medizin, also der Volksgesundheit, zugute kommen: "apparebit credo multis magnis morbis certa remedia in humana potestate esse".[53] Vor allem deswegen habe sich der Staat dieser Sache anzunehmen.

Idealiter wäre vom Kaiser, vom französischen König, von den Gliedern des belgischen Bündnisses und vom Kurfürsten von Sachsen ein immerwährendes Privileg für die *Semestria Literaria* zu gewähren. Gestützt auf dieses Fundament und auf der Grundlage staatlicher wie privater Stiftungen könnte dann eine auf Statuten festzulegende ständige Sozietät, die sich aus Deutschen, Franzosen, Italienern und Belgiern zusammensetzen sollte, das eigentliche Werk, die Universalenzyklopädie, in Angriff nehmen.[54] Da aber ein sinnvolles Zusammenwirken aller Völker, d.h. eine entsprechende arbeitsfähige supranationale Institution unter den gegebenen Umständen nicht zu erwarten sei[55], müsse zunächst die Zusammenarbeit der Gelehrten in einer nationalen Sozietät organisiert werden.

Der öffentliche Nutzen, den ein derartiges Unternehmen ohne Zweifel haben werde, mache deutlich, "ut non tam suaderi iustitutum hoc quam lege quadam imperari videatur".[56] Solange jedoch die höchste Gewalt diesen Plänen nicht folgen wolle, sei es allemal besser, durch Privatinitiative einen, wenn auch nur bescheidenen Anfang zu wagen: "Nunc vero satius est aliquando incipere quam numquam".[57]

Als viertes und letztes Teilstück der *Semestria Literaria* stellt die *Propositio*[58] schließlich in komprimierter Form die wesentlichen Gedanken und Programmpunkte des Planes für eine zur Universalenzyklopädie zu erweiternde Bücherzeitschrift zusammen.

Einer vergleichsweise ausführlichen Darlegung der Gründe für die Notwendigkeit der Förderung und Systematisierung der Wissenschaften, wie in allen einschlägigen Entwürfen methaphysisch-religiös fundiert[59] und pragmatisch orientiert, folgt eine ebenso kurze wie prägnante Auflistung dessen, was zur Bereicherung des wissenschaftlich-kulturellen wie zur Erleichterung des täglichen Lebens vorliegen werde, würde man die entsprechenden Vorschläge realisieren[60]:

- eine "Bibliotheca contracta"
- ein "Atlas universalis"
- ein "cimeliorum literariorum corpus", d.h. eine Sammlung bisher unbekannter oder noch unveröffentlichter, vor allem alter, aber auch neuerer Urkunden.
- ein "Thesaurum Experimentiae seu descriptiones rerum artiumque", die besonders interessant oder nützlich, aber noch nicht literarisch erfaßt seien.
- eine "vera Methodus inveniendi ac judicandi", welche die Analytik und Kombinatorik ergänzen werde.

Die Voraussetzungen für den Erfolg des Projekts erscheinen dagegen kaum der Rede wert: ein *privilegium summarum potestatum perpetuum*, also nicht mehr als man für die Publikation von Büchern erwarte, sowie eine durch fürstliche und private Stiftungen finanziell gesicherte *Societas eruditorum*.

Das im Stil einer Denkschrift lateinisch abgefaßte Konzept konnte seinem Charakter nach durchaus zur Vorlage an offizieller Stelle, vielleicht sogar am kaiserlichen Hof in Wien bestimmt gewesen sein.[61] Die Tatsache, daß Leibniz ein *privilegium summarum potestatum*, also ein kaiserliches Priveleg wünscht und der ausdrückliche Hinweis auf die politische Unbedenklichkeit seines Vorhabens gibt unserer Vermutung zusätzlich Nahrung: "Eo observato ut in sacris et politicis nostri collectores tantum ac digestores agant, judices numquam".[62] Auf entsprechende Aktivitäten, um seine Pläne in Wien oder an anderer Stelle durchzusetzen, hat Leibniz aber wohl verzichtet; etwas anderes sei ihm dazwischengekommen: "Memini me olim semestria moliri literaria, sed alia interecessere."[63]

Mit dem Verweis auf eine Schrift, in der er alles etwas genauer erläutern werde, beendet der Gelehrte die *Propositio*.

Ob Leibniz mit dieser Ankündigung eine jener drei Schriften meinte, die er ebenfalls 1679, offenbar in sehr kurzen Abständen aufeinander folgen ließ, kann zwar nicht eindeutig nachgewiesen werden, ist aber doch mehr als nur wahrscheinlich.[64] Unabhängig von dieser Frage erweisen sie sich als konsequente Weiterentwicklung der wesentlichen Gedanken aus den vorangegangenen Plänen bis in die letzten Folgerungen.

Während das *Consilium de Encyclopaedia nova conscribenda methodo inventoria*[65], das von seinem Verfasser im Gegensatz zu den anderen beiden Entwürfen datiert ist, den Gesamtplan für eine Universalenzyklopädie, wie wir ihn bereits kennen, noch einmal grob umrissen vorstellt, erfolgt im *Consilium de scribenda Historia naturali*[66] und in der *Consultatio de Naturae cognitione*[67], wiewohl unterschiedlich akzentuiert, seine Konkretisierung: Im Mittelpunkt des *Consilium H.* stehen die genaue methodische Vorgehensweise für die Erarbeitung der Enzyklopädie, ihre wissenschaftstheoretischen Grundlagen; der Schwerpunkt der *Consultatio* liegt dagegen auf konkreten praktischen Vorschlägen für die Organisation systematischer Forschungsarbeit in einer Sozietät. Im ganzen spiegeln diese drei Abhandlungen, wie in Ansätzen schon die Arbeiten zu den *Semestria Literaria* eine erstaunlich moderne Wissenschaftskonzeption.

Sein Hauptanliegen, die Schaffung eines "ad inveniendum" geeigneten Ordnungssystems für die Erfassung der menschlichen Kenntnisse, die wiederum "more mathematico per propositiones accurate et nervose conceptas"[68], vorwiegend auf Tafeln nach dem Prinzip arithmetischer Reihen aufgeführt werden sollten[69], verbindet Leibniz im *Consilium E.* mit der Forderung uneingeschränkter Transparenz in allen Bereichen der Wissenschaft.

Um der Klarheit und allgemeinen Verständlichkeit willen sollte auch die anzustrebende Universalenzyklopädie nur einfache Informationen ohne schmückendes Beiwerk "exutae omni superflua mole", enthalten.[70] Zusätzliche Erläuterungen seien in Anhänge und Anmerkungen zu verweisen. Bei ihrer Erstellung dürfe man sich keinesfalls die unter Mathematikern weitverbreitete Unart zu eigen machen, die, "ut non facile agnoscatur modus, quo sua inventa obtinuere"[71], den Gang ihrer Beweisführungen und Schlußfolgerungen nur zu gerne verschleierten. Alle Sachgebiete, alle Themen gelte es deutlich und nachvollziehbar darzustellen.

In jeder Wissenschaft käme es gleichwohl nicht so sehr darauf an, die jeweiligen Schlußfolgerungen und ihre Beweise im einzelnen zu kennen, als vielmehr die Ursprünge der Erfindungen (inventorum origines); diese müßten im Gedächtnis bleiben, "quia ex illis caetera possunt proprio marte derivari. Itaque conjungi debent inventionis lux, et demonstrandi rigor, et cujusque scientiae elementa ita scribenda sunt, ut lector sive discipulus semper connexionem videat".[72] Dann werde die Wissenschaft weniger geheimnisvoll und bewundernswert erscheinen und folglich leichter und nutzbringender zu fördern sein.

Im folgenden skizziert Leibniz das Gerüst der Enzyklopädie, die sich aus sechzehn Abteilungen zusammensetzen und wiederum von den abstraktesten Grundwissenschaften bis hin zu den Einzeldisziplinen führen sollte.[73] Die jeweiligen Erkenntnisse aus den verschiedensten Bereichen würden vornehmlich auf der Grundlage von Definitionen, Axiomen, Hypothesen und empirischen Sätzen vermittelt, wobei neue Begriffsbestimmungen zu vermeiden bzw., wenn nötig, dem allgemeinen Sprachgebrauch zu entnehmen seien. Schließlich sei darauf zu achten, daß nur jene Wissensgebiete Aufnahme fänden, die auf einem soliden Fundament stünden, vor allem aber nicht solche, "quae pendet a voluntate cujusdam autoritatem ... ergo Leges divinae et humanae, quia sunt arbitrii".[74]

Ausgehend von der Kritik an den unsystematischen Verfahrensweisen in der bisherigen Naturforschung weist Leibniz in seinem *Consilium de scribenda Historia Naturali*[75] eindringlich darauf hin, daß es nun endlich an der Zeit sei, nicht nur die Grundlagen für eine "Geschichte der Naturwissenschaften", sondern für eine Organisation systematischer Forschungsarbeit schlechthin zu legen. Diese kann sich Leibniz wiederum nur in einer gelehrten Sozietät vorstellen, in der wissenschaftliche Ergebnisse ausgetauscht, gesammelt und registriert sowie Forschungsaufgaben verteilt und die entsprechenden Resultate nach bestimmten Ordnungskriterien erfaßt und publiziert werden.[76]

Ebensowenig neu ist sein Vorschlag, zur Vorbereitung der von dieser Sozietät zu erarbeitenden Enzyklopädie zunächst Tafeln und Inventarien für alle bereits vorliegenden wie zukünftigen Forschungsergebnissen anzulegen.[77] Allerdings beschränken sich Leibniz' Überlegungen in diesem Entwurf ausschließlich auf den Bereich der Naturwissenschaften; das Ziel aller Bemühungen sehen wir nun in einer *Historia Naturali*.

In ihren Grundzügen, was ihren Aufbau und ihre methodischen Grundlagen betrifft, unterscheidet sie sich freilich nicht von dem, was wir bereits aus den oben vorgestellten Schriften wissen. Und doch birgt auch diese Abhandlung wieder neue

Elemente, neue Ansatzpunkte und Perspektiven, die das Gesamtbild von Leibniz' Konzeption zur Wissenschaftsorganisation gleichsam abrunden.

Um nicht Gefahr zu laufen, die *Historia Naturali* mit unnötigem Informationsmaterial zu überladen, sollten nur die "primaria" aufgenommen werden, d.h. jene Einsichten und Erfahrungswerte, die entweder für die Praxis bzw. für das tägliche Leben, auch für berufliche Zwecke, oder aber für die Theorie von höchstem Nutzen seien. Grundsätzlich empfehle er ein Fortschreiten von der Praxis zur Theorie, "id est causarum inventionem praestat cognoscere primum fundamentalia (id est ex quibus caetera pleraque per consequentias duci possunt"[78], also Grundlagenforschung. "Generaliora" wie "simpliciora" sollten darüber hinaus zur besseren Verständlichkeit der dargestellten Themen und Gegenstände beitragen; zudem seien sie ausschweifenden und zu anspruchsvollen Erörterungen vorzuziehen, "nam per singularia iri infinitum est".[79]

Durch die aufgenommenen Themen würde schließlich erkennbar, was im Bereich der Naturwissenschaften bereits geleistet wurde bzw. was noch zu leisten bliebe. Dementsprechend sei ein "Catalogus desideratorum" zu erstellen, der die Forschungsaufgaben für die Zukunft festlege. Dabei sei jedoch das Gewisse vom Ungewissen, das Mögliche vom Unmöglichen zu trennen.[80]

Innerhalb von nur zwei Jahren könnte ein brauchbarer Entwurf des Gesamtwerkes vorliegen, wenn sich eine gewisse Zahl ebenso angesehener wie fähiger Gelehrter zusammenschlösse und sich möglichst bald über die Statuten der künftigen Sozietät einigte.

> "Conspirent aliquot Viri docti et rerum naturalium amantes, in Societatem certis Legibus ineundam: cujus finis sit exhibere intra biennium aliquod Sceleton corporis integri Historiae Naturalis Aphoristicae. Quod contineat artium professionumque omnium physica fundamenta."[81]

Wenn neben einer sinnvollen Aufgabenverteilung, die die persönlichen Neigungen und Interessenschwerpunkte eines jeden Mitgliedes ebenso berücksichtige wie den unverzichtbaren Anspruch, kein Wissensgebiet, kein Thema unbearbeitet zu lassen, und dem Experiment als Fundament aller Erkenntnisse[82] Priorität eingeräumt würde, dann sollte dem Gelingen des Unternehmens nichts mehr im Wege stehen.

Allerdings dürfe weder Geltungssucht noch das Bedürfnis, die eigene Gelehrsamkeit möglichst spektakulär unter Beweis zu stellen, die Mitarbeit zukünftiger Mitglieder bestimmen. Allen müsse vor allem daran gelegen sein, vornehmlich im Hinblick auf eine Verbesserung der praktischen Medizin und Arzneiforschung sichere Grundlagen der Naturwissenschaften zu schaffen. In dieser Hinsicht wäre es durchaus sinnvoll, sich mit der bereits bestehenden *Leopoldina* zu verbinden.

"Itaque non dubito quin hoc institutum utilissime cum praeclaro naturae Curiosorum instituto jungi possit et non paucis etiam ex ipsorum numero sit placiturum. Ita enim physicae corpus integrabitur."[83]

Prinzipiell sei bei der Erarbeitung der *Historia Naturali* darauf zu achten, nicht nur die Förderung der Wissenschaften, sondern zuvörderst die Erleichterung und Verbesserung des täglichen Lebens im Auge zu behalten. Daher werde man sich auch bemühen müssen, alles so einfach und klar wie möglich, ohne gelehrte Spitzfindigkeiten darzustellen, "ut toti negatio lucem atque ordinem foeneremur, et ut qui opus legerit, non tantum doctior, sed ad operandum aptior discedat. Quare curabimus ut non tantum eruditis sed et in quibusdam mechanicis et practicis scripsisse videamur".[84]

Wenn aber das fertiggestellte Werk nicht ausschließlich für Gelehrte, sondern grundsätzlich für jeden beliebigen Leser verständlich sein sollte, dann müsse man es in deutscher und nicht, wie bisher bei einschlägigen Publikationen üblich, in lateinischer Sprache abfassen. Damit erhebt Leibniz im *Consilium* erstmals eine Forderung, die zunehmend in den Mittelpunkt seiner Überlegungen rückt und ihren Höhepunkt in jenen beiden Akademieprojekten findet, die in direktem Zusammenhang mit seinen Vorschlägen zur Verbesserung der deutschen Sprache stehen.[85]

Mit dem Postulat, die Sprachtrennung zwischen Gelehrten und Laien aufzuheben, das sich dahinter verbirgt, entspricht der Philosoph gleichwohl dem nationalpädagogischen Anliegen seiner Zeit. Durch ihre umfassende Erschließung in der Muttersprache wollte man die Wissenschaft aus ihrem isoliert-elitären Dasein heraus einer breiteren Öffentlichkeit zugänglich machen.[86]

Doch neben dem damit verbundenen langfristig angelegten Ziel, das allgemeine Bildungsniveau allmählich anzuheben, weist Leibniz in seinem *Consilium* besonders auf den kurzfristig zu erwartenden Erfolg des zunächst angestrebten Unternehmens hin. Wir sehen uns an seine reichspatriotisch motivierten Sozietätspläne aus den Mainzer Jahren erinnert, wenn er betont, daß eine naturwissenschaftliche Enzyklopädie in deutscher Sprache nicht zuletzt auch dem angeschlagenen kulturellen Ansehen "Deutschlands" zugute käme, "cui nemo magis derogat, quam nos ipsi facilitate intempestiva in dispendandis nostris, et inepta omnium extraneorum admiratione.[87]

Ähnliche Vorschläge wie das *Consilium H.* unterbreitet das in vier Teilstücken überlieferte, wohl ausführlichste Konzept zur Wissenschaftsorganisation, die *Consultatio de Naturae cognitione*, die etwa gleichzeitig mit dem *Consilium* entstanden sein dürfte, also nicht, wie in der älteren Literatur z.T. vermutet wird, noch in Paris ihre Niederschrift fand.[88]

Wie jenes Projekt primär den Naturwissenschaften gewidmet[89], begründet die *Consultatio* ihr Anliegen wiederum mit der dem Menschen auferlegten Verpflichtung, für das Vaterland, zum allgemeinen Besten und zur Ehre Gottes die Natur zu erforschen und alles Neuentdeckte ebenso wie bereits vorhandene aber weitgehend unbekannte Kenntnisse zu registrieren und für jedermann leicht zugänglich und nutzbar zu machen.[90]

Nichts wolle ihr Verfasser, also Leibniz, indes für sich selbst erreichen; und damit man ihm nicht nachsagen könne, er strebe nach Ruhm oder persönlichen Vorteilen, habe er beschlossen, seine Schrift anonym erscheinen zu lassen:

> "Autor hujus Consultationis magno semper animi ardore prosecutus est, quaecumque ad DEI gloriam et publicam utilitatem conferre possunt: eamque professionem suam sinceram esse nullo alio magis argumento statim in ipso limine ostendere se posse putavit, quam si nomen suum supprimeret ut neque gloriam inanem, neque privatam utilitatem quaerere eum constare possit."[91]

Die *Consultatio* sollte allen jenen Gelehrten als Diskussionsgrundlage dienen, die sich, wie er selbst, dem moralischen Gebot, Gott und dem Vaterland gleichermaßen zu dienen, verpflichtet fühlten und bereit seien, sich mit ihm zu verbinden, um auf der Basis eines Mehrheitsbeschlusses die Statuten für eine gelehrte Assoziation festzulegen.[92]

Die Gelehrtensozietät, die auch hier wieder als conditio sine qua non gehandelt wird, sollte sich vorwiegend aus solchen Naturforschern zusammensetzen, die die Beziehungen der noch unbekannten Natur nicht so sehr aus Büchern, sondern vielmehr aus der Fülle der Natur selbst und der Schatzkammer des Geistes schöpften.[93] Wichtige Erkenntnisse müsse man daher von "autoribus sed vivis" erfahren, d.h. von Gelehrten, die selbst beobachteten und experimentierten, unabhängig davon, ob sie nun allgemein anerkannte Wissenschaftler seien oder nicht.[94]

Auch in den Vertretern des Handwerks und aller praktischen Berufe fände man in dieser Hinsicht wichtige Lehrmeister. Schließlich ginge es darum, alle Wissenschaften und Künste, d.h. letztlich den gesamten menschlichen Aktionsradius zu erfassen, ganz gleich ob es sich um ernsthafte Dinge oder aber um irgendeine Form des Spiels handele.[95]

Was der eine bereits entdeckt, erkundet oder erforscht habe, sollte jedoch nicht, bedingt durch die Unkenntnis eines anderen, noch einmal untersucht werden. Nur auf der Basis organisierter Kommunikation, durch gegenseitigen Erfahrungsaustausch, konsequentes Sammeln, Registrieren und Ordnen bereits erworbener Kenntnisse sowie neuerer und neuester wissenschaftlicher Ergebnisse ließen sich derartige ebenso unnötige wie zeitraubende Wiederholungen vermeiden und der Forschungsbetrieb an sich rationalisieren und effizienter gestalten.

> "Frustra enim nova quaerimus, dum jam in potestate posita ignoramus; quanquam illi demum ad nova invenienda quam aptissimi sunt, qui jam inventa optima tenent."[96]

Darüber hinaus, und hier zeigt sich deutlich Leibniz' ganzheitliche Wissenschaftsauffassung, entspräche die intendierte interdisziplinäre Zusammenarbeit der Gelehrten dem natürlichen Zusammenhang aller Wissenschaften.

> "Hac ratione etiam Scientiae in arctum contruduntur, et quae ex immenso naturae campo aut petenda, aut in voluminibus infinitis nequicquam quaerenda essent, ultro ordine offeruntur, dummodo per hominum variis artibus naturam exercentibus vacantium genera eatur."[97]

Leibniz' Akademiegedanke ist geprägt von dem Prinzip des universalen Zusammenhangs von allem mit allem und gründet demzufolge auf einer Wissenschaftskonzeption, die die Einheit der Wissenschaften auf der Grundlage genauer Ordnungs- und Beziehungszusammenhänge der Einzeldisziplinen voraussetzt.[98] So gesehen ließen sich auch die unterschiedlichsten fachspezifischen Arbeitsweisen der Gelehrten in einer Sozietät nicht nur koordinieren, sie würden sich vielmehr auf natürliche Weise gegenseitig ergänzen.

Um ihre großangelegte Aufgabe, eine "Notitiarum humanarum potissimarum ordinatio ad Usum Vitae" also eine "Encyclopaedia vera"[99] so schnell wie möglich bewältigen zu können, empfiehlt Leibniz den zukünftigen Angehörigen der von ihm vorgeschlagenen gelehrten Gesellschaft neben einer Übersicht über die Probleme und dem Modus für ein zweckmäßiges Ordnungssystem, wiederum nach mathematischem Muster[100], zunächst einen "Nomenclator", d.h. eine Art Sachwörterbuch der Handwerke und Künste[101] anzulegen. Die Anzahl der zu beschreibenden "Künste" ließe sich mit etwa einhundert veranschlagen, inclusive der etwas umfangreicheren Bereiche der Medizin und Chemie, für die mehrere Bearbeiter zuständig sein sollten. Wenn etwa fünfzig Gelehrte sich dieser Arbeitsgebiete annähmen und wenn man voraussetze, daß ebensoviele Bücher zu schreiben seien, wie es "Künste" gäbe, dann dürfte das Vorhaben in nur wenigen Jahren erledigt sein.[102]

Mit Rücksicht auf den zu erwartenden - und eben nicht nur für den Fachmann bestimmten - praktischen Nutzen der in Aussicht genommenen naturwissenschaftlichen Enzyklopädie betont Leibniz, wie schon im *Consilium H.*, die Notwendigkeit, sich bei ihrer Abfassung der deutschen Sprache zu bedienen.[103] Die scheinbare Inkonsequenz des Philosophen, gerade dieses Ansinnen in zwei lateinisch abgefaßten Abhandlungen so entschieden zu vertreten, erstaunt zwar, läßt sich aber wohl hinreichend mit der von ihm anvisierten Zielgruppe rechtfertigen. Waren es doch vornehmlich angesehene Naturwissenschaftler und Mathematiker, die Leibniz mit seinen beiden Entwürfen für eine Zusammenarbeit gewinnen wollte. Und in Gelehrtenkreisen galt es, ungeachtet andersgerichteter Bemühungen, vor allem seitens der Reformpädagogen wie Ratke oder Jungius, im 17. Jahrhundert nach wie vor als "unfein", deutsch zu korrespondieren.[104]

Die Enzyklopädie würde, wenn sie erst einmal fertiggestellt sei, den Blick auf bislang noch unbekannte Zusammenhänge und zukünftige Aufgaben lenken. Nur wer den bereits vorhandenen Wissenschatz kenne, könne Neues ent-decken oder hervorbringen.[105] Wenn das von ihm erläuterte Verzeichnis der Wissenschaften und Künste schließlich vorläge, so Leibniz, dann würde zugleich sichtbar, was noch zu leisten sei. Zudem würde der Zugang zu unzähligen Dingen erschlossen, die noch verstreut und verborgen seien, dann aber, unter neuen Gesichtspunkten, neue und ganz bemerkenswerte Perspektiven eröffneten.[106]

Die *Consultatio* endet mit einem Aufruf an die Mitglieder aller bereits bestehenden deutschen Sozietäten, sich mit ihm, Leibniz, zusammenzuschließen, um diesen Plan einer gelehrten Gesellschaft zur Erarbeitung einer umfassenden Enzyklopädie (der Naturwissenschaften) unter dem Protektorat des Kaisers zu verwirklichen.[107]

Nicht von ungefähr erweist sich die *Consultatio* als bislang einziges Konzept, das nicht Fragment blieb, sondern, in sich abgeschlossen, die mit dem Gedanken zur Gründung einer gelehrten Sozietät verbundenen Enzyklopädiepläne des Philosophen bis in die letzten Folgerungen entwickelt.[108] Die ausführliche Begründung des Projekts und nicht zuletzt die Liste potentieller Mitglieder oder freier Mitarbeiter, auf der u.a. auch die Namen der bereits in anderem Zusammenhang erwähnten Gelehrten Helmont, Weigel, Guericke oder Tschirnhaus wiedererscheinen[109], läßt darüber hinaus die Vermutung zu, daß Leibniz mit diesem Entwurf tatsächlich an die Öffentlichkeit gehen wollte. Somit dürfte es sich bei der *Consultatio* um jene Schrift handeln, die der Gelehrte in den verschiedenen vorausgegangenen einschlägigen Aufzeichnungen schon mehrmals angekündigt hatte.[110]

Aus Leibniz' kurzlebigem Briefwechsel mit einem der präsumtiven Sozietätsmitglieder, dem Leibarzt des Kurfürsten von Brandenburg in Berlin, Joh. Sigismund Elsholz[111], sowie aus entsprechenden Vermerken im Manuskript der *Consultatio*[112] geht zudem hervor, daß er den brandenburgischen Arzt als Vermittler seiner Vorschläge an Gleichgesinnte ausersehen hatte, zumal er selbst anonym bleiben wollte. Elsholz, mit dem der Gelehrte eingehend über seine Gedanken zur enzyklopädischen Erfassung der Naturwissenschaften und Rationalisierung des Forschungsbetriebes korrespondierte und den er zur Mitarbeit aufforderte[113], bot seine Dienste gerne an:

> "Wan also M. h. Herrn beliebet, mihr ferner zu communiciren den modum, wie man die Experimenta necessaria zusammen ordnen und eintäffeln solle, damit sie einander illustriren, und ad calculum mathematicum dienen können: so wil ich nicht allein nach möglichkeit daran arbeiten, sondern auch andere die Naturkündigung liebende dazu disponiren, damit wir communi studio unsern Zweck erreichen."[114]

Nur wenige Wochen später, Ende August 1679, kündigte er bereits konkrete Maßnahmen an:

"... unser studium demonstrativum belangend, da wil ich noch diese woche an ein paar gute Freunde die Sache (jedoch in terminis generalibus, et suppresso tuo nomine) gelangen lassen ..."[115]

Doch offensichtlich hat Leibniz es versäumt, seinem Briefpartner den für diese Aktion gewünschten "kleinen lateinischen Aufsatz", vermutlich die *Consultatio*, zuzuschicken; der Briefwechsel der beiden Gelehrten bricht hier unvermutet ab.[116]
  Ob überhaupt bzw. inwieweit die *Consultatio* schließlich Verbreitung fand, läßt sich von daher nicht überprüfen. Auch die überlieferten Leibniz-Korrespondenzen mit jenen Gelehrten, deren Namen in der Mitgliederliste verzeichnet sind und die von Elsholz kontaktiert werden sollten, geben keine weiteren Hinweise.

In den wenigen Forschungsbeiträgen, die Leibniz' Sozietätspläne aus der frühen Hannover-Zeit, doch auch hier nur im Rahmen allgemeiner, meist biographischer Studien, zudem stark vergröbernd behandeln, konnte oder wollte man sich auf einen bestimmten Adressaten dieser ebenso umfassenden wie aufschlußreichen, vielleicht der aufschlußreichsten Entwürfe des Philosophen zur Organisation wissenschaftlicher Arbeit überhaupt, nicht festlegen. Immerhin taucht die Idee zu einer Universalenzyklopädie als letztes Ziel der geplanten Gemeinschaftsarbeit wissenschaftlicher Akademien bereits in den einschlägigen Mainzer Projekten auf[117] und wird auch in Verbindung mit anderen Themen immer wieder aufgegriffen.
  Die Zahl von Leibniz' grundlegenden Aufsätzen zur theoretischen Lösung dieses Problems ist Legion.[118] Angefangen von seinen Frühentwürfen, etwa den Verbesserungsvorschlägen zu Altstedts 1630 herausgegebenem enzyklopädischen Werk[119] oder seinem eigenen Konzept für eine *Encyclopaedia ex sequentibus autoribus propriisque meditationibus delineanda*[120], gipfeln sie nach seiner Rückkehr aus Paris in einer Wissenschaftslehre, die auf einer systematischen Einteilung der Wissenschaften und dem Prinzip logischen Kalküls basiert. Leibniz' Exposé zu dem großangelegten Versuch einer *scientia generalis*, *Plus Ultra*[121], der leider nie zur Ausführung gekommen ist, läßt gleichwohl die Geschlossenheit dieses Wissenschaftssystems deutlich werden.
  Bedenkt man, daß der Gedanke zur Schaffung einer Universalenzyklopädie, ein Lieblingsgedanke der Aufklärung, seine Wurzeln schon im frühen 17. Jahrhundert hatte, und Leibniz, neuen Entwicklungen und Tendenzen gegenüber stets aufgeschlossen, sich seit seinem dreiundzwanzigsten Lebensjahr immer wieder mit diesem Thema in unzähligen Aufsätzen auseinandergesetzt hat, so sind diese ebenso wie die oben erörterten Pläne, die die Idee zur Erarbeitung einer Enzyklopädie mit Überlegungen zur Schaffung einer künstlichen Sprache des Denkens, der *characteristica universalis*, sowie mit dem Aufruf zur Gründung gelehrter Sozietäten verbinden, zunächst einmal als Teilstücke eines, wenn auch unvollendet gebliebenen Gesamtkomplexes einer Wissenschaftslehre zu verstehen. So gesehen könnte der eine oder der andere in der Tat, wie in den meisten, größtenteils älteren Publikationen vermutet wird, für die Veröffentlichung in einer der wissenschaftlichen Zeit-

schriften Europas vorgesehen gewesen sein. Andererseits hat der Wissenschaftsorganisator Leibniz seine Entwürfe, die expressis verbis zur Fundierung einer Sozietät auffordern, nur selten in den luftleeren Raum gestellt. Oft ohne den jeweiligen Adressaten beim Namen zu nennen, lassen die Texte per se in der Regel entsprechende Rückschlüsse zu, was freilich nichts darüber aussagt, ob sie dann auch den vorgesehenen Weg genommen haben. So sind etwa die beiden in französischer Sprache abgefaßten Abhandlungen *Précéptes* und *Nouvelles Ouvertures*, die schon weiter oben, im Kontext von Leibniz' Parisaufenthalt mitgeteilt wurden, ohne Vorbehalt dem französischen König zuzuordnen; sie fordern diesen mehr oder weniger direkt auf, das Akademiewesen seines Landes zu reformieren.[122] Daß besagte Denkschriften Ludwig XIV. bzw. Colbert je erreicht haben, bleibt allerdings so gut wie auszuschließen.

Ebenso muß man die *Consultatio*, die ausdrücklich eine "Kaiserliche Sozietät" in Aussicht nimmt, mit dem Wiener Hof in Verbindung bringen. Ob dieses Projekt jedoch in Wien überhaupt zur Kenntnis genommen wurde, läßt sich nicht mehr ermitteln, ist aber eher unwahrscheinlich.

Ungeachtet dessen lassen die Briefe des Philosophen an Johann Friedrich von Braunschweig-Lüneburg den Schluß zu, daß jener hoffte, mit der Unterstützung seines neuen Arbeitgebers sein fantastisches, zukunftsweisendes Programm zur Förderung der Wissenschaft in Hannover verwirklichen zu können. Unklar bleibt nur, ob besagte Schreiben - ausnahmslos Entwürfe - den Herzog jemals erreicht haben, denn eine schriftliche Reaktion darauf ist nicht erhalten. Glaubt man jedoch ihrem Verfasser, so kannte Johann Friedrich die Pläne seines Hofrates und Bibliothekars, ja mehr noch, der Herzog selbst hatte offenbar den Grund für derartige Hoffnungen gelegt, indem er die Etablierung einer gelehrten Gesellschaft angeregt hatte.

> "Comme V.A.S. trouue une satisfaction toute particuliere dans les belles choses, mais qvi soyent utiles, à son exemple tous mes projets ne butent qv'à marier la curiosité avec l'usage. Et cette proposition qve je vay faire pourra servir de fondement au beau dessein qve V.A.S. s'est proposé d'establir un jour une maniere d'assemblée pour l'avancement des sciences.[123]

Von den Plänen zur Wissenschaftsorganisation in und für Hannover erfahren wir erstmals aus einem Manuskript, das von Leibniz mit dem Titel *De Republica* versehen wurde.[124] In dieser Denkschrift vom September 1678, die, wie der Gebrauch der deutschen Sprache vermuten läßt, als offizielle Eingabe vorgesehen war[125] und eine Reihe unterschiedlichster Reformvorschläge zur Staatsverwaltung sowie zur Förderung des Wohlstandes im Herzogtum Hannover unterbreitet, regt der Gelehrte u.a. auch die Gründung einer *Societas Theophilorum* und eines *Collegium Combinatorium* an. Während erstere vornehmlich auf die Verbreitung des wahren Christentums verpflichtet werden sollte[126], sieht Leibniz das *Collegium* als eine Art "Werckhaus vor Gelehrte", oder anders ausgedrückt, als territoriales Wissenschaftszentrum mit überterritorialer Wirkung. Indem es ausreichend Arbeitsplätze und beste Arbeitsbedingungen böte, werde es die "ingenia" des Landes "an sich ziehen und solche wiederumb daraus in die welt ausbreiten".[127]

Mit Rücksicht auf den offiziösen Charakter seiner Ausführungen wagt Leibniz es hier aber offensichtlich nicht, die eigentlichen Ziele, die er mit einem derartigen Projekt verbindet, ins Gespräch zu bringen. Denn, so der Gelehrte in einem Brief an den Herzog, es sei immer schwer, andere von einer Sache zu überzeugen, deren Richtigkeit und Wichtigkeit sich a priori nicht für jedermann verständlich nachweisen ließe:

> "je n'espere pas de persvader aisément à d'autres plus puissans qve moy de faire des fondations pour des choses qve la grandeur des effects et la subtilité des causes fait paroistre chimeriques, d'autant qve les demonstrations à posteriori par des essais ne se peuuent pas encor donner, et les demonstrations à priori, qvelqves necessaires qu' elles soyent sont trop methaphysiqves pour toucher les hommes".[128]

Ungleich offener spricht er über sein Vorhaben in den zahlreichen Schreiben, die er an den Herzog persönlich richtete[129]; "l'appuy et la protection effective de V.A.S.", so hoffte er, "aura une tout autre force pour disposer les hommes à en avoir bonne opinion".[130]

Leibniz' Briefe an Johann Friedrich von Braunschweig-Lüneburg aus der Zeit vom Februar bis Oktober 1679, in der er sich auffallend intensiv um die Verwirklichung seines großangelegten Projekts zur Wissenschaftsorganisation bemühte, aus der im übrigen ja auch seine wichtigsten einschlägigen Schriften, die *Semestria Literaria*, das *Consilium H.* sowie die *Consultatio* stammen, dienen dem Leser unserer Tage quasi als Zusammenfassung dieser vorwiegend lateinisch, äußerst differenziert abgefaßten Abhandlungen; sie sind darüber hinaus gleichsam ein Schlüssel zu deren besseren Verständnis.

Doch erst die Verbindung dieser Pläne mit jenen für den Harzbergbau verleiht den allzu theoretischen, mitunter utopisch anmutenden Überlegungen des Philosophen eine realitätsbezogene Komponente; erst jetzt erscheinen sie realisierbar.

1.3.2 Die Sozietätspläne im Zusammenhang mit Vorschlägen zu technischen Neuerungen im Harzbergbau

Schon bald nach seiner Ankunft in Hannover hat Leibniz begonnen, sich intensiv mit den Problemen des Harzbergbaus, einer für das Herzogtum wichtigen Einnahmequelle, auseinanderzusetzen und technische Möglichkeiten zur rationelleren und besseren Förderung des Erzes zu finden. Die trockenen Sommer einiger Jahre hatten den Bergbau im Harz nahezu zum Erliegen gebracht. Die wasserbetriebenen Pumpen und Treibkünste, die die Gruben vom Grundwasser befreien und das Erz fördern sollten, konnten wegen der extremen Trockenheit nicht mehr in Gang gehalten werden. Unabhängig von dem jeweiligen Wasservorkommen sollte die von Leibniz schließlich entwickelte Windkunst, allein durch die Kraft des Windes betrieben, die Gruben "zu Sumpfe halten".[131]

Von ersten Erfolgen kann der Gelehrte in der obengenannten Denkschrift *De Republica* berichten. Es sei "ein mittel vorhanden dadurch auffm Harz ein continuirlicher bach tagwaßer zu haben, und das grundwaßer immediatè in einem zug heraus zu heben". Sollte sich seine Erfindung bewähren, wünscht Leibniz "die direction und verlag der Künste als ein Erblehen".[132]

Mit Rücksicht auf sein Projekt für eine Universalsprache schlägt er wenig später vor, aus den Erträgen der von ihm entwickelten neuen Förderungstechniken, respektive der Windkunst, die finanziellen Grundlagen für eine gelehrte Gesellschaft zu schaffen. Der Harz sei ein "trésor inépuisable", "une source d'une infinité d'experiences et belles curiosités" und böte daher nicht nur ideale Voraussetzungen, "la curiosité avec l'usage" zu verbinden, sondern mehr noch, "c'est le fondement sur le qvel V.A.S. peut bastir un jour le beau dessein, qu'elle a formé d'une Assemblée pour l'avancement des sciences, qvi par ce moyen pourra estre rendue perpetuelle, et passer jusqu' à la posterité".[133]

In zwei großangelegten Briefkonzepten[134] erläutert Leibniz dem Herzog seine Pläne zur Organisation der Wissenschaft in verkürzter und vereinfachter Form und bittet eindringlich um dessen Unterstützung.

Er habe, so der Gelehrte in seinem Schreiben vom Februar 1679[135], endlich das geeignete Mittel gefunden, womit ein wirklicher, d.h. ein dem Staat und den Menschen gleichermaßen nützlicher Fortschritt in den Wissenschaften zu erreichen wäre. Ohne großen Aufwand, weder an Zeit noch in finanzieller Hinsicht, werde man unter dem Protektorat des Herzogs mehr bewirken können als alle ausländischen Akademien jemals zu leisten im Stande sein werden; zumal man sich dort oft an nichtigen und überflüssigen Untersuchungen erfreue und darüber hinaus die Existenz zu vieler gelehrter Gesellschaften immer wieder Streitigkeiten heraufbeschwöre, die einer kontinuierlichen Weiterentwicklung der Wissenschaften im Wege stünden. Das einzige, was man gleichwohl benötige, um den großen Erfolg zu erzielen, den er, Leibniz, voraussage, sei eine gewisse Anzahl von Personen "d'execution et d'experience, plus tost qve de science et d'étude".[136]

Seine "Entdeckung", die diesen Erfolg garantiere, sei die allgemeine Kunst des Erfindens, "l'art d'inventer", "dont les regles ne se trouuent nulle part".[137] Um diese spezifische Methode, die es ermögliche, vom Einzelfall auf das Allgemeine zu schließen, anderen zu vermitteln und zur Anwendung zu bringen, habe er wiederum einen Weg gefunden. "Et ce moyen est le projet qve j'ay d'une langue ou écriture nouvelle, qvi se pourroit apprendre en une semaine ou deux..."[138], deren großer Vorteil vor allem darin läge, daß sich damit alle für die Lösung wissenschaftlicher Probleme notwendigen Gedankenvorgänge "par une espece de calcul infaillible"[139] darstellen und sich die jeweiligen Ergebnisse nach dem Muster algebraischer Reihen überprüfen bzw. beweisen ließen.[140] Dadurch würden nicht nur wissenschaftliche Fragen geklärt, die noch unlösbar schienen, es eröffneten sich zudem immer wieder neue Forschungsperspektiven. Kurz: "le dictionaire de cette langve seroit comme un inventaire dans ce grand magazin confus, d'une infinité de belles sciences qvi sont déja acqvises, mais dont les hommes ne sçauent pas se servir, ny en tirer toutes les conseqvences qvi sont déja en leur pouvoir".[141]

Für eine kontinuierliche Fortentwicklung der Wissenschaften sei die *characteristica* die wichtigste Entdeckung überhaupt.[142] Weder die Londoner *Royal Society* noch die *Académie des Sciences* in Paris werden jemals an sie heranreichen können. Denn die Erfindung einer künstlichen Sprache des Denkens "est aussi universelle qve la raison, à qvi elle prepare un organe ou instrument aussi puissant qve le microscope l'est pour les yeux"; "cette écriture feroit entrer dans les idees des choses".[143]

Darüber hinaus werde sie der Wissenschaft das Geheimnisvolle nehmen und sie "populaire" und "familier" machen. Vor allem aber wird sie im Gegensatz zu den modernen Sprachen keinen zeitbedingten Veränderungen unterworfen sein, es müßten allenfalls Ergänzungen vorgenommen werden "à mésure qve la nature sera approfondi".[144] Ihre grundsätzliche Struktur, "sa grammaire", würde sich dadurch aber niemals ändern. So gesehen werde jene gelehrte Sozietät, mit deren Hilfe die *characteristica* eines Tages verwirklicht werden kann, sogar noch bedeutender sein als die beiden führenden Sprachgesellschaften in Europa, die *Accademia della Crusca* und die *Académie française*, "autant qve cette langve surpasseroit si non en agrémes, au moins en utilité toutes les vulgaires".[145]

Nicht zuletzt habe die Universalsprache den Vorteil, daß sie von Gelehrten geschaffen werden könne, die unabhängig von einander arbeiten könnten und nicht notwendigerweise Kenntnis von dem eigentlichen Ziel ihrer Bemühungen haben müßten:

"Ce ne sera qu' une Encyclopedie des connoissances humaines assez ordinaires, rangées par ordre, svivant une certaine methode uniforme: et cette Encyclopedie estant faite ainsi, il sera aisé d'en fabriqver incontinent cette langve".[146]

Gleichwohl die *characteristica* zugegebenermaßen leichter zu erlernen als zu entwickeln sein werde, sei es durchaus realistisch, wenn man für die Schaffung ihrer Grundlagen und die Durchführung erster Erprobungen nur drei bis vier Jahre veranschlage.[147] Er selbst, so der Philosoph, sei allerdings noch nicht in der Lage, a priori eine abgeschlossene Abhandlung über ihre Entwicklung vorzulegen; dies halte er auch für wenig sinnvoll, da, "par ce qve les parties y sont trop liées ensemble pour les achever séparément", ein Muster der *characteristica* nicht vorgelegt werden könne.[148]

So sehe er den einzigen gangbaren Weg, um die Richtigkeit seiner bahnbrechenden Idee zu beweisen, in ihrer Realisierung mit Hilfe einer wissenschaftlichen Gesellschaft.[149)] Er selbst habe freilich nicht die nötigen Mittel, um ein derartiges Unternehmen zu finanzieren. Doch der Herzog werde in Anbetracht des großen Nutzens, den das vorgeschlagene Projekt nicht zuletzt auch für sein eigenes Ansehen und das seines Herzogtums mit sich brächte, seine Unterstützung nicht versagen.[150)]

Nachdem ihm, so Leibniz, seine Entwürfe zur besseren und rationelleren Ausbeute der Harzbergwerke wieder in den Sinn gekommen seien, "car le temps estoit favorable pour la pousser, V.A.S. y trouuoit du goust, l'utilité estoit grande et visible; et je voyois moyen d'en tirer un profit annuel tres grand"[151)], wolle er den Herzog noch einmal um ein Privileg auf die von ihm entwickelte Windkunst zur Förderung des Grubenwassers bitten.[152)] Sollte sich dieses Modell im Laufe der festgesetzten Erprobungszeit bewähren, dann könnte in Zukunft ein Teil des zu erwartenden Gewinns der projektierten Sozietät zugute kommen.[153)]

Um aber zu verhindern, daß seine Idee für eine universelle Sprache und Enzyklopädie, wenn sie nicht zu seinen Lebzeiten verwirklicht werde, mit seinem Tod in Vergessenheit gerate, "car si je venois mourir dans ces entrefaites, je ne scay pas combien de siecles pourroient écouler avant qve qvelcun reprist ce dessein"[154)], möge der Herzog, der einem Privileg "ad vitam" grundsätzlich schon zugestimmt habe, dies noch einmal überdenken und durch die Erteilung eines "privilege perpetuel" dafür sorgen, daß ein bestimmter gleichbleibender Betrag[155)] auch nach seinem, Leibniz' Ableben der gelehrten Sozietät ausgezahlt werde.

"Il est vray qve V.A.S. n'avoit parlé qve d'un privilege ad vitam, mais je ne doutois point d'obtenir de V.A.S. qu'il fût perpetuel, en luy monstrant qve je le souhaitois en consideration d'une telle fondation qvi luy seroit sans doute si agreable et si glorieuse même chez la posterité et ne coûteroit qu' un mot."[156)]

Obwohl Herzog Johann Friedrich dem Erfinder Leibniz schon bald die Erlaubnis erteilte, die von ihm entwickelten windgetriebenen Pumpen zur Beseitigung des Grubenwassers in den Harzer Bergwerken zum Einsatz zu bringen[157)], führten offene und geheime Widerstände am hannoverschen Hof, vor allem aber im zuständigen Bergamt, zu erheblichen Verzögerungen der Angelegenheit.[158)] Auf einen positiven Bescheid des Herzogs hinsichtlich eines immerwährenden Privilegs wartete der Gelehrte zudem vergeblich.

In zwei Briefen vom April 1679[159)] erinnert er daher noch einmal nachdrücklich an sein Gesuch.

Fast schon resignativ klingt es dagegen, wenn er seinem Dienstherren wenig später, im August, folgendes mitteilt: Da dieser dem gewünschten Privileg offensichtlich nicht vor der Übereinkunft der Gewerken[160)] zustimmen wolle, werde er, Leibniz, die verbleibende Zeit dazu benutzen, Personen zu finden, die bereit seien, ihn bei der Verwirklichung seines Planes für eine *characteristica* zu unterstützen.

Diese Bemerkung mag als Hinweis auf Leibniz' Aktivitäten zur Abfassung und Verbreitung der *Consultatio* verstanden und in Verbindung mit seiner Absicht gebracht werden, über den brandenburgischen Arzt Elsholz Mitglieder für das besagte Projekt zu werben.[161]

Einen letzten Vorstoß wagt Leibniz schließlich im Herbst 1679[162], offenbar nachdem er erfahren hatte, daß Herzog Johann Friedrich eine schon seit einiger Zeit geplante längere Reise[163] im Begriff war anzutreten. Nachdrücklich weist er den zum Katholizismus konvertierten Herzog auf die unschätzbaren Dienste hin, die eine Universalsprache bei dem Bemühen, Ungläubige zum Christentum zu bekehren, leisten könne.[164]

Nachdem er sich der Mathematik nicht um ihrer selbst willen gewidmet habe, so Leibniz in diesem Schreiben, sondern "pour les faire servir à l'avancement de la pieté"[165], sei die Krönung seiner Studien eben jene Idee für eine neue Sprache, die alle Gedankengänge als mathematische Rechenvorgänge darzustellen vermöge, also die *characteristica*. Wenn man sie erst einmal bei den Missionaren eingeführt habe, würde sie sich in Windeseile in der ganzen Welt ausbreiten und dort, wo sie sich etabliert hätte, regierten Glaube, Frömmigkeit und die Vernunft gleichermaßen. Denn diese Sprache lasse es nicht zu, von der Wahrheit abzuweichen, die Dinge so zu drehen, wie es beliebe: "la vérité seul y forme les regles de la langue même".[166] Daher sähe er kein besseres Mittel, das man etwa der *Congregatio de propaganda fide* zur Erleichterung ihres missionarischen Wirkens vorschlagen könne:

> "le missionaires qvi auront trouué moyen, sous pretexte de commerce, d'enseigner cette langve aux peuples, trouueront par là la religion chrestienne (qvi est souuerainement raisonable) à demy establie".[167]

Mit dem Hinweis auf die christlich-religiöse Komponente seiner Pläne zur Wissenschaftsorganisation hatte der Gelehrte schon ein Jahr zuvor versucht, die Unterstützung Johann Friedrichs von Braunschweig-Lüneburg zu erlangen.

1.3.3 Leibniz' Versuch, eine oberste Kulturinstanz zu schaffen

Im Dezember 1678 bat Leibniz den Herzog, ihm das Aufsichtsrecht über die ehemaligen Klostergüter zu übertragen.

> "Car je suis persvadé qve les biens Ecclesiastiqves qve les ancétres de V.A.S. ont réunis à leur domaine peuuent encor estre employés à des causes pieuses, non pas comme le vulgaire l'entend, mais d'une maniere qvi n'est pas moins conforme à la gloire de Dieu, et à la charité, qv'à la prudence, au bien public, et même à l'interest de l'état".[168]

Als Inspizient über sämtliche geistigen Güter und Stiftungen könnte er dafür sorgen, daß deren Erträge zur Förderung der Wissenschaften eingesetzt würden.

Nicht nur zeitlich deckt sich dieser Vorschlag mit jenen Entwürfen, die eine "Lieblingsidee" des Philosophen zum Mittelpunkt haben: die Gründung säkularisierter Akademieorden oder als mögliche Variante die Säkularisierung bereits bestehender großer Kulturklöster, etwa der Benediktiner und Bernhardiner, zu christlichen Gemeinschaften, die sich dem Ziel einer auf einer Universalsprache basierenden Vervollkommnung des Menschen widmen.[169]

Sollte der Herzog seinem Wunsch entsprechen, so hoffte Leibniz, aufgrund seiner künftigen Position als "Closteraufseher" auch Einfluß auf die Landesuniversität Helmstedt, auf Professoren, Studenten und Gelehrte nehmen zu können, denn von diesem Amt hingen nicht zuletzt die Gehälter des Lehrpersonals und die Stipendien ab. Darüber hinaus könne er sich dafür einsetzen, daß der wissenschaftliche Nachwuchs durch die Aussetzung von Preisen und anderen Ehrbezeichnungen zu Höchstleistungen angespornt werde. Wenn man auf diesem Wege die wissenschaftlichen Aktivitäten mobilisiere und kanalisiere, so ließen sich in Kürze auf allen Gebieten des Wissens neue und wichtige Ergebnisse erzielen.

> "En effect je ne voy point de meilleure voye pour obtenir des preparatifs necessaires au grand dessein de cette langve ou caracteristiqve surprenante ... qvoyqve ceux qvi aideront à en faire des preparatifs ne s'en apperceuront pas.[170]

Überaus deutlich zeigt sich auch hier wieder, daß unabhängig von dem jeweiligen Weg, den Leibniz wählt, um seine spezifischen Wünsche zur Förderung des wissenschaftlich-kulturellen Lebens durchzusetzen, und unabhängig von Zeit und Ort sein Grundanliegen immer dasselbe bleibt: Sammlung, Bewahrung, Erweiterung und Nutzbarmachung des menschlichen Wissens unter Anwendung eines unvergleichlichen Hilfsmittels der allgemeinen wissenschaftlichen Methode, der *characteristica unversalis*.

Wie schon in seinen Mainzer Entwürfen[171] ist dem Gelehrten daran gelegen, auch das Universitätswesen, das per se den diametralen Gegensatz zu seiner eigenen Wissenschaftskonzeption darstellte, in seine Pläne einzubinden. Nur auf diese Weise ließe sich der rigide Hochschulbetrieb seines Jahrhunderts, jedenfalls langfristig gesehen, regenerieren und den Anforderungen der modernen Wissenschaft anpassen.

Nachdem das Bibliothekswesen, dessen Leitung ihm ja bereits übertragen war, die Pflege der Wissenschaften und Künste im allgemeinen sowie das Universitätswesen und andere christliche Stiftungen aufs engste miteinander verbunden seien "et doiuent aller à une même fin, qvi est la gloire de Dieu et l'avancement du bien public par des trauaux utiles et par des belles découuertes", wäre es nur sinnvoll, alles in eine, d.h. seine Hand zu geben.[172]

So darf also Leibniz' Idee, Akademieorden zu gründen bzw. bestehende oder in protestantischen Ländern ehemalige Klosterstiftungen und Kirchenpfründe zu

Zwecken wissenschaftlicher Zusammenarbeit einzusetzen, die besonders akzentuiert in den beiden Entwürfen von 1678 ihren Niederschlag fand, durchaus in Zusammenhang gebracht werden mit dem konkreten Bemühen des hannoverschen Hofrates, die Stelle eines Inspizienten über sämtliche geistlichen Güter und Stiftungen zu erlangen und mit Hilfe dieses Amtes Einfluß auf das landeseigene Bildungs- und Unterrichtswesen, respektive auf die Universität Helmstedt zu gewinnen.[173]

Auffällig oft erinnert Leibniz den Herzog daran, daß dieser selbst "ces beaux desseins" angeregt habe.[174] Man mag diese und ähnliche Bemerkungen nicht ohne Grund als taktisch kluge Schmeichelei des Philosophen gegenüber seinem fürstlichen Dienstherren abtun, auf dessen Wohlwollen und Unterstützung er angewiesen war. Jedenfalls beweist Leibniz' Korrespondenz mit einflußreichen Vertretern des Adels immer wieder, wie gut sich der Gelehrte auf das höfische Antichambrieren verstand.

Andererseits offenbaren derartige Äußerungen aber auch, daß Johann Friedrich wenn nicht Urheber, doch zumindest Mitwisser und Leibniz' Plänen wohl auch grundsätzlich zugetan war, ja mehr noch, daß diese in der Tat Gegenstand ihrer Unterhaltungen gewesen sein müssen. Und dennoch blieb bei Leibniz offensichtlich ein Rest Unsicherheit, was die "Ernsthaftigkeit" des Herzogs in dieser Angelegenheit betraf. Warum sonst hätte er die höflich-verbrämte Frage gestellt, ob sich jener "puisqu'elle a tant d'autres soins plus pressans", seine Ausführungen zur Organisation der Wissenschaft vielleicht nur "par maniere de divertissement" angehört habe.[175]

So dürfte Stammlers Skepsis also durchaus berechtigt sein, wenn er ein ernsthaftes Interesse Johann Friedrichs an Leibniz' vielfältigen Plänen grundsätzlich in Zweifel zieht.[176] Ein früher Brief desselben an den noch in Paris weilenden Gelehrten stützt die Vermutung des Leibniz-Biographen. Am 15. (25.) April 1673 schreibt der Herzog: "Gleichwie Wir nun von Verstandigen und Gelehrten Leuthen und also unter denselben auch von Ewerer Persohn iederzeit sonderbahre estime gemacht und noch diese stunde bey Unseren obhabenden vielfältigen und fast schweren Regierungs=Geschäfften aus der mit denenselben iezuweilen pflegenden anmuthigen conversation und correspondence große ergetzlichkeit empfinden, Also würde Uns soviel mehr zu gnädigster und danknehmiger Gefalligkeit gereichen, wann wir Ewrer näheren conversation und gar Persohnlichen Gegenwart an diesem orthe genießen und aus ein und anderen vorkommenden curiosen dingen Uns mit Euch mündlich besprechen und divertieren mögten."[177]

Tatsächlich hoffte Leibniz denn auch vergeblich darauf, mit der Realisierung seiner Pläne für eine *characteristica* noch während der Regierungszeit Johann Friedrichs beginnen zu können. Man hat ihm weder die Verwaltung ehemaliger Klostergüter übertragen, mittels derer er entscheidenden Einfluß auf das Kulturleben im Herzogtum hätte gewinnen können. Noch brachte der mit dem Bergamt zu

Clausthal vereinbarte, von Johann Friedrich am 25.10.1679 ratifizierte Vertrag, mit dem sich der Erfinder Leibniz verpflichtete, seine Windkunst ein Jahr lang auf eigene Kosten zu erproben, den gewünschten Erfolg.[178] Technische Schwierigkeiten, schlechtes Wetter und Gegner im Bergamt führten dazu, daß sich die Durchführung über Jahre hinzog, bis der Bruder und Nachfolger Johann Friedrichs, Herzog (später Kurfürst) Ernst August von Hannover schließlich nach sechs Jahren, am 14.4.1685, den Abbruch der Versuche anordnete.[179]

Ob sich allerdings Leibniz' Scheitern bei der Durchsetzung seiner Pläne zur Wissenschaftsorganisation ausschließlich mit seinem Mißerfolg in den Harzer Bergwerken erklären läßt, bleibt fraglich. Sicherlich war damit die leidige Finanzierungsfrage verbunden. Ungeachtet dessen hätte schon Johann Friedrich durchaus Möglichkeiten finden können, seinerseits die Gründung einer gelehrten Gesellschaft zu forcieren, wenn ihm ebenso daran gelegen gewesen wäre wie seinem persönlichen Berater Leibniz. Vielleicht aber hat tatsächlich nur sein unerwarteter Tod am 28. Dezember 1679 die Verwirklichung dieser großartigen Pläne vereitelt.

1.3.4 Gedanken zur Organisation der Wissenschaft in Verbindung mit Vorschlägen zur Verbesserung des Bibliotheks- und Archivwesens im Herzogtum Braunschweig-Lüneburg (Kurfürstentum Hannover)

Leibniz setzte nun alle seine Hoffnungen auf den Nachfolger Johann Friedrichs, den vormaligen protestantischen Fürstbischof von Osnabrück. Doch schon bald sollte der Gelehrte erfahren, daß dieser weder die Feinsinnigkeit noch die Interessenvielfalt seines Bruders besaß. Ernst August brachte auch nicht dessen Verständnis für Künste und Wissenschaften auf.[180] Ein Jahr nach dem Amtswechsel schreibt Leibniz an seinen Freund, den Mathematiker E.W. von Tschirnhaus: "Nach absterben Herrn Herzog Johann Fridrichs Hochseel. andenckens bin ich zwar in meinen officiis conservirt worden, aber man hat nicht mehr die vorige curiosität ..."[181] Der neue Herzog verfolgte ausschließlich konkrete landespolitische bzw. dynastische Ziele und zeigte wenig Sinn für großangelegte gesellschafts- oder kulturpolitische Projekte. Zwangsläufig blieb dies nicht ohne Einfluß auf die allgemeine Stimmung am hannoverschen Hof. Nicht von ungefähr klagt der Gelehrte seinem schottischen Briefpartner Thomas Burnett of Kemney, daß man "vielmehr in diesem Lande für keinen guten Hofmann (gilt), wenn man über wissenschaftliche Themen spricht". Man fände kaum jemanden, mit dem man gelehrte Gespräche führen könne. Ein Leben am Hofe und gelehrte Gespräche schlössen im Grunde genommen einander aus, und wenn es nicht die Kurfürstin Sophie gäbe, würde noch weniger davon die Rede sein.[182]

Doch das herzliche, fast freundschaftliche Verhältnis zu Sophie, "der klügsten der weiblichen Zeitgenossen", deren "genie elevé" er aufrichtig bewunderte, konnte das fehlende Vertrauensverhältnis zum Herzog nicht ersetzen.[183] Im Absolutismus entschieden nicht zuletzt die Nähe zum Fürsten über die Zugehörigkeit und den Platz innerhalb der Hofgesellschaft. Mit dem Amtsantritt Ernst Augusts hat Leibniz seine unter Johann Friedrich gewonnene herausragende Stellung am hannoverschen Hof ganz offensichtlich eingebüßt.[184]

Ungeachtet dessen zeigte sich der Gelehrte in den ersten beiden Jahren nach dem Regierungswechsel noch unbeirrt in seinem Schaffensdrang und suchte mit allerhand finanziell aussichtsreichen Projekten die Gunst des neuen Herrn zu gewinnen. Immerhin vierzig Promemoria entsprangen seiner Feder, wobei jene Eingaben, die sich im weitesten Sinne mit der Organisation des wissenschaftlichen und kulturellen Lebens im Herzogtum befassen, ihrem Inhalt nach den entsprechenden Denkschriften und Briefen für Johann Friedrich gleichen. Allerdings sind sie, ähnlich den Mainzer Plänen aus den frühen 70er Jahren, etwa dem *Grundriß*, wieder umfassender konzipiert, indem sie Wege aufzeigen, wie sich alle entscheidenden Komponenten eines Staates, Regierung, Wirtschaft, Erziehung, Wissenschaft und Bildung verbessern und kombinieren ließen. Mit Rücksicht auf das spezifisch nüchtern-kalkulierende Interesse des neuen Herzogs beschränkt sich der Gelehrte dabei zunehmend auf konkrete, pragmatisch angelegte Vorschläge, die in ihrer Gesamtheit gleichwohl zu einer Förderung des wissenschaftlich-kulturellen Niveaus im Herzogtum Braunschweig-Lüneburg beitragen sollten. Einen Plan für eine gelehrte Sozietät, wie er ihn Johann Friedrich mit unerschütterlichem Enthusiasmus, in immer neuen Variationen vorgetragen hat, erwähnt Leibniz nun jedoch nicht mehr.

Neben einer Reihe von Empfehlungen, Handel und Manufakturen betreffend[185], einer Vielzahl von Schriften und Briefen, meist Rechtfertigungsschreiben, die das bislang wenig erfolgreiche Unternehmen im Harz zum Inhalt haben und nichtsdestotrotz den Herzog dazu bewegen sollen, die Vereinbarungen seines Vorgängers zu bestätigen[186], und schließlich diversen Schreiben, vorwiegend an Ernst August persönlich gerichtet[187], mitunter auch an hochgestellte Hofbeamte, wie von Platen, Ludolf Hugo oder Otto Grote, mit welchen Leibniz "in nicht immer würdiger Weise"[188] versucht, die Aufmerksamkeit auf sich zu lenken und sich seine Stellung am hannoverschen Hof zu sichern, geben vornehmlich zwei Promemoria[189] Aufschluß über das kulturelle Programm des Philosophen für Hannover. Dieses ist, wie oben bereits bemerkt wurde, wesentlich pragmatischer und beinhaltet keine Akademiepläne im eigentlichen Sinne. Eines fällt jedoch sogleich ins Auge. Obwohl die entsprechenden Anregungen im Grunde Wiederholungen alter Anträge sind, unterscheiden sie sich allemal in der Art, wie sie nun vorgetragen, vor allem aber, wie sie begründet werden, und nicht zuletzt dadurch, daß Leibniz immer wieder auf mögliche finanzielle Vorteile hinweist.

Schon bald nach dem Amtswechsel in Hannover brachte Leibniz im Januar 1680 seine Gedanken in Form einer Denkschrift zu Papier, die vermutlich für den neuen Ersten Minister Franz Ernst von Platen bestimmt war.[190] Zusammen mit dem an die Adresse Ernst Augusts gerichteten Memorandum vom Mai desselben Jahres, das sich inhaltlich kaum von dem für von Platen unterscheidet, lediglich andere Akzente setzt[191], entwickelt sie eine Konzeption, die die notwendige Bestandserweiterung der herzoglichen Bibliothek zum Ausgangspunkt hat.

In seiner Eigenschaft als Hofbibliothekar schlägt der Gelehrte zunächst vor, man möge die von Herzog Friedrich "nur umb seiner satisfaction willen" angelegte Bibliothek weiter ausbauen, zumal weder in Celle noch in Hannover und Osnabrück eine fürstliche Bibliothek bestünde.[192] Da man für den verstorbenen Vorgänger Ernst Augusts fast ausschließlich historische Werke angeschafft habe, eine gute Büchersammlung aber "von allen Materien die Kern = Bücher" besitzen sollte[193], hätte man sich besonders um Manuskripte zu bemühen; sie stellten die wahren Raritäten dar. Darüber hinaus seien die "Scriptores rerum Germanicarum" einschließlich der Werke über Öffentliches Recht im weitesten Sinne bevorzugt zu erwerben.

Nehmen wir den von Leibniz im November 1680 für Ernst August angefertigten Plan zu Einrichtung einer Bibliothek und das offensichtlich gleichzeitig entstandene, in den entscheidenden Partien fast wörtlich übereinstimmende Schreiben an denselben zuhilfe[194], so drängt sich die Vermutung auf, daß es Leibniz möglicherweise nicht nur darum ging, in Hannover eine Parallele zur berühmten Wolfenbütteler Herzog-August Bibliothek zu begründen.[195] Vielmehr könnte es seine Absicht gewesen sein, den sachbezogen und nüchtern denkenden Herzog am praktischen Beispiel der real existierenden Bibliothek seines Vorgängers vom Nutzen eines Projekts zu überzeugen, dessen Wert hinsichtlich der Fortentwicklung der Wissenschaft er selbst unschätzbar hoch einstufte, nämlich der Schaffung einer Universalenzyklopädie; zu diesem frühen Zeitpunkt sicher noch hoffend, jener möge daran Gefallen finden und es unterstützen.

Eine Bibliothek müsse, so Leibniz, ein "inventaire general" sein, "un soulagement de la memoire, un Archif imprimé un raccourci des plus belles pensées des plus grand hommes, un détail des moindres replis de toutes les sciences, arts et exercises ..." Daher sei es sein Ziel, "dans l'amas d'une Bibliotheque ... de donner une encyclopedie, ou science universelle enfermée en trois ou quatre chambres, dans laquelle on peut tout avoir qui fut d'usage".[196]

Doch der Bruder Johann Friedrichs war nicht einmal am Ausbau seiner Bibliothek interessiert[197], wie konnte Leibniz also erwarten, ihn auf diesem Wege mit dem Gedanken für ein so groß angelegtes und zukunftsorientiertes Unternehmen zur Wissenschaftsorganisation vertraut zu machen. In der Tat unternimmt er in den noch folgenden Briefen und Schriften auch keinen Versuch mehr, dem Herzog dieses Anliegen, auf welche Art auch immer, nahezubringen.

Ebenso ungehört wie die Aufforderung zur Erweiterung der herzoglichen Bibliothek verhallte seine Empfehlung zum Ankauf einer "in vielen voluminibus" gebundenen Sammlung von "viel tausend auserlesenen Estampes und crayons", die wiederum den Enzyklopädiegedanken des Gelehrten verrät. Sollte diese Sammlung doch eben jene Funktion erfüllen, die Leibniz in seinen einschlägigen Abhandlungen dem als Anhang zur Universalenzyklopädie anzufertigenden "Atlas Universalis" zugedacht hatte.[198)] Gleichsam als "lebendige Bibliothec", die den menschlichen Wissensstoff, die unterschiedlichsten Materien aufs Eindruckvollste darböte, würde sie Interesse wecken, sei sie besonders gut geeignet, "junge Herrn (zu) instruire(n)".[199)]

Mit dem Hinweis, daß derartige Anschaffungen nicht nur ihren Zweck erfüllten, sondern vor allem auch dem Ansehen des Fürsten, der sie tätige, zugute kämen, schlägt Leibniz zudem vor, der nach seinen Wünschen erweiterten Bibliothek eine Kunstkammer anzugliedern. Nicht zuletzt im Hinblick auf den Harz, der "an sich selbst nichts anderes ist als ein wunderbarer Schauplatz, alda die Natur mit der Kunst gleichsam streitet", sei eine solche Einrichtung von Nutzen. Denn, so läßt er von Platen sogleich wissen, damit sei zugleich gewährleistet, daß so manche "Mechanische oder Chymische invention" bekannt und in Einsatz gebracht werden könnte, die den Harzbergbau rentabler machte, "vielleicht zehn oder zwölff tausend Thaler jährlich Renten" brächte[200)]

In Verbindung mit dem Auf- und Ausbau einer Kunstkammer müsse man natürlich auch daran denken, ein Laboratorium zu installieren. Dabei sei allerdings weniger darauf zu achten, "große vermeinte Chymicos und Arcanisten" als vielmehr solide Laboranten zu verpflichten, "so da wißen was erfahrene Apotheker, schmelzer und probirer zu wißen pflegen, durch welche weit mehr auszurichten, als durch diejenigen so allezeit mit großen dingen umbgehen, und nie etwas fruchtbares hervorbringen".[201)]

Die von Leibniz vorgeschlagene Kunstkammer war, das lassen die wenigen Bemerkungen bereits erkennen, ähnlich der in der *Drôle de Pensée* beschriebenen *Académie des resprésentations*[202)] im weitesten Sinne als ein Museum gedacht, das alle Arten von Maschinen, zumindest aber deren Modelle, sowie andere nützliche Erfindungen und Entdeckungen der Öffentlichkeit zugänglich machen sollte. Wie in der zu Paris verfertigten Schrift, zu der er, wie er eingangs ausdrücklich betont, durch die beeindruckende Demonstration einer technischen Neuheit animiert worden war, und die überaus anschaulich das rege und effiziente Zusammenspiel von Wissenschaft, Technik und Wirtschaft in der französischen Metropole spiegelt, sieht Leibniz den vornehmsten Zweck einer derartigen Einrichtung in ihrer inspirierenden Wirkung. So sollte auch die für Hannover in Aussicht genommene Kunstkammer in erster Linie die Erfindungsfreudigkeit der Menschen anregen, diese aber auch lenken und kontrollieren.[203)]

Denn nicht alle Erfindungen dienten dem Wohle der Allgemeinheit, viele seien zudem überflüssig. Daher will Leibniz der Kunstkammer zugleich die Funktion eines Patentamtes zugewiesen wissen; in dieser Eigenschaft hätte sie alle Erfindungen auf ihre Verwertbarkeit zu prüfen, sie dann zu registrieren und so jederzeit abrufbar zu machen.

> "Damit man sich nun aller dieser Leute (...), mit Nutzen gebrauchen könne, so were nüzlich, daß man nicht allein deren eine Liste hätte, sondern auch, daß sie an die Fürstl. Kunstkammer und Bibliothec auf

gewiße maße und also gewiesen weren, daß sie auff des directoris erfordern erscheinen, ihm alle nachrichtungen sowohl schrifft- als mündtlich zu geben, auch abriße und modelle ihrer Concepten und unterhanden habenden dingen, in die Fürstl. Bibliothec und Kunstkammer einzuschicken hätten ..."[204]

Letztlich sollten die Vertreter aller Berufsrichtungen, die wichtige und nützliche Beobachtungen machen könnten, seien es Handwerker, Beamte oder Künstler, der Informationspflicht gegenüber der fürstlichen Kunstkammer unterliegen, jedoch ohne, daß man sie dafür extra entlohne, "damit deswegen der fürstl. Kammer nichts à part angerechnet werde".[205]

In den Kontext dieser Überlegungen reiht sich schließlich auch Leibniz' Vorschlag für eine Topographie des Landes, den er dem Herzog in einem Brief vom Frühjahr 1680 unterbreitet[206], eine Idee, die erst Jahre später in Verbindung mit seinen Plänen für eine wirtschaftliche und kulturelle Erschließung Rußlands an Bedeutung gewinnt.[207] Nur wenn ein Souverän sein Land und dessen Schätze kenne, so der Gelehrte ganz im Sinne des Merkantilismus Becherscher Prägung, könne er die richtigen Entscheidungen treffen, "car la connoissance du pays et par conseqvent de ses propres forces est la base de toutes les deliberations".[208]

Mehr Gewicht legte Leibniz in den einschlägigen Schriften und Briefen, die er an Ernst August richtete, gleichwohl auf jene Themen, die mit seinem eigenen Aufgabenbereich in Zusammenhang gebracht werden konnten.

In seiner Eigenschaft als Bibliothekar könnte er, so der Gelehrte in seinem Schreiben vermutlich vom Februar 1680,[209] den Herzog nicht zuletzt auch bei der Führung der Staatsgeschäfte entlasten, indem er die jeweils notwendigen Akten und andere schriftliche Unterlagen ausfindig machte und so aufbereitete, daß "par le moyen des qvels Elle puisse avoir les choses prestes en ne faisant que de jetter les yeus dessus".[210] Zu diesem Zweck müsse ihm der Herzog jedoch den freien Zutritt zu seinem Hausarchiv ermöglichen, am besten indem er es an die Bibliothek anschlösse und die Gesamtleitung ihm, Leibniz, anvertraue. Für den Fall, daß sich Herzog Ernst August für diesen Vorschlag interessiere, kündigt der Gelehrte eine eigene Abhandlung an, die seine Pläne genauer erläutern werde. Diese könnte wiederum identisch sein mit jener Schrift, die uns vom Mai/Juni 1680 überliefert ist und den Titel *Von nüzlicher einrichtung eines Archivi* trägt.[211]

Wie schon in den entsprechenden schriftlichen Ausführungen für Johann Friedrich von Braunschweig-Lüneburg, etwa den Gedanken zur Staatsverwaltung[212], gipfeln Leibniz' Überlegungen in der Forderung, alle Archivalien im Lande an zentraler Stelle zu erfassen, zu ordnen und zu registrieren.

Für den Forscher und Historiker Leibniz muß die Aussicht, das gesamte landesgeschichtliche Quellenmaterial an die Hand zu bekommen, äußerst reizvoll gewesen sein. Darüber hinaus wäre es seiner angeschlagenen Stellung am Hofe zweifellos zugute gekommen, hätte er sich auf diese Weise doch als persönlicher politischer Berater des Herzogs hervortun können.²¹³⁾ Somit nimmt es nicht wunder, daß der Gelehrte seine schon unter Johann Friedrich vorgetragenen Archivpläne nun nach dessen Tod in fast noch drängenderer Form verfolgt und beharrlich mit seinem ganz persönlichen Wunsch verbindet, das Oberarchivat bzw. die Leitung des hierfür einzurichtenden "Registratur-Amts" zu übernehmen.²¹⁴⁾

Für diesen Fall kündigt er die Schaffung eines "Corpus Brunsvico-Luneburgicum Ernestino-Augustum", also einer großen Gesetzessammlung des Landes an. Erstmals taucht in diesem Zusammenhang auch der Gedanke zur Herausgabe einer Geschichte des fürstlichen Hauses auf, die auf der Sammlung und Durchsicht aller im Herzogtum verstreuten Archivalien basieren sollte.²¹⁵⁾

Diese Werke könnte man neben Kanzlei- und anderen behördlichen Formularen schließlich selbst in Druck bringen, wenn der Herzog eine fürstliche Druckerei bewillige, "qvi depentist de moy". Denn er, Leibniz, werde dafür Sorge tragen, daß sie sich gleichsam selbst unterhalte.²¹⁶⁾ Eine eigene Druckerei brächte für die Bibliothek allemal den unvergleichlichen Vorteil, daß auch andere bedeutende Bücher hergestellt und mit diesen im Tauschhandel wiederum andere erworben werden könnten. Wenn das System erst einmal funktioniere, seien damit schließlich Gewinne zu erzielen, die nicht nur den Unterhalt der "Fürstlichen Typographie" deckten, sondern darüber hinaus den Ankauf neuer Publikationen erlaubten. Am Ende stünde also zugleich eine bestens ausgestattete herzogliche Bibliothek "qve (...) s'entretinst elle même".²¹⁷⁾

Auch mit diesen Überlegungen steht Leibniz ganz auf dem Boden merkantilistischer Wirtschaftsauffassung. Wenn eine gesetzliche Regelung des Buchhandels zu jenem frühen Zeitpunkt nicht erwirkt werden konnte²¹⁸⁾, dann, das war wohl seine Idee, sollte es mindesten möglich sein, qua Selbstverlag sich von demselben unabhängig zu machen. Denn der inländische Buchhandel, das hatte der Protagonist des deutschen Merkantilismus J.J. Becher schon vor Leibniz, doch ganz in dessen Sinn festgestellt, befand sich aufgrund der schädlichen Konkurrenz zu vieler Verleger, deren mangelnder Sachkenntnis für gute Manuskripte sowie Überproduktion vor allem minderwertiger Publikationen und des für das allgemeine Preisniveau schädlichen Nachdrucks in desolatem Zustand.²¹⁹⁾

Leibniz' Wünsche für eine Aktivierung des kulturellen Lebens im Herzogtum Braunschweig-Lüneburg und alle damit einhergehenden Anregungen fließen letztendlich zusammen in einer Idee, die wir ebenfalls bereits kennen; 1678 hatte der Gelehrte sie dem damaligen Herzog Johann Friedrich vorgetragen, ohne sie freilich durchzusetzen.

Verbunden mit der Verwaltung aller zu Hannover gehörigen Klostergüter wollte er die Leitung der von ihm vorgeschlagenen zum Teil neuen, zum Teil erweiterten Institutionen selbst übernehmen, mithin die Lenkung des gesamten Unterrichts- und Bildungswesens in die Hand bekommen.

"Dieweilen die Kloster Intraden zu besoldung der Geistlichen, professoren und schuldiener, auch stipendien, und andern piis causis verwendet werden[220], und aber solche mit denen Studien allerdings cohaeriren, und zu deren beförderung gemeiniglich gerichtet seyn, so were an dem, ob nicht die Klostersachen so sonst unter einem Geheimen Rath ein secretarius verwaltet, dem jenigen, so die Bibliothec, Kunstkammer, Laboratorium, Typographi, censuram librorum und alles dergleichen unter seiner direction hat, zugleich anzuvertrauen, damit er allen diesen Dingen mit mehreren nachdruck vorstehen, daraus referiren und praemia studiorum cum ipsis studiis combiniren könne."[221]

Sollte der Herzog ihm dieses Amt übertragen, dann, so Leibniz, werde er zeigen, wie junge Menschen in den Dienst der Wissenschaft und damit, das sei hinzugefügt, auch den des Staates gestellt werden können, so daß der Nutzen ihrer Arbeit höher sein werde als die definitiven Kosten für ihren Unterhalt und ihre Ausbildung. Da es im Lande bereits Universitäten[222], Gymnasien und andere Schulen gäbe, seien die Anfangskosten gering, sie könnten zudem aus den Erträgen eben jener ehemaligen Klöster gezogen werden, deren Inspektion man ihm, Leibniz, auftragen möge und deren Gewinne "V.A.S. appliqve d'ailleurs aux choses pieuses".[223]

Einmal abgesehen davon, daß für Leibniz die Förderung der Wissenschaften und die angemessene Ausbildung des wissenschaftlichen Nachwuchses einen "Akt der Frömmigkeit" darstellt, der wiederum, und das ist für ihn kein Widerspruch, sondern logische Konsequenz, für den Staat als notwendiger Organisationsform der menschlichen Gesellschaft von höchstem Nutzen, gleichsam als Dienst am Staat zu verstehen ist[224], können wir aus der Art, wie er hier argumentiert, aber auch erkennen, daß der Gelehrte offenbar recht schnell gelernt hat, die Sprache seines neuen Herrn zu sprechen.

Hatte er in den einschlägigen Erörterungen und Briefen für Johann Friedrich, den zum Katholizismus konvertierten Freund wissenschaftlicher, philosophischer und religiöser Gespräche, diese seine innerste Überzeugung in den Vordergrund gestellt und selbst den Gedanken zur Gründung eigener Wissenschaftsorden nicht für zu abwegig gehalten, um ihn seinem herzoglichen Arbeitgeber mitzuteilen, so geht es dem Gelehrten nun offensichtlich nur noch darum, seinem neuen Dienstherrn, der nur gelten ließ, was das Ansehen und die Macht seines fürstlichen Hauses vergrößerte, aufzuzeigen, wie sich auch die "choses pieuses" den Bedürfnissen des absolutistischen Staates anpassen ließen. Wenn er dabei den finanziellen Aspekt besonders betont, so trägt er vor allem dem nüchtern-kalkulierenden Interesse des Herzogs Rechnung.

Ähnlich ist sicher auch jenes Projekt zu sehen, das Leibniz in einem Promemoria vom Mai 1680[225] Ernst August persönlich vorträgt. Er versucht den Herzog dafür zu gewinnen, in Göttingen eine Akademie zu stiften, die einer kurze Zeit vorher in Turin gegründeten nachempfunden sein sollte. Zu ihrem Aufgabenbereich gehörten nun weniger die angewandte Forschung, eine Forderung, die in allen Sozietätsplänen des Philosophen Priorität hat, sie hätte vielmehr die allgemeine Grundausbildung des adeligen Nachwuchses zu übernehmen und sich in erster Linie um gute, nicht nur deutsche Sprachübungen zu kümmern.

> "Ich habe dem hochsel. Herrn gegeben eine beschreibung der neü aufgerichteten fürstl. Academi zu Turin, welche eine große anzahl noblesse auch aus weit entlegenen orthen an sich ziehet. Wenn dergleichen etwas an hiesigen Hofe angelegt würde, würde es großen nuzen bringen. (...) Die teütsche Noblesse sowohl aus E. Durchl als auß benachbarten landen würde sich dabey häuffig einfinden, nicht nur mit großen nuzen der stadt, sondern auch des Landes, dem dadurch die sprachen, exercitien und anders leicht alhier zu lernen und man sich nicht damit in Franckreich und Italien unnützlich aufzuhalten hat, sondern auch hernach bey reisen wegen bereits erlernter sprachen die zeit beßer in solchen orthen zu nüzlicher conversation anwenden kan."[226]

Der "vorige Herr", schreibt Leibniz, hätte zwar bereits seine Zustimmung zur "execution dieses vorschlags" gegeben, "aniezo aber kan er füglich in praxin kommen".[227]

Mit der wie oben beschriebenen Akademie skizziert Leibniz freilich keine Gelehrtensozietät, wie wir sie aus seinen bisherigen Entwürfen kennen, entspricht sie doch nicht im mindesten den Anforderungen, die er an eine wissenschaftliche Gesellschaft stellt.[228] Wir sehen hier vielmehr das Konzept einer Ritterakademie, wie sie im 17. Jahrhundert üblich waren.[229] Insofern ist ihre Erörterung im Rahmen unseres Themas an sich überflüssig. Dennoch mochten wir diesen Vorschlag des Gelehrten nicht ganz unerwähnt lassen. Zeigt er doch, daß Leibniz es immer wieder versteht, sich mit den Gegebenheiten zu arrangieren und, wenn es nötig war, Abstriche zu machen.

Womöglich hoffte er aber auch, mit diesem Projekt, das den Gepflogenheiten wie den Bedürfnissen des höfischen Zeitalters und den Interessen der Fürsten entsprach, wenigstens einen Teilerfolg zu erringen, vielleicht sogar eine Ausgangsbasis zu schaffen für seine der damaligen Zeit weit vorauseilenden Pläne zur Organisation des Bildungswesens. Jedenfalls hätte er auf diese Weise einen Kreis von Gelehrten um sich versammeln können, u.a. Johann Jakob Ferguson, den er als Mathematiklehrer vorgesehen hatte, sowie seinen alten Freund aus Pariser Tagen, den Mathematiker Tschirnhaus, dem er möglicherweise das Direktorat einer solchen Ritterakademie übertragen wollte.[229a]

Wie so vieles im Zusammenhang mit Leibniz' Bestreben, das wissenschaftlich-kulturelle Leben neu zu gestalten, werden auch diese Vermutungen ohne Bestätigung bleiben. Doch nicht von ungefähr betont O. Ulrich, daß der Gelehrte seine diesbezüglichen Hoffnungen und Pläne für sein "Adoptivvaterland" nicht von Anfang an so niedrig gestellt hatte.[230] So gesehen dürfen wir die Anregung zur Stiftung einer Ritterakademie in Göttingen, selbst dies sollte erst nach dem Tod des

Philosophen, 1752, gelingen, sicher auch als Ausdruck Leibnizscher Resignation verstehen.

Der deutliche Rückgang an Denkschriften, Gutachten und Vorschlägen für Ernst August ab 1684, - aus den folgenden vier Jahren sind z.b. nur noch zehn Eingaben überliefert[231] - dokumentiert einmal mehr, was bereits zu Anfang dieses Abschnitts angedeutet wurde, nämlich daß eine ähnlich nahe Beziehung, wie sie zwischen dem Philosophen und Herzog Johann Friedrich bestanden hatte, mit dessen Bruder nicht zustande gekommen war, und daß dieser kein Interesse hatte für die vielfältigen Pläne seines Bibliothekars.

Auch Leibniz' Beziehung zu Kollegen wie einflußreichen Regierungsmitgliedern, die seinen Ideen hätten Gehör verschaffen können, war eher von gegenseitigem Mißtrauen gekennzeichnet. Die beginnende Freundschaft mit Herzogin, später Kurfürstin, Sophie[232] mag ihn ein wenig über diese Entwicklung hinweggetröstet haben, sie trug jedoch nicht dazu bei, seinen gleichsam paralysierten Schaffensdrang wieder neu zu beleben. Leibniz beschränkte sich auf das private Gespräch mit seiner Gönnerin, vornehmlich über theologische und philosophische Themen.[233] Neue, weitgreifende Sozietätsentwürfe für Hannover finden sich nicht mehr in seinem Nachlaß.

So wirkte der Wissenschaftsorganisator Leibniz von nun an vielmehr im Kleinen, um zur Verbesserung der Bildungssituation im Herzogtum beizutragen, etwa indem er sich für die optimale Besetzung von Lehrstühlen an der Universität Helmstedt[234] oder aber dafür einsetzte, anerkannte Gelehrte nach Hannover zu ziehen.[235]

Auch Leibniz' Förderung des von 1694 bis 1696 in vier Bänden erschienenen *Journal de Hambourg* darf wohl in diesem Sinne ausgelegt werden. Durch seine - durchaus beabsichtigte -, anonyme Mitarbeit an dem von dem Hugenotten Gabriel d'Artis herausgegebenen, wiewohl nur kurzlebigen Journal, einer "Zwischenstufe zwischen einer unterhaltenden und einer streng wissenschaftlichen Zeitschrift"[236], habe Leibniz, so Schröcker, nicht nur für sich und für den hannoverschen Hof eine Plattform gefunden, um eher nebensächliche, oft nur lokal interessante Dinge mitzuteilen.[237] Zu vermuten sei vielmehr, daß er, nachdem seine entsprechenden Aufrufe und Denkschriften unbeachtet geblieben waren, den hannoverschen Hof nun auf diesem Wege langsam und behutsam zur Förderung der Wissenschaften, "und sei es nur in einer nicht speziell wissenschaftlichen Zeitschrift", bewegen wollte. Ein ähnliches Beispiel wenig später in Berlin, nämlich Leibniz' Beiträge für Etienne Chauvins *Nouveau Journal des Sçavans*, die nicht zuletzt in Zusammenhang gebracht werden müssen mit seinen Aktivitäten zur Gründung einer Sozietät der Wissenschaften, lassen einen derartigen Schluß jedenfalls zu.[238] Nachweisbar bleibt freilich nur, daß sich der Gelehrte, wenn auch erfolglos, um eine Subventionierung von d'Artis' Zeitschriftenprojekt seitens des Hofes eingesetzt hat.[239]

Immer wieder sehen wir Leibniz natürlich - schon von berufswegen - darum bemüht, wenigstens seine Vorstellungen von einer ideal ausgestatteten Bibliothek zu verwirklichen.

In diesem Zusammenhang wagt er im Oktober 1696 noch einmal einen letzten vorsichtigen Versuch, seine mehrmals vorgetragenen Einzelvorschläge zum Bildungs-, Ausbildungs-, Bibliotheks- und Archivwesen in den größeren Rahmen eines Kulturprogramms zu stellen, um schließlich doch noch das Interesse des regierenden Kurfürsten Ernst August zu wecken. Vor allem aber ging es ihm wohl darum, die Aufmerksamkeit des Kronprinzen Georg Ludwig, der zur Entlastung seines kränkelnden Vaters bereits einen Teil der Amtsgeschäfte übernommen hatte, auf sich zu ziehen. Mit Rücksicht auf letzteren, "dont les lumieres vont d'abord au solide"[240], konzentriert er sich ausschließlich auf den finanziellen Aspekt.

Im Zuge seiner Argumentation für den Ankauf einer Bibliothek[241] entwirft Leibniz ausgehend von der Besteuerung gestempelten Papiers[242] ein Finanzierungsprogramm, das "zu Bibliothec, Archiv, Histori, und andern Sachen, so mit Re Literaria verwand zu gebrauchen".[243] Dort, wo man eine derartige Steuer bereits eingeführt habe, seien deren Erträge bisher ausschließlich dem Privatvermögen der Fürsten zugeflossen und damit "fast res odiosa" geworden. Zu vermeiden wäre der mithin berechtigte Unmut der Bürger, wenn diese Einnahmen zu Zwecken gebraucht würden, die "doch die Natur der Sach uns gleichsam selbst an hand zu geben scheinet", d.h. "zu Papier, Büchern, scripturen Histori und re literaria".[244] Dabei möge man auch bedenken, daß rühmliche Taten großer Fürsten "mehr durch schrifften als durch Metall und Marmor" der Nachwelt erhalten blieben, die entsprechende Nutzung der Stempelpapiersteuer folglich nicht zuletzt deren Ansehen erhöhte.

Im allgemeinen dienten die also zu fördernden *res literariae* vor allem aber der "erhaltung reiner Lehre" und somit der Verteidigung der Ehre Gottes, ebenso wie dem Kirchen- und Schulwesen, das Bibliotheks- und Archivwesen im besonderen wiederum zur bestmöglichen Gestaltung des öffentlichen Lebens. Da es die Pflicht eines jeden Herrschers sei, weniger dem privaten als dem allgemeinen Wohle zu huldigen, sei eine Entscheidung zugunsten der Einführung und Verwendung der Steuer auf gestempeltes Papier im vorgeschlagenen Sinne geradezu zwingend.

Noch einmal wirft Leibniz dieses Thema auf in einer für Ernst August konzipierten Denkschrift, deren Abfassung von daher in zeitliche Nähe zu den *Rationes*[245] rückt. Sie beschränkt sich gleichwohl auf Überlegungen zum Archivwesen und hätte, wäre man diesen gefolgt, die Gründung des "ersten Institut(es) für historische Landeskunde überhaupt (...), eine auf einen bestimmten Zweck gerichtete Akademie im Kleinen" bewirkt.[246]

Angesichts der spezifischen historischen Situation, - Hannover war nach langjährigen Bemühungen 1692 endlich die neunte Kur zuerkannt worden, was nicht zuletzt den erfolgreichen urkundlichen Recherchen Leibniz' zu verdanken war[247] -, rechnet sich der Gelehrte nun offenbar für die Realisierung seiner Pläne bessere

Chancen aus. Die neugewonnene Einsicht in die Bedeutung landesgeschichtlicher und genealogischer Quellen für die Durchsetzung politisch-dynastischer Ziele, so glaubt er, mußte ein natürliches Interesse des Kurfürsten wie auch seiner Minister für das Archivwesen geweckt haben.

> "Und weilen iezo die herren selbst zu dergleichen wohl geneigt (...) und auch die Herren Ministri mehr als iemahls eine Insicht in diese Dinge haben, und deren importanz befinden, wäre das heiße Eisen zu schmieden, und köndten Sie durch gewiße verfaßung eine perpetuam fundation, und gleichsam eine stifftung wo nicht ad piam doch ad publicam causam patriae hinterlaßen ..."[248]

Wie gehabt läßt er eine Reihe von Ratschlägen zur vollständigen Erfassung und Inventarisierung sämtlicher Archivalien in und außerhalb des Landes folgen.
Seine eigenen Forschungen zur Geschichte des kurfürstlichen Hauses hatten ihm gezeigt, daß wichtige Dokumente auch in ausländischen Archiven verstreut sein konnten. Daher hält er eine enge Zusammenarbeit mit den entsprechenden Institutionen in ganz Europa für nötig.[249] Auch die Unterstützung einschlägiger privater Einrichtungen wie des 1689/90 von Hiob Ludolf und Christian Franz Paullini gegründeten *Collegium Historicum Imperiale*[250] erscheint ihm sinnvoll: "Solte nun das Haus Braunschweig hierzu den anfang machen, würde es ihm nicht allein rühmlich, sondern auch dienlich seyn, dadurch viel hierfür zu bringen und sich dieses Instruments wie gedacht als eines Magnets zu bedienen, viel verborgenes Historiae titulo herfür zu ziehen."[251] Ungeachtet des unschätzbaren Wertes handschriftlicher Dokumente dürfe das edierte Material nicht vernachlässigt werden. Eine gute Bibliothek sei wie ein "Archivum Universale", insofern als sie schon vieles enthielte, was man aus Archiven nur mit großer Mühe, beachtlichem finanziellen und zeitlichen Aufwand erfahren könne. Daher wirbt Leibniz, wie schon so oft, auch in diesem Zusammenhang noch einmal nachdrücklich für die "continuation oder ergänzung" aller bereits bestehenden Bibliotheken.[252]
Um einen Fundus zu schaffen, "damit solches guthe vorhaben in einem beständigen fortgang bleiben"[253], schlägt Leibniz wiederum die Steuer auf gestempeltes Papier vor.[254] Ihre Einführung und vor allem ihre sachgemäße Nutzung sei langfristig gesehen wertvoller "als wenn man eine NagelNeue Universität" gründete. Sie würde Nachahmer auch anderswo finden und ihren Initiatoren, den gegenwärtigen Herrschern des Hauses Braunschweig-Lüneburg, ewigen Ruhm bescheren - "denn das man auff jura domus zielet, nicht eben ieder man zu wißen nöthig hat."(!)[255]
Es ist fraglich, ob von Leibniz' Anregungen *Pro Apparatu ad Historiam* eine Abfertigung erfolgt ist[256]; doch selbst wenn dies geschehen sein sollte, so konnte sie offenbar nichts bewirken.
Auch den ureigensten Gedanken des Gelehrten, aus den Erträgen der an sich bekannten, mancherorts bereits eingeführten, Stempelpapiersteuer[257] ganz gezielt die *res literariae* im allgemeinen, das Bibliotheks- und Archivwesen im besonderen zu

finanzieren, eine Idee, die wir übrigens ansatzweise schon in den frühen Mainzer Entwürfen finden können.[258], hat man nicht aufgegriffen. Kurfürst Ernst August von Hannover wie auch sein Sohn und Nachfolger Georg Ludwig, nachmaliger König Georg I. von England, waren zwar an den historisch-urkundlichen Forschungen eines Leibniz interessiert, soweit diese ihnen die Durchsetzung politischer Ansprüche erleichterten. Eine Institutionalisierung urkundlich fundierter Geschichtsforschung und die dafür erforderliche Neugestaltung des Archivwesens im Lande hielten sie aber wohl für überflüssig. Noch weniger konnte der Gelehrte unter diesen Voraussetzungen Unterstützung für seine wesentlich umfassenderen und weitblickenden Sozietätspläne erwarten. So nimmt es nicht wunder, daß aus der Regierungszeit Georg Ludwigs ab 1698, abgesehen von zwei Denkschriften (1698/1702)[258a], die die Notwendigkeit einer kontinuierlichen Etatisierung der kurfürstlichen Büchersammlung, die bislang nicht mehr als eine "guthe Bibliotheque de Cabinet" darstellte, vor allem im Hinblick auf die Effektivität eines absolutistisch regierten Staates und die Durchsetzung landesfürstlicher Rechte begründen, keine nennenswerten Vorschläge oder Vorlagen zur Aktivierung und Verbesserung des hannoverschen Kulturlebens überliefert sind[259]; zumal dieser, mehr noch als sein Vater, den Gelehrten vor allem als geschicktes Werkzeug seines Machtstrebens betrachtete und nicht selten selbst die gebührende Achtung vor dessen enzyklopädischem Wissen und schöpferischem Geist vermissen ließ.[260] Um so verständlicher ist es auch, daß Leibniz sich zunehmend, wiewohl in einer seinen Dienstherren mitunter brüskierenden Weise, anderen Potentaten zuwandte, von denen er mehr Anerkennung und größeres Verständnis für seine vielfältigen Projekte erhoffte.

1.3.5 Kulturprogramm für das Herzogtum Braunschweig-Wolfenbüttel

Seit dem Herbst 1690 war Wolfenbüttel zu einem ständigen Reiseziel des Gelehrten geworden[261] Die häufigen, oftmals längerwährenden Aufenthalte in der Residenzstadt der gemeinsam regierenden Herzöge Rudolf August und Anton Ulrich von Braunschweig-Wolfenbüttel[262] lassen sich jedoch nicht allein mit Leibniz' neuem Amt als Direktor der berühmten Herzog-August-Bibliothek erklären, das dieser im Januar 1691 mit Zustimmung Ernst Augusts übernehmen konnte[263]; wesentliche Anziehungskraft ging ohne Frage von dem jüngeren der beiden Regenten aus, mit dem der Gelehrte 1683 in brieflichen, 1685 in persönlichen Kontakt getreten war.[264] Persönlichkeit und Neigungen Anton Ulrichs gaben Leibniz zu den übertriebensten Erwartungen Anlaß.

Denn der Wolfenbütteler Herzog, als nachgeborener Sohn immer zweiter in der Dynastie, gleichwohl, wenn auch eher glücklos, nicht weniger dem politischen Ehrgeiz unterworfen wie seine Verwandten in Hannover[265], hatte im Gegensatz zu diesen einen ausgeprägten Sinn für das Schöngeistige; er war ein Freund der Wissenschaften und Künste mit einem besonderen Interesse für seine Muttersprache.

So zeigte er nicht nur Aufgeschlossenheit gegenüber den im 17. Jahrhundert verstärkt betriebenen Bemühungen um Pflege und "Reinigung" der deutschen Sprache, die in der steigenden Zahl von Sprachgesellschaften ihren Ausdruck fanden. Selbst Mitglied in der ältesten und berühmtesten dieser deutschen Vereinigungen, der *Fruchtbringenden Gesellschaft*[266], versuchte sich Anton Ulrich auch als Literat. Mit seinen beiden mehrbändigen historischen Romanen *Die Durchleuchtige Syrerin Aramena* und *Octavia, Römische Geschichte*[267] konnte er zwei vielbeachtete, von Leibniz hochgeschätzte Werke vorlegen.

Darüber hinaus verband den Gelehrten aus Hannover und den Wolfenbütteler Herzog mit der Reunion der unterschiedlichen Glaubensbekenntnisse ein gemeinsames Anliegen. Mit Recht konnte Leibniz also annehmen, in Herzog Anton Ulrich nicht nur einen ebenbürtigen Gesprächspartner, sondern endlich auch den Förderer seiner kulturellen Pläne gefunden zu haben, nach dem er seit den 60er Jahren vergeblich Ausschau gehalten hatte.

Auch in Wolfenbüttel sehen wir Leibniz bemüht, sein neugewonnenes Amt in den höhergeschätzten Dienst der Wissenschaft zu stellen.

In seiner frühesten Denkschrift zur künftigen Führung der fürstlichen Bibliothek vom August 1690[268] entwickelt er ein seiner Zeit weit vorauseilendes Programm, dem eben jenes enzyklopädische Wissenschaftsverständnis zugrunde liegt, das seine Pläne zur Wissenschaftsorganisation im allgemeinen, seine Vorschläge für eine *scientia generalis* im besonderen kennzeichnet. Die daraus abgeleitete Anschaffungspolitik, die das Promemoria skizziert, hat eine Universalbibliothek zum Ziel, die als ein jedermann zugängliches Magazin der Wissenschaft "in publicis ein gedrucktes Universal Archiv" darstellen soll, "in jure ein inventarium guter ordnungen und wichtiger fälle, also gleichsam eine allgemeine Registratur vieler Kanzleyen, Scheppenstühle und Juristen Facultäten in der welt, in Medicis, Physicis und Mathematicis ein schaz von observationen und inventionen, in Philosophicis und Philologicis ein Theatrum rituum, linguarum, historiarum et rerum; in sacris ein depositum Scripturae et traditionis".[269] Wie vordem in Hannover[270] sucht er nach Möglichkeiten und Wegen, um die notwendige bibliothekarische Arbeit in den größeren Rahmen einer Wissenschaftsorganisation einzubeziehen.

Schon die erste große Denkschrift nach seinem Amtsantritt als Direktor der Wolfenbütteler Bibliothek vom 7.(17.) Juni 1695, die Leibniz, wie die Herausgeber der Akademieausgabe vermuten, den Herzögen Rudolf August und Anton Ulrich persönlich vorgetragen hat[271], zeigt neben dem persönlichen Engagement des Philosophen für den Ausbau der fürstlichen Bibliothek nach enzyklopädischen Gesichtspunkten eben dieses Bestreben.

Doch zunächst möchte Leibniz seinen neuen Arbeitgeber dafür gewinnen, möglichst umfangreiche Mittel für die Erweiterung des Bibliotheksbestandes und dessen bessere Benutzung zu bewilligen.[272] Er tut dies sehr überzeugend mit Hilfe einer Vielzahl einleuchtender praktischer Beispiele, denen kaum etwas entgegenzusetzen war. Die Argumentation als solche unterscheidet sich indes nicht von der in den einschlägigen Vorlagen für Ernst August: Alles müsse unternommen werden, um den "Endzweck" einer fürstlichen Bibliothek zu erfüllen; dieser bestünde "in dem Nüzlichen gebrauch vor Männiglich, und in dem hohen Ruhm der Herren selbsten, so dergleichen thesaurum zu gemeinen besten zusammen bringen und unterhalten laßen".[273]

Allein, die Voraussetzungen für Leibniz, sich in Wolfenbüttel Gehör zu verschaffen, waren ungleich besser als in Hannover. Einmal war die hiesige Bibliothek dank der mit großem finanziellen Aufwand und wissenschaftlicher Weitsicht betriebenen Anschaffungspolitik ihres Begründers, Herzog Augusts d. J., schon über die Grenzen hinweg bekannt und geschätzt und Anziehungspunkt für in- und ausländische Gelehrte. Also konnte Leibniz immer auch darauf hinweisen, daß man ihr Ansehen nicht schmälern dürfe, indem man sie vernachlässige.[274] Zum anderen wußten im Gegensatz zu Ernst August beide Wolfenbüteler Herzöge, insbesondere der Literat Anton Ulrich, den Wert einer gut ausgestatteten Bibliothek sehr wohl zu schätzen.[275] So hegte Leibniz durchaus berechtigte Hoffnungen, daß man seine Anregungen zum Ankauf nicht nur neuer, sondern auch noch fehlender wichtiger Bücher älteren Datums sowie zur Fortführung, Erweiterung und Spezifizierung des von Herzog August d. J. begonnenen Katalogs wohlwollend aufnehmen werde.

Neben den bislang üblichen Autorenkatalogen seien vor allem Bibliographien anzufertigen.[276] Der Gelehrte knüpft an den Kerngedanken seiner "Nucleus-Pläne" von 1668/69 an, wenn er auch hier eine "Historia Literaria" in Aussicht stellt, die auf der Grundlage eben dieser Indices zusammengestellt werden könne und die "noch zu Zeit bey Bibliotheken sine Exemplo und doch so hochnüzlich, ja endtlich bey überhäuffung der Bücher in der welt nöthig seyn wird".[277]

Da die Bibliothek als "officina generali Notitiarum" im besonderen Maße auch der 1687 von Herzog Anton Ulrich gegründeten Ritterakademie zugute käme, deren Lehrer wie Schüler uneingeschränktes Benutzungsrecht hatten[278], sei ein engerer Zusammenschluß beider Einrichtungen zu erwägen.

> "Und weilen auch die hiesigen Academia Illustris (...) der bibliothec sich täglich bedient, und solcher freyer gebrauch unter denen stücken, so die Academie in der welt recommendieren, nicht das geringste ist: So würde bei fortsetzung und vermehrung der Bibliothec, wenn auch die besten neuesten bücher darinn sich finden solten, solches ein starcker Magnet seyn ..."[279]

Hinsichtlich ihrer sachlich-praktischen Kooperation schlägt Leibniz deshalb vor, daß in regelmäßig stattfindenden Konferenzen "ein ieder der H. Professorum relationen gebe von denen büchern seiner profession", um eine sachgerechte Anschaffungspolitik der Bibliothek zu gewährleisten.[280] Andererseits wäre dann wiederum deren Finanzierung, jedenfalls zu einem guten Teil über die Wolfenbüteler Adelsakademie abzusichern, d.h. konkret, von den Ständen zu bewilligen.

Doch nicht nur aufgrund des Compatronats der Stände über die Akademie[281] hält er es für billig, daß "die Hochlöbl. Landschafft zu erhaltung dieses kleinods (...) ihre hochvernünftige vorsorge und anstalt zugleich hierauff mit richten möchte".[282] Ebenso müsse bedacht werden, daß die Bibliothek vor allem den Vertretern jener Berufe diene, die für die Gestaltung des Staatswesens von Bedeutung seien, "dieses hauptsächliche Universal-Instrument und Adminiculum des Kirchen- und Schuhl-, Justiz- und Regimentswesens" mithin "für kein geringes objectum deliberandi bey einer Landschafft gehalten werden möchte".[283]

Die Alternative, durch Einführung der Stempelpapiersteuer finanzielle Mittel zu schaffen, deutet der Gelehrte erstmals in einem Schreiben vom Oktober/November 1696 an den Wolfenbütteler Minister und Oberhofmarschall Friedrich von Steinberg an.[284] In den beiden an die Adresse der Herzöge gerichteten, inhaltlich identischen Denkschriften aus der Zeit vom Januar bis April 1697 erläutert er diesen Gedanken ausführlich.[285]

Gleichwohl Leibniz hier nur wiederholt, was er seinem hannoverschen Dienstherrn wenige Monate voher vergeblich vorgetragen hatte[286], erscheint er dieses Mal doch zuversichtlicher. Nicht nur weil er das grundsätzliche Interesse der Herzöge, sondern vor allem auch die Befürwortung seines Antrages durch die Landstände voraussetzte.[287] Darüber hinaus müsse es "der Natur gemäß, und wohlanständig befunden werden (...), wenn man in cognato rerum genere bleibet, und was zu schriften oder büchern kommen soll, von schriften, briefschaften und papier hernimmt." Und da die Stempelpapiersteuer weder dem fürstlichen Hause zu privaten Zwecken noch dem Fiskus zufließen, vielmehr dem Land und seinen Einwohnern unmittelbar "zu Zierde und Nutzen" gereichen werde, dürfte sie auch von allen Untertanen, gleich welchen Standes, gebilligt werden.[288]

Bei der Durchführung seines Vorschlages sollte man sich an Kurbrandenburg oder anderen deutschen Territorien orientieren, von denen besagte Steuer bereits erfolgreich eingeführt worden war, und deren Vorschriften, soweit diese sich als brauchbar erwiesen hätten, übernehmen. Mißbrauch oder Nichtachtung des entsprechenden Erlasses sei "sub poena dupli" zu stellen, "dergestalt das der versäumer die doppelte Taxe erlegen müste".[289]

Das zweite Promemoria, die *Unvorgreifliche(n) Gedancken wegen ergäntzung und fortsetzung der weitberühmten Wolfenbütelischen Bibliothec*, die später Leibniz' meistgedruckter bibliothekarischer Text werden sollten[290], ist wohl aus der ersten Enttäuschung heraus entstanden, die der Gelehrte nun auch in Wolfenbüttel erfahren mußte.[291]

Lorenz Hertel, Legationsrat der Herzöge, von 1705 an Bibliothekar und 1716 zum Nachfolger von Leibniz als Oberbibliothekar in Wolfenbüttel berufen, mußte seinem Kollegen auf dessen Anfrage vom 19.(29.) Januar 1697 mitteilen, daß Anton Ulrich es noch nicht für nötig gehalten hatte, sich der Bibliotheksangelegenheit anzunehmen.[292] Leibniz mußte also befürchten, der Herzog könnte das Interesse daran gänzlich verlieren und sah sich somit veranlaßt, "à luy faire un nouveau procés là dessus".[293]

Man müsse, so Leibniz in dem sehr eindringlich gehaltenen Schreiben an Hertel, dem Herzog begreiflich machen, daß die Einführung der Stempelpapiersteuer zu Bibliothekszwecken seinem Ansehen in der *République des lettres* mehr diene, als seine beiden Romane[294], so bewundernswert diese auch seien. "S.A. est un Prince sçavant, éclaire, enfin Prince des Virtuosi, Peintres, Musiciens, Poetes, Architectes, Politiques, et même Theologiens, en fin plus il a de connoissances et de lumieres", daher werde sein Gewissen es nicht zulassen, eine derartige Chance zur Förderung des kulturellen Lebens in seinem Lande, der Kultur schlechthin, zu versäumen.[295]

Doch selbst die vorsichtige Warnung in den *Unvorgreiflichen Gedanken*, Anton Ulrich werde sein eigenes Ansehen in der Gelehrtenwelt als "hocherleuchteter Fürst, so die studien nicht nur lieben, sondern auch gründlich kennen", einbüßen, wenn er seine Bibliothek vernachlässige[296], vermochte offensichtlich nichts auszurichten; ebensowenig wie das Schreiben vom 11.(21.) April 1697, mit dem Leibniz nun wieder Herzog Rudolf August um Unterstützung seiner Pläne bat.[297] Als er schließlich auch den älteren Bruder Anton Ulrichs bei einem Besuch in Braunschweig Mitte Dezember mit den schon Anfang des Jahres entworfenen *Unvorgreiflichen Gedanken* bekannt machte, versicherte ihm dieser zwar in einem wohlwollenden Brief[297a], daß er "die gantze Nacht davon geträumet" habe; an eine schnelle Verwirklichung der vorgetragenen Pläne war indes nach wie vor nicht im mindesten zu denken.

Wie in Hannover, so war man auch in Wolfenbüttel nicht bereit, Leibniz' Anregungen zur Erweiterung der Bibliothek nach enzyklopädischen Gesichtspunkten und der dauerhaften Finanzierung dieses langfristig angelegten Unternehmens aus den Erträgen der Steuer auf gestempeltes Papier ernsthaft zu erwägen, geschweige denn zu realisieren. Vergeblich erinnert der Gelehrte noch in späteren Jahren immer wieder daran[298], wobei er auch neue Finanzierungshilfen ins Gespräch bringt. Diese müssen nun allerdings in Zusammenhang gebracht werden mit seinen Überlegungen zur finanziellen Fundierung der eben in Berlin gegründeten Sozietät der Wissenschaften, so z.B. seine Empfehlung, das Privileg auf Almanache oder den Anbau von Seidenkulturen entsprechend zu nutzen.[299] Ungeachtet dessen sieht Leibniz in der Stempelpapiersteuer nach wie vor die sicherste Grundlage für eine angemessene Dotierung der Bibliothek.[300]

Es muß ihm schwergefallen sein zu begreifen, daß eben jener Fürst, selbst Literat und ein Freund der Wissenschaften, der noch kurz vor seinem Tode sein besonderes Interesse für die Bibliothek beteuerte[301], und in den der Gelehrte so hohe Erwartungen gesetzt hatte, in dieser Angelegenheit ebensowenig bereit, besser in der Lage war, langfristige Regelungen zu treffen, wie andere, weniger Prädestinierte vor ihm.[302] Unverhohlen spricht Leibniz' große Enttäuschung aus einem seiner letzten Schreiben an Anton Ulrich.

Nachdem der Herzog sich in seinem Brief vom 28. September 1713[303)] an den in Wien weilenden Leibniz erleichtert zeigt, daß dieser seinen Aufenthalt in der Donaustadt trotz der dort kursierenden Pest offensichtlich unbeschadet überstanden habe, und den "Wolfenbütelischen Musen" dankt, die für den Gelehrten, den sie nicht entbehren könnten, gebetet hätten, antwortet der Philosoph spürbar verbittert: "Ich wünsche, daß die Wolfenbütelischen Musen nicht nur, wenn sie vor mich bitten, sondern auch in anderen Dingen im Himmel credit haben mögen: auff Erden ist ihr credit schlecht, so lange E. D. ihre bitte wegen des gestempelten Papiers nicht erhöhret".[304)]

Leibniz' Enttäuschung ist um so verständlicher, wenn man bedenkt, daß die Maßnahmen zur Erhaltung und Förderung der herzoglichen Bibliothek nur ein Anfang hätten sein sollen für ein umfassendes Kulturprogramm, das er vornehmlich in den Jahren 1696/97 für Wolfenbüttel entwickelte.

Daß Leibniz am Ende seines Wirkens in Wolfenbüttel mehr sehen wollte als eine gutausgestattete Landesbibliothek, so wichtig ihm dies auch war, läßt sich seinen diesbezüglichen Denkschriften und Briefen unschwer entnehmen. Nicht von ungefähr weist er immer wieder auch auf die Bedeutung und Notwendigkeit anderer wissenschaftlicher Hilfseinrichtungen hin. So fordert er u.a. ein landeseigenes Verlagswesen, einschließlich Druckerei und Kupferstecherei, um "noch nie gesehene indices reales und andere labores literarios von treflicher nuzbarkeit mit großem ruhm der Durchlauchtigsten Herrschafft verfertigen und verlegen zulaßen".[305)] Auch gelte es, die bereits existierende, der Bibliothek angeschlossene Kunstkammer kontinuierlich zu erweitern.[306)]

Die entscheidende Motivation des Philosophen für die Übernahme des Direktorats der weithin bekannten und geschätzten fürstlichen August-Bibliothek dürfte mithin seine Überzeugung gewesen sein, von dieser Stelle aus wesentlich zur Förderung des wissenschaftlichen Fortschritts beitragen, d.h. konkret, dem vielseitig interessierten, die verschiedensten Wissensgebiete beherrschenden Gelehrten in Wolfenbüttel optimale Arbeits-, Forschungs- und Kommunikationsbedingungen bereiten zu können.

Darüber hinaus zeugt sein außerordentliches Interesse sowohl für die Julius-Universität in Helmstedt, die ja im Herzogtum Braunschweig-Wolfenbüttel angesiedelt war[307)], als auch für die von Herzog Anton Ulrich 1687 gegründete Ritterakademie von seinem Wunsch, das Kulturleben und die Bildungsmöglichkeiten des Landes nachhaltig zu verbessern. Ausführliche Reformvorschläge für beide Einrichtungen, die sich einmal mehr durch ihren grundsätzlichen Charakter auszeichnen, dokumentieren diese Absicht.[308)]

Am deutlichsten spiegeln Leibniz' umfassendes Kulturprogramm für Wolfenbüttel aber wohl die 1696/97 vorgetragenen Vorschläge für eine deutsche Sprachgesellschaft, die wiederum, das konnte erst unlängst anhand bisher noch ungedruckter Briefe nachgewiesen werden, in engster Beziehung zu Leibniz' großer Denkschrift

Unvorgreiffliche Gedancken betreffend die Ausübung und Verbesserung der Teutschen Sprache[309] stehen.

Noch bis vor kurzem lagen uns nur zwei Briefe des Gelehrten in edierter Form vor, die von Überlegungen zur Gründung einer deutschen Sprachgesellschaft in Wolfenbüttel berichten. Von Eduard Bodemann 1899 erstmals vollständig veröffentlicht, von Otto Hahne 1912 teilweise aus dem Französischen übersetzt, kommentiert und in den Kontext von Leibniz' Plänen zur Wissenschaftsorganisation gebracht, ließen sie gleichwohl mehr Fragen offen, als sie beantworteten.[310] Erst der Druck von zwei weiteren, bisher noch gänzlich unbekannten Schreiben aus diesem Zusammenhang im Rahmen des dreizehnten Bandes der Akademieausgabe (1987) vermochte diese Lücke zu schließen.[311]

Demnach entzündete sich die Diskussion über eine zu fundierende Sprachgesellschaft wohl an der Bitte des kaiserlichen Hofmathematikers Oswald von Ochsenstein, Leibniz möge ihm bei der Aufnahme in die *Fruchtbringende Gesellschaft* behilflich sein, als deren Vorsitzenden er Herzog Anton Ulrich vermutete.[312] Da der Gelehrte über den letzten Stand dieser Vereinigung jedoch nicht informiert war, erkundigt er sich bei dem oben schon mehrmals erwähnten Lorenz Hertel.

Hertel, der sich erstaunt darüber zeigt, "que l'on soit si peu informé icy de l'état d'une Societé qui a fait assés de bruit et qui a eu tant de personnes illustres parmy ses membres", teilt Leibniz folgendes mit: Besagte Gesellschaft, deren Präsident nicht Anton Ulrich von Braunschweig-Wolfenbüttel sei, befände sich in desolatem Zustand. Der Herzog dächte aber daran, eine neue, "anti-fruchtbare" Gesellschaft zu stiften, "pour se mettre à la tête de ces rebelles de la republique des lettres", die die *Fruchtbringende Gesellschaft* für reformbedürftig hielten.[313]

Leibniz, der den Purismus dieser Vereinigung, die sich vornehmlich mit Nichtigkeiten abgäbe, "et qui a porté si peu de fruit"[314], mehr als einmal kritisiert hatte, greift die Nachricht seines Briefpartners mit lebhaftem Interesse auf. Und sogleich entwickelt er Hertel, von dem er annehmen durfte, daß er den Herzog davon unterrichten würde, mit dem ihm eigenen Enthusiasmus seine Vorstellungen von einer zukünftigen "Academie Teutonique" bzw. "Teutsch gesinneten genossenschaft".[315]

Nach dem Beispiel entsprechender ausländischer Organisationen, etwa der *Académie française* oder der *Accademia della Crusca*, müsse man daran gehen, brauchbare deutschsprachige Publikationen herauszugeben, allen voran gute Übersetzungen alter, aber auch moderner Werke. Darüber hinaus müßte Hervorragendes in deutscher Sprache ediert werden, das es wiederum verdiente, in andere Sprachen übertragen zu werden. Ein besonderes Desiderat sei schließlich ein Universallexikon, das auch den Bereich der Technik einbezöge. Ungeachtet ähnlichgerichteter Bestrebungen im Ausland[316], bräuchte ein deutsches Universallexikon keine Konkurrenz zu scheuen: "Nostre langue est si riche en termes des Arts et des sciences reelles que je crois qu'un dictionaire Allemand universel seroit plus utile et plus instructif que ceux des autres peuples."[317]

Lediglich was den philosophischen Sprachgebrauch anginge, wiese das Deutsche einige Unzulänglichkeit auf, so daß man auf Fremdwörter zurückgreifen müsse. Doch gerade hier könnte eine von Anton Ulrich gestiftete deutsche Sprachgesellschaft viel bewirken; immerhin habe der Herzog selbst in seinen beiden Romanen vorzügliche Beispiele deutscher Wortfindungen gegeben.[318]

Wohl wissend, wie sehr dem Herzog die von ihm ins Leben gerufene Ritterakademie am Herzen lag, versäumt Leibniz es nicht, auf deren besonderen Nutzen durch eine in Wolfenbüttel ansässige Sprachgesellschaft hinzuweisen. Das von Anton Ulrich angeregte Projekt würde ihre Attraktivität wesentlich erhöhen. Denn für die jungen Adeligen wäre es eine Ehre, wenn sie ihre "qualité d'Academiciens" wahren und umwandeln könnten in eine Mitgliedschaft in Anton Ulrichs "Academie Teutonique".[319]

Wesentlich verhaltener liest sich dagegen Leibniz' Schreiben vom 2.(12.) Januar 1697 an den Kammerpräsidenten in Hannover, Friedrich Wilhelm von Görtz.[320]

Als amüsierte ihn die Idee nur, berichtet der Gelehrte zunächst: "Comme ce n'est pas encor le temps d'icy faire des opera (es war Karnevalszeit! - Anm. d. Verf.), nous dressons une Antifruchtbringende Gesellschaft".[321] Der Ton, den Leibniz hier anschlägt, läßt vermuten, daß er die Aussichtslosigkeit des Projekts erkannt hatte. Anton Ulrich, eigentlicher Initiator des Planes, hatte diesen ganz offensichtlich nicht so ernst gemeint, wie er von seinem Bibliothekar aufgefaßt wurde.

Wie ernst es letzterem tatsächlich gewesen sein muß, die herzogliche Idee möglichst schnell in die Tat umzusetzen, belegt eine andere Bemerkung in dem Brief an Görtz; diese wiederum, scheinbar nur nebenbei getroffen, weist uns sehr wahrscheinlich auf die früheste erhaltene Fassung der *Unvorgreiflichen Gedanken* hin.[322]

Demzufolge muß Leibniz sich schon bald nachdem er von Herzog Anton Ulrichs vermeintlichem Vorhaben erfahren hatte, ernsthaft über Beschaffenheit und Ziele einer Wolfenbütteler Akademie Gedanken gemacht haben. Nehmen wir Leibniz' Aussage,"je dis aussi mon avis là dessus pour faire le Legislateur"[323], wörtlich, dann dürfen wir wohl dieses erste Manuskript der *Unvorgreiflichen Gedanken* als Diskussionsgrundlage für die Statuten einer in Aussicht genommenen, wiewohl niemals realisierten deutschen Sprachgesellschaft in Wolfenbüttel verstehen.

In schillerndsten Farben malt Leibniz seinem Briefpartner Lorenz Hertel schließlich das zukünftige Kulturzentrum Wolfenbüttel aus, das aufgrund des zu erwartenden fruchtbaren Zusammenwirkens von Sprachgesellschaft, Ritterakademie und Bibliothek Gelehrte aus Nah und Fern anlocken werde:

"Wolfenbüttel passera pour le pays de cocagne des virtuosi. Les curiosités y arriveront à grand flots ou par les flottes".[324]

Dies alles, so Leibniz sogleich mahnend, und damit kehrt er zum Ausgangspunkt seiner Überlegungen zurück, sei allerdings nur möglich, wenn man sich seinen Vorschlägen zur Einführung der Stempelpapiersteuer anschlösse. Hartnäckigkeit in der Verfolgung seines Ziels, aber auch Enttäuschung darüber, daß seine Pläne zur Erweiterung der herzoglichen Bibliothek bislang noch nicht einmal diskutiert worden waren, diktieren seine fast überschwengliche Rhetorik, wenn er am Ende ausruft:"(...) chaque feuille du papier marqué sera comme une des pierres de Pyrrha et de Deucalion, ou comme une dent du serpent de Cadmus; car comme ces pierres et ces dens faisoient naistre des hommes, ces feuilles marquées feront naistre autant de bons poetes, peintres, musiciens, mathematiciens, qu'on voudra avoir (...) et l'ordre Teutonique nouveau ou Teutschgesinnete Orden sera la moindre de nos nouvelles productions."[325]

So wenig Leibniz nun auch in Wolfenbüttel seine zukunftsorientierten Pläne zur Förderung von Kultur und Wissenschaft durchzusetzen vermochte, - Herzog Anton Ulrich waren seine kostenaufwendigen Anlagen in Salzdahlum offenbar wichtiger [326], so eindrucksvoll stellt sich dem heutigen Betrachter die literarische Frucht dar, die aus dem fehlgeschlagenen Bemühen gewachsen ist.

1.3.6 Akademieprojekte in Verbindung mit Vorschlägen zur Verbesserung der deutschen Sprache

Auf die philologische und sprachwissenschaftliche Bedeutung der *Unvorgreiflichen Gedanken* hat bereits Gottsched hingewiesen und die "so wichtige Schrift" 1732, nur fünfzehn Jahre nach ihrer ersten Veröffentlichung durch Leibniz' Sekretär J. G. Eckhart, im ersten Band seiner *Beiträge zur kritischen Historie der deutschen Sprache* neu ediert.[327] Louis Dutens, Herausgeber der ersten "Gesamt"ausgabe von Leibniz' Schriften (1768), unterstrich ihren literarischen Wert, indem er, ganz gegen seine Gepflogenheit bei deutschen Texten des Philosophen, neben der französische Übersetzung auch die Originalfassung wiedergab.[328]

Nach Gottsched und Dutens haben sich vornehmlich Philologen, nicht immer mit gutem Ergebnis, der "nach Inhalt und Form vollendesten der deutschen Schriften Leibnizens"[329] angenommen. Die bisher beste Drucklegung der *Unvorgreiflichen Gedanken* wurde 1908 von Paul Pietsch besorgt; ihr ist man, sieht man von Modernisierungen hinsichtlich Orthographie, Interpunktion und Sprache ab, noch in jüngster Zeit gefolgt.[330]

Pietsch hat, im Gegensatz zu seinen Vorgängern, nicht nur alle drei erhaltenen Fassungen dieser Schrift berücksichtigt, sondern darüber hinaus eingehende Untersuchungen zu ihrer Entstehungs- und Textgeschichte vorgenommen. So konnte er schon zu diesem frühen Zeitpunkt die von Guhrauer u.a.[331] vermutete, meist aber unzureichend begründete Abfassungszeit (1697/98) mit Hilfe außertextlicher wie textimmanenter Belege für den ältesten Entwurf bestätigen, andere Auffassungen, etwa die Schmarsows, der die *Unvorgreiflichen Gedanken* und Leibniz' *Ermahnung an die Teutschen* inhaltlich wie zeitlich als "Zwillingspaar" versteht und beide Essays in das Jahr 1680 verlegt[332], schlüssig widerlegen.

Neueste Funde aus dem Leibniz-Archiv in Hannover, die im vorangegangenen Kapitel ausführlich erörtert wurden[333], korrigieren, wiewohl nur geringfügig, die von Pietsch nachgewiesene Entstehungszeit und erlauben nun eine relativ genaue Datierung. Demnach muß Leibniz die ursprüngliche Version seiner *Unvorgreiflichen Gedanken* bereits Ende 1696 / Anfang 1697 zu Papier gebracht haben.[334] Die oben zitierten und andere im dreizehnten Band der Akademieausgabe (1987) abgedruckten Briefe von Leibniz und seinen Korrespondenten aus jenen Jahren[335] geben schließlich auch Aufschluß über ihre Veranlassung sowie über ihren beabsichtigten Verwendungszweck

Ungeachtet der Tatsache, daß Leibniz sie zu einem späteren Datum als Beitrag für eine Sammlung philologischer Texte vorgesehen hatte, die er selbst in Druck geben wollte[336], sein Adlatus Eckhart diesem Wunsch des Philosophen posthum nachkam, und die *Unvorgreiflichen Gedanken* somit als Teil der *Etymologischen Sammlungen* (1717) erstmals Verbreitung fanden, hatten sie ihre Niederschrift ganz offensichtlich einer mehr oder weniger ernst gemeinten Anregung Herzog Anton Ulrichs von Braunschweig-Wolfenbüttel für eine deutsche Sprachgesellschaft zu verdanken. So waren sie zunächst wohl als eine Art Grundlagenpapier konzipiert, das die bereits in Gang gekommene Diskussion weiter schüren und Vorschläge für Satzung und Aufgabenbereiche einer zukünftigen deutschen Sozietät unterbreiten, zu gegebener Zeit schließlich dem Wolfenbütteler Herzog vorgelegt werden sollte.[337]

Gestützt wird diese Auffassung nicht allein durch Leibniz' Schreiben vom Dezember 1696 und Januar 1697, vornehmlich an Hertel, die ganze Passagen aus den *Unvorgreiflichen Gedanken*, wenn auch stark verkürzt, wiedergeben.[338] Eindeutig genug ist allemal das älteste Manuskript, das bereits in seinem Titel die "aufrichtung eines Teutschgesinneten Ordens" ankündigt.[339] Die sechs letzten Abschnitte dieser Handschrift (§§ 114 - 119), von Eckhart aus gutem Grund unterschlagen[340], enthalten zudem "eine eigenthümliche Zuspitzung" auf dieses spezielle Ziel.[341] Überdies sehen wir in der häufigen Wendung an eine hochgestellte Persönlichkeit, zweifellos Herzog Anton Ulrich, die das skizzierte Unternehmen fördern sollte, ein weiteres Indiz.[342]

Zum Ruhme und Gedeihen der deutschen Nation und Sprache, so Leibniz am Ende seiner *Unvorgreiflichen Gedanken*[343], sollten sich "einige hohe Persohnen auch Vornehme Staatsbedienten und sonst an geist, gelehrsamkeit und guten gaben ausbündige und hierinn wolgesinnete leute" in einem "teutschgesinneten Orden" zusammenfinden, dessen Statuten gemeinsam erarbeiten und in eigener Verantwortung erlassen. Dabei könnte man, jedenfalls was "Form und anstalt" beträfe, durchaus dem Beispiel der *Fruchtbringenden Gesellschaft* folgen. In Anbetracht der nur geringen Produktivität und Effektivität dieser ältesten deutschen Sprachgesellschaft gelte es gleichwohl hinsichtlich Zielsetzung und Arbeitsweise andere Prioritäten zu setzen.[344]

Wenn Leibniz auf mögliche, bereits existierende Vorentwürfe hinweist, die man bei der formalen und inhaltlichen Ausgestaltung der zukünftigen Sozietät berücksichtigen möge, so scheint er seine beiden eigenen Niederschriften im Sinn zu haben, die sehr viel früher datierte *Ermahnung* (1678), der man, wie ihr Verfasser resümiert, bisher nicht genügend Beachtung geschenkt habe[345], sowie die *Unvorgreiflichen Gedanken*. Letztere, über die er das Urteil "einiger gelehrter und wol teutschgesinneten Persohnen" einzuholen gedachte, hatte er ganz offensichtlich zu eben diesem Zweck "in der eil binnen ein baar tagen" zu Papier gebracht.[346]

Die Mitgliederzahl, so schlägt Leibniz weiter vor, sei entweder, wie in der Pariser *Academié française*, generell zu beschränken, doch ebensogut könne man beliebig viele außerordentliche, aber nur eine begrenzte Anzahl ordentlicher Mitglieder zulassen. Unabhängig von den innerhalb der Sozietät zugeteilten Aufgaben, die das Ziel hätten, die deutsche Sprache "zu verbessern, auszuzieren und zu untersuchen"[347], sollte jedes Mitglied von Zeit zu Zeit eigene Arbeiten einreichen, die mit der Absicht der Gesellschaft in Einklang stünden. Diese würden geprüft und zusammen mit anderen ausgesuchten Beiträgen dann und wann publiziert. Die spezifischen Aufgaben des in Aussicht genommenen "teutschgesinneten Ordens" ergaben sich für den Gelehrten aus der Beschaffenheit der Sprache an sich, ihrer Bedeutung für die Nation im besonderen.

Die Sprache ermögliche es dem Menschen, nicht nur Gedanken zu fassen, sondern diese auch anderen verständlich zu machen; sie sei mithin das eigentliche Band, "so die menschlichen Gemüther zusammen füget". Sie befähige die Menschen als Glieder einer Gesellschaft miteinander zu kommunizieren und so, unter Anleitung ihrer "großen Lehrmeisterin", der real existierenden Welt, ihren Verstand zu üben.[348]

Um sich mitzuteilen, bedürfe es sprachlicher Zeichen, die auf Gegenstände und Gedanken hinzuweisen, sie abzubilden und zu entschlüsseln vermögen, also Worte. Sein Charakter als stellvertretendes Symbol, ohne das sprachliche Verständigung nicht möglich sei, verliehe dem Wort besondere Bedeutung; als wichtigstes Element der Sprache habe es Vorrang vor allen anderen ihrer Bausteine, auch der Grammatik. Quantität, Qualität und Vielfältigkeit des Zeicheninventars, also des Wortschatzes, bestimme letztlich die Güte einer Sprache; diese wiederum das geistig-kulturelle Niveau einer Nation.

> "Es ist bekandt, daß die Sprach ein Spiegel des Verstandes, und daß die Völcker, wenn sie den Verstand hoch schwingen, auch zugleich die Sprache wohl ausüben, welches der Griechen, Römer und Araber Beyspiele zeigen."[349]

Analog zu seinen frühen Mainzer Plänen, die die Notwendigkeit, das Buchwesen, also das geschriebene Wort, zu reformieren, mit dessen Charakter als Indikator für die geistige Kultur einer Nation begründen, folgert Leibniz: Man erkenne den Geist einer Nation daran, wie ihr Wortschatz für die verschiedenen Gebiete des Lebens und Denkens ausgebildet sei.

Für "Deutschland"[350], dessen scheinbar unaufhaltsamer sprachlicher Verfall mit dem Dreißigjährigen Krieg begonnen habe, könne man zwar einen erfreulich differenzierten Wortschatz für alle Bereiche des praktischen Lebens feststellen, Unzulänglichkeiten dagegen hinsichtlich des Ausdrucks von Emotionen und Wertungen sowie auf der abstrakten Ebene der Logik und Metaphysik, ebenso für den politischen Bereich; hier sähe man sich allzu oft gezwungen, adäquate Worte aus anderen Sprachen zu entlehnen. Eine besondere Gefahr läge dabei in der zunehmenden Überfremdung des Deutschen, vornehmlich durch das Französische, "weil die Annehmung einer fremden Sprache gemeiniglich den Verlust der Freyheit und ein fremdes Joch mit sich geführet".[351] So habe in der Tat nach Abschluß des Westfälischen Friedens nicht nur sprachlich der Einfluß Frankreichs überhandgenommen.[352]

Um dieser äußerst bedenklichen Entwicklung entgegenzuwirken, fordert Leibniz eine Sprachgesellschaft, die sich im besonderen Maße um den deutschen Wortschatz annehmen, ihn verbessern, erweitern und ins Volk tragen sollte. Als deren Mitglieder sieht er freilich nicht ausschließlich Gelehrte, respektive Sprachforscher, es sollten sich vielmehr Vertreter aus allen nur erdenklichen Lebens- und Tätigkeitsbereichen zusammenschließen.

> "So viel aber einen Teutschen Wörter-Schatz betreffen würde, gehöreten Leute dazu, so in der Natur der Dinge, sonderlich der Kräuter und Thiere, Feuer-Kunst (oder Chymi) Wiss-Kunst oder Mathematic und daran hangenden Bau-Künsten und andern Kunst-Wercken, Weberey und so genannten Manufacturen, Handel, Schiffahrt, Berg- und Saltzwercks-Sachen, und was dergleichen mehr, erfahren. Welche Personen dann, weil einer allem nicht gewachsen, die deutliche Nachrichtungen durch gewisses Verständnis unter einander zusammen bringen könten, und zu-mahl in grossen Städten die beste Gelegenheit dazu finden würden. So auch wohl vor sich gehen dürffte, wenn einige Beförderung von hoher Hand nicht ermangeln solte."[353]

Oberstes Ziel sei es, der deutschen Sprache wieder "Reichtum, Reinigkeit und Glanz", die drei notwendigen Eigenschaften einer Sprache, zu verleihen.

Damit nimmt Leibniz erneut ein Thema auf, das er schon vor Jahren in einem Werk abgehandelt hatte, zu dem er von seinem ersten Förderer Boineburg ermuntert worden war, nämlich in der Einleitung zu seiner Ausgabe des vom italienischen Humanisten Marius Nizolius verfaßten *Anti-Barbarus*. Dieser hatte die scholastische Philosophie, insbesondere deren Sprache, heftig kritisiert sowie größere Klarheit und Anschaulichkeit gefordert. In seinem Vorwort mit dem Titel *De *optima philosophi dictione* (1670) definiert der deutsche Gelehrte nun "claritas" und "elegantia" als die notwendigen Qualitäten jeder guten Rede.[354] Die Erläuterung der obengenannten Begriffe "Reichtum, Reinigkeit und Glanz" in den *Unvorgreiflichen Gedanken* liest sich wie eine Fortsetzung dieses einführenden Essays.[355]

Der "Reichtum" einer Sprache zeige sich in ihrem Überfluß an aussagekräftigen Wörtern, mit deren Hilfe sich alles kurz und prägnant, ohne langatmige Umschreibungen darstellen ließe. Prüfstein des "Reichtums" seien Übersetzungen; als beste Sprache bewiese sich demnach jene, die für jedes fremdsprachliche Wort ein Äquivalent besäße. Neben dem Verzicht auf vulgäre, veraltete und provinzgebundene Ausdrücke sowie der grammatikalischen Richtigkeit bestimme die Abwesenheit von Fremdwörtern die "Reinheit" der Sprache.

An dieser Stelle greift Leibniz die seinerzeit nicht nur in "Deutschland" heißdiskutierte "Fremdwortfrage" auf, die er gleichwohl differenzierter, als damals gemeinhin üblich, zudem unter soziologischen Gesichtspunkten, beantwortet.

Ohne ins puristische Extrem zu verfallen, wie z.B. das italienische Vorbild aller europäischen Sprachgesellschaften, die *Accademia della Crusca*, und im besonderen Maße die deutsche *Fruchtbringende Gesellschaft*, deren Bemühungen um "Reinigung" ihrer Sprache mitunter groteske Formen annahmen[356], schlägt Leibniz vor, sich der Überfremdung auf vernünftige Weise und in kleinen Schritten zu widersetzen. Überflüssige Fremdwörter, für die ein ebenso aussagekräftiges deutsches Wort zur Verfügung stünde, gelte es unverzüglich zu beseitigen; sinnvolle, sachlich notwendige oder schon seit langem "eingebürgerte" entlehnte Wörter[357] seien dagegen zu belassen und um der Einheitlichkeit der deutschen Sprache willen in Schrift, Aussprache sowie grammatikalisch zu assimilieren.

Ferner müsse der Gebrauch eines Fremdwortes immer auch im Hinblick auf das jeweilige Publikum und den Sachbereich beurteilt werden. Texte, die für eine breite Bevölkerungsschicht, d.h. auch für Ungebildete, verständlich sein sollten, etwa Predigten, müßten zwangsläufig ausschließlich deutsche Worte beinhalten; "was aber für Gelehrte, für den Richter, für Staats-Leute geschrieben, da kan man sich mehr Freyheit nehmen".[358] Als letzte Instanz, die über Anerkennung oder Eliminierung von Fremdwörtern zu entscheiden habe, schlägt Leibniz die "künftige(n) Teutsch-Gesinnete(n) Verfassung" vor.[359]

Über "Glanz und Zierde" zu handeln, erübrige sich. Wenn eine Sprache "reich" an treffenden Worten und Redensarten sei, dann käme es nur noch auf den Geist und Verstand des Verfassers an, die richtige Auswahl zu treffen. Stil, und das meint Leibniz hier, ließ sich am besten an guten Vorbildern, etwa an der "angenehmen Leichtflüssigkeit" der Sprache von Opitz, schulen.[360]

Die praktischen Empfehlungen des Philosophen gipfeln in einem "umfangreichen lexikographischen Programm, das bis heute nicht in jeder Hinsicht eingeholt ist".[361] Die gründliche Bestandsaufnahme und Untersuchung aller deutschen Worte, auch solcher, die, obzwar aussagekräftig, ganz in Vergessenheit geraten seien oder selten bzw. nur regional oder von bestimmten Gruppen von Menschen gebraucht würden, die Schaffung oder Zusammensetzung neuer und schließlich die "Einbürgerung oder Naturalisierung" treffender Fremdwörter[362ated] sollten drei Lexika hervorbringen, die die Lücken im Wortschatz der Gegenwartssprache zu schließen hätten.[363]

Entsprechend dem französischen "Dictionaire" von 1694[364] kündigt Leibniz ein Wörterbuch der Gemeinsprache an, das er "Sprachbrauch" nennt; des weiteren ein Lexikon der Berufs- und Fachsprachen, den "Sprach-Schatz oder cornu copiae". Besonders wichtig sei hierbei die Erfassung des technischen Wortschatzes, "inmassen durch Erklärung der Kunst-Worte die Wissenschafften selbst erläutert und befördert würden".[365]

In dem internationalen Vergleich derartiger Lexika sieht Leibniz daher vielversprechende Möglichkeiten für eine Fortentwicklung der Technik, "weiln in einem Land diese, in dem andern die andern Künste besser getrieben werden, und jede Kunst an ihrem Ort und Sitz mehr mit besondern Nahmen und Redens-Arten versehen".[366] Die Sprache ist nämlich, so seine Überlegung, nicht nur ein "Spiegel des Verstandes"[367], insofern sie den jeweiligen Kenntnisstand anzeigt, sie vermag zugleich noch unbekannte Dinge und Vorgänge zu entschlüsseln. Wenn Worte als "Zeichen für Dinge" stehen[368], dann muß umgekehrt die Erläuterung ungewöhnlicher Worte die Erkenntnis unbekannter Dinge mit sich bringen.[369] Die Beziehung zwischen Sprache und Geist ist somit wechselseitig.

Weniger zum menschlichen Gebrauch als zur Zierde und zum Ruhm der Nation, zur Erklärung des Altertums und der Geschichte werde der "Sprachquell", auch "Glossarium Etymologicam" genannt, dienen, der eine Sammlung des mundartlichen und historischen Wortschatzes beinhalte.

Neben den drei Hauptwerken stellt Leibniz "gewisse Neben-Dictionaria"[370] in Aussicht, so zum Beispiel ein Wörterbuch der Redensarten oder eines der in andere Sprachen entlehnten deutschen Wörter. Gedanken macht er sich schließlich noch darüber, ob die jeweiligen Lexika alphabetisch und als Worterklärungen oder nach Sachgruppen in "Nomenklatoren" zu ordnen seien.

Die Erarbeitung einer deutschen Grammatik erschiene zwar in Hinblick auf die Notwendigkeit, den Wortschatz zu verbessern und zu erweitern, zweitrangig, dürfe gleichwohl nicht vernachlässigt werden. Einmal, um vor allem jene zu unterrichten, die Latein nicht erlernt hätten und deshalb auch das Deutsche nur schlecht beherrschten; zum anderen um Ausländern die deutsche Sprache verständlicher zu machen, "welches zu unserm Ruhm gereichen, andern zu den Teutschen Büchern Lust bringen, und den von etlichen gefassten Wahn benehmen würde, als ob unsere Sprache der Regeln unfähig, und aus dem Gebrauch fast allein erlernet werden müste".[371]

Nicht nur an dieser Stelle tritt der national-patriotische Charakter der *Unvorgreiflichen Gedanken* zu Tage, der Heinrich Lindner 1831 veranlaßte, sie allzu überschwenglich als "Teutodizee", als Rechtfertigung des Deutschtums, zu glorifizieren.[372]

Ungeachtet ihres bleibenden Wertes aufgrund der tiefen Einblicke ihres Verfassers in die Bedürfnisse der deutschen Sprache, Philologie und Literatur und der daraus abgeleiteten praktischen Vorschläge ist uns, neben der *Ermahnung* von 1678, besonders diese Schrift des Philosophen ein wichtiges Zeitdokument für das herrschende patriotische Krisengefühl in "Deutschland", das in der von Leibniz schon in der *Ermahnung* präzise diagnostizierten Sprachkrise[373] seinen Ausdruck fand. In den letzten Jahrzehnten des 17. Jahrhunderts herrschte, so Eric Blackall[374], "ein weitverbreitetes Furchtgefühl und eine tiefe Besorgnis" angesichts des deutlichen Verfalls der Sprachkultur vor. Die politische Schwächung, die Zersplitterung des Reichs und sein wirtschaftlicher Niedergang durch und nach dem Dreißigjährigen Krieg sowie die gleichzeitige politische wie kulturelle Blüte Frankreichs hatten nicht nur auf Sitten, Gepflogenheiten und Lebensstil, sondern auch auf den Gebrauch der deutschen Sprache erheblichen Einfluß. Mehr und mehr bedienten sich die Gebildeten der französischen Sprache, die, in ihrem Mutterland zur "Sprache des Hofes" ernannt, längst als Schriftsprache anerkannt war. Mit Beginn des 17. Jahrhunderts setzte sie sich hier verstärkt auch in der Dichtung und Literatur, selbst in den Wissenschaften durch. Die Gründung der *Académie française* 1635 durch Richelieu und ihr Auftrag, sich ausschließlich der Pflege der französischen Sprache zu widmen, markieren nur einen ersten Höhepunkt in dieser Entwicklung. Die Anerkennung und Anwendung der Nationalsprache auch auf Gebieten, die vordem das Latein beherrscht hatte, machten diese sukzessive einer breiteren Bevölkerungsschicht zugänglich. Das Ergebnis war ein enormer wissenschaftlich-kultureller Aufschwung in Frankreich, das bald die Führungsrolle in Europa übernahm.[375]

Das wachsende Kulturgefälle im Vergleich zu Frankreich hat in "Deutschland" wiederum, jedenfalls in gebildeten Kreisen, ein nationales Minderwertigkeitsgefühl wachgerufen, das sich in zunehmenden Entlehnungsvorgängen, nicht nur sprachlicher Natur, vielmehr auf allen Ebenen des täglichen Lebens äußerte. Leibniz' Kritik in den *Unvorgreiflichen Gedanken* richtet sich im besonderen auf die deutsch-französische "Sprachmengerei", die schon vor dem Dreißigjährigen Krieg erste Blüten getrieben und eine Gegenbewegung hervorgerufen sowie 1617 zur Gründung der von ihm so oft getadelten *Fruchtbringenden Gesellschaft* geführt hatte.[376]

Wenn der deutsche Gelehrte nun also derartig eindringlich für eine Verbesserung und Erweiterung der deutschen Sprache wirbt, so ist dies nicht zuletzt mit der Absicht verbunden, den verlorengegangenen Nationalstolz seiner Landsleute wieder zu wecken, ebenso wie deren Vertrauen in die eigenen Fähigkeiten und Vorteile und den Willen, diese zu nutzen.

Zeichne sich die eigene Sprache erst einmal durch einen umfangreichen Wortschatz aus, der für alle Bereiche des menschlichen Lebens und Wissens eine Fülle adäquater Ausdrucksmöglichkeiten bereithielte, zudem durch "Reinigkeit und Zierde", dann werde man wie selbstverständlich auf sprachliche Krücken aus anderen Sprachen, respektive dem Französischen, verzichten. Mit dem neugewonnenen sprachlichen Selbstbewußtsein werde das nationale einhergehen und schließlich auch der Nachahmungsdrang abnehmen. Der Gefahr, sich einer fremden Macht sozusagen freiwillig zu unterwerfen, indem man ihren Einfluß zunächst auf sprachlicher, später auch auf anderen Ebenen zuläßt, werde damit Einhalt geboten[377]

Hinter dieser national-motivierten Intention, die dem herrschenden Zeitgeist sehr wohl entsprach, verbirgt sich zugleich die ureigenste Auffassung des Philosophen, der Sprache als Indikator für das Geistesleben einer Nation begreift.[378]

Setzt man, wie Leibniz, die Korrelation von Sprache und Verstand des einzelnen bzw. einer ganzen Nation voraus, dann mußte es möglich sein, durch ihre Vervollkommnung das geistig-kulturelle Niveau eines Volkes anzuheben; zumal, wie er annimmt, die Erschließung neuer, noch fremder oder die Wiederentdeckung veralteter, nicht mehr gebräuchlicher Begriffe unbekannte oder in Vergessenheit geratene Dinge offenbaren kann. Denn als "Spiegel des Verstandes" wirke die Sprache auf diesen zurück. Die systematische Popularisierung der nach den oben genannten Kriterien verfeinerten Sprache in allen Bevölkerungsschichten hätte letztlich eine breitere Volksbildung zur Folge. Eine ähnliche Entwicklung wie in Frankreich würde platzgreifen, man könnte wieder anknüpfen an die politischen wie kulturellen Höhenflüge vergangener Tage, die Leibniz in seiner *Ermahnung* mit kaum verhohlenem Nationalstolz preist.

Der nationalpädagogische Gedanke in den sprachkritischen Arbeiten des Philosophen, der einen Grundzug seiner pädagogischen Gesamtkonzeption schlechthin kennzeichnet[379], rückt Leibniz in die geistige Nähe des Sprachforschers Justus Georg Schottel.[380]

Dieser hatte sich schon vor seinem Nachfolger in Wolfenbüttel in seiner *Ausführlichen Arbeit von der Deutschen HauptSprache* (1663)[381] dafür ausgesprochen, daß "jede Kunst / und jedes Stücke der Wissenschaften gemählig auf Teutsch bekant werden müchte".[382] Kein wirkliches Wissen könne vermittels einer fremden Sprache erworben werden. Mißachte man jedoch seine Muttersprache und erkenne ihr die Fähigkeit ab, geistige Begriffe auszudrücken, so gestehe man damit zugleich die intellektuelle Unterlegenheit seiner Nation im Vergleich mit anderen ein.

Weniger feinsinnig als Leibniz, doch wie dieser getragen von "Vaterlandsliebe und echter deutscher Gesinnung"[383], warnt Schottel vor den nationalen kulturellen Folgen schichtenspezifischer Gelehrsamkeit und Bildung, wenn man weiterhin große Teile der Bevölkerung aufgrund deren mangelnden Sprachkenntnisse von der "Kunst, Wissenschaft und Erfahrung"[384] ausschlösse.

Reinigung, Erweiterung und Reglementierung erscheinen auch ihm als geeignete Maßnahme, um das Niveau der deutschen Sprache zu heben, ihren Gebrauch auf allen Gesellschaftsebenen und in allen Lebensbereichen zu forcieren. Selbst die Anregung zur Schaffung eines Wörterbuches finden wir bereits bei dem Wolfenbütteler Sprachforscher. Die Umsetzung seiner theoretischen Einsichten erhoffte sich Schottel von der seit 1617 in Weimar ansässigen *Fruchtbringenden Gesellschaft*. Als deren Mitglied wußte er gleichwohl um ihre geringe Wirksamkeit, zumal sie sich, wie die ihr nachfolgenden verwandten Organisationen, ausschließlich mit Poesie befaßte, die auch von Leibniz höher bewertete Sachprosa aber vernachlässigte. Daher versuchte er einen kleinen Kreis gleichgesinnter, reformwilliger Mitglieder für die Ausführung seiner Ideen zu gewinnen.[385]

Die zweifellos vorhandenen Gemeinsamkeiten, z.T. auch Übereinstimmungen in den sprachkritischen Abhandlungen von Leibniz und Schottel stehen in engem Zusammenhang mit der historischen und sprachgeschichtlichen Situation im 17. Jahrhundert und lassen sich mit den zeitspezifischen Merkmalen und Bedürfnissen der deutschen Sprache an sich hinreichend erklären. Andere zeitgenössische Gelehrte, wie etwa der Sprachforscher Johann Ludwig Prasch oder der Literarhistoriker Daniel Georg Morhof, die Leibniz in seinen *Unvorgreiflichen Gedanken* übrigens lobend hervorhebt[386], hatten entsprechende Überlegungen angestellt; derartige Gedanken und Forderungen waren Gemeingut all jener, die an der vaterländischen und deutschsprachlichen Bewegung teilhatten.[387] Die seit Beginn des 17. Jahrhunderts steigende Zahl der Sprachgesellschaften, die diese Bewegung hervorgebracht hat, zeugt darüber hinaus von der zunehmenden Sorge um die deutsche Sprache und der nicht nachlassenden Aktualität sprachkritischer Bemühungen. Beide, Schottel wie Leibniz, schließen an die Tradition dieser barocken Sprachgesellschaften an und gehen, jeder auf seine Art, mit ihren Vorschlägen doch weit über deren Ziele hinaus. Daß der jüngere Leibniz sich dem Protagonisten der deutschen Sprachforschung Schottel, den er ebenfalls in den *Unvorgreiflichen Gedanken* besonders erwähnt[388], in gewisser Weise verpflichtet fühlte, darf durchaus vermutet werden. Andererseits ist Leibniz' großartiger Traktat das Produkt gründlicher Studien und umfassender Kenntnisse. Sein weitläufiger Briefwechsel aus der Zeit um 1697 zeigt, daß er sich in diesen Jahren intensiv mit ethnologischen, etymologischen und sprachlichen Themen aller Art beschäftigt hat.[389] Schon sehr früh, 1680, möglicherweise noch im Zusammenhang mit der Abfassung der *Ermahnung*[390], hatte er sich nach dem Verbleib des Schottelschen Nachlasses, insbesondere nach dessen geplantem *Lexicon linguae Germanicae*, erkundigt.[391]

Doch diese Tatsache allein rechtfertigt, so Sigrid von der Schulenburg[392], nicht einmal die Annahme, der hannoversche Gelehrte habe den Arbeiten des Wolfenbütteler Sprachforschers mehr als nur ein gelegentliches Interesse entgegengebracht. Noch weniger berechtigt sie freilich zu Zweifeln hinsichtlich der geistigen Urheberschaft Leibniz' an den *Unvorgreiflichen Gedanken*. Mit Recht hat schon Neff derartige Überlegungen Schmarsows zurückgewiesen.[393]

Bei einem Gelehrten wie Leibniz, dessen enzyklopädisches Wissen bereits zu Lebzeiten uneingeschränkt anerkannt war, sei es nur natürlich, wenn man in seinen Schriften und Abhandlungen auch Ideen anderer, verstorbener oder zeitgenössischer Denker fände. Von einer direkten Entlehnung könne man jedoch nicht sprechen; zumal er, das sei hinzugefügt, in seinen *Unvorgreiflichen Gedanken* deutlich erkennbar andere Schwerpunkte setzt. Während sich nämlich Schottels Reflexionen ausschließlich auf die Pflege der Hochsprache richten, als deren einzige Autorität er die Sprache der großen Dichter und Schriftsteller der Vergangenheit anerkennt, mißt Leibniz der Umgangssprache wie den Mundarten, die Schottel mit keiner Silbe erwähnt, mindestens ebenso große Bedeutung bei.[394]

Leibniz habe, so wiederum Neff, wie kein anderer vor ihm, das mußte selbst Schmarsow eingestehen[395], seine theoretischen Einsichten praktisch umzusetzen vermocht; auch sei der substantiell sprachwissenschaftliche Wert seiner Vorschläge bis heute unangefochten. Festzuhalten bliebe, und das gelte im Hinblick auf alle seine Wissens- und Arbeitsgebiete, daß der hannoversche Gelehrte von anderen angeregt oder auch beeinflußt worden sei, entscheidend aber kein einzelner auf ihn eingewirkt habe.[396]

Gleichwohl hat Leibniz, der in seinen Schriften weiß Gott nicht immer originär ist, es stets verstanden, selbst wenn er sich das Gedankengut anderer in irgendeiner Form zu eigen machte, dieses so zu modifizieren und mit ureigensten Ideen oder Schlußfolgerungen zu durchsetzen, daß es sich letztendlich als typisches Produkt seines genialen Geistes auszeichnete. Ihm war es aber vor allem gegeben, Vergangenheit und Gegenwart aller Dinge, mit denen er sich beschäftigte, souverän zu überschauen und so der Zukunft den Weg zu weisen. Dies führt im besonderen Maße ein Vergleich der Anregungen von Schottel und Leibniz zur Verbesserung der deutschen Sprache vor Augen. In den *Unvorgreiflichen Gedanken* wie auch in seinen anderen Abhandlungen, die dieses Thema behandeln[397], wird deutlich, in welchem Grad Leibniz das Wesen der Sprache erfaßt. Eben diese Fähigkeit, zu den erkenntnistheoretischen Grundlagen eines jeden Stoffes zu gelangen und diese dann wiederum praktisch umzusetzen, erhebt den hannoverschen Gelehrten über seine Zeitgenossen und macht uns verständlich, warum er mit seinem Programm, im Gegensatz zu Schottel, eine Vision von der Zukunft zeichnen konnte.

Die *Unvorgreiflichen Gedanken* fanden zunächst nur handschriftliche Verbreitung unter Freunden und Korrespondenten des Philosophen, deren ähnlichgerichtete Bestrebungen ihm bekannt waren und auf deren Urteil er nicht verzichten mochte.[398]

Eine intensive inhaltliche Auseinandersetzung mit den hier vorgetragenen Gedanken zur deutschen Sprache erleben wir in Leibniz' Briefwechsel mit Gerhard Meier, der, gleichfalls sprachwissenschaftlich ambitioniert und von seinem Briefpartner in Hannover ermuntert und unterstützt, an einem etymologischen niedersächsischen Wörterbuch arbeitete.[399]

In einem Schreiben vom 5. Februar 1698 nimmt der Bremer Theologe und Sprachforscher ausführlich Stellung zu einzelnen Thesen der ihm von Leibniz zur Begutachtung übersandten "deutsch geschriebenen Abhandlung von der deutschen Sprache"[400], war mit diesem jedoch nicht immer einer Meinung. Leibniz' Antwort entnehmen wir einem weiteren, wiewohl undatierten Brief aus dieser Korrespondenz, in dem er seiner Freude darüber Ausdruck verleiht, daß seine kleine Schrift "de lingua Germanica cura" bei aller Kritik dennoch Gefallen gefunden habe.[401]

Aufschlußreicher im Hinblick auf die sachliche Auseinandersetzung beider Gelehrter sind allerdings die Gegenargumente zu den von Meier vorgebrachten Einwänden, die Leibniz nachträglich am Rande seines Manuskripts der *Unvorgreiflichen Gedanken* vermerkt hat.[402]

Ob und inwieweit der in Frankfurt lebende Orientalist Hiob Ludolf, den Leibniz in diese briefliche Diskussion einbezog, und der, wie daraus zu schließen ist, gleichfalls Kenntnis von den *Unvorgreiflichen Gedanken* gehabt haben muß, zu dieser Abhandlung ausdrücklich Stellung nahm, läßt das, wiewohl in großem Ausmaß überlieferte Quellenmaterial nicht erkennen; Ludolfs Äußerungen bleiben allgemeiner Natur, nehmen nicht expressis verbis Bezug auf die *Unvorgreiflichen Gedanken*.[403]

Ungeachtet der für Leibniz enttäuschenden Tatsache, daß die Pläne für eine deutsche Sprachgesellschaft in Wolfenbüttel nicht verwirklicht werden konnten, und die *Unvorgreiflichen Gedanken* damit ihres realen Bezugs beraubt waren, verloren sie dennoch weder an Aktualität noch an sprachwissenschaftlichem wie literarischem Wert; ihre unmittelbare Wirkung ist noch lange nach dem Tod des Philosophen erkennbar.[404]

So nimmt es nicht wunder, daß Leibniz selbst diese Abhandlung immer wieder aufgriff und sie dem jeweiligen Anlaß bzw. Zweck entsprechend überarbeitete. Davon zeugt nicht nur ihr erster Abdruck in den *Collectanea Etymologica*, der, wie Pietsch vermutet, nach einer vierten, nicht erhaltenen Handschrift erfolgt sein muß, in der jegliche direkte Anspielung auf eine zu fundierende Sprachgesellschaft aus gutem Grund vermieden wird.[405] Auch die beiden anderen, von Schreibern festgehaltenen Versionen, die Korrekturen, z.T. von Leibniz' Hand, aufweisen, sind sicher nicht von ungefähr entstanden.

Nachweislich im Hinblick auf die bevorstehende Gründung der Sozietät der Wissenschaften in Berlin erinnert sich Leibniz seiner *Unvorgreiflichen Gedanken* und schickte eine Abschrift - welche ist nicht bekannt - an seinen wichtigsten Gesprächspartner in dieser Angelegenheit, den Hofprediger D. E. Jablonski.[406] Hier haben Leibniz' Gedanken schließlich späte Früchte getragen; zunächst als man der 1700 gestifteten brandenburg-preußischen Sozietät eine deutsche Klasse einverleibte und ihr den Auftrag gab, sich der "Reinerhaltung" der deutschen Sprache zu widmen.[407] Mit der Wiederaufnahme der Wörterbuchpläne des Philosophen 1792 durch die sog. *Deutsche Deputation* der Berliner Akademie und dem von ihr ausgeschriebenen Aufsatzwettbewerb über Sprachreinigung erlebten Leibniz' *Unvorgreifliche Gedanken* sozusagen eine Renaissance.[408]

Auch hinsichtlich des Einflusses von Leibniz auf entsprechende Vorhaben J. G. Eckharts dürften kaum Zweifel bestehen.

Eckart hatte den Gelehrten Ende 1698 in Hannover kennengelernt und arbeitete mit kurzfristigen Unterbrechungen bis 1716, also bis zum Tod des Philosophen, als dessen Sekretär und Mitarbeiter an der Geschichte des Welfenhauses. 1704 betraute ihn dieser mit den Verhandlungen um die Errichtung einer Akademie in Dresden.[409)] Aus seinem *Reisejournal*[410)] erfahren wir, daß Leibniz' Adlatus wie kein anderer vertraut war mit der wissenschaftsorganisatorischen Konzeption seines Herrn, und wir dürfen annehmen, daß er von früheren Projekten des Philosophen gleichfalls wußte.

Über die Affinität seines Zeitschriftenprojektes, das er in Würzburg, seinem letzten Wohn- und Arbeitsort, verfolgte, zu den von Leibniz in Mainz vorgetragenen Vorschlägen für einen *Nucleus librarius semestralis* wurde bereits gehandelt.[411)] Weit weniger erstaunt es freilich, daß Eckhart als Kenner, aufrichtiger Bewunderer[412)] und erster Herausgeber der *Unvorgreiflichen Gedanken*, allerdings erst Jahre nach Leibniz' Tod, vermutlich um 1727, wiederum in Würzburg, dessen Idee für eine Sprachgesellschaft aufgreift.[413)] Hatte er doch schon in seinen von Leibniz veranlaßten Gesprächen über eine kursächsische Societät der Wissenschaften Forderungen aus dieser vorausschauenden und wegweisenden Abhandlung über die deutsche Sprache wiederholt.[414)]

Die von Eckhart entworfenen "Grund-Geseze (...) der Teutschen Academie"[415)] weisen schließlich, bei allen Unterschieden im Detail, in ihren Grundzügen so deutliche Gemeinsamkeiten auf, daß man sie in gewisser Weise als Fortsetzung Leibnizscher Bemühungen betrachten mag. Wie Leibniz orientiert sich Eckhart am barocken Prototyp deutscher Sprachgesellschaften und wie dieser versäumt er es gleichwohl nicht, den "antifruchtbaren" Charakter seiner "Teutschen Academie" zu betonen. Ziel der Akademie sollte es sein, die Reinheit und Vollkommenheit der deutschen Sprache "in gebundener als ungebundener Rede" zu erreichen.[416)] Doch wichtiger als ihre Reinigung von Fremdwörtern ist Eckhart ihre wissenschaftliche wie geschichtliche Untersuchung. Anders als die *Fruchtbringende Gesellschaft* und ganz im Sinne seines verstorbenen Dienstherrn, rückt er also die wissenschaftliche Intention der zukünftigen Sprachgesellschaft in den Vordergrund; ihr Hauptarbeitsgebiet sieht er demzufolge nicht wie jene in der Dichtkunst, vielmehr in der Bearbeitung und Verbesserung der Sachprosa. Mit der Erläuterung der vier vorgesehenen Klassen und ihren jeweiligen Aufgaben umreißt Eckhart das Programm der Akademie.[417)]

Die erste Klasse hätte ein vollständiges Wörterbuch wie eine Grammatik zu erstellen, regelmäßig zu überarbeiten und erweitern. Als oberste Instanz sollte sie zudem über die Anerkennung und den richtigen Gebrauch der Wörter sowie über deren Bedeutung entscheiden. Die "Reguln der teutschen Wohlredenheit in ungebundener Rede" seien von der zweiten festzusetzen. Die dritte sollte sich der Poesie und die vierte Abteilung der etymologischen Sprachforschung widmen.

Dies sind in nuce eben jene Schwerpunkte, die auch Leibniz in seinen *Unvorgreiflichen Gedanken* setzt. Wenn Eckhart im Gegensatz zu diesem den Bereich der Berufs- und Fachsprachen, respektive der Technik, gänzlich ausklammert, so mag das daran liegen, daß er in erster Linie Historiker, Philologe und Etymologe war. Dessenungeachtet lassen sich Konzeption wie Aufgabenstellung der von Eckhart in

Aussicht genommenen *Teutschen Academie* auf Ideen zurückführen, die Leibniz schon in seinen *Unvorgreiflichen Gedanken* geäußert hat und die in ihrer Gesamtheit zum damaligen Zeitpunkt nicht unbedingt Allgemeingut waren. Eckhart kannte diese Überlegungen und hat sie zusammen mit eigenen Gedanken, vornehmlich organisatorischer Natur, in einen Akademieentwurf eingebracht, der ebensowenig Realität wurde, wie die zahlreichen einschlägigen Projekte des Philosophen. Selbst wenn, wie Eckharts Biograph glaubt, dessen Plan vor allem als Antwort auf Gottscheds Reform der Statuten der *Deutschen Gesellschaft* in Leipzig zu verstehen ist[418], gewisse organisatorische Einzelheiten diese Annahme rechtfertigen mögen[419], so läßt sich Leibniz' Geist in den "Grund-Gesezen" seines langjährigen und engsten Mitarbeiters doch nicht von der Hand weisen.[420]

Die Vermutung von Pietsch[421], daß Teilentwürfe zu den *Unvorgreiflichen Gedanken* schon lange vor 1696/97 existiert haben müssen, die Leibniz dann zu gegebenem Anlaß nur einzuarbeiten brauchte, kann aufgrund des überlieferten Quellenmaterials, soweit es gesichtet wurde, nicht gestützt werden.

Zweifellos läßt, wie das Folgende zeigen wird, allein schon die inhaltliche Nähe zu der wesentlich älteren *Ermahnung* derartige Überlegungen zu; desgleichen können die von Pietsch in diesem Zusammenhang zitierten Textstellen, zumeist vage Zeitbegriffe[422], durchaus dahingehend interpretiert werden. Andererseits kommt Leibniz auf Reflexionen, die er, wie in unserem Fall eben im Rahmen der *Ermahnung*, in irgendeiner Form bereits zu Papier gebracht hat, noch nach Jahren zurück und schreibt sie, dem jeweiligen Zweck und/oder Adressaten entsprechend modifiziert, erneut nieder. Warum also sollte er sich nicht auch bei der Abfassung der *Unvorgreiflichen Gedanken* dieser älteren Schrift gleichen Themas bedient haben? Diese Auffassung erscheint uns jedenfalls mindestens ebenso wahrscheinlich wie die von Pietsch angenommene Existenz diverser Teilentwürfe zu den *Unvorgreiflichen Gedanken* lange vor ihrer ersten Aufzeichnung.

Setzt man die Richtigkeit der mittlerweile hinreichend verifizierten Datierungen beider Stücke voraus, so ist die *Ermahnung*[423] fast zwanzig Jahre vor den *Unvorgreif-lichen Gedanken* entstanden. Demgegenüber hat man diese undatierte Schrift, derer sich Leibniz in seinem vielfältigen Briefwechsel gerne erinnert, so auch im Zusammenhang mit seinem Eintreten für eine deutsche Sprachgesellschaft in Wolfenbüttel[424], erst relativ spät ausfindig gemacht; Grotefend hat sie 1846 erstmals publiziert.[425] Mit ihrem neuesten Wiederabdruck 1986 im Rahmen der Akademieausgabe wurden schließlich letzte Zweifel hinsichtlich ihrer zeitlichen Einordnung ausgeräumt; die Herausgeber haben sich gegen Klopp u.a., die als Entstehungsjahr 1683 und 1697 angenommen hatten, für 1679 entschieden.[426]

Stärker noch als die *Unvorgreiflichen Gedanken* getragen von der vaterländischen Gesinnung ihres Verfassers, gleicht diese "patriotische Rhapsodie"[427] einem geradezu beschwörenden Appell an das gesamte deutsche Volk, sich seiner geistigen wie praktischen Fähigkeiten und Errungenschaften bewußt zu sein, sie nicht zu vernachlässigen, sie vielmehr kontinuierlich zu verbessern und zu mehren. Damit unterscheidet sich die *Ermahnung* in gewisser Weise von den meisten der bisherigen einschlägigen Aufzeichnungen des Philosophen, die, mit Rücksicht auf ein ganz bestimmtes Ziel, in der Regel einem oder mehreren einflußreichen Persönlichkeiten zugedacht waren, auf deren Hilfe man angewiesen war. So betont Leibniz hier denn auch, er wolle sich auf einen Vorschlag beschränken, der ohne Unterstützung und Einfluß von höherer Seite realisierbar sei, "dieweil ich allezeit die jenigen Vorschläge hochgehalten, die der Urheber selbst zum theil vollstrecken kann. Denn rathen ist leicht, aber die hände selbst anlegen iederzeit schwehr ist".[428]

Wie die *Unvorgreiflichen Gedanken*, so wurde auch die wesentlich ältere *Ermahnung* veranlaßt durch den scheinbar unaufhaltsamen Verfall der deutschen Sprachkultur. Doch während jene vorwiegend konkrete Empfehlung zur Überwindung der Sprachkrise enthalten, sozusagen eine Art Therapieplan darstellen, beschränkt sich diese weitgehend auf eine, wiewohl erstaunlich präzise und tiefblickende Diagnose des Phänomens als solchem.[429] So ist Schmarsows[430] Betrachtungsweise, der die *Ermahnung* als ausführliche Einleitung und ersten Entwurf des Hauptanliegens der *Unvorgreiflichen Gedanken*, oder anders ausgedrückt, letztere als inhaltliche Fortführung der *Ermahnung* sieht, sicher nicht unbegründet, wenngleich die daraus abgeleitete Datierung mittlerweile widerlegt ist.

Das ursächliche Motiv für Leibniz' Kritik in der *Ermahnung* erkennen wir wiederum in der deutsch-französischen Sprachvermischung und dem damit einhergehenden Nachahmungstrieb der Deutschen, der von einer allzu klischeehaften Auffassung des "modischen" Französischen und des "biederen" Deutschen herrührte. Doch nach Dafürhalten des Gelehrten hätten seine Landsleute am wenigsten dieser Form der Unterwerfung unter eine fremde Macht bedurft. Gott habe seine vielfältigen Gaben im besonderen Maße an das Heilige Römische Reich verteilt, es zudem vor größeren Katastrophen verschont. Sein Loblied auf den deutschen Kaiser, Leopold I., dessen Regierungsstil und Leumund in Europa sowie auf die grundsätzliche Wohlfahrt seines Landes, das, wie er meint, alle Voraussetzungen eines idealen Staates aufwiese, gipfelt in dem vielzitierten Ausruf: "Beßer ist ein Original von einem Teütschen, als ein Copey von einem Franzosen seyn."[431]

Das eigentliche Problem läge nicht in den schlechteren Bedingungen des Reichs, vielmehr in der Unfähigkeit, die eigenen Vorteile und Fähigkeiten zu erkennen und entsprechend zu nutzen. Diese Ansicht hatte Leibniz schon in dem 1671 niedergeschriebenen *Bedenken* mit geradezu überschwenglicher Rhetorik vertreten.[432] Doch Leibniz wäre nicht Leibniz, gäbe er sich mit der Analyse des Problems zufrieden, sogleich schließt er Überlegungen an, wie dem abzuhelfen sei.

Das gesamte Volk, jeder einzelne Bürger, müsse aufgemuntert werden, seinen Verstand, die Seele aller Tugend und Tapferkeit, zu schulen und ihn zum Wohle seines Vaterlandes einzusetzen.[433] Sein Anliegen ist also einmal mehr nationalpädagogischer Natur und zielt wiederum auf eine Hebung des kulturellen Niveaus in "Deutschland".[434)] Ausschlaggebend sei das Verhältnis der Zahl der "Gebildeten" zu jener der "gemeinen Leute". Man müsse daher, so Leibniz, in Anlehnung an Bechers volkswirtschaftlich begründete These von der "volkreichen Gemein"[435)], nur den Anteil der "Gebildeten" einer Nation potenzieren, um alle in ihr prinzipiell vorhandenen Möglichkeiten voll auszuschöpfen.

> "Je mehr nun dieser leute in einem lande ie mehr ist die Nation abgefeinet oder civilisiert, und desto glückseeliger und tapferer sind die einwohner."[436)]

Die Voraussetzungen, um auf diesem Wege in deutschen Landen zu einem höheren Stand der Zivilisation zu gelangen, seien zum einen gute Bücher in deutscher Sprache, aus welchen selbständig das nötige Wissen geschöpft werden könne, zum anderen gelehrte Gesellschaften, "da man etwas ersprießliches hören und auch anbringen kan".[437)] Doch neben der Dezentralisierung und damit Schwächung der kulturellen Kräfte als Folge des jahrzehntelangen Krieges und der Religionstrennung gäbe es speziell in "Deutschland" ein Problem in zweifacher Hinsicht.

Erstens zeigten sich im Gegensatz zu den übrigen europäischen Ländern, namentlich England, Frankreich und den italienischen Territorien, zu wenige Fürsten oder andere hochgestellte Persönlichkeiten bereit, sich dieser Sache anzunehmen. "Hoher Personen Neigung" sei aber "das jenige so die gemüther erwecken und niederschlagen kan".[438)] Überdies habe man die eigene Sprache über geraume Zeit vernachlässigt, sie vor allem von der Wissenschaft ferngehalten. Vorgreifend auf die die fast zwanzig Jahre jüngeren *Unvorgreiflichen Gedanken* einleitende zentrale These, welche die Korrelation zwischen Sprache und geistigem Horizont konstatiert[439)], klagt Leibniz:

> "bey der ganzen Nation aber ist geschehen, daß die jenigen so kein latein gelernt, von der wißenschafft gleichsam ausgeschloßen worden, also bey uns ein gewißer geist und scharffsinnige gedancken, ein reiffes Urtheil, eine zarte empfindligkeit deßen so wohl oder übel gefaßet noch nicht unter den Leüten so gemein worden, als wohl bey den ausländern zu spüren, deren wohlausgeübte Muttersprach wie ein rein politres glas gleichsam die scharffsichtigkeit des gemüths befördert, und dem verstand eine durchleuchtende clarheit giebt".[440)]

Während Engländer, Holländer, Spanier, Italiener und Franzosen seit Beginn des 17. Jahrhunderts sich nicht nur in der Dichtung, sondern auch in wissenschaftlichen Abhandlungen zunehmend ihrer Nationalsprache bedienten[441)], hielt man in "Deutschland", trotz gegenteiliger Bestrebungen schon im 16. Jahrhundert, am Gelehrtenlatein fest. Ungeachtet der Bemühungen Luthers u.a.[442)] galt es in gelehrten Kreisen nach wie vor als nicht "standesgemäß" deutsch zu reden oder zu schreiben. In dem einige Jahre früher datierten *Antibarbarus* hatte Leibniz schon einmal die Vermutung geäußert, so manche seiner Kollegen befürchteten wohl, "es würde der Welt ihre mit großen worthen gelarffte geheime unwißenheit entdecket werden".[443)]

"Grundgelehrte leüte" hätten gleichwohl keinen Grund, ihre Weisheit der Allgemeinheit vorzuenthalten, sie nicht auf Deutsch zu verkünden; ganz im Gegenteil, könnten sie damit doch ihre eigene Vortrefflichkeit immer wieder unter Beweis, Schwätzer und Halbwissende dagegen bloßstellen. So ließe sich schließlich die Spreu vom Weizen trennen; eine neue Qualität des wissenschaftlichen Lebens wäre, wie in Frankreich, die Folge. Zudem werde dem herrschenden Übel, daß man oft bei gelehrten Spitzfindigkeiten, aber "unbrauchbaren dingen" verweile, abgeholfen.

Mit ebensoviel Überzeugungskraft wie der erst 24-jährige Leibniz sich 1670 in der Vorrede zu seiner Neuausgabe des *Antibarbarus*[444] für die Eignung der deutschen Sprache in der Philosophie ausgesprochen hat, mit ebensogroßem Nachdruck setzt er sich nun in der *Ermahnung* für ihre Verwendung in allen wissenschaftlichen Disziplinen ein. Ihrer Anlage nach sei sie wie keine andere Sprache, die lateinische eingeschlossen, geeignet, gute und klare Gedanken auszudrücken, sie sei gleichsam ein "Probierstein der Gedanken".[445]

> "Sagen sie daß sie nach vielen nachsinnen und Nagelbeißen kein Teutsch gefunden, so herrliche gedancken auszudrücken guth gnugsam gewesen, so geben sie wahrlich mehr die armuth ihrer vermeinten Beredsamkeit, als die vortrefligkeit ihrer einfälle zu erkennen."[446]

Entstanden sind derartige Äußerungen zunächst einmal aus dem Gegensatz zu der in "Deutschland" immer noch tonangebenden, im besonderen Maße von Kirche und Universität, den Bildungsträgern jenes Jahrhunderts, getragenen Latinistenpartei.[447] So sind sie nicht zuletzt Ausdruck einer wachsenden Kritik an den bestehenden Hochschulen, denen man vorwarf, den Bedürfnissen der sich entfaltenden modernen Wissenschaft nicht Rechnung zu tragen, vielmehr unbeirrt an der scholastischen Schulphilosophie festzuhalten; als ausschließlich der Theorie zugewandte Lehranstalten führten sie zudem ein von den gesellschaftlichen Realitäten und Notwendigkeiten abgewandtes Eigenleben. Gerade von der sprachlich manifestierten, offensichtlich beabsichtigten Isolation der Gelehrten, nicht nur der Universitätsgelehrten, vom Volk sieht Leibniz indes Gefahren für deren Stand; sie schadeten damit ihrer eigenen Repuräion. So sei im Gegensatz zu anderen europäischen Ländern, allen voran Frankreich, wo auch "Damen und Cavalier einigen schmack der Wißenschafften und Gelehrsamkeit in der Mutter sprach erlanget"[448], ihr Ansehen gering; nicht vor ungefähr sähen sich vielversprechende Talente gezwungen, ihr Glück und ihre Anerkennung in der Fremde zu suchen.[449]

Ein höheres nationales Bildungsniveau und damit ein höherer Zivilisationsgrad sei einzig und allein durch Transparenz und Vermittlung der Wissenschaft in alle Bevölkerungschichten zu erlangen; dies sei wiederum nur möglich, wenn alles Wissenswerte in einer allgemein verständlichen Sprache, also in der Landessprache verbreitet würde; nur unter dieser Voraussetzung könne jederman an den wissenschaftlichen Erkenntnissen partizipieren. Wissenschaft muß, so Leibniz, zur "currenten wahre"[450] werden.

Mit dem Problem des wissenschaftlichen Austausches, der notwendigen Zirkulationsfähigkeit von Forschungsergebnissen innerhalb einer Gesellschaft hatte sich der Gelehrte schon einmal 1676, vermutlich noch während seines Parisaufenthaltes, in allegorischer Form auseinandergesetzt.[451] In dieser früheren Schrift, ganz unter dem Eindruck des staatlich reglementierten kulturellen Lebens in Frankreich, hatte er noch vornehmlich seiner Sorge Ausdruck verliehen, dieser Austausch könnte zu Lasten der wissenschaftlichen Freiheit und Individualität gehen, überdies der "Popularisierung geschwätziger Gelehrsamkeit" durch das Eindringen breiter, ungebildeter Massen in das "Reich des Intellekts" Vorschub leisten, letztlich also zu einer Gefahr für den wahren wissenschaftlichen Fortschritt werden. Angesichts der deutschen Verhältnisse, des offensichtlichen intellektuellen Defizits der Deutschen betont er nun dagegen die andere, positive Seite. Abgrenzung einerseits, Förderung der Volksbildung durch gezielte Öffentlichkeitsarbeit, durch breite Erschließung der wissenschaftlichen Gebiete und praktischer Erfahrungsfelder in der Muttersprache andererseits, schließen einander nicht aus, das hatte der Gelehrte schon in der *Relation* zu verstehen gegeben; entscheidend sei allein die Ausgewogenheit, die dabei zum Tragen käme.

Hinter der Forderung einer deutschen Wissenschaftssprache steckt ein aufklärerischer Impuls, die Idee einer durch allgemeine Aufklärung und Erziehung herbeigeführten Welterneuerung, das Ideal der Weltoffenheit und Weltläufigkeit.

Der Vorteil Frankreichs bestünde darin, daß dort schon die Jugend mit "nachdenklichen Büchern" konfrontiert würde und "ihre gesellschafften nicht mit (wie wir) abgeschmackten possen, sondern mit annehmlichen gedancken zubringen, die durchs lesen entstanden und durchs gespräch nüzlich anbracht worden". Zweifellos gäbe es eine Reihe wichtiger und lebensnotwendiger Dinge, "aber die erziehung überwindet alles".[452] Neben die hier nur angedeutete weltpolitische Vision einer durch allgemeine Aufklärung und Erziehung zivilisierten, fortschrittsbewußten und friedliebenden menschlichen Gesellschaft, die wir, mehr oder weniger ausgeprägt, in allen Plänen des Philosophen zur Wissenschaftsorganisation finden, tritt Leibniz' reichspatriotisch motivierte Intention, durch Förderung der Volksbildung in "Deutschland" einen höheren Zivilisationsgrad im Sinne einer auf Wissenschaft und Technik basierenden Verbesserung der Lebensbedingungen herbeizuführen. Wenn es denn gelänge, mit diesem Ziel die Studien voranzutreiben, "so achten wir dem Vaterland einen der grösten Dienste gethan zu haben, deren privatpersonen fähig seyn".[453]

Der so verstandene Dienst am Vaterland, den der Gelehrte als wahren Patriotismus, als Ausdruck der Tugendhaftigkeit des Menschen definiert, müsse im ureigensten Interesse eines jeden einzelnen liegen, da er die Stabilität und Kontinuität des Staates und somit die eigene Sicherheit, die "auf der gemeinen ruhe sich gründe"[454], garantiere. An dieser Stelle verbindet sich einmal mehr Leibniz' auf uneingeschränkter Fortschrittsgläubigkeit gründender innovativer Geist mit einem, fast möchte man sagen, konservativen Denken, das, auf Erhaltung bestehender politischer wie sozialer Verhältnisse fixiert, ein gewisses Maß an Obrigkeitshörigkeit und Konformismus nicht ausschließt. Er könne sich, so Leibniz, keinen "gutartigen Menschen" vorstellen, der sich nicht über das Glück seiner Nation, "sonderlich ihrer hohen Obrigkeit" von ganzem Herzen freue.[455] Zu sehr den politischen Machtstrukturen seiner Zeit verhaftet, kam es ihm nicht in den Sinn, diese zu hinterfragen, auf der Grundlage seines philosophischen Systems ließen sie sich vielmehr durchaus rechtfertigen.[456]

Zugleich sei der patriotische Dienst ein Tribut an die "gemeine Schuldigkeit", d.h. die Erfüllung der dem Menschen von Gott auferlegten Pflicht, die Wohlfahrt und den Ruhm des Vaterlandes zu fördern, in dem Bestreben, den bestmöglichen Staat auf Erden als *Imitatio* der *civitas Dei* zu verwirklichen.[457]

Mit diesen, die *Ermahnung* einleitenden Überlegungen stellt Leibniz sein hier vorgetragenes Anliegen, das, praktisch-politisch gesehen, auf die Wiedererstarkung und damit auf eine neuzugewinnende Konkurrenzfähigkeit "Deutschlands" im friedlichen europäischen Wettstreit der Nationen zielt[458], auf ein religiöses Fundament. Das ihm zugrunde liegende philosophisch-moralische Axiom, welches die Verantwortlichkeit des Menschen für sein Land, seinen Staat, seine Welt als christliches Gebot festschreibt, verleiht den Forderungen Allgemeingültigkeit. Die daraus abzuleitende welt-, besser gesagt, kosmopolitische Komponente, die Leibniz' Sozietätsidee, wie immer diese auch vorgetragen wird, kennzeichnet, unterscheidet die Pläne des Philosophen zur Wissenschaftsorganisation denn auch von den unzähligen ähnlichgerichteten Projekten seiner Zeitgenossen. Selbst wenn, so Totok[459], Leibniz wie hier, nationale Töne anschlägt, "tut er es im Hinblick auf sein Ideal des allgemeinen Kulturfortschritts mit Rücksicht auf den Beitrag, den Deutschland dafür leisten könnte. Leibniz erhebt seine Stimme als nationaler Mahner und Erwecker im Dienste der supranationalen Idee der Weltverbesserung".

Der Gedanke zur Einführung des Deutschen als Wissenschaftssprache hatte schon vor Leibniz andere beschäftigt. Mit besonderem Nachdruck hatten sich der Mathematiker Jungius und der Gießener Theologieprofessor Helvicus[460] dafür eingesetzt, ebenso wie die Vertreter der Reformpädagogik, so etwa Wolfgang Ratke, Amos Comenius oder Balthasar Schupp.[461] Selbst in der ersten Hälfte des 16. Jahrhunderts hatte es nicht an Versuchen gefehlt, die lateinische Gelehrtensprache durch die deutsche zu ersetzen; diese sind u.a. verknüpft mit den Namen Aventin und Paracelsus.[462] Schließlich sind uns Luthers Bibelübersetzung, deren Erstdruck 1522 erschien, seine deutschen Schriften und geistlichen Dichtungen ein früher Beweis für die Grundforderung jener Tage, mindestens den religiösen Bereich loszulösen von den drei "heiligen" Sprachen des Mittelalters, dem Hebräischen, Griechischen und dem Latein.

Derartige Bestrebungen resultierten vorwiegend aus einem demokratischen Grundverständnis, das ein Zusammenwirken aller für die Lebensfähigkeit und -qualität einer Gemeinschaft voraussetzte; so gesehen mußte ein jeder Mensch berechtigt sein, an den Errungenschaften menschlicher Geistesarbeit teilzuhaben. Die Unterstützung, die aus den Reihen lutherischer Theologen kam, rührte nicht zuletzt von deren Unbehagen hinsichtlich der Vorherrschaft heidnischer, sprich lateinischer wie griechischer Schriftsteller und Philosophen in den Schulen und Universitäten.

Den größten Einfluß auf Leibniz dürfte nicht, wie Schmarsow[463)] annimmt, Schottel gehabt haben, gleichwohl auch dieser sich entschieden zugunsten des Deutschen ausgesprochen hatte [464)], sondern sein vormaliger Lehrer Erhard Weigel.[465)] Der Jenaer Professor war bekannt dafür, daß er bei Disputationen seine Gegner in die Enge trieb, indem er sie bat, ihre lateinisch vorgetragenen Argumente ins Deutsche zu übertragen.[466)] Mit unverhohlener Bewunderung und nicht ohne eine Spur Häme berichtet der junge Gelehrte in seinem Vorwort zum *Antibarbarus* von "einigen geistvollen Philosophen", die "jene herrlichen dialektischen Disputatoren" auf diese Weise nicht selten zum Gespött machten.[467)] Gemeinsam war beiden, Lehrer wie Schüler, der Wunsch, sich die wahren Sachverhalte mit soliden, wirklichkeitstreuen Worten der Volkssprache zu erschließen, dabei auf die herkömmlichen Schulausdrücke wie auf gelehrte Wortklaubereien weitgehend zu verzichten.

Ungeachtet der vielfältigen Bemühungen, der Muttersprache auch in der Wissenschaft zu ihrem Recht zu verhelfen, sollte Leibniz der erste sein, der eine in sich geschlossene und wohldurchdachte Konzeption zur Überwindung dieser Sprachbarriere vorlegen konnte. Vor allem aber, und das ist das eigentliche Neue an seinen Überlegungen, hat er sich der Frage gewidmet, inwieweit sich die deutsche Sprache, die er an sich für die bestmögliche hielt[468)], für die Wissenschaft eigne, bzw. was an ihr zu verfeinern sei, so daß sie alles auszudrücken vermöge. Antwort auf diese Frage sowie geeignete Verbesserungsvorschläge konnten freilich nur gefunden werden, wenn man die eigene Sprache von Grund auf kannte; deswegen sah Leibniz in ihrer Erforschung kein notwendiges Übel oder gar Zeitvertreib, vielmehr eine conditio sine qua non. Hält man die *Ermahnung* zusammen mit den *Unvorgreiflichen Gedanken*, so hat uns der Gelehrte ein umfassendes Programm zur Kultivierung der deutschen Sprache hinterlassen, dem kaum etwas hinzuzufügen sein dürfte und das für seine Zeit wegweisend war.

Einzig Christian Thomasius[469)] konnte für sich in Anspruch nehmen, den Forderungen einer deutschen Wissenschaftssprache mehr nachgekommen zu sein als Leibniz. Während dieser sich, wie in so vielen Dingen, den Zwängen seines Jahrhunderts unterordnete und sich weiterhin, jedenfalls in seinem Briefwechsel mit gelehrten Kollegen, desgleichen in wissenschaftlichen Abhandlungen, vorwiegend des Lateins bediente, blieb der bekannte Jurist und Dozent nicht bloß Theoretiker; er praktizierte die Einführung seiner Muttersprache in Lehre und Wissenschaft. Geradezu revolutionär wirkte die in deutschen Worten abgefaßte Ankündigung seiner Vorlesung am Schwarzen Brett der Universität Leipzig im Herbst 1687. Seine deutsch gehaltenen Vorträge erlangten Berühmtheit ebenso wie das von ihm gegründete *Collegium Styli*, mit dem er seinen Schülern Gelegenheit geben wollte, ihre sprachlichen Fertigkeiten zu üben. Er selbst schrieb seine wissenschaftlichen Werke zunehmend in seiner Muttersprache, und schließlich bleibt es sein Verdienst, die erste deutschsprachige literarische Zeitschrift herausgegeben zu haben.[470]

Demgegenüber nimmt es sich eher bescheiden aus, wenn Müller[471] darauf hinweisen kann, daß Leibniz' eigene Sprache in den neunziger Jahren als Folge intensiver Sprachforschung einen Wandel vollzieht, sein Deutsch reiner wird, die Durchsetzung mit Fremdwörtern sich vermindert.

Praktische Vorschläge enthält die *Ermahnung*, im Gegensatz zu den *Unvorgreiflichen Gedanken*, kaum, sieht man von dem doch sehr allgemein formulierten Aufruf zur Gründung einer *Teutschgesinnten Gesellschaft* ab:

> "(...) es solten einige wohlmeinende Personen zusammen treten und unter höheren schuz eine Teutschgesinte Gesellschaft stifften; deren absehen auf alle das jenige gerichtet seyn solle, so den Teutschen ruhm erhalten, oder auch wieder aufrichten könne; und solches zwar in denen dingen, so Verstand(,) gelehrsamkeit und beredsamkeit einiger maßen betreffen können; und dieweil solches alles vornehmlich in der Sprache erscheinet, als welche ist eine Dolmetscherin des gemüths und eine behalterin der wißenschafft, so würde unter andern auch dahin zu trachten seyn, wie allerhand nachdenckliche, nüzliche, auch annehmliche Kernschrifften in Teutscher sprache verfertigt werden möchten, damit der lauff der barbarey gehämmet, und die in den tag hinein schreiben beschähmet werden mögen".[472]

Die im Postskriptum angekündigte Schrift, in der "umbstände art und weise dieser gesellschaft (...) absonderlich beschrieben" werden sollten[473], blieb Leibniz uns schuldig.

Die *Unvorgreiflichen Gedanken* sind jedenfalls nicht, wie z.T. angenommen wurde[474], in diesem Sinne zu interpretieren, finden wir in dieser Abhandlung, respektive in ihren Schlußparagraphen, auch einige wenige Bemerkungen zu Verfassung und Gesetz eines "teutschgesinneten ordens" und mag sie zurecht als detaillierteste inhaltliche Fortsetzung und Erweiterung der *Ermahnung* gelten.

Ebensowenig sind die oben ausführlich besprochene, gleich der *Ermahnung* 1679 entstandene *Consultatio* sowie ihr zeitliches und inhaltliches Gegenstück, das *Consilium de scribenda Historia Naturali*, entsprechend einzustufen. Beide Traktate konzentrieren sich auf Überlegungen zur Förderung und zur deutschsprachigen Pflege der Naturwissenschaften und schlagen zu diesem Zweck die Fundierung einer gelehrten Sozietät vor; sie greifen damit nur einen Teilaspekt auf. Ein innerer Zusammenhang der drei Schriften läßt sich freilich nicht von der Hand weisen.

Bleibt schließlich noch Leibniz' kurzer Aufsatz zu einer "teutsch liebenden genossenschaft", vermutlich aus dem Jahre 1697, den Klopp bei seiner Drucklegung bezeichnenderweise als Anhang zur *Ermahnung* gesetzt hat.[475] Dieser sucht jedoch gleichfalls Natur- und Sprachwissenschaft zu verbinden und nimmt in knappen Formulierungen Gedanken sowohl aus der *Ermahnung* wie aus den *Unvorgreiflichen Gedanken* auf.[476] Eine genauere, aufschlußreiche Darstellung einer zukünftigen Sprachgesellschaft, ihrer Ziele, Aufgaben und Arbeitsweise, bietet auch dieses Manuskript nicht, eher könnte man es als eine gelungene Zusammenfassung von Leibniz' beiden großen Schriften über die deutsche Sprache verstehen.

Ob Leibniz' eilig und "in einer hitze", "nicht ohne gemüthsbewegung"[477] verfertigte Aufzeichnung in Gelehrtenkreisen bekannt und diskutiert wurde, läßt sich nicht nachweisen, ist aber doch unwahrscheinlich. Eine Reinschrift zu diesem, zu verschiedenen Zeiten verbesserten, mit zahlreichen Streichungen und Ergänzungen versehenen Manuskript[478] wurde bisher nicht aufgefunden; man darf also annehmen, daß es Leibniz' Arbeitszimmer nicht verlassen hat.

Wenn von der *Ermahnung* eine Wirkung ausgegangen sein sollte, so erst verspätet, nach ihrer ersten Veröffentlichung Mitte des 19. Jahrhunderts durch Grotefend und dann wohl nicht zuletzt deshalb, "weil sie einiges enthält, was besonders seit 1870 in das Schatzkästlein des Chauvinismus gehörte".[479]

Zusammenfassung

Vergleichen wir zunächst einmal Leibniz' Eingaben und briefliche Äußerungen zur Gründung eines *Nucleus librarius semestralis* (1668/1669) mit seinen Denkschriften zur Umorganisation des Frankfurter Bücherkommissariats (1670), so sehen wir bereits deutlich, worauf es dem Gelehrten von Anfang an ankommt: Erschließung, Sammlung und Bewahrung des Wissens des einzelnen zum Allgemeinen Besten nach dem Vorbild der französischen, englischen und italienischen Akademien.

Der *Nucleus* als privates, wiewohl kaiserlich privilegiertes Unternehmen geplant, sollte zunächst den literarischen Markt unter Kontrolle bringen; er sollte auf indirektem Wege, durch entsprechende Informationen für die Leser deren Qualitätsbewußtsein und damit die Nachfrage nach guten, nützlichen Büchern steigern. Nicht Zensur, sondern Manipulation der Meinungsbildung des Publikums wird als Mittel empfohlen, welches sich auf Buchproduktion und -handel gleichermaßen positiv auswirken würde. In dem Maße, in dem man dadurch das Niveau des nationalen Buchmarktes im Laufe der Zeit anhebe, werde sich auch das brachliegende wissenschaftlich-kulturelle Leben im Reich regenerieren. Denn beide Bereiche seien untrennbar miteinander verknüpft, beeinflußten sich gegenseitig, der eine sei jeweils Indikator für die Bewertung des anderen.

Die Erweiterung der Bücherzeitschrift zu einem regelmäßig erscheinenden wissenschaftlichen Informationsblatt kündigt an, daß Leibniz hiermit zugleich eine gemeinsame Plattform für die Gelehrten im Reich schaffen wollte, ein Kommunikationsmittel, welches, ungeachtet des Fehlens einschlägiger Organisationen, den wissenschaftlichen Austausch als Grundstein für gemeinschaftliches, kooperatives Forschen fördern sollte. Wir dürfen daraus folgern, daß die notwendige Reform des deutschen Buchwesens Leibniz den Impuls gab, seine zweifellos schon länger gehegten umfassenden kulturellen Pläne für sein Vaterland einzuleiten.[480] Sein Ziel war es, den wissenschaftlichen Fortschritt im Reich anzuregen und es wieder an das kulturelle Niveau anderer europäischer Nationen heranzuführen.

Gleichwohl immer noch Ausgangspunkt, tritt das Buchhandelsthema in den drei 1670 eingereichten Denkschriften, quantitativ meßbar am Umfang, den es in besagten Vorlagen einnimmt, sichtlich zurück. Überdies bemerken wir eine veränderte Betrachtungsweise und Argumentationsstrategie ihres Verfassers. Als Sprecher für ein zukünftiges staatliches Unternehmen, das zu reformierende Kaiserliche Bücherkommissariat, kann sich Leibniz nun offen zu seiner innersten Überzeugung bekennen und für eine strenge Aufsicht über das Buchwesen eintreten. Dirigistische Maßnahmen, wie etwa eine allgemein verbindliche Buchhandelsordnung, staatliche Zensur bzw. Selbstzensur der Autoren, werden nun vorgeschlagen, mittels derer der Buchhandel nicht mehr indirekt, sondern direkt zu steuern sei. Die inhaltliche Erweiterung, die sich in den einschlägigen Äußerungen des Gelehrten seit 1668 bereits angekündigt hatte, tritt uns mit dem Aufruf zur Gründung einer *Societas eruditorum Germaniae* erstmals in den *Meditationes* explizit entgegen; sie sind daher als erster Sozietätsentwurf im ursprünglichen Sinne einzustufen.

Die an das reformierte Bücherkommissariat anzuschließende Sozietät, die im Zentrum des Buchhandels Frankfurt/M. anzusiedeln sei, wird als zukünftiger kultureller Mittelpunkt des Reichs charakterisiert. Als quasi staatliche Einrichtung sollte sie den in ihr versammelten Gelehrten staatliche Unterstützung und staatlichen Schutz gleichermaßen sichern. Ihre weitreichenden Aufgabengebiete, die den eigentlichen wissenschaftlich-kulturellen Rahmen überschreiten, signalisieren indes die bedeutende Rolle, die die Sozietät Leibnizschen Musters innerhalb eines Staatswesens letztlich einnehmen würde.

Die damit in den *Meditationes* bereits angekündigte gesellschaftspolitische Relevanz zukünftiger gelehrter Sozietäten steht nun im Mittelpunkt jener Aufzeichnung, die zu den merkwürdigsten Produkten des Philosophen zählt. Getragen von noch unerfahrenem, jugendlichem Enthusiasmus sowie grenzenlosem Vertrauen in die Allmacht der neuzeitlichen Wissenschaft, verbindet Leibniz in dem Entwurf für eine *Societas Philadelphica* seine Vorschläge zur Wissenschaftsorganisation mit dem Gedanken der Weltverbesserung. Damit bleibt dieser Plan naturgemäß im Bereich des Utopischen. Wiewohl im Grunde nicht viel mehr als ein gelungenes Konglomerat aus Campanellas "kommunistisch"-absolutistischer Einheitstheorie, Bacons Utilitarismus, Andreaes Konzept für eine Generalreformation auf der Grundlage praktischen Christentums und schließlich Comenius' pansophischen Universalismus, um nur die wesentlichen Einflüsse zu nennen, weist uns nicht zuletzt dieser Akademieentwurf den Weg zum Verständnis der Leibnizschen Sozietätsidee.

Die *Philadelphica* und ihr Scholion, die *Societas Confessionum Conciliatrix*, offenbaren uns drei neue Aspekte. Im Vordergrund steht das sozialutopische Element, das seinem Charakter entsprechend in der gesellschaftspolitischen Funktion der Sozietät zum Tragen kommt. Leibniz wünscht eine umfassende Reform des menschlichen Lebens aus dem Geist der rationalen Wissenschaft. Dies impliziert einmal die gesellschaftliche Verpflichtung der Wissenschaft, zum anderen eine rationale Fundierung der Politik. Wissenschaft wird somit zum Mittel politischer wie sozialer Macht, die wiederum mittelbar durch die gelehrte Sozietät ausgeübt wird.

Die hier vorgezeichnete Technokratie im Sinne der Einheit von sapientia und potentia, d.h. den zentralisierenden Zusammenschluß von Staat und Wissenschaft in der Sozietät begründet Leibniz metaphysisch-religiös. Er wird gerechtfertigt durch das oberste Ziel des Menschen, die von Gott grundsätzlich angelegte Weltharmonie zu verwirklichen. Damit erhält der Sozietätsbegriff zusätzlich eine weltpolitische Komponente. Diese drückt sich einmal in der Internationalität der gelehrten Gesellschaft aus, die sozusagen als reales Abbild der fiktiven übernationalen Geistesgemeinschaft in der *République des lettres* steht. Sie bestimmt darüber hinaus deren überkonfessionellen Charakter.

In ihrer christlich-religiösen Dimension, die das dritte Element definiert, wird die Sozietät schließlich zur Modellgemeinschaft und Basisorganisation für eine friedliche Ökumene der Christenheit. So gesehen, reflektiert sie nicht nur das spezifische

Harmonieverständnis von Leibniz, welches in Affinität zum barocken Universalismus die Einheit in der Vielheit postuliert, vielmehr antizipiert sie zugleich die zukünftigen Reunionsbestrebungen des Philosophen.

Im Gegensatz zur *Societas Philadelphica*, die weniger als Akademieplan denn in die Kategorie sozial-reformerischer Staatsentwürfe einzuordnen und letztlich wohl nur als utopisches Gedankenspiel eines genialen Geistes zu verstehen ist, stehen die beiden letzten Pläne, die der Gelehrte noch in Mainz zu Papier gebracht hat, der *Grundriß* und sein historisch-ausgeführtes Pendant, das *Bedenken*.

Nach wie vor hält Leibniz an der metyphysisch-religiösen Fundierung seiner Sozietätsprojekte fest, wonach das entscheidende Argument im göttlichen Auftrag fürstlicher Fortschrittsförderung liegt. Grundsätzlich entspricht die pantheistische Wissenschaftsauffassung, die er seiner Sozietätskonzeption damit zugrunde legt, der Legitimationsformel der neuzeitlichen Wissenschaft im 17. Jahrhundert und ist in dem Sinne nicht eigentlich neu; sie dokumentiert letztlich nichts anderes als das Bemühen all derer, die sich der noch jungen, doch unaufhaltsam aufstrebenden Naturwissenschaft verbunden fühlten, diese mit dem Christentum, d.h. mit der christlichen Offenbarungstheologie zu versöhnen. Nicht in der philosophischen Begründung, sondern in der Konkretisierung der beiden letzten Mainzer Projekte liegt also der wesentliche Unterschied.

Im *Grundriß* nimmt Leibniz das sozial-utopische Element wieder merklich zurück. Der Gedanke der Generalreformation verliert an Bedeutung zugunsten einer nun ausschließlich utilitaristisch verstandenen Wissenschaftspolitik. Die Notwendigkeit der gelehrten Sozietät leitet sich ab aus den konkreten gesellschaftlichen Bedürfnissen. So erweist sie sich in letzter Konsequenz als zentrale Institution zur praktischen Lösung staatspolitischer Aufgaben, die ganz im Geiste der merkantilistischen Wirtschaftsauffassung konzipiert sind.

Dem erwachenden Nationalbewußtsein der Deutschen, das als Folge der zunehmenden Bedrohung des Reichs durch Frankreich über die einzelnen regionalen Territorien hinweg zusehens wuchs, trägt Leibniz in seinem *Bedenken* Rechnung. Die vormals internationale gelehrte Sozietät der Philadelphier erscheint nun wieder im nationalen Rahmen. Als spezifisch deutsche Einrichtung ist sie zunächst dem jeweiligen Potentaten dienstbar, der sie als staatlich-fürstliches Unternehmen ins Leben gerufen hat. Darüber hinaus wird sie als einziges Mittel gehandelt, welches das stark angeschlagene kulturelle Leben der Deutschen zu regenerieren und damit die Konkurrenzfähigkeit des Reichs wiederherzustellen vermag. Insofern muß die Gründung einer deutschen Sozietät der Künste und Wissenschaften als nationale Pflicht gelten.

Abgesehen von dem Plan für eine *Societas Philadelphica* enthalten Leibniz' Mainzer Vorlagen vorwiegend praktische, organisatorische und politische Aspekte, zudem sind sie auf den deutschen Kulturraum gerichtet. Die beiden Konzepte, die uns nachweislich aus der Zeit seines Parisaufenthaltes überliefert sind, weisen dagegen wieder gewisse Ähnlichkeiten mit den Vorschlägen für eine philadelphische Gesellschaft auf, insofern als in ihnen sowohl das utopisch-visionäre Element als auch der kosmopolitische Anspruch wieder stärker zum Tragen kommt.

Im besonderen Maße die *Relation* zeichnet das Ideal einer autarken supranationalen Welt der Wissenschaft und Gelehrsamkeit, in der die geistige Freiheit und das gleichwohl nötige Reglement für deren Angehörige in einem gesunden Verhältnis zueinander stehen und so ein ständiges Wachsen der menschlichen Erkenntnis ermöglichen. Die allegorische Form, die Leibniz für diesen Entwurf gewählt hat, unterstreicht den idealtypischen Charakter des Konzepts. Daß eine Realisierung seines Wunschtraumes von einem unabhängigen Stand der Gelehrten, die aufgrund staatlicher Zuwendungen ohne Sorge um ihren Lebensunterhalt arbeiten können und dennoch nichts von ihrer Eigenständigkeit einbüßen, gerade im Frankreich Ludwigs XIV. und Colberts Utopie bleiben mußte, dürfte auch Leibniz klar gewesen sein. Vielleicht hat er deshalb seinen Entwurf so abrupt abgebrochen. Mehr als ein Festhalten von Ideen dürfen wir also auch in diesem Manuskript nicht sehen.

Die *Drôle de Pensée* vermittelt darüber hinaus konkrete Eindrücke, die Leibniz in der Metropole des europäischen Akademiewesens gewinnen konnte. Die verschiedenartigsten Einrichtungen der Forschung und Lehre, der angewandten Technik und der Unterhaltung, die der Gelehrte in diesem großangelegten Projekt vereinigt, spiegeln nicht nur die Pariser Lebensatmosphäre, sie beweisen auch, daß er sich ganz offensichtlich Colberts Credo von der Notwendigkeit, Wissenschaftsförderung und merkantilistische Wirtschaftspolitik eng miteinander zu verflechten, zu eigen gemacht hat. Spätestens in Paris hat Leibniz endgültig zu seinem Nützlichkeitsprinzip gefunden.

Nicht zuletzt zeigt sich in den Äußerungen des Philosophen zur Wissenschaftsorganisation seit seiner Ankunft in Paris immer deutlicher seine Entwicklung zum Mathematiker. Sein Wissenschaftsverständnis wird zunehmend von den Prinzipien der Logistik bestimmt. Auf dieser Grundlage rückt die Forderung nach einer *scientia generalis* und damit verbunden einer *characteristica universalis*, bisher immer nur angedeutet, in den Mittelpunkt seiner Sozietätskonzeption. Ein erstes Zeugnis geben uns der *Discours* sowie die *Préceptes*, die sich vornehmlich mit den Grundfragen der wissenschaftlichen Erkenntnis- und Urteilsfindung auseinandersetzen. Doch zugleich vermitteln gerade diese beiden Schriften ein aufschlußreiches Bild im Hinblick auf die dominierende Rolle, die der deutsche Gelehrte dem französischen König Ludwig XIV. in dem Prozeß der kulturellen Entwicklung Europas zuordnet.

Die z.T. sehr umfangreichen Pläne zur Wissenschaftsorganisation, die Leibniz in den ersten beiden Jahrzehnten nach seiner Ankunft in Hannover zu Papier brachte, integrieren schließlich alle Elemente, die seine Mainzer und Pariser Entwürfe, wiewohl unterschiedlich akzentuiert, mitunter nur angedeutet, kennzeichnen. Als zentrales Thema erweist sich nun folgerichtig und seiner eigenen wissenschaftlichen Entwicklung entsprechend der Gedanke der Universalenzyklopädie und -sprache, in deren Erstellung die höchste Aufgabe der zu gründenden gelehrten Sozietät besteht.

In den drei frühesten Aufzeichnungen aus den Jahren 1676 bis 1678 greift Leibniz zunächst seine alte Idee eines Akademieordens wieder auf, die die Vision einer Weltverbesserung auf der Grundlage rationaler Wissenschaft impliziert; damit erhalten seine in großen Zügen hingeworfenen Programmschriften wiederum eine utopische Komponente. Die Sozietät erscheint als religiöse Gemeinschaft, die die Verbreitung des wahren Christentums mit der Sorge um weltliches Glück verbindet. In dem notwendigen Nutzen aller theoretischen Studien für das tägliche Leben sieht Leibniz die Grundvoraussetzung ihres zukünftigen Wirkens, das auf die Vervollkommnung des Geistes, die Pflege des Körpers (medicina) und die Annehmlichkeit der Lebenshaltung gerichtet sein sollte. Unabhängig von den ihnen zugedachten spezifischen Aufgaben, sei es der ausdrückliche Missionsauftrag der *Societas Theophilorum* oder die karitative Verpflichtung der *Societas caritatis*, muß daher die systematische Erfassung aller theoretischen wie praktischen Kenntnisse auf der Grundlage von Demonstrationen, Experimenten und historischen Aussagen Präferenz haben. Ein neuer Gedanke tritt in diesem Zusammenhang hervor: die Säkularisierung der mächtigen Kulturklöster zu christlichen Kollektiven, die sich dem großen Endziel der auf einer Universalwissenschaft gründenden Vervollkommnung des Menschen widmen.

Einen möglichen Weg, um sein Wunschdenken in den protestantischen Ländern wenigstens teilweise zu verwirklichen, sieht Leibniz in der Verwendung der reichen ehemaligen Klosterstiftungen und Kirchenpfründe zu kulturell-wissenschaftlichen Zwecken. Aus diesem Grund hat er sich in offiziellen Eingaben sowohl an Herzog Johann Friedrich als auch an Kurfürst Ernst August von Hannover um das Amt eines Inspizienten über sämtliche geistlichen Güter und Stiftungen bemüht.

In den *Semestria Literaria* (1679) konnten wir eine Neuauflage des von Leibniz in Mainz vorgetragenen Planes für einen *Nucleus librarius semestralis* erkennen. Allerdings wird die in Aussicht genommene Bücherzeitschrift nunmehr, zehn Jahre später, expressis verbis als notwendige Sammlung von Vorarbeiten für die Erstellung der Universalenzyklopädie charakterisiert. Überlegungen hinsichtlich eines geeigneten Ordnungssystems für die Erfassung und Aufbereitung aller menschlichen Kenntnisse auf der Basis mathematisch-logischer Prinzipien (more geometrico) werden zum wesentlichen Thema dieses Entwurfs.

Eine konsequente Weiterentwicklung dieser Reflexionen finden wir in den drei zeitlich wie inhaltlich verwandten Schriften, den beiden *Consilia* und der *Consultatio*, die die Pflege der Naturwissenschaften und deren praktische Anwendung sowie die Verbreitung ihrer wissenschaftlichen Ergebnisse in allen Bevölkerungsschichten propagieren. Eine naturwissenschaftliche Enzyklopädie (*Historia naturali*), streng demonstrativ, aufgebaut auf Definitionen, Axiomen, Hypothesen und empirischen Sätzen und für jedermann verständlich, daher in deutscher Sprache, steht als erklärtes Ziel der anvisierten Gemeinschaftsarbeit von Theoretikern und Praktikern.

Die *Consultatio* im besonderen, der einzige Entwurf, der nicht Fragment blieb und mit dem Leibniz ganz offensichtlich an die Öffentlichkeit gehen wollte, bietet konkrete praktische Vorschläge für die Organisation systematischer, notwendigerweise interdisziplinärer Forschungsarbeit in einer zu diesem Zweck zu fundierenden kaiserlichen Sozietät.

Die Verknüpfung des Gedankens der Enzyklopädie mit dem großen Problemkreis der *ars inveniendi*, einer besonderen methodischen Vorgehensweise nach algebraischem Muster, die durch die spezifische Anordnung von Forschungsergebnissen bzw. Kenntnissen Schlußfolgerungen und neue Forschungsansätze ermöglicht, darf als besonderes Charakteristikum der frühen Hannover-Pläne gelten. In summa demonstrieren diese, fast ausschließlich lateinisch abgefaßten Erörterungen nicht nur die überaus moderne Wissenschaftsauffassung des Philosophen. Darüber hinaus zeigen sie eine in sich geschlossene, auf dem Gesamtkomplex der neuen Logik fußende Theorie der Wissenschaften, des wissenschaftlichen Denkens überhaupt, die die erstaunliche Entwicklung des Mathematikers und Physikers Leibniz in den Pariser Jahren erkennen läßt.

Ganz im Geiste des Baconschen Wissenschaftsideals hat Leibniz immer wieder die Notwendigkeit, Theorie und Praxis zum Wohle der menschlichen Gesellschaft zu vereinen, betont. Diesem Postulat ist er gefolgt, indem er aus Überzeugung, wohl aber auch aufgrund pragmatischer Erwägungen, sein großangelegtes, zukunftsweisendes Projekt für eine *scientia generalis* und eine *characteristica universalis* in Zusammenhang bringt mit Empfehlungen für eine rationale Gestaltung des staatlichen, wirtschaftlichen und kulturellen Lebens im Herzogtum Braunschweig-Lüneburg (Kurfürstentum Hannover).

So sollten allem voran die von ihm entwickelten neuen Förderungstechniken für eine bessere und ertragreichere Ausbeute der Harzbergwerke die finanziellen Grundlagen für eine gelehrte Sozietät schaffen. Auch seine zahlreichen Vorschläge zum Bildungs-, Ausbildungs-, Bibliotheks- und Archivwesen hat Leibniz nicht nur vorgetragen, um die Institutionalisierung seiner Freiheit als Wissenschaftler zu erreichen.[481] Unabhängig von seinen zweifellos vorhandenen persönlichen Absichten hat der Wissenschaftsorganisator Leibniz sein höhergestelltes Ziel niemals aus den Augen verloren. Hannover sollte eine Art kultureller Musterstaat werden, der rechte Boden, auf dem sich seine umfassenden Pläne für eine systematische Erfassung und Nutzbarmachung des menschlichen Wissens realisieren ließen. Die den drei welfischen Fürsten gewidmeten Denkschriften zum Ausbau der herzoglichen Bibliothek haben dies im besonderen Maße evident gemacht. Die nach seinen Empfehlungen erweiterte und geordnete Bibliothek sollte letztlich nichts anderes sein als der sichtbare Beweis für den praktischen Nutzen einer Universalenzyklopädie:

> "Mon opinion a tousjours esté et l'est encore, qu'il faut qu'une Bibliotheque soit une Encyclopedie, c'est à dire qu'on s'y puisse instruire au besoin en toutes les matieres de consequence et de practique".[482]

Wie in Hannover so suchte Leibniz auch im benachbarten Herzogtum Braunschweig-Wolfenbüttel, wo er seit 1695 gleichfalls als Direktor der herzoglichen Bibliothek vorstand, nach Möglichkeiten und Wegen, um die notwendige bibliothekarische Arbeit in den größeren Rahmen einer Wissenschaftsorganisation zu stellen. Ähnliche Projekte wie in Hannover werden in diesem Zusammenhang vorgetragen, so z.B. die Förderung und Finanzierung kultureller Belange durch die Steuer auf Papier. Das besondere Interesse des regierenden Herzogs Anton Ulrich für die deutsche Sprache veranlaßte den Gelehrten schließlich, sich Gedanken um die Fundierung einer Sprachgesellschaft in Wolfenbüttel zu machen.

Hält man Leibniz' ausführliches Promemoria betreffend die Wolfenbütteler Bibliothek zusammen mit der etwa gleichzeitig entstandenen ersten Fassungen der *Unvorgreiflichen Gedanken*, deren unmittelbarer Bezug zu seinem Bemühen um eine deutsche Sprachgesellschaft mittlerweile nachgewiesen ist, so sehen wir, daß dem Gelehrten 1696/97 ein umfassendes Kulturprogramm für Wolfenbüttel vor Augen schwebte. Er wollte die bestehenden förderungsbedürftigen Einrichtungen von Bibliothek und Ritterakademie mit einer neu zu schaffenden dritten Institution, einer Sprachgesellschaft, zu vielfältigen und wechselseitigen Zwecken verbinden. Das Herzogtum sollte ein Sammelpunkt für in- und ausländische Gelehrte werden.

Ihre Bedeutung als Mittel der Verständigung, als Grundlage aller Kultur und notwendige Voraussetzung für kultiviertes menschliches Zusammenleben sowie für die Wohlfahrt einer Nation mag ausreichen, um Leibniz' besonderes Interesse für die Sprache, respektive für seine Muttersprache zu erklären. Seine Sorge angesichts des deutlichen Verfalls der deutschen Sprachkultur im 17. Jahrhundert veranlaßte ihn zu zwei großen Denkschriften, der *Ermahnung* und den *Unvorgreiflichen Gedanken*, die, obwohl fast zwanzig Jahre von einander getrennt, dasselbe Ziel verfolgen: die Gründung einer staatlich geförderten deutschen Sprachgesellschaft, die sich nicht nur aus Gelehrten, sondern aus Vertretern aller Stände zusammenzusetzen hätte. Ihre Mitglieder sollten nach ihrem Vermögen, d.h. entsprechend ihrer Gelehrsamkeit und Bildung, ihres gesellschaftlichen Ansehens und ihrer finanziellen Mittel für die Ziele der Gesellschaft wirken.

Die Erweiterung des Geltungsbereichs der deutschen Sprache erscheint dabei als vordringlichste Aufgabe. Um die deutsche Sprache in die traditionell vom Latein beherrschten Bereiche der Wissenschaft und Bildung einzuführen, bedurfte es ihrer gründlichen Reinigung und Verbesserung. So gilt als zweite wesentliche Zielsetzung, die Schriftsprache zu einem jedem Bedürfnis genügenden Mittel des Ausdrucks zu vervollkommnen. In der intensiven Sprachforschung als Voraussetzung für eine sinnvolle und wirksame Sprachpflege, insbesondere in der Untersuchung des Wortschatzes, sieht Leibniz daher das vorrangigste Anliegen der zu gründenden Sprachgesellschaft.

In diesem Zusammenhang entwirft der Gelehrte ein großangelegtes lexikographisches Programm, das ungeachtet ähnlichgerichteter Projekte, z.B. in Frankreich, durch seine Dreiteilung ein Novum darstellt. Ein Wörterbuch der Gemeinsprache, ein zweites für die Berufs- und Fachsprachen und schließlich ein drittes, etymologisches Lexikon werden als greifbares Ergebnis der gemeinschaftlichen Arbeit in der Sozietät in Aussicht gestellt.

Mit seiner Forderung einer in jeder Hinsicht tauglichen deutschen Sprache verfolgt Leibniz letztlich ein gesellschaftspolitisches Ziel. Die Erschließung der Wissenschaften in der Landessprache und ihre damit einhergehende Verbreitung in allen Bevölkerungsschichten hätte ein höheres nationales Bildungsniveau zur Folge; dieses wiederum eine Verbesserung der Lebensumstände, die auf den wissenschaftlichen Erkenntnissen und praktischen Erfahrungen des Menschen basieren. Seine Empfehlung für die zu gründende *deutschgesinnte Gesellschaft*, "nachdenkliche" und nützliche Kernschriften in deutscher Sprache zu verfertigen, steht im Dienste dieses Gedankens und unterscheidet Leibniz' Konzeption vom barocken Typus deutscher Sprachgesellschaften.

Die mannigfaltigen Pläne des Philosophen für eine Organisation des wissenschaftlichen und kulturellen Lebens fielen, wie zuvor schon in Mainz, auch in Hannover und Wolfenbüttel auf unfruchtbaren Boden. Eine andere Auffassung vertritt allerdings Pfleiderer, der in der Gründung der Göttinger Unversität im Jahre 1737 "eine sehr bedeutsame Frucht der Leibnizschen Anregungen" nachweisen zu können glaubt. Diese sei für ihre Zeit auffallend modern gewesen und hätte von ihrer Gründung an allen wesentlichen Forderungen, die der Gelehrte immer wieder vorgetragen hatte, entsprochen.[483]

1.4 Leibniz' Korrespondenz mit Akademieprojektanten und -gründern: Beurteilung und Unterstützung fremder Sozietätsprojekte

Leibniz' ebenso umfangreiche wie vielseitige Korrespondenz mit namhaften und weniger namhaften Gelehrten in Europa beweist, daß er ungeachtet seiner relativen Abgeschiedenheit in der hannoverschen Provinz und seiner zeitraubenden beruflichen Verpflichtungen immer wieder den Kontakt mit Kollegen der verschiedensten Fachrichtungen suchte, um die neuesten wissenschaftlichen Erkenntnisse zu erfahren oder weiterzugeben, oft auch, um Verbindungen herzustellen zwischen Briefpartnern, von deren ähnlichgerichteten Interessen und Arbeitsgebieten er wußte. Eine stetige Fortentwicklung der modernen Wissenschaft sah er nur dann gewährleistet, wenn ein wechselseitiger Austausch wissenschaftlicher Ergebnisse auf internationaler Ebene kontinuierlich gepflegt würde. In rastlosem Eifer betätigte sich Leibniz daher als Vermittler und Informant in der europäischen *République des Lettres*. Er selbst nahm begierig alle Neuigkeiten auf, die er, wie auch immer, erfahren konnte.

Aufgrund seiner guten Beziehungen zu den meisten der bestehenden in- und ausländischen Akademien wurde er nicht selten von Korrespondenten gebeten, sich für deren Mitgliedschaft in einer dieser Gesellschaften einzusetzen.[1] Leibniz kam diesen Bitten in der Regel gerne nach, galt ihm doch die organisierte Zusammenarbeit von Gelehrten in Akademien als das sicherste Fundament für den wissenschaftlichen Fortschritt schlechthin.

Unzählige Briefe u.a. an Vincent Placcius, Professor am *Gymnasium academicum* in Hamburg, oder an den sächsischen Mathematiker und Physiker Ehrenfried Walter von Tschirnhaus, die in anderem Zusammenhang noch zur Sprache kommen werden[2], zeigen überaus deutlich, daß der hannoversche Gelehrte trotz mancher Enttäuschungen und Rückschläge nicht aufgehört hat, für eine systematische Wissenschaftsorganisation einzutreten. Um so mehr erstaunt es freilich, daß er, die *Consultatio* von 1679 ausgenommen[3], offenbar niemals daran gedacht hat, seine frühen umfassenden Abhandlungen zur Gründung von Sozietäten, respektive jene aus den 70er Jahren, im größeren Rahmen zur Diskussion zu stellen, d.h. zu veröffentlichen oder wenigstens in gelehrten Kreisen zu verbreiten, er diese allenfalls, wohl nur im persönlichen Gespräch, einigen wenigen anvertraute. Aus seinem Briefwechsel erfahren wir indes, meist erst Jahre später, von dem einen oder anderen Entwurf, andeutungsweise nur, ohne daß sein Verfasser ihn näher erläutern würde. Im wesentlichen beschränkte sich Leibniz darauf, ähnlichgerichtete Gedanken seiner Korrespondenten aufzugreifen und zu erörtern.

Die Frage, warum Leibniz sich ganz offensichtlich gescheut hat, seine frühen Pläne der gelehrten Öffentlichkeit preiszugeben, ist schwer zu beantworten. Vielleicht war er sich darüber im Klaren, daß diese allzu groß angelegten, oft ins Utopische reichenden Entwürfe zum damaligen Zeitpunkt und unter den gegebenen Bedingungen ohnehin keine Chance gehabt hätten, realisiert zu werden. Darüber hinaus wußte er nur zu gut, daß ihre Verwirklichung mehr als nur das private Bemühen einiger Gleichgesinnter erfordert hätte. Schon in seinen frühesten Akademieplänen hatte Leibniz Wissenschaftsunternehmen so großen Ausmaßes konzipiert, daß diese im Grunde nur als staatliche Institutionen denkbar waren. Daher mußte er vorrangig darum bemüht sein, fürstliche Fürsprecher und politisch einflußreiche Persönlichkeiten für seine Pläne zu gewinnen. Die Zustimmung und Unterstützung gelehrter Kollegen allein hätte bestenfalls die Entstehung eines privaten Zirkels zur Folge gehabt. Mit "kleinen Anfängen" sich zu bescheiden, entsprach jedoch nicht Leibniz' ungeduldigem Tatendrang. Im Hinblick auf die Entwicklung in den anderen europäischen Ländern, respektive in Frankreich, mußte ihm dies auch zu wenig sein. Schon 1668 hatte Leibniz an Jakob Thomasius geschrieben:

"Audio Germanos aliquot ... Societatem moliri: qui nisi iisdem dotibus ab ingenio aut fortuna instructi sunt, optandum est, eos quiescere potius, quam rhapsodiis quibusdam patriae dedecori, exteris irrisui esse".[4]

Nichtsdestoweniger begrüßte und verfolgte er die Aktivitäten anderer zu Sozietätsgründungen mit lebhaftem Interesse. Dank seines weitverzweigten Korrespondentennetzes war er immer bestens informiert und sobald er von Akademieprojekten bzw. -gründungen hörte, versuchte er umgehend mit dem jeweiligen Initiator direkt oder über Dritte in Verbindung zu treten.

So nahm er seit 1687 regen Anteil an den Vorbereitungen für ein *Collegium Historicum Imperiale*, das mit der Veröffentlichung seiner Statuten im Jahre 1690 offiziell ins Leben gerufen wurde und in der Abfassung der Annalen der deutschen Geschichte von ihrem Anfang bis zur Gegenwart seine Hauptaufgabe sah.[5]

Aus Leibniz' langjährigem brieflichen Gedankenaustausch mit den beiden Begründern dieses Unternehmens, dem bekannten Sprachforscher Hiob Ludolf und dem Eisenacher Stadtphysikus Franz Christian Paullini, können wir erkennen, daß der hannoversche Gelehrte nicht nur das Programm des *Collegium* wesentlich mitbestimmte. Auch in der Folgezeit sehen wir ihn immer wieder bestrebt, durch Anregungen und Verbesserungsvorschläge dessen Fortgang positiv zu beeinflussen. Während seines ersten Aufenthaltes in Wien 1688 setzte sich Leibniz zudem, jedoch vergeblich, für die Erlangung eines kaiserlichen Privilegs ein.

In Hannover warb er gleichfalls für die Unterstützung des *Collegium*, hoffend, daß man sich hier aus ureigenstem Interesse der Förderung einer derartigen Einrichtung annehmen würde. In seinem Promemoria *Pro Apparatu ad Historiam, Jura et Res Serenissimae Domus* (1696) für Kurfürst Ernst August[6] schlägt Leibniz, den man 1685 mit der Geschichte der Welfen beauftragt hatte, vor, sich des Historischen Kollegs hinsichtlich der systematischen Erfassung und Bestandsaufnahme der Rechtstitel des kurfürstlichen Hauses zu bedienen. Dies würde "ihm nicht allein rühmlich, sondern auch dienlich seyn, dadurch viel herfür zu bringen und sich dieses Instruments wie gedacht als eines Magnets zu bedienen, viel verborgenes Historiae titulo herfür zu ziehen".[7] Der Erfolg werde schließlich auch den Kaiser und andere Fürsten animieren, diesem Beispiel zu folgen[8] und dem *Collegium* endlich die für sein weiteres Fortbestehen so dringend notwendige Unterstützung seitens der Obrigkeit sichern. Ähnliche Erwägungen hatte Leibniz schon 1694 dem hannoverschen Vizekanzler Ludolf Hugo vorgetragen.[9]

Bei all diesem Engagement drängt sich freilich die Frage auf, warum der Gelehrte trotz mehrmaliger Aufforderung niemals Mitglied wurde, auch seine aktive Mitarbeit verweigerte. Der Grund dafür mag in der äußerst schleppenden Entwicklung des *Collegium* gelegen haben, die auf mangelnde fürstliche Anerkennung und Unterstützung ebenso zurückzuführen war wie auf die fragwürdige Auswahl seiner Mitglieder. Leibniz hat sich immer gescheut, bei wenig aussichtsreichen Unternehmungen, die seinem eigenen Ansehen möglicherweise mehr schädlich als zuträglich hätten werden können, aktiv in Erscheinung zu treten; in solchen Fällen begnügte er sich vielmehr mit der unverbindlicheren Rolle des Kontakt- und Mittelsmannes.

Darüber hinaus deckte das Programm des Reichskollegs mit der Abfassung der Deutschen Geschichte, der Herausgabe mittelalterlichen Urkunden sowie der Redaktion einer historischen quellenkundlichen Zeitschrift nur einen Teilaspekt von Leibniz' Sozietätsidee ab. So gesehen könnte ihn auch die Verfolgung eigener Akademiepläne in Wien davon abgehalten haben, kostbare Zeit zu vergeuden. Sahen diese doch eine ungleich umfassendere, weil interdisziplinäre, und zukunftsorientiertere Institution für die kaiserliche Residenzstadt vor. Die von Leibniz entworfene *Kaiserliche Sozietät der Wissenschaften* wäre, hätte man sie denn realisiert, einer staatlichen Wissenschafts-, Wirtschafts- und Kulturbehörde gleichgekommen. Eine Prüfung des Briefwechsels mit Ludolf und Paullini[10] legt jedenfalls die Vermutung nahe, daß Leibniz' Interesse am *Collegium Historicum Imperiale* mit zunehmendem Engagement in eigener Sache - auch in Berlin - und mit steigenden Realisierungschancen seiner Sozietätspläne abnahm. In den Schreiben ab 1695 wird das Reichskolleg oft nur noch am Rande erwähnt.[11] Andererseits ist Leibniz' anfänglich eifriges Bemühen, für das Historische Kolleg in Wien einflußreiche Förderer und Mittelsmänner zu finden, aus der Geschichte seines Projekts für eine *Kaiserliche Sozietät der Wissenschaften* nicht wegzudenken. Diese Aktivitäten kamen dann letztlich wohl auch mehr seinen eigenen Zielen zugute.

Leibniz' Anteilnahme an der Etablierung und am Fortgang des *Collegium Historicum Imperiale* läßt sich immerhin über mehrere Jahre nachweisen. Diese Tatsache ist einmal natürlich auf Leibniz' persönliches Interesse, in Wien Fuß zu fassen, zurückzuführen. Sie mag aber auch damit erklärt werden, daß seine Auseinandersetzung mit den Problemen historischer Forschung, schon berufsbedingt, intensiver geworden war.[12] Als staatsrechtlicher Berater seines Fürsten war er sich der Bedeutung geschichtlicher Quellen bewußt und hat selbst editorische Arbeit geleistet. Die Schaffung einer Zentralstelle für die Erfassung, Bewahrung, Bearbeitung und

Herausgabe urkundlicher Quellen blieb ihm immer ein besonderes Anliegen; mehrmals hat er sich dafür u.a. in Hannover eingesetzt.[13] Wie wichtig ihm die Forderung für ein zentrales historisches Archiv war, zeigt auch, daß diese in keinem seiner großen Akademieentwürfe für Berlin, Wien, Dresden und St. Petersburg fehlte.

Im Vergleich zu Leibniz' langjährigen Korrespondenzen mit Ludolf, Paullini u.a. hinsichtlich des Historischen Kollegs in Wien erweisen sich seine Kontakte mit anderen Akademieprojektanten und -gründern als relativ kurzfristig, oft auch als halbherzig.

Im Frühsommer 1690 war von den Schreib- und Rechenmeistern Valentin Heins und Heinrich Meißner[14] in Hamburg eine *Kunst-Rechnungs-liebende Sozietät* ins Leben gerufen worden.[15] Als ihr Symbol hatte man den altrömischen Gott Janus gewählt, dessen Doppelantlitz ihre vorgesehene Rolle als Entdeckerin, Bewahrerin und Vermittlerin des Vergangenen, Gegenwärtigen und Zukünftigen versinnbildlichen sollte. Die Gesellschaftsnamen ihrer Mitglieder, wie z.B. der "Mehrende", der "Zierende" oder der "Blühende", sowie deren Verpflichtung auf strikte Einhaltung sittlich- moralischer Grundsätze erinnert zunächst an die christlich-elitären Vereinigungen oder an die Sprachgesellschaften des frühen 17. Jahrhunderts. Doch letztlich stellte diese mathematische Sozietät ein "Mittelding zwischen einer Zunft und einer wissenschaftlichen Gesellschaft" dar.[16] Ungeachtet ihrer traditionellen konstitutionellen Merkmale und ihres strengen sittlich-moralischen Ehrenkodexes, bei dessen Nichteinhaltung der Ausschluß aus der Gemeinschaft drohte, entsprach das Programm der Hamburger Sozietät, soweit es ihren 1690 veröffentlichten *Leges*[17] zu entnehmen ist, durchaus den Anforderungen moderner fachspezifischer Wissenschaftspflege.

Nach "allen Vermögen und Kräfften" wollte man "die Kunst (= Mathematik - Anm. d. Verf.) möglichst fort zupflanzen sich äusserst (...) angelegen seyn lassen".[18] Zu diesem Zweck wie auch zur gegenseitigen Förderung und Vervollkommnung in der Theorie und Praxis der mathematischen Methoden, besonders der Algebra, waren regelmäßige Zusammenkünfte und ein reger Briefwechsel der anfänglich sechs ortsansässigen und neun auswärtigen Mitglieder der Sozietät vorgesehen. Mit der Pflege der Korrespondenz und der Bekanntmachung neuer wissenschaftlicher Erkenntnisse wurden die beiden jährlich zu wählenden Verwalter beauftragt, "damit / wann eine Arbeit einmahl von einem verrichtet / selbige von einem andern nicht nochmals vergeblich vorgenommen werde".[19] Am Ende eines jeden Gesellschaftsjahres sollten daher auch Informationsblätter, die sog. *Jahrbriefe*, versandt werden, aus denen schließlich die seit 1878 jährlich herausgegebenen *Mitteilungen der Mathematischen Gesellschaft* hervorgingen.

Als besondere Aufgabe galt die Edition mathematischer Werke von Mitgliedern der Sozietät. Ihre Finanzierung wollte man durch jährliche Mitgliedsbeiträge vornehmen, die zuzüglich eines Antrittsgeldes, einer Art Aufnahmegebühr, zu entrichten waren. Neben der Verbreitung mathematischer Kenntnisse sollte die Herausgebertätigkeit der Sozietät, die 1699 ein kaiserliches *Privilegium impressorium* erhielt[20], nicht zuletzt Propagandazwecken dienen. Denn in jedem Buch, das mit ihrer Unterstützung erschiene, sei auf ihre Existenz durch Beigabe einer Mitgliederliste hinzuweisen, "damit man jeder Zeit wissen möge / wie stark die Societät / und was vor Personen / als Mitglieder sich zu derselben bekannt".[21] Das Zensurrecht der Gesellschaft sollte schließlich dafür garantieren, daß in ihrem Namen nur eigenständige Ideen publiziert würden "und nicht solche Sachen... / welche auß andern Büchern nur abgeschrieben".[22]

Darüber hinaus verfolgten Meißner und Heins mit ihrer Gründung, der vorwiegend Schreib- und Rechenmeister angehörten, das pädagogische Anliegen, besonders befähigte Schüler vor deren Eintritt ins Gymnasium "über die KinderSchranken der gemeinen specierum (und der nur) mercatorischen und häuslichen Rechnungen (hinaus) zu leiten".[23] Im Hinblick auf die damals offenbar allgemein als unzureichend empfundene mathematische Vorbildung der Schuljugend ist dieses Bestreben nicht hoch genug einzuschätzen.

Da für die Zulassung zum Schulamt nur die Zustimmung des für das jeweilige Kirchenspiel verantwortlichen Hauptpastors erforderlich war, die Geistlichen ihr Einwilligungsrecht damals aber nur ungenügend wahrnahmen, stand der Lehrberuf im Grunde jedem offen. So zeichnete sich der Lehrerstand im alten Hamburg - doch nicht nur hier - mehr durch Quantität als durch Qualität aus. Die Mehrzahl der Schreib- und Rechenmeister war mangelhaft ausgebildet und an fachlicher wie pädagogischer Weiterbildung weniger interessiert als am Wetteifer um die Zahl zahlungskräftiger Schüler. Es kann daher kaum verwundern, daß der von Heins und Meißner gestifteten mathematischen Sozietät eben aus diesen Kreisen heftigste Widerstände entgegengebracht wurden. Man fürchtete Konkurrenz und versuchte, die Mitglieder der Gesellschaft durch den Vorwurf, sie betrieben "unnütze Grillenfängerei", in Verruf zu bringen.[24]

Doch auch seitens der Vertreter der mathematischen Wissenschaften am *Akademischen Gymnasium* in Hamburg wurde Kritik geäußert. Zwar lobte man die wissenschaftliche Zielsetzung der Sozietät, ihre Anlehnung an die frühbürgerliche Tradition der Gilden und Zünfte sowie ihre kultische Dimension wurden jedoch beanstandet. Dies, so Tentzel in seinen *Monatlichen Unterredungen*, hindere so manchen, sich der Gesellschaft anzuschließen.[25] Letztlich war es aber wohl Standesdünkel, der die Akademiker des Hamburger Gymnasiums davon abhielt, sich mit nicht akademisch ausgebildeten Schreib- und Rechenmeistern zusammenzutun.[26] Nicht von ungefähr sah sich der einzige Akademiker der Sozietät, der Württemberger Mathematiker und Theologe Joh. Jakob Zimmermann, den Tentzel fälschlicherweise für deren Stifter hielt[27], veranlaßt, seine Mitgliedschaft gegenüber seinen gelehrten Kollegen zu rechtfertigen.[28]

Vor diesem Hintergrund muß es den Initiatoren der *Kunst-Rechnungs-liebenden Sozietät* Genugtuung bereitet haben, daß ein berühmter Gelehrter und angesehener Mathematiker wie Leibniz sich für ihre Gesellschaft interessierte. Bereits 1690 hatte dieser die Nachricht von der Gründung der Sozietät einem deutschen Rechenbuch[29] entnommen und versucht, über seinen Korrespondenten in Hamburg, Vincent Placcius, einen der Professoren am *Akademischen Gymnasium*, Näheres zu erfahren.[30] Placcius setzte sich wohl umgehend und bezeichnenderweise mit dem einzigen Akademiker der Sozietät, dem oben genannten Zimmermann, in Verbindung; die Angelegenheit scheint jedoch ins Stocken geraten zu sein, da Zimmermann bald darauf Hamburg verließ.[31]

Die Ankündigung des von Meißner verfaßten Buches *Stern und Kern der Algebra* (Hamburg 1692) in einer Hamburger Zeitung 1692[32] nahm Leibniz daraufhin zum Anlaß, den Mitgliedern der Sozietät Anfang Juni über Lorenz Hertel, gleichwohl anonym, eine Aufstellung mathematischer Aufgaben zukommen zu lassen, "qui pourroit servir à les encourager".[33] Da diese Sendung ihren Bestimmungsort offensichtlich nicht erreicht hat[34], wandte Leibniz sich nunmehr, diesmal über seinen langjährigen Vertrauten Joh. Daniel Crafft[35], direkt an Meißner[36] und sandte diesem erneut mathematische Aufgaben und ihre Lösungen.[37]

Wie schon in seinem oben erwähnten Brief an Placcius vom 8. September 1690 stellte er der Hamburger Sozietät, deren Gründung er grundsätzlich für "lobwürdig" hielt, anheim, sich um ein stetiges Fortschreiten der mathematischen Wissenschaft zu bemühen. Dies sei aber nur möglich, wenn man gesetzte Grenzlinien überschritte und zu neuen Erkenntnissen fände. Daher sei von der Beschäftigung mit "Particular-Exempeln" Abstand zu nehmen. Es gelte vielmehr "Methodos und Generalregula" zu finden.[38]

In seinem Dankschreiben vom 15./25. Juli äußerte Meißner die Bitte, Leibniz möge der Sozietät, ungeachtet seiner durchaus berechtigten Kritik, auch in Zukunft sein Wohlwollen entgegenbringen.[39] Diesem Wunsch kam der hannoversche Gelehrte insofern nach, als er seinem Briefpartner vorschlug, mit ihm weiterhin über mathematische Probleme zu kommunizieren "und diese Dinge mit nicht geringem Lob ihrer Sozietät und Nutzen des publici sehr weit (zu) treiben".[40]

Da keine weiteren Schreiben aus dieser Korrespondenz überliefert sind[41], bleibt es ungeklärt, ob Leibniz sich nochmals mit Meißner über die Lösung mathematischer Probleme austauschte. Dessenungeachtet läßt sich aber wohl eines feststellen: Wie erwartet sehen wir Leibniz, kaum hat er von der Existenz der noch jungen und förderungsbedürftigen *Kunst-Rechnungs-liebenden Sozietät* erfahren, in der Rolle des wohlmeinenden, wiewohl distanzierten Ratgebers. Eine Mitgliedschaft oder aktive Mitarbeit zog er auch in diesem Fall nicht einmal in Erwägung. Seit Jahren darum bemüht, Aufnahme in der renommiertesten aller europäischen Akademien, der Pariser *Académie des Sciences*, zu finden, war er andererseits offenbar nicht gewillt, sich weniger bedeutenden Gesellschaften in irgendeiner Weise zu verpflichten. In seinem Brief an Meißner gibt uns der Gelehrte eine Erklärung für seine Zurückhaltung: Es seien ihm zwar Wege bekannt, die in der Mathematik neue Perspektiven eröffneten, "weilen aber ganz andere Geschäfte habe, so mir nicht zugeben, dergleichen obzuliegen, so sollte mir lieb sein, wenn Liebhaber sich finden möchten, so das ihrige beitragen wollten, dadurch ein großes zu verrichten und die Ausländer in einem oder andern herunterzustechen".[42]

Im Grunde hat Leibniz aber wohl richtig erkannt, daß die Mehrzahl der damals in der Sozietät versammelten Schreib- und Rechenmeister nicht in der Lage waren, seinen Anregungen "ad perficiendam praxin Algebraicam" zu folgen[43], die Sozietät weit hinter ihren programmatischen Forderungen zurückblieb; ihr fehlten die rechten Mitglieder.[44] Dennoch hat der hannoversche Gelehrte die Hamburger Sozietät nicht ganz aus den Augen verloren, sein Urteil, sie beschäftige sich leider mehr mit Althergebrachtem als wirklich neue Möglichkeiten in der Mathematik zu suchen, gleichwohl nicht revidiert. Dies ist zumindest einer Bemerkung gegenüber dem Wolfenbütteler Herzog Rudolf August zu entnehmen. Es wäre zu wünschen, schreibt Leibniz Anfang 1697, daß sich die "Hamburgische Rechnungsgesellschaft" mehr mit Dingen beschäftige, "welche zu ihrem, ja der Teutschen Nation, nicht geringen Ruhm gereichen würde weil es in Teutschland zu erst herfürbracht worden".[45]

Leibniz' kritische Einschätzung der Hamburger Sozietät sollte auch für deren Zukunft Gültigkeit behalten. So mußte man noch 1890 in der anläßlich ihres 200-jährigen Bestehens herausgegebenen Festschrift eingestehen: Obwohl die 1877 in *Mathematische Gesellschaft* umbenannte ehemalige *Kunst-Rechnungs-liebende Societät* im Laufe der Jahrhunderte mehrere Mathematiker ersten Ranges zu ihren Mitgliedern gezählt habe, habe sie dennoch nie einen nennenswerten Einfluß auf den gewaltigen Fortschritt ausgeübt, den die Mathematik seit ihrer Gründung gemacht habe.[46] Andererseits, so Schimank[47], haben Heins und Meißner, die als sehr gute Pädagogen galten, durch die Stiftung der Sozietät für die Pflege der Mathematik in Hamburg über Jahrhunderte richtunggebend gewirkt.

Im Mai 1692 trat der Reichskammergerichtsassesor und Kaiserliche Rat Huldreich von Eyben an Leibniz mit der Bitte heran, er möge sich bei den hannoverschen Ministern Franz Ernst von Platen und Ludolf Hugo für seinen Vorschlag, im niedersächsischen Raum ein *Collegium seniorum et eruditorum* zu errichten, verwenden.[48]

1682 hatte sich jener schon einmal an Leibniz gewandt und ihm über den Geheimen Rat Otto Grote ein Promemoria zur Bedeutung des Wortes *suprematus* zukommen lassen. Leibniz' Antwort war aber offensichtlich ausgeblieben. Erst im Januar 1691 sollte, wiederum durch die Vermittlung Grotes[49], eine rege Korrespondenz zwischen beiden Gelehrten beginnen. Dieser Briefwechsel[50], der nur teilweise überliefert ist, wurde bis 1698, ein Jahr vor Eybens Tod, fortgesetzt; in der Hauptsache betraf er Fragen zur Geschichte und Genealogie der Welfen, später auch sprachgeschichtliche und sprachvergleichende Themen. Für zwei Jahre, 1692/93, stand jedoch die Diskussion um Eybens Plan für eine gelehrte Gesellschaft ganz im Mittelpunkt der Korrespondenz.

Im wesentlichen sollte sich das in Aussicht genommene *Collegium seniorum et eruditorum* mit Jurisprudenz und Geschichte beschäftigen und sein besonderes Augenmerk auf die Beförderung der Reunion der christlichen Bekenntnisse richten. Eyben greift hier, wie er selbst andeutet[51], auf alte Pläne von Leibniz' ehemaligen Förderer Joh. Christian von Boineburg zurück.

Der damalige kurmainzische Minister hatte 1662 die Bearbeitung der Reichsrezesse angeregt und zu diesem Zweck den Zusammenschluß von Gelehrten und Politikern gefordert.[52] Unter dem Protektorat des Mainzer Fürstbischofs, dem als Erzkanzler das Reichsarchiv unterstand, sollte das Unternehmen in Mainz seinen Anfang nehmen. Als dessen Ziel sah Boineburg nichts Geringeres als eine deutsche Verfassungsgeschichte auf breiter politischer Grundlage. Informationen über diese Bestrebungen entnehmen wir dem weitverzweigten Briefwechsel des kurmainzischen Ministers mit den bedeutendsten Politikern und Gelehrten seiner Zeit, so u.a. mit den renommierten Historikern Joh. Heinrich Böckler und Joh. Justus Winckelmann oder dem Rechtsgelehrten und Begründer der deutschen Rechtsgeschichte, Hermann Conring.[53]

Auch der bekannte Philologe Joh. Konrad Dieterich (1612 - 1669)[54], auf dessen "herrliche Gedancken" sich Eyben unmittelbar beruft[55], gehörte zum engeren Freundeskreis Boineburgs und war nachweislich an der Diskussion um dieses Vorhaben beteiligt. Es sei ihm, so Eyben in einem späteren Brief, schließlich noch eingefallen, "daß der berühmte ... Freyh. von Boineburg Unsern Seel. Hn Diethericum besonders auff diese gedancken gebracht".[56] Erstaunlicherweise reagiert Leibniz, der, wie er betont "mit dem seel. H. Baron von Boineburg ... ganz familiar gewesen, und ... offt selbst mit ihm von dergleichen und andern literariis desideriis geredet"[57], nicht weiter auf diesen Hinweis, den Eyben auffallend oft wiederholt.

Mit dem spezifischen Auftrag für das *Collegium eruditorum*, sich für die Überwindung des Schismas einzusetzen, ging Eyben über die Boineburgischen Pläne hinaus. Und eben an dieser Forderung setzt Leibniz' Kritik an. Der Gelehrte, der als hannoverscher Unterhändler in der Reunionsangelegenheit um die vielfältigen Hindernisse der religiösen Wiedervereinigung wußte, warnt seinen Korrespondenten vor übertriebenen Hoffnungen. Nach einem ausführlichen Bericht über die bisher gepflogenen Verhandlungen, verbunden mit der Bitte an Eyben, "es gehörig zu menagiren", stellt er abschließend fest: "doch stehen diese dinge noch intra terminos piorum desideriorum".[58] Nicht von ungefähr wollte Leibniz alles, was zur Religion gehörte, aus seinen eigenen Sozietätsplänen ausgeklammert wissen.[59] Er befürchtete zu Recht, daß eine Verstrickung in die herrschenden religionspolitischen Auseinandersetzungen die eigentliche Arbeit in der gelehrten Sozietät beeinträchtigen könnte. So gibt er, wenn auch höflich umschrieben, Eyben den wohlgemeinten Rat, sich auf konkrete wissenschaftliche Zielsetzungen zu beschränken. Diese nämlich erschienen Leibniz in der Konzeption des Kaiserlichen Rats zu unbestimmt und verschwommen.

Eyben habe ihm seinen Plan, für den er "von hertzen ... success" wünsche[60], nur unzureichend dargelegt, so daß er sich nicht imstande sähe, ihn an offizieller Stelle zu vertreten. Wenn er ihm jedoch einen Entwurf dazu anfertige, werde er diesen gerne weiterleiten.

Sein Briefpartner blieb ihm das gewünschte Papier indes schuldig. So haben wir nur dessen Briefe, um Einzelheiten über das Sozietätsprojekt, mögen sich diese auch noch so vage und unausgereift darstellen, zu erfahren.

Demnach knüpft Eyben an die metaphysisch begründeten Forderungen der realen Akademiebewegung des 17. Jahrhunderts an. Das *Collegium* ziele dahin, "das große herrliche gebäu aller nutzbarer haubtwißenschaften, zu Gottes lob und der menschen heil, anforderst vollends ausbauen, hie und da beßer zu begründen zu befestigen so dann zu suppliren, verbeßern, aufzuschmücken und also (...) daselbe zu menschmöglicher Vollständigkeit bringen oder beforderen zu helffen".[61] Doch ungeachtet dieser universellen Zielsetzung reduziert der Jurist und Rechtshistoriker Eyben die von dem *Collegium* zu leistende akademische Arbeit sogleich auf die Bereiche Jurisprudenz und Geschichte, respektive Rechtsgeschichte. Im Rahmen dieser Disziplinen habe jedes Mitglied für sein spezielles Fachgebiet eine "expedimento et genio gemäße" grundlegende Abhandlung anzufertigen. Von der Abfassung neuer Bücher sei gleichwohl weitgehendst abzusehen, es sei denn, sie handelten ausschließlich "de novis rebus".[62] Man sollte sich vielmehr darum bemühen sog. ANALECTA anzufertigen, wobei man "bereits geschriebene (Bücher), addendô, demendô et mutandô seu corrigendô verbeßere und perfectionire".[63] Wenn jedes Mitglied im Laufe der Vorbereitungen zu diesen fachspezifischen Sammlungen aus schon vorliegenden Werken alle wichtigen Informationen, die nicht sein eigenes sondern das Arbeitsgebiet eines anderen beträfen, diesem mitteile, "wie etwa unter den Jesuiten üblich", dann "würden die analecta zu welchen freylich immerhin nöthige materie bey und einzutragen, des Endes sonderlich bequem sein".[64]

Um in den verschiedenen Wissenschaftsbereichen die Entwicklungen zu erkennen und " ad concentrationem (zu) gelangen", gibt Leibniz zu bedenken, genüge es nicht, eher willkürlich zusammengestellte Kompendien anzufertigen. Mit Hinweis auf seine in Mainz vorgetragenen Pläne für einen *Nucleus librarius semestralis* schlägt er daher eine enzyklopädisch anzulegende Bücherzeitschrift vor, die von den besten Büchern inhaltliche Kurzfassungen "und zwar ordine temporum" enthielte.[65]

So unausgereift sich Eybens Überlegungen zur inhaltlichen Bestimmung der zu fundierenden Sozietät darstellen, ebenso unklar bleiben seine Vorstellungen hinsichtlich ihrer Institutionalisierung und Finanzierung. Lediglich über ihren zukünftigen Standort wissen wir Genaueres. "Weil Hannover schon sehr populiret", böte sich Göttingen oder Hameln "oder auch ein groses Closter" an.[66] Jedenfalls sei das *Collegium* in oder in unmittelbarer Nähe einer Universitätsstadt anzusiedeln.[67] Die Wahl des Standortes hing, das lassen Eybens weitere Ausführungen vermuten, unmittelbar mit der gewünschten personellen Zusammensetzung, mittelbar mit der Finanzierung des Kollegiums zusammen.

Damit dessen Unterhalt keine Kosten verursache, mithin die Staatskasse nicht belaste, will Eyben ausschließlich emeritierte Professoren als hauptamtliche Mitglieder anwerben. Diese, aufgrund ihrer Pensionen finanziell ausreichend versorgt, müßten bereit sein, sich auch weiterhin, und zwar unentgeltlich, in den Dienst der Wissenschaft, d.h. letztlich in den Dienst des Gemeinwohls, zu stellen. Als "principales" würden sie die Geschicke der Sozietät bestimmen. Ihnen zur Seite stünden die "ministrales", "so zwar jünger aber doch wohlbegabte leute", die sich dem *Collegium* gleichwohl "suô non publicô sumtu" anschließen mögen.[68] Auf Leibniz' Einwände hin rückt Eyben von seiner anfänglichen Forderung ab, ausschließlich ortsansässige, also ständig anwesende Mitglieder in das *Collegium* aufzunehmen. Auch korrespondierende Mitglieder seien willkommen. Als Voraussetzung gelte allein, "daß alle und jede würcklich sive per se sive per alios würcklich schreiben sollten, jedoch hierunter die correspondentz mit andern Collegiis in et extra Imperium mit verstanden".[69] Leibniz könnte z.B. die wissenschaftliche Korrespondenz mit der *Royal Society* übernehmen.

Im Ganzen überzeugten Eybens Vorschläge Leibniz nicht. Vor allem aber wußte er nur zu gut, daß ein derartiges Unternehmen ohne staatliche Bezuschussung und ausschließlich auf ehrenamtliche Mitarbeiter angewiesen, langfristig nicht bestehen, ja nicht einmal wirklich arbeitsfähig werden konnte. Entsprechend zurückhaltend äußerte er sich daher Anfang Oktober 1692 gegenüber Franz Ernst von Platen zur vorgesehenen Finanzierung des Projekts: "il (Eyben - Anm. d. Verf.) semble insinuer, que ce seroit d'une maniere qui ne fut point à charge".[70]

Erst nach wiederholtem Drängen seines Briefpartners hatte sich Leibniz Mitte September trotz seiner vielfältigen Bedenken, die Eyben nicht auszuräumen vermocht hatte, endlich bereit erklärt, den hannoverschen Minister von Eybens Plan zu unterrichten.[71] Entsprechend halbherzig fiel dann auch seine Mitteilung an von Platen aus. Aus seiner abschließenden Bemerkung, " j'ay voulu m'acquitter icy de cette commission"[72], möchten wir gar schließen, daß Leibniz sich hier nur einer lästigen Pflicht entledigt hat.[73] Auf der anderen Seite läßt er nichts unversucht, um Eyben seine spezifischen Vorstellungen von einer zukunftsorientierten Wissenschaftsorganisation zu entdecken und seinen Korrespondenten von den notwendigen Modifikationen des Sozietätsplanes zu überzeugen.

Zurückgreifend auf alte Mainzer und hannoversche Entwürfe, von denen er selbst gesteht, er hätte "in einen und andern nicht gnugsam von dem absehen und dazu beliebenden mittel und wegen berichtet"[74], weist er auf zwei Grundforderungen hin; alle *desideria literaria* seien zu reduzieren auf:

1. "Gehörige einregistrirung deßen das die Menschen schohn wißen"
2. "Anstalt zu vermehrung menschlicher wißenschafft so wohl per artem inveniendi, als per Experimenta"[75]

Eyben scheint indes nicht der rechte Mann gewesen zu sein, sich mit Leibniz' weitgreifenden Überlegungen ernsthaft auseinanderzusetzen, sie in seine eigenen Pläne einzubeziehen; war er doch offensichtlich nicht einmal in der Lage, eine klare Konzeption zu Papier zu bringen. Am 15./25. November 1692 bat er stattdessen, Leibniz möge einen entsprechenden Entwurf anfertigen.[76]

Spätestens im Januar 1693 glaubte der hannoversche Kammergerichtsassesor wohl selbst nicht mehr an eine Realisierung seines Sozietätsvorhabens. Man sollte "es beruhen laßen biß anderweiter bequemlichkeiten sich fügen und mithin etwa die gute distinction, zwischen vorschlägen und decisionen mehrern beyfall gewinnet".[77] Ungeachtet dessen war er nach wie vor der Meinung, daß gerade jetzt die rechte Zeit wäre, ein derartiges Unternehmen in Angriff zu nehmen, "weil die universitäten je länger ie mehr eingehen und in moribus vornehmlich corrupter werden".[78]

So lag es nun wieder bei Leibniz, seinen Briefpartner aufzumuntern und neue Möglichkeiten, besonders hinsichtlich der Finanzierung des Projekts, aufzuzeigen. Eybens Vorschlag, die anfallenden Kosten durch ausschließlich ehrenamtliche Mitglieder auf ein Minimum zu reduzieren, war von Leibniz äußerst skeptisch aufgenommen worden. Andererseits wußte der hannoversche Gelehrte natürlich, daß eine wissenschaftliche Einrichtung, wie sie Eyben vorsah, zumal in Kriegszeiten[79], nicht mit staatlicher Unterstützung rechnen konnte. Daher entwickelte er ein Konzept zur privaten Finanzierung des Kollegiums. Man sollte sich darum bemühen, "einige begüterte Leüte, so aber keine als lachende Erben haben, dahin zu bringen, daß sie zu stiftung und vermehrung, fundirung oder dotirung einer solchen wohlgefasten Societät concurriren wolten".[80] Die so gewonnenen Stiftungen könnten dann in Immobilien angelegt werden, die jährlich Einkünfte von mehreren tausend Talern für den Unterhalt der Sozietät garantierten.

Schon bald sah sich Leibniz freilich gezwungen, von dem Gedanken privater Stiftungen zu wissenschaftlichen Zwecken, den wir im übrigen schon aus seinen frühesten Akademieentwürfen, etwa für eine *Societas Philadelphica*, kennen, wieder abzurücken. Selbst von "vornehme(n) geist(lichen)", die, wie Eyben angeregt hatte, "exemplo suo vorleuchten" sollten, sei eine solche großzügige und selbstlose Spende wohl kaum zu erwarten.[81]

Das ungelöste Finanzierungsproblem gab schließlich den Ausschlag, Eybens Projekt für ein *Collegium seniorum et eruditorum* entgültig fallen zu lassen. Ab Juli 1694 nimmt die Korrespondenz zwischen Leibniz und dem Kaiserlichen Rat wieder ausnahmslos gelehrten Charakter an, das Thema einer Sozietätsgründung wird nicht mehr berührt.

Die Schwierigkeiten, gutgemeinte Gedanken in die Tat umzusetzen, lägen "gemeiniglich in modo exeqvendi ..., die weilen es an hülffe fehlt". Das Interesse "großer Herren" aber sei gegenwärtig nur auf zwei Dinge gerichtet: "praesens utilitas, vel voluptas".[82] Gleichwohl man in Braunschweig-Lüneburg ("bey uns") "generoser gesinnet, als vielleicht an vielen andern orthen"[83], hatte Leibniz die Realisierungschancen für Eybens *Collegium* von Anfang an eher gering eingeschätzt. Denn auch hier sei man derzeit zu sehr mit anderen Angelegenheiten beschäftigt. Ein allzu großes Hindernis sah er vor allem in dem politischen Konkurrenzkampf der beiden fürstlichen Häuser Braunschweig-Lüneburg und Braunschweig-Wolfenbüttel.

Doch nicht nur die äußeren Umstände standen der Verwirklichung des Kollegiums entgegen. Das größte Problem lag wohl in der Unfähigkeit Eybens, eine klare Konzeption für sein Projekt vorzutragen. Immer wieder hatte Leibniz seinen Korrespondenten auf die Notwendigkeit eines "kleinen entwurffs" hingewiesen, "ohne welchen man nicht wohl von der Sach part geben kan".[84] Daß Eyben u.a. auch die Theologie, respektive die Förderung der Reunion, zum Gegenstand der Sozietät machen wollte, sei ihm z.B. erst nach mehreren Schreiben klar geworden: "und ist also daraus abzunehmen, wie wenig ich aus den vorigen informiret seyn können".[85]

Vielleicht hätte sich Leibniz, der nur zu gerne als Vermittler und Beförderer der Wünsche und Vorhaben anderer auftrat, intensiver und nachdrücklicher dafür eingesetzt, Eybens Plan an die entscheidenden Stellen gelangen zu lassen, wenn denn überhaupt ein Plan vorgelegen hätte. Unter den gegebenen Voraussetzungen schien ihm aber wohl vornehme Zurückhaltung angebracht zu sein.

1694/95 trug sich der regierende Fürst von Hessen-Kassel, Landgraf Karl (1670 - 1730)[86], mit dem Gedanken, in seiner Residenzstadt ein *Collège des curieux* einzurichten. Diese Kenntnis entnehmen wir einem Brief seines Sekretärs und Bibliothekars Joh. Seb. Haes.[87] Am 22. Januar 1695 schreibt dieser an Leibniz: "si les affaires de la guerre nî mettent pas de l'obstacle S.A.S. établira un college de curieux".[88]

Landgraf Karl, "un prince bien intelligent et curieux"[89], zeigte sich besonders an Mathematik und Physik interessiert und war bestrebt, angesehene Naturforscher nach Kassel zu ziehen. So gelang es ihm, 1688 den hugenottischen Arzt, Mathematiker und Erfinder Denis Papin (1647 - 1814), den einstigen Gehilfen von Huygens in Paris und von Boyle in London, an seine Universität in Marburg zu verpflichten. Dank seiner Unterstützung konnte Papin in der Zeit seines Aufenthaltes in Hessen-Kassel, 1688 bis 1707, eine Reihe eindrucksvoller technischer Erfindungen realisieren.[90]

Die seit 1569 bestehende, der fürstlichen Bibliothek angegliederte Kunstkammer, wie jene der Leitung Joh. Seb. Haes' unterstellt und über die Grenzen hinweg bekannt, erfuhr während der Regierungszeit Karls respektable Erweiterungen; 1696 hat man ihr schließlich sogar ein eigenes Gebäude zugewiesen, das sog. *Kunsthaus*.[91]

Über den Plan für ein *Collège des curieux* ist außer der oben zitierten Ankündigung nichts weiter bekannt. Nur in einigen wenigen Briefen von Haes, Leibniz und Papin findet er überhaupt Erwähnungen. Allein, der für das projektierte Unternehmen vorgesehene Name sowie die spezifische Neigung des Landgrafen "pour tout qui est beau et utile"[92], respektive für experimentelle Physik, lassen darauf schließen, daß man eine naturwissenschaftlich-technisch orientierte Gesellschaft ins Auge gefaßt hatte. Als Ergänzung zu der weithin bekannten und geschätzten fürstlichen Kunstkammer sollte das zu etablierende *Collège* Kassel wohl zu einem Treffpunkt für in- und ausländische Naturforscher und Techniker machen.

Der Wunsch des Landgrafen für eine derartige Gesellschaft scheint darüber hinaus aber auch aus dessen Bemühen erwachsen zu sein, den sich mit Abwanderungsgedanken tragenden Denis Papin weiterhin an seinen Hof zu binden. Papin, Professor für Mathematik und Physik in Marburg, hatte bereits 1692, nur vier Jahre nach seiner Antrittsvorlesung, ein erstes Abschiedsgesuch eingereicht, dem noch weitere folgen sollten. Unzufriedenheit mit seiner persönlichen Situation an der Universität, die für seine Fächer nicht das rechte Interesse zeigte, ebenso mit dem seiner Meinung nach zu geringen Professorengehalt und schließlich Auseinandersetzungen mit Mitgliedern der hiesigen französischen Gemeinde hatten ihm Marburg zunehmend verleidet. Papin wollte nach London an die *Royal Society* zurückkehren, die ihm, wie er glaubte, bessere Bedingungen für seine experimentellen Forschungen böte.[93]

Doch Landgraf Karl beschied seinen Antrag auf Entlassung abschlägig und berief ihn stattdessen, nachdem auch eine Gehaltsaufbesserung Papins negative Einstellung nicht hatte ändern können, 1695 zu sich nach Kassel. Eben zu dieser Zeit beauftragte er seinen Bibliothekar Haes, mit Papin über dessen Eintritt in das zu gründende *Collège* zu verhandeln. So ist es doch mehr als nur wahrscheinlich, daß man dem französischen Erfinder durch die Aussicht auf eine entscheidende Position in einer naturwissenschaftlichen Sozietät, deren Direktion er offenbar übernehmen sollte[94], den Verbleib in der Landgrafschaft Hessen-Kassel schmackhaft machen wollte.

Allerdings scheint der Plan über dieses erste Stadium nicht hinausgekommen zu sein. Jedenfalls können wir aus Leibniz' Briefwechsel mit Papin folgern, daß hierüber nicht einmal erste Verhandlungen geführt worden waren, obwohl man ganz offensichtlich mindestens bis 1699 grundsätzlich an dem Vorhaben festhielt. "Le desseing de l'Academie des Arts est sur le tapis mais Je ne puis encor juger quand il s'executera", antwortet Papin am 11. September 1699 auf Leibniz' Frage, ob man ihm denn nun, wie er gehört habe, die Direktion einer Akademie übertragen habe.[95]

Aus den wenigen erhaltenen schriftlichen Zeugnissen, die das Kasseler Sozietätsprojekt überhaupt erwähnen, erfahren wir keine weiteren Einzelheiten. Auch Leibniz dürfte, soweit sich das aus dem überlieferten Quellenmaterial ersehen läßt, lediglich von dem Vorhaben als solchem in Kenntnis gesetzt worden sein. Ungeachtet dessen, oder vielleicht gerade deswegen, legt der hannoversche Gelehrte in seinem Schreiben vom 24. Februar 1695, das, wie aus der Nachschrift für Haes hervorgeht, zur Vorlage beim Landgrafen gedacht war[96], auf überaus eindrucksvolle Weise seine Konzeption zur Wissenschaftsorganisation, ihre Voraussetzungen, Notwendigkeiten und Konsequenzen dar. Die Aussicht auf die Entstehung einer

Sozietät, die nicht, wie die oben erörterten, von einem gelehrten Kollegen, sondern von einem regierenden Fürsten angeregt worden war, führte ihm dabei ohne Zweifel die Feder. "Il y a long tems que j'ay souhaité que quelque Prince pensât à l'avancement des sciences et arts d'une maniere serieuse", gesteht Leibniz denn auch in dem für seinen Briefpartner bestimmten Postskriptum.[97] Nur selten sehen wir den Philosophen so übereifrig bemüht, einem Korrespondenten, von dem er de facto nicht mehr erfahren hatte, als daß man grundsätzlich über die Einrichtung einer Akademie gesprochen habe, seine innerste Überzeugung zu entdecken. Und nicht von ungefähr weist Leibniz in seinem Hauptschreiben, dessen Diktion unschwer den fürstlichen Adressaten erkennen läßt, mit besonderem Nachdruck auf den Nutzen des wissenschaftlichen Fortschritts für den Staat und das Wohlergehen seiner Bürger hin.[98]

Um die Pflege der Wissenschaften sei es in deutschen Landen äußerst schlecht bestellt. Die wenigen, die sich ihrer annehmen wollten, hätten in der Regel weder die finanziellen Mittel noch den nötigen Einfluß, um ihre gutgemeinten Pläne zu verwirklichen. Daher sei es ein Gebot der Stunde, daß, wie etwa in Frankreich, große Fürsten und deren Minister Zeichen für die Zukunft setzten. Andere Persönlichkeiten "de loisir et de moyens" würden bald diesem Beispiel folgen und "au lieu de s'occuper à des bagatelles, à des plaisirs criminels ou ruineux et à des cabales"[99], ihre Befriedigung darin suchen, durch Förderung neuer Erkenntnisse dem allgemeinen Wohle zu dienen. Verbesserungen auf allen Gebieten des menschlichen Daseins wären die Folge: "les Arts de paix et de guerre fleuriroient merveilleusement dans leur estats tant pour mieux resister aux ennemies, par mer et par terre, que pour cultiver et peupler les pais, par la navigation, le commerce, les manufactures, et la bonne police ou oeconomie".[100]

Ein weites Feld eröffneten vor allem die "Physique d'usage" und die Medizin, die man bislang allzu sehr vernachlässigt habe. Nur aus diesem Grunde erschienen die meisten gefährlichen Krankheiten immer noch unbesiegbar – Krankheiten, "que les grands ne ressentent pas moins que les petits".[101]

Und schließlich betont Leibniz, wie schon Jahre zuvor in seinen zahlreichen Briefen an seinen verstorbenen Dienstherrn Johann Friedrich von Braunschweig-Lüneburg, die Möglichkeiten der Wissenschaften, zumal der Naturwissenschaften, im Hinblick auf die Missionsarbeit in den deutschen Kolonien. Mit ihrer Hilfe werde man in der Lage sein, " à porter la pieté, la raison, et la vertu parmy les barbares et les infideles".[102]

Er selbst, der sich rühmen könne, den Schlüssel für den wissenschaftlichen Fortschritt schlechthin, "l'art d'inventer, qu'est l'art de l'art"[103], gefunden zu haben, stünde Landgraf Karl gerne mit Rat und Tat zur Verfügung, wenn dieser sich entschlösse, seinen großartigen Plan für ein *Collège des curieux* zu verwirklichen, "par ce que je me trouverois assez heureux, si mes souhaits de contribuer au bien general, pouvoient estre accomplis".[104]

Leibniz' Sorge um das allgemeine Wohl, die sich hier ausdrückt, war nicht nur Lippenbekenntnis. Bis zuletzt förderte und hegte er, was der wissenschaftlichen und gesellschaftlichen Fortentwicklung Nutzen zu versprechen schien. Wo sich dem Gelehrten Gelegenheit für Empfehlungen und Pläne zur Verbesserung wirtschaftlicher, sozialer oder kultureller Mißstände bot, ergriff er diese alsbald. Doch nicht immer war sein übereifriges Wirken für das *bien general* so uneigennützig, wie Leibniz es selbst mit Nachdruck darzustellen vermag. Nicht selten wußte der Gelehrte sein Engagement überaus geschickt mit der Durchsetzung persönlicher Wünsche zu verbinden und sich die entsprechende Anerkennung in Form finanzieller, beruflicher oder gesellschaftlicher Vorteile zu verschaffen. Um so mehr fällt daher seine ausdrückliche Bitte an Haes ins Gewicht. Dieser möge Landgraf Karl versichern, daß er, Leibniz, seine Hilfe anböte, "absolument sans rien pretendre".[105]

Nachdem man Leibniz' Plänen zur Wissenschaftsorganisation bisher nur wenig Verständnis entgegengebracht hatte, richtete der Gelehrte nun all seine Erwartungen auf den regierenden Fürsten von Hessen-Kassel. In Landgraf Karl glaubte er endlich den Souverän gefunden zu haben, mit dem er seine Vorstellungen ernsthaft diskutieren und realisieren konnte. Doch die gewünschte Resonanz seitens des Landgrafen blieb aus. Eher kühl ließ er Leibniz durch seinen Bibliothekar mitteilen, "qu'Elle trouvera bon de Vous consulter de fois à autre dans les affaires d'une difficulté ou d'une curiosité particulière".[106] An einer engeren Zusammenarbeit mit dem hannoverschen Gelehrten war man in Kassel zum damaligen Zeitpunkt offenbar nicht interessiert.

Doch die erstaunlich reservierte Antwort des Landgrafen auf Leibniz' Angebot dürfte weniger auf dessen Person als auf die politischen Umstände, d.h. auf die Verwicklung Hessen-Kassels in den Pfälzischen Erbfolgekrieg (1688 - 1697) zurückzuführen sein. In Kriegszeiten, das mußte Leibniz nur zu oft erfahren, waren für kulturelle Projekte, so aufrichtig diese auch gewünscht wurden, keine finanziellen Mittel frei. So hatte er in seiner Nachschrift für Haes vom 24. Februar 1695 ganz richtig prophezeit, "que l'execution de le dessein tardera encor un peu: Car j'avoue que le temps de guerre n'y est pas de plus favorable".[107]

In der Tat scheint Landgraf Karl seinen Plan für ein *Collège des curieux* wenn nicht gänzlich fallengelassen, so doch zumindest auf unabsehbare Zeit aufgeschoben zu haben. Allein die Tatsache, daß man mit Denis Papin, den präsumtiven Direktor des *Collège*, noch nicht einmal erste Gespräche geführt hatte, spricht dafür.

Doch Leibniz wollte sich von den ungünstigen Bedingungen nicht beirren lassen und stellt für den Fall, daß der Krieg noch länger fortdauern werde, Mittel und Wege in Aussicht, "ou la curiosité se payeroit elle meme, et meme avec usure".[108] Das Schreiben, in dem er diese genauer aufzeigen wollte, ist freilich nicht überliefert und hat es vermutlich auch nie gegeben. Davon abgesehen hätten Leibniz' Vorschläge ohnehin nichts weiter bewirkt. Der Gelehrte hatte wieder einmal auf die Initiative eines regierenden Fürsten gesetzt und war, wie schon so oft, enttäuscht worden. Eine *Collège des curieux* wurde in Kassel niemals gegründet. Schon in Leibniz' Briefwechsel mit dem Nachfolger des 1696 verstorbenen Joh. Seb. Haes, Lothar zum Bach von Koesfeld (1661 - 1727), war von dem Plan einer Akademie keine Rede mehr.[109] Vergeblich hat der hannoversche Gelehrte nach Abschluß des Rijswijker Friedens (1697) darauf gehofft, "que maintenant que nous esperons la continuation de la paix, Monsgr le Landgrave aura le loisir de suivre le penchant, qu'il a pour les belles choses ..."[110]

Eine umfassende, systematische Erfassung des menschlichen Wissens galt Leibniz als Voraussetzung für eine kontinuierliche Fortentwicklung der Wissenschaften, diese wiederum als Bedingung und Ermöglichung des gesellschaftlichen Fortschritts. Schon in seinen frühesten, noch jugendlich unausgereiften Schriften zur Wissenschaftsorganisation und besonders akzentuiert in jenen Aufzeichnungen, die er in den ersten beiden Jahrzehnten nach seiner Rückkehr aus Paris zu Papier brachte, betont er daher die Notwendigkeit und den Nutzen einer Universalenzyklopädie. Ihre Erstellung sieht er als vornehmstes Ziel organisierter Zusammenarbeit in gelehrten Sozietäten.

Während Leibniz' Enzyklopädiepläne zum größten Teil erst aus seinem Nachlaß bekannt wurden und schon deshalb eine Auswirkung auf andere Gelehrte nicht erkennbar ist, gab es eine Reihe von Vorgängern und Zeitgenossen wie z.B. Martini, Ratke, Gueinz, Aeschel oder Calov[111], die ähnliche Gedanken und Vorschläge öffentlich diskutierten. Zu diesen gehörte auch der Gießener Professor der Moral und Logik, Joh. Christian Lange[112], der in seine Behandlung der verschiedenen Teile der Gelehrsamkeit auch die Enzyklopädie einbezog:

> "Denn es ist die sogenante Encyclopaedi nichts anders / als ein kurtzer und Systematischer Begriff von allen Theilen der Erudition, und derer dahin gehörenden Disciplinen: welcher dazu dienen soll / daß man nicht nur die Natur und Absicht einer jeden Disciplin an sich daraus erkenne / sondern auch den Zusammenhang und gemeinschaftliche Verbindung ihrer aller daraus abnehmen und ersehen können".[113]

Seit 1702 hielt der Gießener Professor, damals an der Universität nicht unumstritten, enzyklopädische Vorlesungen, zunächst nur für Studenten der Theologie, denen er mit seinem einführenden Kolleg einen Einblick in die "gesamte Gelehrsamkeit" vermitteln wollte.[114] Nur wenige Jahre später, 1706, setzte er sich in der zwei seiner Schüler, den Prinzen Karl Wilhelm und Franz Ernst von Hessen-Darmstadt gewidmeten *Protheoria Eruditionis Humanae Universae: Oder Fragen von der Gelehrsamkeit der Menschen ins gemein* (Gießen 1706)[115] ausführlich mit dem Thema "Enzyklopädie" auseinander. Seine theoretischen Überlegungen gipfelten schließlich 1710 in einem ersten öffentlichen Appell, dem für den Regensburger Reichskonvent bestimmten Memorial: *Eines umb das gemeine Beßte auffrichtig = und treulich = bekümmerten Anonymi unterthänigst = demüthigste ADRESSE...*[116] Hier ruft Lange dazu auf, das für Lehre und Forschung gleichermaßen wichtige Werk einer

Universalenzyklopädie unverzüglich in Angriff zu nehmen und zu diesem Zweck eine gelehrte Sozietät zu fundieren, "wodurch eine beständige Universal-Communication oder Gemeinschafftliche Zusammensetzung aller rechtschaffenen Gelehrten ... und damit so viel erreichet werde(n) / daß ein jeder Gelehrter mehr von dem andern wisse; auch so dann ein jeder dem andern mit seiner Gabe dienen könne / und ein allgemeiner wohl instruirter Apparatus oder Vorrath zu allen Stücken und Arten wahrer Gelehrtheit mögte obhanden seyn".[117]

Die zu gründende *Societas Universalis Recognoscentium*, deren Direktion er zu übernehmen bereit wäre, bis Gott einen anderen geschickteren dazu erwähle[118], hätte die wichtigsten Erkenntnisse und Ergebnisse aller Wissenschaften zusammenzutragen und schließlich in einem *Opus recognitium universalium* zu vereinigen. Als Vorarbeiten zu diesem umfassenden Gemeinschaftswerk versteht Lange die schon vorab regelmäßig herauszugebenden *Acta Eruditarum Recognitionum*. Bestehend aus "so viele(n) verschiedene(n) Fasciculos, als (nach Unterschied der Facultäten) besondere Wissenschaften und Disciplinen sind"[119], sollten sie das bereits gesammelte Wissen präsent machen. Aufgrund seines Umfanges sei dieser "beständige gelehrte Beitrag", der gleichsam eine Sammlung von Fachzeitschriften dargestellt hätte, nur von mehreren Verlegern zu bewerkstelligen, da "eine jede Disziplin und Wissenschaft mit der Zeit ihren besonderen Verleger" erfordere. Als Ergänzung zu den *Acta* schlägt Lange die Edition einer *gelehrten Postzeitung* vor, mittels derer "alle - und jede / die mit der Literatur etwas zu schaffen haben / einander publice etwas notificiren könnten".[120] Als wöchentlich erscheinendes wissenschaftliches Informationsblatt würde die *gelehrte Postzeitung* die Kommunikation der Gelehrten ungeachtet ihrer verschiedenen Wohnorte fördern.

Die für beide periodischen Referatenorgane anfallenden Verlagskosten könnten etwa durch regelmäßige, wiewohl freiwillige Spenden, oder noch besser, durch eine Art "Bildungssteuer" bestritten werden.[121] Ein staatlich garantierter Mindestabsatz[122] könnte zudem hilfreich sein. Zur Koordination der Zeitschriftenprojekte und um die "Oeconomie des gantzen Werck's in beständiger Ordnung und Gang zu unterhalten"[123], bedürfte es einer zentralen Administration. Der dieser vorstehende allgemeine Direktor sollte vor allem darum bemüht sein, die für das Unternehmen notwendige beständige Kommunikation mit allen ortsansässigen wie korrespondierenden Mitgliedern zu pflegen. Darüber hinaus sei es seine Aufgabe, über die Einhaltung "gewisser Universal-Leges" zu wachen, als deren oberster Grundsatz das Recht auf freie, auch kritische Meinungsäußerung stünde. Dabei sollte man allerdings "mehr auf Realia als Personalia ... beflissen" sein und den Endzweck des Gesamtwerkes niemals aus den Augen verlieren.

Nachdem das Unternehmen für das Reich konzipiert sei, müsse es "auch unter der Autorität und Protection des gantzen Römisch-Teutschen Reichs" geführt werden.[124]

Langes Memorial blieb, zumindest soweit es die entscheidenden offiziellen Stellen betraf, ohne nennenswerte Resonanz. So folgte der Gießener Professor dem Vorschlag einflußreicher Freunde und Gönner, die ihm geraten hatten, "das Werck zu erst vor sich allein / und nur priuatim, so gut / als immer möglich / anzufangen / und die publique Approbation des ganzen Reiches aller = erst als dann zu suchen / wenn an einem allgemeinen Beyfall desto weniger zu zweiffeln wäre".[125] Gleichwohl auf die Unterstützung anderer angewiesen, veröffentlichte Lange zur Frankfurter Ostermesse 1716 noch einmal eine ausführliche Darstellung seines Planes, seinen, wie er selbst meinte, ersten wichtigen Entwurf zu diesem Thema[126], und verschickte diesen zusammen mit einem Rundschreiben an gelehrte Freunde und Korrespondenten in "Deutschland", Holland und England.[127]

Mit Rücksicht auf den nun anvisierten gelehrten Leserkreis setzt Lange in seinem zweiten Entwurf andere Akzente. Hatte er in dem für den Reichskonvent bestimmten Memorial die konkreten Schritte aufgezeigt, die für die Realisierung seines Projekts nötig wären, und entsprechende Forderungen formuliert, so konzentriert er sich in der *Betrachtung* auf die wissenschaftlich-theoretische Erörterung seines Vorhabens.

Wie eine Kurzfassung von Leibniz' *Grundriß* liest sich zunächst dessen philosophisch-religiöse Rechtfertigung: Die Sammlung und Aufbereitung des gesamten menschlichen Wissens als entscheidender Schritt zur Erreichung der "wahren menschlichen Gelehrtheit", d.h. wiederum der "wahren Glückseligkeit des ganzen menschlichen Geschlechts", wird auch von Lange als gottgesetzte Verpflichtung verstanden. Damit bedient er sich, wie auch Leibniz, der damals gängigen christlich-ethisch fundierten Legitimationsformel wissenschaftlicher Wahrheitsfindung, die die Vereinbarkeit von neuzeitlicher Wissenschaft und christlicher Offenbarung zum Ziel hatte.

Daran anschließend vermittelt uns der Verfasser im zweiten Teil seiner *Betrachtung* eine Vorstellung von dem zukünftigen *Opus Recognitionum universalium*. Und eben an dieser Stelle offenbart sich der wesentliche Unterschied zu Leibniz' sehr viel weitergehenden Plänen für eine *scientia generalis*.

Zwar schließt der Gießener Professor wie dieser an die von Altsted[128] vorgenommene Erweiterung des Enzyklopädiebegriffs an, insofern als er alle Wissenschaften, nicht nur die philosophischen Fächer erfaßt wissen will. Er ist sich auch der damit verbundenen Beschränkung auf die Grundeinsichten der einzelnen Disziplinen bewußt. Doch anders als Leibniz will er sich weder auf eine detaillierte Einteilung der Wissenschaften noch auf eine Klassifikation ihrer Ergebnisse, etwa nach den jeweiligen Erkenntnisprinzipien[129], einlassen. Ihm genügt fürs erste ein auf dem Fundament der *Solidität* und *Facilität* fußender "guther Vorrath auserlesener Obseruationum", ohne diese in eine systematische Ordnung bringen zu wollen. "Denn nach der Anmerckung des scharff-sinnigen und klugen Verulamii hat den Augmentis Scientiarum jederzeit nichts mehr geschadet / als die allzu-frühe systematische Verfassung derselben; und ist hingegen jederzeit nichts zuträglicher dazu gewesen / als die ungebundene Aphoristische Verzeichnis gründlich = erkannter Wahrheiten ..."[130]

Im Gegensatz dazu steht Leibniz' Idee der *scientia generalis*. In Verbindung mit der *characteristica universalis*, gleichsam deren "Grammatik", bildet diese ein logisch-exaktes System, welches die wissenschaftlichen Erkenntnisse in "mathematischer Ordnung" erfaßt und zueinander in Beziehung setzt. Indem die *scientia generalis* die bereits erzielten Ergebnisse auf eine logisch-exakte Basis stellt, bahnt sie den Weg für weiterführende Forschungsansätze und schließlich für neue wissenschaftliche Erkenntnisse.

Der essentielle Unterschied zwischen den auf den ersten Blick sehr ähnlichen Projekten Langes und Leibniz' besteht also in deren verschiedenartigen Zwecksetzung. Während Leibniz' Plänen ausschließlich wissenschaftstheoretische Überlegungen zugrunde liegen und die Enzyklopädie als Mittel gilt, das den wissenschaftlichen Fortschritt sichern sollte, ist Langes Projekt aus der Lehrpraxis hervorgegangen und verfolgt in der Hauptsache pädagogisch-didaktische Ziele. Für den Universitätslehrer Lange besteht der Nutzen einer Enzyklopädie vorwiegend in der Beförderung des Unterrichts.[131]

Anfang Mai 1716 erhielt auch Leibniz ein Exemplar der *Betrachtung*, zusammen mit einem kurzen lateinisch abgefaßten Schreiben ihres Verfassers, das er am 5. Juni beantwortete.[132] Wie die meisten gelehrten Empfänger von Langes Rundbrief begrüßte er dessen Vorhaben und versicherte seinem Briefpartner, er könne ihn "unter diejenigen mitrechnen, die Ihme hierunter hülffliche Hand leisten".[133] Doch im Unterschied zu der Mehrzahl von Langes Korrespondenten in dieser Angelegenheit[134], die sich ausschließlich mit Fragen zur Realisierbarkeit und Finanzierung des Projekts auseinandersetzten[135], kommt Leibniz sogleich zum Kern der Sache.

Der inzwischen Siebzigjährige, der sich fast fünf Jahrzehnte lang eingehend mit dem Problem der *scientia generalis* beschäftigt und selbst eine Vielzahl einschlägiger Entwürfe ausgearbeitet hat, richtete sein ganzes Interesse verständlicherweise auf das von Lange vorgegebene programmatische Ziel, die Erstellung einer Universalenzyklopädie. Wie zu erwarten, konzentriert sich seine Kritik eben auf jenes Kriterium, das, wie oben bereits erläutert wurde, die Pläne Langes und Leibniz' ungeachtet ihrer gemeinsamen Zwecksetzung signifikant unterscheidet, nämlich auf die notwendige Klassifikation der zu erfassenden Wissenschaften.

Dem Philosophen geht die vom Verfasser der *Betrachtung* vorgesehene Einteilung nicht weit genug. Die Enzyklopädie, wie Lange sie beschriebe, sei gleichsam nur eine Einleitung zu dem eigentlichen Universalwerk, das es anzustreben gelte. Man dürfe jedoch nicht allzu lange bei der "Historia Literaria" verweilen. Die bloße Sammlung von Erkenntnissen ohne erkennbare systematisch-logische Ordnung setze er "denen Büchsen der Apotheker gleich (...) und den Menschen / der mit ihr am meisten sich vergnüget / einem Apotheker / der mehr die Büchsen / als die Beschaffenheit derer darinn enthaltenen Arzneyen kennet".[136] Man müsse vielmehr "ad specialiora" fortschreiten. Damit deutet Leibniz die Notwendigkeit einer Neueinteilung der Wissenschaften an, die, wiewohl an Altsted anknüpfend[137], doch weit darüber hinausgehen müsse, "weil sehr vieles von grosser Wichtigkeit von selbiger Zeit an ist dazu gekommen".[138]

In seinem zweiten Brief an Lange, den er nur wenige Wochen vor seinem Tod, am 9. September, abgefaßt hat[139], kommt Leibniz auf dieses zentrale Thema nicht mehr zu sprechen. Sein letztes Schreiben aus dieser Korrespondenz läßt uns hingegen einmal mehr die tief empfundene Enttäuschung des greisen Philosophen ahnen, der sich ein Leben lang unermüdlich doch vergeblich bemüht hat, Förderer für seine Pläne zur Wissenschaftsorganisation zu finden. Der zuversichtlichen Hoffnung Langes, daß durch seinen Einfluß das kurfürstliche Haus Braunschweig-Lüneburg zur Unterstützung des Unternehmens veranlaßt werden könnte[140], begegnet er mit der ernüchternden Feststellung:

> "Bey Königen und Fürsten / und bey deren Bedienten / welche die Geld=Sachen zu besorgen haben / dürffte Derselbe nicht leicht etwas erlangen; es sey dann / daß er etwas zeige / welches in die Augen fällt / oder dessen Nutzen sich als gegenwärtig erzeige".[141]

Angesichts der gegenwärtigen Finanzlage des Reichs rät Leibniz seinem Korrespondenten zur Zurückhaltung:

> "Und spreche ich demnach zu mir selbst / und auch zu guten Freunden: Verharret nur / und behaltet euch selbst auff glücklicheren Erfolg der Dinge".[142]

Leibniz starb noch im selben Jahr am 14. November. So konnte er den unerschütterlichen, fast ein wenig naiven Optimismus und die weiteren Schritte Langes zur Durchsetzung seines Sozietätsplanes nicht mehr erleben.

1719 veröffentlichte dieser einen *Summarischen Bericht*[143], in dem er sein Vorhaben noch einmal in Kürze erläutert und um Spenden zur Finanzierung desselben aufruft.[144] Die nur ein Jahr später herausgegebene *Ausführliche Vorstellung*[145], die Lange als "Prodromus des projektierten Instituts"[146] versteht, ist die letzte und bisher umfassendste Erörterung des in Aussicht genommenen Großunternehmens. Sie enthält u.a. alle vorangegangenen Abhandlungen. Und hier erfahren wir erstmals auch konkrete Daten bezüglich Organisation, Finanzierung und Arbeitsweise der zu gründenden Sozietät. Langes Ausführungen zum Aufbau bzw. zur Einteilung der Universalenzyklopädie, die nach wie vor oberstes Ziel der anvisierten Gemeinschaftsarbeit ist[147], lassen darüber hinaus erkennen, daß er sich Leibniz' Einwänden und Argumenten nicht verschlossen hat. Eine wahre und vollständige *Historia Eruditionis Universae* müsse "billig weiter gehen ... / als diejenige / welche in dem ... Send=Schreiben des Herrn von Leibniz mit einer bloßen Apotheker-mäßigen Wissenschaft verschiedener Arzeney=Büchsen ist verglichen worden".[148]

Auf der Basis dieses grundsätzlichen Konsenses hätte sich zweifellos ein aufschlußreicher und fruchtbarer Gedankenaustausch zwischen beiden Gelehrten fortsetzen können. Was die Realisierung seines Sozietätsprojektes anbetraf, so mußte sich Lange sehr bald schon Leibniz' bittere Erkenntnis zu eigen machen, daß man es wohl "Gott und der Zeit" anheimstellen müsse. Denn die meisten Menschen, so hatte ihm sein erfahrener Briefpartner zu bedenken gegeben, "betrachten nicht die Güte dieses Vorschlags auff das künfftige; sondern wollen etwas haben / welches sie so bald mit Händen greiffen können".[149]

Zusammen betrachtet geben die oben mitgeteilten Sozietätsprojekte ein recht anschauliches Bild von der Vielfältigkeit der deutschen Akademiebewegung im ausklingenden 17. Jahrhundert. Sie repräsentieren gleichsam das metaphysisch-religiös begründete Wissenschaftsverständnis jener Tage und die verschiedenartigen Varianten realer Akademiekonzeptionen, die sich auf diesem weltanschaulichen Fundament entwickeln konnten. Die Auswahl der in unserer Untersuchung vorgestellten Beispiele erfolgte jedoch nicht zuletzt nach pragmatischen Kriterien. Ausschlaggebend war neben dem überlieferten Quellenmaterial, dessen Quantität und Qualität, vor allem die Dauer und Intensität von Leibniz' Briefwechsel mit dem jeweiligen Akademiegründer oder -projektanten.

Vergleicht man nun diese fünf ausgesuchten, in ihrer Intention recht unterschiedlichen Akademievorhaben, so läßt sich mindestens eine Erkenntnis gewinnen, die mit Blick nicht nur auf die deutsche Akademiebewegung Allgemeingültigkeit hat: Die Originalität des Akademieprojektanten Leibniz zeigt sich nicht so sehr im Detail, als vielmehr in der Komplexität seines Sozietätsbegriffes, d.h. in der Universalität der Zielsetzungen, die er mit diesem verbindet.

Paullinis und Ludolfs *Collegium Historicum Imperiale* war ausschließlich der Reichshistorie gewidmet, die Hamburger Sozietät der Mathematik; Eybens Plan sah eine Akademie vor, die sich vorwiegend mit Rechtsgeschichte befassen sollte, und das für Kassel in Aussicht genommene *Collège des Curieux* wäre vermutlich eine rein naturwissenschaftlich-technische Gesellschaft geworden. Selbst Langes Plan für eine Universalenzyklopädie, der wenigstens ansatzweise Leibnizschen Geist aufscheinen läßt, bleibt letztendlich in den Schranken des tradierten Wissenschafts- und Akademieverständnisses.

Diese Projekte, die gewissermaßen stellvertretend für die deutsche Akademiebewegung stehen, weisen eine Gemeinsamkeit auf, die allerdings nicht nur ein deutsches Spezifikum charakterisiert. Sie alle sind im wesentlichen nur einem wissenschaftlichen Bereich gewidmet, also im Grunde als fachspezifische Einrichtungen konzipiert. Damit decken sie freilich nur Teilaspekte von Leibniz' umfassender Sozietätsidee ab. Diese nämlich zeichnet gelehrte Gesellschaften, die hinsichtlich ihrer Komplexität und Universalität bis zum heutigen Tage ihresgleichen suchen. Spiegeln die ihnen zugedachten Arbeits- und Zuständigkeitsgebiete doch die ganze Vielfalt des Zusammenlebens in der menschlichen Gesellschaft. So bleibt es zweifellos Leibniz' Verdienst, das hat im besonderen Maße dieser Vergleich noch einmal evident gemacht, die Vielfalt von Einzelforderungen für eine Organisation der Wissenschaften, die, jede für sich gesehen, durchaus nicht immer so neu oder gar revolutionär war, zu einer planmäßigen Einheit zusammengefügt zu haben. Erst diese Verbindung, die die Einsicht in den interdisziplinären Zusammenhang aller Wissenschaften reflektiert, gab schließlich Ausblicke auf eine moderne Wissenschaftspflege und -förderung im Rahmen fächerübergreifender, kollektiver Zusammenschlüsse.

Darüber hinaus, auch das hat der Blick auf andere zeitgenössische Akademieprojekte deutlich werden lassen, kennzeichnet die gesellschaftspolitische Komponente von Leibniz' Sozietätskonzeption, die sich primär aus der Verwertbarkeit wissenschaftlicher Erkenntnisse für den Menschen ableitet, ein Novum in der Entwicklung des deutschen Akademiebegriffs. Die gesellschaftliche Verpflichtung der gelehrten Gesellschaft, wie Leibniz sie versteht, die wiederum in dem pantheistisch geprägten Welt- und Wissenschaftsverständnis des Philosophen ihre Begründung findet, erinnert in gewisser Weise an die sozialreformerischen Bestrebungen des 16. und frühen 17. Jahrhunderts. Die Symbiose von christlich-religiösen, weltlich-politischen und wissenschaftlichen Elementen verleiht der Leibnizschen Sozietätsidee indes eine neue Dimension.

Diesen, den gesamten menschlichen Aktionsradius integrierenden Sozietätsbegriff konnten wohl die wenigsten seiner Zeitgenossen wirklich nachvollziehen - eine Vermutung nur, die gleichwohl nicht zuletzt in der oben erörterten Korrespondenz des Philosophen mit Akademieprojektanten Bestätigung findet.

Die Untersuchung dieser brieflichen Auseinandersetzungen brachte im übrigen ein eigentümlich ambivalentes Verhalten des hannoverschen Gelehrten zu Tage: Übereifrigkeit in der Planungsphase fremder Akademievorhaben, ebenso, wenn es um das Kontaktieren wichtiger Helfer und Mittelsmänner geht, "vornehme" Zurückhaltung hingegen, wenn die mögliche Realisierung der Ideen und Pläne mehr als nur belehrende Worte, nämlich aktive Unterstützung seinerseits gefordert hätte. Auf eine persönliche Mitarbeit wollte sich Leibniz, der jahrelang geradezu verzweifelt seine Aufnahme in die Académie des Sciences betrieb, auch anderen renommierten Akademien, u.a. der Royal Society angehörte, in keinem der uns bekannten Fälle festlegen lassen. In diesem Zusammenhang stellt sich auch die Frage, warum er sich so gerne der anonymen Verfasserschaft bediente, d.h. sich in eine unverbindliche Position begab, wenn er den brieflichen Kontakt mit deutschen Akademieprojektanten oder -gründern suchte.

Getrieben von Ideenreichtum und Erfolgsdrang war Leibniz in erster Linie, verstärkt in den Jahren nach 1695, daran interessiert, seine eigenen Sozietätsprojekte durchzusetzen. Daher mußte er vordringlich darum bemüht sein, mit mächtigen und politisch einflußreichen Persönlichkeiten ins Gespräch zu kommen, diese für seine Pläne zu gewinnen. Andererseits wollte er, der sich immer als eine Art Lehrer und Mahner der Nation verstand, es nicht versäumen, anderen, die ähnlichgerichtete Bestrebungen zeigten, den richtigen Weg zu weisen.

Angesichts der Fülle zeitraubender beruflicher Verpflichtungen und der intensiven, inhaltlich überaus anspruchsvollen Briefwechsel mit den bedeutendsten Gelehrten und Akademien seiner Zeit, scheint es nur natürlich, daß ihm für die aktive Unterstützung dieser vergleichsweise bescheidenen Versuche zu Akademiegründungen keine Zeit blieb. So etwa hatte sich Leibniz auch gegenüber Meißner, dem Gründer der *Kunst-Rechnungs-Liebenden Sozietät* ausgedrückt.[150] Allerdings läßt sich das in den meisten Fällen recht schnell nachlassende Interesse des Philosophen auch anders erklären.

Die Sozietätspläne, die an ihn herangetragen wurden, entsprachen nicht einmal annähernd seinen spezifischen, der Zeit vorauseilenden Vorstellungen, und ihre Verfasser waren, wie Eybens Beispiel zeigt, in der Regel weit davon entfernt, seinem genialen Ideenreichtum zu folgen. Die somit eher geringe Chance, bei und durch seine Briefpartner etwas zu bewirken, mag Leibniz dazu bewogen haben, sich relativ schnell wieder aus diesen, so gesehen wenig ergiebigen Briefwechseln herauszustehlen. Nur selten sehen wir ihn in diesem Kreis seine Gedanken zur Wissenschaftsorganisation so rückhaltlos bis in die letzten Folgerungen offenbaren, wie er es in dem oben zitierten, an Haes adressierten, jedoch für den Herzog von Hessen-Kassel bestimmten ausführlichen Schreiben tut. Wir können vielmehr eine sonderbare Zurückhaltung feststellen, die so gar nicht mit dem an sich ausgeprägten Sendungsbewußtsein des Philosophen zusammenpassen will.

Dies bringt uns zurück zu der eingangs gestellten Frage, warum Leibniz seine zahlreichen Sozietätsentwürfe der frühen und mittleren Periode, die zweifellos umfassendsten und aufschlußreichsten, die wir von ihm kennen, niemals einer breiten Öffentlichkeit mitgeteilt hat, um auf diesem Wege für seine Pläne zu werben. Einmal hatten wir an anderer Stelle bereits gemutmaßt, daß Leibniz es vorzog, diese mit politisch einflußreichen Persönlichkeiten zu diskutieren, die auch in der Lage gewesen wären, für deren Realisierung erfolgreich einzutreten.

Ein weiterer Grund mag in seinem Streben nach Perfektion zu suchen sein. Die Existenz meist mehrerer Konzepte zu den einzelnen Sozietätsentwürfen, die überdies oft unvermittelt abbrechen, läßt die Vermutung zu, daß ihr Verfasser die endgültige Form, die - in seinen kritischen Augen - eine Veröffentlichung zugelassen hätte, offenbar noch nicht gefunden hatte.

Und schließlich gibt uns eine Bemerkung gegenüber dem Kasseler Bibliothekar Haes eine ganz andere, profanere Erklärung an die Hand: "je trouve", schreibt Leibniz, "qu'on a raison de garder certaines choses et de ne les donner qu'en manuscript. Car souvent aussitost qu'elles sont publiées elles sont ainsi dire prostituées outre qu'elles servent aussi bien pour les ennemis que pour les amis ..."[151]

Leibniz, der sich seiner Genialität sehr wohl bewußt war und der sich zudem durch großen Ehrgeiz auszeichnete, wollte - durchaus verständlich - seine ureigensten Ideen nicht wahllos zu Markte tragen und so potentiellen Konkurrenten Gelegenheit geben, Kapital daraus zu schlagen, ihm eventuell zuvorzukommen. "(...) die publicatio der besten Dinge", schreibt er 1693 an Tschirnhaus, ist "offtmahls bedencklich, ich auch selbst nicht alzu gern noch geschwind dazu komme; es giebt freylich nicht nur leute, so ein und ander wohl gemeintes übel aufnehmen, sondern auch etliche undankbare gesellen die sich mit frembden federn schmücken, und wenn sie einmahl etwas (...) erschnappet, sich damit gross machen wollen, gleich als ob alles von ihnen herrühre".[152]

Schon sein Verhalten in der Harzbergwerksangelegenheit hatte seine Selbstdarstellung eines ausschließlich altruistisch motivierten, nur um das Wohl seiner Mitmenschen besorgten Weltverbesserers ins Wanken gebracht. Wie hatte er doch Herzog Johann Friedrich gegenüber verlauten lassen? Die Vernunft geböte es, sich zuerst einige persönliche Vorteile zu sichern, bevor man nutzbringende Erfindungen oder Erkenntnisse der Allgemeinheit preisgäbe.[153] Selbst Kanthak[154], die zu Recht Leibniz' wissenschaftlichen Ethos sehr hoch einschätzt und ihm daher jeglichen "egozentrischen Utilitarismus" abspricht, mußte einräumen: "Daß er ehrgeizig war, scheint allerdings keinem Zweifel zu unterliegen, und auch in ökonomischer Hinsicht wird von der Nachdrücklichkeit seines Auftretens berichtet".

Nicht zuletzt zeichnete den bürgerlichen Leibniz, der sich so gerne mit dem Adelsprädikat schmückte, ausgeprägtes Prestigedenken aus. So steht hinter allen seinen Aktivitäten und Reformplänen, ungeachtet ihres durchaus ehrlich gemeinten Anliegens, auch der Wunsch, sich gesellschaftliche Geltung und politischen Einfluß zu verschaffen. In diesem Zusammenhang drängt sich schließlich die von Sandvoss[155] formulierte Frage noch einmal auf, ob Leibniz' Akademiepläne als eine Art Ersatzlösung für fehlgeschlagene politische Vorhaben anzusehen sind. Für diese Annahme spricht nicht nur ihre gesellschaftspolitische Zwecksetzung. Leibniz' Sozietätsentwürfe greifen in der Tat auch, wiewohl nicht immer auf den ersten Blick erkennbar, politisch brisante Zeitfragen auf. Nicht selten unter dem Einfluß bevorstehender politischer Entscheidungen und mit Rücksicht auf die Interessen seines jeweiligen Dienstherrn, entwickelt ihr Verfasser, der als politisch Handelnder eher Glücklose, auf dem Weg über die Kulturpolitik seine spezifischen Vorstellungen zur Bewältigung dieser realpolitischen Probleme.[156] So sehen wir Leibniz' Sozietätsentwürfe u.a. als Vehikel für politische Botschaften; auch in dieser Hinsicht unterscheiden sie sich von der Vielzahl zeitgenössischer Akademiepläne.

2. Leibniz' wissenschaftsorganisatorische Konzeption als Ausdruck seines Denkens

2.1 Die philosophisch-religiöse Begründung der Sozietätspläne

Der Philosoph Leibniz, den die unterschiedlichsten Geistesrichtungen für sich reklamieren, hat der Nachwelt kein umfassendes, in sich geschlossenes Werk hinterlassen. Sein rationalistisch-idealistisches System muß vielmehr anhand der verschiedensten, oftmals nur fragmentarischen schriftlichen Aufzeichnungen nachvollzogen werden. Auch in dieser Hinsicht sind seine Sozietätsentwürfe, respektive seine frühen Konzepte, von nicht geringem Wert. Im spezifischen Mittel des Wissenschafts- und Bildungswesens reflektieren sie seine philosophisch-religiösen Grundeinsichten und offenbaren dabei zugleich ein primäres Motiv seiner rastlosen Tätigkeit auf dem Gebiet der Wissenschaftsorganisation.

2.1.1 Erkenntnis und Verehrung Gottes als wesentliches Motiv

"Ob ich nun oft in publiquen affairen auch justizwesen gebrauchet worden und bissweilen von grossen Fürsten darinn consul(t)iret werde", schreibt der greise Leibniz am 16. Januar 1712 an Peter den Großen[1], "so halte ich doch die Künste und Wissenschaften für höher, weil dadurch die Ehre Gottes und das Beste des ganzen menschlichen Geschlechts beständig befördert wird..."

Schon im *Grundriß* des erst 25-Jährigen sind wir auf diese beiden zentralen Begriffe seines Welt- und Wissenschaftsverständnisses gestoßen: die "Ehre Gottes" und das "Heil der Menschen" bzw. das *bonum commune*; zwei Begriffe, die in dem komplexen Leibnizschen Denksystem eng miteinander verflochten sind.[2]

Leibniz' philosophisch-religiöse Konzeption setzt ein positives Weltbild voraus, das aus einem metaphysisch begründeten Optimismus a priori resultiert.[3] Theologisch ist Leibniz' Metaphysik im scholastischen Begriff des vollkommensten Wesens, in Gott fundiert. Dieser ist für ihn letzter Ursprung und zugleich erste Ursache aller Dinge.[4] Nicht zuletzt verkörpert er das höchste rationale Wesen, die Vernunft selbst und die Universalharmonie schlechthin[5], die sich durch die ihm immanente Ausgewogenheit von *sapientia* und *potentia* als Grundlage der Gerechtigkeit manifestiert. Gott ist also "ultima ratio rerum"[6] und "substantia perfectissima, seu habens omnes perfectiones"[7] in einem.

Die real existierende Welt ist wiederum eine Tat dieser höchsten Vernunft, die den göttlichen Willen bestimmt; sie muß die "beste aller möglichen Welten" sein, denn, wenn Gott handelt, schafft er notwendigerweise alles so, wie es besser nicht sein kann.[8] Die Harmonie der Schöpfung, *harmonia mundi*, resultiert aus der ursprünglichen Harmonie des Schöpfers, also aus Gott, der bei der Welterschaffung nur seinem eigenen Wesen folgte. Somit ist Gott schließlich "harmonia et necessitas rerum".[9] Will man Gott erkennen, sich ihm nähern, muß man seine Schöpfung erfassen, "als man gerade durch die Betrachtung der Werke den Meister entdecken kann".[10] Vor allem durch die Erforschung der Natur erfährt der Mensch die Größe und Vollkommenheit der göttlichen Vernunft; dies ist zugleich höchster Gottesdienst: "Les belles decouvertes des verités naturelles sont autant d'hymnes excellens chanté à la louange de Dieu".[11]

Mit dieser Erklärung des Weltzusammenhangs, die auf der Grundlage des Systems der *prästabilierten Harmonie* die Zusammengehörigkeit von allen und allem zu der einen, von Gott geordneten Allgemeinschaft konstatiert, ist es Leibniz' synthetischem Geist gelungen, einen Ausgleich zu finden zwischen dem traditionellen Glauben an die Zweckbezogenheit allen Seins auf Gott und der völlig zweckfreien Betrachtung der Natur allein gemäß dem Gesetz der Kausalität, wie sie vor allem von Descartes gefordert wurde.[12] Sie dokumentiert seinen Glauben an die natürliche Einheit zwischen Religion, Philosophie und Wissenschaft und seine Überzeugung von der Vereinbarkeit christlicher Offenbarung mit moderner Naturforschung. Denn ungeachtet der Gesetzlichkeit der Natur, so seine zentrale Erkenntnis, könne man deren letzten Sinn eben nur im Bezug auf die Weisheit des Gesetzgebers finden.[13] Damit tritt Leibniz den Vertretern der mechanistischen Naturlehre ebenso entgegen wie all jenen, die den christlichen Glauben durch das Aufkommen der modernen Naturwissenschaften bedroht sahen:

"Ce n'est pas la connoissance, et la lumière, mais plus tost l'ignorance et la passion, qui rendent les hommes impies et mechans".[14]

Die "im Eifer um den Ruhm Gottes entbrannten Männer" sollten also besser aufhören, Wissenschaft und Naturphilosophie zu fürchten, vielmehr sollten sie sich bemühen, die rechte Weisheit, d.h. "die vollkommenste Kenntnis der Natur" zu erlangen. Denn dann würden sie erkennen, daß die "rechte Vernunft" weder der Offenbarung noch den sogenannten Wundern und Mysterien widerspricht.[15]

Am deutlichsten, gleichsam "nackt" offenbare sich die von Gott grundsätzlich angelegte Harmonie in der Mathematik. Sie lasse die Ordnung der Dinge erkennen und selbst die scheinbaren Unregelmäßigkeiten zeigten sich bei genauerer Betrachtung als "wunderbar gut geordnet", als die "größte Schönheit", denn Harmonie ist Schönheit.[16] Ähnlich verhielte es sich in der Natur im allgemeinen, denn, "cum Deus calculat et cogitationem exercet, fit mundus"[17]; "... on dit avec raison, que Dieu fait tout par nombre, par mesure et par poids. Cela posé, il est bon de considerer que l'ordre et l'harmonie sont aussi quelque chose de mathematique qui consiste en certaines proportions".[18]

Doch es genügt nicht, "omnia referre ad Deum Deiqve laudem"[19], man muß ihn wahrhaftig lieben. Wahre Liebe aber besteht darin, "die Schönheit Gottes und die Universal-Harmonie" nicht nur zu erfassen und zu bewundern, sondern auf andere "nach proportion seines vermögens" zu reflektieren.[20] Letztes Ziel muß daher die *Imitatio Dei* sein, d.h. die Verwirklichung der *harmonia universalis*, die sich in ihrer absoluten Form nur in der Allmacht und Allweisheit Gottes offenbart.[21]

Gleichwohl sieht Leibniz keinen prinzipiellen Unterschied, keine Kluft mehr zwischen Gott und dem Menschen, sondern vielmehr eine innige Gemeinschaft, ein ähnliches Verhältnis wie Kinder es zu ihrem Vater haben.

"Unsere Absicht ist es, die Menschen von ihren falschen Vorstellungen abzubringen, als ob Gott ein absoluter Fürst sei, nach Willkür verfährt und wenig geeignet und würdig ist, geliebt zu werden."[22]

Der menschliche Verstand ist für ihn ein Abbild des göttlichen Wesens.

"Denn ist dieser Verstand, der uns über das All emporhebt, um es zu betrachten, der uns die notwendigen und ewigen Wahrheiten lehrt und dem das Universum selbst zu folgen verpflichtet ist, nicht ein Abbild des göttlichen Wesens? Nichts ist nämlich wirklicher, nichts ist göttlicher als die Wahrheit und der Verstand, der ihr entspricht".[23]

Die grundsätzliche Wesensgleichheit des menschlichen Geistes mit Gott ermöglicht dem Menschen, diesem immer ähnlicher zu werden. Je umfassender die Gebiete sind, die seine Vernunft umspannt, je größer der Umkreis der Natur ist, der von seinem Geist beherrscht wird, um so näher steht dieser Mensch seinem Schöpfer.[24]

Die Liebe zu Gott, die das Verlangen ihn nachzuahmen impliziert, heißt, die in ihm gründende universale Harmonie im Sinne der Übereinstimmung des Mannigfachen und Vielfältigen (prästabilierte Harmonie) sowie der Ausgewogenheit von *sapientia* und *potentia* als Grundlage der Gerechtigkeit zu realisieren. Sie hat somit normativen Charakter für das menschliche Handeln und ist zugleich primäres Ordnungsprinzip, das auf die Wohlgeordnetheit in allen Bereichen des menschlichen Lebens zielt.[25]

Als fundamentales Leitmotiv für die Tätigkeit der gelehrten Sozietät meint die Nachahmung der "praxis dei"[26] die Sorge um das Allgemeinwohl, um das *bonum commune*. In eine Sozietät, deren Stiftung "wahrhafftig causa summe pia" sei, "währe niemand zu nehmen, ... deßen eifer pro bono publico durch die that nicht erwiesen".[27]

2.1.2 Die Sorge um das *bonum commune*

"Le bien public et surtout par rapport aux sciences est ma marotte"[28]

Leibniz' Idee des *bien public* bzw. *bonum commune* wurzelt in seinem Unbehagen über den desolaten Zustand des öffentlichen Lebens im Reich[29] und zielt auf die menschliche Wohlfahrt, d.h. auf das Wohlergehen der Bevölkerung, die Steigerung des individuellen Wohlstandes, die Förderung von Bildung und Wissen sowie die Ermöglichung technischer Fortschritte, kurz, auf die bestmögliche und daher notwendig rationale Gestaltung des menschlichen Daseins auf der Grundlage rational organisierter Wissenschaft.

So verstanden wird Wissenschaft zum legitimen Mittel praktischer Politik; die gelehrte Sozietät als Zentrum der Wissenschaft erfüllt eine Art Mittlerfunktion zwischen Geist und Macht[30], ihre Mitglieder übernehmen gesellschaftliche Verantwortung.

Leibniz' sozialphilosophischer Ansatz, wie er in den Sozietätsplänen seinen Ausdruck findet, richtet sich also in letzter Konsequenz, ganz im Geiste des reformatorischen Zeitalters, das eine Hinwendung zum Diesseits vollzog und das Ideal tätiger Nächstenliebe sowie die Verantwortung des einzelnen für das Gemeinwesen propagierte, auf das reale Leben der Menschen. Ihre Bedürfnisse sind Gegenstand und Ziel des mit Hilfe der Wissenschaft zu realisierenden Gemeinwohls.

Eine Entsprechung dieser Zwecksetzung sehen wir in der schöpfungstheologisch begründeten Forderung der Umgestaltung der irdischen Welt zum Abbild der göttlichen Universalharmonie, oder anders ausgedrückt, in der Verwirklichung des Gottesstaates, der *respublica universalis qua respublica optima*[31] auf Erden. Damit bildet Leibniz' Begriff des *bonum commune* neben der politischen eine metaphysische Kategorie, die zugleich kosmopolitischen Charakter hat:

"Denn ich nicht von den bin, so auf ihr Vaterland oder sonst auf eine gewissen Nation erpicht sind, sondern ich gehe auf den Nutzen des ganzen menschlichen Geschlechts; denn ich halte den Himmel für das Vaterland und alle wohlgesinnten Menschen für dessen Mitbürger ..."[32]

Neben den zeitgemäßen merkantilistischen Forderungen[33] konstituieren drei wesentliche Faktoren das anzustrebende Gemeinwohl[34]:

1. Die öffentliche Sicherung der Grundbedürfnisse des Menschen
2. Die Gewährleistung einer ungehinderten Entfaltung der Wissenschaften sowie die Anerkennung ihres hohen gesellschaftlichen Stellenwertes[35]
3. Die Notwendigkeit der elementarsten Bedingungen dauerhafter Wohlfahrt, sozialer Sicherheit und eines Gedeihens von Wissenschaft, Bildung und Kultur durch Sicherung des politischen Friedens.

Das Gemeinwohl bemesse sich schließlich jeweils am Wohle einer größtmöglichen Zahl von einzelnen.[36]

Letztlich zielte Leibniz' Idee vom *bonum commune* also auf die Identität von Individualwohl und Gemeinwohl in einer auf Vernunftprinzipien errichteten Gesellschaft, in der jedem einzelnen die volle Entfaltung seiner Anlagen und Möglichkeiten gesichert wäre.[37]

"Was von öffentlichem Nutzen ist, muß getan werden. Man denkt sich das öffentliche Wohl als die Ansammlung des Wohls der einzelnen in einer Summe.

Vor allem muß man dafür sorgen, daß alle zufrieden sind oder daß niemand von Schmerz betroffen werde.
Als nächstes muß man dafür sorgen, daß alle glücklich sind oder auf heiterste Weise leben (...).
Güter und Übel müssen so unter den Menschen verteilt werden, daß daraus am wenigsten öffentliches Übel und am meisten öffentliches Wohl entspringt.
Man muß dafür sorgen, daß die Menschen klug, mit Tugend begabt, mit einer Fülle von Vermögen ausgestattet sind, damit sie das beste wissen, wollen und tun können, das schlechte aber weder zu denken noch zu wollen, noch zu tun vermögen".[38]

Die verschiedenen Wissenschaftsbereiche können, so Leibniz, jeder auf seine Weise zur Förderung des Gemeinwohls beitragen.[39] Die Geisteswissenschaften (scientiae contemplativae) dienen der Vermehrung der Wissenschaften selbst und damit der Vervollkommnung des menschlichen Geistes; sie legen den Grund zu allen "inventionen und praxibus". Die Naturwissenschaften verhelfen "zu nüzlichen praxibus Physicis, Mechanicis et Mathematicis, so der Menschen Kräffte verstärken, oder ihnen allerhand hindernißen benehmen". Die Staatswissenschaften schließlich sind "immediate ad utilitatem Reipublicae gerichtet".

Diesen drei Möglichkeiten, das Gemeinwohl zu fördern, entsprechen drei Arten, Gott zu lieben und zu verherrlichen: als "oratores", als "philosophi naturales", als "politici".[40]

Spätestens an dieser Stelle wird noch einmal evident, daß Leibniz den "Willen" und den "Ruhm" Gottes mit dem "Allgemeinen Wohl", dem "Besten der Menschen" quasi identifiziert. Diese neue Art der Frömmigkeit, die in der Beherrschung und Veredelung der Welt qua Wissenschaft die gottgesetzte Aufgabe erkennt[41], impliziert nicht nur, wie oben schon festgestellt wurde, die Vereinbarkeit von christlicher Theologie und wissenschaftlicher Forschung, insbesondere Naturforschung. Sie konstatiert darüber hinaus die praktische Bedeutung der modernen Wissenschaft und die Verpflichtung des Menschen, sich ihrer zu bedienen. Die notwendige Verbindung von Theorie und Praxis wird so zum Credo des neuzeitlichen Verständnisses von Wissenschaft.

2.1.3   Theoria cum praxi

"Et la verité est toujours utile"[42], so lautet die Formel, die diesem Verständnis zugrunde liegt und den Doppelsinn von theoretischer Wahrheit und praktischer Nützlichkeit, ein Spezifikum des modernen Wissenschaftsbegriffs im 17. Jahrhundert, zum Ausdruck bringt.[43] Entscheidend für die Entstehung der Aufklärung, für die das Wissen nicht zunächst theoretisch und dann praktisch, sondern praktisch und theoretisch zugleich ist, geht sie gleichwohl indirekt auf Bacon's Idee vom *Regnum hominis* in der Natur mittels der Wissenschaft zurück.[44] Leibniz hat sich die daraus abgeleitete Überzeugung von der praktischen Relevanz theoretischer Einsichten wie kein anderer zu eigen gemacht:

> "Caeterum ego harum rerum duplicem usum esse arbitror unum ad artem inveniendi augendam (quae est omnium Artium summa, cum ipsam mentem perficiat) alterum ad inveniendas praxes utiles vitae humanae. Sentio enim omnem Scientiam quanto magis est speculativa tanto magis esse practicam..."[45]

"Nicht zuletzt, weil man für die Praxis um so geeigneter sei, je besser man die zu erledigende Aufgabe bedacht habe."

Schon in einer seiner frühen Schriften, *Ursachen worumb Cannstatt füglich zur Hauptstatt des Herzogthums zu machen (1669)*[46], bekannte er sich uneingeschränkt zu diesem Grundsatz; und immer wieder beteuert er: "... tous mes projets ne butent qu'à marier la curiosité avec l'usage".[47]

Leibniz verstand sich immer als forschender und zugleich tätiger Gelehrter; selbst seine historische Forschung für das Haus Braunschweig-Lüneburg, durch die er sich oftmals stark eingeengt fühlte, "war ihm dann nicht so unangenehm, wenn sie sich z.B. im Rahmen einer diplomatischen Aktion entfaltete".[48] In diesem Selbstverständnis finden wir letztlich auch den entscheidenden Grund dafür, daß er es immer abgelehnt hat, an einer Universität zu lehren.

Die Verbindung von Theorie und Praxis sieht Leibniz als Grundvoraussetzung für den Fortschritt und die Beförderung der menschlichen Glückseligkeit. "Wäre demnach der Zweck, theoriam cum praxi zu vereinigen"[49], heißt denn auch seine Devise. So finden wir das Postulat der Nutzbarmachung, der praktischen Anwendung von Wissenschaft und Forschung, das bereits im Gründungsdekret der *Royal Society* verankert ist, gleichwohl in der von Colbert geleiteten französischen Kulturpolitik eine glänzende Bestätigung erfuhr, in allen seinen Plänen zur Wissenschaftsorganisation.[50]

Demnach gilt es als vornehmste Pflicht der gelehrten Sozietät, "die erfundene Wunder der Natur und Kunst zur arzeney, zur mechanick, zur commodität des Lebens, zu materi der arbeit und Nahrung der armen, zu abhaltung der Leüte von Müßiggang und Lastern, zu handhabung der Gerechtigkeit, zu belohnung und Straffe, zu erhaltung gemeiner Ruhe, zu aufnehmen und Wohlfart des Vaterlandes, zu exterminirung theüerer Zeit, Pest und Krieges soviel in unser macht und an uns die schuld ist, zu ausbreitung der wahren religion und Gottesfurcht, ja zu glückseeligmachung des Menschlichen Geschlechts so viel an ihnen ist anwenden ..."[51]

In einem solchen utilitaristischen Verständnis der Wissenschaft haben neben den Gelehrten notwendigerweise alle praktisch orientierten Leute, die über spezifische Kenntnisse verfügen, ihren Platz in der Wissenschaftsorganisation, denn "il est visible que la separation de la theorie et de la pratique rend la science sterile, et la pratique imperfaite".[52]

So umfaßt Leibniz' Definition der "Künste", die in und durch die Sozietät zu betreiben bzw. zu fördern sind, den gesamten menschlichen Aktionsradius. Zu den "Künsten" rechne er, so der Gelehrte, in der *Consultatio* von 1679[53], nicht nur

Handwerke und bildende Künste, sondern alle Künste der Menschen und Arten von Wissenschaften, "quae corpore ac per corpora aliquid praestant ... sive seria sint sive ludicra".[54] *Ars* wird demnach definiert als *habitus agendi*,[55] bestehend aus *scientia et agilitate*[56], und meint folglich nichts anderes als Geschicklichkeit und Übung in der Hervorbringung einer Sache.[57]

Neben den *artes*, die der geistigen Vervollkommnung dienen, z.B. Mnemonica, Topica, Analytica, Methodologia, Grammatica, Rhetorica, Poetica, gibt es "Künste", die als Ergebnis ein bleibendes *opus* hervorbringen und solche, deren Wirkung mit der Ausführung zugleich verschwindet, wie etwa Musik, Reitkunst, Seiltanz, Seefahrt.[58]

Von den "Künsten", deren Resultat etwas Gegenständliches darstellt, sind wiederum zu unterscheiden[59]:

a) "Künste", die etwas beschaffen, z.B. Fischerei, Jagd, Bergbau.

b) Die "Hebammen-Künste" (obstetrices), die nur die Naturkräfte unterstützen, damit etwas glücklicher und leichter entstehe, die selber aber nichts bewirken, so wie Ackerbau, Viehzucht, Gärtnerei und die Medizin, die jedoch "ob finis magnitudinem et scientiae sublimitatem"[59] klar von den anderen zu trennen ist.

c) Die gestaltenden "Künste", wie die der Handwerker, Uhrmacher, Grafiker, Schreiner, Drucker, jede Art von Textilkünsten und die Chirurgie.

Hier manifestiert sich Leibniz' Vorstellung, Wissenschaft der Politik, Gesellschaft und Wirtschaft umfassend nutzbar zu machen. Letzte Konsequenz dieses Denkens ist die Verwissenschaftlichung der Gesellschaft selbst, d.h. die rationale Gestaltung des menschlich-sozialen Lebens.[60] "Wenn die Prinzipien aller Berufsarten und Künste", so Leibniz in den *Nouveaux essais*, "ja auch die der Handwerke, bei den Philosophen oder in irgendeiner anderen Fakultät von Gelehrten, sei sie, welche sie wolle, praktisch gelehrt würden, so wären diese Gelehrten in Wahrheit die Lehrer des menschlichen Geschlechts".[61]

Leibniz' Nützlichkeitsprinzip hatte seine Wurzel im reformatorischen Praktizismus.[62] Die diesem zugrunde liegende Neubestimmung der Funktion der Theologie, die nun nicht mehr an der strengen Trennung von *vita activa* und *vita contemplativa* festhielt[63], hat entscheidend daran mitgewirkt, daß das alte Ideal einer sich selbst genügenden, um ihrer selbst willen betriebenen Wissenschaft tabuiert worden ist.

Den von Leibniz unter dem Motto *theoriam cum praxi* propagierten utilitaristischen Wissenschaftspraktizismus, der sich aus diesem neuen Verständnis ableitete, finden wir bereits bei Comenius, für den der höchste Grad der Wissenschaft im Wissen um den Nutzen einer Sache lag.[64]

Grundüberzeugung der philosophischen Prämoderne[65], gipfelte diese Auffassung in der pointierten Formel Pierre Poirets, nach der Wissenschaftsgegenstände, deren

Betrachtung aller Wahrscheinlichkeit nach keine Bedeutung für die Praxis haben werde, zu vernachlässigen seien.[66)] Entgegen der sich hier abzeichnenden Überbewertung der Praxis zu Lasten der Theorie barg die "systematische Besinnung auf die Dimensionen möglicher Nützlichkeit"[67)] gleichwohl keinen Gegensatz zur kontemplativen Weltentschlüsselung, sprich Weltfrömmigkeit. Insbesondere die Bedeutung der Naturwissenschaft, einmal im Hinblick auf die Bereicherung der menschlichen Einsicht in die göttliche Schöpfung, zum anderen als essentielle Quelle zur Veredelung der real existierenden Welt, macht diese Doppelsinnigkeit einsichtig. So ist es nur konsequent, wenn Leibniz namentlich in der Naturforschung die zeitgemäße Form der Nachfolge Christi erkennt.[68)]

> "Manche können zu den sicheren Erkenntnissen, die uns den obersten Urheber bewundern und lieben lassen, durch Erfahrungen (Experimente) beisteuern, welche die Materialien bilden; aber die, welche Nutzen ziehen können, wie Newton, um den großen Bau der Wissenschaft vorwärts zu bringen, und die das Innere entziffern können, gehören gewissermaßen zum Geheimen Rate Gottes und alle anderen arbeiten nur für sie".[69)]

Wie schwer indes das Leibnizsche Nützlichkeitsdenken in die zeitgenössische deutsche Wissenschaft einzudringen vermochte, zeigt das Unverständnis, mit dem Georg Volckamer auf eine entsprechende Anregung des Philosophen reagierte. Über einen Dritten hatte Leibniz dem Präsidenten der *Leopoldina* vorgeschlagen, die Nürnberger Ärzte sollten zum Nutzen der Wissenschaft mit den berühmten Handwerkern der Stadt Kontakt aufnehmen und das Ergebnis dieses Gedankenaustausches veröffentlichen. Über Volckamers Bedenken, daß vermutlich kein Gelehrter sein Wissen den Handwerkern mitteilen wolle[69a)], hätte er, so Leibniz, "bald lachen müßen". Seiner Meinung nach könnten nämlich vor allem die zu sehr auf ihre Büchergelehrsamkeit pochenden Gelehrten "unzahlbare neue und nüzliche anmerckungen" von den Handwerksleuten erfahren, die diese gewiß gerne mitteilen würden.[69b)]

2.1.4 Der Ordensgedanke in den frühen Sozietätsplänen

Wenn das gesamte Denken und Tun eines jeden Menschen auf das eine Ziel, die Ehre Gottes, gerichtet sein sollte und wenn, folgend aus der metaphysischreligiösen Begründung der Wissenschaft, deren Pflege und Förderung als höchster Gottesdienst zu verstehen ist, dann mußte dieses oberste religiöse Gebot vornehmlich für alle jene gelten, die ihr Leben Gott geweiht hatten, d.h. für die Angehörigen christlicher bzw. kirchlicher Vereinigungen. Denn es sollte vor allem ihre Aufgabe sein, wahre Frömmigkeit zu verbreiten.

> "Cumque sapientia et Virtus vera hominis bona sint, et quanto quisque admiranda Dei opera intelligit rectius, eo magis ad Virtutem colendam,

Deum ipsum amandum inflammetur; consequens est eum, qui magnum lumen affere potest scientiis, multum etiam conferre posse ad pietatem".[70]

Daher gibt Leibniz seiner Verwunderung darüber Ausdruck, daß sich bisher noch keine der unzähligen christlichen Ordensgemeinschaften dem Fortschritt der Wissenschaften gewidmet habe, zumal den Naturwissenschaften, die im besonderen Maße und immer wieder neue Beweise für die Existenz Gottes lieferten. Nur mit deren Hilfe aber, d.h. auf der Grundlage zunehmender Naturerkenntnis, sei es schließlich möglich, der Bedrohung des christlichen Gottesglaubens durch neu aufkommende Weltanschauungen erfolgreich entgegenzutreten.[71]

Selbst Anhänger der mechanistischen Naturlehre, verkannte Leibniz gleichwohl nicht die Gefahren des Atheismus oder Deismus, die auch diese Auffassung barg, solange sie die einzelnen Phänomene der Natur zu erklären suchte, ohne auf Gott zu rekurrieren, allein durch die Gesetzmäßigkeiten der Natur. Diesen und anderen den Glauben gefährdenten Tendenzen mit Hilfe der Wissenschaften entgegenzuwirken, sei eine der vordringlichsten Aufgaben der Seelsorge. Schon deshalb dürften sich die Vertreter christlicher Ordensgemeinschaften den modernen Naturwissenschaften nicht verschließen.

Grundsätzlich anerkennenswert sei die wissenschaftliche Arbeit der Benediktiner und Bernhardiner, die in den Sozietätsplänen wiederholt lobend erwähnt werden.[72] Auch die Jesuiten, respektive in Italien und Frankreich[73], hatte Leibniz als äußerst gebildet kennengelernt. Aufgrund ihrer weltweiten Organisation und, "comme ils ont en main l'institution de la jeunesse", seien sie geradezu prädestiniert, "à cultiver l'esprit et la volonté de l'homme".[74] Doch leider bewegten sie sich noch zu sehr innerhalb der Schranken, die ihnen die christlich-katholischen Dogmen setzten.

Mit Genugtuung kann Leibniz aber feststellen, daß gerade die Jesuiten, die sich lange den naturphilosophischen Neuerern wie Kopernikus, Galilei und Descartes widersetzt hätten, "avec tant d'éclat et d'animosité"[75], langsam eine Wende vollzögen. Dennoch hätten es bisher nur die Gebildetsten unter ihnen gewagt, sich zu diesen neuen Lehren zu bekennen, "mais de cette façon ils n'en auront point d'honneur, et l'ordre perd beaucoup de sa reputation".[76] Hätte man sich statt dessen selbst an die Spitze einer neuen Philosophie, "digne de ce siècle éclairé", gesetzt, wäre das dem Ansehen der Societas Jesu wie deren Zielen zugute gekommen, "sans faire tort à leur religion et maximes". Ihrem Auftrag, wahre Frömmigkeit und Gottesliebe in der Welt zu verbreiten, würde sie am besten gerecht "par des raisonnemens demonstratifs, des experiences curieuses et des decouuertes importantes".[77]

Es versteht sich also von selbst, daß Leibniz die wissenschaftliche Betätigung in Ordensgemeinschaften nicht nur gutheißt, sie vielmehr fordert. Frömmigkeit dürfe nicht zum Deckmantel für Faulheit und Unwissenheit werden; ihr die Befruchtung durch das Denken zu nehmen, hieße, sie ihres Lebensnervs zu berauben.[78]

In diesem Sinne äußerte sich Leibniz auch zu dem literarischen Streit zwischen seinem Korrespondenten, dem gelehrten Benediktiner und Begründer der wissenschaftlichen Urkundenlehre, Jean Mabillon[79], und dem Trappistenobersten A.-J. Le Bouthillier de Rancé, genannt Abbé de la Trappe (gest. 1700), über die Wissenschaftspflege der Mönchsorden.[80] Letzterer hatte sich entschieden gegen jegliche Gelehrtenarbeit in den Klöstern ausgesprochen. Leibniz, der die Position Mabillons vertrat und sich von verschiedenen Pariser Briefpartnern, u.a. Germain Brice und Christophe Brosseau, über den Stand der Auseinandersetzungen berichten ließ[81], wies, ohne zunächst das Buch Rancés gelesen zu haben, daraufhin, daß in der Vergangenheit die gebildetsten Leute aus den Klöstern gekommen, und daß eben dort Wissenschaften und Bücher erhalten geblieben seien. "Blâmer cela seroit estre ingrat, tant envers eux qu'envers la providence".[82] Wenn die Auffassung de la Trappes einst von Karl dem Großen und den vielen Bischöfen und Äbten geteilt worden wäre, "qui studia in Monasteriis florere voluerunt, profecto nullam hodie eruditionem haberemus".[83]

Offenbar nachdem Leibniz die Replique Rancés auf Mabillons *Traité des études monastiques* (1691)[84] gelesen hatte, stellte er schließlich fest: "Ich halte, sie haben beyde recht: Der Abt will reden von denen, so auff art der uralten Anachoreten und Solitariorum leben wollen, dergleichen auch nomen Monachi mit sich bringet. Aber der heutigen Orden institutum ist anders, und dienen sie Gott und der Welt auch auff andere Weise, sonderlich aber mit ihrer Gelehrsamkeit".[85] Mit ihrer Neubestimmung müsse freilich eine umfassende Reform der bestehenden Ordensgemeinschaften einhergehen.

Leibniz' Vorschläge für eine nützlichere Verwendung geistlicher Orden entnehmen wir einem Brief an Landgraf Ernst von Hessen-Rheinfels.[86] Wäre er Papst, so würde er die verschiedensten wissenschaftlichen Untersuchungen (les recherches de la Verité), die dem Ruhme Gottes, sowie die mannigfaltigen Werke der Barmherzigkeit, die dem Wohle der Menschen dienten, unter den diversen Bruderschaften entsprechend ihrer Vorzüge und Neigungen aufteilen. Den Benediktinern und Zisterziensern und anderen ähnlich gerichteten Gemeinschaften würde er z.B. die naturwissenschaftliche Forschung übertragen. Die Bettelmönche, allen voran die Franziskaner und Kapuziner, hätten sich vornehmlich dem Armenwesen, der Krankenpflege und der Seelsorge vor allem von Soldaten zu widmen, "ce qu'on trouvera assez conforme á leur genie et institution".[87] Die Dominikaner und Jesuiten, aber auch Karmeliter und Augustiner sollten sich vorwiegend um das Erziehungs- und Unterrichtswesen bemühen, die Missionsorden Sprachforschungen, besonders der orientalischen Sprachen betreiben. Und die Einsiedlerorden, etwa die Kartäuser, hätten sich mit den abstrakten Wissenschaften, d.h. mit Algebra, Mathematik, Metaphysik und mystischer Theologie oder auch mit heiliger Dichtung zu befassen.[88]

Als wissenschaftliche Zentren würden die reformierten Ordensgemeinschaften schließlich eine bedeutende Rolle in einer Weltakademie spielen, die Leibniz als Ideal vorschwebte und die uns an Comenius' *Collegium lucis* erinnert.[89] Die Klöster selbst wären zu Forschungsstätten umzugestalten, wobei Leibniz vor allem an die Einrichtung von Laboratorien denkt; die Missionen sollten u.a. als Stationen für naturgeschichtliche Beobachtungen und Sammlungen dienen.[90]

Ausführlich dargestellt finden wir diesen Gedanken einer Weltakademie, die wie eine Art Dachverband sämtliche christliche Orden und Kongregationen aufnehmen sollte, bereits in Leibniz' Entwurf für eine *Societas Philadelphica* (1669).[91]

Auch in den frühen Hannover-Plänen stoßen wir wieder auf die Idee, bestehende religiöse Orden in den Rahmen einer umfassenden Wissenschaftsorganisation zu integrieren.[92] Einmal denkt Leibniz dabei an die Säkularisierung großer Kulturklöster, etwa der Benediktiner und Bernhardiner, zu christlichen Gemeinschaften, die sich der Vervollkommnung des Menschen auf der Grundlage rationaler Wissenschaft widmen. Da "bei den evangelischen nichts dergleichen"[93], könnten in protestantischen Ländern ehemalige Klosterstiftungen und Kirchenpfründe zu Zwecken wissenschaftlicher Zusammenarbeit Verwendung finden.

Leibniz' "Lieblingsidee" bleibt aber die Gründung säkularisierter Akademieorden, deren Sorge für die Verbreitung des wahren Christentums sich mit der Sorge um weltliches Glück verbinden sollte. So kann er sich z.B. die Stiftung eigener Ärzteorden vorstellen.[94]

Vergleichen wir abschließend seine Äußerungen gegenüber Landgraf Ernst zur notwendigen Reform der traditionellen Ordensgemeinschaften mit den vier Sozietätsplänen aus den Jahren 1676 bis 1680, die die Fundierung und Gestaltung spezifischer Wissenschaftsorden beschreiben, so haben diese letztlich Modellcharakter.

Am Beispiel der *Societas Philadelphica* hatte Leibniz eine gelehrte Gesellschaft demonstriert, in der die unterschiedlichsten christlichen Bekenntnisse ihren Platz finden und zu friedlichen Zwecken zusammenarbeiten. Seine frühen Hannover-Entwürfe skizzieren wiederum idealtypisch die religiösen Orden der Zukunft, die im Hinblick auf eine progressive Fortentwicklung der menschlichen Spezies notwendigerweise auch wissenschaftliche Arbeitsgemeinschaften sein müssen. Die Menschheit, schreibt Leibniz an Antonio Magliabechi, wird erst dann große Fortschritte in der Erkenntnis der Natur machen, wenn die Wißbegier dafür bis in die Klöster gedrungen sein wird. Wenn so viele vortreffliche Köpfe, "quae hactenus vim suam inanibus verbis consumere", sich zusammenschlössen und ihren Eifer auf das Ausbeuten der unerschöpflichen Fundgruben des göttlichen Ruhms, "quas praebet in id prope unum creata rerum natura", richteten, dann könnte in zehn Jahren mehr geleistet werden als sonst im ganzen Jahrhunderten.[95]

EXKURS: Leibniz' religionspolitische Konzeption - sein Verhältnis zu Kirche und Konfessionalismus[96]

Mit der protestantischen Reformation und endgültig durch das große Konzil von Trient (1545 - 1563), das die protestantischen Ansichten mit dem Anathem, dem Bannstrahl und Ausschluß aus der römischen Kirche belegte, war die Kirchenspaltung vollzogen. Die Lösung des seitdem schwelenden religionspolitischen Konfliktes, der seinen Höhepunkt im Dreißigjährigen Krieg fand, bestimmte die Wünsche und Hoffnungen vieler Generationen.[97]

So nimmt es nicht wunder, daß sich auch Leibniz intensiv mit diesem Thema auseinandersetzte und nach Möglichkeiten und Wegen für eine Wiederannäherung der Konfessionen suchte. Immerhin hatte er, der kurz vor Ende des Dreißigjährigen Krieges geboren wurde, dessen verheerende Folgen unmittelbar vor Augen.[98] Das streitbare orthodoxe Luthertum Sachsens bewies ihm zudem, daß der Friedensschluß von Osnabrück und Münster noch längst keine wirkliche Befriedung der Glaubenskämpfe gebracht hatte, Versöhnungs- und Kompromißbereitschaft, ganz im Gegenteil, nur zu leicht als laxer Glaube verdächtigt wurden.

Schon sehr früh, sobald er das Latein ausreichend beherrschte, widmete sich der junge Leibniz der sog. Kontroversliteratur, d.h. jenen Büchern, die die umstrittenen Glaubensartikel aus katholischer oder protestantischer Sicht zu erklären und verteidigen suchten.[99] Dabei stieß er auch auf Werke, die sich mit dem Thema einer möglichen Wiedervereinigung befassen, darunter vor allem die Publikationen des Helmstedter Theologieprofessors Georg Calixt[100] und des etwas älteren niederländischen Juristen und Theologen Hugo Grotius[101].

In der konfessionell toleranten Atmosphäre des von Johann Philipp von Schönborn regierten Erzbistums Mainz sowie durch den Kontakt mit den Brüdern Walenburch und deren Kreis[102] konnte schließlich der wesentliche Grundzug seines Denkens, die Harmonie seines Weltbildes und das sich daraus ableitende Verlangen, Gegensätze auszugleichen, aus verschiedenen Positionen das Gemeinsame herauszuarbeiten, kurz, sein irenischer Geist, zur vollen Entfaltung gelangen. In Leibniz' ersten hannoverschen Dienstherren, den zum Katholizismus konvertierten Souverän eines protestantischen Territoriums, sehen wir einen weiteren Förderer dieser Geisteshaltung.

Es versteht sich von selbst, daß Leibniz, der überdies von der gottgesetzten Aufgabe des Menschen, sich für das *bonum commune* einzusetzen, überzeugt war, die Lösung des folgenschwersten geistigen Konfliktes als dringlichste Aufgabe eines Christenmenschen erscheinen mußte.

Sein Briefwechsel zur Wiedervereinigung der christlichen Bekenntnisse nimmt, sicher nicht nur wegen seines Umfanges, eine Sonderstellung in der riesigen Korrespondenz des Philosophen ein. Es gibt wohl wenige Briefwechsel, die mit so großem Engagement geführt sind. Überlegungen zur Stellung der Kirche und seine Idee von einer Reunion der Konfessionen sowie die hierfür möglichen Wege entwickelt der deutsche Gelehrte vor allem in den zahlreichen Schreiben an einen der hervorragendsten katholischen Bischöfe seiner Zeit, den Franzosen Jean-Benigne Bossuet[103]; auch die Briefe an Gerard Wolter Molanus[104] und den französischen Geschichtsschreiber Paul Pellisson-Fontanier[105] sind aufschlußreiche Dokumente der Leibnizschen Reunionspolitik. Von größerer Bedeutung dürfte allerdings Leibniz' reger brieflicher Verkehr mit dem Landgrafen Ernst von Hessen-Rheinfels[106] sein, da er hier mit ziemlicher Wahrscheinlichkeit seine Gedanken am offensten und ehrlichsten zur Sprache gebracht hat.

Gerade seine Aussagen zu religions- und kirchenpolitischen Fragen müssen mit Vorsicht bedacht werden; daher war er den Historikern hinsichtlich seiner religiösen Persönlichkeit lange ein Rätsel. Nicht selten hat man ihn sogar für einen "heimlichen Katholiken" gehalten.[107] Der profunde Leibniz-Kenner Kiefl[108] sieht den Grund dafür in der "eigentümlichen theologischen Methode" des Philosophen, die, - das muß hinzugefügt werden -, sehr oft von den jeweiligen pragmatischen Zielsetzungen bestimmt wurde. In seinem Bestreben, niemanden zu verletzen, sein Ziel der Meinungsversöhnung stufenweise zu erreichen, vor allem aber die grundsätzliche Diskussionsbereitschaft seiner andersdenkenden Gesprächspartner nicht schon im Keim zu ersticken, habe Leibniz eine Reihe von größeren Abhandlungen verfaßt, die man "nur als exoterische Produkte seines Geistes" behandeln dürfe. Ohne den "diplomatischen Schlüssel" zu diesen Urkunden könne alles aus Leibniz bewiesen werden.[109]

Nun kann es nicht unsere Aufgabe sein, die verschlungenen Pfade der Leibnizschen Reunionsbemühungen nachzuzeichnen; das hat man an anderen Stellen ohnehin ausreichend getan.[110] Von Interesse für unser Thema sind gleichwohl die theologischen Leitvorstellungen, die den reunionspolitischen Aktivitäten des Philosophen zugrunde lagen, zumal hier, das haben die beiden vorangegangenen Kapitel bereits anklingen lassen, ein primäres Motiv seines Handelns, auch seiner wissenschaftsorganisatorischen Bestrebungen aufscheint.

Leibniz' tolerante Religiosität war für seine Zeitgenossen nicht immer verständlich. Daß er darüber hinaus kein praktizierender Christ war, gab Anlaß zu Gerüchten und bösen Verleumdungen. Er ging, schreibt sein langjähriger Sekretär Eckhart, "wenig, oder gar nicht in die Kirche, und communicirte sehr selten. Wenigstens in 19 Jahren, die ich ihn gekennet, weis ich nicht, daß ers gethan ... die Prediger schalten deswegen oft öffentlich auf ihn ... Die gemeinen Leute hießen ihn daher insgemein auf platdeutsch Lövenix, welches, qui ne croit rien, heiset".[111]

Heute wissen wir, daß Leibniz ein tiefreligiöser Mensch war, der sich, ungeachtet der Gerüchte und Befürchtungen, er könne seinem Glauben abschwören[112], zeit seines Lebens aus innerster Überzeugung zur *Confessio Augustana* bekannt hat. Und an seinem Glauben, so konnten wir schon in seinem frühen Entwurf für eine *Societas Confessionum Conciliatrix* lesen, werde ein Protestant nichts ändern.[113] Ohne Erfolg blieben daher die vielfachen Versuche, vorwiegend aus den Reihen konvertierter Katholiken, ihn zum Konfessionswechsel zu bewegen.[114] Weder seine aufrichtige Bewunderung für diese Gesprächspartner, Leibniz nennt u.a. Boineburg, die Brüder Walenburch und Herzog Johann Friedrich[115], noch verlockende berufliche Angebote, die damit verbunden gewesen wären[116], konnten ihn zu einem solchen Schritt veranlassen. Obgleich er die Vorzüge der anderen Seite sehr wohl erkannt habe, habe er doch ebenso erkannt, "qu'ils sont effacés par des raisons contraires bien plus fortes".[117]

Einer dieser Gründe war die mangelnde Toleranz der römisch-katholischen Kirche gegenüber der Wissenschaft; im Falle eines Konfessionswechsels fürchtete der Philosoph nicht zuletzt auch um seine eigene wissenschaftliche Freiheit. Seinem fürstlichen Vertrauten, Landgraf Ernst, gesteht er denn auch: "... ich bekenne Ihnen sehr gerne, daß ich um jeden möglichen Preis in der Gemeinschaft der römischen Kirche sein möchte, wenn ich es nur mit einer waren Ruhe des Geistes und mit diesem Frieden des Gewissens vermag, den ich gegenwärtig genieße ...".[118]

Als entschiedener Gegner jeglicher Form von Dogmatismus vertrat er die Meinung, daß der Respekt vor der theologischen Autorität der Kirche nicht zu Zugeständnissen im wissenschaftlichen Bereich führen dürfe, um nicht den Fortschritt der Menschheit, die Wahrheitsfindung schlechthin zu gefährden. Konversion, so Leibniz an Madame de Brinon, würde für ihn bedeuten, "contribuer á l'oppression des verités salutaires".[119]

Philosophische und wissenschaftliche Fragen gehörten grundsätzlich nicht in den Zuständigkeitsbereich der Kirche; insbesondere über jene Überzeugungen, die sich auf die Natur der Dinge bezögen, dürfe keine theologische Zensur geübt werden[120], denn sie seien nicht Gegenstand der kirchlichen Unfehlbarkeit. Diese beschränke sich ausschließlich auf die heilsnotwendigen Fundamentalwahrheiten, die dem Menschen durch die Heilige Schrift geoffenbart worden seien.[121] Wollte man Protestanten zum Eintritt in die römisch-katholische Kirche bewegen, genüge es nicht, zu zeigen, daß die von ihr vorgegebenen Glaubenssätze nicht unerträglich seien. "Parce qv'ils seroient obligés precisement non seulement de ne pas condamner, mais aussi de croire tout ce qv'on y croit".[122]

"Wahr" sind vor allem die Gesetzmäßigkeiten der Natur, "les verités des nombres dans l'Arithmetique et celles des figures dans la geometrie et celles des mouvemens ou poids dans la Mecanique et dans l'Astronomie".[123] Jede naturwissenschaftliche Entdeckung ist zudem ein Beweis für die Existenz Gottes. Daher schlössen religiöse und wissenschaftliche Erkenntnis einander nicht aus, sie ergänzten sich vielmehr. Und aus diesem Grund dürfe die Entwicklung der modernen Naturwissenschaft nicht durch kirchliche Gebote beeinträchtigt werden.[124] Er selbst habe die Naturwissenschaften niemals um ihrer selbst willen betrieben, "mais a fin d'en faire un jour un bon usage pour me donner de credit en avançant la pieté".[125]

Das Wesen der Frömmigkeit ist für Leibniz die Gottesliebe, also die Liebe zu Gott und die Liebe Gottes, die durch dessen Sohn Jesus Christus offenbart wurde. Grundlage der Offenbarung ist jedoch die natürliche Religion, die Gott selbst in die Herzen der Menschen geschrieben hat.[126]

> "Die christliche Theologie ... gründet sich auf die Offenbarung, welche der Erfahrung entspricht; aber um daraus ein vollständiges Ganzes zu machen, muß man die natürliche Theologie hinzufügen, die aus Axiomen der ewigen Vernunft gewonnen wird. Ist nicht selbst jener Grundsatz, daß die Wahrhaftigkeit ein Attribut Gottes ist, auf welchem ... die Gewißheit der Offenbarung beruht, eine aus der natürlichen Religion hergenommene Maxime?"[127]

Wenn die natürliche Theologie per se eine Religion der Vernunft ist, dann kann es eine Kontradiktion zwischen Vernunft und Glauben nicht geben. Gegenstand des Glaubens sind Wahrheiten, die Gott auf außergewöhnliche Weise mitgeteilt hat; die Vernunft ist wiederum die Verkettung dieser Wahrheiten.[128]

Entgegen der Auffassung von Winter und Holz[129] gibt es für Leibniz also durchaus eine Offenbarung; die Notwendigkeit der rationalen Begründung des Glaubens steht dazu in keinem Gegensatz. Denn da zwei Wahrheiten einander grundsätzlich nicht widersprechen[130], können sich auch Vernunft und Offenbarung nicht widersprechen.

> "Ich finde, daß sich jede Sekte mit Vergnügen der Vernunft bedient, so lange sie glaubt, aus ihr einigen Nutzen ziehen zu können; sobald indessen die Vernunft zu versagen beginnt, ruft man: Das ist ein Glaubensartikel, welcher über der Vernunft steht. Aber der Gegner könnte sich derselben Ausflucht bedienen, wenn man versuchen wollte, gegen ihn mit Vernunftgründen zu streiten, falls man ihm nicht wenigstens bemerkt, warum ihm das in einem gleichscheinenden Falle nicht erlaubt sein solle. Ich setze dabei voraus, daß die Vernunft hier die Entdeckung der Gewißheit oder Wahrscheinlichkeit der Sätze ist, welche wir aus den Erkenntnissen abgeleitet haben, die wir durch den Gebrauch unserer natürlichen Fähigkeiten, d.h. durch Sensation und Reflexion erworben haben; während der Glaube die Zustimmung zu einem Satze ist, der auf die *Offenbarung* gegründet ist: d.h. auf eine außergewöhnliche Mitteilung, in der Gott ihn zur Kenntnis der Menschen gebracht hat".[131]

> "Daher kann die Offenbarung nicht gegen eine klare Evidenz der Vernunft gehen, weil wir selbst dann, wenn sie unmittelbar und ursprünglich ist, mit Evidenz wissen müssen, daß wir uns, in dem wir sie Gott zuschreiben, nicht irren, und daß wir ihren Sinn richtig erfassen. Diese Evidenz nun kann niemals größer sein, als die unserer intuitiven Erkenntnis, und folglich kann kein Satz als göttliche Offenbarung angenommen werden, wenn er dieser unmittelbaren Erkenntnis kontradiktorisch entgegengesetzt ist. Sonst bliebe in der Welt kein Unterschied mehr zwischen Wahrheit und Falschheit, kein Maßstab des Glaubhaften und des Unglaubhaften, übrig. Auch läßt sich nicht denken, daß von Gott, diesem wohltätigen Urheber unseres Daseins, etwas komme, was, wenn es als wahrhaft angesehen würde, die Grundlagen unserer Er-

kenntnis umstürzen und alle unsere geistigen Vermögen unnütz machen müßte".[132]

Leibniz kann daher auch Glaubenssätze akzeptieren, die ausschließlich durch die Offenbarung vermittelt werden.

"Indessen bleibt es immer wahr, daß diejenigen Dinge, welche über das, was wir mit Hilfe unserer natürlichen Fähigkeiten möglicherweise entdecken könnten, hinausgehen, wie der Fall der aufrührerischen Engel, die Auferstehung der Toten, die eigentlichen Gegenstände des Glaubens sind ... Hierin muß man allein die Offenbarung hören. Und selbst hinsichtlich der wahrscheinlichen Sätze werden wir uns, wenn eine evidente Offenbarung vorliegt, gegen die Wahrscheinlichkeit entscheiden".[133]

Da die menschliche Vernunft begrenzt ist, können die Mysterien, die das Wesen und Handeln Gottes betreffen, von uns nicht wirklich begriffen, sondern allenfalls als nicht kontradiktorisch erwiesen bzw. soweit "erklärt" werden, wie man an sie glauben muß.

"Je conçois ces choses possibles, et puisqve Dieu les a revelées je les tiens veritables".[134]

Damit bekennt Leibniz sich zu der Überzeugung, daß es mehr als nur eine "natürliche Offenbarung, d.h. die Vernunft" gibt.[135]

Als "Verwalterin seiner Offenbarungen"[136], soweit diese sich auf jene Punkte beschränkten, die zum Heil notwendig sind[137], habe Gott seine Kirche, *l'Eglise Catholiqve*[138], bestimmt. Doch damit meint Leibniz nicht notwendigerweise die römisch-katholische Kirche. Sein Kirchenbegriff ist ambivalent.[139]

Einmal umfaßt er die innere, unsichtbare Gemeinschaft aller Christen, deren einigendes Band die gemeinsame Liebe zu Jesus Christus ist. Daneben gibt es die äußere, sichtbare, d.h. institutionalisierte Kirchengemeinschaft; diese freilich ist seit den großen Spaltungen, vor allem dem Bruch zwischen Ost- und Westkirche und nach dem Trienter Konzil und der darin ausgedrückten Verweisung der Protestanten aus der Römischen Kirche, zerrissen.

Gleichwohl innere und äußere Kirchengemeinschaft aufs engste verbunden sind, ist die Zugehörigkeit zu beiden nicht zwingend vorgegeben. Wenn man z.B. ungerechterweise exkommuniziert sei, dann sei zwar die äußere Bindung zur Kirchengemeinschaft gelöst, nicht aber die innere.[140] Solange man sich die Liebe zu Christus bewahre, bliebe man Mitglied der einen katholischen Kirche.

Wir sehen, daß Leibniz sein evangelisches Bekenntnis, "credo unam sanctam catholicam ecclesiam", ernst genommen hat.[141] Und nur deswegen kann er auf Marie de Brinons hoffnungsfrohe Mutmaßung, er habe sich im innersten seines Herzens bereits der katholischen Kirche zugewandt[142], antworten: "Vous avez raison, Madame, de me juger catholique dans le coeur; je le suis ouvertement..."[143] Diese Haltung zeugt weder von konfessioneller Indifferenz, noch beweist sie Leibniz' "tiefe Sympathie für den Katholizismus"[144] im Sinne der römisch-katholischen Lehre. Denn das Wesen des Katholizismus besteht für Leibniz eben nicht darin, "de communier exterieurement avec Rome"[145], sondern in der Liebe zu Gott. Die auf dieser gemeinsamen Liebe gründende innere Einheit der Kirche dauert ungeachtet der Spaltung fort. Gleichwohl bleibt es die große Aufgabe der Christenheit, auch die äußere Einheit wiederherzustellen.

Leibniz' Vorschläge zur Reunion leiten sich ab aus seinen theologischen Grundansichten und seinem spezifischen Kirchenbegriff.

Da die katholische Kirche, d.h. die *ecclesia universalis*, zumindest äußerlich nicht mehr existiert, sie sich vielmehr in der Vielheit der Partikularkirchen darstellt, gilt es, diese Vielheit in die Einheit zurückzuführen. Bei der Rückgliederung in die eine allumfassende katholische Kirche seien jedoch die berechtigten Eigenarten der Teilkirchen, u.a. auch die nationalen, zu berücksichtigen. Denn Einheit bedeute nicht Einheitlichkeit aller Überzeugungen.[146]

Diese Auslegung entspricht Leibniz' *philosophia perennis*, die, auf Synthese aufgebaut, das "perspektivische Zentrum aller bisherigen Denkrichtungen" repräsentiert.[147] Toleranz, was das Denken und Glauben anbetrifft, spielen in diesem philosophischen System notwendigerweise eine zentrale Rolle. Daher kann es für Leibniz nichts grundsätzlich Falsches geben; in allem ließe sich ein wahrer Kern, mindestens aber irgend ein Nutzen finden. In diesem Sinne sollten auch die Glaubensdifferenzen einer Prüfung unterzogen werden. Und deswegen dürfe Konversion bzw. Rückkehr zur Universalkirche nicht einer "Kapitulation" gleichkommen. Es ginge nicht darum, erklärt Leibniz der Kurfürstin Sophie[148], daß ein Bekenntnis das andere "bekehre", sondern daß man sich an die wahre Religion der Liebe hielte. Dazu passe freilich nicht das Gottesbild eines Tyrannen, der den einen Teil seiner sich zu ihm bekennenden Kinder zugunsten des anderen, der allein die wahre Glaubenskenntnis zu besitzen meine, der Verdammnis ausliefere.

Wir erkennen in Leibniz' Ekklesiologie die Struktur seiner *Monadologie*[149] wieder: Jede Teilkirche ist Abbild der Gesamtkirche und repräsentiert diese auf ihre begrenzte, individuelle Weise. So gesehen ist auch die römisch-katholische Kirche, entgegen ihrer eigenen Auffassung, "nur" partikular. Daher besitzt sie ebensowenig wie die anderen das Privileg der Unfehlbarkeit, das Gott ausschließlich der universalen Kirche zugesprochen habe. Wie alle Partikularkirchen könne sie also in ihren Glaubensaussagen irren.[150] Unter diesem Aspekt müssen nicht zuletzt die Beschlüsse des Tridentinums überprüft und z.T. zurückgenommen werden, zumal die Ökumenizität dieses Konzils im besonderen Maße anzuzweifeln sei. Diese, d.h. die ausgewogene und gleichberechtigte Vertretung aller zur Universalkirche gehörenden Nationen und Partikularkirchen sei aber Grundvoraussetzung, um in deren Namen zu entscheiden.[151]

Damit stützt Leibniz die in protestantischen Kreisen weitverbreitete Meinung, daß das rigide Festhalten der römischen Kurie an der Gültigkeit des Konzils von Trient das eigentliche Hindernis einer möglichen Reunion darstellte.

Leibniz' Reunionsbestrebungen, die ihn als typischen Vertreter des barocken Universalismus ausweisen[152], ergaben sich ihm aus der Idee von der *prästabilierten Harmonie*, die, von Gott selbst bewirkt, die Grundlage der von ihm geschaffenen "besten aller Welten" ist. Harmonie mußte daher auch das Verhältnis der Partikularkirchen innerhalb der allgemeinen Kirche bestimmen.[153] Folglich konnte sich die Spaltung der Christenheit letztendlich nur als ein Mißverständnis herausstellen, wenn man bei weitgehender Toleranz gegenüber Differenzierungen im einzelnen das gemeinsame in allen Formen der christlichen Religiosität hervortreten ließe.[154] Das gemeinsame Fundament, auf dem eine Wiedervereinigung der Konfessionen herbeigeführt werden könnte, seien "les points de creance, qvi sont necessaires au salut".[155] Nicht in diesen Bereich der heilsnotwendigen Offenbarungsaussagen fielen disziplinäre und kirchenrechtliche Bestimmungen.[156]

Damit folgt Leibniz im wesentlichen der theologischen Linie des Protestantismus, wie sie von den Calixtinern[157] vertreten wurde. Die Einigung über die heilsnotwendigen Glaubensartikel müsse gleichwohl auf einen späteren Zeitpunkt, d.h. auf ein zukünftiges, allgemeines Reunionskonzil, zu dem alle Teilkirchen zusammenkommen, verschoben werden. Ungeachtet dessen kann er sich eine vorläufige Wiederherstellung der Kirchengemeinschaft zwischen Rom und den evangelischen Kirchen auf der Grundlage eines Minimalkonsenses vorstellen. Als Voraussetzung dieser präliminaren Reunion[158] sieht er, auch darin vertritt der hannoversche Gelehrte die gemäßigte protestantische Position, die gegenseitige Duldung der Unterschiede in Dogma und Kirchenpraxis.[159] Wenn man die noch bestehenden Kontroversfragen sowie die notwendige Reform, d.h. die Beseitigung jener Mißbräuche in der römischen Kirche, die die Spaltung ausgelöst hätten, zunächst ausklammere, "si on vouloit estre raisonnable de part et d'autre, et les renvoyer à un Concile futur veritablement Oecumenique ... rien empecheroit la reunion des à present".[160]

In einer Reihe von Schriften[161] demonstriert Leibniz die möglichen Wege und Formen einer zukünftigen Kirchenvereinigung, die, wie schon Kirchner[162] richtig festgestellt hat, keinesfalls "absorptiven" Charakter haben durfte. Da keine der beiden Lehren im Besitz der absoluten Wahrheit sein konnte, hätte man sich die Reunion nicht als Akt der Unterwerfung einer der beiden Konfessionen ohne vorangegangene Diskussion über die bestehenden Kontroversen vorzustellen. Letztes Ziel mußte der Ausgleich der unterschiedlichen Auffassungen sein, der aus der Vernunfteinsicht entspringen und das gemeinsame Interesse aller Beteiligten zum Grund haben sollte.

Als anschauliches Beispiel einer *réunion préliminaire* dürfen wir den Entwurf für eine *Societas Philadelphica* verstehen. Die für diese internationale gelehrte Gesellschaft entwickelten "Bestimmungen zu einer friedlichen Zusammenführung" der Konfessionen[163] antizipieren in nuce eben jene Grundforderungen, die Leibniz in den späteren Verhandlungen mit seinen katholischen Gesprächspartnern als unabdingbare Voraussetzung einer vorläufigen Reunion immer wieder vorgetragen hat. Besonderer Tenor liegt hier naturgemäß auf der Gleichberechtigung der Bekenntnisse, die ungeachtet der noch bestehenden Differenzen garantiert sein müsse. Darüber hinaus lassen die "Friedensregeln" der *Societas Philadelphica bzw. Confessionum Conciliatrix*, deren Mitglieder "geradezu den Kern einer überkonfessionellen religiösen Vereinigung bilden"[164], Leibniz' Einstellung zum Verhältnis von Kirche und Staat erkennen.

Bezugnehmend auf die Ablaßpraxis der römisch-katholischen Kirche, für Luther einst Anlaß zur massiven Kritik, zeigt Leibniz eine recht eigenwillige, für seinen pragmatischen, auf das *bonum commune* gerichteten Geist aber wohl typische Haltung.

Die Offenbarung schwererer sowie Todsünden gegenüber einem Priester und dessen Absolution "zur vollständigen Gewissensberuhigung" haben, so der Gelehrte, durchaus ihren Sinn.[165] Allerdings sei die Lossprechung von einer wirklichen Buße, d.h. von der Wiedergutmachung der sündigen Tat abhängig zu machen. Da diese immer auch einen Schaden für das öffentliche Wohl bedeute, bedürfe es eines Richters, der im "Namen Gottes und der Obrigkeit" die entsprechenden Maßnahmen zur Wiedergutmachung abzuwägen hätte. In Anwendung des utilitaristischen Prinzips schlägt er vor: "dieser aber soll nicht so sehr irgendwelche Gebete zu sprechen auferlegen als vielmehr Werke, die dem Staatswohle dienen. Wer Ärgernis erregt hat, wird verpflichtet, andere zu erbauen; so soll, wer einen Menschen getötet hat, Dienste zum Heil der Kranken verrichten, die sonst sterben würden, und anderes dergleichen ... ".[166] Über die Festlegung der Bußtaten sei den Priestern eine Unterweisung vom Staat zu geben.

Deutlicher kann die Verknüpfung von kirchlicher und weltlicher Jurisdiktion kaum zum Ausdruck gebracht werden. Damit nicht genug, räumt Leibniz der Obrigkeit das Recht ein, aus Gründen der Staatsräson in die, wie er meint, notwendige Kirchenerneuerung lenkend einzugreifen. Andererseits habe sie aber auch die Verpflichtung, die Einhaltung der öffentlichen Kirchenordnung zu garantieren.[167] Religiöse Fanatiker seien vom Staat, nicht von der Kirche zur Verantwortung zu ziehen, "die guten Leute", so z.B. die Anhänger Philipp Jakob Speners und Veit Ludwig von Seckendorffs, solle man jedoch gewähren lassen, solange sie nichts beginnen was Folgen haben könne.[168]

Ohne auf Leibniz' differenzierten Häresiebegriff näher eingehen zu wollen[169], lassen seine Äußerungen darauf schließen, daß er die Gerichtsbarkeit der Kirche in dieser Hinsicht für fragwürdig hält, ihre Zuständigkeit eingeschränkt wissen will. Nicht selten hätte religiöser Übereifer ihre Schiedssprüche in der Vergangenheit bestimmt; "aus Furcht vor Mangel an Ketzern tun die Herren Theologen zuweilen alles, was sie können, um deren zu finden ..."[170] Diesem Übel sei Einhalt zu gebieten, denn "c'est dans ces condemnations teméraires, que consiste veritablement l'esprit de secte, et la source d'une grande partie des maux du Christianisme".[171]

Da die Kirche in den Staaten existiert, die Bevölkerung wie auch die Fürsten ihre Glieder sind, ist die Kirchenordnung als Teil des öffentlichen Lebens zu betrachten. Sie zu schützen, muß daher Aufgabe des Staates sein, zumal die weltlichen Richter, das war wohl Leibniz' Überlegung, hier einen moderateren Maßstab anlegen würden. Holz irrt also, wenn er eine strikte Trennung von Kirche und Staat bei Leibniz konstatiert.[172] Dieser wollte im Gegenteil auf der anderen Seite auch das "Ansehen des Papstes als des Schiedsrichters und Vermittlers zwischen den europäischen Mächten durch Vergrößerung seiner weltlichen Macht gestärkt sehen".[173] Konsequenterweise sehen wir das Oberhaupt der römisch-katholischen Kirche in allen einschlägigen Entwürfen, respektive im philadelphischen Plan, als Mitförderer der als internationale Friedensstifterin agierenden gelehrten Sozietät.

Ebenso bejaht Leibniz, anders als sein Briefpartner Landgraf Ernst, der die Kumulation von kirchlicher und weltlicher Gewalt in einer Person heftigst kritisiert, das Institut der geistlichen Fürsten. Allerdings wünscht er, Plato zitierend, "qve les vrais Ecclesiastiqves et qve les personnes veritablement devotes fussent maistres des biens de la terre, ou bien que les maistres du Monde fussent animés d'une veritable devotion".[174]

Vor dem Hintergrund der Leibnizschen Metaphysik stellen Kirche und Staat, den Monaden gleich, zwei eigenständige, wiewohl aufeinander zugeordnete Bereiche dar. Im Rahmen einer öffentlichen Gesamtordnung eng miteinander verbunden, sind sie auf das eine und einigende Ziel angelegt: die Verherrlichung Gottes durch die Veredelung seiner Schöpfung, letztlich also auf das Wohl des Menschen:

> "rien est plus necessaires á la paix qve le pouuoir souverain, et rien est plus utile au bien generale qve l'autorité de l'Eglise".[175]

Der gemeinsame Schöpfungsauftrag rechtfertigt ihre sachliche Verflechtung, ohne daß dabei der Heilsauftrag der Kirche oder die Obliegenheiten des Staates verkannt würden.[176] Das Funktionieren dieser Ordnung beruht allein auf dem "gerechten Ausgleich zwischen der kirchlichen und weltlichen Gewalt".[177]

Ihre gemeinsame Verantwortung für das Heil der Menschen impliziert wiederum beider Verpflichtung, auf eine Aussöhnung der Konfessionen hinzuarbeiten. Die anzustrebende Reunion wird von Leibniz folglich als eine höchst politische Aufgabe verstanden, die von Kirche und Staat in Zusammenarbeit gelöst werden mußte.

So war auch sein eigenes rastloses Bemühen um eine Wiederannäherung der christlichen Bekenntnisse, dessen Glaubwürdigkeit in der Vergangenheit keineswegs einhellig beurteilt wurde[178], weniger theologisch als politisch, nicht zuletzt reichspolitisch motiviert.[179] Die Wiederherstellung der kirchlichen Einheit würde "zu ruhe, einigkeit und guthen vernehmen in Teütschland dienen"[180]; dies sei wiederum die Voraussetzung für eine einheitliche, starke Reichspolitik, die dem politischen Gegner entgegengesetzt werden konnte, insbesondere der Machtpolitik

Ludwigs XIV., die die schwelenden Glaubensdifferenzen in "Deutschland" geschickt auszunutzen wußte. Nicht von ungefähr würden die bereits aufgenommenen Reunionsgespräche "von niemand ... mehr als den Franzosen und französisch gesinneten gehaßet, und gehindert".[181]

Die tiefe innere Gleichgerichtetheit von Leibniz' Plänen zur Reunion der Konfessionen und zur Organisation von Kultur und Wissenschaft wird hier sichtbar. Als letztes Ziel sehen wir in beiden Fällen die politische Stärkung des Reichs im europäischen Machtgefüge.

Einen direkten Bezug zwischen Wissenschaftsförderung und Reunionspolitik stellt Leibniz her, indem er die von den gelehrten Sozietäten zu erarbeitende Universalsprache als Mittel der Reunion empfiehlt.[182]

Überzeugt von der grundlegenden Bedeutung der mathematischen Methode für das menschliche Denken schlechthin, versicherte er dem Theologen Joh. Andreas Schmidt, daß man auch die Theologie "Methodo Mathematica" behandeln könne.[183] Seine Erfindung, die *characteristica universalis*, eine Schrift, die jeder in seiner Sprache lesen können wird, umfasse den Gebrauch der gesamten Vernunft, sie sei Schiedsrichter der Kontroversen, Interpret der Begriffe und Waage für die Wahrscheinlichkeiten.[184] Mit ihrer Hilfe werde sich jeder gedankliche Irrtum wie in der Arithmetik letztlich als Rechenfehler erweisen; Streitfragen würden geklärt, "de sorte qv'au lieu de disputer on pourroit dire: comptons".[185]

Auch im Hinblick auf die zwischen den konfessionellen Parteien bestehenden Kontroversen sei die *characteristica universalis* "un juge ... veritablement infallible".[186] Denn diese Sprache ließe es nicht zu, von der Wahrheit abzuweichen, "la verité seule y forme les regles".[187] So werde sie eines Tages auch die Irrtümer des Konzils von Trient, dessen Anerkennung bzw. Nichtanerkennung zum Zankapfel zwischen Katholiken und Protestanten geworden war, schonungslos aufdecken.[188]

Leibniz' Grundgedanken von der Harmonie der Welt entspricht seine Überzeugung von der Harmonie der Kultur.[189] Durch die Glaubensspaltung sieht er diese Harmonie, die christliche Kultur schlechthin, sowie die Weiterentwicklung der Wissenschaft gefährdet. Schon deshalb konnte und wollte er die konfessionelle Frage aus seinen Plänen zur Wissenschaftsorganisation nicht ausklammern.

Zum zentralen Thema wird das Problem der Kirchenvereinigung in seinem frühen Konzept für eine *Societas Philadelphica*, die als Modellgesellschaft einer friedlichen Ökumene zu interpretieren ist. Die "ausgesprochen religiös überkonfessionelle Stimmung"[190], die diesen Plan auszeichnet, beherrscht vor allem auch die ersten Akademieentwürfe für Hannover. Die hier skizzierten Sozietäten, die die Sorge für die Verbreitung des wahren Christentums mit der Sorge um weltliches Glück verbinden sollten, lassen die Verquickung von religiösen und politischen Motiven zunächst zwar nur indirekt wirksam werden. Mit ihrem spezifischen Auftrag, die für die Überwindung des Schismas so bedeutende Universalsprache zu entwickeln, finden sie indes ihren Platz in dem anzustrebenden Reunionswerk. Mag ihre Rolle als Friedensstifterin in den Spätentwürfen, respektive für Berlin, Dresden, Wien und St. Petersburg auch zugunsten konkreter wissenschafts- und kulturpolitischer Aufgaben zurückgedrängt worden sein, wirklich aufgegeben hat Leibniz seine Idee einer *Societas pacidiana* bis zuletzt nicht. Christentum bleibt für ihn die "Essenz seiner Akademieprojekte".[191] Idealiter konfessionslos, d.h. verstanden als praktisches Christentum, dessen höchster Gottesdienst in der Förderung des allgemeinen Fortschritts besteht, bestimmt es schließlich sein gesamtes Denken und Handeln. In Anbetracht des drohenden Kulturzerfalls als Folge des Dreißigjährigen Krieges und der weiterschwelenden Konfessionsstreitigkeiten mußte die dem Kontinuitäts- und Fortschrittsgedanken verpflichtete gelehrte Sozietät konsequenterweise um Versöhnung und Vermittlung im allgemeinen, in der Religionsangelegenheit im besonderen bemüht sein. Allerdings dürfe sie nicht direkt in die religionspolitischen Auseinandersetzungen eingreifen, dies könnte ihre interne Eintracht und somit ihre Arbeitsfähigkeit gefährden; sie sollte ihre Rolle vielmehr mit den ihr zustehenden Mitteln auf dem Weg über die Kultur- und Wissenschaftspolitik wahrnehmen. In diesem Sinne ist auch Leibniz' wiederholter Hinweis zu verstehen, die gelehrte Sozietät werde sich nicht in religionspolitische und theologische Kontroversen einmischen.[192]

2.2 Die Universalität der Leibnizschen *gelehrten Sozietät*

Die Faszination des Leibnizschen Denkens besteht in seiner Geschlossenheit. Ungeachtet der im wahrsten Sinne enzyklopädischen Breite und Weite seines Wissens stehen die Erkenntnisse des Gelehrten nicht isoliert nebeneinander, sie fügen sich ein in sein einheitliches Weltbild, stehen zueinander in Beziehung und zugleich im Zusammenhang mit den Grundeinsichten seiner Philosophie. In Leibniz finden wir die wohl vollkommenste Synthese des allseitig gebildeten *homo universale* der Renaissance und des barocken Universalisten, der das Allgemeine vor dem Besonderen, die Einheit vor der Vielheit betont.[1]

Die Suche nach Harmonie, die als ideelles Ziel dieses Einheitsstrebens der menschlichen Aktivität ihren Sinn gibt, meint gleichwohl nicht, das Individuelle zu beseitigen, vielmehr, daß man "das Individuelle als einen spezifischen Bestandteil des Überindividuellen mit dem Anders-Individuellen konfrontiert".[2] So gesehen kann es nichts grundsätzlich Falsches, keinen absoluten Irrtum geben. Alles ist Repräsentation der einen Wahrheit, die sich in ihrer Vielseitigkeit zeigt.[3]

Dieser Sicht der Wirklichkeit, in der wir Leibniz' System der *prästabilierten Harmonie* ebenso wiedererkennen wie das ältere Comenianische Modell der *Pansophie*, entspricht der Glaube an eine universelle Wissenschaft, deren ganze Vielfalt sich letztlich auf wenige Prinzipien zurückführen läßt; engstens damit verbunden, reflektiert das Wissenschaftsideal der *mathesis universalis* die Überzeugung von der rationalen Gestaltung des Weltganzen auf der Grundlage exakter Naturgesetze, den *konstruktiven Rationalismus*, in dem Mahnke[4] die "typische Metaphysik des Barock" sieht.

Als geistige Parallele deutet das Ziel einer *scientia generalis* wiederum auf die ganzheitliche Wissenschaftskonzeption des barocken Universalismus hin, die die Existenz und Berechtigung der unterschiedlichsten Wissensgebiete impliziert und darüber hinaus die Einsicht in die Ordnungs- und Beziehungszusammenhänge der einzelnen Disziplinen zum Ausdruck bringt.

> "Et premierement je ne blâmerais pas ceux qui entreprennent des recherches que je ne voudrois point faire, pourvu que ce qu'ils disent soy vray ou aumoins vraysemblable. Les desseins des hommes sont differens, mais la vérité est uniforme".[5]

Die Verwirklichung dieser universal-harmonischen Denkweise, die Leibniz einmal mehr als Exponenten des barocken Zeitgeistes ausweist[6], sehen wir einerseits in seiner internationalen geistigen Korrespondenz, andererseits in seiner organisatorischen und praktischen Tätigkeit auf allen Gebieten des menschlichen Lebens, die sich, wie Meyer[7] feststellt, nicht zuletzt aus der ihm eigenen "um alles besorgten Teilnahme an den wirklichen Notfragen seiner Zeit" erklärt.

Leibniz' universale Reformpläne kulminieren in seinem Akademiegedanken. So ist die gelehrte Sozietät ebenso Spiegel seines universalen Wissenschaftsverständnis-

ses wie seines umfassenden Reformanliegens, das sich aus dem Glauben an die Perfektibilität des Menschen ableitet und bereits jenen Fortschrittsoptimismus erkennen läßt, der im 18. Jahrhundert zur vollen Blüte gelangte.[8)]
An seinen Hamburger Freund Placcius schreibt Leibniz am 27. März 1696:

> "Nihil utique utilius est, quam eruditos coire in societas. Optandum esset, unam esse universalem, sed velut in collegia diversa distinctam. Tanta enim est inter se connexio diversarum eruditionis partium, ut non magis, quam mutuo consensu et conspiratione quadam juvari possint".[9)]

Das Wissen um die notwendige Kooperation aller Wissenschaftszweige, das einherging mit der praktisch-politischen Wertschätzung der Wissenschaft im allgemeinen, weckte nun auch den Wunsch nach neuen, universal angelegten wissenschaftlichen Einrichtungen, wie Leibniz sie immer wieder forderte:

> "Das objectum dieser Unsrer Societät der Wissenschaften soll ganz unbeschränkt seyn, also verschiedener anderswo fundirter Societäten oder sogenannter Akademien objecta zusammenfassen und sich alle andern nachrichtungen, künste und übungen in sich begreifen, dazu durch das natürliche Liecht menschlicher nachsinnen und unermüdeten Fleiß zu gelangen, also nicht allein auf physica und mathematica gerichtet seyn, sondern auch dahin trachten, daß was bey menschlichen studien, künste, lebensarth oder profession und facultat zu wissen auszuzeichnen zu erfinden dienlich, zusammenbracht".[10)]

Der hier nur angedeutete weite Radius theoretischer wie praktischer Zielsetzungen unterscheidet schließlich die Sozietätsprojekte des Philosophen von den bereits bestehenden großen europäischen Akademien, namentlich in London, Paris und Florenz, die ihm in manch anderer Hinsicht durchaus Vorbild waren. Sie waren jedoch entweder ausschließlich philologisch-historisch oder aber rein naturwissenschaftlich orientiert. Von den Leibnizschen Sozietäten sollten dagegen Impulse ausgehen auf die Gestaltung des gesamten staatlichen, wirtschaftlichen und kulturellen Lebens. Der Aufgabenkatalog, wie ihn der Gelehrte etwa in seinem 1671 verfaßten *Grundriß* aufstellt, gleicht einer vollständigen Aufzählung aller staatlichen Verantwortlichkeiten und spiegelt die Wirtschaftskonzeption des Merkantilismus wieder.[11)]

2.2.1 Die *gelehrte Sozietät* als wirtschafts- und "sozialpolitische" Institution.

2.2.1.1 *Die wirtschafts- und "sozialpolitische" Konzeption des Merkantilismus*

Der Merkantilismus, so umstritten der Terminus selbst auch sein mag[12], kennzeichnet ein einheitliches, zusammenhängendes System theoretischer wie praktischer Wirtschaftspolitik[13], das sich als wirtschaftliches Gegenstück zum Staats- und Regierungssystem des Absolutismus darstellt[14] und aufs engste mit dem Prozeß der Nationalisierung Europas zusammenhing.[15] Mit der Idee des Machtstaates "über weite Strecken geradezu identisch"[16], war diese "Politik des wirtschaftlichen Egoismus"[17] ganz im Dienste der hegemonialen Interessen des absolutistischen Staates[18] auf die Stärkung und Bereicherung des jeweiligen Landes gerichtet. Denn nach dem Grundsatz der merkantilistischen Wirtschaftskonzeption begründete die wirtschaftliche Stärke eines Territoriums dessen staatliche Macht. Unter dieser Zielsetzung galt es, durch Verringerung der Wareneinfuhr und Erhöhung der Ausfuhr eine aktive Handelsbilanz und möglichst großen Besitz von Barmitteln zu erreichen.

Als glänzendes Beispiel merkantilistischer Wirtschaftspolitik, dem immer mehr absolutistisch herrschende Regenten auch in "Deutschland" folgten, sehen wir Frankreich unter Finanzminister Colbert (1661 - 1683). Doch während der sog. Colbertismus, die "französische Abart des Merkantilismus"[19] bzw. dessen "strengste machtpolitische Zuspitzung"[20], wirtschaftliche Expansion anstrebte, ging es in den deutschen Territorien zunächst darum, die Schäden des Dreißigjährigen Krieges zu beheben. Durch defensive Maßnahmen, d.h. Importsenkung einerseits, Produktions- und Umsatzsteigerung im Lande andererseits, hoffte man, die wirtschaftliche Unabhängigkeit "Deutschlands" wiederherzustellen, es vor allem vom "Druck" Frankreichs zu befreien. Reformen unterschiedlichster Art sollten das wirtschaftliche Leben darüber hinaus anregen. Die Reorganisation der Verwaltung, die dabei eine entscheidende Rolle spielte, gab dem deutschen Merkantilismus schließlich seinen besonderen Charakter, der mit dem Begriff des Kameralismus umschrieben wird. Als "spezifische Form des Merkantilismus in den deutschen Kleinstaaten" bzw. "des absolutistischen deutschen Zwergstaates"[21] stellt dieser eine Verbindung von volkswirtschaftlichen und finanzwirtschaftlichen Theorien mit verwaltungstechnischen Grundsätzen und bevölkerungspolitischen Zielsetzungen dar.[22]

Als Protagonist des deutschen Merkantilismus gilt der Pfälzer Joh. J. Becher (1635 - 1682)[23], ein gleichermaßen unruhiger wie genialer Geist, "Projektemacher bis ins Fantastische"[24] und ein mit Skepsis beobachteter Abenteurer. Eigentlich zum Naturwissenschaftler ausgebildet, beschäftigte er sich gleichwohl vorwiegend mit volkswirtschaftlichen Problemen und trat als Wirtschaftsberater in Mainz, in der Pfalz und in Bayern in Erscheinung. Zehn Jahre lang (1666 - 1676) übte er einen nicht zu unterschätzenden Einfluß auf das wirtschaftliche Geschehen in Österreich aus.[25] Auf seine Initiative hin wurden das "Kommerzkolleg", eine Seidenmanufaktur, die "Orientalische Handelskompagnie" und ein "Kunst- und Werkhaus" eingerichtet. 1668 erschien sein ursprünglich *Commercientractat* genannter *Politischer Discurs*[26], jene aufsehenerregende Abhandlung, die die theoretische Auseinandersetzung mit dem Merkantilismus einleitete[27] und lange Zeit das wichtigste Spezialwerk dieser Art blieb.[28]

Ganz auf die wirtschaftliche wie politische Lage Deutschlands" um die Mitte des 17. Jahrhunderts zugeschnitten, kreist Bechers Programm um die Stärkung der *consumptio interna*, des "inneren Marktes", durch protektionistische Steigerung von Produktion und Handel bei gleichzeitiger Abgrenzung von ausländischen Wirtschaftsmärkten.

Nach der merkantilistischen Wirtschaftskonzeption gilt die Bevölkerung als größte Quelle für den Reichtum eines Landes.[29] Daher besteht die oberste Zielsetzung der staatlichen Wirtschaftspolitik in der Erhöhung der Einwohnerzahl durch populationistische Maßnahmen, etwa durch Förderung der Einwanderung oder Verbot der Ausreise, sowie in der Schaffung ausreichender Beschäftigungsmöglichkeiten. Becher faßt diese Aufgaben mit dem vielzitierten Schlagwort "volckreiche nahrhaffte Gemein"[30] zusammen.

Um ein Staatswesen in eine "volckreiche nahrhaffte Gemein" zu verwandeln, bedarf es vor allem einer Reihe von Regelungen zur "Herstellung der richtig proportionierten Struktur der Wirtschaftszweige".[31] Denn das Gleichgewicht der drei "nahrhaften Stände", d.h. der Bauern, Handwerker und Kaufleute, den Hauptträgern der "Gemein", ist entscheidend für das wirtschaftliche Wachstum eines Landes. Mit den Begriffen *Monopol, Polypol* und *Propol* benennt Becher die wesentlichen Störfaktoren dieses Gleichgewichts, die es auszuschalten gilt.[32] *Polypol* versteht er als Gegenteil des *Monopols*, d.h. als die "< Übersetzung > eines Handwerks oder eines Gewerbes", die dazu führt, daß Angehörige solcher Wirtschaftszweige verarmen. Der Begriff *Propol* faßt "alle nur denkbaren Praktiken der Be- und Verhinderung des Wettbewerbs", u.a. Absprachen oder Kartelle zusammen.[33] Als wirtschaftspolitische Mittel gegen diese "drei Hauptfeinde" des Marktes empfiehlt er für den Handel den Zusammenschluß zu Kompanien und die Einrichtung von Kaufhäusern, für die Landwirtschaft die Bildung von "Landmagazinen" und "Provianthäusern" sowie für das Handwerk die Einrichtung von "Werk- und Zuchthäusern".[34]

Die Bedeutung der Bevölkerung als Summe menschlicher Arbeitskraft, d.h. als Leistungspotential der nationalen Ökonomie, impliziert die Fürsorgepflicht des Staates gegenüber seinen Bürgern. So verbindet sich das Streben nach wirtschaftlicher Prosperität notwendigerweise mit der Verpflichtung zur politisch-sozialen Vorsorge. Damit ist der Staat nicht nur eine Wirtschaftsgemeinschaft, die zum Machtstaat avancieren soll.[35] Zugleich ist er eine Wohlfahrtseinrichtung zum Besten seiner Glieder. Dieser Grundgedanke der merkantilistischen Wirtschaftstheorie, der in der Staatsauffassung protestantischer Prägung wurzelt und den Becher mit den ciceronischen Worten "salus civium suprema lex esto" charakterisiert[36], entspricht dem Leibnizschen *bonum commune*.

Die Aufgabe der Obrigkeit als "Dienerin der Gemein" besteht darin, ihre Untertanen der irdischen Glückseligkeit zuzuführen.[37] Bechers diesbezügliche Überlegungen reichen von Vorschlägen zum Erziehungs- und Ausbildungswesen, zum Gesundheitswesen über beschäftigungs- und sozialpolitische Empfehlungen zur Beseitigung von Arbeitslosigkeit, Armut und Bettel bis hin zu Entwürfen zur Einrichtung von Banken, Kreditanstalten und Versicherungen. Im Ergebnis wird der Untertan in allen Bereichen seiner leiblichen und geistigen Existenz zum Objekt staatlicher Beaufsichtigung und Lenkung.[38] Dies wiederum eröffnet dem absolutistischen Staat neue Wege zur Steigerung seiner Machtfülle im Inneren.

Widmet man sich im speziellen den frühen Sozietätsentwürfen von Leibniz, die Bog[39] als die "früheren reichsmerkantilistischen Pläne des Philosophen" bezeichnet, so läßt sich eine Verbindung zu Becher nicht leugnen. Während Salz[40] jedoch nicht zu sagen vermag, "wer der Beeinflussende und wer der Beeinflußte gewesen sei", stellt Stein-Karnbach[41] sehr richtig fest, daß es in erster Linie Leibniz war, der Anregungen seines etwas älteren Zeitgenossen aufgegriffen hat. Letztere geht sogar soweit, Becher als "den wirtschaftspolitischen Lehrer" Leibniz' zu bezeichnen. Demgegenüber hält Bechers Biograph Hassinger[42] es für verfehlt, die einschlägigen Überlegungen und Projekte des hannoverschen Gelehrten ausschließlich auf Bechers Einfluß zurückzuführen.

Die nahe Berührung, in der Leibniz zu dem führenden Wirtschaftstheoretiker und den beiden anderen bedeutenden Vertretern des deutschen Merkantilismus, dem Schwager Bechers, Philipp Wilhelm von Hörnigk, sowie Wilhelm von Schröder[43] gestanden hat, wurde u.a. von Wiedeburg[44] überzeugend nachgewiesen.

2.2.1.2 Leibniz' Verbindung mit bedeutenden Vertretern des Frühmerkantilismus: J.J. Becher, Ph. W. v. Hörnigk, W. v. Schröder, J. D. Crafft

Erste Kontakte mit dem Merkantilismus ergaben sich für den Philosophen schon in Mainz. Hier gehörten Becher wie Hörnigk bis kurz vor Leibniz' Eintreffen dem großen Kreis von Konvertiten an, der sich um Joh. Philipp von Schönborn, den bedeutendsten und in Konfessionsfragen äußerst toleranten Kirchenfürsten aus dem Hause Schönborn, versammelte.[45] Hier boten sich beiden ideale Voraussetzungen, um volkswirtschaftliche Überlegungen zu realisieren. Noch unter dem Eindruck seiner Reise nach Holland, das ihm als wirtschaftliches Ideal galt[46], begann namentlich Becher, der Leibarzt Schönborns, unter den wohlwollenden Augen seines fürstlichen Arbeitgebers erste einschlägige Projekte zu entwickeln. Die wichtigsten Vertreter des deutschen Merkantilismus haben, so Wiedeburg[47], in Mainz ihren Ursprung genommen, denn auch Wilhelm von Schröder, der dritte deutsche Wirtschaftstheoretiker von Bedeutung, habe diesem "Versuchsfeld merkantilistischer Ideen"[48] nicht allzu ferne gestanden, sei vermutlich sogar Mainzer Hofrat gewesen.[49] Mit Fug und Recht könne man daher von einer "Mainzer Kameralistik" sprechen.[50]

Der häufige und vertraute Umgang, den Becher wiederum mit Boineburg pflegte, einem entscheidenden Förderer und Beeinflusser des jungen Leibniz, macht es fast unmöglich, nicht eine sehr frühe Auseinandersetzung desselben mit dem Werk Bechers zu vermuten.

In der Tat sind uns unmittelbare Zeugnisse überliefert, die belegen, daß Leibniz sich schon in Mainz eingehend mit den Arbeiten des Pfälzer Kameralisten beschäftigt hat. So finden wir bereits in seiner 1666 erstmals aufgelegten Schrift *De arte combinatoria* entsprechende aufschlußreiche Bemerkungen.[51] In dem nur wenig älteren Entwurf zu einer *Societas Philadelphica* (1669), jenem Manuskript, das die deutlichsten Züge merkantilistischer Wirtschaftsauffassung trägt, nennt er Becher sogar als einen seiner Anreger.[52]

Auch in dem Briefwechsel des Philosophen stoßen wir des öfteren auf diesen Namen. Demnach war Leibniz über die sozialökonomischen und handelspolitischen Projekte Bechers in München und Wien bestens informiert.[53] Spätestens im Juni 1671 muß er ihn persönlich gekannt haben, denn er betraut den Pfälzer mit der Beförderung eines Briefes an den Professor der Eloquenz Joh. Georg Graevius nach Utrecht.[54] Allerdings hat sich Leibniz' Einstellung gegenüber diesem ebenso genialen wie umstrittenen Universalgelehrten im Laufe der Zeit grundlegend gewandelt. Hatte er ihn 1670 noch uneingeschränkt als "vir maximi ingenii" gelobt[55], so stellte er zwei Jahrzehnte später, nach dem Tod Bechers, deutlich kritischer fest: dieser habe "mehr aus relation guter Artisten als eigenem Grunde" gewußt, seine "Erzehlungen" seien nicht "allzeit Capitel feste".[56] Zudem habe er bei der Beurteilung fremder Meinungen und Leistungen zu Übertreibungen "entre-mellées d'une malice tres noire", geneigt.[57] Schon als Becher sich 1678/79 in Hannover niederlassen wollte, wußte Leibniz dies, sicher nicht nur aus Angst vor dem möglichen Konkurrenten, zu verhindern.[58]

Uneingeschränkte gegenseitige Wertschätzung kennzeichnet dagegen die Verbindung zwischen dem Philosophen und Hörnigk. Leibniz hatte Bechers Schwager und zeitweiligen Mitarbeiter, den späteren Geheimen Rat und Archivar in Regensburg und Passau, im Januar 1679 über seinen katholischen Verhandlungspartner in der Reunionsangelegenheit, Rojas y Spinola, in Hannover kennengelernt.[59] Kurz darauf begann ein lebhafter und freundschaftlicher Briefwechsel beider Gelehrten, der bis 1709 fortgesetzt wurde.[60] Mindestens zweimal sind sich Leibniz und Hörnigk in Regensburg und Passau persönlich begegnet.[61]

Auch Spinola, der Vermittler dieser Bekanntschaft, gehörte dem Kreis wirtschaftstheoretischer Neuerer aus der Schule Bechers an.[62] Jener "weltgewandte Bischof"[63], der Jahre später zusammen mit Leibniz nach Wegen suchte, wie durch die Überwindung der konfessionellen Spaltung zu einer Reichseinigung zu gelangen sei, hatte lange vordem kurzzeitig auch mit Becher gearbeitet. Unter derselben Zielsetzung hatten sich diese so unterschiedlichen Persönlichkeiten in einem gemeinsamen Entwurf für einen freien Wirtschaftsverkehr im Inneren des Reichs und für die Herstellung einer handelspolitischen Einheit nach außen eingesetzt.[64]

Daß Leibniz mit Spinola einen besonders engen und vertrauten Umgang pflegte, wissen wir spätestens seit seinem ersten Wienbesuch 1688/89.[65]

Mit Wilhelm von Schröder hatte Leibniz offenbar keinen persönlichen Kontakt. Aus seiner Korrespondenz mit dessen Kammerdiener Briegel[66] geht indes hervor, daß er auf diesen ebenso unsteten Mann wie Becher schon in Jena aufmerksam geworden war. Seitdem verfolgte er den weiteren Lebensweg und die wissenschaftlichen Arbeiten des ehemaligen Studienkollegen. Sein besonderes Interesse galt Schröders in Jena abgelehnten, weil zu stark von Hobbes geprägten Dissertation, deren dritten Teil wir in dessen 1686 erschienenem wichtigsten kameralistischen Werk *Fürstliche Schatz- und Rentkammer* eingearbeitet finden.[67]

Entscheidender als der Einfluß dieser drei Hauptvertreter des deutschen Merkantilismus dürfte allerdings Leibniz' Bekanntschaft mit dem unermüdlichen Projektanten Joh. Daniel Crafft gewesen sein, der ihn bereits 1671 als Handelsrat in Mainz begegnet war und ihm ein aufrichtiger Freund wurde.[68] Wann immer es sich einrichten ließ, traf Leibniz mit Crafft zusammen. 1692 bemühte er sich schließlich, wenn auch vergeblich, dem von ihm so geschätzten Naturwissenschaftler und praktischen Volkswirt eine Anstellung am Hofe in Wolfenbüttel oder in Hannover zu verschaffen.[69]

So manche der Pläne und Formulierungen in den wirtschaftlichen und wissenschaftsorganisatorischen Denkschriften des Philosophen mögen im Umgang und Briefwechsel mit Crafft gereift sein.[70] Hunderte von sehr persönlichen und vertrauten Schreiben, die von 1671 bis 1697, Craffts Todesjahr, gewechselt wurden[71], bezeugen die intensive Zusammenarbeit beider Gelehrter und erweisen sich schließlich als "wahre Fundgrube für jeden, der dem Nationalökonom Leibniz nachspürt".[72] Seite an Seite entwickelten Crafft und Leibniz z.T. recht merkwürdige Projekte, wie z.B. die Gründung einer englisch-niederländischen Handelsgemeinschaft, die durch die Herstellung und den Vertrieb von billigerem Branntwein aus Zucker den französischen Branntweinhandel zum erliegen bringen sollte.[73] Die meisten dieser Pläne, die in der Regel unter größter Geheimhaltung verfolgt wurden, blieben indes Makulatur. Gleichwohl dokumentieren sie überaus eindrucksvoll die Eigenart jenes Jahrhunderts, das Gollwitzer[74] so treffend als Zeitalter merkantilistischer Projektemacherei charakterisiert.

Noch eines führt uns Leibniz' umfangreicher Briefwechsel mit Crafft, der im übrigen wie schon Hörnigk und Schröder als kurzzeitiger Mitarbeiter von Becher in Erscheinung trat[75], vor Augen: die nahe, mitunter vertraute Beziehung der volkswirtschaftlichen Neuerer untereinander. Aus der gleichen Schule kommend, blieben sie in Kontakt, unterstützten sich gegenseitig, arbeiteten zeitweise sogar zusammen, auch wenn sie sich rein menschlich nicht immer vorbehaltlos gegenüberstanden.[76]

So wichtig Leibniz' frühe Berührung mit den deutschen Kameralisten auch war, die enge Verflechtung von merkantilistischer Handelspolitik und Wissenschaftsförderung hat sich ihm wohl erst in Paris vollends offenbart.[77] In der französischen Metropole hatte er ausreichend Gelegenheit, das Zusammenspiel von Wirtschaft und Wissenschaft zu beobachten. Darüber hinaus konnte er dank "ausgedehnter fachmännischer Werkspionage"[78] in den unterschiedlichsten Manufaktur- und Handwerksbetrieben wichtige praktische Erfahrungen sammeln.[79] Das Ergebnis dieser verschiedenartigsten Eindrücke spiegeln nicht nur Leibniz' Denkschriften und Vorschläge zur Aktivierung des Wirtschaftslebens in Hannover, Brandenburg-Preußen, Wien und zuletzt auch in Rußland. Vor allem seine Entwürfe zur Wissenschaftsorganisation sind in dieser Hinsicht überaus wertvolle Dokumente.

2.2.1.3 Verbindung von Wissenschaft und (Volks)Wirtschaft in den Sozietätsplänen

Bezeichnenderweise stammen die Sozietätspläne, deren wirtschaftspolitische Implikationen besonders markant hervortreten, aus der Mainzer Zeit. Dieser Tatbestand belegt nicht nur die oben festgestellte frühe Auseinandersetzung des Philosophen mit dem Merkantilismus. Er bestätigt überdies unsere eingangs geäußerte Vermutung[80], daß Leibniz seine einschlägigen Konzepte und Denkschriften auf die Gegebenheiten seines Aufenthaltsortes und die spezifischen Interessen des jeweiligen Fürsten zuzuschneiden wußte. Denn Kurfürst Johann Philipp von Schönborn galt als Förderer merkantilistischer Projekte; an seinem Hof gaben sich die bedeutendsten wirtschaftspolitischen Reformer ein Stelldichein.

Schon Leibniz' Pläne für eine Bücherregistratur und -zensur aus den Jahren 1668 bis 1670[81], ein erster Versuch, die Organisation der Wissenschaft zu verbessern, deuten wirtschaftliche Innovationen an. Zunächst noch auf den Buchhandel beschränkt, werden der Sozietät immer umfassendere Zuständigkeitsbereiche zugeordnet. Bereits in seinem ersten eindeutig nachgewiesenen Akademieentwurf von 1670 überträgt Leibniz der zu gründenden *Societas eruditorum Germaniae* die Aufsicht über das Handwerk und den Handel sowie über das gesamte Bank- und Geldwesen, mithin über das Wirtschaftsleben des Reichs.

Zunehmend konkreter werden seine Empfehlungen in dem nur ein Jahr später datierten *Grundriß*. Als entscheidende Mitgestalterin der nationalen Ökonomie sollte die hier skizzierte gelehrte Gesellschaft darum bemüht sein:

> "Die *Manufacturen* zu verbeßern.
> Die Handwerge mit vortheilen und Instrumenten zu erleichtern.
> Stetswerendes unköstliches Feüer und Bewegung, als fundamenta aller mechanischen Würckungen zu haben.
> Also in continenti alle einfälle und concepte, eigne und anderer probiren, und sich nicht lang damit schleppen dürffen.
> Mit Mühlwerck, Drechselbäncken, Glasschleiffen und perspectiven, allerhand Machinen und Uhren, Waßer=künsten, schiffs=vortheilen,

Mahlerey und andern figurirenden Künsten, Weberey, Glas blasen und bilden, Färberey, Apotheker=kunst, Stahl= und andern metallischen wercken, chymie und wohl gar einigen richtigen ohne anstalt aber un=austräglichen particularien, Neüen nüzlichen anstalten frembde pflanzen und Thiere im Land zu ziehen, und die habenden zu beßern, Berg=werge mehr zu nuzen, und in summa mit vielen andern nüzlichen richtigen Inventionen, so theils in handen, theils zu haben, theils zu hoffen, allen mit Handarbeit sich nehrenden Menschen zu hülff zu kommen.

Die *Commercien* zu verbeßern.

Nahrung im Lande zu schaffen, Leüte im lande zu behalten, Leüte hinein zu ziehen.

Manufacturen darinn zu stifften, *commercien* dahin zu ziehen.

Frembde Liederliche *manufacturen* gemächlich, auch ohne verbot und *ombrage* zu exterminiren.

Die rohe wahre nie unverarbeitet aus dem lande zu laßen, frembde rohe wahre bey Uns zu verarbeiten".[82]

Damit erscheint die Sozietät als ökonomisches Instrumentarium in zweifacher Hinsicht.

Einmal unterstützt sie durch Grundlagenforschung zur technischen Nutzung der Natur, durch Entdeckungen und Erfindungen, die nationale Produktion. Leibniz war vermutlich einer der ersten, der sich der Bedeutung der Technologie für den wirtschaftlichen Gesamtablauf bewußt war.[83] Indem er das Abhängigkeitsverhältnis zwischen wissenschaftlichem Erkenntnisprozeß und wirtschaftlichem Fortschritt konstatiert, gibt er der Notwendigkeit der Wissenschaftsförderung eine ökonomische Begründung. Dabei gibt er sich einmal mehr als pragmatischer Denker zu erkennen.

Die deutschen Territorien waren finanziell geschwächt und daher auf der Suche nach immer neuen Geldquellen. Die gelehrte Sozietät, für die Leibniz das Interesse der Fürsten zu gewinnen sucht, ist folglich nicht nur gezwungen, sich selbst erhalten zu können, sie mußte sich, wollte sie die Zustimmung und Unterstützung des Souveräns erlangen, auch als vielfältige Gewinnquelle erweisen. Schon deshalb mußte sie ökonomische und gelehrte Zielsetzungen in sich vereinen. Letztlich leitete Leibniz also die Erkenntnis, daß nur ein wirtschaftlich florierendes Gemeinwesen in der Lage sein würde, die zur umfassenden Organisation der Wissenschaft benötigten finanziellen Mittel bereitzustellen.[84]

Die wirtschaftspolitischen Maßnahmen, mit welchen die Sozietät wiederum direkt, lenkend und leitend, in die ökonomischen Prozesse des Landes einzugreifen hat, entsprechen eben jenem Becherschen Programm, das dem Merkantilismus sein theoretisches Fundament gab. Nicht von ungefähr bemerkte Heitmüller[85] 1939, also zu einem Zeitpunkt, da die Akademieentwürfe des Philosophen noch weitgehend unbekannt waren: "man würde Leibniz schon längst mit in die lange Reihe der großen deutschen Merkantilisten aufgenommen haben, wenn man mehr von ihm und seinen wirtschaftspolitischen Bemühungen gewußt hätte".

Die unmittelbare Beeinflussung der Volkswirtschaft mittels weitreichender Kompetenzen hat, zumal in den frühen Plänen, eine ökonomische und damit politische Machtstellung der Sozietät zur Folge. Als zentraler Zusammenschluß von Wissenschaft und Wirtschaft ist sie zugleich zentrale Staatsbehörde und politische Schaltstelle.

Hinter dieser utopischen Konzeption, die besonders die 1669 projektierte überstaatliche, die Welt beherrschende *Societas Philadelphica* prägt, verbirgt sich Leibniz' Wunsch nach einer streng rationalen Staats- und Volkswirtschaft.[86] Zugleich reflektiert sie seine Überzeugung, daß eine vernünftig gestaltete Wirtschaftspolitik die Welt verbessert; Voraussetzung und Maßstab dafür ist allein das Wohl der Nation bzw. des einzelnen.

Auch Leibniz' Vorschläge für eine praktische Wirtschaftspolitik sind bestimmt vom Harmonieprinzip seines philosophischen Systems.[87] Dieser ideenmäßige Zusammenhang kommt stärker noch als in seinen volkswirtschaftlichen Denkschriften [88] in den Akademieentwürfen zum Tragen. Besonders akzentuiert finden wir ihn in einer fragmentarischen Aufzeichnung vermutlich aus dem Jahre 1671, die eine Sozietät zur Leitung der Volkswirtschaft beschreibt und die nicht nur zeitlich, sondern auch inhaltlich dem *Grundriß* zuzuordnen ist.

In dem von den Herausgebern *Societät und Wirtschaft* genannten Manuskript[89] entwickelt Leibniz die Idee einer wiederum supranationalen Sozietät, die als organisatorischer Mittelpunkt für Gelehrte, Techniker und Wirtschaftsexperten die Kontrolle über die Ökonomie der europäischen Staaten ausübt. Ziel ist es, den "tieff eingerißenen Mangel vieler Republicken" aufzuheben, "welcher darin bestehet, daß man einen ieden sich ernehren laßet wie er kan und will".[90] Leibniz' Kritik richtet sich im besonderen auf die Ungerechtigkeit der Güterverteilung, den Zusammenhang zwischen dem Überfluß der einen und der Bedürftigkeit der anderen sowie auf die daraus entstehenden Abhängigkeitsverhältnisse. In dem Mißverhältnis zwischen der Armut der Handwerker und dem Reichtum der Kaufleute sieht er das Hauptübel. Da das Handwerk die eigentliche Produktivkraft eines Landes darstellt, "nam Mercatura transfert tantum, Manufactura gignit", besteht der Zweck der Sozietät in der Hauptsache darin, "den Handwergsman von seinem Elend zu erlösen".[91]

Die sich anschließenden weitgreifenden wirtschaftspolitischen Maßnahmen, die Leibniz empfiehlt, laufen im wesentlichen auf eine zentral gelenkte Ökonomie und auf eine Umverteilung der Güter hinaus und haben zwangsläufig antiliberalen Charakter.[92] Gleichwohl kennzeichnen sie weniger ein "frühes Programm einer gemeinwirtschaftlichen Gesellschaftsreform" im sozialistischen Sinne[93] als vielmehr die für jenes Zeitalter geradezu typische merkantilistische Wirtschaftskonzeption, die, im Zusammenhang mit der Ausbildung des absolutistischen Staates entstanden, naturgemäß dirigistische Züge aufweist.

Ebensowenig fordert Leibniz in dieser und in seinen anderen einschlägigen Schriften eine klassenlose Gesellschaft.[94] Sein Ideal ist die "Harmonie der Stände".[95] Daher will er auch das vielerorts vorhandene Ungleichgewicht zwischen Handwerkern und den "müßigen", weil nicht am Produktionsprozeß beteiligten Gelehrten beseitigt wissen: "Allein diese Societät hat niemand müßig, braucht ihre gelahrte zu stetswerenden conferenzen und lustigen erfindungen"[96]; sie dienen "allen mit Handarbeit sich nehrenden Menschen" durch die Entwicklung immer wieder neuer bzw. verbesserter technischer Herstellungsverfahren[97] und fördern so indirekt die Produktivität des Landes.

Dieser Gedanke scheint noch einmal auf in der für Herzog Johann Friedrich 1678 verfertigten Aufzeichnung *De Republica*, die Leibniz' Vorstellung von einer optimal gestalteten Staatsverwaltung enthüllt. In Verbindung mit Vorschlägen vornehmlich zur Verbesserung des Wirtschafts- und Sozialwesens Hannovers regt er die Einrichtung eines *Collegium Combinatorium* an, das "gleichsam ein Werckhaus vor gelehrten" sein sollte.[98] Eingedenk der Bedeutung, die Leibniz der wissenschaftlichen Forschung für die Gesellschaft beimißt, erkennen wir auch hier die Intention, insbesondere Naturwissenschaftler den territorialen Interessen dienstbar zu machen. Denn die Sozietät wäre der rechte Ort, um die "Ingenia" des Landes an sich zu ziehen und ihnen entsprechende Beschäftigungsmöglichkeiten zu bieten. Auf diese Weise ließe sich ihre Forschungstätigkeit im Hinblick auf die Bedürfnisse des Staates lenken und fördern.[99]

Die enge Verflechtung von wissenschaftlichem Fortschritt und wirtschaftlichem Wachstum gibt Leibniz' Plänen zur Wissenschaftsorganisation schließlich ihre reichspatriotische Begründung. In Anbetracht des vom Merkantilismus betonten Zusammenhangs von ökonomischem Reichtum und politischer Macht erweist sich die Sozietät als nationale Notwendigkeit.

Daß Leibniz auch in seinen späten, ausgereiften Entwürfen für Berlin, Dresden, Wien und St. Petersburg an dem universalistischen Anliegen festhielt, Wissenschaft und (Volks)Wirtschaft zum Nutzen des Staates zu verbinden, beweisen u.a. jene drei Memoranden, die 1695 im Vorfeld der Berliner Akademiegründung entstanden.[100] Auch hier sehen wir den Gedanken der Sozietät ganz unter dem Zeichen merkantilistischer Staats- und Wirtschaftsauffassung.

Nach dem Vorbild "Hollands" und unter der Führung Brandenburg-Preußens sollte das wirtschaftliche Niveau des gesamten protestantischen "Deutschlands" durch "beforderung der nuzbaren künste und wißenschafften, daran bey Oeconomicis und Militaribus, Commercien, Bergwerkssachen und anderen furfallenden Gelegenheiten ein großes hafftet"[101], gehoben werden. Vor allem das in diesem Kontext entwickelte Programm zur Errichtung eines *Rates für Wirtschaft, Technik,*

Wissenschaft und Künste läßt den umfassend - universalen und praktisch - realistischen Charakter des Vorhabens hervortreten:

> "L'objet de ce conseil seroit non seulement ce qui regarde les manufactures, et le commerce, mais encor l'agriculture ... enfin on auroit encor pour objet les arts, les sciences, les experiences et les etudes autant que toutes ces choses ont rapport ... à la practique des beaux arts; qui fournissent les commodités et les ornemens de la vie commune".[102]

Im Zuge der voranschreitenden, zunehmend konkreter werdenden Verhandlungen mit und in Berlin hat Leibniz diese weitreichenden, hinsichtlich ihrer Konsequenzen an die frühen Mainzer Pläne anknüpfenden Zielsetzungen z.T. wieder zurückgenommen. Gleichwohl lassen seine Empfehlungen nach der erfolgten Sozietätsgründung keinen Zweifel darüber, daß ihr Stiftungszweck die praktische Anwendung der "realen Wissenschaften" zur Förderung des territorialen Wirtschaftswachstums einschließt.[103]

Ohne die finanzielle Notwendigkeit zu verkennen, mag man schließlich, in Erinnerung an Leibniz' Jugendschriften, auch seinem unermüdlichen Bemühen, immer wieder neue Wirtschaftsmonopole für die Sozietät zu erlangen, die Absicht unterstellen, der noch jungen Akademie zu einer exponierten Stellung im Wirtschaftsleben Brandenburg-Preußens zu verhelfen, dadurch ihr Ansehen wie ihren politischen Einfluß zu erhöhen. "Sed ego ita dudum statui, rem Oeconomicam esse multo maximam civilis scientiae partem", schreibt Leibniz 1680 an seinen Trierer Korrespondenten Johann Lincker[104], "eijusque ignoratione aut neglectu Germaniam perire".

Im Bewußtsein der Bedeutung der Ökonomie für das Gemeinwesen, für das *bonum commune*, durfte sich die gelehrte Sozietät der Verpflichtung, den Wirtschaftslauf des Landes direkt oder indirekt positiv zu beeinflussen, nicht entziehen. So erscheinen auch die für Dresden und Wien projektierten Akademien nicht zuletzt als Wirtschaftsbehörden mit beträchtlichen Kompetenzen.

Noch deutlicher tritt die Verflechtung von Wissenschaft, Wirtschaft und Politik allerdings in den einschlägigen Entwürfen für St. Petersburg hervor. Für das petrinische Rußland entwickelt Leibniz einen umfassenden Staats- und Behördenplan, der neben der eigentlichen Akademie der Wissenschaften und mit dieser engstens verbunden mehrere Kollegien, dem Wesen nach Ministerien, vorsieht. Als administrative Organe sollten diese sowohl die Bildung und wissenschaftlich-technische Förderung als auch die ökonomische Entwicklung im Lande leiten und koordinieren.[105] Nicht von ungefähr erinnert dieser Vorschlag an ein sehr ähnliches Projekt Bechers, mit dem der Protagonist des deutschen Merkantilismus dem absolutistischen Staat neue Wege für den notwendigen Ausbau seines Behördenapparates weist.[106]

2.2.1.4 Die gelehrte Sozietät als Träger der Sozialfürsorge und des staatlichen Gesundheitswesens

Folgt man dem ökonomisch begründeten Machtstaatsprinzip des Merkantilismus, so ist die Bevölkerung Mittel und Objekt zugleich. Denn jede menschliche Arbeitskraft konnte potentiell den volkswirtschaftlichen Reichtum des Staates vergrößern, mithin zur Stärkung seiner politischen Macht beitragen, und mußte daher geschützt werden. Ziel war es, jeden einzelnen vollkommen und als aktiven Teilhaber in seinem jeweiligen Lebensbereich, sei es Landwirtschaft, Handel oder Gewerbe, zu integrieren und seine Arbeitsfähigkeit zu erhalten bzw. zu fördern. Arme, respektive Bettler galten als "ungenutzte" Arbeitskräfte, die aufgrund ihrer mangelnden Bereitschaft, sich der Volkswirtschaft zur Verfügung zu stellen, ihren Zustand der Vermögenslosigkeit selbst verschuldet hatten. Sie bedeuteten eine Gefährdung der wirtschaftlichen Prosperität, letztlich sogar eine Bedrohung für den Bestand der Gesamtgesellschaft, da dieser ja von der wirtschaftlichen Stärke und dem ökonomischen Reichtum abhängig gemacht wurde.[107] Reglementierende Eingriffe der Obrigkeit zur Eindämmung von Armut und Bettel waren daher nicht nur legitim, sie waren unverzichtbar. So kennzeichnen neben der sozialen Fürsorge vor allem beschäftigungspolitische Zwangsmaßnahmen die sozialpolitische Konzeption des Merkantilismus.

Ganz in diesem Sinne schließt Leibniz' Akademiegedanke das Ideal des absolutistisch-dirigistischen Wohlfahrtsstaates ein: Als Mitgestalterin des wirtschaftlichen Lebens muß sich die gelehrte Sozietät auch an der sozialen Fürsorgepflicht des Gemeinwesens gegenüber seinen Bürgern beteiligen. Dementsprechend gehört es zu ihrem Aufgabenkreis:

> "armen studiosis unterhalt und zugleich anstalt zu schaffen wie ihre arbeit ihnen und der societät nuz seyn könne, verarmten curiosis, die ihrer extravaganz wegen sich ruiniret, auch durch unglück verderbten Kauffleüten, unter die arme mit ihren und der societät nuzen zu greiffen, arme Leüte deren Kunst nach brodte gehet (...) im Lande zu erhalten, in arbeit zu stellen, vom bettelstab zu praeserviren, mit weib und kind zu ernehren, vor sünden, schanden und seelenverderb ihr und der ihrigen zu behüten".[108]

Analog zu den in der zweiten Hälfte des 17. Jahrhunderts verbreiteten Zwangsanstalten, die das Element der Armenfürsorge mit der Idee der produktiven Nutzung aller verfügbaren Arbeitskräfte im Dienste merkantilistischer Wirtschaftsförderung verknüpfen[109], empfiehlt Leibniz die Einrichtung von Werk- und Zuchthäusern im Anschluß an die Sozietät, "darinn ein ieder armer Mensch, tagelöhner, und armer Handwercks gesell so lange er will, arbeiten und seine Kost ... verdienen könne".[110] Allerdings tritt in seiner Konzeption der hochrepressive Charakter, der diese spezifische Art der Arbeitskräftebeschaffungspolitik des absolutistischen Zeitalters kennzeichnet, bereits merklich zurück. Verbunden mit der pädagogischen Zwecksetzung der langfristigen Erziehung zur Arbeit antizipiert der Arbeitshausgedanke des Philosophen vielmehr die aufgeklärten Reformansätze des ausklingenden 18. Jahrhunderts, die der gesellschaftlichen Ausgrenzung von Müßiggang und Bettel sowie der Arbeitsdisziplinierung unter Strafanwendung den positiven Anreiz zur Arbeit entgegensetzten. Dabei rückt der Begriff der "Lust" in den Vordergrund. Wer mit Lust arbeitet, so Leibniz[111], der werde mehr "als iezo aus noth tun"; dies käme wiederum der Gemeinschaft zugute, "denn keiner für sich sondern ins gemein arbeitet".

Unter diesem Aspekt gewinnt die soziale Sicherheit des einzelnen naturgemäß an Bedeutung, "denn wenn ein Mensch seiner Nahrung ungewiß, hat er zu nichts weder muth noch herz".[112] In dem umfassenden Programm sozialer Vorsorge, das Leibniz in seinen Sozietätsentwürfen anklingen läßt, nimmt daher das Versicherungswesen einen zentralen Platz ein.

Der Assekuranzgedanke steht zur Formel von der "besten aller Welten" und zum Grundsatz der göttlichen Vorsehung, die als philosophische Axiome den Akademieplänen zugrunde liegen, nur scheinbar im Widerspruch.[113] Die metaphysische Idee, daß Gott eine Welt geschaffen hat, die die größte Summe von Vollkommenheit enthält und deren unzählige Substanzen, körperlicher wie seelischer Art, sich in einer vorbestimmten optimalen Ordnung befinden, in *prästabilierter Harmonie* aufeinander zugeordnet sind, schließt die Existenz des Übels nicht aus.[114] Zum Wesen der göttlichen Allmacht gehört es vielmehr, daß Gott das Böse zugelassen hat. Die unendliche Vollkommenheit des Schöpfers kann sich nur in der Vereinigung aller Grade und Arten von Dasein, Wert und Vollendung im Universum äußern; als endliche Wirkung der höchsten Ursache (Gott) muß die den weltlichen Substanzen innewohnende Vollkommenheit gleichwohl beschränkt sein. In diesem Sinne ist das Übel nur die Unvollkommenheit, die einem endlichen Wesen an der ihm zugewiesenen Stelle im Universum zugeteilt ist. Wie in der Musik aus der Lösung der Dissonanz eine höhere Konsonanz hervorgeht, so läßt das Unvollkommene das Vollkommene, die Harmonie stärker hervortreten, entsteht aus dem Bösen das Bessere. Die Welt, die den von Gott zugelassenen Widerspruch gegen seine Setzung in sich aufnimmt, wird nun erst wahrhaft zur besten aller Welten.[115] Denn in der Überwindung des Widerspruchs liegt die Chance höchster Vollkommenheit.

Untätiger Fatalismus hat in dieser Vorstellung keinen Platz mehr. Die stoischgelassene Hingabe an das Schicksal muß der menschlichen Aktivität zur Gestaltung des irdischen Glücks, dem Wirken zum Heil der Menschen, der tätigen Nächstenliebe weichen.[116]

Wenn es nun also gilt, zur Ehre Gottes die menschliche Vollkommenheit anzustreben, so schließt dieses Streben die Vorsorge gegen "eine Gefährdung durch ein in der Zukunft liegendes und irgendwie vom Zufälligen abhängiges Ereignis"[117] ein. Damit gibt Leibniz der Notwendigkeit des Versicherungsschutzes, d.h. der sozialen Sicherheit des einzelnen, eine metaphysische Begründung. In Zusammenhang gebracht mit der Utopie der irdischen Verwirklichung der *civitas Dei qua res-*

publica optima, deutet diese wiederum auf das Ideal des vernunftgelenkten Sozialstaates hin.[118]

Lange bevor er sich, vermutlich 1697, in einer Denkschrift "über die Errichtung von Versicherungsanstalten gegen alle Zufälle des Lebens oder wenigstens gegen Wasser- und Feuerschäden"[119] ausführlich zu diesem Thema äußerte, hat Leibniz entsprechende Vorschläge in seinen Sozietätsplänen zum Ausdruck gebracht. Hier finden wir zum Beispiel schon Anregungen für die Gründung von Banken, damit "rentenirer" ihre Gelder sicher anlegen können[120], oder auch für die Einrichtung von Witwen- und Waisenkassen, die für jeden Bürger obligatorisch sein sollten.[121] Gemeinsam ist diesen und ähnlichen Projekten die Intention, mögliche zukünftige Schäden und Lasten einzelner a priori auf alle Mitglieder der bürgerlichen Gesellschaft, entsprechend ihrem Vermögen,[122] zu verteilen.

"Gleich wie die natürlichen Societäten mit sich bringen, daß Eltern und Kinder, Mann und Weib, Herr und Knecht, lieb und leid mit einander außstehen müßen, also erfordert auch die billigkeit in der Republik oder bürgerlichen Societät, daß casus fortuiti, dadurch ein glid vor dem andern nach schickung Gottes beladen wird, gleichsamb gemein gemacht werden und einer dem andern sie tragen helffe".[123]

Denn das Absehen der bürgerlichen Gemeinschaft ist "zeitliche Wohlfahrt".[124]
Indem Leibniz das Gebot der Nächstenliebe und den Genossenschaftsgedanken der gegenseitigen Hilfe auf den Staat ausdehnt, diesen als Versicherungsträger und die Versicherten als Pflichtgemeinschaft charakterisiert, nimmt er gleichsam die Grundprinzipien der neuzeitlichen Sozialgesetzgebung vorweg.

Doch letztlich ist Leibniz' sozialstaatliches Denken auf sein metaphysisch begründetes Harmonieverständnis zurückzuführen. Die allgemeine Wohlfahrt, die als zentraler Begriff seiner Sozialphilosophie zugleich das oberste Ziel der faktischen Staatsführung sein muß, ist für ihn identisch mit der Harmonie der Gesellschaft. Diese wiederum, fußend auf sozialer Gerechtigkeit und sozialem Gleichgewicht, impliziert die Vision einer weltlichen civitas Dei im Sinne eines noch zu errichtenden bestmöglichen, politisch realen Menschenstaates, in dem sozialer Friede herrscht.[125]

Als Mittel, "propre à assurer un maximum de gain pour tous pour un minimum de dépenses en déchargeant les individus du souci ordinaire d'une perte fortuite"[126], birgt die Sozialversicherung auch für den Versicherer, den Staat, konkrete Vorteile; denn sie dient der Kapitalbildung wie der Schadensvorbeugung:

"Solche Assecurations Casse würde ein sehr herlich werck und dem lande in viele wege nützlich sein, dieweil dadurch ein Capital fundiret würde, vermittelst deßen die Obrigkeit ihrer Unterthanen nahrung auff viele weise helffen, ihnen in der noth beyspringen, und sonderlich gegen feuer = und waßersschaden, auch teuerung und ander unglück in Antecessum gute anstalt machen könte".[127]

Darüber hinaus steigere die soziale Sicherheit des einzelnen dessen Arbeitswillen und Arbeitskraft; diese kämen dann wieder der staatlichen Wirtschaftsgemeinschaft zugute. Und schließlich sei es in jedem Fall günstiger, Bedürftige nach dem Versicherungsmodell zu unterstützen, als sie dem Ruin preiszugeben; als Bettler würden sie allemal der Staatskasse zur Last fallen.[128]

Mit den letztgenannten Argumenten bewegt sich Leibniz nun wieder auf dem Fundament merkantilistischer Wirtschaftsanschauung, die dem Sozialversicherungswesen als integralem Bestandteil des absolutistischen Wohlfahrtsstaates große Bedeutung beimißt, insofern es ein geordnetes, glückliches Leben in der Gesellschaft ermöglicht. Und eben dieses gilt als Voraussetzung einer "volckreichen, nahrhafften Gemein". So hat schon Becher in seinem *Politischen Discurs* Überlegungen angestellt, "wie eine Gemeinde zu fundiren (sei), daß ihr weder Krieg / noch Brandt / noch Armut / noch Sterben schaden / und sie ruinieren könne"[129], und in seinen Denkschriften für München und Wien Pläne unterbreitet, die auf ein von der öffentlichen Hand durchgeführtes umfangreiches Versicherungswesen hindeuten.[130]

Dem absolutistisch - merkantilistisch geprägten Bild vom Menschen als Werkzeug zur Steigerung des öffentlichen Wohls entspricht es, wenn Leibniz die Verantwortung des Staates für die Gesundheit seiner Bürger betont, "weil kein nüzlicheres noch edleres Instrument als ein Mensch".[131] Individuelle Gesundheit ist auch für ihn die Voraussetzung für das Gedeihen einer mächtigen und glücklichen Nation, die Grundlage für ein stabiles Staatswesen; denn nur gesunde Untertanen können dem Gemeinwesen nützlich und dienlich sein.

Doch neben der Verpflichtung des Staates besteht die Eigenverantwortlichkeit des einzelnen für sein körperliches Wohlbefinden. Ganz im Sinne aufgeklärten Denkens zählt Leibniz Gesundheit zu den höchsten Gütern des Menschen. Gerade 25-jährig bemerkt er in seinem *Consilium Aegyptiacum*: "Inter summa capita post sapientiam sanitas habenda".[132] "Nihil post animi virtutes sanitate praestantibus", heißt es dann in seiner 1676 abgefaßten *Consultatio*.[133] Noch 1712 schreibt er an seinen Ulmer Korrespondenten, den Arzt Konrad B. Vogther: "Ego semper iudicavi nihil post virtutem sanitate esse praestantibus ..."[134] Und mit geradezu beschwörenden Worten gesteht er nur drei Jahre später, selbst zunehmend von Leiden geplagt, seiner herzoglichen Briefpartnerin Elisabeth Charlotte von Orléans: "Sanitas sanitatem et omnia sanitatis".[135]

Seiner Philosophie folgend ist das individuelle Streben nach Gesundheit Teil des sittlich-moralischen Handelns, welches die ethische Zielvorstellung des vollkommenen Menschen impliziert:

> "Vollkommenheit nenne ich alle erhöhung des wesens, denn gleich wie die kranckheit gleichsam eine erniedrigung ist, und ein abfall von der gesundheit, also die vollkommenheit etwas so über die gesundheit steiget; die gesundheit aber selbst bestehet im mittel und in der wage und leget den grund zur Vollkommenheit".[136]

Die besondere Wertschätzung aller Wissenschaften, die der Erhaltung der menschlichen Gesundheit dienen, insbesondere der praktischen Medizin, ergibt sich schließlich aus der Interdependenz von körperlichem Wohlergehen und Seelenheil, die für Leibniz eine harmonische Einheit bilden.[137] Um diese gottgegebene grundsätzliche (prästabilierte) Harmonie von Leib und Seele zu bewahren, muß neben der Religion und Frömmigkeit die Sorge um die Gesundheit das wichtigste sein:

> "Et mon opinion est qu'après le soin de la pieté, celuy de la santè doit estre le premier".[138]

Es ist also nur konsequent, daß die Förderung der Medizin als zentrales Thema in allen Sozietätsplänen erscheint. Als Prototyp einer Handlungswissenschaft, einer "science à faire"[139], in der durch die Pflege der Scientia auch ein Gewinn an Utilia zu erwarten ist[140], verkörpert sie überdies wie keine andere Disziplin den Leibnizschen Sozietätsgedanken und das diesem zugrunde liegende Ideal "theoria cum praxi"[141]: "La médecine est la plus nécessaires des sciences naturelles", schreibt der Gelehrte 1697 an Bouvet.[142] Ihm selbst, so gesteht er seinem Celler Korrespondenten Chilian Schrader, wäre es lieber, "de bien entendre la Medecine que de sçavoir la Quintessence de tous les Archives de l'Europe".[143]

In der Tat gibt es kaum einen Zeitabschnitt, in dem Leibniz sich nicht - sei es auch nur rezeptiv - medizinischen Fragen gewidmet hätte; sein umfangreicher Briefwechsel mit in- und ausländischen Ärzten, seine ebenso zahlreichen wie vielfältigen Exzerpte aus medizinischen Werken, aber auch eigene einschlägige Publikationen[144] belegen auf eindrucksvolle Weise sein Interesse und Wissen. Die Medizin wurde, so Weimann, zu einem Teilgebiet seiner universalen Kenntnisse, in Ergänzung seiner naturwissenschaftlichen Forschungen.[145] Um so heftiger verurteilte er daher jene "Doctores ignorantiae", die sich nicht für eine Weiterentwicklung der Heilkunde einsetzten, die Medizin vielmehr "bei ihrem geschlepp" ließen[146]:

> "je deplore souvent le mauvais estat de la medecine, et l'imprudence des hommes, qui negligent le plus important".[147]

Nur wer selbst erkranke, gäbe etwas auf die menschliche Heilkunst.[148]

Schon in seinen frühesten Entwürfen zur Gründung gelehrter Sozietäten stoßen wir auf massive Kritik an den bestehenden Zuständen im Bereich der Medizin, ihrer Rückständigkeit sowie an der unzulänglichen medizinischen Versorgung. Neben einer der Bedeutung dieses Fachs für die menschliche Existenz adäquaten, insbesondere praxisorientierten Ausbildung, zumal ja "die Experienz der medicin grund ist, und keiner ohne erfahrung ein Medicus seyn kan"[149], vermißt Leibniz die zielbewußte Pflege und Erweiterung der ärztlichen Erfahrungen.

Die mangelnde Bereitschaft zur Fortbildung führt er im wesentlichen darauf zurück, daß die Ärzte in erster Linie mit der Sicherung ihrer materiellen Existenz beschäftigt seien, dieses Bemühen nicht selten in Geltungs- und Gewinnsucht ausarte. Das Wohlergehen der Patienten trete dabei ebenso in den Hintergrund wie das Streben nach neuen Erkenntnissen, die die Unsicherheiten in Diagnose und Therapie reduzieren könnten. In dem 1671 entstandenen *Bedenken* polemisiert er geradezu gegen die niedrigen ethischen Motive des Ärztestandes. Nachdem die Medizin "zur Kunst worden, und gewiße Leute davon profession gemacht umb sich zu ernehren, auch wohl mächtig und reich zu machen", hätten sich Heuchelei, Betrügereien, Alleinhandel, Mißgunst und Haß eingeschlichen[150]; der "methodus medendi", so der Gelehrte in dem etwa gleichaltrigen *Grundriß*, sei "bei denen nur allein geldesbegierigen Practicis in so schlechten stande blieben, als er zuvor iemahls gewesen".[151] Noch leidenschaftlicher werden seine Angriffe in der fragmentarischen Aufzeichnung *Societät Gottgefällig*. In dramatischen und überzeichneten Worten klagt er die Ärzte hier an, "aus obstination, ehrsucht, auch wohl geldgierigkeit und mutuellen passionen hehrrührende todtschläge und verwarlosungen (...), und wenn man recht davon reden will blutschulden" begangen zu haben.[152]

Noch immer seien ihre Heilerfolge vorwiegend von Zufällen und Spekulationen bestimmt; man verlasse sich zudem mehr auf überkommene Weisheiten, als neugewonnene Kenntnisse in die medizinische Praxis umzusetzen. Neue Impulse für ein Fortschreiten in der Medizin könne man jedoch nur dann erwarten, wenn die Bedingungen von Gesundheit und Krankheit systematisch erforscht würden:

> "Es mangeln uns noch die principia in der medicin zu sehen, die innerliche constitution dieses so verwirreten Urwecks, und also deßen verstellungen und morbi, sind uns großen theils mehr effectu, als definitione causali bekant. Der bisherige methodus medendi ist nur eine Hypothesis ..."[153]

> "So scheint es, daß die medizinische Disziplin von Grund auf erneuert werden müßte, und zwar indem man einige hervorragende Männer, an denen es dieser Wissenschaft ja keineswegs fehlt, zu Verbindungen miteinander ermächtigt. Diese müßten dann wieder eine allgemeine anerkannte Fachsprache einrichten, das Gesicherte vom Ungesicherten trennen, die Grade des Wahrscheinlichen vorläufig festsetzen und eine sichere Methode zum weiteren Ausbau dieser Wissenschaft eröffnen."[153a]

Um zu zweifelsfreien Erkenntnissen zu gelangen, bedürfe es des Experimentes. Daher müßten alle möglichen Beobachtungen der Natur zusammengetragen und aus diesen wiederum rationale Folgerungen gezogen werden. Denn die Ratio führe zum Experiment und garantiere seine methodische Durchführung.[154] In der Medizin könnten die Erfahrungsprinzipien, d.h. die Beobachtungen, gar nicht zahlreich genug sein, "um der Vernunft mehr Veranlassung zu bieten, das, was die Natur uns nur halb zu erkennen gibt, zu entschlüsseln".[155]

Grundvoraussetzung für eine systematische medizinische Forschung gleichwie für eine schnellere und breitere Anwendung ärztlichen Wissens und Könnens im Gemeinschaftsleben bleibt jedoch die umfassende Bestandsaufnahme aller bereits vorhandener Kenntnisse, auch der volkstümlichen, etwa von "marckschreyern", "alten weibern" oder "gemeine(n), sonst veräctliche(n), ja auch wohl narrische(n) extravagante(n) Leüte(n), so mit der Natur mehr als wir umbgangen".[156] Gerade in der Medizin fehlten Bücher über die besonderen Fälle und Repertorien dessen, was schon erforscht sei. "Denn ich glaube, daß der tausendste Teil der Bücher der Rechtsgelehrten uns genügen könnte, daß wir aber in Sachen der Medizin nicht zuviel hätten, wenn wir tausendmal mehr genau detaillierte Beobachtungen besäßen".[157]

Diesen Gedanken der Sammlung aller menschlichen Erfahrungen, der sich, nicht nur auf die Medizin beschränkt, wie ein roter Faden durch alle Sozietätspläne zieht und in dem großen letzten Ziel einer *scientia generalis* gipfelt, finden wir ansatzweise ausgeführt in der umfassenden theoretischen Anleitung für die Erstellung einer *Historia naturali*, einer naturwissenschaftlichen Enzyklopädie.[158] Schon 1669 trug sich Leibniz mit der Absicht, selbst eine Geschichte der Medizin zu schreiben.[159] Und immer wieder war er bemüht, gelehrte Kollegen, die ihm fähig erschienen, für ein derartiges Unternehmen zu gewinnen. Nicht unbeträchtlichen Anteil hatte er z.B. an der Entstehung der von dem Arzt und Universitätsprofessor Günther Christoph Schellhammer herausgegebenen *Institutiones medicae*.[160]

Als "ein am Fortschritt der medizinische Wissenschaft interessierter Wissenschaftssystematiker und -historiker"[161] geht Leibniz gleichwohl über die Idee des Engländers Thomas Sydenham hinaus.[162] Dieser hatte angeregt, die Krankheiten nach Art der Botaniker wie Pflanzen vollständig in Bild und Verlauf zu beschreiben und nach ihren Merkmalen zu ordnen. Nach Leibniz reicht das bloße Beobachten nicht aus, ebenso wichtig seien detaillierte Untersuchungen mittels chemischer und physikalischer Techniken, umfassender Fragebögen, gründlicher körperlicher Untersuchungen, Autopsien, Anatomien und dergleichen mehr. Um "Rem Medicam et Chirurgicam zu verbessern", seien "unzehlige Anatomien in thieren und Menschen zu thun, und dazu keine gelegenheit zu versäumen. / Exactissimas Historias Medicas, nicht allein von raritäten der krankckheiten, da uns doch die currenten beschwehrungen mehr tribuliren, sondern auch gemeinen aber nur zu wenig untersuchten sachen zu annotiren. / Exactissima interrogatoria Medica per artem combinatoriam zu formiren, damit keine circumstanz noch indication ohne reflexion entwischen könne".[163]

In diesem Zusammenhang betont Leibniz den Nutzen von Medizinalstatistiken, an deren Anfang er epidemiologische Studien setzt.

Vom prognostischen Wert mathematischer Statistiken grundsätzlich überzeugt[164] und beeinflußt von den Oxforder Ansätzen zu vergleichenden meteorologischen und epidemiologischen Studien[165] sowie im besonderen Maße von den Krankheits- und Witterungsannalen des italienischen Arztes Bernardino Ramazzini (gest. 1714)[166], wird er nicht müde, auf die Bedeutung einer "historiarum similium collatio"[167], einer vergleichenden Auswertung von Krankengeschichten, für die weitere Entwicklung der Medizin hinzuweisen. Dieses Unternehmen wäre ohne große Mühe und Kosten durchzuführen: "il suffiroit, que quelques Medecins habiles et de bonne volonté, qui eussent du jugement et de la practique prissent la peine de mettre par ecrit un peu de mots ce qu'ils ont observé touchant la saison, le cours des maladies, et l'effect des remedes durant l'année. Une feuille de papier suffiroit. Et plusieurs le faisant en differens pais, on en tireroit bien tost des aphorismes considerables".[168]

Vergeblich versuchte der hannoversche Gelehrte, französische Mediziner dafür zu gewinnen, eine "Histoire annale de Medecine pour Paris et l'Isle de France" zu verfassen.[169] Mehr als eine Veröffentlichung eines zu diesem Zweck angefertigten Aufsatzes über den Vorteil medizinisch-klimatischer Jahresberichte im *Journal des Sçavans* sollte ihm nicht beschieden sein.[170]

Nicht viel größer war sein Erfolg, als er sich in selbiger Angelegenheit an Joh. Georg Volckamer, den Präsidenten der *Leopoldina*, wandte. Zwar wurden auf seine Empfehlung Ramazzinis bio-klimatische Jahresberichte in den *Ephemeriden* abgedruckt.[171] Seinem Vorschlag, Mitglieder der Akademie sollten ähnliche Beobachtungen über Zusammenhänge von Witterung und Krankheiten in "Deutschland" anstellen[172], ist man aber zunächst nur sehr zögerlich gefolgt. Doch letztlich waren es vorwiegend Mitglieder der *Leopoldina*, die sich Verdienste um die frühe Medizinalstatistik erwarben. Sie wurde schließlich die Zentralstelle im Reich für epidemiologische Studien, wie Leibniz sie vorgeschlagen hatte. In ihrem Publikationsorgan erschienen über mehrere Jahrzehnte alle bedeutenden einschlägigen Berichte.[173]

Im Grunde konnte sich Leibniz derartige systematische Untersuchungen von Bevölkerungen und Regionen nur im Rahmen einer gelehrten Sozietät oder einer Ordensgemeinschaft vorstellen.[174] "Denn ohne Societät und anstalt, wenn gleich ein noch so großes liecht in der Natur angezündet würde, die Practici doch bey der alten Leyer ... bleiben werden".[175] So finden wir den Plan für eine Medizinalstatistik in allen Akademieentwürfen mindestens erwähnt.

Das umfassendste Programm zu diesem Thema entwickelt er in der im Zusammenhang mit der Berliner Sozietätsgründung entstandenen *Summarischen punctation, die Medicinalischen observationes betreffend, so durchgehends anzustellen und beständig fortzusetzen seyn möchten* (1701)[176]. Ihr folgte noch im selben Jahr das Konzept eines königlichen Edikts[177], das die Ärzte überall im Lande zur Sammlung epidemiologischer Daten verpflichtete und als Ziel dieser Erhebungen eine physikalisch-medizinische Geschichte Brandenburg-Preußens in Aussicht stellte. Gleichwohl scheinen weder die *Königlich preussische und churfürstlich brandenburgische Medizinaledikt - und Ordnung* von 1685 noch die 1700 erfolgte Fundierung des preußischen *Collegium medicum* mit Leibniz' Forderungen unmittelbar in Zusammenhang gebracht werden zu können; zumal eine engere Verbindung dieses Kollegiums mit der Akademie erst nach dem Tod des Philosophen nachweisbar ist.[178]

In Dresden regt der hannoversche Gelehrte ein der Sozietät einzuverleibendes "stetswährendes Collegium sanitatis" an. Alle Ärzte und Apotheker sollten dazu aufgefordert werden, dieser Behörde Jahresberichte über ihre Beobachtungen "soviel die naturalia, sonderlich die waltenden Krankheiten und dabey fürfallenden Umstände betrifft" zu übermitteln.[179] Die Einrichtung eines statistischen Büros "nach dem Exempel der Englischen bills of mortality" erscheint ihm in diesem Zusammenhang gleichfalls zweckmäßig.[180]

Und auch in Wien denkt er an ein "perpetuum collegium sanitatis, so durch alle Erblande seine correspondenz hätte und mit der societate scientiarum diessfals in grosser connexion und communication stünde"[181], also an ein Reichsgesundheitskollegium. Als besondere Aufgabe der Physikalischen Klasse der zukünftigen Sozietät nennt Leibniz wiederum die Abfassung physikalisch-medizinischer Jahresberichte, "damit man nach Ablauf eines jeden Jahres dessen Naturgeschichte herausgeben kann ... vor allem (im Hinblick) auf all das, was die menschliche Gesundheit und Krankheiten betrifft, die in diesem Jahr geherrscht haben, mit ihren Komplikationen und besonderen Erscheinungsformen".[182]

Von allen Vorschlägen die Medizin und das Gesundheitswesen betreffend, hat Leibniz seine Empfehlungen für eine Medizinalstatistik am dringlichsten vertreten[183] und darüber hinaus Anleitungen zur mathematischen Aufarbeitung der so gesammelten Daten gegeben.[184]

Als spezifische Methode, die eine vollkommene Synthese von Ratio und Empirie darstellt[185], ist ihre Bedeutung für den Fortschritt der praktischen Medizin nicht hoch genug einzuschätzen. Ermöglicht sie es doch, kausale Zusammenhänge zwischen Klima, Jahreszeiten, Lebensweise der Menschen unterschiedlicher Regionen mit Art, Zahl, Schwere und Verlauf von Krankheiten, aber auch die Gründe für die nützlichen und schädlichen Wirkungen von Heilmitteln aufzudecken.[186]

Der Wert rationaler Organisation und Auswertung von Beobachtungen hinsichtlich Diagnostik, Therapie und Prognostik, vor allem auch im Hinblick auf die Bekämpfung von Seuchen, rechtfertigt nun wieder die Notwendigkeit staatlicher

Verordnungen und gesundheitspolizeilicher Bestimmungen, um die Durchführung derartiger statistischer Erhebungen zu gewährleisten. "Si j'avois de l'autorité", schreibt Leibniz am 9./19. Februar 1694 an Chilian Schrader, "je conseillerois de le faire par ordre public".[187]

So versuchte er nach der Gründung der Berliner Akademie zu erreichen, daß alle besoldeten Ärzte zu regelmäßigen Aufzeichnungen über die gesundheitlichen Verhältnisse ihres Bezirks verpflichtet würden. Wer sich durch besonders gute Berichte auszeichnete, sollte durch staatliche Zuwendungen belohnt werden.[188] Auch in Dresden und Wien hatte er zu diesem Zweck die Besoldung der Mediziner vorgesehen.[189]

Von einer Verstaatlichung des Arztberufes erwartete er zudem eine gleichmäßige Versorgung aller Regionen durch staatliche Lenkung der ärztlichen Niederlassungen[190] sowie eine gleichwertige Behandlung von armen und reichen Kranken. Damit hofft Leibniz nicht zuletzt, die damals übliche Kommerzialisierung der Medizin zu unterbinden, "da doch vita humana res sancta et nullis commerciis subjecta seyn solte".[191]

Die Verantwortlichkeit der Obrigkeit für die Gesundheit ihrer Untertanen ist nicht nur eine politische und volkswirtschaftliche Notwendigkeit[192], sie ergibt sich vor allem aus ihrer Verpflichtung für das allgemeine Wohl, das *bonum commune*, und ist somit wieder primär religiös motiviert.

> "Ich glaube in der Tat, daß dieser Teil der Staatsverwaltung, nach der Pflege der Tugend, die größte Sorge der Regierenden bilden sollte, und daß einer der größten Erfolge einer vernünftigen Moral und Politik darin bestehen würde, uns einen besseren Zustand der Medizin herbeizuführen."[193]

Angesichts des desolaten Gesundheitswesens, der unzulänglichen medizinischen Versorgung und des Anstiegs epidemischer Krankheiten dürften sich die Fürsten dieser Aufgabe nicht länger entziehen, denn sie allein hätten die Macht, die herrschenden Zustände zu verbessern. Mehr noch als die Unfähigkeit der Ärzte prangert Leibniz daher die mangelnde Initiative, ja Gleichgültigkeit seitens der Obrigkeit an:

> "... schuld gebe ich der Obrigkeit mehr als den docters selbsten; sie köndte machen, daß man beßere und mehr gute docters hätte als man hat, sie soll vor das gemeine beste sorgen".[194]

Damit spricht sich Leibniz für die Organisation eines öffentlichen Gesundheitswesens aus, wobei er der Staatsmacht sowohl anleitende als auch kontrollierende Funktionen zuweist. Selbst dirigistische Eingriffe in die Privatsphäre des einzelnen sind erlaubt. So sollen regelmäßige Kontrolluntersuchungen und die Führung eines

Gesundheitstagebuchs, von "beichtbüchlein ... die viel 1000 erdenckliche Sünden erzehlen, damit man nichts vergeße", für jeden Bürger zur Pflicht gemacht werden.[195] Auch Vorschriften "wie sie sich in eßen und drincken verhalten sollen", wären zu erlassen.[196] Es geht freilich nicht ganz ohne Komik ab, wenn Leibniz bei solchen und ähnlich Vorschlägen ausführlicher wird. Hatte er etwa in seinem Entwurf *Societät und Wirtschaft* darauf hingewiesen, daß man den Handwerkern der Societät, um ihnen die Trinklust zu nehmen und ihre Arbeitskraft zu steigern, "sachen zu eßen geben (sollte) die den durst leschen, als acida"[197], so schlägt er nun z.B. vor, daß um der besseren Verträglichkeit willen alles "kleingehackt" gegessen werden sollte.[198]

Die Entwicklung eines Gesundheitsbewußtseins in der Bevölkerung kann sich Leibniz nur als Ergebnis eines staatlich gelenkten, immerwährenden Erziehungsprozesses vorstellen. Staatliche Planung, Durchsetzung und Überwachung verordneter Reformen und gesundheitspolizeilicher Maßnahmen mit dem Ziel der Vorbeugung und Bewahrung der Gesundheit der Bevölkerung sind somit unverzichtbar. Wenn der hannoversche Gelehrte, wie hier, die staatliche Verantwortung über die Eigenverantwortung stellt, so weist ihn das einmal mehr als Vordenker des aufgeklärten Absolutismus aus.[199]

2.2.1.5 Leibniz als Vertreter einer staatlichen Wirtschafts- und "Sozialpolitik" im Sinne des Merkantilismus

Die Ausbildung des frühabsolutistischen Staates erfolgte in einer Zeit gesellschaftlicher und politischer Unruhen. Entsprechend ist den diese Entwicklung vorbereitenden und rechtfertigenden Staatstheorien von Bodin bis Hobbes eines gemeinsam: sie sind mit der Absicht entstanden, ordnungserhaltende politische Herrschaft zu legitimieren sowie Handlungsanweisungen für die Konsolidierung der inneren und äußeren Sicherheit des Staates zu geben.[200] Im Zusammenhang mit dem faktischen Streben der Landesherren, ihre Souveränität im Inneren wie nach außen durchzusetzen, verdichtete sich der alte Territorialstaat zu einem Staatsgebilde, das auf inneren Frieden, Ordnung, materielle und geistige Wohlfahrt "und damit auf die Entpolitisierung der Untertanen"[201] bedacht war. Analog zur Utopie des Staates als einer perfekten, regelmäßig funktionierenden Maschine[202] erfolgten wiederum Zentralisierung und Bürokratisierung einerseits und die Indienstnahme der Wissenschaft durch die Politik andererseits. Zur Lösung der anstehenden Probleme bedurfte es mehr und mehr wissenschaftlich ausgebildeter Kräfte, also einer Rationalisierung der praktischen Politik. So ist der sog. Absolutismus, d.h. die "durch geschichtliche Umstände ermöglichte und durch politische Leitvorstellungen gebotene zeitspezifische Form weltlicher Herrschaft"[203] aufs engste verbunden mit der Entfaltung der Wissenschaft, der sog. wissenschaftlichen Revolution.[204] Geprägt von Wissenschaftsgläubigkeit und Vernunftoptimismus sowie von dem Vertrauen in die Realisierbarkeit einer sozialen Welt, kennzeichnet die Bereitschaft, die Menschen zu ihrem Glück zu zwingen, darüber hinaus die Politik des ausgehenden 17. und des 18. Jahrhunderts.

Vor diesem Hintergrund läßt sich die Affinität zwischen der Konzeption der absolutistischen Herrschaft, deren wirtschaftspolitische Komponente sich im Merkantilismus manifestiert[205], und Leibniz' Vorschlägen zur Gestaltung des öffentlichen Lebens nicht leugnen. Die deutschen Verhältnisse insbesondere, d.h. der Wiederaufbau des Reichs nach dem Dreißigjährigen Kriege, verlangten geradezu nach omnipotenten Fürsten, die aufgrund ihrer Machtstellung eine Wende zum Besseren herbeiführen konnten.

So leitet denn auch Leibniz das Recht der Obrigkeit, mittels weitreichender Verordnungen das Leben ihrer Untertanen zu bestimmen, zunächst unmittelbar aus der ökonomisch-politischen Wirklichkeit, d.h. mittelbar aus der Vertragsstaatstheorie des Absolutismus ab. Im Hinblick auf die historische Situation mußte, in Anlehnung an den Hobbesschen Standpunkt[206], dem Staat ein "pouvoir absolu au besoin sur les biens, et même sur les personnes des sujets" zugestanden werden.[207] Allerdings findet der Philosoph darüber hinaus zu einer methaphysischen Begründung.[208]

In Abwandlung der augustinischen Lehre vom Gottesstaat[209] setzt er voraus, daß eine *republica optima universalis* bereits existiert, in dem er den gesamten Kosmos als einen umfassenden und vollkommenen Staat unter der Leitung Gottes begreift.[210] Dieser mithin "beste" Staat, der eine methaphysische Größe darstellt, hat normativen Charakter für die reale Staatsgestaltung; er ist Vorbild für die zu verwirklichenden Staaten dieser Welt, die nach seiner Auslegung gleichwohl immer nur die "bestmöglichen" sein können. Fleckenstein hat mit seiner Übersetzung der vermeintlich rein philosophischen Konzeptionen eines Briefes an Antoine Arnauld in die politische Sprache diesen Beziehungszusammenhang demonstriert: "Die denkenden Seelen [die Fürsten und Monarchen] haben bedeutsame Vorrechte [Prärogative], die sie über die Umwälzungen der Körper [der Untertanen] hinausheben ... Alle Dinge sind hauptsächlich nur ihretwegen [der Fürsten willen] geschaffen worden. Sie bilden in ihrer Gesamtheit den Staat des Universums [das europäische Staatensystem], dessen Monarch [Kaiser Leopold I. oder Louis XIV.] Gott ist... Mit der Ordnung des Vergangenen muß man stets zufrieden sein; ist sie doch stets dem absoluten Willen Gottes [des Fürsten] angemessen; was aber die Zukunft [Europas] betrifft, so muß man versuchen, sie dem mutmaßlichen Willen Gottes und seinen Befehlen entsprechend zu gestalten..."[211]

Mag Fleckensteins Auslegung auch ein wenig zu weit gehen, so zeigt sie doch, wie sehr für Leibniz das Reich dieser Welt Spiegel und irdische Wirklichkeitsgestalt des Reiches Gottes war.

So gesehen ist der Monarch eine Art Stellvertreter oder Statthalter des Weltschöpfers, der von diesem selbst ausgewählt wird: "... und dies ist ein vortheil, so hohe Personen vor andern haben, daß ihnen Gott gelegenheit gegeben viel guthes zu thun".[212)] Ein Prinz und späterer Regent muß daher mehr als alle anderen das Ebenbild Gottes auf Erden sein. "Er ist gleichsam als ihr Leutnant eingesetzt, der die Fähigkeiten haben soll, würdig die Funktionen dieses göttlichen Amtes auszuüben."[213)] In dieser Weise idealisiert, strebt der weltliche Souverän danach, dem Ziel weiser Regierungskunst näher zu kommen, als Entsprechung zu der in Gott vereinigten höchsten Güte, Weisheit und Macht.[214)]

Damit beruft sich Leibniz also, um Herrschaft zu legitimieren, sowohl auf die Vertragstheorie des Absolutismus als auch auf die Formel vom Gottesgnadentum, derer sich schon Jacques Bossuet, der Kanzelredner Ludwigs XIV.[215)], bediente, um den absoluten Machtanspruch seines Königs zu rechtfertigen.[216)]

Das methaphysische Axiom von der "besten aller Welten" bedeutet zugleich, wie die oben zitierte Passage aus dem Brief an Arnauld bereits anklingen ließ, daß die Zufriedenheit mit den bestehenden Ordnungen, auch den politischrealen, gleichsam ein religiöses Gebot darstellt.[217)] "Que ceux qui ne sont pas contents de l'ordre des choses ne sauraient se vanter d'aimer Dieu comme il faut".[218)]

Demzufolge kann es ein Widerstandsrecht gegen die Obrigkeit, wenn überhaupt, dann nur sehr eingeschränkt geben.[219)] In dem Konzept *Einige patriotische Gedanken* von 1680, das die Erziehung des Menschen zur Anerkennung des Staates als einer notwendigen Organisationsform menschlicher Gemeinschaft propagiert[220)], warnt Leibniz geradezu vor weitreichenden Rechten für den Bürger; eine "alzu ungezähmte freyheit" bliebe nicht ohne Gefahr für die Untertanen und Schaden für die Obrigkeit.[221)] Zumal alles, was das Gemeinwesen beträfe, "beßer mit einem haupt und wenig oberbedienten, als einer gemeine ... welche keines nachsinnens fähig ist" zu entscheiden sei.[222)]

Mehr noch, er lehnt ein Widerstandsrecht des Bürgers gegen die Staatsgewalt zunächst prinzipiell ab, zumindest solange "der obrigkeit wahres interesse oder staats=zweck, und der Unterthanen wohlfahrt ganz unzertrennlich seyen".[223)] Vielmehr fordert er vom einzelnen vorbehaltlose Unterordnung, eine, wie er es nennt, "obéissance extérieur ou passive".[224)] Später rückt Leibniz von diesem extremen, von Hobbes beeinflußten Standpunkt etwas ab, indem er für den Fall der Mißachtung göttlichen Rechts den passiven und zur Erhaltung der "salus publica" sogar den aktiven Widerstand gegen die Obrigkeit zuläßt: "je demeure aussi d'accord avec Grotius qu'on peut resister à un tyran en certaines rencontres, lors que c'est un monstre, qui paroit avoir juré la ruine publique".[225)] Doch letztlich blieb Leibniz weit davon entfernt, die exponierte Stellung des Fürsten in Frage zu stellen. Vorausgesetzt dieser regierte gerecht und im Sinne seiner Untertanen.

Die Unterscheidung in Regierende und Regierte ist in seinen Augen natürlich, weil gottgewollt.[226)] Der Souverän war allein aufgrund der ihm von der Natur zuerkannten Führungsqualitäten dazu bestimmt, das Gemeinwesen, die Gesamtmacht des absoluten Staates, der ja Abbild des omnipotenten Gottesstaates ist, zu repräsentieren.[227)] In diesem Sinne hält Leibniz auch weiterhin am nun allerdings abgeschwächten Ideal des Priester- oder Philosophenkönigs fest.[228)] Und ebenso bleibt für ihn der aufgeklärte Absolutismus, mit einem Herrscher an der Spitze, der sich selbst dem Gesetz der Vernunft unterwirft und der nach Kräften das allgemeine Wohl fördert, die "beste" aller möglichen Staatsformen.

Damit teilt er nicht nur den Standpunkt einer "entschieden konservativen politischen Doktrin"[229], er gibt ihr, d.h. der real existierenden Erbmonarchie des 17./18. Jahrhunderts, zudem eine ideologische Legitimation. Inwieweit wir dem Fürstendiener Leibniz hier allerdings uneingeschränkt glauben dürfen, sei dahingestellt. Möglich ist es durchaus, daß er, wie wir es z.B. von Galilei, Spinoza oder Descartes wissen, seine wahren Anschauungen zurückhielt, weil sie sich eben nicht mit jenen des Staates und seiner Arbeitgeber deckten, wir also nur die öffentliche Version seiner politischen Philosophie kennen. Der "ostentative Charakter mancher Äußerungen" gäbe, so Voisé[230], jedenfalls zu denken. Solange aber keine Dokumente auftauchen, die das bisher erforschte Material widerlegen, bleibt es ein historisch äußerst fragwürdiges Unterfangen, Leibniz etwa als Vordenker des Sozialismus oder als Vorkämpfer einer kommunistischen Gesellschaftsordnung zu charakterisieren.[231]

Noch einmal zurückkommend auf die platonische Alternative, "die Philosophen zu Königen" oder die "Könige zu Philosophen" zu machen, konstatieren wir Leibniz' Entscheidung für die zweite Variante. Allerdings bedient er sich eines "Kunstgriffs", um diese Idealvorstellung der Wirklichkeit anzupassen, indem er nämlich dem Monarchen die *gelehrte Sozietät* als oberstes Gremium der Weisheit zur Seite stellt.

Da die Fürsten eben nicht immer umfassend genug auf die ihnen zustehende Staatsführung vorgebildet waren, sollten sie im Interesse des sozialen und ökonomischen Fortschritts den Gelehrten weit größere Mitsprache in der Politik gewähren als bisher. In dieser Konzeption übernimmt die gelehrte Sozietät also "eine Art Mittlerfunktion zwischen Geist und Macht".[232] Als Beispiel vernunftgemäßen Gemeinschaftslebens dient sie einmal der bürgerlichen Gesellschaft als Vorbild; als geistiges Führungsorgan, das andererseits auch die Ausbildung und Beratung der politischen Entscheidungsträger übernehmen sollte, gewinnt sie zugleich unmittelbaren Einfluß auf die praktische Politik.[233]

Mit der Vorstellung, die "vorhandene bürgerliche wissenschaftliche Intelligenz" in den Staatsapparat einzubinden[234], die eine Beteiligung des Gelehrten an der faktischen Macht impliziert, ist Leibniz nicht nur seinem Wunschdenken im Hinblick auf seine eigene Rolle gefolgt.[235] Sein großes Ziel bleibt eine auf der Grundlage rationaler, d.h. wissenschaftlich fundierter Politik vernünftig, vor allem sozial eingerichtete Gesellschaft. Die intendierte "Diktatur der Vernunft"[236] beruht auf seiner von großem Wissenschaftsoptimismus getragenen Überzeugung, daß ein dirigistischer Wohlfahrtsstaat merkantilistischer Prägung auf der Basis objektiver Erkenntnis, die ihm die gelehrte Sozietät als oberste Instanz der Wissenschaften an die Hand gibt, und durch Gerechtigkeit für jedermann das wahre Glück garantieren wird.[237]

Diese in den frühen Sozietätsplänen stark überzeichnete Utopie, die Weisheit als Voraussetzung der Macht, diese wiederum als Konsequenz der Weisheit deklariert, mithin eine Verwissenschaftlichung der Politik und eine Politisierung der Wissenschaft propagiert[238], ist selbst in den vier Spätprojekten für Berlin, Dresden, Wien und St. Petersburg in gewisser Weise noch relevant. In diesen Entwürfen erscheint die Sozietät als oberste Wissenschaftsbehörde, unterteilt in Fachabteilungen, dem Wesen nach Ministerien, die sich an der realen Staatsführung beteiligen.

Der angestrebte vernunftgelenkte Sozialstaat wird jedoch nur begrenzte Zeit dirigistischen Charakter haben; nämlich nur solange, bis alle im Lande lebenden Menschen gut und vernünftig geworden und daher in der Lage sind, sich im Sinne "allgemeiner Wohlfahrt" eigenverantwortlich zu regieren.[239] Der Weg in diese "Demokratie" ist jedoch verbunden mit einem Erziehungsprozeß, der die Menschen zu Vernunft und Güte, zur "Glückseligkeit" führen wird.

2.2.2 Die gelehrte Sozietät als kulturpolitische Institution

2.2.2.1 Der pädagogische Anspruch als wesentlicher Grundzug in den Sozietätsplänen

> "Es wird aber zum Wohlstand des Landes nicht nur Nahrung sondern auch tugend der inwohner erfordert. Welche darinn bestehet, daß sie wohl erzogen werden... Denn wir haben die Menschen wie wir sie haben wollen."[1]

Mit diesen Worten gibt Leibniz in nuce jene merkantilistische Grundauffassung wieder, die, in Verbindung gebracht mit dem Prinzip der Wohlfahrtssicherung durch die Obrigkeit, die Überzeugung von der Erziehungspflicht des Staates gegenüber seinen Bürgern, mithin eine "Staatspädagogik großen Stils"[2] zur Folge hatte.

Auch Leibniz leitet die Notwendigkeit einer autoritär gelenkten Erziehung nicht zuletzt aus dem ökonomisch motivierten Staatsinteresse ab. Gleichwohl geht er in der anthropologischen Begründung von Erziehung und Bildung und in der theoretischen Fundierung seiner pädagogischen Gesamtkonzeption, wie sie sich u.a. in den Sozietätsplänen darstellt, über diesen merkantilistischen Ansatz hinaus. Er rezipiert vielmehr die unterschiedlichen Reformbestrebungen seines Jahrhunderts und weist, in dem er diesen Gedanken in einer großartigen Synthese eine erste Klärung gibt, den Weg in eine neuzeitliche Pädagogik.[3]

a) Das Erziehungs- und Bildungsideal im 17. und frühen 18. Jahrhundert

Die pädagogische Reformbewegung des 17. Jahrhunderts ist erwachsen aus dem Glauben an die Möglichkeit einer universellen geistigen und sittlichen Erneuerung der Menschheit. Diese Utopie, die nicht zuletzt als Antwort auf die politische und religiöse Zerrissenheit jener Epoche nach der Auflösung des mittelalterlichen *ordo* und dem Dreißigjährigen Krieg zu werten ist[4], gründet wiederum auf der in Anlehnung an das positive Welt- und Menschbild der Renaissance und im Gegensatz zur Lehre von der Verderbnis der menschlichen Natur durch die Erbsünde gereiften Idee der Perfektibilität des Menschen und der irdischen Verwirklichung des Gottesstaates.

Die Voraussetzung zur Vervollkommnung des Menschen liegt in seiner vernünftigen Natur, die, von Gott kommend, allen Menschen gleichmäßig angeboren ist und der ebenfalls auf den Weltschöpfer zurückzuführenden vernünftigen Gesetzlichkeit der äußeren Natur entspricht. Doch der Mensch, demnach verstanden als "Mikrokosmos, in dessen Geist die Gesetze des Makrokosmos angelegt sind"[5], bedarf der Anleitung, um die ihm innewohnenden vorgegebenen Normen zu klarer Erkenntnis entwickeln und anwenden zu können.[6] Hinsichtlich des Ziels der allgemeinen Menschbildung im Sinne der Annäherung der unvollkommenen Realität des menschlichen Lebens an die ideale Vollkommenheit der göttlichen Satzung gewinnt die Erziehung naturgemäß an Bedeutung, ist sie schließlich von höchster politischer und gesellschaftlicher Relevanz.

Die Wesensgleichheit aller Menschen findet ihren Ausdruck in der *Pansophie*, d.h. in der einheitlichen, auf Vernunfteinsicht basierenden theoretischen und praktischen Universalweisheit, die eine universelle Erziehung nach rationalen Gesetzen ermöglicht.[7] Dieser pansophische Gedanke, der sich auf die kurze Formel "omnes, omnia, omnino" reduzieren läßt[8] und mit der Absicht verbunden ist, allen alles, was menschlich ist, näherzubringen, impliziert die konkreten Forderungen einer einheitlichen Bildung, der staatlichen Einrichtung von Schulen, der allgemeinen Schulpflicht sowie der Pflege der Volkssprachen auch als Unterrichtssprache.

Die vielfältigen pädagogischen Reformansätze Andreaes, Ratkes (Ratichius), Helwigs (Helvicus), Schupps u.a.[9], die, auf dem Boden dieser Grundanschauung gewachsen, Arndts "praktisches Christentum"[10] und Keplers "kosmische Frömmigkeit" ebenso rezipieren wie Bacons Credo von der Nutzbarkeit jeglichen Wissens, unterscheiden sich gleichwohl nur im Detail. Sie alle fließen schließlich zusammen in der comenianischen Konzeption der Gemeinschaftserziehung in einer einheitlichen Schulorganisation nach einer einheitlichen, natürlichen Methode, die unter Abkehr vom humanistischen Verbalismus der notwendigen Verbindung von Wort- und Sachwissen Rechnung trägt.[11]

Der wesentliche Unterschied zwischen dem sog. pädagogischen Realismus des Barock, als dessen vornehmster Vertreter eben jener Joh. Amos Comenius gilt[12], und dem der Aufklärung, für den Rousseau und Locke federführend waren, besteht in dem verschiedenartigen Verständnis von der "Natur" des Menschen und der daraus abgeleiteten "naturgemäßen" Erziehung. Während die Barockpädagogik das universelle Wesen des Menschen betont und daher die Gemeinschaftserziehung in der Einheitsschule propagiert, erkennt die Aufklärung, dessen individuelle Eigenart voraussetzend, in der Individualpädagogik die alleinige angemessene Erziehungslehre.[13] Beiden gemeinsam ist indes der Glaube an die unbegrenzte Macht der Erziehung, der in einem übersteigerten Bildungsenthusiasmus und Fortschrittsoptimismus kulminierte.[14]

Die entscheidende Wende vom barocken zum aufgeklärten Realismus vollzog sich im Kontext der Entwicklung eines neuen Selbstverständnisses des Menschen, das wiederum eine veränderte Erziehungsintention zur Folge hatte. Galt als Bildungsziel zunächst ausschließlich die Befähigung des einzelnen zur Ausbildung des ihm von Gott zugedachten Wesens, zur Wahrnehmung seiner Aufgaben gegenüber Gott und dessen Schöpfung, war es also gerichtet auf das ewige Heil[15], so tritt nunmehr der realistisch-utilitaristische Gedanke in den Vordergrund. Wissen gilt als Macht, als Voraussetzung zur Erweiterung des menschlichen Handlungspotentials und als Mittel zur Beherrschung der Welt. Der Erziehungszweck zielt nicht mehr auf das Jenseits, sondern auf das Diesseits. Die Suche nach einer einheitlichen, der Welt und den Menschen zugleich eigenen Gesetzlichkeit, die in der göttlichen Ordnung ihre letzte Begründung findet und in die es den Erdenbürger einzubinden gilt[16], wird abgelöst von dem Streben nach irdischem Glück. Die Individualität des erkennenden und um seiner selbst willen seienden Menschen bestimmt fortan das Erziehungs- und Bildungsideal[17], das besonders in den Konzeptionen des Merkantilismus zum Tragen kommt.

Basierend auf diesem cartesianischen Denkansatz der Selbstbestimmung bzw. Subjektivität[18] gewinnen in der zweiten Hälfte des 17. Jahrhunderts Erziehung und Bildung als Vorbereitung auf das Leben und den Beruf und schließlich im Hinblick auf die Funktion des Menschen im absolutistisch-merkantilistischen Staat, als Diener des Gemeinwesens zunehmend an Bedeutung. In dem Maße, in dem das Bildungswesen den Bedürfnissen des Staates untergeordnet wird[19], und als vordringlichstes Anliegen die Formung tüchtiger Bürger gilt, tritt das humanistische Ideal des Schulgelehrten in den Hintergrund. Gefordert ist nun vielmehr weltmännische Bildung. Zunächst noch den Vertretern des Adels vorbehalten, manifestiert sie sich in der steigenden Zahl von Ritterakademien. Als "normierendes Beispiel für eine auf Gemeinnützigkeit und berufliche Brauchbarkeit gerichtete Pädagogik"[20] repräsentiert diese Institution zugleich die Entwicklung zum Verwaltungsstaat, der dem Adel neue gesellschaftliche Aufgaben zuwies, die des Hof-, Militär- und Beamtenadels. Entsprechend mußten Unterrichtsstoff und Lehrinhalte angepaßt werden; in den Mittelpunkt rückten die sog. Realien, mithin alle Fächer, die für die Bewältigung des täglichen sowie für die Gestaltung des wirtschaftlichen und politischen Lebens relevant waren.

Auf der anderen Seite wandte sich das pädagogische Interesse zunehmend auch dem Bürger zu. Spielte dieser doch in dem als Wirtschaftsgemeinschaft definierten Staat eine wichtige Rolle. In das Zentrum merkantilistischer Konzeptionen rückt daher die beruflich-praktische Ausbildung des Bürgertums. Erziehung und Unterricht werden darüber hinaus noch ausschließlicher als jemals zuvor den Obliegenheiten des Staates zugeordnet als Glied in der Gesamtheit seiner Aufgaben zur Förderung der Wohlfahrt, der irdischen Glückseligkeit, letztlich also zur Stärkung seiner Macht.[21] An der Spitze der Entwicklung zur bürgerlichen Berufserziehung, die hier ihren Anfang genommen und im 18. Jahrhundert einen ersten Höhepunkt erreicht hat, steht nicht von ungefähr der Protagonist des deutschen Merkantilismus, J.J. Becher.[22]

Leibniz, dessen Anteilnahme an Fragen der Erziehung, Bildung und Ausbildung sich schon sehr früh offenbarte[23] und in einer Vielzahl einschlägiger Schriften, aber auch in seinem Briefwechsel ihren Niederschlag fand[24], zeigt sich, wie oben schon angedeutet wurde, als äußerst aufnahmefähiger Rezipient der pädagogischen Diskussion seiner Zeit. Wie ein Sammelbecken nahm sein genialer Geist diese unterschiedlichen Strömungen auf, um sie schließlich überdacht, z. T. modifiziert, auch ergänzt bzw. erweitert, in einer individuellen Konzeption zur vollen Entfaltung zu bringen.[25]

b) *Leibniz' Erziehungs- und Bildungsbegriff in Abhängigkeit seiner Anthropologie*

Leibniz' "weltanschaulich fundierte Pädagogik"[26] ist wie seine Philosophie verankert in der natürlichen Theologie, die Gott als Ursprung, Ursache und Zweck aller Dinge und eine von ihm quasi als Norm festgelegte *prästabilierte Harmonie* zum Axiom erhebt. Das damit verbundene Menschenbild, das gleichsam Voraussetzung und Bedingung von Erziehung, der pädagogischen Konzeption des Philosophen ihren spezifischen Charakter verleiht, wurzelt in dessen *Monadologie*[27] und zeugt von einem grundsätzlichen Vertrauen in die unendlichen Möglichkeiten des Menschen.

> "On pourrait connaître la beauté de l'Univers dans chaque âme si l'on pouvait déplier tous les replis, qui ne se développent sensiblement qu'avec le temps".[28]

Wie die Monade, letzte unteilbare Substanz des Kosmos, alle anderen in sich repräsentiert, d.h. in einzigartiger und einmaliger Weise abbildet, so spiegelt jedes Individuum als "unteilbarer Mikrokosmos" das Universum auf eine nicht wiederholbare und nicht ersetzbare Art.[29]

> "Chaque âme est un miroir de l'Univers à sa manière sans aucune interruption".[30]

Das Leistungspotential eines Menschen, seine Naturausstattung sozusagen, ist demnach ebenso unbegrenzt wie das Universum. Nun liegt es an ihm, seine Anlagen zu erkennen und zur Entfaltung zu bringen. Die Ausdrucks- oder Handlungsweise des Menschen ist Resultat der persönlichen Entdeckung des eigenen "Ichs"[31]. Und eben durch diese Selbstwahrnehmung, d.h. durch die individuelle Einsicht in die ihnen immanente Weltordnung, die "Apperzeption ihres repräsentativen Weltbewußtseins"[32], unterscheiden sich die Menschen voneinander gleichwie die Verschiedenartigkeit der Monaden bestimmt wird durch die Art und Weise ihrer Repräsentation des Ganzen. Maßgebend ist daher der Grad ihrer Aufgeklärtheit, ihrer Bildung, mithin ihr Begreifen der Erscheinungen der Natur, der Welt schlechthin.

Das Wissen um seiner selbst im Hinblick auf das Weltganze und die daraus folgende Erkenntnis seiner spezifischen Möglichkeiten macht die Individualität des Menschen und schließlich seine Perfektibilität aus. Diese Prämisse des Menschseins hat wiederum zur Konzequenz, daß das Individuum selbst bestimmen kann und muß, welche Anlagen es zur Entfaltung bringt, was allerdings eine gewisse Urteilsfähigkeit erfordert. Denn Gott hat auch das Böse als Privation des Guten, als Beschränktheit des Menschen zugelassen. Gleichwohl in dem Willensakt des Auswählens nun eigentlich die menschliche Freiheit besteht, muß die Erziehung hier ansetzen, mit dem Ziel, die notwendige Urteilsfähigkeit des Menschen auszubilden.[33] Am Ende des Erziehungsprozesses soll jeder seinen individuellen Platz im Ganzen, d.h. in der Gesellschaft entsprechend seiner ureigensten Begabungen und Fähigkeiten gefunden haben, um von dieser Stelle aus im Hinblick auf die Vervollkommnung der irdischen Gemeinschaft zu wirken.

Leibniz schränkt das methaphysisch begründete positive Menschbild, die Idee der grundsätzlichen Vollkommenheit des Menschen, die ihn mit Gott der *monas monadum*, wesensgleich macht, zunächst also wieder ein, indem er gleichzeitig dessen Unfähigkeit, diese seine Anlagen zu erkennen und zu aktivieren, postuliert. Und damit setzt er letztlich auch der Freiheit des Menschen, durch den Willensakt des Auswählens seine Möglichkeiten selbst zu bestimmen, mithin seine Individualität und Perfektibilität zu entwickeln, gewissermaßen Grenzen. Unterstellt er ihm doch a priori, daß er alleine, ohne Anleitung dazu gar nicht in der Lage ist. Zumal der menschliche Wille, der das ihm gut Erscheinende zur Ausführung bringt, im Gegensatz zu dem in der Vernunft verankerten Willen Gottes, Irrtümern und Täuschungen unterliegt.

Demnach ist Erziehung der Versuch, durch gezielte positive Einflußnahme den Prozeß der Selbsterkenntnis qua Welterkenntnis und schließlich die Willensbildung des Menschen lenkend zu fördern. Dessen prinzipielle Individualität, d.h. seine grundsätzliche Willensfreiheit, schließt allerdings jede gleichmachende Erziehung aus, womit Leibniz über die comenianische Auffassung von der universellen Natur des Menschen hinausgeht, und setzt zugleich ein Recht aller auf Bildung im Sinne des Ausbildens eben dieser Individualität voraus.[34]

c) Der Begriff der Tugend in Leibniz' pädagogischer Konzeption

Die Affinität von Leibniz' Erziehungsbegriff und Weigels Auffassung von Erziehung als "eine(r) auf den Willen gerichtete(n) Maßnahme"[35] tritt um so deutlicher hervor, wenn man sich dem zentralen Begriff beider Konzeptionen zuwendet: der *Tugend*.

Wie für seinen alten Jenaer Lehrer, mit dem er über derartige Fragen gleichwohl nie korrespondiert hat[36], meint *Tugend* für Leibniz nichts anderes "als eine Fertigkeit mit Verstand zu handeln".[37] Durch sie, diesen "unwandelbaren vorsaz des gemüths, und stäte erneuerung deßselben", werden wir "zu demjenigen so wir Glauben guth zu seyn zu verrichten gleichsam getrieben".[38] Daher ist der Zweck allen Studierens, "seinen verstand recht und wohl zu gebrauchen lernen".[39]

Doch es bedarf neben der Verstandes - auch der Willensbildung, "daß wir nun erlernen den willen wohl zu befestigen"[40]:

> "En un mot, il faut s'efforcer de suivre exactement dans la pratique ce que la droite raison nous a appris en theorie d'ou vient cette habitude que nous appellons la Vertu".[41]

Tugendhaftigkeit führt schließlich wieder zu Gott, dem allein sie in höchster Vollkommenheit eigen ist.

Die Übertragung des methaphysischen Ideals auf die menschliche Wirklichkeit impliziert nicht nur die Fähigkeit, vernunftgemäß zu handeln, diese muß vielmehr mit der Tat in Verbindung gebracht werden. Auch darin folgt Leibniz Erhard Weigel, für den sich wahre Tugendhaftigkeit durch die "Fertigkeit, das Gute zu wissen, zu entschließen und zu praktizieren" auszeichnet.[42]

Tugend bedeutet schließlich "gelernte Aktivität im Dienste des Allgemeinwohls".[43] Als ihr inhaltliches Kriterium erweist sich die Nächstenliebe, "die in der Neigung des Menschen zu seinem Mitmenschen die Vernunft wahrt" und die, "recht geordnet", das Fundament einer Gesellschaft, nämlich Gerechtigkeit darstellt.[44] Hier nimmt der gesellschaftliche und staatsbürgerliche Aspekt in der Pädagogik des hannoverschen Gelehrten bereits erste Konturen an. Wie man in der Jugend auf Geheiß der Eltern zur Freigiebigkeit gegenüber den Armen und ähnlichen Taten erzogen werde, ebenso lasse sich auch im Bereich der Sozialethik die Menschheit im Ganzen erziehen:

> "Quod si quis virtute liberalitatis careat, aliquando tamen ad actus liberalitati conformes autoritate publica adigetur."[44a]

Das sozialethische Motiv, "im Sinne eines «christlichen» Naturrechtsgedankens rationalistischen Gepräges"[44b], das auf die Einordnung in die Gesellschaft als tätiges, um das *bonum commune* bemühtes Mitglied eines Gemeinwesens zielt, ergibt sich für Leibniz aus der Verantwortlichkeit des Menschen für das Ganze sowie gegenüber Gott und dessen Schöpfung und findet eine letzte Begründung in der Idee der *repraesentatio mundi*, nach der jedes Individuum Ausdruck seiner Gesellschaft und deren Zustandes ist.[45]

> "Obzwar ein ieder unter uns der Person nach von dem andern unterschieden, so sollen wir dennoch gedencken, daß kein mensch durch sich selbst allein bestehen könne, und uns betrachten nicht allein als ein theil von alle dem das erschaffen ist, sondern auch in sonderheit desjenigen so diesen erdboden angehört, nehmlich der *Politie*, gesellschafft und ge-

schlecht, ... Weil dann der Nuzen des ganzen dem Nuzen des theils vorzuziehen, so wird uns nur eine lust sein allen, keinen ausgenommen, zu dienen".[46]

Als "Hauptmittel zur Erzeugung von Tugend"[47] meint Erziehung wiederum nichts anderes als die "planvolle, systematische" Anleitung zu tugendhaftem Handeln.[48] Das pädagogische Ziel kann durch Vorschriften, auch durch Belohnung bzw. Strafen, doch wirkungsvoller und nachhaltiger durch den "Gebrauch oder die Übung der Tugenden"[49], "dans l'exercice des vertus, c'est à dire dans l'habitude d'agir suivant la raison"[50], erreicht werden. Die graduelle Gewöhnung des zu Erziehenden an ein vernunftgelenktes, auf das Gemeinwohl gerichtetes Handeln, unter Berücksichtigung seines Alters, seiner Begabungen wie seiner Neigungen[51], soll Tugend in "einen habitum verwandeln"[52], mithin einen Verhaltenshabitus erzeugen. Mit dieser Absicht gilt es, Tugend angenehm erscheinen, sozusagen zu einer zweiten Natur werden zu lassen.

"Daher müßen die Menschen von jugend also erzogen sein [,] daß ihnen zu sündigen schwehr und unbequem, wohl zu thun leicht und gleichsam natürlich sey. Denn weil die consuetudo eine andere Natur, und die Natur gleichsam eine prima consuetudo, so ist eine guthe gewohnheit und erziehung gleichsam das natürliche Antidotum peccati originalis und gratiae Vorläuffer oder begleiter".[53]

An dieser Stelle klingen unverkennbar Gedanken der Weigelschen Tugendschule an, die, 1684 in Jena gegründet[54], der Charakter- und Verstandesbildung von Kindern gewidmet war. Mittels der so verstandenen Tugenderziehung sollte sich bei dem heranwachsenden Zögling "sittliches Wollen in lebendigem Tun entfalten". Sittliche Gewöhnung und Tugendpraxis spielen auch hier eine zentrale Rolle.[55] Anregende Gesellschaft, Gespräche und Beispiele, lebendige Darstellungen des nachahmenswerten Guten und des abzulehnenden Schlechten, wie etwa in den Komödien Molières, auch sonstiges Anschauungsmaterial oder gute Bücher können, so Leibniz, in dieser Hinsicht förderlich sein.[56] Doch ungeachtet dessen dürfen die "Realien", insbesondere die Naturwissenschaften nicht vernachlässigt werden. Denn nur durch die Schärfung des Verstandes, d.h. durch stete Erweiterung seines Wissens und zunehmendes Verstehen der "äußeren Welt", erhält der Mensch Einsicht in seine "innere Welt", die ja Voraussetzung seiner Willensbildung ist.
In Anlehnung an Weigels Überzeugung von der wesensmäßigen Zusammengehörigkeit der Tugendhaftigkeit und "Rechenhaftigkeit" des Menschen[57] fordert Leibniz daher, in der Mathematik die allgemeinen Grundsätze für jegliche Art schöpferischen Denkens zu suchen. Die Vorstellung von der mathematischen Gesetzlichkeit der Welt, die beiden gemeinsam ist, läßt schließlich den Jüngeren gleichfalls zu dem Schluß kommen, daß der Weg auch in der Pädagogik über die *ars combinatoria*, "c'est à dire la methode de juger et d'inventer qui est la veritable Logique et

comme la source de toutes les connoissances"⁵⁸⁾, führen muß. Nur das Rechnen mit "Zahl, Maß und Gewicht"⁵⁹⁾ öffnet den Blick für die gesetzliche Ordnung des Seins und erlaubt das Eindringen in die Materie selbst. Damit dient die Mathematik als quasi intellektuelles Werkzeug der Selbstfindung, denn "les vérités des nombres sont en nous"⁶⁰⁾, zugleich der Menschbildung im Hinblick auf die Erlangung von Weisheit und Tugend.

Wir können also ohne Einschränkung festhalten, daß es Weigels Verdienst war, die Aufmerksamkeit des jungen Leibniz auf die Bedeutung der mathematischen Methode sowohl für die einzelnen wissenschaftlichen Disziplinen als auch für das Verstehen der Struktur der Welt, der Menschen und der Dinge gelenkt zu haben. Insofern ist, bei allen Unterschieden der geistigen Haltung von Lehrer und Schüler, sein Einfluß auf die Entwicklung von Leibniz' Philosophie und Pädagogik nicht wegzudenken.⁶¹⁾

d) *Erziehung der Menschheit zu ihrer eigenen Vervollkommnung - zur* Glückseligkeit

Weisheit, die "nichts anderes (ist) als die wißenschafft der glückseeligkeit, so uns nehmlich zur glückseeligkeit zu gelangen lehret"⁶²⁾, besitzt derjenige, dem alle Tugenden eigen sind, die "von wahrer erkäntnüß des guthen hehrfließen".⁶³⁾ Mit Rücksicht auf dieses letzte Ziel sollte jede erzieherische Neugestaltung imstande sein, das Streben nach Weisheit im Sinne der Bewußtseinserweiterung, des Eindringens in die Geheimnisse der Natur, zu wecken, zu fördern und entsprechend zu lenken.

> "Darauß denn folget, daß nichts mehr zur glückseeligkeit diene, als die erleuchtung des Verstandes, und übung des Willens allezeit nach dem verstande zu wircken, und daß solche erleuchtung sonderlich in erkentniß derer Dinge zu suchen, die unsern verstand immer weiter zu einem höheren liecht bringen können, die weilen darauß ein immerwehrender fortgang in Weißheit und Tugend, auch folglich in vollkommenheit und freude entspringet, davon der Nuzen auch nach diesem Leben bey der Seele bleibet.⁶⁴⁾

Leibniz' Verständnis von der Vervollkommnung und Glückseligkeit des Menschengeschlechts, das kann seinen Worten entnommen werden, ist ambivalent und läßt comenianisches Gedankengut ebenso aufscheinen wie den rationalistischen Geist der Aufklärung.

Wie für den großartigen Barockdenker Comenius, der das Diesseits nur als Vorbereitung auf das ewige Leben und den Sinn jeglichen Menschseins in der Aussöhnung und Vereinigung mit Gott begreift⁶⁵⁾, gibt es auch für Leibniz, der das Werk des tschechischen Philosophen und Pädagogen kannte und schätzte⁶⁶⁾, und den Mahnke sogar als "Fortsetzer des Comenianischen Lebenswerkes" apostrophiert⁶⁷⁾, eine - überirdische - Vervollkommnung. Sie beschreibt, eine grundsätzliche Wesensgleichheit zwischen Gott und Mensch voraussetzend, mithin den Prozeß der Annäherung des menschlichen Geistes an die unbegrenzte göttliche ratio.

> "Undt hierin ist der unterscheid zwischen den vernünfftigen und andern Seelen, das die Unsrigen der wißenschafften und regirung fähig mit hin einiger maßen in ihrem bezirck und kleinen welt, das thun, was Gott in der gantzen welt: also selbst wie kleine Götter und welten machen, die so wenig vergehen oder sich verlieren alß die große welt deren sie bilde seyn; sondern viel mehr sich mit der zeit ihren zweck nähern wie auch die große welt mit ihnen thut. Daher denn auch die übrige seelen und alle Corper denen vernünfftigen Seelen die allein mit dem großen Gott in einer Art von gesellschaft und vereinigung stehen zu ihrer Glückseeligkeit dienen müßen".[68]

Höchste Glückseligkeit erfährt jener Mensch, der sich zum "Geheimrate Gottes"[69] zählen darf, d.h. dessen Vernunft möglichst alle Wissensgebiete umfaßt und dessen Verstand den vollen Umkreis der Natur beherrscht. Die eigentliche Erfüllung des Menschseins liegt also in einem geistigen, etwa der Wissenschaft gewidmeten Leben, das Leibniz persönlich sogar noch höher bewertet als die körperliche Existenzform des Menschen, sprich seine leibliche Gesundheit; denn, so stellt er fest, "semper enim hac mente utemur, corpore non semper".[70]

Das Motiv der Weltbeherrschung mittels rationaler Erkenntnis, das die Vernunft- und Wissenschaftsgläubigkeit der Aufklärung anklingen läßt und gleichzeitig Bacons Wissenschaftsverständnis ins Gedächtnis ruft, impliziert nun wieder eine sehr irdische, wenn man so will, intellektuelle Vervollkommnung, die letztlich auf eine Optimierung der faktischen Lebensbedingungen hinausläuft. Je größer die Macht des Menschen über die ihn umgebende Natur ist, und "je weniger er selbst von äußeren Dingen hinnehmen muß", d.h. je klarer seine Erkenntnisse sind, um so vollkommener ist er.[71] In dieser Hinsicht erweist sich die Vervollkommnung der Menschen proportional zum Stand der von ihnen betriebenen Wissenschaften. "Die Vollkommenheit des Menschengeschlechts besteht darin, daß es soweit dies nur möglich ist, das geistesbegabteste und mächtigste ist", schreibt Leibniz denn auch in dem Entwurf zu einer *Societas Philadelphica*.[72] Weltweisheit und -macht können aber nur auf zwei Arten erhöht werden: durch das Hervorbringen neuer und die Verbreitung schon bekannter Wissenschaften und Künste.[73] Nur durch sie erlangen wir jene Vollkommenheit, die sich schließlich "in einer großen freyheit und krafft zu würcken"[74] ausdrückt und, in Verbindung gebracht mit Leibniz' Leitspruch *theoria cum praxi*, die Voraussetzung für eine Verbesserung der real existierenden Welt schafft. Diese quasi säkularisierte Vervollkommnung muß nun konsequenterweise außerhalb der Kirche von den gelehrten Sozietäten geleistet werden.

Mit Rücksicht auf die anzustrebende Glückseligkeit, die sich als "Zustand dauerhafter Freude" erweist[75] und mit dem in der Gesellschaft herrschenden Maß an Vernunft korrespondiert, darf der Prozeß der Wahrheitsfindung, d.h. die Geistesfreiheit nicht eingeschränkt werden. Auf diese habe man ebensoviel Anrecht als auf Luft und Licht.[76] Denn ohne diese Freiheit des Denkens und Forschens kann es keinen wissenschaftlichen Fortschritt, mithin keine Glückseligkeit geben. Im Interesse der Wahrheit, die mehr zu berücksichtigen sei, als irgendeine irdische Autorität, auch die kirchliche[77], sollte man daher einen jeden gewähren lassen, solange er keinen unwiderruflichen Schaden für das Heil der Menschen anrichte. Dies schließt den Respekt vor der Meinung des anderen ein.

Die Vorstellung einer idealen Welt, welche die verschiedenen Arten von Glauben und Ansichten dulden würde, könnte Realität werden, wenn sich alle "Philalethen", d.h. jene Menschen, "die aufrichtig nach der Erkenntnis der Wahrheit streben", zusammenschlössen, um gemeinsam, ungeachtet unterschiedlicher Standpunkte, in einem kontinuierlichen Gedankenaustausch auf dem Wege des Wissens voranzuschreiten.[78] Rückblickend auf seine Auseinandersetzungen mit anderen Gelehrten notiert Leibniz in den *Nouveaux Essais*:

> "Waren unsere Ansichten auch oft verschieden, so vermehrte diese Verschiedenheit doch nur unsere Befriedigung, wenn wir untereinander verhandelten, ohne daß der Gegensatz, der sich mitunter zeigte, irgendetwas Unangenehmes einmischte".[79]

Die faktische Wirklichkeit kann, so seine Überzeugung, auf sehr differenzierte Weise perzipiert und reflektiert werden. Im Interesse uneingeschränkter Wirklichkeitserfassung muß unbedingte Offenheit gegenüber allen Denkrichtungen bewahrt werden, zumal diese sich letztlich doch wieder in ein übergeordnetes Wahrheitssystem integrieren lassen.[80]

Damit wiederholt Leibniz die synkretischen Forderungen des Comenius, die wiederum an die Lehre Nikolaus von Kues', nach der Erkennen und Vergleichen eins sind, erinnert.[81] Und so konnte es für den hannoverschen Gelehrten grundsätzlich nichts völlig Verkehrtes und Falsches geben; in allem ließe sich etwas finden, um der Wahrheit ein Stückchen näher zu kommen. In diesem Sinne schreibt er an seinen Hamburger Korrespondenten Vincent Placcius:

> "Wissen Sie, niemand hat weniger den Geist eines Zensors als ich. Es klingt seltsam: Ich billige das meiste, das ich lese, auch bei anderen ... Mir, der ich weiß, wie verschieden die Dinge genommen werden können, fällt beim Lesen meistenteils etwas ein, wodurch die Schriftsteller entschuldigt, oder verteidigt werden. Selten mißfallen mir Stellen während der Lektüre, obschon mir der eine Gedanke mehr gefällt als ein anderer".[82]

In den Schriften anderer verfolge er lieber den eigenen Nutzen, als die fremden Mängel.[83)] Mit dieser "geschmeidigen Anfühlung" an die Gedanken anderer habe Leibniz, so Falckenberg, eine "ungemeine Kraft umwandelnder Aneignung verbunden; oft habe er Besseres in die Bücher hineingelesen, als darin stand".[84)]

e) Erziehung der Jugend

> "Die Menschen werden vertraut mit den schon bekannten Künsten und Wissenschaften (d.h. mit Praktiken und nützlichen Regeln), wenn sie von Jugend an immerfort zu Frömmigkeit, Mäßigkeit, Sorge für ihre Gesundheit, Bescheidenheit, Arbeit und überhaupt zu allen Tugenden erzogen werden, wenn die Gelegenheiten zur Sünde aufgehoben werden, wenn die Sünden ebenso wie die guten Werke nicht leicht verborgen bleiben können."[85)]

Die Erziehung der Menschheit zum Ideal der allgemeinen Toleranz, zum Glauben an die Macht der Vernunft, der Wissenschaft und des Fortschritts und damit zu einem besseren Leben, zur *Glückseligkeit*[86)] muß, soll sie Erfolg haben, bei der Jugend ansetzen; rechtzeitig begonnen, gehöre sie zu den "kräfftigsten Mittel(n) denen übeln des menschlichen gemüths zu steüern".[87)] Und eben mit dieser Absicht hat sich der Philosoph bis zuletzt unermüdlich für eine Reform des maroden Erziehungs- und Unterrichtswesens jener Tage eingesetzt, das er mithin ganz in den höheren Dienst der irdischen und überirdischen Vervollkommnung des Menschengeschlechts gestellt wissen will.

Schon bald nach Beendigung seines Studiums, selbst gerade erst 21 Jahre alt, formuliert Leibniz in der *Nova Methodus discendae docendaeque jurisprudentiae*[88)], jenem 1667 in Frankfurt erschienenen Traktat, das sich mit der Reorganisation des Jurastudiums befaßt, erstmals die Grundprinzipien seines Bildungs- und Ausbildungsverständnisses, verbunden mit konkreten Forderungen zu "modum studiorum" und zur Gliederung des Schulwesens. Ist er auch in späteren Jahren von dieser Jugendschrift, die nunmehr anderen besser gefiele als ihm selbst[89)], in manchen Punkten etwas abgerückt, an den hier vorgetragenen pädagogischen Leitvorstellungen hat er gleichwohl bis zuletzt festgehalten. So haben wir in der *Nova Methodus* ein frühes Plädoyer des Philosophen für eine Bildung, die nicht mehr humanistischen Charakter trägt, deren Schwerpunkt vielmehr auf den modernen Sprachen und den *Realia* liegt, die zudem die Notwendigkeit der Vorbereitung auf den Beruf berücksichtigt.

aa) Vermittlung praktischer Bildung

Erste Anregungen zur Verbesserung der Jugenderziehung im Rahmen seiner Sozietätspläne notiert Leibniz in dem 1671 entstandenen *Grundriß*. Ein "ieder verständiger ohne der religionen unterscheid" müsse "pro pia causa" bestrebt sein: "Die Schuhlen zu verbessern. / Darinn compendia, richtigkeit, und uniformität einzuführen. / Die jugend nicht sowohl auff poëticam, logicam et philosophiam scholasticam, als realia: historiam, mathesin geographiam und physicam veram, moralia et civilia studia zu leiten".[90] Er warnt geradezu vor übertriebenem Enzyklopädismus und Verbalismus an den Schulen. Durch den Zwang, alte Sprachen zu lernen, ohne Rücksicht auf spätere Berufsziele, verlören die Kinder und Jugendlichen die Lust am Lesen und schließlich an der Bildung überhaupt.[91]; sie "mit einem Haufen unnützer Dinge zu belasten, weil hie und da etwas Gutes darin steckt, hieße das kostbarste aller Dinge, die Zeit, schlecht zu Rate halten".[92]

Alles Lernen habe letztlich dem Leben zu dienen. Ungeachtet der übergeordneten Zielsetzung des geistigen Fortschritts käme es primär darauf an, lebenstüchtige junge Menschen zu formen. Wissen und Lernstoff müssen demzufolge in erster Linie praxisrelevant sein; an die Stelle des Memorierens haben der handelnde Umgang mit den Dingen und handwerkliche Tätigkeiten zu treten. Der Blick des Jugendlichen soll auf das "Nützliche" gerichtet werden; in dieser Hinsicht gilt es, Schüler, Studenten und Auszubildende anzuregen und zu fördern. Im Zusammenhang mit seinem Bemühen um das Amt des Klostervorstehers, einer Art Kultusminister, in Hannover klagt Leibniz:

> "Car c'est pitié de voir combien de jeunes gens d'esprit et de travail s'occupent souvent à des niaiseries, faute d'une personne qvi leur monstre au doigt des meilleurs objets de leurs soins aux qvels ils seroient bien plus propres et ou ils trouueroient plus de plaisirs".[93]

Der hannoversche Gelehrte denkt dabei nicht zuletzt an Entdeckungen in der Mathematik und Physik sowie in der Mechanik. Darin deckt sich seine Ansicht mit der seines alten Freundes aus Pariser Tagen, E. W. v. Tschirnhaus, der neben einer Reform der höheren Schulen eine "Anleitung für die Heranbildung von Forschern und für ihren richtigen Einsatz" empfiehlt.[94]

Diese und ähnliche Forderungen sind wiederum zurückzuführen auf Bacons Nützlichkeitsformel, nach der Wissen als Mittel der Macht über die Menschen und die Welt zu definieren ist. In dieser Eigenschaft gleichsam Herrschaftswissen, impliziert es als neue Aufgabe der Pädagogik, diese wissensabhängige Machtanhäufung durch "recta ratio et sana religio" zu steuern.[95]

Die Frage, welche Dinge für das praktische Leben pädagogisch von Bedeutung sind, versucht Leibniz in der Aufzeichnung *Quaenam discenda ad usum vitae*[96] zu beantworten:

> "... einem Mann, der großes für den Gebrauch im Leben leisten will, (dürfte es) wohl genügen, einen ungefähren Abriß denkwürdiger oder außergewöhnlicher Geschichten zu kennen, die für eine geschmackvolle Ausschmückung von Gesprächen geeignet sind, wohin auch Scherze und scharfsinnige Darlegungen gehören; die allergenaueste Kenntnis der richtigen Logik oder Kunst, logische Schlüsse zu ziehen; die allerge-

naueste Kenntnis der Regeln des Gerechten und Nützlichen; ferner eine wirksame Beredsamkeit".[97]

Neben diesen quasi vorbereitenden Kenntnissen, die "der Lebensklugheit mehr als der Wissenschaft" dienen[98], seien jedoch tiefere Einblicke in die Geschichte und Geographie, die Mathematik und Physik (incl. Mechanik) sowie in die Moral- und Staatslehre, eben in die *Realia* erforderlich; sie bilden für Leibniz, ganz im Geiste des Merkantilismus, die Voraussetzung zur praktischen Lösung staatspolitischer, sozialer und volkswirtschaftlicher Aufgaben.[99]

Entscheidend bei der Erziehung der Jugend, so der Gelehrte in dem auf Verlangen des preußischen Staatsministers von Ilgen im Namen der Berliner Sozietät angefertigten *Bedencken vom Abgang der Studien*[100], sei schließlich, daß jeder ziel- und berufsorientiert, "nach gelegenheit seines scopi" das nötige Wissen vermittelt bekäme. Gewisse Grundkenntnisse u.a. auch in der lateinischen Sprache, d.h. "leidlich schreiben und guthe autores verstehen" zu können, müsse jeder beherrschen, "damit er für einen gelehrten passiren könne"; gleich anschließend an diese Grundausbildung habe dann aber je nach Berufswunsch die Wahl des entsprechenden Studiums oder einer praktischen Ausbildung zu erfolgen.

Da die Schulen mithin nicht allein von zukünftigen Studenten besucht würden, sondern auch von jenen, die sich dem Handwerk und den Künsten, dem Kaufmannsberuf oder der Haushaltung zuwenden wollten, seien die für alle gleichermaßen wichtigen "Elementa literarium, pietatis, Arithmeticae, Geometriae, astronomiae, physicae, rei morales et oeconomicae allen schühlern ohne unterscheid", und zwar in deutscher Sprache nahezubringen[101]; eine Forderung, die, in Anlehnung an die Reformpädagogik um Ratke, die Anerkennung der didaktischen Bedeutung der Muttersprache zum Ausdruck bringt. So verweist Leibniz denn auch auf die von Herzog Ernst von Sachsen-Gotha veranlaßte, von Andreas Reyer ausgearbeitete Schulreform, die sich wiederum an den stark von Ratke geprägten Weimarer Schulordnungen von 1619 und 1629 orientierte.[102]

Der Gedanke berufsorientierten Unterrichts schon an der Grundschule, der hier gleichfalls aufscheint, mündet folgerichtig in den Vorschlag zur Institutionalisierung der Berufsausbildung, d.h. zur Einrichtung eigener Berufsschulen, wie wir ihn schon von Becher kennen. Dieser hatte die Idee gehabt, das Wirtschaftsleben mit Hilfe von "Mechanischen und Handwerksschulen" zu fördern.[103]

Ähnlich motiviert und darin sicherlich von Becher, aber auch von Weigel und dessen *Traktat von Vorstellung der Kunst und Handwerke beeinflußt*[104], schreibt Leibniz:

"Es sollte öffentliche Handwerksschulen geben, damit die Knaben nicht so viele Jahre lang unnütz nur durch Prügel und Schläge von den Meistern in Anspruch genommen werden, zum großen Schaden des Staates, welcher ebensoviel an Nutzen einbüßt wie diese an ihrem Leben; denn sie könnten nützlich dienen, während so ihre handwerkliche Geschicklichkeit anstatt beschleunigt zu werden, um viele Jahre hinausgezögert wird".[105]

Entsprechend positiv äußerte sich Leibniz zu den *Nützliche(n) Vorschläge(n) von Aufrichtung einer Mathematischen und Mechanischen Schule bei der Stadt Halle* (1706), für die ihr Autor, der an wirtschaftspolitischen Fragen, aber auch an mathematischen und mechanischen Problemen interessierte Hallenser Pastor Christoph Semler (1669 - 1740), wie Leibniz ein ehemaliger Schüler Weigels[106], von der Königlich Preußischen Regierung des Herzogtums Magdeburg eine Genehmigung ersuchte.[107] Die um diese Petition entstandene Kontroverse mit dem Rat der Stadt Halle, der, über den Plan Semlers hinausgehend, die einschlägigen Fächer, vor allem die Zeichenkunst, auch in den niederen und höheren Schulen eingeführt wissen wollte, sollte die Berliner Sozietät durch ihre Stellungnahme beilegen. Das von Leibniz in seiner Eigenschaft als ihr Präsident am 15. Dezember 1706 vorgelegte Gutachten[108], das eindeutig zugunsten Semlers Antrag ausfiel, läßt keinen Zweifel daran, daß sein Verfasser im Hinblick auf den öffentlichen Nutzen, respektive den technisch-ökonomischen Fortschritt die Einrichtung berufsspezifischer Schulen für sinnvoll und notwendig hält:

> "gleichwie die hohen und niedrigen Schuhlen auch die Ritter-Academien zu dem ende gestifftet worden, damit diejenigen, so dermahleins dem gemeinen Wesen in officiis Ecclesiasticis et politicis, civilibus et militaribus dienen sollen, von jugend auf dazu vorbereitet und stuffenweise geschickt gemacht werden mögen; also auch allerdings rathsam und thunlich sey, die Knaben so zu Handwerckern sich begeben sollen ... künfftig bey einer gewissen Mechanischen Schuhle, in denen zu solchen ihren vorhaben und künfftigen Stand dienlichen ... Lehren, Nachrichtungen und Übungen unterweisen und abrichten zu laßen".[109]

In den Kontext der Berufserziehung ist nach dieser Auslegung, und darin ist Werner Wiater zuzustimmen[110], sowohl die Standeserziehung des Adels in den Ritterakademien[111], die ja ausdrücklich erwähnt wird, als auch die Prinzenerziehung einzuordnen. Gilt es einmal, junge Adelige auf ihre zukünftigen Aufgaben in dem neuen Beamtenstaat oder bei Hofe vorzubereiten, so soll die *Education d'un Prince*[112] dazu beitragen, dem Ideal weiser, gütiger und gerechter Herrschaft näher zu kommen; das "Amt" des Monarchen ist in diesem Zusammenhang gleichermaßen als Beruf und Berufung zu verstehen.[113] Neben der Unterweisung in den modernen Sprachen und den Realien, wie sie auch an den öffentlichen Schulen erfolgen sollte, sowie der Übung standesgemäßer Fähigkeiten und Fertigkeiten, etwa Reiten und Fechten, rückt hier folgerichtig die Charakterbildung des jungen Adeligen bzw. Prinzen in den Vordergrund; sie rangiert sogar noch vor der *solida eruditio* und den ritterlichen Exerzitien.

Die Gleichbedeutung von standes- und berufsspezifischer Ausbildung in Leibniz' pädagogischer Konzeption läßt gleichwohl nicht den Schluß Wiaters zu, der Philosoph habe die Absicht verfolgt, durch Erziehung "Voraussetzungen für die Überwindung der Standeskultur", letztlich also der Standesschranken zu schaffen.[114]

Ungeachtet dessen sehen wir Leibniz als Verfechter einer allgemeinen Volkserziehung. Darin berührt er sich mit dem pädagogischen Bestreben der Aufklärungsbewegung, durch Bildung und Vernunft die fortschreitende Entwicklung der Menschheit zu einem glücklichen Zustand zu fördern.[115] In diesem Zusammenhang warnt er schließlich auch vor einer Überbetonung der höheren, d.h. universitären Ausbildung und hebt, wiederum unter Berufung auf des "seel. Herzog Ernst zu Sachsen = Gotha hochlöblichen andenckens" die Notwendigkeit einer breiten Volksbildung, mithin des Ausbaus der Volks- bzw. Grundschule hervor.[116]

So sollte es einerseits nicht an Bemühungen fehlen, sich vom dogmatischen Geist der alten Universität zu lösen. Zu diesem Zweck wären Verordnungen, effektive Lehrmethoden sowie systematische Kompendien für jeden Fachbereich nötig, "darinn die doctrinae receptae, solidae, bene intellectae et recte applicatae, mit denen novis inventis unsers seculi combiniret würden", und den Lehrenden wie Lernenden in Zukunft als Grundlagen dienen könnten, "umb die jugend a temerariis judiciis, scepticismo und inani novitatis pruritu ad vera principia et solidam doctrinam zu leiten, darauff sie sich künfftig bey ämtern und geschäfften zu gründen hätte".[117] Im Ganzen habe sich auch die Hochschule mehr an den Erfordernissen des täglichen Lebens zu orientieren; selbst ritterliche Übungen seien hier nicht weniger wichtig als in den Ritterakademien:

> "Denn ich der meinung bin, daß iederman vom Fürsten bis zum ackerknecht geschickt zu machen dem Vaterland im nothfall einige Kriegsdienste zu leisten".[118]

Damit nun aber auch die Wissenschaft aus den Einzeluntersuchungen der Gelehrten allmählich in die öffentliche Bildung und die "Wahrheit" in Gemeingut überginge[119], bedürfe es andererseits eben einer breiteren Volkserziehung, die ohne eine Reform des Schulwesens nicht denkbar war.

bb) *Verbesserung des Schulwesens*

Leibniz sieht eine Dreigliederung des Schulwesens vor:
- a) eine für alle Kinder gleiche "Grundschule", die im Sprachunterricht auf deren spätere Berufsziele Rücksicht nimmt.
- b) Berufsschulen für zukünftige Handwerker und Kaufleute.
- c) weiterführende Schulen und Universitäten für Studierfähige bzw.-willige sowie für künftige Hofbeamte.

Die Überlegungen und Erfahrungen eines ganzen Lebens liegen in dem Grundschulmodell, das Leibniz kurz vor seinem Tode im Rahmen einer umfassenden *Denkschrift über die Verbesserung der Künste und Wissenschaften im Russischen Reich* (1716)[120)] vorstellt. Dabei macht es einmal mehr die Affinität zu Weigels Plänen sichtbar.

Die Schulen "belangend vor die Kinder" sollten zugleich "Tugend- Sprach- und Kunstschuhlen" sein. Tugendschulen insofern, als die Kinder beizeiten zu Gottesfurcht, Güte, Gehorsam und Ehrbarkeit gewöhnt würden; daneben Sprachschulen, die dem Berufswunsch des Zöglings Rechnung tragen, d.h., daß schon hier nur diejenigen, die "Hauptgelehrt seyn und zu hohen geistlichen und weltlichen ämtern" streben, sich intensiv mit alten Sprachen befassen müssen, die zukünftigen Handwerksgesellen sich dagegen mit der Landessprache begnügen dürfen. Und da die Volksschule nicht zuletzt den "Grund der Künste und Wissenschaften" vermittelt, d.h. neben Logik, Musik, Rechnen und Zeichnen auch handwerkliche Fertigkeiten, je nach Begabung und Neigung, ist sie schließlich auch eine "Kunstschuhle".

Einen entsprechenden Unterrichtsplan hatte Leibniz schon in der fast fünfzig Jahre älteren *Nova Methodus* (§ 1-42) aufgestellt, die bereits eine logisch-kombinatorische Systematik in der Behandlung pädagogisch-didaktischer Fragen[121)] erkennen läßt. Hervorzuheben sind die exakte Strukturierung von Unterricht, Lehrinhalten und -methoden gemäß der Entwicklungsphasen des Kindes bzw. Jugendlichen sowie die Konzeption darauf abgestellter Lehranstalten.

Generell kann sich Leibniz Erziehung und Ausbildung nur im Rahmen öffentlicher Einrichtungen vorstellen, "darin die Knaben unter einer guthen disziplin und Aufsicht" stünden.[122)] Damit ließe sich auch vermeiden, daß sonderlich "wohl begüterte Pupillen" durch "freunde und tutores muthwillig und mit fleis übel erzogen und débauchirt werden".[123)]

So begrüßt er das pädagogische Bemühen religiöser Ordensgemeinschaften, respektive der Jesuiten, zumal "bei denen protestirenden umb die Schuhlmeister ein verachtes ding ist"; wenn sie, die Jesuiten, nur mehr "auf das so in gemeinem leben dienlich(e)... sehen wolten".[124)]

Die Elternhausphase in der Entwicklung der Kinder sollte so kurz wie möglich sein; noch vor Eintritt in die Schule wäre ihre Erziehung "Obrigkeitswegen (von) Obervormündere(n)" zu übernehmen.[125)] Utopischen Charakter nehmen Leibniz' Vorschläge allerdings an, wenn er, wie in dem Entwurf *Societät und Wirtschaft* eine Lebensgemeinschaft aller Bevölkerungsgruppen zum Zwecke der wirtschaftlichen Sicherung des Staates und den damit einhergehenden erzieherischen Auftrag der Sozietät beschreibt:

> "Vor erziehung der Kinder wird die Societät sorgen; Ältern sollen ihre Kinder zu erziehen entübriget seyn: alle Kinder sollen in guther Zucht in öffentlichen weisenhäusern so lange sie klein von weibern erzogen werden".[126)]

Mag dieses frühe Konzept einer pädagogischen Idee in gewisser Weise auch in Konkurrenz treten mit den Utopien Platons, Morus', Campanellas und Bacons[127], so antizipiert es doch andererseits die realen Anstaltsgründungen A. H. Franckes seit 1695 in Halle. Augenfälliger wird die Wesensverwandtschaft freilich in dem gleichfalls aus dem Jahre 1671 stammenden *Grundriß*, wo Leibniz die Gründung eines Waisenhauses empfiehlt, "darin alle armen waisen und findel=kinder ernehret, hingegen zur arbeit, und entweder studien oder mechanik und commercien erzogen würden".[128]

Aus kleinsten Anfängen, zunächst ausschließlich auf der Grundlage privater Spenden und Vermächtnisse hat Francke[129], neben Phil. Jakob Spener der wohl bedeutendste Vertreter des Pietismus, den Aufbau eines Erziehungs- und Schulsystems begonnen, das um das Jahr 1700 nahezu vollständig ausgebildet war und in seinem Todesjahr 1727 weit über 2000 Schüler zählte.[130] Pyramidengleich reichte es von der Volksschule für Bauern und Handwerker, den "lateinischen Schulen" für den Lehrstand, künftige Theologen, Juristen und Mediziner, den Realschulen für Kaufleute und Beamte, dem *Paedagogium regium* für den "Regierstand" und einer Ritterakademie bis hin zur Friedrichs-Universität in Halle, in der die von Francke und seinen Anhängern beherrschte theologische Fakultät den Ton angab.[131] Schon 1695 hatte der evangelische Theologe und Pädagoge eine Armenschule, 1698 ein Waisenhaus gegründet.

Der somit ins Leben gerufene "mächtige, innerlich zusammenhängende und organisch gegliederte Komplex ... in dem alle Stände zugleich im aktiven pietistischen Reformgeist" erzogen werden konnten[132], war für Francke nicht zuletzt das Instrument, um seine weltumspannenden Pläne einer religiös-sozialen Erneuerung, einer zweiten Reformation sozusagen, doch nicht nur der Kirche, sondern des ganzen Erdkreises, zu realisieren; das "Cymbalium mundi" schlechthin, jenes Seminarium Universali also, "in welchem man eine reale Verbesserung in allen Ständen in und außerhalb Deutschlands, ja in Europa und allen übrigen Theilen der Welt zu gewarten" hätte.[133] Wie Leibniz verstand er sich als "Praeceptor universalis generis humani"[134], als Mahner und Reformer der Welt im Dienste eines sich auf Erden zu verwirklichenden Gottesreiches.[135] Gleichwohl trennten beide wiederum gewichtige Unterschiede in ihren religiösen Grundpositionen; zumindest dürfte es schwer fallen, Leibniz in Verbindung zu bringen mit dem gemütsbetonten Bibelchristentum des Pietismus. Darüber hinaus wichen ihre Zielsetzungen bei aller Gemeinsamkeit in einem Punkt deutlich voneinander ab; Francke war mehr an einer Verbesserung der Sitten, Leibniz in erster Linie an einer Förderung der Wissenschaften gelegen[136], wiewohl auch letzterer den religiösen Zweck durchaus nicht verkannte.

Dessen ungeachtet deckten sich ihre pädagogischen Ansichten. Am 17. August 1697 schreibt Leibniz an seinen Korrespondenten in Halle, dieser habe bei der Einrichtung des Jugendunterrichts den richtigen Weg eingeschlagen, der gleichzeitig zur Tugend und zur Gelehrsamkeit führen und allmählich die Wünsche des nunmehr greisen Weigel erfüllen könnte.[137] So versuchte er nicht nur, Francke mit

Placcius in Kontakt zu bringen, um seinen Hamburger Freund aufzumuntern, mit Hilfe des erfahrenen Professors aus Halle alte Weigelsche Pläne, von der Elbstadt aus eine Reform der Schulen zu betreiben, wiederaufzunehmen.[138] Ebenso rät er Francke, dessen pietistische Gesinnungsfreunde seit 1695 als Prediger und Lehrer im Zarenreich wirkten[139], den Besuch Peters I. in Königsberg 1697 zum Anlaß zu nehmen, um ihm die Einrichtung von Schulen nach dem Halleschen Konzept zu empfehlen; diese könnten zugleich Ausbildungsstätten für zukünftige protestantische Missionare in China sein.[140] Eine enge Zusammenarbeit mit Weigel könnte in dieser Hinsicht dienlich sein:

> "Je m'en vay lui écrire, que puisque le Czar veut débarbariser son pays, il trouvera Tabulam Rasam comme une nouvelle terre, qu'on veut défricher, les Moscovites n'êtant pas prévenus en matière de science, et qu'il semble que ce prince est venus expres en Allemagne pour luy ... Ce n'est point raillerie du tout. Mr. Weigelius seroit le fait du Czar".[141]

Der Vorteil in Rußland, was die Studien anbelange, gleichsam "tabulam rasam" vorzufinden und damit die einmalige Gelegenheit zu haben, Fehler, die sich in Europa eingeschlichen hätten, zu vermeiden und "alda die besten anstalten von der Welt" zu schaffen[142], rief natürlich auch Leibniz selbst auf den Plan. Im August 1697 legte er in einer ersten Denkschrift für General François Lefort seine Grundgedanken zum Auf- und Ausbau des gesamten Schulwesens von der Grundschule bis zu den Sozietäten dar.[143]

Einig waren sich Leibniz und Francke darüber, daß die Reform des Schulwesens beim "Lehrstand" beginnen müsse; hier sei "der Grund und die Quelle des Verderbens".[144] Deshalb dürfte man, "bey hohen und niedrigen schuhlen" nur "solche leute befördern, welche selbst solida principia und guthen willen hätten, ihre untergebene rechtschaffen zu unterweisen"[145]; da es den Jugendlichen an guter Hoffnung und gutem Willen fehle[146], bedürften sie insbesondere "ehrlicher Leüte exempel".[147]

Aus diesem Grund setzte sich Leibniz in Dresden ausdrücklich für ein Vorschlags- und Empfehlungsrecht der zu gründenden Sozietät bei der Besetzung von Schulämtern ein, für ein Mitspracherecht also bei der Auswahl und Beförderung jener Personen, "so auff hohen und andern schuhlen zu gebrauchen".[148] Und deswegen war ihm die Berufung fachlich wie didaktisch guter Professoren an die Universitäten immer ein besonderes Anliegen. Man habe darauf zu achten, "daß zu professore niemand angenommen würde, der nicht eine sonderbare reputation bereits erlanget und docendi capacitatem durch schrifften und sonst zur gnüge gezeiget".[149]

Doch nur zu gut wußte der hannoversche Gelehrte, daß die eher geringe Reputation des Lehrstandes wirklich befähigte und engagierte Leute davon abhielt, diesen Beruf zu ergreifen. In seiner großen *Denkschrift über die Verbesserung der Künste und Wissenschaften im Russischen Reich* (1716)[150] rät er daher, dafür Sorge zu tragen, daß die "professores" nicht wie es bei deutschen Universitäten und Schulen der Fall sei, "in Armuth und Verachtung leben". Die Vertreter der hohen Schulen, Universitäten und Akademien seien vielmehr "den Räthen und hohen Beamten bey Höfen und Hauptstädten", die Lehrer der niedrigen Schulen "denen vornehmen Beamten im Lande und Landstädten" gleichzustellen.

cc) *Vereinheitlichung von Lehrmethoden und -mitteln*

"Man lernet und lernet langsam, was man geschwinder wieder vergeßen mus, als mans gelernet. Was man aber vor allen dingen lernen und hernach üben solte, wird übergangen, und ist mehr als zu offt den lehrern selbst verborgen".[151] Zu viele überflüssige Unterrichtsfächer bewirkten letztlich nichts anderes, als daß den Schülern die Lust am Lernen gänzlich vergine.

Die notwendige Auswahl der Lernstoffe muß daher entsprechend der übergeordneten Zielsetzungen erfolgen, die da wären[152]: die Fähigkeit der selbständigen Urteilsbildung als Voraussetzung zur Entwicklung der eigenen Individualität; daneben die Fähigkeiten und Fertigkeiten zur Bewältigung der späteren Berufspraxis sowie der allgemeinen Lebensaufgaben, die dem Menschen wiederum dazu dienen, den göttlichen Auftrag auf seine individuelle Weise zu erfüllen, d.h. ein ehrbares und von Frömmigkeit bestimmtes Leben zu führen und von seinem spezifischen Platz innerhalb der Gesellschaft aus im Sinne des Gemeinwohls und des Fortschritts zu wirken.

Leibniz' Kritik richtet sich jedoch nicht nur auf die Lehrinhalte bzw. den Lernstoff, ebenso heftige Vorwürfe erhebt er gegen die angewandten Lehrmethoden. Eine grundlegende Reform der didaktischen wie edukativen Vorgehensweise in den Schulen sei nötig, sollen sie ihren Aufgaben als "seminaria reipublicae"[153] gerecht werden. So setzt er sich, wie schon vor ihm der bedeutendste Sprecher der Reformpädagogik des 17. Jahrhunderts Amos Comenius, für eine einheitliche, dem Entwicklungsstand der Kinder bzw. Jugendlichen angepaßte Methode in den jeweiligen Schulzweigen ein. Und mit eben dieser Absicht bemüht er sich um ein Aufsichtsrecht der zu gründenden Sozietäten über das gesamte Unterrichtswesen sowie um Generalprivilegien für die Herstellung und den Vertrieb von Schulbüchern, deren Vereinheitlichung er damit erreichen wollte.

In Berlin wird die Sozietät ausdrücklich "mit einer besonderen Aufsicht auf die behörige Information der Jugend beladen".[154] Drei Jahre nach der Gründung (1701) bittet er den preußischen König, ihr ein "privilegium perpetuum generale" zu erteilen, damit die Produktion von "richtige(n), deutliche(n) auf den alten zur Gottesfurcht und Tugend gerichteten Grund gebaute(n), mit neuen Empfindungen auszezierte(n) Compendia, Tabulae und Systemata disciplinarum, auch Notitiae Historico-Geographico-Genealogico-Heraldicae, dann auch Grammatiken, Januae, Dictionaria, Nomenclatores, Collectanea memorabilium", ebenso von Ausgaben klassischer Autoren, Schreib- und Rechenbüchern, Katechismen, Theologischen Kompendien, Gebet- Gesang- Spruchbüchern, Bibelausgaben sichergestellt werden könnten.¹⁵⁵⁾ Den "Praecepetores" sollte es dann nicht mehr erlaubt sein, andere als die von der Sozietät verfertigten und vorgeschriebenen Schulbücher "zum ordentlichen Gebrauch in denen Public-Schuhlen bey der Jugend kommen zu laßen".¹⁵⁶⁾

Desgleichen fordert Leibniz in Dresden ein "besonderes privilegium perpetuum auf die sogenannten Schulbücher". Darüber hinaus wünscht er eine Order, welche die "Rectores, Professores und Collegae bey Gymnasiis, Land- und andern Schulen" verpflichtete, "sowohl der Societät Gutachten in methodo studiorum zu deferieren, als auch der zu dem Ende verlegten Schulbücher sich zu bedienen".¹⁵⁷⁾

In Wien sollte die Classe Literaire der zukünftigen Kaiserlichen Sozietät als oberste Schulbehörde für eine "guthe verfassung der teutschen schuhlen" Sorge tragen sowie die Einrichtung und Pflege der Volksschulen auch in den anderen Sprachen der österreichischen Erblande übernehmen.¹⁵⁸⁾

Und schließlich überträgt Leibniz auch der für das Zarenreich konzipierten Sozietät die Aufsicht "über alle Schuhlen und Lehrende", ebenso über das gesamte Buchwesen.¹⁵⁹⁾ Macht man sich die Überzeugung Liselotte Richters¹⁶⁰⁾ zu eigen, so hatte er für Rußland zu diesem Zweck sogar ein eigenes "Gelehrt-collegium", eine Art Kultusministerium vorgesehen, als letztes von neun Regierungskollegien im Rahmen eines umfassenden Administrationsplanes, für den er vermutlich 1711 die Zustimmung Peters des Großen zu erlangen suchte.¹⁶¹⁾

dd) Verbindung von Lehre und Spiel: Der Begriff der "Erbauung" in den Sozietätsentwürfen

Wie Comenius und Weigel wendet sich Leibniz gegen die zwangsmäßigen Methoden, die, ungeachtet der Bestrebungen des pädagogischen Realismus¹⁶²⁾, noch immer in den Schulen praktiziert wurden. Das Erziehungsmittel der Strafe hält er spätestens dann nicht mehr für angemessen, wenn bei einem Kind das ingenium erkennbar werde.¹⁶³⁾ Und er ist nicht wie etwa noch Francke der Ansicht, daß der "Verderbtheit der Welt" nur durch eine freudlose, strenge Zucht begegnet werden könne.¹⁶⁴⁾

Dagegen fielen Comenius' Vorwurf, der die deutschen Schulen als "Folterkammern der Geister" bezeichnete, die den Schülern einen Ekel an Wissenschaften verursachten¹⁶⁵⁾, und Weigels Forderung, sie zum "Lustort" zu machen¹⁶⁶⁾, bei dem hannoverschen Gelehrten auf fruchtbaren Boden. Nur was man mit Vergnügen lerne, davon war auch er überzeugt, entschwände nicht so leicht aus dem Gedächtnis.¹⁶⁷⁾ Daher sei die Vorgehensweise in Erziehung und Unterricht der Natur des Menschen anzupassen.

Einige wenige Stunden des Tages sollten jenen Studien gewidmet sein, welche die Phantasie beschäftigen, nur sehr kurze Zeit den Dingen, bei denen der Verstand tätig ist, die übrige Zeit aber gehörten der sinnlichen Erholung, der Ruhe des Geistes und den körperlichen Übungen. Durch zu viele Studien werde unser Intellekt nicht geschärft, er stumpfe vielmehr ab.¹⁶⁸⁾ Eine "spielende beybringung der Wißenschafften"[169] und die Erleichterung des Lernens durch Hilfsmittel sollten den Unterricht zur Freude für Lehrer und Schüler werden lassen. Dies war wiederum ein Grundsatz der Weigelschen *Kunst- und Tugendschule*, über die Leibniz am 21. August 1696 in seinem Tagebuch notiert: ihr "Schuhlmeister wird genennet Freudenmeister, weil alles in Tanzen, Singen und Spielen geschehen soll".[170]

In Anlehnung an den von Comenius entworfenen *Orbis sensualium pictus* (1658), der die Idee der illustrativen Darstellung des Wissens realisierte und den Zweck verfolgte, die Neugier und den Lerneifer der Kinder zu wecken und ihnen die Wissenschaft der Weltdinge bildhaft und leicht verständlich zu vermitteln[171], fordert Leibniz die Verwendung von Anschauungsmaterial im Unterricht, wie z.B. Bildertafeln oder große Kupferstiche, "die auf einen Blick das Bild der ganzen Wissenschaft, Kunst oder eines Handwerks darstellen".[172] Und so beauftragt er schließlich die gelehrten Sozietäten für die Schulen "Kunst= und raritäten=, Schilderey= auch Anatomiae= Cammern, anders als iezt geschicht bestellte Apothecen, Hortos medicos completos, Thiergärten, und also Theatrum Naturae et Artis, umb von allen dingen lebendige impressiones und connoissance zu bekommen, anzurichten".[173] Auch dem als Ergänzung zur Universalenzyklopädie gedachten *Atlas Universalis* lag die Absicht zugrunde, die dargebotenen Informationen dem Leser "leicht und mit Lust" beizubringen.[174]

Immer wieder treten in Leibniz' Entwürfen zur Organisation der Wissenschaften, des Bildungs- und Unterrichtswesens die Begriffe Spiel, Lust und Erbauung auf. Durch die Verbindung des Angenehmen oder der Belustigung mit dem Nützlichen und Wissenswerten verspricht er sich stärkeres Interesse seitens der zu Belehrenden in allen Volksschichten, letztlich also eine breitere Volksbildung. So gäbe es etliche deutsche Heldengedichte, "darin vortreffliche Dinge enthalten, welche dergestalt mit weit mehrem Nachdruck gelesen werden, als wenn man sie auf gemeine Weise fürbringet".[175] Auch das Theater und im besonderen Maße die Komödie "fournit un excellent moyen d'instruire les hommes".[176] Im Hinblick auf die in Paris unter namhaften Theologen entbrannte Kontroverse, ob Schauspieler zu den Sakramenten zugelassen werden können, verteidigt Leibniz Molières Schaubühne schließlich sogar als moralische Anstalt.[177] Und ebenso nimmt er den historischen Roman gegen die Angriffe des Züricher Geistlichen Joh. Heinrich Heidegger in den *Monatlichen Auszügen*[178] in Schutz. Wenn "alle wären wie die schöne Argenis, die Durchl. Aramena oder die vortreffl. Octavia[179] ... und was von der mit Recht belobten Mademoiselle de Scudery herkommen, würde man den Nutzen mit der Süßigkeit nicht leicht anderswo besser vermischt finden u. mit dieser demnach zu wünschen haben, daß alle nützl. Wissenschaften, so viel thunlich, in solches Gold eingefasset wären".[180]

Ähnliche Bedeutung mißt er dem Spiel in Erziehung und Unterricht bei. So zweifelte er nicht daran, daß viele neue Spiele erfunden werden könnten, um die Tugenden zu üben. Denn beim Spielen bedürfe man einer gewissen Mäßigung. Mit derartigen Überlegungen sollte man sich etwa in Weigels Tugendschule befassen; auch Comenius hätte gut daran getan, diesen Gedanken in seinem Buch *Schola ludus* zu berücksichtigen.[181]

In den Wissenschaften selbst sei das Spiel ein Mittel, um den Verstand zu schärfen:

> En effect la plus part des jeux pourroient donner occasion à des pensées solides ..."[182]

Die Fähigkeit, gute und klare Gedanken, die gewöhnlich "in der stille beyzufallen" pflegen, "in der eil und Hize" zu fassen, die "Presence d'Esprit", könne durch Spiele geübt werden, etwa durch das Spiel der Zwecke; hier werde gefragt, wozu das eine oder andere zu gebrauchen sei. Aber auch das Reimen von Versen, so daß der eine mit dem Buchstaben beginnt, mit dem der vorangegangene aufgehört hat, oder das scherzhafte Zanken und dem Gegner "ex tempore wohl antworten", sei eine gute spielerische Übung.[183]

Mit den führenden Jansenisten, dem Mathematiker Pascal und Antoine Arnauld ist er einig, daß das Würfelspiel einen geeigneten Anlaß bietet, eine mathematische Theorie der Wahrscheinlichkeit als eine neue Art der Logik zu entwickeln.[184] Wie er denn überhaupt die Meinung vertritt, daß ein Mathematiker seine Kunst "auf keine beßere weise der Welt sehen laßen (könnte) ..., als wenn er in den im schwang gehenden spielen unbekandte neüe reguln ausfinden würde".[185] Tatsächlich wünscht er, "qu'on traitât les jeux en sciences".[186] So sollte ein geschickter Mathematiker "ein großes Werk, mit genauer Detaillierung und strenger Begründung für alle Arten von Spielen abfassen". Dies wäre von großem Nutzen, um die Erfindungskunst zu vervollkommnen.[187]

Es ist also nur konsequent, wenn er, wie in der *Consultatio*, die gelehrte Sozietät ausdrücklich mit einer wissenschaftlichen Untersuchung der menschlichen Spiele beauftragt, "sive jam ludi peculiarem hominum classem faciant, ut Musica, Scenica, sive pro cuiusque arbitrio ac voluptate exerceantur, ut ludi, qui magistros certos ac professos non habent".[188]

Leibniz selbst hat sich immer wieder mit dem Phänomen "Spiel" auseinandergesetzt, sich Gedanken um die Erfindung neuer geistreicher und nützlicher Spiele sowie mehrere Ansätze zu ihrer Theorie gemacht.[189]

Sein Anliegen ist es, das geistige und kulturelle Niveau in "Deutschland" wieder anzuheben. Aus diesem Grund mußte der Wissenschaft zu mehr Popularität verholfen werden. Und eben deswegen galt es, vor allem "vornehmen Herrn, dem Teütschen Adel ... und sonderlich wohlbepfründeten Geistlichen appetit zur curiosität" zu machen oder, so schon vorhanden, "solchen mit lust und ohne mühe auszuüben Gelegenheit zu geben".[190] Im Sinne einer breiteren Volksbildung will Leibniz auch Frauen in den Sozietäten vertreten wissen.[191] Mag er den "FrauenZimmern" zunächst noch eine "andere art von curiositäten" zuordnen[192], ihre Berücksichtigung an sich zeigt den Philosophen nicht nur "quite remarkably free of the sexist attitudes which one would normally expect to find in a man of his period".[193)] Diese und ähnliche Bemerkungen sind darüber hinaus ein wichtiger Hinweis auf die intendierte personelle Zusammensetzung sowie den Charakter der Leibnizschen Sozietät:

> "freudige aber dabey müssige Gemüther, so sich aus Mangel besserer Materi auf Spiel, Debauchen und sonst, wo nicht schädliche, doch unnütze Übungen und Zeitvertreib begeben, finden dergestalt ein Objectum, darinn sie sich wahrhaftig vergnügen, auch Gott und Andern damit dienen können. Womit auch der teutsche Adel samt andern wohlhabenden Leuten (des Frauenzimmers zu geschweigen) nach dem Exempel fürnehmer Virtuosi der auswärtigen Nationen, zu einer löblichen Curiosität und dem rechten Bon goust zu bringen, daß man die Welt und Werke Gottes und der Menschen anders als der gemeine Mann ansehen, mithin unsere Nation nicht nur den Ruhm der Tapferkeit, sondern auch eines soliden Verstandes beybehalten möge".[194)]

Gleichwohl die aktive und verantwortungsvolle Mitarbeit in den Akademien der Geistes- und Leistungselite, den Gelehrten vorbehalten bleiben sollte, sollten andererseits auch wissenschaftlich interessierte Laien Aufnahme finden, die Sozietäten folglich Einrichtungen darstellen, in denen Gelehrsamkeit, wissenschaftliche Forschung und Unterhaltung ihren Platz fänden. Anknüpfend an die Tradition jener gesellschaftlich-privater Vereinigungen des ausgehenden 16. und frühen 17. Jahrhunderts, die Bildung und Zerstreuung kombinierten, weist Leibniz damit den Weg zu den großangelegten Kollektivunternehmen des 18. Jahrhunderts, die, grundsätzlich offen für Vertreter aus allen sozialen Schichten[195)], zu einem bedeutenden Katalysator und Promotor der mächtigen Geistesbewegung der europäischen Aufklärung wurden.

Als eigenständige Instanz erscheint das "Spiel" in jenem Entwurf, den Leibniz in seiner Pariser Zeit zu Papier brachte.[196)] Die Metropole des europäischen Akademiewesens hatte dem jungen Gelehrten die positive und anregende Wirkung der Symbiose von Unterhaltung und Lehre auf das Geistesleben einer Nation deutlich vor Augen geführt. Noch unter dem Einfluß der Pariser Eindrücke ruft Leibniz in dem Schriftstück, das er bezeichnenderweise *Drôle de pensée*, also einen "Komischen Einfall" nennt, zur Gründung einer "Académie des jeux" auf, die mit der eigentlichen Sozietät der Wissenschaften aufs engste zu verbinden wäre. Dieses Gemeinschaftsunternehmen könnte eine Art Signalwirkung haben, indem es nämlich die Wissenschaften ins Volk trüge, zu selbständigem Denken anrege und dabei möglicherweise brachliegenden Erfindungsgeist, auch weibliche Begabungen, wekke; zumal der menschliche Geist in den Spielen besser zutage trete, als bei ernsten Angelegenheiten.[197)]

f) Leibniz als Befürworter eines staatlich gelenkten Erziehungs- und Bildungssystems

"Als ich über die Art und Weise, wie man das öffentliche Wohl verbessern könnte, nachdachte, kam mir der Gedanke ..., daß das menschliche Geschlecht sich vervollkommnen wird, wenn die Erziehung der Jugend verbessert worden ist", schreibt Leibniz am 21. Februar 1696 an Vincent Placcius.[198] Aber im Gegensatz zu seinem Briefpartner, der wie Weigel und das Gros der Schulreformer auf die Durchsetzungskraft privater Unternehmungen setzte[199], ist er sich sicher, daß ohne die "auctoritas magnorum virorum"[200] nicht einmal erste Schritte zu einer Reform des Erziehungswesens getan werden können. Erziehung und Schule, sollen sie nachhaltig verbessert werden, bedürften der Initiative und Leitung des Landesherrn sowie staatlicher Institutionen. Doch obwohl man mittlerweile wüßte, daß die Schulen die "Pflanzstätten des Staates" seien, ginge kein Gärtner in der Welt mit jungen Pflanzen so nachlässig um, wie man es mit der Jugend täte, "jenen zarten Trieben", die nach Belieben zum Guten oder Bösen gelenkt werden könnten.[201]

Die Einheit von Glück und Tugend ist für den hannoverschen Gelehrten eine alles tragende Voraussetzung, Glückseligkeit mithin nur durch Tugend erreichbar. Diese Prämisse hat auch Einfluß auf seine Staatsauffassung. Nicht Sicherheit und Wohlstand, vielmehr die Tugendhaftigkeit der Bürger muß letzter, allem übergeordneter Staatszweck sein; sie sei nötig "zu der wahren wohlfahrt der unterthanen".[202]

Somit führt das zunächst ökonomisch definierte Fürsorge- und Subsidiaritätsprinzip[203] zu einer Erziehungspflicht des Staates. Politik und Pädagogik vereinigen sich in der Bildungspolitik als staatlicher Aufgabe; ihre Ziele leiten sich wiederum ab aus einer sozialethisch fundierten natürlichen Theologie, welche die Identifikation von Gottesfurcht und Gemeinwohl, d.h. letztlich von Moral und Politik impliziert.[204]

Alle Ethik und Politik habe darauf abzuzielen, "wie andere dahin zu bringen, daß sie zu unser und auch ihrer Erkänntniß, Liebe, und also auch Glückseligkeit bestens arbeiten, mithin die Ehre Gottes vergrößern mögen".[205] Als Politik der Vernunft müsse sie der allgemeinen Unvernunft und dem Laster entgegenwirken. Damit wird der Staat zum Tugendstaat, die Staatskunst zur Moralpädagogik.[206] Und da Erziehung das Hauptmittel zur Erzeugung von Tugend darstellt, ist er zugleich ein Erziehungs- und schließlich sogar Zwangsstaat, der sich dirigistischer Maßnahmen bedienen und seine Bürger bevormunden darf. Im Einklang mit der dieser Definition zugrunde liegenden Überzeugung, daß tugendhaftes Denken und Handeln erzwingbar ist, "wird die Politik im Endeffekt zu einer mit Macht ausgestatteten Erziehung zur Tugend".[207]

Man habe der Jugend einzuprägen, "daß all ihr thun und laßen ... vor den allsehenden augen des allmächtigen Gottes bloß und entdecket stehe" und daß dieser nichts ungestraft lasse; "hat man derowegen wohl zu verhüten, daß keine gottlose meinungen, unter dem schein sinnreicher gedanken und eines freyen muths, durch reisen, gespräche, bücherlesen und böse exempel einreißen". Dies sei schließlich auch ganz im Sinne der Obrigkeit, denn "so lange solche meinungen bey den Unterthanen walten, ist die obrigkeit ihrer treü gewiß, denn eben dieser Gott verordnet, daß man zwar Gott mehr als den Menschen gehorchen, doch aber auch der obrigkeit nicht wiederstehen ... solle".[208]

Dieser pragmatische Ansatz, der die Erziehung der Bürger von Jugend auf zur Anerkennung des absoluten Staates als notwendiger Organisationsform menschlicher Gemeinschaften verfolgt, findet seine ökonomische Entsprechung in der von Leibniz rezipierten bildungsökonomischen Theorie des Merkantilismus, nach der die wirtschaftliche Entwicklung eines Landes nur durch ein enges Zusammenwirken von Bildungswesen und Wirtschaft zu erreichen ist.

Der Erziehungsauftrag der Obrigkeit besteht in Maßnahmen zur Volkserziehung als Teil einer staatlich organisierten Verbesserung der für die Lebens- und Berufspraxis der Bürger wichtigen Künste und Wissenschaften.[209] Vor allem müsse sie alles tun, damit "die unterthanen den verstand wohl üben, und nicht nur in allerhand künsten und wißenschafften ieder nach seiner lebensarth fürtreflich werden, sondern auch von allen fürfallenden dingen ein gesundes urtheil schöpfen, und sich das gemüth nicht leicht durch allerhand begierde und vorurtheil benebeln laßen".[210] Daher gilt es die Wissenschaften vorwärtszutreiben; sind sie doch das wirksamste Mittel der Verstandesbildung, das die Urteilskraft des Menschen steigert, dadurch dessen individuelle Begrenztheit korrigiert und schließlich zu Tugendhaftigkeit und Glückseligkeit führt. Sie legten nicht nur den Grund "zu verbeßerung der ... education"[211], ihre Förderung wirke zugleich auf die politische Ordnung zurück. Deren Qualität werde nämlich vom Grad der Bildung in der Gesellschaft bestimmt. Soziales Elend und Verbrechen sind für Leibniz Folgen menschlicher Torheit. Die Unwissenden würden aus Neid und Mißgunst danach trachten, jenen zu schaden, denen sie an Tugend und Gaben unterlegen seien.[212]

Voraussetzung einer durch Volkserziehung erlangten sozialen Ordnungspolitik ist eine weise Staatspädagogik. Objektives Glück für alle kann jedoch nur die Wissenschaft garantieren; sie allein ist in der Lage, das wahre Interesse des Menschen zu erfassen und diese Erkenntnis in die Realität umzusetzen. Also muß die gelehrte Sozietät, die das oberste Gremium der Wissenschaft repräsentiert, der Staatsgewalt zur Seite treten. Geistiges Führungsorgan und "Tugendschule" in einem[213], übernimmt sie im Namen und Auftrag der Obrigkeit die Organisation eines rationalen Bildungswesens, das die planmäßige Entwicklung der individuellen und kritischen Vernunft und letztlich die Vervollkommnung des menschlichen Geschlechts durch einen steten geistigen Fortschritt zum Ziel hat.[214]

Im Bewußtsein seiner Epoche als einer Übergangszeit, weist Leibniz dem Gelehrten eine tragende Rolle in der Gesellschaft zu. Er erneuert die antike Einheit von Wissenschaft und Tugend in seiner Auffassung vom philosophischen Leben als eines bewußten Prozesses in Richtung auf Vervollkommnung, die der Weise nicht für sich selbst, sondern vielmehr für die Allgemeinheit zu erlangen sucht, und begründet damit dessen individuellen pädagogischen Auftrag ebenso wie die Forderung nach der Gründung entsprechender Institutionen. Diese, d.h. die gelehrten Sozietäten, üben schließlich auch, den heutigen Kultusministerien gleich, exekutive wie kontrollierende Funktionen aus, sind etwa verantwortlich für die Besetzung von Lehrämtern an Schulen und Universitäten, die Schaffung und Leitung wissenschaftlicher und bildungspolitischer Einrichtungen oder die Bücherzensur. Denn mit der Ausführung noch so trefflicher Anordnungen sei es nichts, wenn der rechte Ausführende fehle.[215]

2.2.2.2 Die Sozietät als Ordner des Buchwesens

Die Bildungswelt des jungen Leibniz war das Buch. Auch in seinem späteren Leben sollte er immer wieder und vor allen Dingen mit Büchern zu tun haben, als Gelehrter, Leser wie Autor, und nicht zuletzt als Leiter zweier Bibliotheken. Doch es war nicht allein die berufsbedingte Beschäftigung mit Büchern, vielmehr die frühe Erkenntnis ihrer Bedeutung als Träger, Verbreiter und Bewahrer des menschlichen Wissens, als Informationsquelle und Medium der Kommunikation innerhalb der Gelehrtenwelt sowie als Mittel der Erziehung, Bildung und Aufklärung für das Volk, die den Philosophen veranlaßte, sich ein Leben lang mit den Problemen des Buchwesens auseinanderzusetzen.[1]

Seine ersten Entwürfe zu Akademiegründungen entzündeten sich an diesem Thema und zeigten Wege auf, wie der Konfusion und der damit einhergehenden abfallenden Qualität des literarischen Marktes in "Deutschland" beizukommen wäre.[2] Die Vorschläge reichten von Anregungen für eine staatlich protektionierte Bestenliste (*Nucleus*), mit deren Hilfe der Publikumsgeschmack manipuliert, mithin die Nachfrage kanalisiert und dadurch der Büchermarkt indirekt gesteuert und gestrafft würde; sie konzentrierten sich zunehmend auf Maßnahmen zur staatlichen Lenkung des Buchhandels (*Mainzer Bücherkommissariat*) und kulminierten schließlich in der Vorstellung einer vollständigen Verstaatlichung desselben, wie Leibniz sie schon im *Grundriß* anklingen läßt:

> "Rem literariam zu verbessern. / Auff das Buchwesen sonderlich ein wachendes Auge zu haben. / Die hand darin, und einige direction zu haben suchen, nicht allein nomine Caesaris aut ArchiCancellarii Imperii, sondern auch durch fournirung des verlags an die buchführer, sie zu obstringiren mehr ins künfftige der raison zu folgen, und mit charteqven und maculatur die welt nicht zu füllen, dadurch fast alles was hauptsächlich und verlegens werth, wegen Verlags und schöhnen drucks in die frembde gehet. / Mit vortheil eigene druckereyen und papyr=mühlen aufzurichten. / Catalogus fast aller bücher zusammen zu bringen."[3]

Obwohl seine frühen, stark von der merkantilistischen Wirtschaftstheorie beeinflußten Empfehlungen zur Steuerung des deutschen Buchmarktes kein Gehör fanden, greift Leibniz diese Gedanken auch in seinen Sozietätsplänen für Berlin (1700), Dresden (1704) und Wien (1713) wieder auf. Noch 1715, ein Jahr vor seinem Tod, stellte er Überlegungen an, wie das Buchwesen durch private Initiativen, d.h. auf der Basis von Subskriptionen, der Ausschließlichkeit des Kommerzes entzogen werden konnte.[4]

Leibniz steht, auch was sein Verhältnis zum Buch angeht, bereits an der Schwelle zur Aufklärung; es ist für ihn ein spezifisches Mittel, das zum Glück und zum Wohlergehen der Menschheit genutzt werden mußte.[5] Im Interesse der Allgemeinheit forderte er daher, daß der freie Buchhandel, wie auch immer, wieder bindend auf seine gesellschaftlichen Funktionen verpflichtet würde. In Anbetracht der immensen Bedeutung des Buchs für den allgemeinen wissenschaftlichen und kulturellen Fortschritt kann es eigentlich nicht überraschen, daß er diesen Wirtschaftszweig, wie auch die anderen Bereiche des menschlichen Zusammenlebens, am liebsten unter totaler staatlicher Kontrolle nach merkantilistischen Grundsätzen gesehen hätte, um ihn von Einflüssen ökonomischer Interessen freizuhalten.

Die zunehmende Kommerzialisierung des Buchhandels hatte sich bereits deutlich negativ auf das Niveau des literarischen Marktes in "Deutschland" ausgewirkt.[6] Längst hatten andere europäische Verlagsorte, allen voran Amsterdam als Metropole der französischen Emigrantenliteratur, Frankfurt a. Main, dem Zentrum des deutschen Buchhandels, den Rang abgelaufen. Der sich abzeichnende Regionalismus unterstützte die qualitätsfeindliche Vertriebspolitik der Buchhändler, die zugleich Verleger waren, vornehmlich solche Druckerzeugnisse zu produzieren, die möglichst großen Absatz versprachen, unabhängig von ihrem literarischen oder wissenschaftlichen Wert. Der vormals enge Kontakt zwischen den Buchhändlern und den Gelehrten begann zu erlöschen; letztere gerieten vielmehr in immer größere Abhängigkeit von ihren Verlegern, nicht nur was ihr Autorenhonorar anging, das ausschließlich nach ihrem Marktwert bemessen wurde. Darüber hinaus hatten es die Buchhändler/Verleger aufgrund ihres Vertriebsmonopols auch in der Hand, welche Bücher das Publikum überhaupt erreichten. Ihre Geldgier und Unwissenheit sei der Grund dafür, daß die besten Werke oft gar nicht erschienen; sie selbst hätten keine Ahnung, was sie wählen sollten, und trauten doch andererseits ihren Autoren nicht, die zwar wüßten, was gelehrt, nicht aber was verkäuflich sei.[7] Nicht die wirtschaftlichen Nachfolgelasten des Krieges, etwa die Behinderung der Vertriebswege oder die mangelnde Papierversorgung, sondern das Profitdenken der Buchhändler war für Leibniz der eigentliche Grund für den sukzessiven Niedergang des deutschen Buchwesens:

> "sed non minima nugacium librorum causa sunt Bibliopolae, qui non curant quid melius sed quid vendi promtius, horum opinioni servire eruditos ridiculum est."[8]

Nun sei es aber "dem ganzen oder der gelehrten zumahl sehr unanständig, daß sie dem urtheil und zu zeiten dem eigensinn, gemeiniglich aber den eigennuz meist ungelehrter handelsleute in ausführung ihrer nuzlichen werke, und erlangung des wohl verdienten Ruhms, sich unterwerffen sollen ..."[9] Daher gelte es, sie "a Bibliopolarum servitute" zu befreien; sie hätten höheren Zielen zu dienen als den kaufmännischen Interessen der Verleger[10]

In Sorge um die Entwicklung der Wissenschaften, die mit Hilfe eines leistungsfähigen, mehr auf den Gemeinnutzen orientierten Buchhandels vorangetrieben werden sollten, hält Leibniz dessen "Funktionalisierung unter staatlicher Aufsicht"[11] für notwendig. Nachahmenswerte Vorbilder einer strengen Reglementierung boten ihm die Organisationen der Preßaufsicht in Frankreich und England, die 1618 gegründete Chambre Syndicale des Marchands libraires à Paris bzw. die seit 1556/57 in London existierende Stationer's Company, die vorrangig die Organisation der Zensur zu verbessern sowie die Einhaltung der Privilegien zu überwachen hatten.[12]

Schon in seinen ersten Vorlagen zur Organisation der Wissenschaften gibt Leibniz zu verstehen, daß er die gelehrte Sozietät, die sich im Laufe der Zeit immer deutlicher als idealer Verwaltungsapparat im absolutistischen Wohlfahrtsstaat abzeichnet, auch als oberste Instanz zur Überwachung des Buchwesens eingesetzt wissen will.[13] Sehr viel dezidierter und konkreter formuliert er seine Vorstellung indes in den Entwürfen für Berlin, Dresden und Wien. Die ungleich größere Aussicht auf Durchsetzung dieser Pläne und das auch in Regierungskreisen wachsende Verlangen nach einer Reform des deutschen Buchwesens mag ihm dabei die Feder geführt haben.

a) Die Sozietät als Zensurinstanz

Ausgehend von einem Kalenderprivileg fordert der hannoversche Gelehrte für die Berliner Akademie ein "edictum generalis wegen des Bücherwesens"[14], das sich bei genauerer Betrachtung als umfassende Zensurverordnung entpuppt. Wenig später wiederholt und erweitert er diesen Antrag[15], indem er für den von der kaiserlichen Behörde in Frankfurt a. Main unabhängigen Buchhandel Brandenburg-Preußens[16] die Einrichtung eines Bücherkommissariats wünscht, welches dahingehend wirken sollte, daß "schädliche Schriften abgehalten, hingegen nüzliche Werke und rechtschaffene Bücher von den Buchhändlern, mehr als bisher zu geschehen pflegt, angeschafft und die künftigen Unternehmungen gelehrter und erfahrener Leute, die etwas Löbliches thun wollen und können, befördert, auch wohl nach gelegenheit den Authoribus mit Nachricht und sonst in Zeiten unter die Arme gegriffen würde".[17]

Wie wichtig ihm dieses Anliegen war, beweist, daß er, kaum hatte Friedrich III. die Stiftungsurkunde der Akademie unterzeichnet und ihn zum Präsidenten ernannt, einen entsprechenden Auftrag für die noch lange nicht etablierte Sozietät zu Papier brachte. Im Mittelpunkt dieses Entwurfs vom Juli 1700[18], der große Ähnlichkeit mit der drei Jahrzehnte älteren Vorlage für ein Mainzer Bücherkommissariat unter der Leitung des Kurfürsten Joh. Phil. von Schönborn aufweist, stand wiederum die Notwendigkeit einer Zensurregelung, nach der alle Publikationsvorhaben der Sozietät anzuzeigen und zur Überprüfung zu überlassen seien.[19] In Anbetracht der geringen Produktivität des preußischen Literaturmarktes, "zumal fast wenig in den Königlichen Landen verlegt, hingegen viel untaugliches Zeug eingeführt wird"[20], sollte sich die Akademie ergänzend zu diesen direkten, reglementierenden Eingriffsmöglichkeiten auch der Beratung und Förderung von Autoren und Buchhändlern widmen.[21] Zugleich hätte sie den eigenen Markt zu schützen, mithin dafür zu sorgen, daß "die auswärtigen Bücher nicht ohne allen Unterschied, und ohne einige Aufsicht" in Brandenburg-Preußen eingeführt und vertrieben würden.[22]

Ungeachtet der wirtschaftlichen Zielsetzungen für den preußischen Buchhandel, die Leibniz wiederum ganz im Sinne des Merkantilismus mittels Importbeschränkungen, einer Steuer auf Bücher und Papier, die auch der Finanzierung der Sozietät dienen sollte, sowie durch die Bildung von Verlags- und Handelsgemeinschaften zu erreichen sucht[23], bleibt der "Hauptzweck des ganzen Druck- und Bücherwesens billig dahin gerichtet ..., wie gottseelige Lehren, gute Gedancken, dienliche Erfahrungen, Unterricht und Nachrichtungen durch den Druck vervielfältigt, erhalten, in der Welt ausgebreitet und auf die Nachwelt fortgepflanzet ..." werden könnten.[24]

Gleichwohl sich dem hannoverschen Gelehrten in Berlin zunächst ungleich günstigere Voraussetzungen für die Durchsetzung seiner Pläne boten als vordem in Mainz, konnte er hier doch als Verantwortlicher einer vom König eingesetzten Institution argumentieren und agieren, blieb seine Wirksamkeit begrenzt. Nur hinsichtlich der zum damaligen Zeitpunkt in Preußen eher lax gehandhabten Zensur[25] läßt sich ein Teilerfolg feststellen. Am 24. August 1708 erließ Friedrich I., wiewohl auf Empfehlung des Generalfiskals Durkam, ein Zensuredikt zugunsten der Sozietät der Wissenschaften, dessen weitreichende Vollmachten nachweislich bis 1731 auch tatsächlich wahrgenommen wurden.[26] Ein Bücherkommissariat, wie Leibniz es gewünscht hatte, wurde indes nie eingesetzt.

Da das Buchwesen in Sachsen schon allein aufgrund des Leipziger Meßverkehrs eine größere Bedeutung hatte als in Brandenburg-Preußen, ist es nur logisch, daß dieses Thema auch in den Sozietätsentwürfen für Dresden (1703 - 1705) eine wichtige Rolle spielt. Weil "der ehemals favorable Bücherhandel zu einem großen abusu angewachsen", wäre die Inspektion des gesamten Papier- und Buchhandels, ebenso "der Schrift- und Buchdruckereien in den Chur- und Erb- Landen, und sonderlich auf den Messen" der Sozietät der Wissenschaften aufzutragen.[27] Ihrem Präsidenten oder in dessen Abwesenheit einem Beauftragten sollte die Ausübung der Zensur obliegen "und seine erinnerungen beobachtet werden".[28]

In ihren Grundzügen stimmen die der Akademie zugewiesenen Aufgaben mit jenen Vorschlägen überein, die Leibniz in seinen Berliner Denkschriften für ein von der Sozietät zu leitendes Bücherkommissariat vorgetragen hat. Mit Rücksicht auf die spezifischen Gegebenheiten Sachsens, das bereits über organisierte Instanzen für

Zensur- und Privilegienvergaben verfügte, hält er jedoch eine Zusammenarbeit mit den zuständigen staatlichen Behörden für angebracht. Der "Magistrat jedes Ortes" bzw. das "Ober-Consistorium" müßte ihr bei der Ausübung des Zensurrechts "so oft es nöthig, mit seiner Autorität zu statten kommen".[29]
Die Kaiserliche Akademie in Wien schließlich, die in jeder Hinsicht das umfassendste Sozietätsprojekt von Leibniz darstellt, sollte, gleichfalls ausgestattet mit dem Recht auf Zensur und der Aufsicht über den Buchhandel[30], aufgrund ihrer reichsübergreifenden Geltung langfristig das gesamte deutsche Buchwesen unter ihre Kontrolle bringen und wäre vermutlich in Konkurrenz getreten zu dem ohnehin reformbedürftigen Kaiserlichen Bücherkommissariat in Frankfurt a. Main.[31] Auf diesem Wege hätte Leibniz, allerdings erst nach über vierzig Jahren, seine Mainzer Pläne für eine Neuordnung des Buchwesens im Reich doch noch verwirklichen können.

Die literarische Zensur, jene "autoritäre Kontrolle aller menschlichen Äußerungen, die innerhalb eines bestehenden gesellschaftlichen Systems mit der Bemühung um sprachliche Form geschrieben werden", ist so alt wie die Literatur selbst und schon vor der Erfindung des Buchdrucks nachweisbar.[32] Gleichwohl ihr entscheidendes Merkmal die Prüfung und Beurteilung, weniger die letztlich getroffene Entscheidung darstellt, birgt sie vor allem den Aspekt der Freiheitsbeschränkung durch eine kirchliche, staatliche oder andere Macht im Geistesleben der menschlichen Gesellschaft.[33] Daher mag es verwundern, daß Leibniz, den wir als Verfechter der Toleranzidee sahen und der von sich selbst einmal sagte, er billige fast alles, was er lese, denn er wüßte wohl, wie verschieden die Dinge gefaßt werden könnten[34], so nachdrücklich für die Zensur als einer notwendigen Institution eintritt. Ungeachtet seiner Überzeugung, nach der jeglicher Fortschritt die Freiheit des Denkens voraussetzt, empfiehlt er schon als junger Gelehrter und mit zunehmendem Alter immer entschiedener, in Sonderheit die Präventivzensur zu verstärken und zu verschärfen, weil nachträgliche Konfiskationen nicht verhindern könnten, daß schädliche Druckerzeugnisse im Volk bereits verbreitet worden seien, und öffentliche Beschlagnahmungen derartige Schriften nur populär machten.[35] Diese dezidierte Haltung läßt Harnack[36] zu dem Schluß kommen: hier sei der Philosoph ganz der Bildungsabsolutist, der sich vor tyrannischen Maßregeln nicht scheue. Doch mehr noch zeigen ihn diese Bestrebungen als selbsternannten "Praeceptor universalis generis humani"[37], der, in Sorge um das menschliche Geschlecht, Einschränkungen des Rechts auf freie Entfaltung, respektive auf ungehinderte Meinungsäußerung in Gestalt der Schreibfreiheit in Kauf zu nehmen bereit ist.

Die menschliche Gesellschaft erscheint ihm nicht reif genug, selbst zu wissen und zu entscheiden, was gut oder schlecht ist; sie bedarf der Lenkung und Führung. Dabei lebt Leibniz in dem Gedanken, daß das allgemeine Beste, das auf Erkenntnis beruhende Glück der Menschen, durch die absoluten Herrscher, die Fürsten geschaffen werden muß. Darin unterscheidet er sich in nichts von den meisten führenden Staatstheoretikern des 17. und auch noch des 18. Jahrhunderts, z.B. Justi und Sonnenfels, die den ihrer Meinung nach unmündigen Bürger vor religiösen, moralischen und politischen Verfallserscheinungen bewahren zu müssen glaubten.[38] Die in früheren Jahrhunderten ausschließlich von der Kirche wahrgenommene Aufgabe geht im Zeitalter des Absolutismus mehr und mehr auf den Staat über. Naturgemäß erfährt die Zensur im Zuge dieser Entwicklung eine Erweiterung über die Religionsfragen hinaus, wird sie in steigendem Maße der Staatsraison untergeordnet.

Vor diesem Hintergrund ist es nun durchaus verständlich, daß Leibniz im Interesse des Allgemeinwohls der geistigen Freiheit dort ihre Grenzen setzt, wo ein Schaden für das Gemeinwesen entstehen kann. So wird er nicht müde, vor den "viele(n) gefährliche(n) Schriften gegen die Religion, Gottesfurcht und gute Sitten, gegen den Staat, gegen das Reich und dessen Oberhaupt, Kurfürsten, Fürsten und Stände" zu warnen, die den Markt überhäuften.[39]

Andererseits scheint sein Vertrauen in die Urteilsfähigkeit des höheren Beamtentums hinsichtlich der Qualität literarischer Erzeugnisse nicht sonderlich groß gewesen zu sein. Die nicht selten unnötigen, z.T. auch nicht gerechtfertigten Übergriffe des Kaiserlichen Bücherkommissariats, zumal unter der Leitung Sperlings[40], dürften seine diesbezüglichen Bedenken nur geschürt haben. "Aber freilich sein sehr starkes Selbstbewußtsein ließ ihn wohl annehmen, daß er selbst die Fähigkeit haben würde, als Zensor der gesamten Wissenschaft mit Unterstützung ernster Fachleute aufzutreten."[41] Die völlige Identifizierung der gelehrten Sozietät, wie Leibniz sie konzipierte, mit den Interessen des absoluten Staates, in dessen Diensten sie uneingeschränkt steht, macht diese wie selbstverständlich zur idealen Zensurbehörde, der aufgrund des in ihr waltenden Sachverstandes bedenkenlos auch die Beurteilung wissenschaftlicher Werke auf ihre Richtigkeit und ihren Wert übertragen werden konnte. Überdies bot sie als oberstes Gremium freier Wissenschaft und Forschung wiederum die Möglichkeit, diese vor zu krassen Eingriffen durch die Zensur, vornehmlich von kirchlicher Seite, zu schützen, konnte sie letztendlich größere Freizügigkeit gewährleisten. Ohne, daß er diesen Gedanken jemals geäußert habe, so Heymann[42], habe er damit zugleich die offizielle Prüfung literarischer, vor allem aber wissenschaftlicher Werke von der theologischen Zensur befreien wollen.

b) Die Sozietät als Verleger

Nicht nur schlechte oder womögliche gefährliche, auch unnötige und überflüssige Druckerzeugnisse will Leibniz, wie bereits angeklungen ist, auf dem Wege über die Zensur vom literarischen Markt verbannt sehen; diese verhinderten nur, daß andere, "waß bessers von der materi machen köndte(n) ..., denn es heißet man habe das schohn".[43]

Volkswirtschaftliche Überlegungen verbinden sich schließlich mit den staatserhaltenden und pädagogischen Motiven, wenn die Sozietät einerseits dem Druck, der Einfuhr und der Verbreitung schädlicher wie unnützer Bücher Einhalt gebieten und andererseits die Herstellung guter, "rechtschaffener" Werke fördern soll, u.a. durch Finanzierungshilfen, wie wir sie schon von anderen bereits bestehenden Gelehrtenvereinigungen kennen, etwa von der Mathematischen Gesellschaft in Hamburg.[44]

Besonderen Nachdruck legt Leibniz freilich auf die eigene Herausgebertätigkeit der Sozietät, die nicht nur seinem lang gehegten Wunsch entsprach, die Gelehrten, die Wissenschaft schlechthin, vom kommerziellen Buchhandel unabhängig zu machen, sondern ihr zugleich ein finanzielles Fundament schaffen sollte.

Daß Leibniz der Sozietät der Wissenschaften in Berlin einen umfassenden Editionsauftrag gab, erstaunt nicht, wenn man bedenkt, daß Brandenburg-Preußen zum Zeitpunkt ihrer Gründung noch literarische Provinz war, der gesamte preußische Buchhandel durch nur vier Buchhandlungen repräsentiert wurde, die zwischen 1680 und 1700 gerade einmal fünf bis sechs meßfähige Bücher auf den Markt gebracht haben sollen.[45] Neben der wirtschaftlichen Komponente, den regionalen Buchhandel zu aktivieren, dadurch finanziellen Gewinn für den Staat und die Akademie zu erzielen, spielte hier wohl im besonderen Maße der Gedanke eine Rolle, durch quantitative wie qualitative Förderung des Buchmarktes das wissenschaftliche und kulturelle Leben Brandenburg-Preußens zu beleben.

Nicht weniger aktuell stellt sich die Verlegertätigkeit der Akademie in den Plänen für Dresden dar, zumal auch der vormals blühende sächsische Buchhandel durch gewinnsüchtige Verleger, die "wenig auf den gemeinen Nutzen und eigne reputation sehen und sich zu unterdrückung guter Werke und Vertreibung ihres undienlichen Verlags unter einander verstehen", Schaden genommen hatte.[46] Der Leipziger Meßverkehr, der neben der Frankfurter Buchmesse zunehmend an Bedeutung gewann, hätte hier wiederum die Chance geboten, das gesamte deutsche Buchwesen positiv zu beeinflussen.

Das umfassendste Projekt kennzeichnet gleichwohl auch im Hinblick auf ihre editorischen Aufgaben die *Societas Imperialis Germanica*, für deren Gründung sich Leibniz besonders in den Jahren 1711 bis 1713 einsetzte. Die Kaiserliche Sozietät der Wissenschaften in Wien sollte einen eigenen Verlag für ganz "Deutschland" betreiben.[47]

In jedem Fall hält Leibniz obrigkeitliche Garantien für notwendig, um den Absatz der von den Sozietäten herausgegebenen Werke zu schützen. Deswegen fordert er in allen einschlägigen Vorlagen Bücherprivilegien, "dergestalt und also, daß ihre oder von ihr oder Jemand ihretwegen verlegenden Bücher, Werke, Schriften ... von Niemand, er sey Buchhändler, Buchdrucker oder sonst Jemand, nachgedruckt, zum Nachdruck befördert ... oder eingeführt werden" dürften.[48] Schließlich mußte der Verkauf sozietätseigener Publikationen in ausreichendem Maße garantiert werden, sollte er doch einen wesentlichen Teil ihres Unterhalts abdecken.

Derartige Privilegien hätten vorrangig für die Drucklegung solcher Bücher zu gelten, derer die Öffentlichkeit bedürfte, etwa Almanache, Nachrichten, sowohl über die Angelegenheiten der Welt als auch aus der Gelehrtenrepublik, und Schulbücher.[49] Für Werke, die höhere Kosten verursachten, sei, um ihren Absatz sicherzustellen, darüber hinaus die Subskription in Erwägung zu ziehen.[50]

Es ist kennzeichnend für Leibniz' praktisches Denken, daß er die Herausgebertätigkeit der Sozietät mit der Einführung der Subskription verbindet, jener aus England kommenden Praxis, Bücher schon vor ihrem Erscheinen gegen Anzahlung zu verkaufen. Sie erschien ihm als das geeignetste Mittel, um die Abhängigkeit vom Buchhandel sowie das finanzielle Risiko des Selbstverlags zu verringern.[51] Schon in Berlin macht Leibniz auf diese Möglichkeit aufmerksam:

> "Wir werden im Übrigen auch gern sehn, wenn ... gewisse Gesellschafften ... unter Unser Autorität und mit Rath Unser Societät aufgerichtet, Subscriptiones vermittelst derselben veranstaltet, und solche verfaßungen dabey gemacht werden, wodurch der Buchhändler mehr im Stand kommen möge, tüchtige und rechtschaffene wercke zu verlegen".[52]

Demnach sollte die Sozietät in ihrer Eigenschaft als oberstes Aufsichtsgremium über das Buchwesen Preußens den Buchhändlern die Gründung von Verlagsgemeinschaften und die Einführung der Subskription empfehlen.

Im Zusammenhang mit der Gründung der Wiener Akademie geht Leibniz allerdings einen Schritt weiter. Während es zunächst noch heißt:

> "Es köndte auch der bücherverlag samt denen Subscriptionibus, von der Societät der wißenschafften befördert werden, welches umb so mehr nöthig, weil solcher verlag bisher in den kayserlichen erblanden sehr schlecht gewesen"[53],

könnte man das Konzept *Societas Imperialis Germanicae designatae Schema*, das die Personalstruktur der zu fundierenden Akademie aufzeigt, schon fast als einen Entwurf zu einer "Subskriptionssozietät unter Karl VI."[54] bezeichnen. Als wesentlicher Programmpunkt der Gesellschaft erscheint hier die Edition sowie der Verkauf ausgezeichneter Arbeiten ihrer Mitglieder auf Subskriptionsbasis. Als künftige Angehörige der Sozietät werden neben den "Honorarii", "Ordinarii" und "Collaboratores" als vierte Gruppe die "Subscribentes" eigens genannt. Diese würden sich entsprechend dem englischen Vorbild der Subskription im voraus verpflichten, eine bestimmte Anzahl Bücher abzunehmen und erhielten diese dafür zu einem bevorzugten Preis. Dahinter verbarg sich die Absicht, die Publikationen vor allem wissenschaftlicher Werke, die mit steigender Qualität kostspieliger und bezüglich des Absatzes risikoreicher und daher von den Verlegern ungern oder gar nicht angenommen wurden, zu ermöglichen.

In den späteren Denkschriften für den Kaiser und andere einflußreiche Persönlichkeiten am Wiener Hof erwähnt Leibniz diesen Vorschlag einer quasi staatlichen wissenschaftlichen Buchgemeinschaft im Rahmen der Sozietät nicht mehr; vielmehr sinnt er nun, wie schon einmal 1699 und 1711[55], auf die Realisierung privater Subskriptionsgesellschaften als Konkurrenzunternehmen zum etablierten Buchhandel.[56)] Auf kaiserliche Protektion, die Unterstützung durch Privilegien und eine Oberaufsicht durch den Erzkanzler, den Kurfürsten von Mainz, möchte er gleichwohl auch hier nicht verzichten, um einer Gegnerschaft der Buchhändler vorzubeugen.[57)]

Mögen diese Entwürfe zu Subskriptionsgesellschaften im Vergleich zu seinen umfassenden Plänen zur Reform des deutschen Buchwesens bzw. zur Organisation der Wissenschaften in Mainz, Berlin, Dresden und Wien auf den ersten Blick auch resignativen Charakter haben, so steht gleichwohl außer Zweifel, daß Leibniz an seinen letzten Zielsetzungen bis zuletzt festgehalten hat. Sollten doch auch die finanziellen Überschüsse dieser privaten Unternehmen

> "zu experimentis, observationibus Studiorum, außarbeitung nüzlicher wercke, austheilung gewißer Preise oder praemiorum und insgemein zu beförderung und verbeßerung rechtschaffener studien angewendet werden".[58)]

Dieser am Rande getroffenen Bemerkung können wir entnehmen, daß die zunächst als private wissenschaftliche Buchgemeinschaften konzipierten Gesellschaften hinsichtlich ihrer Tätigkeit und Wirksamkeit im Laufe der Zeit wohl erweitert werden sollten. Schon deswegen galt es, frühzeitig Protektion von höchster Stelle zu erwirken. Leibniz' Vorschlag, die *Societas Carolina* (1711), eine private Subskriptionsgesellschaft, die gleichzeitig die Vorzüge einer Versicherungsgesellschaft aufweist, mit der *Leopoldina* und mit der Berliner Akademie der Wissenschaften zu verbinden sowie auf Privilegien der Regierungen von Polen, Preußen, den deutschen Fürstentümern, Holland und Westfriesland zu dringen[59)], beweist einmal mehr, daß er sich nur scheinbar mit wissenschaftlichen Organisationen geringerer Tragweite zufriedengibt.

aa) Die Notwendigkeit umfassender Enzyklopädien

Neben der Herstellung einheitlicher Schulbücher, "weilen bekannt, daß eine große difformität sich bey denen in den Schulen und sonst bey denen praeceptoribus tam privatis tam publicis gebräuchlichen büchern findet ... dadurch die von einer Schule in die andere ziehen... in progressu studiorum nicht wenig turbiret und gehindert werden"[60)], hätten sich die wissenschaftlichen Akademien primär um die Edition guter Enzyklopädien für alle Fachbereiche zu bemühen.

Ungeachtet der Vielzahl von Büchern, die in den Meßkatalogen regelmäßig angekündigt würden, fehle es nach wie vor an umfassenden Darstellungen in allen Disziplinen, klagt Leibniz in einem Brief an den Herausgeber des *Polyhistor*, Daniel G. Morhof.[61)] Wünschenswert wären Universalwerke, wie etwa die *Ars historica* oder die *Historia de controversiis* des G. Vossius.[62)] Als wichtiges Handwerkszeug für den Gelehrten und Forscher sowie als Mittel, das der Vervollkommnung der Wissenschaften wie der Volksbildung, letztlich also dem allgemeinen Fortschritt dient, hält Leibniz enzyklopädische Lehr- und Handbücher für unentbehrlich. Großes Interesse bringt er daher dem Plan des in Celle lebenden Hugenotten Samuel Chappuzeau für ein *Dictionnaire historique, geographique, chronologique et philologique* entgegen, den dieser ihm im August 1692 zur Begutachtung übersandte.[63] In seiner vierseitigen Stellungnahme[64], die zeigt, wie wichtig ihm Vorhaben wie das seines Korrespondenten sind, formuliert der hannoversche Gelehrte noch einmal die Grundsätze, die bei der Anfertigung derartiger Werke zu beachten seien. Demnach sollten in den Einleitungen bereits vorliegende Nachschlagewerke aufgeführt werden. Ebenso dürfe man auf Quellenhinweise und weiterführende Anmerkungen nicht verzichten; allerdings sollte man im Interesse des Lesers vermeiden, "de ... trop eviter des disgressions utiles sur quelques sujets considerables".[65] Oberstes Gebot ist für ihn aber die Neutralität des Verfassers; diesem sei es nicht erlaubt, sich zum selbsternannten Richter aufzuspielen oder Partei für die eine oder andere Auffassung zu ergreifen. Jene, "qui sont si prompts à la censure, on peut dire que ce sont laboris alieni judices inepti et severi".[66]

Das zentrale Anliegen der gelehrten Sozietät, neue Erfindungen und Erkenntnisse zu fördern, diese nicht dem Zufall zu überlassen, vielmehr die Wissenschaft planmäßig und zielstrebig auf sie hinzuleiten, führt wie selbstverständlich zu ihrer Hauptaufgabe, die zugleich ihr eigentlicher Stiftungszweck ist, wie sie auch für Leibniz selbst zur philosophischen Lebensaufgabe wurde.[67]: die gleichwohl nie zur Realisierung gelangte Erstellung einer demonstrativen Universalenzyklopädie, welche die bereits erzielten Forschungsergebnisse, d.h. alle menschlichen Kenntnisse auf eine logisch-exakte Basis stellt, durch eine feste Rangordnung überschaubar macht und dadurch den Weg zu neuen Forschungen weist. Die Verbindung der Einzelerkenntnisse im Rahmen eines solchen umfassenden Werkes ist für Leibniz notwendig, da eine Wissenschaft ohne die andere kaum vollendet werden kann.

Seine theoretische Auseinandersetzung mit dem Thema der Wissenschaftsklassifikationen als Grundproblem der Enzyklopädie und seine in diesem Zusammenhang geleisteten immensen Vorarbeiten zur *Scientia generalis* als ihr formales Instrument, "quae modum docet alias scientias ex datis sufficientibus inveniendi et demonstrandi"[68], sowie zur Konstitution einer exakten Sprache, einer symbolischen Begriffssprache, welche die Wirklichkeit abzubilden vermag[69], wissenschaftstheoretische Überlegungen also, die einmal mehr Leibniz' Orientierung an Weigels quantitativ-demonstrativer Methode erkennen lassen[70], können und sollen hier nicht erörtert werden. Festzuhalten bleibt indes, daß der hannoversche Gelehrte, obschon er sich über das überdimensionale Ausmaß seines Vorhabens zweifellos im Klaren war, bis zuletzt nichts unversucht ließ, die Dinge voranzutreiben, damit nicht erst spätere Generationen die Früchte des Projekts ernten. Und eben deswegen mußten sich allen voran die gelehrten Sozietäten mit Rücksicht auf dieses hochgesteckte Ziel verpflichtet fühlen, die Ordnung und Auswertung aller Forschungsergebnisse im Rahmen eines großangelegten Werkes vorzunehmen; denn "il seroit mieux, si nous en pouvions prendre les primices pour nous".[71]

Noch in seiner großen *Denkschrift über die Verbesserung der Künste und Wissenschaften im Russischen Reich*[72)], die Leibniz in seinem Todesjahr 1716 zu Papier brachte, versucht er den Zaren von der Notwendigkeit umfassender Enzyklopädien zu überzeugen, die "vermittelst einer wohlgefassten societät füglich zu verfertigen" wären.[73)] Das Ganze liest sich wie eine Zusammenfassung dessen, was der Philosoph in Mainz und in Hannover in immer neuen Variationen, doch vergebens, vorgetragen hat und läßt überdies noch einmal die enge Verknüpfung von Leibniz' Plänen zur Wissenschaftsorganisation mit seinem Gedanken zur Reform des Buchwesens aufscheinen.

Da "das Bücherwesen fast in infinitum geht und endtlich wegen der übergrossen Menge nicht zu betreiben sein wird"[74)], schlägt er vor, zunächst alle "nützliche Nachrichtungen" und Wahrheiten in alphabetisch, besser noch in systematisch angelegten Inventarien zu erfassen," weil in der alphabetischen eintheilung, wo man sich an die Nahmen bindet, die Sachen, so zusammen gehören, von einander gerissen werden und also nicht wohl zu verstehen".[75)] Die hierfür zu leistende Arbeit versteht er, das konnten wir seinen früheren Schriften entnehmen, unabhängig von dem praktischen Nutzen derartiger "dictionnaria" bzw. "indices reales", in erster Linie als Vorarbeit für die demonstrative Enzyklopädie; sie hätte nämlich, modern gesprochen, die Entstehung einer universellen Datenbank zur Folge gehabt, die wiederum die Gewinnung der nötigen Definitionen erleichtert hätte.[76)]

Da man zu den darüber hinaus für jedes Sachgebiet anzustrebenden "Systemata", die alles enthalten, was in Büchern des betreffenden Fachs niedergelegt ist, sobald nicht gelangen werde, wären gleichsam als deren "praeludia", "Syntagmata" für die verschiednen Disziplinen zu erstellen. Aus diesen seien dann jene "Kernwerke" zu verfertigen, die die einzelnen Wissenschaften auf ihre Elemente, Prinzipien und allgemeinen Sätze zurückführt, "darauss durch genugsames Nachdenken das Übrige selbst zu schliessen". Solche Kernwerke wären "theils einzelne wohl gefasste institutiones in der Disciplin", also Fachenzyklopädien, "theils Encyclopaediae, darin compendia aller disciplinen enthalten".[77)] Letztere, die Universalenzyklopädie nämlich, die sozusagen ein "syntagma universale", eine Zusammenfassung der Kompendien aller Disziplinen darstellt, besteht, auch das wissen wir bereits aus Leibniz' einschlägigen Plänen für Hannover, aus drei Teilen.[78)] Das Kernstück bildet die *Encyclopaedia media*, die in der Anlage dem Werk Altstedts gleichen könnte, jedoch verbessert und auf den gegenwärtigen Stand der Wissenschaft gebracht werden müßte.[79)] Zu wünschen wäre vor allem, daß sie nicht nur "systematice, sondern auch demonstrative und nicht nur demonstrative, sondern analytice" geschrieben werde.[80)] Diese Enzyklopädie im eigentlichen Sinne wird begleitet von der *Encyclopaedia major*, d.h. einem *Atlas Universalis*[81)], und einer *Encyclopaedia minor*, einem Handbuch, "welches man bey sich tragen und darin den Kern nützlicher Dinge gleichsam in einer Quintessens haben könnte".[82)]

Leibniz' Bemühungen um eine enzyklopädische Erfassung alles Wißbaren kennzeichnen nicht nur ein Spezifikum des barocken Zeitgeistes. Sie sind vielmehr Ausdruck jener Neigung zu Bestandsaufnahmen, die besonders in Zeitaltern wächst, die große wissenschaftliche Entdeckungen oder neue Erkenntnisse bringen und sich als Beginn einer neuen Ära verstehen. Zusammen mit Comenius, Ratke, Altstedt und anderen[83] steht er noch am Anfang lebhaft einsetzender enzyklopädischer Bestrebungen, die im 18. Jahrhundert ihre erste Hochblüte erlebten und in dem von Diderot und d'Alembert getragenen französischen Unternehmen, einem Meisterwerk der Lexikographie, gipfelten.[84] Gleichwohl geht Leibniz auch hier eigene Wege, insofern als er ein neues Einteilungsprinzip anwendet, welches *theoria cum praxi* verbindet, und Ausblicke auf eine neuartige "méthode universelle applicable à toutes les sciences"[85], die *scientia generalis* gewährt. Im Kern geht es ihm dabei um unanfechtbare Wissenschaftlichkeit, die den Kontroversen jeglicher Provenienz entgegengesetzt werden konnte.[86] Denn letztlich ist auch sein eifriges Streben, Mitarbeiter und Förderer zur Schaffung einer Universalenzyklopädie zu finden, motiviert von seinem Glauben, daß Gewißheit über Gott und das Wesen der Seele nur gewonnen werden kann aus dem, was die Wissenschaften über die Welt lehren, d.h. aus dem Inhalt der Enzyklopädie.[87]

bb) Die Bedeutung guter Geschichtsbücher und Quelleneditionen - die Stellung der Geschichte in den Sozietätsplänen

In den Kontext der enzyklopädischen Zielsetzungen ist auch sein Wunsch nach einer umfassenden Weltgeschichte, einer "veritable histoire du Monde"[88], ja mehr noch, einer "Histoire du genre humain"[89], einzuordnen, wie er denn grundsätzlich nicht müde wird, auf die Notwendigkeit guter Geschichtsbücher und Quelleneditionen hinzuweisen.

Bedeutung und Grenzen der zeitgenössischen Historiographie wohl einschätzend, räumt Leibniz der Geschichtswissenschaft in seinen Sozietätsentwürfen einen bevorzugten Platz ein. An den Universitäten der Theologie und Jurisprudenz als bloße Hilfswissenschaft untergeordnet und im Dienste der Staatsräson, der maßgebenden politischen Kategorie des aufstrebenden Absolutismus, als Mittel der Rechtfertigung von Macht- und Gebietsansprüchen der geistlichen wie weltlichen Feudalität oft genug mißbraucht[90], soll sie als eigenständige Wissenschaft etabliert und damit letztendlich aus den höfischen und klerikalen Bindungen befreit werden.

Wie so oft in seinem Leben differierten auch hier Anspruch und Wirklichkeit. Denn andererseits erweist sich die Geschichte gerade für Leibniz nicht nur als Vehikel zur Sicherung seiner beruflichen Stellung, sie war für ihn schlechterdings der "Schlüssel zum Herzen der Fürsten seiner Zeit"[91], deren Unterstützung er benötigte, wollte er seine zahlreichen Pläne zur Förderung des wissenschaftlich-kulturellen Lebens und des *bonum commune* realisieren. Nicht von ungefähr erbot er sich, zunächst in unmittelbarem Zusammenhang mit dem Tode Herzog Johann Friedrichs, dessen Nachfolger Ernst August als Chronist "alle(r) dinge, so sich in diesem seculo bey dem fürstl. Hause begeben".[92)] Mit derselben Absicht, nämlich direkten Zutritt beim Fürsten zu erlangen, bewarb er sich als politisch-historischer Biograph der Kaiser Leopold I. und Karl VI.[93)] sowie des Kurfürsten und nachmaligen preußischen Königs Friedrich III. (I.).[94)] Noch kurz vor seinem Tod bemühte er sich um die Stellung eines Historiographen am Hofe Königs Georg I. in England.[95)]

Dabei wußte er nur zu gut, daß der Freiheit des Geschichtsschreibers Grenzen gesetzt waren durch die Auffassung, die ein Territorialfürst von der Genealogie seines Hauses hatte und mit der er seine Ansprüche zu begründen wünschte.[96)] Die Tatsache, daß Leibniz sich entgegen seiner anfänglichen Ankündigung bei der Bearbeitung der Welfengeschichte nicht der zeitgeschichtlichen Dokumentation, vielmehr der Historie der ersten Jahrhunderte zuwandte[97)], läßt sich indes nicht allein mit der Aussicht auf die hierfür nötigen ausgedehnten Archivreisen erklären, die für den in der provinziellen Abgeschiedenheit Hannovers lebenden Philosophen zweifellos eine Verlockung darstellten. Die Hinwendung zu den Ursprüngen des Welfenhauses und seiner älteren Geschichte bedeutete, im Hinblick auf den damaligen Charakter der Historie als Rechtsmittel des territorialfürstlichen Absolutismus wie als Medium zur Verherrlichung fürstlicher Dynastien bzw. Einzelpersonen, den zu mißachten als ein zu ahndender Verstoß galt[98)], wohl zugleich einen Rückzug des Historikers Leibniz auf weniger "riskantes" Terrain.

Das Geschichtliche trat nicht erst "von außen durch die Aufgabenstellung der Welfengeschichte an ihn heran".[99)] In der Bibliothek seines Vaters erstmals mit Werken der griechischen und römischen Historiographie konfrontiert[100)], richtete sich Leibniz' Blick vielmehr schon in jungen Jahren auf die historischen Aspekte des Seins. Im Gegensatz zu Descartes, für den schöpferische Inspiration nur ohne die Autoritäten der Vergangenheit denkbar war[101)], erkannte er den Wert der Geschichte für alle Einzelwissenschaften und die Behandlung wissenschaftlicher Probleme, insbesondere in der Philosophie. Als angehendem Juristen wurde ihm darüber hinaus ihre Bedeutung für die Rechtsquellen evident; in Mainz, und darin zweifellos von seinem ersten Förderer Boineburg bestärkt[102)], begann er sie als notwendige Grundlage für das öffentliche Recht und die Politik zu schätzen. Nach dieser Auffassung hatten Geschichtswissenschaft und -forschung freilich höheren Zielen zu dienen als der Glorifizierung von Fürstengeschlechtern oder der Durchsetzung feudaler Interessen.

Es entsprach seinem philosophisch-religiösen Weltbild, wenn er, wie im übrigen auch Bossuet, sein Diskussionspartner in der Reunionsangelegenheit, die Historien zu allererst als "Spiegel der göttlichen Vorsehung"[103)], die Geschichtswissenschaft mithin als Einsicht in deren Geheimnis wie in die göttliche Weisheit versteht:

> "ces belles connoissances Historiques ... nous font entrer en quelque façon dans le secret de la providence".[104)]

Die Naturgeschichte zeige die Weisheit des Weltschöpfers bei der Gründung des Universums, die profane, einschließlich der heiligen Geschichte, seinen "überströmendsten Willen"[105], der den Ablauf des Geschehens bestimme. Diesen zu erforschen sei daher ebenso moralische Verpflichtung wie die genaue Kenntnis der Naturwissenschaft. So ist die Beschäftigung mit der Geschichte nicht nur Ausdruck der Frömmigkeit und der Verherrlichung Gottes, aus ihr könne schließlich auch die "Wahrheit unserer Religion" bewiesen werden:

> "le plus grand usage de la connoissance des Antiquités et des langues mortes, est celuy qu'on en tire pour la Theologie, tant à l'égard de la verité de la Religion chrestienne et de l'autorité des livres sacrés que pour expliquer ces mêmes livres et lever mille difficultés, et pour connoistre enfin la doctrine et practique de l'Eglise de Dieu, et les loix ou canons de la jurisprudence divine".[106]

Religiöse Streitigkeiten und Zweifel seien vor allem deswegen noch nicht aus der Welt zu schaffen, weil es nicht leicht sei, "ea, quae Deus humano generi per Christum revelavit, iis per argumenta persuadere, quibus nostra historia sacra et profana non satis est explorata demonstrataque".[107] Deshalb sei die unparteiische Behandlung der Geschichte, insbesondere der Kirchengeschichte so wichtig und notwendig.

Leibniz begreift die Entwicklung der Menschheit als einen Prozeß der fortwährenden Vervollkommnung, der sich im Überwinden der Fehler der Vergangenheit vollzieht. Damit vertritt er die Anschauung, daß die Historie einen steten Verlauf nimmt, wie auch die Natur "niemals Sprünge macht". Mit diesem Gesetz der Kontinuität, das er einen seiner "wichtigsten und bewährtesten Grundsätze" nennt[108], hat er bereits die elementare Erkenntnis des neuzeitlichen Geschichtsverständnis vorweggenommen. Dies, so Voisé[109], sei sein bedeutendster Beitrag für die Geschichtswissenschaft gewesen.

Bringt man Leibniz' Auffassung von der menschlichen Geschichte als steten Entwicklungsprozess in Verbindung mit seiner Idee der *prästabilierten Harmonie*[110], so bilden alle Ereignisse eine Zusammenhang und werden durch das Kontinuitätsprinzip geleitet. Dieser evolutionistische Ansatz, der unmittelbar auf die Leibnizsche Maxime von den "notwendigen eingeborenen Wahrheiten"[111], aus welchen sich die ewigen Gesetze von Recht und Moral ableiten, zurückzuführen ist, rechtfertigt wiederum die Annahme, daß sich die Menschen überall und zu allen Zeiten ähnlich gewesen und ähnlich bleiben werden.[112] Und weil allen individuellen Erscheinungen eine übergeordnete Gesetzmäßigkeit innewohnt, unterliegt auch der historische Ablauf gewissen Gesetzen.[113] Damit sind wir bei dem Grundgedanken der Geschichtsauffassung der Aufklärung angelangt, wonach jede Gegenwart sowohl die Vergangenheit als auch die Zukunft in sich trägt; "le present ... est gros de l'avenir"[114], bringt Leibniz dieses Credo auf eine kurze Formel. In der *Theodicée* äußert er sich folgendermaßen:

"C'est une des règles de mon systeme de l'harmonie générale, que le présent est gros de l'avenir et que celui qui voit tout, voit dans ce qui est ce qui sera."[115]

Hier lebt die ciceronische Vorstellung von der Geschichte als einer *magistra vitae* wieder auf.[116] Und in eben diesem Sinne versteht Leibniz die Beispiele der Vergangenheit als "des leçons vives et des instructions agreables"[117]; "on y trouve", schreibt er in den *Nouvelles ouvertures*, einer Einleitung zur *scientia generalis*, "des leçons exellentes, données par les plus grands hommes qui ont eu <des bons et des mauvais succès> et rien n'est plus commode que d'apprendre au depens d'autruy".[118]

Die Geschichte ist also das Fundament der Gegenwartsreflexionen und damit notwendigerweise auch der Politik; sie gibt den Menschen Anleitungen für die politische Praxis. In der Umsetzung der aus dem Studium der Vergangenheit gewonnenen Grundsätze in praktisches politisches Handeln sieht Leibniz dann wiederum die Verwirklichung seines Leitmotivs *theoria cum praxi*.[119]

Als staatsrechtlicher Berater seiner fürstlichen Arbeitgeber ist der Philosoph vor allem in späteren Jahren immer wieder darum bemüht, das Gewesene für aktuelle politische Ziele auszuwerten[120]; zumal es gegen Ende des 17. Jahrhunderts schlichtweg undenkbar war, größere politische Unternehmungen durchzuführen, ohne vorher eine historisch legitimierte Rechtsbasis geschaffen zu haben. So war es nicht zuletzt seinen historischen Nachforschungen zu verdanken, daß das Welfenhaus mit Erfolg den Anspruch auf die neunte Kur sowie auf den englischen Thron geltend machen konnte.[121]

Auch für die Bewältigung politisch-administrativer Tagesprobleme, "in omni administratione Reipublicae privatoque et publico jure ...", wollte er den Nutzen der Historie nicht hoch genug einschätzen.[122]

Geschichtsforschung im Dienste politischer Gegenwartsaufgaben, das ist bei Leibniz allerdings keine Formel, die sich auf die im Absolutismus übliche Gepflogenheit der historisch-urkundlichen Legitimierung von Machtansprüchen reduzieren läßt. Es ist vielmehr ein quasi göttlicher Auftrag, der auf die Vervollkommnung der menschlichen Gesellschaft zielt. Für die Mächtigen dieser Welt stellt nämlich die so aufgefaßte Geschichtswissenschaft ein Instrument der Regierungskunst dar, eine "lehrreiche Lektion im intellektuellem Sinne", die die Regierenden zu weisen Regenten machen soll.[123]

In der Vorrede zu den *Accessiones historicae*, einer Chroniksammlung zur sächsischen und deutschen Geschichte, bemerkt Leibniz zusammenfaßend über den Zweck und Nutzen der Geschichte:[124] Sie gewähre die Befriedigung der Einsicht in einzelne Probleme, gäbe nützliche Vorschriften für das Leben und lehre den Ursprung der Gegenwart aus der Vergangenheit, weil man alles am besten aus seinen Ursachen verstünde. Nicht zuletzt sporne sie durch das Vorbild der Ahnen zu großen Taten an. In den *Gedanken zur Geschichtsschreibung* für Kaiser Leopold I. differenziert er diese allgemeinen Aussagen entsprechend der drei großen Abschnitte der Geschichte.[125] Die "Historia vetus graeca et Latina" diene hauptsächlich der Verteidigung der christlichen Religion gegen den Atheismus. Die "Historia medii aevi" sei der "grund alles juris publici, und controversiarum illustrium inter principes et potestas supremas". Was die "Historiam recentiorem" anbelange, so habe er ihren Wert "pro gloria principum und instructione posteritatis als auch juribus publicis" erkannt.

In unmittelbarem Zusammenhang mit seiner neuen Aufgabe als Historiograph der Welfen entwickelt Leibniz in den Denkschriften für Ernst August[126] sowie in der seit 1685 anschwellenden Korrespondenz mit den namhaftesten Historikern in Europa[127] eine Konzeption moderner wissenschaftlicher Geschichtsforschung, die ihn, nach Meinecke[128], als einen wesentlichen Vorläufer des Historismus ausweist. Dem sei jedoch einschränkend hinzugefügt, daß sich Leibniz seine Grundsätze kritischer Geschichtsschreibung nach dem Vorbild der neuen französischen und holländischen Historiographie, insbesondere des Benediktiners Mabillon, gebildet hat.[129] Andererseits dokumentiert etwa das Kuriosum, daß Leibniz seiner Geschichte der Welfen eine *Protagaea*, eine Naturgeschichte Niedersachsens vorausschickte, daß er sich eine über die historischen Prinzipien der Mauriner und Bollandisten hinausgehende universale Sicht der Geschichte zu eigen gemacht hat, in der er Historiographie verstanden wissen wollte.[130]

Ihr Nutzen bestünde hauptsächlich in dem Genuß, den Ursprung der Völker zu erkennen. Daher hielte er es nicht für überflüssig, die Altertümer bis auf die kleinsten Kleinigkeiten genau zu untersuchen, schreibt Leibniz in den *Nouveaux Essais*[131]; selbst aus der Geschichte der Kleidungen und Schneiderkünste ließen sich wichtige Erkenntnisse gewinnen. Im Sinne einer Erforschung historischer Zusammenhänge, ohne die Ursprünge und Herkunft der gegenwärtigen Völker und Sprachen nicht erklärbar sind[132], plädiert Leibniz u.a. für eine deutsche Kulturgeschichtsschreibung[133] sowie für eine Geschichte der "coutumes et loix que Dieu a establies dans la nature"[134], "des loix positives" und der "loix fundamentales des Estats", also für eine umfassende Rechtsgeschichte.[135] Die Darstellung von Wirkungszusammenhängen verlange gleichwohl nach einer dynamischen Geschichtsbetrachtung, ganz besonders bei der Interpretation von Vertrags- und Gesetzestexten. Gerade hier gelte es, jenen Kräften nachzuspüren, die bei der Entstehung mitgewirkt hätten.[136]

Leibniz zielt auf eine ganzheitliche Erfassung des geschichtlichen Lebens; deswegen ist für ihn die Geschichtswissenschaft ohne die Zuhilfenahme von Nachbardisziplinen, z.B. der Philologie oder der Geographie undenkbar.[137] Ebenso hoch setzt er die Bedeutung der historischen Hilfswissenschaften an. Die Numismatik beispielsweise erlaube "un voyage dans les siecles passés"; alte Münzen erzählten "mille particularités, qui servent tant à confirmer qu' à eclaircir l'Histoire".[138]

Bei allem Respekt vor dem durchaus berechtigten Wunsch fürstlicher Auftraggeber, die Geschichte ihres Hauses in höchstem Glanze geschrieben zu sehen, müsse der Pragmatismus der Historiographie seine Grenzen haben, er dürfe nicht zu Unaufrichtigkeit und Kritiklosigkeit führen. Gerade die damals üblichen Dynastengeschichten nähmen es aber mit der Wahrheit nicht so genau. Angesichts der Aufgeklärtheit des Jahrhunderts könne jedoch nur derjenige Historiker mit dauerhaftem Ruhm rechnen, der sich der Wahrheit verpflichtet fühle.[139] Genauigkeit und Überprüfbarkeit sind für Leibniz die entscheidenden Kriterien.[140] Oberstes Ziel muß es sein, ein Höchstmaß an "exactitude" zu erreichen, die "fides historica", die historische Glaubwürdigkeit, zu ergründen:

> "Nam Historicus nihil aliud est quam testis qui testimonium scripto dicit ut publice innotescat perveniatque ad posteriatem. Itaque hic et in teste et in scriptura fides requiritur."[141]

Dies ist eine Forderung, die Leibniz auch an sich selbst als Historiker stellt, zumal man bisher vor allem in der deutschen Geschichtsschreibung die "recherches propres" und "preuves solides" weitgehendst vernachlässigt habe[142]; "tout devant estre bien appuyé et verifié autant qu'il se peut"[143]; damit rechtfertigt er denn auch das langsame Vorwärtsschreiten seiner Geschichte des Hauses Braunschweig-Lüneburg gegenüber den zunehmend ungeduldiger werdenden Vertretern des Hofes.

Zum Zwecke der geschichtlichen Wahrheitsfindung fordert Leibniz die systematische Entwicklung einer der Geschichte adäquaten Erkenntnistheorie, der sog. Probabilitätslogik, mit der der Historiker in der Lage wäre, die unterschiedlichen Wahrheitsgrade abzuschätzen.[144] Es entspricht dem Geist des *saeculum mathematicum*, wenn er die Auffassung vertritt, daß auch die Geschichtswissenschaft bis zu einem gewissen Grad "more geometrico" behandelt werden kann[145], und er in der Herstellung des "ordo" oder der "series temporum", gleichsam der Mathematik in der Geschichte, die erste Aufgabe des kritischen Historikers sieht.[146] Eine der Naturwissenschaft vergleichbare Exaktheit läßt sich seiner Meinung nach gleichwohl nur für die "historia publica", d.h. für die öffentlichen Vorgänge erlangen; Chronologie und Genealogie rechnet er daher in den Bereich der mathematischen Wissenschaften. Nicht erreichbar sei sie indes für die "historia arcana", mithin für jene verborgenen Motive, die zu den Ereignissen geführt haben.[147] Um so wichtiger sei gerade hier die Untersuchung der Wahrscheinlichkeitsgrade, "sonst würde fast die gesamte historische Erkenntnis ... wegfallen".[148]

Im Zusammenhang mit seiner mehrmals wiederholten Forderung nach einer Logik der Wahrscheinlichkeit, die er auch in der Geschichtswissenschaft angewandt wissen will[149], hat sich Leibniz der historischen Kritik gewidmet. Das Quellenstudium, insbesondere die Quellenkritik ist für ihn die eigentliche Grundlage der Geschichtswissenschaft. Er habe gelernt, daß man sich in der Mathematik auf seinen Verstand, in der Natur auf Experimente, bei den göttlichen und menschlichen Gesetzen auf die Autorität, in der Geschichte auf Zeugnisse verlassen müsse.[150] Doch bedürften die "probationes" bzw. "preuves", die Quellenbelege also, der kritischen Betrachtung, bevor man ihnen vollkommene Beweiskraft zuerkenne:

> "Sur tout il faut observer qv'on ne se contente pas aujourdhuy de toutes sortes de temoins."[151]

Wie das englische Recht die Kopien der Kopie einer Urkunde als Zeugnisse ablehne, ebenso sollten zweitrangige Quellen in der Geschichtswissenschaft ohne Bedeutung bleiben; keine Abschrift erhebe sich über die Gewißheit der ersten Urschrift:

> "Wenn man als Gewährsmann einer Tatsache nur einen einzigen alten Schriftsteller hat, so geben die, die ihn ausgeschrieben haben, ihm kein neues Gewicht oder müssen vielmehr für nichts gerechnet werden."[152]

Überhaupt könne sich der Historiker bei der Beurteilung der Beweiskraft von Urkunden die Praxis der Juristen zum Vorbild nehmen. Diese bedienten sich einer feingegliederten Staffelung der Zeugnisfähigkeit, die das Prozeßverfahren in der Justiz schließlich zu einer auf Rechtsfragen angewandten Logik mache.[153]

Die Prüfung der "probationes" würde durch ihre Offenlegung in Quellensammlungen erleichtert; damit fördere man zugleich die Darstellung geschichtlicher Zusammenhänge.[154]

Als Historiograph und Verfasser der Welfengeschichte, die er "überall mit gnugsamen documenten zu besterckern" beabsichtigte[155], hat Leibniz selbst umfangreiche editorische Arbeit geleistet[156], doch blieben seine Ausgaben, wiewohl man sie annähernd kritisch nennen könnte, so Schröcker[157], hinter dem gesteckten Ziel zurück; letztlich habe sich der Philosoph gegen seine Editionsprinzipien zugunsten der Quantität und nicht im Sinne der Qualität entschieden.

Ungeachtet dessen steht Leibniz mit seinem Ideal mathematischer Exaktheit, seinem Verständnis von der Geschichtsforschung als Suche nach der Wahrheit, und zwar einer "veritas demonstranda"[158], und mit seinem Kontinuitätsprinzip, das den Entwicklungs- und Fortschrittsgedanken der Aufklärung gleichsam antizipiert, - noch vor Bünau und Mascow - am Anfang einer kritischen Geschichtsforschung in "Deutschland".[159]

In seiner noch immer eindrucksvollen Geschichte der Preußischen Akademie der Wissenschaften hat Adolf v. Harnack darauf hingewiesen, daß die Einrichtung der philologisch-historischen Klasse nicht das Werk des Philosophen, vielmehr auf Verlangen des Kurfürsten erfolgt war. Dieser habe der Sozietät die Berücksichtigung der "Cultur der Teutschen Sprache" vorgeschrieben[160], was wiederum die Einbeziehung "gleichartige(r) andere(r)" Fächer, zumal der Geschichte, notwendig gemacht habe.[161] Dem sei jedoch hinzugefügt, daß der Plan, der Friedrich III. vorgelegt wurde, nicht aus der Feder Leibnizens, sondern Jablonskis stammte. Wiewohl nach Absprache mit seinem hannoverschen Korrespondenten, doch vor allem in Zusammenarbeit mit Berliner Freunden, hatte der Hofprediger einen Entwurf zu Papier gebracht, der zuallererst dem Wunsch der Kurfürstin nach einem Observatorium in Berlin Rechnung trug und folgerichtig eine daran anzuschließende naturwissenschaftliche Akademie vorsah.

Vergleichen wir indes Leibniz' ureigenste Denkschriften für Berlin, die bereits aus dem Jahre 1695 datieren[162] und - noch unabhängig von dem Gedanken an den Bau einer Sternwarte in der Kurfürstlichen Residenz - die spätere Gründung der Akademie gleichsam antizipieren, so sehen wir, daß diese bereits den umfassenden, universalen Charakter haben, der vor allem seine späteren Pläne für Wien und St. Petersburg auszeichnet. Sie zeigen darüber hinaus, daß Geschichtswissenschaft und -forschung ihm in Berlin, wie übrigens auch später in Wien, den Weg bahnen sollten zur Durchsetzung größerer Vorhaben, respektive seiner Ideen zur Wissenschaftsorganisation.

Mit der Absicht, die Nachfolge des im Oktober 1694 verstorbenen brandenburgischen Hofhistoriographen Samuel v. Pufendorf anzutreten, bot sich Leibniz an, die Geschichte Friedrichs III. zu schreiben.[163] Da er "längst auch auff Historiam recentissimam nostri temporis bedacht", schlägt er vor, "daß alle jahr die Historia anni praeteriti" abgefaßt würde, ohne daß man sie sogleich publiziere; vielmehr seien zunächst nur "recente rerum memoria zu entwerffen, dann hernach unter der hand zu revidiren, und ex eventibus nach gelegenheit zu suppliren und zu corrigiren".[164] Zur besseren Erfassung der für diese Jahreschroniken nötigen Daten - von Leibniz wohl auch als Vorarbeit zu der angekündigten politischen Biographie des Kurfürsten gedacht - wären die in den "so weitlaufftig(en) land(en)" Kurbrandenburgs verstreuten Archivalien in einem "OberArchivat", dessen Leitung er selbst zu übernehmen wünschte, zusammenzufassen.[165]

Seinen Plan für eine zentrale preußische Archivverwaltung nun wieder in Verbindung zu bringen mit der Errichtung einer "societas Electoralis Brandenburgica ...; da gelehrte leute in omni studiorum genere, sonderlich aber in Physicis et Mathematicis nüzliche gedancken, Juventa et Experimenta zusammentrügen"[166], ist für ihn nur natürlich, da mit "denen registraturen und archiven ... nicht nur die Historia sondern an sich selbst Res Studiorum eine große connexion" habe.[167] Und so war auch die Forderung des Kurfürsten nach einer germanistischen Abteilung innerhalb der zukünftigen Sozietät, die schließlich die Vereinigung der "Teutsch- und Wissenschaftsliebenden Gesellschaft" in Gang brachte, die "vernünftigste und schicklichste Sache von der Welt".[168] Gab sie ihm doch die lange erhoffte Gelegenheit, in Berlin nun endlich sein Konzept für eine umfassend-universale, alle europäischen Vorbilder übertreffende Musterakademie zu realisieren, in der neben den Naturwissenschaften die Geisteswissenschaften gleichberechtigt behandelt würden. Der Geschichte sollte gleichwohl ein besonderer Platz eingeräumt werden. Die Sozietät hätte alles zu erforschen, was "zur ehre und zierde der Teutschen Nation gereichet", besonders "die gantze Teutsche und sonderlich Unserer Lande Weltliche -

und Kirchen - Historie", heißt es denn auch ausdrücklich in dem von Leibniz formulierten Stiftungsbrief.[169] Erstmalig erscheint hier also die Pflege der deutschen und brandenburgischen Geschichte als zentrale Aufgabe der Akademie in einer offiziellen Urkunde.[170]

Nachdem dieser Auftrag in dem von Friedrich I. ohne Leibniz' Wissen am 3. Juni 1710 erlassenen Statut der Königlichen Sozietät der Wissenschaften[171] nicht mehr erwähnt wird, dürfen wir annehmen, daß Leibniz der alleinige Urheber dieses Passus war.[172] Dies dokumentiert einmal mehr seine besondere Neigung für die Geschichte, zumal er "ganz einen andern usum darinn gefunden" als bis dahin üblich, da man "solche pro discursu et ornamentis brauchet".[173] Über sein berufliches Interesse hinaus sah er in der Entwicklung einer modernen kritischen Geschichtsforschung vor allem auch einen wichtigen Schritt zur Erreichung seines allgemeinen Kulturideals, die Aufwärtsentwicklung der Wissenschaften überhaupt zu befördern.

Mit größerer Ausführlichkeit behandelt der Philosoph dieses Anliegen indes in den Plänen zur Fundierung einer Sozietät in der Kaiserlichen Residenz. Infolge seiner geistigen Mitwirkung an der Vorbereitung zu dem 1690 aus der Taufe gehobenen *Collegium historicum Imperiale*, dessen Fortgang gleichwohl äußerst schleppend verlief[174], weisen Leibniz' Entwürfe für Wien zunächst primär historische Zielsetzungen auf. Als er im Frühjahr 1709 seine Vorschläge erstmals zu Papier brachte, knüpfte er bewußt an die seit 1687 gemeinsam mit dem bekannten Sprachforscher und Orientalisten Hiob Ludolf und dem Eisenacher Stadtphysikus Franz Christian Paullini betriebenen Pläne an und stellt die Notwendigkeit, "die erläuterung sowohl der gerechtsame als der geschichte des Reiches mit Nachdruck zu befördern", in den Vordergrund.[175]

Auch drei Jahre später, als seine Überlegungen zur Gründung einer Sozietät zusehens konkreter wurden und er diese der Kaiserinwitwe Amalie, deren Hoffräulein von Klenk und dem Nachfolger Josefs I., Kaiser Karl VI., über dessen Leibarzt Garelli zur Kenntnis brachte, lag der Schwerpunkt seiner Konzeption nach wie vor auf historisch-politischem Gebiet; wohl nicht zuletzt deshalb, weil er sich zur gleichen Zeit, nun bereits zum dritten Male, als Historiograph und politisch-historischer Berater des Kaisers empfahl, diesem durch "labores pro Historia et juribus dienen" und "Ew. Majestät Histori" entwerfen wollte.[176] Wiederum auf die Einrichtung Ludolfs und Paullinis Bezug nehmend, schreibt er am 23. Dezember 1712 an Garelli: Da es bei dem Historischen Kolleg "auff viele weise an nöthiger anstalt und zulänglicher untersuchung" gefehlt habe, einer solchen Anstalt gegenwärtig aber größeres Interesse entgegengebracht werde, sei es an der Zeit, "auff verfassung einer rechten societatis imperialis Germanicae zu gedencken", die sich vorrangig mit der Erforschung der deutschen Geschichte befassen würde.[177] Die Aufgaben, die sich der kaiserlichen Sozietät im Hinblick auf die Geschichtsforschung stellten, erfordere die Bearbeitung einer Syntagma jurium imperatoris et imperii, einer Sammlung Germania sacra nach dem Vorbild der Italia sacra des Ughelli, eines Volumens conciliorum Germaniae, die Edition der Scriptores rerum Germanicarum, der Leges et Constitutiones imperii, die Erstellung von Collectanea diplomatum utiliorum, einer Chorographia Germaniae und schließlich der Res genealogica Germaniae und Annales Germaniae.[178]

Gleichsam en passant läßt Leibniz anklingen, daß sich die Sozietät auch anderer Wissenschaften und Arbeitsgebiete annehmen könnte.[179]

Doch erst in den Denkschriften, die Leibniz direkt an den Kaiser gelangen ließ, nimmt seine Konzeption jenen universalen Charakter an, der die Wiener Pläne letztlich auszeichnet; die Geschichtsforschung erscheint nunmehr als eine der vielen Aufgaben, die, immer noch wichtig, doch gleichberechtigt neben den anderen, von der künftigen Sozietät zu bewältigen wären. In ihrem von Leibniz formulierten Diplom wird dementsprechend kurz notiert, daß sich die Kaiserliche Akademie "absonderlich die Histori, alterthümer und rechte unseres geliebten vaterlandes teutscher nation ... anbefohlen seyn lasse", zumal durch "beleuchtung ... alles dessen, so die vorfahren hinterlassen, ungemeine anmerckungen herfür zu bringen".[180] In der für den Prinzen Eugen bestimmten Denkschrift vom 17. August 1714, die Aufgaben und Verfassung der künftigen Gesellschaft noch einmal in stark verkürzter Form vorträgt, weist Leibniz der zu etablierenden Literarischen Klasse die Erforschung der alten, mittelalterlichen und modernen Geschichte zu, wobei die "Histoire de l'Empire, de la Germanie, et de la tres Auguste Maison et de ses pays" besonders zu berücksichtigen sei.[181]

Gleichwohl Leibniz in den einschlägigen Plänen für Sachsen die praktisch-realistische Tendenz, mithin die Förderung aller exakten und der Lebensqualität des Menschen nützlichen Studien, etwa die Medizin und Technik, hervorhebt, erhält die Geschichte, insbesondere die Historie Sachsens auch hier einen angemessenen Platz. So nennt denn der von dem hannoverschen Gelehrten entworfene Königliche Erlaß zur Fundierung einer Sozietät die "Historiam sacram et profanam, in primis Germanicam et speciatim Saxonicam" als eigene Programmpunkte.[182]

Die spezifischen Aufgabenstellungen der Petersburger Akademie ergaben sich aus der geographischen Lage und ethnographischen Mannigfaltigkeit Rußlands und nicht zuletzt aus seiner weltgeschichtlichen Funktion als zivilisatorische Verbindung zwischen Europa und China.[183] Die Schwerpunkte in Leibniz' Entwürfen für Peter den Großen liegen daher auf Empfehlungen zur kartographischen Erschließung des Zarenreichs sowie zur vergleichenden Sprachforschung. Geschichte als eigenständige Disziplin wird zwar des öfteren, doch meist nur am Rande erwähnt. Allerdings stellt Leibniz hier, deutlicher als in allen vorangegangenen Plänen für Berlin, Dresden und Wien den engen Zusammenhang von Geschichts- und Sprachforschung heraus. Letztere würde, so betont er immer wieder, "bey der gelehrten ... zu verbesserung der histori und geographie ein großes beytragen ..., die ursprünge und migrationen der völcker zu erläutern".[184)] Darüber hinaus versäumt er es nicht, den Zaren auf den politisch-praktischen Nutzen historischer Forschung aufmerksam zu machen. Das "Compendium Historiae secretum nostri temporis von einigen jahren hehr", das er ihm in dieser Hinsicht in Aussicht stellt, werde "zu denen affairen", d.h. als Mittel zur Erreichung politischer Ziele, "nicht wenig dienen".[185)]

Mit diesem Argument, welches Stellung und Funktion der Geschichte im Absolutismus exakt wiedergibt, hatte Leibniz schon seine fürstlichen Arbeitgeber in Hannover, den Kurfürsten und nachmaligen König von Preußen und nicht zuletzt zwei Kaiser in Wien von der Wichtigkeit historischer Forschung zu überzeugen versucht. Über diesen zeitgebundenen Ansatz hinaus hat er jedoch andererseits durch seine geschichtsmethodologischen Überlegungen den Weg zu einer differenzierteren Auffassung der Historie und schließlich zu einer modernen kritischen Geschichtswissenschaft vorbereitet.

2.2.2.3 Die philologische Verpflichtung der gelehrten Sozietät: die Pflege und Verbesserung der deutschen Sprache

Welche Bedeutung Leibniz dem Studium der Sprache für die historische Forschung zuweist, läßt sich ermessen angesichts der Tatsache, daß er die von ihm selbst verfaßte Erörterung *Brevis designatio meditationum de originibus gentium, ductis potissimum ex indicio linguarum*[1)] als Eröffnungsbeitrag dem von der Berliner Sozietät 1710 herausgegebenen ersten Band der *Miscellanea Berolinensia* voranstellte, was um so mehr ins Auge fällt, da dieser ungeachtet der universellen Konzeption der Akademie in der Hauptsache mathematisch-naturwissenschaftliche Themen behandelte.[2)] Die Relevanz der natürlichen Sprache lag für ihn jedoch nicht nur in ihrem Wert für die Geschichtswissenschaft, auch um ihrer selbst willen verdiente sie es, untersucht zu werden. Ist sie doch die Grundlage aller Kultur, die notwendige Voraussetzung für kultiviertes menschliches Zusammenleben überhaupt sowie für die Wohlfahrt einer Nation; vor allem aber ist sie "eine Dolmetscherin des gemüths und eine behalterin der wißenschafft".[3)]

Die Quantität und Vielfältigkeit seiner sprachwissenschaftlichen und sprachphilosophischen Arbeiten[4)] dokumentieren sein großes Interesse für die Philologie, die er als Glied in die umfassende "Historia humana" einordnet[5)]; eine systematische, einheitliche Abhandlung blieb uns der Philosoph gleichwohl schuldig. Seine theoretischen Äußerungen über Sprachentwicklung, Sprachverwandtschaft, Etymologie, Sprachwissenschaft und -geschichte tragen ausnahmslos "den Charakter geistvoller Skizzen"[6)]. Ungeachtet dessen erweisen sie ihn als "einen seiner Zeit weit vorauseilenden Linguisten"[7)], mag er sich in seiner praktischen Betätigung als Sprachforscher auch kaum über den damaligen Stand erhoben haben.[8)] Allein seine Fähigkeit, die verschiedensten sprachwissenschaftlichen Strömungen seiner Zeit aufzunehmen und ihnen in einer genialen Zusammenschau eine in sich schlüssige Theorie der Sprache zugrunde zu legen, verleiht Leibniz einen besonderen Platz in der Geschichte der Philologie des 17. und 18. Jahrhunderts.[9] Darüber hinaus bleibt es, wie schon Ritter[10] zutreffend bemerkt hat, sein Verdienst, diese fruchtbaren Gedanken überhaupt ins Bewußtsein gerufen und in seinen Briefen verbreitet zu haben, auch wenn sie in ihren ersten Regungen sicher nicht auf ihn zurückgehen.

Die Vorliebe des Philosophen für die Erforschung der Sprache, respektive der deutschen, wird in der einschlägigen Literatur unterschiedlich begründet. Während Guhrauer als entscheidendes Motiv Leibniz' Ausbildung und Beruf des Juristen nennt[11] und in diesem Zusammenhang auf die grundsätzliche Wechselbeziehung zwischen den modernen Studien des deutschen Rechts und denen der deutschen Sprache seit Jacob Grimm verweist[12], sieht man in der neueren Forschung eine enge Verbindung mit seinen Arbeiten an den *Annales imperii occidentis Brunsvicenses*.[13] Aarsleff konstatiert schließlich "the need to disprove the Swedish thesis of the northern origin of the germanic languages" als frühen Impuls für Leibniz, sich mit wachsendem Eifer der Sprachforschung zu widmen.[14] Alle diese Beweggründe und äußeren Einflüsse mögen eine Rolle gespielt haben; letztlich war es aber wohl sein tiefes Wissen um die Sprachlichkeit des Menschen an sich, das ihn nicht müde werden ließ, sich mit sprachwissenschaftlichen Problemen auseinanderzusetzen und auf die Notwendigkeit organisierter Sprachforschung aufmerksam zu machen.

a) Sprache als "Spiegel des Verstandes"

> "Das band der sprache ... vereinigt die Menschen auf eine sehr krächtige wiewohl unsichtbare weise, und machet gleichsam eine art der verwandtschafft".[15]

Sprache ist mithin die Voraussetzung für das Leben in der Gemeinschaft. Dennoch sieht Leibniz nicht in ihrer gemeinschaftsbildenden Kraft das Primäre. Vor allem ist sie für ihn eine Erfordernis der menschlichen Erkenntnisfähigkeit - und damit grundlegend für das Menschsein überhaupt - und erst in zweiter Linie ein soziales Gebilde.[16] Auch ein allein lebender Mensch bedürfe sprachlicher Zeichen "gleichsam als Wechsel-Zeddel des Verstandes".[17]

> "Denn man muß bedecken, daß die Worthe nicht nur Zeichen seyn andern unsre meinung zu entdecken, sondern auch mit uns selbsten innerlich gleichsam zu reden und zu rathschlagen".[18]

Darüber hinaus konstatiert Leibniz eine "korrelative Identität" von Sprechen und Denken.[19] Eine genaue Analyse der Wortbedeutungen ließe demnach besser als alles andere die Verrichtungen des Verstandes erkennen[20]; umgekehrt wirke die Sprache auf das Denken zurück, denn "ie beßer oder beqwemer und deütlicher die zeichen seyn, ie füglicher kan der verstand seine würckung verrichten".[21]

Damit überwindet der hannoversche Gelehrte die auf dem strengen cartesianischen Dualismus von denkender und körperlicher Substanz basierende Interpretation, wie sie in dieser Frage vor allem Locke vertritt[22], die das Verhältnis von

Sprachzeichen und Denken in Parallele zum Verhältnis von Körper und Seele setzt und der Sprache eine lediglich kommunikative Aufgabe zuerkennt. Er weist ihr dagegen, Hobbes folgend, eine kognitive, für das Denken konstitutive Funktion zu.[23] Um seine Theorie der Angewiesenheit des Denkens auf die Sprache zu stützen, greift Leibniz auf seine Hypothese der *prästabilierten Harmonie* zurück. Denken und Sprechen sind folglich aus Gründen, die in jener vorbestimmten Harmonie von Körper und Seele liegen, nicht voneinander zu trennen. Daher seine Forderung zur Entwicklung von Zeichen und Sprache als Instrumenten des Denkens, eine Forderung, die in höherem Grade als bei Descartes die schöpferische Rolle des Menschen in der Entwicklung der Erkenntnis und des Denkens hervorhebt.

Mit seiner These von den eingeborenen Ideen, die, werden sie durch die Tätigkeit des Geistes entdeckt, die Gedanken bilden[24], begründet Leibniz seine Konzeption des Weltbildcharakters der Sprache[25]; abermals eine metaphysische Deutung, die im Gegensatz steht zur damals gängigen Überzeugung von der zwischensprachlichen Synonymik, d.h. von der grundsätzlichen Übersetzbarkeit der Begriffe der einen Sprache in eine andere.[26] Für Leibniz gibt es indes keine Sprache, "die ander Sprache Worte jedesmahl mit gleichem Nachdruck und auch mit einem Worte geben könne".[27] Die Ursache liegt in der "Aspekthaftigkeit des persönlichen Weltbildes"[28], die wiederum die Einzigartigkeit der Sprache des einzelnen Menschen bzw. eines Volkes und schließlich eine Vielzahl unterschiedlichster Sprachen impliziert.

Die natürlichen Sprachen bilden die Dinge nicht unvermittelt ab, sondern nur insofern als sich die Wirklichkeit im Bewußtsein des Menschen spiegelt. Aus der unverwechselbaren Eigenart unserer persönlichen Denkinhalte, deren Gegenstand die Ideen sind, resultiert eben jene Individualität der Sprache. Leibniz leitet diese, Humboldts Vorstellung vom "Weltbild einer Sprache" antizipierende These[29] aus seiner Monadenlehre und dem Prinzip der "petites perceptions" ab. Danach können zwei menschliche Seelen niemals identisch sein, denn eine jede reflektiert das sie umgebende Universum von ihrem spezifischen Standort.[30] Und da die Gesamtheit der Ideen, die regio idearum, nur Gottes Verstand innewohnt, bleibt es zwar die Aufgabe des menschlichen Geistes, diese zu erfassen, tatsächlich kann es jedoch eine vollständige Angleichung des menschlichen Intellekts an die Ideenwelt nicht geben. Daher ist auch die natürliche Sprache nur begrenzt abbildfähig.[31] Als Medium, in dem sich Denken vollzieht[32], entspricht sie der Ausgestaltung der jeweiligen Bewußtseinsinhalte. Nach dieser Auffassung können sprachliche Zeichen kein getreues Spiegelbild der Ideen geben, weil sie, analog zu den Gedanken, nur Ausdruck des geistigen Weltausschnitts ihres Benützers sind. Dieses Prinzip gilt auch für die einzelnen Völker.

So sind nach Leibniz alle menschlichen Sprachen schon in ihrer Entstehung bedingt "durch die beschränkte Natur der Onomatotheten (Namengeber) und ihre mehr oder minder undeutlichen Wahrnehmungen".[33] Die damit verbundene relativistische Doktrin, nach der ein Zusammenwirken der Dinge und des Namen gebenden Subjekts zum Benennen der Dinge führt, wobei die Beziehungen zu den

Dingen wie Neigungen, Affekte, Gelegenheiten, Zufälle eine Rolle spielen[34], vertritt Leibniz gemeinsam mit Bacon und Locke, sowie sie sich nach ihm auch Wilhelm von Humboldt zu eigen macht.[35] Eben hierin liegt für Leibniz die Bedeutung der Etymologie und der vergleichenden Sprachwissenschaft, die ein zentrales Thema in der Korrespondenz mit Hiob Ludolf, Gerhard Meier, La Croze, Huldreich von Eyben und anderen bilden.[36]

Ausgerichtet auf die menschlichen Interessen und Bedürfnisse hat die Sprache, darin stimmt Leibniz mit zahlreichen Autoren des 17. und 18. Jahrhunderts überein[37], notwendigerweise eine Entwicklung, ist sie ein historisches Phänomen. In ihr offenbart sich die Geschichte der menschlichen Entdeckungen, sie ist mithin eine wichtige Zeugin der geistigen und kulturellen Evolution der Völker. Die Menschen, so der Philosoph in den *Nouveaux Essais*, hätten sich dem anpassen müssen, "was Gelegenheiten und Zufälle, denen unser Geschlecht einmal unterworfen ist, uns geliefert haben, und diese Ordnung gibt nicht den Ursprung der Begriffe, sondern sozusagen die Geschichte unsere Entdeckungen".[38] Dieses Wissen um die enge Verflechtung von Sprache und Geschichte[39] macht ihn zum "Fürsprecher einer recht verstandenen und richtig gehandhabten Etymologie".[40] Da er in den Wörtern die Elemente der Sprache sieht[41], führt seiner Ansicht nach die Frage nach ihrem Ursprung zu Kenntnissen über den Ursprung der Sprache; diese wiederum geben Aufschlüsse über den Ursprung der Völker. Die vergleichende Sprachwissenschaft stellt für Leibniz daher das Mittel schlechthin dar, die Verwandtschaft der Sprachen und damit auch die Herkunft und die Verwandtschaftsbeziehungen der Völker zu erhellen:

> "Ich glaube gänzlich, daß die Harmoni der Sprachen das beste mittel von ursprung der völcker zu urtheilen, und fast das einige so uns übrig blieben, wo die Historien fehlen".[42]

Sein Hinweis auf die Bedeutung der Dialektforschung in diesem Zusammenhang[43] dürfte ebenso neu gewesen sein, wie die Anwendung zweier Prinzipien seiner Philosophie: das des zureichenden Grundes, nach welchem es auch für die Bedeutung der Wörter hinreichende Gründe geben muß, sowie das der Kontinuität, auf das wir schon im Kontext seiner Methodologie der Geschichtsforschung gestoßen sind.[44] Die Auswahl des Vergleichsmaterials, das etymologischen Studien zugrunde gelegt wird, darf entsprechend dieser Grundsätze nicht aus voneinander zu weit entfernten Sprachen stammen und muß außerdem in ausreichendem Maße zur Verfügung stehen:

> "doch muß man die Sprachen mehrerer Völker zusammennehmen und nicht von einer Nation zu einer anderen, sehr entfernten einen allzugroßen Sprung machen, ohne für die Übergänge gute Belege zu haben, wobei es vor allem wichtig ist, die Völker dazwischen als Gewährsmänner zu haben".[45]

Diese Auffassung gibt uns die Erklärung für Leibniz' unermüdlichen Eifer in der Beschaffung von Sprachproben, für die er Unterstützung aus den unterschiedlichsten Personen- bzw. Berufskreisen zu erlangen suchte.[46]

b) Sprache als Ausdruck nationalen Bewußtseins und der substantiellen Einheit eines Volkes

Wie die Sprache das Denken des einzelnen positiv oder negativ beeinflußt, ebenso wirkt sie auf das geistige Niveau einer ganzen Nation:

> "Und bin ich insonderheit der Meinung, daß die Nationen deren Sprache wohl ausgeübet und vollkommen gemacht, dabey einen großen vortheil zu schärffung ihres verstandes haben".[47]

Habe man in einer Sprache ausreichend "sinnreiche, wohl unterschiedene" Wörter zur Verfügung, so stünden "dem gemüthe gleichsam soviel gute gedancken und einfälle zu dienste".[48] Deswegen setzt Leibniz sich so vehement für die Sicherung und Bereicherung des deutschen Wortschatzes ein, betont er immer wieder die Notwendigkeit entsprechender Lexika[49], für deren gemeinschaftliche Erarbeitung er in Kollegenkreisen wie bei bereits bestehenden gelehrten Gesellschaften wirbt.[50]

Auch sein wiewohl mehr theoretisches Bemühen um eine deutsche Wissenschaftssprache ist auf seine Grundeinsicht des korrelativen Zusammenhangs von Sprache und Denken zurückzuführen. Auf diese Weise sollte die deutsche Wissenschaft wieder längst vergangenen Höhen zugeführt werden[51], denn wo die nationale Sprache "rechtschaffen blühet, da tun sich auch zugleich treffliche Geister in allen Wissenschaften herfür".[52] Sprachpflege ist für Leibniz Grundlage und Voraussetzung für wissenschaftliche Leistungen überhaupt. Frankreich insbesondere galt ihm dafür als glänzendes Beispiel, jener bis ins hohe Mittelalter zurückreichende zentralistische Nationalstaat, in dem der nordfranzösische Dialekt als "langue du roi" die Basis der sprachlichen Norm darstellte, an der sich die sprachkritischen Bemühungen schon seit der Mitte des 16. Jahrhunderts orientierten. Die Anerkennung der Landessprache als Schriftsprache in allen Bereichen des Lebens, auch in den Wissenschaften, und die damit einhergehende "Umschichtung der Hierarchie der Kulturträger"[53] hatten hier zu einer regelrechten kulturellen Blüte geführt.

Demgegenüber stand das damalige Deutschland, dessen Mangel an nationaler Identität nicht zuletzt aus seiner politischen Zerrissenheit herrührte. Aus immerhin 335 Herrschaftsgebieten bestand das Reich zu Leibniz' Lebzeiten[54]; sie alle konnten, seit dem Westfälischen Friedensschluß quasi mit dem Recht auf eigene Außenpolitik ausgestattet, ungehindert ihre egoistischen territorialstaatlichen Ziele verfolgen, solange diese sich nicht direkt gegen Kaiser und Reich richteten. Daß sich auf dieser Basis ein gemeinschaftliches politisches Verantwortungsgefühl wie das Bewußtsein, eine einheitliche Nation zu sein, nur schwer entfalten konnten, liegt auf der Hand. Gleichwohl zeigen das von Pufendorf unter dem Pseudonym

Severinus Monzambano 1667 herausgegebene Buch *De Statu Imperii Germanici*, die von dem Jenaer Professor Caspar Sagitarius 1675 publizierte erste Gesamtdarstellung der deutschen Geschichte, die den Titel *Nucleus historiae Germanicae* trägt, und andere Veröffentlichungen auf dem Gebiet der Reichs- und Staatenhistorie ebenso wie die Gründung des *Collegium historicum Imperiale* und dessen Hauptanliegen einer umfassenden Sammlung der Analen zur deutschen Geschichte, daß sich das in den Wirren des Dreißigjährigen Krieges verschüttete deutsche Nationalbewußtsein allmählich wieder zu regen begann.[55] Wachgerufen durch die zweifache Bedrohung des Reichs, einmal seitens der französischen Expansionspolitik, zum anderen durch die Angriffe der Türken auf Wien, und genährt durch den Vergleich des ohnmächtigen Reichskörpers mit dem straff zentralisierten Absolutismus Frankreichs, entwickelte sich vor allem in intellektuellen Kreisen eine vaterländische Gesinnung, die der ernüchternden Tatsache, daß das Heilige Römische Reich Deutscher Nation seine Sonderstellung in jeder Beziehung eingebüßt hatte und nurmehr ein Schattendasein führte, entgegentrat. Dieses bürgerliche Nationalbewußtsein war, so Winter[56], bei Leibniz bereits stark ausgeprägt. So nimmt es nicht wunder, daß der hannoversche Gelehrte, der sich ungeachtet seines kosmopolitischen Denkens grundsätzlich für eine Stärkung der Territorialstaaten einsetzte, zugleich für den Weiterbestand und die Konsolidierung des Reichsganzen eintrat. Schon deswegen, weil die Kleinstaaterei "Deutschlands" nicht die geeignete Plattform für seine weitreichenden und allumfassenden kulturellen Pläne bot. Doch vor allem ging es ihm "um den Wert und deshalb um den Bestand des Reichsganzen als einer nationalen und abendländischen Größe".[57] Ein wiedererstarktes "Deutschland" sieht er als Mittelpunkt und Garanten eines europäischen Gleichgewichts und schließlich als neues kulturelles Zentrum in Europa.

Als literarisches Produkt dieses Denkens erleben wir nicht nur das 1670 abgefaßte Sekuritätsgutachten[58], das seine Auffassung überaus eindringlich vermittelt. Auch Leibniz' Eintreten für die Pflege, Reinigung und Vervollkommnung der deutschen Sprache, welches ihn mit den Absichten der deutschen Sprachgesellschaften des 17. Jahrhunderts verbindet, ist Ausdruck seiner Sorge um die nationale wie politische Identität des Reichs und seines Erhalts als einer politischen Größe im europäischen Staatengefüge. Eine Rückbesinnung auf die Landessprache bedeutete für Leibniz zugleich auch eine Stärkung des nationalen Bewußtseins; ihre historisch-politische Bedeutung liegt für ihn in ihrem Charakter als Zeichen der substantiellen Einheit und Freiheit eines Volkes.[59]

So sind seine einschlägigen Denkschriften, allen voran die *Ermahnung*, getragen von einem starken nationalen Impuls und der Überzeugung, daß Sprachkritik und die daraus abgeleiteten Überlegungen zur Verbesserung der Sprache gleichsam eine patriotische Pflicht darstellen.

Als bildendes Organ des Intellekts wirkt Sprache zugleich auf die Entfaltung der Tugend, "dann was ist die tugend ohne verstand?"[60] In diesem Sinne charakterisiert sie die Individualität eines Volkes, dessen einzigartiges Wesen, wie sie auch eine wesentliche Rolle für dessen Entwicklung spielt:

> "gleich wie der Mond und das Meer, also habe auch der Völcker und der Sprache ab = und aufnehmen eine verwandnüß".[61]

Schließlich ist sie nicht nur Kulturträgerin und -vermittlerin sowie der Spiegel des geistigen Niveaus, darüber hinaus ist sie "das sichtbare Zeugnis der innersten Geisteshaltung einer Nation und ihrer Menschen".[62] Daher sieht Leibniz in ihrer Vernachlässigung und in der Aufnahme fremden Sprachgutes eine ernste Bedrohung für den Bestand einer Nation, fürchtet er sogar den Verlust der nationalen Identität und staatlichen Selbständigkeit.

So fiel der Wunsch des Kurfürsten von Brandenburg-Preußen, der die Sprachpflege als wichtigen Auftrag im Gründungsdiplom der Berliner Sozietät verankert wissen wollte, mindestens bei Leibniz auf fruchtbaren Boden. Allein die *Ermahnung* und die *Unvorgreiflichen Gedanken*, jene fast zwei Jahrzehnte voneinander getrennten umfangreichen Schriften, die sich ausschließlich mit diesem Thema befassen, sind uns dafür Beweis genug.[63] Zudem hat der hannoversche Gelehrte in allen frühen Plänen zur Gründung gelehrter Gesellschaften auf die Notwendigkeit der Förderung der deutschen Sprache, insbesondere ihrer Einführung in die Wissenschaften aufmerksam gemacht.[64] In dem von Leibniz im Auftrage des Kurfürsten entworfenen Stiftungsbrief der Sozietät der Wissenschaften in Berlin liest sich der entsprechende Passus dann wie folgt:

> "Solchemnach soll bey dieser Societät unter anderen nützlichen Studien, was zur Erhaltung der teutschen Sprache in ihrer anständigen Reinigkeit, auch zur Ehre und Zierde der teutschen Nation gereichet, absonderlich mit besorget werden, also daß sie eine teutschgesinnete Societät der Scientzien sey ..."[65]

Hatte er sich nur wenige Jahre zuvor noch vergeblich für die Gründung einer "teutsch gesinneten genossenschaft" in Wolfenbüttel eingesetzt[66], einer Sprachgesellschaft im traditionellen Sinne also, so ist es ihm in Berlin schließlich gelungen, sein ureigenstes umfassendes Konzept einer gelehrten Gesellschaft zu verwirklichen; die Intervention des Kurfürsten verhalf der vor allem wohl mehr aus pragmatischen Gründen zunächst ausschließlich naturwissenschaftlich angelegten Sozietät zu einer philologisch-historischen Klasse, der Akademie mithin - jedenfalls nominell - zu ihrem universellen Charakter, der zum damaligen Zeitpunkt in Europa seinesgleichen suchte.

Der von D.E. Jablonski verfaßte Entwurf für ein von der Sozietät herauszugebendes Wörterbuch (1711), der in nuce die von Leibniz in den *Unvorgreiflichen Gedanken* vorgetragenen Anregungen aufgreift[67], und die Wiederaufnahme entsprechender Pläne 1792[68] lassen erkennen, daß man durchaus bemüht war, dem spezifischen Auftrag ihres Stifters nachzukommen, auch wenn sich die Akademie in den ersten Jahrzehnten ihres Bestehens noch vorwiegend naturwissenschaftlich orientiert zeigte.

Natürlich verweist Leibniz auch in Gesprächen und Korrespondenzen mit gelehrten Kollegen sowie einflußreichen und vermögenden Persönlichkeiten immer wieder mit Nachdruck auf die vaterländische Verpflichtung, der deutschen Sprache wieder zu ihrer ehemaligen Blüte zu verhelfen. Verwunderung äußert er darüber, "daß man bey uns der Fruchtbringenden gesellschaft guthes vorhaben verachtet und den angefangenen bau wieder verfallen laßen" habe.[69] Wenngleich er andererseits zugeben muß, daß diese wie alle ihr verwandten Einrichtungen es versäumt habe, "die gründtliche beschreibung der thätlichen wißenschaften in Teutscher Sprach" zu betreiben, vielmehr kostbare Zeit mit "Klinggedichte(n) und Schäffereien" vertan hätte.[70] Schon bald könnte ein deutsches Wörterbuch vorliegen, hätte sie sich mehr diesem Anliegen als den "elegantis evanescentibus" gewidmet.[71]

Das "Fehlen des rechten Willens und Vermögens zur Erkenntnis bei den meisten Ton angebenden Mitgliedern der deutschen Sprachgesellschaften, zusammen mit dem spielerischen Charakter ihrer Beschäftigungen" hat Leibniz, so S.v.d. Schulenburg[72], davon abgehalten sich einer dieser Vereinigungen anzuschließen. Um so mehr wünschte er, daß alle jene, "so eine reine und zierliche feder führen", von hohen Personen aufgemuntert würden, "eine und andere guthe materi vorzunehmen".[73] Die Bemühungen Gerhard Meiers zur Sammlung veralteter sächsicher Wörter[74] oder auch die von J. Bödicker geleisteten Vorarbeiten zu einem deutschen Wörterbuch begrüßte er zwar[75], doch er wußte nur zu gut, daß ein einzelner niemals in der Lage sein könne, derartige Unternehmungen zu leisten; "omnia agere unius hominis non est".[76] Nur der Zusammenschluß gleichgesinnter Gelehrter in einer "Societas integra Germanophilorum"[77] werde es möglich machen, die Vielfalt der sprachwissenschaftlichen Aufgaben zu bewältigen:

> "Itaque multos in hoc conspirare optem. Et si quae nunc supersunt societates ad Germanicae linguae cultum institutae, eas putem lubenter accessuras".[78]

Insbesondere in großen Städten sollten unter der Schirmherrschaft vornehmer und einflußreicher Personen nach dem Vorbild der französischen Zirkel und Akademien "angenehme aber trockne zusammenkünffte(n)" gebildet werden.[79]

Wenn Leibniz die Förderung der deutschen Sprache folgerichtig in das Aufgabengebiet der von ihm konzipierten wissenschaftlichen Sozietäten einbezieht, so tut er dies im Interesse der Fortentwicklung der Wissenschaft. Und er sieht darin, wie in der Pflege der Volkssprachen überhaupt, keineswegs "eine nationale Absonderung vom großen Strom des allgemeinen kulturellen und wissenschaftlichen Fortschrittsstrebens, sondern im Gegenteil dessen Förderung".[80]

2.2.2.4 Der zivilisatorische Aspekt in den Sozietätsplänen: die Chinamission der Sozietäten[1]

Hatte sich das abendländische Augenmerk im Zeitalter der Renaissance noch vorwiegend auf die geographische Erschließung der überseeischen Welt gerichtet, die dem Expansionsdrang der rivalisierenden europäischen Mächte bis dahin ungeahnte Dimensionen eröffnete, so erwachte im 17. Jahrhundert, dem Jahrhundert der aufblühenden Wissenschaften und einer "epochalen Wißbegier"[2], das Verlangen, die Kenntnis der neuentdeckten Erdteile auch wissenschaftlich zu verarbeiten. Namentlich in der zweiten Hälfte dieser historischen Zeitspanne entwickelte sich neben dem Eroberungs- und Bekehrungseifer in Europa, der die im christlichen Universalismus des Mittelalters verwurzelte Kreuzzugsidee in gewisser Weise wiederaufleben ließ[3], allmählich - jedenfalls in der Gelehrtenwelt - ein theoretisches Interesse an fremden Ländern. In den Blickpunkt rückte die noch nahezu unbekannte Geisteswelt Chinas, jenes traditionsreichen Volkes im fernen Osten, das über eine der europäischen zum mindesten gleichwertige Kultur verfügte und sich der okzidentalen Zivilisation langsam zu öffnen bereit zeigte. Ungeachtet dessen betrachtete man dieses machtvolle Reich während des Barockzeitalters noch weitgehend unter missionsgeschichtlichen und - theologischen Gesichtspunkten - im Gegensatz zum 18. Jahrhundert, als das konfuzianische China zum "Modell des antiklerikal intendierten Vernunftstaates"[4] wurde. Allerdings erlangte die Mission nun über ihren politischen Charakter europäisch-christlicher Weltbemächtigung[5] und ihren Bekehrungszweck hinaus eine neue Qualität, indem ihr eine zivilisatorische Aufgabe zuerkannt wurde. So reflektiert sie als realpolitisches Phänomen im 16. und 17. Jahrhundet einerseits den historischen Tatbestand, daß die Weltexpansion der Europäer mit dem konfessionellen Zeitalter zusammenfiel, die Mission mithin zum Schauplatz der Auseinandersetzung von Reformation und Gegenreformation wurde, die sich nicht selten mit den machtpolitischen Zielen der expansiven Nationen überschnitt[6], während ihre zivilisatorische Komponente andererseits einen zentralen Gedanken des barocken Universalismus dokumentiert: die Hoffnung, durch die Verbindung unterschiedlicher Kulturkreise eine Harmonie der Völker herbeizuführen, die einer einheitlichen Weltkultur auf christlicher Grundlage den Weg bereiten konnte.[7] Dieses Wunschdenken, das die Grenze zwischen religiös-missionarischem und bildungspolitischem Anspruch der Mission quasi aufhebt und bereits den Übergang vom konfessionellen zum aufgeklärten Zeitalter markiert[8], mußte freilich Utopie bleiben, basierte es doch auf einem idealisierten und z.T. falschen Bild der ostasiatischen Zivilisation.

a) Die China-Rezeption in der zweiten Hälfte des 17. Jahrhunderts

Eine erste Begegnung Europas mit dem "Reich der Mitte" fand bereits im 13. Jahrhundert anhand der Berichte vornehmlich von Handelsreisenden statt. Doch erfuhr man zu diesem frühen Zeitpunkt zunächst nur ungereimte Merkwürdigkeiten, die eine Flut phantastischer Abenteurer-Literatur zur Folge hatten. Auch die zudem schlecht überlieferten politischen und geschichtlichen Schilderungen des bedeutensten Reisenden des Mittelalters, Marco Polo (1254-1324), die die grundlegende Quelle für die Kenntnis Zentral-, Ost- und Südostasiens in dieser Zeit darstellten, waren nicht frei von Mißverständnissen und hochmütig-verspottenden Urteilen über das mächtige Reich Kublai Chans.[9]

Die wirkliche Entdeckung Chinas erfolgte indes erst im 17. u. 18. Jahrhundert durch die Missionare der Gesellschaft Jesu, die als wesentliche Voraussetzung ihrer Missionspraxis eine planmäßige Erforschung insbesondere des geistigen Lebens in China betrieben und ihre Erkenntnisse nach Europa übermittelten.[10] Immer zahlreicher erscheinende einschlägige Schriften nicht nur aus dem Kreis der missionierenden Patres, auch von Kaufleuten und Diplomaten[11], ja selbst von Verfassern, die China selbst niemals bereist hatten[12], sind beredte Zeugnisse für das einsetzende lebhafte Interesse an der fernen Geisteswelt Chinas.[13] Mit dem von Philippe Couplet 1687 herausgegebenen Gemeinschaftswerk französischer Jesuiten *Confucius Sinarum philosophus*[14], das die erste wichtige Übersetzung von konfuzianischen Klassikern enthielt und überall in der europäischen Gelehrtenwelt bekannt war[15], hatte die China-Kenntnis, so Widmaier[16], bereits ein Niveau erreicht, das für lange Zeit mustergültig blieb. Es gab der westlichen Welt "the first systematic and comprehensiv presentation of Confucianism as the main component of Chinese civilization"[17] und leitete die erste große Welle der Sinophilie ein, die jedoch, anfangs noch vornehmlich von den Gebildeten getragen, bereits um die Mitte des 18. Jahrhunderts als China-Mode verflachte.

Das am meisten gelesene und einflußreichste China-Buch im 17. Jahrhundert blieben hingegen die Tagebücher des italienischen Jesuiten Matteo Ricci[18], die in der lateinischen Übersetzung seines Konfraters Nicolas Trigault (1577-1628) unter dem Titel "*De Christiana expeditione apud Sinas*" 1615 erstmals erschienen.[19] Die Disparität zwischen Bild und Wirklichkeit Chinas, die die Sinophilie im 17. Jahrhundert kennzeichnet, dürfte nicht zuletzt aufgrund dieser Darstellung entstanden sein. Ihr tatsächlicher Wert liegt gleichwohl darin, daß hier das Programm der von Ricci eingeleiteten Jesuitenmission in China formuliert ist.

Insbesondere Riccis geradezu enthusiastischen Schilderungen des zentralregierten chinesischen Staatswesens, die sich zudem vorzüglich in das obrigkeitsstaatliche Denken des abendländischen Absolutismus fügten, führten zu einer idealisierten Sicht dieses noch weitgehend unbekannten Landes und ließen in den gebildeten Kreisen Europas kühnste Erwartungen reifen.

Die politische Ruhe und Ausgeglichenheit des Riesenreiches im fernen Osten sah der vielseitig gebildete Theologe in dem im konfuzianischen China herrschenden Literaten-Beamtentum begründet. Nicht beim Militär, sondern in den Händen jener gebildeten Staatsdiener, den Mandarinen, lag die Macht; sie nahmen eine Schlüsselstellung zwischen dem Kaiser und den lokalen politischen Führungsschichten ein. Die Qualifikation zu diesem einflußreichen Amt mußte indes in mehreren Prüfungen nachgewiesen werden. Nur wer die höchste Staatsprüfung bestanden hatte, gehörte der Zentralregierung oder dem Staatsrat an und damit zu den unmittelbaren Ratgebern des Kaisers.[20] Als verbindlicher Maßstab der abzulegenden Examina galt der Konfuzianismus, jene Staats- und Sittenlehre, in deren Mittelpunkt die Tugenden der Menschenliebe, der Gerechtigkeit und der Ehrerbietung stehen. Ein Mandarin sollte in erster Linie ein an der klassischen konfuzianischen Literatur gebildeter Humanist sein.[21]

In der von den konfuzianischen Literaten-Beamten bestimmten chinesischen Zentralregierung sah Ricci schließlich die von Plato in der Theorie konzipierte Philosophenherrschaft verwirklicht. Wenn auch die Philosophen in diesem Reich nicht regierten, so könne man gleichwohl sagen, daß die Könige selbst von den Philosophen regiert werden.[22]

In dieser Weise verklärt, wurde das ostasiatische Staatswesen zum Maßstab für den aufgeklärten Absolutismus und zum bewunderten Vorbild einer sozial befriedeten, auf dem Wohlfahrts- und Rechtsgedanken gegründeten Gesellschaft, an deren Spitze ein an die überpersönliche Einheit des Staates gebundenes Berufsbeamtentum stand.

Zudem schien sich der europäischen Gelehrtenwelt hier eine geistige Alternative anzubieten. Der Reichtum der chinesischen Kultur und die Stetigkeit ihrer Entwicklung, die in den Berichten der Jesuiten immer wieder hervorgehoben wurden, übten eine ungeheure Faszination auf das gebildete Europa aus und stellten zugleich das "christlich-zivilisatorische Überlegenheitsbewußtsein" der Alten Welt[23] in Frage. Denn diese offenbar älteste kontinuierlich andauernde Zivilisation der Erde konfrontierte das geistig und politisch gärende, von religiöser Intoleranz und politischen Verfolgungen[24] geprägte Europa mit seinen Fehlern und Schwächen.[25] Das politische, soziale und kulturelle Leben in China war hingegen der Beweis dafür, daß nicht nur jene vielbewunderte Einheit von Politik und Moral, sondern auch synkretische Verbindungen zwischen unterschiedlichen geistigen und religiösen Strömungen möglich waren. Zum mindesten vermochten hier Konfuzianismus, Buddhismus, Taoismus und schließlich auch das Christentum[26] rechtlich gleichgestellt nebeneinander zu existieren. Die von den Jesuiten vielgepriesene geistig-tolerante Atmosphäre Chinas nährte die abendländische Sehnsucht nach der Harmonie einer irdischen Welt, in der die Menschheit zu Glück und Wohlstand zu führen war[27], wie sie vor allem Leibniz in seinen Schriften immer wieder ausgedrückt hat. Aus China erhoffte man sich Antworten und Lösungen aller nur erdenklichen Probleme.[28]

Bei aller Hochachtung, die diesem ebenso fremdartigen wie fernen Land entgegengebracht wurde, fehlte es gleichwohl an wirklichem Verständnis für die Kultur Chinas. Enthusiasmiert von den Schilderungen der Jesuitenmissionare legte man sich ein idealisiertes Bild der ostasiatischen Zivilisation zurecht. Doch diese Berichte entsprachen nicht der Realität. Sie sollten, wie Franke betont[29], weniger der Wahrheit "als gewissen Plänen des Ordens" dienen und seien für diese Zwecke in

Paris[30)] präpariert worden. Die Jesuiten, "a highly educated elite, well trained in philosophy and theology", wären, so Lundbaek[31)] weniger polemisch als Franke, sehr wohl in der Lage gewesen, "to obtain a more correct understanding of Neo-Confucianism"; allein, sie waren Missionare, ihr letztes Ziel war die Bekehrung der Chinesen, "not to produce an accademic exposition of the prevailing ideology of Chinese civilization". Und daher galt es in erster Linie, tatsächliche oder vermeintliche Gemeinsamkeiten beider Kulturen herauszustellen, mithin eine Basis zu schaffen, auf der eine Annäherung von Christentum und Konfuzianismus möglich schien. Im Zuge des immer offener ausgetragenen Ritenstreits[32)], der die Grundfeste ihrer über Jahrzehnte erfolgreich angewandten Methode der Anpassung an die chinesische Kultur erschütterte und schließlich zerstörte, mußte darüber hinaus deren Richtigkeit sowie die Missionierbarkeit des chinesischen Volkes unter Beweis gestellt werden. Die wachsende Zahl schöngefärbter Darstellungen des konfuzianischen China aus den Reihen jener Patres mag hier ihre Erklärung finden.

b) Die Chinamission der Jesuiten[33)]

Die Chinamission der Jesuiten im 17. Jahrhundert stand im Gegensatz zur alten Missionsmethode der spanischen und portugiesischen Missionare im 16. Jahrhundert, "die dem hochkultivierten China in der hochmütigen Haltung des Europäismus"[34)] begegneten und zwangsläufig scheitern mußten. Hatte man es doch mit einem machtvollen politischen Reich zu tun, das sich seiner hohen Kultur überaus bewußt war und die übrigen Völker der Welt, die man als Barbaren betrachtete, nur außerhalb seiner Grenzen duldete. Hinzu kam, daß die den Ton angebende reaktionäre Beamtenclique, Gelehrte, die sich die orthodoxe Auslegung der konfuzianischen Lehre durch die sog. Sung-Schule[35)] zu eigen gemacht hatten, in den fremden Ideen des Christentums eine Gefährdung ihrer politischen und sozialen Vorherrschaft sahen. Schon die Patres des ausgehenden 16. Jahrhunderts, an ihrer Spitze der Italiener Alessandro Valignano S.J., wandten sich aufgrund der negativen Erfahrungen ihrer Vorgänger und der Erkenntnis, daß der Weg für die christliche Mission nur über diese chinesischen Würdenträger führen würde, neuen Apostolatsmethoden zu, die der Kultur und der Selbstachtung dieses großen Volkes im Osten Rechnung trugen. Mit der sog. Akkomodation[36)], die, heute vor allem mit dem Namen des italienischen Humanisten Matteo Ricci S.J.[37)] verbunden, gleichwohl in dem von Leibniz' wichtigstem Briefpartner in China, dem französischen Jesuiten Joachim Bouvet[38)] entwickelten Figurismus[39)] ihre extremste Interpretation erfuhr, begann die große Zeit der Chinamission der Gesellschaft Jesu im 17. und frühen 18. Jahrhundert.

Die neue jesuitische Missionspraxis der Anpassung, die die chinesische Philosophie und deren Riten als unaufgebbaren Bestandteil der Kultur und Zivilisation der Chinesen berücksichtigte und akzeptierte und durch die äußere Akkomodation hinsichtlich Kleidung, Benehmen und Sprache ergänzt wurde, war jedoch mehr als ein nur "taktisches Bündnis mit dem Konfuzianismus"[40)] zum Zwecke der Einführung des

Christentums. Es war der Versuch, die Voraussetzungen für eine geistige Annäherung zwischen China und Europa zu schaffen, wiewohl verbunden mit der Intention, durch den Austausch geistiger und kultureller Güter Interesse an den europäischen Errungenschaften auf den Gebieten von Wissenschaft, Kunst und Technik zu wecken und so der Lehre Jesu Christi allmählich den Boden zu bereiten.

Schnelle Missionserfolge waren auf diesem Wege freilich nicht zu erzielen. Denn zunächst wurden die christlichen Missionare in der Nachfolge Riccis zu Schülern ihrer chinesischen Freunde, die sie ausschließlich in den gelehrten Kreisen der Mandarine bzw. der Anwärter auf diese bedeutende Stellung in der Beamtenhierarchie Chinas suchten.[41] War die Erlernung der chinesischen Sprache, das Studium der klassischen Literatur und der konfuzianischen Philosophie doch die Grundvoraussetzung dieser neuen Vorgehensweise. Die Jesuiten ihrerseits, dank ihrer hervorragenden Ausbildung in den Artes liberales geradezu prädestiniert, vermittelten die Errungenschaften der europäischen Wissenschaften, vornehmlich die abendländische Mathematik und Astronomie nach Ostasien. Bald schon genossen sie höchstes Ansehen in den geistig und gesellschaftlich führenden Schichten Chinas. Als Direktoren des Astronomischen Tribunals in Peking, dessen erster Leiter Johann Adam Schall von Bell wurde[42], waren sie nicht nur für die Reform des chinesischen Kalenders verantwortlich; dieses wichtige Amt verschaffte ihnen schließlich auch den unmittelbaren Zutritt beim Kaiser. Ihre einflußreichste Zeit am kaiserlichen Hof in Peking begann mit dem Regierungsantritt des erst vierzehnjährigen zweiten Mand-schu-Kaisers K'ang-hsi (1667-1722), der zu den bedeu-tendsten Gestalten der Geschichte Chinas zählt. Jener vielseitig begabte, den westlichen Wissenschaften gegenüber erstaunlich aufgeschlossene Monarch[43], der die Patres der Gesellschaft Jesu als Lehrer, bevorzugte Gesprächspartner, ja sogar als Ratgeber schätzte, erließ im Jahre 1692 sein berühmtes Toleranzedikt, wodurch das Christentum dem Buddhismus und dem Taoismus rechtlich gleichgestellt wurde.[44]

Ausgelöst durch das von dem Apostolischen Vikar von Fu-kien, Charles Maigrot, S.J. (1652-1730), für seine Provinz erlassene Mandat von 1693, das sich gegen die von dem Großteil der damals in China wirkenden Jesuiten gebilligte Akkomodationmethode richtete und die chinesischen Christen seines Sprengels in der Ausübung ihrer kultischen Handlungen stark einschränkte, machte der sog. Ritenstreit[45] ihren in Europa allerdings viel zu hoch eingeschätzten Missionserfolgen bald ein Ende. Das Entgegenkommen K'ang-hsi's, das dessen Sohn und Nachfolger Kaiser Jung Cheng im Nachhinein als viel zu nachgiebig und dem Ruf seines Vaters abträglich kritisierte[46], war schließlich erschöpft, als sich Papst Clemens XI. in dem Dekret *Cum Deus Optimus* (1704) gegen die Missionspolitik der jesuitischen Patres aussprach. Das drei Jahre später von dem zur Klärung der Ritenfrage an den chinesischen Kaiserhof gesandten Legaten Charles Thomas Maillard de Tournon (1668-1710) veröffentlichte *Dekret von Nanking*, das die päpstliche Entscheidung offiziell bekannt machte und die Verbote des Maigrotschen Mandats unter Androhung der Exkommunikation noch verschärfte, machte die von den Jesuiten seit rund hundert Jahren erfolgreich ausgeübte Missionspraxis entgültig zunichte. Denn fortan war es ihnen untersagt, den chinesischen Christen weiterhin die Ausübung ihres Ahnenkultes zu gestatten sowie die Vereinbarkeit von Christentum und Konfuzianismus zu behaupten.[47] Die rigide Haltung Roms in dieser Angelegenheit hatte schließlich zur Folge, daß noch unter der Regierungszeit des um Verständigung und Annäherung bemühten Kaisers K'ang-hsi 1717 für die christliche Lehre ein generelles Verbreitungsverbot in ganz China erging, allerdings ohne daß das Toleranzedikt aufgehoben worden wäre.[48] Schon vorher hatte man gleichwohl jene Patres ausgewiesen, die von dem von Ricci eingeschlagenen Missionsweg der kulturellen Anpassung abwichen.[49]

c) Leibniz' Chinakenntnis, seine Kontakte zur Jesuitenmission in China

Das Eindringen Chinas in das abendländische Bewußtsein hatte also, das darf an dieser Stelle noch einmal betont werden, lange vor Leibniz begonnen. Als der junge Jurist schließlich die Bühne der europäischen Gelehrtenrepublik betrat, stand das ostasiatische Reich in verschiedener Hinsicht, nicht zuletzt wegen der Erzeugnisse seines hochentwickelten Kunsthandwerks, im Blickpunkt des Interesses. Doch war man mittlerweile über die Kuriositäten hinaus, die zunächst die Gemüter bewegt hatten, zu der Erkenntnis wesentlicher Elemente der chinesischen Kultur vorgestoßen, auch wenn es an wirklichem Verständnis für die fremde Geisteswelt Chinas nach wie vor fehlte.

Der hannoversche Gelehrte teilte die Sinophilie der meisten seiner gebildeten Zeitgenossen. Wann er zum ersten Mal mit Nachrichten über China konfrontiert wurde, läßt sich allerdings nicht genau bestimmen. Auf seine frühe sinologische Lektüre hat indes schon 1973 Mungello aufmerksam gemacht, der mit seiner Dissertation[50], nach Franke, Merkel und Lach[51], einen Neuanfang zum Thema "Leibniz und China" darstellt.

Schon in Mainz, wo er 1668 seinen Dienst antrat, stieß Leibniz in der Boineburgischen Bibliothek, die er zu ordnen hatte, auf die Schrift des Augsburger Theologen Theophil Spitzel *De re litteraria sinensium commentarius* (1662)[52], der er erste Hinweise auf Konfuzius entnehmen konnte. Vermutlich von seinem Mentor Boineburg dazu angeregt, begann er im Dezember 1669 mit dem Autor neben literarischen und theologischen Problemen Fragen über China brieflich zu diskutieren.[53] Auch die von dem deutschen Jesuiten Athanasius Kircher 1667 herausgegebene, von "Absurditäten und Merkwürdigkeiten" strotzende Darstellung des ostasiatischen Reiches[54] konnte er in der Büchersammlung seines Gönners finden. Gleichwohl er die Arbeiten des gleichermaßen berühmten und umstrittenen Polyhistors später als "des petits jeux d'esprit plus tost jolis qu'utiles" eher skeptisch beurteilte[55], muß ihn dieses Werk lange Zeit fasziniert haben. Jedenfalls hält er es noch 1689 für wichtig genug, um es in dem für den kaiserlichen Hofrat von Strattmann ausgearbeiteten Konzept zum Ausbau einer universalen Handbibliothek zu erwähnen[56]; ebenso wie die frühen China-Berichte Semmedos und Martinis.[57] Daß Leibniz das 1687 in Paris verlegte jesuitische Gemeinschaftswerk *Confucius Sinarum philosophus*, das er in dieser Aufstellung gleichfalls nennt, nicht nur dem Titel nach kannte, es vielmehr schon bald nach seinem Erscheinen erworben und gelesen hat, geht aus einem Schreiben an den Landgrafen Ernst von Hessen-Rheinfels vom Dezember desselben Jahres hervor.[58] Mit dieser umfassenden Schrift hielt er die bedeutendste und aufschlußreichste sinologische Publikation des 17. Jahrhunderts in Händen, die neben der Übersetzung von konfuzianischen Klassikern eine kurze Biographie des Konfutse, eine Übersetzung der "Großen Lehre", die Schrift "Maß und Mittel" und die "Gespräche des Konfuzius" sowie die "Tabula chronologica monarchiae Sinicae" und eine Einführung von einhundert Seiten des Herausgebers Couplet umfaßte.[59] Die von Anhängern des Konfuzius gesammelten und zusammengestellten "Gespräche" seien älter als das, was von den griechischen Philosophen überliefert sei, und enthielten vortreffliche Gedanken und Grundsätze, berichtete der hannoversche Gelehrte seinem herzoglichen Briefpartner nach der Lektüre.[60]

Wir dürfen also mit Recht annehmen, daß Leibniz, schon frühzeitig mit einschlägigen Arbeiten in Berührung gekommen, fast mit allen von Europäern verfaßten China-Büchern jener Zeit vertraut war.[61] Als die für ihn so eindrucksvolle erste Begegnung mit Grimaldi 1689 in Rom stattfand[62], verfügte er immerhin über so viele, mehr als nur oberflächliche Kenntnisse, daß er eine ebenso umfangreiche wie genaue Liste von Fragen über China vorlegen konnte.[63] Doch erst dieses erste Zusammentreffen mit einem Vertreter der jesuitischen Mission wurde zum "entscheidenden Erlebnis"[64] für Leibniz. Denn hier bot sich ihm die Gelegenheit, in Gesprächen mit einem Augenzeugen erstmals unmittelbare zuverlässige Informationen zu erhalten und seinen "leidenschaftlichen Hunger" nach näheren Kenntnissen[65] zu stillen. Am liebsten würde er täglich mit ihm sprechen, schreibt Leibniz am 19. Juli 1689 an Grimaldi. "Was nämlich kann einen wißbegierigen Menschen Wünschenswerteres widerfahren, als einen Mann zu sehen und zu hören, der die versteckten Schätze des fernen Osten und die verborgenen Geheimnisse so vieler Jahrhunderte uns eröffnen kann".[66]

Rom war der Beginn einer bis zu seinem Tod während Partnerschaft mit jesuitischen Missionaren. Daß diese der "katholischen Liga" angehörten, war für den lutherischen Gelehrten eher nebensächlich, zumal er, bei aller berechtigten Kritik an dem "politischen" Ehrgeiz der Societas Jesu, ihre Aufgeschlossenheit gegenüber den Wissenschaften[67] und ihre Beweglichkeit und Toleranz in der Verfolgung ihrer missionarischen Ziele schätzte.[68] Gleichwohl fand er in den Vertretern der französischen Mission in Peking[69], die "eine Art Provinz der europäischen Gelehrtenrepublik"[70] wurde, Gesprächspartner, die seiner Auffassung näherstanden und die ihn aufgrund ihrer engen Bindung zur *Académie des Sciences* in Paris als Mittler zwischen den beiden Kulturen Europas und Chinas geeigneter erschienen.

"Depuis que vos peres sont de l'Academie Royale des Sciences, et qu'un grand Roy les protege dans leurs longs voyages, j'espere que le public profitera d'avantage de leurs decouvertes"[71)],

schreibt Leibniz in seinem ersten Brief an Antoine Verjus (1632-1706). Der Prokurator der Mission der Levante in Paris hatte sich im März 1695 an den Gelehrten in Hannover gewandt, nach dem dieser ihm zuvor über einen Mittelsmann seinen *Codex juris gentium diplomaticus* hatte zukommen lassen.[72)] Ihm folgten sein Sekretär und späterer Nachfolger, der Herausgeber der bekannten *Lettres édifiantes et curieuses écrites des missions étrangères"* (Paris 1702-1708), Charles Le Gobien (1653-1708)[73)], der Leiter der sechs jesuitischen "Mathématiciens du Roy", die 1685 nach China entsandt worden waren, Jean de Fontaney (1643-1710)[74)], sowie der in den mathematischen und mechanischen Wissenschaften herausragende Pierre Jardoux (1668-1720), der als Mitglied der zweiten Gruppe französischer Jesuiten im Gefolge Fontaneys 1702 Peking erreichte[75)], und schließlich der überaus sprachbegabte Claude de Visdelou (1656-1737), der wie Le Gobien zu den sechs Pionieren der französischen Jesuitenmission in China gehörte, später im Ritenstreit sich jedoch gegen die von der Mehrzahl seiner Brüder befürwortete Akkomodation stellte.[76)] Von besonderer Bedeutung wurde für Leibniz die Beziehung zu dem oben bereits erwähnten Joachim Bouvet S.J.[77)], der mit dem Gelehrten in Hannover im Oktober 1697 in Verbindung trat, nachdem er dessen *Novissima Sinica* "immer und immer wieder mit wachsender Begeisterung gelesen hatte".[78)]

Erst der Kontakt mit der französischen Jesuitenmission, zumal der bis 1707 anhaltende Briefwechsel mit Bouvet, "in dem die beiden Partner zeitweise wie verwandte Seelen erscheinen"[79)], gab Leibniz Gelegenheit, tiefer in die chinesische Philosophie und Kultur einzudringen. Bald war sein Wissen über China und die Wesensart der dortigen Jesuitenmission, wiewohl nur aus zweiter Hand, "among the most accurate available in Europe at that time"[80)], so daß er selbst in einem Brief an Kurfürstin Sophie-Charlotte scherzend feststellen konnte:

"Je feray donc mettre une affiche à ma porte avec ces mots: bureau d'adresse pour la Chine, à fin que chacun scache qu'on a qu'à s'adresser à moy pour en apprendre des nouvelles".[81)]

So wie die Missionare der Gesellschaft Jesu das "Reich der Mitte" beschrieben, mußte es den hannoverschen Gelehrten fesseln, fügte es sich doch vorzüglich in seine universale Weltansicht und seine Vorstellung von einer Universalharmonie. Zwischen der Akkomodationshaltung des "Ordens" und Leibniz' Art zu philosophieren habe, so Widmaier[82)], zweifellos eine gewissen Übereinstimmung bestanden. Daß auch er sich letztlich irren mußte, sein Chinabild wenig mit der Wirklichkeit gemein hatte, ist in Anbetracht der einseitigen und immer noch bruchstückhaften Unterrichtung durch seine jesuitischen Korrespondenten nicht verwunderlich. Beachtens- und bewundernswert bleiben indes seine Unvoreingenommenheit, die frei war von jeglicher Überheblichkeit, die den Umgang der westlichen Welt mit fremden Kulturen in jener Zeit kennzeichnete, die Breite seines Interesses an China, vor allem aber seine Kombinationsgabe, mithin seine Fähigkeit, die Fülle unterschiedlichster und doch immer noch unzureichender Informationen zu einem ganzheitlichen Chinabild zusammenzufügen. Mit Recht mag Grimm[83] daher behaupten, "es habe vor oder unmittelbar nach ihm kein anderer so groß und so weit gesehen". Durch die methodischen Ansätze in der Behandlung der Probleme, d.h. durch die Fragestellungen als solche hat Leibniz, so Margarete Kühn[84], der wissenschaftlichen Sinologie bereits Wege und Ziele aufgezeigt. Bleibt nun noch zu fragen, wie das Chinabild des Philosophen aussah, welche Erwartungen und Hoffnungen und welche eigenen Zielsetzungen und Bemühungen sich damit für ihn verbanden.

d) Das Chinabild bei Leibniz

Aufschlußreich in dieser Hinsicht sind die bereits erwähnten *Novissima Sinica*[85], jene "publizistische Glanzleistung von starker Resonanz", die die positive China-Rezeption in Europa bis zur Mitte des 18. Jahrhunderts maßgeblich bestimmt hat.[86] Leibniz hat dieser Sammlung von Originalberichten, Dokumenten und Briefen über den missionarischen Dienst in China[87] eine ausführliche *Praefatio* vorangeschickt, die John Ho[88] "eine beinahe kritisch zu nennende Auseinandersetzung mit dem Chinabild seiner Zeit" nennt. Doch mehr noch ist sie eine Stellungnahme ihres Verfassers zum Ritenstreit, in der dieser sich als Anhänger der toleranten und anpassungsbereiten Haltung der Jesuiten in China bekennt und für deren Akkomodationspolitik wirbt[89]. Darüber hinaus war es ganz offensichtlich Leibniz' Anliegen, insbesondere seine jesuitischen Gesprächspartner davon zu überzeugen, daß man über den schon von Matteo Ricci im Geiste des Humanismus eingeschlagenen Weg der *Propagatio fidei per scientias* hinaus zu einer west-östlichen Kultursynthese gelangen mußte, wollte man jene weltweite Entwicklung des menschlichen Geistes erreichen, die folgerichtig in eine christliche Weltordnung münden würde. Daß eine kulturelle Annäherung zwischen Europa und China auf breiter Basis möglich sein konnte, versucht Leibniz in seiner Vorrede zu den *Novissima Sinica* nachzuweisen. Dieses Ziel vor Augen, mußte er freilich ein Chinabild vermitteln, das seine Leser für dieses Land einnehmen würde, das zudem die Kompatibilität beider Kulturkreise herausstellte.[90]

> "Durch eine einzigartige Entscheidung des Schicksals ... ist es dazu gekommen, daß die höchste Kultur und die höchste technische Zivilisation der Menschheit heute gleichsam gesammelt sind an zwei äußersten Enden unseres Kontinents, in Europa und Tschina ..., das gleichsam wie ein Europa des Ostens das entgegengesetzte Ende der Erde ziert."[91]

Für Leibniz gibt es im ausklingenden 17. Jahrhundert nur zwei gleichwertige Zentren der Weltkultur, die sich aus sich selbst heraus entwickelt und in sich geschlossene und vollendete Kultursysteme ausgebildet hätten, die beiden "Antipoden des eurasischen Kontinents"[92], Europa und China. Da infolge der räumlichen Entfernung keine gegenseitige Beeinflussung stattgefunden habe, sei China als der andere Pol dieses Erdteils die einzige wirkliche Kulturmacht außerhalb des Einflußbereiches des Christentums. Gleichwohl stellten das "Reich der Mitte" und das Abendland zwei aufeinander bezogene Welten dar, beide Kulturen seien untrennbar vereint in der allumfassenden Harmonie einer Kulturfamilie. Die chinesische Kultur sei nichts anderes als die Variante der einen großen Weltkultur im östlichen Raum, mithin ein kulturgeschichtliches Gegenstück zu Europa. In diesem Sinne nennt Leibniz China des öfteren auch ein "Anti-Europa" oder "une Europe orientale"[93] und gibt damit zugleich seiner Bewunderung für die hochentwickelte Zivilisation am anderen Ende der Welt Ausdruck.

Ein Vergleich Europas mit China rechtfertige die Annahme, daß sich die Begabungen beider Völker unterschiedlich, doch komplementär entwickelt hätten, so daß sie geradezu prädestiniert seien, sich gegenseitig zu ergänzen:

> "So ist auch in China ein Großes zu erlernen, und gleichsam ein Tausch
> von Wißenschafften zu treffen, mehr als bey andern Völckern ..."[94]

Zweifellos sei der Westen in allen theoretischen Disziplinen, namentlich in der Logik, Metaphysik und Mathematik fortgeschrittener, zumal den Chinesen "jene große Erleuchtung des menschlichen Verstandes, die Kunst der Beweisführung" noch nicht bekannt sei.[95] Dies gelte auch für alle Wissensbereiche, die mit abstraktem, insbesondere mathematischem Denken direkt oder indirekt zusammenhängen, von der Astronomie bis zum Militärwesen.

Dagegen zeichne sich der Osten auf fast allen Gebieten aus, in denen vornehmlich aus Erfahrung und Beobachtung Nutzen gezogen werden konnte, etwa in der Medizin, der Mechanik und den praktisch betriebenen Naturwissenschaften. Schon seinen frühen Sozietätsentwurf zur Aufrichtung einer Akademie in Deutschland (1671) schloß Leibniz mit einem Blick auf China, indem er zu bedenken gab:

> "Wie Närrisch auch und Paradox der Chinesen reglement in re Medica
> scheint, so ists doch weit beßer als das unsrige".[96]

Nichts wünsche er brennender, schreibt er ein Jahr später an Gottlieb Spitzel[97], als daß die gesamte medizinische Wissenschaft Chinas einmal nach Europa gelange; sie sei weniger theoretisch und mehr auf den eigentlichen medizinischen Zweck, die Gesundheit gerichtet. Ebenso sollten die Missionare, die ihrerseits den chinesischen Kaiser in der Astronomie und Geographie große Dienste geleistet hatten, die "physikalischen Geheimnisse der Chinesen", die durch die Tradition eines so viele Jahrhunderte blühenden Reiches bewahrt und vermehrt hätten werden können, während sie in Europa durch die Wanderungen der Völker zum großen Teil verloren gegangen seien[98], ergründen und dem Abendland übermitteln. Die theoretischen Überlegungen des Verstandes allein und das Wissen um die Grundprinzipien der Wissenschaften, dessen sich die Europäer rühmen dürften, seien im Hinblick auf die für das öffentliche Wohl so wichtigen "Utilia" nichts wert; "ce sont les rencontres particulieres, qui font tirer milles belles consequences et trouver milles inventions".[99]

Für unübertroffen hält Leibniz die auf Konfuzius gegründete praktische Philosophie, respektive die Ethik und Politik der Chinesen, kurz, jene Lehren, die auf eine bessere Lebensart zielen. Ein ähnlich von Vernunft und gegenseitigem Respekt bestimmtes Zusammenleben, wie es in der riesigen Menschengemeinschaft Chinas verwirklicht sei, hätten bei den Europäern bestenfalls die religiösen Orden in ihrem engen Kreis erreicht.[100] Alles sei hier auf den öffentlichen und sozialen Frieden hin ausgelegt:

> "Il paroist effectivement qu'ils ont des reglemens excellens pour le bon ordre des affaires civiles, et il seroit à souhaitter qu'un jour nous puissons avoir tout le detail".[101]

Seine Bewunderung gilt auch dem von den Missionaren vielgepriesenen kollegialen Regierungssystem und den Bestimmungen, die eine unabhängige Richterschaft gewährleisten.

Der chinesische Staat wurde aufgrund von Gesetzen regiert, denen selbst der Kaiser unterworfen war. Ebenso gehörte es zur politischen Tradition Chinas, daß die Monarchen, ungeachtet ihrer Machtstellung, stets den Rat der Gelehrten (Mandarine) einholten, bevor sie eine Entscheidung trafen. Undenkbar war es, daß sie der sog. "Politik der Weisen" zuwiderhandelten. Dieser Grundsatz gelte so sehr, stellt Leibniz anerkennend fest, daß das 1692 von K'ang-hsi erlassene Toleranzedikt, das die Freiheit der christlichen Religion gesetzlich sanktionierte, gegen die Empfehlung seiner obersten Behörden niemals zustande gekommen wäre.[102] Es sei in der Tat beispiellos, daß der Herrscher eines so großen Reiches, der "gleichsam als ein sterblicher Gott angesehen wird", es gerade seiner höchsten Stellung unter den Menschen für würdig erachtet, "seine Untertanen in einer unglaublichen Achtung vor den Gesetzen und in Ehrfurcht gegenüber weisen Männern noch zu übertreffen".[103] Diese Eigenart der chinesischen Regierungskunst, die den Aufklärungsphilosophen zum Vorbild eines vernunftgelenkten Staatswesens wurde, sah Leibniz in der Gestalt des regierenden Kaisers K'ang-hsi aufs vorzüglichste repräsentiert.

Über dessen herausragende Eigenschaften war er schon von Grimaldi in Kenntnis gesetzt worden; "il m'a conté des merveilles du bon naturel du monarque Chinois", berichtet er seinem brandenburgischen Korrespondenten Chuno Anfang März 1695.[104] Spätestens das überaus schmeichelhafte "Porträt des chinesischen Kaisers" seines Briefpartners Bouvet, das er in die 1699 erschienene zweite Auflage der *Novissima Sinica* aufnahm[105], veranlaßte Leibniz zu wahren Lobeshymnen auf den

Gerechtigkeitssinn, die Vernunft, Weisheit und den Weitblick K'ang-hsi's. Den Grund für "eine so überragende Klugheit" sah er in dem Bemühen des Kaisers, den Geist Europas zu verstehen, in der "Tatsache, daß er Europäisches mit Chinesischem verband".[106] Durch seinen "erstaunlichen Wissensdurst", vor allem was die Mathematik anbelange, durch die allein man mit den Geheimnissen der Wissenschaft überhaupt vertraut werden könne, öffne er seinen Völkern das Tor zur Glückseligkeit:

> "Tugend fließt nämlich aus Weisheit, die Seele der Weisheit aber ist die Wahrheit, und diejenigen, die die Beweise der Mathematik erforscht haben, haben das Wesen ewiger Wahrheit erfaßt und können Sicheres von Unsicherem unterscheiden, während die übrigen Menschen zwischen Vermutungen hin- und herschwanken ..."[107]

Das Interesse K'ang-hsi's für Gelehrsamkeit im allgemeinen, die abendländische Wissenschaft im besonderen und seine Duldsamkeit gegenüber dem Christentum ließen Leibniz auf eine mögliche Kulturverbindung Asiens mit Europa hoffen. Dies um so mehr, als er im Gegensatz zu dem Gros der missionierenden Patres in China keine unüberwindbare Kluft zwischen dem christlichen Dogma und dem Konfuzianismus erkennen wollte. Sein synkretischer, besser noch synthetischer Geist fand vielmehr zu einer Interpretation der konfuzianischen Lehren, die mit dem Christentum vereinbar schien. Da blieb es freilich nicht aus, daß er in den Konflikt um die Zulässigkeit der von den Jesuiten in China tolerierten Riten-Praxis hineingezogen wurde.

Mit seinen zwei aufeinanderfolgenden Schriften über China aus den Jahren 1697/1699 und 1700[108], die für die Öffentlichkeit bestimmt waren, greift Leibniz schließlich direkt in diese Auseinandersetzung ein. Vor allem die von der Forschung lange Zeit kaum beachtete kleine Abhandlung *De cultu Confucii civili* (1700), "une sorte de postscript" zu den 1697 erstmals erschienenen *Novissima Sinica*[109], ist letztlich nichts anderes als eine Verteidigungsschrift der jesuitischen Akkomodationspolitik.[110] Der hannoversche Gelehrte nimmt hier unmittelbar Stellung zu den strittigsten Punkten in dieser Kontroverse, der Statthaftigkeit des chinesischen Namens für Gott sowie des Ahnen- und Konfuziuskultes, und bekennt sich zu der Auffassung der Jesuiten, die eine vorsichtigte Anknüpfung an die konfuzianische Lehre für berechtigt und notwendig hielten.[111]

Um der daraus abgeleiteten jesuitischen Missionspraxis der Duldung der chinesischen Riten eine theoretische Legitimation zu geben, spricht Leibniz dem Ahnen- und Konfuziuskult jeglichen religiösen Charakter ab. Da diese nicht die "Verehrung einer dem Menschen übergeordneten Macht" implizierten, handle es sich eben nicht um religiöse Riten, sondern um ausschließlich weltlich-politische Zeremonien.[112] Sie wiederum sind für den deutschen Gelehrten Teil der ostasiatischen Kultur, die zwar anders, der europäischen jedoch gleichwertig ist. Und in diesem Sinne, indem er nämlich den Begriff der *civil religion* bei der Auslegung des Konfuzianismus um Jahrhunderte vorwegnimmt[113], kann er China als ein potentiell christliches Land sehen. Als überzeugter lutherischer Protestant konnte und wollte Leibniz nicht für Religionspluralismus, gleichwohl für kulturelle Vielfalt werben; zumal er die Ansicht vertrat, daß jede Kultur sich mit der universalen christlichen Lehre[114] verbinden ließe.

Grundsätzlich tritt er dafür ein, nicht das Trennende, sondern das Gemeinsame im chinesischen und christlichen Denken zu betonen.

> "Man müßte China bekehren, nicht dadurch, daß man den Chinesen nachweist, daß sie irren, sondern indem man die Analogien, die zwischen ihrer und unserer Religion bestehen, und welche auf die im Wesen des menschlichen Geistes begründete Einheit zurückzuführen sind, hervorhebt".[115]

Gegenüber Verjus äußert er die Befürchtung, daß man der Mission, "qui me paroist des plus considerables, pour le bien de la Chrestienté et de tout le genre humain", schade, wenn man eine allzu doktrinäre Haltung einnähme.[116] Nach dem Beispiel des Apostels Paulus müsse man "allen alles werden", schreibt er in seiner *Praefatio* zu den *Novissima Sinica*.[117] Wie dieser in seiner Areopag-Rede den Altar des unbekannten Gottes mit Rücksicht auf seine missionarische Absicht christlich interpretierte[118], "sollten wir auch in China alles in günstigerem Sinne deuten. Es sollte keinen "unversöhnlichen" Krieg gegen die Kaiser und Weisen der Chinesen geben, als ob sie dem Atheismus anhingen".[119]

Leibniz selbst, der sich der Mangelhaftigkeit seiner Kenntnisse über die fernöstliche Kultur durchaus bewußt war, deutete die konfuzianischen Lehren unter dem Motto "benefit do the doubt"[120]; denn es erschien ihm geradezu lächerlich, "de vouloir condamner une grande nation, et même leur ancestres sans les entendre et sans les connoistre".[121] Nur ein intensives Studium der chinesischen Literatur, "ce qui est une affaire de plusieurs années", werde entgültige Urteile erlauben.[122] Und deshalb kommt es ihm, ähnlich wie schon bei seinen ökumenischen Bestrebungen, auch hier darauf an, zunächst vorläufige Bezüge zwischen den Kulturkreisen, d.h. eine kontroversfreie, tragfähige Basis zu schaffen, auf der eine geistige Annäherung möglich werden konnte.

Wie Ricci, der meinte, den Chinesen "gleichsam ein eigenes *Altes Testament* herstellen zu können"[123], beruft sich Leibniz auf deren ursprüngliche Schriften. Diese, glaubt er, werden jedoch erst mit Hilfe der Offenbarungen des Neuen Testaments und schließlich durch die Einsichten der modernen Wissenschaften erklärbar. Ziel müsse es daher sein, in den chinesischen Klassikern Stellen zu finden, die Hinweise auf die christliche Religion enthielten, "comme il y a un passage de Platon, qui semble faire esperer un Messie au genre humain".[124]

In der Absicht, die chinesische Philosophie von dem Vorwurf des Atheismus zu befreien, mußte der Nachweis erbracht werden, daß ihre elementaren Aussagen mit den Grundbegriffen der christlichen Religion kompatibel waren. Als entschiedener Gegner der materialistischen Deutung des Neokonfuzianismus, wie sie insbesondere von Longobardi und Sainte-Marie vertreten wurde[125], zeigt sich Leibniz in zwei späteren ausführlichen Abhandlungen, der Beilage zu einem Brief an den Jesuitenpater des Bosses vom 12. August 1709[126] sowie der *Lettre sur la Philosophie Chinoise à M. de Remond*[127], die er in seinem Todesjahr, 1716, als sein letztes Werk überhaupt, im Januar beendete.[128] Bereits in der Ankündigung der letzteren[129] macht er deutlich, worauf es ihm ankommt:

> "Bien loin d'avoir oublié les Chinois, j'ay fait un discours entier sur leur theologie, touchant Dieu, les Esprits et l'Ame. Et il me semble qu'on peut donner un sens tres raisonnable à leurs auteurs anciens".

Um zu demonstrieren, daß die Chinesen eine "natürliche Theologie" besaßen, ihre Religion monotheistischen Charakter hatte, konzentriert sich Leibniz also auf jene Grundelemente, die das christliche Dogma, die geoffenbarte Theologie bestimmen, den Gottesbegriff, die Vorstellung von Geistern und die Unsterblichkeit der Seele. Und er gelangt bei seiner Analyse der höchsten Prinzipien der chinesischen Philosophie, Li und T'ai-chi, zu einer Auslegung, "deren apologetische Ausrichtung auf die christliche Trinität in die Augen springt".[130] So kommt er schließlich auch zu dem Schluß, daß die chinesische Lehre die vom christlichen Glauben wiederentdeckte Urreligion beinhaltet:

> "Liegt doch in diesen Lehren, insofern sie das in unsere Herzen eingeprägte natürliche Gesetz erneuern, das ganz reine Christentum (c'est le Christianisme tout pur). Abgesehen nur von alledem, was Offenbarung und Gnade noch dazu tun, um unser Wesen zum Besseren auszurichten".[131]

In Anlehnung an Bouvets sog. Figurismus[132] nimmt er an, daß diese christlichen Urwahrheiten "durch die Überlieferung der alten Patriarchen zu den Chinesen gelangt sind".[133] Die von Bouvet erkannte Übereinstimmung seines binären Zahlensystems[134] mit den 64 Hexagrammen des I-ching (Buch der Wandlungen)[135] erscheint ihm in diesem Zusammenhang von größter Bedeutung. Als Analogie-Modell der Schöpfungsgeschichte[136] könne die von ihm entwickelte Dyadik die Europäer von der in der Fu-hsi-Ordnung ausgedrückten natürlichen Theologie der alten Chinesen sowie die Chinesen selbst von der Richtigkeit seiner Interpretation ihrer Philosophie überzeugen:

> "Et je crois que les savans de la Chine, quand ils entreront bien dans cette consideration et verront sur tout l'artifice de Fohi conforme au nostre, seront assez disposés à croire que ce grand homme a voulu encor representer Dieu auteur des choses, et la creation par la quelle il les a tirées du neant".[137]

Im Vertrauen auf Vernunftbeweise und wissenschaftliche Deduktion hofft Leibniz schließlich, daß eine Verknüpfung seiner *Ars characteristica universalis*, deren missionspolitischen Wert er schon gegenüber Herzog Johann Friedrich mehrfach hervorgehoben hatte[138], mit der Binärmathematik und den chinesischen Hexagrammen dazu geeignet sei, "pour leur faire gouster cette invention, et cette maniere d'ecriture mysterieuse qui seroit peutestre le plus grand moyen qu'on puisse inventer pour establir la verité de la religion par des voyes de la raison".[139] Was sich die Jesuiten von der Geometrie Euklids versprachen[140], nämlich das Interesse der chinesischen Gelehrten und des Kaisers für das Christentum und den interkulturellen Austausch mit Europa zu fördern, erwartet Leibniz von der *Ars characteristica universalis*, "qui paroistra une suite de cette de Fohi".[141] Als Begriffssprache, die gedankliche Vorgänge zu einer Art Rechenverfahren werden läßt, stellt sie für ihn das Verständigungsmittel schlechthin dar, eine rationale, allen Menschen verständliche Sprache, die somit auch in China Aufnahme finden und den Chinesen den Zugang zur biblischen Offenbarung erleichtern könnte:

> "Cette caracteristique secrete et sacrée nous donneroit aussi moyen d'insinuer aux Chinois les plus importantes verités de la philosophie et de la theologie naturelle pour faciliter le chemin à la revelée ..."[142]

Denn zur wirklichen Glückseligkeit fehle den Chinesen nur die geoffenbarte Theologie, während sie andererseits eine fast bis zur Vollkommenheit ausgereifte "natürliche Theologie" besäßen.

Jene "allen Menschen gemeinsame Erkenntnis der einen Wahrheit"[143], die, wie er glaubt, aufgrund der Einheit des menschlichen Geistes auch bei den entlegensten Völkern anzutreffen sein muß, sieht Leibniz im Konfuzianismus verwirklicht. Ihren Niederschlag fände diese "natürliche Theologie" der Chinesen, die er gleichsam als Rationalismus, als Schlüssel zum Verständnis der eigentlichen Wahrheit Gottes interpretiert[144], in der praktischen Philosophie, die mit ihrer Wendung zur Diesseitigkeit und ihrem Interesse an ethischen, politischen und pädagogischen Problemen der abendländischen Stoa und dem Aristotelismus entspricht. Verbunden mit der konfuzianischen Lehre gäbe es in China "eine in mancher Hinsicht bewundernswerte öffentliche Moral".[145] Und es erscheint ihm angesichts der europäischen Verhältnisse, der politischen und konfessionellen Streitigkeiten und des "ins Unermeßliche wachsenden moralischen Verfalls" mehr als angebracht,

> "daß man Missionare der Chinesen zu uns schickt, die uns Anwendung und Praxis einer natürlichen Theologie lehren könnten, in gleicher Weise, wie wir ihnen Leute senden, die sie die geoffenbarte Theologie lehren sollen".[146]

Da der Mensch nicht fähig ist, die vollkommene Gotteserkenntnis aus eigener Kraft, ausschließlich verstandesmäßig zu erlangen, bedarf die "natürliche Theologie" der Chinesen der Vervollkommnung durch die christliche Offenbarung.[147] Die Suche nach der Wahrheit an sich, nach einer "rationalen Theologie", kann nur dann erfolgreich sein, wenn christliche Offenbarungslehre und "natürliche Theologie" aufeinander einwirken können.

Mit dieser Auffassung steht Leibniz an der Schwelle zur Aufklärung, jener das ausgehende 17. und 18. Jahrhundert charakterisierenden Geistesbewegung, die sich zunehmend von der bis dahin herrschenden kirchlich und theologisch bestimmten Kultur abwandte. Die Doktrin der Gegensätzlichkeit von Christentum und Heidentum hatte in dieser neuen Weltanschauung keinen Platz mehr. Vielmehr konzentrierte man sich nun auf die Elemente einer natürlichen Religion, die man in den anderen Religionssystemen vermutete.[148] Nicht erst durch Christian Wolff und dessen Schüler Georg Bernhard Bülfinger, die die Politik, Moral und Weisheit der Chinesen priesen[149], hat das ostasiatische Denken Eintritt in die Geisteswelt der deutschen Aufklärung gefunden.[149a] Mit seiner thesenartigen Analyse der neokonfuzianischen Naturphilosophie für des Bosses und Remond, ein "Paradebeispiel" der von ihm oft beschworenen *Philosophia perennis*[150], die wiederum, wie Zemplinear[151] betont, in völligem Einklang mit seiner *Monadologie* steht, hat ihr schon Leibniz den Boden bereitet.

Doch Leibniz' "gewaltsam irenische Auslegung"[152] des Konfuzianismus hatte nicht zuletzt eine pragmatische Komponente; diente sie ihm doch als intellektueller Rahmen für eine Missionskonzeption, die den zivilisatorischen Aspekt mit dem Gedanken der Verbreitung des christlichen Glaubens verbindet. Daß in seinen spezifischen Plänen für China das wissenschaftlich-kulturelle Anliegen vorherrscht, kann in diesem Zusammenhang nicht geleugnet werden.

e) Idee einer europäisch-chinesischen Kultursynthese

In seiner Korrespondenz mit den Jesuitenmissionaren in Peking erweist sich der deutsche Gelehrte, so Widmeier[153], in erster Linie als Philosoph und Wissenschaftsorganisator, "der mit außerordentlicher Energie darum bemüht war, einen neuartigen Erfahrungs- und Wissenschaftsaustausch ... zwischen China und Europa in die Wege zu leiten":

> "je juge que cette mission est la plus grande affaire de nos temps, tant pour la gloire de Dieu et la propagation de la religion Chrestienne, que pour le bien general des hommes et l'accroissement des sciences et arts chez nous aussi bien que chez les Chinois, car c'est un commerce de lumiere, qui nous peut donner tout un coup leur travaux de quelques milliers d'années, et leur rendre les nostres; et doubler pour ainsi dire nos veritables richesses de part et d'autre".[154]

Was Leibniz vorschwebte, war ein alle Kulturbereiche umfassender Austausch geistigen Gutes zwischen China und dem Abendland. Europa sollte dabei in vieler Hinsicht der empfangende Teil sein.

Um die konfuzianischen Literaten zu einer "reineren supranaturalen Gotteserkenntnis", wie sie in höchster Vollendung nur im Christentum zu finden ist, emporzuführen, mußte ihnen Einsicht in die "providentielle Harmonie zwischen den Naturgesetzen des Weltalls und den Denkgesetzen des Individuums" gewährt werden.[155] Daher galt es, ihnen die neuesten europäischen Erkenntnisse mitzuteilen, "die für einige große Naturwunder fast mathematisch exakte Erklärungen beibringen und die wahren Systeme des Makrokosmos und Mikrokosmos aufzeigen". Doch gleichzeitig mußte man ihnen zu verstehen geben, "daß jene natürlichen Ursachen, die ihre Funktion so genau im richtigen Zeitpunkt erfüllen, um so viel Herrliches hervorzubringen, dies nicht bewirken können, wenn sie nicht Maschinen wären, die dafür eingerichtet und geschaffen sind von der Weisheit und Macht jener höchsten Substanz, die man mit ihnen LI nennen kann".[156]

Als Gegenleistung, die gleichwohl niemals vergleichbar sein könne "avec les lumieres de la foy qu'ils peuvent recevoir de nous"[157], erwartete der hannoversche Gelehrte von den Chinesen vor allem die Preisgabe ihres empirischen und technologischen Wissens, in dem sie den Europäern ganz offensichtlich überlegen waren.[158] Ausführlich erläuterte er seine diesbezüglichen Wünsche, die er zuvor schon in einem umfassenden Fragebogen für Grimaldi ansatzweise formuliert hatte, in einem Brief an denselben vom März 1692.[159] Die Zurückhaltung, mit der der italienische Pater auf den Wissensdurst seines Korrespondenten reagierte, erscheint indes durchaus verständlich angesichts der Fülle und Vielfalt von Fragen, etwa über die Landwirtschaft und Gartenkultur, die Seidenraupenzucht, den Bergbau, die Herstellung von Papier, Porzellan und Glas, die spezifische Chemie der Chinesen, ihre astronomischen und mathematischen Kenntnisse oder auch über ihre sozialen und politischen Gesetze.[160] Doch Leibniz wollte nicht auf Informationen aus zweiter Hand angewiesen sein. Für das Beste hielt er es, wenn sobald als möglich "Bücher aller Art, ferner Pflanzen und Pflanzensamen, Pläne und Modelle von Instrumenten und, was sonst noch befördert werden kann", nach Europa geschickt würden.[161] Wirklich Aufschluß konnten aber nur systematische Aufzeichnungen geben, wie er sie für die abendländischen Wissenschaften schon in seinen frühesten Akademieplänen gefordert hat. Neben der enzyklopädischen Erfassung aller theoretischen Erkenntnisse, die zu einer "Geschichte der Ideen" führen sollte, und einer Sammlung empirisch-praktischer Beobachtungen und Erfahrungen "il faudroit avoir soin de L'Histoire des inventions [,] des arts, des loix, des religions et d'autres etablissemens".[162] Vor allem durch genaue Beschreibungen aller Berufe und Handwerke erhoffte er sich Zugang zu dem wertvollen technologischen und empirischen Erfahrungsschatz der Chinesen. Die Medizin, "qui est la plus necessaire des sciences naturelles"[163], sollte dabei von besonderem Interesse sein. Denn gerade hier könnte man von den Chinesen noch eine Menge lernen.[164] Hilfreich wäre es daher, wenn man den Kaiser dafür gewinnen könnte, eine "Historiam anni Medicam par les differentes provinces du Royaume" anfertigen zu lassen.[165] Auch diesen Gedanken hatte Leibniz schon an mehreren Fürstenhöfen vorgetragen und im Rahmen der projektierten Akademien zu verwirklichen gesucht.

Die Zentralfragen, die sich mit dem Erscheinen Chinas am geistigen Horizont Europas stellten, waren gleichwohl jene nach dem Alter der Welt und dem Ursprung des Menschengeschlechts. Diese waren nur durch ein Zusammenwirken chronologischer und historischer, geographischer und ethnologischer sowie sprachvergleichender und literaturhistorischer Studien in China zu beantworten. Und so ist Leibniz bemüht, seine jesuitischen Briefpartner durch zahlreiche Anregungen für entsprechende methodische Untersuchungen in China zu gewinnen.

Die von Martino Martini aus den chinesischen Annalen erstellte Chronologie des chinesischen Reiches[166], nach der die Gründung Chinas durch den Kaiser Fu-hsi ca. 600 Jahre vor dem Zeitpunkt erfolgt war, zu dem die als kanonisch geltende hebräische Textüberlieferung der Vulgata die Sintflut ansetzte, schürte die in Europa schon längere Zeit schwelende Auseinandersetzung um die Authentizität und Einzigartigkeit der Bibel und gab der damals aufgetauchten ketzerischen These einer präadamitischen Existenz der Menschheit Nahrung.[167] Vereinbar war die chinesische Zeitrechnung, die zudem aufgrund der astronomischen Beobachtungen und Berechnungen, auf denen die ostasiatische Geschichtsdarstellung beruhte, schwer zu widerlegen schien, jedoch mit der nicht als kanonisch anerkannten, ältesten griechischen Übersetzung des Alten Testaments, der Septuaginta.[168] Da die einander widerstreitenden Meinungen über das Alter der Welt den Glauben minderten, schreibt Leibniz im März 1692 an Grimaldi, bedürften sie einer raschen Klärung.[169]

Um das möglicherweise älteste, noch unbekannte Testament aufzuspüren, sollten die Missionare die Heiligen Schriften der, wie man damals in Europa fälschlicherweise annahm[170], "seit undenklichen Zeiten" in China lebenden Juden befragen.[171] Auch wäre es von Nutzen, sichere Informationen über die chinesischen Herrscher zu haben.[172] Denn Leibniz hält die figuristisch begründete Überzeugung Bouvets, der die chinesische Geschichte bis auf wenige Jahrhunderte vor Konfuzius lediglich als eine "histoire allegorique" versteht[173], unter wissenschaftshistorischem Aspekt für durchaus denkbar.

Mit der Frage nach dem Alter Chinas stellte sich zugleich diejenige nach der ältesten Schrift. Waren dies die ägyptischen Hieroglyphen, eine These die Bouvet vertrat, der Leibniz jedoch mit äußerster Zurückhaltung begegnete[174], war es die hebräische Schrift oder waren es die chinesischen Ideogramme. Neben den Untersuchungen zur chinesischen Chronologie und der kritischen Darstellung der chinesischen Geschichte auf literaturhistorischer Grundlage fordert Leibniz deshalb immer wieder die Analyse und Deutung der chinesischen Schrift und Sprache. Er selbst verfolgte den kühnen Plan, mit Hilfe seiner Dyadik einen numerischen Schlüssel der nicht - alphabetischen chinesischen Schrift zu finden, wie schon vor

ihm der ebenso geniale wie eigenwillige Orientalist Andreas Müller eine "clavis Sinica" angekündigt hatte, die in der Gelehrtenwelt mit größter Spannung, wiewohl nicht ohne Skepsis erwartet wurde.[175)]
Nur durch vergleichende Sprach- und Schriftforschungen auch in den angrenzenden Ländern, ein Thema das Leibniz vor allem mit dem für seine Sprachkenntnisse berühmten Visdelou diskutierte[176)], seien Aufbau und Funktion der chinesischen Ideogramme zu dechiffrieren. Sprachproben, vor allem das Vaterunser, "ecrit dans un caractere connu, et avec une version interliniaire"[177)], hält er für notwendig, nicht nur, wie er schon in anderem Zusammenhang mehrfach betont hatte, um Ursprung und Verwandtschaft der Völker zu erforschen.[178)] Als Mittel zur Entschlüsselung der ideographischen Schrift der Chinesen sollten sie letztlich den Zugang zu deren theoretischen wie praktischen Kenntnissen erleichtern:

> "L'Explication de la langue et Ecriture Chinoise est conune le fondement de l'Histoire literaire et donne en même temps la clef de toutes leur connoissances".[179)]

In dieser Hinsicht wären chinesische Wörterbücher "aussi exacts qu'il est possible"[180)] von größter Bedeutung. Deshalb sollten die jesuitischen Patres den chinesischen Kaiser, dessen Vertrauen und Gunst sie besaßen, in seiner Absicht bestärken, ein chinesisch-tartarisches Wörterbuch herausgeben zu lassen.

Dieses wäre am besten als ein Sach-Lexikon anzulegen, das nicht nur "les caractères usuels, mais encor les caracteres Techniques appropriés à toutes sortes de professions" enthielte.[181)] Zeichnungen sollten die Begriffe zusätzlich erklären. Zu wünschen wäre es, wenn der Monarch einer Mitarbeit der Patres an dem so wichtigen Projekt zustimmte. Diese gäbe ihnen Gelegenheit, mit gelehrten Chinesen aus allen Fachbereichen zusammenzutreffen, "puisqu'il faudroit recourir aux gens de professions pour la connoissance des termes".[182)] Die von den Missionaren schließlich vorzunehmenden Übersetzungen des fertiggestellten Wörterbuches in europäische Sprachen wären zweifellos der kürzeste Weg, um zu dem wertvollen theoretischen wie praktischen Wissen der Chinesen, das sich über Jahrhunderte angesammelt hätte, zu gelangen.[183)] Die Mitwirkung der europäischen Patres an den Arbeiten für ein chinesisch-tartarisches Wörterbuch hätte andererseits auch Vorteile für die Chinesen selbst. Denn sie könnten dazu beitragen, die Unterschiede und Defizite zwischen dem "Tartarischen" und dem "Chinesischen" aufzudecken und auszugleichen.[184)] Das Ergebnis, "une exacte description en Tartare de toutes les connoissances chinoises"[185)], müßte nicht zuletzt ganz im Sinne des Kaisers sein, der ja der in China nicht einheimischen Mandschu-Dynastie angehörte.

Die größte Schwierigkeit des anzustrebenden Kulturausgleichs sah Leibniz darin, daß das empirische Wissen der Chinesen vorwiegend mündlich überliefert wurde. Er fürchtete, daß diese sich das auf klarer Beweisführung beruhende, zumeist veröffentlichte Wissen der Europäer leicht und in relativ kurzer Zeit aneignen könnten, während umgekehrt die chinesischen Kenntnisse nur schwer in Erfahrung zu bringen seien.[186] Daher auch seine wachsende Ungeduld sowohl was den Verlauf der chinesisch-europäischen Beziehungen als auch die wissenschaflichen Aktivitäten der missionierenden Jesuiten anlangte. Wenn er noch jung wäre, schreibt er am 16. August 1705 an den General von der Schulenburg, würde er selbst nach China gehen, "pour etablir cette communication de lumières".[187]

Mit Grimaldi und den vielen vortrefflichen Männern in seiner Begleitung habe man "ein Kompendium des europäischen Wissens" nach Ostasien geschickt.[188] Und diese zeigten sich nur zu gerne bereit, ihr geistiges Gut zu teilen. Doch bei der Weitergabe westlicher Kenntnisse "il faut quelque circonspection". Denn er wisse nicht, fährt er in seinem Brief an Landgraf Ernst von Hessen-Rheinfels fort[189], ob es sinnvoll sei, mächtigen Völkern, die gleichwohl keine Christen seien und sobald wohl auch nicht zum Christentum konvertieren werden, die europäischen Geheimnisse, insbesondere der Mathematik und der Kriegstechnik zu verraten. So hofft Leibniz, daß Grimaldi und seine Ordensbrüder in China "nach dem Brauch der Pythagoreer das, was sie mitteilen, etwas im geheimnisvollen Dunkeln belassen", schon deswegen, "damit die Chinesen es nicht als etwas bald Ergründetes verachten und die Europäer eines Tages verlachen und als ferner nicht mehr notwendige Leute vor die Tür setzen".[190]

Gleichzeitig sollten sie alles daran setzen, das Wissen der Chinesen zu ergründen, um es an Europa weiterzugeben. Der Nutzen des Kulturaustausches mit China "soit reciproque", betont Leibniz, "car nous leurs deviendrions inferieurs s'ils apprenoient de nous sans nous rien donner en echange".[191] So könne er nur immer wieder mahnen[192], die Gunst der Stunde zu nutzen, damit man nicht bald schon die versäumte Gelegenheit zu bereuen habe.[193] Dies um so mehr, als er an eine baldige Bekehrung der Chinesen zum Christentum nicht länger glauben mochte; so lange jedenfalls nicht, wie die römische Kurie in Fragen der Moral und Ethik, etwa zur Polygamie und Scheidung, ihren rigiden Kurs beibehielt.[194]

Je offener und unversöhnlicher die Auseinandersetzung um die Anerkennung der chinesischen Riten ausgetragen wurde, desto leidenschaftlicher wurde Leibniz' Drängen; zumal er mit wachsender Sorge beobachtete, daß sich die Situation der Patres in China seit der Jahrhundertwende merklich verschlechterte, so daß an eine kontinuierliche wissenschaftliche Arbeit vor Ort unter diesen Umständen kaum mehr zu denken war. Auf die Bekehrung des Kaisers, die, wie er anfänglich meinte, sowohl die Christianisierung Chinas beschleunigen, als auch eine wichtige Grundlage für den Kulturaustausch darstellen könnte, wollte Leibniz nicht länger warten.[195] Es mußten also Wege gefunden werden, um den Kaiser zur Preisgabe spezifischer Kenntnisse, etwa der Zusammensetzung des chinesischen Papiers, außergewöhnlicher Erfahrungen der Physik oder spezieller Proben der Medizin, zu bewegen, bevor sein Wissensdurst an den abendländischen Theorien befriedigt war. Die gewünschten Informationen erhoffte sich Leibniz als Gegenleistung für seine Dyadik, die er dem chinesischen Monarchen widmete.[196]

Geradezu alarmiert reagierte er, als Bouvet ihm mitteilte, daß das Interesse K'anghsis an den westlichen Wissenschaften offenbar schon nachgelassen habe, nachdem er den Patres jetzt weniger Zeit widme. Die Befürchtung, "que la bonté qu'on y a pour les estrangers s'y refroidira extremement un jour, quand on croira qu'on n'en aura plus tant besoin"[197], schien sich zu bewahrheiten, daher mahnte Leibniz zur Eile; er forderte Bouvet und dessen Konfratres auf, sich intensiver als bisher um einen wirklichen Austausch von Wissen zu bemühen.

In Anbetracht des sich zuspitzenden Ritenstreits galt es jedoch, den Kulturausgleich gleichsam zu institutionalisieren, d.h. Einrichtungen zu schaffen, die die Kontinuität wissenschaftlicher Kommunikation zwischen Europa und China unabhängig von möglichen negativen Entwicklungen gewährleisten würden. Von Bouvet wollte er daher wissen, ob in China bereits einschlägige Stiftungen existierten, an die man anknüpfen könnte.[198] Sollte dies nicht der Fall sein, so hoffte er, "que le monarque de la Chine puisse estre porté luy même à la fondation de quelques collegues ou Academies qui servent à cultiver les sciences et doctrines à la façon d'Europe ..."[199] Die Unterstützung dieser Pläne durch andere wichtige Persönlichkeiten Chinas, "qui sont curieux et vous [= Jesuiten, Anm. d. Verf.] favorisent" wäre dabei von Vorteil.[200]

Seine Vorschläge gipfeln schließlich in der Idee für eine Art Weltakademie, wie wir sie in ähnlicher Form schon in den alten Projekten des Exiltschechen Amos Comenius angetroffen haben.[201] In die zu gründenden chinesischen Akademien und Kollegien sollten nämlich neben Chinesen und Tartaren auch Europäer eintreten.[202] Vor allem im Hinblick auf die Fertigstellung des vom Kaiser selbst angeregten chinesich-tartarischen Wörterbuches wäre eine derartige internationale Gesellschaft von Nutzen; denn wer könnte in dieser Angelegenheit dienlicher sein, als europäische Gelehrte, die die Künste und Wissenschaften beherrschten und "qui en effect donneroient l'ame et le bransle à toute cette grande affaire".[203]

Letztlich ging es dem Philosophen dabei um die Integration Chinas in das anvisierte weltweite Netz von Akademien, die er mit der enzyklopädischen Erfassung des vergangenen und gegenwärtigen Wissens betraut sehen wollte. Systematische Arbeiten für ein Wörterbuch, das neben der Umgangssprache auch alle technischen Bereiche umfassen sollte "et qui expliquât à fonds le caractere de toutes les professions et arts, rites, points d'histoires etc.", konnten hierfür ein Anfang sein[204].

Auf die Bedeutung einer möglichen Ausweitung des europäischen Akademiewesens bis nach China hat Leibniz schon 1697 Grimaldi hingewiesen:

"Quod si hoc ipsum Sinensium Monarchae a vobis persuadetur, multo majora sibi polliceri posset genus humanum, sive ille colligi juberet infinitam messem notitiarum imperii sui, sive etiam in peregrinis conquirendis laborari vellet".[205]

Die Entsendung gebildeter Europäer aus den verschiedensten Berufen an zukünftige chinesische Universitäten und Akademien betrachtete Leibniz überdies als ersten wichtigen Schritt zu einem "lebendigen" Umgang mit dem "Reich der Mitte", der das Verständnis in Europa für die Geisteswelt sowie für die Gesellschaftsordnung und Lebensweise der Chinesen fördern würde. Denn die hierfür ausgewählten Personen hätten Gelegenheit, die chinesischen und europäischen Verhältnisse aufgrund eigener Erfahrungen zu vergleichen und ihre individuellen Erkenntnisse weiterzugeben.[206]

"Sinologische" Einrichtungen in Europa selbst, in denen chinesische Lehrer und Fachleute zunächst vor allem die Sprache und Literatur vermitteln sollten, hielt er für notwendig, damit die Kontroverse über die authentische Interpretation altchinesischer Texte möglichst bald ein Ende fände:

"Itaque operae pretium esset, in Europa scholas Sinenses institui, advocatis inde juvenibus eruditis, qui docere nos literas eorum possint, et apportatis libris ...; quod nisi fit, aeternum litigabitur inaniter de mente Confucii aliorumque Doctorum Sinicorum".[207]

Offensichtlich hatte Leibniz davon gehört, daß Pater Philippe Couplet bereits 1681 in Begleitung eines Chinesen nach Europa zurückgekehrt war, der in Oxford dem berühmten Orientalisten Thomas Hyde für seine Schriften über China nützliche Informationen gab. Im Dezember 1697 erkundigte er sich nämlich bei Antoine Verjus:

"N'at - on pas amené en Europe quelques Chinois qui puissent servir de Nomenclateurs vivans [?]"[208]

Allerdings war ihm auch bekannt, daß Chinesen ihr Land nicht so ohne weiteres verlassen durften. Doch er vertraute auf die souveräne geistige Haltung und Aufgeschlossenheit K'ang-hsis. Außerdem konnte man auf die in den angrenzenden Gebieten und in Batavia[209] lebenden Chinesen zurückgreifen:

"Il seroit fort souhaiter qu'on vint venir quelques habiles Chinois en Europe, car sans cela, nous ne serons pas bien instruit de leur langue et autres notices. Il me semble que l'Empereur ne feroit point difficulté là dessus. Outre qu'il y en a beaucoup dans les pays voisins et même á Batavia".[210]

Nur der Austausch von Gelehrten und die Zusammenarbeit von Europäern und Chinesen in Sozietäten und Kollegien konnten nach Leibniz' Überzeugung einen lebendigen und kontinuierlichen Kulturausgleich gewährleisten.

Einen vielversprechenden Anfang sah er in Bouvets Plan für eine "Kleine chinesische Akademie", in der fürs erste etwa sechs französische Patres, unterstützt von einem fähigen Chinesen, zunächst ausschließlich mit dem Studium der chinesischen Klassiker beschäftigt sein sollten. Ihre Aufgabe bestünde im wesentlichen darin, in den alten chinesischen Werken christliche Glaubensgeheimnisse aufzuspüren und nicht zuletzt Belege für Bouvets figuristische Theorie zu finden. Finanziert durch die Pensionen der sechs von Ludwig XIV. ausgesandten Mathematiker[211], wäre neben der Zentrale in Peking alsbald eine Abteilung in den südlichen Provinzen zu etablieren und das Betätigungsfeld zu erweitern. Neben astronomischen Beobachtungen sollten naturwissenschaftliche und medizinische Forschungen, Untersuchungen zur chinesischen Schrift und Chronologie sowie die Beschäftigung mit den politischen und sozialen Eigenheiten Chinas es ermöglichen, einerseits den missionierenden Mitbrüdern die solidesten und wirksamsten Mittel an die Hand zu geben, um das Christentum zu verbreiten und zu bestärken, und andererseits die Gelehrten Europas mit allen nur wünschenswerten Kenntnissen über China zu versorgen."[212]

Bouvets Kontakte zur *Académie des Sciences* in Paris, mit der die französische Jesuitenmission in China eng zusammenarbeitete, und das Ansehen, daß dieser bei Kaiser K'ang-hsi genoß, der überdies selbst die Absicht hatte, in Peking eine Akademie der Wissenschaften zu gründen[213], verlieh den Plänen des französischen Paters, mindestens ansatzweise, jenen umfassenden und visionären Charakter, der Leibniz' Idee einer eurasiatischen Kultur- und Wissenschaftssynthese auszeichnete.

Nur zu gerne kam der hannoversche Gelehrte daher der Bitte seines Korrespondenten nach und befürwortete dessen Konzept für eine Apostolische Akademie bei dem schon mehrmals erwähnten Antoine Verjus. Zu Recht hatte Bouvet nämlich befürchtet, daß der Prokurator der Levantemission, dessen Fürsprache er gleichwohl bedurfte, wollte er die Genehmigung des Jesuitengenerals Michelangelo Tamburini erlangen, seinem Projekt eher zurückhalten begegnen würde.[214]

Mit seiner skeptischen Haltung gegenüber dem kühnen Vorhaben Bouvets, das dieser trotz entsprechender Vorbereitungen am Ende nicht verwirklichen durfte[215], steht Verjus indes stellvertretend für die Mehrzahl seiner Mitbrüder und deren Missionsverständnis, das sich wiederum in einem wesentlichen Punkt von dem des Philosophen unterschied.

Ungeachtet des seit Ricci programmatisch formulierten Interesses des "Ordens" an einer *propagatio fidei per scientias* sahen die meisten Patres ihre vornehmste Aufgabe in der Bekehrung des chinesischen Kaisers und dessen gebildeten Ratgeber, von der sie sich eine Christianisierung ganz Chinas versprachen. Demgegenüber war Leibniz' Missionskonzeption zunächst mehr auf eine Kultur- und Wissenschaftssynthese zwischen Europa und jenem asiatischen Teil der Erde gerichtet, die einen auf gegenseitigem Geben und Empfangen ruhenden Plan des Kulturaustausches implizierte.

Unter diesem Aspekt konnte er dem Jesuitenoberen das Akademieprojekt Bouvets nur wärmstens empfehlen. Es sei wichtig und vernünftig, versicherte er Verjus, "qu'une partie des Missionaires soit appliquée principalement à ces recherches (s. oben S. 337) qui ne sont pas moins comprises que les autres dans les fonctions Apostoliques".[216] Aus dessen Antwort, die Patres seien augenblicklich so sehr mit der Verkündigung des Evangeliums und mit den dafür nötigen Einrichtungen beschäftigt, daß Gelehrsamkeit und Forschung wohl einige Zeit darunter zu leiden haben werden[217], können wir einen versteckten Vorwurf heraushören, der die Gegensätzlichkeit der Auffassungen über Sinn und Zweck des missionarischen Dienstes aufscheinen läßt, ebenso wie die oftmals ungeduldige Reaktion der Patres auf den schier unstillbaren Wissensdurst ihres hannoverschen Briefpartners.[218]

Dabei darf man Leibniz' Interesse an den missionarischen Zielsetzungen im eigentlichen Sinne nicht geringschätzen, wie dies besonders augenfällig Liselotte Richter[219] tut, die dem Philosophen jegliche christlich-kirchlichen Bestrebungen abspricht. Auch er schätzte die Chance, den Geist eines einzelnen Menschen wie den des chinesischen Monarchen zu gewinnen "et le tourner aux véritables biens en luy inspirant un zèle pour la gloire de Dieu et pour la perfection des hommes", höher ein als hundert gewonnene Schlachten.[220] Doch barg die Verbindung von geistlichem Auftrag mit wissenschaftlicher Forschung für ihn keinen Widerspruch. Kulturpolitische und missionspolitische Ziele fallen in Leibniz' universalistischem Denken vielmehr in eins. Ihre Verknüpfung entspricht seiner philosophisch-religiösen Leitidee, nach der die wahre Religion in der Sichtbarmachung der universellen Harmonie und in der Offenbarung der allumfassenden, schaffenden, ordnenden und lenkenden göttlichen Kraft besteht. So sah er es als eine Schickung Gottes, "daß die Wissenschafft den Kreis der Erden umbwandern ... solle".[221] Denn die Erforschung der Welt und ein immer tieferes Eindringen in die Gesetzmäßigkeiten der Natur führen gleichsam zu einer wachsenden Erkenntnis der Vollkommenheit Gottes, seiner Macht, Weisheit und Güte.[222] Die Ausbreitung der europäischen Wissenschaften bis in den ostasiatischen Raum und gleichzeitige Erschließung einer neuen kulturellen Dimension durch das hochzivilisierte China würden daher folgerichtig in eine religiöse Weltordnung münden:

"Vielleicht verfolgt die Höchste Vorsehung dabei das Ziel - während die zivilisiertesten (und gleichzeitig am weitesten voneinander entfernten) Völker sich die Arme entgegenstrecken -, alles, was sich dazwischen befindet, allmählich zu einem vernunftgemäßeren Leben zu führen".[223]

Leibniz geht es also um mehr als nur um die Verkündigung der biblischen Botschaft in China, nämlich um eine christlich geprägte Weltkultur, d.h. um die intellektuelle Durchdringung aller Völker im christlich-europäischen Geiste - ein Gedanke, der in seiner Idee von der Harmonie der Geister ruht.[224] Als Schlüssel zur Wahrheit Gottes an sich ist die Wissenschaft, ihre Förderung und Verbreitung, von zentraler Bedeutung.

Für diese spezifische Konzeption, die über das eigentliche Werk der Glaubensmission hinaus die weltweite Vervollkommnung des menschlichen Geistes intendierte, brachten die Jesuiten allerdings kein wirkliches Verständnis auf. Für sie war die abendländische Wissenschaft mehr Mittel zum Zweck, sozusagen die "geistige

Visitenkarte"[225]), die ihnen Autorität und den Zugang zum Hofe des chinesischen Kaisers verschaffte.

Überdies deutete alles darauf hin, daß die von ihnen auf dem Wege der *propagatio fidei per scientias* erzielten Bekehrungserfolge in China infolge des sich zuspitzenden Ritenstreits nur von kurzer Dauer sein sollten.[226]) So sind Leibniz' mahnende Worte am Ende seiner Vorrede zu den *Novissima Sinica*, man dürfe das "wahrscheinlich größte Werk seit den Zeiten der Apostel" nicht durch interne Streitigkeiten gefährden"[227]), in erster Linie wohl an die Adresse seiner jesuitischen Freunde gerichtet, deren Missionsarbeit er ungeachtet ihres unterschiedlichen Missionsbegriffs bewunderte.

f) Aufforderung zu einer protestantischen Chinamission

Doch vor allem ist die *Praefatio*, die Leibniz seiner vielbeachteten Publikation über den missionarischen Dienst in China vorangestellt hat, ein Appell an die protestantische Welt, "to emulate the missionary activities of the Jesuits"[228]), oder, wie er selbst betont, ein Aufruf, "darinn er hanc curam Apostolicam denen Evangelischen eifrigst recommendiret".[229]) Ich wünschte, schreibt er im Mai 1697 an den schottischen Adeligen Burnett[230]), daß ich die Protestanten dafür begeistern könnte, an dieser großen Mission teilzunehmen, "a fin que le parti romain ne leur en enlève tout l'avantage".[231])

Diese Befürchtungen waren nicht von der Hand zu weisen angesichts des kaum mehr einzuholenden missionarischen Vorsprungs in der Welt, für den der römische Katholizismus bereits im 16. Jahrhundert den Grund gelegt hatte. Die relativ frühen Anregungen des Bischofs der mährischen Brüdergemeinde, Amos Comenius, der als Wegbereiter des evangelischen Missionsgedankens gilt[232]), waren hingegen auf fruchtlosen Boden gefallen. Erst gegen Ende des 17. Jahrhunderts begann sich auch in protestantischen Kreisen, zuerst in England und den Niederlanden[233]), zunehmendes Interesse an der Mission zu regen.

Leibniz selbst ist vermutlich 1666/67 in Nürnberg durch seinen Freund und Gönner Joh. Mich. Dilher[234]) erstmals mit der Idee einer lutherischen Mission in Berührung gekommen, namentlich mit den einschlägigen Schriften des Österreichers Justinian von Welz, die damals großes Aufsehen erregten, jedoch ebensowenig zu bewirken vermochten wie die vorangegangenen Vorschläge des Comenius.[235])

Zunächst scheinen auch die Pläne des Philosophen unberührt geblieben zu sein von den Empfehlungen des österreichischen Freiherrn. Jedenfalls bekennt Leibniz sich in seinen Jugendschriften unmißverständlich zu der damals überwiegend betriebenen Mission im Sinne "geistlich sanktionierter Weltpolitik"[236]), die ein weniger konfessionelles, dafür stark mit dem Kolonialgedanken verbundenes Anliegen charakterisiert.[237]) Doch unabhängig von seinem Missionsverständnis, das in späteren Jahren, zumindest vordergründig betrachtet, mitunter sogar konfessionalistische Züge annimmt, steht hier wie in den einschlägigen Aufzeichnungen des reifen Meisters am Ende die Vision einer neuen allgemein-christlichen Weltordnung.

Allein, mit Rücksicht auf dieses hochgesteckte Ziel und im Hinblick auf die politische Situation in Europa mußte für ihn eine Beteiligung der protestantischen Christenheit an der Weltmission immer dringlicher werden. Einmal, um den beschämenden Rückstand gegenüber den Katholiken aufzuholen, die ihrerseits den Protestanten "hierinn eine Fahrlässigkeit" vorwarfen[238]. Zum anderen, um dem durch die Aufhebung des *Edikts von Nantes* und den *Rijswijker Frieden*[239] schwer angeschlagenen Protestantismus zu neuer Stärke zu verhelfen.[240] Vor allem aber, und dies dürfte das treibende Motiv gewesen sein, war er zutiefst davon überzeugt, daß die protestantische, d.h. eine allein auf dem Evangelium gründende Mission ihrem Wert und ihrer Wirkung nach höher einzustufen war als die katholische:

> "Nun ist kein Zweifel, daß es die Evangelischen den päbstischen Missionariis zuvor thun können dieweil unsere reine von dem Aberglauben entfernte Religion der natürlichen Theologie und wahren Ideae von Gott ungleich mehr gemäß, also bequemer verständigen gemüther zu vergnügen ..."[241]

Die einfachere Gestalt der protestantischen Lehre, "la pureté de leur doctrine"[242], insbesondere aber die größere Aufgeschlossenheit der protestantischen Kirche für die naturwissenschaftliche Forschung haben den Philosophen ungeachtet seiner ökumenischen Gesinnung bewogen, für eine protestantische Missionsarbeit in China zu werben.[243] Er hielt es für "eine Schande, ja geradezu ein Verbrechen, für die Protestanten zu fehlen, während inzwischen die Päbstlichen alle Hebel in Bewegung setzen ..."[244] Und so beklagt er denn auch in einer seiner zahlreichen Denkschriften zur Gründung einer Berliner Sozietät, "dass man die römischen Missionarios allein die unvergleichliche Neigung und Wissensbegierde des chinesichen Monarchen und seiner Unterthanen sich zu Nutz machen lasse".[245] Die Jesuiten seien in China nur aufgrund ihrer Kenntnisse in der mathematischen Wissenschaft[216] zu Ansehen gelangt; darinn würden sie von den Protestanten zweifellos übertroffen, zumal die "evangelische Wahrheit nicht weniger der recht erleuchteten Vernunfft, als auch unsere Wißenschafft den observationibus et experimentis sich gemäß befindet" und man nicht wie jene gezwungen sei, "das verum systema mundi ... zu verhehlen..."[247] In dem vom Dogma freien Protestantismus sah Leibniz das tragfähigere Fundament für eine christlich-zivilisatorische Mission, die neben der biblischen Botschaft das humanistische Bildungsideal in die Welt hinaustragen sollte, d.h. für eine "Art Ambivalenz von christlicher Weltmission und weltlicher Kulturmission".[248]

Am deutlichsten tritt die missionarische Zielsetzung in den Dokumenten der Berliner Sozietät hervor; ihr hat Leibniz, "die Fortpflanzung des wahren Glaubens und deren

Christlichen Tugenden"[249] ausdrücklich aufgetragen und in Denkschriften Wege und Mittel aufgezeigt, wie sie dieser großen Aufgabe gerecht werden konnte.[250]

Nicht von ungefähr konzentrierten sich seine Hoffnungen, eine der jesuitischen mindestens ebenbürtige evangelische Mission ins Leben zu rufen, auf die von Friedrich Wilhelm I. geeinte, politisch wie kulturell aufstrebende brandenburgisch-preußische Staatsnation, zumal ihr regierender Fürst, Friedrich III. (I.), als "Haupt der evangelischen in Teutschland"[251] "sich vor andern ... des protestirenden Wesens und Corporis Evangelici annehmen".[252]

Die besondere Berufung Brandenburg-Preußens nach China und später nach Indien, Persien und in die Türkei ergab sich für Leibniz nicht zuletzt auch aus der geographischen Lage jenes Staates und dessen guten dynastischen Beziehungen zum russischen Zarenhaus.[253] Überdies schien der geistige Boden hier günstiger als anderswo. Hatte doch schon der Große Kurfürst den Blick nach dem Fernen Osten gerichtet und in seinem Lande sinologische Studien angeregt[254] sowie den Grundstock zu einer chinesischen Büchersammlung gelegt[255]:

> "Es scheinet, als ob Gott sich Churf. Durchlaucht zu einem großen Instrument auch hierinn auserwehlet und vorher ausgerüstet habe. Maßen ja bey Protestirenden nirgends ein solcher Grund als zu Berlin zu der chinesichen Literatur et propaganda fide geleget worden. Wozu nunmehr vermittelst sonderbarer Schickung der Providenz das so ungemein gute persönliche Vernehmen mit dem Czaar, in die große Tartarey und das herrliche China ein weites Thor öffnet."[256]

Die Zukunftsbedeutung Rußlands für die von Berlin ausgehende protestantische Ostasienmission lag wiederum in seiner Eigenschaft als geographische Mitte zwischen den beiden Schwerpunkten der Weltkultur, Europa und China.[257] Durch die Fürsprache des preußischen Königs, der vom Zaren bereits die Erlaubnis hatte, "durch Moscau zu lande dahin handeln zu laßen", sollte nun auch den brandenburgisch-preußischen Missionaren der Landweg nach China über Sibirien geöffnet werden[258]; ein Zugeständnis, um das die katholischen Mächte bislang vergeblich gerungen hatten.[259] Die Reise durch den Kontinent wäre nicht nur schneller und sicherer, auch das Sprachproblem ließe sich so reduzieren. Denn, um bis nach China zu kommen, bräuchte man dann nur noch die "slavonische Sprach" und anschließend die "Mantchou-Tartarische", die in China vorwiegend gesprochen werde und ungleich leichter zu erlernen sei als das Chinesische selbst.[260]

Die Idee einer bilateralen evangelischen Mission erscheint Leibniz in diesem Zusammenhang nicht unrealistisch. Während nämlich die Missionare aus dem Umfeld der Berliner Sozietät über Rußland in das "Reich der Mitte" vordringen würden, könnten die beiden englischen Missionsgesellschaften[261] von der Seeseite dorthin gelangen und schließlich ihre Bemühungen mit denen ihrer deutschen Glaubensgenossen vereinen.[261a]

Die Verbindung seiner Pläne für eine evangelisch-lutherische Mission in China mit seinen weitgreifenden Vorschlägen zur zivilisatorischen Erschließung und Reorganisation Rußlands[262] bleibt gleichwohl nicht auf den Umstand beschränkt, daß das Reich Peters des Großen eine Brücke zu China bildet. Vielmehr sieht Leibniz die zu gründende Petersburger Sozietät, die die Spitze der anzustrebenden russischen Bildungsreform darstellt, als festen Stützpunkt der protestantischen Mission im Zarenreich. So überrascht es nicht, daß ihr vornehmster Auftrag, eine alle Volksschichten Rußlands erfaßende Volkserziehung in die Wege zu leiten, die Ausbildung zukünftiger Theologen zur Missionsarbeit ausdrücklich einschließt. Mit Nachdruck verweist er in diesem Zusammenhang allerdings, wohl nicht zuletzt auch aus Rücksicht auf die Empfindlichkeit der russischen Geistlichkeit gegen Bekehrungsversuche jedweder Art, auf die von Peter I. geförderte Mission der orthodoxen Kirche im asiatischen Rußland.[263] Schließlich sollte der ständige Kontakt zwischen der russischen und der preußischen Akademie, für den sich Leibniz als erster Präsident der letzteren einsetzen will[264], einer ökumenisch-lutherischen Mission den Weg bereiten.[265]

Hier trafen sich die Vorstellungen des Philosophen mit den ökumenisch-missionarischen Bestrebungen des hallischen Pietismus, dessen Vertreter seit 1695 mit Erfolg darum bemüht waren, Einfluß im Zarenreich zu gewinnen.[266] Auch für Francke und seine Anhänger war das petrinische Rußland, das sich allmählich der westlichen Bildung öffnete, nicht zuletzt Bindeglied zwischen den Kulturen; wenngleich deren Blick im Gegensatz zu Leibniz vornehmlich auf die orientalische Kirche gerichtet und ihr Missionsverständnis stärker vom Bibelchristentum bestimmt war.[267] Ungeachtet dessen erhoffte sich dieser Unterstützung von Francke, als er ihm 1697 ein Exemplar der *Novissima Sinica* zusandte.[268] Die Einrichtung von Schulen nach dem hallischen Muster in Rußland sieht er als ersten Schritt, um Zugang zu den Chinesen zu gewinnen. Die "Moskowiter, die nur zu sehr des Unterrichts bedürften, könnten eine Stufe auf dem Weg nach China sein, schreibt Leibniz denn schon im Mai 1698 an den pietistisch gesonnenen Diplomaten Heinrich Wilhelm Ludolf, einen Neffen des berühmten Orientalisten Hiob Ludolf.[269]

In der zivilisatorischen Erschließung des vom Reformwillen Peters des Großen geprägten Riesenreiches im Osten erkannte Leibniz die einmalige Chance für eine "grenzenlose" Kulturförderung, einer Kulturmission, die, getragen von einer "akademisch gebildeten protestantischen Elite"[270], bis nach China reichen konnte. Auch in diesem Sinne wollen wir Lachs treffende Bemerkung verstehen: "For Leibniz, Prussia became the gateway to Russia, while Russia he envisioned as the door to China, India and Persia".[271]

Am Gegensatz ihres Missionsverständnisses mußte eine engere Zusammenarbeit des Philosophen mit dem Haupt des hallischen Pietismus zwangsläufig scheitern. Francke ließ sich nicht in den Dienst von Leibniz' weltumspannenden christlich-zivilisatorischen Missionsplänen nehmen. Dessenungeachtet wurde er eines der ersten auswärtigen Mitglieder jener Sozietät, die ihr geistiger Schöpfer Leibniz nicht zuletzt als Instrument zur Verwirklichung seines Missionsgedankens verstand.[272]

"Für Allen wäre das Negotium Missionum Evangelicorum et Propagatio fidei per Scientias über Moscau nach Persien und Indien, sonderlich aber nach China allmählich zu stande zu bringen".

Mit diesen Worten beginnt Leibniz eine für den preußischen König Friedrich I. bestimmte Denkschrift[273], um noch einmal nachdrücklich daran zu erinnern, daß der Missionsauftrag "eines der hauptabsehen bey fundirung dieser neuen köngl. Societät gewesen"[274], und um die Dringlichkeit des Unternehmens zu unterstreichen.

In Anlehnung an die jesuitische Missionsmethodik hält Leibniz es für notwendig, eine Berliner Missionsgesandtschaft nach China "mit einigem apparatu ohngemeiner inventorum, instrumentorum, compositionum, et arcanorum vel ratiorum naturae et artis" auszustatten, "umb sich gehörigen Orths beliebt zu machen".[275] Den evangelisch-lutherischen Missionaren sollten also, wie ihren katholischen "Konkurrenten", die Mittel an die Hand gegeben werden, womit sie die Überlegenheit des westlichen Denkens unter Beweis stellen und das Vertrauen der chinesischen Gebildeten gewinnen konnten.

Die Halbherzigkeit der Jesuiten bei der Verfolgung wissenschaftlicher Ziele in China, die Leibniz oft genug gerügt hat[276], mag ihn zudem bewogen haben, in der Generalinstruktion der Sozietät die Verbindung von Missionsarbeit und gleichzeitiger Forschungstätigkeit fest zu verankern[277], ähnlich wie sie schon in den Instruktionen Ludwigs XIV. für die von der Pariser Akademie entsandten sechs Königlichen Mathematiker formuliert war.[278] Doch wichtiger als Vorschriften und königliche Protektion für das von Berlin aus startende Missionsunternehmen ist für Leibniz die Ausbildung des missionarischen Nachwuchses:

"Bey denen Missionibus nun, so zu denen nicht barbarischen, sondern civilisirten Völckern gehen, ist bekand, daß nächst Gottes Beystand die realen Wißenschafften das beste Instrument seyen ... und wäre demnach nöthig, Anstalt zu machen, daß an Tugend und Verstand bewehrte, mit ohngemeiner Fähigkeit begabte und mit dem Geist Gottes ausgerüstete junge Leute aufgesuchet und nächst der Gottesgelehrtheit der Mathematica (sonderlich in arte observandi astra) und Medico-chirurgicis, als vor welchen Wißenschafften ganz Orient sich neiget, gründlich unterwiesen, und zu etwas Vortreflichem angeführet, dabenebenst auch in den erforderten Sprachen in etwas geübet würden".[279]

So sieht er die neugegründete Akademie in Berlin nicht zuletzt als Ausbildungsstätte für junge Theologen zur Missionsarbeit.

Mit Rücksicht auf die erforderlichen Sprachen seien vordringlich "Docentes" anzuwerben, "so auß den landen bürtig, oder wenigst eine zulängliche Zeit alda gewesen".[280] Die zukünftigen Missionare sollten am besten bereits als Jugendliche mit der Sprache und Literatur Chinas vertraut werden.[281] Vor allem aber in der Mathematik und in den Naturwissenschaften müßten die Lehrer der an die Sozietät angeschlossenen Missionsschule so vortrefflich sein, daß die von ihnen ausgebildeten Missionare "es den Jesuitern und andern römischen Missionariis bevorthun" können.[282] Ein derartiges "Seminarium junger zu den Missionen bequemer Leute", gestiftet vom preußischen König, hätte Vorbildcharakter im protestantischen Deutschland und würde missionarischen Nachwuchs auch aus anderen, der reinen Lehre Christi verbundenen Ländern anlocken, was wiederum "zur Verminderung der Kosten gereichen müste".[283]

Die Einrichtung und Finanzierung europäischer Missionsschulen war auch ein Thema in Leibniz' Briefwechsel mit Francke.[284] Doch was dem ersten Präsidenten der königlich-preußischen Akademie in Berlin versagt blieb, sollte diesem schon bald gelingen; im Mai 1702 eröffnete Francke in Halle das *Collegium orientale theologicum*, das u.a. als Bildungsanstalt für den pietistischen Missionsnachwuchs vorgesehen war.[285] Nur wenige Jahre später konnte er dem vom dänischen König Friedrich IV. in die Wege geleiteten ersten evangelischen Missionsunternehmen nach Ostindien 1705/1706 Missionare zur Verfügung stellen.[286]

Nicht zu leugnen ist indes Leibniz' Einfluß auf die Missionsabsichten und -pläne anderer, der, wie er selbst einmal bemerkt, bis nach England reichte[287], wiewohl in dem von Konrad Mel, einem auswärtigen Mitglied der Berliner Akademie[288] verfaßten *Pharus missionis evangelicae* (1701) seinen deutlichsten Niederschlag fand. Die Abhandlung des Königsberger Predigers, die sich ganz offensichtlich mit dem im Statut der Sozietät verankerten Missionsauftrag beschäftigt, liest sich wie eine ausführlichere Version der entsprechenden Denkschriften des Philosophen für Friedrich I.[289] Allerdings hatte auch das hier entwickelte globale Missionsprogramm, das die zu missionierende Welt unter den protestantischen Mächten, England (Westindien), den Niederlanden (Ostindien) und Preußen (China) aufteilt, sich vorwiegend aber auf die preußische Missionsexpedition nach China konzentriert, keine konkreten Maßnahmen oder wenigstens eingehendere Beratungen seitens der Akademie zur Folge. Obwohl ihr besagte Schrift zur Begutachtung vorgelegt wurde, begnügte sich die Sozietät vielmehr mit einer kurzen Würdigung derselben, überließ sie im übrigen aber ihrer "Weitläufigkeit halber" den Mitgliedern" zur privatlectur".[290]

Da kann es eigentlich kaum mehr verwundern, daß Mel sein 1711 im Druck erschienenes Traktat *Missionarius Evangelicus*[291], das im wesentlichen die Gedanken und Vorschläge des *Pharus* wiederholt, nicht der Berliner Stiftung Friedrichs III. (I.), deren Mitglied er war, sondern dem Erzbischof von Oxford, William Talbot, als dem Präsidenten der 1701 gegründeten *Society for the Propagation of the Gospel in*

Foreign Parts[292)] widmete. Anders als in Brandenburg-Preußen glaubte er, in England auf Unterstützung seitens der Geistlichkeit wie auch des königlichen Hauses zählen zu dürfen.[293)]

Nicht zu unrecht, wie es scheint. Denn während der Oxforder Mathematiker John Wallis schon kurz nach der Jahrhundertwende über eine von der englischen Kaufmannschaft initiierte und dem Erzbischof geförderte medizinisch-wissenschaftliche Missionsexpedition nach China berichten kann[294)], blieb der greifbare Erfolg von Leibniz' Bemühungen in Berlin auf die Installierung einer orientalisch-missionarischen Abteilung als vierter Klasse der Sozietät beschränkt; diese arbeitete zudem nicht in der Weise, die er für angebracht und wichtig hielt, vielmehr "im Sinne enger protestantischer Kirchturmpolitik" ohne Blick für die großen zivilisatorischen Aufgaben der Zukunft.[295)] Ein dem englischen vergleichbares Unternehmen unter der Leitung der Königlich-Preußischen Akademie fand niemals statt. Obwohl Leibniz eine Reihe von Anregungen zur Finanzierung vorgetragen hat[296)], u.a. die Erhebung einer Erbschaftssteuer, die zu gleichen Teilen der öffentlichen Hand und "ad negotium propagande fidei et missiones" zufließen sollte, eine Besteuerung der milden Stiftungen[297)], eine Missionssteuer, die von abgabefreien Geistlichen und auf Einkünfte aus allen Kirchengütern zu erheben wäre, oder auch freiwillige Sammlungen, etwa bei Taufen, "welcher Actus ohne dem gewiedmet, das Reich Christi zu vermehren", vermochte er seine Vorstellungen nicht durchzusetzen. Es fehlte wohl nicht nur an den nötigen Mitteln, sondern vor allem an ernsthaftem Interesse.[297a)]

Damit verblieb ihm nur noch die Hoffnung, daß man die zunehmenden Handelsbeziehungen entsprechend nutzen werde, zumal "Königl. Majestät anjezo mehr als jemahls auff die entfernte Commercia zu dencken ursach finden".[298)] Der Verkehr und Handel mit China brächten auch den Austausch von Ideen mit sich[299)] und könnten so den anzustrebenden Kulturausgleich in die Wege leiten. Die Bedeutung des in Preußen vorkommenden Bernsteins als Exportgut zur Förderung der Wirtschaftsbeziehungen wollte er in diesem Zusammenhang nicht hoch genug einschätzen, "zumahlen auch bekannt, daß unter allen europäischen Naturalien fast nichts in China mehr gesuchet und geschätzet wird als der Agtstein".[300)]

Eine Verflechtung von Handel und Mission war für Leibniz keineswegs unnatürlich. Weniger, weil schon die Missionare des 16. Jahrhunderts sich der Handelswege und -beziehungen bedienten, um in nichtchristlichen Gebieten Fuß zu fassen. Vielmehr entsprach sie seinem Credo von der Notwendigkeit, *theoriam cum praxi* zu vereinen:

"Es würde auch das Negotium Missionum mit denen Commerzien sich trefflich combiniren laßen, zumahlen ohnedem die Scienzien, mit den Künsten und Manufacturen, und Untersuchungen der Naturalien jedes Orths sehr genau verbunden.[301)]

So wird das Missionswerk schließlich zur politischen Aufgabe, die Beteiligung des Staates unverzichtbar:

> "Nec ad Ecclesiam tantum, sed et rempublicam res pertinet, neque enim dubium est demerendo regem (= K'ang-hsi; Anm. d. Verf.) per scientias nostras quibus tantopere capitur, majora vicissim in usum commerciorum impetrari posse".[302]

Mag hier auch der koloniale Gedanken mitschwingen, dem Philosophen ging es vornehmlich darum, daß über den kommerziellen und politischen Interessen der Handelsgemeinschaften und Fürstenhöfe die missionarischen, insbesondere kulturellen Anliegen nicht vernachlässigt würden.[303] Die durch koloniale Unternehmungen entstehende "nouveau Monde protestant" könnte ein Mittel werden, "pour repandre la lumière de la verité parmy des peuples barbares".[304] Deswegen trat er so nachdrücklich dafür ein, daß sich allen voran das junge Königreich Preußen als Vormacht des deutschen Protestantismus an der Weltmission beteiligte, und Friedrich I. seiner Akademie, die Leibniz immer auch als politisches Gremium betrachtete[305], den Auftrag erteilte, dieses große Werk in Angriff zu nehmen.

Darüber hinaus erkennen wir einen inneren Zusammenhang von Leibniz' missions- und kirchenpolitischen Bestrebungen. Seine protestantischen Missionspläne hat er nicht zuletzt unter dem Gesichtspunkt vorgetragen, die evangelischen Fürsten und die verschiedenen reformatorischen Richtungen zu einigen[306]; "le peu de liaison, qu'on remarque entre les Protestants dans les matiers ecclesiastiques les empeche de faire de progrès", schreibt Leibniz an den brandenburgisch-preußischen Hofrat Joh. Jacob Chuno.[307] Gleichwohl waren die Fronten z.T. so verhärtet, daß ein gegenseitiges Entgegenkommen kaum möglich schien. In der gemeinsamen Missionstätigkeit sah Leibniz indes eine Chance, die intrakonfessionellen Streitigkeiten zu überwinden, deren "die Papisten sich bey den infidelibus gegen uns sehr zu Nuz machen würden". Daher sei alles zu vermeiden, "daß in entfernten Landen die Ihrige in einer zertheilten Ecclesia stehen und das Schisma herfürblicke".[308] Wenn man sich dagegen mit Rücksicht auf die gemeinsame, gottgewollte Sendung auf die universalen Wahrheiten der Religion an sich verständigen könnte, "so würde in diesem Negotio Missionum sich finden ein treflicher Cuneus, auch das negotio pacificum zu treiben".[309]

> "Weil auch alda mit den Reformirten die eigentlich sogenannte Evangelische außer Zweifel ohne Unterschied zu gebrauchen, und deswegen aller Collision bey Zeiten vor zu kommen, wird auch dazu dienlich seyn, das große werck des guthen Vernehmens beyder Theile wenigst dahin von der Hand zu befördern, daß ein Theil bey dem andern in casu necessitatis, ohne einige erforderende Retractation, die heiligen Sacramente empfangen könne ..."[310]

Kurz, die zu missionierenden Völker sollten die konfessionellen Unterschiede gar nicht erst bemerken.[311] Dies hätte wiederum positive Rückwirkungen auf das Zusammenleben der verschiedenen evangelischen Glaubensrichtungen nicht nur im Missionsland. So würde die gemeinsame Missionsarbeit zum Mittel, um konfessionelle Gegensätze zu überwinden.

Letztlich verfolgt Leibniz mit seinen Missionsplänen eine ökumenische Zielsetzung, die die Rückkehr aller Kirchen in die von ihm immer wieder beschworene *Una Sancta* impliziert.[312] Und er ist davon überzeugt, daß in China die Verwirklichung eines überkonfessionellen Christentums möglich ist.

Nicht nur in diesem Punkt verkannte der irenische Denker die intellektuellen wie politischen Realitäten seines Jahrhunderts. In einem von dogmatisch-theologischer Engstirnigkeit und territorialstaatlich-dynastischen Egoismen geprägten Europa war an eine Einigung der evangelischen Fürsten und der verschiedenen reformatorischen Richtungen nicht entfernt zu denken, geschweige denn an eine interkonfessionelle Weltmission. Unter den deutschen Protestanten kam es nicht einmal zu einem fürstlich protektionierten oder von einer gelehrten Gesellschaft getragenen selbstständigen Missionsunternehmen, das der expansiven Organisationskraft des römischen Katholizismus und seinen Orden hätte entgegengesetzt werden können. Träger des Missionsgedankens im evangelischen Deutschland blieb lange Zeit der hallische Pietismus, der gleichwohl denkbar ungeeignet war, Leibniz' neue Konzeption einer zivilisatorisch-wissenschaftlichen Mission zu realisieren.[313]

Die Bemühungen des Philosophen, als Präsident der Königlichen Akademie in Berlin im Rahmen einer Mission nach China einen Austausch auf allen Ebenen der Kultur und Wissenschaft ins Leben zu rufen, scheiterten weniger an den ungünstigen politischen Entwicklungen, namentlich am Ausbruch des Nordischen Krieges (1700 - 1721), wie er selbst glaubte[314], vielmehr an der Kleinlichkeit der deutschen Verhältnisse, die in dem neugegründeten wissenschaftlichen Gremium ein getreues Spiegelbild fand.[315] Verzehrende Auseinandersetzungen nicht nur um die Finanzen dieser Institution und der wachsende Konflikt zwischen dem geistigen Vater der Sozietät und seiner Schöpfung taten ein Übriges, um Leibniz' Tatendrang auch im Hinblick auf seine weltumspannenden Missionspläne zu lähmen. Jedenfalls können wir ein deutliches Zurücktreten entsprechender Vorschläge in den offiziellen Schriftstücken für die Akademie bereits zwei Jahre nach ihrer Stiftung verzeichnen; nur noch gelegentliche Andeutungen erinnern in der Folgezeit an ihren ursprünglichen evangelisch-zivilisatorischen Auftrag.[316] So sehen wir schließlich auch in Leibniz' kühnen Gedanken, den abendländischen Kulturkreis durch die Begegnung mit der östlichen Zivilisation zu erweitern, nicht mehr als ein geistiges Abenteuer, das das "Utopisch-Barocke" an seinen weitgreifenden Projekten noch einmal aufscheinen läßt.[317]

Zusammenfassung:
Die Symbiose von konservativem und fortschrittlichem Denken in Leibniz' Sozietätsplänen.

Zur dominierenden Figur der deutschen Akademiebewegung wurde Leibniz nicht nur, weil er mit unermüdlichem Eifer, fast ein Leben lang immer wieder neue Pläne zur Organisation der Wissenschaft vortrug. Vielmehr war es ihm beschieden, eine Konzeption vorzulegen, die die Forderungen der neuen Wissenschaft nach gemeinschaftlicher, praxisrelevanter Forschung und die Erwartungen des Staates an die praktische Wissenschaft zur Mehrung des öffentlichen Nutzens gleichermaßen zu integrieren wußte. Die Berücksichtigung theoretischer wie politischer, philosophischer wie einzelwissenschaftlicher Interessen verleiht dem Leibnizschen Sozietätsgedanken jene Universalität, die ihn vor anderen auszeichnete und noch im 18. Jahrhundert unerreicht bleiben sollte. Das daraus abgeleitete neuzeitliche Konzept einer Gesamtakademie, die Natur- und Geisteswissenschaften in sich vereinigt und so die Koordination aller wissenschaftlichen Kräfte sowie interdisziplinäre Kommunikation und Forschungsprojekte ermöglicht oder zumindest erleichtert, steht in einem bemerkenswerten organisatorischen Kontrast zu den damals führenden europäischen gelehrten Gesellschaften. Darüber hinaus verkörpert es das zukunftsweisende Element in der Wissenschaftsorganisation, das den Grund legte für die revolutionäre Entfaltung der Naturwissenschaften und Technik auf dem Weg zum industriellen Zeitalter und den damit einhergehenden gesellschaftlichen Wandel.

Bei aller Modernität sehen wir Leibniz zugleich als durchaus zeitgebundenen Rezipienten der geistigen Strömungen des 17. Jahrhunderts, die in seinen Akademieplänen gleichsam kulminieren.

Der mit der Gesamtkonzeption der gelehrten Sozietät verbundene Auftrag der universalen Erkenntnis sowie deren universalen Ausbreitung und Anwendung erinnert an das Universalitätsdogma der Renaissance und weist ihren Schöpfer doch andererseits als typischen Repräsentanten des Barockuniversalismus aus.[1]

Fest verankert in seinem philosophischen System, ist Leibniz' Akademiegedanke dem Prinzip des universalen Zusammenhangs von allem mit allem verhaftet und wurzelt in seinem Glauben an die Einheit der Welt, die sich im Bewußtsein des Menschen spiegelt. Analog zu dieser synthetischen Welt-Natur-Betrachtung, die auf die comenianische Idee der *panharmonia* zurückzuführen ist, postuliert er die Einheitlichkeit des theoretischen Wissens, die sich in der Vielheit des praktischen Wissens wiederfinden läßt. "Unienda est veritas veritati"[2], lautet demnach sein Motto, das zum Prinzip der Wahrheitsfindung schlechthin erhoben wird.

Der praktisch-politische Auftrag, den Leibniz der Wissenschaft zuerkennt und der am Ende immer auf die Herstellung des universellen Friedens bezogen ist, resultiert aus diesem Glauben an die in letzter Analyse schöpfungstheologisch begründete Weltharmonie und dem daraus abgeleiteten quasi göttlichen Gebot, die irdischen Verhältnisse zum Abbild dieses metaphysischen Leitbildes umzugestalten. Als Schlüsselbegriff seiner Gesellschaftsauffassung wird das *bonum commune*, das Allgemeinwohl, das vor das egoistisch-individualistische zu treten hat, mithin zum zentralen Motiv von Wissenschaftsförderung und Wissenschaftsorganisation. Indem Leibniz das Wohlergehen aller, oder anders ausgedrückt, die Liebe zum Mitmenschen, mit der er das Kernproblem der menschlichen Interessenkonflikte zu lösen versucht, mit der Gottesliebe gleichsetzt, gibt er seinen diesbezüglichen Entwürfen eine metaphysisch-religiöse Letztbegründung.

Baconscher Geist scheint auf, wenn Leibniz Wissenschaft als "Herrschaft des Menschen über die Natur" und als rationales Mittel zur Gestaltung der menschlichen Lebensverhältnisse begreift. Ihre praktisch-politische Wertschätzung, die er auf die Kurzformel *theoria cum praxi* bringt, ist freilich vor allem ein Erzeugnis seines Jahrhunderts, das als Zeitalter der Entdeckungen und Erfindungen eine Veränderung der politisch-ökonomischen Wirklichkeit mit sich brachte. Bereits in das Gründungsdekret Karls II. für die *Royal Society* hatte das die sog. "wissenschaftliche Revolution" begleitende utilitaristische Wissenschaftsverständnis Eingang gefunden; zur vollen Entfaltung gelangte es indes erst in den Akademieplänen des Philosophen. Als Träger des wissenschaftlichen, technischen, ökonomischen und sozialen Fortschritts spiegelt die Leibnizsche Sozietät nicht nur das Leben einer Gesellschaft, sie ist vielmehr ihr "geistiges Führungsorgan"[3]. Indem sie sich gleichwohl in den Dienst des faktischen Staates begibt, verwirklicht sie schließlich die von Bacon idealisierte platonische Identität von Weisheit und Macht und deutet gleichzeitig auf das Ideal des aufgeklärten Absolutismus, d.h. auf die Errichtung eines vernunftgeordneten (Welt)staates, der durch umfassende Erkenntnis und daraus resultierende umfassende Macht regiert wird. Allerdings impliziert Leibniz' Bildungsbegriff, sieht man von seinen noch unausgereiften, eher utopischen Jugendschriften ab, weniger eine elitär-esoterische denn eine demokratisch-populistische Komponente, die sich in der Überzeugung äußert, daß alle Menschen ein Recht auf Wissen haben. Mit dieser Auffassung, die die Erfordernis von Volkserziehung und Volksbildung erkennt und im pädagogischen Enthusiasmus der Aufklärung mündet, steht Leibniz Comenius ganz offensichtlich näher als Bacon.[4]

Als wirtschaftspolitische Institution ist die Sozietät dem Programm des Merkantilismus verpflichtet, wie es in "Deutschland" allen voran von Becher propagiert wurde, gleichwohl im Frankreich Ludwigs XIV. und Colberts seine konsequenteste Umsetzung erfuhr. Wir sehen sie als ökonomisches Instrumentarium umfassender Wirtschaftsplanung, die einhergeht mit der vernunftgemäßen und daher gerechten Ordnung des sozialen Lebens. Der bestmögliche reale Staat, den es mit ihrer Hilfe zu verwirklichen gilt, ist notwendigerweise ein autoritärer Wohlfahrtsstaat, gekennzeichnet von den Errungenschaften des neuzeitlichen Sozialstaates mit rationaler, zentraler Verwaltung, Armenfürsorge, Gesundheitswesen, Versicherungen und dergleichen mehr. In diesem Kontext erscheint die Gelehrtensozietät als idealer Verwaltungsapparat im absolutistischen Machtstaat. Die Ausführungen zur Veränderung der

Wirtschaftsstruktur und Schaffung besserer Lebensbedingungen in merkantilistischer Perspektive lassen die Tendenz eines aufklärerischen Absolutismus, das Volk auch gegen seinen Willen zu seinem Glück zu zwingen, hervortreten.

Hier schließen Leibniz' Projekte zur Förderung der Wissenschaften nun wieder an jene phantastischen Pläne für eine rationale, d.h. auf objektiver Erkenntnis basierende Generalreform der menschlichen Gesellschaft an, wie sie von den Utopisten des ausgehenden 16. und frühen 17. Jahrhunderts als Antwort auf die von Meyer[5] so treffend als europäische Ordnungskrise charakterisierte grundlegende Umbruchsituation ihrer Epoche vertreten wurden.

Mit dem barocken Bildungsorganisator Comenius teilt Leibniz nicht nur die Idee einer universellen Wissenschaft, die einen utilitaristisch verstandenen Wissenschaftspraktizismus und die Universalität der Zwecksetzung einschließt. Gemeinsam ist beiden auch das Vertrauen in die Reformierbarkeit der Welt aufgrund der den Menschen angeborenen Vernünftigkeit. Das Heil bzw. die "Glückseligkeit" der Menschheit wird von der fortschreitenden Erkenntnis abhängig gemacht, der Fortschritt der Wissenschaft somit zum obersten Prinzip erhoben. In diesem Zusammenhang rückt die Forderung einer umfassenden Bestandsaufnahme alles bisherigen Wissens, seiner Klassifikation und systematischen Anordnung, mithin der Enzyklopädiegedanke, dem wir allerdings nicht erst in Comenius' pansophia, sondern auch schon in Bacons globus intellectualis begegnet sind[6], in den Mittelpunkt.

Die Verknüpfung des intellektuellen mit dem ethischen Streben nach "Glückseligkeit", die Leibniz in seiner Definition der Weisheit als einer Wissenschaft der Glückseligkeit explizit zum Ausdruck bringt[7], impliziert die Hoffnung auf einen ständigen Vervollkommnungsprozeß der Welt, die, in Affinität zur Arndtschen Vorstellung von der inneren Vervollkommnung des Menschen, dessen grundsätzliche Perfektibilität voraussetzt und, wiewohl auf das schon bei Andreae formulierte Ideal praktischen Christentums verengt, in der vom Pietismus getragenen generalreformatorischen Bewegung gipfelt. Zugleich verbindet sie den Gedanken der geistig-religiösen Erneuerung mit dem neuen Moment einer rationalen Gestaltung der menschlichen Beziehungen auf der Grundlage mathematischer Gesetzmäßigkeiten. Diese Verschmelzung des Vertrauens in das menschliche Vermögen, eine bessere Welt zu schaffen, mit einem neuzeitlichen Rationalismus antizipiert wiederum den Fortschrittsoptimismus der Aufklärung. Indem Leibniz das bei Comenius noch stärker chiliastisch bestimmte Motiv zugunsten jenes Vernunftglaubens, der auf eine Verwissenschaftlichung der Gesellschaft zielt, zurücktreten läßt, repräsentiert er wie kein anderer den geistesgeschichtlichen Umbruch vom Barock zur Aufklärung, den wir auch als Frühaufklärung bezeichnen.

Leibniz' Akademiegedanke, der die auf dem metaphysischen Axiom der *prästabilierten Harmonie* ruhenden Weltverbesserungspläne des Philosophen im spezifischen Mittel der Kultur- und Wissenschaftspolitik reflektiert, ist logischerweise gegen jede Form von Partikularismus, im geistigen wie im politischen Bereich, gerichtet. Die Sozietät, der er nicht von ungefähr einmal den Beinamen "pacidiana" gegeben hat, übernimmt ihrer Wirkung nach die Rolle des Vermittlers und Friedensstifters im Dienste einer neuen Weltordnung. In diesem Sinne fallen seine Entwürfe zur Organisation der Wissenschaften mit seinen Vorschlägen für eine Reichseinigung als dem Garanten für ein europäisches Gleichgewicht, einer "Symphonie der Staaten"[8], und einer Reunion der Kirchen zusammen. Entsprechend denkt sich Leibniz das anvisierte weltweite Netz von Akademien als eine übernationale und überkonfessionelle Geistesgemeinschaft, die schließlich das Ideal der im aufgeklärten Wissen und im christlichen Glauben geeinten Menschheit herbeiführen wird.[9] Die Allianz aller Christen in einer solchen "République des esprits", in der kirchliche Dogmatik und konfessionelle Intoleranz keinen Platz haben, ermöglicht letztendlich die Erfüllung des menschlichen Auftrages, die christliche Botschaft in der Welt zu verbreiten. Die Gleichsetzung der "Cura propagandae pietatis et religionis" und der "ausbreitung der Tugend und wissenschafften"[10], die zivilisatorische Komponente der Mission also, findet hier ihre Begründung.

Vor dem Hintergrund der "Ordnungskrise" des 17. Jahrhunderts erscheint Leibniz als "Typus des harmonischen Synthetikers".[11] In ihm vereinigen sich zugleich konservatives und fortschrittliches Denken, oder, wie Ritter[12] es ausdrückt, Leibniz vermittelt uns modernes Denken ohne uns "den Bruch mit der Vergangenheit" zuzumuten. Daß man ihn fast in einem Atemzug als letzten nationalen Reichsdenker, als Vertreter eines christlichen Tugendstaates und als Vorreiter einer kommunistischen Gesellschaftsordnung interpretieren konnte, unterstreicht die intellektuelle Ambivalenz, die Leibniz verkörpert. Allein, seine Zuweisung zu einer bestimmten Weltanschauung bleibt problematisch, preßt sie doch den enzyklopädischen Geist des Universalgelehrten in einen zu engen und einseitigen Rahmen.

Grundlage seines Philosophierens, das all sein Handeln bestimmt, selbst scheinbar Nebensächlichem ein metaphysisches Fundament verleiht, ist Leibniz' schon in jungen Jahren erkennbarer Glaube an die *philosophia perennis*, mithin seine Überzeugung von der stetigen Entwicklung der Erkenntnis, in der es keinen "Bruch" geben darf und die keine unvereinbaren Antagonismen kennt, insofern sie sich immer auf die letzten eingeborenen, ewig gültigen Wahrheiten zurückführen läßt. In Übereinstimmung mit diesem Prinzip der Kontinuität, das als einer seiner wichtigsten Grundsätze den synthetischen, auf Konsensfindung gerichteten Charakter seines Denkens ausmacht, ist es für ihn nur natürlich, "daß es gewisse Perioden der Gedanken gibt, und daß das, was in unserer Zeit gleichsam Neues hervorgebracht wird, meist schon vor langer Zeit von gelehrten Männern betont und vertreten worden ist".[13] In diesem Sinne betrachtet er auch seine eigenen Überlegungen und sein Tun als Fortführung, d.h. vielmehr als ein Zusammenwirken mit anderen Gleichzeitigen, Vergangenen und Kommenden.

Mit der Frage, in welchem Maße der Philosoph dabei Exponent geläufiger Vorstellungen seiner Epoche blieb, bzw. ob er sie überwand und zu neuen Anschauungen fand, stellt sich zugleich die Frage nach der Originalität seiner Pläne im allgemeinen, seiner Akademiekonzeption im besonderen.

Die Untersuchung seiner einschlägigen Entwürfe hat gezeigt, daß er sich nicht allzuweit von seiner Zeit entfernt hat, vielmehr an tradierten Werten festhält und wie nur wenige, ganz bewußt an das Gedankengut anderer anknüpft. So stoßen wir in seinen Sozietätsplänen sowohl auf Elemente theokratisch-utopischer Modelle, wie sie in der Diskussion um den wahren und christlichen Staat von Campanella bis Comenius entstanden sind, als auch auf zeitspezifische, aus der politisch-ökonomischen Situation abgeleitete Forderungen, die in der zeitgenössischen Literatur häufig anzutreffen sind. Dennoch erweisen sie sich in letzter Analyse nicht als eklektische Anhäufung fremder Ideen. Wie er in seinem Wissen um die Existenz eines letzten Wahrheitsganzen bemüht ist, die verschiedenen Aspekte der Wahrheit in einem Gesamtbild zu integrieren, ebenso läßt Leibniz alle früheren und gleichzeitigen Bestrebungen um eine Reform der abendländischen Kultur in seinem Akademiegedanken zusammenfließen, nicht jedoch ohne sie vorher kritisch geprüft und weitergedacht, modifiziert oder spezifiziert zu haben. In der selbständigen Weiterentwicklung der geistigen Anregungen, die er, auf welche Art auch immer, von anderen empfangen hat, und in der Fähigkeit, diese in "die analogisch das Manigfaltige allseitig umfassende Harmonie seiner Gedankenverbindung"[14] einzufügen, besteht die eigentliche schöpferische Leistung des Philosophen. Auf diesem Wege konnte er nicht nur ungeachtet der im einzelnen mitunter äußerst zeitgebundenen Empfehlungen zu einer Konzeption der Wissenschaftsorganisation gelangen, deren zeitlose Aktualität nicht zu leugnen ist, wenn man bedenkt, daß manche seiner Anregungen erst im 20. Jahrhundert selbstverständliche Realität geworden sind. Hier finden wir schließlich auch die Antwort auf die grundsätzliche Frage, warum Leibniz, obwohl er sich auf überkommene Werte und Erkenntnisse stützt, zugleich als "Prophet kommender Jahrhunderte"[15] erscheint, oder, um Mahnke[16] zu zitieren, warum er "in der zeitgebundenen Gestalt seines barocken Gedankensystems einen überzeitlichen Wahrheitsgehalt zu geschichtlicher Darstellung gebracht hat".

3. Die Spätprojekte für Berlin, Dresden, Wien, St. Petersburg (1694 - 1716)

Wie kein anderer hat Leibniz es verstanden, durch die Verquickung eigener und fremder Ideen zu neuen, seiner Zeit mitunter weit vorauseilenden Ergebnissen zu gelangen. Dabei hat er das Gedankengut, das er von anderen übernommen hat, so geschickt zu assimilieren gewußt, daß es oft schwer fällt, das Übernommene vom Eigenen zu trennen.

Zu seinen herausragendsten Eigenschaften gehört aber wohl seine intellektuelle Flexibilität, d.h. seine Fähigkeit und Bereitwilligkeit, selbst scheinbar abgeschlossene Überlegungen wieder aufzugreifen, sie neu zu überdenken und an die veränderten geistigen und faktischen Gegebenheiten und Möglichkeiten anzugleichen. Insbesondere seine Sozietätspläne dokumentieren einen solchen Anpassungsprozeß; dieser wiederum läßt die Entwicklung des Philosophen vom jugendlich-enthusiastischen Neuerer zum abgeklärten, an Erfahrungen, aber auch Enttäuschungen gereiften Pragmatiker erkennen.

Mit zunehmendem Alter ist Leibniz sichtlich darum bemüht, die Durchsetzungsfähigkeit seiner Projekte zu erhöhen. Schon deswegen mußte er das die frühen Schriften charakterisierende sozial-utopische Element zugunsten konkreter kultur- und wissenschaftspolitischer Forderungen zurücknehmen, ohne daß er jedoch wirklich von seinen letzten universalen, sozialreformerischen Zielsetzungen abgerückt wäre.

Als Mann der politischen Praxis wußte er zudem nur zu gut, daß er, wollte er seine Akademiepläne verwirklichen, auf die Unterstützung der Herrschenden angewiesen war, die Wissenschaftsförderung zuallererst im Rahmen höfisch-barocker Prachtentfaltung, mithin als repräsentationspolitische Komponente monarchisch-absolutistischer Prestigepolitik sahen. Unter diesem Aspekt und angesichts der politisch-historischen Realitäten versprachen reichsübergreifende oder internationale Projekte, wie sie der junge Leibniz entwickelt hat, kaum Erfolg. Vielmehr galt es, die Sozietät in den Dienst spezifischer absolutistischer Fürstenhöfe zu stellen. So wandte sich der hannoversche Gelehrte in den letzten beiden Jahrzehnten an die Monarchen Brandenburg-Preußens und Sachsens sowie an den russischen Zaren und legte ihnen Entwürfe zur Wissenschaftsorganisation vor, die exakt auf die Besonderheiten und Bedürfnisse ihres Landes zugeschnitten waren. Ermutigt durch erste Erfolge in Berlin, wagte er sich mit der Konzeption einer kaiserlichen Akademie in Wien dann allerdings erneut an ein überterritoriales Projekt.

Die Einsicht, daß fürstliche Stifter nur durch die Aussicht auf schnellen, handgreiflichen und ohne großen Aufwand zu erreichenden Nutzen für die Förderung derartiger Unternehmen zu gewinnen waren, hat die Pläne des alten Leibniz geprägt. Sie zeichnen sich im Gegensatz zu seinen Jugendschriften, die das Finanzierungsproblem allenfalls am Rande streifen, durch ebenso zahlreiche wie phantasievolle Vorschläge zur Deckung der anfallenden Kosten aus. Diese sollte auf dreifache Weise sichergestellt werden:

a) durch Einkünfte aus Monopolrechten und Privilegien

b) durch besondere indirekte Steuern zugunsten der Sozietät

c) durch den Ertrag aus ihren eigenen Leistungen

In seinen praktischen Realisierungsabsichten setzt Leibniz sich nun auch verstärkt mit der organisatorischen Gestaltung der zu fundierenden Gesellschaften auseinander. Seine konkreten Empfehlungen für Berlin, Dresden, Wien und St. Petersburg offenbaren indes keine spektakulär-neuen Gedanken; in den wesentlichen Punkten orientieren sie sich vielmehr an den bewährten Vorbildern in Paris und London.

Allein, die Lösung dieser praktischen Probleme, allen voran der Finanzierung, hat schließlich entscheidend dazu beigetragen, daß die zahllosen Entwürfe und Memoranden zur Organisation der Wissenschaften, die Leibniz seit seinem zweiundzwanzigsten Lebensjahr angefertigt hat, mit der Akademiegründung in der brandenburgischen Residenz ihre Erfüllung fanden.

3.1 Leibniz als Initiator der 1700 gegründeten Sozietät der Wissenschaften in Berlin[1)]

3.1.1 Der politisch-kulturelle Aufstieg Brandenburg-Preußens nach dem Dreißigjährigen Krieg

Über die Verdienste Friedrich Wilhelms, des Großen Kurfürsten, um die Errichtung der brandenburg-preußischen Staatsnation bestehen heute kaum Zweifel. Gilt es doch als sein Verdienst, durch Entmachtung der Stände und erste Ansätze zu einer zentralen Verwaltung in den zerstreuten, z. T. weit auseinander gelegenen Gebieten seines Reiches ein einheitliches politisches Fundament geschaffen zu haben, auf welchem das Heranwachsen Brandenburg-Preußens zur europäischen Großmacht überhaupt erst möglich wurde.[2)]

Calvinistisch-westeuropäisch geprägt, verfolgte Friedrich Wilhelm zudem eine vom Machtstaatsgedanken geleitete Politik, die im Gegensatz stand zu der bisherigen "lutherisch-patrimonialen kleinstaatlichen Gesinnung" der brandenburgischen Kurfürsten[3)] und sich durch stetes Lavieren zwischen den Fronten auszeichnete. Da er in der Übermacht seitens Österreichs-Spaniens wie auch seitens Frankreichs-Schwedens die größte Gefahr sowohl für die Rechte der Protestanten als auch für die Privilegien der Reichsfürsten erkannte, war es sein erklärtes Ziel, diese zu verhindern. So scheute er sich nicht, eine Allianz mit Ludwig XIV. gegen Kaiser und Reich einzugehen, wenn es ihm nötig erschien. Die in der damaligen patriotischen Flugschriftenliteratur oftmals gescholtene "duplicité" seiner Bündnispolitik[4)] resultierte aus diesem Bemühen um eine eigenständige, nicht an eine bestimmte Partei gebundene Außenpolitik, die von dem Willen getragen wurde, die territorialen Interessen Brandenburg-Preußens, insbesondere die Rückgewinnung Vorpommerns durchzusetzen.[5)]

Auch Leibniz' anfängliche Kritik an Brandenburg-Preußen, die sich in zwei Schriften von 1672 und 1683 niederschlug, zielte auf die reichsfeindliche Politik des Großen Kurfürsten, der obendrein auf Kosten der anderen deutschen Kleinstaaten nach Ungebührlichem strebe.[6)] Zunächst scheinbar unbeachtet blieben bei diesem harten Urteil des Philosophen die Verdienste, die sich Friedrich Wilhelm auf dem Gebiet der Wissenschafts- und Religionspolitik erworben hat.

Innerhalb nur weniger Jahre ist es ihm immerhin gelungen, seinen Hof zu einem Zentrum von Gelehrsamkeit und Forschung zu machen. Vor allem bedeutende Ärzte und Naturforscher, u.a. Martin Weise, Thomas Panckow, Joh. Sigismund Elsholtz, Christian Mentzel und der Chemiker Joh. Kunckel, gaben sich, angelockt durch Vergünstigungen und Gewährung wirtschaftlicher Vorteile, in der kurfüstlichen Metropole ein Stelldichein.[7] Der Auftrag der Residenz, fürstliche Macht zu repräsentieren, bemerkt dazu Conrad Grau in seinem Beitrag über die Anfänge der neuzeitlichen Berliner Wissenschaft[8], sei der Herausbildung von Gelegenheiten für wissenschaftliche Arbeit entgegengekommen, sofern der Herrscher geistiges Leben als Komponente seiner Hoheit und seines Glanzes empfunden habe. Dies sei bei Friedrich Wilhelm in gewissem Maße der Fall gewesen. So nimmt es nicht wunder, daß wir den Großen Kurfürsten, in seiner Absicht, auf seinem Territorium einen geistigen Hort für erstrangige Gelehrte aus ganz Europa zu schaffen, auch als Förderer des "ersten preußischen Akademieplanes"[9] erleben. Allerdings ist ihm im Gegensatz zu seinem Sohn und Nachfolger Friedrich III.(I.) ein wirkliches Interesse an den Künsten und Wissenschaften nicht abzusprechen. So manche der an seinem Hof betriebenen Forschungsprojekte wurden überhaupt erst auf seine Anregung hin in Angriff genommen.[10] Auch das relativ schnelle Wachstum der 1661 gegründeten Bibliothek, insbesondere der sinologischen Abteilung, ist auf die persönliche Anteilnahme ihres fürstlichen Förderers zurückzuführen.[11] Als Friedrich Wilhelm nach der Aufhebung des Edikts von Nantes 1685 den französischen Reformierten Zuflucht gewährte, war ein weiterer entscheidender Schritt auf dem Wege Brandenburg-Preußens zur europäischen Großmacht getan. Denn die ca. zwanzigtausend, zumeist hochgebildeten, mit fortgeschrittenen technischen und ökonomischen Kenntnissen ausgestatteten *Réfugiés*, die bis 1700 zugewandert sind[12], haben nicht nur die gewerblich-industrielle Entwicklung ungemein gefördert. Sie haben darüber hinaus der einheimischen Gelehrtenwelt neue Impulse gegeben und eine Verbindung zur europäischen *République des Lettres* hergestellt.

Das Potsdamer Edikt von 1685, das die Hugenotteneinwanderung einleitete und gemeinhin "als exemplarisches Beispiel für die Bedeutung der Toleranzidee in der frühen preußischen Geschichte"[13] gewürdigt wird, charakterisiert ein Spezifikum brandenburg-preußischer Politik, durch relative Duldsamkeit, insbesondere in Fragen des religiösen Bekenntnisses, geistige, technische und wirtschaftliche Begabungen aus dem Ausland an sich zu ziehen.[14] Von entscheidender Bedeutung wurde die irenische, tolerante Politik der Hohenzollern für die Entwicklung des wissenschaftlich-kulturellen Lebens. Und es ist in diesem Zusammenhang sicher auch kein Zufall, daß das Zentrum der deutschen Aufklärung auf brandenburg-preußischem Boden entstand.

Noch bevor die Universität Halle 1694 aus der Taufe gehoben wurde, hatte sich die geistige Führung des protestantischen Deutschland von Kursachsen, der Wiege der Reformation, nach Brandenburg-Preußen verlagert. Unter dem Druck starr gewordener Scholastik und Orthodoxie, der an den dortigen Hochschulen herrschte, waren 1688 Samuel Pufendorf, 1690 Thomasius, 1691 Spener, Francke und Veit Ludwig von Seckendorff sowie 1692 der berühmte Jurist Samuel Stryk übergesiedelt. Damit wurde die von dem Sohn und Nachfolger des Großen Kurfürsten, Friedrich III., neugegründeten Universität an der Saale, die sozusagen nur einen

Steinwurf von Leipzig, dem Hort extremer lutherischer Orthodoxie entfernt lag, zum Mittelpunkt jener beiden philosophischen und religiösen Bewegungen, die sich gegenüber der überlieferten juristischen und theologischen Dogmatik auf das Naturrecht und das persönliche Glaubenserlebnis beriefen, mithin gegen die juristisch-theologische Begriffswelt der herrschenden Stände gerichtet waren und schließlich als geistiges Fundament des absoluten Staates wirksam wurden.[15] Nicht von ungefähr spricht man in der Literatur daher von einem "geschickten Schachzug" des jungen ehrgeizigen Kurfürsten[16], diesen geistigen Strömungen eine Heimat gegeben zu haben. Schon bald nach ihrer Gründung entwickelte sich die hallische Universität zur Ausbildungsstätte für ein modernes gesamtstaatlich orientiertes Beamtentum und zum Zentrum einer neuen von den ständischen Interessen befreiten Theologie.[17]

Stärker noch als bei seinem Vorgänger kommt die Tendenz bewußter Wissenschafts- und Kunstförderung als "barock-höfische, repräsentationspolitische Komponente" absoluter Herrschaft[18] während der Regierungszeit Friedrichs III.(I.) (1688 - 1713) zum Tragen. Dahinter verbirgt sich jedoch mehr als nur die Prunk- und Geltungssucht eines Monarchen, die in der preußischen Geschichtsschreibung oft genug kritisiert wurden. Der aufwendige Ausbau seiner Residenz und die Gründung von Einrichtungen der Kunst und Wissenschaft müssen vielmehr mit dem Streben Friedrichs nach dem Königstitel in Zusammenhang gebracht und als Ausdruck des politischen und nationalen Wettbewerbs um den Platz Kurbrandenburgs in der Rangordnung des Reiches und der europäischen Staaten verstanden werden.[19]

Seit dem Übertritt des sächsischen Kurfürsten Augusts des Starken zum Katholizismus 1697[20] sehen wir Brandenburg-Preußen als Vormacht des deutschen Protestantismus. Die kühne Idee einer protestantischen Führung des Reiches und Europas gegen Frankreich hat nicht nur das Ringen um eine Union der beiden evangelischen Bekenntnisse beeinflußt.[21] Zugleich hat sie den ersten König in Preußen zu einem kulturellen Vergleich mit Ludwig XIV. herausgefordert, der den Wetteifer der aufsteigenden norddeutsch-protestantischen Macht mit dem Kaiser als dem süddeutsch-katholischen Repräsentanten der deutschen Kultur implizierte.[22] Diesem gegen den politisch-kulturellen Hegemonialanspruch Frankreichs gerichteten Bemühen hat letztlich neben der 1696 gestifteten "Akademie der Künste" auch die Berliner Sozietät der Wissenschaften ihre Entstehung zu verdanken.

Leibniz gehörte wohl zu den wenigen, die in der von Friedrich III. anvisierten Königswürde und dem damit einhergehenden, durchaus zeitgemäßen, im höfischen Absolutismus des Barock gleichsam angelegten Hang zur Selbstdarstellung schon damals weniger die Eitelkeit eines Monarchen, als vielmehr die verbindende Kraft für das territorial zerrissene brandenburg-preußische Staatswesen erkannten. Als übergreifendes Moment der Machtausübung erhielt dieser Titel spätestens nach dem Konfessionswechsel des sächsischen Kurfürsten zusätzliche Bedeutung. Verlangte doch das "evangelische Deutschland", zumal nach der Unterzeichnung des Friedensvertrages von Rijswijk (1697), der, so Leibniz, eine Einstimmigkeit zwischen Frankreich und den katholischen Höfen des Reichs habe sichtbar werden lassen, die auf Untergrabung der Grundlagen des Westfälischen Friedens und der Sicherheit der Protestanten ziele[23], nach einer neuen, starken Führung:

> "Apres la breche faite dans la maison de Saxe, nôtre puissant maitre est le premier des protestans de l'Empire en commun sans distinguer les deux partis et par consequent directeur de leurs affaires".[24]

Die unionspolitischen Neigungen, die Friedrich III. wie schon seine Vorgänger hegte[25] und die durch die politische Niederlage Brandenburg-Preußens im Frieden von Rijswijk genährt wurden, kamen nicht nur den eigenen Wünschen des Philosophen hinsichtlich einer Wiedervereinigung der beiden evangelischen Bekenntnisse entgegen. Die damit verbundene zeitweilige Annäherung Brandenburg-Preußens und Hannovers öffnete ihm schließlich auch den Weg nach Berlin.

In dem im friedlich-repräsentativen Wettbewerb mit Frankreich und dem Kaiser kulturell "aufrüstenden" Kufürstentum, wo zudem eine Religion herrschte, "qui n'opprime point la liberté des esprits"[26], und die politisch-künstlerische Repräsentation mit der Förderung der geistigen Bewegungen der Zeit einherging, glaubte sich Leibniz nicht von ungefähr der Verwirklichung seiner Pläne zur Wissenschaftsorganisation näher als jemals zuvor:

> "Et les Missionaires de science mériteroient une Congregation autant que Messieurs *de propagandâ fide*. Mais de la manière que je voy que Sa Serenité Electorale s'y prend, il me semble que cette Congregation sçavante sera plustost établie à Berlin, qu'à Rome ou à Paris".[27]

Schon jetzt sei die kurfürstliche Residenz eine Metropole der Wissenschaften und Künste, "et on peut dire que Salomon [Friedrich III.] et la Reine de Saba [Sophie Charlotte] s'y trouvent à la fois".[28] Enttäuscht vom französischen König, der sich immer häufiger mit dem "falschen Ruhm" des Kriegsherrn und Aggressors schmücke, statt wie zu Anfang seiner Regierung die Künste und Wissenschaften in seinem Land zu fördern, setzte Leibniz seine Hoffnungen um so mehr auf den aufstrebenden kurbrandenburgischen Fürsten. Er allein sei in der Lage,

> "de s'emparer de la possession vacante de la veritable gloire, que les autres Rois... luy ont abandonné... Car il peut fait fleurir ses peuples, et contribuer en même temps au bonheur solide des hommes par l'accroissement des connoissances importantes qui font le tresor de la nature humaine. Je tiens même que sous ses auspices on pourroit aller aisement au delà de ce qu'on avoit commencé et projetté en France et en Angleterre".[29]

Da kaum Quellen überliefert sind, die über das Verhältnis von Leibniz zu Brandenburg-Preußen in den Jahren bis 1694 Aufschluß geben könnten, läßt es sich nicht mehr nachvollziehen, wann sich die zunächst eher kritische Einstellung des Philosophen, die wir noch in zwei frühen Denkschriften dokumentiert sehen, änderte, und er die aufsteigende norddeutsch-protestantische Macht in den Mittelpunkt seiner wissenschaftlichen und politischen Interessen rückte. Die nach dem Übertritt des sächsischen Kurfüsten zum katholischen Glauben sich verstärkende Einsicht, daß nur durch den Zusammenschluß aller protestantischen Fürsten unter der Führung Brandenburg-Preußens der Bedrohung der deutschen Freiheit durch Frankreich entgegenzuwirken war, hat dem nachmaligen ersten preußischen König in seinen Augen zweifellos zusätzliche Bedeutung verschafft. Doch schon vordem, seit Ende 1694, hat Leibniz den Kontakt mit dem Berliner Hof gesucht.

3.1.2 Leibniz' Bemühen, am Berliner Hof Fuß zu fassen

Erste Beziehungen zu Brandenburg-Preußen ergaben sich für den hannoverschen Gelehrten durch den Tod des berühmten Naturrechtlers und kurbrandenburgischen Historiographen Samuel von Pufendorf.[30] Als dieser nämlich im Oktober 1694 verstarb, spielte Leibniz mit dem Gedanken, als sein Nachfolger nach Berlin überzusiedeln.[31] Für seine Bewerbung, die er unter äußerster Geheimhaltung betrieb[32], versicherte er sich der Unterstützung Ezechiel von Spanheims, eines Mannes, der im politischen wie geistigen Leben Berlins eine exponierte Stellung einnahm, bei Hofe großes Ansehen genoß und sich vor allem auch der besonderen Wertschätzung seitens der Kurfürstin erfreute.[33]

Bereits 1669 waren sich der als Diplomat und Gelehrter gleichermaßen geachtete Staatsmann und der politisch ambitionierte, wiewohl auf diesem Gebiet eher glücklose hannoversche Justizrat, beide noch anderen Dienstherren verpflichtet, in Bad Schwalbach erstmals begegnet[34]; eine briefliche Fortsetzung fand ihre frühe Bekanntschaft allerdings nicht.[35] Erst 1692 begann dank der Vermittlung des französischen Abtes Claude Nicaise[36] zwischen beiden ein Briefwechsel, der bis zum Tode Spanheims andauerte, der zudem, sowohl was die Anzahl der insgesamt 64 Schreiben als auch deren Inhalt anbelangt, einen unangefochtenen Platz in der ebenso umfassenden wie vielseitigen Hinterlassenschaft des Philosophen einnimmt.[37]

Am 20./30. November 1694[38] wandte sich letzterer an den kurbrandenburgischen Staatsrat, von dem er annehmen durfte, daß er relativ leicht mit Eberhard von Danckelman[39] in Verbindung treten konnte, und bat ihn, seine Kandidatur bei dem damals alles vermögenden ersten Minister Friedrichs III. zu lancieren. Als zukünftiger Historiograph habe er neben der Absicht, die Geschichte des regierenden Kurfürsten zu schreiben, "quelque service ailleurs" anzubieten, insbesondere umfassende Kenntnisse im Bergbau, in der Physik und Mathematik.

"Et les grands pays de S.A.E. ne peuvent manquer de fournir des occasions pour employer ces connoissances".[40]

Danckelman zeige, so Spanheim in seinem Antwortschreiben, "toute la bonne volonté", Leibniz an den Berliner Hof zu berufen, zweifle jedoch, ob der hannoversche Hofrat aus seinem derzeitigen Dienstverhältnis so ohne weiteres ausscheiden könne.[41] Ungeachtet dessen sollte dieser schon einmal in einem Brief, der dem Premierminister vorgelegt werden könne, seinen Plan für eine Geschichte Friedrichs III. näher erläutern. Obgleich Leibniz der Anregung Spanheims umgehend folgte[42], und der brandenburgische Staatsrat sich, wie er mehrmals betont, nicht zuletzt aus eigenem Interesse nachdrücklich für seinen Briefpartner einsetzte[43], scheiterte das Projekt, von dem vermutlich nur die drei direkt Beteiligten, Leibniz, Spanheim und Danckelman, wußten, letztlich wohl nicht nur an der Gehaltsfrage.[44] Vielmehr dürfte Leibniz' Zögern, seinen sicheren Posten eines Geheimen Justizrates in Hannover für eine ihrem sozialen Status nach geringere Stellung in Berlin aufzugeben, den Ausschlag gegeben haben.[45]

Wie dem auch sei, zu beachten sind die vier Denkschriften, die er im Zusammenhang mit seinem zunächst erfolglosen Vorstoß, in Berlin einen neuen Wirkungskreis zu finden, für Danckelman zu Papier gebracht hat;[46] stellen sie doch seine ersten Entwürfe für Berlin dar, die - und zwar unabhängig von dem Gedanken an den Bau eines Observatoriums in der kurfürstlichen Residenzstadt - die spätere Gründung der Akademie gleichsam antizipieren. Überdies demonstrieren sie einmal mehr, wie geschickt der bürgerliche und bisher eher in mittleren Positionen tätige Staatsbedienstete persönliche Wünsche zur Verbesserung seiner beruflichen und sozialen Situation mit seinem immer wieder betonten uneigennützigen Einsatz zur Förderung der Wissenschaften und zum Wohle der Menschen in Einklang zu bringen weiß.[47]

So verbindet Leibniz sein Angebot, als Nachfolger Pufendorfs die Geschichte Friedrichs III. zu schreiben, sogleich mit der Forderung, ihm als ordentlichen Geheimen Rat die Leitung des gesamten brandenburgischen Archivwesens zu übertragen. Da mit "denen registraturen und archiven (...) nicht nur die Historia sondern an sich selbst Res Studiorum eine große connexion" habe, sieht er sich schließlich an der Spitze einer noch zu gründenden "societas Electoralis Brandenburgica", einer Universalakademie, die alle Bereich von Wirtschaft und Politik beeinflussen sollte und in einer zweiten Denkschrift als eine Art *Rat für Wirtschaft, Technik, Wissenschaft und Künste* konkretisiert wird.[48]

"Le conseil seroit établi dans la ville capitale ou Residence ordinaire du Prince, et cependant toutes les provinces y auroient une certaine relation par le moyen des personnes propres, qu'on auroit en differens endroits avec charge de donner des informations, et avec pouvoir de concourir à la fin qu'on se propose".[49]

Mehr Wirtschaftsbehörde mit weitreichenden politischen Kompetenzen denn wissenschaftliche Akademie im eigentlichen Sinne, sollte diese Institution durch praktische Anwendung der realen Wissenschaften zur Förderung des territorialen Wirtschaftswachstums beitragen. Dies würde wiederum die politische Durchsetzungskraft Brandenburg-Preußens als führender Macht des deutschen Protestantismus im europäischen Kräftespiel der Konfessionen stärken.

Im Kontext merkantilistischer Zielsetzungen[50] läßt die projektierte Sozietät jenen umfassenden, universalen Charakter aufscheinen, der, besonders akzentuiert in den Mainzer Arbeiten, Leibniz' Akademiepläne in die Nähe der großen Staatsutopien des 16. und frühen 17. Jahrhunderts rückt. Insofern tritt in den für Danckelman bestimmten Denkschriften die Kontinuität, die zwischen den Jugendschriften des Philosophen und den Entwürfen für Brandenburg-Preußen besteht, sehr viel deutlicher hervor als in der wenige Jahre später in Zusammenarbeit mit den sog. Berliner Freunden entstandenen offiziellen Eingabe, die die Stiftung schließlich zur Folge hatte.

Die kaum verhohlene Absicht des zwar hochgeschätzten Gelehrten, doch politisch eher unbedarften Philosophen, sich mit diesen weitreichenden Vorschlägen gleichsam in die vorderste Front der kurbrandenburgischen Politikerelite zu katapultieren[51], konnte Danckelman eigentlich nur als Anmaßung und Selbstüberschätzung empfunden haben. So erstaunt es nicht, daß Leibniz' Projekt in Berlin nicht weiter verfolgt wurde.

Doch weit davon entfernt, seine Hoffnung auf neue Wirkungsmöglichkeiten in Brandenburg-Preußen aufzugeben, bringt Leibniz sich schon kurze Zeit später erneut ins Gespräch. Er tut dies auf publizistischer Ebene und bedient sich dabei eines Blattes, das von dem Hugenotten Etienne Chauvin[52] herausgegeben wurde.

Bereits 1694 hatte der Philosoph und Theologe in Rotterdam, der ersten Station nach seiner Flucht aus Frankreich 1685, eine Zeitschrift begonnen, die er *Nouveau Journal des Sçavans* nannte und die, wie schon ihr Titel vermuten läßt, eine Nachahmung des Pariser Journals darstellte. Als er 1696 in Berlin sein Unternehmen fortsetzte, bat er Leibniz über Spanheim, ihm die neuesten Ausgaben des seit 1665 erscheinenden französischen wissenschaftlich-literarischen Anzeigers leihweise zu schicken; eine Bitte, der der Gelehrte in Hannover gerne nachkam:

> "Je suis donc ravi de ce que M. Chauvin poursuit son dessein commencé en Hollande; ... Je le serviray tres volontiers en tout ce qui depend de moy; et comme je reçois souvent le journal des sçavans de Paris, que Mad. l'Electrice de Bronsvic me fait envoyer j'auray soin de le faire tenir ..."[53]

Der damit einsetzende, knapp zweijährige Briefwechsel zwischen Leibniz und dem Cartesianer Chauvin[54] handelt ausschließlich von der Mitarbeit des hannoverschen

Hofrates an dem nur kurzlebigen, in drei Jahresbänden überlieferten Periodikum.[55] Gleichwohl diese sich nicht nur auf die Zusendung des gewünschten Materials beschränkte, erweist sie sich im Ganzen gesehen als eher halbherzig und zurückhaltend und fand wohl deswegen in der Literatur bislang nur wenig Beachtung.[56] Doch im Vorfeld der Berliner Sozietätsgründung ist sie kaum wegzudenken; nicht nur, weil der Herausgeber des *Nouveau Journal* Mitglied jenes gelehrten Zirkels um Ezechiel von Spanheim war, der gerne als Vorstufe der späteren Akademie apostrophiert wird[57], und er schließlich auch als einer der ersten Hugenotten bereits 1701 Aufnahme in der letzteren fand[58] . Vielmehr liefert sie uns einen frühen Beweis für die persönlich-beruflichen wie kulturellen Absichten, die Leibniz mit Berlin verband. Ja mehr noch, sie offenbart sich als erster Vorstoß des Philosophen, seine Person ins rechte Licht zu rücken und seine vielfältigen Anliegen, bisher nur wenigen Eingeweihten wie Spanheim oder Danckelman bekannt, einer breiteren Öffentlichkeit mitzuteilen.

Von dem wie sein französisches Vorbild und in Anlehnung an Pierre Bayles *Nouvelles de la République des Lettres*[59] als eine Art Rezensionszeitschrift angelegten kritisch-literarischen Journal mußte sich Leibniz schon deswegen angesprochen fühlen, weil er hier, zumindest ansatzweise, seine alten Mainzer Pläne für einen *Nucleus librarius semestralis* realisieren sehen konnte. So schreibt er denn auch hocherfreut an Spanheim: Die Vielzahl schlechter Bücher, die den Markt überfluteten, "rend de plus en plus necessaire l'employ des journalistes sçavants, tels que Mons. Chauvin pour nous donner non seulement des notices des bons ouvrages, mais encor des extraits des mechans qui nous dispenseroient de la peine de regarder ces livres d'avantage".[60]

Doch darüber hinaus sah er in der Existenz dieser "ersten wissenschaftlichen Zeitschrift der Stadt" ein Indiz für die Möglichkeit einer wissenschaftlichen Vereinigung in Berlin.[61] Zeigte sie doch ein in den Kreisen der zugewanderten hochgebildeten Hugenotten wie der einheimischen Gelehrten wachsendes Verlangen, Anschluß an die europäische *République des lettres* zu finden. Daß Chauvins Journal vom Premierminister selbst angeregt, möglicherweise sogar finanziell unterstützt wurde, verlieh ihm gleichsam den Charakter eines "offiziellen Kulturorgans" und signalisierte ein "Einrücken Brandenburg-Preußens in die Reihe kulturell ehrgeiziger Staaten".[62] Konnte es für Leibniz' Pläne zur Wissenschaftsorganisation ein besseres Forum geben?

Schon einmal hatte der hannoversche Gelehrte den indirekten Weg über das von Gabriel d'Artis edierte *Journal de Hambourg* gewählt, um für die Förderung der Wissenschaften zu werben.[63] Die besondere Eigenart des *Nouveau Journal*, respektive dessen spezifische Ausrichtung auf Berlin, bot ihm freilich ungleich günstigere Voraussetzungen, die er wohl zu nutzen wußte.

Mit dem Ziel, die kurfürstliche Residenzstadt als Zentrum von Kunst und Wissenschaft vor allem auch gegenüber dem Ausland in den Blickpunkt zu rücken, stellte es nämlich nicht nur vorwiegend Arbeiten einheimischer Autoren vor, es verband zudem, wo immer es sich inhaltlich rechtfertigen ließ, wissenschaftliche Besprechungen mit Huldigungen an hochangesehene Berliner Persönlichkeiten.

> "Il a crû dans le premier, et ce qui peut le rendre plus sterile et moins curieux devoir faire honneur à Berlin ... et ainsi plutost ad captandam benevolentiam de nous autres Berlins que celle du public".[64]

Leibniz paßte sich dieser Tendenz an. Und so präsentiert sich sein erster Brief, mit dem er Chauvins Aufforderung zur Mitarbeit beantwortet[65], als ebenso überzeugende Hommage an die kurfürstliche Metropole und deren Protektoren wie geschickt formuliertes Bewerbungsschreiben, das seine bisherigen Leistungen und zukünftigen Projekte ins rechte Licht setzt. Im Mittelpunkt, wie könnte es anders sein, steht sein besonderes Anliegen der Wissenschaftsförderung.

Die Vermutung, daß dieses Schreiben mit Rücksicht auf seine tatsächlich erfolgte Publikation abgefaßt wurde[66], und der Umstand, daß es zugleich - schon allein was seinen Umfang angeht - als bedeutendster Beitrag des hannoverschen Gelehrten für jenes Journal erscheint, unterstreicht seinen pragmatischen, werbewirksamen Charakter. Wir dürfen es somit wohl als öffentlichen Appell an die maßgeblichen Persönlichkeiten in Berlin verstehen, den erfolgreich begonnenen Weg der Wissenschaftsförderung fortzusetzen.

Die Residenzstadt des Kurfürsten verdiene mehr noch als Rom oder Paris eine "Congregation sçavante", denn sie beherberge dank der Förderung von höchster Stelle[67] mehr Esprit und kulturelle Schaffensfreude als die genannten Städte:

> "L'Electeur joignant à la grandeur de ses veues un goust exquis pour les belles choses, et estant secondé par un premier Ministre dont les lumières sont universelles, il est aisé de juger ce qu'on en doit attendre. Mais lorsque je considere qu'il y a dans le Ministere encore d'autres personnes également consommées dans les affaires, et excellentes en sçavoir, jusqu' à estre du premier rang dans la République des lettres, je tiens que vostre cour a un avantage inconnu pour tout ailleurs, et apres cela on ne s'étonnera plus si les arts et les sciences fleurissent chez vous..."[68]

Welche Resonanz der im Mai/Juni-Heft des Jahres 1696 abgedruckte Brief[69] in offiziellen Kreisen hervorrief, läßt sich freilich heute nicht mehr nachvollziehen. Nur von dem kurbrandenburgischen Staatsrat Ezechiel von Spanheim, den Leibniz zweifellos zu den obengenannten "autres personnes" zählte, wissen wir, daß er an der "belle et sçavante lettre" seines geschätzten Korrespondenten mindestens ebensoviel Geschmack fand, "qu' à tous les extraits des livres imprimés", die das Journal regelmäßig veröffentlichte.[70] Doch auch in dessen Herausgeber dürfte Leibniz einen Gleichgesinnten gefunden haben. Immerhin gehörte Etienne Chauvin nicht nur zu den ersten ortsansässigen Mitgliedern der späteren Akademie, er zählte schließlich auch zu ihren aktivsten, vor allem aber zu jenen, die über das wissenschaftliche Mittelmaß hinausragten.

Nach 1698 lieferte Leibniz für das *Nouveau Journal* keine Beiträge mehr. Möglicherweise erschien ihm seine zweckgebundene Mitarbeit angesichts seiner sich festigenden Beziehungen zum Berliner Hof, insbesondere zur Kurfürstin, und der sich abzeichnenden Realisierungschancen für seine Pläne zur Wissenschaftsorganisation in Brandenburg-Preußen nicht mehr notwendig. Auch die Korrespondenz mit Chauvin bricht hier, wohl aus denselben Gründen, unvermittelt ab. Dennoch ist im Hinblick auf die Rolle des Hugenotten in der bald darauf gestifteten Sozietät nicht anzunehmen, daß der Kontakt beider mit dem letzten überlieferten Schreiben tatsächlich beendet war.

Leibniz' Bemühen, geeignete Dokumente für die in Aussicht genommenen Fortsetzungsbände des *Codex juris gentium diplomaticus* zu erhalten, brachte ihn schon 1693 in Verbindung mit dem damaligen Sekretär E. v. Danckelmans, Johann Jacob Julius Chuno.[71)] Im Juni hatte er, mit der Absicht, Zugang zum brandenburgischen Archiv zu erlangen, zwei Exemplare des kurz zuvor erschienenen ersten Bandes seiner völkerrechtlichen Quellensammlung an den Premierminister übersandt und bald darauf von Chuno dessen Dankschreiben sowie die erhoffte Zusage übermittelt bekommen.[72)] Doch erst zwei Jahre später, nach ihrem ersten persönlichen Zusammentreffen in Hannover[73)], entwickelte sich zwischen dem mittlerweile zum kurbrandenburgischen Geheimen Sekretär avancierten Chuno und dem hannoverschen Gelehrten eine zeitweise recht intensive Korrespondenz, in der drei Themen vorherrschten: Sprachforschung, protestantische Mission, evangelische Union.[74)] Über Chuno, den wir als Mitverfasser des Gründungsdiploms der Berliner Sozietät kennen, erfuhr Leibniz schließlich von dem Wunsch der Kurfürstin nach einem Observatorium.[75)] Diese Nachricht ließ in dem Philosophen, nicht zu Unrecht, wie wir heute wissen, erneut die Hoffnung aufkeimen, seine langjährigen, bisher vergeblich vorgetragenen Akademiepläne könnten in Brandenburg-Preußen nun doch noch auf fruchtbaren Boden fallen. In der Tat sollte sich die Anregung der nachmaligen ersten Königin in Preußen entscheidend auf den weiteren Gang der Entwicklung auswirken, so daß die Stiftung der Sozietät der Wissenschaften in Berlin mit Fug und Recht als das gemeinsame Werk von Leibniz und Sophie Charlotte gelten darf.

Bis Mitte 1697 hatte sich Leibniz' Beziehung zur Tochter seiner hannoverschen Vertrauten, Kurfürstin Sophie, allerdings auf nur wenige, sporadische, dazu eher nichtssagende Briefe beschränkt.[76)] Diese Tatsache steht nicht nur im Widerspruch zu der vielfach geäußerten Behauptung, der Philosoph habe als Lehrer der 1684 16-jährig mit dem Kurprinzen und seit 1688 regierenden Kurfürsten von Brandenburg-Preußen, Friedrich III., verheirateten Prinzessin deren Erziehung und Bildung wesentlich geprägt[77)], mithin einen sehr frühen engen Kontakt zur späteren Königin gefunden. Sie ist wohl vor allem auch ein Indiz dafür, daß der Einfluß der jungen

Kurfürstin auf ihren letztlich allein entscheidenden Gatten im ersten Jahrzehnt ihrer Ehe weitaus geringer war als der jener Berliner Persönlichkeiten, um deren Gunst Leibniz seit 1692 buhlte.

Eine sehr wahrscheinlich in der zweiten Hälfte des Jahres 1696 entstandene Aufzeichnung über die Zustände am Berliner Hof[78], die den "Tiefstand der politischen Einwirkungsmöglichkeiten Sophie Charlottes"[79] bis zum Sturz Danckelmans im Dezember 1697 dokumentiert, bestätigt diese Vermutung. Man nähme nicht die geringste Rücksicht auf ihre Empfehlungen, heißt es hier, "il semble même qu'on prend le contrepied".[80] Leibniz muß auch von der tiefempfundenen persönlichen Abneigung Sophie Charlottes gegenüber jenem Mann, der damals das Ohr des Kurfürsten hatte, gewußt haben. So liegt der Schluß nahe, daß er sich ganz bewußt von ihr fernhielt, solange er seine Ziele in Berlin durch Danckelman zu erreichen suchte. Erst nach dem Sturz des allmächtigen Premierministers, der nicht zuletzt auf Betreiben Sophie Charlottes hin erfolgte, wandte er sich der Tochter seiner hannoverschen Gönnerin zu.[81]

Vor diesem Hintergrund erscheint als gleichwohl ungenannte Empfängerin des *Mémoire pour des personnes éclairées et de bonne intention*, der in anderem Zusammenhang schon mehrmals erwähnten, vermutlich 1697 entstandenen programmatischen Schrift, die Leibniz' Kulturanliegen in groben Zügen umreißt, niemand anderer als die kurbrandenburgische Fürstin.[82] Denn sie, die Leibniz vor allem zu jenen "Frauen von Geist" zählte, die "mehr als die Männer geeignet sind, die schönen Wissenschaften zu fördern"[83], galt es nun mit seinen Ideen vertraut zu machen.

Erst im Sommer dieses Jahres, als sich Sophie Charlotte mehrere Monate in Hannover aufhielt, haben gemeinsame Gespräche mit Mutter und Tochter den Philosophen und die junge Fürstin einander näher gebracht. Seit dem Spätherbst können wir jedenfalls eine deutlich ansteigende Korrespondenz verzeichnen, die bis zum Tode der preußischen Königin am 1. Februar 1705 kontinuierlich fortgesetzt wurde.[84] Doch schon bald durfte sich Leibniz als Berater und Vertrauter Sophie Charlottes betrachten; er möge sie fortan, so die Kurfürstin in einem Brief von 1699, "unter seine Schüler rechnen".[85] Um so mehr wollte sie ihn in ihrer Nähe wissen. Wiederholte Einladungen an den Gelehrten[86] scheiterten indes an der Weigerung ihres Bruders Georg Ludwig, des hannoverschen Kurfürsten und letzten Dienstherren des Philosophen. Erst die bevorstehende Sozietätsgründung nötigte ihm im Frühling 1700 die Einwilligung zur Reise nach Berlin ab.

Die politische Konstellation nach dem Rijswijker Friedensschluß, der die Hegemonialbestrebungen Frankreichs eher förderte als eindämmte und einen Zusammenschluß der protestantischen Mächte, d.h. auch der beiden dynastisch verbundenen, doch rivalisierenden Regionalmächte im norddeutschen Raum notwendig erscheinen ließ, sowie die Bemühungen um eine Annäherung zwischen Lutheranern und Reformierten brachten Leibniz schließlich mit jenem Mann zusammen, der sich als zuverlässigster und engagiertester Mitstreiter für sein Projekt zur Wissenschaftsorganisation erweisen sollte, dem Berliner Hofprediger Daniel Ernst Jablonski.[87]

Gleich nach dem Sturz Danckelmans, der Hannover reserviert gegenübergestanden hatte, schlug Leibniz der brandenburgischen Kurfürstin eine Art Geheimdiplomatie zwischen den beiden Höfen vor, als deren Mittelsperson er sich selbst empfahl:

> "Die Übersendung von Briefen ist Zufällen ausgesetzt. Es würde deshalb gut sein, einen Menschen von Vertrauen und Intelligenz zu haben, der Anlaß hat von Zeit zu Zeit von einem Hof zum andern zu reisen, um wechselseitig entsprechende Informationen auszutauschen. Das ganze muß mit viel Geschick, Umsicht und in einer Weise geschehen, daß kein Verdacht oder Argwohn aufkommen kann. Zu diesem Zweck könnte ich keinen andern benennen als mich selbst."[88]

Zwar konnte Sophie Charlotte das politisch fragwürdige Angebot des hannoverschen Justizrates nicht annehmen, leitete nun aber ihrerseits, möglicherweise als Entschädigung, eine Korrespondenz zwischen ihrem Vertrauten Jablonski und Leibniz in die Wege, an der auch sie selbst teilzuhaben gedachte.[89] Der steigende Einfluß der jungen Fürstin in Brandenburg-Preußen nach dem Sturz ihres ärgsten Widersachers verleiht dem von ihr quasi in Auftrag gegebenen, seit Anfang März 1698 nachweisbaren Briefwechsel zwischen dem Theologen in Berlin und dem Philosophen in Hannover[90] besondere Bedeutung. Der gleichzeitige Auftrag Friedrichs III. an den Hofprediger, die konfessionellen Unionsverhandlungen mit Hannover zu führen, gibt ihm zudem politisches Gewicht.

So stand der Gedankenaustausch der beiden Briefpartner zunächst auch ganz unter dem Zeichen des unter strengster Geheimhaltung betriebenen sog. *Negotium Irenicum*, bei dem Leibniz auf Geheiß seines hannoverschen Dienstherren die Position der Lutheraner vertrat.[91] Die intensive Zusammenarbeit in dieser Angelegenheit hat nicht nur ihre gegenseitige Wertschätzung gefördert, sie kam mittelbar auch den Akademieplänen des Philosophen zugute. Beeindruckt von dem geschickten und überaus diplomatischen Taktieren des welfischen Unterhändlers, verlor der brandenburgische Kurfürst für gewisse Zeit das Mißtrauen, das er diesem grundsätzlich entgegenbrachte.[92] Damit war eine wesentliche Voraussetzung für den Erfolg des Sozietätsprojekts geschaffen, das zunehmend in den Vordergrund der Korrespondenz mit Jablonski rückte. Die zahlreichen Schreiben seit 1698, die den Hofprediger als ebenso rührigen wie findigen Projektanten und Verhandlungspartner zeigen, gehören somit zu den umfangreichsten Korrespondenzen, die in direktem Zusammenhang mit der Geschichte der Akademie stehen.

Zusammenfassend können wir feststellen, daß Leibniz in Berlin gegenwärtig war, noch ehe er im Mai 1700 dort eintraf, um die Gründung der Sozietät der Wissenschaften vorzubereiten. Auf der Suche nach neuen beruflichen Möglichkeiten und neuen Perspektiven der Wissenschaftsförderung war der Philosoph seit Beginn der 90iger Jahre um Kontakte mit Gelehrten und Politikern in der kurfürstlichen Residenz bemüht. Das Mißtrauen zwischen Hannover und Berlin stand seinem Wunsch, am kurbrandenburgischen Hof Fuß zu fassen, indes lange entgegen. Erst die veränderte politische Situation, die Berlin und Hannover kurzzeitig enger zusammenrücken ließ, und nicht zuletzt die sich festigende Beziehung zur späteren preußischen Königin öffneten ihm den Weg nach Berlin, das neben Hannover zu seiner wichtigsten Wirkungsstätte wurde.

3.1.3 Die Entstehungsgeschichte der Berliner Sozietät

3.1.3.1 Die Bedeutung des Akademieplanes Benedikt Skyttes

Der geistige Boden, auf dem die brandenburgische Sozietät der Wissenschaften an der Wende zum 18. Jahrhundert entstehen konnte, war nicht zuletzt das Ergebnis der Toleranzpolitik der Hohenzollern seit ihrem Konfessionswechsel 1613, die in dem Potsdamer Edikt von 1685 einen Höhepunkt erlebte. Fast zwei Jahrzehnte zuvor, 1667, hatte der Urheber dieses Erlasses, der Große Kurfürst, einem Projekt zugestimmt, das, wäre es damals tatsächlich realisiert worden, die religiöse und weltanschauliche Freiheit in Kurbrandenburg gleichsam institutionalisiert hätte und vermutlich als ein Hort für Glaubensflüchtige in die Geschichte eingegangen wäre.

Gleichermaßen ein "Konzentrat aller wissenschaftlichen Utopien und Sozietätsgedanken von Bacon bis Comenius"[93] wie ein Vorgriff auf Leibniz' Ideal eines zentralen und universalen Forscher- und Gelehrtenkollegiums, steht der von dem Schweden Benedikt (Bengt) Skytte[94] vorgetragene Plan, eine "Universaluniversität" als Freistatt des Geistes zu konstituieren, der erste preußische Akademieentwurf überhaupt[95], als exemplarisches Beispiel für die Kontinuität der europäischen Akademiebewegung. Seine Gleichzeitigkeit zu den Gründungen der großen gelehrten Gesellschaften in England und Frankreich, bei denen der in Ungnade gefallene Günstling der schwedischen Königin Christine, wie Hinrichs glaubt[96], möglicherweise sogar selbst die Hand im Spiel hatte, unterstreicht den paradigmatischen Charakter dieses frühen Sozietätsmodells. In dieser Hinsicht ist es auch aus der Entstehungsgeschichte der Königlichen Akademie der Wissenschaften nicht wegzudenken. Die nicht zufälligen Ähnlichkeiten der eher utopischen Vorschläge Skyttes mit der Sozietätskonzeption des Philosophen, die in der kurfürstlichen Residenz gleichwohl eine sehr realistische Umsetzung erfuhr, ordnen die fast ein halbes Jahrhundert später entstandene Berliner Sozietät in den umfassenden europäischen geistesgeschichtlichen Rahmen ein.

Zusammengefaßt finden wir Skyttes Vorstellungen in der von Kurfürst Friedrich Wilhelm am 12. April 1667 unterzeichneten und publizierten Urkunde *Fondatio Novae Universitatis Brand. Gentium Scientiarum & Artium*.[97] Hier werden die Gelehrten und "vertuosen" Leute der ganzen Welt ohne Rücksicht auf Stand, Glauben und Beruf eingeladen, gemeinsam in der Mark Brandenburg eine "Academia Gentium" zu begründen. Insbesondere jene, die ihrer religiösen oder weltanschaulichen Überzeugung wegen Unterdrückung erleiden und gezwungen sind, aus ihrem Vaterland zu fliehen, sollten in Kurbrandenburg Zuflucht finden. Allen Konfessionen, Calvinisten, Arminianern, Lutheranern, römischen und griechischen Katholiken, aber auch Juden, Arabern und anderen Ungläubigen wird Gewissens- und Religionsfreiheit zugesichert, sofern sie ihre Irrlehren nicht verbreiteten. Für das Wohlbefinden der anzuwerbenden erstrangigen Wissenschafter und Künstler, Händler und Gewerbetreibenden werden eine Vielzahl materieller Vergünstigungen, nicht zuletzt Steuerfreiheit in Aussicht gestellt. Weitgehende Selbstverwaltung, internationale Schirmherrschaft und permanente Neutralität würden der geplanten geistigen Metropole Freiheit, Sicherheit und ewigen Frieden garantieren.

Das an dieser Stelle notwendigerweise stark verkürzt wiedergegebene umfassende Konzept, das letztlich eine Gelehrtenstadt beschreibt, die nicht von ungefähr an einem für den Handel und den Verkehr günstigen Ort entstehen und zum Zentrum der die Welt beherrschenden Weisheit werden sollte, atmet unverkennbar comenianischen Geist. Skytte, der in der Tat ein glühender Anhänger des tschechischen Pädagogen war, läßt den in der *Via lucis* niedergelegten Gedanken einer Weltakademie[98], den Comenius möglicherweise schon 1661 dem Großen Kurfürsten in einer Audienz versucht hatte näher zu bringen[99], wiederaufleben. Die verblüffenden Parallelen, die sein universaler Plan wiederum mit Leibniz' frühem Entwurf für eine *Societas Philadelphica* (1669) aufweist[100], deutet darauf hin, daß seine Begegnung mit dem Philosophen in Frankfurt a. Main 1667 dessen wissenschaftspolitische Ideen mitgeprägt hat. So hat der schwedische Kosmopolit den Boden für die spätere Akademie in Berlin gewissermaßen in doppelter Hinsicht vorbereitet.

Um so erstaunlicher ist es, daß ihr geistiger Schöpfer Leibniz, dem die "ganze Histori von der universitate Brandenburgica Gentium Scientiarum et Artio" schon so lange bekannt war, der vermutlich sogar eine Abschrift des Entwurfes besaß, es nicht für nötig hielt, seinen Berliner Gesprächspartnern von diesem frühen fehlgeschlagenen Unternehmen zu berichten. Von Jablonski nach der Stiftung der Akademie darauf angesprochen, konnte er sich freilich nicht genug wundern, "wie es kommt, daß mir nicht eingefallen von der Sache zu reden".[101]

Übertriebene persönliche Forderungen Skyttes und die Weitläufigkeit seines Projekts, die schon aus Kostengründen auf massive Kritik einflußreicher Hofbeamter gestoßen waren, verhinderten schließlich dessen Realisierung.[102] Von offizieller Seite versuchte man nun noch - allerdings vergeblich -, den Skytteschen Plan vollends "ins Staatlich-Merkantilistische zu wenden".[103] D.h., man reduzierte den Asylgedanken, der neben der Gewissens- und Religionsfreiheit das dominierende Element darstellt, auf das Interesse der wirtschaftlich notwendigen Gewerbeansiedlungen. Dies kam ohne Frage der merkantilistischen Politik des Großen Kurfürsten entgegen und entsprach der damals betriebenen Kirchenpolitik insofern, als der wirtschaftliche Aufschwung in Brandenburg-Preußen im wesentlichen von den Glaubensflüchtlingen getragen wurde.

3.1.3.2 Die Rolle Ezechiel Spanheims und seines gelehrten Kreises[104]

Durch weitreichende und großzügige Zusagen von Unterstützung und Privilegien sowie durch die rege Tätigkeit brandenburgischer Emissäre, Agenten und Residenten wurde das vom Krieg arg mitgenommene und im Vergleich mit den anderen europäischen Refuge-Zentren wirtschaftlich wie kulturell wenig attraktive Kurbrandenburg gleichwohl neben Holland, England und der Schweiz zu einem Anziehungspunkt für französische Hugenotten. Die Einwanderung einer beträchtlichen Anzahl von Refugiés nach der Aufhebung des Edikts von Nantes bis zur Jahrhundertwende hat jedoch nicht nur einen gewissen Wandel im vorwiegend agrarischen Charakter Brandenburg-Preußens ausgelöst. Indem die zugewanderten Hugenotten die Maxime ihrer Bildungstradition, die hohen Wert auf die schulische Ausbildung und die Beschäftigung mit Wissenschaften und Künsten legte, auf ihre neue Heimat übertrugen, wirkten sie in nicht geringem Maße auch auf die Entwicklung der geistigen Kultur in ihrem Gastland.[105]

Es bleibt das Verdienst des in anderem Zusammenhang bereits mehrmals genannten Ezechiel von Spanheim[106], in der damals noch kleinen, unbedeutenden kurfürstlichen Residenzstadt einen geistigen Mittelpunkt für die aus Frankreich vertriebenen hochgebildeten Hugenotten geschaffen und sie mit der einheimischen gelehrten Welt in Verbindung gebracht zu haben. Damit hat er nicht nur dazu beigetragen, daß die deutsche Gelehrsamkeit aus ihrem Sonderdasein heraus in den allgemeinen Rahmen der europäischen République des lettres integriert wurde. Darüber hinaus hat er zweifellos den Grundstein gelegt für die zahlreichen Aktivitäten der folgenden Jahre zur Organisation und Zentralisierung des wissenschaftlich-kulturellen Lebens in Berlin. So gesehen darf der individuelle Anteil Spanheims an der Entstehungsgeschichte der Sozietät nicht unterschätzt werden, auch wenn der kurbrandenburgische Staatsmann nicht direkt an den Vorbereitungen zu ihrer Fundierung beteiligt war, da er seit Ende 1697 bereits wieder in Paris weilte.

Ezechiel von Spanheim stand bis 1679 in kurpfälzischen Diensten und kam schließlich durch die Fürsprache des Ministers Paul von Fuchs nach Brandenburg-Preußen. Zum Geheimen Rat ernannt, wurde er zunächst als außerordentlicher Gesandter an den Hof Ludwigs XIV. beordert. Während seines fast zehnjährigen Aufenthalts in Paris nahm er sich vor allem der französischen Reformierten an, denen er nicht erst nach der Revokation des Edikts von Nantes Hilfe und Zuflucht gewährte. Besonderen politischen Ruhm erwarb er sich aber wohl durch die im großen Stil betriebenen Vermittlung der Immigration französischer Hugenotten in den Staat des Großen Kurfürsten[106a]. Daher nimmt es nicht wunder, daß er nach dem Abbruch der diplomatischen Beziehungen zwischen Berlin und Paris und seiner Zurückberufung 1689 von dem mittlerweile regierenden Friedrich III. mit der Eingliederung der Refugiés in den brandenburgischen Staatsorganismus betraut wurde; bis 1697, d.h. bis zu seiner Wiederabberufung nach Paris, blieb Spanheim Leiter der sog. französischen Kolonien und war damit als Nachfolger des Obermarschalls Grumkow, wiewohl diesem offiziell unterstellt, verantwortlich für die Regelung aller kirchlichen, kulturellen, juristischen sowie finanziellen Belange in den Hugenottenniederlassungen Brandenburg-Preußens.

Der weitgereiste, als Historiker und Numismatiker arrivierte Diplomat war in Paris und Rom Mitglied privater wissenschaftlicher Gesellschaften gewesen.[107] Spätestens im Jahre 1690, also kurz nach seiner Rückkehr aus Paris, rief er selbst eine private gelehrte Vereinigung ins Leben, den nach ihm benannten Spanheim-Kreis.[108] Aus der von Charles Ancillon, einem seiner Mitglieder, verfaßten *Geschichte der französischen Refugiés in Brandenburg-Preußen*, die eben in diesem Jahr erschienen ist[109], erfahren wir zunächst folgendes:

> "Outre tous ces avantages dont les gens de Lettres Réfugiez jouissent, ils en ont un qui nous paroît si considerable, que nous ne croyons pas le devoir obmettre: Ils sont ou peuvent être en Conférence tous les Jeudis de chaque Semaine chez une Personne élevée à une des premières Dignitez de l'Etat; Ils font revivre là les plus anciens Auteurs; Ils y examinet leurs Ouvrages; (...) Les Ouvrages des Auteurs modernes y paroissent, & n'y sont pas traitez avec moins de justice & de sévérité que les autres. On voit dans ces Conférences, non seulement les Personnes habiles & sçavantes, mais sur tout, la capacité & le sçavoir de ces gens - là".[110]

Ausführlichere, wenngleich naturgemäß subjektive Informationen vermitteln uns die beiden Tagebücher D.E. Jablonskis, der der Spanheim-Konferenz, so die Bezeichnung in den Diarien, nachweislich seit dem 3. Mai 1694 angehörte.[111]

Der seit 1693 in Berlin anwesende Hofprediger schildert einen privaten Zirkel, einen gelehrten jour fixe sozusagen, dessen Organisationsgrad gering war; vorgegeben waren im Grunde nur Versammlungsort und -zeit. Die Zahl der Teilnehmer, die sich jeden Donnerstag bei Spanheim einfanden, war nicht festgelegt; Gäste, auch durchreisende Fremde, vor allem Ausländer, waren stets willkommen.[112] Sie gaben den Zusammenkünften nicht nur ihren übernationalen Charakter, ihre Anwesenheit kann heute zugleich als ein Indiz gelten für die über die Grenzen hinweg bestehende geistige Verbindung innerhalb der europäischen *République des lettres*.

Gewöhnlich wurde für jede Sitzung ein Referent bestimmt, dessen Vortrag anschließend diskutiert wurde. War dieser verhindert, so verbrachte man die Zeit mit spontanen Erörterungen wissenschaftlich-literarischer Neuerscheinungen oder "vagis discursibus"[113], bei welchen durchaus auch Reiseberichte und persönliche Anekdoten der Mitglieder ihren Platz fanden. Die offensichtliche zahlenmäßige Überlegenheit der "politici" gegenüber den "Predigern"[114] läßt vermuten, daß neben philosophisch-theologischen sowie historisch-philologischen immer wieder auch juristische und andere aktuelle Themen zur Sprache kamen. Das Diarium Jablonskis, das dagegen kaum weltliche Themen berührt und daher das Bild einer ausschließlich von reformierten Theologen besuchten Versammlung zeichnet, ist hier gewiß irreführend. Wir dürfen uns dabei nicht zuletzt auf die entsprechenden Aussagen unseres zweiten Informanten Charles Ancillon stützen. Obgleich sehr viel knapper gehalten, lassen sie keinen Zweifel hinsichtlich des enzyklopädischen Charakters dieser gelehrten Zusammenkünfte: Man traf sich bei Spanheim, "pour s'entretenir des Nouvelles de la République des lettres".[115]

Die Abberufung des Diplomaten 1697 nach Paris bedeutete zugleich auch das Ende jenes Zirkels, der für ca. sieben Jahre in Brandenburg-Preußen das geistige Zentrum für die hugenottische Intelligenz wie für die einheimische Gelehrtenwelt darstellte. D.h., als die Idee zur Etablierung einer Akademie in der kurfürstlichen Residenz überhaupt erst spruchreif wurde, war er bereits wieder aufgelöst; als man sie 1700 endlich offiziell ins Leben rief, bestand die Spanheim-Gesellschaft seit über zwei Jahren nicht mehr.

Ungeachtet dessen würdigt man sie in der Literatur gerne als direkten Vorläufer bzw. Vorstufe der Königlichen Sozietät der Wissenschaften[116]; eine Einschätzung, die sich in dieser Form nicht aufrecht erhalten läßt.[117]

Direkte Verbindungslinien, respektive personelle Verflechtungen zwischen beiden Einrichtungen lassen sich nur bedingt nachweisen, zumal die Quellen in dieser Hinsicht wenig ergiebig sind. Von den zehn Teilnehmern an den wöchentlichen Konferenzen im Hause des brandenburgischen Staatsmannes, vornehmlich Réfugiés, die wir namentlich kennen[118], treten zunächst einmal nur Jablonski und der uns bereits bekannte Herausgeber des *Nouveau Journal*, Etienne Chauvin, als Mitglieder der späteren Akademie in Erscheinung. Der Legationsrat und juge supérieur der französischen Kolonie, Charles Ancillon, dessen Teilnahme seinen eigenen Aufzeichnungen zu entnehmen ist, sowie der nachmalige Königlich-preußische Staatsminister Marquard von Printzen, einer der wenigen "politici", die das Tagebuch Jablonskis erwähnt[119], fanden erst Jahre später Aufnahme in der Sozietät.[120] Spanheim selbst, der sich zum Zeitpunkt ihrer Stiftung längst wieder in Paris aufhielt, wird in den einschlägigen Akten erstaunlicherweise nicht einmal als auswärtiges Mitglied geführt. Von den ersten französischen Angehörigen der Berliner Akademie[121] können wir andererseits nicht mit Gewißheit sagen, ob und wie oft sie im Hause des kurbrandenburgischen Diplomaten zu Gast waren.

Allerdings dürfen wir sicher sein, daß Leibniz, die treibende Kraft der Akademiepläne in Berlin, von dem Gelehrtenzirkel seines Korrespondenten schon wußte, als dieser noch existierte; jedenfalls setzt Spanheim diese Kenntnis voraus.[122] Und sehr wahrscheinlich nahm der Philosoph später, während seiner diversen längeren Aufenthalte in der kurfürstlichen Residenz, die Gelegenheit wahr, ehemalige Angehörige kennenzulernen. Gleichwohl lassen die in Frage kommenden Korrespondenzen, weder Leibniz' Gedankenaustausch mit Spanheim noch, - soweit sich das überblicken läßt -, seine Briefwechsel mit nachweislichen oder vermuteten Teilnehmern dieser Zusammenkünfte, darauf schließen, daß die Spanheim-Gesellschaft in irgendeiner Form als Vorbild oder Modell in die Diskussion um die Ausgestaltung der Berliner Akademie eingeflossen wäre. Nur einmal erwähnt Leibniz sie in diesem Zusammenhang:

> "Monsieur Ancillon le juge sagt mir, daß in den Zusammenküfften bey dem herrn von Spanheim man Materien distribuiret und hernach tractiret; dergleichen etwas köndte auff gewisse Maße resuscitiret werden, doch daß es gleichsam indirecte nur die Societät anginge".[123]

Auch in seiner Zielrichtung unterscheidet sich jenes Unternehmen, das die Geburt der staatlichen deutschen Akademie einleitete, von dem um Spanheim versammelten Kreis französischer und Berliner Gelehrter.

Wir sehen die Spanheim-Gesellschaft als kleine private Vereinigung mit grundsätzlich enzyklopädischem Charakter, die, äußeren Einflüssen in jeder Hinsicht aufgeschlossen, doch nicht auf Außenwirkung bedacht war. In der Erörterung der unterschiedlichsten wissenschaftlichen, aber auch aktueller Themen, sowie in der Diskussion literarischer Neuerscheinungen genügte man sich offenbar selbst ohne Rücksicht auf den zu erwartenden Nutzen.

Dagegen sollte die Berliner Sozietät, wie bereits mehrfach angeklungen ist, mindestens ihrem theoretischen Anspruch nach, vor allem als Stätte der Forschung die Weiterentwicklung der Wissenschaften vorantreiben und deren praktische Anwendung zum Wohle der Allgemeinheit, d.h. zur Verbesserung der menschlichen Lebensbedingungen fördern.

Obwohl der Spanheim-Kreis also gewiß nicht als direkter Vorläufer der brandenburg-preußischen Sozietät einzustufen ist, bleibt seine Bedeutung für ihre Entstehung unbestritten.

Die Voraussetzungen für den Erfolg, der dem unermüdlichen, doch bis dahin erfolglosen hannoverschen Akademieprojektanten in Berlin endlich beschieden war, sehen wir in den typischen Merkmalen des politisch wie kulturell aufstrebenden Kurbrandenburg sowie in der Existenz der ca. 5000 Hugenotten, die sich seit 1685 in Brandenburg-Preußen niedergelassen hatten und durch ihre rührige Betriebsamkeit den unaufhaltsamen Aufstieg des zunächst unbedeutenden Kurfürstentums mittrugen. Diese z.T. hochgebildeten Franzosen, denen die bereits bestehenden großen und kleineren Akademien ihrer Heimat sicher nicht fremd geblieben waren, haben nicht nur die kurfürstliche Residenzstadt zu einem Sammelbecken französischer Gelehrsamkeit gemacht und den Anschluß an das europäische Geistesgeschehen eingeleitet. Ihre Verbindung mit der einheimischen Gelehrtenwelt hat zweifellos auch das spezifische Bedürfnis jenes Jahrhunderts, das wissenschaftliche Leben zu organisieren und zu zentralisieren, wachgerufen. Die Spanheim-Gesellschaft dokumentiert dieses offensichtlich vorhandene Bedürfnis ebenso wie das von Etienne Chauvin, einem ihrer Mitglieder, herausgegebene *Nouveau Journal*, das mit dieser gleichwohl nur mittelbar in Beziehung gebracht werden kann.[124]

Zugleich demonstrieren die regelmäßigen Versammlungen von hugenottischen und Berliner Gelehrten im Hause jenes Mannes, der als Kurator der französischen Kolonie für die Belange der zugewanderten Franzosen zuständig war, das Bemühen um deren Integration. Dieses Bemühen spricht auch aus der Generalinstruktion der Sozietät der Wissenschaften vom 11. Juli 1700, in der die "unter Unserm Schutz genommenen Einwohner" ausdrücklich erwähnt werden.[125] Die bevorzugte Aufnahme französischer Mitglieder in die Akademie begründet Leibniz in einer Aufzeichnung zu den ihm vorgelegten *Diplomata receptionis* vom März 1701:

> "Sonderlich ist nöthig, einige der Herrn Frantzosen dazu zu nehmen, damit sie nicht meynen, man negligire sie gar ..."[126]

So rekrutierte sich ein nicht geringer Teil der ordentlichen Sozietätsmitglieder des ersten Jahrzehnts, nämlich ein Drittel, aus der hugenottischen Bevölkerung Berlins, die ca. ein Sechstel der damals 30.000 Einwohner umfaßte.[127] Als Ort der gesellschaftlichen Anerkennung und der Integration der geistigen Elite der Berliner Hugenotten erweist sich die 1700 gestiftete Sozietät, zumindest in ihrer Anfangszeit, allemal als Nachfolgerin der Spanheim-Gesellschaft.[128]

3.1.3.3 Die Rolle Eberhard von Danckelmans

Daß das kulturelle Leben Brandenburg-Preußens an der Wende zum 18. Jahrhundert jenen weltoffenen, stark vom hugenottischen Element bestimmten Charakter deutlich werden läßt[129], ist nicht zuletzt auf den Ersten Minister Friedrichs III. zurückzuführen. In Eberhard von Danckelman[130], der selbst als hochgebildeter Politiker galt, fanden die französischen Gelehrten neben Spanheim und dem Minister Paul von Fuchs[131] wohl ihren wichtigsten Förderer.

Wie der seit seiner Ernennung zum Oberpräsidenten des Geheimen Rates 1695 mächtigste Mann im Staate die Politik und die Verwaltung ganz im Sinne des verstorbenen Großen Kurfürsten fortführte, ebenso sehen wir ihn, wie dieser den kulturellen Aufstieg Brandenburg-Preußens vor Augen, bemüht, das Geistesgeschehen in der kurfürstlichen Residenz anzuregen und zu beleben. Dabei erkannte er in dem durch das Exil gesteigerten Verlangen der Hugenotten, ihre intellektuelle Fähigkeit unter Beweis zu stellen, das geeignete Instrumentarium. So ermöglichte er vor allem Etienne Chauvins literarisch-kritisches Journal[132] und verhalf Berlin damit zu seiner ersten gelehrten Zeitschrift überhaupt. Auch dem französischen Reformierten Gabriel d'Artis hatte er, als dieser sich 1694 anschickte, in Hamburg, dem wichtigsten Verlagsort Norddeutschlands, ein Zeitungsprojekt zu verwirklichen, Subventionen zugesichert.[133]

Ungeachtet der damals als Folge der Kriegslasten notwendigen und von ihm als Leiter der Finanzen konsequent verfolgten Sparpolitik zeigte sich Danckelman immer wieder bereit, kulturelle Unternehmen, sofern sie wohlbegründet waren, auch finanziell zu unterstützen; besonders gute Chancen hatten gleichwohl entsprechende Anträge, wenn sie aus dem Kreis der Réfugiés kamen. Wen wundert es

da, daß Chauvin Danckelman in seinem Journal als "Mécéne des Sçavans" rühmt[134] und Charles Ancillon in seiner oben zitierten Geschichte der französischen Reformierten in Brandenburg-Preußen wahre Lobeshymnen auf ihn anstimmt.[135]
Zu den bedeutendsten seiner kulturellen Schöpfungen zählen wir indes die 1696 gegründete Akademie der Künste, vor allem aber die Universität in Halle, die im selben Jahr, am 1./11. Juli, feierlich aus der Taufe gehoben wurde und bald schon als Zentrum aufgeklärten Denkens zu Ruhm gelangen sollte:

> "... a l'egard de S.E. Mons. de Dankelman", schreibt ein Augenzeuge der Einweihungszeremonie, "comme sa discretion l'oblige à se cacher toûjours dans les choses qu'il execute, il ne voulut avoir aucune autre part à la Pompe de cette Dedicace, que celle qui regarde la gloire immortelle de son Auguste & trespuissant Prince, quoi qu'on sçache bien, qu'il est le premier, qui a proposé & commencé cet ouvrage ..."[136]

Dem damals alles vermögenden Premierminister Friedrichs III. war es schließlich auch zu verdanken, daß die neuen geistigen Strömungen in Brandenburg-Preußen Fuß fassen konnten. Immerhin war er es, der Christian Thomasius, seiner naturrechtlichen Lehren wegen aus Leipzig vertrieben, an der jungen Hochschule einen neuen Wirkungsbereich verschaffte.

Nicht von ungefähr hatte Leibniz also bei seinem ersten Vorstoß, in Kurbrandenburg seine Akademiepläne endlich zu realisieren, seine Hoffnungen auf jenen herausragenden Staatsmann gesetzt, der wie kaum ein anderer in seiner Person "tout ensemble le credit entier, le zele, et les lumieres" vereinigte.[137] Allein die Tatsache, daß der vor allem auch im Ausland hochgeschätzte Gelehrte, der zweifellos eine Zierde für die ehrgeizige norddeutsche Macht gewesen wäre, in hannoverschen Diensten stand, dürfte ein Zusammenspiel dieser beiden bemerkenswerten Persönlichkeiten vereitelt haben. Zumindest wissen wir von Danckelman, daß er nicht unbedingt ein Freund des Welfenhauses war, vielmehr eine partikularistische brandenburgische Politik betrieb und daher Vertretern Hannovers wohl eher mit vorsichtiger Zurückhaltung begegnete.[138]

Andererseits ist gleichwohl anzunehmen, daß die weitreichenden Pläne des Philosophen zur Wissenschaftsorganisation unter der Obhut des kongenialen Staatsmannes besser gediehen wären, als dies später der Fall sein sollte. Denn nach der Entlassung des Ministers im Dezember 1697 fanden kulturelle Initiativen keine wirkliche Unterstützung mehr; es fehlte der "geistige Rückhalt" auf höchster politischer Ebene.[139] Finanzielle Mittel bewilligte man allenfalls noch, wenn sie der prunkvollen Machtdemonstration des aufstrebenden Kurfürstentums dienten. Bezeichnenderweise wurde fast gleichzeitig mit der Entlassung Danckelmans Chauvins *Nouveau Journal* eingestellt, das als "offizielles Kulturorgan" die von diesem geprägte Kulturpolitik Kurbrandenburgs im letzten Jahrzehnt vor der Jahrhundertwende gleichsam repräsentierte.

Der kulturelle Elan der französischen Reformierten, die mit Danckelman, Spanheim, der 1697 wieder nach Paris übersiedelte, und dem 1704 verstorbenen Minister Fuchs ihre Gönner verloren, erscheint in der Folgezeit gewissermaßen paralysiert, zumal das nachfolgende Regime Kolbe von Wartenberg das intellektuelle Potential der neuen Einwohner ganz offensichtlich weder zu schätzen noch zu nutzen wußte.[140] Auch in der späteren Akademie taten sich die Hugenotten, obwohl zahlenmäßig relativ stark vertreten, kaum hervor. Erst in den 20er Jahren formierten sie, wenn auch nicht im institutionalisierten Rahmen der Sozietät, so doch in privaten Gelehrtenzirkeln, erneut ihre geistigen Kräfte.[141]

Obgleich der Wandel in der brandenburgischen Kulturpolitik, der mit dem von Sophie Charlotte weniger aus politischen Gründen denn aus "leidenschaftlichem und tiefwurzelndem persönlichen Haß"[142] herbeigeführten Sturz Danckelmans einherging, den Plänen des Philosophen für die kurfürstliche Residenz zunächst entgegenstand, beglückwünschte Leibniz die Fürstin zu den jüngsten Ereignissen am Berliner Hof:

> "Je ne sçay si je dois oser mêler ma joye avec celle de Mad. l'Electrice de Bronsvic ... Mon naturel est de me gueres rejouir du mal d'autruy, mais en rencompense je voy toujours avec plaisir le bien, qui arrive ..."[143]

Die Aussicht auf ein Zusammenrücken Hannovers und Berlins, wovon er sich die, insbesondere nach dem Rijswijker Friedensschluß, notwendige Stärkung des evangelischen Lagers versprach, sowie die Hoffnung auf einen glücklichen Ausgang der begonnenen Verhandlungen für eine innerprotestantische Union überstrahlten die negativen Perspektiven, die sich im kulturellen Bereich abzeichneten.

So stellte er seine Akademiepläne vorerst zurück und setzte alles daran, die nach dem Sturz ihres ärgsten Widersachers kurzfristig zu politischem Einfluß gelangte Sophie Charlotte[144] für eine engere Kooperation der beiden fürstlichen Häuser zu gewinnen. In der in diesem Zusammenhang entstandenen geheimen Denkschrift vom Februar 1698[145], die den Anfang einer Reihe glückloser Versuche des hannoverschen Gelehrten kennzeichnet, sich im Dienste der großen gemeinsamen Aufgabe, der Erhaltung des Protestantismus, als Vermittler zu profilieren, erscheint das wissenschaftspolitische Anliegen zunächst mehr als Mittel zum Zweck.

Eine Art Aufsicht über die Wissenschaften und Künste, "qu'on veut faire fleurir de plus en plus à Berlin d'une manière fort glorieuse à l'Electeur", sollte ihm Gelegenheit geben, ohne Argwohn zu erregen, zwischen Brandenburg und Hannover zu pendeln, um die Kurfürstinnen über die politischen Entwicklungen an den Höfen zu unterrichten. Diese Geheimdiplomatie müßte freilich mit größter Sorgfalt betrieben werden, "pour éviter une trop grande apparence et affectation qui puisse donner ombrage à l'Electeur, jaloux avec raison de son autorité qu'il a voulu reprendre en main".[146]

Gleichwohl Sophie Charlotte diesen fragwürdigen Vorschlag des hannoverschen Gelehrten nicht aufgreifen konnten oder wollte, eröffneten sich diesem anderererseits nun wieder neue Möglichkeiten, in Berlin sein Projekt zur Organisation der Wissenschaften voranzutreiben. Denn die von der Kurfürstin unterstützten Observatoriumspläne, die bereits seit einiger Zeit im Gespräch und von Danckelman wenige Wochen vor seinem Sturz gebilligt worden waren, - möglicherweise um die drohende Katastrophe noch abzuwenden, indem er seine hartnäckigste Gegnerin gnädig stimmte -, wurden wieder aufgenommen.

3.1.3.4 Astronomie und die Gründung der Sozietät

a) Der Wunsch der Kurfürstin nach einem Observatorium

Der Wunsch nach einem Observatorium in der kurfürstlichen Residenz war im Frühjahr 1697 laut geworden. Doch nicht auf die Kurfürstin, wie man auch noch in der neuesten Literatur betont[147], sondern auf naturwissenschaftlich interessierte Kreise des Hofes dürfte dieser zurückzuführen sein. Von dem Geheimen Kabinettsarchivar Chuno und dem Hof- und Justizrat Johann Gebhard Rabener wissen wir mittlerweilen, daß sie bereits seit 1696 an astronomischen Instrumenten arbeiteten und bemüht waren, Informationen und Unterstützung von überall her, u.a. auch von Leibniz, zu erhalten.[148] Beide waren wiederum mit Jablonski, der als Vertrauter Sophie Charlottes gelten kann, freundschaftlich verbunden. Da drängt sich schon die Frage auf, ob nicht vielleicht der Hofprediger selbst der Kurfürstin die Notwendigkeit und Vorzüge einer Sternwarte vor Augen führte. Zumindest können wir seinem ersten Brief an den Gelehrten in Hannover vom 5./15. März 1698, in dem er von dem legendären Tischgespräch im Schloß Schönhausen berichtet, entnehmen, daß ein Gast und nicht etwa Sophie Charlotte das Thema zur Sprache brachte:

> "... ward einsmahl erwehnet, wie es wohl zu verwundern, daß da diese Residentz-Stadt sonst mit allerhand Künsten vnd Wissenschafften reichlich versehen wäre, nur kein Liebhaber der Astronomie auch kein Observatorium darinn befindlich, daß auch Berlin nicht einen eigenen Kalender hätte, sonder mit frembden sich behelffen müsse. Solches apprehendirten Ihro Cfl. Dhl. und sagten, sie wollten selbst hiezu sorgen helffen, daß ein Specula angeleget werde.."[149]

Daß die Kurfürstin diesen Gedanken sogleich zu dem ihren machte, mag nicht zuletzt mit dem politischen wie kulturellen Wettstreit, den Ihr Gatte mit dem französischen König führte, und der Vorstellung, daß ein "erfolgreicher" Staat über eine derartige Einrichtung verfügen müsse, in Zusammenhang gebracht werden. Sie hatte Paris besucht und dort sicherlich auch das 1667 errichtete Observatorium, nach Kopenhagen (1656) und Greenwich bei London (1666) die dritte staatliche Sternwarte in Europa,[150] bewundert. Jedenfalls geht aus Chunos Mitteilung an Leibniz vom 2./12. Oktober 1697[151] hervor, daß der Plan für eine Sternwarte in Berlin von vornherein mit Blick auf Paris gefaßt wurde.

Bezeichnenderweise erteilte Sophie Charlotte dem Hofprediger Jablonski und nicht etwa einem der Hofbeamten den Auftrag, die Verwirklichung des Projekts in die Wege zu leiten. Dieser wiederum veranlaßte seinen Freund, den obengenannten Justizrat Rabener, einen entsprechenden Entwurf auszuarbeiten. Gleichzeitig bat er den Sohn Danckelmans und Präsidenten der im Vorjahr gegründeten Akademie der Künste, um Unterstützung bei seinem Vater nachzusuchen. Schon im darauffolgenden Herbst lag der Bauplan Rabeners vor, demzufolge die Sternwarte kostengünstig mit dem ohnehin geplanten Neubau des Marstalls zu verbinden wäre.[152] Auch der Oberpräsident, damals noch in Amt und Würden, hatte dem Projekt zugestimmt, vermutlich um die Kurfürstin zuletzt doch noch auf seine Seite zu ziehen. Alles schien also zum besten zu stehen, bis "die unverhoffte Revolution hiesiges Hoffes ... alle gutte Hoffnung desfalls völlig niederschlug".[153]

Tatsächlich hatte sich Sophie Charlotte wohl schon von dem Plan distanziert, als ihr ärgster Widersacher zu erkennen gab, daß er sich der Sache annehmen wollte. Ihr Interesse an Bildung und Gelehrsamkeit habe, so Grau[154], gering gewogen, verglichen mit der Genugtuung, den verhaßten Staatsmann endlich aus dem Weg geräumt zu wissen. Als Sophie Charlotte nach dem Sturz Danckelmans wiederum Jablonski im Januar 1698 ersuchte, "in besagter Sorge fortzufahren"[155], bemühte dieser sich vergeblich um die Vermittlung des zu Einfluß gekommenen Oberkämmerers und zukünftigen Premiers Kolbe von Wartenberg sowie des neuen kurfürstlichen Leibarztes Albinus.

Leibniz erfuhr erst mit einiger Verzögerung, zunächst durch Chuno im Oktober 1697 und im darauffolgenden März durch den Hofprediger persönlich von den zukunftsweisenden Überlegungen, die bereits seit ca. einem Jahr die an den Wissenschaften interessierten Gemüter bewegten.[156] Seine umgehende Reaktion, der November-Brief an Sophie Charlotte[157], zeigt, daß die Kurfürstin ihn nicht in das Observatoriums-Projekt eingeweiht hatte, als sie sich im Sommer 1697 mehrere Monate in Hannover aufhielt, und daß auch Leibniz noch nichts von seinen früher erwogenen Akademieplänen für Berlin berichtet haben kann. Gleichwohl erleben wir nun, wie zwei völlig verschiedene Ansätze zur Organisation wissenschaftlicher Arbeit zu einem Ganzen zusammenwachsen und schließlich von Erfolg gekrönt werden.

Von Anfang an gibt Leibniz in geradezu beschwörenden Worten zu verstehen, daß man sich angesichts des Forschungsvorsprungs in Paris und London nicht auf die Astronomiepflege beschränken dürfe. Und so legte er der Kurfürstin nahe, in Verbindung mit der in Aussicht genommene Sternwarte an die Einrichtung einer wissenschaftlichen Akademie zu denken:

> "Je m'asseure même, qu'Elle étend sa curiosité encor aux autres matieres qui ne sont pas moins importantes et moins belles que celles de l'Astronomie, et qui pourroient estre, aussi bien que cette science, l'objet d'une Academie Electorale des Sciences capable de tenir teste avec le temps à

celles de Paris et Londres, pour faire honneur non seulement à l'Electeur maistre et fondateur, mais encor à toute l'Allemagne".[158]

Im Laufe der Verhandlungen mit Berlin zeigte sich immer deutlicher, daß Leibniz das in Aussicht genommene Observatorium vor allem als Chance sah, seine eigenen weitergreifenden Vorstellungen zur Wissenschaftsorganisation nun endlich durchzusetzen, im Rahmen der Sozietät hingegen von vorneherein als zweitrangig betrachtete. Wollte man deren Tätigkeit in der Hauptsache auf die Astronomie gründen, würde "alles auf eine blosse Curiosität ohne besonderen Nutzen auslauffen".[159]

"Ist demnach solches zu considiren als ein schön Accessorium und nicht als das Principale, mithin wäre meines Ermessens das Project ... auf etwas wichtigeres und grösseres mit zu richten ..."[160]

Zunächst schien es allerdings, als sollte selbst der Wunsch nach einem Observatorium nur ein kühner Gedanke ohne wirkliche Aussicht auf Erfolg bleiben. Zwar hatte Leibniz im Sommer 1698 Gelegenheit, mit der brandenburgischen Kurfürstin, die sich längere Zeit in Hannover aufhielt, seine Ideen, die Sternwarte mit einer wissenschaftlichen Akademie zu verbinden, persönlich zu diskutieren.[161] Gleichzeitig mußte er aber erfahren, daß es um eine baldige Verwirklichung des Projekts schlechter denn je stand. Am 6./16. August dieses Jahres teilte ihm der Hofprediger mit, "dass die gegenwärtigen Aspecten unsers Hoffes der projectirten Himmels-Beschawung durchaus nicht favorisiren". Es müßten "andre Conjunctiones erwartet werden ..., die einen benigniorem influxum unsern Bemühungen zuwenden mögen".[162]

Bis zu diesem Zeitpunkt hatte man es offensichtlich noch nicht einmal gewagt, den Kurfürsten über die erweiterten Pläne in Kenntnis zu setzen; vermutlich weil Friedrich III. schon gleich zu Anfang zu verstehen gegeben hatte, daß er die Einrichtung einer Sternwarte wohl begrüße, jedoch nicht bereit sei, sie in irgendeiner Form, schon gar nicht finanziell zu unterstützen.[163]

Sein grundsätzliches Mißtrauen gegenüber Vertretern des braunschweigischen Hofes machte es Sophie Charlotte zudem unmöglich, Leibniz nach Berlin kommen zu lassen, damit dieser die Dinge vorantriebe. Doch erste sichtbare Fortschritte in den Unionsverhandlungen, bei denen sich Leibniz als hannoverscher Unterhändler zu profilieren wußte, ließen schließlich auch Friedrich III. und seine maßgeblichen Berater, u.a. Paul von Fuchs, auf den Philosophen aufmerksam werden[164], so daß einer Einladung in die kurbrandenburgische Residenz nichts mehr im Wege stand. Lediglich die Weigerung von Leibniz' Dienstherren Kurfürst Georg Ludwig, dem Bruder Sophie Charlottes, seinen Justizrat ziehen zu lassen, verzögerten dessen Abreise.[165]

Die Observatoriumspläne und damit das Akademieprojekt waren in der Zwischenzeit zwar nicht in Vergessenheit geraten, zumal nun auch Oberhofmarschall

Dobrzenski sich der Angelegenheit anzunehmen versprochen hatte[166]; aufgrund des nach wie vor ungelösten Finanzierungsproblemes war man jedoch noch keinen Schritt weitergekommen. Noch einmal und diesmal mit Erfolg sollte die Astronomie zu Hilfe kommen. Denn die Kalenderreform von 1699/1700 gab schließlich den Ausschlag für die Realisierung der Sternwarte sowie der Sozietätsgründung.

b) Die Bedeutung der Vorschläge Erhard Weigels zur Kalenderreform

Seit der päpstlichen Kalenderreform 1582 differierte die alte julianische Datierung, die man in den evangelischen Ländern beibehalten hatte, von der neuen gregorianischen Zeitrechnung in den katholischen Territorien um zehn Tage. Dies beeinträchtigte nicht zuletzt das Wirtschaftsleben im Reich. Und so fehlte es nicht an protestantischen Stimmen, die, wie etwa Johannes Kepler, für eine Angleichung der Kalender eintraten.

Seit 1682 setzte sich im besonderem Maße Leibniz' ehemaliger Lehrer Erhard Weigel für die Beseitigung des "Kalenderunfugs" ein.[167] Allerdings hatten sich die Fronten bis dahin schon zu sehr verhärtet, als daß man in den protestantischen Ländern einer vollinhaltlichen Adaption an die gregorianische Zeitrechnung zugestimmt hätte.[168] Als die evangelischen Reichsstände am 23. September/3. Oktober 1699 endlich entschieden, den in ihren Territorien immer noch gültigen Julianischen Kalender zugunsten einer neuen, verbesserten Zeitrechnung abzuschaffen[169], griff man auf die Empfehlungen jenes Jenaer Mathematikers und Pädagogen zurück, der schon seit Jahren in zahlreichen Entwürfen um einen Vergleich in der festgefahrenen Kalenderfrage bemüht war.[170] Entsprechend erging die Verfügung, daß man sich im Prinzip dem Gregorianischen Kalender anschließen, sich bei der Berechnung von Ostern und der davon abhängigen beweglichen Feste des Kirchenjahres in Zukunft jedoch einer rein astronomischen Methode bedienen sollte.[171] Weigel hat die endgültige Abfassung des *Conclusum Corporis Evangelicorum, Die Calender Verbesserung betreffend* nicht mehr erlebt; er starb am 21. März 1699.

Die von den evangelischen Reichsständen in Regensburg damit in Auftrag gegebene Kalenderreform machte nun aber umfangreiche astronomische Berechnungen erforderlich, die für jedes Jahr fortgesetzt werden mußten. Weigel hatte dies bedacht und daher in Verbindung mit seinem Vorschlag, den Gregorianischen Kalender in variierter Form zu übernehmen, die Bildung eines *Collegium Artis Consultorum* gefordert. Dieses Collegium, bestehend aus zwanzig Gelehrten, sollte für die Zeit - und Festrechnung und die jährliche Erstellung der Kalender zuständig sein, darüber hinaus Aufsicht führen über Handwerk und Gewerbe sowie Künste und Wissenschaften fördern. Zur Finanzierung des Unternehmens sah sein Entwurf ein Reichskalendermonopol vor.[172]

Schon 1694 hatte Weigel seinem in der Zwischenzeit zu Ruhm gelangten Schüler von diesbezüglichen Eingaben beim *Immerwährenden Reichstag* zu Regensburg berichtet[173], wohl in der Annahme, dieser werde seine Initiative unterstützen. Doch als Leibniz 1697 sein Gutachten[174] abgab, zeigte sich, daß er die Anregungen seines ehemaligen Lehrers mit einiger Skepsis beurteilte: Ein solches Gremium "würde... bey uns kein sonderliches Objectum ad Rempublicam pertinens seyn, und also in Reichssachen wenig zu thun haben, wenn nicht mehr andere Verrichtungen dazu gezogen würden".[175]

Da Weigel die notwendige Ausweitung auf andere Forschungs- und Tätigkeitsbereiche ausdrücklich betont hatte, sind Leibniz' Vorbehalte nur im Hinblick auf den reichsübergreifenden Charakter des Projekts zu verstehen. Vorausblickend hatte der Philosoph erkannt, daß ein derartiges, zumal mit einem Reichsmonopol ausgestattetes Collegium angesichts der politischen Realitäten auf Dauer kaum existieren konnte. Es sei "nicht wohl möglich", bemerkt er denn auch abschließend in seinem Gutachten, "daß ein Reichs=Collegium allein bey denen Ständen, deren jeder wegen seines Landes Angelegenheiten vigiliret, und sich andern schwerlich richtet, gnugsamen Ingreß und Beystand finden könne". Mehr Aussicht auf Erfolg sähe er gleichwohl, wenn "neben einer Universal=Anstalt im Reich ... zugleich die Sache particulariter besorgt würde"[176], d.h., wenn "eine Art wissenschaftlichen Bundesrathes"[177] für das Reich eingerichtet würde.

Das Regensburger Dekret vom September 1699[177a] über die Einführung des sog. *Verbesserten Kalenders* enthielt keine näheren Ausführungsbestimmungen für die Übernahme des Gregorianischen Kalenders. Da eine Einigung über die anzuwendende astronomische Berechnungsart auf Reichsebene nicht zustande kam, wurde es, wie Leibniz im übrigen vorausgesehen hatte, Aufgabe der einzelnen protestantischen Territorien, die Reform durchzuführen. Und nun erwiesen sich die alten Vorschläge des mittlerweilen gestorbenen Jenaer Universitätsprofessors als entscheidendes Argument, die seit einiger Zeit ruhenden Pläne für eine Sternwarte in Berlin wieder aufzugreifen.

Ende Februar 1700 bringt Leibniz in einem leider nicht überlieferten Brief an Jablonski[178] erstmals die Möglichkeit ins Gespräch, ein Kalendermonopol zu erwirken und aus dessen Erlös das Observatorium mit einem hauptamtlichen Astronomen und eine daran anzuschließende Sozietät der Wissenschaften zu unterhalten. Ob dieser Gedanke, der dazu führte, daß das Sternwartenprojekt tatsächlich wieder aufgenommen wurde, aus der seit Januar dieses Jahres geführten "berühmten Kalenderkorrespondenz" des Philosophen mit dem Helmstädter Professor Joh. Andreas Schmidt, dem dänischen Astronomen Olaf Roemer und schließlich mit dem Sekretär des 1701 von Papst Clemens XI. eingesetzten *Collegium mathematicum*, Francesco Bianchini, hervorging[179] oder ob sich Leibniz einfach nur des Planes seines verstorbenen Jenaer Lehrers erinnerte, muß dahingestellt bleiben, mag er selbst diesen genialen Einfall später auch als seinen eigenen ausgegeben haben.[180] Fest steht jedoch, daß er sich der heiß diskutierten Kalenderfrage bediente, um, nun endlich mit Erfolg, seine eigenen Wissenschaftsvorhaben in die Wege zu leiten:

"Höre auch gern, daß mein Einfall wegen des Calenders Ingress gefunden und Gelegenheit gegeben, die ehemaligen Gedancken von einer Churfürstl. Societät, dadurch grundliche Wissenschaften und gemein nützliche Künste zu verbessern, wieder vorzunehmen".[181]

Mit dem zu erwartenden Gewinn aus dem Kalendermonopol war eine wesentliche Geldquelle erschlossen, die es dem Kurfürsten leicht machte, dem Projekt zuzustimmen. Auf Dauer, so Grau[182], hätte er der Akademiegründung ohnehin nicht ausweichen können. So habe er sich schließlich "mit einiger Eleganz in das Unvermeidliche geschickt", zumal man es verstanden habe, ihm die zukünftige Sozietät als wohlfeiles Mittel zur Erhöhung seines Glanzes schmackhaft zu machen.

Am 19. März 1700 ließ Jablonski Friedrich III. über dessen persönlichen Referenten, Requetenmeister Wedel, eine in Zusammenarbeit mit Chuno entstandene Denkschrift[183] zukommen, die Leibniz' Überlegungen wohl berücksichtigte, die der Philosoph aber erst nachträglich zu sehen bekam.[184] Aufgrund dieses Entwurfs, der den hannoverschen Gelehrten als Präsidenten der zu gründenden wissenschaftlichen Institution empfiehlt und schon einige zukünftige Mitglieder namentlich nennt[185], erging noch am selben Tag der Befehl, "eine Academie des Sciences und ein Observatorium... in Berlin zu établieren".[186]

Noch am selben Tag, an dem Leibniz die erfreuliche Nachricht aus Berlin erhalten hat, muß er sein Antwortschreiben abgefaßt haben, in dem er dem Hofprediger versichert, daß das Project, wie alles was von selben kommt, ... allezeit vollkommlich wohl ad sequens gerichtet" sei.[187] Auch die Berufung Gottfried Kirchs aus Guben, wie Leibniz ein ehemaliger Schüler Weigels, zum hauptamtlichen Astronomen sei durchaus in seinem Sinne, obgleich er von diesem "keine sonderbare Kundschaft habe". Gleichwohl hält er es für angebracht, noch einmal eindringlich vor einer zu eng gefaßten Konzeption des Unternehmens zu warnen. Auf keinen Fall dürfe das Observatorium als das "primarium Objectum" und das Kalenderwerk als "primarium Fundum" deklariert werden. Vielmehr sei von Anfang an, nach dem Vorbild der beiden königlichen Akademien in Paris und London, "die Sache in allem also einzurichten, daß sie sich auf alle reales scientias erstrecke". Leibniz' Brief vom 26. März 1700 läßt keinen Zweifel darüber, daß er, um die Universalität der zukünftigen Sozietät zu sichern, entschlossen ist, sich aktiv in die Finalphase der Planung einzuschalten. Er tut dies seit Mitte März zunächst auf brieflichem Wege und mittels zahlreicher Denkschriften[188], ab 11. Mai 1700 durch seine persönliche Anwesenheit in Berlin.[189] Der Stiftungsbrief und die Generalinstruktion[190], mit deren Unterzeichnung der Kurfürst die Sozietät der Wissenschaften am 11. Juli 1700 offiziell ins Leben rief und die der Akademie ihr endgültiges Gepräge verliehen, sind im wesentlichen das Werk des hannoverschen Gelehrten. Schon vorher, am 10. Mai, hatte Friedrich III. das von den Berliner Freunden sorgfältig ausgearbeitete Kalenderpatent erlassen[191] und am 18. Mai Gottfried Kirch, der damit zugleich erstes ordentliches Mitglied der Sozietät wurde, zum hauptamtlichen Astronomen berufen.[192]

3.1.4 Ziel, Organisation und Fundierung der Sozietät der Wissenschaften in Berlin

3.1.4.1 Die Berliner Sozietät als universellste Akademie Europas

Die Berliner Sozietätsgründung ist aus zwei zunächst unabhängigen Planungen hervorgegangen: aus Leibniz' Entwürfen zur Organisation der Wissenschaften, die dieser seit 1667 in immer wieder variierter Form zu Papier brachte, sowie aus dem Bemühen der "Berliner Freunde", das modisch-höfische Interesse an der Astronomie zu nutzen und den Bau einer fürstlichen Sternwarte durchzusetzen. Dieses Nebeneinander, das auch noch die eigentliche Konzipierungsphase kennzeichnet, dokumentieren jene vier Denkschriften, die als Entscheidungsgrundlagen die Konturen der wissenschaftlichen Neugründung fixierten und in die Generalinstruktion, die als Ergänzung zu dem bewußt allgemein gehaltenen Stiftungsdiplom bis 1710 als Statut der Akademie galt, eingeflossen sind.

Einerseits die beiden Memoranden Jablonskis[193], aufgrund derer Friedrich III. das Projekt am 19. März 1700 bewilligte. Präzise wird hier die Ausgestaltung der künftigen Sozietät festgelegt, wobei die konstitutiven Elemente und praktischen Erfordernisse im Vordergrund stehen: Reglement, personelle, räumliche und instrumentelle Ausstattung, vor allem aber eine detaillierte und realistisch anmutende Haushaltsplanung, die den Nachweis erbringen sollte, daß sich die Akademie auf Dauer selbst finanzieren könne und nicht etwa den kurfürstlichen Kassen zur Last fallen werde. Die von der Sozietät zu bewältigenden Aufgabenbereiche werden indes nur einleitend kurz gestreift.

Demgegenüber zeichnen die beiden Entwürfe[193a] des Philosophen, die Organisatorisches mehr am Rande behandeln, ein globales Programm moderner Wissenschaftsförderung, "gleichsam in einer Perspektiv von fern", das, wie ihr Verfasser schon vermutete, "vielleicht nicht so bequem, noch zur Zeit von vielen gesehen zu werden".[194] Gewissermaßen eine Zusammenfassung seiner zahlreichen einschlägigen Schriften aus den vergangenen drei Jahrzehnten, machen diese Aufzeichnungen einmal mehr die Kontinuität zwischen den jugendlichen Sozietätsplänen und den Denkschriften für Brandenburg-Preußen deutlich. Der Gedanke der Chinamission ist hier ebenso präsent wie die Grundkonzeption einer mathematisch-naturwissenschaftlichen Akademie, die sich neben der Mathematik und Astronomie der Physik, Chemie, Botanik, Geographie, der Mechanik und Optik, aber auch dem Bergbau und dem Bauwesen widmen sollte. Ungeachtet Jablonskis nicht unbegründeter Befürchtung, wie sich später herausstellen sollte, auf Widerstand seitens des bereits 1685 gegründeten *Collegium medicum* zu stoßen, "so zwar noch nichts publice prästiret", sich jedoch das alleinige Recht auf "solche Dinge" zuschriebe[195], wollte Leibniz von Anfang an auch die Medizin und Anatomie berücksichtigt wissen.

Daß die Pflege der Nationalsprache, wofür er nachweislich seit Ende der 70iger Jahre eintrat[196], in diesen grundlegenden Entwürfen für Berlin keine Erwähnung findet, der Wunsch, nach dem Vorbild der Pariser *Académie française*, "auf die Cultur der Teutschen Sprache bey dieser fundation (zu) gedencken", vielmehr vom Kurfürsten persönlich an die künftige Societät herangetragen wurde[197], heißt freilich nicht, daß Leibniz hierfür kein Bedürfnis mehr sah. Es zeigt lediglich, wie gut er sich mit vorgegebenen Bedingungen zu arrangieren wußte. Mußte er doch annehmen, daß man in Berlin in Verbindung mit dem zu errichtenden Observatorium ausschließlich an einer "Societät zur Aufnahme realer Wissenschaften"[198] interessiert war. Um so freudiger reagierte er auf die Forderung, die Friedrich III. mit der Unterzeichnung des Gründungsdekrets verknüpfte, und schickte sogleich eine Abschrift seiner *Unvorgreiflichen Gedanken* in die kurfürstliche Residenz, um entsprechende Anregungen zu geben.[199] Darüber hinaus muß er ein leider nicht überliefertes "Bedenken" zu Papier gebracht haben, in dem er sich namentlich mit der "Zusammenfassung der Teutsch- und Wissenschafts-liebenden Gesellschaft" befaßt hat[199a].

So hatte man die inhaltliche Erweiterung der zunächst mathematisch-naturwissenschaftlich konzipierten Akademie dem Kurfürsten, nicht zuletzt dessen Eifer in der Nachahmung Ludwigs XIV. zu verdanken. Allerdings scheint Friedrich III. die Pflege und Förderung der deutschen Sprache ein ernstes Anliegen gewesen zu sein. Jedenfalls galt seine erste Order an die Societät nach ihrer feierlichen Inauguration am 19. Januar 1711 der Erarbeitung eines deutschen Wörterbuches.[200] Daß diese in den folgenden Jahren, wenn auch mit nur mäßigem Erfolg, bestrebt war, dem fürstlichen Auftrag nachzukommen, zeigt neben diversen Briefen ihres Sekretärs Joh. Theodor Jablonski an Leibniz der noch im selben Jahr von dessen Bruder, dem Hofprediger, verfaßte *Entwurf eines deutschen, von der Preussischen Societät der Wissenschaften herauszugebenden Wörterbuchs*[201], der den Einfluß von Leibniz' *Unvorgreiflichen Gedanken* nicht verleugnen kann.

Aufgrund der Intervention des Kurfürsten erscheint die Berliner Akademie nicht nur als "letztes Glied in jener Reihe deutscher Sprachgesellschaften, die das 17. Jahrhundert entstehen sah", wie Kuno Fischer betont.[202] Sie wurde darüber hinaus, mindestens ihrem theoretischen Anspruch nach, die universellste Akademie in Europa. Denn zum ersten Mal sehen wir in einer gelehrten Gesellschaft Natur- und Geisteswissenschaften vereint.

> Diesen "Societät (sollte) alles dasjenige zum Objecto nehmen und in sich begreiffen (...), was die anderswo aufgerichtete oder unternommene Societates et Academiae Regiae Scientiarum, Literarum, Linguarum et Collegia Historiae, praesertim Germanicae, sacrae vel profanae, ja selbsten auch einiger Maßen Collegia propagandae fidei, cultus et virtutis nach sich führen",

heißt es dann auch in der Generalinstruktion vom 11. Juli 1700.[203]

Ermuntert durch die Anregung Friedrichs III., spannte Leibniz nun also wieder den großen Bogen und forderte eine umfassende Konzeption, die alle Gebiete des menschlichen Wissens einschloß. Das Ziel der Sozietät müsse der Größe und dem Ruhm ihres Stifters entsprechen, weiß er in gekonnt höfisch - antichambrierendem Ton zu argumentieren, auch wenn die Ausführung vielleicht nur stufenweise erfolgen könne.[204]

Noch deutlicher als bisher vertritt er in den Berliner Denkschriften die Überzeugung von der Notwendigkeit, die Wissenschaft praxisbezogen zu betreiben; zumal "Reale ministri (...) unützer Curiositäten bald Überdrüßig, und (...) keinem großen Fürsten (raten würden) viel Staat davon zu machen".[205] Die Sozietät dürfe sich daher nicht, wie dies in den anderen europäischen Akademien der Fall sei, mit *Curiosa* begnügen, sie habe vor allem die *Utilia* zu fördern:

> "Solche Churfürstl. Societät müste nicht auf bloße Curiosität oder Wissensbegierde und unfruchtbare Experimenta gerichtet seyen, oder bey der bloßen Erfindung nüzlicher Dinge ohne Application und Anbringung beruhen, wie etwa zu Paris, London und Florenz geschehen ...; sondern man müste gleich anfangs das Werck samt der Wissenschaft auf den Nuzen richten, und auf solche Specimina dencken, davon der hohe Urheber Ehre und das gemeine Wesen ein Mehrers zu erwarten Ursach haben.
>
> Wäre demnach der Zweck theoriam cum praxi zu vereinigen, und nicht allein die Künste und die Wissenschaften, sondern auch Land und Leute, Feldbau, Manufacturen und Commercien, und, mit einem Wort, die Nahrungsmittel zu verbeßern, überdieß auch solche Entdeckungen zu thun, dadurch die überschwengliche Ehre Gottes mehr ausgebreitet, und dessen Wunder besser als bißher erkannt, mithin die christliche Religion, auch gute Policey, Ordnung und Sitten, theils bey heidnischen, theils noch rohen, auch wol gar barbarischen Völkern gepflanzet oder mehr ausgebreitet würden."[206]

Als Organ des Staates sollte die Akademie also zur Steigerung des Wohlstandes, zur Verbesserung der Sitten, zur Stabilisierung der Ordnung im Lande, zur Festigung der christlichen Religion und zu deren Ausbreitung beitragen. Kurz, die wissenschaftliche sollte der politischen Gesellschaft vor allem durch praktische Vorschläge dienen und zugleich die nationale Kulturarbeit des Staates als Wirken im Sinne der göttlichen Weltordnung rechtfertigen.[207] Verglichen mit den Plänen des jungen Leibniz mögen die Elemente einer umfassenden sozialen Reform, die Utopie einer Vernunft-, d.h. wissenschaftsgelenkten Polis einer realen Einschätzung des Möglichen gewichen sein.[208] Unverändert hält der hannoversche Gelehrte gleichwohl an der philosophisch-religiösen Letztbegründung wissenschaftlicher Arbeit fest, die für ihn in der Schaffung einer besseren Welt, in der

Annäherung an die von Gott angelegte "beste aller Welten", mithin in der *imitatio civitas Dei* besteht.

Die Philosophie selbst, die nach Leibniz das Zentrum und die Quelle des menschlichen Wirkens sein muß, da jede Tätigkeit der theoretischen Begründung durch die Philosophie bedarf[209], fehlt indes in dem umfangreichen Aufgabenkatalog der Berliner Sozietät. Das Streben nach der Erkenntnis des "Seienden", der Dinge an sich wollte er lieber einzelnen Denkern oder, wie bisher, den Universitätsgelehrten überlassen. Denn er fürchtete, daß die Auseinandersetzung mit philosophischen Fragen zu unfruchtbaren Spekulationen führen könnte, die sich mit der utilitaristischen Verpflichtung der Sozietät nicht vereinbaren ließen. Die "Philosophie" werde sich ohnehin in deren Gesamtarbeit darstellen, insofern als sie die enge Verknüpfung aller Zweige des menschlichen Wissens sichtbar mache:

> "Und weilen die verschiedenen arten der Wißenschafften dergestalt mit einander verstanden seynd, daß sie nicht woll gäntzlich getrennt werden können", sollten "die unterschiedene objecta Doctrinae nach Ihrer Zusammenhengung zu gewißen Zeiten und durch bequehme Persohnen bey Unser Societet in augenmerck genommen werden".[210]

Die notwendige Vereinigung von Theorie und Praxis demonstriert Leibniz in den kommenden Jahren an einer Fülle von Einzelprojekten, die der Sozietät nützliche Tätigkeitsfelder eröffnen und gleichzeitig eine breitere Finanzierungsbasis schaffen sollten. Seine Empfehlungen reichen von der Einführung neuentwickelter Schlangenspritzen gegen Feuersbrünste, der Eindeichung und Trockenlegung von Sumpfgebieten unter Verwendung neuartiger Wasserwaagen bis hin zur Anpflanzung von Maulbeerbäumen als Vorgriff auf eine gewinnträchtige Seidenproduktion.[211] Um "dergleichen landersprießliche Dinge auszufinden oder zu veranstalten"[212], müßten nicht nur Fachleute - "Leute, so diese Wissenschaft verstehen" - in der Sozietät vertreten sein. Ebenso bedürfe man der Unterstützung von außerhalb. Deshalb sei anzuordnen:

> "daß in den churfürstlichen Landen gelehrte Leute, Ingenieurs und Künstler, die von Churf. D^e ohnedem besoldet werden, zu dem Zweck der Churf. Societät, so viel bequem und thunlich, sowohl gegenwärtig, wie sie bey Hof, als durch Correspondenz, wenn sie abwesend, concurriren und nicht allein auf Begehren mit Nachrichten an die Hand gehen, sondern auch von selbsten ihre Observationes und Gedanken dargeben".[213]

Nicht zuletzt werde man mit den besten Gelehrten an den Universitäten und Gymnasien sowie mit wissenschaftlichen Gesellschaften im In- und Ausland, insbesondere mit der Londoner und der Pariser Akademie in Verbindung treten, damit "nichts zu Aufnahme der Wissenschaften und Studien verabsäumt werden".[214]

Die detaillierte Klassifikation der realen Wissenschaften, die Leibniz dem Ganzen noch hinzufügte[215], nimmt die in der Generalinstruktion angedeutete Klasseneinteilung vorweg, nach der drei Sektionen vorgesehen waren[216]:

1. Eine mathematisch-physikalische Klasse, die neben der Astronomie, Mechanik und Chemie den gesamten Bereich medizinisch-naturwissenschaftlicher Forschung und ihrer praktischen Anwendung in sich begreifen sollte. Zu ihren speziellen Programmpunkten zählt Leibniz magnetische Beobachtungen vom Rhein bis zur Memel, die Erforschung Rußlands und Chinas, die Prüfung aller neuen Entdeckungen, Maschinen und Modelle, die Inspektion von Maßen und Gewichten, sowie deren einheitliche Regelungen nach dem Dezimalsystem und schließlich die Erstellung und Auswertung umfassender medizinisch-meteorologischer Statistiken.

2. Eine Klasse "linguae Germanicae", die sich um "Reinigkeit und Selbststand" der deutschen Sprache zu bemühen hätte.

3. Eine literarische Klasse, der die allgemeine wie die Kirchengeschichte und das Studium orientalischer Sprachen zur Aufgabe gestellt werden. Um ihren spezifischen Auftrag, fremde Länder für die christliche Kultur zu erschließen, respektive der Chinamission nachzukommen, sollte sie eng mit der mathematisch-physikalischen Abteilung zusammenarbeiten.

Mit der Zusammenfassung der mathematischen und naturwissenschaftlichen Disziplinen innerhalb einer Sektion setzte sich Leibniz über die noch in der französischen *Académie des Sciences* manifestierte klassische Einteilung der Wissenschaften nach den in ihnen angewandten Methoden hinweg[217] und unterstreicht damit einmal mehr den Grundsatz der Vereinigung von Theorie und Praxis. Allerdings wird diese Regelung durch die von Harnack als Königliches Statut in die Literatur eingeführte "Verordnung wegen der ordentlichen Zusammenkünfte bey der Societät der Wißenschaften"[218] vom 3. Juni 1710 revidiert, wonach die Akademie vier Departements, d.h. neben den Klassen für Deutsche Sprache und Literatur eine mathematische und eine physikalische Abteilung erhielt.

Leibniz' Absicht im Namen der Sozietät ein "Diarium Eruditorum", d.h. eine Bücherzeitschrift in der Art des in Mainz angeregten *Nucleus semestralis librorum* erscheinen zu lassen[219], wurde in dieser Form auch in Berlin nicht realisiert. Die 1710 erstmals edierten *Miscellanea Berolinensia*[220] stellten vielmehr eine Sammlung wissenschaftlicher Abhandlungen, in der Mehrzahl mathematisch-naturwissenschaftlichen Inhalts dar und beruhten auf individuellen Arbeiten von Angehörigen der Sozietät. Durch die Zahl ihrer Mitarbeiter, ebenso wie durch deren Beiträge vermitteln sie gleichwohl ein Bild von der Zusammensetzung und den tatsächlichen Interessenschwerpunkten dieser Institution.[221] Ungeachtet ihres theoretischen Anspruchs, alle Wissensgebiete gleichermaßen zu integrieren, überwog in der Berliner Akademie, mindestens in den ersten Jahrzehnten ihres Bestehens, eindeutig das mathematisch-naturwissenschaftliche Element.

Das umfangreiche Angebot an technisch-wissenschaftlichen Hilfsmitteln und Einrichtungen, neben der Sternwarte u.a. eine Bibliothek, ein Laboratorium, ein Museum, eine Raritätenkammer, ein Theatrum naturae et artis sowie die Bereitstellung seltener Tiere und Pflanzen, das der Sozietät in Aussicht gestellt wurde[222], entsprach wiederum der Universalität ihrer Zielsetzung, nicht jedoch ihren finanziellen Möglichkeiten. Nur für den Bau des Observatoriums sollte nämlich die fürstliche Kammer aufkommen. Allein dessen Fertigstellung ließ neun Jahre auf sich warten und war mit mitunter beschämenden Bittgängen bei den Behörden verbunden.[223]

3.1.4.2 Die organisatorische Struktur als folgenschwerer Fehler für die Entwicklung der Sozietät

Als vorläufiges Statut regelte die ausführliche Generalinstruktion neben der inhaltlichen Ausgestaltung auch die innere Organisation der Sozietät. Daß sich deren Gesetzgeber hier weitgehend von den beiden großen Akademien des Auslandes, respektive von den Bestimmungen zur Reorganisation der Pariser der *Académie des Sciences* 1699[224] haben anregen lassen, geht sowohl aus den vorbereitenten Entwürfen Jablonskis und Leibnizens als auch aus der konstitutiven Akte selbst hervor.[225]

Entsprechend dem französischen und englischen Vorbild hatte man den Kurfürsten bzw. König als Protektor der wissenschaftlichen Neugründung gewinnen können. Doch die Hoffnung, daß der Sozietät durch die in ihrem Grüdungsdokument verankerte Immediatstellung ein unangefochtener Platz im Machtgefüge des brandenburg-preußischen Staates für die Zukunft gesichert sei, sollte sich bald schon als trügerisch erweisen. Im Gegensatz zu den europäischen Nachbarländern hatte die preußische Akademie für ihren Stifter von Anfang an nur einen geringen Stellenwert. Sein Nachfolger Friedrich Wilhelm I. lehnte es schließlich sogar ab, ihr Protektorat zu übernehmen.

Zum Präsidenten der Sozietät wurde folgerichtig ihr geistiger Vater Leibniz ernannt.[226] Da er dieses Amt quasi als Ehrenamt von Hannover aus wahrnehmen wollte, wurde ihm ein Vizepräsident an die Seite gesetzt; dieser wiederum stand an der Spitze eines Konzils, das als geschäftsführender Arbeitsausschuß die laufenden Aufgaben zu erledigen hatte. Zu dem mit weitreichenden Kompetenzen ausgestatteten "Consilio Societatis" sollten diejenigen genommen werden, "welche mit deren Fundation bemühet gewesen"[227], allen voran der Hofprediger Jablonski als *vicepraeses* und der Staatsarchivar Chuno[228]; daneben der Astronom Kirch, der jedoch mit der Herstellung der Kalender ausreichend beschäftigt war und nur als passives Konzilsmitglied fungierte, sowie Joh. Theodor Jablonski. Den älteren Bruder des Hofpredigers hatte man als Sekretär der Akademie verpflichtet und in dieser Eigenschaft war er zugleich ihr Archivar, Protokollant, Schatzmeister und Kassierer, zudem mit der Aufsicht über ihre Unternehmungen, insbesondere über die Herausgabe der Kalender betraut.[229]

Vicepraeses und Sekretär oblag es, dem Präsidenten während seiner Abwesenheit "von den Vorfälligkeiten gewiße Nachricht zu geben und mit ihm so viel thunlich von denen Angelegenheiten der Societät zu communiciren".[230] Diesem war es schließlich vorbehalten, in allen wesentlichen Angelegenheiten "die Proposition zu thun und die Conclusiones zu machen".[231]

Mit dem Präsidium und dem Konzil waren die beiden entscheidenden, und für viele Jahre einzigen, wirklich aktiven Organe der Sozietät fixiert. Daneben erscheinen ihre künftige Mitglieder, Honorarii, d.h. vornehmlich Standespersonen, hochgestellte Vertreter des Klerus und einflußreiche Hofbeamte, wie wir sie in Frankreich seit der Reorganisation der Akademie 1699 kennen[232], Korrespondenten und ständige Mitarbeiter in der Gründungsakte ebenso untergeordnet wie der eigentliche Mittelpunkt jeder wissenschaftlichen Gesellschaft; regelmäßige Sitzungen, mithin die Voraussetzungen kontinuierlichen Erfahrungsaustausches, werden eher beiläufig abgehandelt.

Mit diesen Bestimmungen, so hat schon Harnack festgestellt[233], hatte man grundlegende und für die Akademie folgenschwere Fehler begangen, die ihre Wirksamkeit lähmen und den Keim zu Unzufriedenheit und Eifersüchteleien legen mußten.

Als verhängnisvoller Mißgriff sollte sich die Ernennung des Philosophen zu ihrem ersten Präsidenten erweisen. Voller Zuversicht hatte man darauf vertraut, das der im In- und Ausland gleichermaßen anerkannte Gelehrte, selbst Mitglied der beiden großen Akademien in Paris und London, einfallsreiche Anreger und geschätzte Gesprächspartner, dem es in wenigen Monaten seines ersten Berlinaufenthaltes gelungen war, sich direkten Zugang zu den Majestäten und Ministern zu verschaffen, daß dieser überragende Kopf in der Lager wäre, die Berliner Neuschöpfung schon bald an das Niveau ihrer europäischen Leitbilder heranzuführen und daß er sie darüber hinaus mit dem Hof zu verbinden und zum Zentrum einer neuen geistig interessierten Gesellschaft zu machen vermöge.

Leibniz hatte sich indes nicht entschließen können, sein Arbeitsverhältnis zu wechseln und führte die Präsidialgeschäfte größtenteils brieflich von Hannover aus. Dabei kümmerte er sich weniger ums Detail, beschränkte sich vielmehr auf Mahnungen und Ratschläge, die jedoch nur zu oft an den Realisierungsmöglichkeiten in Brandenburg-Preußen vorbeigingen. Nur wenn er in Berlin weilte, nahm er sich auch konkreter Einzelfragen an. Insbesondere in den sechs Wochen nach der Gründung sehen wir ihn intensiv mit der Lösung praktischer Probleme befaßt. Um die Akademie in Gang zu bringen, bemühte er sich u.a. um Druck und Verteilung des Stiftungsdiploms, die Herstellung der Sozietätsmedaille- und Siegel und Gründung eines Gelehrtenjournals, die Anschaffung eines eigenen Sozietätsdruckers, die herauszugebenden Kalenderarten und nicht zuletzt um die Besetzung des Sekretärspostens sowie um den Aufbau eines Korrespondentennetzes. Doch Leibniz kam in den folgenden fünfzehn Jahren nur noch neun Mal für insgesamt 33 Monate nach Brandenburg-Preußen.[234] In seiner Abwesenheit ruhte die Sozietätsarbeit auf den Schultern der beiden Jablonskis und Chunos, d.h. auf den Vertretern des Berliner Gründungskomitees, die zugleich das Konzil bildeten. In dem oftmaligen Nebeneinander von Konzil und zumeist abwesenden *Praeses*, das sich schon in der Konzipierungsphase der Sozietät angedeutet hatte, liegt eine der Ursachen für ihr jahrelanges Schattendasein. Denn selbst wenn sich Leibniz einmal mehrere Wochen oder sogar Monate in der kurfürstlichen Residenz aufhielt, galt sein Interesse nicht ausschließlich der Akademie. Vielerlei wissenschaftliche wie politische Aktivitäten nahmen seine Zeit in Anspruch. Nichts wäre falscher, stellt Hans-Stephan Brather nach Einsicht in die Konzilsakten fest[235], als die Vorstellung, der hannoversche Gelehrte hätte den überwiegenden Teil seiner Berlin-Besuche mit den Konzilsmitgliedern zugebracht.

Demnach muß Harnack den Anteil des Philosophen an der Entwicklung der Sozietät stark überzeichnet haben. In der Tat lassen auch die einschlägigen Briefwechsel erkennen, daß es weniger Leibniz als vielmehr Jablonski, vor allem aber Chuno zu verdanken war, daß die Akademie die ersten anderthalb Jahrzehnte überhaupt überlebte. Letzterer, so der Hofprediger nach den Tod des Geheimen Kabinettsarchivars 1715, sei "die Seele und Bewegung nicht nur seiner Classis[236], sondern auch der ganzen Sozietät gewesen, welcher in allen wichtigen Dingen, auch die Societät bey Hofe zu vertreten, den meisten Nachdruck zu geben gewußt".[237] Ein etwas anderes Bild ergibt sich lediglich für die wenigen Jahre, in denen Sophie Charlotte die Hand noch schützend über die wissenschaftliche Schöpfung ihres hannoverschen Vertrauten hielt. In dieser Zeit wurde Leibniz von den Konzilsmitgliedern des öftern um Einflußnahme bei Hofe gebeten. Mit ihrem plötzlichen Tod am 1. Februar 1705 hat Leibniz gleichwohl seine exponierte Stellung und die Sozietät der Wissenschaften ihre direkte Verbindung zur obersten Entscheidungsebene brandenburg-preußischer Politik eingebüßt.

Die sich schon bald abzeichnende" unbeschränkte Oligarchie" des Consiliums[238] war indes weniger eine Folge der ständigen Abwesenheit des Präsidenten, sie war vielmehr bereits in der Gründungsakte angelegt.

Laut Generalinstruktion waren die Vertreter des Konzils angehalten, regelmäßig zusammenzukommen, um "von allen dem zu handeln, so auf einige Weise zu dem Zweck der Societaet gereichen kan".[239] Nur in diesen außerordentlichen Sitzungen konnten Beschlüsse gefaßt, Arbeitsgebiete abgesteckt und Forschungsthemen vergeben sowie über die Aufnahmegesuche neuer Mitglieder entschieden werden. Auch die Finanzverwaltung lag ausschließlich in den Händen jener vier Männer der ersten Stunde. Die wiederum vom Consilium einzuberufenden Generalversammlungen, die später tatsächlich nur zu feierlichen Anlässen stattfanden[240], sollten dagegen lediglich dem Meinungsaustausch der Gelehrten dienen:

> "Die Resolution aber betr. dasjenige von einiger wichtigkeit, so die Societät vornehmen wolte, würde nach Gelegenheit nicht in diesen Conventibus ordinariis sondern im Concilio zu nehmen seyn".[241]

Daß diese Organisationsform Gefahren für die Einigkeit innerhalb der Sozietät barg, scheint dem Philosophen durchaus bewußt gewesen zu sein, denn er fügt ergänzend hinzu:

> "Und wäre die Sache also zu temperiren, daß man ihnen (= den <u>ordentlichen</u> Mitgliedern) wegen des Concilii keine Jalousie gebe, gleichwohl aber auch sich nicht zu weit ein - und eingreiffen lasse".[242]

De facto degradierte die getroffene Regelung die Mehrzahl der künftigen Mitglieder zu wissenschaftlichen Mitarbeitern ohne jeglichen Einfluß auf den Gang der Geschäfte, während sie das zunächst vier-, später sechsköpfige Konzil[243] zum alleinigen Entscheidungsträger der Sozietät machte. Selbst dessen Beschlüsse sollten nicht allgemein bekannt, sondern in geheimen Akten, "so allein dem Consilio offen stehen", protokolliert werden.[244] Damit nicht genug, hielt man die Mitglieder letztlich von allen wesentlichen Informationen fern. So kannten sie weder Ziel und Organisation noch die finanziellen Verhältnisse der Akademie, ja nicht einmal die Generalinstruktion. Den von Joh. Theodor Jablonski vorgeschlagenen Auszug daraus, "so nicht die innere Verfassung der Societät, sondern derselben Zweck und vorgegebenen Arbeit ingemein betreffen"[245], bekamen sie niemals zu Gesicht. Leibniz hielt es für ausreichend:

> "Den Einheimischen auctoritate zu bedeuten: haben jus assistendi conventibus ordinariis, keine andere Obligation, als daß sie ad scopum, so viel sie ohne Bedenken können, an Hand gehen, Auswertigen, zu Zeiten Correspondenz".[246]

Tatsächlich wurde den Angehörigen der Sozietät das Statut erst nach deren offiziellen Eröffnung der Sozietät 1711 zugestellt. Bis dahin kannten sie bestenfalls die *Epistola ad amicum*, die das Stiftungsdiplom in lateinischer Übersetzung beinhaltete.[247]

Die Kommunikation unter den Mitgliedern blieb in den ersten zehn Jahren auf private Initiativen beschränkt, denn die in der Generalinstruktion angekündigten allgemeinen Konferenzen konnten wegen fehlender Räumlichkeiten nicht abgehalten werden. Ein gemeinsamer Konvent aller Klassen ist erstmals für den 11. Januar 1711 überliefert. Wenn wir bis zu diesem Tage, an dem die Sozietät in der Konferenzstube des Turmes der Sternwarte nun endlich installiert wurde, von Sitzungen der Akademie lesen, handelt es sich fast ausnahmslos um Zusammenkünfte der drei bzw. vier Konzilsmitglieder, die bis dahin in deren Privatwohnungen, am häufigsten bei Chuno stattfanden.[248]

Mit dem absoluten Mangel an gemeinsamen, regelmäßigen Konferenzen fehlte der Sozietät, so Brather[249], das konstitutive Merkmal jeder Akademie der Wissenschaften. Daß man darüber hinaus das Gros der ihr angehörenden Gelehrten von allen Einzelheiten und Entscheidungen fernhielt, verurteilte diese zur Passivität und führte dazu, daß die Sozietät der Wissenschaften, die im Jahre 1710 immerhin

67 Mitglieder, davon 26 ständig anwesende zählte[250], bis dahin gleichwohl nicht wirklich existierte.

Schwerer wog aber die grundlegende Tatsache, daß sich ihre Gesetzgeber nicht hatten entschließen können, mindestens alle ortsansässigen ständigen Mitarbeiter als vollberechtigte Mitglieder aufzunehmen, wie dies sowohl in der Londoner als auch in der streng hierarchisch organisierten *Académie des Sciences* der Fall war. Dieser Konstruktionsfehler legte den Keim zu Unzufriedenheit und Eifersüchteleien, die dem Ansehen der Akademie zunehmend schadeten. Die bei Harnack[251] ausführlich geschilderte von dem charakterlich wie fachlich fragwürdigen Sozietätsmitglied, Rittmeister Ch. H. Oelven angezettelte Intrige, die eine angebliche Veruntreuung der Gelder aus dem Kalendermonopol beweisen wollte und zu peinlichen Auseinandersetzungen mit dem Hofe führte, ist nur eine Episode aus diesem traurigen Kapitel ihrer Geschichte.

Nicht zuletzt hat sich die Konstellation zweier Brüder an der Spitze der Akademie als nicht eben glücklich erwiesen, zumal man beiden ungeachtet ihrer Verdienste um die Sozietät die nötigen Führungsqualitäten absprechen muß. Vor allem die wenigen über das Mittelmaß hinausragenden Mitglieder, allen voran der allseits geschätzte Orientalist M. V. La Croze, der bald nur noch die nötigsten Beziehungen zur Sozietät aufrechterhielt und später zum Mittelpunkt eines ernstzunehmenden privaten Konkurrenzunternehmens wurde[252], sowie der überaus aktive, insbesondere um die Seidenzucht bemühte Joh. Leonhard Frisch[253] fühlten sich von den beiden Jablonskis bevormundet und schlecht behandelt.[254]

Davon abgesehen war der Sekretärsposten mit dem älteren Bruder des Hofpredigers ohnedies fehlbesetzt. Denn Joh. Theodor Jablonski zeichnete sich zwar durch ein großes Maß an Gewissenhaftigkeit aus, gleichwohl fehlte es ihm an wirklichem Verständnis für die Wissenschaft. Dagegen sehen wir in England wie in Frankreich entsprechend der zentralen Bedeutung, die die Sekretärsfunktion für die Kommunikationsstruktur der Akademien hier hatte, diese Stellen mit Henry Oldenburg und Hans Sloane bzw. Fontenelle hervorragend besetzt.

Alles in allem fehlte in der Berliner Sozietät von Anfang an die integrative Persönlichkeit, die die Mitglieder zu einer aktiven und produktiven wissenschaftlichen Arbeitsgemeinschaft zusammenführen und zu herausragenden Leistungen hätte anregen können. So blieb man auf das Mittelmaß beschränkt, zumal man im Gegensatz zu den beiden Akademien des europäischen Auslandes kaum nennenswerte ordentliche Mitglieder zählte, vielmehr auf Berliner Prediger, Lehrer und Beamte angewiesen war, die in der Regel nicht mehr als wissenschaftlich dilettierende Laien waren. Als Voraussetzung für die Aufnahme in die Sozietät galt nur, "daß ein Aspirant sich durch gewiße specimina recommendiren könne".[255]

Der Grund für das unterschiedliche wissenschaftliche Niveau besagter Gesellschaften lag indes weniger in den Aufnahme-, denn in den gesellschaftlichen Bedingungen innerhalb derer sie entstehen und sich entfalten konnten. Ein Vergleich mit Frankreich führt dies überdeutlich vor Augen.

Der bereits relativ gefestigte französische Absolutismus hatte neben einem wesentlich höheren Institutionalisierungsgrad der Akademiebewegung vor allem zu einem neuen Rollen- und Selbstverständnis der Gelehrten geführt. Als wissenschaftlich-technische Experten waren sie für den Staat unentbehrlich, für die Regierung mithin zu einer Elite geworden, die es durch die Bereitstellung staatlicher Ressourcen zum Ausbau institutionalisierter Forschung an den Staat zu binden galt. Den Berufsgelehrten im Dienste der Bürokratie, den diese Entwicklung hervorgebracht hat, verkörpern allen voran die ca. 50 *pensionnaires* der *acedémie des Sciences*, die im Grunde schon Teil der französischen Staatsverwaltung waren. Die Besoldung dieser hauptamtlichen Gelehrten, die es ihnen ermöglichte, sich ausschließlich auf die wissenschaftliche Arbeit zu konzentrieren, und das hohe Sozialprestige, das mit der Zugehörigkeit zur Akademie verbunden war, machten die Mitgliedschaft in doppelter Hinsicht attraktiv. So sehen wir in der *Académie des Sciences* unter den *pensionnaires* eine Reihe renommierter Gelehrter. Kaum große Namen finden sich hingegen im Verzeichnis der korrespondierenden Mitglieder.[256] Allerdings spielten die etwa 100 Korrespondenten, die den Kontakt mit der Akademie, wenn überhaupt, dann über einen *pensionnaire* hielten, hier im Gegensatz zur Berliner Sozietät, wo die sog. auswärtigen Gelehrten die anwesenden schon nach kurzer Zeit nicht nur zahlenmäßig überrundeten[257], eine ohnehin nur untergeordnete Rolle.

Das instabile und seine finanziellen Kräfte ständig überziehende Regime Friedrichs I., für den die neue Akademie zudem nicht viel mehr als ein wohlfeiles Mittel zur Erhöhung seines Glanzes darstellte, stand einer ähnlichen Entwicklung wie in Frankreich entgegen. In Brandenburg-Preußen war und blieb die Sozietät bis zu ihrer Reorganisation durch Friedrich II. völlig auf sich gestellt, die Reputation ihrer Mitglieder sank schon bald nach ihrer Gründung sukzessive; überdies sah sie sich zunehmend der Gegnerschaft seitens einflußreicher Hofbeamter ausgesetzt. "Das Unglück der Societät ist, schreibt Joh. Th. Jablonski am 20. April 1715," daß diejenigen, so derselben Ehr und Aufnahme suchen, nicht so mächtig sind, als die ihr zu schaden trachten..."[258]

Mangels staatlicher Zuwendungen war mit Ausnahme des Sekretärs und des Astronomen sowie einer Aufwandsentschädigung für den Präsidenten an eine Besoldung ihrer ordentlichen Mitglieder nicht zu denken. Mußte man doch vordringlich den Unterhalt der Akademie sicherstellen. Unter diesen Umständen konnten freilich keine Gelehrten von Rang nach Berlin verpflichtet werden. Andererseits veranlaßte der europäische Ruhm Leibnizens, dieses "... grand homme qui fait la gloire de l'Allemagne et celle de notre siècle..."[259], anerkannte Gelehrte des In- und Auslandes, darunter neben A.H. Francke der Züricher Arzt und Naturforscher Joh. Jakob Scheuchzer, der dänische Astronom Olaus Roemer, die Mediziner Bernardino Ramazzini und Nicolaus Hartsoeker sowie die beiden Mathematiker Jakob und Johann Bernoulli, sich der Sozietät als auswärtige Mitglieder anzuschließen. Mit dem berühmten Denker in Verbindung zu stehen, der von ihm geleiteten gelehrten Gesellschaft anzugehören, galt in der europäischen *République des lettres* einiges, konnte einem selbst in Paris, dem Mekka der Wissenschaften, die Türen zu den gelehrten Kreisen und Salons öffnen.[260]

Das Renommee der Sozietät im Ausland beruhte indes allein auf der Ausstrahlung ihres Präsidenten, nicht etwa auf ihren Leistungen, die weit hinter den gesteckten Zielen zurückblieben. Ihre selbst nach Jahren noch provisorische Einrichtung, die mangelnde finanzielle Ausstattung und nicht zuletzt die Alleinherrschaft des Konzils[261] führten dazu, daß selbst die wenigen bedeutenden Mitglieder zunehmend ihr Interesse verloren und die Inaktivität der Sozietät immer deutlicher zutage trat. Bald zeigte man sich kaum mehr bereit, etwas beizutragen, wovon die langen Entstehungszeiten der *Miscellanea-Bände* ein beredtes Zeugnis geben.[262]

War die Aufnahme der ersten knapp 30 Mitglieder im März und April 1701 durch das Konzil noch im einzelnen mit Leibniz abgesprochen[263], so ging man zunehmend dazu über, personelle Entscheidungen zu treffen, ohne vorher den Rat des Präsidenten einzuholen. Seit 1703 wurde Leibniz über die Aufnahme neuer Mitglieder zwar noch unterrichtet, doch nicht mehr befragt.[264] Immer mehr mittelmäßige, oft auch unfähige Gelehrte fanden auf diese Weise Eintritt in die Sozietät, was Leibniz zu der harschen Bemerkung veranlaßte: "Une partie des membres qu'on ne servent qu'à grossir la liste."[265] Die vielen unqualifizierten Mitglieder, die in der Sozietät versammelt seien, klagt Frisch im Juni 1708[266], werde zur Folge haben, daß "andere, die lobwürdigere Absichten bisher gehabt, wünschen werden, daß sie nicht möchten in solcher Zahl sein, oder wohl gar mit Zurückweisung des diplomatis sich vor solche Ehre bedanken".

Leibniz' Vorschlag, diesen negativen Tendenzen entgegenzuwirken, indem man "Membra... so etwas Sonderliches geleistet", durch Erhöhung des Ranges, andere Privilegien oder durch "Praemia bene meritorum" auszeichne, solche aber, "so künfftig in gewißen Jahre nichts Anständiges beygetragen, nach Befinden aus dem Catalogo membrorum" streiche[267], wurde jedoch nicht aufgegriffen.

3.1.4.3 Die Probleme der Finanzierung

Schon in seiner ersten Audienz beim Kurfürsten am 19. Juni 1700 in Schönhausen[268] hatte sich Leibniz davon überzeugen können, daß dieser nicht bereit war, das Sozietätsprojekt durch direkte Zuwendungen aus der Staatskasse zu fördern. Im Gegensatz zu den staatlich subventionierten französischen Akademien und der Londoner *Royal Society*, deren ökonomische Sicherung und Einbindung in die bürgerliche Gesellschaft durch die Aufnahme wissenschaftlicher Amateure aus Adels-, Kirchen- und Geschäftskreisen gewährleistet waren, blieb die preußische Akademie bis zum Amtsantritt Friedrichs des Großen 1740 finanziell völlig auf sich gestellt. Sie war darauf angewiesen, ihren Unterhalt selbst zu erwirtschaften:

> "Car la societé ne doit rien couster à l'Electeur. Elle se doit faire son propre fond..."[269]

Daß das Kalenderwerk nur langsam in Gang kommen und dessen Erträge für eine umfangreichere Aufgabenstellung nicht ausreichen würden, hatte Leibniz von vornehrein befürchtet.[270] Er sollte recht behalten, zumal Widerstände seitens der Buchführer, die ihre ureigensten Rechte gefährdet sahen, wie auch seitens der Provinzalregierungen, die sich Berlin nicht unterordnen wollten, das Unternehmen zusätzlich erschwerten.[271] Immer wieder lesen wir in den Briefen des Sekretärs J. Th. Jablonski Klagen über den schlechten Verkauf der Kalender, "wodurch nicht nur an dem vermutheten Profit ein merckliches hinweg fällt, sondern auch ein empfindliches an den angewandten Kosten verloren gehet".[272] Leibniz' Vorschlag, die Kalender durch "mehr Varietät" attraktiv, sie gleichsam zur "Bibliothek des gemeinen Mannes" zu machen[273], wurde zwar für gut befunden, jedoch nicht in vollem Umfang umgesetzt. Von seinen zahlreichen Anregungen hat man lediglich den Hof-Staats- und Adreßkalender[274] verwirklicht, so daß der hannoversche Gelehrte zum "Vater des Berliner Adreßbuchs"[275] wurde. Doch auch hier blieb der erhoffte Absatz zunächst aus - es werde "der mehriste Teil wohl liegen bleiben", berichtet der Bruder des Hofpredigers am 15. April 1704.[276]

Unpäßlichkeit des Astronomen Kirch und Abwanderungsgedanken von dessen Gehilfen Hoffmann, auf dem zeitweise die ganze Arbeit lastete und der "darüber... sehr schwürig ist und auf die Gedancken einer vorzunehmenden Veränderung gerathen"[277], führten dazu, daß die einzige Finanzquelle der Sozietät schließlich gänzlich zu versiegen drohte. Gleichwohl man das personelle Problem bald schon wieder in den Griff bekam, deckten die Einnahmen aus dem Kalendermonopol bis zum Frühjahr 1707 mit ca. 8.000 Talern (incl. der Jahresüberschüsse) gerade einmal die laufenden Kosten.[278] Da Leibniz' glänzende Idee, durch die Einführung von Receptur-Büchlein, die an die von der Sozietät herausgegebenen Kalender zu heften und in denen die entrichteten Steuerabgaben zu quittieren wären, Absatzgarantien zu schaffen[279], nicht weiter verfolgt wurde, blieb nur noch die Hoffnung, Friedrich I. werde "mit dem Fundo weiter (zu)gehen und es bey dem blossen Kalenderkauf nicht bleiben lassen".[280]

Lange vor der Gründung der Sozietät hatte Leibniz dem Requetenmeister Moritz von Wedel[281] entsprechende Vorschläge unterbreitet, die er später im Rhythmus seiner Berlin-Aufenthalte, teils als Einzelprojekte[282], teils zu größeren Denkschriften zusammengefaßt[283] immer wieder aufgriff. Angesichts der chronischen Finanznot des brandenburg-preußischen Staates konzentrierten sich seine Anregungen auf das gängige Mittel absolutistischer Wirtschafts- und Finanzpolitik, "qui ne consistera qu'en certaines concessions que l'Electeur veut accorder, sans qu'il lui en coûte que des paroles"[284], will sagen auf die Vergabe von Monopolen und Besteuerung bestimmter Waren und Dienstleistungen, auch wenn er derartige Einkünfte für "un peu casuels"[285] hielt. Vier der insgesamt fünf bereits in Form kurfürstlicher Edikte ausgearbeiteten Privilegien standen mit den Aufgabengebieten der Akademie in unmittelbarer Beziehung.

1. Die Besteuerung von Auslandsreisen der brandenburgischen Jugend zugunsten der Sozietät, da diese auf besonderen Wunsch des Kurfürsten auch eine "teutsch-liebende- und pflegende" Gesellschaft sei:

"Wann nehmlich anstatt der vorigen Churfürstlichen Prohibitiv-Edicten gegen gewisse ausländische Reisen, so als tacite durch den Frieden aufgehoben geachtet werden wollen, gleichwol aber nicht ausdrücklich revociret worden, verordnet würde, daß alle Churfürstl. Vasallen und Unterthanen, so durch Reisen ihre Cultur zu suchen vermeinen, solches nicht anders als nach vorher erhaltener Special-Indulgenz zu thun befugt seyn sollen, und daß es ihnen nicht anders gnädigst zu erlauben als unter gewissen Bedinungen, welche dieser teutsch gesinnten Societät zu statten kommen könten, damit der dabey waltende, der teutschen Nation so schädliche Mißbrauch einigermaßen beschränket, das böse selbst zum guten gekehret, und Churf. Durchlaucht zugleich von ihrer Vasallen und Unterthanen Unternehmen und Fähigkeit zu dero Dienst desto bessern Bericht erlangen mögen. Es könte also nach Gelegenheit der Personen ein gewisses angesezet, so in die Cassa der Societät einkommen müste."[286]

2. Die Einführung neuartiger Feuerspritzen, an deren Nutzung die Sozietät mitverdienen sollte.[287]
3. Sonderabgaben des Klerus und der Mildensstiftungen zur Finanzierung der von der Sozietät zu leitenden Missionen und der Verbreitung des christlichen Glaubens mittels der Wissenschaft.[288]
4. Die Erlaubnis zur Ausübung einer gebührenpflichtigen Bücherzensur.[289]
5. Das Recht, Lotterien oder "annehmliche(r) Verlosung(en)" zu veranstalten. Würden derartige Unternehmen von der Sozietät durchgeführt, sei sichergestellt, daß "Niemand wie bei denen gemeinen in guter Polizey verbotenen Glückshafen überschnellet" würde, jedermann "den Überschuß aus der Anzahl, dem Preiß und dem Abwurf der Zettel" wüßte und "die Leute durch Hoffnung eines guten Zugs sowohl als durch die Lust gleichsam eines Spiels angelocket" würden.[290] Das Motiv, Lehre bzw. moralische Bildung und Spiel zu verbinden, das wir aus Leibniz' Pariser Plänen zur Wissenschaftsorganisation kennen, scheint hier noch einmal auf.

Mit Ausnahme der Bücherzensur muß Friedrich III. (I.) alle gewünschten Privilegien noch vor der Gründung der Sozietät bewilligt haben; dies geht zumindest aus einem Brief Rabeners an Chuno vom 19.(?) Juni 1700 hervor.[291] Zum Tragen im Sinne einer Einkunftsquelle für die Sozietät kam indes keines der kurfürstliche Zugeständnisse. Das am 8. Juli 1700 erlassene *Edict, wodurch das Reisen der Jugend in* *auswärtige Provintzien verbothen*²⁹²⁾ stimmt zwar mit Leibniz' Entwurf überein, hat der Akademie aber offensichtlich keine finanziellen Vorteile gebracht²⁹³⁾; ebensowenig wie die königliche Verordnung zur Bücherzensur vom 24. August 1708.²⁹⁴⁾

Das Recht, gewinnbringende Maßnahmen zur Verhütung und Bekämpfung von Bränden einzuleiten, das der Sozietät schon 1700 per königliches Dekret zuerkannt worden war²⁹⁵⁾, wurde nicht wahrgenommen. Als Hinderungsgrund nennt Leibniz die Einrichtung der obligatorischen Feuerkasse im Oktober 1705²⁹⁶⁾, die bereits seit 1702 im Gespräch war und vor deren Gründung er sich vergeblich dafür eingesetzt hatte, daß "zu Aufrichtung dieses gemeinnüzigen Werckes mit der Societät communiciret, und deren Aufnahme dabey befördert würde".²⁹⁷⁾

Der in Berlin im Frühjahr 1707 ausgebrochene Großbrand veranlaßte ihn daher, sein Projekt zur Einführung neuentwickelter Feuerspritzen und flexibler Wasserschläuche noch einmal vorzubringen, "weilen vermuthlich die neuliche Feuersbrunst gute Verordnung befördern möchte"²⁹⁸⁾ Doch auch dieser erneute Vorstoß, sollte besagte Denkschrift denn überhaupt an offizielle Stelle gelangt sein, läßt keinen greifbaren Erfolg erkennen, so daß Leibniz in seinem letzten Memorandum für Friedrich I. aus dem Jahre 1711 zur Kenntnis geben mußte:

> "Man ist aber bisher durch die Feuercaße daran gehindert worden, welche der Societät raisonnables und rechtmäßiges Erbieten, sie hierin zu secundiren, nicht annehmen wollen, da doch die Sach nicht beßer als durch die Societät geschehen kan. Nachdem aber solch Obstaculum eingetreten, kann die Societät nicht umbhin, E. Mt. umb Manutention Dero allergnädigster Concession zu bitten, dergestalt daß durch eine schrifftl. Resolution E. Mt. sich erklären, die Societät dabey zu mainteniren, und Ordre geben, daß Jedermann sich darnach richte."²⁹⁹⁾

Diese Bitte fand bei Hofe ebensowenig Gehör wie die zahlreichen vorangegangenen und noch folgenden Anträge, so z.B., in Brandenburg-Preußen ein einheitliches Maß und Gewicht einzuführen und die Akademie als staatliche Eichanstalt zu ermächtigen, "von solcher Einrichtung und ferner beständiger Inspection und Revision ein Gewisses zu genießen"³⁰⁰⁾; ihr die Vermittlung von Privatunterricht an "Nicht-studirende" zu übertragen, ein "Privilegium per petuum generale auf die sogenannte Schulbücher", des weiteren Privilegien bezüglich des gesamten Unterrichts- und Stipendienwesens zu erteilen³⁰¹⁾, und schließlich die Besteuerung von Auktionen nach dem Vorbild Hollands³⁰²⁾ und des Branntweinbrennens³⁰³⁾ zu ihren Gunsten. Auch der alte Gedanke zur Gründung einer Bank taucht in den Berliner Entwürfen wieder auf:

> "Das Banco kan sowohl aus Depositis als verzinsenden Geldern bestehen und mit Leibrente und Monte pietatis und Wechselhandlung, auch dem Münz- und Taxwesen combiniret und andere nüzliche ökonomische Anstalten dazu gezogen werden..."³⁰⁴⁾

Die Intention, Einnahmequellen zu erschließen, die der Sozietät und der Staatskasse gleichermaßen zugute kommen und letztlich die neue wissenschaftliche Institution enger an den Staat binden sollten, ist hier unverkennbar. Sie läßt die utopische Vision des jungen Leibniz von einer Verknüpfung von Politik, Wirtschaft und Wissenschaft mit dem Ziel einer rationalen Reform der menschlichen Gesellschaft und der führenden Rolle der gelehrten Sozietät als Zentrum des menschlichen Wissens und vernunftsgelenkten Denkens wiederaufscheinen.

Unermüdlich und mit kaum zu erschütternden Optimismus setzte sich Leibniz für eine bessere finanzielle Ausstattung der Akademie ein. Mehr als leere Versprechungen seitens des Hofes konnte er jedoch nicht verbuchen, so daß er in einem Anflug von Resignation seiner fürstlichen Vertrauten in Hannover gesteht, bei allen seinen Bemühungen stoße er auf fast ebenso große Schwierigkeiten, als verhandele er für den Papst.[305]

Für den König und die Berliner Minister war die Sozietät andererseits schon bald nach ihrer Gründung nur noch Nebensache. Durch den Spanischen Erbfolge- und den Nordischen Krieg, die zu einem gesamteuropäischen Krieg zusammenzuwachsen drohten, und die zunehmende Staatsverschuldung als Folge von Verschwendungssucht und Günstlingswirtschaft sahen sie sich Problemen anderer Größenordnung gegenüber. Da Friedrich I. unter diesen Umständen weniger denn je bereit war, seiner Akademie durch staatliche Zuwendungen unter die Arme zu greifen, blieben deren finanzielle Mittel auf die zu geringen, zudem unsicheren Einnahmen aus dem Kalendermonopol beschränkt:

> "Weilen aber der Fundus der Societät bißher einig und allein in dem Kalender-Wesen bestanden, welcher nicht weit reichet, und sogar die Notthurft selbst nicht einst an Büchern und Instrumentis Observatorii bestreiten kann, geschweige daß man zu dienlichen Machinis und gar zu einem Laboratorio gelangen können: so hat man sich und andere mit der losen gegebenen Hoffnung abspeisen müssen..."[306]

Ja, man war nicht einmal in der Lage, die baulichen Voraussetzungen zu schaffen, damit der Wissenschaftsbetrieb aufgenommen werden konnte. Am 13. Mai 1702 mußte J. Th. Jablonski Leibniz die unerfreuliche Nachricht übermitteln:

> "Die Sachen der Societaet sind in dem vorigen Zustand, indem es sich noch nicht schicken wollen, einige Zusammenkunfft der Glieder anzustellen, viel weniger ordentlich einzurichten, und scheinet solches wohl biß in das Observatorium verspart zu bleiben..."[307]

Der aus der Staatskasse zu finanzierende Bau des Observatoriums und die damit verbundene Einrichtung von Versammlungsräumen, das einzige Zugeständnis des Königs an seine wissenschaftliche Neugründung, sollten sich indes über neun Jahre hinziehen. Widerstände und Intrigen sowohl seitens des Bauamtes als auch seitens der Finanzbehörde[308] führten immer wieder zu längeren Unterbrechungen der von Chuno gemeinsam mit dem zuständigen Hofarchitekten Grünberg[309] schon vor der Stiftung der Sozietät bis ins Detail festgelegten Bauarbeiten. Vor allem nach der "große(n) in dem Cammerwesen vorangegangene(n) Veränderung" ließ man nichts unversucht, um die anfallenden Kosten "unter allerhand nichtigen Ausflüchten von sich abzuwenden".[310] Königliche Verfügungen zugunsten der Sozietät wie die Bewilligung von 2.100 Talern zum Ankauf der Astronomenwohnung[311], für den sich wiederum Chuno beharrlich einsetzte[312], waren wertlos angesichts der steigenden Finanznot des brandenburg-preußischen Staates, "da der große Mangel in allen Caßen so sichtbar herfürbricht, daß er dem Könige selbst nicht länger ganz verborgen bleiben könne".[313] Unter diesen Umständen konnte freilich schwerlich etwas gegen die "Renitenz der Cammer", die alle berechtigten Forderungen der Sozietät mit Gegendarstellungen zurückwies, unternommen werden.[314]

Die lange Bauzeit des Observatoriums sollte für die Entwicklung der Akademie zum Verhängnis werden. Man hatte nämlich deren wirkliche Eröffnung, wie in dem oben zitierten Brief ihres Sekretärs vom Mai 1702 bereits angeklungen ist[315], von der Fertigstellung der darin einzurichtenden Konferenzstube und der Bereitstellung der Astronomenwohnung abhängig gemacht, um Friedrich III. (I.) gleichsam unter Druck zu setzen, seine entsprechenden Zusagen einzuhalten. Diese Taktik erwies sich, so Brather[316], als Bumerang und hatte zur Folge, daß die Sozietät in ihrem ersten Jahrzehnt nur auf dem Papier existierte. Denn erst als 1709 das Observatorium "in brauchbaren Stand gesezet" und die Kammer bereit war, die Übergabe zu vollziehen[317], ging man daran, ihre feierliche Inauguration, die Konstituierung ihrer Organe und den Beginn monatlicher Klassensitzungen vorzubereiten.

Doch ohne zusätzliche finanzielle Mittel bestand auch weiterhin keinerlei Aussicht auf eine fruchtbare Zusammenarbeit der in der Sozietät versammelten Gelehrten. Zudem war zu befürchten, daß die wenigen herausragenden einheimischen und auswärtige Mitglieder ihr Interesse an einer Mitarbeit verlören. Nur eine Erweiterung des Fundus konnte die Sozietät in die Lage versetzten, Leistungen zu erbringen, "so der Glori des aller Durchlauchtigsten Fundatoris, der Erwartung der Welt, und der Königl. Instruction einig Gnüge geben".[318] Mit der düsteren Prognose, "si on n'augmente pas son fonds, elle rampera au dépens de la gloire du fondateur".[319], appeliert Leibniz daher noch einmal an den König, er möge sich seines Versprechens, die Sozietät mit "anständigen concessionen" auszustatten, erinnern.[320]

Nachdem alle bisherigen Vorschläge für königliche Privilegien gescheitert waren, besann sich der hannoversche Gelehrte nun wieder auf ein Projekt, das er schon 1692, angeregt durch seinem mittlerweile verstorbenen Freund Joh. Daniel Crafft[321], als ideale Möglichkeit zur Finanzierung wissenschaftlicher Unternehmen empfohlen hatte:

"Ob nun schohn viel guthe dinge anzugeben, und deswegen etwa privilegia zu erhalten, so düncket mich doch nach vielem hin und herdencken, daß nichts dazu dienlicher, beständiger, thunlicher, austräglicher, anständiger, als die unternehmung der Seidenzielung"[322]

Seit dem Oktober 1702 sehen wir ihn bemüht, den Seidenbau, den man schon in einigen deutschen Territorien, auch in Brandenburg-Preußen unter der Regierung des Großen Kurfürsten, wiewohl ohne Erfolg, einzuführen versucht hatte[323], als Einnahmequelle für die Sozietät zu erschließen. Erste Verhandlungen in dieser Angelegenheit führte er mit dem Geheimen Rat Friedrich von Hamrath in Potsdam.[324] Doch die Erfahrungen der Vergangenheit hatten ihn gelehrt, daß "zu einem neuen und weitläuffigen geschäfft eine höhere Autorität vonnöthen".[325] Daher wandte er sich sowohl an den Oberkämmerer Kolbe von Wartenberg, den damals einflußreichsten Mann im Staate[326], als auch an Sophie Charlotte. Die Königin erteilte ihm schließlich am 8. Januar 1703 die Vollmacht, "die Einführung der Seidenzielung in diesen Landen gehörigen Orths zu suchen und ... zu Richtigkeit zu bringen".[327]

Ungeachtet dieser Vollmacht und obwohl Leibniz auch weiterhin nichts unversucht ließ, Minister und höhere Beamte für das Projekt zu gewinnen und in unzähligen Memoranden alle möglichen Einwände gegen die Seidenkultur in Brandenburg-Preußen, etwa Klimaverträglichkeit oder Bodenbeschaffenheit, zu widerlegen verstand.[328], kam das Unternehmen gar nicht erst in Gang; es fehlten die finanziellen Mittel und Arbeitskräfte. Erneut aufbrechende Divergenzen zwischen Berlin und Hannover, die ihn, wie Leibniz zu Recht befürchtete, beim König in Mißkredit brachten[329], führten dazu, daß Friedrich I. ihm trotz seines Drängens, "car mon âge et ma constitution font que je me presse pour établir quelque chose de bon et de durable"[330], das gewünschte Monopol auf die Seidenziehung zunächst nicht zuerkannte.[331] Erst am 28. März 1707 erhielt die Sozietät der Wissenschaften das von ihrem Präsidenten entworfene umfassende *Privilegium privatum generale perpetuum*.[332] Dieses übertrug ihr die Seidenherstellung von der Anpflanzung der Maulbeerbäume bis zum Vertrieb der fertigen Seide.

Joh. Leonhard Frisch[333], der der Akademie seit 1706 angehörte, wurde von Leibniz als Sachwalter des Seidenbaus in Berlin bestimmt; er sollte in Abwesenheit des Präsidenten das Unternehmen überwachen und leiten. Sein lebhafter Briefwechsel mit dem Philosophen in Hannover bis zu dessen Tod[334] dokumentiert den unermüdlichen Einsatz, mit dem der ehemalige Landwirt seiner Aufgabe nachkam.[335] Er zeigt aber auch die Schwierigkeiten, Rückschläge, ja sogar Anfeindungen, mit denen Frisch zu kämpfen hatte.[336] Die königliche Verwaltung war nicht bereit, die dringend benötigten Arbeitskräfte für die Anpflanzung und Pflege der Maulbeerplantagen und zur Fütterung der Seidenraupen zur Verfügung zu stellen oder das Projekt finanziell zu unterstützen. Er fände niemanden, klagt Frisch am 20. April 1709, der das Seidenwerk "zu begreiffen und es zu beförderer geneigt scheint".[337] Die Sozietät wiederum war nicht in der Lage, Zuschüsse zu leisten. Zu allem Überfluß fand das Seidenbauprojekt auch in den eigenen Reihen, d.h. bei den Konzilsmitgliedern, wenig Anklang, man spottete vielmehr über Frischs Eifer.[338] Vor allem der Akademiesekretär Jablonski verhielte sich "kaltsinnig". Nur Chuno zeige ernsthaftes Interesse "und (sei) zu aller Beförderung geneigt".[339] Der Geheime Kabinettsarchivar hatte sich schon nach Leibniz' Abreise aus Berlin am 3. Juni 1703 weiterhin vor Ort für die Erlangung des Maulbeerprivilegs verwendet.[340]

Bis 1712 bemühte sich Frisch vergeblich, den Seidenbau wirklich in Gang zu bringen. Am 2. September mußte er Leibniz schließlich resigniert mitteilen, daß sichtbare Fortschritte nicht zu erkennen seien und man sich darüber bei Hofe bereits lustig mache: "Man heisset uns bey Hoff des grands faiseurs de rien".[341]

Enttäuscht von der mangelnden Unterstützung und Anerkennung der von ihm in den letzten sechs Jahren geleisteten Arbeit, zog Frisch sich bald darauf von der Verantwortung für den sozietätseigenen Seidenbau zurück und legte eigene Maulbeerpflanzungen an. Zudem habe er Kunden abgeworben, was die Sache für die Sozietät zusätzlich erschwere. Dies berichtet jedenfalls der Akademiesekretär am 20. Dezember desselben Jahres, ohne freilich zu erwähnen, daß man den ebenso erfahrenen wie tüchtigen Mann schon lange vorher ins Abseits gestellt hatte.[342] Das Seidenwerk wurde "nun von dem Commißariat vor die Hand genommen und stark getrieben"[343], besonders da sich mittlerweile auch der Kronprinz zunehmend für das Unternehmen interessierte[344] und somit durchaus gute Aussichten bestanden.

In der Tat zeichneten sich bald erste Erfolge ab, nicht zuletzt weil sich das Konzil nach erheblichen Rückschlägen und finanziellen Einbußen nun doch wieder auf die Kenntnisse und Fähigkeiten jenes Mannes besann, dessen selbstlosen Einsatz man jahrelang nicht zu würdigen gewußt hatte. Im Frühjahr 1715 konnte endlich eine Probe Damast aus eigener Seidenziehung bei Hofe vorgelegt werden. Doch die Sozietät war zu diesem Zeitpunkt bereits zu sehr in Verruf geraten, so daß der Sekretär zu recht befürchtete: "Ob es nunmehr post vulneratan causam noch einigen guten Effect thun werde, ist wol mehr zu wünschen als zu hoffen"[345], zumal dem König, "welcher noch als Kronprinz der Sache überaus zugethan gewesen, dieselbe in odium Societatis dermaßen verleitet... worden, daß er sie en ridicule handelt".[346]

3.1.5 Der Niedergang der Sozietät der Wissenschaften unter Friedrich Wilhelm I.

Mit verhaltener Zuversicht schrieb Leibniz am 22. Juni 1700 an seine Mitstreiter in der Reunionsfrage, den hannoverschen lutherischen Kirchendirektor, Gerard Wolter Molanus: "sie scribere tantum opus est, omnia in potestate habemus".[347] Doch mit der Planung allein war es eben nicht getan. Es sollten vielmehr über zehn Jahre vergehen, bis die Sozietät tatsächlich eröffnet und wirklich arbeitsfähig wurde. Diese lange Zeitspanne zwischen Gründung und Inauguration stellt ohne Frage ein Kuriosum in der europäischen Akademiegeschichte dar, das seine eigene Sprache spricht.

Die Entstehung der Sozietät der Wissenschaften wäre ohne Leibniz vermutlich nicht möglich gewesen, wiewohl Berlin um 1700 im deutschen Raum der einzige Ort war, an dem eine derartige Einrichtung überhaupt vorstellbar war. Doch erst Leibniz' unermüdlicher Einsatz und nicht zuletzt seine Verbindung zum Berliner Hof, insbesondere zur Kurfürstin und späteren Königin, die den Wunsch ihres gelehrten Freundes zu dem ihren machte, verhalfen der ersten staatlichen Akademie im Reich zu ihrer Verwirklichung. Andererseits kennzeichnet die Beziehung Leibniz und Berlin, ihre Entstehungsgrundlage sozusagen, auch eine nicht zu unterschätzende Hypothek, die von Anfang an auf ihr lastete. Stand sie doch im Spannungsfeld dieses Verhältnisses und damit auch im politischen Spannungsfeld zwischen Berlin und Hannover. Die Stellung, die der hannoversche Justizrat am Berliner Hof genoß, das zeigt sich überdeutlich nach dem Tode Sophie Charlottes, wirkte auf seine wissenschaftliche Schöpfung zurück.

Nachdem Leibniz sich schon im Winter 1702/03 durch politisch naive, zudem unerwünschte Vermittlungsversuche zwischen den führenden norddeutschen Mächten den Argwohn beider Seiten zugezogen hatte[348], geriet er nur ein Jahr später im Zusammenhang mit dem sog. Hildesheimer Konflikt[349] erneut zwischen die Fronten. Sein Ansehen am Berliner Hof verschlechterte sich dadurch zusehens. Obwohl er, - aus Schaden klug geworden - dieses Mal keine politischen Absichten verfolgte, verdächtigte man ihn der Spionage für Hannover.[350] Und seine gegenüber Sophie Charlotte geäußerte Befürchtung, das Mißtrauen, das ihm Friedrich I. offensichtlich entgegenbrachte, könnte sich zum Nachteil der Sozietät auswirken, war, wie sich schon bald zeigen sollte, keineswegs aus der Luft gegriffen. In diesem Fall, fährt Leibniz in seinem Brief an die Königin fort, wäre er freilich doppelt unglücklich, denn in Hannover bezichtige man ihn wiederum "d'un trop grand attachement pour Berlin".[351]

In der Tat war man am Welfenhof verärgert über den häufig in Berlin weilenden Justizrat, zumal das Gerücht in Umlauf war, dieser werde ganz in brandenburg-preußische Dienste überwechseln. Zwar dementierte Sophie Charlotte zum damaligen Zeitpunkt noch derartige Pläne.[352] Andererseits sehen wir Leibniz bereits 1704/05, nachdem er in Berlin wieder zu Ansehen gelangt war und sich in Hannover, wie schon so oft zurückgesetzt fühlte, damit beschäftigt, die Möglichkeiten eines solchen Übertritts zu sondieren.[353] Gleichwohl sich der Geheime Rat Joh. Friedrich von Alvensleben für ihn einsetzte[354], ahnte Leibniz sicher schon, daß seine Chancen, zumal nach dem Ableben seiner Vertrauten und wichtigsten Fürsprecherin denkbar gering waren.

Doch nicht nur der Philosoph, auch die Sozietät der Wissenschaften verlor mit Sophie Charlottes plötzlichem Tod im Februar 1705 ihre Gönnerin.

Unter diesen Umständen und angesichts der erneut aufgebrochenen Divergenzen um das Hochstift Hildesheim konnte er für die Belange der Sozietät am Berliner Hof kein Gehör mehr finden. Darüber hinaus hatte ihn Kurfürst Georg Ludwig, dem die Ambitionen seines Justizrates trotz höchster Geheimhaltung nicht verborgen geblieben waren, am 6. Juni 1705 striktes Reiseverbot erteilt[355], so daß Leibniz der königlichen Residenz für mehr als anderthalb Jahre fernbleiben mußte. Erst die Vermählung des preußischen Kronprinzen Friedrich Wilhelm mit der hannoverschen Prinzessin Sophie Dorothea im November des darauffolgenden Jahres führte ihn wieder nach Brandenburg-Preußen und gab ihm Gelegenheit, sich nachdrücklich für eine finanzielle Besserstellung der Sozietät einzusetzen.[356] Das Maulbeer- und Seidenprivileg sowie die Zusage des Königs zum Ankauf der Astronomenwohnung sind sichtbare Ergebnisse seiner Bemühungen.

Während seines über sechsmonatigen Aufenthaltes ergriff Leibniz schließlich auch die längst überfällige Initiative, um die Akademie endlich wissenschaftlich hervortreten zu lassen:

> "Weilen man aber zu mehrer Vergnügung Kön. Mt und des Publici, und Erreichung des löblichen gemeinüzigen Zwecks gleichwol dahin zu sehen hat, daß nicht nur die Societät mehr und mehr in Stand gesezet werde etwas Nüzliches auszurichten, sondern auch würcklich etwas leiste..."[357]

Um die Jahreswende 1706/07 rief er alle einheimischen Sozietätsmitglieder zu Sitzungen der noch gar nicht gebildeten Klassen zusammen, um ihnen konkrete Arbeitspläne zu unterbreiten. Im Mittelpunkt der sog. Aktivitätskonferenzen[358] standen die Beiträge zum ersten Band der *Miscellania Berolinensia*.

Seit dem Herbst 1707 gingen die Manuskripte bei der Akademie ein, über die ihr Präsident nach seiner Rückkehr nach Hannover im Mai mit Chuno und den beiden Jablonskis intensiv korrespondierte.[359] Drei Jahre sollten indes vergehen bis zur entgültigen Fertigstellung der ersten Gemeinschaftsproduktion der Akademie, die allein zwölf Aufsätze des Philosophen enthielt.[360] Als sie im Juni 1710 erschien, wurde sie von der Gelehrtenwelt zwar mit Wohlwollen aufgenommen, eine wissenschaftliche Novität stellte sie gleichwohl nicht dar.[361] Dessen ungeachtet kennzeichnet dieser erste Band der *Miscellania,* so Harnack[362], noch vor dem Statut von 1710 die "wahre Geburtsurkunde" der Berliner Sozietät der Wissenschaften.

In der Tat erschien die Akademie daraufhin kurzzeitig im Aufwind, zumal man nun, nach der Fertigstellung des Observatoriums und der Versammlungsräume endlich daran gehen konnte, ihre Konstituierung vorzubereiten; neben der in der Generalinstruktion bereits angedeuteten Einteilung in Klassen, die Regelung von monatlichen Klassensitzungen und jährlichen Generalversammlungen sowie die Formierung des Konzils als Ausschuß der Vierklassendirektoren, des Sekretärs und des Fiskals.

Dabei wurde freilich deutlich, daß das Verhältnis der Sozietät zu ihrem Präsidenten nicht zum Besten stand. Man hatte seine ständige Abwesenheit, - bis 1711 war der hannoversche Gelehrte nur noch zweimal, von Januar bis März und im Juli 1709, in Berlin -, als Desinteresse ausgelegt und seine gleichzeitigen Aktivitäten zur Wissenschaftsorganisation in Dresden und Wien[363] als Affront empfunden. Ohne sein Wissen verabschiedeten die Sozietätsmitglieder am 3. Juni 1710 das sog. Statut[364], das zudem seine Stellung relativierte. Denn ihm wurde der preußische Minister für Kirchen- und Kulturpolitik Marquard von Printzen als Ehrenpräsident und designierter Nachfolger an die Seite gesetzt.[365]

Unter anderen Umständen hätte Leibniz diese Konstellation vermutlich begrüßt, denn er selbst hatte die Aufnahme einflußreicher politischer Persönlichkeiten in die Leitung der Akademie angeregt, "damit doch Jemand sey, der der Societät bey dem König das Worth beständig und mit Nachdruck auspreche".[366] Und von Printzen, der nach dem Sturz Wartenbergs 1711 zu den wichtigsten Beratern des Königs gehörte, der aber auch durch seine Teilnahme an den gelehrten Zusammenkünften im Hause Spanheims[367] sein Interesse an Wissenschaft und Bildung schon früh unter Beweis gestellt hatte, war gewiß nicht die schlechteste Wahl. Daß er von dieser neuen Regelung aber "par accident" erfahren mußte[368], kränkte Leibniz zutiefst. Seine an die Adresse der Kronprinzessin Sophie Dorothea gerichtete Beschwerde wird vom Hofprediger indes sogleich widerlegt.[369]: Leibniz möge sich entsinnen, daß man ihm den Entwurf zur besagten Königlichen Verordnung, "welche der Societät zu einem beständigen Reglement dienen soll, und darinn wegen Bestellung eines solchen Praesidis (...) versehung geschehen, Dero bereits vor etwa 7 Jahren zur censur communiciret, inzwischen aber von Dero hinwieder nichts moniret worden". Außerdem sei von Printzen nicht von der Sozietät gewählt, sondern vom König selbst zum Praeses honorarius berufen worden.

Wollte Leibniz sich auch nicht so recht an diesen Vorgang erinnern[370], aus den Briefen des Akademiesekretärs geht unzweifelhaft hervor, daß ihm ein entsprechendes Konzept im März 1704 zur Begutachtung übersandt worden war.[371] Und dieses war, wie schon Harnack betont[372], nahezu indentisch mit der Königlichen Verordnung von 1710.

Zu der vermeintlichen Zurücksetzung seiner Person kam freilich noch der für ihn als Präsidenten der Sozietät ärgerliche Tatbestand, daß man die Direktoren der vier Klassen ohne sein Wissen gewählt hatte[373], und die für ihn beschämende Diskussion um die Berechtigung seiner Aufwandsentschädigung.[374] Angesichts dieser Demütigungen mochte Leibniz an der feierlichen Eröffnung der Akademie am 19. Januar 1711 nicht teilnehmen. Sein Fernbleiben entschuldigte er mit Unpässlichkeit. Allerdings scheint man in Berlin auf seine Anwesenheit auch keinen besonderen Wert gelegt zu haben.

Erst die Nachricht, daß die Sozietät nach ihrer Inauguration offensichtlich in Gang kam[375], daß man sogar beabsichtige, ein Theatrum Anatomicum und ein chemisches Laboratorium einzurichten[376], ließ Leibniz alle Ärgernisse der Vergangenheit vergessen. Kurz entschlossen und ohne bei seinem hannoverschen Dienstherrn um Erlaubnis eingeholt zu haben, reiste er von Braunschweig aus Ende Februar 1711 für ca. zwei Monate nach Berlin.

Während es ihm gelang, auf der von ihm zum 26. März 1711 einberufenen außerordentlichen Generalversammlung die Zügel der Sozietät noch einmal in die Hand zu bekommen"[377], geriet er andererseits abermals unter Spionageverdacht, da der Hildesheimer Konflikt wieder aufgekeimt und das Verhältnis zwischen Brandenburg-Preußen und Hannover äußerst gespannt war. Sein Memorandum für Friedrich I., in dem er sich gegen alle Anschuldigungen verwahrt[378] und auf seine Verdienste um die Förderung der Wissenschaften in Brandenburg-Preußen verweist, ist zugleich als "Abschiedsdokument" des hannoverschen Gelehrten zu betrachten.[379] Leibniz ist, nachdem er Berlin Anfang Mai 1711 verlassen hat, nicht wieder dorthin zurückgekehrt.

Seit diesem letzten Berlin-Aufenthalt wuchs die Opposition gegen ihn innerhalb der Sozietät. Seiner ständigen Abwesenheit überdrüssig, hielt man Leibniz zwar nach wie vor auf dem laufenden, Entscheidungen traf man indes ohne ihn. Doch auf diesbezügliche Beschwerden von Leibniz entgegnete der Hofprediger nicht ohne seinerseits Kritik am mangelnden Pflichteifer des Präsidenten zu üben:

"Allermassen wir nie sinnes gewesen ohne EWGeb Vorwissen, wann Sie nur in der Nähe und abzureichen sind, etwas wichtiges vorzunehmen."[380]

Nach dem Regierungsantritt Friedrich Wilhelms I. 1713 begann der scheinbar unaufhaltsame Niedergang der Akademie, die schon bald nach ihrer Eröffnung wieder in ihre Lethargie zurückgefallen war. Von einem König, nach dessen Grundsatz sich jede Steigerung der Staatseinnahmen in der Bildung neuer Regimenter niederschlagen mußte[381], war auch kaum Verständnis für die finanziellen Bedürfnisse einer wissenschaftlichen Akademie zu erwarten. "Der hohe Todesfall", schreibt Joh. Theodor Jablonski denn auch am 1. April 1713 an Leibniz[382], "hat mehr Veränderungen nach sich gezogen, als man je vermutet. Sie betreffen aber meist die Oeconomica und haben S.K.M.t. sich so weit herausgelaßen, daß Sie erst einen beständigen Grund guter Haushaltung legen müßen, damit Sie zuforderst eine ansehnliche Kriegsmacht wol unterhalten und nachgehends ihren Untertahnen einige Erleichterung schaffen können."

Nach Jahren der Verschwendungssucht, in denen Brandenburg-Preußen am Rande des Staatsbankrotts entlangschlitterte, schlug Friedrich Wilhelm I. einen konsequenten Sparkurs ein, dem nicht zuletzt kulturelle und wissenschaftliche Institutionen, allen voran die Akademie der Künste zum Opfer fielen. Förderungswürdig erschienen dem neuen Regenten nur jene Wissenschaften, die den materiellen Landesinteressen zugute kamen bzw. unmittelbaren Nutzen für die Lösung staatlicher und militärischer Aufgaben erwarten ließen. An der Spitze der von Friedrich Wilhelm I. geachteten Disziplinen standen die Medizin und Chemie, nicht nur, weil sie der Armee dienten, sondern weil sie für ihn den Fortschritt des Zeitalters repräsentierten. Auch an der Kameralistik, d.h. an den Wirtschafts- und Verwaltungswissenschaften fand er Gefallen.[383] Entsprachen wissenschaftliche oder andere Einrichtungen seinen Vorstellungen, entzog er ihnen seinen Schutz und seine Fürsorge nicht. Den Franckeschen Stiftungen in Halle etwa mangelte es während der Regentschaft des sog. Soldatenkönigs nicht an staatlicher Unterstützung, denn hier sah er die von ihm so hochgeschätzten Tugenden des Pflichteifers und der Sparsamkeit verwirklicht.

Von der Sozietät der Wissenschaften erwartete Friedrich Wilhelm I. hingegen keinen Nutzen. Ihren Präsidenten Leibniz zählte er zu jenen Gelehrten, die sich mit "unverständliche(n)... Fratzen, so weder bessern noch erbauen"[384], beschäftigen und zu nichts, ja nicht einmal zum "Schildwachestehen" zu gebrauchen waren.[385]

> "Dem Könige ist ... mit gelehrten Sachen nichts gedienet, denn er fraget nicht, waß die Societät denke oder erfinde, sondern nur waß sie tuhe."[386]

Könnte er erkennen, "dass etwas darinnen gethan würde", hatte Friedrich Wilhelm schon als Kronprinz signalisiert, würde er der Akademie gerne etwas zuwenden.[387] So aber lehnte er es ab, ihr Protektorat zu übernehmen, bestätigte mehrere Jahre ihre Rechte nicht und griff immer wieder in ihren Etat ein. Schließlich ließ er sogar die Räume des Observatoriums zur Miete ausschreiben. "Es äusern sich täglich neue machinationes zum Nachteil der Societät", gegen die man sich kaum wehren könne, klagt der ältere Jablonski in einem seiner Berichte für Leibniz.[388]

Andererseits hat die Sozietät in den drei Jahrzehnten der Regierung Friedrich Wilhelms I. wahrhaftig nichts unternommen, um den König von der Notwendigkeit ihrer Existenz durch Leistung zu überzeugen. Man verharrte vielmehr in gewohnter "languore"[389], anstatt den Geboten der Zeit und damit letztlich auch dem eigenen, schon in der Generalinstruktion verankerten Grundsatz *theoria cum praxi* Folge zu leisten. Die vom König geforderte Praxisorientierung wurde von den meisten Sozietätsmitgliedern dagegen wohl mehr als lästiger Eingriff in ihre Domäne denn als zukunftsweisende Chance empfunden. Joh. Leonh. Frisch, einer der wenigen, die positiv hervortraten, zumal Friedrich Wilhelm I. sich an dem von ihm mit großem Engagement betriebenen Seidenanbau interessiert zeigte, erhielt vom Consilium keinerlei Unterstützung bis man ihn schließlich ganz ins Abseits drängte und das Projekt mit noch größeren Einbußen als zuvor selbst in die Hand nahm.[390] Die Einsicht, "daß in den ersten Jahren etwas verseumet worden"[391], kam freilich zu spät.

Ebenso versäumte man es, Leibniz' wiederholten Rat zu befolgen, möglichst bald einen neuen Band der *Miscellania* vorzulegen, "darin nicht nur speculativa et curiosa sondern auch practica et utilia zu bringen", mit besonderer Berücksichtigung der Vorlieben des Königs, d.h. des Militär- und Manufakturwesens.[392] Ein rasches Erscheinen des zweiten Bandes scheiterte nicht zuletzt an der mangelnden Einsatzbereitschaft der Sozietätsmitglieder, gleichwohl das Konzil unter der Federführung des Vizepräsidenten Jablonski Leibniz für die Verzögerungen verantwortlich machte.[393]

Nur einmal schien es, als wollte die Sozietät initiativ werden; als sie nämlich unmittelbar nach ihrer Konstituierung auf Vorschlag Friedrich Hoffmanns[394], dem

Leibarzt Friedrichs I., die Einrichtung eines *Theatrum anatomicum* erwog. Allerdings mußte sie diesen Plan mangels finanzieller Mittel und geeigneter Räumlichkeiten bald wieder fallenlassen.[395] An ihrer Stelle gelang es Hoffmanns Nachfolger, dem Leibmedikus Friedrich Wilhelms I. Andr. Gundelsheim, gleich nach dem Regierungswechsel entsprechende Zusagen vom neuen König zu erhalten. So wurde das *Theatrum anatomicum*, das "durch Beforderung Sr. Königl. Mt. ziemliches Aufnehmen" fand[396], 1713 nicht nur unabhängig von der Sozietät installiert, es unterstand zudem einem ihrer ärgsten Widersacher. Der zunächst positive Aspekt, daß der König ihrem Mitglied Christian Maximilian Spener die anatomischen Sektionen übertrug, brachte der angeschlagenen Akademie nicht die erhofften Vorteile, zumal Spener nur ein Jahr später, 36jährig verstarb. Selbst als man ihr mit königlicher Verordnung vom 15. Mai 1717 die Anatomie endlich einverleibte[397], worum sie sich von Anfang an gegen den Widerstand Gundelsheims (gest. Juni 1715) bemüht hatte, um die Gunst Friedrich Wilhelms I. zu gewinnen[398], blieb der gewünschte Effekt aus:

"Der König hält viel auf die Anatomie, und läßet sie... dieselbe nicht wenig kosten, nur weil das Werk von dem Hrn. *Gundelsheim* herrührt und also auser der Societät seinen Anfang genommen, so kan ihr davon wenig zukehren, wiewol man nichts gesparet, sich mit dem Hrn. *Gundelsheim* näher zu sezen und wo möglich das Werk der Societät völlig einzuverleiben."[399]

Gundelsheim, dem man vergeblich die Aufnahme in die Sozietät angeboten hatte[400], verstand es darüber hinaus, dem König die von ihm ohnehin geringgeschätzte Akademie der Wissenschaften als nutzlose, zudem verschwenderische Anstalt hinzustellen. So daß dieser im November 1714 eine Rechnungsprüfung veranlaßte und, nachdem er das Urteil seines Leibarztes bestätigt sah, nämlich daß die Einnahmen der Sozietät "zu allerhand und zum Teil unnötigen Dingen verwendet werden", eine Kürzung und Umverteilung ihres Etats vornahm. Mit königlicher Verordnung vom 29. November 1714[401] mußte die Akademie 1000 Taler jährlich aus ihrer Kasse an das von Gundelsheim geleitete anatomische Theater zahlen; die Gehälter des Präsidenten und des Sekretärs wurden halbiert.

Die Buchprüfung hatte erneut zu häßlichen Auseinandersetzungen um Leibniz' Aufwandsentschädigung geführt, zumal Gerüchte im Umlauf waren, der Philosoph sei in die Dienste des Kaisers getreten und zum katholischen Glauben konvertiert. Man warf dem seit fast zwei Jahren in Wien weilenden Leibniz grobe Vernachlässigung seiner Präsidentenpflichten vor und sah sich daher berechtigt, seine jährliche Kostenentschädigung von 600 Talern einzubehalten, um sie unter den Angehörigen des Konzils aufzuteilen.[402] Ungeachtet der anderslautenden königlichen Verfügung ließ man den hannoverschen Gelehrten bis zum April des folgenden Jahres in dem Glauben, sein Gehalt sei gestrichen.[403]

Tatsächlich eingestellt wurden die bereits um die Hälfte reduzierten vierteljährlichen Zahlungen an Leibniz am 3. September 1715[404], jedoch wiederum nicht auf Geheiß des Königs, wie der Hofprediger vorgab, sondern ausschließlich auf Beschluß des Consiliums, noch dazu ohne den Philosophen vorher noch einmal angehört zu haben. Dessen Antwort auf die von ihm gewünschte Stellungnahme von Printzens, die das Ränkespiel der Konzilsmitglieder gegen ihn schließlich schonungslos aufdeckte, stellt das letzte offizielle Schreiben von Leibniz, die Sozietät betreffend, dar.[405]

Die seit 1711 zunehmende Entfremdung zwischen Leibniz und seiner wissenschaftlichen Schöpfung hatte ihren Höhepunkt erreicht. Und die Schuld, wenn man denn überhaupt von Schuld sprechen will, lag wohl auf beiden Seiten. Leibniz' Weigerung, nach Berlin überzusiedeln, seine mangelnden Führungsqualitäten und sein unsteter, stets neue Projekte ins Auge fassender Charakter trugen sicherlich nicht dazu bei, seine Beziehung zur Akademie zu festigen und dieser unter seiner Leitung eine kontinuierliche Entwicklung zu ermöglichen.

Andererseits läßt es sich nicht leugnen, daß das Gros der in Berlin versammelten Gelehrten nicht das Format hatte, dem genialen Plan eines Leibniz Leben zu verleihen. So ist der Niedergang der Sozietät in den ersten vier Jahrzehnten auch weniger auf die Abneigung Friedrich Wilhelms I. gegen alles, was sich nicht unmittelbar in die Praxis umsetzen ließ, zurückzuführen, als vielmehr auf die wissenschaftliche Mittelmäßigkeit und fehlende Initiative ihrer Mitglieder.

Zurückschauend erkennen wir aber auch, daß ein so großartiges Projekt unter den politischen und gesellschaftlichen Bedingungen des feudal-absolutistischen Brandenburg-Preußens, eines ökonomisch wie politisch instabilen Staates, der "endlich einen Ausweg im Übergang zu einem haushälterischen Militärstaat suchte"[406], Utopie bleiben mußte. Hier mangelte es nicht nur an finanziellen Mitteln, so daß die Sozietät in erster Linie mit der Sicherung ihrer Existenz beschäftigt war, denn mit fruchtbarer wissenschaftlicher Arbeit und somit "neben den modernen wissenschaftlichen Strömungen herlebte".[407] Vor allem fehlte es an jenen intellektuellen Kreisen, die wie in England und Frankreich eine gelehrte Gesellschaft hätten tragen können. Die Sozietät in Berlin war nicht von der Basis aus gewachsen, sie ging nicht wie in den Musterländern der europäischen Akademiebewegung auf eine Tradition organisierter Forschungsarbeit zurück. Man hatte sie gewissermaßen von oben diktiert, wiewohl anschließend ohne den Schutz und die Unterstützung des Staates sich selbst überlassen. Im Grunde beruhte sie allein auf dem Genius Leibnizens. Die enge Bindung an die Persönlichkeit ihres geistigen Vaters hatte wiederum zur Folge, daß sie zu allem Überfluß auch noch in das Auf- und Ab der politischen Beziehungen zweier rivalisierender Fürstenhöfe hineingezogen wurde. Die kläglichen Anfangsjahre der Sozietät in Berlin, ihre nur mühsame Entfaltung wird man nicht zuletzt auf diese widrigen Umstände zurückzuführen haben.

3.2 Entwurf zu einer *gelehrten Sozietät* in Sachsen

3.2.1 Leibniz' Verbindung zum kursächsischen Hof

So enttäuschend für Leibniz die Entwicklungen nach der Berliner Akademiegründung auch gewesen sein mußten, so beirrten sie ihn doch nicht in der Überzeugung von der Notwendigkeit und Realisierbarkeit einer universalen Wissenschaftsorganisation. Ungeachtet der zahlreichen Rückschläge hielt er fest an der ursprünglichen Konzeption eines Netzes von gelehrten Gesellschaften, die sich, im engen wissenschaftlichen Austausch miteinander verbunden, wechselseitig ergänzen sollten. Diese unbeirrte Haltung zeigt sich in seinem Handeln. Ab 1703, zu einer Zeit also, da schon zu erkennen war, daß die finanziell wie personell zu schwach ausgestattete brandenburg-preußische Sozietät nur ein kümmerliches Dasein würde führen können, als er selbst in Berlin peinlichen Verdächtigungen ausgesetzt war, strebte er, weit davon entfernt, seine große Vision aufzugeben, eine neue deutsche Gründung an:

> "Im Jahre 1703 hatte er vor, des Königes Augusti Mayestaet zu Aufrichtung einer Academie der Wissenschafften in Dresden zu animiren, und sollte selbige mit der Berlinischen gleichsam correspondiren"[1),]

erfuhr man, noch bevor das einschlägige Quellenmaterial von Foucher und Bodemann 1875 bzw. 1883 zu Tage gefördert wurde[2)], aus der von Leibniz' Sekretär und Mitarbeiter an den *Scriptores rerum Brunsvicensium* Joh. Georg Eckhart 1717 verfaßten, von Murr 1779 edierten Biographie des Philosophen. Diese frühe Information war um so wertvoller, zumal sie aus erster Hand stammte; denn Eckhart war jene Vertrauensperson, die Leibniz damit beauftragt hatte, für das Projekt in Dresden zu werben.[3)]

Daß der weitgereiste Gelehrte den Blick nun wieder auf sein Heimatland richtete, mag angesichts der Verwicklung Sachsens in den Nordischen Krieg[4)] verwundern. Wußte er doch nur zu gut, daß kriegführenden Mächten kaum finanzielle Überschüsse für kulturelle Unternehmen zur Verfügung standen. Gleichwohl sah er gerade in Sachsen den geeigneten Boden, auf dem eine gelehrte Sozietät entstehen konnte, die, wie er vielleicht insgeheim hoffte, durch einen glücklicheren Anfang alle jene beschämen könnte, die dem Fortkommen der Berliner Stiftung im Wege standen. Denn es sei bekannt, "qu'il n'y a point de pays en Allemagne, où il y ait plus de savans et d'habiles gens, à proportion de son étendue".[5)] Überdies, und diese Bemerkung dürfen wir nicht zuletzt als versteckten Vorwurf in Richtung Berlin verstehen, seien die Menschen hier aktiver.[6)]

Insbesondere was den Kurfürsten von Sachsen und König von Polen anbetraf, hegte Leibniz übergroße Erwartungen. Nicht nur, weil dieser selbst zu den wißbegierigsten und aufgeklärtesten Fürsten Europas zähle.[7)] Offenbar hatte August der Starke zudem erkannt, daß die Pflege der Wissenschaften wohl dem Glanze seines fürstlichen Hauses, vor allem aber dem Wohlstand seines Landes zugute kommen konnte; und hierauf war das vom Krieg wirtschaftlich schwer angeschlagene Sachsen nur allzu angewiesen.

Auf die Neigung des Kurfürsten zur Förderung der Wissenschaften wurde Leibniz sehr wahrscheinlich von dessen Beichtvater Carlo Mauritio Vota (1629-1715) hingewiesen, mit dem er seit 1694 vornehmlich über Fragen zur Chinamission korrespondierte.[8] Als er mit dem Jesuitenpater, der ein großer Verehrer der preußischen Königin Sophie Charlotte und deren Mutter, der hannoverschen Kurfürstin Sophie, war[9], im Februar und März 1703 in Berlin zusammentraf[10], mag die Idee zur Fundierung einer sächsischen Akademie erstmals zur Sprache gekommen sein.[11] Schriftlich fixiert sehen wir diesen Gedanken allerdings erst im Frühherbst, wiederum in einem Brief an Vota[12], von dem er annehmen durfte, daß er aufgrund seiner vertrauten Stellung beim König diesem das Projekt nahebringen konnte. Der 74-jährige, der sich schon vor 1694 als päpstlicher Gesandter am Warschauer Hof beim damaligen polnischen König Johann III. Sobieski für die Unterstützung von Leibniz' sprachwissenschaftlichen Forschungen eingesetzt hatte[13], enttäuschte seinen langjährigen Briefpartner nicht. Zumindest verstand er es, die Aufmerksamkeit Augusts II. auf den hannoverschen Gelehrten zu lenken, indem er jenem "ce merveilleux proiect touchant l'èducation du Prince" vorlegte, das Leibniz ihm vermutlich in Berlin überreicht hatte.[14] Der Kurfürst äußerte großes Gefallen an dem bereits 1685/86 entstandenen Briefentwurf über die Prinzenerziehung[15] und zeigte sich sehr interessiert, den aus Sachsen stammenden, mittlerweile zu beachtlichem Ruhm gelangten Philosophen für seinen Hof zu gewinnen.[16]

Einen weiteren eifrigen Förderer seiner Person wie seiner Vorhaben fand Leibniz in dem sächsischen General Jakob Heinrich von Flemming[17], mit dem er durch Königin Sophie Charlotte in Berlin in Kontakt gekommen war. Der ebenso rührige wie geschäftstüchtige, wiewohl in der Wahl seiner Mittel mitunter bedenkenlose Flemming genoß, insbesondere nachdem er August dem Starken zum polnischen Königsthron verholfen hatte, höchstes Ansehen am sächsischen Hof. Er galt als Seele der königlichen Geschäfte. Und so dürfte es ihm nicht allzu schwer gefallen sein, das von Leibniz angeregte Seidenbauprivileg, um das der Gelehrte in Berlin so viele Jahre ringen mußte, vom sächsischen Kurfürsten in kürzester Zeit zu erlangen.[18] Ja, er konnte sogar zunächst den Großkanzler Beichlingen, nach dessen Sturz den König selbst dazu bewegen, dem Gesellschaftsvertrag beizutreten, den er bereits im März mit Leibniz in dieser Angelegenheit geschlossen hatte. Ob der hannoversche Gelehrte das Unternehmen, das nachweislich bis 1708 verfolgt wurde[20], doch nicht zur Ausführung kam, als Finanzierungsquelle für die künftige Sozietät ins Auge gefaßt hatte oder dabei mehr seinen eigenen Gewinn im Sinn hatte, - ein Gedanke, der ihm durchaus nicht fremd war -, muß dahingestellt bleiben. Er selbst brachte dieses Projekt jedenfalls nicht in unmittelbaren Zusammenhang mit der zu gründenden Akademie. Andererseits hatte er durch die, wenn auch bislang nur auf dem Papier bestehende Zusammenarbeit mit dem König optimale Voraussetzungen geschaffen, um nun auch seine Pläne zur Wissenschaftsorganisation voranzutreiben.

Daß bereits ein anderer, sein guter Bekannter von Pariser Zeiten her, der Mathematiker und vielseitige Erfinder Tschirnhaus[21] ein Akademieprojekt für Sachsen entwickelt hatte, das zudem schon relativ weit gediehen war, erwies sich ebenfalls als Vorteil, mag dadurch auch Leibniz' persönlicher Ehrgeiz ein wenig gelitten haben.

3.2.2 Tschirnhaus' Projekt einer mathematisch-physikalischen Akademie

Tschirnhaus hatte den Akademiegedanken schon zu Beginn der 70 Jahre im holländischen Leiden im Kreise Spinozas kennengelernt und weitere bestimmende Erfahrungen und Eindrücke in London, Paris sowie während seines Italienaufenthaltes 1676 gewonnen. Wie Leibniz, mit dem er 1675 in Paris bekannt wurde[22] und mit dem er das Schicksal eingeschränkter Wirkungsmöglichkeiten in den deutschen Kleinstaaten teilte, verfolgte er ein Leben lang beharrlich ein Ziel: die Gründung einer gelehrten Gesellschaft. Doch im Gegensatz zu jenem, der, wie wir heute wissen, auf's Geld sah und nicht bereit war, in anvisierte Projekte persönlich zu investieren[23], opferte der Mathematiker dieser Lebensaufgabe sein gesamtes Vermögen, so daß er am 11. Oktober 1708 völlig verarmt starb.

Bereits im Mai 1682[24] berichtete Tschirnhaus dem Philosophen von Plänen, in Kieslingswalde eine Gruppe von Gelehrten, allen voran den dänischen Mathematiker und Astrophysiker Georg Mohr(endahl) "und noch einen andern so in Algebraicis versiret, einen Chymicum Medicum und Mechanicum so von mir dependiren und meine inventa exequiren", um sich zu versammeln sowie Korrespondenten in Amsterdam, London, Paris, Rom und Venedig, "die Mir pertinent antworten auff das was verlange", zu verpflichten. Um dieses kostspielige Vorhaben zu finanzieren, bemühte er sich um Aufnahme in die französische *Académie des Sciences*, die mit einer Pension von 500 bzw. 1000 Talern jährlich verbunden war. Dank der Unterstützung seines "philosophischen Freundes"[25] Leibniz, der ihm zur Förderung seiner Kandidatur das bisher nur wenigen Personen bekannte Verfahren der Phosphor-Herstellung zur Mitteilung an die Akademie zur Verfügung gestellt hatte[26], wurde Tschirnhaus zwar am 22. Juli 1682 zum ersten deutschen auswärtigen Mitglied der Pariser Akademie gewählt, doch ohne das erhoffte Jahresgehalt.

Gleichwohl gelang es ihm, im Laufe der Jahre eine Reihe namhafter Gelehrter, darunter den Leibarzt des seit 1694 regierenden Kurfürsten Friedrich August (August II.), M. Pauli, den Chemiker und Bürgermeister von Zittau J.J. Hartig, den späteren Berliner Astronomen Kirch[27], die Berg- und Hüttenleute von Schönberg und Pabst von Ohain, den Wittenberger Mathematikprofessor M. Knorr sowie den Leipziger Rechtsgelehrten von Rechenberg und den Pädagogen Christian Weise, zu gewinnen und sein "Museum", wie er das 1679/80 eingerichtete Forschungslaboratorium, bestehend aus einer Schleifmühle und einem Glashüttenbetrieb, nannte, zu einem geistigen Mittelpunkt, einer Art Privatakademie auszubauen.[28] Von der Produktivität dieser kleinen informellen Forschergemeinschaft, die weder Statut, noch Fonds, noch ein gewähltes Präsidium besaß, deren Mitglieder zudem zwar vorwiegend in Sachsen wohnhaft, doch nicht ortsansässig waren, zeugen neben herausragenden Ergebnissen auf dem Gebiet der Technik, erinnert sei nur an die von Tschirnhaus entwickelten neuen Verfahren zum Schleifen von optischen Gläsern und Edelsteinen, beachtliche publizistische Leistungen.[29] Da derartige Projekte in der Regel mit größeren finanziellen Ausgaben verbunden waren, Tschirnhaus aber die Hoffnung auf eine Jahrespension von der Pariser Akademie nach dem Tod Colberts 1683 endgültig hatte begraben müssen, setzte er nun verstärkt auf die praktische Anwendung der Forschung in ertragreichen Manufakturen.

Mit Hilfe des oben erwähnten kurfürstlichen Leibarztes Pauli gelang es ihm, den sächsischen Hof für seine Vorstellungen zur Wissenschaftsorganisation zu interessieren, zumal er als Gegenleistung für die Schaffung entsprechender Arbeitsbedingungen seine Erfindungen, vor allem die des Porzellans, in Aussicht stellte. Allerdings sollten die in diesem Sinne 1694 in einer Audienz mit dem Kurfürsten getroffenen, in dem Vertrag von Sandomir 1704 bestätigten Vereinbarungen, die auf die Gründung einer mathematisch-physikalischen Akademie hinausliefen, aufgrund der finanziellen Lage Sachsens wirkungslos bleiben.

Der intensive briefliche Gedankenaustausch mit Leibniz in den 90er Jahren[30], in dem Tschirnhaus u.a. seine in der *Medicina mentis*[31] entwickelte Theorie der Wahrheitsfindung und deren Anwendung in der Praxis zur Diskussion stellte, zeigt, daß er wie dieser eine stark an das französische Vorbild angelehnte, merkantilistisch orientierte, wiewohl philosophisch-ethisch begründete Konzeption zur Wissenschaftsorganisation vertrat. Gemeinsam war beiden das Weigelsche Ideal des dem *bonum commune* verpflichteten Gelehrten sowie das Credo von der Notwendigkeit, Theorie und Praxis zu verbinden. So beschreibt Tschirnhaus ganz im Sinne seines Briefpartners die wissenschaftliche Akademie als eine Gemeinschaft von Forschern, die den Ertrag ihrer Erfindungen zusammenlegen und daraus eine Fonds zur Ermöglichung neuer Forschungen bilden sollten. Doch während Leibniz in Berlin vergeblich darum bemüht war, die Voraussetzungen für eine praxisorientierte Akademiearbeit zu schaffen, begann Tschirnhaus schon relativ früh, zunächst mehr oder weniger im Alleingang, diese Forderung in die Tat umzusetzen:

> "Nehmlich was mich betrifft, so habe mir erwehlet die Opticam zu excoliren, und wen mir gutte Freunde an der Hand stünden, so wollte so viel lucriren, als mir iemahlen und andern zu philosophiren nöthig... Wie ich nun also hierin verfahre, so solten andere gelehrte Leute auch thun; wir wolten bald einen considerabelen fond haben; dieser fond nun müste destiniret sein vor alle membra der Societät.[32]

Wie ernst der sächsische Mathematiker sein Engagement zur Förderung wissenschaftlicher Gemeinschaftsarbeit mittels eigener Erfindungen nahm, beweist sein

Angebot an Leibniz, für die finanzielle Grundausstattung der Berliner Sozietät die von ihm entwickelte Schleifmaschine zur Verfügung zu stellen.[33]

Anders als der hannoversche Gelehrte, der selbst oft genug von persönlichen Ambitionen geleitet wurde, stellt Tschirnhaus an die künftigen Akademiemitglieder, die sich ausschließlich der Wahrheitsfindung nach der von ihm in der *Medicina mentis* festgelegten Forschungsmethode zu widmen hätten, hohe ethische Anforderungen. Eigennützige Beweggründe oder persönlicher Geltungsdrang dürften für die Gelehrten keine Rolle spielen.[34]

Weit weniger Idealist und mit den menschlichen Schwächen nur allzu vertraut, antwortete Leibniz seinem alten Weggefährten:

> "Leute so alle qualitäten hätten, so M.H.H. meldet, sind hienieden nicht zu finden. Muß man also mit einem theil zufrieden seyn... und muß man ihnen den stimulum gloriae dabey laßen..."[35]

Tschirnhaus verlor seinen Plan zur Fundierung einer mathematisch-physikalischen Akademie aus dem Ertrag eigener Leistungen nicht aus den Augen, zumal sich mit Beginn des 18. Jahrhunderts neue vielversprechende Möglichkeiten ergaben. Als ihm nämlich der kurfürstliche Auftrag erteilt wurde, die Arbeiten des vermeintlichen Goldmachers Böttger zu überwachen, nutzte er die Gelegenheit, August II. in der Unterredung von Sandomir 1704 einen Vertrag abzuringen, der ihm vom Ertrag jeder Erfindung, die in dem vom Kurfürsten finanzierten chemischen Laboratorium zur Überwachung Böttgers gemacht würde, eine gewisse Summe für die Errichtung und Unterhaltung einer sächsischen Akademie der Wissenschaften zusicherte. Im Juli 1708 wähnte er sich schließlich am Ziel seiner Wünsche. Zwar hatte man kein Gold gefunden, mit der Porzellanherstellung war man jedoch soweit fortgeschritten, daß man an eine gewinnträchtige Porzellanmanufaktur als Finanzierungsgrundstock der zu gründenden Akademie denken konnte.[36] Doch Tschirnhaus starb wenige Monate später am 11. Oktober.

Während der sächsische Mathematiker immer daran interessiert war, Leibniz am weiteren Verlauf seiner Projekte bzw. an der Entstehung der Akademie teilhaben zu lassen, demonstrierte der Philosoph zunehmende Zurückhaltung; je konkreter und aussichtsreicher seine eigenen Sozietätspläne für Sachsen wurden, um so mehr distanzierte er sich von Tschirnhaus. So schlief die zuvor über Jahre hinweg so rege Korrespondenz zwischen den beiden Gelehrten gegen Ende des Jahres 1703 völlig ein. Als sich Leibniz schließlich im Januar 1704 persönlich nach Dresden begab, um über seine Pläne und Vorhaben mit Vertretern des Hofes zu verhandeln, hielt er es nicht für nötig, seinen langjährigen Briefpartner aufzusuchen oder ihn wenigstens davon in Kenntnis zu setzen. Da liegt in der Tat die Vermutung nahe, daß ihm dieser zu einem lästigen Rivalen geworden war.[37]

3.2.3 Verhandlungen in Dresden: Leibniz' Sekretär Eckhart als Sachwalter der Sozietätspläne

Den entscheidenden Impuls, in Sachsen aktiv zu werden, gab die Meldung, daß der Kurfürst bzw. König das einem Leipziger Buchführer zuerkannte Privileg für die sächsischen Almanache wieder zurückgezogen habe. Leibniz wandte sich daher am 4. September 1703 zunächst an den Jesuitenpater Vota. Der Beichtvater Augusts II. sollte sich dafür verwenden, daß das Kalenderprivileg in Zukunft nach dem Beispiel Berlins den Wissenschaften zugute käme. Wenig später reiste Leibniz selbst nach Dresden, um sowohl das schon im März mit dem General Flemming vereinbarte Unternehmen des Seidenanbaus in Gang zu setzen als auch für seine Idee zur Nutzung des Kalenderprivilegs zu werben, mithin die Weichen für eine Akademiegründung zu stellen. Vom 30. Januar bis 3. Februar hielt er sich "presque incognito" in Dresden auf.[38] Warum der hannoversche Gelehrte diesen kurzen Aufenthalt unbedingt geheimhalten wollte, geht aus den besagten Schreiben nicht hervor, könnte aber durchaus mit den gleichgerichteten Bestrebungen Tschirnhaus' zusammenhängen. Zumal er es, wie schon erwähnt, vermied, mit seinem alten Freund Kontakt aufzunehmen, wiewohl dieser, wie er den vorausgegangenen zahlreichen Briefen hatte entnehmen können, bereits erste, wenn auch noch vage Zusagen seitens des Hofes erhalten hatte; zudem war Tschirnhaus ein Günstling Anton Egon von Fürstenbergs, des mächtigsten Mannes in Sachsen nach dem König. Gemeinsam mit dem Mathematiker wäre Leibniz möglicherweise erfolgreicher gewesen.

Doch der Gelehrte setzte auf den damals sehr einflußreichen russischen Gesandten in Sachsen und Polen, Joh. Reinhardt von Patkul.[39] Dieser sollte vom König eine Order erwirken, die ihn ermächtigte, die nötigen Vorbereitungen zur Gründung einer gelehrten Sozietät zu treffen, und die ihm die Unterstützung von höchster Stelle zusicherte.[40]

Auffallend hier wie auch in dem Schreiben an den Minister Bose sowie an Flemming und an den Sohn des bekannten kurfürstlich-sächsischen Archivars und Dresdner Chronisten Anton Weck, Joh. Konrad[41], der auch als Vermittler der Briefe an den sächsischen General fungierte[42], ist die offensichtliche Eile, mit der Leibniz sein Vorhaben betrieb:

> "Pour ce qui est des sçiences..., je suis toujours pour ceux qui n'aiment point les delais et qui croyent, qu'il faut battre le fer pendant qv'il est chaud".[43]

Wollte Leibniz seinem Freund Tschirnhaus nur zuvorkommen? Oder meint die Formel, man müsse das Eisen schmieden, solange es heiß ist, die in den Briefen nach Sachsen immer wieder auftaucht, vielmehr, solange er sich der Gunst Augusts II. sicher sein konnte; vielleicht bedeutet sie aber auch, solange er, der höfische Stimmungswechsel zur Genüge kannte, auf die Einsatzbereitschaft interessierter

Minister rechnen konnte und der Nordische Krieg Sachsen nicht noch in größeres Elend stürzte.

Patkul, der von den beiden beigelegten Entwürfen des Philosophen[44] sehr angetan war und sich umgehend mit dem Minister Bose ins Benehmen gesetzt haben muß, versicherte Leibniz beider Unterstützung:

> "On ne restera pas bras croisés dans cette affair, Monsieur de Bose ayant déjà les ordres nécessaires pour ce qu'il y a à faire".[45]

Vor seiner Abreise am 3. Februar verhandelte Leibniz schließlich noch mit seinem Gewährsmann Weck, der die Angelegenheit gemeinsam mit Patkul und Bose weiterbetreiben sollte.[46] Weck war es dann auch, der Leibniz riet, mit Tschirnhaus in Verbindung zu treten. Denn dieser sei ein Günstling des königlichen Statthalters in Sachsen, Egon von Fürstenberg, "auff deßen arbitrium es fast mehr als auff des Königs ankommt"[47].

Als sich Leibniz daraufhin nach längerer Pause wieder an seinen Freund wandte, mußte er indes erfahren, daß aufgrund der angespannten politischen Verhältnisse und der zunehmenden Finanznot Sachsens dessen Sozietätspläne fast schon wieder in Vergessenheit geraten waren:

> "Man hatte alhier vor eine Academie des Sciences auffzurichten, ich solte auff Königlichen Befehl ein Project davon entwerfen, worzu auch einen anfang gemacht, weilen es aber hernach nicht starck urgiret wurde, so bin auch piano hierinne gangen.[48]

Diese Nachricht konnte Leibniz freilich nicht beirren, sie veranlaßte ihn vielmehr, noch einmal einen Alleingang zu wagen.

So schickte er im August 1704 seinen Sekretär Eckhart, ausgestattet mit genauesten Instruktionen[49], nach Dresden. Eckhart war für diese Mission vor allem deswegen besonders geeignet, weil er schon einmal, 1702, auf Vermittlung des Philosophen[50] in den Diensten des Grafen Flemming gestanden hatte; in dieser Zeit hatte offenbar auch der König sein Augenmerk auf ihn gerichtet und ihm eine Professur in Wittenberg angeboten.[51]

Leibniz' Sekretär sollte nun also die Stimmung bei Hofe hinsichtlich des Sozietätsprojekts erkunden und die Verhandlungen vor Ort weiterführen. Vor allem aber sollte er "den Hr. von Tschirnhausen ausforschen, ob er wohl im Wege stunde und der Sache sich selbst annehmen wollte..."[52] Und schließlich hätte er in der Audienz beim König, die vermutlich von Vota vermittelt wurde[53], sicherzustellen, daß man Leibniz die Präsidentschaft der künftigen Akademie auftragen, den Mathematiker dagegen mit dem Titel eines Bergrates abspeisen, bestenfalls zum Vizepräsidenten ernennen würde; dies, so Leibniz, "köndte man... utiliter acceptiren".[54]

Spätestens Anfang September[55] muß dem Philosophen allerdings klar geworden sein, daß er schwerlich an Tschirnhaus vorbeikam, zumal dieser ihm um Längen voraus war. Der Mathematiker hatte nach eigenen Angaben nicht nur den König, den Statthalter und alle Minister für sein Konzept einer sich selbst finanzierenden physikalisch-mathematischen Akademie gewonnen. Im Gegensatz zu Leibniz verfügte er bereits aufgrund optischer und chemischer Arbeiten über einen Fonds von 30.000 Talern; in Zeiten zunehmender Staatsverschuldung zweifellos das überzeugendste Argument. Nicht zuletzt hatte Tschirnhaus bereits eine genaue Vorstellung von der Zusammensetzung der Mitglieder. So fragte Eckhart denn auch, ob es angesichts des Vorsprungs, "sonderlich da der gute Freund Alles auf seiner Seite hat"[56], noch angebracht sei, weitere Gespräche in dieser Angelegenheit zu führen.

Dank des detaillierten Reiseberichts von Eckhart bekommen wir nicht nur Einblick in die Geschichte des Dresdner Sozietätsprojekts, wir erfahren auch einiges über den Charakter der beiden Hauptakteure Leibniz und Tschirnhaus. Während jener ganz offenkundig immer darauf bedacht war, daß ihm bei Gelingen des Projekts keiner den Ruhm streitig machen konnte, - warum sonst hätte er versucht, sein Vorhaben mit allen Mitteln geheimzuhalten, so daß er sich in seinen Briefen an Eckhart sogar einer Geheimschrift bediente[57] -, sehen wir diesen zuallererst an der Sache selbst interessiert. Obwohl er sicher schon vor Eckharts Ankunft in Dresden von Leibniz' Ambitionen wußte, gab er dem Sekretär des Philosophen bereitwilligst Auskunft. Ja, er wünschte die Mitwirkung seines langjährigen Freundes, sah er doch darin keine Konkurrenz, vielmehr eine willkommene Unterstützung seiner eigenen Bemühungen.

Nachdem Leibniz die Aussichtslosigkeit seines Alleingangs erkannt hatte, setzte er sich erneut mit Tschirnhaus ins Benehmen, obwohl ihm Weck, sein Verbindungsmann in Dresden, nunmehr von einer engeren Zusammenarbeit abriet. Der Mathematiker sähe sich aufgrund seines guten Einvernehmens mit dem Statthalter Augusts II., Egon von Fürstenberg, einem katholischen Böhmen, zunehmend der Gegnerschaft des mächtigen sächsischen lutherischen Adels gegenüber.[58] Tschirnhaus, von Eckhart offensichtlich dahingehend befragt, versicherte indes, daß kein Grund zur Beunruhigung bestünde. Fürstenberg habe zwar Gegner, die den König bewegen wollten, daß er ihn "abandonnire und wegschaffe"; er, Tschirnhaus, wüßte jedoch "eine gewiße Sache, die da mache daß, der Statthalter nimmermehr aus des Königs Gnade... kommen werde".[59] Doch ungeachtet dieser Beteuerungen hielt sich Leibniz gegenüber Fürstenberg deutlich zurück. Nur ein Schreiben ist an den Statthalter gerichtet; und es ist nicht einmal sicher, ob es tatsächlich abgeschickt wurde.[60]

Am 2. Dezember 1704 erfuhr Leibniz von Weck, daß am 1. November eine königliche Verfügung ergangen sei, die die Finanzierung einer Akademie mit einer eigenen Zeitschrift durch priviligierten Kalenderverkauf vorsah.[61] Der Vorschlag des Philosophen, nach dem Berliner Modell vorzugehen[62], hatte sich also durchgesetzt; allerdings gibt es keinerlei Hinweis dafür, daß die Entscheidung des Königs auf Leibniz' Drängen hin erfolgt wäre.

Um sowohl die bevorstehende Akademiegründung als auch den bereits genehmigten Seidenanbau zu fördern, vor allem aber wohl, um die Zügel wieder in die Hand zu bekommen und sich die Präsidentschaft der künftigen Sozietät zu sichern, reiste Leibniz umgehend nach Dresden, wo wir ihn vom 8. bis zum 26. Dezember finden. In diesen Tagen wandte er sich schließlich direkt an August II.[63], nachdem ihm Flemming und General Joh. Mathias von der Schulenburg in mehreren Zusammenkünften versichert hatten, daß der König seinen Rat und seine Mitwirkung an dem Projekt begrüße.[64] In der von Tschirnhaus für seinen hannoverschen Freund vermittelten Audienz sprach sich August II. gleichwohl für eine enge Zusammenarbeit der beiden Gelehrten aus; ja, er ordnete diese quasi an, wie Leibniz seinem jesuitischen Briefpartner Vota ein knappes halbes Jahr später berichtete.[65] Demgegenüber ließ Leibniz Tschirnhaus in dem Glauben, er selbst habe dem König ein gemeinsames Vorgehen in dieser Angelegenheit vorgeschlagen:

"Car le Roy m'ayant demandé mes sentimens sur une Societé des Sciences, j'avois eu l'honneur de luy dire, que vous y aviés déjà travaillé, Monsieur, et qu'ainsi il seroit à propos que nous concertassions l'affaire ensemble; Sa Majesté l'a fort approuvé et m'en a chargé expres".[66]

Nur wenige Wochen nach seiner Abreise aus Sachsen konnte ihm Tschirnhaus mitteilen, man stünde unmittelbar vor der Gründung der Sozietät und dächte bereits an die Berufung der ersten Mitglieder, u.a. des Mathematikers Joh. Bernoulli.[67] Diese erfreuliche Nachricht kennzeichnet zugleich das letzte Schreiben der bis zum Dezember 1706 anhaltenden Korrespondenz zwischen dem Philosophen und dem Mathematiker, in dem die Stiftung einer gelehrten Sozietät erwähnt wird. Angesichts der chronisch leeren Staatskassen, die der Verwirklichung des Projekts entgegenstanden, konzentrierte sich Tschirnhaus in den wenigen Jahren, die ihm bis zu seinem unerwartet frühen Tod am 11. Oktober 1708 noch verblieben, nunmehr auf den Bau des von August II. geförderten chemischen Laboratoriums in Dresden und die Weiterentwicklung der Porzellanherstellung, wiewohl immer noch in der Erwartung, damit die finanzielle Basis für den Unterhalt einer sächsischen Akademie der Wissenschaften zu schaffen.[68]

Auch Leibniz scheint ungeachtet der politischen und finanziellen Verhältnisse in Sachsen, die das Akademievorhaben zunehmend in den Hintergrund drängten, die Hoffnung auf einen glücklichen Ausgang nicht ganz aufgegeben zu haben. Mindestens bis zum Frühsommer 1709 lassen sich seine Bemühungen um dessen Realisierung verfolgen. Die letzte Meldung in dieser Angelegenheit ist uns von Vota überliefert. Der Beichtvater Augusts II. versicherte dem Philosophen, nichts unversucht gelassen zu haben, "d'insinuer à S. Mté ce que vous m'aves ecrit aussi touchant l'Academie"; das Ganze brauche jedoch seine Zeit.[69]

3.2.4   Das Dresdner Sozietätsprojekt

Als Leibniz seinen Sekretär im Spätsommer 1704 mit dem Auftrag nach Dresden schickte, das Akademievorhaben voranzutreiben, hatte dieser bereits alle zur Gründung nötigen Urkunden unterschriftsreif im Gepäck.[70] Zusammen mit dem vorangegangenen Entwurf für Patkul[71] und dem oben bereits erwähnten Reisebericht Eckharts, der Leibniz' Instruktionen bis ins einzelne wiedergibt, vermitteln uns diese Dokumente ein ziemlich genaues Bild von der in Aussicht genommenen sächsischen Akademie der Wissenschaft.

3.2.4.1   *Die praktisch-realistische Tendenz*

Wie schon in Berlin legte Leibniz nun auch in Dresden eine umfassende Sozietätskonzeption vor, die von Tschirnhaus' geplanter Institution nur zu einem kleinen Teil abgedeckt worden wäre. Denn neben Mathematik und Physik sollte die sächsische Akademie "auch dahin trachten, daß, was bey allen andern menschlichen Studien, Lebensarten oder Professionen und Fakultäten zu Wißen, aufzuzeichnen und zu erfinden dienlich, zusammenbracht und untersuchet werde".[72] Neben profaner und kirchlicher Geschichte, mit Hauptaugenmerk auf der deutschen und sächsischen, der Gesetzgebung, Politik und Ökonomie hätte sie alle Bereiche der Naturwissenschaft, die Medizin und das Sanitätswesen sowie die Technik in sich zu begreifen. Auch die Sprachpflege wird der Sozietät zur Aufgabe gestellt, wobei Leibniz auf Forderungen aus den *"Unvorgreiflichen Gedanken"* zurückgreift und die Erarbeitung eines dreiteiligen Wörterbuches in Aussicht stellt.[73]

Im Mittelpunkt der Dresdner Vorlagen steht indes die Reform der Jugenderziehung mit spezieller Rücksicht auf den jugendlichen Kurprinzen:

> "Insonderheit bey des Chur=prinzen hoheit köndte die anstalt sowohl
> zu statten kommen, als ob sie vor ihn eigentlich erfunden..."[74]

Diesen Schwerpunkt wählte Leibniz nicht ohne Grund; immerhin hatte er mit seiner Abhandlung *L'éducation d'un Prince* die Aufmerksamkeit des Kurfürsten auf sich gezogen. In dem von ihm entworfenen Diplom, das ihm die Präsidentschaft der künftigen Sozietät zusicherte, bot sich der Philosoph daher auch an, den Studienplan des Thronfolgers persönlich zu überarbeiten.[75]

Auf die grundsätzliche Bedeutung der Jugenderziehung hat der Philosoph gleichwohl seit jeher hingewiesen. In einem französischen Memorandum, das, von Dutens falsch zugeordnet, bis vor kurzem als Berliner Vorlage galt, jedoch unzweifelhaft das sächsische Projekt betrifft, liest sich seine Begründung wie folgt:

> "Le premier fondement de la félicité humaine est la bonne éducation de
> la Jeunesse, qui contient aussi le redressement des études. Rien n'est plus
> important pour l'Etat en général, & pour le bien des hommes en par-
> ticulier..."[76]

Da bei den Studien der Jugend die *realia* im Vordergrund stehen müßten, wäre für ausreichend Anschauungsmaterial zu sorgen. Nicht zuletzt in diesem Zusammenhang steht seine Anweisung an Eckhart, die Anbindung der seit 1560 bestehenden Kurfürstlich-Sächsischen Kunstkammer in Dresden, die zu den bedeutendsten Einrichtungen dieser Art in Europa zählte, vordringlich zu betreiben.[77] In seiner Eigenschaft als Präsident der Sozietät wollte Leibniz deren Direktion ebenso wie die der kurfürstlichen Bibliothek selbst übernehmen.[78]

Daß "die erziehung und information der jugend..., an welchen beiden dem staat so viel gelegen"[79], dem Zuständigkeitsbereich der Sozietät zugeordnet, sie gleichsam als oberste Schulbehörde eingesetzt werden mußte, steht für Leibniz außer Frage.[80] Umfassende Kompetenzen, respektive das Recht auf Zensur und ein "privilegium perpetuum auf die sogenannten Schulbücher" würde sicherstellen, daß die "gemüther mit guten festen principiis verwahret werden, welche zum christlichen Tugendwandel und guter Verrichtung eines Jeden Stand und Lebensart einen ohnbeweglichen Grund legen mögen..."[81] Mit diesem Ziel sollten ihr schließlich auch Privatunterricht sowie die Vergabe von Stipendien unterstellt sein.[82]

Ein Gedanke, den wir in Verbindung mit dem pädagogischen Auftrag der gelehrten Sozietät als Charakteristikum der frühen Leibnizschen Pläne hervorgehoben haben, taucht in den Dresdner Dokumenten schemenhaft wieder auf und offenbart einmal mehr die scheinbar so untypische volksnahe Seite des Philosophen. Die Sozietät könnte auch, gibt er zu bedenken, "zu Verbesserung der Music und Spectacel" als Aufsicht "auff die Spieler und Spielleute dienlich seyn".[83]

Breiten Raum widmet Leibniz den Wirkungsmöglichkeiten der Akademie zur Förderung der Landesökonomie. Sachsen bot in dieser Hinsicht beste Voraussetzungen, weil es "mit bergwercken und anderen naturalien von Gott wohl begabt"[84] und das wirtschaftliche Leben hier im Vergleich mit den übrigen deutschen Territorien verhältnismäßig weit fortgeschritten war.[85] Um nicht in Zukunft aus Mangel an Kenntnissen und Informationen diese Vorteile ungenutzt zu lassen und damit weiteres wirtschaftliches Wachstum zu verzögern, regt Leibniz die Einrichtung eines "Intelligenzamtes" an, ein Nachrichtenbüro, wie es das schon in Paris und London gab; es sollte Mitteilungen und Bekanntmachungen aller Art entgegennehmen und weitervermitteln,

> "weilen sich täglich begiebet, dass einer dasjenige verlanget, worin ein Anderer im Handel und Wandel, Bedienung und Verkauf oder sonst ihm gebührend fügen könnte, so aber wegen ermangelnder Nachricht Beiden zu Schaden unterbleibet, auch überdem durch dieses Mittel allerhand Nüzliches beyzubehalten und zur Erfahrung zu bringen seyn würde".[86]

Dem flächendeckenden Informationsdienst, welcher der Sozietät am Ende zur Verfügung stünde, sollten Vertreter aus sämtlichen Berufszweigen, allen voran "alle hohen und niedrigen Bedienten, Officiere und Beamten in den sächsischen Landen" verpflichtet sein.[87]

"Cette application offriroit aussi de grandes occasions, d'avancer les affaires de l'oeconomie publique & partculière",

nicht zuletzt, weil diese Regelung den Menschen neue Möglichkeiten eröffne, ihren Lebensunterhalt zu verdienen.[88]

So ließe sich vor allem mit Hilfe von Ärzten, Sanitätern und Apothekern, sofern auch diese der Sozietät regelmäßig mit Informationen aus ihrem Tätigkeitsbereich zur Hand gingen, in absehbarer Zeit eine Medizinalstatistik nach dem englischen Vorbild der *Bills of Mortality* erstellen, die der Akademie als staatlicher Gesundheitsbehörde gute Dienste erweisen würde.[89]

Um die wirtschaftlich-technische Entwicklung des Landes zu steuern und voranzutreiben, d.h. aber auch unter fürstlich-staatliche Kontrolle zu bringen, wäre der Sozietät das Recht vorzubehalten, alle neuen Erfindungen zu begutachten und einer genauen Prüfung zu unterziehen; sie sollte also die Funktion eines Patentamtes übernehmen:

"Und köndten wo einige mit neuen Erfindungen Vorschlägen und laboribus sich angeben, solche, wie Colbert bey seinem König eingeführt, an einige Commissarien aus der Societät sub fide silentii gewiesen werden".[90]

Daß in den Dresdner Entwürfen ein starker Akzent auf militärtechnische Erfindungen und die Bearbeitung strategischer Probleme gelegt ist, verwundert nicht; immerhin wird hier ein kriegführender Monarch angesprochen. Daher sollte auch Eckhart, als er am sächsischen Hof vorsprach, derartige Dinge nachdrücklich erwähnen und schließlich eine "neue bisher unbekannte Art geschwinder Schüsse ohne Pulver" in Aussicht stellen, um den König für das Sozietätsprojekt zu gewinnen.[91] Gerade das Militärwesen, so argumentiert Leibniz in der möglicherweise für den General Flemming, einen der engsten militärischen Berater Augusts des Starken bestimmten Denkschrift[92], hinge im besonderen Maße von den realen Wissenschaften, der Mathematik, Physik und der Mechanik ab. Deren Entwicklung fördere zugleich die Möglichkeiten der Verteidigung, mithin die Sicherheit des Landes.

"So würde die Anstalt auch ein großes Helffen zu schuz vor Land=und leute..."[93]

Außerdem könnte die Sozietät sowohl für die Einrichtung von Militärakademien als auch, "weil nicht zu verantworten, daß so viel soldaten wegen wunden oder kranckheiten, aus mangel gebührender hülffe verloren gehen", für die Installierung von Chirurgenschulen sorgen. Da in letzteren vor allem auf praktische Erfahrungen "vermittelst... würcklicher besuchung der patienten" zu achten sei, "wären auch die krüpel oder invalides zu gewißen bequemen laboribus nüzlich zu gebrauchen und also dadurch die armen soldaten beßer zu encouragiren".[94]

Der Vermutung, Leibniz habe den Missionsauftrag der Akademie in den Dresdner Plänen nicht berücksichtigt, weil dieser Gedanke im Stiftungsdiplom selbst nicht erwähnt ist, widersprechen nicht nur diverse Hinweise in den anderen einschlägigen Schriften. Ein Memorandum für Patkul[95], das ausschließlich diesem Thema gewidmet ist, beweist darüber hinaus, daß er sich von einem sächsischen Missionsunternehmen vor allem in Hinblick auf die Zusammenarbeit mit Rußland, dem Bündnispartner Sachsens im Nordischen Krieg, mehr versprach als von der bereits angekündigten Berliner Chinaexpedition.[96] Die sächsische Sozietät könnte aufgrund des guten Einvernehmens Augusts II. mit dem Zaren ihre Wirkung nicht nur bis nach Moskau erstrecken. Das "so wohl und fest gestelte commercium zwischen Moscau und China" böte zudem ideale Voraussetzungen, um chinesische Kenntisse und Fertigkeiten über Rußland nach Europa zu vermitteln "und damit unsere Manufacturen und lebenscommoditäten zu vermehren".[97]

Deutlicher als in den Berliner Entwürfen steht hier der kulturelle, respektive der wissenschaftlich-technische Austausch mit China im Vordergrund. Die missionstheologische Verpflichtung der Sozietät, die in den programmatischen Schriften für Brandenburg-Preußen, möglicherweise aufgrund der Mitwirkung des Hofpredigers Jablonski, stärker hervortritt, findet in den Dresdner Vorlagen keine Erwähnung mehr. Im Mittelpunkt steht nunmehr ausschließlich der ökonomische Nutzen, den das Missionsunternehmen sowohl für Sachsen als auch für Rußland hätte. Für diese Argumentation dürfte Patkul, der russische Gesandte am sächsischen Hof und Günstling Augusts des Starken, wohl bei beiden Monarchen ein offenes Ohr gefunden haben; vorausgesetzt er hat Leibniz' Vorschläge überhaupt weitergeleitet. Dennoch wagte der hannoversche Gelehrte an deren baldige Umsetzung nicht einmal zu denken, weil "gute praeparatoria und anstalten vonnöthen; welches zeit erfordert".[98] Um so mehr hoffte er gleichwohl, daß seine Anregungen zu umfassenden Sprachforschungen in Rußland und China möglichst umgehend aufgegriffen würden. Denn für deren Anfang, nämlich für die Sammlung von Sprachproben, bedürfe es lediglich entsprechender Anweisungen an die dort ansässigen Dolmetscher und Handelsleute.[99]

Vergleichen wir Leibniz' Pläne für Dresden mit den Berliner Entwürfen, Denkschriften und Eingaben, so stellen wir fest, daß er den Wirkungskreis der sächsischen Akademie noch zu verbreitern versuchte. Von der Jurisprudenz, ihrer Praxis und ihrer Geschichte wird hier ausführlicher gehandelt, ebenso von der Verbesserung der Gesetzgebung und Administration; die Möglichkeiten der Sozietät zur Förderung der Landesökonomie werden in ihrer Vielfältigkeit klar umrissen. Dabei kommt noch stärker als in den Plänen für Brandenburg-Preußen die praktisch-realistische Tendenz zum Tragen, was sich nicht zuletzt in den Empfehlungen zur Fundierung der Sozietät niederschlägt.

3.2.4.2 Finanzierung

> "Mais tous ces beaux desseins seroient des chateaux en l'air sans un fonds suffisant".[100]

Diese Erkenntnis mußte Leibniz in Berlin immer wieder aufs Schmerzlichste bestätigt sehen. Und daher war er nun in Dresden vordringlich darum bemüht, den Haushalt der Sozietät durch weitreichende königliche Zugeständnisse von Anfang an auf ein solides Fundament zu stellen. Dabei griff er gleichwohl auf das für Berlin entworfene Finanzierungskonzept zurück und setzte vor allem auf die Vergabe von Privilegien und die Einführung indirekter Steuern.

Haupteinnahmequelle der sächsischen Akademie sollte ungeachtet der Bedenken, die Tschirnhaus diesbezüglich geäußert hatte[101], das Kalendermonopol sein. Mit Rücksicht auf die Berliner Erfahrungen wollte Leibniz das Privileg nun aber weniger exklusiv ausgelegt wissen und dennoch "ein Gewisses" daraus für den neuen Wissenschaftsbetrieb sicherstellen. Da noch nicht abzusehen sei, wann man diesen endgültig einrichten und die Produktion von Almanachen aufnehmen könne, wären, anders als in Brandenburg-Preußen, auswertige Exemplare auch weiterhin zu gestatten, allerdings mit einer Steuer zu seinen Gunsten zu belegen.

Neben dem Kalendermonopol sollte August II. seiner wissenschaftlichen Akademie alle anderen Rechte und Privilegien, "so die königl. Preußische Sozietät erhalten" zugestehen.[102]

Zwei neue Gedanken finden wir darüber hinaus in den Dresdner Plänen. Zum einen wollte Leibniz die Sozietät "gegen einen sehr moderirten Erbzins" mit der Erschließung von Bauland betraut sehen.[103] Zum anderen schlägt er die Einführung der Tabaksteuer vor, dergestalt, "daß was sonst zween Pfennige gegolten anjetzo 3 Pfennige zu stehen komme" und der Mehrertrag der Sozietät zugeführt werde. Diese Abgabe würde der Sozietät und dem Staat gleichermaßen nutzen, zudem gesundheitsfördernd wirken.

> "Weilen es nun eine wahre, die meist aus anderen orthen in unsere lande bracht wird, auch deren große consumtion in einem Mißbrauch bestehet, dadurch die zeit verlohren und die gesundheit selbst beleidigt wird, also eine mehrere anlage darauff allerdings favorabel.[104]

Ausnahmeregelungen will der Philosoph nur für Soldaten gelten lassen; sie sollten "ein gewisses quantum" steuerfrei erhalten.

Um eine ausreichende Fundierung der Sozietät langfristig zu garantieren, nicht zuletzt, um Hindernisse seitens der Bürokratie und ebenso beschämende wie ergebnislose Bittgänge bei den Behörden - bittere Erfahrungen, die er in Berlin nur zu oft machen mußte - zu vermeiden, schließt Leibniz eine Erweiterung der Privilegien für die Zukunft nicht aus; er läßt sich diese von August II. gleichsam schon im voraus bestätigen. Sollten sich weitere königliche Zugeständnisse als notwendig erweisen, damit die Akademie ihren umfangreichen Aufgaben nachkommen könne,

> "sind Wir [=August II.] zufrieden, daß es mit dem praeside Unsrer Societät [=Leibniz] concertiret und dann nicht weniger als ob es von Uns verwilliget oder dem diplomati erectionis eingerücket, förderlichst zu wercke gerichtet werde".[105]

Auch für den Fall, daß bereits genehmigte Privilegien nicht sogleich in vollem Umfang ausgeschöpft würden, sichert Leibniz, aus Schaden klug geworden, die Sozietät ab. In diesem Fall sei ihr dies "zu versäumniß oder verstoß oder einiger anderer vorrückung nicht zu imputiren", vielmehr müsse, "da iemand schuldig und hinderlich, solches zu eine schwehre verantwortung gestellet und ohnablässig geahndet werden".[106]

3.2.4.3 Organisation und Verwaltung

In dem für den sächsischen Kurfürsten Anfang 1704 abgefaßten Dekret, betreffend die Einrichtung und Unterhaltung der Sozietät der Wissenschaften[107] streift Leibniz mit wenigen Worten auch deren Organisation. Demnach sollte sie wie auch ihr Berliner Vorbild von einem *Praeses*, d.h. von Leibniz selbst[108], einem *Vicepraeses*, voraussichtlich Tschirnhaus, und einem Konzil geleitet, ihre Finanzen von einem *Secretarius* oder *Obereinnehmer* verwaltet werden. Entscheidungen hinsichtlich ihres Etats sowie über die Aufnahme von Mitgliedern blieben dem Präsidenten in Verbindung "mit den zeitigen membris concilii" vorbehalten.[109]

Doch offensichtlich hat Leibniz aus den Berliner Organisationsfehlern gelernt. Jedenfalls sind im Dresdner Stiftungsdiplom Bestimmungen verankert, die einer möglichen Alleinherrschaft einiger weniger über einen längeren Zeitraum hinweg und der Demotivierung der restlichen, quasi rechtlosen Mitglieder vorgebeugt hätten: Das Direktorium der Sozietät sollte mindestens einmal jährlich per Wahl, doch auch zwischenzeitlich erneuert werden können, "damit auch andre membra etwa in das Concilium gelangen".[110]

Ihr Protektorat hätte, wie es damals üblich war, der sächsische Kurfürst bzw. polnische König August II. übernommen. Doch über den Schutz ihres Stifters hinaus fordert Leibniz - auch hier schlagen sich seine Berliner Erfahrungen unverkennbar nieder - die bedingungslose Unterstützung seitens der Bürokratie. Alle hochgestellten Beamten werden daher per kurfürstliche Verfügung[111] ausdrücklich angewiesen, die Akademie in jeder Hinsicht zu fördern:

> "Und da er insonderheit verlangen solte, daß einige Unsrer geheimen oder andern räte, zusammen, oder nach der dinge gelegenheit absonderlich, in einem und andern auch zu unterschiedenen mahlen, der beför-

derung des guten vorhabens sich annehmen möchten, wollen Wir, daß von Unsern Stadthalter, liebte, und geheimen rath, ihm hirin gefüget werde und die verlangte räthe, als ob ihnen von Uns bereits aniezo die Sache committirt geachtet werden und die autorität oder macht haben sollen, von Unsertwegen appelatione remota die vorfallende hindernisse aus dem wege zu reumen".[112]

Um inländischen wie ausländischen Gelehrten "ohne unterscheid der Religion und standes" Anreiz zur Mitarbeit zu bieten, werden nicht nur fürstliche "Gnadenzeichen" für herausragende Leistungen in Aussicht gestellt. Nach dem Muster Frankreichs sollten Akademiemitglieder besondere Vorrechte genießen und bei Beförderungen bevorzugt werden.[113]

Mehr noch als das Berliner Modell sollte die sächsische Akademie der Wissenschaften in ihrer Auswirkung möglichst breit in die Bevölkerung eindringen, ja sie mit einbeziehen:

"Es müste auch Allen, die den studiis in Sachsen obliegen, anbefohlen werden, daß sie einen Eifer zeigen, der Sozietät Zweck beyzutreten, welches auch allen denen, so ex poplico besoldet werden, aufgegeben werden müste".[114]

Die Standortfrage löste Leibniz wohl unter Berücksichtigung der Möglichkeiten, die von Tschirnhaus bereits geschaffen worden waren. Denn er ordnete die sächsische Akademie geographisch zwei Bereichen zu: der Residenz und damit dem politischen und wirtschaftlichen Zentrum Dresden. Hier befanden sich nicht nur das später von Tschirnhaus geleitete kurfürstliche Laboratorium sowie die Kunstkammer und die Bibliothek, deren Direktion dem Philosophen unabhängig von seinem Amt als Präsident der Sozietät, verbunden mit der Ernennung zum Geheimen Rat und entsprechender Bezahlung, "er sei gegenwärtig oder nicht" [!], übertragen werden sollte.[115] Hier sollte auch die kurfürstliche Sternwarte entstehen. Leipzig, der geistige und wissenschaftliche Mittelpunkt Sachsens war als weiterer Sitz der Akademie vorgesehen. Auf die Bedeutung der Messestadt Leipzig als Umschlagplatz auch für geistige Güter hatte schon 1693 Tschirnhaus hingewiesen und zugleich der Idee des wissenschaftlichen Kongresses Ausdruck verliehen. Warum, so fragte er seinen Briefpartner in Hannover, könnten in dieser Stadt, in der sich die Kaufleute "ihrer zeitlichen vergänglichen Dinge wegen" regelmäßig träfen, "nicht auch gelehrte Leute aus wichtigen ursachen einmahl alda zusammen kommen".[116]

Vergleichen wir abschließend noch einmal Leibniz' Sozietätsentwurf für Dresden mit den entsprechenden Schriften, die der brandenburg-preußischen Stiftung zugrunde lagen, so fallen zwei Dinge ins Auge.

Einmal war Leibniz ganz offensichtlich darum bemüht, Fehler, die ihm im Bezug auf Organisation und finanzielle Absicherung der Sozietät in Berlin unterlaufen waren, zu vermeiden und seine eigene Stellung in Dresden zu festigen. Darüber hinaus können wir feststellen, daß er den Wirkungs- und Einflußbereich der Dresdner Akademie noch zu erweitern versuchte. Deutlicher als ihr Berliner Vorbild charakterisiert diese im Grunde eine fürstlich-staatliche Zentralanstalt, die, unterstützt von allen anderen öffentlichen Einrichtungen sowie von den Behörden und ausgestattet mit weitreichenden Kompetenzen, das Leben im Kurfürstentum Sachsen wesentlich mitgestalten sollte. Hier schlägt das Dresdner Projekt unverkennbar ins Hybride bzw. Utopische um und läßt Parallelen zu den frühen sozialutopischen Sozietätsplänen des Philosophen aufscheinen. Daß eine derartige "Super-Institution" wohl nicht nur aus finanziellen Gründen und wegen des sich zuspitzenden Krieges damals nicht zur Ausführung gelangte[117], obwohl alle zur Gründung notwendigen Urkunden unterschriftsreif vorlagen, mag daher kaum verwundern. Erst als man am 1. Juli 1846 den zweihundertsten Geburtstag des berühmten Leipziger Sohnes feierte, vollzog man endlich auch die Gründung der sächsischen Akademie der Wissenschaften.

3.3. Plan zur Gründung einer Kaiserlichen Sozietät der Wissenschaften in Wien[1]

3.3.1 Leibniz' Bemühen in Wien Fuß zu fassen

Als Sitz des Kaisers, als politisches wie kulturelles Zentrum im damaligen Deutschland besaß Wien für Leibniz zeitlebens starke Anziehungskraft. Die Donaumetropole verkörperte für ihn nicht nur jene Reichseinheit, die er ungeachtet der politischen Realität unzähliger souveräner, oftmals rivalisierender deutscher Einzelstaaten immer wieder beschwor. Hier glaubte er auch, auf ernsthaftes Interesse für seine vielfältigen Pläne, nicht zuletzt für seine Vorstellungen zur Wissenschaftsorganisation hoffen zu dürfen. Denn in Wien, wo die wirtschaftlichen Nachwirkungen des Dreißigjährigen Krieges nachhaltig zu spüren waren und bereits neue Gefahren aus dem Westen durch die Hegemonialansprüche Frankreichs sowie aus dem Südosten durch die Türken drohten, hatte man immer ein offenes Ohr für Neuerungen, die eine Verbesserung der Staatsfinanzen sowie des wirtschaftlichen und gesellschaftlichen Lebens versprachen. So wurde die Habsburgerresidenz, insbesondere unter Leopold I. (1658-1705) zum Treffpunkt von Erfindern, Projektemachern und wirtschaftlichen Neuerern.[2] Die führenden deutschen Merkantilisten Becher und Hörnigk fanden hier den idealen Boden für die Erprobung ihrer ökonomischen Programme und kolonialen Projekte.

Und schließlich war das kaiserliche Wien an der Wende zum 18. Jahrhundert sicherlich die Stadt des Reiches, die sich am ehesten mit Paris und London hätte messen können[3], jenen europäischen Metropolen, deren Weltoffenheit und Gelehrsamkeit, gepaart mit politischer und merkantiler Betriebsamkeit Leibniz in der provinziellen Abgeschiedenheit Hannovers so schmerzlich vermißte.[4]

So erstaunt es nicht, daß der sächsische Gelehrte seinen Blick schon sehr früh nach der kaiserlichen Residenz richtete.

Um 1670, noch in den Diensten des Mainzer Erzbischofs und Erzkanzlers des Reichs, Joh. Philipp von Schönborn, sehen wir den jungen ehrgeizigen Justizrat erstmals bemüht, Kontakt mit einflußreichen Persönlichkeiten am österreichischen Hof aufzunehmen. Äußerer Anlaß waren seine Eingaben an Leopold I. zur Herausgabe eines zentralen, mit kaiserlichem Privileg ausgestatteten Literaturanzeigers (1668/69) sowie zur Reform des deutschen Buchwesens und damit in Verbindung zur Errichtung einer reichsübergreifenden *Societas eruditorum Germaniae* (1670/71)[5], für die er maßgebende Unterstützung vor Ort suchte. Schon damals war Leibniz freilich auch geleitet von dem Wunsch, in Wien neue Wirkungsmöglichkeiten, zunächst aber wohl nur in beratender Funktion aus der Ferne[6], zu finden.

So etwa, als er sich gleichzeitig mit seinen Bemühungen zur Reorganisation des deutschen Literaturmarktes anbot, an der Reform des Corpus juris mitzuwirken.[7] Doch obwohl seine Vertrauten, der kurfürstlich-mainzische, dann trierische Rat Joh. Lincker sowie der kurmainzische Resident in Wien Christoph Gudenus es verstanden, die "hohe(n) qualiteten" des aufstrebenden Gelehrten den Ratgebern Leopolds I. und vermutlich auch dem Kaiser selbst nahezubringen[8], wurden Leibniz' Vorschläge zur Überarbeitung des Reichsgesetzbuches höflich aber bestimmt zurückgewiesen.[9]

Nur zwei Jahre später, nach dem Tod seiner beiden Gönner in Mainz, Schönborn und Boineburg, bewarb er sich von Paris aus, wiederum mit Hilfe Linckers, erneut in der Donaumetropole.[10] Seine Pläne zur Wissenschaftsorganisation, aber auch seine juristischen Vorschläge zunächst einmal außer acht lassend, versuchte er sich nun über seine politischen Arbeiten ins Gespräch zu bringen, zumal sein bereits 1670 verfaßter Kommentar zu § 3 des Westfälischen Friedens *"et ut eo sincerior"*[11] in Wien großen Beifall gefunden hatte. Mit einer Reihe politischer Empfehlungen, die direkt für die kaiserliche Regierung bestimmt waren, gelang es ihm offenbar, sich ins rechte Licht zu rücken.[12] Und zunächst sah es so aus, als sollte ihm dieses Mal Erfolg beschieden sein. Einem Schreiben seines ihm treu ergebenen Freundes Lincker, der die Briefe des in Paris weilenden Gelehrten an den Hofkanzler Hocher und über diesen an den Kaiser persönlich vermittelte, entnehmen wir, daß Leibniz kurzzeitig als kaiserlicher Historiograph im Gespräch war.[13] Gleichwohl scheint Peter Lambeck, Hofbibliothekar und enger Berater Leopolds I., dies, wie Lincker schon befürchtet hatte, letztlich vereitelt zu haben, aus Angst, "ne quis alius in hoc studiorum genere, Caesaris notitiae adrepat, atque exercitium hactenus monopolium disturbet".[14]

Leibniz' Hoffnung, in Wien Fuß zu fassen, vielleicht sogar einmal in den Reichshofrat berufen zu werden, wurde ganz offensichtlich von Boineburg genährt. Herzog Joh. Friedrich, so schreibt der Philosoph an dessen Bruder und Nachfolger, den hannoverschen Kurfürsten Ernst August, habe seit 1669 versucht, ihn an seinen Hof zu ziehen, "mais M. de Boineburg trouua moyen de le differer me voulant encor retenir à Mayence, et ayant des visées pour Vienne, où il pretendoit s'établir depuis que ses filles avoient épousé les neveux de deux Electeurs: croyant que je l'y pourrois soulager, et me faisant naistre l'esperance d'y pouuoir trouver place un jour dans le conseil Aulique de l'Empereur".[15]

Deutlicher tritt Leibniz' Wunsch, nach Wien überzusiedeln im Jahre 1677 hervor, zu einer Zeit, da, wie Klopp bemerkt[16], sein Verhältnis zu seinem neuen Dienstherren, Herzog Joh. Friedrich von Braunschweig-Lüneburg noch nicht sonderlich eng war. Richtiger dürfte indes die Vermutung sein, daß der politische Umschwung in Hannover, das sich in Aussicht auf die Neunte Kur von Frankreich ab und dem Kaiser zuwandte, für Leibniz Grund genug war, erneut in Wien vorstellig zu werden. Immerhin habe er, wie er ausdrücklich betont, als Berater des Herzogs "gelegenheit gehabt etwas nüzliches dabey zu thun" und es wäre zu wünschen, "daß solches an rechten orth einiger maßen bekand were".[17]

Im Mai 1677 wandte er sich daher an seinen alten Vertrauten Joh. Daniel Crafft mit der Bitte, ihn durch den am kaiserlichen Hof äußerst einflußreichen Ireniker und Kameralisten, den Franziskanerpater Cristobal de Rojas y Spinola empfehlen zu lassen.[18] Der mit Crafft befreundete Bischof sollte ihn als eine "person" ins Gespräch bringen, die "den Kayserl. und Reichs interessen mit allerunterthänigster devotion und inniglicher affection zugethan sey" und ihm, Spinola, "trefflich künfftig an die hand gehen könne".[19] Die Angelegenheit sei jedoch mit äußerster Diskretion zu behandeln, insbesondere Hörnigk und Becher sollten nichts über Leibniz' Absichten erfahren. Ob Crafft dieses lediglich als Konzept überlieferte Schreiben je erhalten hat, bleibt fraglich; eine Antwort liegt uns jedenfalls nicht vor.

Doch gleichzeitig nahm Leibniz nach längerer Pause nun auch wieder Verbindung mit dem ihm treu ergebenen Lincker auf, der sich einmal mehr als Vermittler zur Hofkanzlei verdient machte. Dessen Schreiben lassen wiederum keinen Zweifel darüber, daß der hannoversche Gelehrte zum damaligen Zeitpunkt einen Wechsel an den kaiserlichen Hof in Wien ernsthaft in Erwägung zog.[20] Leibniz' Brief an den Hofkanzler Joh. Paul Hocher vom 7. Juli 1678[21] entnehmen wir zudem, daß er nun aber wieder mehr auf seine juristischen Fähigkeiten setzte und dem Kaiser, wie schon einmal 1671, seine Mitwirkung an der Verbesserung des Reichsgesetzbuches anbot. In diesem Zusammenhang entwickelte er das Konzept eines *Codex Leopoldinus*. Sowohl Hocher als auch der Kaiser haben dem Plan wohl grundsätzlich zugestimmt. Dennoch wartete Leibniz auch dieses Mal vergeblich auf den ersehnten Ruf nach Wien.

Ungeachtet dessen dürften die beiden folgenden Jahre zu den glücklichsten im Leben des Philosophen gezählt haben. Leibniz avancierte bald schon, wie er es sich schon immer gewünscht hatte, unabhängig von seinem offiziellen Status als Justizrat und Bibliothekar zum persönlichen Berater und Gesprächspartner seines Landesherrn. Der unerwartete Tod Joh. Friedrichs im Dezember 1679 war für ihn daher nicht zuletzt ein persönlicher Verlust, um so mehr, als dessen Nachfolger Ernst August, anders als sein verstorbener älterer Bruder, ausschließlich an den historisch-juristischen Kenntnissen seines Justizrates zur Erweiterung und Konsolidierung der braunschweig-lüneburgischen Herrschaft interessiert war und den vielfältigen Projekten des Universalgelehrten kein Verständnis entgegenbrachte.

Als sich darüber hinaus zunehmende Schwierigkeiten bei der Durchführung von Leibniz' technischen Versuchen in den Harzbergwerken ergaben, sehen wir den Philosophen im Sommer 1680 nachdrücklicher als in den Jahren zuvor bemüht, sich in Wien eine Zukunft zu gründen.

3.3.1.1 Hoffnung auf die Nachfolge Peter Lambecks als Hofbibliothekar (1680/81)

Bei einem Treffen mit Crafft Anfang Juli in Dresden[22] wurde vereinbart, daß dieser seinem langjährigen Freund über Philipp Wilhelm von Hörnigk und den Markgrafen Hermann von Baden, der "ein sehr beqvämes instrument dazu... immaßen er ein Reichs-Fürst"[23], den Weg zum Kaiser bahnen sollte. Gegebenenfalls wollte man sich auch des Grafen F.E. Pötting bedienen, zumal Crafft mit dem Vizekanzler von Böhmen bereits in Verhandlungen über ein Projekt zur Goldgewinnung aus Kupfer und Quecksilber stand.[24]

Nach Hannover zurückgekehrt, gab Leibniz seinem Dresdner Vertrauten in der *Deliberation, wie die zu aufnahme ja wohlfahrth und Conversation des Kaysers und Reichs gehabte gedancken, am nachdrucklichsten bey Kayserl. Mayt anzubringen, damit sie wohl gefaßet und kräfftig auch schleunig vollstrecket werden*[25] genaue Anweisungen, wie in dieser Angelegenheit am besten vorzugehen sei. Vor allem sollte Crafft ihn als eine Person vorstellen, die "das rechte arcanum ausgefunden, dadurch Teutschland nicht allein in integrum zu restituiern sondern auch glücklich und Kayserl. Mt formidabel zu machen" und "das haus Osterreich wieder empor kommen, und Franckreich in schrancken halten könne".[26] Die in diesem Zusammenhang angekündigte "admirable harmonie und vereinigung der Staats-Kriegs- und Commerciensachen"[27] konkretisierte Leibniz in zwei Entwürfen, die er dem Kaiser vorlegen wollte und die ihm endlich die angestrebte Ernennung zum Reichshofrat einbringen sollten.[28]

Um dieses Ziel zu erreichen, wurden auch Lincker und Gudenus wieder eingeschaltet.[29] Als Leibniz über den in Wien weilenden kurtrierischen Rat vom Tode des Hofbibliothekars Lambeck erfuhr[30], zog er auch die Aussicht auf dessen Nachfolge ins Kalkül. Hierin wurde er nicht nur von Lincker entschieden bestärkt, zumal dieser der Überzeugung war, daß der hannoversche Gelehrte den verstorbenen Lambeck in vielem überträfe[31]. Auch Crafft ermunterte seinen alten Weggefährten - wiewohl aus anderen Beweggründen -, sich "omnibus viribus" um dieses Amt zu bewerben. Leibniz hätte dann selbst direkten Zugang zum Kaiser, so daß man für die Durchsetzung der gemeinsam vereinbarten wirtschaftlichen Vorhaben die Vermittlung Dritter nicht mehr benötige.[32]

Der hannoversche Gelehrte machte allerdings sogleich deutlich, daß er sich mit der Stelle als Kaiserlicher Bibliothekar ohne den Titel eines Reichshofrates nicht

begnügen wollte. Schließlich habe er bereits einen festen Platz im Rat seines Fürsten und er sei verständlicherweise nicht geneigt, von dieser Stufe herabzusteigen.[33)]
In Wahrheit wollte Leibniz aber wohl einen Bekenntniswechsel vermeiden, der mit einer Anstellung am kaiserlichen Hof unweigerlich verbunden gewesen wäre. Unsere Vermutung sehen wir Jahre später gewissermaßen bestätigt. Als der hannoversche Gesandte in Wien, Daniel Erasmi von Huldenberg, nämlich Anfang Februar 1701 verlauten ließ, Leibniz sei als Kaiserlicher Bibliothekar im Gespräch, wies der Philosoph diesen Gedanken mit Hinweis auf sein Bekenntnis energisch zurück.[34)] Als Reichshofrat glaubte er sich indes geschützt vor der Notwendigkeit, seinem Glauben abzuschwören, da in diesem Kollegium eine bestimmte Anzahl von Sitzen den Protestanten vorbehalten war.[35)]

Am Ende zerschlug sich beides; die Bibliothek wurde zunächst kurzzeitig mit Peter Strelmeyer, dann mit Daniel Joh. Nessel besetzt und im Reichshofrat war keine Stelle frei.[36)]

3.3.1.2 Leibniz' Einführung am Wiener Hof 1688/89

a) Die Vermittlung an den kaiserlichen Hof durch Royas y Spinola - Leibniz als Unterhändler bei den Reunionsgesprächen zwischen Wien und Hannover

Auch wenn Leibniz nach dem abermaligen Scheitern seiner Bemühungen um eine Anstellung in Wien in den folgenden sechs Jahren keine weiteren Schritte mehr in diese Richtung unternahm, so hat er seinen Wunsch, in den Dienst des Kaisers zu treten, doch niemals wirklich aufgegeben. Es bedurfte lediglich einer passenden Gelegenheit, um ihn wieder aktiv werden zu lassen. Diese ergab sich wiewohl aufs engste verbunden mit der für ihn bitteren Erkenntnis, daß man in Hannover seine Ideen zur Innovation der Technik nicht länger unterstützen wollte, als nämlich Herzog Ernst August 1685 die Versuche zur Einführung der Windkunst in den braunschweigischen Harzgruben einstellen ließ und seinen Rat mit der Abfassung der Welfengeschichte beauftragte.[37)] Durch die neue Aufgabe bot sich dem Philosophen nun allerdings die einmalige Chance, die Isolation seines Gelehrtendaseins in der hannoverschen Provinz für längere Zeit zu verlassen. Seine fast dreijährige Forschungsreise zu den Archiven und Bibliotheken Süddeutschlands und Italiens, wo er mit Erfolg nach Beweisen für eine gemeinsame Abstammung der Welfen und der italienischen Este suchte, gab ihm nicht nur ausreichend Möglichkeiten, alte Gelehrtenfreundschaften wieder zu beleben und neue zu knüpfen; sie führte ihn im Frühjahr 1688 für mehrere Monate auch nach Wien, dem kulturellen Zentrum des Reichs und Mittelpunkt der großen Politik.[38)]

Schon vor seiner Abreise hatte er Landgraf Ernst von Hessen-Rheinfels um ein Empfehlungsschreiben an den pfälzischen Kurfürsten Philipp Wilhelm gebeten. Letzterer sollte für ihn bei Kaiser Leopold I., dessen Schwiegervater er war, ein gutes Wort einlegen.[39)] Da Leibniz aber nicht über Heidelberg fuhr und von dem Empfehlungsschreiben somit keinen Gebrauch machen konnte[40)], blieb es schließlich dem oben genannten Spinola vorbehalten, ihm Zugang zu den hohen Beamten und Reichsbehörden in Wien zu verschaffen.

Als juristischer Berater der Herzöge von Braunschweig-Lüneburg war der Philosoph neben Molanus[41] zu einem der wichtigsten Gesprächspartner des Bischofs von Wiener-Neustadt geworden, als dieser in der zweiten Hälfte der 70er und Anfang der 80er Jahre die Möglichkeit einer Zusammenführung der beiden christlichen Kirchen bei den deutschen Fürsten ausloten sollte. Das erste persönliche Treffen hatte im März 1683 stattgefunden[42], als sich Spinola zu interkonfessionellen Verhandlungen in Hannover aufhielt. Doch schon nach kurzer Bekanntschaft entwickelte sich zwischen den beiden Irenikern ein freundschaftlich-vertrautes Verhältnis, so daß der hannoversche Justizrat auch mit persönlichen Anliegen vor den österreichischen Bischof treten konnte. Von Spinola, den er schon einmal, noch bevor er ihn persönlich kannte, über Crafft um Vermittlung zum Kaiserhof gebeten hatte[43], konnte er aus gutem Grund wirkungsvolle Fürsprache erwarten, denn der Bischof von Wiener-Neustadt genoß das volle Vertrauen Leopolds I.

Allerdings waren die 1683 voller Zuversicht begonnenen Theologenkonferenzen, die dank Leibniz' Einfluß über den nationalen Rahmen hinweg unter Einbeziehung der gallikanischen Kirche eine europäische Lösung des christlichen Schismas anstrebten, bald schon ins Stocken geraten. Als Leibniz im Herbst 1687 zu seiner großen Forschungsreise aufbrach, war auch sein persönlicher Kontakt mit Spinola seit vier Jahren unterbrochen. So galt sein erster Wienaufenthalt 1688/89 neben seinen historischen Arbeiten zwei Zielen. Zum einen sollte er im Auftrag Hannovers die Reunionsverhandlungen wieder in Gang bringen; vor allem aber sollte er erkunden, ob der österreichische Bischof, wie man in Hannover munkelte, nach der Erlangung des reichen Episkopats von Wiener-Neustadt jegliches Interesse am Friedenswerk verloren hatte.[44] Zum anderen wollte er seine Freundschaft mit dem ehemaligen Verhandlungspartner erneuern, um durch ihn unmittelbaren Zugang zur Umgebung des Kaisers und zu diesem selbst zu finden.

Als Leibniz kurz nach seiner Ankunft in der Donaustadt am 28. April (8. Mai) 1688 Spinola aufsuchte, konnte er mit Genugtuung feststellen, daß die Zweifler in Hannover dem Bischof Unrecht getan hatten. Und es gelang ihm, nicht zuletzt mit Hilfe seines 1686 niedergelegten *Systema theologicum,* in dem er seine Argumentation, soweit dies einem Protestanten damals überhaupt möglich war, den katholischen Dogmen annäherte[45], Spinola für die Wiederaufnahme der kirchenpolitischen Verhandlungen zu gewinnen. Die gemeinsam mit dem Bischof verfaßte Denkschrift, die den Kaiser über die Geschichte und den gegenwärtigen Stand der Vereinigungsbemühungen unterrichten und zu deren weiterer Unterstützung bewegen sollte[46], markiert den Anfang der zweiten Phase des großen Versöhnungswerkes, das zwar nicht zu einem glücklichen Abschluß gebracht werden konnte, gleichwohl das Klima zwischen den Parteien im Reich milderte und eine Zeit des sich gegenseitig tolerierenden Nebeneinanders der Kirchen einleitete.

Auch hinsichtlich seines persönlichen Anliegens enttäuschte ihn der Bischof nicht. Dank Spinola kam Leibniz über den Rektor des Jesuitenkollegs in Breslau und Vertrauten des Kaisers Friedr. Ladislaus Wolf von Lüdinghausen[47] in Kontakt mit dem Hofkanzler Theodor Althet Heinrich von Strattmann, der ihm schon einmal 1669 als Resident von Pfalz-Neuburg bei der Drucklegung seiner Flugschrift zur polnischen Königswahl[48] behilflich gewesen war; ebenso zum Prinzipalgesandten am Reichstag zu Regensburg und späteren Vizekanzler Gottlieb Amadeus von Windischgrätz; letzterer verschaffte ihm möglicherweise Zugang zum Reichshofratspräsidenten Notger Wilhelm von Öttingen.[49] Und schließlich hatte der hannoversche Gelehrte dem Bischof von Wiener-Neustadt seine erste Audienz beim Kaiser zu verdanken, die sehr wahrscheinlich im Oktober 1688 stattfand.[50]

Schon in den Briefen und Schriften, die Leibniz an die engsten Mitarbeiter des Kaiser gelangen ließ, tritt sein Wunsch, in Wien einen angemessenen Posten zu bekommen, deutlich hervor. Dieser habe ihn, wie er Leopold I. in seinem Dankschreiben nach der Audienz[51] versicherte, seit seiner Jugend geleitet. Denn er sei immer darauf bedacht gewesen, Außerordentliches zu leisten, "durch dessen evidenten und großen nuzen ein hohes haupt zu protegirung guther gedancken inflammiret werden möchte".

> "Also habe auff E. Mt ich vornehmlich mein absehen gerichtet gehabt, nicht allein dieweil ein ieder Teütscher dem höchstem oberhaupt am meisten verbunden, sondern auch dieweil ich von dero großen liecht in den wißenschafften und ungemeiner affection zu denselbigen vorlängst wunder gehöret habe".

Mit Blick auf eine zukünftige Anstellung als Hofhistoriograph bot sich Leibniz in einem großartigen Exposé über die Geschichtsschreibung, in dem er deren pragmatischen Nutzen zur Klärung von Erb-, Macht- und Rechtsansprüchen der Fürstenhäuser in den Vordergrund rückte, an, unter Verwendung einer verbesserten historiographischen Methode die Biographie Leopolds I. zu schreiben. Auch für die Einrichtung eines kaiserlichen Briefarchivs wollte er Sorge tragen.[52]

Wie schon bei seinen vorangegangenen Versuchen, in Wien Fuß zu fassen, ließ er wiederum keine Zweifel darüber, daß er eine Anstellung als kaiserlicher Historiograph, für die er 1300 Taler forderte[53], nur in Verbindung mit einer Ernennung zum Reichshofrat akzeptieren würde. Diese sollte ihm nicht nur den bei Eintritt eines Protestanten in kaiserliche Dienste geforderten Bekenntniswechsel ersparen, sondern auch ein breiteres Wirkungsfeld zur Durchsetzung seiner vielfältigen Ideen verschaffen.

Um seinem Ersuchen mehr Nachdruck zu verleihen, ließ Leibniz seiner ersten Unterredung mit Leopold I. neben einem Memorandum, das über seine bisherigen Leistungen und zukünftigen Pläne berichtete[54], eine Reihe von Denkschriften folgen, die vorwiegend Vorschläge zur Verbesserung der finanziellen und und wirtschaftlichen Lage Österreichs zum Inhalt hatten.[55] Denn, so Müller[56], der hannoversche Gelehrte hatte "mit gesundem Spürsinn" die Finanznot des Kaisers als das Haupthindernis für die Durchsetzung insbesondere seiner Vorstellungen zur Wissenschaftsorganisation erkannt.

b) Unterstützung des Collegium Historicum Imperiale in Wien

In Zusammenhang mit Leibniz' Bewerbung um das Amt des kaiserlichen Historiographen in Wien sind auch seine Aktivitäten zur Förderung des von dem Eisenacher Stadtphysikus Franz Christian Paullini kommenden, von dem berühmten Orientalisten Hiob Ludolf mitgetragenen Planes für ein Historisches Reichskolleg zu bringen.[57]

Als der hannoversche Gelehrte auf seinem Weg nach Süddeutschland am 17. Dezember 1687 in Frankfurt a.Main Station machte, um seine Bekanntschaft mit Ludolf wieder aufzufrischen, berichtete ihm der kursächsische Resident von dem in der Gründungsphase befindlichen *Collegium Historicum Imperiale* und machte ihn mit dem von Paullini in der *Delineatio Imperialis Collegii Historici* (1687) festgelegten Programm und der Organisation dieser Gesellschaft vertraut.[58]

Demnach hatte man sich die Abfassung der deutschen Reichsgeschichte zum Ziel gesetzt. Zu diesem Zweck sollte jedes Mitglied die Bearbeitung eines bestimmten Zeitabschnittes übernehmen. Um gleichwohl ein sinnvolles Zusammenwirken der in den verschiedenen Regionen "Deutschlands" wohnhaften Historiker zu gewährleisten, war eine Gliederung des Kollegiums in Anlehnung an die Kreiseinteilung des Reichs vorgesehen. Jede Zweigstelle sollte von einem Adjunkten geleitet werden, der die Verbindung zum Präsidium in Frankfurt a.Main halten sollte.

Da das Projekt seinen eigenen in den 80er Jahren intensiv gepflegten historischen Studien entgegenkam, griff Leibniz die Überlegungen Ludolfs und Paullinis nur zu gerne auf und versprach, sich in Wien für die von den Initiatoren angestrebte Privilegierung des Unternehmens[59] einzusetzen. Doch bevor er den Plan am Kaiserhof vorlegte, ließ er es sich nicht nehmen, diesem eigenen Gedanken hinzuzufügen.

So forderte er vor allem die Bearbeitung zeitgeschichtlicher Probleme unter Berücksichtigung kultur- und geistesgeschichtlicher sowie sozial- und wirtschaftsgeschichtlicher Fragestellungen. Die Kenntnis der Vergangenheit an sich genüge ihm nicht, "sed curandum est etiam ut praesentibus inde ac futuris consulamus". Alle Gegenstände des Wissens müßten auf den Nutzen für das Gemeinwohl gerichtet sein. Eine lückenhafte Kenntnis der Geschichte aber habe den Rechten des Reiches schon des öfteren geschadet.[60]

Mit Nachdruck warnte Leibniz auch davor, den Blick ausschließlich auf die Fertigstellung der Reichsannalen zu richten. Es sei eine langwierige und mühevolle Arbeit, die Historie einer Landschaft oder eines Jahrhunderts zu geben. Daher müßten schon vorab nach dem Beispiel der von der Akademie der Naturforscher *(Leopoldina)* herausgegebenen *Ephemeriden* regelmäßig wichtige Urkunden, Dokumente und andere Beiträge publiziert werden. Manchem kämen während der Bearbeitung seines Zeitabschnittes Materialien in die Hand, die er selbst nicht einzuschätzen wüßte, da er in die entsprechende Materie nicht eingearbeitet sei, einem Kollegen gleichwohl aufschlußreiche Hinweise vermitteln könnte: "nec licet circummissitare ad omnes, nisi typorum beneficio".[61] Und schließlich beschwört Leibniz die Begründer des Kollegs, eine auf dem Fundament gesicherter Zeugnisse basierende Reichshistorie zu erstellen und sich nicht etwa mit einem "compendium aliquod elegans et floridum Historiae" zufriedenzugeben.[62] Hierzu bedürfe es umfangreicher Quellensammlungen, die auch künftigen Geschichtsforschern als Grundlage dienen würden: "ita enim non tantum facilior erit labor, sed et exactior".[63]

Die von Ludolf erarbeiteten, 1690 veröffentlichten *Leges*[64], die das Reichskolleg wiewohl ohne kaiserliche Bestätigung offiziell ins Leben riefen[65], zeigen, vergleicht man sie mit dem von Paullini 1687 entworfenen Programm und mit dessen erweiterter Fassung, der wiederum vornehmlich von Ludolf redigierten *Propositio* von 1688[66], eindeutig Leibniz' Handschrift. Denn neben der Abfassung der Reichsannalen wurde dem *Collegium* nun auch die Herausgabe mittelalterlicher Quellen sowie die Redaktion einer historisch-urkundlichen Zeitschrift zur Aufgabe gestellt.

Unter den ersten Mitgliedern der historischen Sozietät, neben den beiden Begründern Paullini und Ludolf, der 1690 zum Präsidenten gewählt wurde, u.a. der Herausgeber der *Monatlichen Unterredungen* W. E. Tentzel sowie der Tübinger Geschichtsprofessor J. U. Pregitzer[67], rief die Bereitschaft des Philosophen, am Gelingen des Unternehmens mitzuwirken, geradezu enthusiastische Begeisterung hervor. Weit weg von Wien, verband man mit Leibniz' erstem Auftreten am Kaiserlichen Hof, wie sich bald herausstellen sollte, zu große Erwartungen. Gleichwohl ließ der hannoversche Gelehrte, zumindest anfangs nichts unversucht, um für das historische Reichskolleg ein Privileg, möglicherweise sogar das kaiserliche Protektorat zu erlangen.

Wieder bediente er sich zunächst des österreichischen Bischofs, um Leopold I. Ludolfs *Propositio*, die bis 1690 als vorläufiges Statut und als Aufnahmediplom zugleich galt[68], zu überreichen.[69] Vor allem aber setzte er alles daran, Vizekanzler Leopold Wilhelm von Königsegg als Vermittler zum Kaiser zu gewinnen. Geraume Zeit versuchte er vergeblich, an den vielbeschäftigten Politiker heranzukommen, um ihm im persönlichen Gespräch die Angelegenheit vorzutragen[70]; schließlich blieb ihm zunächst einmal nur der schriftliche Weg. In seinem großangelegten Exposé *De usu collegii imperialis historici arcaniore cogitatio* vom November 1688[71] versuchte er, dem Vizekanzler die Ziele des Kollegs nahezubringen. Dabei versäumte er es freilich nicht, seine eigenen Verbesserungsvorschläge herauszustellen und auf den spezifischen Nutzen der Gesellschaft für den Kaiser hinzuweisen. Dieser bestünde vornehmlich in der Veröffentlichung von Urkunden, die sonst verloren gingen, gleichwohl zur Aufklärung des Reichsrechtes beitragen würden:

"Ita enim Auspiciis Imperatoriis majore quam antea circumspectione plurim *acta publica* elimata edi possent, quae conservari et publice exstare a re Germaniae esse videretur."[72]

Mit der Aktualisierung des ursprünglichen Planes, die die vom historischen Collegium betriebene Geschichtsforschung ausdrücklich in den Dienst politischer Gegenwartsaufgaben stellte, war dem Philosophen zweifellos ein geschickter Schachzug gelungen, zumal er in diesem Zusammenhang auch noch eine *Historia Leopoldina* ankündigte.

So zeigte sich nicht nur Königsegg beeindruckt von der Neugründung.[73] Auch der Kaiser, dem Leibniz, nachdem er ihm bereits ein Exemplar der *Propositio* hatte zukommen lassen, in seiner ersten Audienz persönlich berichten konnte, signalisierte Interesse.[74] Schließlich fand Leibniz in Daniel von Nessel, jenem Mann, der ihm 1679 als Kaiserlicher Hofbibliothekar vorgezogen worden war, mit dem ihn mittlerweile gleichwohl eine aufrichtige Gelehrtenfreundschaft verband, einen weiteren Förderer des Projekts.[75] Nessel hatte nicht nur, wie vor ihm schon Spinola, das vorläufige Statut des Historischen Reichskollegs an Leopold I. weitergeleitet, er sicherte dessen Mitgliedern auch freien Zugang zur Hofbibliothek zu.[76]

Obwohl Leibniz also in Wien auf grundsätzliches Verständnis für das von Paullini und Ludolf initiierte Projekt stieß, war an eine ernsthafte Förderung seitens des Kaisers angesichts der politischen wie finanziellen Lage nicht zu denken. Hatte man bei Leibniz' Ankunft in der Donaustadt im Mai 1688 nach den Erfolgen gegen die Türken und der Rückeroberung Belgrads noch berechtigte Hoffnungen gehegt[76a], so machte der Ausbruch des Pfälzischen Krieges diese wieder zunichte. Ich glaube, schreibt Leibniz am 13./23. Juli 1690 an Ludolf, nicht ohne Schmerz bemerken zu müssen, daß das Werk in Wien stagniert und nicht weiter will; die es am meisten fördern sollten, bringen keinen rechten Eifer dazu auf.[77] Der hannoversche Gelehrte selbst, der die äußerst schleppende Entwicklung des Kollegs, von dem 1694 mit Paullinis *Kurtzem Bericht vom Anfang und bisherigen Fortgang des vorhabenden Historischen Reichscollegii* (Frankfurt a.M) das letzte öffentliche Lebenszeichen zu erfahren war, bis es gegen Ende des Jahrhunderts endgültig einschlief, mit Interesse verfolgte, war nicht zu bewegen, Mitglied zu werden. Und erst nach mehrmaligen Bitten Ludolfs[78] stellte er sich als Adjunkt für den niedersächsischen Kreis, jedoch ohne Verpflichtung zur aktiven Mitarbeit zur Verfügung.[79] Allerdings wollte er die Bedürfnisse der Gesellschaft bei seinen eigen Arbeiten berücksichtigen.[80]

Sein wohlgemeinter Rat, schon vor Beendigung des Gesamtwerkes mit einem Teil der Annalen oder anderen Arbeiten an die Öffentlichkeit zu treten, um die Aufmerksamkeit der maßgebenden Beamten in Wien und des Kaisers auf sich zu ziehen und endlich ein kaiserliches Privileg oder zumindest finanzielle Zuwendungen zu erlangen, wurde zwar zum Beschluß erhoben, doch nicht realisiert. Es fehlte nicht zuletzt an fähigen Mitgliedern, die entsprechende Leistungen hätten erbringen können. So mußte Ludolf im Dezember resigniert feststellen:

> "De Collegio nostro historico quod dicam vix habeo, adeo omnia frigent. Scilicet nemo ex magnatibus nostris est qui vrgeat, multo minus, qui obulum impendat. Qui ad nutum alienum laborare debent sine magno autore sine praemio, sunt difficillimi".[81]

Das Beharren auf kaiserlicher Unterstützung hat dem Fortgang des *Collegium Historicum Imperiale* freilich mindestens ebenso geschadet wie die mangelnde Qualifikation seiner Mitglieder und das spürbar nachlassende Engagement seiner Begründer.[83]

c) Aussicht auf die Stellung eines Hofhistoriographen in Wien

Als Leibniz im Februar 1689, nachdem er die beantragte Genehmigung zur Benutzung der herzoglichen Archive in Modena erhalten hatte[83], in Richtung Venedig aufbrach, hatte er zwar nicht die von den Gründern des Historischen Reichskollegs seit zwei Jahren angestrebte kaiserliche Bestätigung im Gepäck, gleichwohl konnte er in der Gewißheit abreisen, daß man seiner Person am kaiserlichen Hof große Wertschätzung entgegenbrachte. Offensichtlich hatte man ihm sogar das Amt des Hofhistoriographen in Aussicht gestellt.[84]

Allerdings zeichnete sich schon jetzt jenes "Schwanken zwischen Zustimmung und Ablehnung"[85] ab, das letztlich nicht nur seinen Übertritt in kaiserliche Dienste, sondern auch die Realisierung seiner Pläne für eine Sozietät der Wissenschaften vereitelte. Jedenfalls scheint der hannoversche Justizrat zu diesem Zeitpunkt eine Übersiedelung nach Wien "wegen habenden engagemens" nicht einmal ernsthaft in Erwägung gezogen zu haben.[86] Dennoch ließ er in der Folgezeit nichts unversucht, um sich die Gunst Leopolds I. und dessen Berater "pro futura"[87] zu erhalten. Als Leibniz von Modena kommend Ende April 1690 zum zweiten mal in der Donaumetropole eintraf, wandte er sich umgehend mit einer *Eingabe betr. Anstellung in kaiserlichen Diensten* an Leopold I. persönlich[88] sowie mit zwei Briefen an den Diplomaten Gottlieb Amadeus von Windischgräz.[89]

Auch die Rückkehr nach Hannover im Juni 1690 nach einer Abwesenheit von über zweieinhalb Jahren änderte nichts an Leibniz' Verlangen, nach Wien gerufen zu werden:

> "Quoyque du reste tous mes souhaits ne tendoient qu'à servir Sa Mté Imperiale."[90]

Dieser Wunsch war auch der Anlaß für seine Schreiben 1691/92 an den oben bereits genannten Windischgräz[91], an seinen ehemaligen Schüler, den Reichshofrat Philipp Wilhelm von Boineburg[92], sowie an Caspar Florenz von Consbruch.[93] Der Sekretär Leopolds I. konnte dem hannoverschen Gelehrten indes versichern, daß

Ihre "Kay. Mt annoch, wie vor, g dst gesinnet bleiben M. hochgeehrten Herre zu employren, wan derselbe sich anhero begeben wolte".[94]

Doch eben hierin bestand das Problem. Denn Leibniz sah sich nicht in der Lage, Hannover zu verlassen,

> "puisque j'étois engagé à un travail historique pour la Sme Maison de Bronsvic et qu'on m'avoit fait aller exprés en voyage pour cela, je ne pouvois pas l'abandonner un sujet legitime de plainte. Peutestre que d'autres n'auroient pas esté si scrupuleux."[95]

Allerdings glaubte er damals, den schwierigsten und zeitraubendsten Teil der Historie des Hauses Braunschweig-Lüneburg mit dem Abschluß der Frühzeit überwunden zu haben, so daß er nun die schon vor längerer Zeit in Aussicht gestellte Geschichte Leopolds in Angriff nehmen könnte.[96] Diese Ankündigung sollte Wien dazu veranlassen, ihm statt der bisherigen vagen Versprechungen ein konkretes Angebot für seine Anstellung als Kaiserlicher Hofhistoriograph zukommen zu lassen. Denn nur wenn ihm ein Angebot aus Wien vorläge, das er nicht abschlagen könnte, so meinte er, könnte er sein bestehendes Dienstverhältnis ohne Skrupel lösen. De facto wollte er, - wie schon bei seinen vorangegangenen Versuchen, in der Donaumetropole eine neue Wirkungsstätte zu finden[97] -, alles vermeiden, um auch nur den Anschein zu erwecken, als habe er selbst die entsprechenden Schritte eingeleitet. Doch die Berater Leopolds I. wollten es sich mit den Hannoveranern offensichtlich nicht verderben und Leibniz gegen deren Willen an den Kaiserhof verpflichten.[98]

Während der Philosoph seinen Herzog im nachhinein nur wissen ließ, er habe "aus generosität abgeschlagen s(m)ich in Kayserl. Dienste einzulaßen", obwohl ihm bereits eine feste Zusage aus Wien vorgelegen habe[99], offenbarte er dem Sohn seines ehemaligen Mainzer Mentors Boineburg seine Gewissensnöte. Gleichzeitig gab er ihm jedoch zu verstehen, daß er an seinem Wunsch, eines Tages in die Dienste des Kaisers zu treten, unbeirrt festhalten werde:

> "J'espere qu'Elle [Leopold I.] m'aura conservé quelque part dans ses bonnes graces, et qu'il y aura lieu de venir un jour à quelque effect."[100]

3.3.1.3 Kurzaufenthalte in Wien 1700/1702 und 1709: Intensives Bemühen um Erlangung der Reichshofratswürde

Die beiden folgenden kurzen Wienbesuche des Philosophen 1700 und 1702[101] waren dann vornehmlich anderen Themen gewidmet, u.a. der nach wie vor angestrebten Wiedervereinigung der beiden christlichen Kirchen sowie der Erbfolge in Spanien, die nach dem Tod des kinderlosen Königs Karl II. (gest. 1. 11. 1700), des letzten Habsburgers auf dem spanischen Thron, für über ein Jahrzehnt zum Zankapfel der europäischen Mächte wurde.[102] Doch auch in eigener Sache wußte sich Leibniz zu gegebener Zeit mit Nachdruck in Erinnerung zu bringen.

Gleichwohl seine eifrigsten Fürsprecher am Kaiserhof, Königsegg, Strattmann und Windischgrätz, mittlerweile gestorben waren, standen die Chancen für ihn nicht schlecht. Denn mit dem Erscheinen seines *Codex juris gentium diplomaticus*, für den ihm 1693 das kaiserliche Druckprivileg erteilt worden war[103], und dem 1700 publizierten Ergänzungsband, der *Mantissa Codicis juris gentium diplomatici*, hatte er sich beste Voraussetzungen geschaffen, um in Wien erneut um Aufnahme in die oberste Justizbehörde des Reiches[104] nachzusuchen. Immerhin hatte die Urkundensammlung des hannoverschen Gelehrten, die diesen, so Davillé[105], unter den deutschen Begründern des Völkerrechts an die erste Stelle rückte, im Reichshofrat großes Aufsehen erregt, namentlich das Interesse seines Präsidenten Öttingen auf sich gezogen.[106] Und es ist wohl nicht auszuschließen, daß man sich dieses Werkes, von welchem dem Reichshofrat fünf Pflichtexemplare vorlagen[107], für Rechtsentscheidungen hin und wieder bediente.

Darüber hinaus kamen Leibniz der Wunsch Kaiser Leopolds I., die seit dem Tod Spinolas 1695 unterbrochenen Reunionsverhandlungen mit Hannover wieder in Gang zu bringen, und die in diesem Zusammenhang an ihn erfolgte Einladung nach Wien[108] zu Hilfe. Um die Gunst der Stunde zu nutzen, mußte er sich allerdings über den ausdrücklichen Willen seines neuen Dienstherren, Kurfürst Georg Ludwig, hinwegsetzen. Dieser hat nämlich, nachdem für Hannover der englische Thron in greifbare Nähe gerückt war, und man sich mit Rücksicht auf die anglikanische Kirche nicht auf neue Gespräche mit der katholischen Seit einlassen wollte, seinem Justizrat die Reiseerlaubnis verweigert.

Dessenungeachtet entschloß sich Leibniz, der sich schon nach seinem ersten Wienaufenthalt wegen seines langen Ausbleibens hatte rechtfertigen müssen[109], der sich zudem in Hannover wegen seiner Verbindung zu anderen Höfen zunehmender Kritik ausgesetzt sah[110], die Reise ohne kurfürstliche Genehmigung anzutreten.[111] Von Berlin kommend, wo er die Geburtsstunde der Sozietät der Wissenschaften hatte erleben dürfen, finden wir ihn schließlich von Ende Oktober bis Mitte Dezember 1700 in der Donaumetropole.

Noch vor seiner Ankunft in Wien nahm er Verbindung mit dem Nachfolger Spinolas Franz Anton von Buchhaim auf, mit dem er bereits seit November 1696 korrespondierte[112], um ihm sogleich sein persönliches Anliegen nahezubringen. In dem Brief vom 28 September[113] bat er den derzeitigen Bischof von Wiener-Neustadt, ihn bei der Erlangung der Reichshofratswürde zu unterstützen. Allerdings wollte er seinen erneuten Versuch, in Wien neue Wirkungsmöglichkeiten zu finden, ebenso geheimgehalten wissen wie seine unerlaubte Reise an die Donau; daher bediente er sich in den Schreiben an Buchhaim des Pseudonyms "von Hülsenberg", das er auch nach seiner Rückkehr nach Hannover beibehielt, wenn es um seine berufliche Zukunft in Wien ging.[114] Selbst in Originalbriefen seiner Korrespondenten machte Leibniz alle Stellen unkenntlich, die auf seine Absicht, in den Dienst des Kaisers zu treten, hätten hindeuten können.[115]

Buchhaim, der sich für Leibniz bei dem amtierenden Reichsvizekanzler Dominik Andreas Graf von Kaunitz verwendete, konnte dem Philosophen bald schon positive Nachricht geben. Dies um so mehr, als sich der Kaiser wieder einmal von den "vernünftigen Gedanken, ohngesparten Fleiß und beywohnende(r) ohngemeine(r) Wissenschaft" des hannoverschen Justizrates hatte überzeugen können und sich für dessen weitere Verwendung bei den Reunionsgesprächen aussprach.[116] Damit zeichnete sich für Leibniz die bislang wohl günstigste Gelegenheit ab, seine Loslösung von Hannover auf möglichst unverfängliche Weise zu betreiben.

So erfahren wir bald schon die Bedingungen, die er mit seiner Aufnahme in den Reichshofrat verband: neben dem üblichen Salär von 2000 Talern eine Extravergütung für spezifische archivarische Forschungen zur Wahrung der Rechte von Kaiser und Reich. Die Ernennung zum Reichshofrat sollte sogleich, allerdings durch geheime Order erfolgen, die Introduktion aufgrund seiner noch bestehenden Verpflichtungen in Hannover jedoch auf einen späteren Zeitpunkt verschoben werden. Und es sollte auch dieses Mal alles vermieden werden, was ihn als Initiator seiner Berufung nach Wien zu erkennen hätte geben können.[117]

Um seinen Forderungen mehr Nachdruck zu verleihen, verwies Leibniz auf eine soeben in zweiter Auflage erschienene Streitschrift[118], in der er sich in der Frage der Spanischen Erbfolge entschieden auf die Seite Habsburgs gegen die französischen Bourbonen stellte. Mit dem Hinweis auf seine in diesem Pamphlet dokumentierte Loyalität gegenüber dem Kaiserhaus scheint Leibniz den richtigen Ton getroffen zu haben. Denn am 5. September 1701 übermittelte ihm der Hofmeister Buchhaims im Auftrag des Reichsvizekanzlers Kaunitz die erfreuliche Nachricht, daß Leopold I. Leibniz' Aufnahme in den Reichshofrat zugestimmt habe.[119]

Und doch blieb es diesem auch jetzt wieder versagt, die angebotene Stellung anzunehmen. Mehr als eine Empfehlung für seine auch in den folgenden Jahren nicht nachlassenden Bemühungen, sich durch die Ernennung zum Reichshofrat größere Einflußmöglichkeiten zu verschaffen, bedeutete diese inoffizielle Zusage aus Wien nicht.

Allerdings berief sich Leibniz schon 1704 in einem Memoriale für Kurfürst Johann Wilhelm von der Pfalz[120], den Schwager Leopolds I., auf das kaiserliche Angebot, welches ihm die Berechtigung gäbe, jederzeit nach Wien zu gehen. Obwohl er durch andere Verpflichtungen bisher daran gehindert worden sei, habe er in seinem Eifer für Kaiser und Reich nicht nachgelassen, wie sein erst kürzlich erschienenes *Manifeste contenant les Droits de Charles III., Roy d'Espagne, et les justes motifs de son expédition (A la Haye 1703)* bewiese.

Erstmals brachte Leibniz hier auch den Gedanken an eine Kaiserliche Sozietät der Wissenschaften ins Spiel, den er - taktisch nicht unklug - in Beziehung setzte zu den Möglichkeiten, "was dermahleins in der mächtigen Spanischen Monarchie zu thun"[121]. Der Tod Leopolds I. im Jahre 1705 hat derartige Pläne jedoch in den Hintergrund gedrängt.

Doch der Regierungswechsel eröffnete Leibniz durchaus positive Perspektiven. Denn in der Gattin Josephs I., Tochter seines einstigen Gönners, Herzog Johann Friedrich von Braunschweig-Lüneburg, fand er eine aufrichtige und eifrige Förderin seiner Person wie seiner Vorhaben. Zudem konnte Amalia als regierende Kaiserin ihm direkten Zugang zu den politischen Führungspersönlichkeiten am Wiener Hof verschaffen. Nicht von ungefähr wurde er von Herzog Anton Ulrich von Wolfenbüttel Ende 1708 in diplomatischer Mission an die Donau geschickt. Da der politisch ehrgeizige Vetter des hannoverschen Kurfürsten Georg Ludwig den Hildesheimer Konflikt im Alleingang, wiewohl auf dem Rechtsweg beenden wollte, benötigte er kaiserliche Unterstützung. In Leibniz sah er die geeignete Person, die in diesem Sinne mit den Beratern Josephs I. verhandeln sollte.[122]

Auch diesen knapp vierwöchigen Aufenthalt in der Habsburgerresidenz, der wiederum aus gutem Grund unter strengster Geheimhaltung erfolgte[123], nutzte Leibniz, um persönliche Anliegen vorzutragen. Doch während wir den hannoverschen Gelehrten bisher fast ausschließlich um seine berufliche Zukunft bemüht sahen, fanden nun auch Anregungen zur Gestaltung des wissenschaftlich-kulturellen Lebens Erwähnung. Gleichwohl wußte er diese, wie schon 1688, als er sich für die Privilegierung des Historischen Reichskollegs einsetzte, in Beziehung zu der von ihm anvisierten Stellung am kaiserlichen Hof zu bringen.

Ohne zunächst sein eigentliches Ziel auch nur anzudeuten, unterbreitete er dem Obersthofmeister Karl Theodor Fürst von Salm, seinem Verhandlungspartner in der Hildesheimer Angelegenheit, Vorschläge zur Finanzierung einer Sammlung aller Reichsrechte sowie für eine Neuordnung der in der Hofbibliothek befindlichen Manuskripte.[124] Erst geraume Zeit später erfahren wir, was Leibniz wirklich erreichen wollte, nämlich die Oberaufsicht über das Reichsarchiv, die ihm, verbunden mit der als selbstverständlich vorausgesetzten Reichshofratswürde die Möglichkeit geben sollte, dem Kaiser als eine Art Reichssyndikus, d.h. vorwiegend in politisch-beratender Funktion zu dienen.[125]

In diesem Zusammenhang macht es nun freilich Sinn, daß er die von Paullini und Ludolf kommende Idee einer historischen Sozietät wieder aufleben ließ. Hatte er doch schon 1688 auf deren Nutzen für die Durchsetzung der Rechte von Kaiser und Reich hingewiesen.

Im Mai 1708 wandte sich Leibniz mit einem entsprechenden Vorschlag über Philipp Wilhelm von Hörnigk an den Kardinal und Fürstbischof von Passau, Johann Philipp Graf Lamberg, da irrtümlich davon gesprochen wurde, daß dieser künftig am kaiserlichen Hof weilen werde.[126] In dem nur als Konzept überlieferten Schreiben erläuterte er seine Vorstellung von einer vielgliedrigen historischen Sozietät, die auch die Hilfswissenschaften, etwa Quellenkunde und Literaturgeschichte, einschließen müßte. Der spezielle Programmpunkt der "Austriaca", wozu er selbst "ein ansehnliches volumen... aus diplomatibus und monumentis" beisteuern könnte, - Leibniz erinnert hier noch einmal an den am Wiener Hof mit Wohlwollen aufgenommenen *Codex* -, sollte das Ganze zusätzlich attraktiv machen. Allerdings ging der hannoversche Gelehrte mit seinen Empfehlungen im Rahmen dieses Konzepts schon einen Schritt weiter und kündigte, wiewohl andeutungsweise nur, die notwendige Erweiterung einer derartigen Institution auf andere wissenschaftliche Disziplinen an.

Daß auch Kaiserin Amalia in diese Überlegungen eingeweiht war, ist nicht nachzuweisen, aber doch wahrscheinlich. Denn auch in den folgenden Jahren ist Leibniz mit seinen Vorschlägen zur Gründung einer Wiener Akademie immer wieder vor die Tochter seines ehemaligen Gönners getreten. Und er konnte sicher sein, in der Kaiserin, die auch schon seinen Wunsch, die Direktion des Reichsarchivs zu übernehmen, gebilligt hatte[127], eine engagierte Fürsprecherin gefunden zu haben. Durch den überraschend eingetretenen Tod Josephs I. am 17. April 1711 blieben ihre Einflußmöglichkeiten gleichwohl begrenzt.

3.3.1.4 Letzter Aufenthalt in Wien 1712/1714: Leibniz' Wunsch, sich für immer in Wien niederzulassen

In der Zwischenzeit hatte sich die Situation für Leibniz in Hannover aber auch in Berlin zugespitzt. Hier wie dort begegnete man dem großen Gelehrten mit Mißtrauen und Unverständnis, während man andererseits seine Person und seine Leistungen am Kaiserlichen Hof in Wien ganz offensichtlich zu schätzen wußte. Die sich häufenden persönlichen Enttäuschungen, allen voran seine vermeintliche Zurücksetzung in der Berliner Sozietät, jener Organisation, die er als ureigenste Schöpfung betrachtete, und das zunehmend ungeduldigere Drängen seines hannoverschen Dienstherren auf Fertigstellung der Welfengeschichte hatten schließlich zur Folge, daß sich Leibniz immer stärker von der Donaumetropole angezogen fühlte. Der Thronwechsel in Wien war für den Philosophen zudem günstig. Denn Elisabeth Christine, die Gattin des nun regierenden Kaisers Karl VI., vormals Karl III. von Spanien, war die Enkelin Anton Ulrichs von Braunschweig-Wolfenbüttel. Leibniz durfte also annehmen, daß das Wort des Herzogs, der einzige unter den braunschweigischen Fürsten, der ihm freundschaftlich zugetan war, fortan größeres Gewicht am Kaiserhof haben würde. Diese Vermutung sollte sich schon bald bestätigen. Dank der Fürsprache Anton Ulrichs wurde dem Philosophen nach der Wahl und Krönung Karls VI. in Frankfurt a.Main endlich am 2. Januar 1712 die so lange angestrebte Reichshofratswürde zugesichert.[128]

Darüber hinaus gab der Wolfenbütteler Herzog dem Philosophen Gelegenheit, in geheimer Mission nach Wien zu reisen. Leibniz sollte, nachdem sich der Separatfrieden Englands und Hollands mit Frankreich abzeichnete[129], zwischen dem Kaiser und dem russischen Zaren vermitteln. Die von Karl VI. gewünschte Allianz mit Peter I. sollte Habsburg die Möglichkeit geben, den Spanischen Erbfolgekrieg nach dem Ausscheiden der ehemaligen Bündnispartner erfolgreich fortzusetzen.[130]

Von Karlsbad über Dresden kommend, wo er mit Peter I. zusammengetroffen war[131], traf Leibniz, wiederum inkognito, Mitte Dezember 1712 in Wien ein. Erst am 23sten des Monats meldete er sich aus der Donaumetropole bei dem hannoverschen Minister A.G. v. Bernstorff.[132] Gleichwohl Kurfürst Georg Ludwig über die Reise seines Justizrates, die dieser ohne seine Genehmigung angetreten hatte, überaus verärgert war[133], besann er sich auf dessen diplomatisches Geschick und bediente sich des Philosophen, um den seit 1689 währenden Sachsen-Lauenburgischen Erbfolgestreit mit kaiserlicher Unterstützung zugunsten Hannovers beizulegen.[134] Mit diesem Auftrag rechtfertigte Leibniz in der Folgezeit seinen sich über 18 Monate vom Dezember 1712 bis zum August 1714 hinziehenden Aufenthalt in der kaiserlichen Residenz.

Den eigentlichen Grund für seinen Entschluß, heimlich nach Wien aufzubrechen, enthüllt ein Brief[135], den er kurz vor seiner Ankunft am 12. Dezember 1712 an den Beichtvater Johann Wilhelms von der Pfalz, den Jesuiten Orban(us) schrieb: Leibniz wollte nach der kaiserlichen Zusicherung nun auch Stellung und Gehalt eines wirklichen Reichshofrates erlangen. Die damals ebenfalls schon ins Auge gefaßte Akademiegründung, die schließlich einen Großteil seiner Zeit beanspruchte und in den Korrespondenzen mit seinen Gönnern in Wien auch nach seiner Rückkehr nach Hannover eine dominierende Rolle spielte, kam indes erst nach seiner ersten Audienz bei Kaiser Karl VI. im Januar 1713 zum Tragen.[136]

Allerdings ist eine Trennung von Leibniz' persönlichen Ambitionen und seinen Bemühungen zur Organisation der Wissenschaften ebensowenig möglich wie eine exakte Scheidung zwischen seinem dienstlichen und privaten Handeln. Namentlich an dem letzten und längsten Aufenthalt des Philosophen in Wien sehen wir dies bestätigt. Dieser galt im Grunde nämlich nur dem einen Ziel, durch sein weltgewandtes, überzeugendes Auftreten, seine vielfältigen Pläne sowie durch sein Verhandlungsgeschick die Aufmerksamkeit des Oberhauptes des Reiches auf sich zu lenken. Denn wenige Jahre vor seinem Tod hatte der mittlerweile 68-jährige Leibniz, zutiefst enttäuscht von der mangelnden Anerkennung, die man ihm in Hannover entgegenbrachte, die ernsthafte Absicht, ganz nach Österreich überzusiedeln.[137] Daher mußte er eine geeignete Stellung finden, die es rechtfertigen würde, sein bestehendes Dienstverhältnis zu quittieren. Ob als Direktor einer kaiserlichen Akademie, als Reichshofrat oder, wie noch zu sehen sein wird, als Kanzler von Siebenbürgen war ihm letztlich nicht so wichtig. Vor allem war Leibniz von dem heimlichen Wunsch beseelt, persönlicher Berater des Kaisers zu werden.[138]

a) Zusicherung des Direktorats der zukünftigen Kaiserlichen Sozietät der Wissenschaften in Wien

Seine erste Unterredung mit Karl VI. hatte der Philosoph schließlich weniger dem Kreditiv Herzog Anton Ulrichs zu verdanken, als vielmehr dessen Enkelin. Der wolfenbüttelsche Geheime Rat und ständige Begleiter Elisabeth Christines, Rudolf Christian von Imhof, der ihm schon als Mittelsmann zur Kaiserinwitwe Amalia gute Dienste geleistet hatte, stellte nun auch den Kontakt zur regierenden Kaiserin her. Diese wiederum empfahl den hannoverschen Gelehrten ihrem Gatten.[139]

Bald schon scheint Leibniz' Verhältnis zu Karl VI. fast freundschaftliche Züge angenommen zu haben. Zumindest wurde seiner Bitte, mindestens einmal wöchentlich freien Zutritt zum Kaiser zu erhalten, damit er seine Anliegen "directe et non per interpositas personas" vortragen könne[140], nachgegeben; "le plus grand que j'y [= Wien] trouve", schrieb Leibniz am 13. Dezember 1713 an seinen Berliner Korrespondenten Ancillon, "c'est l'accés que l'Empereur m'a fait la grace de me donner; puisque je n'ai besoin de la voye de l'audience ordinaire pour être admis".[141] Bereits im Februar hatte er Imhof berichtet, daß ihm dank der Fürsprache Elisabeth Christines schon mehrmals Zutritt beim Kaiser gewährt worden sei und dieser seinen vielfältigen Anregungen ernsthaftes Interesse entgegenbrächte.[142] Und voller Stolz meldete Leibniz nach seiner ersten Audienz Anfang 1713 nach Hannover, daß ihn das Reichsoberhaupt wie einen seiner Minister behandelt habe.[143]

Ungeachtet des Wohlwollens, das ihm der Kaiser entgegenbrachte, wandte sich Leibniz auch an andere einflußreiche Persönlichkeiten am Wiener Hof. Zunächst an solche Personen, die er von seinen vorangegangenen Besuchen in der Donaumetropole her kannte und deren Wertschätzung er sich sicher sein durfte. Zu ihnen zählten vor allem die Kaiserinwitwe Amalia und ihre Schlüsseldame von Klenk[144] sowie sein ehemaliger Verhandlungspartner bei den Reunionsgesprächen Buchhaim. Der Bischof von Wiener-Neustadt wiederum kam Leibniz' Wunsch nach und stellte den Kontakt zum Reichsvizekanzler Friedrich Karl von Schönborn her.[145] Allerdings fand der geniale Denker bei Schönborn offenbar nicht das Maß an Verständnis, das er sich erhofft hatte.[146]

Unterstützung seiner Vorhaben, insbesondere seiner Akademiepläne erfuhr er dagegen u.a. von dem Hofkanzler Graf Sinzendorf, dem Reichshofratspräsidenten von Windischgrätz sowie von dem kaiserlichen Leibarzt Nicolaus Garelli, dem Hofbibliothekar Gentilotti und Hofantiquar Heraeus[146a]. Und schließlich trat Leibniz in Verbindung mit dem böhmischen Kanzler Schlick, in dessen Hause er die für ihn wohl wichtigste Bekanntschaft machte; denn hier traf er erstmals mit Eugen von Savoyen[147] zusammen, jenem kongenialen, den Künsten und Wissenschaften zugewandten Prinzen und Feldherrn, der ungeachtet seiner zahlreichen anderweitigen Verpflichtungen Leibniz' Projekt für eine kaiserliche Akademie, so schien es zumindest, das größte Interesse entgegenbrachte. Mit dessen engstem Vertrauten, dem kaiserlichen Feldmarschalleutnant und Mitglied des Reichshofrates Claude Alexandre de Bonneval unterhielt Leibniz nachweislich schon seit 1710 einen überaus vertrauten Briefwechsel.[148]

Alle diese Persönlichkeiten, deren Wertschätzung und Vertrauen er besaß, wußte Leibniz entsprechend ihres Wesens und ihrer Stellung für seine Pläne einzusetzen.[149] Das Verständnis und Interesse, das Leibniz in Wien fand, veranlaßte den Philosophen einmal zu der Bemerkung:

> "...und muss ich bekennen, dass ich hier unter den Cavallieren mehr solide Wissenschaft gefunden, als bey denen, so profession von Erudition machen."[150]

Seiner ersten Unterredung mit dem Kaiser ließ der hannoversche Gelehrte eine Fülle von Denkschriften folgen, die die Verbesserung der politischen, gesellschaftlichen und wirtschaftlichen Verhältnisse zum Inhalt hatten. Wir stoßen hier u.a. auf Gedanken zur Regelung des Finanzwesens und Einführung einer zweckmäßigen Besteuerung, zur Verbesserung der Krankenversorgung, aber auch auf Überlegungen zur Modernisierung der Beleuchtung in Wien, über die Anlegung von Kornmagazinen oder die Einrichtung von Werk- und Arbeitshäusern.[151] Alle diese Anregungen und Empfehlungen, die wir in anderem Zusammenhang bereits kennengelernt und erörtert haben[152], konvergierten letztlich in dem großartigen Konzept für eine reichsübergreifende Kaiserliche Akademie, das zunächst als ein Vorschlag unter vielen immer deutlicher in den Mittelpunkt rückte und in Wien mit Begeisterung aufgenommen wurde.

Kaiser Karl VI., der wie alle Habsburger Sinn für Kunst und Wissenschaft hatte[153], gab dem Philosophen vermutlich schon nach der ersten genaueren Darlegung des Projekts im April 1713 sein mündliches Einverständnis.[154] Dabei dürfte den kriegführenden Kaiser aber nicht zuletzt jenes Argument überzeugt haben, mit dem Leibniz schon August dem Starken mit Erfolg die Notwendigkeit einer derartigen Einrichtung nahegebracht hatte; indem er nämlich die Vorteile des durch die wissenschaftliche Sozietät zu fördernden mathematischen Fortschritts für die Entwicklung der Kriegstechnik hervorhob.

Wenige Monate später wurde Leibniz das Direktorat der künftigen Akademie mit einem jährlichen Gehalt von 4000 Gulden zugesichert.[155] Doch damit war die Angelegenheit noch lange nicht zu einem glücklichen Ende gebracht. Denn der Kaiser wollte das von Leibniz abgefaßte und unterschriftsreif vorliegende Stiftungsdiplom[156] erst unterzeichnen, wenn die Finanzierung des Unternehmens gesichert sei.

Allerdings hatte der hannoversche Gelehrte kurz vorher einen persönlichen Erfolg verbuchen können. Vermutlich im April 1713[157] hat man seinem wiederholten Drängen[158] nachgegeben und ihn rückwirkend zum 2. Januar 1712 per Dekret[159] offiziell zum Reichshofrat ernannt. Seine Introduktion, die nicht zuletzt von Hannover hintertrieben wurde[160], obgleich Kurfürst Georg Ludwig nach längerem Zögern der Nominierung seines Justizrates grundsätzlich zugestimmt hatte, vorausgesetzt, dieser werde seinen Aufgaben in Hannover weiterhin nachkommen, d.h. die Annalen beenden[161], mußte allerdings aufgeschoben werden; sie fand tatsächlich nie statt. Die Auseinandersetzung um das mit der Einführung in die oberste Justizbehörde des Reiches verbundene Problem der Besoldung, die dem Gelehrten nach längerem Hin und Her nur per modum pensionis zugestanden wurde, sollte Leibniz bis zu seinem Tod beschäftigen.[162]

Während Leibniz von Hannover immer ungeduldiger zur Rückreise aufgefordert wurde, festigte sich seine Absicht, ganz nach Wien überzusiedeln[163]; dies sollte jedoch auf ausdrücklichen Wunsch des Kaisers und in Verbindung mit einer entsprechenden Aufgabe geschehen. Vor allem aber mußte Kurfürst Georg Ludwig von der Wichtigkeit des Übertritts seines Justizrates in kaiserliche Dienste überzeugt werden:

> "Inzwischen aber wäre es auch an dem, daß ich auff mittel bedacht seye ich zu Hannover *de bonne grâce* und guthen willen erhalte, umb in kayserl. dienste demittired zu werden, daß kayserl. Mt. allergdgst. geneigt mich mit einem handschreiben an den Churfürsten zu accompagniren, darinn enthalten, daß meine labores proh bono imperii auch dem hauß Braunschweig zu dienst gereichen würden. Das beste aber würde seyn, wenn man zu Hannover verspührte, daß ich ihnen allhier einigermaßen in billigen dingen nüzlich seyn köndte."[164]

Zwar hatte man Leibniz zunächst mündlich, später auch schriftlich die Direktion der zukünftigen Akademie zugesichert und die Ernennungsurkunde vom 14. August 1713 seinen Wünschen gemäß so abgefaßt, daß der hannoversche Kurfürst die Gründung derselben und Leibniz' Berufung als beschlossene Sache verstehen mußte.[165] Die ungelöste Finanzierungsfrage ließ die Angelegenheit jedoch nicht vorwärtskommen. Und Leibniz wußte sehr wohl, daß die tatsächliche Einrichtung der Sozietät angesichts des nach wie vor im Krieg befindlichen Österreich in absehbarer Zeit nicht erfolgen würde.

b) *Bewerbung um das Amt des (Vize)Kanzlers in Siebenbürgen*

Bei seiner Suche nach einem vergleichbaren Posten, der die Lösung seines bestehenden Dienstverhältnisses gerechtfertigt und ihm zugleich die Möglichkeit gegeben hätte, seine Pläne zur Wissenschaftsorganisation weiter zu betreiben, kam ihm die anstehende Wahl eines Vizekanzlers von Siebenbürgen sehr gelegen. Mit Hilfe der Kaiserinwitwe Amalia und des böhmischen Kanzlers Schlick hoffte er, seine Bewerbung um das Kanzleramt, denn dieses strebte er de facto an, durchzusetzen. Amalia sollte sich beim Kaiser, an den er sich im Herbst 1713 auch zweimal direkt wandte, dafür einsetzen.[166] Doch während Leibniz vor allem seine Konfession ins Feld führte, die ihn vor allen anderen Anwärtern für dieses Amt prädestiniere, wollte Österreich den Katholizismus in Siebenbürgen durchsetzen. So ließ Karl VI. den Philosophen über dessen fürstliche Fürsprecherin denn auch wissen, daß er keinen Vorteil in seiner Nominierung erkennen könne.

Dennoch machte Leibniz auch jetzt keine Anstalten, Wien zu verlassen, gleichwohl er seine bevorstehende Rückreise immer wieder ankündigte. Gegenüber den verantwortlichen Ministern in Hannover begründete er die wiederholten Verzögerungen mit dem kurfürstlichen Auftrag die lauenburgische Sukzession betreffend sowie mit seinen Nachforschungen zur Klärung der Erbansprüche Habsburgs auf das Großherzogtum Toskana.[167]

In den folgenden Monaten sehen wir Leibniz jedoch vorwiegend damit beschäftigt, die Auszahlung seiner Besoldung als Reichshofrat zu erreichen[168] sowie ausreichende Finanzierungsquellen für die zu gründende Sozietät der Wissenschaften zu erschließen. Letzteres sollte ihm vor seiner plötzlichen Abreise im September 1715 nicht mehr gelingen. Der Tod der Königin Anna von England und die Erhebung des hannoverschen Kurfürsten Georg Ludwig auf den britischen Thron duldeten indes keinen weiteren Aufschub mehr; um so weniger, da Leibniz die trügerische Hoffnung hegte, seinen Dienstherren als Historiograph auf die Insel begleiten zu dürfen.[169] Ja, mehr noch, er rechnete insgeheim damit, als persönlicher Berichterstatter der Souveräne zwischen den Höfen Hannovers, Englands und Österreichs hin- und herreisen zu können.[170] Doch der hannoversche Kurfürst, verärgert über die unerlaubte und über Gebühr lange Abwesenheit seines Justizrates, untersagte diesem jegliche weiteren Reisen.[171]

Allerdings wußte Leibniz seine Anliegen bei seinen Wiener Freunden in den besten Händen. Namentlich für die Förderung des Sozietätsprojekts hatte er mit dem Prinzen Eugen einen der einflußreichsten Männer am österreichischen Hof gewinnen können.

3.3.2 Prinz Eugen von Savoyen und sein Kreis als Fürsprecher des Sozietätsprojekts

Leibniz hatte Eugen von Savoyen im Hause des böhmischen Hofkanzlers Graf Leopold Joseph Schlick im Februar 1713 persönlich kennengelernt[172]; ein engerer Kontakt ist aus dieser ersten Begegnung jedoch nicht erwachsen. Erst im Frühjahr 1714, nach dem Friedensschluß von Rastatt, trat Leibniz, wiederum durch die Vermittlung Schlicks, mit dem Prinzen in nähere Beziehung.[173] Zwischen März und August erleben wir ihn dann des öfteren als Eugens Gast.[174] Die persönliche Berührung des großen Feldherrn und Staatsmannes und des genialen Denkers sollte gleichwohl auf diesen kurzen Zeitraum beschränkt bleiben, denn nur zweimal, vom Dezember 1712 bis Mai 1713 und vom Mai bis August 1714, waren beide gleichzeitig in der kaiserlichen Residenz.

In den zahlreichen von gegenseitiger Hochachtung getragenen Zusammenkünften[175] der beiden herausragenden Persönlichkeiten ihrer Epoche waren zunächst vornehmlich die philosophischen Grundansichten des hannoverschen Gelehrten, denen Eugen lebhaftes Interesse entgegenbrachte, das beherrschende Thema.[176] Doch bald schon rückten Leibniz' Pläne zur Organisation der Wissenschaft mehr und mehr in den Vordergrund. Von Eugen, dem die berühmte Pariser Universität in einem Schreiben vom März 1710 als dem "litterarum et litteratorum amantissimo" gehuldigt hatte[177], durfte Leibniz annehmen, daß er diesen mehr als nur höfliche Anteilnahme entgegenbrachte. Immerhin galt der Savoyer als Mittelpunkt nicht nur der Wiener Gelehrtenrepublik. Um ihn scharte sich vielmehr ein internationaler Kreis von Dichtern und Denkern, dem nicht zuletzt Rousseau, Voltaire und Montesquieu angehörten. In seinem engeren Umfeld finden wir schließlich auch fast alle Persönlichkeiten der Donaumetropole, die als eifrige Befürworter von Leibniz' Organisationsplänen hervortraten. Unter ihnen auch der kaiserliche

Leibarzt Nicolaus Garelli, von dem berichtet wurde, daß er von nichts anderem mehr als von der Einrichtung einer wissenschaftlichen Akademie spräche[178]; des weiteren der Hofbibliothekar und nachmalige Fürstbischof von Trient Johannes Benedikt Gentilotti und der kaiserliche Antiquar Karl Gustav Heraeus. Sie alle gehörten jenem Zirkel gelehrter Männer an, die nach dem Tod des Philosophen - wiewohl vergeblich - alles daran setzten, dessen Plänen doch noch zum Erfolg zu verhelfen.[179]

Auch Bonneval, engster Vertrauter und Sprachrohr des Prinzen Eugen, mit dem Leibniz seit 1710 einen überaus freundschaftlichen Briefwechsel unterhielt[180], machte keinen Hehl aus seiner Begeisterung für die Vorschläge seines Korrespondenten:

> "nous en avons grand besoin pour illustrer la résidence du chef de notre Empire".[181]

Mit gutem Recht konnte Leibniz also annehmen, in dem Prinzen und dessen gelehrten Freundeskreis ideale Verbündete zu haben, um die Akademieverhandlungen, die im Sande zu verlaufen drohten, voranzubringen. Er sei, schrieb der hannoversche Gelehrte an seinen Wiener Gewährsmann Johann Philipp Schmid[182], ebenso wie Bonneval der Überzeugung, daß niemand die Sache der Wissenschaft besser vertreten könne und wolle, als Prinz Eugen von Savoyen. Seine königliche Hoheit haben es ihm auch bestimmt versprochen, und sogar der Kaiser habe den Prinzen, wie dieser ihm selbst zu verstehen gegeben habe, damit in gewisser Beziehung beauftragt.

Vor seiner überstürzten Abreise aus Wien Anfang September 1714 legte Leibniz dem Prinzen daher seinen Sozietätsplan noch einmal besonders ans Herz. Er überreichte ihm eine Denkschrift, "die in kurzen Worten sowohl Aufbau und Form, die man der Sozietät geben könnte, als auch die Mittel nennt, die man verwenden könnte, um zu den Kosten beizutragen" und bat ihn, das Projekt beim Kaiser zu fördern "und den guten Absichten bei den Herren Ministern Gewicht zu verleihen".[183] Eugen versicherte dem Philosophen, daß er sich nach Kräften dafür einsetzen werde, zumal "selbes allein zu Ihrer Kaiserlichen Majestät und des gemeinenwesens besten Nutzen abzielt".[184] Allerdings versäumte Eugen es nicht, auf das eigentliche Problem hinzuweisen. Zu allererst gelte es, den "dazu erforderlichen fundo auszufinden" und "die behörigen Mittel zu solch heilsamem intention vorher gründlich zu stabiliren".[185]

Die brieflichen Nachkontakte des Philosophen mit Eugen beschränkten sich auf nur sieben Schreiben, davon vier sehr knapp gehaltene Briefe des Prinzen.[186] Sie geben keinen Aufschluß darüber, inwieweit sich dieser wirklich für Leibniz' Sozietätsprojekt bei Hofe eingesetzt hat. Doch offensichtlich hat er sich nicht mit der Energie dafür verwendet, die nötig gewesen wäre, um es durchzusetzen. Und es steht darüber hinaus zu vermuten, daß der Prinz sowohl den Plänen als auch der

Person Leibniz' letztlich wohl doch nicht mehr als wohlwollendes Interesse angedeihen ließ.[187)]

3.3.3 Leibniz' Gewährsmann in Wien, Johann Philipp Schmid

Als eifrigster Korrespondent in der Sozietätsangelegenheit erwies sich Johann Philipp Schmid. Leibniz hatte den ehemals gräflich-leiningischen Hofrat[188)] mit der Wahrung seiner Interessen in Wien betraut und dem bis dahin am kaiserlichen Hof nahezu Unbekannten Zugang zu den höchsten Würdenträgern des Staates verschafft; darunter auch Prinz Eugen und dessen Vertrauter Bonnval, die erste Hofdame der Kaiserinwitwe Amalia, Marie Charlotte von Klenk sowie Hofkanzler Graf Sinzendorf, der vom Kaiser als Präsident der künftigen Sozietät vorgesehen war.[189)]

Neben der Durchsetzung von Leibniz' Gehaltsansprüchen sollte Schmid vor allem mit Hilfe all jener, die die Sozietätsgründung wünschten und unterstützten, über die einzuleitenden Maßnahmen, insbesondere über die Mittel zur Finanzierung des Projekts[190)] beraten. 116 Briefe, die Schmid in den noch verbleibenden drei Jahren bis zu Leibniz' Tod an denselben gelangen ließ[191)], dokumentieren den Eifer, mit dem er dessen Auftrag nachkam. Doch obwohl es ihm sogar gelang, bis zum Kaiser vorzudringen[192)], blieb sein unermüdlicher Einsatz ohne sichtbaren Erfolg. Trotz Leibniz' Empfehlung scheint man dem fast mittel- und beschäftigungslosen vormaligen leiningischen Hofrat nicht das nötige Vertrauen entgegengebracht zu haben.[193)] Schließlich mußte Leibniz sogar befürchten, daß durch Schmids übertriebene Geschäftigkeit sein eigener Ruf Schaden nehmen könnte, und daher untersagte er dem Wiener Gewährsmann Ende 1715 jedes weitere Vorgehen in seinen Angelegenheiten.[194)]

3.3.4 Das Wesen der projektierten Kaiserlichen Sozietät der Wissenschaften in Wien

3.3.4.1 *Die Wiener Sozietät als Reichsinstitution*

Eine ziemlich genaue Kenntnis der von Leibniz geplanten kaiserlichen Sozietät vermitteln neben den diversen Vorlagen für Kaiser Karl VI. sowie dem oben erwähnten Stiftungsdiplom seine Briefwechsel mit Schmid, Heraeus, Bonneval und Eugen von Savoyen. Namentlich jene Denkschrift, die er dem Prinzen kurz vor seiner Rückreise nach Hannover hinterließ, zeichnet ein festumrissenes Bild der zukünftigen Akademie. Das in französischer Sprache gehaltene Memorandum vom 17. August 1714[195)] erläutert noch einmal in gedrängtester Weise die Verfassung, die Leibniz dieser neuen Einrichtung zu geben gedachte, die finanziellen Mittel, durch die sie erhalten werden sollte und ihre Aufgabenbereiche. Danach stellt das Wiener Projekt im Wissenschaftsprogramm, in der Organisationsplanung und der wirtschaftlichen Fundierung den umfassendsten von Leibniz' Sozietätsplänen dar.

Nicht zuletzt unterscheidet es sich von den vorangegangenen Konzeptionen für Berlin und Dresden durch den vorgesehenen Geltungsbereich. Denn die Wiener Akademie, die der Obhut des Kaisers und Reichsoberhauptes unterstellt gewesen wäre, hätte naturgemäß nicht nur die österreichischen Erblande, sondern das ganze Reich repräsentiert. Zwar sollte sie ihren Hauptsitz in der kaiserlichen Residenz haben und zunächst auf der Basis des umliegenden Territoriums, d.h. Niederösterreichs erwachsen, im Laufe der Zeit wollte Leibniz jedoch Filialen in den Erbländern "in und außer Teutschlands" eingerichtet wissen.[196] Wohl aus diesem Grund stellte er neben dem Kaiser auch den Kurfürsten von Mainz und Erzkanzler des Reichs an die Spitze dieses wissenschaftlichen Großunternehmens.[197]

Im übrigen erscheinen in dem Wiener Plan, der , wie Leibniz ausdrücklich betont[198], an das Beispiel der englischen und der Berliner Sozietät angelehnt war, gleichwohl deren Fehler zu vermeiden suchte, alte Vorschläge aus anderen Projekten noch einmal aufgegriffen und aufeinander abgestimmt. Die ausgereifte Ausgewogenheit zeigt sich in vielen Punkten, zunächst in der klaren Gliederung, die der hannoversche Gelehrte für diese Sozietät vorsah.

3.3.4.2 Organisation und Verwaltung

Drei Klassen sollte die Kaiserliche Akademie umfassen:[199]

1. eine historisch-philologisch orientierte *"Classe Litéraire"*, die das ganze Gebiet der Bücherwissenschaften umfaßt, d.h. alle Zweige der Geschichte, insbesondere auch die vaterländische und die Zeitgeschichte, die historischen Hilfswissenschaften, Biographie, Archäologie und Epigraphik, Rechts-, Wirtschafts- und Sozialgeschichte; dazu noch den Gesamtbereich der Literatur- und Sprachwissenschaften einschließlich der Orientalistik. Eine besondere Bedeutung mißt Leibniz der Pflege der deutschen Sprache bei, nicht zuletzt, weil er wußte, daß der Kaiser seine Muttersprache sehr hoch schätzte.

2. eine *"Classe Mathématique"* mit allen Zweigen der mathematisch-naturwissenschaftlichen Fächerfamilie im weitesten Sinne; ihr werden als Nachbargebiete auch die messende Geographie, die Astronomie, die zivile und militärische Architektur, Gewässerkunde, Artillerie, Schiffahrt, Wagen-, Maschinen- und Mühlenbau sowie die Förderung von Manufakturen zugerechnet.

3. ine *"Classe Physique"* für die drei Bereiche der Natur, der Biologie, Mineralogie und Botanik, einschließlich der Chemie, Pharmazie und der medizinisch-hygienischen Wissenschaften.

Ein enormer wissenschaftlich-technischer Apparat sei den Mitarbeitern der Sozietät zur Verfügung zu stellen; Bibliotheken, Museen, Schauräume, Druckereien und dergleichen sollten allen drei Fächergruppen zugute kommen. Zudem hätten für die einzelnen Klassen gewaltige fachspezifische Kollektionen bereitzustehen: so etwa für die historisch-philologische Klasse Kunst-, Altertums-, Inschriften-, Urkunden- und Handschriftensammlungen, wobei Leibniz voraussetzte, daß auch im Privatbesitz befindliche Sammlungen der Akademie zur Verfügung gestellt werden würden. Für die mathematisch-technische Abteilung waren Sternwarten, Instrumentensammlungen, Werkstätten und schließlich für die "Classe Physique" Mineraliensammlungen, botanische sowie zoologische Gärten, Laboratorien, Anatomien und ähnliches mehr geplant. Darüber hinaus forderte Leibniz Unterstützung von allen öffentlich besoldeten Berufsgruppen. Alle Archivare, Historiker, Ingenieure, Ärzte aber auch Bergleute, Gärtner und Jäger müßten bei Androhung von Strafen verpflichtet werden, die Forschungsarbeiten der Akademiemitglieder von ihrer Alltagspraxis her zu fördern, indem sie alle wichtigen und geeigneten Beobachtungen mitteilten; zu diesem Zweck wollte er eine "Informationskorrespondenz", mithin ein fragebogenartiges System von Nachrichtenvermittlung und - verwertung eingeführt sehen.[200]

Umfassend ist auch die Struktur, die Leibniz dieser Kaiserlichen Akademie zu geben gedachte. Wir entnehmen diese einem Entwurf, den er schon zu Papier gebracht hatte, bevor ihn Karl VI. im Januar 1713 persönlich in einer Audienz empfing.[201]

Unter dem Kaiser als Gründer und Haupt der Gesellschaft steht die Gruppe der Ehrenmitglieder (*honorarii*), die gleichsam das Reich zu vertreten hätten: Die Kurfürsten, allen voran der Erzbischof von Mainz und Erzkanzler, andere Fürsten und führende Männer aus Politik und Wissenschaft, die sich um das Reich verdient machen wollten, sollten als Mäzene regelmäßig Beiträge leisten und mit entsprechenden Ehrungen bedacht werden. In einem Entwurf für Karl VI., der ebenfalls schon Anfang 1713 entstand, nennt Leibniz eine Reihe von "Cavallieren", denen er die Ehrenmitgliedschaft antragen wollte; darunter neben den bereits erwähnten Förderern des Projekts der Statthalter von Niederösterreich Graf Jörger, Anton von Liechtenstein, die Grafen von Rappach und von Salm sowie der Prager Appellationsrat von Herberstein.[202] Auch Städte könnten sich um die Ehrenmitgliedschaft bewerben.

Mit der Aufnahme von *honorarii* folgte Leibniz dem Beispiel der *Royal Society* und er verband damit sicher auch die Hoffnung, daß auf diese Weise, anders als in Berlin, die Sozietät von Anfang an in die Gesellschaft eingebunden würde.[203]

Mit Rücksicht auf den Einfluß der katholischen Kirche wollte er in die Gruppe der Ehrenmitglieder vor allem auch geistliche Würdenträger aufgenommen wissen - nicht nur wegen der zu erwartenden Legate zugunsten der Sozietät. Pflege und Förderung der Wissenschaften lägen vielmehr seit jeher "in der alten Intention der Stiftung der Klöster"[204]. Doch nicht zuletzt dürfen wir die Integration von Vertretern des Klerus in den neuen Wissenschaftsbetrieb als "eine Art weltanschauliches Alibi für den Protestanten Leibniz"[205] verstehen, der sich damit gegen mögliche Kritiker absichern wollte:

"Denn wegen zusammenhangung der studien ist bekannd, dass die philosophi und die histori keinen geringen einfluss in die theologischen sachen habe, und daß dieses werk zumahl als eine causa pia betrachtet werden muss, und zu verbesserung der studien gemeynet: Daher die geistlichkeit davon nicht auszuschliessen, sondern vielmehr dienlichst heranzuziehen, damit man bey ihnen keinen anstoss habe, worauf zumahl an catholischen orthen und sonderlich von mir als neu in diesen landen, nicht wenig zu sehen."[206]

Aus diesem Grund trat er auch Gerüchten, er selbst strebe das höchste Amt in der Kaiserliche Akademie an, mit Entschiedenheit entgegen; ihm als Protestanten, so der Philosoph in dem Brief an Schmid vom 24.Dezember 1715[207], sei dies nicht möglich. Vielmehr hielt er es für "nothwendig, nüzlich, billig und anständig..., dass einer der vornehmsten Praelaten der Kayserlichen Erblande das Oberdirectorium habe..."[208]; Leibniz dachte dabei an den Erzbischof von Prag, den Grafen Ferdinand von Khuenburg. Er selbst wollte sich mit der Direktion begnügen.

Der Kaiser, der vornehmlich an der Lösung materieller, juristischer und administrativer Probleme interessiert war, wünschte indes die Leitung der zu gründenden Akademie durch den Oberhofkanzler Sinzendorf[209], zumal, wie Leibniz von einem seiner Wiener Informanten erfahren hatte, derartige Projekte ohnehin in den Zuständigkeitsbereich der Hofkanzlei fielen.[210]

An zweiter Stelle des hierarchisch gedachten wissenschaftlichen Großunternehmens folgt das bevorrechtigte Kollegium der ordentlichen, besoldeten Mitglieder: der vom Kaiser zu nominierende Praeses und das den eigentlichen Arbeitsgang besorgende und lenkende Concilium, das sich wiederum aus den Assessores und Secretarii zusammensetzt. Präsident und Akademierat sind dem Kaiser und dem Erzkanzler Rechenschaft schuldig.

Und schließlich kommen an dritter Stelle die Collaboratores, mithin jene Mitglieder, die das Sozietätsgeschehen aktiv bestimmen. Die in der Wahl ihrer Arbeitsthemen freien Mitarbeiter sollten durch Preisaufgaben und entsprechende Prämien zu außerordentlichen Beiträgen und Entdeckungen ermuntert werden:

> "Wie Wir dann gesinnet, auf Vorschlag unser Societät der Wissenschaften, diejenigen, so sich vor anderen in dergleichen herfürthun möchten, mit begnadigungen anzusehen und ferner aufzumuntern, auch auf gewisse erfindungen, auflösungen und aussarbeitungen, die es verdienen, eigene preise und belohnungen zu sezen, lezlich auch denen unter die arme zu greiffen, die eine zulängliche spuhr einer zu hoffen stehenden Erfindung, oder sehr vortheilhafften verrichtung zeigen können."[211]

Die von den freien Mitarbeitern erzielten Forschungsergebnisse sollten nach Überprüfung durch einen Ausschuß von der Sozietät veröffentlicht werden.

In diesem Zusammenhang nennt Leibniz erstmalig in seinen Sozietätsplänen als vierte und letzte Gruppe die Subskribenten. Als quasi passive Mitglieder der Akademie würden sie deren Herausgebertätigkeit durch Vorfinanzierung der Publikationen nach englischem Muster unterstützen und durch ihr Abonnement zugleich zur Verbreitung der neuesten Erkenntnisse beitragen.[212]

Daß der Erfolg eines wissenschaftlichen Unternehmens nicht nur von dessen ausreichender Fundierung, sondern vor allem auch von der Qualität seiner Mitglieder abhängt, diese Tatsache hatte Leibniz in Berlin auf schmerzliche Weise bestätigt sehen müssen. Wohl deshalb beschäftigte er sich nun eingehender als jemals zuvor mit dem Problem der Rekrutierung geeigneter Mitglieder. Ein bislang noch nicht ediertes, undatiertes Konzept aus dem in Hannover befindlichen handschriftlichen Nachlaß, das vermutlich aus dem Jahre 1713 stammt und wohl für den Kaiser bestimmt war, ist fast ausschließlich dieser Frage gewidmet.[213]

Zu allererst, so heißt es in besagter Denkschrift, seien Erkundigungen einzuziehen, "was für sonderbar belobte Leute in allerhand art der wißenschafft, Künste und Studien bereits hier und sonst in den Erblanden. Wobey auch Künstler und Merkantili nicht zu vergessen." Die Suche könnte in Universitäten und Klöstern beginnen, die bestimmungsgemäß "viel wackere Leute in ihrem Schoße hegen, welche in stand etwas rechtes ieder nach seiner art zu leißten". Namentlich die Einbeziehung junger Talente geistlichen Standes ließe die Sozietät zudem in den Genuß der diesen zufließenden kaiserlichen Benefizien kommen[214], wie denn überhaupt die Inanspruchnahme von Gelehrten aus Ordensgemeinschaften die Kosten des Unternehmens senken würde.

Doch auch unter den Kaiserlichen Bediensteten gäbe es zweifellos außergewöhnlich befähigte Leute, die "mit remunerationen herbei zu ziehen".[215] Dabei gelte es vor allem, Menschen mit praktischen Kenntnissen und Fertigkeiten zu finden, "denn diese art leute zu formiren oder abzurichten gehöret große Zeit. HauptGelehrte [,] iuris consultos, Historicos, Literatores philosophos und Mathematicos, kan man eher finden, auch formiren".[216]

Um die unterschiedlichsten menschlichen Begabungen an einem Ort zu konzentrieren und zu organisieren müßten Möglichkeiten geschaffen werden, wie sie etwa Handwerksgesellen offenstünden, die, wo immer sie ihre Wanderschaft hinführte, Kost, Logie und Arbeit erwartete. In diesem Zusammenhang greift Leibniz einen Gedanken auf, den er schon einmal in einem frühen Entwurf für den hannoverschen Fürsten Joh. Friedrich niedergelegt hat und schlägt die Einrichtung einer Art Werkhaus für Gelehrte vor:

"Dazu köndte sich mit der zeit in großen städten anstalt ergeben, sonderlich aber solte eine Kaiserliche Sozietät in der Residenz dazu den anfang machen [,] ein solches operatorium haben, darinn ieder gelehrte der etwas thun köndte und wolte (wenigstens auff eine gewisse Zeit) arbeit und aufenthalt bekäme".[217]

Wie wichtig die Mitgliederfrage für Leibniz geworden war, zeigt auch, daß er sich in Wien frühzeitig, noch ehe die tatsächliche Gründung der Sozietät in greifbare Nähe rückte, um die Gewinnung geeigneter Mitarbeiter bemühte.[218]

3.3.4.3 Die Sozietät als staatliche Wissenschafts-, Wirtschafts- und Kulturbehörde

Schrittweise hat Leibniz seine zunächst noch auf historische Studien beschränkten Akademieplänen für Wien erweitert, bis wir am Ende ein alle Wissenschaften gleichermaßen umfassendes, wohlgegliedertes und institutionalisiertes Großunternehmen erkennen können, dessen Zweck er einmal auf die kurze Formel brachte:

> "alles was der menschen nahrung, bequemligkeit und gesundheit befördere".[219]

Entsprechend weit gesteckt sehen wir den Aktionsradius dieser kaiserlichen Sozietät, der über den eigentlichen Forschungsauftrag hinaus alle menschlichen Lebensbereiche umfaßt. Die rein wissenschaftliche Arbeit müßte dabei Hand in Hand gehen mit praktischer Anwendung, technischer Umsetzung und kommerzieller Auswertung. Denn durch ihre Tätigkeit, etwa die Überwachung von Maßen und Gewichten, kartographische Aufnahmen, Flußregulierungen, Trockenlegung von Sümpfen, Landvermessungen, Volkszählungen oder auch durch die Feststellung der Reichsrechte sollte die Akademie dem Staat direkten Nutzen bringen. Die Bekämpfung öffentlicher Gefahren, die beispielsweise durch Feuer und Wasser drohten, und sozialer Mißstände wie Armut und Bettel, die Verbesserung des Gesundheitswesen, insbesondere die Vorsorge gegen Epidemien, die Aufsicht über das Schulwesen und sämtliche kulturellen Einrichtungen des Landes sowie die Förderung von Bergbau, Industrie und Handel stellt Leibniz dabei in der Vordergrund. Zudem hätte die Akademie den praktischen Tageserfordernissen nachzukommen, d.h., zentral gelenkt, administrative und zivilisatorische Aufgaben zu übernehmen.

> "Allgemein [gesprochen] wird die kaiserliche Sozietät der Wissenschaften nach dem Beispiel, das Colbert einst mit der königlichen [Akademie] in Paris gegeben hat, der Öffentlichkeit tüchtige Leute zur Verfügung stellen, die sich in allem nützlich erweisen, was die wissenschaftliche Diskussion... fordert..."[220]

Die Anwendung neuester wissenschaftlicher Methoden wie Statistik oder Demographie sollte eine rationale Regierungsplanung ermöglichen. "Wir wollen", so heißt es zusammenfassend in dem von Leibniz verfaßten Fundationsdiplom, "unsre Societät der Wissenschaften brauchen und zu rathe ziehen, wo sie dem gemeinen wesen erspriesslich seyn kan".[221]

Damit war ihr Aufgabenkreis in der Tat weit gezogen, sehr viel weiter als der ihr zugrunde liegende Organisationsplan uns vielleicht ahnen ließ. Letztlich gleicht die von Leibniz für das kaiserliche Wien konzipierte wissenschaftliche Großgemeinschaft denn auch mehr einer umfassenden Wissenschafts-, Wirtschafts- und Kulturbehörde als einer Akademie im modernen Sinne. Und es ist nicht zu übersehen, daß der hannoversche Gelehrte mit seinem Wiener Projekt im Grunde ein Vehikel für eine Gesamtverfassung des Staates geschaffen hat. Die wissenschaftliche Durchdringung und planvolle rationale Gestaltung des gesellschaftlichen Lebens, mithin Bacons Forderung nach der Verbindung von Weisheit und Macht als dem letzten Ziel einer Gelehrtensozietät ist hier nicht weniger präsent als in den Plänen des jungen Leibniz. Gleichwohl weiß der nunmehr bald 70-jährige, an Erfahrungen und Rückschlägen Gereifte seine Idealvorstellungen den konkreten Bedürfnissen des Staatswesens unterzuordnen. So stellt sich die kaiserliche Akademie der Wissenschaften nicht zuletzt als durchorganisierter, das ganze Reich übergreifender Verwaltungsapparat dar.

3.3.4.4 Vorschläge zur Finanzierung der Sozietät

Zur Finanzierung dieses Riesenunternehmens mußte ein Fundus gefunden werden, "welcher von der Hofcammer nicht dependire, damit die progressus studiorum der Cameral-difficultät nicht unterworffen seyn mögen".[222] Die Sozietät hätte sich durch sich selbst und ihre Arbeiten bezahlt zu machen. Hierzu hat Leibniz mehrere Wege vorgezeichnet.

Neben der Übergabe schlecht verwendeter Stiftungen an die Akademie sowie Vermächtnissen einzelner Mäzene sollten in erster Linie Monopole, Exemtionen und Privilegien der Sozietät zu laufenden Einkünften verhelfen: zunächst ein Privileg auf den Druck von Kalendern und Almanachen, das ja bereits die wiewohl kaum ausreichende Hauptfinanzierungsquelle der Akademie in Berlin darstellte; des weiteren seien Monopole für die Herstellung von Büchern, insbesondere Schulbüchern, oder auch "vor gebrandte wasser und dergleichen laboris chymicos" zu erlangen, sofern diese nicht von einheimischen Apothekern, sondern aus dem Ausland bezogen würden.[223] Darüber hinaus könnte die Besteuerung diverser Luxusartikel, von Spielkarten oder – den österreichischen Gepflogenheiten angepaßt - des Spiels in Kaffeehäusern zum Unterhalt der Sozietät beitragen. Auch an die Nutzung der Stempelsteuer hat Leibniz gedacht, eine Erhebung auf einen Papierstempel für Amtspapiere, die man in Österreich schon mehrmals, jedoch ohne Erfolg einzuführen versucht hatte. Nur Mängel und Mißbräuche in der Handhabung hätten indes dazu geführt, daß das gestempelte Papier, das in den meisten europäischen Ländern schon seit geraumer Zeit gebräuchlich sei, hier kaum Ertrag abgeworfen habe, "denn wohl nicht zu vermuthen, dass allhier allein Luft und Erde dagegen sein werden".[224] "Ich zweifle nicht daran", schreibt Leibniz in seinem zusammenfassenden Bericht für den Prinzen Eugen, "daß sie eines Tages in Österreich, in Böhmen und den abhängigen Ländern nochmal beschlossen wird, aber vielleicht für einen weniger lobenswerten Zweck, als den, der jetzt vorgeschlagen wird, welchen die Öffentlichkeit begrüßen würde, weil nichts natürlicher ist, als daß man das Papier, soweit irgend möglich, der Wissenschaft dienen läßt."[225]

Den größten Teil der notwendigen Mittel würde die Sozietät gleichwohl aus ihren wirtschaftlichen Verflechtungen bestreiten. Zum einen aus taxenähnlichen Einnahmen von Inspektionen, Gutachten, Beratungen, Messungen und Planungen;

hinzu kämen eine Art von Patentgebühren, beispielsweise im Eich- und Vermessungswesen, auf Verbesserung und Erneuerung von Industrieanlagen, Manufakturen, chemischer und pharmazeutischer Laboratorien, im Bauwesen oder auch im Sanitäts- und Krankenhauswesen. Die Betreuung von Einrichtungen wie Handwerksschulen, Arbeitshäusern und Fabriken sollte ihr weitere Einnahmen garantieren.

Gelegentlich stellte Leibniz Einzelaspekte, die ihm besonders wichtig erschienen, in den Vordergrund. So erläutert er in der *Denkschrift* über die Fundierung der Sozietät der Wissenschaften auf ein Notizamt[226] die Möglichkeit, im Rahmen der Kaiserlichen Akademie eine Art "bureau d'adresse" oder "house of intelligence" nach französischem bzw. englischem Vorbild einzurichten. Dieses Notizamt, das in allen größeren Städten der Kronländer Zweigstellen hätte und - wie unter Richelieu - mit dem Zeitungswesen zu verbinden wäre, sollte mit Gewinn als eine Angebot und Nachfragen ausgleichende Nachrichtenagentur im Dienste administrativer, kommerzieller, industrieller und kultureller Interessen arbeiten:

"Summa polizey und ordnung, handel und wandel, commercien und manufacturen, studien und künste, würden durch diese anstalt überauß befördert werden, indem dadurch die menschen, so einander zu statten kommen können, sich einander nähern sich kennen lernen und fester mit einander verknüpfet werden; auch vis unita fortior darauß entstehet."[227]

Anregungen aus dem Kreis seiner Korrespondenten griff Leibniz grundsätzlich gerne auf. Eher skeptisch, zumal im Hinblick auf den sich ankündigenden Türkenkrieg, beurteilte er jedoch die Vorbereitungen zur Gründung einer Aktiengesellschaft in Verbindung mit einer Lotterie durch eine Freund Schmids, die, wie der leiningische Hofrat meinte, einen Fond für die Sozietät abwerfen könnte.[228] Eine solche Handelsgesellschaft müßte vollkommen autorisiert, d.h. selbständig handlungsfähig sein, außerdem müßten sich solvente Geldgeber dafür finden, was angesichts der politischen Lage auf große Hindernisse stoßen dürfte.[229]

Leibniz wußte natürlich, daß alle diese Vorschläge zur Dotierung der Kaiserlichen Akademie nicht sofort greifen, nennenswerte Gewinne auf der Grundlage von Privilegien und anderen Konzessionen oft erst nach Jahren fließen würden. Daher setzte er nicht zuletzt auf direkte Unterhaltszahlungen. Die Stände der österreichischen Erbländer, auch die außerdeutschen sollten sich mit jährlichen Zuschüssen beteiligen, "weilen ein augenscheinlicher großer nuzen der lande dabey sich findet, indem dadurch die studia in besten flor gesezet werden, sonderlich aber der adel und die nobelement leben, von zeitverlust und andern, auch wohl schädlichen occupationen, nach dem exempel andrer nationen zu angenehmen und nüzlichen gedanken aufgefrischet und in bessern stand gesezet werden, ihrem vaterlande und zum besten wohl zu dienen".[230] Niederösterreich sollte mit 6000 florins den Anfang machen, denn hier, d.h. in der kaiserlichen Residenz Wien, befände sich der Hauptsitz der reichsübergreifenden Sozietät. Die übrigen Länder der Krone hätten entsprechend ihrer Größe geringere Beiträge zu leisten. Dabei müßte die Freiwilligkeit dieser Beitragszahlungen immer wieder betont werden. Denn, so Leibniz an Heraeus am 28. Oktober 1713[231], die Provinzialregierungen werden sich um so geneigter zeigen, je mehr alles auf eine Weise geschehe, die weder den Schein von Zwang noch von Verbindlichkeit habe.

"Le meilleure seroit qve se fut une resolution voluntaire de Mess. les Etats pour faire plaisir de Sa Majesté imperiale."[232]

Für die Subventionierung der Sozietät durch direkte Zuwendungen seitens der Kronländer, ein Gedanken, der offensichtlich nicht von Leibniz selbst, sondern von dem Grafen Harrach stammte[233], hätte es gleichwohl eines Reskriptes der Hofkanzlei an die niederösterreichische Regentschaft bedurft, um das sich Leibniz mit Unterstützung seiner Freunde, namentlich Heraeus und Schmid, allerdings vergeblich bemühte.[234]

Wiederum von seinem Wiener Gewährsmann erfuhr Leibniz schließlich von den Überlegungen eines österreichischen Beamten namens Wilson, die zunehmend in den Mittelpunkt der Diskussion rückten. Dieser hatte Schmid darüber informiert, daß im Dezember 1714 der zehnjährige Vertrag des Kaisers mit den niederösterreichischen Ständen über die Papiersteuer abliefe.[235] Man könnte sich also um dessen Erneuerung zugunsten der zu stiftenden Sozietät bemühen, eine Papierfabrik in Österreich gründen und den gesamten Papierhandel übernehmen.

Leibniz', der diese Empfehlung mit Begeisterung aufgriff, schätzte den zu erwartenden Ertrag auf ca. 10.000 Gulden. Zudem erhielte die Sozietät damit "stillschweigend" eine Art Bücherprivileg, insofern sie nämlich über die Papierzuteilung die Qualität der Druckwerke beeinflussen könne; auf diesem Wege ließe sich die Produktion guter Bücher und die Entwicklung der Literatur fördern. Die Idee, die Papiersteuer der Akademie zuzuführen, hielt Leibniz für so wichtig, daß sie nicht nur dem Prinzen Eugen, sondern dem Kaiser persönlich vorgetragen werden müßte.[236] Zu diesem Zweck sollte Schmid eine Denkschrift anfertigen, in der die entscheidenden Argumente zusammengefaßt darzulegen wären.[237] Die empfohlene Auflage sei, so heißt es hier, der bequemste, schon eingeführte und ohne Mühe fortzusetzende Fonds; in der Hand der Akademie brächte sie gleichermaßen Vorteile für den Handel, den Geldumlauf und die Förderung der Studien.

Die Reaktion des Kaisers auf die Idee, die Sozietät aus den Erträgen des Papiermonopols zu dotieren, kennen wir nicht. Prinz Eugen hielt den Vorschlag gleichwohl für undurchführbar. Es sei nicht möglich, besagte Steuer in allen Kronländern mit ihren unterschiedlichen Rechtszuständen durchzusetzen, zumal manche dieser Länder sich selbst um eine Akademie bemühten. Er müsse falsch verstanden worden sein, so Leibniz in seiner Erwiderung. Die zu gründende Sozietät wäre reichsübergreifend, stünde also im Dienst aller Erbländer, nicht nur Österreichs.[238]

Ungeachtet der Bemühungen von Leibniz und Schmid wurde die Steuer schließlich sequestriert; sie sollte, wie alle Einkünfte des Kaisers der *Universalbancalität* in Wien zugeführt werden, mit deren Einrichtung man gerade beschäftigt war.[239]

Die Reform des Finanzwesens und der 1716 beginnende Türkenkrieg ließen alle anderen Probleme, nicht zuletzt Leibniz' Akademieplan in den Hintergrund treten.[240] So schreibt Heraeus am 18. Januar 1716:

> "Les conjonctures ne peuvent pas être moins favorables qu'elles nous sont justement dans un temps, où l'on ne songe qu' à l'établissement des finances si peu avancées par la Bancalité et dans les appareils serieux que l'on fait pour une grande guerre."[241]

Leibniz war es vor seiner Rückreise nach Hannover nicht mehr gelungen, eine ausdrückliche Genehmigung des Sozietätsplanes durchzusetzen, da er die Bedenken des Kaisers hinsichtlich der Beschaffungsmethoden für den Fundus nicht auszuräumen vermocht hatte. Und unter den gegebenen Umständen schien die Angelegenheit aussichtsloser denn je. Nicht zuletzt auch deswegen, weil die von der Hofkanzlei auf Leibniz' ausdrücklichen Wunsch bestellte Regierungskommission, die die Vorlage zur Gründung der Kaiserlichen Akademie beraten sollte[242], sich dazu nicht bereit zeigte, solange die Finanzierung nicht geklärt war; sie andererseits aber vom Kaiser beauftragt war, ein Gutachten über die möglichen finanziellen Mittel abzugeben.[243] So blieb das Projekt in den Mühlen der Bürokratie hängen. Und Leibniz vermied es aus gutem Grund, die Fertigstellung des Gutachtens mit Nachdruck einzufordern; er befürchtete, daß das Urteil der Kommission nicht eben günstig ausfallen könnte.[244] Gleichwohl ließ er nichts unversucht, die Meinung derer zu entkräften, die es angesichts der damaligen finanziellen Lage Österreichs grundsätzlich für besser hielten, die Stiftung auf unbestimmte Zeit zu verschieben[245]:

> "Damit man wegen der Societät der Wissenschaften zu einem anfange gelange so hielte ohnmaßgeblich daß die fundation forderlichst vor sich gehen solle ob schohn die Fundus noch nicht ganz richtig so wird doch damit die Zeit gewonnen, das Werck fest gestellet und Leute. Der Grund geleget auch werden hin und wieder honorarii und volontarii aufgemuntert (welches ad applautum publicum gereichet) denn wenn man keine Autorisirung und kein impegno siehet wird alles pro mera idea gehalten."[246]

Auch wegen seines vorgerückten Alters drängte der hannoversche Gelehrte auf Eile, wollte er, des Verhandels müde, vor seiner Rückkehr an die Donau die äußeren Angelegenheiten geregelt wissen:

> "Et mon âge veut qve je presse la chose, si j'y veux prendre part, et je souhaiterois, qv'elle fut avancée avant mon retour afin qve je ne perde point le temps en solicitations."[247]

Die Verantwortlichen am österreichischen Hof waren jedoch nicht gewillt, sich zeitlich unter Druck setzen zu lassen. Ungeachtet dessen versicherte man dem Philosophen bis zuletzt, daß man an seinem Projekt festhielte; auch der Kaiser sei nach wie vor zur Errichtung einer Sozietät der Wissenschaften entschlossen.[248] Doch ohne deren Initiator und Motor wollte man keine weiteren Schritte unternehmen. Immer wieder wurde Leibniz von seinen Korrespondenten aufgefordert, sobald als möglich in die kaiserliche Residenz zu kommen.[249] Er solle sich nicht, beschwor ihn der Hofkanzler Graf Sinzendorf, den General Coehorn zum Beispiel nehmen, der sich erst in Marsch setzen wollte, wenn alles bis ins kleinste in voraus geregelt sei. Auch mit mangelnder Ausrüstung hätten österreichische Generäle schon so manchen großen Sieg errungen.[250] Doch der hannoversche Gelehrte ließ keinen Zweifel darüber, daß er erst nach Beendigung der Annalen, dann aber für den Rest seines Lebens nach Wien zurückzukehren beabsichtige.[251] Die Rückkehr vereitelte indes sein Tod am 14. November 1716. In einem seiner letzten Briefe an Heraeus schreibt Leibniz, sein nahes Ende wohl schon ahnend: "Quant à la Societé des sciences, il faut avoir patience. Ce que je ne verray pas, sera vû par d'autres: et je sera toujours bien aise par avance d'y avoir un peu contribue."[252]

Die Verwirklichung des Akademieplanes, allerdings in veränderter Form[253], sollte freilich erst 130 Jahre später erfolgen, paradoxerweise unter der Regierung jenes Fürsten, dem, was intellektuelle und akademische Angelegenheiten betraf, nicht der beste Ruf anhaftete.[254]

3.3.5 Gründe für das Scheitern des Wiener Sozietätsprojekts

Die Frage, warum die Wiener Gründung am Ende scheitern mußte, läßt sich nicht eindeutig beantworten. In der älteren Literatur wird wiederholt behauptet, die Jesuiten hätten diesen Plan hintertrieben, weil sie ihre Domäne, das Bildungs- und Erziehungswesen, bedroht sahen.[255] Gewiß mag es einige Kontrahenten bei Hofe und in streng katholischen Kreisen gegeben haben, die den Einfluß einer tonangebenden, von einem Protestanten initiierten und geführten kulturellen Institution fürchteten; die Anhaltspunkte reichen jedoch nicht aus, um in der Gegnerschaft religiöser Eiferer das entscheidende Hindernis zu sehen. Zudem, so betont Braubach[256], sei Karl VI. den Jesuiten weit weniger zugetan gewesen als seine Vorgänger, insbesondere Leopold I.; vielmehr habe er mitunter vor deren politischen Ambitionen gewarnt.

Leibniz selbst mochte den Mutmaßungen aus Wien nicht so recht Glauben schenken: "S.E. (le comte de Sinzendorf) et d'autres grands ministres sont trop eclarés pour donner là dedans. Ils me connoissent mieux, aussi bien que la nature de l'affaire."[257] Und er berief sich dabei auch auf sein gutes Einvernehmen mit Vertretern jener Gesellschaft, nicht zuletzt auf die freundschaftliche Gesinnung, die ihm der kaiserliche Beichtvater, der jesuitische Pater Consbruch entgegenbrächte.

Daß der Wiener Plan nicht realisiert wurde, lag sicherlich u.a. an der durch langjährige Kriege angespannten Finanzlage Österreichs, die eine Inangriffnahme eines so weitgespannten Projekts nicht ratsam erscheinen ließ. Der eigentliche Grund dürfte gleichwohl die ständig drohende, am 3. September 1714 tatsächlich erfolgte Abreise des Philosophen aus Wien gewesen sein. Denn damit hatte dieser nicht mehr die Möglichkeit, seinem Plan persönlich Nachdruck zu verleihen. Seine Gewährsleute in der Donaumetropole wollten andererseits ohne seine Anwesenheit keine konkreten Schritte unternehmen; ebensowenig wie die verantwortlichen Beamten und Minister. Man fühlte sich mit dem Aufbau eines solchen Riesenunternehmens überfordert. Sie alle erklärten zwar immer wieder ihr Interesse und ihren guten Willen, zum Gelingen des Werkes beizutragen; zugleich aber berief sich einer auf den anderen. Und so wurde Leibniz' großartiger Sozietätsentwurf schließlich Opfer eines "negativen Kompetenzkonflikts".[258] Es fehlte die treibende Kraft, die in der Lage gewesen wäre, die Barrieren bürokratischer Alltagsroutine zu überwinden. So können wir abschließend Joseph Bergmann zustimmen, der resümiert: "hätte er (...) länger gelebt, um nach seinem Wunsche in Wien seinen Aufenthalt nehmen zu können, so hätte Wien wahrscheinlich damals eine Akademie der Wissenschaften erhalten.[259]

3.4 Projekt zur Gründung einer Sozietät der Wissenschaften in St. Petersburg[1]

3.4.1 Der Wandel von Leibniz' Rußlandbild

Nachdem sich die Verhältnisse für den Philosophen in seinem bestehenden Dienstverhältnis immer drückender gestalteten und er schon mehrmals vergeblich versucht hatte, im kaiserlichen Wien Fuß zu fassen oder auch an den Wolfenbüttelschen Hof überzuwechseln[2], wandte er seinen Blick schließlich immer häufiger nach dem Osten. Namentlich in Rußland hoffte er, ein neues, würdigeres Wirkungsfeld zu finden, als das kleine Hannover ihm bot.

Leibniz' Haltung dem russischen Riesenreich gegenüber war durchaus nicht von Anfang an positiv. Ähnlich wie sich seine Einstellung gegenüber Brandenburg-Preußen erst im Laufe der Zeit, respektive im Zusammenhang mit der Thronbesteigung Friedrichs III. (I.) änderte, so wandelte sich auch sein Rußlandbild. Seine ersten Äußerungen über *Moskovien*, so der damals gebräuchliche Name für das noch weitgehend unbekannte Land, die von 1669, dem Jahr der polnischen Königswahl datieren, lassen nichts von der Sympathie und Hingabe ahnen, die der große Gelehrte in den letzten zwei Jahrzehnten seines Lebens der aufsteigenden Macht im Osten entgegenbrachte. Vielmehr stoßen wir in dem von Boineburg zur Unterstützung der Kandidatur des Pfalzgrafen von Neuburg in Auftrag gegebenen *Specimen demonstrationum politicarum pro rege Polonorum eligendo*[3], in dem der 22-jährige Mainzer Justizrat aus der Sicht eines polnischen Aristokraten *more geometrico* gegen die Wahl des französischen, besonders aber des Moskauer Mitbewerbers argumentiert, auf althergebrachte Vorstellungen. Die Russen werden als ein von der zaristischen Zentralgewalt rigoros und tyrannisch regiertes, unkultiviertes, heidnisches Volk charakterisiert, das für die abendländisch-christliche Zivilisation nicht weniger eine Bedrohung darstellte als der Islam. Mit eindringlichen Worten warnt Leibniz davor, diesen "Barbaren", "alter Turca", den Weg über Polen, der Vormauer der Christenheit, nach dem Westen zu ebnen. In seiner Beweisführung nimmt Leibniz jene "unreflektiert-elitäre Bewußtseinshaltung des sich überlegen fühlenden Abendländers"[4] ein, die nicht zuletzt auf der in Westeuropa herrschenden mangelnden Kenntnis eines Staates beruhte, dessen Regierung auf publizistische Selbstdarstellung völlig verzichtete[5], vielmehr durch gezielte Isolationspolitik den Informationsfluß von Ost nach West zu unterbinden suchte. Verläßliche Nachrichten von der russischen Wirklichkeit trafen zu Leibniz' Zeit nur spärlich ein. Bis weit in die zweite Hälfte des 17. Jahrhunderts hinein war man im wesentlichen auf unvollständige, oftmals verfälschte und einseitige Darstellungen von Reisenden angewiesen, die der schon unter der Regentschaft des Zaren Aleksej Michajlovic (1645 - 1676) einsetzenden vielförmigen Umgestaltung in Staat und Gesellschaft[6] keine Erwähnung schenkten, sondern im Gegenteil durch drastische Schilderungen der russischen Barbarei und Anarchie das Mißtrauen und die Angst im westlichen Europa vor den gefährlichen *Moskoviten* schürten.[7]

Die schweren Vorwürfe, die Leibniz in *Specimen* gegen das zaristische "imperium despoticum" und das russische Volk erhebt, entsprachen also durchaus dem damaligen Informationsstand und lassen sich nicht einfach als "diplomatische Verstellung" in einem zweckgebundenen Pamphlet erklären.[8] Zumal schon Bittner[9] überzeugend nachweisen konnte, daß die ablehnende Haltung des Philosophen gegenüber Rußland auch in anderen frühen Schriften, namentlich in dem *Bedenken welchergestalt Securitas publica interna et externa... auf festen Fuß zu stellen* (1670) und in dem für Ludwig XIV. bestimmten *Consilium Aegyptiacum* (1670/71) dokumentiert ist. Allerdings schlägt Leibniz in diesen beiden nur wenig später entstandenen Entwürfen zur Neuordnung der europäischen Politik, die die Solidarität aller westlichen Mächte gegen den gemeinsamen unchristlichen Aggressor, den Islam, beschwören, bereits deutlich mildere Töne an. Angesichts der Türkengefahr, der Europa ausgesetzt war, und der damit verbundenen Wiederbelebung der im christlichen Universalismus verwurzelten Kreuzzugsidee[11] erscheint Rußland, wiewohl nur als ferne zukünftige Möglichkeit angedeutet, als Bündnispartner in der antitürkischen Liga.[12]

Die gedankliche Annäherung an das aufstrebende Zarenreich setzt sich in seinem Briefwechsel Anfang der 80er Jahre fort. Noch war sie freilich ausschließlich politisch motiviert und gründete auf der Einsicht, daß dessen Entwicklung von den gesamteuropäischen Belangen nicht länger getrennt werden konnte.[13]

Der Kontakt mit den Jesuitenmissionaren in China, respektive die Begegnung mit Grimaldi in Rom 1689, öffnete dem Philosophen schließlich den Blick für die Zukunftsbedeutung Rußlands als Bindeglied zwischen den beiden Schwerpunkten der

Weltkultur, dem europäischen Westen und dem Fernen Osten. Mit dieser Erkenntnis erwachte sein wissenschaftliches Interesse an dem vielfältigen Völkergemisch des russischen Riesenreiches, das sich zunächst auf linguistische und ethnologische Fragen konzentrierte.[14]

Doch erst das Auftreten Peters des Großen, der sich im selben Jahr des Zarenthrones bemächtigte[15], bewirkte den entscheidenden Umschwung in Leibniz' Auffassung. Vereinzelte Meldungen über die westlich inspirierte Attitüde des neuen russischen Herrschers, die sich zunächst noch auf Äußerlichkeiten wie Kleidung und Haartracht beschränkten, weckten in ihm bereits die Hoffnung, "Cultus humanioris etiam ad illam genten penetraturi".[16] Die offensichtliche Neigung Peters I. für die zivilisatorischen Errungenschaften des Okzidents, von der in westlichen Kreisen immer häufiger die Rede war[17], bestärkte ihn in dieser optimistischen Einschätzung der zukünftigen Entwicklung Rußlands. Die Vorstellung, den östlichen Randstaat Europas, an dessen Westgrenze die Zivilisation zu enden schien, für die europäische Kultur, mithin für das Christentum zu gewinnen[18], rief in dem Philosophen eine geradezu euphorische Erwartungshaltung hervor, die durch die große Europareise Peters des Großen 1697 einen ersten Höhepunkt erlebte.

Als Vertreter einer idealistischen Geschichtsauffassung war Leibniz davon überzeugt, - und hierin trafen sich seine Vorstellungen mit dem Sendungsbewußtsein des Zaren[19] -, daß der Fortschritt des menschlichen Geschlechts in den Händen einzelner, von Gott berufener Souveräne lag. In dem jungen, den westlichen Ideen gegenüber aufgeschlossenen russischen Regenten, der die Absicht hatte, sein Land in einen modernen Staat zu verwandeln, glaubte er endlich jenen fürstlichen Heroen gefunden zu haben, der, vom Schicksal dazu bestimmt, seiner Vision von einer friedlichen, zivilisierten Welt, die auch den Fernen Osten einschloß, zur Wirklichkeit verhelfen konnte.[20] In diesem Sinne schreibt Leibniz denn auch später, im Januar 1712, an Peter I.:

> "(...) Es hat mir auch nicht[s] anderes gefehlt, als ein grosser Herr, der sich eben der Sach genugsam annehmen wollen. Und diesen verhoffe ich nun bei E. Cz. M. gefunden zu haben..."[21]

Enttäuscht zeigte er sich darüber, daß der großen russischen Gesandtschaft, die er selbst als ein "miraculum" einstufte[22], in den westlichen Ländern nicht die gebührende Aufmerksamkeit entgegengebracht wurde. Sie glauben nicht, gestand er am 1./11. Oktober dem Numismatiker Morell, wie es mich bekümmert, daß man aus der Anwesenheit des russischen Zaren und seinen guten Vorhaben nicht entsprechenden Nutzen zieht.

> "Je ne sçaurois pardonner ces negligences aux Anglois et aux Hollandois. Mais ils le payeront cher."[23]

Für Leibniz stellte das mächtige Zarenreich in späteren Jahren nur dann eine Gefahr dar, wenn es daran gehindert würde, sich nach westlichem Vorbild zu entwickeln.[24] Die berechtigte Hoffnung, daß der willensstarke neue russische Herrscher die schon von seinem Vater Aleksej eingeleitete Reformpolitik mit Erfolg zu Ende führen werde[25], eröffnete indes die große Chance, Rußland langfristig in die europäischen Interessen einzubinden. Daher galt es, Peter I. in seinen Absichten, "de cultiver son vaste Empire, et d'y introduire les sciences, les arts ed les bonnes moeurs"[26], zu unterstützen und Mittel und Wege zu finden, um abendländisches Gedankengut nach Rußland zu vermitteln:

> "Or je voudrois que des personnes puissantes et éclairées, mais aussi, bien intentionées parmy nous prissent l'affaire à coeur, pour tacher de cultiver et de tourner au plus grand bien les beaux desseins du Czar..."[27]

So begrüßte Leibniz ungeachtet seiner andersgerichteten Auffassung vom letzten Zweck der notwendigen "Entwicklungshilfe" für *Moskovien* die Initiativen aus dem Kreis der Pietisten um A.H. Francke, die schon seit 1695 durchaus mit Erfolg darum bemüht waren, über das Erziehungswesen Einfluß auf die heranwachsende russische Führungsschicht zu gewinnen.[28]

3.4.1.1 Die Bedeutung Rußlands für die Chinamission - seine Mittlerfunktion im Hinblick auf eine weltumspannende Kultursynthese

Je mehr sich Leibniz mit der Jesuitenmission in China beschäftigte, um so eindringlicher rückte Rußland in seinen Gesichtskreis. Engstens verbunden mit seiner Auffassung der Mission als einer Kultur- und Wissenschaftssynthese[29] verselbständigte sich sein Rußlandverständnis, das bisher ausschließlich von der wachsenden Rolle des östlichen Großreiches im europäischen Kräftespiel bestimmt war, und gipfelte schließlich in der visionären Erkenntnis von dessen kultureller Weltmission. Die weltgeschichtliche Aufgabe Rußlands leitete der Philosoph zunächst einmal aus der geographischen Eigenheit dieses Landes ab, das durch seine Ostgrenze zu China das eigentliche "Reich der Mitte" darstellte und eine Verbindung des Fernen Ostens zum europäischen Westen herzustellen vermochte.

Die unmittelbare Nachbarschaft zu China rückte das unbekannte, mit Skepsis betrachtete Reich des russischen Großfürsten in der zweiten Hälfte des 17. Jahrhunderts mehr und mehr in den Blickpunkt des allgemeinen europäischen Interesses. Denn die Erschließung der Landverbindung nach China und Indien, die über Rußland führen mußte, "weil das osmanische Reich als Querriegel den Weg versperrte"[30], wurde für die in diesem Säkulum mit besonderer Intension betriebene christliche Mission und den Welthandel gleichermaßen dringlich, zumal beides meist in engem Zusammenhang lief. Vor allem aber die Jesuiten, die nach den Erfolgen der Niederländer in Japan gegen die dortige katholische Mission darauf aus waren, ihre Position in China zu halten, ließen nichts unversucht, um sich den sicheren und schnelleren Landweg über Moskau zu eröffnen.[31]

Bedauern äußerte Leibniz über die Halsstarrigkeit der "Moskowiten", die den jesuitischen Missionaren die Durchreise durch das asiatische Gebiet ihres Landes gleichwohl beharrlich verwehrten.[32] Doch das Auftreten Peters des Großen und die zu erwartende Lockerung der bisherigen russischen Isolationspolitik ließen ihn hoffen, "paullatim tractabilores fore".[33] Und tatsächlich scheint Peter I. den deutschen Jesuiten nach der Rückkehr von seiner Europareise die Benutzung des Landweges in Aussicht gestellt zu haben, wie Leibniz einer Meldung des Amsterdamer Bürgermeisters Nicolaas Witsen entnehmen konnte.[34] Dennoch schätzte er die Chancen, für die protestantische Mission entsprechende Zusagen und Vorteile zu erlangen, ungleich höher ein; schon allein wegen der freundschaftlichen Gesinnung, die der russische Herrscher den evangelischen Mächten, deren Länder er gerade bereist hatte, entgegenbrachte. Außerdem habe das neue Haupt des deutschen Protestantismus, der brandenburg-preußische Kurfürst, bereits die Erlaubnis, über Moskau Handel mit China zu betreiben. Ein Ausbau der wirtschaftlichen Beziehungen werde hilfreich sein, um namentlich der evangelisch-lutherischen Mission die nordöstliche Durchfahrt nach China über Sibirien zu eröffnen. Die Reise von Moskau nach Peking würde dann nur noch sechs oder sieben Monate in Anspruch nehmen.[35]

Seit Leibniz von seinem französischen Korrespondenten, dem königlichen Sekretär Henri Justel Anfang Dezember 1690 auf die von Nicolaas Witsen entworfene Karte der Tartarei aufmerksam gemacht worden war[36], setzte er alles daran, diese zu bekommen. Konnte sie doch über die kürzeste Reiseroute Aufschluß geben. Da die neue Landkarte, die erste wissenschaftlich anerkannte Karte Sibiriens überhaupt, jedoch nicht über den Handel, sondern nur vom Verfasser direkt zu beziehen war, nahm er schließlich Kontakt mit dem Amsterdamer Bürgermeister auf. So begann im April 1694 ein Briefwechsel, der dem Philosophen in vielfacher Hinsicht wertvolle Informationen über Rußland vermittelte, denn Witsen galt seit dem Hollandaufenthalt Peters I. 1697 als enger Vertrauter des Zaren.[37]

Zunächst standen für Leibniz ethnologische und sprachwissenschaftliche Fragen im Hinblick auf das eurasische Rußland im Vordergrund; diese bestimmten namentlich seinen Briefwechsel in den 90er Jahren mit dem von ihm hochgeschätzten polnischen Jesuiten Kochanski, mit Johann Gabriel von Sparwenfeld, einem der besten Sprachkenner Skandinaviens, der einst als schwedischer Resident in Moskau (1683 - 1686) die Landessprache erlernt hatte, sowie mit dem Orientalisten Hiob Ludolf.[38] Doch immer deutlicher wurde sein Denken von der Idee einer "eurasiatischen Kultursynthese", beruhend auf der Konsolidierung und Modernisierung Rußlands geleitet.[39] Nun hatte das Zarenreich für ihn nicht mehr ausschließlich geographische Bedeutung. Es stellte zugleich und vor allem eine geistige Brücke von Ost nach West dar:

> "Comme la Chine est presque un autre monde différent du nostre en un infinité de choses, ma curiosité est fort tournée de costé là, et je considère l'Empire du Czar comme pouvant établir une liaison entre la Chine et l'Europe..."[40]

In dieser Hinsicht kam der Erforschung vor allem der asiatischen Gebiete Rußlands große Bedeutung zu. Und deshalb beschwor Leibniz seine jesuitischen Briefpartner geradezu, über ihren Missionierungseifer das wissenschaftliche Anliegen nicht zu vernachlässigen, d.h. regelmäßig Nachrichten und neue Erkenntnisse aus Rußland nach Europa zu übermitteln.[41]

Es sei kein Zufall, so der hannoversche Gelehrte in der Einleitung zu den *Novissima Sinica*, die er wohl aus gutem Grund 1697, dem Jahr der großen Europareise Peters des Großen veröffentlichte[42],

> "daß die Russen, die durch ihr riesiges Reich China mit Europa verbinden und den äußersten Norden des unzivilisierten Gebiets entlang den Küsten des Eismeeres beherrschen, unter dem tatkräftigen Bemühen des jetzt regierenden Herrschers selbst... dazu angehalten werden, unseren Errungenschaften nachzueifern".[43]

Setzte doch der anzustrebende wechselseitige Kulturaustausch zwischen West und Ost nicht nur die politische Befriedung voraus, für die durch den chinesisch-russischen Friedensvertrag von Nertschinsk (1689)[44] bereits ein glücklicher Anfang gemacht war. Seinen welthistorischen Auftrag als Vermittler zu den Schätzen chinesischen Wissens konnte Rußland vielmehr nur dann erfüllen, wenn es sich den Einflüssen des Westens öffnete und dadurch ein zivilisatorischer Reifeprozeß im Inneren in Gang gesetzt würde, der schließlich eine Angleichung des Zarenreiches an das kulturelle Niveau seiner Nachbarn zur Folge hätte. Seine Pläne, so Leibniz in einem späteren Konzept für eine mündliche Unterredung mit dem Zaren, zielten darauf:

> "wie aus Europa und aus Tschina oder Catay der Kern der besten Nachrichtungen zusammen zu bringen, und [...] wie solche Alles rechtens zu Nuz zu machen, und durch einführung des guthen von allen orthen das Russische Reich ie mehr und mehr in Flor zu bringen."[45]

Die kulturelle Mittlerfunktion Rußlands wird also zum "Selbstzweck und Hauptgegenstand" jenes zivilisatorischen Kulturaustausches[46], der eine bessere Zukunft der Menschheit in dem weltumspannenden Reich der christlichen *humanitas* versprach. Denn Verbreitung von Wissenschaft und Bildung meinte immer auch Förderung des Christentums. Die welthistorische Rolle Rußlands in diesem Prozeß ist letztlich vorausbestimmt, "un coup de la Providence"[47] sozusagen, seine Zukunft durch den Kreislauf in der Entwicklung der Weltzivilisation festgelegt.

> "Es scheinet es sey die Schickung Gottes, dass die Wissenschaft den Kreis der Erden umbwandern und nunmehr auch zu Scythien kommen solle..."[48]

Diese Auffassung entspricht Leibniz' philosophischem Leitgedanken der Kontinuität, wonach die irdische Welt qua göttlichem Willen zur Perfektion bestimmt ist, die sie in einem Prozeß fortwährender Vervollkommnung erlangt. Und wie es in der Natur keine Sprünge gibt, so unterliegt auch die Weltkultur einer stetigen Aufwärtsentwicklung mit lückenlosen Übergängen. Das notwendige "intermedium" zwischen den "politissimae gentes eaedemque remotissimae" stellt Rußland dar, dessen Mitwirkung an der Realisierung des göttlichen Weltplanes mithin impliziert ist.[49] In diesem Zusammenhang zentrieren sich Leibniz' säkularisierte Missionspläne mehr und mehr auf die Gestalt des jungen Zaren, der

> "ein groß Theil der Welt, nehmlich den östlichen Mitternacht von Pohlen bis an die Chinesischen Kartaren, also fast ganz Scythien [besitzt] und [...] durch Gottes eingeben begriffen, diese Völker zu Wissenschaft und guten Sitten, theils auch zum Christenthum zu bringen..."[50]

So erscheint Peter der Große als Vertreter der Macht zugleich als Werkzeug Gottes, als "instrumentum gloriae Dei"[51], dem der große Gelehrte mit aller Hingabe zu dienen bereit ist:

> "Pour moy qui suis pour le bien du genre humain... je considère le Czar en cela comme une personne que Dieu a destinée a de [ce] grand ouvrage. [...] et je serai ravi si je pouvois contribuer à son dessein de faire fleurir les sciences chez luy."[52]

Der Bund von *potentia* und *sapientia* im Hinblick auf die Erfüllung der von Gott gesetzten Aufgabe der Veredelung des Menschengeschlechts nimmt hier Gestalt an. Die Frage, ob der Zar in dieser gedanklichen Konstruktion letztlich zum Werkzeug des Sendungsbewußtseins des Philosophen wird[53], ist in diesem Kontext eher sekundär. Zumal Leibniz Realist genug war, um zu wissen, daß er für die Durchsetzung seiner weitgreifenden Zivilisationspläne auf die Einsicht und die Unterstützung der Mächtigen, d.h. in diesem Falle des russischen Zaren angewiesen war.

Der energische Wille Peters des Großen, sein Reich aus der Rückständigkeit herauszuführen und in einen modernen Staat zu verwandeln, macht den jungen russischen Herrscher zum Akteur der Weltgeschichte und Träger utopischer Hoffnungen. Und wenn Leibniz ihn als Heros apostrophiert, seine Vorhaben "heroisch" nennt[54], so ist dies keineswegs als bloße Floskel einer barocküberhöhenden Sprache zu verstehen. Vielmehr drückt sich hier die von dem Philosophen schon in jungen Jahren entwickelte Grundüberzeugung aus, daß sich wahres Heldentum durch am "bien commun" orientiertes Handeln zeigt.[55] Der Reformeifer Peters I. war ihm Beweis dafür,

> "daß seine czarische Mjt. der ihr von Gott verliehenen großen macht, land und leute zu Gottes ehre und nuzen der ganzen werthen Christenheit auffs beste brauchen möge".[56]

Als Durchgangsland der Missionare nach China war Rußland in das Bewußtsein des Philosophen gerückt; am Ende steht es gleichwohl gleichberechtigt neben den abendländischen Kulturen vor seinem geistigen Auge. Ja mehr noch, Leibniz weist Rußland, wenn es erst einmal zivilisatorisch erschlossen und sein Staatswesen konsolidiert sein sollte, eine führende Rolle bei der Verbreitung der christlichen Kultur im Orient zu.[57] Daß er das Zarenreich langfristig in seine Weltzivilisationspläne einzubinden vermochte, basiert auf seiner Einsicht in dessen grundsätzlich christlichen Wurzeln.[58] Insofern kam es nur darauf an, das altrussisch-byzantinische Christentum durch das "methodische Instrument der propagatio fidei per scientias" zu aktualisieren, um die barbarische Macht im Osten neu zu definieren.[59] So war es sicher nicht nur Rücksicht auf die Empfindlichkeit der russisch-orthodoxen Geistlichkeit, die Bekehrungsversuchen jedweder Art mit äußerstem Mißtrauen begegneten[59a], daß Leibniz niemals von einer evangelischen Mission unter den orthodoxen Russen gesprochen hat. Wann immer in seiner Konzeption originär religiöse Motive wirksam wurden, dann ausschließlich mit Blick auf die heidnische asiatische Bevölkerung. Selbst den Gedanken an die Gründung eines eigenständigen protestantischen Missionsunternehmens in Moskau für das eurasische Rußland, für den er auch A. H. Francke zu gewinnen suchte, ließ er spätestens, nachdem ihm sein holländischer Korrespondent Witsen von entsprechenden Aktivitäten der russisch-orthodoxen Kirche berichtet hatte, wieder fallen. Dagegen dachte er nun daran, diese Tendenzen zu fördern.[60] Energisch wies er daher Überlegungen innerhalb der Berliner Akademie zurück, wie man die Vermählung des Zarensohnes mit einer wolfenbüttelschen Prinzessin für die Verkündung des Evangeliums in *Moskovien* nutzen konnte.[61] Mit derlei übereilten Schritten würde man das große Zivilisationswerk nur gefährden.
Durch die Möglichkeit eines Zusammenwirkens der westlichen und der östlichen Kirche erhielt die Idee einer ausschließlich von der russisch-orthodoxen Kirche getragenen Mission[62] alsbald eine neue Dimension, die Leibniz im Hinblick auf die zukünftige Zusammenarbeit der Berliner und der zu gründenden Petersburger Akademie konkretisierte. Sollte sie doch vor allem auch einer ökumenisch-lutherischen Mission Vorschub leisten.[63] Hier scheint eines seiner Hauptanliegen, die intrakonfessionelle Wiedervereinigung, in die auch die anglikanische Kirche einbezogen werden sollte[64], noch einmal auf. Die als höchstes Ziel anzustrebende Einigung der gesamten Christenheit veranlaßte den Philosophen schließlich dazu, den Zaren zur Einberufung eines ökumenischen Weltkonzils zu bewegen, für die man die ersten Konzile zum Vorbild nehmen könnte.[65] So kommt am Ende wiederum

jenes politische Motiv zum Tragen, das schon in Leibniz' frühen einschlägigen Schriften, wenn auch nur vage angedeutet, mitschwingt. Die Missionierung Rußlands im Sinne seiner Eingliederung in den abendländischen Kulturkreis sollte auch dazu dienen, die notwendige christliche Solidarität aller europäischen Völker gegen den nichtchristlichen Feind, das osmanische Reich, herzustellen.

Spätestens an dieser Stelle offenbart sich Leibniz' im Hinblick auf den damaligen Informationsstand durchaus verständliche Fehleinschätzung der russischen Wirklichkeit in aller Deutlichkeit. Der Gelehrte verkannte nicht zuletzt das Wesen der russisch-orthodoxen Kirche, deren Spiritualität ihm wohl stets fremd blieb. Von dem Widerstand, den "das vorpetrinisch kirchlich geformte Rußland"[66] den Reformen Peters des Großen und vermutlich gerade auch Aufklärern wie Leibniz entgegenbrachte, ahnte der kosmopolitische, nach Ausgleich strebende Denker nichts. Vielmehr glaubte er, in dem russischen Großreich ideale Voraussetzungen, sozusagen ein "freies Spielfeld einer umfassenden Bildungsreform und Zivilisationsgründung"[67] gefunden zu haben.

3.4.1.2 Rußlands Charakter einer kulturellen tabula rasa

In dem von Peter I. repräsentierten, am westlichen Vorbild sich orientierenden Reich im Osten könnten Wissenschaft und Bildung einmal jene Stellung einnehmen, die man ihnen in Europa zunehmend verweigerte. Doch es waren nicht nur die schlechten Erfahrungen und persönlichen Enttäuschungen, die der Wissenschaftsorganisator in seiner Heimat immer wieder hat hinnehmen müssen und die ihn jetzt zu der utopischen Hoffnung verleiteten, Rußland gleichsam in ein "Laboratorium der Zukunft" verwandeln zu können.[68] Die grenzenlose Überschätzung des tatsächlich Machbaren fußte auf seinem Bewußtsein der Krise Europas, jenes "état de changement... où elle n'a jamais été depuis l'Empire de Charlemagne"[69], und dem damit verbundenen Wunschbild eines besseren "Europa", d.h. eines in jeder Hinsicht unbelasteten Staatswesens, das sich auf der Grundlage planender und berechnender Vernunft entwickelt. In eben diesem Sinne betrachtete Leibniz Rußland als eine *tabula rasa*, als ein Neuland, in dem ganz von vorne begonnen und die historisch verwurzelten Fehler und Schäden der abendländischen Kultur vermieden werden konnten, mithin als "ein(en) neue(r)n Topf, so noch nicht frembden Geschmack... angenommen[70]:

> "Weil ich nun gern zum allgemeinen Besten der Menschen nach meinem geringen Vermögen arbeite und hierin keinen Unterschied mache, auch vielleicht in denen russischen Landen gleichsam noch tabula Rasa diessfals ist, also dass die Studien allda auf eine solche Weise eingerichtet werden können dadurch viel Unordnung, so in unserem Europa dabey eingerissen zu vermeiden, gleich wie die aufführung eines ganz neuen Gebäudes etwas vollkommeneres zu Wege bringen kann, als die Verbesserung und Aufflickung bei einem alten..."[71]

Der Begriff der "*tabula rasa*", der impliziert, daß alles besser gemacht werden kann, basiert auf dem Fortschrittsglauben des Philosophen, auf seinem Vertrauen in die Macht der Erziehung und schließlich auf der Überzeugung, daß man aus der Geschichte lernen kann. Das Erziehungswesen im weitesten Sinne spielt in dieser Konzeption naturgemäß eine entscheidende Rolle, zumal die Russen, wie Leibniz in der Niederschrift für seine erste Audienz beim Zaren 1711 betont, ein gelehriges Volk seien.[72] Sie würden das große Bildungswerk vorbehaltlos in Angriff nehmen:

"Weilen auch die Gemühter in den russischen Landen noch Tabula Rasa und gleichsam ein frisches Feld, also diejenigen Missbräuche bei den Studien allda verhütet werden könnten, so in Europa allzu tief eingewurzelt und nicht leicht abzuschaffen, so könnten die Russen mit andern Schaden klug werden und durch guthe Anstalt in Studien dem übrigen Europa selbst mit gutem Exempel vorleuchten. [...] Weilen dadurch nicht nur die Nordischen Lande gebessert, sondern auch dem unsrigen ein neues Licht aufgehen würde."[73]

Im Gegensatz zum österreichischen Adel und Hochadel, unter dessen Vertreter er mehr Interesse und Verständnis für kulturelle und wissenschaftliche Belange gefunden habe als unter den Berufsgelehrten[74], setzte Leibniz in Rußland allerdings weniger auf die in ihrem Wolleben passiv erstarrte dünne Oberschicht: "mit denen die schohn erwachsen und des eiteln lebens sowohl als der unmäßigkeit gewöhnt, [sei] schwer etwas zu thun".[75] Darum müsse man sich gerade hier mit aller Kraft der Erziehung der Jugend widmen.[76] Und da er fürchtete, daß alle erfolgversprechenden Ansätze Peters des Großen mit der Nachfolge des Zarewitsch versanden könnten, riet er den Verantwortlichen, sich der Erziehung und Ausbildung des Thronfolgers intensiv zuzuwenden. Aus diesem Grund unterstützte er auch schon 1697 Friedrich von Walters Plan, sich in Moskau um die Stelle des Prinzenerziehers zu bewerben, und erbat dafür Empfehlungen seitens der brandenburgischen Kurfürstin und Chunos.[77] Nur zu gerne hätte er auch A. H. Franckes jungem Mitarbeiter Georg Heinrich Neubauer, der im Juli dieses Jahres bei ihm vorsprach, den Weg an den Zarenhof gebahnt, gleichwohl fehlte es ihm damals noch an den nötigen Beziehungen.[78]

Die oben zitierten Äußerungen lassen überdies erkennen, daß Leibniz den zentralen Begriff seines Rußlandbildes in zweifacher Hinsicht versteht. In der russischen "terra vergine" kann man nämlich nicht nur frei von der störenden Enge kleinstaatlicher Verhältnisse, Konventionen, Sitten oder Etiketten planen, sondern auch unvoreingenommener lernen:

"Denn weil diese grosse unter dem Czar stehenden Landschaften noch wenig untersucht, so dürfte sich zweifelsohne viel Neues und Nüzliches darinn dargeben, so auch andern Menschen dienen..."[79]

Insbesondere das Volkswissen gelte es zu erforschen, "weil auch heidnische und sogar die Barbarische Völker viel Vortheil haben".[80]

Durch die Wendung des Begriffs der *tabula rasa* ins Positive wird das bis dahin als barbarisch apostrophierte Reich im Osten zum "Umschlagplatz von hochkultiviertem und primitivem Wissen".[81] Letztlich werde die kulturelle Missionierung Rußlands auf den "Missionar" Europa zurückstrahlen, insofern als die Begegnung mit einer ganz anderen Wirklichkeit den Horizont des abendländischen Denkens erweitert. Entsprechend dieser modifizierten Auffassung verzichtete Leibniz denn auch, wenn es in späteren Briefen und Denkschriften um die in Rußland einzuleitenden Reformen geht, auf den negativ besetzten Begriff "débarbariser" zugunsten der wertfreien Formulierung "cultiver".[82]

3.4.2 Leibniz' Verbindung zum russischen Hof und seine Beziehung zu Peter dem Großen

Vor dem Hintergrund seines Rußlandbildes ist es nur zu verständlich, daß die Reise Peters des Großen nach Europa im Jahre 1697 den Philosophen geradezu in Aufregung versetzte. Begierig nahm er die Berichte über die große Gesandtschaft auf, die ihn erreichten.[83] Und gleichzeitig ließ er nichts unversucht, um mit Leuten aus der Umgebung des Zaren bzw. mit diesem selbst in Berührung zu kommen. So wandte er sich etwa an den ihm schon länger bekannten Nicolaas Witsen[84], der Peter I. während seines Hollandaufenthaltes betreute, um Näheres über die Neigungen und Pläne des jungen russischen Herrschers zu erfahren. Ebenso nahm er auf brieflichem Wege Verbindung mit dem damals in Den Haag lebenden H.W. Ludolf auf, einem Neffen des berühmten Orientalisten Hiob Ludolf, der in den Jahren 1692 bis 1694 im politischen Auftrag Dänemarks Rußland bereist hatte, als ausgezeichneter Kenner der dortigen Verhältnisse galt und bei Peter dem Großen und dessen engsten Mitarbeitern großes Ansehen genoß.[85] Vor allem aber war Leibniz bemüht, mit den unmittelbaren Ratgebern des Zaren in Kontakt zu kommen, und dies nicht nur, um befriedigende Antworten auf die ihn schon so lange bedrängenden Fragen nach den linguistischen und ethnologischen Besonderheiten des aus so vielen Volksstämmen zusammengesetzten russischen Reiches zu erhalten:

> "... j'ay souvent souhaité d'avoir quelque connoissance médiatement ou (im) médiatement avec ceux par les quels le Czar fait exécuter un si grand dessein [= Reformwerk], car je pourrois suggérer et trouver une infinité de choses pour cela."[86]

Vergeblich hat Leibniz indes versucht, sich mit Hilfe des hannoverschen Höflings Palmieri dem General François Lefort zu nähern, jenem "grand homme dont un des plus puissans princes du Monde sert comme de son principal, pour executer les desseins Heroiques, qu'il a formés pour le bien de Chrestienté et de ses peuples."[87] Und in diesem Zusammenhang ist sehr wahrscheinlich auch seine erste, im Sommer 1697 ausgearbeitete, doch nur als Konzept erhaltene Denkschrift zur Förderung der russischen Kultur entstanden, die in nuce bereits alle Gedanken und Vorschläge enthält, die der Philosoph in den folgenden Jahren immer detaillierter zu Papier brachte.[88]

Es gelang ihm freilich nur, in Minden, wohin er der russischen Gesandtschaft nachgereist war, bis zum Neffen des Generals, Pierre Lefort, vorzudringen[89] und diesem einen Fragenkatalog zu den Sprachen im russischen Reich zu übermitteln.[90] Obwohl sich der junge Lefort Leibniz' Wünschen gegenüber wohlwollend und interessiert zeigte[91], scheint ihm das rechte Verständnis für dessen wissenschaftliche Anliegen gefehlt zu haben. Um so mehr hoffte Leibniz, doch noch Gelegenheit zu finden, um in einer Zusammenkunft mit dem Zaren oder mit einem seiner Vertrauten sein erstes Memorandum über die zukünftige Entwicklung Rußlands persönlich überreichen zu können.[92]

Immerhin konnte er, dank der brandenburgischen Kurfürstin, die ihm im übrigen auch lebhafte Schilderungen über das Wesen des jungen Zaren, dessen natürliche Höflichkeit, und gutes Gemüt sowie seine "vivacité d'esprit" zukommen ließ[93], eine indirekte Verbindung zu dem zweiten russischen Gesandten Fedor Alekseevic Golovin anbahnen. Dieser war, wie er erfahren hatte, der geistreichste und klügste unter den zaristischen Ratgebern[94], zudem als Gouverneur Sibiriens, das bis zu den "frontiers de la Tartarie chinoise" reichte, vor allem im Hinblick auf die gewünschten Sprachproben ein geeigneter Ansprechpartner.[95] Bis 1700 gelang es Leibniz jedoch weder mit einem gebürtigen Russen noch, abgesehen von dem jüngeren Lefort, mit dem ihm aber nur eine flüchtige Bekanntschaft verband, mit einem in russischen Diensten stehenden Ausländer persönlich in Kontakt zu kommen.

Erst die Korrespondenz mit dem Juristen Heinrich von Huyssen, der seit 1702 als Erzieher des Thronfolgers Aleksej in russischen Diensten stand, darüber hinaus die Aufgabe hatte, westeuropäische Fachleute anzuwerben, gelehrte Kontakte zum Ausland zu knüpfen sowie das negative Bild Rußlands im Westen zu korrigieren[96], schien Leibniz vielversprechendere Möglichkeiten zu eröffnen. Jedenfalls hoffte er, über Huyssen, der 1710 in die Berliner Sozietät aufgenommen und damit ihr erstes in Rußland wirkendes Mitglied wurde[97], das Interesse des Zaren auf sich lenken und unmittelbaren Einfluß auf dessen Reformpolitik gewinnen zu können. Mit der Bitte um Informationen über den Zustand der Wissenschaften und Künste im Zarenreich, die Geographie des Landes und die Sprachen der verschiedenen Völker nahm Leibniz im Oktober 1703 den schon 1692 begonnenen, doch längere Zeit unterbrochenen Briefwechsel mit dem Erzieher des Thronfolgers wieder auf.[98]

Zwar wußte dieser den Generalfeldzeugmeister Jakob Bruce, dessen Verdienst im Zusammenhang mit der Verbreitung von Wissenschaft und Bildung in Rußland nicht hoch genug eingeschätzt werden kann[99], und den seit 1697 als Mathematikprofessor in Moskau lebenden Niederländer Johann Jakob Ferguson[100] für Leibniz' Anliegen zu interessieren. Er selbst beschäftigte sich indes mehr mit politischen Themen, die auch die wenigen noch folgenden Schreiben an Leibniz bestimmen. Im Vordergrund stand dabei das Problem des Nordischen Krieges, das Leibniz als wesentliches Hindernis für die Verwirklichung der Kulturmission in Rußland erkannte:

> ".. je souhaiterois la paix du Nord pour que la désolation cesse, et que le dessein louable du Czar de cultiver ses sujets particulièrement par la doctrine et les sciences soit mieux poussé. Car quoyque ce Grand prince ne laisse pas d'y penser au milieu de la guerre, ces choses ne sauroient aller si bien qu'en temps de paix."[101]

Nach der Rückberufung Huyssens aus Wien, wo dieser 1706/07 als Gesandter des Zarenhofes wirkte, brach auch der Briefwechsel mit dem Philosophen ab.[102] Das Gerücht, das Interesse Peters des Großen für die Errungenschaften der westlichen Kultur sei erkaltet[103], machte er sich nicht einmal mehr die Mühe zu dementieren. Huyssens Nachfolger in Wien, Johann Christoph von Urbich versicherte dem Philosophen indes, daß der Zar ungeachtet des Krieges an seinen Plänen zur Förderung der Wissenschaften und Künste festhielte.[104]

Dank der Berufung Urbichs, eines alten Freundes[105], als Vertreter der russischen Regierung an den kaiserlichen Hof im Sommer 1707 fand Leibniz nun endlich den schon so lange gesuchten ebenso willigen wie eifrigen Verbindungsmann zur Moskauer Führung. Zumindest geht aus dessen zahlreichen Briefen hervor, daß er die Vorschläge seines Briefpartners tatsächlich an Peter I. weitergeleitet, und dieser die Anregungen des Philosophen wohlwollend aufgenommen hat. Leibniz sollte daher sein Projekt schriftlich niederlegen und übersenden:

> "même si vous y aller en personne, je vous suis garant que serés le très bien venu, soit pour y rester, ou pour donner quelque manuduction".[106]

Diese Aufforderung muß auf Leibniz gleichsam wie eine Initialzündung gewirkt haben. Denn fortan wurde er nicht müde, seine Idee einer auch den Osten und Fernen Osten einschließenden europäischen Kultur, die durch den kontinuierlichen Fortschritt von Wissenschaft und Technik die Menschen zu höchstem Glück führen wird, in immmer neuen Variationen zu Papier zu bringen. Nachdrücklich bot er dem russischen Herrscher seine Dienste an, zumal dieser mit dem Tod Leforts (1699) und seines Ministers Golovin die wichtigsten Stützen für sein Reformwerk verloren hatte.[107] Doch die Ernüchterung für Leibniz, der sich nach den verheißungsvollen Worten Urbichs schon fast am Ziel seiner Wünsche glaubte, ließ nicht lange auf sich warten. Der Stand des Krieges, so der zaristische Gesandte in seinem Schreiben vom 13. Juli 1708[108], erlaube es derzeit nicht, "pour penser à la république de lettres".

Wen wundert es also, daß Leibniz nach dem Sieg Peters des Großen über die Schweden im Sommer 1709 seine große Chance gekommen sah und er es nun sogar wagte, sich als Leiter einer zukünftigen Zentralanstalt für Wissenschaft und Bildung ins Gespräch zu bringen. Die Präsidentschaft einer derartigen Einrichtung würde er jeder anderen Beschäftigung vorziehen.[109]

Tatsächlich ist, wie Grau nachgewiesen hat[110], nach der entscheidenden Schlacht bei Poltava eine Intensivierung der Wissenschaftsorganisation in Rußland zu verzeichnen, die mit der Vorbereitung der Sibirienexpedition D.G. Messerschmidts (1718) einen ersten Abschluß fand. Doch obwohl sich Urbich, wie es scheint, tatkräftig für die Pläne seines Briefpartners eingesetzt hat und dem Zaren die Möglichkeit, daß jener "alls ein alter mann versterben solte", als "unwiederbringlichen Schaden" für die kulturelle Entwicklung Rußlands immer wieder vor Augen führte[111], wartete Leibniz vergeblich auf Reaktionen seitens des russischen Hofes. So blieb ihm nur die Erkenntnis, daß es in Zukunft wohl besser sei, weniger auf die Vermittlung von Ausländern, "que le Czar employe, et à qui j'en ay écrit et parlé inutilement"[112], und mehr auf den Einfluß gebürtiger Russen zu vertrauen.

Durch die Vermählung des Zarewitsch mit einer Enkelin Anton Ulrichs von Braunschweig-Wolfenbüttel im Jahre 1711 ergab sich für Leibniz schließlich die lange ersehnte Gelegenheit, dem Zaren seine Aufwartung zu machen. Endlich konnte er diesem dank der Vermittlung des ihm überaus freundschaftlich gesonnenen Herzogs[113] in einer ersten Audienz in Torgau am 30. Oktober[114] die notwendigen Schritte zur Förderung von Kultur und Bildung und den Plan für die Organisation eines "Collegium welches in dero nahmen die direction der Studien Künste und Wissenschaften im Czarischen Reich heben soll, und worin verschiedene Nationen Platz finden mögen"[115], persönlich vortragen.

Peter der Große und seine Berater waren durchaus angetan von den Vorschlägen des Philosophen. Namentlich der oben bereits genannte General Bruce, dessen Bekanntschaft Leibniz in Torgau machte und dem er bezeichnenderweise Abschriften seiner Memoranden für den Zaren zukommen ließ[116], wollte sich für deren Verwirklichung einsetzen. Auch der Leibarzt des Zaren, Robert Areskine[117], dürfte an den Gesprächen in Torgau teilgenommen haben. Zumal er als Leiter des Apotheker-Prikaz, der den Mittelpunkt naturwissenschaftlicher Interessen in Rußland darstellte und als Vorstufe der späteren Akademie in St. Petersburg gelten kann[118], für alle wissenschaftlichen Unternehmungen im Zarenreich verantwortlich war. Angesichts der führenden Rolle, die der gebürtige Schotte in der petrinischen Wissenschaftspolitik spielte, erstaunt es um so mehr, daß der hannoversche Gelehrte sich nur zweimal, am 5. Januar 1713 und am 3. August 1716[119] an den Hofmedicus wandte.

Ungeachtet des Wohlwollens, das ihm die zaristische Gesandtschaft bei seinem ersten Auftreten im sächsischen Torgau entgegenbrachte, konnte Leibniz zunächst nicht mehr erreichen als die Zusicherung linguistischen Materials und das Versprechen, die von ihm angeregten Beobachtungen zur Deklination der Magnetnadel[120] einzuleiten. Allerdings scheint Peter der Große ihm signalisiert zu haben, daß er weiteren Empfehlungen nicht abgeneigt sei:

> "Elle [= seine zaristische Majestät] paroit encor disposée à favoriser d'autres recherches..."[121]

Seine offensichtlich schon in Torgau beschlossene Aufnahme in den russischen Staatsdienst scheiterte indes aus zeitlichen Gründen, respektive an der Ausfertigung der von ihm selbst entworfenen Bestallungsurkunde:

> "... quoyque la brièveté du temps n'ait point permis d'en faire alors expédition, on n'a pas laissé de m'affirmer par Mr. le Général de Bruce que c'était une affaire faite."[122]

Nach seiner Rückkehr aus Torgau hat Leibniz an mehrere Begleiter des Zaren geschrieben, doch keine Antwort erhalten.[123] Ebenso unerwidert blieb sein vielzitierter erster Brief an Peter den Großen, in dem er ausführlich über die Bedeutung der Wissenschaft handelt.[124] Und schließlich scheint auch Urbich seine Bemühungen, Leibniz' Plänen zur Wissenschaftsorganisation in Rußland Vorschub zu leisten, eingestellt zu haben.[125] Doch der hannoversche Gelehrte fand in dem ihm schon seit einigen Jahren bekannten, vormals sächsisch-gothaischen, dann wolfenbüttelschen Minister, seit 1711 als Gesandter an den welfischen Höfen in russischen Diensten stehenden Hans Christian von Schleinitz einen nicht minder eifrigen Förderer seiner Person wie seiner Vorhaben.

Anfang September 1712 ließ er dem in Greifswald weilenden Zaren durch besagten Schleinitz eine Denkschrift zukommen[126], in der er auf eine rasche Inangriffnahme des Kulturwerks, und zwar schon vor Beendigung des Nordischen Krieges drängte:

> "comme il est toujours bon de gagner le temps, la plus pr[é]tieuse de nos possessions..."[127]

Da selbst schlimmste Krisenzeiten mit Gottes Hilfe überwunden werden könnten, sollte man zumindest entsprechende "praeparatoria" treffen.[128]

Um seiner Forderung mehr Nachdruck zu verleihen, ließ er Peter dem Großen durch seinen Mittelsmann ein von einem Freund konstruiertes Instrument zur Erleichterung des Entwurfs von Befestigungsanlagen überreichen.[129] Gleichzeitig übersandte er dem Generalfeldzeugmeister ein Memorandum über die *"Untersuchung der Sprachen und Beobachtung der Variation des Magnets im Russischen Reiche"*[130], in der er wohl mit Rücksicht auf die besondere Leidenschaft des russischen Herrschers die Bedeutung der Magnetvariation für die Schiffahrt betont und die Einrichtung von Beobachtungsstationen anregt. In dem Begleitschreiben vom 23. September[131] bot er sich zudem an, den Züricher Arzt und Naturforscher Johann Jakob Scheuchzer als Nachfolger für den 1711 verstorbenen Leibarzt Peters I. J.J. Döhnel nach Rußland zu vermitteln.

Leibniz' Bemühungen haben ihre Wirkung nicht verfehlt. Am 26. September übermittelte Schleinitz die Nachricht, daß der Zar den Philosophen in Karlsbad zu sehen wünschte.[132] Nur zu gerne folgte dieser der Einladung, zumal er zur gleichen Zeit von Herzog Anton Ulrich den Auftrag bekommen hatte, Peter den Großen für ein Bündnis mit dem Kaiser zu gewinnen.[133]

Blieb Leibniz' diplomatische Mission auch ohne Erfolg, so durfte er sich gleichwohl seit dieser zweiten Zusammenkunft mit dem Zaren zu dessen Mitarbeitern zählen. Am 11. November 1712 ernannte ihn Peter der Große nämlich zum Geheimen Justizrat, übertrug ihm die Pflege und Förderung der Wissenschaften und Künste und setzte ihm eine jährliche Pension von 1000 Talern aus.[134] Von der Verpflichtung, an einer Gesetzes- und Justizreform in Rußland mitzuwirken, die ihm von Kanzler Golovkin im Namen des Zaren auferlegt worden sein soll[135], ist zwar in dem von Leibniz verfaßten Entwurf der Bestallungsurkunde[136], doch nicht in der offiziellen Ausfertigung die Rede. Ebenso fehlt in dem sowohl in russischer als auch in deutscher Sprache überlieferten Diplom die Zusicherung, den Philosophen mit "dienlichen Nachrichtungen" aus Rußland zu versorgen. Dessen ungeachtet überreichte Leibniz General Bruce vermutlich noch in Karlsbad oder Dresden, wohin er die zaristische Gesandtschaft begleiten durfte, einen weitreichenden Fragenkatalog[137], der freilich unbeantwortet blieb. Vergeblich wartete er in den folgenden Jahren auch auf Aufträge sowie auf die Auszahlung seiner Besoldung, an die er in seinen Briefen an Vertreter des Zarenhofes immer wieder erinnerte.[138]

Im Juni 1716, nur wenige Monate vor seinem Tod, ist der hannoversche Gelehrte in Bad Pyrmont und Herrenhausen ein letztes Mal mit Peter dem Großen zusammengetroffen. Und er dürfte in der einen Woche, die er in der Umgebung des Zaren verbrachte, ausreichend Gelegenheit gefunden haben, um mit diesem das große Reformwerk eingehender zu erörtern. Schließlich lernte er hier auch dessen Leibarzt Laurentius Blumentrost kennen; jenen Mann also, der durch seinen entscheidenden Anteil an der Gründung der Petersburger Akademie im Jahre 1725 der Vollstrecker seines großen Erbes werden sollte.

Nach seiner letzten Begegnung mit Peter I. war seine Verehrung für den russischen Herrscher, der selbst die Kunde von der blutigen Niederschlagung des Strelitzenaufstandes nichts hatte anhaben können[139], nahezu grenzenlos. Je näher er den Charakter des Zaren kennenlerne, schrieb er am 26. Juli 1716 an den Mathematiker Bernoulli, um so mehr bewundere er diesen außerordentlichen Herrscher.[140] Seine Urteilskraft, "la vivacité d'esprit de ce monarque et sa capacité de saisir les problèmes ne cessent pas de m'étonner".[141] Alle negativen Nachrichten über das rücksichtslose und grausame Vorgehen Peters des Großen bei der Durchsetzung seiner Ziele wurden in Leibniz' Augen von dessen Absicht, "seine Lande floriren zu machen, und die plantagie darüber ihn Gott gesetzet aufs beste an zubauen", überstrahlt:

"Der Grosmachtige Tzar der Russen lasset die hoheit seines Geistes und seine heroische tapferkeit sehen, nicht nur in Kriegs-Sachen, sondern auch in der regirung, in dem er solche trefliche Desseinen formiret, daran keiner seiner vorfahren mit nachdruck gedacht. Er gehet so gar mit seinen rühmlichen Gedancken noch weiter als die nothdurft seiner Lande erfordert, und will nicht nur seinen underthanen die perfectionen beybringen, die ihnen manquiren, sondern er sorget auch vor die Wolfart der ganzen Christenheit..."[142]

Da uns keine genaueren Informationen über die Unterredungen in Bad Pyrmont vorliegen, wissen wir nicht, ob und in wieweit der Philosoph nun seine Vorstellungen und Wünsche durchzusetzen vermochte. Gleichwohl entstand anläßlich dieser letzten Zusammenkunft Leibniz' umfassendste Denkschrift zur Förderung der Kultur und der Wissenschaften im russischen Reich, die für unser Thema von unschätzbarem Wert ist.[143]

3.4.3 Leibniz' bildungs- und kulturpolitisches Programm für Rußland

Schon vor der ersten Begegnung des Philosophen mit dem Zaren im Jahre 1711, die, wie Grau betont[144], zum Ausgangspunkt für eine intensive Förderung der wissenschaftlichen Forschung wurde, lassen sich Ansätze zu einem verstärkten Bildungsstreben in Rußland nachweisen. Im Hinblick auf die notwendige Modernisierung des russischen Staates, die den Aufbau einer Flotte, die Entwicklung der Militärtechnik und der Heeresorganisation zum Schutze des Staates nach innen und nach außen, die Bürokratisierung des Staatsapparates sowie den Ausbau des Manufakturwesens und die systematische Nutzbarmachung der natürlichen Ressourcen umfaßte, reichte die Rezeption der Ideen der neuen europäischen Wissenschaft, die mit Beginn des 19. Jahrhunderts auch Rußland in immer stärkerem Maße durchdrangen, nicht mehr aus. Vielmehr galt es, Fachleute im eigenen Land heranzubilden. Die Entwicklung von Bildung und wissenschaftlicher Forschung wurde daher zu einem dringenden Bedürfnis. Dieses bestimmte in bedeutendem Maße die Politik Peters I., unter dessen Herrschaft sich gewaltige Veränderungen in den sozioökonomischen und kulturellen Verhältnissen des Zarenreichs vollzogen.

Besondere Aufmerksamkeit widmete die petrinische Politik dem Ausbau des Bildungswesens. Peter der Große, der sich selbst als ewig "Lernender" auf der Suche nach "Lehrenden" verstand[145], teilte die Auffassung seiner Zeit von der Macht der Erziehung und der Bedeutung des Unterrichts. Diese Überzeugung fand in rund dreißig Schul- und Lernerlassen, der Gründung diverser Schulen sowie in der partiellen Einführung der Schulpflicht ihren Niederschlag.[146] Mit Ausnahme der schon seit 1687 in Moskau bestehenden theologischen Lehranstalt, der slawisch-griechisch-lateinischen Akademie, die an der Wende zum 18. Jahrhundert die höchste Ausbildungsstätte darstellte[147], und des von Peter I. trotz heftiger Widerstände seitens der russisch-orthodoxen Geistlichkeit unterstützten Akademischen Gymnasiums des lutherisch-pietistischen Probstes J.E. Glück, das den Sprachen gewidmet war[148], sollten die vom Zaren zum Teil selbst angeregten Bildungsanstalten zunächst den praktischen Erfordernissen dienen, mithin vordringlich technisches Wissen vermitteln. So entstanden u.a. 1701 eine Artillerie- und eine Navigationsschule, mehrere Ingenieur- und Bergbauschulen sowie eine Admiralitätsschule (1703) und schließlich 1715 die Seeakademie in St. Petersburg. Doch auch von der "festen Resolution" des Zaren, in Moskau eine Akademie mit allen Fakultäten zu errichten, soll schon 1701, also vermutlich bevor dieser von Leibniz überhaupt gehört hat, die Rede gewesen sein. Gleichwohl dürfte es sich hier mehr um die Konzeption einer Universität gehandelt haben.[149]

Die Studienaufenthalte junger russischer Adeliger in Westeuropa, zunächst in Amsterdam und Venedig, später auch in Halle, Berlin, Dresden und Prag, die in engstem Zusammenhang mit deren späteren Verwendung in Verwaltung, Flotte und Heer zu sehen sind, waren dagegen wohl mehr als vorübergehende Lösung gedacht, solange der Ausbau des nationalen Unterrichtswesens noch nicht abgeschlossen war; ähnlich auch die Förderung der Einwanderung vornehmlich technisch gebildeter Ausländer, die man nicht zuletzt durch die Zusicherung weitgehender konfessioneller Toleranz für Rußland zu gewinnen suchte. Die Ausländerfrage sollte sich freilich auf Grund der in Rußland herrschenden sozialen Verhältnisse, die eine nur sehr langsame Entwicklung des einheimischen Bürgertums zur Folge hatte, als längerfristiges Problem für den Aufbau eines neuen Rußlands erweisen.[150]

Wollte Peter der Große das schon vor seiner Zeit in die Wege geleitete umfassende Zivilisationswerk erfolgreich zu Ende bringen, mußte er vor allem den Einfluß der russisch-orthodoxen Kirche zurückdrängen. Denn diese zeigte sich, da sie die Auflösung des herrschenden Konfessionalismus und zunehmende Stärkung der Staatsgewalt im Zuge der sich ausbreitenden Aufklärung befürchtete, als entschiedene Gegnerin jeglicher Reformbestrebungen. Die Schaffung des Klosterprikaz 1701, der die Kontrolle über die Einkünfte der Kirchengüter hatte, um diese kulturellen und wissenschaftlichen Zwecken zuzuführen, d.h. mit anderen Worten die Verstaatlichung der klösterlichen Vermögensverwaltung, war hierzu ein erster Schritt, die Organisation des Heiligen Synods 1721, die die Doppelherrschaft von Patriarchat und Zar aufhob und die Einordnung der Kirche in den Staat besiegelte, zweifellos die Krönung jener Politik, die in Rußland das Staatskirchentum begründete.[151]

Vor allem aber kam es darauf an, ein breites gebildetes Russentum, mithin das Fundament, auf dem sich das neue, moderne Rußland entfalten konnte, zu schaffen.

Als Leibniz 1697 begann, seine Pläne für Rußland vorzutragen, waren seine Aussichten, Gehör zu finden, also besser als jemals zuvor. Allerdings scheint er selbst zwar von dem grundsätzlichen Bildungseifer und dem Interesse des jungen Zaren an den europäischen Wissenschaften, doch nichts über dessen erste konkrete Maßnahmen zum Ausbau eines Grundschulnetzes und zur Schaffung diverser Fachschulen in Rußland gewußt zu haben.[152] Gleichwohl deckte sich das von ihm formulierte Zivilisationsprogramm, das von der Schaffung eines weitverzweigten Netzes unterschiedlichster Bildungsanstalten über die systematische Erforschung des Landes bis hin zu Vorschlägen zur Förderung der Wirtschaft, zur Zentralisierung der Verwaltung und zum Ausbau der Infrastruktur reichte, mit den Ideen und Plänen, die auch die russischen Berater und Mitarbeiter Peters des Großen vertraten, so daß wir in vielen seiner Entwürfe für das Zarenreich Parallelen zu den Anregungen und Empfehlungen derselben finden können. Und diese belegen andererseits wieder, daß sich Leibniz trotz des nach wie vor unzulänglichen Informationsstandes mit den spezifischen Problemen Rußlands auseinandersetzte und nicht etwa nur seine deutschen Sozietätspläne weiterentwickelte oder allenfalls modifizierte. Vielmehr hatte er klar erkannt, daß es hier, anders als in "Deutschland", nicht nur um Förderung, Zusammenfassung und Zentralisierung vorhandener Kräfte und Ansätze ging, sondern um kulturelle Aufbauarbeit im wahrsten Sinne des Wortes.

3.4.3.1 Das "gelehrte Collegium" als staatliche Zentralanstalt zur Förderung von Kultur, Wissenschaft und Bildung

Der kulturelle Aufbau sollte in drei Stufen erfolgen[153]:

Zunächst galt es, durch "Beybringung", d.h. indem man "das guthe von den Frembden" an sich zöge, die europäischen Kenntnisse und die neue Wissenschaft nach Rußland zu "transplantieren". Zu diesem Zweck mußten durch die Einrichtung unterschiedlichster Bildungsstätten wie Bibliotheken, naturkundlicher Museen, Laboratorien, Observatorien, Tier- und botanischer Gärten, die "dazu dienlichen Nothwendigkeiten" für weite Teile der Bevölkerung bereitgestellt werden. Besondere Bedeutung käme allerdings den Bibliotheken zu. Denn Bücher bildeten gleichsam den Tresor des menschlichen Wissens, "puisque par le moyen de l'écriture et particulièrement de l'impression les connaissances sont fixées et transmises des uns aux autres et même à la postérité. Ainsi il n'y faut rien négliger, la mémoire des hommes ne pouvant fournir à tout sans ce secours".[154] Die Zusammenstellung von Bibliotheken sei daher mit größter Sorgfalt vorzunehmen und dabei seien die Naturwissenschaften, die Mathematik und die Geschichte besonders zu berücksichtigen. Kurz, eine gut ausgestattete Bibliothek müsse "Bücher von Realien in menge" enthalten, wozu aber auch "die itineraria oder reisebücher billig zu rechnen"[155]. Da das Bildungsangebot nicht nur eine kleine Elite, sondern breitere Volksmassen erfassen sollte, um das Reservoir der Begabungen auszuschöpfen, müßten neben Werken in lateinischer vor allem auch Bücher in den modernen Sprachen verfügbar sein.

Die Berufung ausländischer Gelehrter und Fachkräfte könnte den Import der kulturellen Errungenschaften des Westens wesentlich erleichtern:

> "Wenig frembde, aber vortrefliche leute köndten viele Russen in kurzer zeit so weit bringen, dass sie der frembden weniger mehr von nöthen haben würden."[156]

Schon in seinem ersten Entwurf für Lefort 1697[157] empfiehlt Leibniz in diesem Zusammenhang die Modifikation gewisser Gesetze, "qui les [= Ausländer – d. Verf.] peuvent rebuter ou degouster et particulièrement celle, qui les empêche d'entrer et de sortir librement", sowie die Errichtung von Fremdenkolonien.[158] Obwohl diese Denkschrift, die nur als Konzept überliefert ist, vermutlich weder in die Hände des Generals noch in die des Zaren gelangt ist, sehen wir die Anregungen des Philosophen nicht zuletzt in dem Toleranz-Ukaz von 1702 verwirklicht.[159] Die Gründung der *Nemeckaja sloboda,* der Fremdenvorstädte, ist indes auf Interventionen seitens der orthodoxen Geistlichkeit zurückzuführen, die eine negative Beeinflussung der Bevölkerung durch den Kontakt mit Ausländern, die anderen christlichen Konfessionen angehörten, befürchteten.[160]

Die zweite Stufe des Kulturaufbaus zielt auf die Verbreitung der Wissenschaften und Künste, womit die Forderung einer alle Volksschichten Rußlands erfassenden Volkserziehung, d.h. der anzustrebende Ausbau eines umfassenden Schulsystems von der Grundschule bis hin zu den Universitäten in den Mittelpunkt rückt.

Im Rahmen seiner letzten großen *Denkschrift über die Verbesserung der Künste und Wissenschaften im Russischen Reich*[161], die Leibniz 1716, nur wenige Monate vor seinem Tode zu Papier brachte, regt er nicht nur eine Dreigliederung des Schulwesens entsprechend dem Alter und den Berufszielen der Lernenden an.[162] Vor allem betont er einmal mehr die Notwendigkeit, in allen Schulzweigen die "realia", d.h. die Mathematik, einschließlich der Technik, die Physik sowie die modernen Sprachen genügend zu beachten und die Theorie mit der Praxis zu verbinden. Das Prinzip des modernen Unterrichts, basierend auf praktischen Erfahrungen sollte besonders in den weiterführenden, berufsorientierten Schulzweigen, allen voran an den Universitäten wirksam werden.[163] So sollten z.B. angehende Theologen neben dem Studium der hebräischen und der griechischen Sprache sowie der Kirchen- und Dogmengeschichte eine praktische Ausbildung zur Missionsarbeit erhalten, Juristen die Gelegenheit zu "Collegia practica" gegeben und Medizinstudenten während eines Spitalpraktikums unter Anleitung erfahrener Ärzte praktisches Wissen vermittelt bekommen. Wir sehen uns an Leibniz' Canstätter Entwurf[164] erinnert, wenn er sich dafür ausspricht, höhere Lehranstalten, nämlich Universitäten und Ritterakademien, in Hauptstädten, etwa in Moskau, Kiew, Astrachan oder St. Petersburg anzusiedeln.

Auch die Idee, die Klöster zur Ausführung der Erziehungspläne in Anspruch zu nehmen, hat Leibniz schon seit 1678 wiederholt vorgetragen.[165] Sein Vorschlag, die "andern Schuhlen (...) nach Gelegenheit der Städte und Lande sonderlich vermittelst der Klöster zu verteilen"[166], ist also weniger auf sein Wissen um die Machtposition der Kirche in Rußland zurückzuführen. Vielmehr entsprach er seiner tiefen Überzeugung, daß sich die wahre *religio* in der Beförderung der Wissenschaften und Künste zeige.[167]

Eine fruchtbare Zusammenarbeit der Lehrenden mache "gewisse ordnung, verständnis, correspondenz (...), auch connexion und direction unter ihnen nöthig", damit ein "gewisser Methodus gehalten mithin die Harmonie unter verschiedenen Wissenschafften und deren Lehrern beobachtet werde" und die Lehren "ein ander nicht widerstreiten, sondern vielmehr erleutern mögen". Daher bedürfe es der Gründung "eines eigen ansehnlich wohl autorisierten Collegii".[168]

Dieses Kollegium, welches das auf die spezifischen Bedingungen und Bedürfnisse Rußlands zugeschnittene Akademiemodell kennzeichnet, steht an der Spitze der russischen Bildungsreform. Mehr "Planungsstab", Wissenschaftsrat und oberste Erziehungsbehörde als Akademie im eigentlichen Sinne, dokumentiert es zum einen die Absicht, Forschung und Lehre innerhalb eines Systems zu verbinden. Denn zu seinen Aufgaben gehöre schließlich auch die "fortpflanzung", d.h. die Weiterentwicklung der Wissenschaften, die den dritten Schritt in dem klar definierten wissenschaftlich-pädagogischen Stufenplan darstellt. Die Inventarisierung aller Kenntnisse, d.h. die Erstellung einer umfassenden Enzyklopädie, deren Konzeption wiederum in der letzten großen Denkschrift des Philosophen für Peter den Großen erläutert wird[169], sollte hierzu ein Anfang sein; ebenso wie die Sammlung und wissenschaftliche Überprüfung des noch unausgeschöpften Volkswissens, wodurch sich Impulse zu weiteren Forschungen ergeben würden. Leibniz' Einsicht in die Notwendigkeit, die praktischen Kenntnisse einfacher Leute, etwa von Handwerkern, für die Entwicklung der Wissenschaften nutzbar zu machen, traf sich mit der Überzeugung des Zaren, der sich selbst in den verschiedensten Berufen vor allem von Amsterdamer Schiffsbauern unterweisen ließ.

Mit der Einführung des Gelehrtenkollegiums als letzter Instanz in allen kulturellen und wissenschaftlichen Belangen antizipiert Leibniz darüber hinaus nicht nur die Zentralisation von Wissenschaft und Bildung im Rahmen einer obersten Staatsbehörde, die dem Wesen nach unserem Kultusministerium entspricht. Indem er zugleich die Notwendigkeit betont, Wissenschaft, Regierung und Verwaltung zu verbinden, erweist er sich einmal mehr als Befürworter einer rationalen Politik. Seine Forderung, daß dem Präsidenten oder Direktor des Kollegiums ein Platz sowohl im Staatsrat als auch im Geheimen Kriegsrat einzuräumen und die übrigen Mitglieder zu zaristischen Räten zu ernennen seien, unterstreicht die Bedeutung, die diesem Gremium in Staat und Gesellschaft zukommen sollte und weckt Erinnerungen an Leibniz frühen Entwurf für eine *Societas philadelphica*.[170]

3.4.3.2 *Leibniz Zivilisationsprojekt als Teil eines für Peter I. ausgearbeiteten Regierungs- und Verwaltungsplanes*

Eingehender beschäftigt sich der hannoversche Gelehrte mit der politischen Tragweite seines Zivilisationsprogrammes in der *Denkschrift über die Collegien*, die den Akademiegedanken im Rahmen einer verwaltungstechnischen Konzeption diskutiert. In dem von Posselt aus dem Moskauer Archiv zutage geförderten und 1843 erstmals veröffentlichten Memorandum[171], dessen Authentizität von Guerrier angezweifelt, doch von Richter durchaus überzeugend verteidigt wurde[172], erleben wir die Vollendung von Leibniz' Sozietätsplänen. Alle Gedanken, die in früheren Entwürfen im Keim angelegt waren, sehen wir hier weitergeführt und ausgereift.

Im Hinblick auf die von Peter I. angestrebte Reform der Staatsverwaltung schlägt Leibniz die Einrichtung von neun Kollegien vor, dem Wesen nach Ministerien, die als "Haupträder in dero Staats Uhr" anzusehen seien: ein Etats-, Kriegs-, Finanz-, Polizei-, Justiz-, Kommerz-, Religions-, Revisions- und schließlich ein Gelehrtenkollegium. Gleichwohl konzentriert er sich in der uns vorliegenden Schrift auf die Erläuterung des letzten und in seinen Augen wohl wichtigsten, nämlich auf das "Gelehrt-Collegium".

Nur wirkliche, vielseitig gebildete Gelehrte, die dem Wissensstand der Zeit entsprechende Kenntnisse besäßen, dürften in dieses Gremium aufgenommen werden. Denn seine Mitglieder müßten in der Lage sein, die Wissenschaften nach der besten Methode weiterzuentwickeln und darzulegen. Überdies sollten sie die Leitung des gesamten Erziehungs- und Unterrichtswesens übernehmen, u.a. über die Studienaufenthalte junger Russen im Ausland befinden, welchen eingehende Eignungsprüfungen vorauszugehen hätten.

Der Nutzen einer solchen obersten Behörde für Erziehung, Wissenschaft und Bildung sei kaum zu überschätzen: "die unwissenheit" werde "unvermerckt aus dem lande getrieben", ausländische Gelehrte und Fachleute würden in die Nähe "so viel treffliche(r) Männer" gelockt, die Jugend käme "mit mehrern Nutzen wieder aus frembden ländern" zurück und bald schon würde es immer mehr hervoragende Gelehrte "von dero eignen nation" geben.[173]

Um der Jugend im eigenen Land eine solide Bildung und Ausbildung zu ermöglichen, bedürfe es einer "gute(n) Academie", die ebenfalls unter der Direktion des "Gelehrt-Collegiums" stünde. Diese, Leibniz meint hier im damals gebräuchlichen Sinn des Wortes eine Universität, müßte nicht nur eine umfassende Bibliothek und eine eigene Druckerei besitzen. Ihr wäre vor allem eine Art Internat anzuschließen, in welchem Schüler und Lehrer während der Unterrichtszeit logieren könnten. Zumal, wie er an anderer Stelle betont[174], die jungen Studenten "nicht sofort in eine unbeschränkte Freyheit treten (sollten), wie dieser schädliche Missbrauch bei den Teutschen Universitäten und Academien eingerissen".

Ob es einen bestimmten Anlaß für Leibniz gab, derartige Gedanken schriftlich niederzulegen, wissen wir ebensowenig wie das genaue Entstehungsdatum dieser Aufzeichnung. Hinlänglich bekannt ist allerdings die Tatsache, daß Peter der Große seit der Rückkehr von seiner ersten großen Auslandsreise, d.h. schon seit 1698, Interesse für das kollegiale Prinzip zeigte, das sich bereits in verschiedenen europäischen Staaten, nicht zuletzt in Schweden, Rußlands langjährigem Gegner, als Behördenform bewährt hatte. 1715 muß er sich endgültig für die Schaffung von Regierungskollegien anstelle der alten Prikazverwaltung entschieden haben.[175] Dies entnehmen wir u.a. auch einem Schreiben des hannoverschen Residenten in St. Petersburg vom 28. April des Jahres.[176] So ist es durchaus vorstellbar, daß Leibniz auf diese Nachricht hin seine Überlegungen zur Reform der russischen Staatsverwaltung zu Papier brachte, um sie dem Zaren bald darauf in Bad Pyrmont vorzutragen. Die eher zurückhaltende, äußerst förmliche Diktion, die das Memorandum auszeichnet, ließe, gibt Richter zu bedenken[177], allerdings darauf schließen, daß dieses Schriftstück schon sehr viel früher, noch bevor Leibniz dem Zaren persönlich begegnet ist, entstanden sein muß.

Nicht weniger plausibel ist freilich die Vermutung, daß die Aussicht, für russische Dienste verpflichtet zu werden, die den hannoverschen Gelehrten in seinem Eifer für den Reformator Peter den Großen sichtlich beflügelte, den Anstoß gab, den Plan zu einem funktionstüchtigen Staatsapparat, mithin das "Konstruktionsgerüst zum Ausbau der noch nicht verwirklichten Reformideen"[178] zu entwerfen. Zumal er, wie er der hannoverschen Kurfürstin Sophie voller Stolz berichtete, vom russischen Zaren beauftragt worden war, ein Konzept zur Modernisierung der Rechtsprechung und der Administration auszuarbeiten.[179]

Die Idee einer Kollegialverwaltung scheint Leibniz indes seit geraumer Zeit beschäftigt zu haben. Denn schon in seiner ersten Denkschrift für Lefort aus dem Jahre 1697 äußerte er den Wunsch, "daß S. czarische Mjt. ein eignes obristes collegium aufrichte, welches von niemand anders als seiner Majestät dependire".[180] Dieses Kollegium, so ergänzt er in den Aufzeichnungen über seine beiden Unterredungen mit dem Zaren in Torgau, wo er erstmals Vorschläge zur praktischen Durchführung des Zivilisationsprogrammes formuliert,

> "soll die aufsicht haben über alle Schuhlen und Lehrende, Druckereyen, das ganze Buchwesen und den Papierhandel, auch Arzney, Apotheken, desgleichen über die Salz- und Bergwercke, und endlich über die inventionen und Manufacturen, und introduction neuer cultur der vegetabilien, neuer fabriquen, und neu einführender Commercien, also ein Collegium sanitatis, Bergcollegium und Vorsteher auch zu Nahrungs Sachen in sich halten, und soll ieder Czarische Unterthan bei schwehrer straffe schuldig seyn, diesem Collegio zu obigem Zweck mit allem dienlichen nach billigkeit an Hand zu gehen."[181]

Die Wirksamkeit von Leibniz' Empfehlungen dürfte indes gering gewesen sein. Zwar hat man in Rußland 1717 begonnen, die alten *prikazy* durch zentrale Behörden zu ersetzen. Das hier tatsächlich eingeführte Kollegialsystem zeigt allerdings überwiegend den Einfluß des schwedischen Vorbildes.[182] Ein Gelehrtenkollegium, das Leibniz in den Mittelpunkt seiner Konzeption gerückt hatte, wurde bei der Reform der russischen Staatsverwaltung, die 1719 abgeschlossen war, nicht berücksichtigt.

3.4.4 Die spezifischen Aufgaben der russischen Sozietät der Wissenschaften

Die kulturelle und wirtschaftliche Rückständigkeit des mächtigen Zarenreiches bot dem genialen Denker und Planer die Chance und den Anreiz, für Rußland ein kulturpolitisches Programm zu entwickeln, das alle vorangegangenen Projekte, selbst die 1701 gegründete Berliner Sozietät, die damals in Europa, mindestens ihrem Anspruch nach, als umfassenste Einrichtung ihrer Art gelten konnte, in den Schatten stellte. Zwar wird auch schon in den früheren Entwürfen für Berlin, Dresden und Wien die exponierte Stellung, die die gelehrte Sozietät innerhalb des Staatsgefüges letztlich einnehmen würde, immer wieder angedeutet. Doch erst in den Denkschriften für Peter den Großen gibt Leibniz dieser Idee durch die Einführung des "Gelehrt-Collegiums", das als oberstes administratives Organ an der Spitze des Staates stehen sollte, konkrete Gestalt. Um die notwendige kulturelle Aufbauarbeit leisten zu können, die ja Voraussetzung für die zukünftige Mittlerfunktion Rußlands im Hinblick auf eine europäisch-chinesische Kultursynthese darstellte, bedurfte es dieser mit weitgehenden Vollmachten ausgestatteten zentralen Institution, die sowohl die Bildung und wissenschaftlich-technische Forschung als auch die wirtschaftliche Entwicklung im Lande leiten und im koordinierten Zusammenspiel mit der ihr einverleibten eigentlichen wissenschaftlichen Akademie Sorge tragen sollte für die Verbesserung der Landwirtschaft, Erschließung der Bodenschätze, Förderung von Handwerk und Handel, für den Ausbau eines Verkehrsnetzes und den Bau eines Kanalsystems, die Trockenlegung von Sümpfen sowie für die Kultivierung der Landschaft. Die genaue Feststellung der Landesverhältnisse, damit man die Bedürfnisse erkennen und das Fehlende ergänzen könne, stand naturgemäß am Anfang des umfangreichen Aufgabenkatalogs:

> "Letztlich sind anstalten zu neuen entdeckungen, dadurch die Wissenschaften vermehrt werden zu machen, wozu die weiten Lande des russischen Reiches samt denen so vielen in Europa und Asia angrenzenden Landen vortreffliche Gelegenheit geben..."[183]

Eine Liste der wichtigsten Forschungsanliegen, denen sich Rußland gleichwohl in Zusammenarbeit mit anderen europäischen Akademien widmen und in deren Folge auch der Wissenschaftler-Import aus dem Westen vor sich gehen könnte, fügte Leibniz dem Brief an den Vizekanzler Safirov vom 26. Juni 1716 bei:[184]

1. Sammlung linguistischen Materials zur Erforschung der alten Geschichte und der Ethnographie.

2. Ausbildung von Missionaren zur Ausbreitung des Christentums.

3. Erforschung des Erdmagnetismus und der Deklination der Magnetnadel zur Verbesserung der Seefahrt.

4. Systematische Beobachtungen zur Weiterentwicklung der Astronomie.

5. Beantwortung der Frage, ob Asien mit Amerika verbunden ist, zur Vervollständigung der Geographie.
6. Sammlung von Pflanzen, Tieren und Mineralien, die in Rußland und den angrenzenden östlichen Ländern vorkommen, zur Entwicklung der Naturwissenschaften.
7. Erstellung einer Enzyklopädie in russischer Sprache, die auch die "Handwerke und Lebensprofessionen von allerhand art" einschlösse, zur Verbesserung der Wissenschaften und Künste.

Die spezifischen Aufgabenstellungen der Petersburger Akademie ergaben sich also vorwiegend aus der geographischen Lage und der ethnographischen Mannigfaltigkeit Rußlands und nicht zuletzt durch seine Vermittlerrolle im Prozeß der kulturellen Annäherung des Fernen Ostens und des Westens.

a) Sammlung von Sprachproben zum Zwecke der vergleichenden Sprachforschung

Für die weitgespannten Zivilisationspläne erwies sich die Unkenntnis der russischen Sprache in Mittel- und Westeuropa als "un grand obstacle", auf das Leibniz seine Briefpartner immer wieder hinwies.[185] Er selbst hat mehrfach Ansätze gemacht, slawische Sprachen zu erlernen. So ließ er sich etwa von dem Berliner Sozietätsmitglied Joh. Leonhard Frisch, einem der bedeutendsten Vertreter der deutschen Slawenkunde in der ersten Hälfte des 18. Jahrhunderts, Unterricht in der russischen Sprache erteilen[186]; ein junger Ungar, den er allerdings nur kurz in seinem Hause zu Gast hatte, sollte ihm die Anfangsgründe der ungarischen und slowakischen Sprache beibringen.[187]

Die Unterredung mit Grimaldi 1689 in Rom, die ihm die einzigartige Rolle Rußlands als Bindeglied zwischen zwei Kulturkreisen bewußt machte, weckte schließlich das Interesse des Philosophen an der Erforschung des "skythischen" Sprachbereichs, der sich "von Pohlen oder gar von der Weichsel biss nach Indien oder von der Ost See bis an das grosse orientalische meer gegen Japonien über erstrecket".[188] Und obwohl ihm der ehemalige Gesandte am russischen Hof, der kurbrandenburgische Hofrat Reyer diesbezüglich wenig Hoffnung machte, da "die Moskowitische Nation zur ausfindung der gleichen curiositäten gantz inhabil" sei[189], ließ Leibniz in der Folgezeit nichts unversucht, um Sprachzeugnisse – in der Regel bittet er um das Vaterunser – aus verschiedenen Gegenden des russischen Reiches und angrenzender Länder über Bekannte und Mittelsmänner zu erhalten. Aus den Textvergleichen ließe sich, wie er glaubte, auf den Ursprung oder die Verwandtschaft einzelner Völker schließen.[190]

Besonders geeignete Vermittler fand er in dem oben erwähnten Slawisten H.W. Ludolf sowie in dem ebenfalls schon mehrmals genannten Amsterdamer Bürgermeister Witsen.[191] Doch erst der Durchzug der zaristischen Gesandtschaft durch Hannover 1697 gab ihm die einmalige Gelegenheit, führende Männer des russischen Hofes oder den Zaren selber für die Sprachforschung gewinnen und möglicherweise auch dazu bewegen zu können, das Sammeln von Sprachproben zu veranlassen. Die Wunschliste[192], die Leibniz dem Neffen des Generals, Pierre Lefort, im August 1697 übersandte, steht am Anfang einer Reihe von Denkschriften und Abhandlungen, die für die Organisation systematischer Sprachforschung in Rußland werben und deren Ziel und Methode erläutern.

Die Grundidee, die sein spezielles Interesse an den Sprachen des Ostens bestimmte, formuliert Leibniz in einem Brief an den Orientalisten Hiob Ludolf:

> "Vagina gentium Scythia est, unde Germanos quoque nostros in has terras egressos credibile est."[193]

Aus den Sprachen und Sprachresten des Ostens erwartete er also Rückschlüsse auf die vor- und frühgeschichtlichen Völkerwanderungen. In diesem Sinne schreibt er u.a. an den Vizekanzler Safirov:[194]

> "...wenn man (meinem Vorschlag nach) von denen in dem grossen Russischen Reich, und an dessen weit-ausgestreckten Grenzen üblichen Sprachen, specimena oder Proben verschaffen wollte;...würde man noch besser vom Ursprung der Völcker urtheilen könne, welche theils aus den Scythischen landen in Europam und Asiam gezogen."

Besondere Aufmerksamkeit wäre den Volkssprachen des asiatischen Rußlands, etwa der Kalmücken, Mongolen und Tartaren zu widmen, "so nehmlich mit der Russischen nicht übereinkommen, sondern im Grunde davon unterschieden".[195] Gleichwohl sei von den Lappen bis zu den Tartaren eine verwandte Rasse zu vermuten, der auch noch die Finnen, Esten, Liven, Permier, Samojeden und selbst die Ungarn zuzuordnen seien:

> so "würde derowegen kein geringes licht der histori angezündet werden, wenn die Sprachen der nordostischen Völcker mehr bekandt werden".[196]

Verwunderung äußerte Leibniz indes über die großen Unterschiede, die zwischen der deutschen und den slawischen Sprachen bestehen; zumal diese mit seinem Kontinuitätsprinzip nicht in Einklang zu bringen waren.[197] Nicht nur wegen der geographischen Nähe der beiden Sprachbereiche, sondern vor allem auch, weil er beide Sprachgruppen für Abkömmlinge der "skytischen" Ursprache hielt:

> "En effet c'est un de mes étonnements, que souvent des peuples voisins ont des langues si différentes comme les Germains et les Slaves. Peut-estre que les anciens peuples, qui estoient entre les deux et qui faisoient un passage moins sensible d'une langue à l'autre ont esté exterminés."[198]

Ausführlich erläutert Leibniz seine Auffassung von dem Ursprung der europäischen Völker in einem Memorandum für den Kanzler Golofkin vom 29. Januar 1712, das er von Urbich überreichen ließ.[199] Die Einteilung der slawischen Völker in vier Hauptstämme sowie analog dazu die Klassifikation ihrer Sprachen in vier Sprachgruppen, die das Ergebnis seiner Überlegungen sind, brachte erstmals Ordnung in das Chaos zeitgenössischer Vermutungen. Zudem lassen sie bereits "Grundzüge der vergleichenden Sprachwissenschaft vorausahnen, die erst die moderne Philologie im einzelnen bestätigte oder korrigierte".[200]

In dem uns überlieferten Konzept einer Denkschrift für den Zaren vom 23. September 1712, die Leibniz zunächst an den Generalfeldzeugmeister Bruce sandte, gibt er über diese theoretischen Überlegungen hinaus eine genaue Anleitung, wie man beim Zusammentragen des Materials für umfassende Sprachvergleiche vorzugehen hätte.[201]

Zunächst wäre das Vaterunser oder das Glaubensbekenntnis, die sich als Sprachproben am besten eigneten, in die verschiedenen in Rußland gebräuchlichen Sprachen zu übersetzen und zwar "versione interlineari dass ein worth so viel thunlich dem anderen antworte". Außerdem sollte für jede Sprache ein kleines "Vocabulbuch" angelegt werden, welches die fremdsprachlichen Begriffe, Substantive wie Verben, zunächst ins Russische transkribiert und schließlich in russischer Übersetzung wiedergibt. Zugleich müßten diese Wörterbücher aber auch Aufschluß über die geographische Lage der jeweiligen Nation geben, damit man die Völker nicht nur nach Sprachstämmen einordnen, sondern auch bestimmen könne, "wie eine Nation zwischen den anderen eingedrungen" und wie die Wanderungen der Völker vor sich gegangen seien.

Die Sprachuntersuchungen wären vor allem in den Grenzstädten wie Astrachan, Kasan, Tobolsk und Archangelsk sowie in den Gebieten an der Grenze zu China u.a. mit Hilfe von Dolmetschern, Kaufleuten und Reisenden vorzunehmen. Per Dekret sollten darüber hinaus die Landpfleger der Provinzen angewiesen werden, die Sprachproben durch sachkundige Leute beizubringen; ein entsprechendes Reskript müßte allerdings auch an die Regierung von Moskau ergehen, zumal man hier wohl Vertreter aus den meisten Provinzen finden würde:

> "Dergestalt köndte man die specimina der Hauptstadt gegen diejenigen halten, so die Provinzen selbst dargeben werden, und köndte eines zu des andern bestärkung Verbesserung und Ergänzung dienen."[202]

Mit Blick auf die von Peter I. geförderte Mission der russisch-orthodoxen Kirche verweist Leibniz nachdrücklich auf die Bedeutung, die Sprachforschung für die Bekehrung der Ungläubigen habe:

> "Es wird sich auch ergeben, ob und wo am dienlichsten zu besserer bekehrung und Cultivirung der Völcker Catechismos und andere geistliche Bücher, auch wohl endtlich Grammatiken, dictionaria und andere

Wercke in einer oder andern sonderlich Hauptsprache verfertigen zu lassen, und zu unterweisung der jugend des orthes damit und sonst anstalt zu machen..."[203]

Allein die Übersetzung des Vaterunsers und des Apostolischen Glaubensbekenntnisses in die einzelnen Volkssprachen, namentlich des asiatischen Rußlands sei zu "aussbreitung der Christlichen Religion dienlich".[204]

b) Untersuchungen zur Deklination des Erdmagnetismus

Lange bevor Rußland als ebenso vielschichtiges wie vielversprechendes Forschungsgebiet in sein Blickfeld gerückt ist, hat sich Leibniz mit der Veränderlichkeit der magnetischen Deklination beschäftigt und Vertreter der *Academia Naturae Curiosorum* (Leopoldina) aufgefordert, an möglichst vielen Orten gleichzeitige Messungen durchzuführen und diese dann in monatlichen Abständen zu wiederholen.[205]

Während Descartes nämlich die magnetische Deklination aus Zufälligkeiten in der Zusammensetzung der Erdschichten erklärte, ist Leibniz von der Gesetzmäßigkeit der Abweichungen und, da diese, wie bereits von holländischen, englischen und französischen Seeleuten durchgeführte Messungen bewiesen hatten, im allgemeinen nur langsam und allmählich vor sich gingen, von deren räumlichen und zeitlichen Kontinuität überzeugt. Auf der Grundlage regelmäßiger Beobachtungen müßte also ein Naturgesetz erkennbar werden, mit dessen Hilfe ein zentrales Problem der Schiffahrt, die Bestimmung der Längengrade, gelöst werden könnte:

> "Und ist kein zweifel dass mit der Zeit in der veränderung selbst sich eine gewisse ordnung zeigen, und die posterität endtlich zu einer nähern erkenntniss dieses geheimnisses gereichen würde, dass man nicht mehr so offtmahlige Neue observationes zu machen nöthig hätte, sondern endtlich die veränderung ziemlich vorhehr sehen köndte, auff welchen fall das längst-gesuchte problema Longitudinum seine gewündschte solution erlangen würde."[206]

Dreißig Jahre nachdem der Altdorfer Mathematikprofessor Christoph Sturm Leibniz' Vorschlag aufgegriffen und mit Unterstützung des Präsidenten J.G. Volckamer seine Kollegen in der Akademie der Naturforscher zu magnetischen Korrespondenzbeobachtungen aufgerufen hat, ohne auf übermäßige Resonanz gestoßen zu sein[207], fand der hannoversche Gelehrte in Torgau Gelegenheit, Peter dem Großen das Problem der magnetischen Deklination vorzutragen.

Schon 1697 hatte er sich an H.W. Ludolf mit der Bitte gewandt, Aufzeichnungen über die Abweichung der Magnetnadel aus Rußland zu erlangen; er sollte sich in dieser Angelegenheit direkt an den gerade in Westeuropa weilenden Zaren wenden, zumal dieser eine besondere Vorliebe für die Seefahrt zeige. Gleichwohl wußte ihm sein Briefpartner zu berichten, daß für derartige Messungen entsprechend ausgebildete Leute in Rußland fehlten.[208]

Nichtsdestoweniger konnte Leibniz auf das besondere Verständnis Peters I. rechnen, als er ihm den Vorteil der riesigen Entfernungen im russischen Reich für die Sammlung empirischer Daten schriftlich wie mündlich vor Augen führte, eine zentrale Organisation der vorzunehmenden Messungen und die Einrichtung von Beobachtungsstationen, namentlich in der 1703 gegründeten neuen Hauptstadt St. Petersburg, in Moskau, Riga, Reval, Pskov, Archangelsk, Kiew, Voronezh, Kasan, Astrachan und Tobolsk, also in den nordöstlichen Gebieten des Zarenreiches empfahl.[209] Hatte doch dessen vielzitierte Reise nach Holland und England nicht zuletzt dem Zweck gedient, sich auf dem Gebiet der Nautik weiterzubilden. Und so dürfte auch der dem ersten Schreiben an den russischen Herrscher vom 16. Januar 1712 beigefügte "Globus magneticus", auf dem Leibniz "aus denen Land- und Seecharten die declinationes des Magnets wie sie sich von anfang dieses seculi befunden"[210], einzeichnen hatte lassen, die Anerkennung des Zaren, der vorwiegend an praktischen und sichtbaren Ergebnissen interessiert war, gefunden haben.

Ausführlich widmet sich Leibniz dem Problem der Magnetabweichung in zwei Denkschriften aus den Jahren 1712 und 1716, die für den Generalfeldzeugmeister Bruce bzw. für Peter den Großen bestimmt waren.[211] Beide Abhandlungen demonstrieren neben einer genauen Kenntnis der einschlägigen zeitgenössischen Literatur und der Fähigkeit des Philosophen, unabhängig von vorgegebenen Theorien zu eigenen Schlüssen zu kommen, vor allem auch seinen Sinn für das Praktisch-Nützliche.[212]

Sollte die Einrichtung von Beobachtungsstationen zur Erforschung des Erdmagnetismus in den riesigen Nordostgebieten des russischen Reiches mangels dort ansässiger speziell ausgebildeter "Observatores" nicht sogleich möglich sein, "so wäre das beste eine eigne Person oder mehr, so in observationen geübt, noch jung von jahren und starcker complexion" im Auftrag des Zaren durch Rußland reisen zu lassen. Ausgestattet mit den nötigen Instrumenten, könnten sie gleichzeitig auch zur Observierung der Sterne herangezogen werden, um neben gesicherten Seekarten auch verbesserte Landkarten zu erstellen, die wiederum für die Landvermessung, für das Bauwesen sowie für den Wasserleitungsbau von Nutzen wären.

Die "Observatores" sollten allerdings nicht nur in der Mathematik bewandert, vielmehr müßten sie auch Naturkundige sein, die "gewächse, Thiere, Mineralien und andere Naturalia et artificialia loci" zu beobachten in der Lage seien, "weil solches in einem hingehn und mit einerley Kosten gethan sey". Von der kostensparenden Verbindung mathematisch-geographischer und naturwissenschaftlicher Forschungen hätten schließlich auch die Erschließung von Rohstoffen sowie Handel und Manufakturwesen einen großen Vorteil.

Angesichts der Internationalität des Forschungsprojekts zur Bestimmung der geographischen Länge auf See sei ein Zusammenschluß mit Holland, Frankreich, besonders aber mit England anzustreben. Denn auf Veranlassung der englischen Regierung hatte Edmund Halley in den Jahren 1698 bis 1702 bereits drei Reisen auf dem Atlantischen Ozean unternommen, um seine Theorie von den vier magnetischen Polen und von der periodischen Bewegung der magnetischen Linie ohne Abweichung zu überprüfen. Das Ergebnis dieser Expedition zur See, eine allgemeine Variationskarte, könnte durch die noch fehlenden Daten "von den Nordischen Ohrten in Europa und Asia, deren lücken vermittelst anstalt in dem grossen Russischen Reich" ergänzt werden:[213]

> "...wenn durch beständige Anstalt, sowohl seiner Gross Czaarischen Majt. als auch ander Potenzen...solche observationes von Zeiten zu Zeiten erneuert würden: so dürfften nur etwa alle 5 oder 6 jahr neue Magnetische Charten oder globi gemacht werden, welche solche Zeit über dienen köndten."

Für eine organisierte Zusammenarbeit englischer und russischer Naturforscher wollte sich Leibniz bei dem britischen Staatssekretär Stanhope verwenden.

Natürlich sollte auch die Sozietät der Wissenschaften zu Berlin in dieses europäische wissenschaftliche Gemeinschaftsunternehmen eingebunden werden. Mit Schreiben vom Januar 1712 forderte Leibniz den Vizekanzler D.E. Jablonski und die Direktoren derselben auf, die von ihm angeregten magnetischen Messungen in Rußland in geeigneter Form zu unterstützen.[214]

Doch vor allem käme es darauf an, in Rußland selbst gute "Observatores" heranzubilden, während man andrerseits, um nicht kostbare Zeit zu verlieren, für den Anfang auf Fachleute aus dem Ausland zurückgreifen müßte. In diesem Zusammenhang empfiehlt Leibniz eine Person, "so bereits guthen grund geleget, und vollends sich in dem so vornehmlich verlanget wird, vor antretung der Reise geübet..." Hierbei dürfte er an den berühmten Naturforscher Scheuchzer gedacht haben, der die von ihm vorgeschlagenen physikalisch-mathematischen Forschungen in ähnlicher Form schon in der Schweiz durchgeführt hatte, und für dessen Vermittlung nach Rußland er sich zwei Jahre lang, wiewohl ohne Erfolg, eingesetzt hat.[215]

Neben dem Nutzen für die praktische Nautik erhoffte sich Leibniz durch die systematische und lückenlose Erforschung der magnetischen Deklination nicht zuletzt eine Bestätigung seines Kontinuitätsprinzips, zumal vereinzelte Untersuchungen bereits gezeigt hatten, "dass die Sach, wenigsten[s] an den meisten orthen, eine causam regularem haben müsse, dieweil von einem orth zum andern und von einer Zeit zur andern der transitus nicht per saltum oder sprungweise, sondern allmählig, per gradus geschieht".[216]

Es sollte jedoch Alexander von Humboldt vorbehalten bleiben, Leibniz' Gedanken wieder aufzugreifen und die entscheidenden Schritte zur Erkundung des Erdmagnetismus einzuleiten. Auf sein Geheiß wurden Anfang des 19. Jahrhunderts im Auftrag der Berliner Akademie und unter der Leitung ihres Mitgliedes Kupfer Beobachtungsstationen in Katharinenburg, Barnaul und Nertschinsk eingerichtet; diesen folgte alsbald die Gründung eines magnetischen Observatoriums in St. Petersburg durch die 1724 noch von Peter dem Großen angebahnte wissenschaftliche Akademie.

c) Feststellung der Grenzen zwischen Asien und Amerika

Wie nur wenige seines Zeitalters hat Leibniz die Bedeutung Rußlands, das als eigentliches "Reich der Mitte" dazu bestimmt war, den Fernen Osten mit dem europäischen Westen zu verbinden, schon früh gesehen. Mit dieser Erkenntnis erwachte auch sein Interesse an der geographischen Erschließung des gewaltigen Zarenreiches, namentlich des Ostens und der Nachbarländer. Und so fehlt in kaum einer seiner zahlreichen Denkschriften und Abhandlungen für den russischen Regenten und dessen Berater die Aufforderung, die Anfertigung zuverlässiger Landkarten, vornehmlich der asiatischen Grenzgebiete anzuordnen. "Denn der bisherige weg durch die vermeinte Distanz der Örther so die Reisende anmerken ist sehr trüglich befunden worden."[217]

Hier trafen sich Leibniz' Anregungen mit der besonderen Vorliebe Peters des Großen für die Kartographie, die dieser vor allem im Hinblick auf die Erfordernisse der Kriegsführung und den Ausbau eines Verkehrsnetzes, respektive zur Ausfindung kürzerer und sicherer Handelswege zu schätzen wußte. Seit der Rückkehr von seiner ersten Europareise hat er zahlreiche Landkarten aufnehmen lassen, die freilich weniger wissenschaftlichen Ansprüchen genügten, als vielmehr politischen, wirtschaftlichen und kriegstechnischen Zwecken dienten.[218] Es dürfte neben dem Einfluß der Pariser *Académie des Sciences*, zu deren Ehrenmitglied Peter I. 1717 ernannt wurde[219], nicht zuletzt auch Leibniz' Verdienst gewesen sein, daß der russische Zar nach seinem zweiten Auslandsaufenthalt den Wert geographischer Untersuchungen für die Wissenschaft erkannte und sich der Lösung dreier Aufgaben annahm: der Erstellung einer genauen Karte des Kaspisees, der Vermessung seines Reiches nach einheitlichen Gesichtspunkten und der Entscheidung der Frage, ob Asien mit Amerika zusammenhänge.

Letztere stand für Leibniz von Anfang an im Mittelpunkt des Interesses. Schon in seinem ersten Entwurf für Lefort wies er auf die Notwendigkeit der wissenschaftlich-geographischen Erforschung Nordsibiriens und der Nordostküste des mächtigen Zarenreichs hin.[220] Der russische Herrscher, so betont er in seiner großen Denkschrift für Bruce von 1712[221], sei wie kein anderer dazu berufen, Klarheit in dieser Frage zu schaffen, die ihn "von der Providenz gleichsam vorbehalten zu seyn scheinet".

Gleichwohl war das Problem im Grunde bereits gelöst, nachdem das Ostkap Asiens im Jahre 1648 von einer Gruppe sibirischer Pelzhändler in Begleitung zweier Kosaken umsegelt worden war. Diese frühe "Entdeckung" der Durchfahrt zwischen Kamtschatka und Alaska war der zeitgenössischen Wissenschaft aber offensichtlich verborgen geblieben:

> "Es ist nur eine einige stelle, da man sich annoch in ungewissheit befindet, so aber unter Sr. Mt. bothmässigkeit stehet, nehmlich eine grosse Zunge Landes ziehet sich gegen das so genannte aber noch unbekandte Eiss Caap weit nach Norden hin, und wäre zu untersuchen, ob solches Caap, als dieser Zunge ende oder Spitze, würcklich zu finden."[222]

Erfreut reagierte Leibniz auf die Meldung, daß Peter I. 1711 mehrere kleinere Expeditionen nach Sibirien aussenden habe lassen; konnten deren Ergebnisse doch von größerer Bedeutung sein, "als was die Egyptischen Könige gethan, den Ursprung des Nilus zu erfahren".[223] Doch diese Unternehmungen blieben aus wissenschaftlicher Sicht ebenso erfolglos wie die folgenden Versuche von Tobolsk oder Astrachan aus, Sibirien und Transkaukasien zu erforschen; nicht zuletzt deswegen, weil diese Entdeckungsreisen immer nur Einzelproblemen gewidmet waren, mit einer systematischen wissenschaftlichen Untersuchung mithin noch wenig gemein hatten.

Leibniz hat die methodischen Gesichtspunkte, die bei derartigen Expeditionen zu beachten wären, in seinem mehrfach zitierten, umfangreichen Memorandum für Bruce[224] aus dem Jahre 1712 bereits angedeutet. Die fraglichen Gebiete wären nicht nur zu Lande, "sondern noch leichter zu wasser an beyden seiten zu erkundigen". Dabei müßten der "lauff des Meeres, art der fische und anderer umbstände an beiden ufern" beobachtet werden, um Aufschluß zu bekommen, "ob die Meere beider seiten zusammen hengen".

Bis zuletzt hat Leibniz nicht aufgegeben, Peter den Großen für diese zukunftsweisende Aufgabe zu gewinnen. Und er trieb zur Eile; der Zar sollte möglichst schnell handeln, um eventuellen Konkurrenzunternehmen zuvorzukommen, zumal Engländer wie Holländer "durch gefährliche Schiffahrt" bereits Anstalten gemacht hätten, "Asien gegen Norden zu umbschiffen".[225]

Den Erfolg seiner wiederholten Aufrufe und Ermahnungen durfte Leibniz nicht mehr erleben. Weder die siebenjährige denkwürdige Reise D.G. Messerschmidts durch Sibirien, die dieser 1720, also vier Jahre nach dem Tod des Philosophen antrat und die, wie sein Tagebuch zeigt, ganz in dessen Sinne philologischen, mathematisch-geographischen und naturwissenschaftlichen Problemen gewidmet war; noch die große Kamtschatka-Expedition, zu der Peter der Große noch in seinem Todesjahr 1724 den Befehl erteilte, und der wir die Entdeckung der Beringstraße verdanken.[226]

3.4.5 Vorschläge zur Finanzierung und Organisation

Für Leibniz gab es keinen Zweifel, daß sich die Kultivierung Rußlands bald schon in barer Münze auszahlen würde, vorausgesetzt man werde die aus Europa und China gewonnenen Erkenntnisse "practice in des Czars Landen einführen".[227] Andererseits wußte er natürlich, daß die Organisation der Wissenschaften zu allererst immer mit erheblichen Kosten verbunden war, die in der Regel niemand aufbringen wollte, und daß in Rußland zudem die finanziellen Mittel durch den Nordischen Krieg blockiert waren. Ohne einen ausreichenden Fundus aber, das hatten ihn spätestens die Erfahrungen in Berlin gelehrt, konnten wissenschaftliche Großunternehmen, wie er sie konzipierte, nur wenig ausrichten, ja nicht einmal arbeitsfähig werden.

Um so mehr erstaunt es, daß er in seinen Denkschriften und Briefen für den Zaren und dessen Berater der Finanzierung der künftigen Akademie weit weniger Aufmerksamkeit widmete, als er dies in den vorangegangenen einschlägigen Schriften Berlin, Dresden und Wien betreffend tat. Leibniz legte Peter dem Großen keine "wohldurchdachten" Kostenrechnungen vor, wie Benz behauptet.[228] Vielmehr ließ er es bei einigen wenigen allgemeinen Bemerkungen bewenden; diese lassen gleichwohl erkennen, daß der Unterhalt der russischen Zentralanstalt für Wissenschaft und Kultur ähnlich gewonnen werden sollte, wie Leibniz dies schon für die geplanten deutschen Sozietäten vorgesehen hatte, d.h. aus Monopolen, Privilegien, indirekten Steuern und aus dem Gewinn eigener Leistungen:

> "Will auch bei neuen nüzlichen Einführung[en] dem Collegio mit privilegiis anhand gehn inzwischen auch geben Sie sofort demselbigen das Bücher-privilegium, die Calender, Gazette und ander Courante, auch Zinsbücher, Formularien und Edicten Verlag. Erlauben auch und privilegiren solches Lombarden oder Monti di pieta, nach holländischen oder Italienischen Fuss, Loterien von allerhand Sorten, Leib und andere Renten, Assecuranzdepositen- Wittwen- und Waysen- und andere Cassen, sonderlich auch Banco, Werck und intelligenz Häuser und dergleichen anzulegen."[229]

Die Anfangskosten sollten mit Hilfe der Stempelpapiersteuer bestritten werden, so daß lediglich ein Startkapital von 10.000 Talern aus der Staatskasse abgezweigt werden müßte. Doch wenn der Zar die Leitung des Unternehmens einer geeigneten Person anvertrauen würde, so könnte in einem Jahr mehr als sonst in zehn Jahren und mit 10.000 Talern mehr als mit 100.000 ausgerichtet werden.[230]

Neu in den Konzepten für Rußland ist der Gedanke, der Akademie Einkünfte aus dem Warenaustausch, namentlich aus dem chinesischen, kaspischen und dem "neuen baltischen" Handel, "so dem Czarischen Landesinteresse nicht entgegen", zuzuweisen; oder auch der Vorschlag, den Akademiemitgliedern, anstatt sie zu besolden, Grundbesitz zu übereignen.[231]

Vor allem aber, und hier spiegeln sich einmal mehr die leidvollen Erfahrungen und zum Teil beschämenden Bittgänge, die Leibniz in Berlin hat auf sich nehmen müssen, sei ein geeigneter Fundus zu finden,

> "daß dieses ober-collegium selbst davon *disponiren* könne und andern nicht in die hände sehen dürffe, welche vielleicht durch ihre wiederspänstigkeit und jalousie die guthen vorhaben hindern möchten."[232]

Mindestens in einem Punkt folgte Peter I. den Anregungen des Philosophen, wie das im Januar 1724 veröffentlichte Statut der Petersburger Akademie beweist; ihr Unterhalt sollte nämlich vornehmlich durch das Zoll- und Lizenzsteueraufkommen der baltischen Städte Narva, Dorpat, Pernau und Arensburg bestritten werden.[233]

Was die Organisation des in Aussicht genommenen Riesenunternehmens betraf, so hat sich Leibniz darauf beschränkt, dessen staatlichen Charakter hervorzuheben, indem er die Mitglieder des künftigen "Ober-Collegiums" in den Rang hoher Staatsbeamter erhebt:

> "Der praesident oder Director dieses Collegii soll stelle in dem höchsten Czarischen Staats Rath, als wirklicher geheimer Rath haben, auch ihm ein plaz im geheimen Kiegs Rath zustehen. Die glieder sollen nach gelegenheit die qualität von Czarischen Räthen und Secretarien haben und von der ordinari jurisdiction eximiret seyn."[234]

Daß der hannoversche Gelehrte mit dieser Regelung möglichen Entwicklungen wie in Berlin, wo die Mitglieder der Königlichen Sozietät zunehmend dem Spott preisgegeben waren, vorbeugen wollte, ist offensichtlich.

3.4.6 Die Internationalität des russischen Akademieprojekts

Bis zuletzt hat Leibniz ungeachtet herber Enttäuschungen und Rückschläge an seinem Ideal der im Wissen und Glauben geeinten Menschheit festgehalten. Und er hat nichts unversucht gelassen, um ein weltweites System von Gelehrtengesellschaften anzubahnen, die als nationale Bausteine jene übernationale und überkonfessionelle "République des esprits" bilden sollten. Besonders deutlich tritt die globale Zielsetzung in seinen Plänen für Rußland hervor, die sich nicht auf ein örtlich begrenztes Sozietätsprojekt beschränken, in deren Mittelpunkt vielmehr der Gedanke des west-östlichen Kulturaustausches steht.

So sollten zunächst mehrere nationale wissenschaftliche Zentren in Rußland entstehen: in Moskau, dem nationalen, wirtschaftlichen und geographischen Zentrum des Landes, in Kiew, einer der ältesten Städte an der Grenze zur Türkei sowie in Astrachan, der wichtigsten Handelsmetropole an der Mündung der Wolga ins Kaspische Meer, das vor allem wegen seiner Nähe zu den nicht-russischen Gebieten und damit als Ausgangsort für Expeditionen von Bedeutung war. Zu beginnen wäre gleichwohl mit der Stiftung einer Akademie in St. Petersburg, jener 1703 an den Ufern der Newa gegründeten Hauptstadt, die das moderne Rußland Peters des Großen repräsentierte, die zudem "une nouvelle communication avec l'Allemagne et les pays voisinis"[235] herstellte. Diese sollte zur Organisationszentrale des anzustrebenden Kulturaustausches werden, der durch die Wechselwirkung von Geben und Nehmen ein kontinuierliches Fortschreiten der Weltzivilisation zur Folge haben würde. Auf Grund der kulturellen Rückständigkeit Rußlands läge die Initiative zunächst freilich beim Westen:

> "Die Societäten der Scienzen, so hier in Teutschland aufgerichtet wären, köndten ihre würckung auch in Moskau erstrecken, alda unter protection, auch wohl mit hoher assistenz des Czars, ihre observationes und untersuchungen vornehme[n], und nicht allein einige in der Mos-

kau wohnende außländer sondern auch die Russen selbst dazu *encouragieren...*"[236]

Als wichtigstes Bindeglied zwischen Ost und West sah Leibniz die von ihm ins Leben gerufene Königliche Sozietät der Wissenschaften zu Berlin. Ihre Beziehung zur künftigen Petersburger Akademie sollte sich nicht, wie in damaliger Zeit üblich, auf individuelle Kontakte einzelner Gelehrter untereinander oder auf wechselseitige Wahlen zu auswärtigen Mitgliedern beschränken. Darüber hinaus wären gemeinsam wissenschaftliche Projekte, d.h. "nützliche Observationes astronomicae, geographicae, daneben nationum linguarum et morum rerumque artificialium et naturalium nobis incognitarum und dergleichen" in Angriff zu nehmen.[237] Daß das Reich Peters des Großen, das auch im Hinblick auf seine weithin unerforschten Gebiete eine *Tabula rasa* darstellte, in diesem Zusammenspiel fürs erste vor allem Quelle und Anregung für die wissenschaftliche Forschung sein, eine aktive Wechselwirkung zwischen östlicher und westlicher Wissenschaft sich aber erst mit den Jahren einstellen würde, hat Leibniz durchaus richtig eingeschätzt.

Ganz offensichtlich hat die Berliner Sozietät den ihr in der Generalinstruktion vom 1./11. Juli 1700 gestellten Auftrag ernst genomen, doch nicht immer richtig verstanden. Ihren Plan einer mit wissenschaftlichen Aufgaben verquickten Rußlandmission, den das auswärtige Mitglied, der Theologe Heineccius in der legendären Sitzung der literarisch-orientalischen Klasse vom 19. November 1711 zur Diskussion gestellt hatte, wußte Leibniz jedenfalls zu verhindern. Dieser "würde nicht allein vergebens, sondern auch verkleinerlich sein".[238] Sinnvoller wäre es hingegen, den Verlag russischer Bücher zu betreiben und "observatores" nach Rußland zu entsenden.

Erste konkrete Schritte in diese Richtung unternahm man schon bald nach der Gründung der Sozietät in den Jahren 1701/02. Einmal versuchte Leibniz, den polnischen Maler Lubieniecki im Auftrag der Sozietät zu magnetischen und astronomischen Beobachtungen nach Moskau zu schicken. Ein andermal verhandelte die Akademie, gleichwohl ohne Erfolg, mit Elias Kopiewicz über den Erwerb von dessen Druckerei mit kyrillischen Typen.[239]

Auffällig sind auch in der Folgezeit die Bemühungen des Konzils der Sozietät um Kontakte und Nachrichten nach bzw. aus Rußland. Während die Ernennung H. v. Huyssens (1710) und des Fürsten Demetrius Kantemir (1714), die in den Anfängen der Petersburger Akademieplanung als Anwärter auf das Amt des Präsidenten galten[240], zu ihren Mitgliedern eine erste indirekte Verbindung zur nachmaligen Petersburger Akademie schuf, gelang es Joh. Leonard Frisch, in Berlin einen Kreis von Russen um sich zu versammeln, dem nicht nur die beiden Söhne des russischen Außenministers, Alexander und Michail Golovkin, sondern zeitweise auch Jakob Bruce, eine der Schlüsselgestalten der petrinischen Kulturpolitik, und dessen Schüler V. Tatiscev, der erste große russische Historiker, angehörten. In der Persönlichkeit Frischs, so Richter, habe die Königlich-Preußische Sozietät ein wichtiges Bindeglied im west-östlichen Kulturaustausch gestellt.[241]

Von den Vertretern des Konzils, namentlich von den Brüdern Jablonski wurden zudem mehrere Anläufe zur Vorbereitung künftiger Forschungsvorhaben unternommen. Um die Bedingungen naturwissenschaftlicher Untersuchungen in Erfahrung zu bringen, bedienten sie sich des seit 1703 als Kriegsrat in russischen Diensten stehenden Jost Heinrich Brochhausen, dem sie 1704 einen detaillierten Fragebogen nach Moskau mitgaben. Als Antwort erhielt die Sozietät nicht nur einen ausführlichen Bericht über die Möglichkeiten astronomischer, magnetischer und anderer Untersuchungen in Rußland.[242] Mit gleicher Post sandte der dem Franckeschen Pietismus nahestehende Neffe H.W. Ludolfs einen Entwurf zur gemeinsamen ökonomischen und missionarischen Erschließung Sibiriens durch die Berliner Sozietät und die Londoner *Society for the propagation of the gospel*. Dieser hatte jedoch, wie Leibniz sogleich erkannte, kaum Aussicht, jemals realisiert zu werden, so daß er sich gar nicht erst die Mühe machte, auf die vom Sekretär Jablonski als besonders wichtig eingestufte Nachricht zu reagieren.[243]

Mit dem 1716 vorgelegten Neunpunkteprogramm für eine wissenschaftliche Expedition nach Sibirien, die vornehmlich astronomischen Beobachtungen dienen sollte, bewies die gelehrte Sozietät in Berlin erneut, daß sie ernsthaft an einer Begegnung mit der östlichen Wissenschaft interessiert war.[244]

Von russischer Seite wurde dieses Interesse bewußt gefördert, u.a. durch die Werbereisen, die Jakob Bruce im Auftrag Peters des Großen 1712 und 1713 nach Berlin unternahm.[245] Bruce war es schließlich auch, der der physikalisch-medizinischen Klasse der Sozietät Anregungen zu naturkundlichen Forschungen gab, indem er ihr eine in der Moldau gefundene, nicht näher bezeichnete Wurzel, die als Mittel gegen die Ruhr galt, zukommen ließ und versprach, in Rußland weitere Untersuchungen anstellen zu lassen und deren Ergebnisse nach Berlin zu übermitteln.[246]

Anfänge einer wissenschaftlichen russisch-deutschen Zusammenarbeit deuteten sich also schon zu Leibniz' Lebzeiten an. Zur Entfaltung kommen konnten diese frühen Ansätze freilich erst, nachdem durch die Eröffnung der Petersburger Akademie im Jahre 1725 hierfür ein institutioneller Rahmen geschaffen war.[247]

3.4.7 Die Rezeption des Leibnizschen Sozietätsgedankens bei der Gründung der Petersburger Akademie 1725: Die Bedeutung des Leibniz-Schülers Christian Wolff

Zwar hat Peter der Große das Stiftungsdiplom der Akademie im Januar 1724 noch selbst unterzeichnet, ihre Eröffnung durfte er gleichwohl nicht mehr erleben. Nichtsdestoweniger bleibt ihre Entstehung untrennbar mit seinem Namen verbunden. Stellte doch die von seiner Nachfolgerin auf dem Zarenthron, Katharina I., im darauffolgenden Jahr als höchste Lehr- und Forschungsstätte des Russischen Reiches offiziel ins Leben gerufene Petersburger Akademie den Höhepunkt der petrinischen Reformpolitik auf dem Gebiet der Wissenschaft dar. In dem ihr angeschlossenen Gymnasium fanden die mit der Gründung der ersten Fachschulen am Anfang des Jahrhunderts eingeleiteten Bildungspläne ihre Vollendung.

Die kulturelle Reform Peters I., die in der russischen Bildungspolitik ihre stärkste Prägung erlebte, entsprach den Erfordernissen der Zeit und war bedingt durch den Stand der sozioökonomischen Entwicklung im damaligen Rußland. Die beginnende Herausbildung einer gesamtrussischen "Marktwirtschaft", der Übergang zur absolutistischen Monarchie sowie die wachsenden außenpolitischen und militärischen Aktivitäten des Zarenreiches hatten eine Intensivierung wissenschaftsorganisatorischer und bildungspolitischer Bestrebungen notwendig gemacht. Denn es bedurfte sowohl umfassender Grundlagenforschung als auch ausreichend gebildeter Fachkräfte auf allen Gebieten des wirtschaftlichen, politischen und kulturellen Lebens, wollte die Staatsgewalt den an sie gestellten neuen Anforderungen gerecht werden. Als "Bestandteil seiner Machttheorie und seines Merkantilsystems"[248] hatte die kulturelle Reform Peters des Großen durchaus eigenständigen Charakter, zumal sie, wiewohl angelehnt an westliche Muster, mit Rücksicht auf die besonderen Gegebenheiten und nationalen Eigenheiten Rußlands durchgeführt wurde.

Angesichts der von Grau[249] überzeugend nachgewiesenen Kontinuität der russischen Wissenschafts- und Bildungspolitik seit dem letzten Drittel des 17. Jahrhunderts, die in direkter Linie zur Gründung der Akademie geführt habe, stellt sich natürlich die Frage nach der Bedeutung von Leibniz' Wirken für deren Entstehung und Organisation.

Nur fünfmal ist der Philosoph mit dem Umgestalter Rußlands persönlich zusammengekommen. Doch diese wenigen Treffen dürften ausgereicht haben, um die Gemeinsamkeiten ihres Denkens, die sie ungeachtet ihrer unterschiedlichen sozialen Herkunft, Stellung und Nationalität verbanden, hervortreten zu lassen.

Beide waren zutiefst davon überzeugt, daß die menschliche Natur schier unbegrenzt ist, wenn sie nur entsprechend gefördert wird. Und so sahen sie das Streben nach weltlicher Aufklärung im Sinne der Entwicklung der Wissenschaften und der Technik auch nicht als Gegensatz, vielmehr als neuen Auftrag des Weltschöpfers. Ihr nahezu grenzenloser frührationalistischer Fortschrittsglaube machte sie unduldsam gegenüber jeder Beeinträchtigung dessen, was ihnen für die Fortentwicklung der Menschheit notwendig erschien.[250] Beide vertraten zudem die Ansicht, daß das Volk grundsätzlich nicht in der Lage ist, zu entscheiden, was ihm frommt, es der Führung und Lenkung bedarf und somit auch die Umgestaltung Rußlands, respektive die kulturelle Reform von oben verordnet werden mußte. Sein Volk, so Peter I., gleiche den Kindern, die sich niemals ans ABC machen, wenn sie nicht vom Meister dazu gezwungen werden.[251] Eben in diesem Sinne verstand er sich als Erzieher seiner Untertanen; und er wurde in dieser durchaus zeitspezifischen Selbsteinschätzung von Leibniz zweifellos bestärkt. Zumal dieser als Vetreter einer idealistischen Geschichtsauffassung, der bedeutende historische Ergeignisse als Ergebnis der bewußten Tätigkeit und des Willens einzelner, vom Schicksal dazu auserwählter Persönlichkeiten begreift, von dem historischen Auftrag Peters des Großen, sein Reich auf der Grundlage eines breiten gebildeten Russentums in einen modernen Staat zu verwandeln, überzeugt war.

Wie sehr sich wiederum Peter der Große die Auffassung des Philosophen von der welthistorischen Mission Rußlands, dessen Zukunft durch den Kreislauf in der Entwicklung der Weltzivilisation bereits festgelegt ist, von seiner eigenen herausragenden Rolle als Kulturträger und von seinem Reich als Kulturland der Zukunft, als "tabula rasa", das die Fehler und Laster Europas vermeiden kann und muß, zu eigen gemacht hat, zeigt eine seiner Reden, die von dem hannoverschen Residenten in Moskau, Friedrich C. Weber in dem 1721 in erster Auflage in Frankfurt erschienenen Buch "Das veränderte Rußland..."[252] überliefert ist.

Über die grundsätzliche Übereinstimmung ihrer Anschauungen hinaus brachte der russische Zar auch Leibniz' konkreten Vorschlägen zur Organisation der Wissenschaft und Erforschung des russischen Reiches mehr als nur höfliche Beachtung entgegen, wie der hannoversche Gelehrte nach seiner ersten Audienz im Jahre 1711 stolz berichten konnte.[253] Tatsächlich habe die Begegnung zwischen Leibniz und dem russischen Zaren in Torgau, so Grau[254], eine spürbare Intensivierung der Wissenschaftsorganisation in Rußland zur Folge gehabt und die Geburt der nachmaligen Akademie gleichsam eingeleitet. Das deren offizielle Gründung und Eröffnung gleichwohl erst Jahre nach dem Tod des Philosophen erfolgte, ist also weniger auf die Interessenlosigkeit des Zaren als vielmehr auf die objektiven Gegebenheiten zurückzuführen, die einer raschen Verwirklichung von Leibniz umfassenden Plänen entgegenstanden.

Die von Peter I. angestrebte Erneuerung Rußlands sollte nicht zuletzt einer Stärkung der zaristischen absolutistischen Macht dienen. Daher erwies sich neben großen Teilen des Hochadels, die ihre eigene Stellung gefährdet sahen, vor allem die russisch-orthodoxe Kirche als erbitterte Gegnerin der petrinischen Reformpolitik. Letztere stand überdies, aus Angst vor kirchenfeindlichen Einflüssen durch andersgläubige Ausländer und die modernen Lehren, jeder Annäherung an den Westen ablehnend gegenüber. Namentlich die Protestanten, die die engsten Mitarbeiter des "Antichristen" Peter bei der Durchsetzung des Reformwerkes waren, sahen sich der Feindseligkeit des Klerus ausgesetzt.

Doch Leibniz wußte nichts von den Schwierigkeiten, denen sich der russische Zar im eigenen Land gegenüber sah. Hätte er sich sonst mit seinen Anliegen an den Patriarchatsverweser Javorskij gewandt, an jenen Kirchenführer also, der als erklärter Feind der Protestanten galt?[255] Der Philosoph im fernen Hannover kannte nur das durch Peter I. repräsentierte, sich am westlichen Vorbild orientierende Rußland, nicht aber die tatsächlichen Verhältnisse in diesem Land. Wie sollte er auch? Er, der das Riesenreich im Osten selbst niemals bereist hat, schöpfte sein Wissen ausschließlich aus den Berichten Dritter. Doch auch diese nahmen entsprechend ihrer eigenen Interessen und ihres Tätigkeitsbereichs nur einen begrenzten Ausschnitt der russischen Wirklichkeit wahr. Zudem beschränkten sich Leibniz' Kontakte auf Leute aus der unmittelbaren Umgebung oder auf Beauftragte Peters I., die, geistig wie politisch abhängig vom Zaren, dessen unumschränkte Macht verherrlichten. Demzufolge konzentrierten sich seine Hoffnungen ausnahmslos auf den jungen reformfreudigen Regenten. Und er glaubte, es bedürfe nur eines herrscherlichen Befehls, um bestimmte Pläne unverzüglich Wirklichkeit werden zu lassen. Zwar hat er die Zielvorstellungen Peters des Großen richtig einzuschätzen gewußt, dessen Möglichkeiten, diese auch umzusetzen, hat Leibniz aber wohl überschätzt.[256]

Ein Spezifikum insbesondere der petrinischen Kulturpolitik bestünde darin, so wiederum Grau[257], "daß zwischen der Absicht und ihrer Verwirklichung eine Lücke klafft, weil die Realisierungsmöglichkeiten durch den Mangel an geeigneten Kräften beschränkt waren". Diese Tatsache konnte der hannoversche Gelehrte freilich ebensowenig erkennen, wie er die vielschichtigen Probleme bedacht hat, die sich einer geistig-sozialen Reform, wie sie ihm vorschwebte, allein schon durch die Größe und ethnologische Vielfältigkeit des Zarenreiches entgegenstellten; etwa durch die fehlende Infrastruktur, die Unzulänglichkeiten der politischen und administrativen Verwaltung und der damit verbundenen Trägheit des Regierungsapparates. Diese Unkenntnis der faktischen Gegebenheiten, der inneren Kraft der russisch-orthodoxen Kirche sowie letztlich auch der Eigenständigkeit der russischen Kultur[258] haben schließlich zu seiner verhängnisvollen Fehleinschätzung des Zarenreichs als einer "tabula rasa", einem Land der unbegrenzten Möglichkeiten geführt.

Hinzu kam der unglückliche Umstand, daß Leibniz seine Pläne in einer für Rußland schwierigen Zeit vortrug. Seine Vorschläge zur kulturellen Reform waren so umfassend, daß es schwierig gewesen wäre, sie in Rußland, selbst im Verlauf einiger Jahrzehnte zu verwirklichen. Wie konnte er also annehmen, sie in einem Land, dessen Kräfte zumal durch den langwährenden Nordischen Krieg blockiert waren, in kürzester Zeit durchzusetzen.

Gleichwohl Leibniz' Projekte "Pläne eines Außenstehenden" blieben[259], ist ihr Einfluß auf die wissenschaftlich-kulturellen Entwicklung Rußlands im 18. Jahrhundert nicht zu übersehen. Man denke etwa an die großen Forschungsexpeditionen, angeführt von der erfolgreichen Sibirienreise D.G. Messerschmidts (1720 - 1727), an die Einrichtung technischer Werkstätten, Druckereien sowie der sog. Kunstkammer. Daß sich Peter der Große auch bei der Stiftung seiner Akademie von den Vorstellungen des großen deutschen Gelehrten leiten ließ, zeigt nicht nur deren Dreiteilung in ein zentrales Forschungsinstitut – die eigentliche Akademie der Wissenschaften –, in eine Universität und ein Gymnasium und die noch im Gründungsdekret des Zaren vom 22. Januar 1724 beschlossene Einverleibung der kaiserlichen Bibliothek, der Kunstkammer, eines historisch-naturwissenschaftlichen Museums und einer wissenschaftlichen Buchdruckerei. Auch der ausdrückliche Hinweis auf die Verpflichtung der zukünftigen Akademiker, Lehrbücher für die verschiedenen von ihnen vertretenen Fächer auszuarbeiten sowie zur Förderung der wissenschaftlichen Literatur in Rußland ein Periodikum herauszugeben, das über die einschlägigen Neuerscheinungen des westlichen Auslandes informieren sollte, trägt eindeutig Leibniz' Handschrift. Selbst die Finanzierungsvorschläge des Philosophen wurden von Peter I. übernommen, indem er der künftigen Akademie das Zoll- und Lizenzsteueraufkommen der baltischen Städte Narva, Dorpat, Pernau und Arensburg zuwies.[260]

Leibniz durfte sich an dem Siegeszug seiner Ideen gleichwohl nicht mehr erfreuen. Vollstrecker seines Erbes, Mitbegründer und erster Präsident der Petersburger Akademie wurde Laurentius Blumentrost d.J. (1692 - 1755), den Peter I. nach dem Tod Areskins am 29. November 1718 zu seinem Leibarzt ernannt und zugleich beauftragt hatte, ein entsprechendes Projekt auszuarbeiten. Einen geeigneteren Mann hätte der russische Reformator, zumal aus Leibniz' Sicht, wohl nicht finden können. Denn der jüngere, umfassend gebildete Blumentrost kannte wie kaum ein anderer die Sozietätsidee des Philosophen. Hatte er doch bei den grundlegenden Pyrmonter Gesprächen der beiden kongenialen, im Fortschittsglauben verbundenen Naturen, Peter I. und Leibniz, als Dolmetscher gedient.[261]

Der kaiserliche Leibarzt und "inoffizielle Bildungsminister"[262] Peters des Großen, der in Paris, Leiden und 1706 in Halle studiert hatte, war wiederum ein ehemaliger Schüler Christian Wolffs (1679 - 1754), der nicht nur als Fortsetzer von Leibniz gilt, insofern er teils aus dessen, teils aus eigenen Ideen "ein förmliches System der Philosophie mit mathematischer Konsequenz" geschaffen hat, das der große deutsche Gelehrte, der sich nur zu gerne in unzähligen, zeitraubenden Beschäftigungen verlor, der Nachwelt schuldig bleiben mußte.[263] Darüber hinaus hat Wolff durch seine Mitwirkung beim Auf- und Ausbau der Petersburger Akademie dazu beigetragen, daß der Leibnizsche Sozietätsgedanke in die Lieblingsschöpfung Peters I. eingeflossen ist.[264]

Seine Verbindung mit Rußland reicht bis in das Jahr 1716 zurück und erstreckte sich über vier Jahrzehnte bis an sein Lebensende. Den ersten Kontakt zum russischen Reformator hatte noch Leibniz kurz vor seinem Tod in Bad Pyrmont hergestellt, indem er den jungen Professor der Universität Halle als Verfasser des besten und modernsten Lehrbuches der Mathematik empfahl.[265] Die Stelle als wissenschaftlicher Berater, die Wolff daraufhin von dem in Folge seiner eigenen Bildung vor allem an der Mathematik und Physik interessierten Zaren angeboten wurde, schlug der hallische Gelehrte indes aus. Ergebnislos blieben auch die mehrjährigen Verhandlungen, die Blumentrost im Auftrag Peters des Großen mit seinem ehemaligen Lehrer führte, um diesen dazu zu bewegen, nach Rußland überzusiedeln und an der Organisation der Akademie, deren Planung nach dem Frieden von Nystädt 1721 konkrete Gestalt annahm, mitzuwirken.[266]

Die Gründe für Wolffs Absage sind nicht eindeutig zu benennen. Der von ihm selbst in seiner Autobiographie in Umlauf gebrachten Erklärung, Leibniz habe ihm von dem Umzug nach Rußland abgeraten[267], sollten wir aber nicht allzu viel Glauben schenken. Dieser hat, wie schon Richter nachweisen konnte, die Entscheidung einzig und allein Wolff überlassen.[268] Vielmehr dürften die dem hallischen Gelehrten eigene, fast ans Phlegmatische reichende Bedächtigkeit, familiäre Rücksichnahmen und nicht zuletzt die für ihn nicht unbedingt verlockende Vorstellung, daß er nur als Vizepräsident, sein ehemaliger Schüler Blumentrost gleichwohl als Präsident der Neugründung vorgesehen war[269], von einem so entscheidenden Schritt abgehalten haben. Sein Wissen um den vielfältigen Einfluß, den A.H. Francke und dessen Gesinnungsgenossen in Rußland hatten, mag schließlich den Ausschlag gegeben haben, die Berufung nach St. Petersburg abzulehnen. Hatten ihn doch die Verleumdungen der Pietisten, die ihn wegen seiner Verehrung der konfuzianischen Lehre des Atheismus beschuldigten, schon 1723 seinen Lehrstuhl in Halle gekostet.[270] Allerdings erklärte sich Wolff bereit, dem Zaren aus der Ferne mit seinem wissenschaftlichen Rat zur Verfügung zu stehen.[271]

Tatsächlich hat er sich in der Folgezeit von Halle, später von Marburg aus um die Gestaltung der Akademie in mancherlei Hinsicht verdient gemacht, so daß er mit einem Jahresgehalt von 300 Reichstalern zum Ehrenmitglied derselben ernannt wurde.[272]

Einmal hat der nüchterne, mit praktischem Verstand begabte Wolff durch verschiedene konkrete Vorschläge, die Einrichtung und Arbeitsweise der Neugründung betreffend sowie durch Übersendung seiner Werke, die als Leitfaden für die an der Akademie gehaltenen Vorträge empfohlen wurden, den hochfliegenden Entwürfen von Leibniz eine realitätsbezogene Grundlage gegeben, ohne dabei die ideellen Ziele des großen Philosophen zu vernachlässigen. Wie dieser betonte er den praktischen Nutzen der Wissenschaft, als deren letzten Zweck er wiederum die Förderung des Gemeinwohls, mithin der "Glückseligkeit" des Menschengeschlechts definiert. Allerdings tritt in Wolffs Akademiekonzeption stärker noch als bei Leibniz das Element des Staatsnutzens hervor.[273]

Vor allem aber hat sich der hallische Philosoph für den von Leibniz nachdrücklich geforderten west-östlichen Kulturaustausch mit allen Kräften eingesetzt, indem er einerseits namhafte Gelehrte, u.a. die Brüder Daniel und Nikolaus Bernoulli, denen dann Leonhard Euler folgte, den Mathematiker Hermann, den Anatom Du Vernois und nicht zuletzt seinen Musterschüler, den Philosophen G.B. Bülfinger nach Petersburg vermittelte. Andererseits hat er jungen bildungshungrigen Russen, allen voran dem für das internationale Ansehen der Akademie so bedeutsamen Michail Vasilevic Lomonosov[274], während ihrer meist mehrjährigen Aufenthalte in "Deutschland" eine sorgfältige Ausbildung zukommen lassen.

Die überwiegend mathematisch-physikalische Richtung, die die Petersburger Akademie in ihren Anfangsjahren auszeichnete, war indes schon durch die spezifische Vorliebe ihres Stifters für diese beiden Disziplinen gleichsam vorbestimmt. Davon abgesehen waren die Voraussetzungen für die philologischen Fächer in Rußland noch nicht ausreichend geschaffen worden.[275] Gleichwohl ist auch in diesem Zusammenhang das individuelle Wirken Wolffs nicht zu unterschätzen. Hielt er doch, Leibniz folgend, insbesondere die Mathematik für die eigentliche Grundlage jeder Bildung, insofern sie das alleinige Mittel zur Erlangung schlüssiger Beweise in den verschiedensten Wissenschaften darstellt. Wolff hat diese Auffassung zweifellos an seinen Schüler Blumentrost, den Mitbegründer der Akademie, weitergegeben. Zudem hat er durch die Auswahl der von ihm empfohlenen Mitglieder der mathematisch-physikalischen Tendenz der Petersburger Stiftung Vorschub geleistet.

Darüber hinaus wird hier auch der französische Einfluß zum Tragen gekommen sein. Immerhin hat die Begegnung mit der naturwissenschaftlichen *Académie des Sciences* in Paris entscheidend zu Peters des Großen Entschluß, in seiner neuen Hauptstadt eine Gelehrtengesellschaft zu fundieren, beigetragen. Sie bilde, so Mühlpfordt[276], ein "wichtiges Zwischenglied zwischen der letzten Leibniz-Denkschrift von 1716 und dem ersten Befehl zur Gründung einer Akademie", den der Zar 1718 erteilte.

Als eine wichtige Vermittlerin zwischen westlicher und östlicher Wissenschaft und Leibnizschen Geistes erwies sich nicht zuletzt die Berliner Schöpfung des Philosophen. Durch ihren regen Briefwechsel mit Huyssen in der Vorbereitungszeit der Akademie sowie durch den engen Kontakt zu dem Bibliothekar, Mitarbeiter Blumentrosts und Leiter der Akademischen Kanzlei Johann Daniel Schumacher (1690 - 1761) nach erfolgter Gründung[277] hat sie wesentlich dazu beigetragen, daß sich die Petersburger Akademie der Wissenschaften bis in unsere Tage dem großen deutschen Gelehrten als einem ihrer Initiatoren verpflichtet fühlt.[278]

IV. GENIALER DENKER ODER BAROCKER PROJEKTEMACHER? LEIBNIZ' SOZIETÄTSKONZEPTION ZWISCHEN UTOPIE UND MODERNEM AKADEMIEBEGRIFF

Die vier Projekte, die Leibniz in den letzten beiden Jahrzehnten seines Lebens für Berlin, Dresden, Wien und St. Petersburg entwickelte, haben noch einmal eindrücklich vor Augen geführt, wie geschickt er seine Sozietätsvorstellung an die Auffassung seiner fürstlichen Adressaten, die Wissenschaftsförderung zuallererst im Rahmen monarchisch-absolutistischer Macht- und Prestigepolitik betrachteten, anzupassen wußte. Mit Rücksicht auf deren spezielle Interessen und die spezifischen Bedürfnisse ihrer Territorien rückte er in diesen letzten großen Entwürfen die praktisch-realistische Komponente, vor allem den technisch-ökonomischen Nutzen organisierter Wissenschaftsförderung in den Mittelpunkt. In diesem Kontext erweist sich die gelehrte Sozietät als oberste Behörde im absolutistischen Wohlfahrtsstaat merkantilistischer Prägung. Als zentrale Institution zur praktischen Lösung staatspolitischer Aufgaben und oberstes Beratungsgremium unterstützt sie den Fürsten, ihren Stifter, in seinem Machtstreben.

Um die Realisierbarkeit seiner Sozietätsprojekte zu unterstreichen, brachte der hannoversche Gelehrte eine Fülle phantasievoller Finanzierungsvorschläge zu Papier, die im Hinblick auf die notorisch leeren Staatskassen Wissenschaft gleichsam zum Nulltarif offerieren.

Pragmatische Forderungen, abgeleitet aus den zeitbedingten wissenschafts-, wirtschafts- und sozialpolitischen Notwendigkeiten des jeweiligen Landes kennzeichnen also die Spätprojekte. Doch nur scheinbar hat Leibniz zugunsten dieser konkreten Nahziele seine große Vision einer im Wissen und Glauben geeinten Menschheit, einer weltumspannenden Kultur, die auf einer neuen *humanitas* und Völkerfreundschaft gründet, aufgegeben.

Wissenschaft und Kultur sind in seiner Konzeption eingebettet in die politisch-historischen Realitäten und politischen Aufgaben der Zeit. Geistiger Fortschritt konnte nur möglich sein, wenn die entsprechenden politischen und sozialen Verhältnisse, d.h. der Ausgleich von Gegensätzen, eine vernünftige, auf Gerechtigkeit basierende Staatsordnung, das Wohlergehen der Bürger und sozialer Frieden geschaffen werden. Aus dieser Überzeugung leiten sich die politischen Implikationen seines Akademiegedankens ab; und aus diesem Grund sind die Sozietätspläne für Leibniz eben nicht nur eine Frage der Wissenschaftsorganisation. Vielmehr sind sie der Kern seiner Weltverbesserungspläne, die wiederum engstens verbunden sind mit seinem philosophischen Leitgedanken der *harmonia universalis*. Letztlich repräsentieren sie den Zusammenschluß seiner philosophischen und politischen Ideen zu einem kulturpolitischen Programm, das auf dem Glauben an die Perfektibilität der Menschen ruhend, nichts geringeres als die Veredelung des Menschengeschlechts zum Ziel hat.

Diese Konzeption, die einerseits den Fortschrittsoptimismus der Aufklärung antizipiert und zugleich den Geist der großen Utopien des frühen 17. Jahrhunderts atmet, bestimmt nicht nur die Jugendschriften des Philosophen zur Wissenschaftsorganisation, sie liegt, wenn auch latent, durchaus auch seinen vier großen ausgereiften Projekten zugrunde.

Als Idealstaat galt Leibniz der Staat der höchsterreichbaren menschlichen Vernunft, d.h. jener Staat, in dem alles menschliche Handeln durch wissenschaftliche Erkenntnis gelenkt war. Wollte er aber im Gegensatz zu seinen frühen Plänen, in denen die Politik eindeutig der Wissenschaft untergeordnet ist, den Sozietäten in seinen letzten Entwürfen keine direkten politischen Funktionen mehr zuerkennen, so hat er doch bis zuletzt an dem Gedanken einer rationalen Politik als "einer Art angewandter Wissenschaft"[1] festgehalten. Auch in Berlin, Dresden, Wien und St. Petersburg sollten die entscheidenden Impulse zur Gestaltung des öffentlichen Lebens von den gelehrten Gesellschaften ausgehen; sie sollten freilich vornehmlich beratend tätig werden.

In den Akademieplänen konkretisiert Leibniz gewissermaßen die Letztbestimmung seiner Philosophenexistenz, die er in der Mitarbeit an der Verwirklichung des göttlichen Weltplanes erkennt. In diesem Sinne müssen auch die Sozietäten als die Repräsentanten wissenschaftlich-objektiver Erkenntnis die Aufgabe übernehmen, in der europäischen Ordnungskrise eine "zukünftige Seinsverfassung" auf der Grundlage vernunftgelenkten Denkens zu konstituieren.[2] Als Ratgeber der politisch Verantwortlichen sollen sie dazu beitragen, die Unvollkommenheit der Vergangenheit zu überwinden, und an der politischen Neuordnung, in der Macht und Vernunft in harmonischem Einklang stehen, mitwirken.

Leibniz hat sich nicht wie etwa Spinoza in die innere Emigration zurückgezogen, vielmehr verstand er sich als *zoon politikon*, als Mensch der Gemeinschaft. Und er war bereit, sich den großen Aufgaben seiner Zeit, die nach der Auflösung des mittelalterlichen *ordo* auf die Herstellung eines gemeineuropäischen Interesses, eine höchst aktuelle Zielsetzung, gerichtet waren, zu stellen. Gleichwohl blieben die unmittelbaren Wirkungsmöglichkeiten ihm, dem Bürgerlichen, versagt. Daher suchte er immer neue Mittel und Wege, sich den Bereich des politischen Handelns zu erschließen. Aus dem Lebensziel des Philosophen, am *dominium mundi* mitberatend und mitgestaltend teilzuhaben, resultiert sein unermüdliches Streben nach Förderung wissenschaftlicher Erkenntnis und seine nicht nachlassenden Bemühungen um die Gründung gelehrter Gesellschaften, deren Netz ganz Europa umspannen sollte. Die Mitglieder dieser Gesellschaften, die als einzelstaatliche Einrichtungen die nationalen Ausprägungen des letztendlich internationalen Bildungskosmos darstellen, sollten jenen politischen Einfluß erhalten, der ihm, dem Fürstendiener ohne Entscheidungsbefugnisse und Aufstiegsmöglichkeiten, verwehrt blieb. Daß diese Motivation nicht nur seine von jugendlichem, noch unerfahrenem Enthusiasmus getragenen frühen Pläne beherrscht, sondern auch Antriebsfeder für sein spätes Wirken war, beweist besonders augenfällig Leibniz' Zivilisationsprogramm für das zaristische Rußland. Hier erscheint das "Gelehrt-Collegium" explizite als "Super"-Behörde im Rahmen eines Regierungs- und Verwaltungsplanes.

Doch darf uns der politische Auftrag der Wissenschaft, der das Baconsche Ideal einer von exaktem Herrschaftswissen geleiteten Gesellschaft in sich trägt, nicht dazu verleiten, dem Philosophen subversiv-revolutionäre Absichten zu unterstellen. Bei aller politischen Brisanz, die insbesondere in seinen Jugendschriften zu stecken scheint, bewegte Leibniz sich doch immer innerhalb der Grenzen realpolitischer Machtstrukturen. Zumal sich in Anlehnung an sein Kontinuitätsprinzip, das in seinem historisch-politischen Denken ebenso maßgebend ist, wie für sein mathematisch-naturwissenschaftliches Verständnis, auch die politischen Strukturwandlungen als kontinuierliche Entwicklungsprozesse vollziehen. Vor allem die an den Anfang des Konzepts zu einer *Societas Philadelphica* gestellten Definitionssätze, die die Idee des *bonum commune* erläutern, zeigen, daß der hannoversche Justizrat an der tradierten Dreiständegliederung festhält. Fortschritt im Sinne der Realisierung der vom Weltschöpfer intendierten *harmonia mundi* setzt ein Zusammenwirken der gleichfalls gottgewollten Stände von ihrem jeweiligen gesellschaftspolitischen Platz aus voraus. So beweist nicht zuletzt jener Entwurf, der so gerne als frühes gesellschaftliches Freiheitsprogramm interpretiert wird, daß es dem Philosophen eben nicht um eine radikale Reform des geistigen, religiösen, politischen und gesellschaftlichen Lebens ging, er im Grunde eine überaus zeitgebundene, konservative Position vertrat. Seine Ziele richteten sich nicht gegen die absolutistische Monarchie; vielmehr wollte er seine Vorstellung vom idealen Staat, der gekennzeichnet ist von den Errungenschaften des neuzeitlichen Sozialstaates, mit Hilfe von deren Disziplinargewalt durchsetzten. Die Leibnizsche Akademie hat in letzter Analyse systemerhaltenden Charakter.

Andererseits steht der hannoversche Gelehrte durchaus in einem übergreifenden Zusammenhang der Aufklärung. War er doch einer der ersten, der Bildung als Quelle der menschlichen Glückseligkeit im Sinne des allgemeinen Wohlstandes begriff und demzufolge Wissenschaftsförderung und Wissensverbreitung als gesellschaftspolitische Aufgabe definierte. Auch mit seinem Wissenschaftspraktizismus, seinem Vernunft- und Fortschrittsoptimismus und seinem Glauben an die unbegrenzte Macht der Erziehung sowie an die Organisier- und Planbarkeit des sozialen Lebens nimmt er zentrale Motive der Aufklärung vorweg.

In letzter Konsequenz erweist sich die Leibnizsche Sozietät gleicherweise als Forum des freien Gedankenaustausches, der integrierenden Synthese von Erkenntnissen und Forschungsergebnissen und der Verbindung von Theorie und Praxis, darüber hinaus als ein im Dienste der Allgemeinheit wirkendes, mit hoher Autorität ausgestattetes Gutachtergremium für die Staatsführung, die Rechtsprechung, das Bildungswesen und die Wirtschaft. Damit entspricht sie in nuce dem von Peter Erkelenz[3] formulierten modernen Akademiebegriff. Zumal in seinen Plänen zur Wissenschaftsorganisation sehen wir den Philosophen, der wie kein anderer die

Tendenzen und den Geist seines Zeitalters repräsentierte, zugleich also als einen progressiven, ja zukunftsweisenden Denker.

Um die Verwirklichung seines Sozietätsgedankens hat der hannoversche Gelehrte ein Leben lang mehr oder weniger vergeblich gerungen. Die als Gesamtakademie gleichsam als Modell des Zusammenwirkens aller Kräfte konzipierte Berliner Sozietät der Wissenschaften, die einzige, deren Gründung er durchzusetzen vermochte, blieb weit hinter den an sie gestellten Anforderungen zurück. An ihrem Beispiel lassen sich indes die Schwierigkeiten ermessen, die sich dem genialen Wissenschaftsorganisator an der Wende zum 18. Jahrhundert entgegenstellten.

Grundsätzlich ist festzustellen, daß die gesellschaftlichen Rahmenbedingungen, die einer Einrichtung wie der Berliner Sozietät Stabilität hätten verleihen können, in den deutschen Territorien um 1700 nicht vorhanden waren. Es mangelte nicht nur am wissenschaftlichen Potential, d.h. an jenen führenden, ideenreichen Köpfen, die durch die Vielfältigkeit ihrer Forschungsinteressen einem derartigen Unternehmen ein tragfähiges geistiges Fundament hätten geben können. Zudem gab es hier, anders als etwa in England und Frankreich, den Musterländern der europäischen Akademiebewegung, keine Tradition organisierter wissenschaftlicher Zusammenarbeit in privaten gelehrten Zirkeln. Wie in Berlin geschehen, so hätten auch in Dresden und Wien, ebenso im russischen St. Petersburg die von Leibniz projektierten Akademien aufgrund eines Diktats von oben ihren Anfang genommen, sie wären nicht wie in London oder Paris in einem längeren Prozeß von der Basis aus gewachsen. Die kläglichen Anfangsjahre, die mühsame und äußerst zögernde Entfaltung der brandenburg-preußischen Sozietät der Wissenschaften ist aber eben auf den Umstand zurückzuführen, daß ihre Entstehung von nur einer Person als dem entscheidenden Initiator und von singulären und politischen Konstellationen abhing, die dessen Ideen schließlich zum Erfolg verhalfen. Eine wissenschaftliche Institution, deren Stiftung letztlich nur als Teil der Prestigepolitik eines nach der Königswürde strebenden Fürsten erfolgte, konnte sich kaum als dauerhaft erweisen. So gesehen war die Berliner Akademie in der Tat eine "verfrühte Schöpfung".[4]

Die fehlenden finanziellen Mittel und die mangelnden Führungsqualitäten ihres Präsidenten, der nicht bereit war, die Mühen praktisch-organisatorischer Tagesarbeit auf sich zu nehmen, sich vielmehr in immer neuen, meist ergebnislosen Projekten verausgabte, wirkten zusätzlich hemmend.

Vermutlich hätten die gelehrten Gesellschaften, die der große Denker für Dresden, Wien und St. Petersburg konzipiert hatte, ein ähnlich kümmerliches Dasein geführt, wären sie damals schon verwirklicht worden. Denn Leibniz war ein Mann der Feder, dem es zwar gegeben war, in weltumspannenden, zukunftsweisenden Dimensionen zu planen, nicht aber ein Mann der Tat. In seiner Person offenbart sich die tiefe Diskrepanz zwischen hohen, der Zeit vorauseilenden Zielen und der Fähigkeit, diese mit Energie und Ausdauer langfristig durchzusetzen. Ungeduld und Überschätzung des zeitlich-technisch Möglichen kennzeichnen zudem seine Aktivitäten zur Organisation der Wissenschaften und rücken ihn in gewisser Hinsicht durchaus in die Nähe barocker Projektemacher, wie wir sie im 17./18. Jahrhundert nicht nur an deutschen Fürstenhöfen zahlreich finden.

Seine Vorliebe, anonym, über Mittelsmänner zu agieren, seine Eigenart, ständig mehrere Eisen im Feuer zu haben, die sich mit zunehmendem Alter steigernde Umtriebigkeit, gepaart mit profilneurotischer Selbstüberschätzung seiner Person, mögen diesen Eindruck bei seinen Zeitgenossen noch verstärkt haben. Nicht selten dürfte Leibniz mit seinem Verhalten gerade jene einflußreichen Persönlichkeiten abgeschreckt haben, die er als Förderer seiner Projekte zu gewinnen suchte. Das Mißtrauen, das man ihm in Berlin, Hannover und z.T. auch in Wien zeitweise entgegenbrachte, hatte seine Ursache nicht zuletzt in dem undurchschaubaren, widersprüchlichen, ständig neue Projekte ins Auge fassenden Charakter des Gelehrten.

Bedenkt man andererseits aber, daß viele seiner Ideen und Vorschläge, wenn auch erst im späten 18. und 19. Jahrhundert tatsächlich Wirklichkeit wurden, dann erscheinen Leibniz' fiebernde Ruhelosigkeit, sein mitunter peinliches Buhlen um die Gunst der Mächtigen freilich in einem anderen Licht. Es war das verzweifelte Bemühen eines genialen Denkers, der seiner Zeit weit voraus war, die politischen Entscheidungsträger von seinen Einsichten zu überzeugen und Wege in die Zukunft zu weisen.

Ines Böger

„Ein seculum ... da man zu Societäten Lust hat"

Darstellung und Analyse der Leibnizschen Sozietätspläne vor dem Hintergrund der europäischen Akademiebewegung im 17. und frühen 18. Jahrhundert

Ausgabe in zwei Bänden

Band 2: Anmerkungen

Herbert Utz Verlag · Wissenschaft
München 1997

Die Deutsche Bibliothek - CIP-Einheitsaufnahme

Böger, Ines:
Ein seculum ... da man zu Societäten Lust hat : Darstellung und Analyse der Leibnizschen Sozietätspläne vor dem Hintergrund der europäischen Akademiebewegung im 17. und frühen 18. Jahrhundert / Ines Böger. - München : Utz, Wiss., 1997
(Geschichtswissenschaften)
Zugl.: München, Univ., Diss., 1996
ISBN 3-89675-178-6

Bd. 2. Anmerkungen. - 1997

D19

Copyright © Herbert Utz Verlag Wissenschaft 1997
Dieses Werk ist urheberrechtlich geschützt. Die dadurch begründeten Rechte, insbesondere die der Übersetzung, des Nachdrucks, der Entnahme von Abbildungen, der Wiedergabe auf photomechanischem oder ähnlichem Wege und der Speicherung in Datenverarbeitungsanlagen bleiben, auch bei nur auszugsweiser Verwendung, vorbehalten.

ISBN 3-89675-178-6

Printed in Germany

Druck: Komplan R. Biechteler KG, München
Bindung: Buchbinderei Schmidkonz, Regensburg

Herbert Utz Verlag Wissenschaft, München
Tel.: 089/3077-8821 - Fax: 089/3077-9694

BAND 2: ANMERKUNGEN

A Anmerkungen 1

I EINLEITUNG 1

II VORAUSSETZUNGEN UND GRUNDLAGEN 7

1. G. W. Leibniz - ein biographischer Überblick 7

2. Zur Situation der Wissenschaft im 17. Jahrhundert - Die Entstehung von Akademien vom 15. bis zum frühen 17. Jahrhundert. 16

3. Das zeitgenössische wissenschaftliche Leben und Akademiewesen im Urteil Leibniz': Prämissen des Leibnizschen Sozietätsbegriffs 25

III. DIE LEIBNIZSCHEN SOZIETÄTSPLÄNE VOR DEM HINTERGRUND DER EUROPÄISCHEN AKADEMIE-BEWEGUNG DES 17. UND FRÜHEN 18. JAHRHUNDERTS 26

1. Die Sozietätspläne der frühen und mittleren Periode 26

1.1 Mainz (1668 - 1672) 26

1.2 Paris (1672 - 1676): Leibniz' Vorschläge zur Organisation der Wissenschaft unter dem Einfluß seines Parisaufenthaltes 41

1.3 Hannover (1676 - 1716) 46

1.4 Leibniz' Korrespondenz mit Akademieprojektanten und -gründern: Beurteilung und Unterstützung fremder Sozietätsprojekte. 71

2. Leibniz' wissenschaftsorganisatorische Konzeption als Ausdruck seines Denkens 77

2.1 Die philosophisch-religiöse Begründung der Sozietätspläne 77

2.2 Die Universalität der *gelehrten Sozietät* 86

2.2.1 Die gelehrte Sozietät als Wirtschafts- und "sozialpolitische" Institution 86
2.2.2 Die gelehrte Sozietät als kulturpolitische Institution 95
2.2.2.1 Der pädagogische Anspruch als wesentlicher Grundzug in den Sozietätsplänen 95
2.2.2.2 Die Sozietät als Ordner des Buchwesens 105
2.2.2.3 Die philologische Verpflichtung der gelehrten Sozietät: die Pflege und Verbesserung der deutschen Sprache 111
2.2.2.4 Der zivilisatorische Aspekt in den Sozietätsplänen: die Chinamission der Sozietäten 115

ZUSAMMENFASSUNG: Die Symbiose von konservativem und fortschrittlichem Denken in Leibniz' Sozietätsplänen — 131

3.1 Leibniz als Initiator der 1700 gegründeten Sozietät der Wissenschaften in Berlin — 131

3.2 Entwurf zu einer *gelehrten Sozietät* in Sachsen — 150

3.3 Plan zur Gründung einer Kaiserlichen Sozietät der Wissenschaften in Wien — 155

3.4 Projekt zur Gründung einer Sozietät der Wissenschaften in St. Petersburg — 164

IV. GENIALER DENKER ODER BAROCKER PROJEKTEMACHER? LEIBNIZ' SOZIETÄTSKONZEPTION ZWISCHEN UTOPIE UND MODERNEM AKADEMIEBEGRIFF — 175

B Abkürzungen — 177

C Quellen- und Literaturverzeichnis — 179

1. Quellen — 179

  1.1 Leibnitiana — 179

    1.1.1 Werke und Briefe — 179
      1.1.1.1 Handschriftlich — *179*
      1.1.1.2 Gedruckt — *179*
    1.1.2 Bibliographien — 183
    1.1.3 Handschriftenkataloge — 183

  1.2 Sonstige Quellen — 184
    1.2.1 Handschriftlich — 184
    1.2.2 Gedruckt — 184

  1.3 Zeitschriften — 187

  1.4 Lexica — 187

2. Neuere Darstellungen — 188

A   Anmerkungen

I   EINLEITUNG

1   An allgemeiner Literatur zur Einführung in Wesen und Geschichte der abendländischen Akademieentwicklung ist zu vgl.: J. SCHUSTER, Die wissenschaftliche Akademie als Geschichte und Problem (Forschungsinstitute, ihre Geschichte, hrsg. v. L. Bauer 1), Hamburg 1930; A. v. HARNACK, Die Akademien der Wissenschaft, in: Handbuch der Bibliothekswissenschaft, hrsg. v. F. Milkan, Bd. 1, Leipzig 1931, S. 850 - 876; C. v. BROCKDORFF, Gelehrte Gesellschaften im XVIII. Jahrhundert (Veröffentl. d. Hobbes-Gesellschaft), Kiel 1940; W. OBERHUMMER; Die Akademien der Wisssenschaft. In: Universitas Litterarum, Handbuch der Wissenschaftskunde, Berlin 1955, S. 700 - 708; P. LEHMANN, Geisteswissenschaftliche Gemeinschafts- und Kollektivunternehmen in der geschichtlichen Entwicklung (Bayer. Akad. d. Wissenschaften, Phil.-Hist. Kl., Sb., Jg. 1956, H. 5), München 1956; H. RODDIER, Pour une Histoire des Académies, in: Sociéte Française de Littérature Comparée, Actes du troisième Congrés Nationale, Paris 1960, S. 45 - 54; W. KRAUSS, Entwicklungstendenzen der Akademien im Zeitalter der Aufklärung, in: ders.: *Studien zur deutschen und französischen Aufklärung* (O) 1963, S. 41 - 63; R. E. SCHOFIELD, Histories of Scientific Societies: Needs and Opportunities for Research, in: History of Science 2, 1963, S. 70 - 83; M. ORNSTEIN, The Rôle of Scientific Societies in the Seventeenth Century, 4. Aufl. London 1963, R. v. DÜLMEN, Sozietätsbildungen in Nürnberg im 17. Jahrhundert, in: Gesellschaft und Herrschaft. Eine Festausgabe f. K. Bosl zum 60. Geburtstag, Red.: R. v. Dülmen, München 1969, S. 153 - 190; K. MÜLLER, Zur Entstehung und Wirkung der Wissenschaftlichen Akademien und Gelehrten Gesellschaften des 17. Jahrhunderts, in: H. Rössler u. G. Franz (Hrsg.), Universität und Gelehrtenstand 1400 - 1800 (Büdinger Vorträge 1966), Limburg/Lahn 1970 (Deutsche Führungsschichten in der Neuzeit, Bd. 4), S. 127 - 144; R. J. W. EVANS, Learned Societies in Germany in the Seventeenth Century. In: European Studies Review 7 (1977), S. 129 - 151; F. HARTMANN u. R. VIERHAUS (Hrsg.), Der Akademiegedanken im 17. und 18. Jahrhundert (Wolfenbütteler Forschungen Bd. 3), Bremen u. Wolfenbüttel 1977.
Den inneren Zusammenhang der europäischen Akademien des 16./17. Jahrhunderts diskutiert Carl HINRICHS Aufsatz über "Die Idee des geistigen Mittelpunktes Europas im 17. und 18. Jahrhundert", in: ders., *Preußen als historisches Problem. Gesammelte Abhandlungen*, hrsg. von Gerhard Oestreich, Berlin 1964, S. 272 - 298. Ludwig HAMMERMAYERS Verdienst bleibt es, erstmals die vielfältigen Sozietätsbildungen des 17. bis frühen 19. Jahrhunderts über die verstaatlichten "Musterakademien" hinaus ungeachtet aller institutioneller und Niveauunterschiede als eine einheitliche Akademiebewegung zusammengefaßt zu haben. Vgl. Akademiebewegung und Wissenschaftsorganisation, Formen, Tendenzen und Wandel in Europa während der zweiten Hälfte des 18. Jahrhunderts, Sonderdruck aus: Wissenschaftspolitik in Mittel- und Osteuropa, hrsg. v. E. Amburger u.a., Berlin 1976, S. 1 - 84. Vgl. auch DERS., Europäische Akademiebewegung und italienische Aufklärung. In: Historisches Jahrbuch 81 (1962), S. 247 - 263. Harald DICKERHOFF tritt erstmalig dem traditionellen Forschungsansatz , der "Entgegensetzung" von progressiv-innovatorischer Akademiebewegung und Universität, entgegen. Vgl. "Gelehrte Gesellschaften, Akademien, Ordensstudien und Universitäten. Zur sogenannten "Akademiebewegung" vornehmlich im bayerischen Raum. In: ZBLG 45 (1982), S. 38 - 66.
Zur europäischen Akademiebewegung vgl. neuerdings: G. KANTHAK, Der Akademiegedanke zwischen utopischem Entwurf und barocker Projektemacherei. Zur Geistesgeschichte der Akademiebewegung des 17. Jahrhunderts (= Historische Forschungen Bd. 34), Berlin 1987.
Im folgenden werden Bücher und Aufsätze ebenso die einschlägigen Schriften von Leibniz nur einmal vollständig genannt, anschließend nur noch mit Kurztitel zitiert und/oder durch Angabe von Verfasser und Erscheinungsjahr gekennzeichnet.
Der bewußt umfangreich angelegte Anmerkungsapparat soll nicht nur die notwendigen Belege bereitstellen, sondern darüber hinaus Informationen vermitteln, die das Dargestellte unterstreichen, verdeutlichen oder auch in größere Beziehungszusammenhänge einordnen, mitunter vielleicht auch zu weiterführenden Forschungen anregen

2   Zur Quellenlage s. weiter unten Kap. I, 2.

3   Vgl. P. HAZARD; La Crise de la conscience européenne, Paris 1935; im folgenden wird nach der deutschen Ausgabe zitiert, die unter dem Titel "Die Krise des europäischen Geistes", 1939 (Hamburg) in erster Auflage erschien.

4   Der Begriff der modernen Akademie umschreibt heute wie damals Vereinigungen von Gelehrten zum Zwecke der Förderung wissenschaftlicher Erkenntnis, die entweder die Aufgabe haben, erworbenes

Wissen weiterzugeben, oder sich unter Ausschluß jeglicher Lehrtätigkeit die Gewinnung neuer Erkenntnisse zum Ziel setzen. Vgl. W. OBERHUMMER (1955), S. 700. Den universalistischen Charakter und die ausgeprägte gesellschaftspolitische Funktion im Leibnizschen Sinne (vgl. Teil III der vorliegenden Untersuchung) lassen die heutigen Akademien größtenteils aber wohl vermissen. Im Gegensatz zu unserer Auffassung steht die doch eher idealisierende Definition des Akademiebegriffs von P. ERKELENZ, Der Akademiegedanke im Wandel der Zeiten. Plädoyer für ein Deutschland-Institut (Akademische Vorträge und Abhandlungen Heft 29), Bonn 1968, S. 10/11.

5   Vgl. auch H. GOLLWITZER, Leibniz als weltpolitischer Denker, in: Stud. Leibn.; Sonderh. 1 (1969), S. 12 - 37, S. 12.

6   Von Sozialpolitik im modernen Sinn kann erst seit Bismarck die Rede sein. Wenn im Laufe der Untersuchung dennoch mit diesem und ähnlichen Begriffen argumentiert wird, dann durchaus in dem Bewußtsein, daß diese Termini eigentlich unhistorisch sind. Gleichwohl umschreiben sie - wie das Beispiel der Leibnizschen "Sozialpolitik" zeigen wird -, am treffendsten die Zielvorstellungen des Philosophen; insofern seien sie als Hilfstermini zulässig.

7   Vgl. hierzu die Literaturhinweise in den ersten Anmerkungen zu den entsprechenden Kapiteln; s. Teil III, 2 dieser Untersuchung.

8   Das Literaturverzeichnis im Anschluß an diese Untersuchung, das keinerlei Anspruch auf Vollständigkeit erhebt, beschränkt sich nicht auf das engere Thema der Akademiepläne, sondern umfaßt alle Schriften, Beiträge und Artikel, die in irgendeinem Zusammenhang zitiert oder unmittelbar herangezogen, jedoch bei weitem nicht alle, die eingesehen worden sind. Diese werden aber, soweit sie zur Ergänzung, Vertiefung oder Weiterführung dienen, in den Anmerkungen mitgeteilt. Auf die Diskussion der Forschungsbeiträge zu den verschiedenen Spezialthemen (Einzelproblemen), wie z.b. Leibniz und China, muß im Rahmen dieser Einleitung verzichtet werden; hierfür sei auf die entsprechenden Kapitel der vorliegenden Studie zu verwiesen.

9   Als Orientierungshilfe sind zu beachten: die von K. MÜLLER 1967 begründete, von A. HEINEKAMP überarbeitete, erweiterte und 1984 neuaufgelegte Leibniz-Bibliographie (Die Literatur über Leibniz bis 1980, Frankfurt/M.) sowie die laufenden Anzeigen in den Studia Leibnitiana (Wiesbaden 1969 ff.). An der Fortsetzung der Leibniz-Bibliographie wird lt. den "Mitteilungen der G.W. Leibniz-Gesellschaft" (Nr. 27, Okt. 1993) bereits gearbeitet.

10 Vgl. auch Kap. II, 1 Anm. 2,3,9.

11 K. MÜLLER, Bericht über die Arbeiten des Leibniz-Archivs der Niedersächsischen Landesbibliothek Hannover, in: Stud. Leibn. Suppl. 3 (1969), S. 217 - 229, S. 217. Zu den Forschungen Guhrauers vgl. auch H.-St. BRATHER, Leibniz-Forschung im Zeichen des Vormärz: Gottschalk Eduard Guhrauer. In: Leibniz. Tradition und Aktualität. Vorträge II. Teil (1988), S. 95 - 103.

12 G. E. GUHRAUER, Gottfried Wilhelm Freiherr von Leibniz. Teil 1 und 2, Berlin 1842 (2. Aufl. Breslau 1846).

13 F. KIRCHNER, Gottfried Wilhelm Leibniz. Sein Leben und Denken, Köthen 1876.

14 L. GROTE, Leibniz und seine Zeit. Hannover 1869; s. auch weiter unten Anm. 39 und 53.

15 E. PFLEIDERER, Gottfried Wilhelm Leibniz als Patriot, Staatsmann und Bildungsträger. Ein Lichtpunkt aus Deutschlands trübster Zeit. Für die Gegenwart dargestellt. Leipzig 1870, bes. S. 584 ff.

16 F. X. KIEFL, Der europäische Freiheitskampf gegen die Hegemonie Frankreichs auf geistigem und politischem Gebiet. Leibniz. Mainz 1913 (Weltgeschichte in Charakterbildern 4).

17 K. FISCHER, Gottfried Wilhelm Leibniz. Leben, Werke und Lehre, 5. Aufl. Heidelberg 1920. (Geschichte der Neueren Philosophie 3), bes. S. 11 ff. und 211 ff.

18 Als typischer Vertreter dieses Forschungsansatzes ist H. AUBIN zu nennen; vgl. u.a. Leibniz und die politische Welt seiner Zeit, in: G. W. Leibniz. Vorträge der aus Anlaß seines 300. Geburtstages in Hamburg abgehaltenen Tagung, hrsg. v.d. Redaktion der Hamburger Akademischen Rundschau, Hamburg 1946, S. 110 - 142.

19 K. HUBER, Leibniz (hrsg. v. Inge Köck in Verbindung mit Clara Huber), München 1951.

20 F. BOUILLIER; Une parfaite Académie d'aprés Bacon et Leibniz, in: Revue des deux mondes III, 29, Paris 1878, S. 673 - 697.

21 K. MÜLLER, Gottfried Wilhelm Leibniz: in: Leibniz. Sein Leben, sein Wirken, seine Welt, hrsg. von W. Totok und C. Haase, Hannover 1966, S. 1 - 65

22 P. WIEDEBURG, Der junge Leibniz, das Reich und Europa. Teil 1: Mainz. Darstellungsband, Anmerkungsband; Teil 2: Paris (4 Bde.), Wiesbaden 1962 bzw. 1970 (Hist. Forschungen 4).

23 K. BIEDERMANN, Deutschland im 18. Jahrhundert, Bd. 2. Deutschlands geistige, sittliche und gesellige Zustände, Teil 1: Bis zur Thronbesteigung Friedrichs des Großen (1740), Leipzig 1858.

24 W. DILTHEY, Studien zur Geschichte des deutschen Geistes, hrsg.von P. Ritter (W. Dilthey, Gesammelte Schriften, Bd. 3), Leipzig, Berlin 1927. Vgl. S. 3 - 80: Leibniz und sein Zeitalter.

25 R. W. MEYER, Leibniz und die europäische Ordnungskrise, Hamburg 1948.
26 P. HAZARD (1935), wie oben Anm. 3.
27 H. GOLLWITZER, Geschichte des weltpolitischen Denkens, Bd. 1: Vom Zeitalter der Entdeckungen bis zum Beginn des Imperialismus, Göttingen 1972, S. 142 ff.
28 Vgl. Kap. II, 2, Anmerkungen.
29 S. weiter unten Anm. 37 ff.; vgl. auch den Aufsatz von O. KLOPP, Über Leibniz als Stifter wissenschaftlicher Akademien, in: Verhandlungen der 23. Versammlung deutscher Philologen und Schulmänner in Hannover (27. - 30. Sept. 1864), Leipzig 1865, S. 44 - 58.
30 L. COUTURAT, Sur Leibniz fondateur d'académies, in: ders., La logique de Leibniz, Paris 1901, S. 501 - 528.
31 W. TOTOK, Leibniz als Wissenschaftsorganisator, in: W. Totok u. C. Haase (Hrsg.), Leibniz. Sein Leben, sein Wirken, seine Welt. Hannover 1966, S. 293 - 320; überarbeitete und erweiterte Fassung in: Leibniz und Europa, hrsg. v. A. Heinekamp, Isolde Hein, Stiftung Niedersachsen, Hannover 1994, S. 115 - 138.
32 G. KANTHAK; wie oben Anm. 1.
33 H. H. HOLZ, G. W. Leibniz, Politische Schriften Bd. 1 und 2, Frankfurt/M. und Wien 1966/67, Bd. 2, S. 5 - 20; ders., Leibniz, Stuttgart 1958; überarbeitete, stark erweiterte Neuauflage: Leipzig 1983. (Reclams Universal-Bibliothek Bd. 964).
34 E. WINTER. Frühaufklärung. Der Kampf gegen den Konfessionalismus in Mittel- und Osteuropa und die deutsch slawische Begegnung. Berlin(-Ost) 1966; DERS., G. W. Leibniz und die Aufklärung, Berlin(-Ost) 1968.
35 E. WINTER, Leibniz als Kulturpolitiker, in: Stud. Leibn. Suppl. 4(1969), S. 225 - 233.
36 W. SCHNEIDERS; Sozietätspläne und Sozialutopie bei Leibniz, in: Stud. Leibn. 7, 1 (1975), S. 58 - 80; DERS., Gottesreich und gelehrte Gesellschaft. Zwei politische Modelle bei G. W. Leibniz, in: Der Akademiegedanke im 17. und 18. Jahrhundert, hrsg. von F. Hartmann u. R. Vierhaus, Bremen und Wolfenbüttel 1977 (= Wolfenbütteler Forschungen Bd. 3), S. 47 - 61.
37 A. HARNACK, Geschichte der Königlich Preußischen Akademie der Wissenschaften zu Berlin. Bd. 1.1: Von der Gründung bis zum Tode Friedrichs des Großen, Bd. 1.2: Vom Tode Friedrichs des Großen bis zur Gegenwart, Berlin 1900. Über Adolf von Harnack vgl. den Beitrag Lothar BURCHARDTS in: Wolfgang TREUE u. Karlfried GRÜNDER, Berlinische Lebensbilder. Wissenschaftspolitik in Berlin, Minister Beamte, Ratgeber. (Einzelveröffentl. d. Histor. Kommission zu Berlin, Bd. 60), Berlin 1987, S. 215 - 233.
38 E. BODEMANN, Leibnizens Plan einer Societät der Wissenschaften in Sachsen. Mit bisher ungedruckten Handschriften. In: Neues Archiv für Sächsische Geschichte und Altertumskunde, hrsg. v. H. Ernisch, Bd. 4, 1. u. 2. Heft, Dresden 1883, S. 177 - 214.
39 O. KLOPP, Leibniz' Plan der Gründung einer Sozietät der Wissenschaften in Wien. Aus dem handschriftlichen Nachlasse von Leibniz in der Königl. Bibliothek zu Hannover. In: Archiv f. Österreichische Geschichte, Bd. 40, Wien 1869, S. 157 - 255.
40 W. GUERRIER, Leibniz in seinen Beziehungen zu Rußland und Peter den Großen. Eine geschichtliche Darstellung dieses Verhältnisses nebst darauf bezüglichen Briefen und Denkschriften. St. Petersburg u. Leipzig 1873; Nachdr. Hildesheim 1975.
41 Für weitere Literaturhinweise zu den einzelnen Akademieprojekten vgl. die Einleitungen und entsprechenden Anmerkungen zu den jeweiligen Kapiteln.
42 Ähnlich dem Bericht über die Auseinandersetzung mit den Leibnizschen Sozietätsplänen in der deutschen und ausländischen Forschung (s. 2.1), umfaßt der folgende Überblick über die einschlägigen Quellen nur die Sozietätspläne im engeren Sinn, d.h. die in Kapitel III, 1 und 3 zu behandelnden Vorlagen. Hinsichtlich des Materials zu den diversen Einzelproblemen (vgl. Kapitel III, 2) wird auf die entsprechenden Abschnitte der vorliegenden Arbeit verwiesen.
43 Vgl. G. UTERMÖHLEN, Der Briefwechsel des Gottfried Wilhelm Leibniz - Die umfangreichste Korrespondenz des 17. Jahrhunderts und die "République des Lettres", in: W. Frühwald u.a. (Hrsg.), Probleme der Briefedition. Kolloquium der Deutschen Forschungsgemeinschaft Schloß Tutzing am Starnberger See 8. - 11. September 1975 (Komm. f. germanistische Forschung, Mitteilung II), Boppard 1977, S. 87 - 103, S. 87.
44 So K. MÜLLER in seinem Bericht über die Erschließung des Leibniz-Nachlasses, in: Forschungen und Fortschritte, 28. Jg., H. 2 (1954), S. 57 - 60, S. 57.
45 Schon Leibniz' Schüler Christian Wolff mußte feststellen: "Das wuerde zu lange waehren, wenn wir alle beruehmte und gelehrte Maenner, ja auch die Fuersten mit Nahmen nennen wollten, mit welchen er verschiedene Briefwechsel, die ihn so viele Zeit wegnahmen, unterhalten hat." Chr. WOLFF, Lebenslauf Herrn Gottfried Wilhelm von Leibnizens, in: ders., Gesammelte kleine philosophische

Schriften, welche meistens aus dem Lateinischen übersetzt. Vierter Theil, darinnen die zu der Hauptwissenschafft gehoerige Stücke enthalten, auch mit noethigen und nuezlichen Anmerkungen versehen sind von G. F. H. Pr. der Ph. z.B. Halle 1739, S. 449 - 502, S. 501.

46   Vgl. E. BODEMANN, Der Briefwechsel des G.W. Leibniz (wie Anm. 49), S. 12.

47   Der Nachlaß des Philosophen wurde unmittelbar nach dessen Tod konfisziert und in die Kurfürstliche Bibliothek übernommen. Ein geringer Teil wurde indes dem kurfürstlichen Archiv überwiesen und ist heute über einige Bestände des Niedersächsischen Hauptstaasarchivs Hannover verteilt.

48   Vgl. auch unten Anm. 52. Über die Art des Leibnizschen Nachlasses, über die Schwierigkeiten und den Fortgang einer wissenschaftlichen Gesamtausgabe desselben berichten u.a.: P. RITTER, Neue Leibniz-Funde, in: Abhandlungen der Kgl. Preuß. Akademie d. Wissenschaften 1904, Berlin (Phil-hist. Abh. nicht zur Akademie gehör. Gelehrter IV), S. 1 - 47; G. GERBER; Leibniz und seine Korrespondenz, in: W. Totok u. C. Haase (Hrsg.), Leibniz. Sein Leben, sein Wirken, seine Welt, Hannover 1966, S. 141 - 171; E. HOCHSTETTER, Zur Geschichte der Leibniz-Ausgabe, in: Zeitschr. f. philosoph. Forschung 20 H. 3 u. 4 (1966), S. 650 - 658; K. MÜLLER; Die Leibniz-Ausgabe der Berliner Akademie, in: Universitas 7 (1952), S. 969 - 971; ders., Bericht über die Arbeiten des Leibniz-Archivs der Niedersächsischen Landesbibliothek Hannover,in: Stud. Leibn. Suppl. 3 (1969), S. 217 - 229; interessante Informationen auch in dem von A. HEINEKAMP verfaßten Nachruf auf den 1983 verstorbenen ehemaligen Leiter des Leibniz-Archivs, Kurt Müller (Stud. Leibn. 16, 2 (1984), S. 129 - 142). S. auch oben Anm. 4 und 45.

48a S. weiter unten Anm. 82. Ein Teil von Leibniz' eigenen Unterlagen, die er 1707 in Berlin zurückgelassen hat, kam in den Besitz des Leipziger Professors KAPP, der die deutschsprachigen Texte bereits 1748 veröffentlichte (s. weiter unten Anm. 79); die Originale gelten seither als verschollen. Dazu: A. SCHRECKER (Hrsg.), G.W. Leibniz. Lettres et fragments inédits sur les problèmes philosophiques, théologiques, politiques de la réconciliation des doctrines protestantes (1669 - 1704), Paris 1934, S. 5 - 14.

49   E. BODEMANN (Hrsg.), Die Handschriften der Königl. öffentl. Bibliothek zu Hannover, Hannover 1867; DERS. (Hrsg.), Der Briefwechsel des Gottfried Wilhelm Leibniz in der Königl. öffentl. Bibliothek zu Hannover. Hannover/Leipzig 1889 (Reprograph. Nachdr. mit Ergänzungen u. Register von G. Krönert u. H. Lackmann, sowie einem Vorwort von K.-H. Weimann, Hildesheim 1966); DERS. (Hrsg.), Die Leibniz-Handschriften der Königl. öffentl. Bibliothek zu Hannover, Hannover/Leipzig 1895 (Reprograph. Nachdr. ... Hildesheim 1966).

50   P. RITTER, Kritischer Katalog der Leibniz-Handschriften, H. 1 (1646 - 72), Berlin (maschinenschr.) 1908; A. RIVAUD, Catalogue critique des manuscrits de Leibniz. Fasc. 2: Mars 1672 - novembre 1676. Poitiers 1914 - 24.

51   Vgl. H. HARTMANN, Die Leibniz-Ausgabe der Berliner Akademie, in: Blätter für Deutsche Philosophie 13 (1939), S. 408 - 21.

52   G.W. Leibniz, Sämtliche Schriften und Briefe, hrsg. von der Preußischen (seit 1945: Deutschen) Akademie der Wissenschaften (seit 1972 v. d. Akademie der Wissenschaften der DDR) in Zusammenarbeit mit dem Leibniz-Archiv der Niedersächs. Landesbibliothek Hannover und der Leibniz-Forschungsstelle der Westfälischen Wilhelms-Universität Münster, Darmstadt (später: Leipzig, zuletzt: Berlin) 1923 ff. Es liegen vor: vierzehn Bände der ersten Reihe, die den allgemeinen, politischen und historischen Briefwechsel des Philosophen bis Dezember 1697 umfassen; ein Band mit philosophischem (2. Reihe: 1663 - 1685) und drei Bände mit mathematisch-naturwissenschaflich-technischem Briefwechsel (3. Reihe: 1672 - 1683); drei Bände mit den politischen (4. Reihe: 1667 - 1689) und vier Bände mit den philosophischen Schriften (6. Reihe: bis 1676 und "Nouveaux Essais") sowie ein Band der mathematischen Schriften (7. Reihe: bis 1676). Vgl. auch den bibliographischen Anhang dieser Untersuchung.

53   J. D. GRUBER, Prodromus Commercii epistolici Leibnitiani, 2 Bde., Hannover und Göttingen 1745; L. DUTENS, G. G. Leibnitii Opera omnia, nunc primum collecta. 6 Bde., Genf 1768; G. H. PERTZ, G. W. Leibniz. Gesammelte Werke. Aus den Handschriften der Kgl. Bibliothek zu Hannover 1. Folge: Historische Schriften Bd. 1 - 4, Hannover 1843 - 47 - (Nachdr. Hildesheim 1966); L. A. FOUCHER de CAREIL, Oeuvres de Leibniz. Publiés pour la première fois d'après les manuscrits originaux, avec notes et introductions. 7 Bde., Paris 1859 - 1875; O. KLOPP, Die Werke von Leibniz, gemäß seinem handschriftlichen Nachlasse in der Kgl. Bibliothek zu Hannover. 1. Reihe: Hist.-polit. und staatswissenschaftl. Schriften. 11. Bde., Hannover 1864 - 1884; C. J. GERHARDT, G. W. Leibniz. Mathematische Schriften. 7. Bde., Halle 1855 - 1863 (Nachdr. Hildesheim 1962); DERS., G. W. Leibniz. Die philosophischen Schriften, 7 Bde., Berlin 1875 - 1890 (Neudr. Hildesheim 1960/61).

54   Vgl. A. HEINEKAMP, Louis Dutens und die erste Gesamtausgabe der Werke von Leibniz, in: Leibniz, Werk und Wirkung. IV. Internationaler Leibniz-Kongreß, Vorträge, Hannover 14. bis 19. November 1983, S. 263 - 272, S. 263. Hier auch Informationen zur Biographie Dutens'.

55   Ein Verzeichnis der Werke von Leibniz und der entsprechenden Publikationen gibt uns bis 1937 E. RAVIER, Bibliographie des oeuvres de Leibniz, Paris 1937 (Repr. Hildesheim 1966) und ergänzend P.

SCHRECKER, Une bibliographie de Leibniz, in: Revue philosophique de la France et de l'ètranger 63., t. 126 (1938), s. 324 - 346. Über spätere Veröffentlichungen informieren wiederum die laufenden Anzeigen in den Studia Leibnitiana, Wiesbaden 1969, ff.

56 "Unvorgreiffliche Gedancken, betreffend die Ausübung und Verbesserung der Teutschen Sprache", Nds. LB. Ms. IV, 440 u. 444.

57 J. G. ECKHART, Illustris viri Godofr. Guilielmi Leibnitii Collectaneae etymologica, illustrationi linguarum veteris celticae, germanicae, gallicae aliarumque inservientia. Cum praefatione Jo. Georgii Eccardi. Hannoverae Sumptibus Nicolai Foersteri. 1717. Pars I, II, Pars I, S. 255 - 314.

58 Nach den Aussagen Eckharts hatte Leibniz die Herausgabe seiner "etymologischen Sammlungen" bereits in einem der Kataloge zur Leipziger Buchmesse selbst angekündigt; die Wiener Reise - allem Anschein nach Leibniz' letzte 1712/14 -, diverse andere Verpflichtungen und schließlich sein unerwarteter Tod habe dieses Vorhaben vereitelt. Vgl. J. G. ECKHART in seinem Vorwort ebd. S. 4 f.; s. auch E. PFLEIDERER, Leibniz als Patriot (1870), S. 697 f.

59 Die "Unvorgreifflichen Gedanken" sind in drei, zu verschiedenen Zeiten verfertigten Fassungen (Ende 1696 - 1709) erhalten; nur zwei davon sind bei Bodemann (Hschr. S. 128) verzeichnet. Der Titel der ältesten Niederschrift (1696/97) lautet: "Unvorgreiffliche Gedancken betreffend die aufrichtung eines Teutschgesinneten Ordens" (Nds. LB. Ms. IV, 444 Bl. 1 - 68). Die von Eckhart besorgte Drucklegung erfolgte, so Pietsch, möglicherweise aufgrund einer verlorengegangenen vierten Handschrift, die zwischen 1704 und 1709 entstanden sein müßte. Vgl. P. PIETSCH, Leibniz und die deutsche Sprache, in: Wissenschaftl. Beihefte zur Zeitschrift des Allgem. dt. Sprachvereins, R. 4, H. 30 (1908), S. 313 - 371, S. 313 ff.

60 S. Kap. III, 1.3.5 und 1.3.6 dieser Untersuchung.

61 DUTENS 6, 2, S. 1 - 232, S. 5 - 51. - Weitere Publikationen der "Unvorgreiflichen Gedanken" bis 1937 s. RAVIER Nr. 499, 542, 554, 598, 617, 690, 809, 838; zu den Editionen nach 1937 vgl. die neueren Bibliographien der Werke von Leibniz (s. oben Anm. 55) sowie im folgenden Kap. III, 1.3.6. Der jüngste Wiederabdruck erfolgte erst vor wenigen Jahren, was das ungebrochene Interesse für dieses Schriftstück beweist. Vgl. Gottfried Wilhelm Leibniz Unvorgreifliche Gedanken betreffend die Ausübung und Verbesserung der deutschen Sprache. Zwei Aufsätze. Hrsg. v. U. PÖRKSEN. Komm. v. U. Pörksen u. J. Schiewe. Stuttgart 1983 (Reclam Universal-Bibliothek Nr. 7987).

62 O. KLOPP, Werke 1, S. 9 - 20, 27 - 30, 111 - 133; AA I, 1, S. 3 - 7, 48 - 53 und AA IV, 1, S. 530 - 548.

63 Vgl. K. HUBER, Leibniz (1951), S. 56.

64 A. HARNACK, Geschichte der Kgl. Preuß. Akademie Bd. 2, S. 4 - 8.

65 H. WIDMANN, Leibniz und sein Plan zu einem "Nucleus librarius", in: AGB 4 (1962 - 63), Sp. 621 - 636.

66 AA IV, 1, N. 45 und 46; deutsche Übersetzung der lateinischen Originale bei H. H. HOLZ, Politische Schriften II, S. 21 - 31.

67 "Grundriß eines Bedenckens von aufrichtung einer Societät in Teutschland zu auffnehmen der Kuenste und Wißenschafften" und "Bedencken von aufrichtung einer Academie oder Societät in Teutschland, zu Aufnehmen der Kuenste und Wißenschafften". Vgl. KLOPP, Werke 1, S. 111 - 150; A. HARNACK, Geschichte der Kgl. Preuß. Akademie Bd. 2, S. 8 - 26. Wiederabdruck in AA IV, 1, N. 43 und 44.

68 "Drôle de Pensée" und "Relation de l'état présent de la Republique des lettres". AA IV, 1, N. 49 und 50.

69 O. KLOPP, Werke 3, S. 305 ff., der im übrigen auch die "Societas Philadelphica" dieser Gruppe zuordnet; L. COUTURAT, Opuscules et fragments inédits de Leibniz. Extraits des Manuscrits de la Bibliothéque Royale de Hanovre, Paris 1903, S. 5 - 8 und S. 92 - 96; C. J. GERHARDT, Philosophische Schriften Bd. 7, S. 3 ff.

70 Deutsche Übersetzung der "Societas Theophilorum ad celebrandas laudes Dei opponenda gliscenti per orbem atheismo" bei W. v. ENGELHARDT, G. W. Leibniz. Schöpferische Vernunft. Schriften aus den Jahren 1669 - 1686. Marburg 1951, S. 96 - 101.

71 "Consultatio de naturae cognitione ad vitae usus promovenda instituendaque in eam rem societate Germana"; vgl. KLOPP, Werke 3, S. 312 - 330; A. L. FOUCHER, Oeuvres 7, S. 94 - 96 - Foucher ordnet jedoch dem Gesamtplan der "Consultatio" fälschlicherweise noch zwei andere Konzepte, u.a. das der "Societas Philadelphia" zu. - A. HARNACK, Geschichte der Kgl. Preuß. Akademie Bd. 2, S. 24-34.

72 AA IV, 3 N. 130 - 133 sowie N. 116.

73 S. besonders AA I, 2, 4, 11 und 13 sowie die in der Reihe II, 1 untergebrachten Nachträge; z.T. sind die entsprechenden Schreiben von Leibniz auch schon bei KLOPP, Werke 3, 4, 5 gedruckt.

74 "Ermahnung an die Teutsche, ihren verstand und sprache beßer zu üben, sammt beygefügten vorschlag einer Teutsch gesinten Gesellschaft" (1679). Vgl. C. L. GROTEFEND, Leibnizens Ermahnung an die Teutsche, Hannover 1846.

75 So z.B. HOFFMANN v.FALLERSLEBEN, Leibnitz im Verhältnis zur deutschen Sprache und Litteratur, in: Weimarisches Jahrbuch 3, 1855, S. 88 - 110; W. SCHMIED-KOWARZIK, Deutsche Schriften Bd. 1, Leipzig 1916; W. JANELL, Ermahnung an die Teutschen, Leipzig 1925, S. 1 - 37; als bisher beste Edition, allerdings mit falscher Datierung (1682/83), P. PIETSCH, wie oben Anm. 59, H. 29 (1907), S. 292 - 312; im Rahmen einer größeren Quellensammlung bis vor wenigen Jahren nur bei KLOPP, Werke 6, S. 187 - 213.

76 AA IV, 3 N. 117

77 E. BODEMANN, Zwei Briefe von Leibniz betr. eine "Teutsche Gesellschaft" zu Wolfenbüttel nebst, zwei Briefen von J.G. Schottelius an Herzog August von Braunschweig-Wolfenbüttel. In: ZHVN Jg. 1899, S. 299 - 307.

78 Vgl. AA I, 13 N 67 und 218; s auch im folgenden Kap. III, 1.3.5.

79 J. E. KAPP, Sammlung einiger Vertrauten Briefe, welche zwischen dem weltberühmten Freyherrn Gottfried Wilhelm von Leibnitz und dem berühmten Berlinischen Hof=Prediger, Herrn Daniel Ernst Jablonski ... gewechselt worden sind. Leipzig 1745. s. auch weiter oben Anm. 48a.

80 KLOPP, Werke 10 (Korrespondenz von Leibniz mit Sophie Charlotte, Königin von Preußen), bes. S. 299 - 464; A. HARNACK, Geschichte der Kgl. Preuß. Akademie, Bd. 2 (Urkunden und Aktenstükke).

81 S. Lit.verz. unter den Herausgebern: FISCHER, HARNACK, KLOPP (Werke 10), KVACALA.

82 H.-St. BRATHER (Hrsg.), Leibniz und seine Akademie. Ausgewählte Quellen zur Geschichte der Berliner Sozietät der Wissenschaften 1697 - 17 16, Berlin 1993.

83 KLOPP, Werke 5, bes. S. 367 ff. und 443 ff.; DERS. Leibniz' Plan der Gründung einer Societät der Wissenschaften in Wien (1869), s. oben Anm. 40; FOUCHER, Oeuvres 7, S. 298 ff.

84 E. BODEMANN, Plan einer Societät in Sachsen (1883), wie oben Anm. 38.

85 G. ERNST - M. v. ENGELHARDT, Beyträge zur Kenntniß Rußlands und seiner Geschichte, Bd. 1, Dorpat 1818, bes. S. 663 ff.; M. C. POSSELT, Peter der Große und Leibniz, Dorpat und Moskau 1843.

86 W. GUERRIER, Leibniz in seinen Beziehungen zu Rußland (1873), wie oben Anm. 40. Vgl. auch FOUCHER, Oeuvres 7, S. 419 - 598.

87 J. G. KRAUSE, Neue Zeitungen von Gelehrten Sachen auf das Jahr MDCCXXII. Erster Theil, Leipzig 1722, S. 543/4.

88 Dieses Editionsvorhaben, das mir schon vor einigen Jahren von Mitarbeitern des Leibniz-Archivs mündlich mitgeteilt wurde, hat man meines Wissens noch nicht in Angriff genommen.

II VORAUSSETZUNGEN UND GRUNDLAGEN

1. G. W. Leibniz - ein biographischer Überblick

1 Vgl. H.-U. WEHLER, Geschichte und Psychoanalyse, in: ders., Geschichte als Historische Sozialwissenschaft, Frankfurt/M. 1973, S. 58 - 123, S. 86.
2 Da es immer noch keine gleichwertige neuere Biographie über G. W. Leibniz gibt, sind wir nach wie vor auf das zweibändige Werk GUHRAUERS (Berlin 1842, 2. Aufl. Breslau 1846) angewiesen. - Vor Abschluß der von der Akademie der Wissenschaften (der ehemaligen DDR) in Zusammenarbeit mit dem Leibniz-Archiv in Hannover in Angriff genommenen Leibniz-Gesamtausgabe wird es kaum möglich sein, eine zuverlässige Biographie des Philosophen zu erstellen. - Eine Übersicht über die bis 1980 erschienene einschlägige Literatur gibt uns die von A. HEINEKAMP 1984 neuaufgelegte Leibniz-Bibliographie (vgl. Einl. Anm. 9), S. 18 - 36. Zu vgl. wäre u.a.: L. GROTE (1869); E. PFLEIDERER, Leibniz als Patriot (1870); F. KIRCHNER (1876); F. X. KIEFL, Der europäische Freiheitskampf (1913); K. FISCHER, Leibniz. Leben, Werke und Lehre, (1889 bzw. 1920) - vgl. auch meine Einleitung Anm. 12 - 17; des weiteren: G. STAMMLER, Leibniz (Geschichte d. Philosophie in Einzeldarstellungen Abt. IV. Die Philosophie der neueren Zeit I, Bd. 19), München 1930; K. HUBER, Leibniz (hrsg. v. Inge Köck in Verbindung mit Clara Huber), München 1951 (Repr.: 1989); H. H. HOLZ, Leibniz, Stuttgart 1958 (Neuaufl. Leipzig 1983); K. MORAWIETZ, G. W. Leibniz. Herrenhausen - Weimar, Hannover 1962.
3 Vgl. den Aufsatz von H.-U. WEHLER, Geschichte und Psychoanalyse (1973), in dem der Autor die methodologischen Ansprüche einer modernen wissenschaftlichen Biographie diskutiert. - An neuerer Literatur zur Biographie G. W. Leibniz' ist zu vgl.: der von W. TOTOK und C. HAASE herausgegebene Sammelband "Leibniz. Sein Leben, sein Wirken, seine Welt" (Hannover 1966), der die fundamentale erste wissenschaftliche Biographie Guhrauers ergänzt und berichtigt; darin u.a.: K. MÜLLER, Gottfried Wilhelm Leibniz, S. 1 - 64. Mehr als Nachschlagewerk mit einem ausführlichen Literaturverzeichnis dient die von K. MÜLLER und G. KRÖNERT bearbeitete Chronik "Leben und Werk von Gottfried Wilhelm Leibniz" (Veröffentl. d. Leibniz-Archivs 2, hrsg. v.d. Niedersächs. Landesbibliothek), Frankfurt/M. 1969. Des weiteren NDB 14 (1984), S. 121 - 131; Leibniz, in: Dictionary of scientific biography, ed. Charles C. Gillispie. Vol. 8, New York 1973, S. 149 - 168; Y. BELAVAL, Gottfried Wilhelm Leibniz, in: The New Enzyclopaedia britannica 15 ed. Chicago, London usw: Enzyclopaedia Britannica, Inc. 1974 Macropaedia Vol. 10, S. 785 - 789. Aufgrund von Ungenauigkeiten und unrichtigen Angaben ist die von W. SEIDEL verfaßte populärwissenschaftliche Biographie über Leibniz nicht unbedingt empfehlenswert; zudem versucht Seidel, ähnlich wie Holz (s. oben Anm. 2), den Philosophen in das Muster des historischen Materialismus zu pressen - ein marxistischer Interpretationsansatz ist bei Leibniz jedoch völlig verfehlt. Vgl. passim. Vgl. W. SEIDEL, Gottfried Wilhelm Leibniz, Leipzig, Jena, Berlin (O.) 1975. Vgl. neuerdings: E. A. AITON, Leibniz. A Biography. Bristol und Boston 1985, der Leibniz allerdings zu einseitig in erster Linie als Naturwissenschaftler und Mathematiker zeigt.
4 "In seinen Briefen (so wie in seinen Discoursen) suchte er sich nach den Neigungen und Fähigkeiten derer zu richten, mit welchen er sich unterhielt." Vgl. Vermischte Nachrichten von Leibnitzen, in: Chr. v. MURR, Journal zur Kunstgeschichte und zur allgemeinen Literatur, 7. Teil, Nürnberg 1779, S. 123 - 231, S. 214.
5 L. FEUERBACH, Geschichte der neueren Philosophie. Darstellung und Kritik der Leibnizschen Philosophie (Gesammelte Werke Bd. 3, hrsg. v. W. Schuffenhauer), Berlin 1969, S. 21.
6 Ebd. Vgl. auch K. Müller, G.W. Leibniz (1966), S. 2.
7 R. W. MEYER, Leibniz und die europäische Ordnungskrise, Hamburg 1948, S. 6.
8 Vgl. G. GRUA, G. W. Leibniz. Textes inédits. 2 Bde., Paris 1948, Bd. 2, S. 572.
9 Dieser Vielseitigkeit gerecht zu werden und Leibniz' Werk in Relation zu seinem Schicksal zu interpretieren, versucht Sandvoss in seiner - für den Nichtfachmann konzipierten - Leibniz-Biographie. Vgl. E. R. SANDVOSS, Gottfried Wilhelm Leibniz. Jurist - Naturwissenschaftler - Politiker - Philosoph - Historiker - Theologe. Göttingen - Zürich - Frankfurt/M. 1976 (Persönlichkeit und Geschichte Bd. 89/90). Indem der Autor den Philosophen von den verschiedenen Seiten seiner Gelehrsamkeit zu begreifen versucht, hofft er, dem Menschen Leibniz näherzukommen. "Die kühle", so Sandvoss, "bisweilen sogar abweisende, unserem Zeitalter so fremde Intellektualität des barocken Leibniz, der auf dem hohen Piedestal über der Welt, dem Leben und der Menschheit zu stehen scheint, muß in ihrer unendlichen Verstricktheit in das Zeitgeschehen, in ihrem titanischen Wollen, in ihrer erlebnis-

mäßigen Vielschichtigkeit und Intensität begriffen werden (...)." Ebd. S. 10. Leider hat der Autor bei seinem durchaus gelungenen Versuch darauf verzichtet, die vielen und gut gewählten Quellenzitate zu belegen.

10 Die im Leibniz-Archiv der Niedersächsischen Landesbibliothek aufbewahrte lateinische Handschrift LH XLI, 1, 16 Bl. wurde erstmals von G. H. PERTZ, Gesammelte Werke I, 4, S. 165 - 180, gedruckt. Mittlerweilen liegt Leibniz' Selbstschilderung auch in deutscher Übersetzung vor. Vgl. W. v. ENGELHARD; G. W. Leibniz. Schöpferische Vernunft, Marburg 1951, S. 379 - 407 und Gottfried Wilhelm Leibniz. Das neueste von China (1697). Novissima Sinica, mit ergänzenden Dokumenten hrsg., übs., erl. v. H.-G. NESSELRATH und H. REINBOTHE, Köln 1979, S. 143 - 151. Ebenso hat sich Leibniz in dem Entwurf einer Einleitung zu einem unter dem Pseudonym Wilhelmus Pacidius geplanten Werk, das offenbar eine Abhandlung über die Erweiterung und Verbesserung der Wissenschaften werden sollte (2. Hälfte 1671 - Anfang 1672(?)), selbst dargestellt. S. AA VI, 2 N. 59; vgl. auch GERHARDT, Phil. Schr. 7, S. 49 ff. Weitere autobiographische Aufzeichnungen des Philosophen in: KLOPP, Werke 1, Vorw. S. XXXII - XLVI. Einschlägige briefliche Äußerungen von Leibniz aus dem Jahre 1695, in welchen er z.b. Auskunft über seinen Gesundheitszustand, seine besonderen Gewohnheiten oder auch über die von ihm zu bewältigenden Arbeiten gibt, sind in Band I, 11 der Akademieausgabe (1982) z.T. erstmals ediert; vgl. u.a. N. 29, 41, 164, 213, 338.

11 Vgl. PERTZ, Gesammelte Werke I, 4, S. 183 - 224 und Nds. LB, LH XLI 2.

12 Vgl. J. G. ECKHART, Des seel. Herrn von Leibniz Lebenslauf, 1717, in: Chr. G. v. MURR, Journal zur Kunstgeschichte und zur allgemeinen Literatur. 7. Teil, Nürnberg 1779, S. 123 - 231. Leibniz' Sekretär und Nachfolger als Hofhistoriograph in Hannover hatte diesen Bericht für die Herzogin Elisabeth Charlotte von Orléans abgefaßt; diese wiederum überließ ihn dem damaligen Präsidenten der Académie des Sciences, Bernard le Bovier de Fontenelle, als Grundlage für seine "Eloge de Mr. de Leibnitz", in: Histoire de l'Académie Royale des Sciences. Année 1716. Paris 1718, S. 94 - 128. Vgl. außerdem Chr. WOLFF, Lebenslauf Herrn Gottfried Wilhelm von Leibnizens, in: ders., Gesammelte kleine philosophische Schriften, welches meistens aus dem Lateinischen übersetzt, Vierter Theil, darinnen die zu der Hauptwissenschafft gehoerige Stücke enthalten, auch mit noethigen und nuezlichen Anmerkungen versehen sind von G. F. H. Pr. der Ph. z.B. Halle 1739, S. 449 - 502. Über Eckhart vgl. H. LESKIEN, Johann Georg von Eckhart (1674 - 1730). Das Werk eines Vorläufers der Germanistik (Diss.-masch.schr.), Würzburg 1965.

13 Eine gute Übersicht über die biographischen Versuche vor und nach dem Tode von Leibniz gibt K. FISCHER (1920), S. 24 - 27.

14 Vgl. J. D. GRUBER, Prodromus Commercii epistolici Leibnitiani, 2 Bde., Hannoverae et Gottingae 1745; L. Dutens, G. G. Leibnitii opera omnia Bd. 1 - 6, Genf 1768.

15 Vgl. auch oben Anm. 2.

16 Vgl. die Eintragung in der Leibnizschen Hauschronik, in: MURR, Journal zur Kunstgeschichte (1779), S. 131, Anm. - das Datum des 21. Juni entspricht dem alten Kalenderstil; im folgenden wird bei Datierungen nach dem alten julianischen Kalender in Klammer das Datum des gregorianischen Kalenders hinzugefügt. Zur Kalenderfrage vgl. auch weiter ungen Kap. III, 3.1.3.4, b.

17 Vgl. GERHARDT, Phil. Schr. 7, S. 185; Leibniz' Selbstdarstellungen zeigen deutlich die Tendenz, "seine Entwicklung als von außen kaum beeinflußt, höchstens durch den Unverstand der Erziehenden gehemmt hinzustellen." E. R. SANDVOSS (1976), S. 14 - s. auch Anm. 20.

18 Vgl. H. STEINBERG, Wer war Leibniz?, in: Reinickendorfer Rathausvorträge 1 - 12, 1, Berlin 1967, S. 4 - 18, S. 6; Guhrauer I, S. 20 ff.

19 Vgl. K. FISCHER (1920), S. 29 und K. MÜLLER, Leibniz (1966), S. 11.

20 "Im Livius dagegen blieb ich länger hängen, denn da ich die Welt und die Begriffe der Alten nicht kannte und die Historiker überhaupt eine vom Verständnis des Volkes verschiedene Diktion haben (!), verstand ich, offen gestanden, kaum eine Zeile. Aber da es sich um eine alte Ausgabe handelte, die mit Holzschnitten geschmückt war, betrachtete ich diese eifrig, und nach und nach versuchte ich, die darunterstehenden Worte zu lesen, wobei ich nie bei dem Unverständlichen verweilte und das übersprang, was ich dem wenigstens verstand. Als ich dies öfter tat und schließlich das ganze Buch durchgeackert hatte, begann ich die Sache einige Zeit später von neuem und verstand nun schon viel mehr, wodurch ich wundersames Vergnügen empfand und ohne irgendein Wörterbuch fortfuhr, bis das meiste schon klar war und die Aussage des Autors offen zutagetrat." Vgl. Leibniz' Selbstdarstellung in der deutschen Übersetzung von H.-G. NESSELRATH und H. REINBOTHE, Novissima Sinica (1979), S. 144/5.

21 Vgl. Disputatio metaphysica de principio individui, 30. Mai 1663, in: AA VI, 1, N. 1.

22 Schon im Laufe der ersten Studienjahre in Leipzig hat sich Leibniz immer deutlicher von der aristotelisch-scholastischen Naturphilosophie abgewandt und sich der mathematisch-mechanischen Denkungsart angeschlossen. Vgl. GERHARDT, Phil. Schr. 3, S. 606.

23 Eine systematische Entwicklung seiner Philosophie in einem großen Werk hat Leibniz uns vorenthalten. Seine philosophischen Veröffentlichungen betrachtete er als vorläufige Erläuterungen einiger zentraler Gedanken. In bezug auf die Veröffentlichung seiner tiefsten Gedanken glaubte er, zurückhaltend sein zu müssen, denn "ce qui est plus profond ne peut servir qu'aux esprits choisis. Margaritae non sunt objiciendae porcis". S. AA I, 11 N. 348, S. 516. Was er hoffte, noch leisten zu können, war eine Philosophie, zu der es nichts Vergleichbares gäbe, "parce qu'elle aura la clarté et la certitude des Mathematiques, car elle contiendra quelque chose de semblable au calcul". Ebd. N. 289, S. 420/21; vgl. auch ebd. Einl. S. LXIV. Um sein philosophisches System zu entschlüsseln, bedarf es mindestens der Kenntnis folgender Werke: 1. *Discours de la métaphysique* als erste Schrift, die im Kern die Leibnizsche Weltauffassung enthält. 2. *Nouveaux essais sur l'entendement humain*, die Leibniz als Antwort auf Lockes Essay über die menschliche Vernunft verfaßt hatte. 3. *Essais de Théodiceé*, das einzige größere von Leibniz veröffentlichte Werk, das die Güte Gottes, die Willensfreiheit des Menschen und den Ursprung des Übels diskutiert. 4. *Monadologie*, die als Zusammenfassung der Leibnizschen Lehren gilt, die aber nicht, wie vielfach angenommen wurde, auf Wunsch des Prinzen Eugen zustande kam, deren erste Skizzen vielmehr für Nicolas Remond entstanden. Vgl. P. WIEDEBURG (1970), Teil 1, Anm. 216. - Für den Prinzen Eugen verfaßte Leibniz seine *"Principes de la nature et de la grâce fondés en raison"*. Vgl. MÜLLER / KRÖNERT, Leibniz-Chronik, S. 245.

24 E. Weigel (1625 - 1699) erwarb 1650 den Magistertitel an der Universität Leipzig und folgte 1652 dem Ruf an die Universität Jena als Professor für Mathematik. In dieser Stadt, in der bis zu seinem Tode wirkte, wurde er der Lehrer von G. W. Leibniz. Weigel, der zunächst eindeutig von Descartes angeregt worden war, ging in der Folgezeit weitgehend eigene Wege. Zu der rationalistischen Wurzel seines Denkens kam die Absicht, die Mathematik praktisch anzuwenden; er entwickelte eine rational-demonstrative Wissenschaftsmethode, die viele Anhänger fand. Große Verdienste erwarb er sich auch in der Überwindung der Neuscholastik und der Verbreitung des mathematisch-technischen Wissens im damaligen Deutschland. Weigel verkörpert wie kein anderer den für sein Zeitalter typischen Polyhistor: er war nicht nur Mathematiker, Astronom, Techniker und Erfinder, sondern auch Philosoph, Publizist und Jurist. Im Mittelpunkt seines Interesses standen die menschliche Gesellschaft und ihr Fortschritt, wobei Weigel ständig darum bemüht war, Gesellschaft und Technik in der Ethik zu verbinden. 1673 schuf er die Societas Phythagorea, die spätere Tugendschule. Das Hauptanliegen Weigels war die Verbreitung der Bildung; diesem entsprechend entwickelte er in seinem 1674 abgefaßten Werk *Die Arithmetische Beschreibung der Moralweisheit* seine pädagogischen Theorien, die er schließlich 1682 an der "Freudigen Kunst- und Tugendschule" in Jena erprobte; unter Kunst verstand Weigel nach damaligen Begriffen angewandte Mathematik in der Technik. - Vgl. E. WINTER, Frühaufklärung, Berlin/Ost 1966, S. 58 - 62; des weiteren: die Beiträge zur Weigel-Forschung von W. RÖD, K. SCHALLER; H. SCHLEE, W. VOISE und E. WINTER in den Studia Leibnitiana 3 (1971); O. STAMMFORT, Die philosophischen und pädagogischen Grundansichten Erhard Weigels (Diss.), Gelnhausen 1931; W. HESTERMAYER; Paedagogia Mathematica. Idee einer universellen Mathematik als Grundlage der Menschenbildung in der Didaktik E. Weigels, zugleich ein Beitrag zur Geschichte des pädagogischen Realismus im 17. Jahrhundert, Paderborn 1969; H. SCHÜLING, Erhard Weigel (1625 - 1699). Materialien zur Erforschung seines Wirkens. Gießen 1970 (Berichte u. Arbeiten aus d. Universitätsbibl. Gießen Bd. 18). S. auch im folgenden Kap. III, 2.2.2.1.

25 Ein besseres Verständnis von Weigel, so E. Winter, wird in hohem Maße zu einem besseren Verständnis von Leibniz beitragen. Vgl. E. WINTER, Erhard Weigels Ausstrahlungskraft. Die Bedeutung der Weigel-Forschung, in: Stud. Leibn. 3 (1971), S. 1 - 5, S. 1. - Erst in jüngerer Zeit hat K. Moll den Weigelschen Einfluß hinsichtlich des Bildungsweges und der Entwicklung der Philosophie Leibnizens untersucht. Vgl. K. MOLL, Der junge Leibniz. 1: Die wissenschaftstheoretische Problemstellung seines ersten Systementwurfs. Der Anschluß an E. Weigels Scientia generalis. Stuttgart - Bad-Cannstadt 1978 und ders., Von Erhard Weigel zu Christiaan Huygens, Feststellungen zu Leibnizens Bildungsweg zwischen Nürnberg, Mainz und Paris. In: Stud. Leibn. 14,1 (1982), S. 56 - 72. Vgl. ferner: E. SPIESS, Erhard Weigel, weiland Professor der Mathematik und Astronomie zu Jena, der Lehrer von Leibniz und Pufendorf, Leipzig 1881; O. KNOPF, Die Astronomie an der Universität Jena von der Gründung der Universität im Jahre 1558 bis zur Entpflichtung des Verfassers im Jahre 1927, Jena 1938 (Zeitschr. d. Vereins f. Thüringische Geschichte u. Altertumskunde N. F., Beitr. 19 = Beitr. zur Gesch. d. Univ. Jena 7); H. SCHÖFFLER, Deutsches Geistesleben zwischen Reformation und Aufklärung, Frankfurt/M. 1956; H. SCHLEE, Erhard Weigel und sein süddeutscher Schülerkreis. Eine pädagogische Bewegung im 17. Jahrhundert, Heidelberg 1968 (Pädagog. Forschungen. Veröffentl. des Comenius-Instituts. Reihe: Editionen und Monographien); W. VOISE, Meister und Schüler: Erhard Weigel und Gottfried Wilhelm Leibniz, in: Stud. Leibn. 3 (1971), S. 55 - 67.

26 Allen voran vertritt R. W. MEYER, Europäische Ordnungskrise (1948), S. 145 ff., diese Ansicht. Weigel habe es seinem Schüler verübelt, daß dieser Ideen und Vorschläge von ihm übernommen und als sein eigenes geistiges Gut ausgegeben habe; mindestens Leibniz' Vorschlag, die 1701 in Berlin gegründete Akademie durch ein Kalenderprivileg zu finanzieren, ist nachweislich auf Weigel zurückzu-

führen. Vgl. im folgenden Kap. III, 3.1.3.4. Tatsächlich läßt sich ein kontinuierlicher Kontakt beider Gelehrten nicht nachweisen, zudem sind die Äußerungen des Philosophen über seinen Jenaer Lehrer spärlich. Vgl. die entsprechenden Dokumente aus den Jahren 1663 - 1685 (AA II, 1), die K. MOLL, Der junge Leibniz, S. 61 ff., untersucht hat.

27 So etwa in seiner Beurteilung der Weigelschen Vorschläge zu einem "Collegium Artis Curiosorum", das eine wissenschaftliche Gesellschaft und zugleich eine Art Reichspatentamt sein sollte. Vgl. "Ueber einige von Erhard Weigel vor dem Reichstag zu Regensburg gebrachte Vorschläge (1697)", in: G. E. GUHRAUER, Dt. Schr. 2, S. 473 - 476. Vgl. auch im folgenden Kap. III, 3.1.3.4. Kritik an Weigel klingt auch in Leibniz' Briefwechsel mit dem kursächsischen Agenten in Hamburg, Christian Philipp, vom April/Mai 1682 an, am deutlichsten in dem Brief des Gelehrten vom 21. März 1681: "Mons. Weigelius a beaucoup d'esprit sans doute; mais souvent il est peu intelligible et il semble qu'il n'a pas toujours des pensées bien nettes." Vgl. AA I, 3, S. 466; S. 529 f. u. 534 f. Umgekehrt mußte sich aber auch Leibniz von seinem ehemaligen Lehrer den Vorwurf machen lassen, er verschwende seine geistigen Fähigkeiten auf wenig nutzbringende Angelegenheiten, statt sich mit wirklich Notwendigem zu befassen. Vgl. den Brief von Leibniz' älterem Bruder Johann Friedrich vom 6. Okt. 1691, AA I, 7, N. 387, S. 679 u. den Antwortbrief des Philosophen vom 13. Okt. 1691, ebd. N. 388, S. 680 - 684. - Vgl. auch den Aufsatz von K. MOLL, Eine unausgetragene Kontroverse zwischen G. W. Leibniz und seinem Lehrer Erhard Weigel über den angeblichen Mangel seines theoretischen Philosophierens an pädagogischer und praktischer Relevanz. In: Stud. Leibn. Suppl. 21 (1980), S. 112 - 125.

28 Vgl. GUHRAUER I, S. 33. - Zwei Jahre später, vermutlich im Januar 1665, trat Leibniz in seiner Heimatstadt einer ähnlichen, von jungen Gelehrten gegründeten Gesellschaft bei, der, "Societas Conferentium". Vgl. Krit. Kat. Nr. 27 - 30; 50, 57, 75. Interessante Informationen vermittelt uns hierzu Paul Ritter, der, den entsprechenden Hinweisen Guhrauers folgend, die diesbezüglichen in der ehemaligen Königlichen Universitätsbibliothek zu Leipzig erhaltenen Akten erstmals genauer eingesehen hat. Vgl. P. RITTER, Leibniz-Funde (1904), S. 45/46. Demnach stellt sich Leibniz' Mitgliedschaft in diesem 1664 gegründeten Zirkel, dessen Geschäfte er eine Zeit lang als Fiskal führte, nicht unbedingt als glanzvolles Kapitel in seinem Leben dar, sie war vielmehr gekennzeichnet von Verstößen gegen die Vorschriften und Unzuverlässigkeit. Den in AA VI, 2 N. 24 abgedruckten Vortrag "De Collegiis" hat Leibniz vermutlich 1665 vor der Gesellschaft gehalten.

29 Den direkten Anstoß hat ihm, laut Eckhart, der damals berühmte Jurist Johann Strauch gegeben, der sich zur selben Zeit wie Leibniz an der Jenaer Universität aufhielt; Strauch war im übrigen mit der Schwester von Leibniz' Mutter verheiratet. Vgl. J. G. ECKHART, Lebenslauf (1717), S. 134. - Leibniz' Umweg über die Philosophie darf nicht etwa als Unschlüssigkeit bei der Wahl seines Berufes gewertet werden. Philosophische Übungen waren damals Pflicht für jeden angehenden Studenten der Jurisprudenz. Vgl. W. KABITZ, Die Bildungsgeschichte des jungen Leibniz. In: Zeitschr. f. Geschichte d. Erziehung u. des Unterrichts 2, H. 3, (1912), S. 164 - 184, S. 175.

30 Vgl. K. MÜLLER, Leibniz, S. 14. Erstaunlich lange konnte sich die von Guhrauer bereits im Titel seiner Leibniz-Biographie festgeschriebene Ansicht halten, daß Leibniz vom Kaiser geadelt wurde. So u.a. noch 1974 Y. BELAVAL in: The New Enzyclopaedia Britannica 15, S. 788. Gestützt wurde diese Meinung nicht nur durch die Tatsache, daß offensichtlich auch Zeitgenossen dem Philosophen das Adelsprädikat wie selbstverständlich zuerkannten; Leibniz wurde z.T. sogar in offiziellen Akten mit dem entsprechenden Titel geführt. Vgl. u.a. J. BERGMANN, Leibniz als Reichshofrat in Wien und dessen Besoldung, in: SB d. Kaiserl. Akad. d. Wiss., Phil. - hist. Kl. 26, 1858, S. 187 - 215, S. 213/14. Gleichwohl kam Paul Ritter nach Überprüfung des einschlägigen Quellenmaterials zu dem Ergebnis, daß der Philosoph tatsächlich niemals geadelt wurde, er sich den Titel im Sommer 1700 vielmehr selbst verliehen hat. Vgl. K. MÜLLER, Leibniz, S. 9. Zur Frage der Nobilisierung Leibnizens, vgl. auch P. WIEDEBURG; Der junge Leibniz. Das Reich und Europa. Teil 1: Mainz, Bd. 2 (=Anmerkungsband), Wiesbaden 1962, S. 38 ff., Anm. 86.

31 Inwieweit Leibniz' Wunsch, öffentlich zu wirken, von Geltungs- und Profilierungssucht bestimmt war, muß dahingestellt bleiben; derartige Gefühle waren dem Philosophen aber offensichtlich nicht ganz so fremd wie er immer wieder glauben machen möchte. Vgl. passim.

32 Vor allem K. MOLL (Der junge Leibniz) vertritt, wie vor ihm schon K. FISCHER (1920, S. 43/44) die Meinung, "daß dem von Jena nach Leipzig zurückgekehrten Leibniz Zweifel (...), da einer mit Leipziger Elle gemessenen aristotelischen Linientreu entgegengebracht wurden, die einer Karriere in damaligen Leipziger Milieu durchaus nicht förderlich sein konnte" (S. 43). - Für P. PETERSEN, Geschichte der aristotelischen Philosophie im protestantischen Deutschland, Leipzig 1921 (Nachdr. Stuttgart - Bad Cannstatt 1964) hat sich diese Interpretation dagegen "vollständig als Klatsch erwiesen". (S. 357, Anm. 1). Und W. KABITZ führt in seinem Anhang zu K. Fischers Leibniz-Biographie (5. Aufl., Heidelberg 1920) das Scheitern Leibniz' auf eine Rivalität mit dem Sohn des mächtigen Leipziger Theologen Carpzov zurück. (S. 716 f.).

33 Vgl. G. STAMMLER (1930), S. 15.

34 Vgl. die Selbstdarstellung des Philosophen in der deutschen Übersetzung von H. G. NESSELRATH u. H. REINBOTHE, Das Neueste von China, S. 147/48.
35 Vgl. AA IV, 1, N. 9. Ebenso wie die Professur, die dem Philosophen nach seiner glänzenden Promotion in Altdorf angeboten worden war (s. weiter unten), führt K. MOLL (Leinbizens Bildungsweg, S. 58/59) dessen Entscheidung, sein juristisches Studium an der Nürnbergischen Universität abzuschließen, auf die engen Verbindungen des Weigel-Kreises in Jena mit der Kaufmannschaft sowie der Geistlichkeit in Nürnberg und die an der Jenaer Hochschule orientierte Universitätspolitik zurück.
36 "(...) paullo post Dilherrus, primus urbis ecclesiates, scholarcharum jussu mihi denuntiaverit, si animus esset haerere aliquamdiu in illa academia, professoris munus se mihi mature spondere. Sed ego longe alia animo agitabam." PERTZ, Gesammelte Werke I, 4, S. 170.
37 Aufgrund seines regen geistig-kulturellen Lebens nahm Nürnberg im 17. Jahrhundert eine bedeutende Stellung ein. - Eine größere eigene Studie zu diesem Thema steht noch aus, wichtige Informationen enthalten jedoch die beiden Arbeiten von G. A. WILL, Geschichte und Beschreibung der Nürnberger Universität Altdorf, Altdorf 1801 und A. KRAUS, Bürgerlicher Geist und Wissenschaft. Wissenschaftliches Leben im Zeitalter des Barock und der Aufklärng in Augsburg, Regensburg und Nürnberg (Archiv f. Kulturgeschichte 40), 1967, S. 345 ff., sowie der von G. PFEIFFER herausgegebene Sammelband, Nürnberg - Geschichte einer europäischen Stadt, München 1971.
38 Zu den Sozietäten in Nürnberg vgl. R. v. DÜLMEN, Sozietätsbildungen in Nürnberg (1969). Mit Sicherheit hat der Philosoph in Nürnberg den offensichtlich weitläufig mit ihm verwandten Justus Jakob Leibniz und Georg Volckamer kennengelernt. Justus Jakob Leibniz war Mitglied der von Andreae gegründeten *"Unio christiana"*, Volckhamer war Mitglied in Harsdörfers *"Pegnesischem Blumenorden"* und später Präsident der *"Leopoldina"*, was einmal mehr die personelle Verflechtung der frühen deutschen Sozietäten dokumentiert. Nicht nachgewiesen, aber durchaus wahrscheinlich ist die Mitgliedschaft beider in der Chymischen Gesellschaft, der auch Leibniz kurze Zeit angehörte. S. weiter unten - Vgl. G. M. ROSS, Leibniz and the Nuremberg Alchemical Society, in: Stud. Leibn. 6,1 (1974), S. 222 - 248, S. 227 ff.
39 Das neigne geweisene einschlägige Promemoria datiert vom 22. Oktober 1668 und war an Kaiser Leopold I. gerichtet. Vgl. AA I, 1, S. 3 ff; s. auch Kap. III, 1.1.
40 Eine Rosenkreuzergesellschaft hat in Nürnberg sehr wahrscheinlich gar nicht existiert. So. R. v. DÜLMEN, Sozietätsbildungen in Nürnberg (1969), S. 181; vgl. auch Kap.II, 2, Anm. 48. Vermutlich hatte Leibniz Anschluß an "einen Kreis wohl auch an naturwissenschaftlichen Experimenten interessierter Gelehrter, die zwar teilweise Mitglieder anderer Sozietäten in Nürnberg waren, aber weder mit dem Blumenorden noch mit der Unio christiana etwas zu tun hatten". Ebd. S. 182.
41 Vgl. J. G. ECKHART, Lebenslauf (1717), S. 137 ff. - die relative Glaubwürdigkeit Eckharts hat G. M. ROSS (1974), S. 240 ff., nachgewiesen; s. auch unten Anm. 44.
42 Der Stein der Weisen oder eine "Tinctur", die die Adepten zu finden hofften, sollte unedle Metalle in Silber bzw. Gold verwandeln können und zugleich als Allheilmittel und Lebenselexir dienen.
43 J. G. ECKHART, Lebenslauf (1717), S. 139.
44 Ebd. S. 140 - Diese Anekdote über Leibniz' Aufnahme in die Chymische Gesellschaft hält Ross allerdings für wenig glaubhaft. (Vgl. oben Anm. 41). Leibniz habe die Alchimie in jungen Jahren durchaus ernst genommen und nicht, wie Eckharts Aussagen vermuten lassen, sich darüber lustig gemacht. Möglicherweise habe aber der Philosoph selbst, bewußt oder unbewußt, seinem Sekretär diese Geschichte erzählt, "as to reflect his later rather than his earlier attitude towards the occult". Vgl. G. M ROSS (1974), S. 243.
45 Vgl. ebd. S. 244.
46 Die einzige, mit gewissen Einschränkungen ernstzunehmende Quelle bleibt Eckharts Bericht. Briefe von Leibniz aus den Jahren 1666/67 sind uns nicht erhalten (vgl. auch AA II, 1, Einl. S. XXIV); allerdings lassen Äußerungen des Philosophen aus späteren Jahren darauf schließen, daß er tatsächlich für kurze Zeit Mitglied einer alchymistischen Gesellschaft war. Vgl. "Oedipus chymicus aenigmatis Graeci et Germanici" (1710); in: DUTENS I, S. 203 ff. oder auch den Brief an Gottfried Thomasius vom 17.12.1696. Vgl. unten Anm. 47. - Die vielen Studien, vor allem älteren Datums, die Leibniz' alchymistische Neigung untersuchen, sind oftmals mehr Dichtung als Wahrheit; so z.B. neben den entsprechenden Kapiteln in den bereits genannten Leibniz-Biographie (vgl. oben Anm. 2): Chr. Gottl. MURR, Litterarische Nachricht zu der Geschichte des sogenannten Goldmachens, Leipzig 1805, S. 79 - 84; K. Chr. SCHMIEDER, Geschichte der Alchymie (1832), Neuaufl. Ulm 1959, S. 414 - 416; H. MORICH - CLAUSTHAL, Wie Leibniz Alchemist wurde, in: Die Spinnstube IV (1927), S. 295 - 296; A. KREINER, Der junge Leibniz in Altdorf und Nürnberg. 1667 Sekretär einer alchymistischen Gesellschaft, in: Nürnberger Hefte I, 9 (1949), S. 12 - 14. - Aber auch G. M. Ross, der die zahlreichen Irrtümer nachgewiesen hat, konnte bisher noch mit wesentlichen neuen gesicherten Erkenntnissen aufwarten. Vgl. G. M. ROSS (1974), S. 222 - 248 sowie Leibniz and Alchemy in Stud. Leibn. Sonderh. 7 (1975), S. 166 - 177.

47 "Me Noriberga a primum chemicis studiis imbuit nec poenitet adolescentem dedicisse quod viro cautioni esset". Leibniz an Gottfried Thomasius, 7. (17.) Dez. 1696, Nds. LB., LBr. 925, Bl. 13 r, vgl. auch BODEMANN - Brw. S. 337 - die deutsche Übersetzung ist zit. nach MÜLLER / KRÖNERT, Leibniz-Chronik, S. 11.

48 Die noch von H. H. HOLZ, Leibniz, S. 15, vertretene These, Leibniz' frühe Pläne trügen eindeutig (prä) freimaurerische Züge, deren Motive sich ihm aus dem Umgang mit den Rosenkreuzern konkretisiert haben, muß im Hinblick auf das oben Dargestellte zweifellos relativiert werden. Vgl. dazu auch Kap. III, 1 u. 2 passim. Zum Begriff der Rosenkreuzer vgl. den gleichlautenden Artikel in: H. RÖSSLER/G. FRANZ, Sachwörterbuch zur deutschen Geschichte, München 1956/58, S. 1073.

49 Daß Leibniz in Nürnberg sowohl mit Dilherr (1604 - 1669) als auch mit Wülfer (1617 - 1685) Kontakt pflegte, ist unbestritten. Vgl. u.a. Leibniz' Hinweis, daß Dilherr ihm im Auftrag der nürnbergischen Schulleiter eine Professur an der Universität Altdorf angeboten habe. Selbstschilderung, PERTZ Gesammelte Werke I, 4, S. 170; außerdem: "Danielem Wulferum ego adolescens Noribergae saepe adii et aliis ejus temporis viris doctis Noribergensibus familiaris fui." Leibniz an Bierling, 16. März 1712, in: GERHARDT, Phil. Schr. 7, S. 504 und Leibniz' Brief an Wülfer vom 19. Dezember 1669, AA I, 1, N. 79, S. 79/80. - Es ist aber weder erwiesen, daß die beiden Theologen Mitglied in der von Eckhart genannten Chymischen Gesellschaft waren, was aber durchaus möglich ist, noch daß Wülfer der Präsident derselben war. Vgl. u.a. G. M. ROSS (1974), S. 227 - 233. - Zu Dilherr und Wülfer vgl. G. A. WILL, Nürnbergisches Gelehrten-Lexikon Bd. 1 - 4, Nürnberg u. Altdorf 1755 - 58, Bd. 1 (1755), S. 264 - 277 und Bd. 4 (1758), S. 296 - 300.

50 Vgl. G. STAMMLER (1930), S. 16 f. - Die spezifischen Missionsvorstellungen des Philosophen und die diesbezüglichen Aufgaben der Leibnizschen Akademie untersucht das Kap. III, 2.2.2.4. dieser Untersuchung.

51 Johann Christian von Boineburg (1622 - 1672) war vierundvierzig Jahre alt, als er erstmals mit Leibniz zusammentraf; zu diesem Zeitpunkt hatte er seine glänzende Karriere eigentlich schon hinter sich. Nachdem Boineburg sich in den Diensten der Landgrafen von Hessen-Darmstadt und - Kassel als Diplomat bereits einen Namen gemacht hatte, wurde 1652 auch Johann Philipp von Schönborn auf ihn aufmerksam; der Kurfürst von Mainz und damit Reichserzkanzler berief ihn in seine Dienste. Boineburg wurde Präsident des Geheimen Rates und Oberhofmarschall und konvertierte, teils wegen seiner Stellung im Erzbistum, sicher aber auch aus Überzeugung, 1653 zum katholischen Glauben. In den Jahren 1652 - 64 verblieb Boineburg in Mainz an der Spitze der Staatsgeschäfte; sein Einfluß erstreckte sich, dank der Stellung, die Mainz im Reich innehatte, und seines politischen Könnens, auf die wichtigsten deutschen und europäischen Zeitfragen. 1663 endete seine Laufbahn mit einem jähen Sturz. Einmal hatte er sich die Abneigung sowohl Frankreichs als auch Österreichs zugezogen, zum anderen hatten es Intriganten am Mainzer Hof verstanden, ihn dem Kurfürsten als Verräter hinzustellen, so daß er seiner Ämter enthoben und verhaftet wurde. Nach seiner Entlassung, wenige Monate später lebte Boineburg trotz seiner vollständigen Rehabilitation als Privatmann, der zwar immer wieder die Rolle eines politischen Beraters übernahm, das volle Vertrauen Schönborns aber nicht mehr zurückgewinnen konnte. Vgl. ADB 3 (1876), S. 222 - 24 und NDB 2 (1955), S. 424/5; ferner: H. SCHROHE, Johann Christian von Boineburg, Mainz 1926 und E. ULTSCH, Johann Christian von Boineburg. Ein Beitrag zur Geistesgeschichte des 17. Jahrhunderts. Würzburg 1936. Über Boineburg vgl. auch im folgenden Kap. III, 1.1. passim.

52 Vgl. K. MÜLLER, G. W. Leibniz, S. 18. Ebenso E. HOCHSTETTER, AA VI, 2, Vorwort S. XVIII und P. RITTER, Leibniz' Ägyptischer Plan, Darmstadt 1930, S. 177 f., der als erster die "Boineburg-Legende" anzweifelte. Die gegensätzlichen Auffassungen zu dieser Frage in der Leibniz-Literatur vermittelt uns zusammenfassend P. WIEDEBURG, Der junge Leibniz, Teil 1, in seinem sehr ausführlichen Anmerkungsband (Bd. 2), Anm. 110, S. 80 ff.

53 Vgl. K. MÜLLER, G. W. Leibniz, S. 18. Vgl. dagegen H.-P. SCHNEIDER, Justitia Universalis. Quellenstudium zur Geschichte des "Christlichen Naturrechts" bei Gottfried Wilhelm Leibniz Frankfurt/M. 1967 (= Jurist. Abhandlungen Bd. VII), S. 45 ff. Schneiders Vermutung, Leibniz habe Boineburg durch die Vermittlung Dilherrs im Kreise der Nürnberger Alchymisten kennengelernt, entbehrt aber wohl jeglicher quellenmäßigen Grundlage und bleibt somit ebenso wie die Anekdote über die "zufällige Bekanntschaft beider am Nürnberger Wirtstisch" reine Spekulation.

54 Während Boineburg in einem Schreiben an den Staatsrechtler Hermann Conring vom 26. April 1668 für sich in Anspruch nimmt, Leibniz bei Hofe des Kurfürsten von Mainz eingeführt zu haben, erweckt dieser selbst den Eindruck, als sei Schönborn ohne die Vermittlung eines Dritten auf ihn aufmerksam geworden. Vgl. GRUBER, Comm. epist. Leibn. 2, S. 1204 - 1210, S. 1209 sowie MÜLLER / KRÖNERT, Leibniz-Chronik, S. 11 - Leibniz' Mainzer Jahre untersucht, mit Schwerpunkt auf juristischem Gebiet, E. MOLITOR, Leibniz in Mainz. Jb. f.d. Bistum Mainz, hrsg. v. A. Schuchert, 5 Bde., Mainz 1950 (= Festschr. f. Bisch. Alb. Stohr); die frühen historisch-politischen und weltanschaulichen Einflüsse auf Leibniz in Mainz sowie die ersten wissenschaftlichen Leistungen des Gelehr-

ten stehen im Mittelpunkt des ersten Teils der groß angelegten Studie von P. WIEDEBURG, Der junge Leibniz. Das Reich und Europa. Teil 1, 2 Bde., Wiesbaden 1962 (= Hist. Forschungen IV).
55 Die "Nova Methodus" war erstmals 1667 in Frankfurt anonym erschienen. Vgl. RAVIER, 8, S. 15 und AA VI,1, N.10. Den Grund für diese Schrift hatte Leibniz wohl schon vor seiner Ankunft in Frankfurt, vermutlich noch in Nürnberg oder sogar schon in Leipzig gelegt. Vgl. AA VI, 2, Einl. S. XVII. In einem Frankfurter Gasthof geschah dann allerdings in Eile ihre Fertigstellung zur Drucklegung. Vgl. Leibniz an Bierling, 16. März 1712, DUTENS 5, S 379. Die Widmung an Schönborn erfolgte, so H.-P.SCHNEIDER (Justitia Universalis, S. 51), aufgrund des Hinweises von Boineburg, daß der Mainzer Kurfürst eine Reform des Corpus Juris in Auftrag gegeben habe, mit dem Ziel Leibniz', Schönborn auf sich aufmerksam zu machen.
56 Obwohl nicht eindeutig geklärt ist, ob Boineburg Leibniz an den Mainzer Kurfürsten vermittelt hat (vgl. Anm. 54), bleibt es ihm unbenommen, den jungen Leipziger Gelehrten entdeckt und gefördert zu haben. Vgl. H. SCHROHE (1926), S. 13. Er hat Leibniz nicht nur mit den wichtigsten Persönlichkeiten des Reiches zusammengebracht, sondern auch seinen Bekanntheitsgrad enorm gefördert, indem er einen großen Teil seiner Schriften veröffentlichen ließ. Vgl. K. FISCHER (1920), S. 783. Nicht zuletzt hat Boineburg, der selbst zum katholischen Glauben konvertiert war, Leibniz' Kirchenreunionsbestrebungen unterstützt und ihm erste Anregungen gegeben, seine Fähigkeiten in politischdiplomatischen Aktivitäten zu versuchen, gleichwohl dieser dabei wenig erfolgreich werden sollte. Vgl. auch C. HAASE, Leibniz als Politiker und Diplomat, in: Totok / Haase, Leibniz, S. 195 - 226, bes. S. 195/96. - Wie sehr Leibniz seinen Förderer geschätzt hat, zeigt u.a. sein Plan, nach dem Tode Boineburgs dessen Biographie anzufertigen; diese muß im Juni 1673 fast vollendet vorgelegen haben, ist jedoch nicht überliefert. Vgl. den Brief Johann Linckers an Leibniz vom 27. Juli 1673, AA I, 1, N. 243, S. 357 und Leibniz' Schreiben an Herzog Christian von Mecklenburg vom März 1675, ebd. N. 320, S. 476; ebenso Leibniz' biographische Aufzeichnungen über Boineburg 1687 - 88, AA IV, 3 N. 3.
57 S. im folgenden Kap. III, 1.1, Anm. 191.
58 AA VI, 1, N. 13 - die "Confessio" wurde 1669 erstmalig gedruckt.
59 Ebd. N. 16.
60 Ebd. N. 1. Diese Flugschrift darf als "erste(r) Versuch (gelten), eine bestimmte politische Lage im streng (natur-) wissenschaftlichen Verfahren zu analysieren und daraus konkrete politische Forderungen abzuleiten". H.-P. SCHNEIDER, Justitia Universalis (1967), S. 63.
61 C. HAASE, Leibniz als Politiker und Diplomat, S. 198.
62 Vgl. G. GERBER, Leibniz und seine Korrespondenz, in: Totok / Haase, Leibniz, S. 141 - 171, S. 143. - Boineburg hat auch Herzog Johann Friedrich auf Leibniz aufmerksam gemacht, der den Philosophen 1676 in seine Dienste nahm und in Hannover seßhaft machte. Vgl. AA I, 1, N. 326 u. N. 327, S. 491.
63 "Theoria motus abstracti" und "Hypothesis physica nova". Vgl. RAVIER, 13 - 14, S. 17/18, sowie AA VI, 2 N. 38 u. 40.
64 Vgl. AA IV, 1, N. 10 - 18. - Um Frankreichs Hegemoniebestrebungen, die häufig das Thema seiner politischen Schriften waren, von Europa abzulenken, versuchte Leibniz in seinem Entwurf den französischen König von der Notwendigkeit und Nützlichkeit eines "Heiligen Krieges" gegen die Türken zu überzeugen. Vgl. u.a. P. RITTER, Leibniz' Ägyptischer Plan, Darmstadt 1930 und P. WIEDEBURG, "Je ne vous dis rien sur les projets d'une Guerre Sainte, mais vous sçaurez qu'elles ont cessé d'estre à la mode depuis Saint Louis". Ein Beitrag zur Wertung des Consilium Aegypticum Leibnizens, in: Stud. Leibn. Suppl. 4 (1969), S. 207 - 224. Einen ähnlichen, ebenso erfolglosen Plan hat wenig später, im Mai 1672, Schönborn, allerdings unabhängig und offensichtlich auch ohne Kenntnis von Leibniz' Aktivitäten in Paris, dem französischen Gesandten in Mainz, Isaac de Fenquière, vorgelegt. Vgl. H.-P. SCHNEIDER, Justitia Universalis, S. 66/67. Abdruck und Untersuchung dieses Entwurfes in seiner Beziehung zu Leibniz' Projekt bei: F. J. KRAPPMANN, Johann Philipp von Schönborn und das Leibnizsche Consilium Aegypticum. Ein Beitrag zur Politik der letzten Jahre des Kurfürsten. In: Zeitschr. für die Geschichte d. Oberrheins N.F. Bd. 45, H. 2 (1932), S. 185 - 219.
65 Leibniz an Germain Brice, Hannover 28. März 1692, in: AA I, 7 N. 356.
66 Vgl. P. RITTER, Ägyptischer Plan (1930), S. 67 f.
67 Vgl. ebd. S. 74/75.
68 Leibniz an Herzog Johann Friedrich, Paris 21. Januar 1675, AA I, 1, N. 328, S. 491/2. - Die kühle Aufnahme, die man dem deutschen Gelehrten in Paris bereitete, kennzeichnet ganz besonders auch der Briefwechsel mit Louis Ferrand. AA I, 1, N. 301 ff.; vgl. vor allem Leibniz' Schreiben vom Mai 1672(?), ebd. N. 303.
69 Vgl. Kap. II, 2, S. 41 f.

70 Vgl. auch K. MÜLLER, Leibniz, S. 27. - Seine Eindrücke von Paris und den königlichen Sozietäten schildert Leibniz dem Kurfürsten Johann Philipp von Mainz in einem Schreiben vom 20. Dezember 1672, AA I, 1, N. 203.
71 Vgl. auch weiter unten Anm. 73. Der Frage nach dem tatsächlichen Eintritt von Leibniz in die Pariser Akademie geht C. SALOMON-BAYET nach und sie vertritt die Meinung, daß eine definitive Beantwortung aufgrund des vorhandenen Quellenmaterials nicht möglich ist. Vgl. "Les Académies scientifiques: Leibniz et l'Académie Royale des Sciences 1672 - 1676, in: Stud. Leibn. Suppl. 17 (1978), S. 155 - 170, bes. S. 162 ff. Während das in Hannover aufbewahrte Diplom für den 13. März 1700 ausgestellt ist (vgl. Nds. LB., LH XLI 8.), datiert das an die Académie des Sciences gerichtete Dankschreiben des Philosophen bereits vom 8.2.1700; abgedruckt in: Ch. E. JORDAN, Recueil de Litterature de Philosophie et d'Histoire. Amsterdam 1730, S. 147 - 157, bes. S. 147, allerdings mit falscher Datierung (26.2.1700); vgl. auch DUTENS 4, 2, S. 143 - 145 und MÜLLER / KRÖNERT, Leibniz-Chronik, S. 161. Nach Joseph KAMPE de FERIET, einem Vertreter der Académie des Sciences wurde Leibniz am 28. Januar 1699 als "associé étranger" in die Akademie aufgenommen; so Kampé in seiner Begrüßungsrede auf dem ersten Internationalen Leibniz-Kongreß in Hannover vom 14. - 19. Nov. 1966, in: Stud. Leibn. Suppl. 2, S. 23/24. - Leibniz' Aufenthalt und Kontakt mit Paris untersuchen: G. HESS, Leibniz korrespondiert mit Paris. Einl. u. Übertr. Hamburg 1940; W. H. BARBER, Leibniz in France, Oxford 1955; Y. BELAVAL, Leibniz à Paris, in: Leibniz 1646 - 1716. Aspects de l'homme et de l'oeuvre (Journées Leibniz, organis. au Centre Int. de Synthèse, les 28, 29 et 30 mai 1966), Paris 1968, S. 37 - 43; P. WIEDEBURG, Der junge Leibniz, das Reich und Europa, Teil II: Paris, Bd. 1 - 4, Wiesbaden 1970 (= Hist. Forschungen Bd. 4); J. MOREAU, Leibniz à Paris, in: Teoresi 31, 3/4 (1976), S. 201 - 221. Immer noch wichtig ist die Studie Louis DAVILLÉS, Le séjour de Leibniz à Paris (1672 - 1676), in: Revue de la Societé des Etudes Historiques Jg. 78 (192), S. 5 - 57. - Das zunehmende Interesse, das die Leibniz-Forschung dem Paris-Aufenthalt des Philosophen entgegenbringt, dokumentiert auch das 1976 von der Leibniz-Gesellschaft veranstaltete Symposium, dessen Ergebnisse unter dem Titel "Leibniz à Paris" in den Bänden 17 und 18 der Stud. Leibn. Suppl. (1978) veröffentlicht sind.
72 Blaise Pascal hatte schon vor Leibniz eine Rechenmaschine gebaut, die jedoch nur addieren und subtrahieren konnte; mit Leibniz' Modell waren dagegen alle vier Grundrechnungsarten möglich.
73 Leibniz hatte sich vergeblich bemüht, den durch den Tod des Mathematikers G. Personne de Roberval am 27. Oktober 1675 freigewordenen Platz in der Académie des Sciences einzunehmen. Vgl. den Brief des Gelehrten an Christian Freiesleben, den Finanzverwalter der Familie Leibniz, vom 21. Oktober 1675, AA I, 1, N. 287, S. 428; des weiteren: ebd. N. 313 und AA II, 1, N. 197 a. Unterstützung erfuhr Leibniz vor allem durch den Abbé Jean Gallois, einen engen Vertrauten Colberts. Vgl. den Briefwechsel beider in: GERHARDT, Math. Schr. 1, S. 177 - 190 u. AA II, 1 N. 109 ff. - Gerhardt führt Leibniz' Scheitern weniger auf finanzielle Gründe zurück, als auf die Tatsache, daß dieser Lutheraner war. (v. ebd. S. 176). Leibniz selbst glaubte dagegen offensichtlich, daß ihn - als dritter Ausländer - die bereits bestehenden Mitgliedschaften des Niederländers Huygens und des Italieners Cassinis, "dont on estoit assés jaloux", den erhofften Platz in der Akademie gekostet hätten. Leibniz an Herzog Johann Friedrich, Februar (?) 1679, AA II, 1, N. 197a, S. 556; s. auch AA I, 2 N. 110, S. 124. Ganz so abwegig erscheint diese Vermutung nicht, wenn man bedenkt, daß nach der Ausweitung des französisch-holländischen Krieges keine Namen von Ausländern mehr auf die Vorschlagsliste der Königlichen Akademie gesetzt wurden. Vgl. P. WIEDEBURG (1970), Teil II, Bd. 1, S. 623. - Nachdem Leibniz auch 1682 ohne Erfolg versucht hatte, in Paris Fuß zu fassen (AA II, 1, N. 238; vgl. auch AA III, 3 Einl. S. XLIV u. N. 407 sowie AA I, 3 N. 491.), wurde er endlich nach der Umgestaltung der Akademie im Jahre 1699 zu deren Mitglied gewählt.
74 Vgl. AA II, 1 S. 556. Die Bekanntschaft mit Johann Friedrich von Braunschweig-Lüneburg hatte Leibniz dem schwedischen diplomatischen Agenten bei den rheinischen Fürsten, Christian Habbeus von Lichtenstern (gest. 1696), zu verdanken; dieser hatte ihn 1669 dem Herzog empfohlen. Vgl. AA I, 1 N. 137 ff., bes. N. 298, S. 445; ebenso AA I, 2 N. 221, S. 251.
75 Vgl. u.a. W. OHNSORGE, Leibniz als Staatsbediensteter, in: Totok / Haase, Leibniz, S. 173 - 194.
76 Vgl. AA I, 1, S. 487 - 517.
77 Vgl. Leibniz' Brief an Jean Berthelt (?) aus dem Jahre 1677, AA II, 1, N. 161, bes. S. 382.
78 G. STAMMLER (1930), S. 27; s. auch AA I, 1, N. 327.
79 Vgl. im folgenden Kap. III, 1.3.
80 S. auch G. SCHEEL, Hannovers politisches, gesellschaftliches und geistiges Leben zur Leibnizzeit, in: Totok / Haase, Leibniz, S. 83 - 127, s. 98.
81 Vgl. ebd. S. 99.
82 Vgl. J. G. H. FEDER, Sophie. Churfürstin von Hannover im Umriß, Hannover 1810; Die Kurfürstin Sophie von Hannover, in: Hannoversche Geschichtsblätter 6 (1903), S. 154 - 189; M. KROLL, Sophie, Electress of Hannover. A personal portrait, London 1973. - Die enge Beziehung des Philosophen zu Sophie von Hannover zeichnet besonders M. KNOOP nach: Kurfürstin Sophie von Hannover

(Veröffentlichungen der Historischen Kommission f. Niedersachsen XXXII. Niedersächs. Biographie I), Hildesheim 1964; vgl. auch A.-L. FOUCHER de CAREIL, Leibniz et les deux Sophies, Paris 1876.

83 G. STAMMLER (1930), S. 38, vgl. auch K. MÜLLER, Leibniz, S. 36.

84 Von Bedeutung waren vor allem die Kontakte, die sich durch die Vermählung Sophie Charlottes, der Tochter des hannoverschen Herzogpaares, mit dem Kurprinzen Friedrich III. (ab 18. Januar 1701 König Friedrich I. von Brandenburg-Preußen) zu Kurbrandenburg ergaben. Zudem fand Leibniz in Sophie Charlotte selbst nicht nur eine aufrichtige Bewunderin und ebenbürtige Gesprächspartnerin, sondern auch die nötige Unterstützung für seine Berliner Akademiepläne. - Leibniz' Beziehungen zu Berlin untersucht in Verbindung mit seinem Akademieprojekt das Kap. III, 3.1 dieser Untersuchung.

85 Die welfische Hauspolitik unter Ernst August verfolgte im wesentlichen dynastische Ziele, die sich in drei Gruppen unterteilen lassen: Zum einen ging es um die Vereinigung der braunschweigisch-lüneburgischen Erblande, der Herzogtümer von Celle und Hannover, und darum, diese durch Einführung der Primogenitur auch in Zukunft in einer Hand zu halten - eine kaiserliche Bestätigung in diesem Sinne erfolgte 1683 -, zum anderen um die Erlangung der neunten Kurwürde des Reiches, die Ernst August 1692 zuerkannt wurde. Nach 1689 eröffnete sich dem Hause Braunschweig-Lüneburg schließlich die Aussicht auf den englischen Thron (Sophie von Hannover war die Enkelin Jakobs I. von England), deren Berechtigung Leibniz urkundlich zu begründen hatte. Aufgrund erfolgreicher archivalischer Forschungen des Philosophen, die die Verwandtschaft der Welfen und Este schlüssig nachwiesen, konnte Georg Ludwig, ältester Sohn Ernst Augusts, als Georg I. von England in die Geschichte eingehen. - Vgl. O. KLOPP, Der Fall des Hauses Stuart und die Succession des Hauses Hannover in Großbritannien und Irland im Zusammenhang der europäischen Angelegenheiten von 1660 - 1714. 14 Bde., Wien 1875 - 1888; A. REESE, Die Rolle der Historie beim Aufstieg des Welfenhauses 1680 - 1714, Hildesheim 1967 (Quellen und Darstellungen zur Geschichte Niedersachsens Bd. 71); G. SCHNATH, Geschichte Hannovers im Zeitalter der neunten Kur und der englischen Sukzession 1674 - 1714. 3 Bde., Hildesheim 1974 - 1982.

86 Vgl. die Resolution Herzog Ernst Augusts für Leibniz vom 10. Aug. 1685, AA I, 4, N. 159.

87 Vgl. die Briefe und Berichte des Philosophen über seine fast dreijährige Reise, in: KLOPP, Werke 5, S. 367 ff., s. auch AA I, 5 ff.

88 Leibniz an Seckendorff, 27. Dez. 1691 (6. Jan. 1692), AA I, 7 N. 273, S. 497. Vgl. auch K. MÜLLER, Leibniz, S. 46 f.

89 Leinbiz' China-Bild und Missionsvorstellungen sowie die den Akademien zugedachte missionarische Aufgabe untersucht Kap. III, 2.2.2.4 der vorliegenden Untersuchung.

90 S. AA I, 11 N. 413, S. 598. Vgl. auch MÜLLER / KRÖNERT, Leibniz-Chronik, S. 97 u. 155. Leibniz' Aufenthalt in Italien beschreibt J. STEUDEL, Leibniz und Italien, Wiesbaden 1970 (Beiträge zur Geschichte d. Wissenschaft u. d. Technik 11).

91 Leibnizens Kontakte in Wien und die Entwicklung seiner Akademiepläne behandelt im folgenden Kap. III, 3.3.

92 Vgl. K. MÜLLER, Leibniz, S. 52 ff.

93 Vgl. AA I, 10, N. 67, S. 82.

94 Vgl. J. G. ECKHART, Lebenslauf (1717), S. 199.

95 Vgl. u.a. AA I, 7, N. 45, 66 u. 67.

96 Gedr. bei PERTZ, Gesammelte Werke I, 1 - 3.

97 W. OHNSORGE (1966), S. 179.

98 Georg Ludwig an Sophie von Hannover am 27. Oktober 1703, zit. bei PERTZ, Gesammelte Werke I, S. XIV.

99 "Nicht nur sein maßloser Ehrgeiz und Stolz verbieten ihm, Unwahres mitzuteilen, auch seine kühle Berechnung, etwas damit beim Empfänger sich zu erreichen, spielt zuweilen mit .... Er versteht es vor allem, Ereignisse durch Auslassung wesentlicher Teile, durch ausschließliche Beleuchtung eines Faktors oder durch zeitliche Komprimierung und Kompilierung zu entstellen." H. LESKIEN (1965), S. IV.

100 Vgl. E. BODEMANN, Nachträge zu "Leibnizens Briefwechsel mit dem Minister von Bernstorff, in: ZHVN 1890, S. 131. An einen nicht benannten Geheimen Justizrat schreibt Eckhart z.B.: Leibniz hat "entweder das podagra oder reiset und weis wie die Ziffern, also auch dieses werck in infinitum zu extendiren". Ebd. S. 163.

101 Vgl. ebd. Nr. 7, S. 149/50.

102 Vgl. ebd. Nr. 14, S. 159/60.

103 Die braunschweigisch-russische Heirat brachte Leibniz in Berührung mit Peter I. Nachdem er den Zaren anläßlich der Vermählungsfeier der Enkelin Herzog Anton Ulrichs von Braunschweig-Wolfenbüttel mit dem russischen Thronfolger Aleksej kennengelernt hatte, fand 1711 in Torgau die

erste Unterredung statt. - Die Beziehung des Philosophen zu Peter dem Großen und seine wissenschaftsorganisatorischen Pläne für Rußland behandelt Kap. III, 3.4 dieser Studie.
104 Vgl. PERTZ, Gesammelte Werke I, 1, S. XIX; vgl. auch Chr. Wolff, Lebenslauf, S. 489.
105 Vgl. P. RITTER, Wie Leibniz gestorben und begraben ist, in: Preuß. Jahrbuch 157 (1914), S. 437 ff. und ders., Bericht eines Augenzeugen, in ZHVN 1916, S. 247 ff.
106 S. oben Anm. 23.
107 Zit. nach MORAWIETZ (1962), S. 1.
108 Bernard le Bovier de FONTENELLE, Eloge de M. Leibnitz, in: Histoire de l'Académie Royale des Sciences. Année 1716, Paris 1718, S. 94 - 128, S. 94. - Leibniz selbst schildert uns seine beachtlichen Leistungen auf den verschiedensten wissenschaftlichen Gebieten in einem für Herzog Johann Friedrich quasi als Vorstellungsschreiben abgefaßten Brief, der vermutlich vom Oktober 1671 datiert. Vgl. AA II, 1 N. 84.
109 Vgl. u.a. H. SCHEPERS in seinem Artikel über Leibniz, NDB 14 (1984), S. 126/127.
110 Vgl. RAVIER Nr. 440/41, S. 264.

2. Zur Situation der Wissenschaft im 17. Jahrhundert - Die Entstehung von Akademien vom 15. bis zum frühen 17. Jahrhundert.

1 Die im Rahmen der vorliegenden Untersuchung notwendig deskriptive und zusammenfassende Darstellung der Situation der Wissenschaft und des Akademiewesens bis zum 17. Jahrhundert soll eine solide Grundlage schaffen, um Leibniz' Pläne zur Organisation der Wissenschaft in den entsprechenden Rahmen der deutschen bzw. gesamteuropäischen Akademiebewegung des 17. und frühen 18. Jahrhunderts einzuordnen. Nur so wird uns der Maßstab an die Hand gegeben, das Bemühen des Philosophen um Sozietätsgründungen richtig einzuschätzen. Für eine kurze Literaturübersicht zur Akademiebewegung im 17./18. Jahrhundert verweise ich auch meine Einführung (Anm. 1).
2 "Ainsi nous voilà dans un Siècle qui va devenir de jour en jour plus éclairé, de forte que tous les Siècles precedens ne feront que tenebres en comparaisons." P. BAYLE in: Nouvelles de la République des Lettres, avril 1684, Art. XI, Amsterdam. Nachdruck, Tome 1 comprenant les anneés 1684 - 1685, Genève 1966, S. 63.
3 Vgl. C. v. BROCKDORFF (1940), S. 13.
4 Joh. Christoph WAGENSEIL, Buch von der Meistersinger Holdseligen Kunst, Anfang, Fortübung, Nutzbarkeiten und Lehr=Sätzen. Altdorf Noricum 1697, 1. Kap., S. 451. Für den folgenden Überblick vgl. HARNACK, Geschichte der Königlich Preußischen Akademie der Wissenschaften zu Berlin Bd. I u. II, Berlin 1900; W. DILTHEY, Studien zur Geschichte des deutschen Geistes (Ges. Schriften Bd. 3), Leipzig u. Berlin 1927, S. 3 - 25; P. HAZARD, Die Krise des europäischen Geistes 1680 - 1715, Hamburg 1939, S. 375 ff.; C. HINRICHS, Geistiger Mittelpunkt Europas (1952), S. 85 - 109; *DIE ENTFALTUNG DER WISSENSCHAFT*. Vorträge gehalten auf der Tagung der Joachim-Jungius-Gesellschaft der Wissenschaften in Hamburg (Veröffentl. d. Joachim-Jungius-Gesellschaft d. Wissenschaften), Hamburg 1957; W. KRAUSS, Studien zur deutschen und französischen Aufklärung, Berlin(O), 1963; G. KANTHAK, Akademiegedanke (1987). Vgl. ferner H. BUTTERFIELD, The Origins of Modern Science, 1300 - 1800, London 1968[2]; H. KEARNEY, Science and Change 1500 - 1700, New York-Toronto 1971; Th. KUHN, The Structure of Scientific Revolutions. (Int. Enc. of Unified Science, Vol. 2, No. 2) Chicago 1970[2]; E. ZISEL, Die sozialen Ursprünge der neuzeitlichen Wissenschaft, hrsg. u. übers. v. W. Krohn, Frankfurt/M. 1976 (Suhrkamp Taschenbuch Wissenschaft 152); G. BÖHME, W. van DAELE, W. KROHN, Experimentelle Philosophie, Ursprünge autonomer Wissenschaftsentwicklung. Frankfurt/M. 1977 (Suhrkamp Taschenbuch Wissenschaft 205); L. BOEHM, Wissenschaft-Wissenschaften-Universitätsreform. Historische und theoretische Aspekte zur Verwissenschaftlichung von Wissen und zur Wissenschaftsorganisation in der frühen Neuzeit. In: Berichte zur Wissenschaftsgeschichte 1, 1978, S. 7 - 36; R. VIERHAUS, Wissenschaft und Wissenschaftsgläubigkeit im Aufstieg der modernen Welt. In: Die Technikgeschichte als Vorbild moderner Technik (Schriftenreihe der Georg-Agricola-Gesellschaft 7) 1981, S. 20 - 36; Ders. (Hrsg.), Wissenschaften im Zeitalter der Aufklärung, Göttingen 1985.

5 Während die katholischen Universitäten von jeher ganz unter der Herrschaft der Jesuiten standen und sich der Tradition aristotelisch-scholastischer Bildung verschrieben hatten, kamen zunehmend auch die neugegründeten evangelischen Hochschulen unter den Einfluß einer neuerungsfeindlichen Orthodoxie. Dies hatte zur Folge, daß das stark angeschlagene Ansehen der deutschen Universität immer mehr sank und ihre Bedeutung für die geistige Erziehung im Reich entsprechend abnahm; der überaus geringe Hochschulbesuch dokumentiert uns dieses Phänomen. Erst mit Christian Thomasius und der Gründung der Fridericiana in Halle, die 1694 offiziell eröffnet wurde, gewann sie allmählich wieder an Ansehen. Vgl. F. EULENBURG, Die Frequenz der deutschen Universitäten von ihrer Gründung bis zur Gegenwart (Abh. d. Philol.-Hist. Kl. d. König. Sächs. Gesellschaft der Wissenschaften Bd. 24), Leipzig 1904, S. 82 ff. Zur Geschichte der Universität ist u.a. außerdem zu vgl.: F. PAULSEN, Geschichte des gelehrten Unterrichts auf den deutschen Schulen und Universitäten vom Ausgang des Mittelalters bis zur Gegenwart. Mit besonderer Rücksicht auf den klassischen Unterrricht. 2 Bde., Leipzig 1919 - 21; H. RÖSSLER und G. FRANZ (Hrsg.), Universität und Gelehrtenstand 1400 - 1800 (Büdinger Vorträge 1966), Limburg/Lahn 1970 (Dt. Führungsschichten in d. Neuzeit Bd. 4); darin: G. A. BENRATH, Die deutsche evangelische Universität der Reformationszeit, S. 63 - 83 u. N. HAMMERSTEIN, Zur Geschichte der deutschen Universität im Zeitalter der Aufklärung, S. 145 - 182. - Leibniz selbst hat es immer abgelehnt, an einer Universität zu lehren.

6 G. W. Leibniz, *Bedencken von aufrichtung einer Academie oder Societät in Teutschland, zu Aufnehmen der Kuenste und Wißenschafften* (1671?). In: AA IV, 1, N. 44, S. 543 § 1 - im folgenden unter dem Kurztitel "Bedencken" zitiert.

7 Vgl. J. SCHUSTER (1930), S. 124. Über die Akademien der Antike vgl.: Grundriß d. Geschichte d. Philosophie, begründet v. F. Ueberweg, Bd. 3: Ältere Akademie. Aristoteles - Peripatos , hrsg. v. H. FLASHAR, völlig neubearb. Ausgabe Basel-Stuttgart 1983; dort auch Literaturhinweise (S. 14 ff).

8 Die von Plato ins Leben gerufene "Akademie" bestand rund neunhundert Jahre, sie wurde erst 529 n. Chr. durch Kaiser Justinian geschlossen. Inhaltlich und von ihrem Anspruch her haben die Akademien des 17. und frühen 18. Jahrhunderts mit dieser selbstverständlich nichts mehr gemein, denn der Hain des Akademos bei Athen, in dem Plato sich mit seinen Schülern und Anhängern zu wissenschaftlichen und philosophischen Unterredungen zu treffen pflegte, stellte die erste Akademie dar, wo eine bestimmte Lehre vorgetragen wurde; die "gelehrten Gesellschaften" sahen ihren Sinn jedoch in der Forschung, die unabhängig von vorgegebenen Lehrmeinungen durchgeführt werden sollte. Vgl. K. MÜLLER (1970), S. 132 u. 134.

9 Das Museion in Alexandria, gegründet von Ptolemaios Soter, existierte bis 4 n. Chr. Gemeinsames Leben und wissenschaftliches Arbeiten, feste Gehälter für die Gelehrten sowie die Freiheit des einzelnen, seine Forschungsgebiete selbst zu wählen, zeichneten diese Vereinigung aus. Einen Überblick über die platonische Akademie und ihre direkten Nachfolger gibt uns L. KELLER; Die Akademien der Platoniker im Altertum. Nebst Beiträgen zur Geschichte des Platonismus in den christlichen Zeiten, in: MHCG Bd. 7, Berlin 1898, S. 269 - 293.

10 Ausnahmen bestätigen auch hier die Regel. So hatte sich der gelehrte Diakon Alkuin, der von Karl dem Großen ins Frankenreich berufen worden war, in bewußter Anlehnung an die platonische Tradition, zur Aufgabe gemacht, die wissenschaftlichen Studien am kaiserlichen Hofe einzubürgern; damit hat der gebürtige Angelsachse sozusagen eine höfische Akademie gebildet. Eine akademische Hofgesellschaft läßt sich auch in Palermo um Kaiser Friedrich II. nachweisen.

11 Vgl. G. KANTHAK, Akademiegedanke (1987), S. 50.

12 F. SCHALK, Studien zur französischen Aufklärung, Frankfurt/M. (2. verb. u. erw. Aufl.) 1977, S. 147.

13 Vgl. W. DILTHEY (1927), S. 15. Ob man allerdings einen Einfluß dieser Gesellschaften auf die Entwicklung des Akademiegedankens so kategorisch verneinen kann, wie Dilthey es hier tut, bleibt nach wie vor eine offene Frage. Zur Accademia Platonica ist zu vgl.: K. SIEVEKING, Die Geschichte der Platonischen Akademie in Florenz, Göttingen 1812; De la TORRE, Storia dell'Accademia Platonica, Milano 1902; P. O. KRISTELLER, Die Platonische Akademie in Florenz, in: Agorà 5 (1959), S. 35 - 47; DERS., Il pensiero filosofico di M. Ficino, Firenze 1953, dt. Ausg. Frankfurt/M. 1972. Vgl. ferner: R. MARCEL, M. Ficin (1453 - 1499), Paris 1958.

14 So wollte Leibniz u.a. auch, um einer möglichen Verwechslung vorzubeugen, seine projektierten Akademien lieber "Sozietäten" genannt wissen.

15 Vgl. L. HAMMERMAYER, Gründungs- und Frühgeschichte der Bayerischen Akademie der Wissenschaften (Münchener historische Studien, hrsg. v. M. Spindler, Bd. IV), Kallmünz/Opf. 1959, S. 2. - Noch immer steht eine Gesamtdarstellung der italienischen Akademiebewegung aus. Das vierbändige Werk Michele MAYLENDERS (Storia delle Accademie d'Italia, Bologna 1926 - 1930) erfüllt dieses Desiderat der Forschung sicherlich nicht, zumal es ausschließlich auf älterer Literatur basiert. Als gelungener Versuch einer regional zusammenfassenden Darstellung muß Eric Cochranes Studie über die Akademien der Toscana erwähnt werden. Vgl. E. W. COCHRANE, Tradition and Enlightement

in the Tuscan Academies 1690 - 1800, Chicago 1961. Außerdem ist zu vgl.: die allgemeine Studie mit weiteren wertvollen Literaturhinweisen von L. HAMMERMAYER, Europäische Akademiebewegung und italienische Aufklärung (Historisches Jahrbuch 81), 1962, S. 247 - 263; A. BUCK, Die humanistischen Akademien in Italien, in: F. HARTMANN u. R. VIERHAUS (1977), S. 11 - 25; Universita, Accademie e Societa scientifische in Italia e in Germania dal cinquecento al Settecento a cura di Laetitia BOEHM e Ezio RAIMONDI, Bologna 1981. Für das Folgende vgl. bes. A. BUCK (1977).

16 Vgl. ebd. S. 18.

17 Der "Consolo" der Akademie war zugleich Rektor der Universität, ihm oblag die Jurisdiktion in beiden Institutionen. Vgl. ebd.

18 Als erste staatliche Akademie gilt die Pariser Académie Française. S. weiter unten. - Die kulturpolitische Funktion der "Fiorentina" stellt besonders heraus: M. PLAISANCE, Une première affirmation de la politique culturelle de Côme ler: La transformation de l'Académie des "Humidi" in Académie Florentine (1540 - 1542) in: Les écrivains et le pouvoir en Italie à l'époque de la Renaissance (Prem. Ser.), Paris 1973, S. 361 - 438.

19 A. BUCK (1977), S. 20

20 U. a. für die von Herzog Ludwig von Köthen, selbst Mitglied der "Crusca", 1617 ins Leben gerufene "Fruchtbringende Gesellschaft". Vgl. weiter unten. Es wäre zu überlegen, ob die Bedeutung dieser italienischen Sozietät in der Ahnenreihe der europäischen Akademien nicht sogar höher einzuschätzen ist als die der Académie Française. - Abgesehen von einer kurzen Zeitspanne um die Wende vom 18. zum 19. Jahrhundert, existiert die mit der Pflege der Landessprache betraute Akademie noch heute. Als ihr Hauptwerk gilt das 1591 in Angriff genommene, 1612 schließlich fertiggestellte "Vocabolario degli Accademici della Crusca". - Ausführliche Darstellungen der "Accademia della Crusca" gibt es m. W. nur in italienischer Sprache: C. MACONCINI, L'Accademia della Crusca dalle origini alla prima edizione del Vocabolario, Pisa 1910; B. MIGLIORINI, L'Accademia della Crusca, Florenz 1952; G. GRAZZINI (Hrsg.), L'Accademia della Crusca, Florenz 1968.

21 Nachweislich ist die Aufhebung der von Giovanni Battista della Porta 1560 in Neapel gegründeten Accademia Secretorum Naturae auf kirchliche Interventionen zurückzuführen. - Von der Vielzahl naturwissenschaftlich orientierter Gesellschaften seien hier nur einige wenige genannt: In Neapel stiftete Bernhard Telesius (1509 - 1588) die "Accademia Telesianae" oder "Cosentinae", die sich vorgenommen hatte, die Irrtümer des Aristoteles mittels induktiver Methode zu beheben. Die römische "Accademia dei Lincei" (Akademie der Luchsäugigen) des Fürsten Federigo Cesi existierte von 1603 bis 1630; ihr wohl berühmtestes Mitglied war Galilei. Und schließlich läßt sich in Florenz in den Jahren 1657 - 1667 eine "Accademia del Cimento" nachweisen. Die von Leopold von Toscana ins Leben gerufene, ebenfalls naturforschende Gesellschaft zeichnete sich durch ihre vorzügliche Organisation und ihre ausgezeichneten Mitglieder aus; getragen von Galileischülern, hatte sie großen Einfluß auf die Entwicklung der Physik. Aber auch diese Gesellschaft fiel dem katholischen Bildungsideal zum Opfer. Da die Medici als ihre Protektoren auf den Kardinalshut als notwendige Voraussetzung für die Papstwürde spekulierten, schlossen sie die Akademie, die sich der experimentellen Naturforschung verschrieben hatte, zehn Jahre nach ihrer Gründung. Vgl. J. O. FLECKENSTEIN, Leibniz-Faksimiles. Bekanntes und Unbekanntes aus seinem Nachlaß. Übers., transkr. u. erl. Hrsg. v. d. Stiftung Volkswagenwerk, Hildesheim - New York 1971, S. 1 - 11, S. 1. Vgl. auch M. L. BONELLI, La Scuola Galileiana, Florenz 1964.

22 Vgl. C. v. BROCKDORFF (1940), S. 21 ff. - Man denke etwa an die Freundschaft Thomaso Campanellas mit Marin Mersenne. Der Mönch aus dem Orden der "Fratres Minimi" und ehemalige Mitschüler sowie Freund Descartes' galt seit dem Ende der zwanziger Jahre als Knotenpunkt für eine umfangreiche weltweite wissenschaftliche Korrespondenz und als Treffpunkt von Gelehrten, die sich hier zu gegenseitigem Erfahrungsaustausch versammelten. Diesem Mann verdankt Paris, daß es im 17. Jahrhundert zum wissenschaftlichen Zentrum Europas geworden ist. Seine Kontakte mit Italienern wie Galilei, Gassendi und allen voran Campanella gab in Frankreich ungeheuer wertvolle Impulse für die Entstehung und Entwicklung von gelehrten Gesellschaften. Ebenso unverkennbar hat der bereits erwähnte Bernhard Telesius Bacon und dessen rhetorische Vorschläge zur Gründung einer Akademie beeinflußt. - Vgl. auch W. ARTELT, Vom Akademiegedanken im 17. Jahrhundert, in: Nova Acta Leopoldina N. F. 36, Nr. 198 (Festgabe zum 70. Geburtstag des XXII. Präsidenten Kurt Mothes), Leipzig 1970, S. 9 - 22, S. 10. Nicht zuletzt sei erwähnt, daß Sir Kenelm Digby, einer der einflußreichsten Gründungsmitglieder der Royal Society, nach 1645 mehrere Jahre in "Italien" verbracht hat, dort zum Freundeskreis Papst Innozenz X. zählte und sich sicherlich eine fundierte Kenntnis der führenden italienischen Akademien aneignen konnte.

23 S. G. KANTHAK, Akademiegedanke (1987), S. 51.

24 So z.B. B. A. v. HARNACK (1931), S. 854.

25 Vgl. F. A. YATES, The French Academies in the sixteenth Century, London 1947, passim. - Die unter Heinrich III. entstandene Académie du Palais diente noch ganz allgemein als Stätte philosophischer

und moralischer Diskussionen; damit dokumentiert sie die von Frances A. Yates konstatierte enge Verbindung zur italienisch-platonischen Akademie wohl am deutlichsten. - Zur französischen Akademiebewegung im 17./18. Jahrhundert ist außerdem zu vgl.: G. BIGOURDAN, Les premières sociétes de Paris au XVIIe sièle (Comptes rendue 164), 1917; DERS., Les premières sociétes scientifiques de Paris au XVIIe sièle et les origines de l'Académie des Sciences, Paris 1920; H. BROWN, Scientific Organisations in 17th Century France, 1620 - 1680, Baltimor 1934. Unveränd. Neudruck New York 1967; J. BERTRAND, L'Académie Française, in: F. Hartmann u. R. Vierhaus (1977), S. 27 - 46; als grundlegend gilt heute R. HAHN, The Anatomy of Scientific Institution: the Paris Academy of Sciences, 1666 - 1803, Berkley - Los Angeles - London 1971 (mit ausführlichen Literatur- und Quellenangaben).

26 S. oben Anm. 22.

27 Genaugenommen eigentlich erst nachdem in den Jahren nach der Französischen Revolution die verschiedenen Pariser Akademien zum Institut de France zusammengefaßt worden waren. - Die wichtigsten Akademien Frankreichs neben der *Académie Française* und der *Académie des Sciences* konstituierten sich im Laufe des 17. Jahrhunderts: *L'Académie Royale de Peinture et de Sculpture*, 1648 Requête an den König (Mazarin), 1664 unter Ludwig XIV. Angleichung an die Académie Française. Ihre Tätigkeit beschränkte sich auf die Erziehung des künstlerischen Nachwuchses. *L'Académie Royale de Danse*, die 1661 ebenfalls von Ludwig XIV. gegründet wurde; sie hatte eine Sonderstellung innerhalb der Akademien. *L'Académie des Inscriptions et Belles Lettres* wurde 1663 gestiftet; zu ihren Aufgaben zählten die Auswahl von geeigneten lateinischen Inschriften für die vom König herausgegebenen historischen Medaillen, eine Zusammenfassung bekannten Wissens in französischer Sprache sowie die Bearbeitung der antiken Geschichte. *L'Académie Nationale de Musique* aus dem Jahre 1669 hatte wiederum eine Sonderstellung inne. Die 1671 von Colbert ins Leben gerufene *Académie Royale d'Architecture* hatte schließlich die Entwicklung einer Theorie des Bauens und die Beratung bei ästhetischen Fragen für ihn Bau erhebliche Projekte zur Aufgabe.

28 Schon Leibniz durchschaute die enge Verflechtung von Wissenschaftsförderung und wirtschaftlichen Interessen in Frankreich: "Curiosa sind, wie gedacht, Philosophica, Mathematica, Physica, Medica, zu deren aufnehmen vom König die Academia regia scientiarum vor etlichen jahren gestiftet worden, (...). Nachdem der König dem berühmten Colbert (...) die Reichseinkünfften aufgetragen, ist dessen gröste sorge gewesen, wie die Schiffahrt, manufacturen und commercien in dem nun frieden habenden Franckreich aufgebracht werden möchten. Nuhn fließen aber die vortheile dieser dinge von wißenschafft der Natur und Mathematick." G. W. Leibniz an den Kurfürsten Johann Philipp von Mainz am 20. Dezember 1672, in: AA I, 1, S. 296 - 300 , S. 296.

29 Vgl. auch G. KANTHAK, Akademiegedanke (1987), S. 59. Über den Einfluß des Hartlib-Dury-Kreises als Vermittler der Reformideen Comenius' und Andreaes vgl. ebd. S. 53 ff.; s. auch weiter unten.

30 Der aus Neuhausen bei Worms stammende Professor der Theologie, Theodor Haack, den wir auch als Mitglied der späteren Royal Society wiederfinden, ist ein Anhänger des tschechischen Reformpädagogen Amos Comenius (s. weiter unten und Anm. 62). Er gilt als einer jener Emigranten, die in den dreißiger und vierziger Jahren des 17. Jahrhunderts die Einflüsse von Andreae und Comenius ins revolutionäre England vermittelten. In London gehörte er dem Kreis um John Dury und Samuel Hartlib an, "über den die ideologische Brücke zwischen der kontinentalen Pansophie und der Utopie der puritanischen Revolution Englands geschlagen wurde". G. KANTHAK, Akademiegedanke (1987), S. 53. Über Haack vgl. ADB 10 (1879), S. 257.

31 G. KANTHAK, Akademiegedanke (1987), S. 62.

32 Th. SPRAT, der erste zeitgenössische Verfasser einer Monographie der Royal Society, ab 1663 selbst Mitglied, gibt zu verstehen, daß für eine literarische Ausrichtung dank Shakespeare keine Notwendigkeit mehr bestanden habe. Vgl. Th. SPRAT; The history of the Royal Society, London 1667. Repr. ed. with Critical apparatus by J. I. Cope and H. W. Jones, Saint Louis, Missouri 1958, S. 42. - Vgl. neuerdings: H. HARTLEY (Hrsg.), The Royal Society, its origins and founders, London 1960; M. PURVER, Royal Society: Concept and Creation, London 1967 A. R. HALL and M. B. HALL, The intellectual origins of the Royal Society - London and Oxford. In: Notes and Records of the Royal Society of London 23 (1968), S. 157 - 168; Chr. HILL, The intellectual origins of the Royal Society - London or Oxford? Ebd. S. 144 - 156; D. STIMSON, Scientists and amateurs. A history of the Royal Society. Repr. ed. New York 1968; den Sammelband von Ch. WEBSTER (Hrsg.), The Intellectual Revolution of the Seventeenth Century, London 1974; J. R. JACOB, Restoration, Reformation and the Origins of the Royal Society, in: History of Science 13, 1975, S. 155 - 176.

33 K. Celtis, der eigentlich K. Pickel hieß, wurde 1459 in Wipfeld bei Schweinfurt geboren. In Heidelberg war er Schüler Agricolas; bekannt wurde er u.a. als Verfasser der ersten Poetik des deutschen Humanismus, der "Ars versificandi et carminum" (1486). 1487 krönte ihn Kaiser Friedrich II. zum Dichter. Nachdem Celtis nach Wien übergesiedelt war, übernahm er 1497 an der dortigen Universität den Lehrstuhl für Poetik und Rhetorik. Bis zu seinem Tod 1508 lebte und lehrte der deutsche Huma-

nist in Wien. Vgl. ADB Bd. 4, Leipzig 1876, S. 82 - 88; L. W. SPITZ, Conrad Celtis. The German Arch Humanist, Cambridge 1957.

34 Vgl. J. v. ASCHBACH, Die frühen Wanderjahre des Konrad Celtes und die Anfänge der von ihm errichteten gelehrten Sodalitäten, Wien 1869, S. 87 f.

35 Das patriotische Programm der von Celtis gegründeten Sodalitäten sollte in einer "Germanis illustrata" gipfeln. Dieses Werk, das jedoch über die allerersten Anfänge nicht hinausgekommen ist, war als deutsches Gegenstück zu Biondis "Italia illustrata" konzipiert; es sollte alle Regionen, Hauptstädte, geographische Gegebenheiten beschreiben und darüber hinaus eine umfassende Geschichte der Germanen enthalten.

36 Das Entstehungsdatum der Sodalitas Literaria Rhenana ist umstritten. Die ältere Forschung nimmt das Jahr 1491 an; so z.B. J. v. ASCHBACH (1869, S. 116). In neueren Beiträgen wird dagegen 1495 als Gründungsjahr zitiert. Vgl. G. HUMMEL, Die humanistischen Sodalitäten und ihr Einfluß auf die Entwicklung des Bildungswesens der Reformationszeit, Leipzig 1940, S. 21/22; L. W. SPITZ (1957), S. 46.

37 In Nürnberg bildeten sich z.B. Humanistenzirkel um Dietrich Ulsenius und Sebald Schreyer. Erwähnenswert sind ferner: die von Aventin 1516 gegründete Sodalitas Literaria Bojorum; die auf Martin Polichs Initiative 1501 entstandene Sodalitas Literaria Leucopolitana; oder auch die Sodalitas Literaria Augustana in Augsburg. Keine dieser Vereinigung bestand über mehrere Jahre.

38 Aufschlußreich sind jedoch die Humanistenbriefwechsel. An Forschungsbeiträgen zur deutschen Akademiebewegung des Humanismus sind zu vgl.: M. MATZ, Konrad Celtis und die rheinische Gelehrtengesellschaft. Ein Beitrag zur Geschichte des Humanismus in Deutschland, Ludwigshafen 1903; G. HUMMEL, 1940; K. ADEL, Konrad Celtis und Wien, in: Österr. in Geschichte und Literatur, 10. Jg., Graz 1966, S. 237 - 244. Grundlegende neuere Studien blieben bis heute aus. - Den umfangreichen Forschungen Ludwig Kellers liegt sämtlich die Tendenz zugrunde, die verschiedenen humanistischen Zirkel ebenso wie die Sprachgesellschaften und naturforschenden Akademien des 17./18. Jahrhunderts auf reine Kultgesellschaften zu reduzieren. Vgl. z.B.: L. KELLER, Die Sozietäten des Humanismus und die Sprachgesellschaften, in: Vorträge und Aufsätze aus der Comenius-Gesellschaft 17. Jg., 4. St., Jena 1909; Ders., Die Akademien der Renaissance und ihre Nachfolger, in: MHCG Bd. 20, H. 3, Jena 1911, S. 97 - 115. - Im Verhältnis zu den übrigen Inhalten, die auch schon den frühen Akademien gepflegt wurden, nahmen die kultischen Zeremoniale mit Sicherheit aber keine exponierte Stellung ein.

39 Vgl. R. v. DÜLMEN, Sozietätsbildung in Nürnberg, S. 153. - In diesem Rahmen können wiederum nur die wesentlichen herausgegriffen werden, wobei vor allem die Leibnizschen Sozietätspläne und eventuelle Parallelen die Auswahl bestimmten.

40 Inspiriert wurden die Stifter solcher Vereinigungen in der Regel auf ihren Italienreisen, die für deutsche Fürsten und Gelehrte im 17. Jahrhundert üblich waren. So hatten sie die Möglichkeit, die entsprechenden italienischen Einrichtungen kennenzulernen; oftmals wurden sie sogar selbst Mitglied in einer italienischen Akademie. - Ein Großteil der Forschungsbeiträge zu den deutschen Sprachgesellschaften erfolgte entweder nach philologischen oder soziologischen Untersuchungskriterien. An neueren Studien sind zu vgl.: F. v. INGEN, Die Sprachgesellschaften des 17. Jahrhunderts. Versuch einer Korrektur, in: Daphnis 1, H. 1 (1972), S. 14 - 23; DERS., Überlegungen zur Erforschung der Sprachgesellschaften, in: Dokumente des Internat. Arbeitskreises für dt. Barockliteratur. 1. Erstes Jahrestreffen (1973). Vorträge u. Berichte. Hamburg 1976, S. 82 - 106; K. F. OTTO, Die Sprachgesellschaften des 17. Jahrhunderts, Stuttgart 1972; Chr. STOLL, Sprachgesellschaften im Deutschland des 17. Jahrhunderts, München 1973. M. BIRCHER u. F. v. INGEN Hrsg., Sprachgesellschaften, Sozietäten, Dichtergruppen. Arbeitsgespräch in d. Herzog August Bibliothek Wolfenbüttel 28. - 30. Juni 1977. Vorträge u. Berichte, Hamburg 1978 (Wolfenbütteler Arbeiten zur Barockforschung Bd. 7). U. K. KETELSEN, Literarische Zentren-Sprachgesellschaften, in: Dt. Literatur. Eine Sozialgeschichte. Hrsg. v. H. A. Glaser. Bd. 3: Zwischen Gegenreformation und Frühaufklärung: Späthumanismus, Barock 1572 - 1740. Hrsg. v. H. Steinhagen. Reinbeck 1985, S. 117 - 137. Methodisch überholt aber immer noch wichtig ist H. SCHULTZ' Studie, Die kleineren Sprachgesellschaften des XVIII. Jahrhunderts und ihre Bestrebungen für Reinigung der deutschen Sprache, Göttingen 1888.

41 Vgl. Chr. STOLL (1973), in seiner Einleitung S. 9. - Ludwig Keller spricht dagegen, wie übrigens allen anderen verwandten Gesellschaften auch, der "Fruchtbringenden" ihren Chrakter als Sprachgesellschaft ab; es sei nicht ihr eigentliches Ziel gewesen, die Landessprache zu fördern, zudem hätten ihre Mitglieder auf dem Gebiet der Sprache und Dichtkunst nichts Wesentliches geleistet. Im Mittelpunkt des Interesses habe vielmehr die Pflege der "Löblichen Tugenden" gestanden. Vgl. L. KELLER, Comenius und die Akademien der Naturphilosophen des 17. Jahrhunderts. 3 Teile, in: MHCG 4, (1895), S. 1 - 28, 69 - 96, 133 - 184, S. 24 u. passim. Diese Interpretation des Freimaurers (!) Keller ist sicherlich zu einseitig. S. auch Anm. 38.

42 In ihrer sozialen Struktur wurde die Fruchtbringende Gesellschaft zunächst ausschließlich von Fürsten, deren Räten und Generälen und dem Adel bis hinunter zum Freiherrnstand bestimmt. Mitglieder waren u.a. der "Große Kurfürst" Friedrich Wilhelm von Brandenburg-Preußen (seit 1644), Oxenstierna, Wrangel und Octavio Piccolomini. Auch nach ihrer Öffnung für bürgerliche Literaten, z.b. Harsdörffer, Schottel, Zesen, Gryphius und Opitz, waren diese unterrepräsentiert; nur 31 Mitglieder (5,9 %) waren bürgerlicher Herkunft. Eine wirklich ständeübergreifende Einrichtung war die Fruchtbringende Gesellschaft also noch nicht. Wichtige Erkenntnisse über die soziale Herkunft der Mitglieder bietet Klaus CORNEMANNS umfassende Dokumentation: Fruchtbringende Gesellschaft. Der Fruchtbringenden Gesellschaft geöffneter Erzschrein. Das Köthener Gesellschaftsbuch Fürst Ludwigs I. von Anhalt-Köthen 1617 - 1750. Weinheim 1985 (Acta humaniora) 3 Bde., bes. Bd. 3; dazu auch die Rezension G. van den HEUVELS, in: Stud. Leibn. 20 /1988), H. 1, S. 117 - 119. Vgl. ferner. K. CORNEMANN, War die Fruchtbringende Gesellschaft eine Akademie? Über das Verhältnis der Fruchtbringenden Gesellschaft zu den italienischen Akademien. In: Bircher/v. Ingen (Hrsg.), Sprachgesellschaften (1978), S. 103 - 130.

43 Zur Geschichte und Bedeutung der "Fruchtbringenden Gesellschaft" vgl. neben der neuesten Dokumentation Cornemanns (s. oben Anm. 42) u.a.: C. G. v. HILLE, Der teutsche Palmbaum, Nürnberg 1647; F. W. BARTHOLD, Geschichte der Fruchtbringenden Gesellschaft. Sitten, Geschmacksbildung und schöne Redekünste deutscher Vornehmen vom Ende des XVI. bis über die Mitte des XVII. Jahrhunderts, Berlin 1848, F. ZÖLLNER, Einrichtung und Verfassung der Fruchtbringenden Gesellschaft, Berlin 1899. M. BIRCHER, Die Fruchtbringende Gesellschaft, 4 Bde., München 1970 ff.; DERS. Die Fruchtbringende Gesellschaft: Neue Forschungsergebnisse, in: Akten des V. Internat. Germanistenkongresses, Cambridge 1975, H. 3, Bern u. Frankfurt/M. 1976, S. 103 - 109. - Eine Bibliographie zum "Palmenorden" findet sich in: Marginalien. Blätter der Pirckheimer-Gesellschaft, 20. Heft, Berlin 1965, S. 8.

44 C. G. v. HILLE (1647), S. 10. - Erwähnenswert sind: die von Philipp von Zesen 1643 in Hamburg gegründete "Deutschgesinnte Genossenschaft". Vgl. K. DISSEL, Philipp von Zesen und die Deutschgesinnte Genossenschaft (Programm des Wilhelms Gymnasiums in Hamburg), Hamburg 1890. Der von Georg Philipp Harsdörfer 1644 zu Nürnberg ins Leben gerufene "Pegnesische Blumenorden". Vgl. J. HERDEGEN, Historische Nachricht von deß löblichen Hirten- und Blumen-Ordens an der Pegnitz Anfang und Fortgang bis auf das durch Göttl. Güte erreichte Hundertste Jahr Nürnberg 1744 durch Amarantes (Herdegen) The Archives of the Pegnesischen Blumenorden. A Survey and Reference Guide by B. Lee Spahr, 1960; R. v. DÜLMEN, Sozietätsbildung in Nürnberg, S. 170 - 180. Und schließlich der von Johann Rist 1656 an der Elbe errichtete "Elbschwanenorden". Vgl. L. NEUBAUR, Zur Geschichte des Elbschwanenordens, in: Altpreußische Monatsschrift 47, 1910, S. 113 - 183.

45 So L. KELLER, Comenius, S. 26.

46 Vgl. R. v. DÜLMEN, Sozietätsbildung in Nürnberg, S. 155.

47 Die Forschungsbeiträge zur Person Andreaes (1586 - 1654), dem späteren Generalsuperintendenten und Hofprediger in Stuttgart, sowie zu seinen Sozietäts- bzw. Reformprojekten sind zahlreich. Besonders interessant, weil originär, ist Andreaes Selbstbiographie "Vita", die 1849 von F. H. RHEINWALD in Berlin herausgegeben wurde; die deutsche Übersetzung verdanken wir SEYBOLD (Winterthur 1799); s. auch ADB Bd. 1 (1875), S. 441 - 447. Des weiteren ist zu beachten: W. HOSSBACH, Johann Valentin Andreae und sein Zeitalter, Berlin 1819; J. KEULER, Johann Valentin Andreae als Pädagoge (Diss.), Tübingen 1934; H. SCHOLTZ, Evangelischer Utopismus bei J. V. Andreae. Ein geistiges Vorspiel zum Pietismus (Darst. a. d. Württemb. Gesch. Bd. 42), Stuttgart 1957; M. BRECHT, Joh. Val. Andreaes Versuch einer Erneuerung der Württembergischen Kirche im 17. Jahrhundert (Kirchenordnung und Kirchenzucht in Württemberg vom 16. bis zum 18. Jahrhundert. (Quellen u. Forschungen z. Württemberg. Kirchengeschichte I), Stuttgart 1967, S. 53 - 82; P. JOACHIMSEN, Johann Valentin Andreae und die evangelische Utopie (Gesammelte Aufsätze), Aalen 1970, S. 443 - 479; J. W. MONTGOMERY, Cross and crucible. Johann Valentin Andreae (1586 - 1654) Phoenix of the theologians. The Hague 1973 (Archives d'histoire des idées 55); R. v. DÜLMEN, Die Utopie einer christlichen Gesellschaft: J. V. Andreae (1586 - 1654). Teil 1 (Kultur u. Gesellschaft Bd. 2, 1), Stuttgart - Bad Cannstatt 1978 (mit einem Verzeichnis des literarischen Nachlasses des Theologen im Anhang). Van Dülmen hat sich vor allem auch um die Herausgabe und Kommentierung der Schriften Andreaes verdient gemacht. Vgl. ferner. R. EDIGHOFFER, Johann Valentin Andreae. Vom Rosenkreuz zur Pantopie. In: Daphnis. Zeitschr. f. Mittlere Deutsche Literatur 10 (1981), S. 211 - 239.

48 Inzwischen hat man Andreae unwiderruflich als Schöpfer des Rosenkreuzermythos identifiziert. Mit seinen beiden Frühwerken *"Fama Fraternitatis"* (1614) und *"Chymische Hochzeit"* (1616)initiierte er, wenn auch ungewollt, die Rosenkreuzerbewegung, die sich noch heute auf ihn beruft. Vgl. R. v. DÜLMEN, Utopie, in seiner Einleitung S. 11. - Über die Rosenkreuzer vgl.: W. E. PEUCKERT, Die Rosenkreuzer. Zur Geschichte einer Reformation, Jena 1928 (2. Aufl. hrsg. v. R. Chr. Zimmermann

erschien unter dem Titel: Das Rosenkreutz, als 3. Teil der Pansophie, Berlin 1973); DERS., Pansophie. Ein Versuch zur Geschichte der weißen und schwarzen Magie, Berlin 1956; H. SCHICK, Das ältere Rosenkreuzertum. Ein Beitrag zur Entstehungsgeschichte der Freimaurerei, Berlin 1942; J. W. MONTGOMERY, Cross and Crucible, (1973). - Gleichwohl darf Andreae nicht als "Schwärmer" abqualifiziert werden. Er hatte sich dem Dienst der orthodox-lutherischen Kirche verschrieben und blieb ihr ungeachtet seiner Reformbestrebungen ein treues Mitglied.

49 Vgl. J. V. Andreae, *Christianae Societatis imago.* Neudr. nach dem Ms. hrsg. v. G. H. Turnbull, in: Zeitschr. f. dt. Philologie 73 (1954), S. 416 - 426; DERS., *Christiani amoris dextera porrecta.* Neudr. nach dem Ms. hrsg. v. G. H. Turnbull, ebd. S. 426 - 432.

50 Vgl. R. v. DÜLMEN, Sozietätsbildung in Nürnberg, S. 169; Zur Unio christiana vgl. u.a. auch G. H. TURNBULL, Johann Valentin Andreaes Societas Christiana, in: Zeitschr. f. dt. Philologie 73 (1954), S. 407 - 432 und 74 (1955),S. 151 - 185.

Mitglieder der Unio christiana waren u.a. Christoph Leibniz und dessen Sohn Justus Jakob, die mit G. W. Leibniz offensichtlich weitläufig verwandt waren. Vgl. G. M. ROSS, Leibniz and the Nuremberg Alchemical Society, in: Stud. Leibn. 6 (1974), S. 222 - 248, S. 234 u. Anm. 54. In jedem Fall zählte aber Justus Jakob Leibniz später in Nürnberg zum engeren Bekanntenkreis des Philosophen. Vgl. auch AA I, 5 N. 13, S. 36: Brief von Justus Jakobs Sohn, Johann Jakob Leibniz an G. W. Leibniz vom 6. Januar 1688. - Man darf annehmen, daß Leibniz - spätestens über Justus Jakob- Andreaes Unio und ihre Ziele kennengelernt hat; zumindest läßt eine gewisse Ähnlichkeit des Leibnizschen Planes einer "Gesellschaft der Theophili, die zur Verbreitung des Ruhmes Gottes gegen den in der Welt zunehmenden Atheismus zu errichten ist" (1678) dies vermuten. Dt. Übers. des lat. Originals (AA IV, 3 N. 131) in: Schöpferische Vernunft, hrsg. v. W. v. ENGELHARDT, Münster - Köln 1955, S. 96 - 101; vgl. dazu ausführlicher Kap. III, 1.3.1 der vorliegenden Studie.

51 Als Grundsatz der "Societas Ereunetica" definierte ihr Gründer (1587 - 1657): "Der Zweck unserer Vereinigung soll allein der sein, die Wahrheit aus der Vernunft und der Erfahrung sowohl zu erforschen als sie, nachdem sie gefunden ist, zu erweisen, oder alle Wissenschaften und Künste, welche sich auf die Vernunft und Erfahrung stützen, von der Sophistik zu befreien, zu einer demonstrativen Gewißheit zurückzuführen, durch eine richtige Unterweisung fortzupflanzen und endlich durch glückliche Erfindung zu vermehren." Zit. n. W. DILTHEY (1927), S. 22. - Über J. Jungius vgl. G. E. GUHRAUER, Joachim Jungius und sein Zeitalter ... nebst Goethe's Fragmenten über Jungius, Stuttgart u. Tübingen 1850; A. MEYER-ABICH, Joachim Jungius - ein Philosoph vor Leibniz, in: Monographien zur Philosophischen Forschung Bd. 1: Beiträge zur Leibniz-Forschung, Reutlingen 1947, S. 138 - 152; DERS., Joachim Jungius und sein Werk, mit besonderer Berücksichtigung seiner Beziehung zu Leibniz. In: G.W. Leibniz. Vorträge der aus Anlaß seines 300. Geburtstages in Hamburg abgehaltenen wissenschaftl. Tagung, hrsg. v. d. Redaktion der Hamburger Akademischen Rundschau. Hamburg, 1946, S. 79 - 96. R. W. MEYER, Joachim Jungius und die Philosophie seiner Zeit, in: Die ENTFALTUNG der Wissenschaft (1957), S. 17 - 32. - Durch J. Ch. v. Boineburg war Leibniz mit den Schriften des Jungius in Berührung gekommen und hatte so den aus Lübeck stammenden Gelehrten schätzen gelernt. Vgl. DUTENS 5,2, S. 540; s. auch H. KANGRO, J. Jungius und G. W. Leibniz. Ein Beitrag zum geistigen Verhältnis beider Gelehrten, in: Stud.Leibn. 1 (1969), S. 175 - 207. - In seiner Eigenschaft als Bibliothekar in Hannover bemühte Leibniz sich später um den literarischen Nachlass des Naturforschers. Vgl. AA II, 1, N. 38 u. 41.

52 Zur "Leopoldina" vgl.: U. WILLI, Geschichte der Kaiserlichen Leopoldinisch-Carolinischen deutschen Akademie der Naturforscher, Halle 1889; J. WALTHER, Die Kaiserlich-Deutsche Akademie der Naturforscher zu Halle, Leipzig 1925; H. MINKOWSKI, Die Neu-Atlantis des Francis Bacon und die Leopoldina-Carolina, in: Archiv f. Kulturgeschichte 26, (1936) S. 283 - 295, FESTSCHRIFT zur Dreihundertjahrfeier der Deutschen Akademie der Naturforscher (Leopoldina), Halle 1952; W. H. LEICHT, Die Gründung der Deutschen Akademie der Naturforscher, in: Festschrift zur Gedenkfeier a.d. vor 300 Jahren erfolgte Gründung der Deutschen Akademie der Naturforscher (Veröffentl. d. Hist. Vereins Schweinfurt, H. 2), Schweinfurt 1952; G. GERBER, Die Neu-Atlantis des Francis Bacon und die Entstehung der Academia Naturae Curiosorum (Leopoldina) und der Sozietät der Wissenschaft in Berlin, in: Wissenschaftliche Annalen, Jg., H. 1, Januar 1955, S. 552 - 560. Neuerdings: R. WINAU, Zur Frühgeschichte der Academia Naturae Curiosorum, in: F. Hartmann u. R. Vierhaus, Akademiegedanke (1977), S. 117 - 137.

53 J. L. Bausch, 1605 in Schweinfurt geboren, hat sein Studium der Medizin in Jena und Marburg absolviert. Nachdem er sich 1623 - 27 im italienischen Sprachraum aufgehalten hatte, promovierte er 1630 in Altdorf. über L. Bausch vgl.: ADB Bd. 2 (1875), S. 182; H. KELLER, J. L. Bausch (1605 - 1665). Gründer der Academia Naturae-Curiosorum. Phil. Diss. (masch.), Würzburg 1955; J. HELFRICH, Der I. Präsident (1652 - 1665): J. L. Bausch, in: Nova Acta Leopoldina N. F. Bd. 36, Nr. 198 (Festgabe zum 70. Geburtstag des XXII. Präsidenten Kurt Mothes), Leipzig 1970, S. 9 - 22.

54 Erstmals vertrat H. MINKOWSKI, Neu-Atlantis (1936), S. 293, diese Meinung, die noch von W. H. LEICHT (1952), S. 11, übernommen wurde. W. ARTELT, Vom Akademiegedanken (1970), S. 14 ff.,

hat endlich schlüssig nachgewiesen, daß Bausch nicht von Bacon beeinflußt sein konnte, zumal er wahrscheinlich nicht einmal dessen Spätwerk gekannt hat. - Sicher ist dagegen, daß der Gründer der "Leopoldina" wertvolle Anregungen von seiner Italienreise mitgenommen hat. Dennoch verraten Organisation und Aufgabe der Akademie, daß sie ganz den deutschen Verhältnissen angepaßt war. Vgl. G. GERBER, Neu-Atlantis (1955), S. 558.

55 Erst mit der Präsidentschaft Fehrs 1666 begann der sukzessive Aufschwung der "Leopoldina".

56 So vermißte auch Leibniz vor allem eine gesicherte wirtschaftliche Grundlage dieser Sozietät, wie sie etwa den englischen und französischen Akademien durch den König garantiert wurde. Vgl. auch Kap. II, 3, S. 50 f. Tatsächlich half erst eine großzügige Spende Kaiser Karls VI. 1712 der Sozietät endgültig aus ihren finanziellen Nöten; ihm zu Ehren nannte sie sich fortan *Kaiserlich-Leopoldinisch-Carolinische Deutsche Akademie der Naturforscher.*

57 Vgl. W. ARTELT, Vom Akademiegedanken (1970), S. 19.

58 R. ZAUNICK, Dreihundert Jahre Leopoldina. Bestand und Wandel, in: Nova Acta Leopoldina N. F. Bd. 15 , (1952), S. 31 - 42, S. 34. Ganz in diesem Sinne bemängelte schon Leibniz, daß in der Schweinfurter Akademie "nur bereits habende Dinge aus andern Büchern conscribillirt, nicht aber neue aus eigner experienz entdecket werden". Vgl. "Bedencken", AA IV, 1 N. 44, S. 548.

59 Vgl. R. WINAU, Frühgeschichte (1977), S. 123. Der genaue Titel der Zeitschrift lautete: "Miscellanea Curiosa sive Ephemerides Medico-physicae Germaniae Academiae Naturae Curiosorum", heute "Nova Acta Leopoldina". Über die Ephemeriden vgl. auch J. STEUDEL, Die internationale Tendenz der Ephemeriden der Academia Naturae Curiosorum. In: Atti del XIV Congresso Internazionle della Storia della Medicina Roma 1954, Rom 1957, S. 457 - 459. Mit der positiven Entwicklung der "Leopoldina", so STEUDEL, habe sich auch Leibniz' Urteil über sie bis hin zur Anerkennung gewandelt; immerhin habe er dieser Akademie seine Studie über ein neues amerikanisches Ruhrmittel gewidmet. Vgl. Leibniz und die Leopoldina, in: Nova Acta Leopoldina N. F. Bd. 16, Nr. 114 (1954), S. 465 - 74, S. 470. - Es erstaunt allerdings, daß Leibniz, der um die Mitgliedschaft in ausländischen Akademien immer sehr bemüht war, sich offensichtlich niemals in der "Leopoldina" beworben hat, auch nicht, nachdem diese von Leopold I. bestätigt worden war und Nicht-Mediziner zugelassen wurden.

60 Die hier vorgetragene Informationen sind der Studie M. ORNSTEINS (4. Aufl. 1963, S. 175/177) entnommen, die dieser Vereinigung insofern eine gewisse Sonderstellung zuschreibt, als sie offensichtlich die erste auf deutschem Boden gegründete naturwissenschaftliche Gesellschaft darstellt, die, und zwar noch vor der "Leopoldina" (vgl. weiter oben) das Experiment in den Mittelpunkt ihres Interesses rückte.

61 Johann Christoph Sturm (gest. 1703) hatte in Holland, England und "Italien" studiert; in Florenz gab man ihm Gelegenheit, als Gast an den Sitzungen der Accademia del Cimento teilzunehmen, deren Ziele und Arbeitsweise er auf diese Weise kennenlernen konnte. Die Ähnlichkeit der von Sturm ins Leben gerufenen Gesellschaft mit diesem italienischen Vorbild stellt einmal mehr die internationale Wechselwirkung der europäischen Akademien unter Beweis. - Sturm, der mit Gelehrten in ganz Europa briefliche Kontakte pflegte, korrespondierte, dank der Vermittlung seines Leipziger Kollegen Christoph Pfautz, seit dem Juli 1694 zwei Jahre lang auch mit Leibniz (vgl. MÜLLER / KRÖNERT, Leibniz-Chronik, S. 128). Sehr wahrscheinlich hat Leibniz aber schon sehr viel früher, über Daniel Wülfer, von Sturm und dessen Aktivitäten gehört und sich um die Bekanntschaft mit dem Altdorfer Mathematikprofessor bemüht; Sturm war vor Antritt seiner Professur in den Jahren 1662 bis 1664 Lehrer in dem Leibniz vertrauten Hause Daniel Wülfers gewesen. Vgl. AA VI, 2 Einl. S. XIX und Leibniz' Schreiben an Wülfer vom 19. Dez. 1669, AA I, 1, N. 37, S. 80. Persönlich kennengelernt hat Leibniz Sturm offenbar nicht.

62 J. A. Comenius, eigentlich Komensky, wurde am 28. März 1592 im südmährischen Nivnice geboren. Nachdem er sein Studium der evangelischen Theologie in Herborn und Heidelberg abgeschlossen hatte, wurde er 1616 zunächst Lehrer und Prediger, 1631 schließlich Bischof der Böhmischen Brüder, einer religiösen Gemeinschaft, die im 15. Jahrhundert aus den Hussiten hervorgegangen war und eine Erneuerung des menschlichen Daseins im Sinne des Urchristentums anstrebte. Letzteres war auch das eigentliche Anliegen der pädagogischen Lehren, durch die Comenius Weltbedeutung erlangte. 1620 mußte der tschechische Theologe und Pädagoge emigrieren und bereiste mit unterschiedlich langen Aufenthalten u.a. England, Schweden und Ungarn. Vierzehn Jahre lebte er in Amsterdam, wo er am 15. November 1670 starb. - Über Comenius vgl.: den Aufsatz von G. BAUR in: ADB Bd. 4 (1876), S. 431 - 436; J. KVACALA, Die pädagogische Reform des Comenius in Deutschland bis zum Ausgang des XVII. Jahrhunderts, Bd. 1 u. 2, Berlin 1903/04 (Monumenta germaniae Paedagogica 26.32); DERS., J. A. Comenius, Sein Leben und seine Schriften, Leipzig u. Wien 1892 - Nachfolgeband (Briefe und Aktenstücke), Jurjew 1897. DERS., J. A. Comenius, Berlin 1914 (Die großen Erzieher. Ihre Persönlichkeit und ihre Systeme 6). H. STAEDKE, Die Entwicklung des enzyklopädischen Bildungsgedankens und die Pansophie des J. A. Comenius. Leipzig 1930. D. MAHNKE, Der Barock-Universalismus des Comenius. I. Die "natürliche" Pädagogik. II. Der konstruktive Rationalismus.

Anhang: Die persönlichen Beziehungen des Descartes, Leibniz und anderer Barock-Rationalisten zu Comenius, in: Zeitschrift f. Geschichte d. Erziehung u. d. Unterrichts 21 (1931) S. 97 - 128, 253 - 79; 22 (1932), S. 61 - 90. In neuerer Zeit: K. SCHALLER, Die Pädagogik des Johann Amos Comenius und die Anfänge des pädagogischen Realismus im 17. Jahrhundert, Heidelberg 1962 (Pädagog. Forschungen 21); J. E. SADLER, J. A. Comenius and the concept of universal education, London 1966; G. MICHEL u. K. SCHALLER (Hrsg.), Pädagogik und Politik. Comenius - Colloquium Bochum 1970 (Veröffentl. d. Comeniusforschungsstelle im Inst. f. Pädagogik d. Ruhr-Univ. Bochum 1), Ratingen (u. a.) 1972. K. SCHALLER, Comenius, Darmstadt 1973 (Veröffentl. d. Comeniusforschungsstelle im Inst. f. Pädagogik d. Ruhr-Univ. Bochum 5). - Zu beachten sind auch die verschiedenen Beiträge und bibliographischen Hinweise in den Monatsheften der Comenius-Gesellschaft.

63 Das von Comenius entworfene Erziehungssystem beschreibt u.a. KIRCHNER, Die Grundgedanken des comenianischen Erziehungssystems. Rede, gehalten zur Feier des 300-jährigen Geburtstags des Comenius am 28. März 1892, in: MHCG 8 (1899), S. 280 - 294. Vgl. auch M. MOEHRKE, Johann Amos Komenius und Johann Valentin Andreae, ihre Pädagogik und ihr Verhältnis zueinander. Phil. Diss. Leipzig 1904; J. L. BOHLEN, Die Abhängigkeit des Pädagogen Johann Amos Comenius von seinen Vorgängern; R. v. DÜLMEN, Johann Amos Comenius und Johann Valentin Andreae. Ihre persönliche Verbindung und ihr Reformanliegen. In: Bohemia. Jahrbuch des Collegium Carolinum 9 (1968), S. 73 - 87. Vgl. auch Anm. 62 u. 67.

64 Spätestens durch seinen Berliner Korrespondenten und Vertrauensmann D. E. Jablonski dürfte Leibniz mit den pädagogischen Reformgedanken des Amos Comenius in Berührung gekommen sein; Jablonski war ein Enkel des tschechischen Pädagogen. Vgl. auch Kap. III, 4.1.3.5.

65 Vgl. L. KELLER, Comenius (1895), S. 154 ff u. G. KANTHAK Akademiegedanke (1987), S. 53 ff. Ferner. R. F. YOUNG, Comenius in England, London 1932; D. STIMSON, Comenius and the Invisible College, in: Isis 23 (1935), S. 373 - 388; THE TEACHER OF NATIONS. Addresses and essays in commemoration of the visit to England of the great Czech educationalist Jan Amos Komensky. Comenius 1641 1941. Ed. by Joseph NEEDHAM, Cambridge 1942; G. H. TURNBULL, Plans of Comenius for his stay in England, in: Archiv pro bádání o zivoté a díle J. A. Komenského. Acta Comeniana 17 (1958), S. 7 - 28; J. SIMON, The Comenian educational reformers 1640 - 1660 and the Royal Society, in: Acta Comeniana 2 (1971), S. 165 - 178.

66 J. A. COMENIUS. Via lucis, vestigata & vestiganda. Amsterdam 1668; DERS. The way of light. Transl. into English, with introduction, by E. T. CAMPAGNAC. Liverpool, London 1938.

67 Der gleichen Idee war Comenius' 1645 beendete und 1666 erstmals in Amsterdam gedruckte Schrift "De rerum humanarum emendatione consultatio catholica ad genus humanum, ante alios ad eruditos Europae" gewidmet. Sie dokumentiert einmal mehr die geistige Verwandtschaft mit Leibniz: zum einen die Idee eines einheitlichen nationalen Bildungssystems als Voraussetzung für das Wohl und den Fortschritt des Volkes, die besonders bei Leibniz' Plänen für Rußland zum Tragen kommt; zum anderen die Forderung einer "Weltakademie", die der deutsche Philosoph im bezug auf China immer wieder ins Gespräch brachte. Vgl. Kap. III, 2.2.2.4 Die geistige Verwandtschaft von Comenius und Leibniz untersuchen: F. B. KVET, Leibnitz und Comenius. Ein Vortrag. Prag 1857 (Abhandlungen der Kgl.böhm. Gesellschaft d. Wiss., F. S., Bd. 10, Prag 1859, S. 91 - 107; K. BITTNER, J. A. Comenius und G. W. Leibniz, in: Zeitschrift f. slav. Philol. 6 (1929), S. 115 - 45; 7 (1930), S. 53 - 93; J. BRAMBORA, Comenius und Leibniz, in: Stud.Leibn. Suppl. 5 (1966), S. 55 - 71. Vgl. auch: Leibnitzens Schreiben über J. A. Comenius, in: Monatsschrift d. Gesellschaft d. vaterländ. Museums in Böhmen (Prag) 2 (1828), S. 537 - 43.

68 S. oben Anm. 30.

69 S. G. KANTHAK, Akademiegedanke (1987), S. 57 f.

70 S. auch weiter oben.

71 Vgl. C. HINRICHS, Geistiger Mittelpunkt Europas (1952), S. 99.

72 HARNACK (1931), S. 855; s. auch P. LEHMANN (1956), S. 41.

73 J. SCHUSTER (1930), S. 128.

74 Vgl. A. WOLF, A History of Science, Technology and Philosophy in the sixteenth and seventeenth Centuries, London 1935 (2. Aufl. 1952), s. 55.

75 Vgl. K. VOGEL, Mathematische Forschung und Bildung im frühen 17. Jahrhundert, in: Die Entfaltung der Wissenschaft. (1957), S. 32 - 46, S. 40.

76 Vgl. G. KANTHAK, Akademiegedanke, (1987), S. 64.

77 Vgl. dazu u.a. L.-G. FABER, Zum Verhältnis von Absolutismus und Wissenschaft (Akad. d. Wissenschaften u.d. Lit.; Abh. d. geistes- und soz.wiss. Klasse, Jg. 1983, Nr. 5), Mainz 1983.

78 G. W. Leibniz, *Plan zu einer teutschliebenden Gesellschaft*, in: KLOPP, Werke 6, S. 214 - 219, S. 217.

3. Das zeitgenössische wissenschaftliche Leben und Akademiewesen im Urteil Leibniz': Prämissen des Leibnizschen Sozietätsbegriffs

1 G. W. Leibniz, *Mémoire pour des personnes éclairées et de bonne intention* (undat.), in: O. KLOPP, Werke 10, S. 7 - 21, S. 19.
2 Ebd.
3 Ebd. S. 20.
4 Ebd.
5 Vgl. den Brief Leibniz' an Herzogin Elisabeth Charlotte von Orléans vom 13. Sept. 1715, in: E. BODEMANN, Der Briefwechsel G. W. Leibniz' mit Elisabeth Charlotte von Orléans, ZHVN (1884), S. 1 - 66. S. 20. Größere Hoffnungen setzte Leibniz freilich auf Herzog Philipp II. von Orléans, den Sohn seiner Briefpartnerin, dem in den Jahren 1715 bis 1723 die Regentschaft für den noch unmündigen Ludwig XV. oblag; dieser habe "selbst ein solches Liecht (...), welches vielleicht kein König der alten Welt gehabt." Ebd.; vgl. auch Kap. II, 1, S. 29 f. und Anm. 70.
6 Leibniz an Herzogin Elisabeth Charlotte von Orléans, 16. Dez. 1715, ebd. S. 34/35.
7 Nach dem Sprachgebrauch der Zeit sind unter "Gelehrten" alle Hochschulabsolventen zu verstehen. Über Gelehrsamkeit im 16. und 17. Jahrhundert vgl. u.a. E. TRUNZ, Der deutsche Späthumanismus um 1600 als Standeskultur, in: Deutsche Barockforschung, Dokumentation einer Epoche, hrsg. v. R. Alewyn, Köln 1965 (Neue Wissenschaftl. Bibliothek 7), S. 147 - 181 und W. BARNER, Barockrhetorik. Untersuchungen zu ihren geschichtlichen Grundlagen. Tübingen 1970.
8 "Nam sola omnium regionum Germania in praeclaris suorum (m)et agrorum germinibus agnoscendis, et ad immortalitatem propagandis stupida, et obliviscitur ipsa sui, ac suorum nisi ob exteris de propriis opibus admoneatur." Leibniz an Th. Spitzel, 1670/71(?), in: DUTENS 5, S. 349 - 351, S. 349.
9 "Bedencken", AA IV, 1 N. 44, S. 549 § 18; vgl. auch § 12, S. 546.
10 Vgl. auch Kap. II, 2, S. 38 und Anm. 5.
11 Leibniz an den Gründer der römischen Accademia fisico matematica Giov. Giusto Campini, 24. Dez. 1692, AA I, 8, N. 344, S. 546.
12 AA IV, 1, N. 2, bes. § 47 ff.
13 Ebd. §§ 48 u. 49. Ähnliche Gedanken äußert Leibniz auch in seiner Schrift *De vera methodo philosophiae et theologiae*, in: ERDMANN, Opera omnia, N. XXVI, S. 110/11.
14 Ebd. § 50.
15 Ebd. § 56. Wir werden sehen, daß sich Leibniz auch bei seinen Entwürfen zu Sozietätsgründungen strikt an diesen Grundsatz gehalten hat. Vgl. u.a. auch Leibniz' Denkschrift über die Verbesserung der Künste und Wissenschaften im Russischen Reich, in: W. GUERRIER, Leibniz in seinen Beziehungen zu Rußland (1873. 1975), N. 240, S. 354.
16 Ebd. § 54.
17 Aus diesem Grund hat Leibniz wohl auch immer besonderen Wert darauf gelegt, daß seine gelehrten Gesellschaften "Sozietäten" genannt wurden; der Begriff der Akademie wurde oftmals auch im Zusammenhang mit der alten Hochschule gebraucht: "ich solte ohnmasgeblich dafür halten, daß es nicht eine Academia, sondern Societät der Wißenschafften zu nennen, nach dem Exempel der Königlichen Englischen, Societatis Leopoldinae und ander. Inmaßen die Academiae in italien und sonst also gemein worden, daß das worth ziemlich vilesciret." LH XIII. 27. Bl. 115 (ohne Überschrift und Datum - die Gründung der Wiener Akademie betreffend). Vgl. auch BODEMANN - Hschr. S. 210; s. auch Kap. II, 2, Anm. 5.
18 "Bedencken", S. 546/47 § 13.
19 Ebd. S. 548, § 16. Vgl. auch Kap. II, 2, S. 61 ff.
20 "Mémoire pour des personnes éclairées ...", in: KLOPP 10, S. 20. Vgl. auch Kap. II, 2, S. 45 u. Anm. 58.
21 Bestes Beispiel bietet die von Leibniz selbst ins Leben gerufene Sozietät der Wissenschaften in Berlin, die nicht zuletzt aufgrund der fehlenden finanziellen Mittel die ersten Jahre kaum arbeitsfähig war. Vgl. auch Kap. III, 3.1.4.

III. DIE LEIBNIZSCHEN SOZIETÄTSPLÄNE VOR DEM HINTERGRUND DER EUROPÄISCHEN AKADEMIEBEWEGUNG DES 17. UND FRÜHEN 18. JAHRHUNDERTS

1. Die Sozietätspläne der frühen und mittleren Periode

1.1 Mainz (1668 - 1672)

1 Vgl. Kap. II, 1, S. 28 f.
2 Die erste nachgewiesene Bemerkung Boineburgs über Leibniz datiert vom 26. April 1668; vgl. Boineburgs Schreiben an Conring, zit. in Kap. II, 1, Anm. 54. Vgl. auch ebd. S. 28 bzw. Anm. 51 u. 52.
3 Vergeblich hat Boineburg jedoch versucht, wieder politischen Einfluß im Erzbistum zu gewinnen. Schönborns Mißtrauen gegenüber seinem einstigen Minister blieb trotz der offiziellen Aussöhnung im Jahre 1668 bestehen. Vgl. P. RITTER, Ägyptischer Plan (1930), S. 83 - 100.
4 Boineburg beauftragte Leibniz u.a. auch mit der Regelung finanzieller Angelegenheiten in Paris; ebenso vertraute er ihm die Aufsicht über die Studien seines Sohnes Philipp Wilhelm in der französischen Metropole an. Vgl. AA I, 1, N. 175. 176 und N. 193.
5 Vgl. Kap. II, 1, Anm. 64; das "Bedencken welchergestalt Securitas publica interna et externa und Status praesens im Reich auf festen Fuß zu stellen" (1670) ist abgedruckt in: AA IV, 1, N. 5 - 7.
6 Brief vom 8.4. (29.3.) 1679, AA I, 2, N. 127, S. 155.
7 P. RITTER, G. W. Leibniz. In: Grundriss der Geschichte der Philosophie, hrsg. v. F. Ueberweg, Bd. 3, 12 (neu bearb. Aufl.) Berlin 1924, S. 299 - 340, S. 309.
8 Vgl. K. HUBER, Leibniz (1951), S. 56. Kurt Hubers Aussage bezieht sich allerdings erst auf die drei folgenden für Kurfürst Johann Philipp von Schönborn bestimmten Denkschriften vom Januar 1670, insbesondere auf die Meditations *"De vera ratione Reformandi rem Literarium"*, da hier die Zusammenhänge offensichtlicher sind. Vgl. AA I, 1, N. 23 - 25; s. auch weiter unten.
9 "Es hat (...) Boineburg mich (...) dazu aufgefrischet, und sich selbst zu deßen beförderung erbothen". Leibniz an Chr. Gudenus am 18. Nov. 1669, AA I, 1, N. 17, S. 35.
10 Über das deutsche Buchwesen im 17. Jahrhundert vgl. A. Stein - Karnbach, G. W. Leibniz und der Buchhandel. In: AGB 23, Lfg. 6 u. 7 (1982), Sp. 1189 - 1418, bes. Sp. 1197 ff. und 1243 ff. Des weiteren: Der deutsche Buchhandel in Urkunden und Quellen. Hrsg. v. H. WIDMANN unter Mitarbeit von H. Kliemann u. B. Wendt. Bd. 1 und 2, Hamburg 1965; A. DIETZ, Zur Geschichte des Frankfurter Büchermesse 1462 - 1792, Frankfurt/M. 1921 (Schriften des Frankfurter Messeamtes 5); H. G. GÖPFERT, Vom Autor zum Leser. Beiträge zur Geschichte des Buchwesens. München 1977. Nach wie vor grundlegend: F. KAPP, Geschichte des Deutschen Buchhandels bis in das siebzehnte Jahrhundert. Leipzig 1886 (Gesch. d. Dt. Buchhandels 1) und J. GOLDFRIEDRICH, Geschichte des Deutschen Buchhandels vom Westfälischen Frieden bis zum Beginn der klassischen Literaturperiode (1648 - 1740). Leipzig 1908 (Gesch. d. Dt. Buchhandels 2).
11 So in den drei Studien "über die Historia literaria bzw. deren Autoren, über die Scriptores Bibliothecarii und über die gelehrten Briefschreiber". Vgl. E. ULTSCH, Johann Christian von Boineburg. Ein Beitrag zur Geistesgeschichte des 17. Jahrhunderts. Würzburg 1936, S. 54/55.
12 Bereits in Mainz hat Leibniz die Aufgabe übernommen, die private Bibliothek Boineburgs zu ordnen und zu katalogisieren. S. u.a. AA I, 1 N. 254, S. 376; N. 255, S. 380. Vgl. auch U. HAKEMEYER, Leibniz' Bibliotheca Boineburgica. In: Zeitschrift f. Bibliothekswesen und Bibliographie 14 (1967), S. 219 - 238. Später diente Leibniz sowohl in Hannover als auch in Wolfenbüttel als Bibliothekar. Vgl. u.a. G. SCHEEL, Leibniz als Direktor der Bibliotheca Augusta in Wolfenbüttel, in: Stud. Leibn., Suppl. 12 (1973) S. 71 - 83; H. LACKMANN, Leibniz' bibliothekarische Tätigkeit in Hannover, in: Totok/Haase, Leibniz (1966), S. 321 - 348. Zahlreiche bibliothekswissenschaftliche Denkschriften befinden sich noch heute im Leibniz-Archiv (Hannover) unter der Signatur LH XL 6. Bl. 26 - 146.
13 Leibniz' Gedanken und Plänen zur Neugestaltung des deutschen Buchwesens bzw. -handels ist die von A. STEIN-[KARNBACH] 1981 an der Ludwig-Maximilians Universität in München vorgelegte Dissertation gewidmet. S. oben Anm. 10. Vgl. auch den zusammenfassenden Vortrag von A. Stein-

[Karnbach], Leibniz und der Buchhandel, in: Bücher und Bibliotheken im 17. Jahrhundert in Deutschland. Vorträge des vierten Jahrestreffens des Wolfenbütteler Arbeitskreises für Geschichte des Buchwesens in der Herzog August Bibliothek Wolfenbüttel, 22. bis 24. Mai 1979. Hrsg. v. P. Raabe, Hamburg 1980 (= Wolfenbütteler Schriften zur Geschichte des Buchwesens, Bd. 6), S. 78 - 87.

14 AA I, 1, N. 1 und 12. Das bei H. Pohlmann abgedruckte Faksimile aus dem Aktenbestand des Österr. Haus- Hof- und Staatsarchivs (ÖStA, Impressoria, Fasz. 41, Bl. 102. 103), das dieser "ca. um 1668" datiert, stimmt fast wörtlich mit der in Hannover aufbewahrten und in der AA edierten Reinschrift des zweiten Entwurfs (N. 12) überein. Vgl. H. POHLMANN, Neue Materialien zum deutschen Urheberschutz im 16. Jahrhundert. Ein Quellenbeitrag zur neuen Sicht der Urheberrechtsentwicklung. In: AGB 4, Lfg. 1 (1961), Sp. 89 - 171, Sp. 127 - 129. In beiden Schriftstücken fehlt bezeichnenderweise der Hinweis auf ein mitgesandtes "Muster" (vgl. AA I, 1, N. 1, S. 4, Z. 12 - 14), welches zu diesem Zeitpunkt bereits in Wien vorgelegen haben sollte. Vgl. hierzu Leibniz an Gudenus, 18.11.1669, AA I, 1 N. 17, S. 35, Z.8 - 11. Auch bei der ebenfalls in Wien archivierten Beilage "De scopo et usu ..." (ÖStA, Impressoria, Fasz. 41, Bl. 104.105), die von Pohlmann nicht ediert wurde, handelt es sich um die zweite, ausführlichere Fassung, die in der AA unter N. 13 zu finden ist. Somit haben wir es hier mit Leibniz' zweitem Gesuch vom 18. November 1669 zu tun; dieses wurde demnach tatsächlich abgesandt und ist auch in Wien eingetroffen.

15 AA I, 1, N. 2 und 13. Die lateinische Abfassung läßt darauf schließen, daß diese Beilagen für die fachlichen Berater des Kaisers bestimmt waren. Memoranden, die Leopold I. vorgelegt werden sollten, schrieb Leibniz grundsätzlich in deutscher Sprache. Pohlmann vertritt hier allerdings die Meinung, daß auch diese, mindestens wenn es sich um Anträge auf Urheberschutz handelte, nur floskelhaft an den Kaiser gerichtet waren. Erteilungsbehörde für Autoren-Privilegien und somit Adressat entsprechender Gesuche sei seit dem 16. Jahrhundert der Wiener Reichshofrat bzw. dessen Impressorialkommission gewesen. Vgl. H. POHLMANN (1961), Sp. 115. Dank H. WIDMANN können wir heute auch auf die deutsche Übersetzung besagter Vorlagen zurückgreifen. Vgl. "Leibniz und sein Plan zu einem "Nucleus librarius", in: AGB 4 (1962/63), Sp. 621 - 636, Sp. 624 - 630.

16 Bereits seit Beginn des 18. Jahrhunderts gilt das *Journal des Sçavans* (1665 ff.) allgemein als "die erste, in den medientypischen Merkmalen voll ausgebildete Zeitschrift", die als neues Kommunikationsmittel der gelehrten Welt den zuvor eher ungeregelten Gelehrtenbriefwechsel formalisiert. Vgl. J. WILKE, Literarische Zeitschriften des 18. Jahrhunderts (1688 - 1789). Teil I: Grundlegung, Stuttgart 1978, S. 36 u. f. In lateinischer Übersetzung von Friedrich Nitzsch war das französische Journal (1665 - 1668) unter dem Titel "Ephemerides Eruditorum", allerdings mit zeitlicher Verzögerung, auch in "Deutschland" erhältlich (Leipzig 1667 - 1670). - Nur zwei Monate nach dem ersten Erscheinen des Journals wurden in London die *Philosophical Transactions* herausgegeben, die sich jedoch weitgehend auf naturwissenschaftliche Themen beschränkten. Diese wurden schließlich seit 1668 gefolgt von dem italienischen *Giornale de Letterati*. Die vorgenannten Zeitschriften entstanden in engster Verbindung mit einer der drei maßgebenden europäischen Akademien: der *Académie des Sçiences*, der *Royal Society* bzw. der *Accademia del Cimento*. Der Wechselbeziehung zwischen Publizistik und Akademiebewegung ist man in der einschlägigen Untersuchungen bisher nur ansatzweise nachgegangen. So etwa in den allgemeinen Übersichten: D. MC KIE, Scientific Periodicals from 1665 - 1798, in: Natural Philosophy through the eighteenth Century, hrsg. von A. Ferguson, 2. Aufl. London 1972, S. 122 - 132; D. A. KRONICK, A History of Scientific and Technical Periodicals. The Origin and Development of the Scientific and Technological Press, 1665 - 1790, New York 1962. Eine umfassende Studie zu diesem Thema steht noch aus. - Der Phänotyp der deutschen Zeitschrift wurde erst durch die *Acta Eruditorum* (1682 - 1782) ausgebildet, für die der Leipziger Professor der Moral und Politik Otto Mencke verantwortlich zeichnete. Vgl. J. KIRCHNER, Zur Entstehungs- und Redaktionsgeschichte der Acta Eruditorum. In: Ders., Ausgewählte Aufsätze aus Paläographie, Handschriftenkunde, Zeitschriftenwesen und Geisteswissenschaften. Stuttgart 1970, S. 153 - 172. Über Leibniz' Anteil an ihrer Entstehung und seine Mitarbeit vgl. AA I, 3, N. 434 u. f. - Als erstes deutschsprachiges, literarisch-kritisches Journal stellen sich die von Christian Thomasius herausgegebenen *Monatsgespräche* (1688 - 1690) dar. Es sind aber auch schon frühere Publikationen als wissenschaftliche Zeitschriften einzuordnen, wenn sie, wie z.B. die von der "Leopoldina" seit 1670 veröffentlichten "Ephemeriden" (vgl. Kap. II, 2, S. 45 und Anm. 59), das entscheidende Kriterium der Periodizität erfüllen. Vgl. auch J. KIRCHNER, Das Deutsche Zeitschriftenwesen. Seine Geschichte und seine Probleme. Bd. I: Von den Anfängen bis zum Zeitalter der Romantik. 2., erw. Aufl., Wiesbaden 1958, S. 18/19. Vgl. auch allgemein E. BOGEL/E. BLÜHM, Die deutschen Zeitschriften des 17. Jahrhunderts (Studien zur Publizistik, Bremer Reihe 17), Bremen 1971.

17 Neben den seit 1564 bestehenden Frankfurter erschienen seit 1594 auch die Leipziger Meßkatalure in regelmäßigen Abständen. Über die Geschichte der Meßkataloge vgl. R. BLUM "Im Rahmen seiner Abhandlung über die "Vor- und Frühgeschichte der nationalen Allgemeinbibliographie". In: AGB 2 (1960), S. 233 - 303.

18 AA I, 1 N. 1, S. 3.

19 Vg. A. STEIN-KARNBACH (1982), Sp. 1219, Anm. 124.
20 Vgl. Leibniz an Gudenus, 29.10. (?) 1668, AA I, 1, N. 4, S. 10; s. auch ebd. N. 1, S. 4, Z. 12 - 14 und N. 6, S. 15, Z. 22/23. Bemerkungen von Leibniz berechtigten allerdings zu der Vermutung, daß das besagte "specimen" seinen Bestimmungsort niemals erreicht hat. So schreibt der Gelehrte bereits im November 1668 an Lambeck, wenn das "Muster" immer noch nicht gefunden worden sei, so sei dies ein weiteres Ärgernis, mit dem er sich abfinden müsse: "Si vero necdum reperta intellexero, devoranda rursus molestia est." (Brief vom 22.11.(?)1668, ebd. N. 6, S. 15). In Verbindung mit seinem zweiten Gesuch bittet Leibniz Gudenus, noch einmal nach den "specimina", "do sie auch sich nicht gleich finden sollten", zu forschen (Brief vom 18.11.1669, ebd. N. 17, S. 35), um schließlich wenig später eher resignierend zu fragen: "Mochte wohl wißen ob meine erste supplication nebenst den beygelegten speciminibus noch vorhanden ..." (Brief vom 26.12.1669, ebd., N. 21, S. 47). Ein positiver Bescheid Gudenus' blieb aus. Im ÖStA konnte bis heute weder Leibniz' erster Antrag noch das beigelegte Muster ausfindig gemacht werden. Vgl. auch oben Anm. 14
21 "Nostro tempore similem curam ex parte suscepit le Journal des Sçavans Gallicum, cujus autores Librorum nonullorum insignium noviter prodeuntium scopum, addito tamen suo judicio, breviter solent indicare." AA I, 1, N. 2, S. 5.
22 Vgl. oben Anm 16
23 Vgl. AA I, 1, N. 2, S. 5, Pkt. 6.
24 "(10) Censurae vera, judicia vituperia omnio nulla miscebuntur, a quibus Galli sibi, etsi nuper promiserint, minime temperant, quod tamen nec privatum decet, nec si deceret, est extra odii et invidiae aleam positum." AAI, 1, N. 13, S. 25.
25 Ebd. N. 1, S. 4.
26 Ebd. S. 3/4.
27 Darüber ausführlicher in Kap. III. 2.2.2.2.
28 *De scopo et usu* ..., Pkt. 15, AA I, 1, N. 2, S. 6 Vgl. auch die deutsche Übersetzung bei H. WIDMANN (1962/63), Sp. 627. Leibniz legt hier die damals gültigen Zensurkriterien zugrunde. Vgl. u.a. U. EISENHARDT, Die kaiserliche Aufsicht über Buchdruck, Buchhandel und Presse im Heiligen Reich Deutscher Nation (1496 - 1806). Ein Beitrag zur Geschichte der Bücher- und Pressezensur. Karlsruhe 1970 (Studien und Quellen zur Geschichte des deutschen Verfassungsrechts R. A, Bd. 3), passim; U. OTTO, Die literarische Zensur als Problem der Soziologie der Politik, Stuttgart 1968 (Bonner Beiträge zur Soziologie 3), passim.
29 *De scopo et usu* ..., AA I, 1, N. 2, S. 6, Pkt. 14. In diesem Zusammenhang erinnert Leibniz, der sich oft und gerne auf historische Beispiele beruft, in allen einschlägigen Entwürfen an das große Verdienst des Patriarchen von Konstantinopel, Photios. Dessen berühmten Auszügen aus den Schätzen der byzantinischen Bibliothek hätten wir die Kenntnis unzähliger Bücher zu verdanken, obwohl diese der Eroberung Konstantinopels durch die Türken zum Opfer gefallen seien. Vgl. u.a. Leibniz' Eingabe für die Herzöge Rudolf August und Anton Ulrich, die Wolfenbütteler Bibliothek betr. v. 7. (17.) Juni 1695, in: E. BODEMANN, Leibnizens Briefwechsel mit dem Herzoge Anton Ulrich von Braunschweig = Wolfenbüttel, ZHVN Jg. 1888, Nr. 6, S. 124; neuerdings auch AA I, 11 N. 45.
30 Vgl. u.a. Leibniz' Schriften zur Scientia generalis, Analytica combinatoria, Ars inveniendi, Lingua characteristica, z. T. abgedruckt bei J. E. ERDMANN, Opera omnia, S. 82 - 98; C. J. GERHARDT, Philosophische Schriften Bd. 7. S. auch Kap. III, 1.3.1 u. ff. sowie 2.2.2.2.
31 Bereits 1630 hatte Heinrich Altstedt in Herborn eine siebenbändige Enzyklopädie veröffentlicht, um deren Vervollkommnung und Ergänzung sich Leibniz um 1670 Gedanken machte: *Cogitata quaedam de ratione perficiendi et emenendi encyclopaediam Altstedii.* Vgl. AA VI, 2, N. 53. Datierung nach Müller/Krönert, Leibniz-Chronik, S. 17: Herbst 1669 - Anf. 1671 (?). s. auch Kap. III, 1.3.1, Anm. 119.
32 AA I, 1, N. 1, S. 3; "ein Alphabet" meint 23 Druckbogen, damit veranschlagte Leibniz pro Messe einen Band von 300 - 400 Seiten. Vgl. H. WIDMANN (1962/63), Sp. 624.
33 AA I, 1, N. 1, S. 4.
34 Vgl. ebd. und N. 2, S. 7, Pkt 16; H. WIDMANN (1962/63), Sp. 627.
35 Vgl. *De scopo et usu* ..., AA I, 1, N. 2, Pkt. 9 ff und N. 13, Pkt. 20 ff. Leibniz' Vorschlag, die Marktgesetze von Angebot und Nachfrage in Anwendung zu bringen und über den Verbraucher, d.h. Leser, den Buchmarkt zu beeinflussen, erörtert ausführlich A. STEIN-KARNBACH (1982), Sp. 1225 ff.
36 *De scopo et usu* ..., ebd. N. 13, Pkt. 20.
37 Vgl. ebd. Pkt. 21. Mit dem Gedanken, eine allgemeine deutsche Gelehrtenzeitschrift herauszugeben, trug sich offensichtlich etwa um die gleiche Zeit auch der erste deutsche Verfasser einer Geschichte der Weltliteratur ("Polyhistor"), Daniel Georg Morhof (1639 - 1691). Wie Leibniz dachte er dabei an eine Kombination aus Bücherzeitschirft und wissenschaftlichem Informationsblatt, "quod non ad libros tantum, sed & ad omnia cogitata & inventa aliasque historias literarias extendi vellem". Vgl. *Danielis Georgi Morhofi Polyhistor, in tres Tomos, Literarium, Philosophicum et Practicum, divisus. Opus*

posthumum. Lubecae 1708, Lib. I, Cap. XVI, 33, S. 193. Entsprechende Hinweise bei: M. KERN, Daniel Georg Morhof (Diss.), Landau/Pfalz 1928, S. 44; H. WIDMANN (1962/63), Sp. 634/35. Ob Leibniz von Morhofs Plänen wußte, ist ungewiß; ein schriftlicher Kontakt beider läßt sich erstmals für das Jahr 1688 nachweisen, also nachdem der erste Teil des "Polyhistors" gerade erschienen war. Vgl. AA I, 5, N. 395.

38 AA I, 1, N. 15, S. 28, Z. 16/19 und S. 29, Z. 3/4. Boineburg an Peter Lambeck, 18. November 1669 (Entwurf von Leibniz).
39 Ebd. S. 31, Z. 26/27. Vgl. auch P. WIEDEBURG, Der junge Leibniz (1962) Bd. I, 1, S. 106 ff.
40 Besonders deutlich formuliert in dem Brief an Peter Lambeck vom 11. Januar 1669. AA I, 1, N. 8.
41 S. AA I, 1, S. 7 ff.
42 Vgl. ebd. N. 5, S. 12.
43 S. auch oben Anm. 15. An der Spitze des Reichshofrates stand der Kaiser, als sein Vertreter amtierte der Reichshofpräsident. Bei Abwesenheit oder Tod des letzteren übernahm der Reichsvizekanzler die Leitung der Geschäfte, die er jedoch gewöhnlich an den Reichshofratsvizepräsidenten weitergab. Vgl. M. FAAK, Leibniz als Reichshofrat (Diss.), Berlin(-Ost), 1966, S. 9 - 13; dazu grundlegend O. v. GSCHLIESSER, Der Reichshofrat. Bedeutung und Verfassung, Schicksal und Besetzung einer obersten Reichsbehörde von 1559 bis 1806. Wien 1942, bes. S. 1 - 88.
44 Gudenus an Leibniz am 9.12.1668, AA I, 1, N. 7, S. 16. Die von Boineburg 1663/64 verstärkt betriebene Wiederannäherung der bislang frankophilen mainzischen Politik an die des Kaisers war nicht zuletzt auch auf persönliche Motive desselben, d.h. auf seinen Ehrgeiz, Reichsvizekanzler zu werden, zurückzuführen. Vgl. P. RITTER, Ägyptischer Plan (1930), S. 84. Damit hat sich Boineburg in Walderdorff, dem damaligen Inhaber dieses Amtes (1660 - 1669), zweifellos einen persönlichen Gegener geschaffen. Bezeichnenderweise existiert kein direkt an Walderdorff gerichtetes Schreiben in der Nucleus-Angelegenheit.
45 AA I, 1, N. 7, S. 16. Trotz Gudenus' positiven Bescheids vom 7.2.1669 (ebd. N. 10, S. 20) scheinen sich Leibniz' Zweifel, ob sein erster Antrag dem Kaiser überhaupt jemals vorgelegt wurde, im Laufe der Zeit verstärkt zu haben: "Mochte wohl wißen ob meine erste supplication nebenst den beygelegten speciminibus noch vorhanden und Kayserl. Mayt gezeüget worden." Leibniz an Gudenus, 26.12.1669, ebd. N. 21. S. 47.
46 Ebd. N. 7, S. 16.
47 Vgl. weiter unten.
48 Vgl. A. STEIN-KARNBACH (1982), Sp. 1197 ff.
49 Gudenus an Leibniz, 7.2.1669, AA I, 1, N. 10, S. 20.
50 Ebd.
51 So teilte Gudenus Leibniz am 9.12.1669 mit, Lambeck zweifle, "ob Ihre Kayß. May. sich noch zur zeit zu solchem Priuilegio auff vorgeschlagene weise resoluiren". Ebd. N. 7, S. 16. - In seiner Wahlkapitulation von 1658 hatte Leopold I. das Recht, Monopolien zu erteilen, an die Landesfürsten abgetreten. Nur für Werke, die wie Erfindungen zu behandeln waren, galt diese Regelung nicht; dies traf wohl für Bücher- offensichtlich aber nicht für Zeitschriftenprivilegien zu. Vgl. A. STEIN-KARNBACH (1982), Sp. 1221, Anm. 135.
52 AA I, 1, N. 7, S. 17.
53 Leibniz an den Reichsvizekanzler (Königsegg), 19. Dezember (?) 1669, ebd. N. 18, S. 37 f.
54 Leibniz an Gudenus, 11. Januar 1669, ebd. N. 9, S 19.
55 "Ego adjicio, si qvid annuae mercedis tantum laborem nullo suo lucro aggredienti munificentia Imperali adderetur, id optime collocatum iri me spondere." Boineburg an Lambeck, 18.11.1669, ebd. N. 15, S. 32
56 Leibniz an den Reichsvizekanzler (Königsegg), 19. Dezember (?) 1669, ebd. N. 18, S. 36/37.
57 Vgl. ebd. Anm. S. 36. Die Aussichtslosigkeit seines Projekts hätte Leibniz allerdings schon sehr viel früher, aufgrund Gudenus' Schreiben vom 7. Febr. 1669 (ebd. N. 10) erkennen müssen. Vgl. H. WIDMANN (1962/63), Sp. 633.
58 AA I, 1, N. 10, S. 20.
59 Vgl. ebd. N. 12 und 13.
60 Ebd. N. 18.
61 Vgl. ebd. S. 37/38.
62 "Selbst aber den verlag über sich zu nehmen, wird nimmermehr zu rathen seyn, denn unzehlich exempel verhanden, wie die autores so selbst Bücher verlegen wollen, von denen gleichsam darwieder conspirirenden Buchführern gedruckt, gehindert, alle nachfrage hinterhalten, und der vertrieb gesper-

ret worden, mit endtlichen großen schimpf und schaden des Verlegers. Jedermann so das Francfurter Buchwesen kennet, wird hierinne mir beyfall geben." Ebd. S. 37.
63 Vgl. weiter oben S. 58 f.
64 Leibniz an Gudenus, 11.1.1669, AA I, 1, N. 9, S. 18/19.
65 Vgl. bes. den neu aufgenommenen Punkt 10 der Beilage zum zweiten Gesuch vom 18.11.1669, ebd. N. 13, S. 25; S. Anm.24.
66 "Censendi vero et carpendi arrogantiam Leibnütius Gallis relinqvet, consilium autoris, exponere contentus." Boineburg an Lambeck, 18.10.1668 (vermutlich Entwurf von Leibniz). Ebd. N. 3, S. 9
67 Ebd. Z. 20/22. Ohne Frage handelt es sich hier um Leibniz' ureigenste Idee. So wie der Gelehrte Empfehlungsschreiben anderer für sich bzw. seine Projekte selbst zu entwerfen pflegte, entstammen auch die seines Mäzens Boineburg größtenteils, wenn nicht sogar alle, seiner Feder. In diesem Zusammenhang sei auch auf Leibniz' Angebot hingewiesen, als kaiserlicher Berichterstatter für das Buchwesen auf den halbjährlich stattfindenden Messen zu fungieren. S. weiter oben S.57.
68 Eigenmächtige Übergriffe auf der einen, Vernachlässigung seiner Pflichten auf der anderen Seite, wurden dem seit 1667 amtierenden Bücherkommissar Georg Friedrich Sperling vorgeworfen. Seine rücksichtslose Amtsführung, besonders die einseitige Benachteiligung des protestantischen Schrifttums, führten nicht nur zum Autoritätsverlust jener kaiserlichen Behörde, sondern auch zu einem raschen Niedergang der Frankfurter Buchmesse. Zusätzliche Verwirrung verursachte Sperlings Weigerung, den per kaiserlichen Dekret aus den Jahren 1667, 1669, 1671 zum Adjunkten "cum spe futurae successionis" ernannten Michael Breunig von Mondtfeld zuzulassen; er verfolgte ihn vielmehr mit Beleidigungen. Sperling wurde schließlich im Februar 1685 entlassen. Vgl. G. SCHWETSCHKE, Literar=Geschichte. Die Rubrik "Bücher=Inspection" im Archive des Römer zu Frankfurt. In: Allg. Monatsschrift für Literatur I, (1850), S. 185 - 191, S. 189. Des weiteren: A. BRAUER, Die kaiserliche Bücherkommission und der Niedergang Frankfurts als Buchhandelsmetropole Deutschlands, in: Genealogisches Jahrbuch 19, (1979), S. 85 - 199; A. STEIN-KARNBACH (1982), Sp. 1229/30. Die bei RITTER (Krit. Kat. Nr. 352, 365, 366 u.a.) verzeichneten Briefe, die zwischen Gudenus und dem Sekretär Schönborns, Veit Berninger, gewechselt wurden, vermitteln uns einen Eindruck von den ständigen Beschwerden vor allem der evangelischen Stände gegen Sperling.
69 Boineburg an den Reichsvizekanzler (Königsegg), 18.11.1669, AA I, 1, N. 14, S. 27.
70 S. weiter unten S. 66 ff.
71 Leibniz an Gudenus, 18.11.1669, AA I, 1, N. 17, S. 35. Vgl. auch weiter oben Anm. 44. Im Gegensatz zu den kurz aufeinanderfolgenden an Königsegg persönlich gerichteten Schreiben (vgl. ebd. N. 14, 18, 19) existiert bezeichnenderweise kein Schreiben, welches an Walderhoff direkt adressiert wäre.
72 Ebd. N. 22. Vgl. H. WIDMANN (1962/63), Sp. 632/33.
73 Nach seinem Studium in den Niederlanden, Frankreich und "Italien" war der 1628 in Hamburg geborene Peter Lambeck wieder in seine Heimatstadt zurückgekehrt, um als Geschichtslehrer, Historiograph und Literarhistoriker tätig zu sein. 1663 wurde er Hofbibliothekar und Hofhistoriograph in Wien und blieb bis zu seinem Tod 1680 in den Diensten des Kaisers. Vgl. ADB 17 (1883), S. 533 - 536; des weiteren: N. WILKENS, Leben des gelehrten Peter Lambecci, Sacrae Caesareae Maiestatis Consiliarii, Historiographii und Bibliothecarii. Hamburg 1724; K. OBERLEITNER, Beiträge zur Biographie des k. Historiographen und Bibliothekars Peter Lambeck, Notizenblatt, Beilage zum Archiv f. Kunde österr. Geschichtsquellen, 8. Jg., Wien 1858, S. 382 ff.; Th. G. KARAJAN, Kaiser Leopold I. und Peter Lambeck, Wien 1868; als jüngster und bisher umfassendster Versuch einer Biographie Lambecks liegt bisher nur die Dissertation Gebhard KÖNIGS vor: Peter Lambeck (1628 - 1680). Leben und Werke mit besonderer Berücksichtigung seiner Tätigkeit als Präfekt der Hofbibliothek in den Jahren 1663 - 1680 (Diss., phil. Fak. d. Univ. Wien), Wien 1975.
74 Vgl. G. König (1975), S. 118 ff.
75 Leibniz an Lambeck, 26.12.(?)1669, AA I, 1, N. 20, S. 43.
76 Vgl. den Brief Gudenus' an den kurmainzischen Justizrat H. A. Lasser vom 21.10.1668, O. KLOPP, Werke 5, S. 24/25. Demzufolge hatte der Kaiser besonderes Interesse für Leibniz' Schrift *Dissertatio de Arte combinatoria* (Erstdr. Leipzig 1666 - vgl. AA VI, 1, N.8) gezeigt.
77 Vgl. auch P. RITTER, AA I, 1, Einl. S.XXVI; ebenso P. WIEDEBURG, Der junge Leibniz (1962), Bd. I, 1, S. 473. Einem Brief von Leibniz können wir entnehmen, daß Lambecks zweifelhafter Charakter seinen gelehrten Kollegen nicht verborgen blieb; jedenfalls konnte er trotz seines umfassenden Wissens keine allgemeine Anerkennung finden. Im Gegenteil, man warf ihm Mittelmäßigkeit, mangelnde Urteilsfähigkeit sowie übertriebenes Rivalitätsdenken und gezielte Ungerechtigkeit in der Beurteilung fremder Leistungen vor. So schreibt Leibniz im Juli(?) 1680 an Johann Lincker (AA I, 3 N. 334, S. 412): "Petri Lambecci mortem ex tuis primum literaris didici: Fuit ille vir multiplicis lectionis et felicis memoriae; judicio tamen atque ingenio non perinde valuit, adeoque apud eruditionis veros aestimatores, imprimis exteros, fama ejus intra mediocritatem stetit. Ego tamen industriam ejus sem-

per laudavi, tametsi hominem nescio, qua de causa inimicum expertus sim: Erat enim non satis candidus atque aequus aliorum aestimator. An forte aemulum verebatur?".

78 Lambecks Stellungnahmen und Einwände wurden Leibniz ausschließlich durch Gudenus übermittelt. Ein Schreiben, welches der Bibliothekar einem Brief von Gudenus Anfang Januar 1670 beigelegt hatte, hat er noch vor dessen Absendung wieder zurückgefordert. Es sollte mit späterer Post abgehen, hat den Gelehrten in Mainz aber offensichtlich nie erreicht; es ist zumindest nicht überliefert. Vgl. Gudenus' Brief vom 9.1.1670, AA I, 1, N.22, S. 48.

79 In seinem Brief vom 19.8.1668 hatte der Mainzer Justizrat H. A. Lasser Lambeck bereits auf Leibniz, seinen Mitarbeiter bei den Arbeiten zu einer Reform des Gesetzbuches, aufmerksam gemacht und ein Schreiben desselben angekündigt. Lambeck werde in dem jungen Juristen ein "sehr capax subjectum", "einen ganzen universalisten verspühren ..., der hernechst auch noch ein mehreres meritieren kan". AA VI, 2, Einl. S. XXI.

80 Leibniz hatte ja die Absicht geäußert, seine Bücherzeitschrift sukzessive zu einer Literaturgeschichte zu erweitern. Zu Lambecks Rivalitätsdenken s. auch oben Anm. 77.

81 Vergeblich haben Boineburg und Leibniz versucht, die in Aussicht genommene Bücherzeitschrift Lambeck als nützliches Hilfsmittel für seine eigenen Arbeiten, nicht zuletzt für die Fertigstellung seiner Literaturgeschichte, anzupreisen: "tum ubi per hos gradus recens prodeuntium librorum regressu veluti qvodam ad indicandos qvoqve dudum editos paulatim adscenderit, perficiendae Historiae tuae literariae, ..., peridoneum isntrumentum erit". Boineburg an Lambeck 18.10.1668, AA I, 1, N. 3, S. 9.

82 "Wie er (= Boineburg) auch ja nichts anders dabey zu thun, denn daß er, als ein gelehrter Herr ein den Studien nicht undienliches werck zu befördern suchet". Leibniz an Gudenus, 11.1.1669, ebd. N. 9. S. 18.

83 P. RITTER, Ägyptischer Plan (1930), S. 95. Eine Reihe von Briefen Boineburgs an Leopold I. bzw. Schönborn, den er um Unterstützung gebeten hatte, zeigen wie sehr er hoffte, - in Wien - wieder zu politischen Ehren zu kommen. Vgl. KRIT. KAT. N. 275 - 278.

84 Vgl. auch oben Anm. 16.

85 Vgl. Müller/Krönert, Leibniz-Chronik, S. 65/66. Der umfangreiche Briefwechsel, der sich vom 24. September 1681 bis zum 4. Oktober 1706 nachweisen läßt und der offensichtlich nur durch Menckes Tod (1707) abgebrochen wurde, bezieht sich in erster Linie auf die von Leibniz für die *Acta Eruditorum* verfaßten Beiträge. Vgl.die in der AA I, 3 ff. abgedruckten Briefe. Besonders wichtig wurden die "Acta" für seine Veröffentlichungen mathematischen Inhalts; bereits im Oktober 1684 erschien hier sein grundlegender Aufsatz über die Differentialrechnung *Nova Methodus pro maximis et minimis*. Vgl. auch Ravier, 90.

86 Durch ihren privaten Charakter wie ihre Kurzlebigkeit zeichnete sich jene Zeitschrift aus, die Leibniz mit Hilfe seines Sekretärs J. G. Eckhart 1700 schließlich doch noch realisieren konnte. Als Herausgeber dieses deutschsprachigen Rezensionsorgans, das bereits im Dezember 1702 zum letzten Mal ausgeliefert wurde, zeichnete jedoch wiederum nicht der Gelehrte selbst, sondern Eckhart verantwortlich; außerdem ist nach wie vor nicht eindeutig geklärt, wem von beiden die *Monatlichen Auszüge* in der Hauptsache zuzuschreiben sind. Vgl. *Monatlicher Auszug, Aus allerhand neu-herausgegebenen nützlichen und artigen Büchern*, zu finden bey Nicol. Förstern, Buchhändlern in Hannover. Ravier, 252, 291, 292. - Eckharts Biograph Hermann LESKIEN schätzt Leibniz' Anteil eher gering ein. Vgl. DERS. Johann Georg von Eckhart (1674 - 1730). Das Werk eines Vorläufers der Germanistik. (Diss. - masch. schr.), Würzburg 1965, S. VI. Im Gegensatz dazu vertreten Müller/Krönert (Leibniz-Chronik, S. 161), wie schon zuvor Guhrauer, die Meinung, daß die *"Monatlichen Auszüge"*, d.h. drei Oktavbände aus den Jahren 1700, 1701 und 1702, auf Anregung und unter Mitwirkung des Philosophen erschienen. (Vgl. auch den Abdruck diverser Beiträge aus den *"Monatlichen Auszügen"* bei G. E. GUHRAUER, Deutsche Schriften 2, S. 313 - 438.) Eine entsprechende Bemerkung des Philosophen in einem Brief an Herzog Anton Ulrich von Braunschweig-Wolfenbüttel vom 10. Februar 1701 bestätigt diese Auffassung nicht nur, sie zeigt darüber hinaus, daß Leibniz Eckharts *"Monatliche Auszüge"* offensichtlich ganz gezielt als Plattform benutzte, um seiner Meinung nach wichtige Informationen an die Öffentlichkeit gelangen zu lassen. Eckharts Journal, so Leibniz, "me donne moyen de faire paroistre de temps en temps quelque chose que je trouve à propos que le publique sçache". E. BODEMANN, Briefwechsel mit Anton Ulrich (wie oben Anm. 29), N. 20, S. 149. Über Leibniz' Mitarbeit an den *"Monatlichen Auszügen"* vgl. auch: Leibniz an J. Fabricius, 13. Mai 1701, *Kortholt* I, S. 74 sowie ders. an Th. Burnett of Kemney, o. Dat. (1701), GERHARDT, Phil. Schr. 3, S. 276.

Auch jenes Projekt sollte nicht unerwähnt bleiben, welches der Konvertit Eckhart in den Jahren seines Würzburg-Aufenthalts (1724 - 1730) zu Papier brachte. Denn seine Vorschläge für die als katholisches Pendent zu den "protestantisch gefärbten" Acta Eruditorum Menckes monatlich herauszugebenden *Acta Eruditorum Herbipolensia* weisen in bezug auf inhaltliche Forderungen und Argumentationsstruktur deutliche Parallelen zu den von Leibniz vorgetragenen Vorstellungen auf; sie unter-

87 Vgl. KLOPP, Werke 1, S. 39 - 44; neuerdings ediert in AA IV, 3 (N. 116) im Zusammenhang mit Leibniz' Plänen zur Schaffung einer Universalenzyklopädie. Zur Datierung vgl. ebd. S. 777.
88 Ebd. S. 785. In den drei inhaltlich unterschiedenen lateinischsprachigen Fassungen, die dem Gesamtkomplex der *Semestria Literaria* zuzuordnen sind, setzt Leibniz allerdings wieder mehr auf kaiserliche Unterstützung seines Projekts; wie schon 1668 für den in Aussicht genommenen "Nucleus" hält er ein immerwährendes Privileg für unabdingbar. S. auch Kap. III, 1.3.1.
89 Vgl. AA IV, 3, S. 782. - Dieser Begriff geht zurück auf eine von Th. Renaudot ins Leben gerufene Einrichtung. 1630 hatte der französische Journalist, der 1618 von Ludwig XIII. zum Generalsekretär für das Armenwesen berufen worden war, in Paris ein "Bureau d'adresse et rencontre" als zentrale Stelle für Arbeitsvermittlung gegründet. Die zunächst ausliegenden Listen, die über freie Arbeitskräfte wie -stellen informierten, wurden ab 1633 als "feuilles du bureau d'adresse" veröffentlicht. Vgl. H. BROWN, Scienfic Organisations (1967), S. 20 ff.
90 AA IV, 3 N. 116, S.784.
91 Ebd.
92 Zur Datierunng vgl. oben Anm. 87; vgl. auch Kap. III, 1.3.1.
93 Dazu ausführlicher Kap. III, 2.2.2.2.
94 Subskription bezeichnet den Verkauf eines Buches noch vor seinem Erscheinen gegen Anzahlung, wobei der Subskribent das vorbestellte Werk in der Regel zu einem niedrigeren Preis erhält. Vgl. auch A. STEIN-KARNBACH (1982), Sp. 1325 ff.
95 Vgl. oben Anm. 68.
96 S. AA I, 1, N. 11: Leibniz an den Kurfürsten von Mainz, 27. März (?) 1669.
97 Vgl. ebd. N. 23: Leibniz für den Dompropst und Statthalter vom Mainz, Januar 1670(?), S. 48.
98 Ebd.
99 "bin endlich auf die gedancken gerathen ob nit thunlich, daß Ihrer Churfl. Gn. alß Erztcantzlarn dieses werck gäntzlich untergeben, und durch iemand Ihrer räthe bey allen messen versehen würde". Chr. Gudenus an (Berninger), 15.11.1669. Das Original dieses bei Paul RITTER (KRIT. KAT. N. 208, S. 70) verzeichneten Schreibens befindet sich in dem seit 1980 an das Staatsarchiv Würzburg angeschlossenen Gräfl. v. Schönbornschen Archiv Wiesentheid; der entsprechende Auszug wurde erstmals bei A. STEIN-KARNBACH (1982), Anhang I, Sp. 1385/86 veröffentlicht. Vgl. auch ebd. Sp. 1228 f. Der zweite Brief Gudenus', der vom 26.12.1669 datiert, ist ebenfalls bei RITTER/ebd. N. 314, S. 80) vermerkt.
100 AA I, 1, N. 23, S. 49. Wen Leibniz hier meint, ist nicht auszumachen - vielleicht Lambeck. S. weiter unten.
101 Vgl. auch Gudenus' Brief v. 26.12.1669, s. oben Anm. 99.
102 Als besonderer Vertrauter Schönborns wurde von Saal häufiger mit der Weitergabe von Denkschriften und Eingaben an den Kurfürsten betraut. Vgl. auch P. RITTER, Ägyptischer Plan (1930), S. 86.
103 AA I, 1, N. 24.
104 Ebd. S. 50, Pkt. 8.
105 Ebd. Pkt. 12.
106 Ebd. Pkt. 14.
107 Ebd. S. 49.
108 Ebd. S. 52, Pkt. 22.
109 Ebd. S. 53, Pkt. 25.
110 Ebd. N. 25; "Si Elector Mog. obtinuerit a Caesare curam huius rei, suggeri ei varia possunt", ebd. S. 53.
111 Ebd.
112 Ebd.
113 *Notanda*, ebd. N. 24, S. 51.
114 *Meditationes*, ebd. Nr. 25, S. 54.
115 "Qvi ultra eum recipi velit, cum onere sustrineto". *Meditationes*, ebd.
116 Vgl. Kap. II, 2, S. 59 ff.
117 *Meditationes*, AA I, 1, N. 25, S. 56, Pkt. 44.
118 Vgl. meine Ausführungen in Kap. II, 2 und passim.
119 Die staatlich-merkantilistische Ausprägung dieses Grundgedankens finden wir bei dem nicht unumstrittenen Wirtschaftspolitiker und Universalgelehrten J. J. Becher (1635 - 1682), den Leibniz späte-

stens im Juni 1671 in Mainz persönlich kennengelernt hat (vgl. AA I, 1, N. 90, S. 154). Im Gegensatz zu den oben zitierten Protagonisten wie auch Leibniz sah Bechers Konzeption nicht eine zentrale Behörde vor, die das Staatswesen repräsentieren sollte, sondern den Ausbau eines Behördenapparates; bestehend aus fünf Fachkollegien. Für die Erziehung der Jugend sowie die Beförderung der Studien und Wissenschaften sollte das Collegium doctrinale zuständig sein. Über Becher und sein Verhältnis zu Leibniz vgl. Kap. III, 2.2.1.2 und 2.2.2.1 der vorliegenden Untersuchung; dort auch Literaturangaben.

120 Vgl. weiter unten.

121 *Meditationes*, AA I, 1, N. 25, S. 54. Möglicherweise hat sich Leibniz hier am Vorbild der *Fruchtbringenden Gesellschaft* orientiert, die sich von anderen ähnlichen Vereinigungen durch den Ausschluß von Geistlichen unterschied, und deren Satzung jede theologische-konfessionelle Diskussion und Kontroverse ausdrücklich untersagte. S. R. v. DÜLMEN, Sozietätsbildung in Nürnberg, S. 155/156. Vergleichbare Bestimmungen finden wir allerdings auch in der Charta der *Royal Society*, der es nicht erlaubt war, sich in Fragen der Theologie und der Politik einzumischen, S. C.R. WELD, A History of the Royal Society, Bd. I, London 1848, S. 146.

122 Ebd. S. 56, Pkt. 45 ff.

123 Ebd. Pkt. 50.

124 "(...) ne qvid liber contineat contra pietatem et bonus mores", ebd. Pkt. 52. Vgl. auch oben Anm. 28

125 Vgl. auch Kap. II, 2, S. 38 und passim.

126 Vgl. auch P. WIEDEBURG, Der junge Leibniz (1962), Bd. I, 1, S. 111.

127 Vgl. vor allem die in Kap. III, 1.1.2 dargestellten Sozietätspläne, deren utopischer Charakter durch das Fehlen entsprechender Überlegungen zweifellos verstärkt wird.

128 Vgl. *Meditationes*, AA I, 1, N. 25, S. 54 ff., Pkt. 22 - 40.

129 "Vectigal papyraceum qvale in Hollandia et Palatinatu universaliter introducator". Ebd. S. 54, Pkt. 22. Die hier angedeutete Möglichkeit, zur Finanzierung kultureller Projekte eine Steuer auf sog. gestempeltes Papier zu erheben, wird von Leibniz Jahre später auch für Hannover und Wolfenbüttel in Aussicht genommen, nun aber sehr viel ausführlicher und eindringlicher diskutiert. Vgl. im folgenden Kap. III, 3.3.4, S. 150 f; zur Erläuterung der Stempelpapiersteuer s. dort Anm. 242.

130 Leibniz errechnet einen Betrag von 725 000 Königstalern, der jährlich der Sozietät zugute käme. *Meditationes* S. 55/56, Pkt. 41.

131 "Gravabit tantum mercatores, litigantes, eruditos, homines si cum incredibili labore miserae plebis comparentur, otiosos. Qvi numqvam excitabunt rebelliones." Ebd. S. 54, Pkt. 24.

132 Mit dem Ziel ein gewisses Steueraufkommen zu garantieren, schlägt der Gelehrte folgende Regelung vor: die zu besteuernden Papierarten und -mengen seien festzulegen und zu kennzeichnen, um Mißbrauch und Betrug zu verhindern; das gekennzeichnete Papier dürfe nicht ausgeführt, umgekehrt auch kein ausländisches importiert werden; Schreibpapier dürfe nur einseitig benutzt werden. Diesen Bestimmungen sei unter Strafandrohung Folge zu leisten. Leibniz zeigt sich hier eindeutig als Vertreter frühmerkantilistischer Grundsätze, die u.a. darauf hinausliefen, den eigenen, nationalen Markt zu stärken und von ausländischen Wirtschaftsmärkten abzugrenzen; darüber ausführlicher in Kap. III, 2.2.1.

133 *Meditationes*, AA I, 1, N. 25, s. 54, Pkt. 26.

134 Ebd. S. 56, Pkt. 42.

135 Nicht von ungefähr sollte die Sozietät durch eine Reichspapiersteuer von allen deutschen Territorien gemeinsam finanziert werden.

136 Leider liegt uns kein Briefwechsel vor, der über den Weg, den Leibniz' Denkschriften genommen haben, oder über die Reaktionen, welche sie in Hofkreisen bzw. bei Schönborn hervorgerufen haben, aufklären könnte.

137 Vgl. A. STEIN-KARNBACH (1982), Sp. 1233.

138 1670 erfolgte die Besetzung Lothringens.

139 Vgl. P. RITTER, Ägyptischer Plan (1930), S. 83 - 100, bes. S. 99 f.; ebenso P. WIEDEBURG, Der junge Leibniz (1962), Bd. I, 1, S. 107 u. Bd. I, 2, S. 148, Anm. 263. - Leibniz' vergebliches Bemühen, nach dem Tode Boineburgs und Schönborns, seine Stellung und Weiterbesoldung in Mainz zu sichern, bekräftigt Ritters Auffassung; es bestätigt aber auch die Vermutung, daß das Mißtrauen gegenüber dem Freund und Vertrauten Boineburgs vornehmlich aus den Reihen der Hofbeamten kam.

140 "(...) forte invidia illorum, qui Francofortensium librorum praefecturam Te quaerere existimarunt". AA I, 1, N. 31, S. 70. - Daß diese Mutmaßungen nicht gänzlich aus der Luft gegriffen waren, beweist ein - vermutlich von Leibniz verfaßtes - Schreiben Boineburgs an Lambeck vom 18. Oktober 1668. Vgl. AA I, 1, N. 3, S. 9; s. auch weiter oben S. 62 f. und Anm. 67.

141 Vgl. AA IV, 1, N. 45 und N. 46. Zur deutschen Übersetzung vgl. H. H. HOLZ, Politische Schriften 2, "Die Philadelphische Gemeinschaft", S. 21 - 27; "Die Sozietät als Vermittlerin unter den Konfessio-

nen", S. 28 - 31. Die in der AA auf das Jahr 1669 geschätzte Datierung (s. auch AA IV, 2, N. 45, S. 737) wurde von MÜLLER/KRÖNERT (Leibniz-Chronik, S. 18), wiederum mit Vorbehalt, übernommen. Da uns das Original zur *Societas Confessionum Conciliatrix* nicht erhalten ist, bereits bei Drucklegung in der AA (1931) auf den ersten Abdruck bei KLOPP (Werke 1, S. 130 - 133; irrtümlich in direkten Zusammenhang mit Leibniz' *Grundriß* aus dem Jahre 1671 gebracht) zurückgegriffen werden mußte, kann die Zusammengehörigkeit beider Schriften nicht mehr eindeutig nachgewiesen werden; inhaltliche Kriterien sprechen jedoch dafür. Zudem wurde das Manuskript zur *Societas Confessionum Conciliatrix* schon bei RITTER, dem das Original vorgelegen haben dürfte, leider jedoch ohne genauere Signatur, als Scholion zur *"Philadelphica"* katalogisiert. Vgl. KRIT. KAT. 327 A - C.

142 Vgl. AA IV, 1, N. 45, S. 552, Anm.; S. 553, § 13; S. 556. Wie die merkantilistischen Projektemacher J. J. Becher (Vgl. oben Anm. 119) und J. D. Crafft hat Leibniz auch den Naturforscher, Philosophen und berühmten Enthusiasten F. M. van Helmont (1618 - 1699) vermutlich erst 1671 persönlich kennengelernt (vgl. E. GERLAND, Leibnizens Schriften, S. 10), diese Bekanntschaft aber offensichtlich nicht brieflich fortgesetzt. Später, in Hannover, dürfte sich für ihn jedoch des öfteren Gelegenheit für ein persönliches Gespräch mit dem zuletzt in Amsterdam lebenden Gelehrten ergeben haben. Vgl. u.a. AA I, 13 N. 438, Erl. Helmont, mit dem Leibniz in Einzelfragen nicht immer übereinstimmte, dessen "wahrhafte Aufopferung für das allgemeine Wohl" er gleichwohl schätzte (vgl. ebd. N. 259, S. 400), hielt sich hin und wieder besuchsweise am hannoverschen Hof auf. Vgl. ebd. Korresp.verz. S. 730. Über Leibniz' Ansicht hinsichtlich der Lehren van Helmonts vgl. ebd. N. 41.
Nur mit Crafft sollte sich indes eine Freundschaft entwickeln, die sich bis zu dessen Tod 1697 bewährte. Die zahlreichen Briefe Leibniz' an Crafft gehören wohl zu den aufrichtigsten Zeugnissen, die wir von dem Philosophen besitzen. - Der latinisierte Name La Curius steht wahrscheinlich für den Leydener Juristen und Kaufmann Pieter de la Court, der wiederum den obengenannten Becher und dessen *Politischen Discurs* beinflußt hat. Leibniz suchte ihn erstmals im November 1676 während seines Aufenthalts in Den Haag auf. Vgl. GERHARDT, Phil. Schr. 6, Theodicee, Troisième Partie, S. 339: "Je vis Monsieur de la Court aussi bien que Spinosa, à mon retour de France par l'Angleterre et par la Hollande."- Labadius dürfte identisch sein mit dem gebürtigen Franzosen Jean de Labadie, der als "Urheber des Separatismus in der reformierten Kirche" gilt. Vgl. ADB 17, 1883 (Repr. 1969), S. 462. Nach seinem Austritt aus der *Societas Jesu*, der er für ca. vier Jahre angehört hatte, und Verfolgungen seitens der katholischen Kirche, war er 1659 ins reformierte Lager übergetreten und zunächst in Genf und im Nachgang ihm den Niederlanden als Geistlicher tätig. Um sein Ideal eines christlichen Kommunismus zu verwirklichen, gründete er schließlich die nach ihm benannte Gemeinde, die jedoch nur bis 1732 bestehen konnte. Angefeindet starb Labadie 1674 in Altona. Leibniz' Mentor Boineburg war von dem Hamburger Erich (?) Mauritius auf Labadie aufmerksam gemacht worden, "qui e Catholico Reformatus, et tandem Anabaptista est redditus". J. D. GRUBER, Commercium epist. Leibn. Pars 2, N. CCCCLI. S. 1316, Brief v. 10. Aug. 1670. Entgegen seiner Absicht war Leibniz mit Labadie offenbar nicht mehr ins Gespräch gekommen.

143 AA IV, 1, Einl. S. XXXV.
144 Ebd. N. 45, S. 553, § 15.
145 Ebd. S. 552, § 1.
146 Vgl. ebd. S. 552/53, § 2 ff.
147 Vgl. hierzu vor allem die Überlegungen von Werner SCHNEIDERS, der sich im besonderen Maße um die Auslegung der frühesten Sozietätsentwürfe verdient gemacht hat. DERS., Gottesreich und gelehrte Gesellschaft. Zwei politische Modelle bei G. W. Leibniz. In: F. Hartmann/R. Vierhaus, Der Akademiegedanke im 17. und 18. Jahrhundert (1977), S. 47 - 61; Sozietätspläne und Sozialutopie bei Leibniz, in: Stud. Leibn. 7, 1 (1975), S. 58 - 80; Respublica optima. Zur methaphysischen und moralischen Fundierung der Politik bei Leibniz. In: Stud. Leibn. 9, 1 (1977), S. 1 - 26.
148 Vgl. AA IV, 1, N. 45, S. 553, § 5 ff.
149 Vgl. auch Kap. III, 2.1.3 und 2.2.
150 AA IV, 1, N. 45, S. 553.
151 Vgl. in diesem Zusammenhang auch die Inhalte der Reformpädagogik des 16. und frühen 17. Jahrhunderts; hierzu ausführlicher Kapitel III, 2.2.2.1 und passim.
152 Besonders akzentuiert bei H. H. HOLZ, Polit.Schriften 2, Einl. S. 15 f.; weniger dezidiert u.a. auch bei W. SCHNEIDERS, Sozialutopie (1975), S. 64 und W. TOTOK, Leibniz als Wissenschaftsorganisator (1966), S. 298. - Die *Philadelphica* als frühes Konzept zu einer freimaurerischen Geheimgesellschaft einzustufen, überzeugt ebensowenig wie die von dem Freimaurer Ludwig KELLER vertretene generalisierende, längst aber wohl überholte These von der grundsätzlichen Wesensgleichheit der Sozietäten, respektive der Sprachgesellschaften des siebzehnten und den Logen des 18./19. Jahrhunderts. Vgl. DERS., Akademien, Logen und Kammern des 17. und 18. Jahrhunderts (Vorträge und Aufsätze aus der Comenius-Gesellschaft, 22. Jg., 2. St.), Jena 1912" Vorwort. In beiden Fällen befinden wir uns allenfalls im "prä-maurerischen" Bereich. Die Freimaurer im eigentlichen Sinne, d.h. jene Bewegung,

die sich - verallgemeinernd - als weltbürgerliche versteht, sich einer natürlichen Ethik sowie dem Ideal edlen Menschentums verschrieben hat, und deren Organisation sich durch ein hohes Maß an Ritualen und Symbolik auszeichnet, gibt es "offen" erst ab 1717. In diesem Jahr wurde in London die erste Großloge gegründet. Dies schließt freilich nicht aus, daß die für Freimaurer-Logen charakteristischen Attribute inhaltlicher wie konstitutioneller Natur in Ansätzen schon in den verschiedenartigsten Vereinigungen des 17. Jahrhunderts zu finden sind. Man denke in diesem Zusammenhang etwa an die Bestrebungen eines Comenius, eines Andreae oder eben auch an die diversen Sprachgesellschaften, deren ausgeprägten Kultus Keller als - allerdings alleiniges - Indiz für die Richtigkeit seiner Auffassung zitiert. Derartige Einzelphänomene mögen eine entsprechende Entwicklung bis hin zur Fraumaurerei nachweisen, aus ihrem Kontext gelöst und isoliert betrachtet, verleiten sie ohne Frage zu falschen Schlüssen. S. auch Kap. II, 2, S. 42 ff.

153 Unerwähnt bleibt merkwürdigerweise der Schwede Bengt (Benedikt) Skytte (1614 - 1683), obwohl Leibniz' Vorschläge geradezu verblüffende Ähnlichkeit haben mit Skyttes Berliner Projekt für eine *Universitas Brandenburgica Gentium Scientiarum et Artium* (1667). Der Gelehrte hatte dem Comenius-Anhänger und Günstling der schwedischen Königin Christine 1667 in Frankfurt/M. im Hause Boineburgs kennengelernt. Wie er seinem späteren Korrespondenten, dem Berliner Hofprediger D. E. Jablonski, gestand, hatte Skytte ihm damals auch von seinen Plänen berichtet. Vgl. Leibniz' Brief vom 31. Dez. 1700, in: J. KVACALA, D. E. Jablonsky's Briefwechsel mit Leibniz..., Acta et Commentationes Imp. Universitatis Jurievensis (olim Dorpatensis), Jg. 1897, N° 2, N. 61, S. 64. Über Skytte und sein Berliner Sozietätsprojekt vgl. Kap. III, 3.1.3.1 der vorliegenden Untersuchung; hier auch Literaturhinweise. S. auch weiter unten Anm. 179.

154 Vgl. AA IV, 1, N. 45, S. 553, § 12 ff. Auch in späteren Jahren hat Leibniz mit Vorliebe ordensähnliche Sozietäten konzipiert. Vgl. Kap. III, 1.3.1 und 2.1.4.

155 Leibniz bezieht sich hier offensichtlich auf die von Becher formulierten *Regulae et fundamenta Societatis psychosophiae et imitationem vitae christianae in primitiva ecclesia*, die in dem von Becher selbst angelegten Katalog seiner Werke verzeichnet sind, heute jedoch nicht mehr nachgewiesen werden können. Vgl. H. HASSINGER, J. J. Becher. 1635 - 1682. Ein Beitrag zur Geschichte des Merkantilismus. Wien 1951 (Veröffentl. d. Kommission für Neuere Geschichte Österreichs 38), S. 269 und S. 131 f. Ihre Veröffentlichung im Jahre 1668, für die sich Erdberg im Gegensatz zu Hassinger ausspricht, könnte tatsächlich erfolgt sein. Vgl. ebd. S. 88 und 131; R. v. *Erdberg-Krczenciewski*, Johann Joachim Becher. Ein Beitrag zur Geschichte der Nationalökonomie. Staatswissenschaftl. Studien, hrsg. v. L. Elster, VI/2, Jena 1896, S. 78 (hier unter dem Titel "Regeln und Gesetze der christlichen Bund-Genossenschaft, welche einige Friede und Ruhe suchende christliche Familien unter sich auffzurichten und zu verfassen gedenken" verzeichnet und mit dem Hinweis versehen: "Später der Psychosophia beigegeben".) Dies würde jedenfalls erklären, warum Leibniz von diesem Projekt wußte, obwohl er zu dem Zeitpunkt, als er seine *Philadelphica* niederschrieb, mit den Merkantilisten weder schriftlichen noch persönlichen Kontakt hatte. Außerdem erwähnt Becher bereits in seinem ebenfalls 1668 erstmals erschienen *Moral Discurs* die von ihm in einem "Büchlein" niedergelegten "Regulen und Geseze etlicher friedliebender Christen". Vgl. *Moral Discurs*. Von den eigentlichen Ursachen deß Glücks und Unglücks ... Frankfurt am Mayn 1669, S. 271/72. Denkbar und damaligen Gepflogenheiten durchaus entsprechend wäre es allerdings auch, daß Bechers Schrift auf brieflichem Wege zunächst nur unter Gleichgesinnten Verbreitung gefunden hätte. In diesem Fall könnte Leibniz von Dritten, etwa von Boineburg, über besagtes Projekt informiert worden sein. Die Ähnlichkeit der von Becher konzipierten Gesellschaft mit Leibniz' *Societas Philadelphica* ist jedenfalls verblüffend. Sie läßt sich anhand des uns erhaltenen "Entwurff(s) / oder Einladung / Einer Ruh=Liebenden und ihrem Nechsten zu dienen suchenden Philosophischen Gesellschaft" nachweisen, der im Anschluß an die "Psychosophia oder Seelen-Weißheit ..." 1678 erschienen war. Auch hier macht Becher im übrigen darauf aufmerksam, "daß bereits von zehn Jahren hero / einige Ruh-liebende und ihrem Nechsten zu dienen beflissene Gemüther sich bemühet / und mit einander überleget haben / wie sie ihr wohlgemeyntes Vornehmen / einmahl / ihnen und dem gemeinen Wesen zum besten / werckstellig machen möchten". Da man jedoch "durch vielerhand Verlegenheiten" davon abgehalten worden sei, zudem "allerhand seltsame / fanatische Societäten" entstanden seien, habe man sich darauf geeinigt, mit der Verwirklichung des Vorhabens so lange zu warten, "biß man erst den Außgang der vorigen gesehen". "Psychosophia oder Seelen=Weißheit ...", Zweyte Edition Hamburg 1705, Anhang. Der "Entwurff", der nach Hassinger im wesentlichen identisch sein dürfte mit dem oben zitierten "Regulae" (HASSINGER, S. 131), beschreibt die Gesellschaft, deren Mitglieder, materiell abgesichert, den vier Geboten der Religionsfreiheit, der Eintracht, des einfachen Lebens und der Pflichterfüllung unterworfen sind. Um das Ideal irdischer Glückseligkeit zu verwirklichen, sollte diese Sozietät an die Stelle des Obrigkeitsstaates treten und zum Wohle aller dessen Machtbefugnisse übernehmen.

156 AA IV, 1, N. 45, S. 554, § 24/25.

157 "(§ 36.) Sed tamen et aliae artes adhibeantur, ut omnes principes consentiant, Caesar facile potest persvaderi, Papae propagatio catholicae religioni proponatur, Regi Galliae propagatio potentiae per hanc

societatem, ut Hispanorum per Jesuitas facta est." Ebd. S. 55. - Bezeichnenderweise fehlt hier der englische König, der sich im bezug auf die Akademien seines Landes, respektive die Royal Society, mit einer vergleichsweise bescheidenen Rolle begnügte; wiewohl Protektor und Mäzen, griff er niemals direkt in die Statuten der Sozietät ein. Vgl. auch J. O. FLECKENSTEIN, Leibniz-Faksimiles, Einl. S. 6.
158 S. oben Anm. 157.
159 Als internationaler Knotenpunkt von Wirtschaft, Handel und Wissenschaft erlebte "Holland" in der zweiten Hälfte des 17. Jahrhunderts eine "goldene Zeit", nicht zuletzt auch, weil es Zentrum von Emigranten aller Art war und somit eine Reihe großer Persönlichkeiten beherbergte. Darüber hinaus übte der niederländische Philosoph Baruch (Benedictus) de Spinoza eine geradezu magische Anziehungskraft aus. So hatte dieser bald einen Kreis von Gelehrten um sich versammelt, der im Grunde bereits eine Art supranationaler Akademie darstellte, ohne daß dies von Spinoza jemals beabsichtigt gewesen wäre. Vornehmstes Beispiel der Ausländer, die neben den wirklichen Emigranten das cartesianisch-spinozistische "Holland", verbunden mit längerwährenden Aufenthalten, zu ihrer geistigen Heimat gemacht haben, ist E. W. von Tschirnhaus. Auf diese Weise hatte der deutsche Mathematiker schon zu Beginn der 70er Jahre, also noch vor seinen Reisen nach London und Paris, Gelegenheit, eine Form geistiger Zusammenarbeit kennenzulernen. Diese Tatsache sollte auch für Leibniz nicht ohne Bedeutung bleiben. Immerhin stand der Gelehrte in einem langjährigen Briefwechsel mit Tschirnhaus, dem er 1675 in der französischen Metropole erstmals begegnet war. Häufig wiederkehrendes Thema dieses regen Gedankenaustausches war die notwendige Organisation des wissenschaftlichen Lebens im Reich. S. auch Kap. III, 3.2.2 - Mit dem 1677 verstorbenen Spinoza hatte sich Leibniz bereits im Oktober 1671 brieflich in Verbindung gesetzt; im Herbst 1676 traf er mit ihm in Haag persönlich zusammen. Die Unterschiedlichkeit ihrer Charaktere, des "Weltmannes" Leibniz und des "inneren Emigranten" Spinoza, stand einer engeren Beziehung beider aber wohl entgegen.
160 Vgl. auch W. SCHNEIDERS, Sozialutopie (1975), S. 64 f.
161 AA IV, 1, N. 45, S. 555, § 37.
162 Ebd. S. 554, § 28.
163 Vgl. ebd. S. 55 § 33/34, ebenso § 39. In diesem Zusammenhang spricht Leibniz erstmals von einem gewissen Grundkapital, "fundus", welches wohl von den "ditissimi qviqve Hollandiae" aufgebracht werden sollte. Im übrigen scheint der Gelehrte damit eine Möglichkeit gefunden zu haben, wie letzten Endes auch die Kaufleute, mindestens die reichsten unter ihnen, in die zukünftige Organisation der *Philadelphica* eingegliedert werden konnten.
164 Vgl. auch H. GOLLWITZER, Geschichte des weltpolitischen Denkens Bd. 1, Göttingen 1972, bes. Kap. 2: Projektemacherei des Barockzeitalters, Leibniz S. 172 - 198, S. 179.
165 Vgl. AA IV, 1, N. 45, S. 554, § 22.
166 Ebd. S. 555, § 36.
167 Ebd.
168 Vgl. ebd. S. 556, § 45 - 48. Auch hier sehen wir wieder Leibniz' Bemühen, das Universitätswesen in seine politisch-kulturellen Plänen einzubeziehen. Die Sozietät sollte neben Rektoraten von Schulen und Kollegien auch akademische Lehrstühle besetzen; ebd. § 48.
169 Da Leibniz die zukünftigen Mitglieder der *Philadelphica* in "nostri" und "caeteri ministri societatis" unterscheidet, hatte er offensichtlich, wie auch in seinen späteren konkreten Projekten, neben festen eine Art korrespondierender Mitglieder vorgesehen. Im Gegensatz zu ersteren, deren Unterhalt ausschließlich von der Sozietät zu gewährleisten sei, sollten sich die korrespondierenden Mitglieder durch weltweite Handelstätigkeit vornehmlich selbst finanzieren. Vgl. ebd. S. 555, § 39/40.
170 Ebd. § 31.
171 Ein in sich geschlossenes System philosophisch-politischer Grundgedanken bzw. eine originäre philosophische Staatslehre, die Leibniz in einer größeren Abhandlung umfassend niedergelegt hätte, gibt es nicht. Seine einschlägigen Leitideen müssen aus den verschiedensten Schriften herausgearbeitet werden. Weniger deutlich in den politischen Kampfschriften als in den frühesten Plänen zur Organisation der Wissenschaft treten seine sozial-reformerischen Vorstellungen zu Tage. Vgl. auch W. SCHNEIDERS, Sozialutopie (1975), passim; ausführlichere Überlegungen mit weiterführenden Literaturangaben in Kap. III, 2.2 der vorliegenden Untersuchung.
172 AA IV, 1, N. 45, S. 556, § 45/50, in der deutschen Übersetzung von H. H. Holz, Politische Schriften 2, S. 26. Die schon in den *Meditationes* allerdings noch recht verhalten angekündigte Idee von einer Sozietät als "domina rerum" (s. Kap. III, 1.1.1.2, S. 71) formuliert Leibniz in der Tat nie wieder so deutlich wie in seinem philadelphischen Entwurf. Gleichwohl wird nachzuweisen sein, daß der überschwengliche, utopische Geist dieses frühesten Konzepts durchaus auch noch in den Akademieprojekten des reifen Meisters zu erkennen ist. Leibniz, der auch in der praktischen Politik zuhause war, hat es allerdings wie kein anderer verstanden, seine ganz persönlichen Idealvorstellungen den spezifi-

schen historisch-politischen Realitäten anzupassen, mitunter auch pragmatischen Überlegungen unterzuordnen und sie andererseits doch wieder als konkrete Programmpunkte verbrämt in seine Entwürfe einzubringen. Vgl. passim.
173 Vgl. vor allem die Ausführungen von H. H. HOLZ, S. Lit.verz.; ähnlich auch E. WINTER, G. W. Leibniz und die Aufklärung, Berlin-Ost 1968.
174 Dazu ausführlicher Kap. III, 2.2.
175 Vgl. AA IV, 1, N. 45, S. 556.
176 Über Entstehung und Entwicklung des Begriffs der Gelehrtenrepublik, res publica literaria bzw. République des Lettres, vgl. F. SCHALK, Von Erasmus' res publica literaria zur Gelehrtenrepublik der Aufklärung, in: DERS., Studien zur französischen Aufklärung. Frankfurt/M. (2. verb. u. erw. Aufl.) 1977, S. 143 - 163.
177 Exemplarisch für die nach Off. Joh. 3,7 benannten philadelphischen Sozietäten stehen die von den Anhängern der englischen Mystikerin Jane Leade (um 1623 - 1704) auch in Holland, "Deutschland" und der Schweiz ins Leben gerufenen theosophischen Gemeinschaften sowie die von der pietistischen Sektiererin Eva von Buttlar (1670 - 1717) 1702 in Allendorf (Hessen) gegründete "Christliche und Philadelphische Societät".
178 Die von dem Erzieher Johannes Bernhard Basedow (1724 - 1790) und seinen Anhängern, wie dem Basler Publizisten Isaak Iselin (1728 - 1782) oder dem Hannoveraner Pädagogen und Sprachforscher Joachim Heinrich Campe (1746 - 1818), Ende des 18. Jahrhunderts vertretene pädagogische Bewegung propagierte eine natur- und vernunftgemäße Erziehung. Erziehung und Schule sollten zu weltbürgerlicher und natürlicher Entfaltung führen. Als Schulvorbild galt das von Basedow 1774 in Dessau gegründete "Philantropinum", an dem u.a. auch Campe lehrte. Campe wie Iselin gehörten zudem zu den Vorkämpfern des Akademiegedankens im 18. Jahrhundert und waren selbst Projektanten, Gründer, mindestens aber Mitglied sog. *Patriotischer* oder *Ökonomischer* Sozietäten. Dazu ausführlicher mit entsprechenden Lit. hinweisen L. HAMMERMAYER, Akademiebewegung und Wissenschaftsorganisation, S. 29 ff.
179 S. auch weiter oben Anm. 153. Besonders augenfällig ist die Ähnlichkeit der *Philadelphica* mit einem Plan für ein Polytechnisches Institut, der von K. Wild in den Akten Schönborns im Archiv Wiesentheid (seit 1980 am Staatsarchiv Würzburg) gefunden und lange Zeit fälschlicherweise Boineburg zugeschrieben wurde. Vgl. K. WILD, Eine Denkschrift Boyneburgs ... In: Zs. für die Geschichte des Oberrheins, N. F. 14 (1899), S. 325/25. Verfasser dieser Schrift, die am Mainzer Hof mit großer Wahrscheinlichkeit tatsächlich eingereicht worden war (vgl. P. WIEDEBURG, Der junge Leibniz (1962), Bd. I, 2, S. 149/50 Anm. 277), kann jedoch nur oben bereits erwähnter Bengt Skytte gewesen sein, der sich im Sommer 1667 in Frankfurt/M. aufgehalten hatte. (Wilds Datierung des Planes auf das Jahr 1669 ist daher recht unwahrscheinlich; sie konnte jedoch nicht überprüft werden, da das Schriftstück in den einschlägigen Akten nicht mehr aufzufinden war. Zur Autorenschaft vgl. auch K. MÜLLER, Zur Entstehung und Wirkung der wissenschaftlichen Akademien (1970), S. 140). Besagte Vorlage, die im übrigen wiederum große Ähnlichkeit mit Skyttes Berliner Projekt aufweist (s. Anm. 153), sollte Johann Philipp von Schönborn dafür gewinnen, im Rhein-Main-Gebiet eine Stiftung zur Pflege praktischer Wissenschaften einzurichten, die sich neben Naturwissenschaften auch mit Fragen der Ökonomie und mit Gewerben aller Art beschäftigen würde. Die Schirmherrschaft des Instituts, welches, gleichsam geistiger Mittelpunkt Europas, die befähigsten und einflußreichsten Persönlichkeiten anziehen werde, wäre vom Kaiser sowie von den maßgeblichen europäischen Fürsten zu übernehmen. Sie hätten auch dessen "ewige" Neutralität zu garantieren. Wie in Leibniz' "Philadelphica" sollte das Zusammenleben der Gelehrten in der Sozietät streng reglementiert und ihr Unterhalt gewährleistet sein. Die Aufnahme dürfe allein von der Befähigung des einzelnen, nicht aber von seiner Religionszugehörigkeit abhängen. Ähnlich den "Philadelphiern" sollten auch die Angehörigen des Polytechnischen Institutes entscheidend an der Führung der europäischen Staaten beteiligt sein.

Der Verfasser dieses Schriftstückes weist daraufhin, daß er einen ähnlichen Plan bereits Kardinal Mazarin sowie dem König von Großbritannien eröffnet habe "non sine f(o)elici successu" (Wild, S. 325). In der Tat kann Skytte sowohl mit der Fundierung der Pariser Akademie als auch der Londoner Royal Society in Verbindung gebracht werden. Vgl. dazu C. HINRICHS, Geistiger Mittelpunkt Europas (1952), S. 97 ff. Die deutsche Übersetzung der lateinisch abgefaßten Vorlage für ein Polytechnisches Institut verdanken wir E. AHLBORN, Pädagogische Gedanken im Werke von Leibniz, Göttingen 1968, S. 22 - 25.
180 *Grundriß* (1671), AA IV, 1, S. 536, § 23. In einem Brief an Jakob Thomasius vom 20.(30.) April 1669 schreibt Leibniz: "Scripseram aliquando de societate, quam quidam Germani moliantur. Ita esse docebit scheda germanica aliquot plagularum titulo collegii Philadelphici a Goezio bibliopola edita. Sed mihi suaue somnium videtur, velut societas roseae crucis." AA II, 1 N. 11, S. 24. Diese Aussage, d.h. der Vergleich mit den, wie er wußte, real nicht existierenden sog. Rosenkreuzern, beweist einmal

mehr, daß Leibniz zu keinem noch so frühen Zeitpunkt an eine praktische Umsetzung derartiger Ideen glaubte. S. auch Kap. III, 1.3.1 Anm. 22.

181 Seine Überzeugung von der Einheit des Seins, die zentrale Erkenntnis seines Denkens, hat Leibniz naturgemäß in seinen philosophischen Abhandlungen niedergelegt. Vgl. vor allem seine *Monadologie* und die *Principes de la nature et de la grace*: Alle Substanzen oder Monaden, so der Leibnizsche Begriff, sind demnach Repräsentationen ein und desselben Universums; daher müssen sie, wiewohl aus ihren jeweiligen Perspektiven heraus, zueinander in Harmonie stehen. Die vom allmächtigsten und weisesten Wesen, von Gott, eingerichtete "prästabilierte Harmonie" ist die Grundlage der von ihm geschaffenen "besten aller Welt" und zugleich Beweis seiner Existenz und Herrlichkeit. Sie ist aber auch Verpflichtung für den Menschen, dem es obliegt, diese grundsätzliche Vollkommenheit zu verwirklichen.

182 Vgl. D. MAHNKE, Der Zeitgeist des Barock und seine Verewigung in Leibnizens Gedankenwelt, in: Zs.f. Dt. Kulturphilosophie, Bd. 2 H. 2 (1936), S. 95 - 126, S. 102.

183 Die in der zweiten Hälfte des 17. Jahrhunderts verstärkt betriebenen Reunionsbestrebungen sind ebenfalls Ausdruck des barocken Universalismus. Sie gründen vor allem aber in der Erkenntnis der gravierenden, ja verheerenden Auswirkungen der Konfessionsspaltung nicht zuletzt auf das politische Geschehen in Europa. Vgl. auch den Exkurs, Kap. III, 2 dieser Studie: Leibniz' religionspolitische Konzeption - Sein Verhältnis zu Kirche und Konfessionelismus; dort auch Literaturhinweise.

184 Vgl. AA IV, 1, N. 46, S. 557, Pkt. 6.

185 Ebd. Pkt. 4.

186 Die Unfehlbarkeit des Tridentinischen Konzils und damit die Unanfechtbarkeit seiner Beschlüsse war nicht nur für Leibniz, sondern allgemein in protestantischen Kreisen zum Zankapfel geworden.

187 AA IV, 1, N. 46, S. 557, Pkt. 5.

188 Vgl. ebd. Pkt. 10 - 17.

189 Vgl. ebd., Pkt. 7 und 18.

190 Ebd. S. 558/59, Pkt. 19.

191 Wie nicht nur das Beispiel Leibniz zeigt, so konnten Protestanten ungeachtet ihrer Konfessionszugehörigkeit am katholischen Mainzer Hof beruflich Fuß fassen, ja sie konnten sogar, ohne daß man sie hinsichtlich ihres Glaubens unter Druck setzte, in hohe und einflußreiche Stellungen aufrücken. Dies bestätigend schreibt Leibniz im Februar 1692 an Herzogin Sophie, die Gemahlin seines späteren Arbeitgebers in Hannover, Herzog Ernst August von Braunschweig-Lüneburg: "Je n'avois pas 25 ans, quand Jean Philippe Electeur de Mayence me donna place dans son conseil de Revision (...). Et on me fit cette grace, non abstant ma religion, sur la quelle je me declarois hautement." AA I, 7 N. 66, S. 93.
Die Tatsache, daß das Fürstbistum Schönborns andererseits zum Anziehungspunkt für Konvertiten wurde, führt Paul WIEDEBURG nicht zuletzt auf den "psychologischen Effekt" dieser außergewöhnlich toleranten Haltung der Mainzer Kurfürsten und seiner geistlichen Berater zurück. Vgl. Der junge Leibniz (1962), Bd. I, 1, S. 78.

192 Vgl. ebd. S. 81 sowie M. DOMARUS, Würzburger Kirchenfürsten aus dem Hause Schönborn, Wiesentheid 1951, S. 59 ff.

193 Das biographische Material, das der historischen Forschung über Peter von Walenburch und dessen weniger bedeutenden Bruder Adrian, Weihbischof in Köln, zur Verfügung steht, ist mehr als dürftig. Lange Zeit herrschte selbst hinsichtlich ihres Familiennamens Unklarheit. Auch bezüglich Herkunft und angestammter Glaubenszugehörigkeit der konvertierten Katholiken liegen immer noch keine zuverlässigen Daten vor. Es ist aber anzunehmen, daß sie gebürtige Holländer und wie ihre Landsleute ursprünglich reformierten Bekenntnisses waren. Als Mainzer Weihbischof in den Jahren 1658 bis 1670 hat Peter van Walenburch nicht nur die konziliante Religionspolitik des Erzbistums wesentlich geprägt, er hat sich auch intensiv für die Wiedervereinigung der christlichen Kirchen eingesetzt. - Ausführliche Informationen über Peter van Walenburchs Wirken in Mainz bei P. WIEDEBURG, Der junge Leibniz (1962), Bd. I, 1, S. 79 - 92; über die z.T. erstaunlich divergierenden Aussagen in der einschlägigen Literatur vgl. ebd. Bd. I, 2, Anm. 194, S. 116 - 119. Zur Biographie der Brüder Walenburch s. u.a. auch ADB 40, 1896 (Repr. 1971), S. 728/29 und J. H. ZEDLER, Universal-Lexikon, Bd. 52 (1747), Sp. 1590/92.

194 "Fratrum Adriani et Petri de Walenburg, quorum ille est Coloniensis, hic Moguntinus Suffraganeus, opera pelemica coniunctim imprimi intelligo. Sunt mihi cum posteriore colloquia non rara." Leibniz an seinen Schwager Simon Löffler, 20. (30.) April 1669, AA I, 1, N. 34, S. 75; s. auch Müller/Krönert, Leibniz-Chronik, S. 16. - "Je me suis entretenu autrefois des heures entieres (...) avec feu Monr Pierre de Walenburch Suffragain de Mayence, et il nous parut qu'il n'y avoit gueres de difference qui se rapporte à la practique." Leibniz an Landgraf Ernst von Hessen-Rheinfels, Anfang 1681(?), AA I, 3, N. 223 S. 260/61. - Über das Verhältnis, in welchem Leibniz zu Peter van Walenburch gestanden hat, vgl. auch P. WIEDEBURG (1962), Bd. I, 1, S. 84 f.

195 Die von Bartholomäus Holzhauser (1618 - 1658) gegründete Weltpriesterkongregation mit Wirkungsstätte zunächst in Salzburg, später u.a. auch in Ingolstadt und Regensburg, zeichnete sich durch besondere Frömmigkeit, disziplinierte Lebensweise sowie durch ihre vorbildliche Lehrtätigkeit aus. Besonderen Verdienst erwarb sich das "Institutum clericorum in communi viventium" durch die Leitung von Priesterseminaren. Eben zu diesem Zweck berief Johann Philipp von Schönborn die Bartholomiten 1654 nach Würzburg und ein Jahr später Holzhauser selbst nach Mainz. Ungeachtet des Todes ihres Gründers, der 1658 in Bingen starb, und trotz erheblicher Widerstände seitens der Domkapitel konnten die Bartholomiten zu Lebzeiten Johann Philipps ihren Einfluß im Erzbistum Mainz behaupten. Im Jahre 1680 wurden die Satzungen und Ziele dieser Weltpriesterkongregation schließlich von Papst Innozenz XI. anerkannt und bestätigt. Nachdem sie 1803/04 der Säkularisation zum Opfer gefallen war, wird ihre Tradition in der "Unio Apostolica" seit 1808 bis heute fortgeführt. - Vgl. M. DOMARUS, Würzburger Kirchenfürsten (1951), S. 70/73 und P. WIEDEBURG, Der junge Leibniz (1961), Bd. I, 1, S. 76 f. S. auch A. L. VEIT, Kirchliche Reformbestrebungen im ehemaligen Erzstift Mainz unter Erzbischof Johann Philipp von Schönborn. 1647 - 1673, Freiburg i. Brsg. 1910 (Studien u. Darstellungen aus dem Gebiet d. Gesch. i. A. d. Görresgesellschaft u. in Verb. m.d. Redakt. d. Histor. Jahrb., hrsg. v. Prof. Dr. H. Grauert, Bd. VII, H. 3), S. 58 ff.; grundlegend: M. ARNETH, Bartholomäus Holzhauser und sein Weltpriesterinstitut, Würzburg 1959.

196 S. AA IV, 1, N. 46, S. 558/59, Pkt. 19. Vgl. auch Leibniz' Urteil über die Bartholomiten in seinem Brief an Boineburg vom 4./14. Sept. 1670. AA I, 1, N. 53.

197 *Grundriß eines Bedenckens von auffrichtung einer Societät in Teutschland zu auffnehmen der Künste und Wißenschafften.* Es sind ein Gesamtkonzept sowie sechs Teilkonzepte überliefert (LH 40 Bl. 1 - 9); für die vorliegende Untersuchung wurden die beiden Texte aus AA IV, 1, N. 43, S. 530 - 543 zugrunde gelegt. S. auch die entsprechenden Erläuterungen in AA IV, 2, N. 43.

Bedencken von auffrichtung einer Academie oder Societät in Teutschland, zu Aufnehmen der Künste und Wißenschafften (LH 19, Fasc. 14 Bl. 60 - 67), vollständig abgedruckt als N. 44 in AA IV, 1, S. 543 - 552. S. auch AA IV, 2, N. 44. Zur Datierung beider Entwürfe vgl. AA IV, 1. Vorwort S. XXXV.

196 Allerdings hat der *Grundriß* Jahre später möglicherweise doch noch direkte Verwendung gefunden. Aus einer Randnotiz der Reinschrift geht jedenfalls hervor, daß Leibniz diesen Entwurf nach Wien mitgenommen hat, als er 1688/89 erste, wiewohl erfolglose Bemühungen unternahm, in die Dienste des Kaisers aufgenommen zu werden (s. auch Kap. III, 3.1.2). Um den *Grundriß* gegebenenfalls dem Kaiser vorlegen zu können, hat ihn der Gelehrte in Wien dann offensichtlich noch einmal überarbeitet. Vgl. AA IV, 2, N. 43, S. 733.

199 Vgl. *Grundriß*, §§ 1 - 23.

200 S. Anm. 199.

201 Ebd. S. 531, § 5.

202 Ebd. Die Gedankenführung, in der Leibniz die Notwendigkeit einer Sozietätsgründung aus den drei Grundtugenden Glaube, Hoffnung und Liebe herleitet, scheint einem Traktat des Jesuiten Friedrich Spee von Langenfeld (1591 - 1635) über die drei christlichen Tugenden entnommen zu sein. Vgl. F. v. Spee, Güldines Tugendbuch, Cöllen 1649 (bzw. Sämtl. Schriften. Historisch-kritische Ausgabe Bd. 2, hrsg. v. Th.G.M. van Oorschot, München 1968), Kap. 21 - 25. Das "Güldine Tugendbuch", das ihm vom Mainzer Fürstbischof im Sommer 1668 geschenkt worden war (vgl. AA I, 13 N. 259, S. 398), hatte Leibniz offensichtlich sehr beeindruckt; es wird nicht nur im *Grundriß* ausdrücklich lobend erwähnt. Vgl. ebd. S. 534, § 16. Noch viele Jahre später äußert sich der Gelehrte geradezu enthusiastisch über Spees Gedanken. Ausführlich würdigt er dessen Schrift in dem oben zitierten Brief an Andreas Morell vom 10. (20.) Dezember 1696: "il y a des pensées si belles et si profondes, et en meme temps, si bien proposées pour toucher memes les ames populaires et foncées dans le monde, que j'en esté supermé. Il a sur tout reconnu et recommandé le grand secret de l'effect du veritable amour de Dieu. Il propose encor un jolie invention pour louer Dieu à tous momens, dont il prouve meme la solidité à la facon des Mathematiciens". AA I, 13 N. 259, S. 399. Vgl. auch die Schreiben an Landgraf Ernst von Hessen-Rheinfels vom 17.(27.) Okt. 1690 (AA I, 3 N. 221, S. 247/248) und Herzog Rudolf August von Braunschweig-Wolfenbüttel vom 9.(19.) Mai 1693 (AA I, 9 N. 34, S. 42). Über Spee vgl. u.a. E. ROSENFELD, F. Spee v. Langenfeld. Eine Stimme aus der Wüste. Berlin 1958, (Quellen und Forschungen zur Sprach- und Kulturgeschichte d. german. Völker. N.F.2); A. ARENS (Hrsg.), Friedrich von Spee im Licht der Wissenschaften (Quellen und Abhandlungen zur mittelrhein. Kirchengeschichte 49), Mainz 1984; Friedrich von Spee, Priester-Poet-Prophet, hrsg. v. M. Sievernich S.J., Frankfurt/M. 1986; W. RUPP, Friedrich Spee. Dichter und Kämpfer gegen den Hexenwahn (Topos Taschenbücher 156), Mainz 1986.

203 Grundriß S. 532, § 9.

204 Ebd. S. 533, § 12.

205 Ebd. S. 531, § 5.

206 Ebd. S. 533, § 13.

207 Ebd. S. 534, § 16.
208 Ebd. S. 535, § 21.
209 Ebd. S. 531, § 4.
210 Vgl. auch K. MOLL, Eine unausgetragene Kontroverse zwischen G. W. Leibniz und seinem Lehrer Erhard Weigel, Stud. Leibn. Suppl. 21 (1980), S. 123.
211 *Grundriß*, S. 530, § 2.
212 K. HUBER, Leibniz (1951), S. 58.
213 *Grundriß*, S. 536, § 24.
214 Ebd. § 24/25 als global umrissenes Programm, das in Konzept C (S. 538 - 543) spezifiziert wird.
215 Ebd. S. 538.
216 "Wie denn die medicin der neu erfundenen vasorum lacteorum und lymphaticorum, der Circulation, und sovieler ander ductuum, auch des von der Chymie in der natur angezündeten Liechts bisher noch wenig gebeßert ist, und der methodus medendi dergestalt bei denen nur allein geldesbegierigen Practicis in so schlechten Stande bliebe, als er zuvor iemahls gewesen." Ebd. S. 535, § 20.
217 Vgl. ebd. S. 540/41. Vgl. auch weiter unten Kap. III, 2.2.1.4.
218 Ebd. S. 541.
219 Ebd. S. 540.
220 H. HASSINGER, J. J. Becher (1951), S. 16.
221 J.J. BECHER, *Politischer Discurs von den eigentlichen Ursachen des Auf- und Abnehmens der Städt, Länder und Republiquen*...Frankfurt/M. 1668. Über das Programm des deutschen Merkantilismus vgl. u.a. E. F. HECKSCHER, Der Merkantilismus, Jena 1932; I. BOG, Der Reichsmerkantilismus. Studien zur Wirtschaftspolitik des Heiligen Römischen Reiches im 17. und 18. Jahrhundert. Stuttgart 1959 (Forschungen zur Sozial- und Wirtschaftsgeschichte 1); F. BLAICH, Die Epoche des Merkantilismus, Wiesbaden 1973.
222 *Grundriß*, ebd. S. 540/41.
223 Ebd. 542.
224 Vgl. auch W. SCHNEIDERS, Sozialutopie (1975), S. 73.
225 Vgl. hierzu meine Ausführung S. 81.
226 S. Anm. 197.
227 S. ebd.
228 Das "Reich" erscheint auch bei Leibniz, wie bei vielen seiner Zeitgenossen, z.B. Samuel Pufendorf, als historisch-politisches Gebilde, d.h. als unmittelbare verfassungspolitische deutsche Wirklichkeit auf der Grundlage des Westfälischen Friedens. Zum Reichsgedanken bei Leibniz vgl. u.a. E. WOLF, Idee und Wirklichkeit des Reiches im deutschen Reichsdenken des 16. und 17. Jahrhunderts, 4. Abschnitt: Der neue Reichsgedanke von Leibniz. In: Reich und Recht in der deutschen Philosophie, hrsg. von K. Larenz, Stuttgart u. Berlin 1943 (Dt. Philosophie 4, 1), S. 33 - 168, S. 133 - 168.
229 Vgl. hierzu auch die Kapitel III, 1.3.6 und 2.2.2.3 der vorliegenden Untersuchung.
230 *Bedenken*, S. 545, § 10.
231 Ebd. S. 547, § 14/15.
232 Nicht von ungefähr weist Leibniz in diesem Zusammenhang auf einen nützlichen, staatserhaltenden Nebeneffekt hin; er will damit wohl auch die Lauterkeit seiner eigenen Pläne unterstreichen. In England habe man eine "Societät vornehmer mit Verstand und Mitteln begabter Herrn" nicht zuletzt deswegen aufgerichtet, "umb seine müßigen excellente ingenia in arbeit zu stellen, und von Staats=intrigen abzuführen". Ebd. S. 548, § 15.
233 Zu Leibniz' Urteil über das deutsche Sozietätwesen seiner Zeit vgl. Kap. I, 3 der vorliegenden Untersuchung.
234 *Bedenken*, S. 549, § 18.
235 Ebd. S. 549/50, § 19.
236 Ebd. S. 550, § 19.
237 Ebd. S. 551, § 22.
238 Ebd. S. 552, § 25. Damit bezieht Leibniz zum ersten Mal China in die Argumentation seiner Akademieentwürfe ein. Noch deutlicher allerdings in den folgenden Plänen, zeigt sich der Gelehrte hier als typischer Vertreter der eher irrationalen, weil auf falschen Kenntnissen basierenden Chinabegeisterung seiner Zeit; dazu ausführlicher Kap. III, 2.2.2.4.
239 Noch deutlicher in diesem Zusammenhang steht allerdings Leibniz' *Sekuritätsgutachten* von 1670 (s. weiter oben Anm. 5), welches statt aggressiver Bündnispolitik mit ausländischen Mächten den friedlichen Weg einer Reichsallianz der deutschen Fürsten als Mittel gegen den Expansionsdrang Frank-

reichs vorschlägt. Das neue Frankreich Ludwigs XIV., Richelieus und Mazarins hatte die österreichisch-spanische Monarchie als Hauptfeind der deutschen Souveräne abgelöst, was sich in den Schriften Leibniz', auch in seinen Akademieplänen, wie in der gesamten deutschen Publizistik zunehmend niederschlug. Vgl. in diesem Zusammenhang auch Leibniz' Ägypten-Plan. Vgl. Kap. II, 1, Anm. 64.
240 S. weiter oben S. 59 f. sowie Anm. 38 und 39.
241 1670 war die Besetzung Lothringens durch französische Truppen erfolgt.
242 Vom 15. - 17. Juli 1670 tagte die sog. Schwalbacher Konferenz der Kurfürsten von Mainz und Trier, des lothringischen Ministers Risaucourt und der Gesandten Kursachsens sowie der Niederlande, um der 1668 von William Temple gegründeten Tripelallianz Englands, Hollands und Schwedens gegen Frankreich beizutreten.
243 Was seine politischen Sympathien bzw. Antipathien anging, so machte sich Leibniz gerne die Überzeugung seiner Dienstherren zu eigen. In seinen Mainzer Jahren ließ sich der junge Gelehrte noch von der eher frankophilen Haltung seines Mentors Boineburg beeinflussen, die sich nicht unbedingt mit der Schönborns deckte. Eine deutliche Kehrtwendung vollzog Leibniz schließlich in Hannover mit dem Amtsantritt des überaus reichspatriotisch gesinnten Herzogs Ernst-August. Als beredtes Zeugnis dieses Sinneswandels ist uns seine Satire auf Ludwig XIV., *Mars Christianissimus* aus dem Jahre 1684 überliefert. Vgl. AA IV, 2, N. 22.
244 Vgl. H. GOLLWITZER, Projektmacherei des Barockzeitalters (1972), S. 173.

1.2 Paris (1672 - 1676): Leibniz' Vorschläge zur Organisation der Wissenschaft unter dem Einfluß seines Parisaufenthaltes

1 Vgl. K. MÜLLER, Leibniz (1966), S. 23.
2 S. auch Kap. II, 1 S. 29 f. der vorliegenden Untersuchung.
3 Vgl. AA II, 1 N. 26 ff.
4 Vgl. die 12 Schreiben Gravels an Leibniz (LBr 325), vollständig abgedruckt in AA I, 1 N. 91 ff.
5 LBr 143 bzw. AA II, 1 N 61 ff. Die Vermittlung des Briefwechsels zwischen Leibniz und Carcavy durch Gravel bestätigt uns das erste Schreiben des königlichen Bibliothekars an den Gelehrten in Mainz vom 7./17. Juni 1671, AA II, 1 N.61. Demgegenüber steht Paul RITTERS Aussage, Louis Ferrand habe den Kontakt hergestellt. S. AA I, 1 Einl. S XXVIII; ebenso AA II, 1 S. XXVI.
6 "M. de Carcavy est une personne que vous devez bien entretenir, car c'est le tout puissant auprez de Mgr Colbert pour ce qui regarde les lettres." Louis Ferrand an Leibniz, 11. Febr. 1672, AA I, 1 N. 121, S. 183.
7 "(...) le sejour de France (...) me donna le loisir d'approfondir davantage les matieres Mathematiques et Physiques". Leibniz an Paul Pellisson-Fontanier, 19.(29.)(?) Nov. 1691, AA I, 7 N. 110, S 199.
8 Vgl. AA II, 1 Einl. S. XXIV.
9 Ungeachtet seiner kritischen Haltung gegenüber der Politik Ludwigs XIV. blieb für Leibniz hinsichtlich Kultur und Wissenschaft immer Paris die richtungsweisende Stadt. Nachhaltige Bewunderung und Verehrung der französischen Metropole spricht u.a. aus einem Brief an den Schriftsteller Germain Brice vom März 1692. Vgl. AA I, 7 N. 356.
10 K. MÜLLER, Leibniz (1966), S. 27.
11 Leibniz wurde von dem Mathematiker und Akademiesekretär Jean Gallois in die *Académie des Sciences* eingeführt, die sich zweimal die Woche in der königlichen Bibliothek versammelte. Der zunächst briefliche Kontakt beider begann Ende 1672, als Leibniz Gallois seine "Accessio ad arithmeticam infinitorum" zusandte, Vgl. AA II, 1 N. 109. S. auch L. DAVILLÉ, Le séjour de Leibniz à Paris (1672-1676), in: Revue de la Societé des Etudes Historiques Jg. 78 (1912), S. 5 - 57, S 12.
12 So z.B. mit dem bedeutenden Mathematiker und Physiker Christiaan Huygens, der 1666 aus Holland gekommen war; dem Physiker Denis Papin, dem dänischen Astronomen Olaus Roemer, Giovanni Cassini, dem Leiter des Pariser Observatoriums, dem Architekten Claude Perrault und nicht zuletzt mit dem führenden Vertreter des Jansenismus, Antoine Arnauld. Über die Mitglieder der *Académie des Sciences* zu Lebzeiten Leibniz' vgl. u.a. A. MAINDRON, Histoire de l'Academie des Sciences, Paris 1890, S. 4/5. Über die Beziehungen des deutschen Gelehrten in Paris vgl. auch L. Davillé, Le séjour de Leibniz (1912), S. 11 - 17.

41

13 Der Mainzer Peter Schick, der sich als Reisebegleiter zweier Grafen von Taxis in Paris aufhielt, hatte Leibniz Zutritt zu einigen privaten gelehrten Zirkeln verschafft. Vgl. MÜLLER/KRÖNERT, Leibniz-Chronik, S. 31. U.a. konnte der deutsche Gelehrte nach eigenen Aussagen an den wissenschaftlichen Zusammenkünften im Hause des königlichen Sekretärs Henri Justel teilnehmen. Diesem Kreis gehörten neben dem Chirurgen Jean-Baptiste Denis auch Huygens sowie der zum Katholizismus konvertierte Philosoph Pierre Daniel Huet an. Vgl. Leibniz' Brief an den Custos der großherzoglichen Bibliothek in Florenz, Atonio Magliabechi, vom 13./23. März 1691, AA I, 6 N. 233, S. 416. S. auch Y. BELAVAL, Une "Drôle de Pensée" de Leibniz, in: Nouvelle Revue Française 12, 2, 1958, S. 754 - 768, S. 760 Anm. 10.

14 S. weiter unten; vgl. auch P. WIEDEBURG (1970), Bd. II, 1 S. 638/39.

15 *Drôle de Pensée, touchant une nouuelle sorte de Representations*, AA IV, 1 N. 49. Erstmals veröffentlicht mit ausführlichen Anmerkungen von E. GERLAND als Anhang zu "Leibnizens nachgelassene(n) Schriften physikalischen, mechanischen und technischen Inhalts (Abh. z. Gesch. d. math. Wissenschaften ... begr. v. Moritz Cantor, H. 21), Leipzig 1906, S. 246 - 252. Des weiteren von Y. Belaval, s. oben Anm. 13. - *Relation de l'etat présent de la Republique des Lettres*, AA IV, 1 N. 50. - Die Datierung der "Drôle de Pensée" gibt uns Leibniz gleich am Anfang seines Konzeptes an die Hand: "La Représentation qvi se fit à Paris septemb. 1675 ... m'a fait naistre la pensée suivante ..." Ebd. S. 562. Beide Entwürfe sind zudem auf "Pariser" Papier geschrieben, welches der Gelehrte vornehmlich 1675 benützt hat. Vgl. den Erläuterungsband AA IV, 2 N. 49 und 50.

16 Einer etwas ausführlicheren Interpretation der "Drôle de Pensée" hat sich bisher nur P. WIEDEBURG angenommen. Vgl. "Der junge Leibniz" (1970), Bd. II, 1; Kap. XIII sowie die entsprechenden Anmerkungen ebd. Bd. II, 3; S. 292 ff.

17 Vgl. AA IV, 1 N. 49, S. 562 Z. 27 - 29.

18 Ebd. S. 566.

19 Vgl. ebd. S. 563.

20 Vgl. ebd. S. 566; s. auch weiter unten. - "Académies des jeu" waren in Paris jene Häuser, in denen Glücksspiele betrieben wurden. Man hat sie immer wieder durch Edikt verboten. Vgl. AA IV, 2 S. 740.

21 Andererseits antizipiert Leibniz hier den Gedanken des Münchner "Deutschen Museums" und verbindet ihn mit der Idee neuzeitlicher Freizeitparks. Vgl. auch P. WIEDEBURG (1970), Bd. II, 1 S. 610.

22 Zu Kircher vgl. auch Kap. III, 2.2.2.4, Anm. 12 der vorliegenden Studie; hier auch Literaturhinweise.

23 Über Guericke s. H. SCHIMANK, Otto von Guericke. Bürgermeister von Magdeburg. Ein deutscher Staatsmann., Denker und Forscher (Magdeburger Kultur- und Wirtschaftsleben Nr. 6), 1936. Vgl.auch Leibniz' "Bericht über Otto von Guerickes Buch: Experimenta Magdeburgica nova" vom Sommer 1672, der vermutlich für Pierre de Carcavy bestimmt war. AA II, 1 S. 221/22.

24 S. oben Kap. II, 2 Anm. 51.

25 S. oben Kap. II, 1 Anm. 24.

26 In den *Frauenzimmer Gesprechspiele(n)* (Nürnberg 1641 - 49) hat Harsdörffer es verstanden, das Wissen seiner Zeit mit der Leichtigkeit eines gesellschaftlichen Unterhaltungsspiels zu verbreiten. Mit seinem Namen verbinden wir darüber hinaus das rege und vielseitige Kulturleben Nürnbergs, das auf den damals erst zwanzigjährigen sächsischen Gelehrten nachhaltig gewirkt hat. Neben den Pariser Einflüssen bestimmen in nicht geringem Maße wohl auch diese Nürnberger Erfahrungen den Geist der *Drôle de Pensée*. S. auch oben Kap. II, 1 Anm. 37.

Den Bezug zur französischen Gelehrtenszene stellen eher unbekannte Namen her: der 1678 verstorbene Abbé de Galiné sowie Gilles Filleau des Billettes (1634 - 1724), die beide dem Kreis um Arnauld und Nicole angehörten. Mit des Billettes, einem geschickten Mechaniker und Pensionär der *Académie des Sciences*, korrespondierte Leibniz in den Jahren 1692 bis 1713. In Verbindung gekommen war er mit des Billettes durch sein Studium des Nachlasses von Blaise Pascal, etwa zu der Zeit, als er die "Drôle de Pensée" abfaßte. (Vgl. auch P. WIEDEBURG (1970), Bd. II, 1 S. 165). Ferner der königliche Sekretär Joachim Dalancé (d'Alencé, gest. 1707), der aufgrund seiner Neigung für Physik und Mechanik lebhaftes Interesse für Leibniz' Rechenmaschine zeigte. Neben dem 1704 verstorbenen Chirurgen, dem Cartesianer Jean-Baptiste Denis, der, wie Huet, Huygens und Richard Simon, dem gelehrten Kreis um Henri Justel angehörte (vgl. Y BELAVAL, wie oben Anm. 13), erwähnt Leibniz schließlich noch den Historiker Melchisedech Thevenot (gest. 1692). Mit dem königlichen Bibliothekar und Mitbegründer der *Académie des Sciences*, den Leibniz in Paris kennengelernt hat, korrespondierte er zwischen 1678 und 1692.

27 AA IV, 1 N. 49, S. 565.

28 Vgl. P. WIEDEBURG (1970), Bd. II, 1 S. 621.
29 AA IV, 1 N. 49, S. 565.
30 Ebd.
31 Vgl. ebd. S. 564 und 565.
32 Am 6.3.1661, wenige Tage vor seinem Tod, hatte Mazarin das "Collège des quatres Nations" testamentarisch begründet. 60 Schüler aus vier Provinzen, die neu zu Frankreich hinzugekommen waren, Pignerolo, Elsaß, Flandern, Artois, Hennegau, Luxemburg-Rousillon, Cerdagne, Conflans, d.h. Italiener, Deutsche, Flamen und Katalanen, sollten in dieser Anstalt Aufnahme finden. Obwohl Ludwig XIV:, das Testament Mazarins bereits 1665 bestätigte, wurde das Collége erst 1684 eröffnet. Vgl. Y. BELAVAL (wie oben Anm. 13), S. 763 Anm. 21.
33 AA IV, 1 N. 49, S. 565.
34 Vgl. das Schreiben vom 20 Dez. 1672, AA I, 1 N. 203.
35 Über die Gründung der *Académie française* vgl. auch meine Einleitung Kap. II, 2 S. 41.
36 Vgl. C. HINRICHS, Geistiger Mittelpunkt Europas (1952), S. 97.
37 Vgl. oben Kap. II, 2 Anm. 22.
38 Vgl. auch G. KANTHAK, Akademiegedanke (1987), S. 65.
39 Vgl. E. LAVISSE, Louis XIV., t. 1 u. 2, Paris 1978, S. 488 f.; s. auch Y. BELAVAL, wie oben Anm. 13, S. 755. Über Chapelains Wirken für die Künste und Wissenschaften in Frankreich sowie dessen Verbindung zu Leibniz' *"Drôle de Pensée"* berichtet ausführlich P. WIEDEBURG (1970), Bd. II, 1 S. 616 ff. Vgl. ferner: A. FABRE, Chapelain et nos deux premières Académies, Paris 1890.
40 AA I, 1 N. 203, S. 296.
41 Vgl. P. WIEDEBURG (1970), Bd. II, 1 S. 618.
42 Das Schreiben hat seinen Adressaten offensichtlich niemals erreicht. Vgl. AA II, 1 N. 24: Leibniz an Jean Chapelain (?), 1. Hälfte 1670 (?). Obwohl Leibniz in späteren Jahren dazu bemerkte: "Gehört glaub ich zum briefe ad Ludolphum ...", dürfte dieses lange Schreiben, so RITTER (ebd. Einl. S. 50), für Chapelain bestimmt gewesen sein, zumal der Philosoph die Korrespondenz mit dem bekannten Orientalisten Hiob Ludolf erst sehr viel später, 1687, aufnahm. - Wir haben es hier mit einem jener Vorstellungs- bzw. Bewerbungsschreiben zu tun, die wir von Leibniz so zahlreich kennen. Ausführlich schildert er seine Leistungen und Entdeckungen in den verschiedensten wissenschaftlichen Disziplinen. Die Vermutung, daß dieser Brief seinen Adressaten offensichtlich nicht erreicht hat, stützt sich auf die Schreiben: Leibniz an Phil. Jakob Spener vom 31.8./10.9.1670, AA I, 1 N. 52, S. 99; Leibniz an Joh. Heinrich Böckler, 12./22.10.1670, ebd. N. 56, S. 106. Auch der königliche Bibliothekar Pierre de Carcavy, über den Leibniz schließlich doch noch Zugang zur Pariser Gelehrtenwelt fand, will den bewußten Brief niemals gesehen haben. Vgl. AA II, 1 N. 61.
43 Chapelain selbst hat in Verbindung mit einem Gutachten "sur les meilleurs moyens de mettre les hommes de lettres et les artistes au service de la grandeur du roi" am 18. November 1661 eine Art "Centre national de la Recherche scientifique" ins Leben gerufen. Vgl. Y. BELAVAL (vgl. Anm. 13), S. 755.
44 Vgl. oben S. 99 f. und Anm. 22 ff.
45 Paul WIEDEBURG versucht nachzuweisen, daß Leibniz den Namen Chapelains hier ganz bewußt nicht nennt. Der Grund sei in den sehr wesentlichen Unterschieden zu suchen, welche die Auffassung des Philosophen über den letzten Zweck von "Künsten und Wissenschaften" sowie über das Wesen einer Akademie von denen schieden, was in Frankreich unter der Leitung Chapelains bereits realisiert bzw. im Aufbau begriffen war. (Vgl. "Der junge Leibniz (1970), Bd. II, 1, S. 619 ff.). Dieser durchaus plausiblen Erklärung wäre an sich nichts entgegenzusetzen, gäbe es nicht ähnliche Sozietätspläne, welche die ach so lauteren Motive des Philosophen in Zweifel ziehen.
Es gehörte, wie auch im weiteren Verlauf der vorliegenden Untersuchung immer wieder deutlich wird (vgl. passim), zu Leibniz' Eigenarten, das Gedankengut anderer dankbar aufzunehmen und mit eigenen Ideen zu verquicken. Dagegen wäre freilich nichts einzuwenden, wenn er es nicht allzu oft versäumt hätte, dem jeweiligen "Anreger" entsprechend Tribut zu zollen. So vermissen wir z.B. grundsätzlich den Namen des Schweden Bengt (Benedikt) Skytte, gleichwohl dessen Akademiepläne Leibniz' Sozietätsidee in mancherlei Hinsicht, namentlich seine Vorschläge für eine *"Societas Philadelphica"* (vgl. Kap. III, 1.1.2 S. 75 ff.) sowie das einzige Akademieprojekt, welches der Gelehrte noch zu Lebzeiten in Berlin zu realisieren vermochte, beeinflußt haben. Doch erst auf Anfrage seines Korrespondenten in Berlin, D. E. Jablonski, wollte Leibniz zugeben, daß ihm Skyttes Pläne schon seit 1671 bekannt waren; er habe sich ihrer jedoch nicht mehr erinnert. Vgl. D. E. Jablonski, 31. Dez. 1700, KVACALA, J. Kvac Jablonsky's Briefwechsel (1897), N°.2, N. 59, S. 61 und N. 61, S. 64; dazu ausführlicher Kap. III, 3.1.3.1.

Auch Leibniz' Empfehlung, die 1700 gegründete Sozietät in Berlin durch ein Kalenderprivileg zu finanzieren, hatte vor ihm schon ein anderer, nämlich sein alter Jenaer Lehrer Erhard Weigel zur Diskussion gestellt. Weigel hat es, so MEYER (Europäische Ordnungskrise, S. 145 ff.), seinem Schüler lange verübelt, daß dieser Ideen und Vorschläge von ihm übernommen und als sein eigenes geistiges Gut ausgegeben habe (s. Kap. II, 1 Anm. 26; vgl. auch Kap. III, 3.1.3.4). Diese u.a. Beispiele (vgl. passim) berechtigen durchaus zu der Frage, ob Leibniz mit dem "kleinen Trick", die Namen seiner "Anreger", wenn es darauf ankam, geschickt zu übergehen, nicht nur eine ausschließliche Originalität vorgeben wollte, die er trotz aller Genialität, eben nicht immer besaß.

46 AA IV, 1 N. 49, S. 565.
47 Ebd. S. 567.
48 Vgl. ebd. S. 565.
49 Vgl. ebd. S. 566/67. Die Komödien Molières, die Leibniz in Paris mit großem Vergnügen besuchte, waren für ihn das beste Beispiel, wie man Kunst bzw. Spiel als Mittel sittlicher Erziehung einsetzen konnte.
50 Ebd. S. 566.
51 Ebd.
52 Vgl. hierzu Kap. III, 2.2.1 und 2.2.2 dieser Studie.
53 Vgl. etwa Leibniz' Einleitung, AA IV, 1 N. 49, S. 562. Nicht von ungefähr nennt der Gelehrte außerdem ausschließlich französische Namen im Hinblick auf mögliche Förderer seines Projekts.
54 Vgl. P. WIEDEBURG (1970), Bd. II, 1 S. 623.
55 S. weiter oben Anm. 15. Zur Deutung der *Relation* vgl. P. WIEDEBURG, ebd. S. 630 - 39 sowie die entsprechenden Anmerkungen Bd. II, 3 S. 304 ff., auf dessen umfassende, bisher einzige Untersuchung des Textes sich die vorliegende Studie zwangsläufig stützt.
56 P. RITTER, AA IV, 1 S. XXXVII.
57 Vgl. vor allem die Schlußsätze des zweiten Konzepts (C); s. auch weiter unten.
58 AA IV, 1 N. 50, S. 569.
59 Vgl. ebd. S. 568/569.
60 Ebd. S. 570.
61 Ebd. S. 569.
62 "Je remarqve qve chaqve pais a une certaine maniere d'erudition qvi ne sera pas estimée autre part. La matiere de jure naturae et gentium qvi fait tant de bruit en Allemagne et dans le nord. Vix nomine nota en France." Ebd. S. 568.
63 Ebd.
64 Ebd. S. 570.
65 Ebd.
66 Ebd.
67 Vgl. ebd. S. 569.
68 Vgl. Konzept B, ebd. 570/71.
69 Ebd. S. 571.
70 P. WIEDEBURG (1970), Bd. II, 1 S. 633.
71 S. auch weiter unten.
72 *Relation*, S. 570.
73 "Le peuple est sot partout, et je n'aurois jamais cru, qv'on pourroit s'imaginer à Paris dans une ville aussi refinée qv'elle est, qv'on enleve des enfans aujourdhuy pour baigner les malades dans leur sang." Ebd. Zur pädagogischen Grundkonzeption vgl. weiter unten Kap. III, 2.2.2.1.
74 *Relation*, S. 570; S. auch weiter oben S. 105.
75 Für das Folgende vgl. auch P. WIEDEBURG (1972), Bd. II, 1 S. 631 ff.
76 *Relation*, Konzept C, S. 571.
77 Ebd.
78 Ebd.
79 Ebd.
80 Zu den Begriffen der *"prästabilierten Harmonie"* und der *"fensterlosen Monade"* vgl. u.a. D. MAHNKE, Der Zeitgeist des Barock und seine Verewigung in Leibnizens Gedankenwelt. In: Zeitschrift f. Dt. Kulturphilosophie, Bd. 2, H. 2 (1936), S. 95 - 126, bes. S. 110 ff.

81 S. auch weiter oben S. 101.
82 *Relation*, S. 571.
83 Ebd.
84 Vgl. hierzu P. WIEDEBURG (1970), Bd. II, 1 S. 634 f.
85 Ebd. S. 635.
86 *Discours touchant la methode de la certitude et l'art d'inventer*, ed. bei ERDMANN, Opera omnia, N. LIV bzw. GERHARDT; Phil. Schriften 7, S. 174 - 183; *Préceptes pour avancer les sciences*, ed. bei ERDMANN, ebd. N. LIII bzw. GERHARD, ebd. S. 157 - 173. Hinsichtlich der Datierung dieser Schriften, - beide, so viel steht fest, dürften etwa zur gleichen Zeit abgefaßt worden sein (s. auch weiter unten Anm. 91) -, herrscht in den wenigen, fast ausnahmslos älteren Publikationen, die sie erwähnen, relative Uneinigkeit. Während ERDMANN (s.o.) den *Discours* fälschlicherweise dem preußischen König, Friedrich I., und somit dem Jahr 1701 zuordnet, datieren MÜLLER/KRÖNERT (Leibniz-Chronik, S. 80) beide Konzepte, allerdings mit Vorbehalt, auf 1686. Kein Zweifel zur Person des potentiellen Adressaten, nämlich Ludwig XIV., besteht zu Recht, denn dafür gibt es in den Texten ausreichend Hinweise, bei den übrigen Autoren. Während aber GUHRAUER (I, S. 335 f.) und diesem folgend BIEDERMANN (Deutschland im 18. Jahrhundert Bd. 2 (1858), S. 225/26) sowie KIEFL (Der europäische Freiheitskampf (1913), S. 78), 1678, d.h. nach Abschluß des Nimweger Friedens, als Entstehungsjahr vermuten, glaubt PFLEIDERER (Leibniz als Patriot (1870), S. 234/35, Anm. 1), daß beide Manuskripte frühestens 1697, also nach dem Rijswijker Friedensschluß, ihre Niederschrift fanden. Beide Parteien berufen sich offensichtlich auf die Passagen, in denen Leibniz seiner Hoffnung auf den einen großen Fürsten, dessen sich sein Zeitalter rühmen könne, Ausdruck verleiht. Dieser, der schon so viel für die europäische Kultur getan habe, könne sich nun, nachdem man ihm nach Jahren kriegerischer Auseinandersetzung einen so "glücklichen Frieden" ("cette paix heureuse par laquelle il a couronné ses exploits merveilleux", *Préceptes*, ed. ERDMANN S. 167) zu verdanken habe, ganz der Förderung der Wissenschaften annehmen. Vgl. *Préceptes*, ed. ERDMANN S. 166/67 sowie *Discours*, ebd. S. 173. Der von den Bedingungen her gesehene "glücklichere" Friede dürfte, jedenfalls aus deutscher Sicht, im Nimberger Vertrag vereinbart worden sein. Insofern scheint die Zeit um 1678 für die Entstehung sowohl des *Discours* als auch der *Préceptes* plausibler. Auch inhaltlich läßt sich diese Datierung rechtfertigen. Erkennen wir doch in den hier vorgetragenen Überlegungen eben jene Themen, denen Leibniz seine frühesten Sozietätspläne für Hannover (1676 - 78) widmete: Möglichkeiten einer logistischen Fundierung aller wissenschaftlichen Disziplinen und die damit verbundenen Hilfsmittel der Erarbeitung einer Universalsprache. S. auch weiter unten Anm. 95. Nicht zuletzt läßt ein Schreiben vom April/Mai 1680, das vermutlich an den Beichtvater Ludwigs XIV. François d La Chaise gerichtet war (AA III, 3 N, 61), erkennen, daß Leibniz in diesen Jahren ganz offensichtlich verstärkt die Hoffnung hegte, von der *Académie des Sciences* Unterstützung für das Projekt seiner Charakteristik zu bekommen.
87 E. PFLEIDERER, ebd. S. 240.
88 Zusammenfassende Darstellung der inhaltlich auffallend ähnlichen Texte des *Discours* bzw. der *Préceptes* nach dem Druck bei ERDMANN, s. oben Anm. 86.
89 S. Leibniz' Entwurf zu einer *Scientia generalis* von 1979/80, in: GERHARDT, Phil. Schriften 7, S. 130. Zum Problem der *Scientia generalis* vgl. auch weiter unten Kap. III, 1.3.1. ff: sowie 2.2.2.2 b.
90 Übers. aus den *Préceptes*, S. 166 Sp. 2.
91 *Discours*, S. 173. Die Austauschbarkeit ganzer Passagen darf wohl auch als Indiz dafür gewertet werden, daß beide Schriften etwa zur gleichen Zeit entstanden sein müssen. S. auch Anm. 86.
92 Abgesehen von der Institutionalisierung der beiden Pariser Akademien, hatte man seit 1666 begonnen, Forschungsstätten einzurichten, um naturwissenschaftliche Untersuchungen auf finanziell gesicherter Basis durchführen zu können; u.a. auch einem Observatorium, dessen Leitung dem Italiener Cassini anvertraut wurde. (Vgl. auch Leibniz' Brief an Joh. Phil. v. Schönborn vom 20. Dez. 1672, AA I, 1 N. 203). Dazu Leibniz in seinem *Discours*: "Ce qu 'Alexandre fit faire par Aristote n'entreroit point en comparaison et deja les memoires de l'Academie et les productions de l'observatoire le passent infiniment." *Discours*, S. 173 Sp. 2. Jahre später schreibt der ganz offensichtlich enttäuschte Leibniz: "Es wäre zu wündschen gewesen, daß der große König in Frankreich von etlichen 20 Jahren her anstatt des Krieges für Europa unglücklich gemacht doch befoerderung der wissenschafften wie er angefangen der Menschen Glückseeligkeit ferner vermehren wollen oder können, so würden wir schon viel schöhnes erlebet und erfahren haben so erst unsre nachkommen sehen werden." Leibniz in der für Kurfürstin Sophie und Herzogin Elisabeth Charlotte von Orléans bestimmten Stellungnahme zu den Lehren Helmonts, 1. Hälfte Okt. (?) 1696, AA I, 13 N. 41 S. 51.
93 *Préceptes*, dt. Übers. S. 166/67.
94 *Discours*, S. 173, Sp. 2. In diesem Sinne schreibt Leibniz u.a. am 26. Jan. (5. Febr.) 1694 an den Abt zu St. Quentin, Jean-Paul Bignon (1662 - 1743), seit 1693 Mitglied der *Académie des Sciences*, ab 1696 Di-

rektor der königlichen Akademien: "Le Roy fait des choses grandes et magnifiques qui sont presque sans exemple. Mais ordinairement c'est pour le bien de ses estats, mais par l'Academie il procure le bien du genre humain dont le veritable tresor consiste dans les sciences. Vous y contribues considerablement, Monsieur, en secondant les intentions d'un grand Ministre qui execute celles du plus grand Roy qu'on connoisse. Je souhaitte particulierement que ces soins servent à nous faire avancer dans la science la plus considerable de toutes, qui est celle de conserver les grands hommes à fin que tant que le Monarque que le Ministre en jouissent, on plus tost que nous jouissons long temps d'eux (...)." AA I, 10 N. 142, S. 246, S auch Anm. 92 und 100.

95 S. Anm. 86. Bei den meisten Schriften, welche die Methode der Wissenschaft sowie Anleitungen zur Erarbeitung einer Enzyklopädie zum Inhalt haben und die weitgehend undatiert sind, läßt sich nicht mit Gewißheit feststellen, ob sie nicht schon in Paris, mindestens notizenhaft, oder erst in Hannover zu Papier gebracht werden. Vgl. auch die folgenden Kapitel der vorliegenden Untersuchung.

96 S. dort.

97 Ein besonders "bissiges" Zeugnis dieser Kritik an der Offensivpolitik Frankreichs ist der *Mars christianissimus* (1684), eine Flugschrift, zu der Leibniz von Landgraf Ernst von Hessen-Rheinfels angeregt worden war. Vgl. AA IV, 2 N. 22; vgl. auch MÜLLER/KRÖNERT, Leibniz-Chronik, S. 71.

98 Vgl. Kap. III, 3.4.

99 Vgl. GERHARDT, Phil. Schr. 7, S. 39.

100 "Es liegt ein gewaltiger Stoff des Wissens vor uns, vergleichbar einem ungeschlagenen Wald, doch es fehlt die Einheit des harmonischen Zusammenwirkens der Handwerker am Bau. Auch was die Sozietät der Engländer bis dahin geleistet hat, ist zwar beträchtlich, aber im Vergleich zu dem, was in unserer Macht liegt, wenn wir nur wollten, gering. Und ich glaube, dies sei Ihnen vorbehalten, wenn ich den hohen Sinn Ihres Königs bedenke, dem das Menschengeschlecht ein heiliges Andenken bewahren wird, wenn er wie bisher fortfährt, zum Segen der Menschen zu wirken. Sie werden nicht nur den Engländern, sondern allen überlegen sein, wenn sie sich für eine edlere Aufgabe einsetzen wollten, würdig Ihrer Größe und eines Königs, der seinem Ruhm im Glück der Menschen sucht." Leibniz an Pierre de Carcavy, Anf. Nov. (?) 1671, AA II, 1 N. 88 S. 181/82 in der deutschen Übersetzung von G. HESS, Leibniz korrespondiert mit Paris (1940), S. 32. – "Ich glaube, in ganz Europa hat nur der König Möglichkeit und Lust, die Wissenschaften zu fördern, und nur er steht hoch genug über den Staatsgeschäften, um dem Fortschritt der Wissenschaften seine Aufmerksamkeit zu schenken." Leibniz an Gallois, Ende Okt. 1682, ebd. N. 238, S. 531, ins Deutsche übers. von HESS, ebd. S. 34. – "La France est gouvernée par un Monarque dont les lumieres et les soins s'etendent sur toutes choses, qui a choisi d'excellens hommes pour executer ses grands desseins et qui pourroit encor contribuer à l'accroissement des sciences, plus que tout le reste du genre humain." Leibniz an Paul Pellisson-Fontanier, 28. Nov. (8. Dez.) 1692, AA I, 8 N. 114, S. 206.

101 E. PFLEIDERER, Leibniz als Patriot (1870), S. 239 f.

102 S. oben Kap. III, 1.1, S. 59 f.

103 Vgl. vor allem die Briefwechsel mit Pierre de Carcavy, AA II, 1 N. 61 ff., bes. N. 88, und Gallois, ebd. N. 109 ff., bes. N. 238. Von beiden Korrespondenten war bekannt, daß sie großen Einfluß auf Colbert hatten. S. auch Anm. 100.

104 Vgl. Leibniz an Jean Baptiste Colbert, 11. Jan. 1676, AA I, 1 N. 313. Aus diesem Schreiben, mit dem sich Leibniz bei Colbert in Erinnerung bringen will, geht hervor, daß wohl mehr als nur die beiden Briefe existiert haben, die uns überliefert sind. Das zweite Konzept ist undatiert und wurde von KLOPP fälschlicherweise dem Jahr 1675 zugeordnet. Vgl. Werke I, 3 S. 211 - 213. Diese Datierung ist mittlerweile berichtigt; das Schreiben, welcher das letzte Stück der Korrespondenz mit dem französischen Minister darstellt, muß in der 1. Hälfte Oktober 1682 entstanden sein. S. AA III, 3 N, 406.

105 K. MÜLLER, Leibniz (1966), S. 27.

1.3 Hannover (1676 - 1716)

1 So schreibt Leibniz 1677 an einen Bekannten in Paris, vermutlich Jean Berthet S. J.: "Je ne croyois pas moy même non plus qve Vous, qve je serrois obligé de partir si tost ... Mais la maladie de M. Colbert ayant accroché l'affaire, qui estoit preste à estre terminée; je fus obligé de la rompre ... Ca estant pressé par des lettres de Hannover, je ne voulus pas quitter le certain pour l'incertain". AA II, 1 N. 161, S. 382. – Sein Zögern, Paris endgültig den Rücken zu kehren, zeigen auch die Anstellungsverhandlungen

mit Hannover, die sich erstaunlich lange, nämlich über drei Jahre hinzogen, Vgl. u.a. L. GROTE, Leibniz und seine Zeit, Hannover 1869, 2. Aufl. 1870, S. 146 ff.
2   Vgl. Leibniz' Briefe an Herzog Johann Friedrich 1676 - 79, AA I, 2, besonders N. 10. und 18, die Aufschluß geben über die Verhältnisse am hannoverschen Hof sowie über die Schwierigkeiten des Philosophen, sich an diesem zu etablieren und seine Stellung zu sichern.
3   Leibniz an Joh. Carl Kahm (Kammerherr von Herzog Johann Friedrich) im Dezember 1675, AA I, 1 N. 340, S. 504. Vgl. auch ebd. N. 334, S. 498/99 und N. 349, S. 511/12. Im September (?) 1677 schrieb Leibniz an Jean Gallois: "Maintenant j'ay la satisfaction d'estre tout à fait bien auprès d'un Prince, dont les talens extraordinaires et les grandes vertus font du bruit dans le monde ... En effect on sçaura un jour, qve ce n'est pas l'interest mais le bien public, qvi le fait agir, et qu'on l'a soubçonné à tort d'avoir voulu s'écarter de son chemin." AA II, 1 N. 158, S. 379. Über Leibniz' Bild von einem idealen Fürsten vgl. auch weiter unten Kap. III, 2.2.1.
4   G. SCHEEL, Hannovers politisches, gesellschaftliches und geistiges Leben zur Leibnizzeit. In: Totok/Haase, Leibniz (1666), S. 83 - 127, S. 98. - "Le Baron de Boineburg et le Resident Habbeus me firent connoistre à feu S.A.S. le prince Jean Frederic Duc de Bronsuic et de Lunebourg, qvi me voulut avoir auprès de lui dès l'année 1669." Leibniz an Herzog Ernst August, Februar (?) 1680, AA I, 3 N. 21, S. 23.
5   Mit einer Ausnahme liegen diese lateinisch abgefaßten Entwürfe bisher noch nicht in deutscher Übersetzung vor; darüber hinaus wurde erst vor kurzem ein bislang noch unbekanntes Konzept dieses Genres erstmals ediert. (AA IV, 3 N. 132, s. auch weiter unten). – Da die vorliegende Untersuchung als erster Versuch einer möglichst umfassenden Darstellung bzw. Erörterung der Leibnizschen Sozietätspläne konzipiert ist, zudem eben jenen Abhandlungen in der vorliegenden Fachliteratur kaum Beachtung geschenkt wurde, erschien es, ungeachtet inhaltlicher Ähnlichkeiten, z.T. auch Wiederholungen, durchaus sinnvoll, diese Pläne einzeln zu behandeln und dabei die jeweiligen Schwerpunkte herauszuarbeiten.
6   S. Kap. III, 1.1.2, S. 75 ff. ; vgl. auch Kap. III, 2.1.2.
7   Vgl. AA VI, 3 N. 56. Leibniz hat dieses Schriftstück eigenhändig mit dem Datum "Maji 1676" versehen; dies würde bedeuten, daß die *Methodus* noch in Paris entstanden ist. Da sich das Manuskript jedoch auf einem Papier befindet, welches bisher nur für die frühe Hannover-Zeit belegt ist (vgl. ebd. S. 454), der Gelehrte seine Schriftstücke zudem mitunter nachträglich kommentierte und datierte, könnte es sich hier durchaus um ein Versehen seinerseits handeln; die Niederschrift wäre dann frühestens im Dezember 1676 erfolgt, da Leibniz erst zwischen dem 10. und 15. Dezember in Hannover eingetroffen war. Vgl. MÜLLER/KRÖNERT, Leibniz-Chronik, S. 47. Andernfalls wäre es natürlich auch denkbar,daß der Gelehrte seine Gedanken schon während seiner fast dreimonatigen Rückreise von Frankreich zu Papier gebracht hat.
8   *Methodus*, S. 455.
9   Ebd. Erg.
10 Vgl. hierzu Kap. III, 2.2.1.
11 *Methodus*, S. 455, Erg.
12 Erg. v. Leibniz' Hand, ebd. S. 456.
13 Vgl. ebd. S. 456/57.
14 Für das Folgende vgl. ebd. S. 457.
15 Ebd.
16 Ebd. Leibniz macht sich hier ganz offensichtlich den Missionierungsgedanken der Jesuiten zu eigen, die vor allem bei ihrem missionarischen Wirken in China versuchten, die christliche Botschaft mit Hilfe der Naturwissenschaften zu vermitteln. S. auch weiter unten und Kap. III, 2.2.2.4.
17 *Methodus*, S. 457.
18 Vgl. neuerdings AA IV, 3 N. 130: *Societas sive ordo caritatis* (Herbst 1678) und N. 131: *Societas Theophilorum ad celebrandas laudes Dei* (Herbst 1678). Beide lateinisch abgefaßten Schriften waren bisher nur bei COUTUTRAT (Opuscules, S. 3 - 8) mit diversen Ungenauigkeiten abgedruckt. Eine deutsche Übersetzng liegt bislang nur zur *Societas Theophilorum* vor. Vgl. W. v. ENGELHARDT, Schöpferische Vernunft (1951), S. 96 - 101.
19 Vgl. die für Herzog Johann Friedrich bestimmten Gedanken zur Staatsverwaltung *De Republica* vom September 1678. AA I, 2 N. 70. Zum ersten Mal erwähnt Leibniz hier seine Idee eines "ordre de la charité" bzw. einer "societas Theophilorum, vel Amoris Divini", die er in den entsprechenden Entwürfen ausführlicher erläutert. Beide sind demnach nicht, wie bisher vielfach angenommen wurde, erst 1680 (vgl. u.a. MÜLLER/KRÖNERT, Leibniz-Chronik, S. 63), sondern sehr wahrscheinlich schon kurz nach dieser ersten brieflichen Anregung, d.h. im Herbst 1678 entstanden. Zur Datierung s. auch AA IV, 3 N. 130, S. 847.

20 "incendere homines amore autoris rerum DEI, laudesque eijus celebrare, ebd. N. 131, S. 849; dt. Übers. ENGELHARDT, S. 96.
21 Ebd. N. 131, S. 851.
22 Nicht Häresie, sondern den, bedingt durch die neuen Weltanschauungen, verstärkt aufkommenden Atheismus oder Deismus hielt Leibniz für "aniezo die gröste Kezerey", die mit allen gebotenen Mitteln zu bekämpfen sei. Vgl. Leibniz an Herzog Johann Friedrich, 26.März 1673, AA I, 1 N. 326, S. 487. Vgl. auch F. X. KIEFL, Religiöse Wiedervereinigung (1925), S. 17 f. – Während AITON (Biography (1985), S. 86) den "fast neuplatonischen" Charakter von Leibniz' Idee einer "Societas Theophilorum" besonders betont, hat Frances A. YATES darauf hingewiesen, daß der Gelehrte die "Regeln", die er für diese Sozietät aufstellt, (s. das Folgende) mehr oder weniger der *"Fama Fraternitatis"* (1614) entnommen hat, als deren Verfasser man mittlerweile eindeutig den protestantischen Theologen V. Andreae identifizieren konnte (Vgl. "The Rosicrucian enlightenment", London 1972, S. 154).
– Ihre in diesem Zusammenhang noch 1966 geäußerte Vermutung, Leibniz sei Mitglied einer Rosenkreuzer-Vereinigung gewesen (vgl. The Art of Memory, London 1966, S. 387), mußte sie freilich revidieren. Die sog. Rosenkreuzer haben realiter niemals existiert (vgl. vorne Kap. II, 1 Anm. 40). Auch Leibniz wußte, offensichtlich von Helmont, daß die Rosenkreuzer nur eine Fiktion waren (vgl. FELLER. Otium Hannoveranum, Leipzig 1718, S. 222), doch, so Yates, "knowledge of the "joke" would not have prevented the leibniz from absorbing some of the ideas behind the joke ..." (The Rosicrucian Enlightenment, S. 154). De facto läßt sich eine gewisse Ähnlichkeit des Leibnizschen Planes für eine *Gesellschaft der Theophili* mit den Zielen der von Andreae gegründeten *Unio christiana* feststellen. Wie diese sollte sich die *"Societas Theophilorum"* als elitäre christliche Gemeinschaft verstehen, die in der direkten Nachfolge Christi leben und ein praktisch-tätiges Christentum verwirklichen sollte. Vgl. auch Kap. II, 2, S. 44 und Anm. 50.
23 *Societas Theophilorum*, S. 852.
24 Vgl. oben Anm. 19.
25 Dazu ausführlicher weiter unten Kap. III, 2.2.2.4.
26 *De Republica* (s. oben Anm. 19), S. 76/77 Pkt. 18; ähnlich auch das Schreiben an Landgraf Ernst v. Hessen-Rheinfels, Anfang 1681 (?), AA I, 3 N. 223, S. 263. Aus diesem Brief geht zudem hervor, daß Leibniz seine beiden Pläne für eine *Societas Theophilorum* und für eine *Societas caritatis* mit Vertretern der Jesuiten besprochen hat. Diese waren aber offensichtlich der Meinung, daß die Vorschläge des Philosophen zu weit gingen und, mindestens von ihrer Seite, nicht zu realisieren wären Vgl. ebd. – Die Aussichtslosigkeit derartiger Projekte scheint Leibniz im Laufe der Zeit selbst bewußt geworden zu sein. Jedenfalls schreibt er am 1. (11.) Juni 1683 an den Religionshistoriker und Staatsmann Veit Ludwig von Seckendorff, wenn der Plan für eine Gesellschaft der Gottesliebenden auch nur eine schöne Idee gewesen sei, so sei sie doch gleichsam gefürchtet, "scio enim qvantopere hominum mores a talibus cogitationibus abhorreant". Vgl. AA I, 3 N. 513, S. 573.
27 *Societas Theophilorum*, S. 852. – Die weltlichen Sozietäten, so Leibniz in seinem oben zitierten Brief an Seckendorff (s. Anm. 26), in dem er sich seines alten Projektes für eine Gesellschaft der Theophili erinnert, seien leider weniger um die Erforschung der Natur bemüht, um auf diesem Wege immer wieder neue Beweismittel für die Existenz Gottes zu finden und so den Kampf gegen den Atheismus zu unterstützen; sie begnügten sich vielmehr mit der Pflege der Sprache, der Dichtkunst oder der Musik. (S. 573)
28 *Societas Theophilorum*, S. 852.
29 Vgl. ebd.; dt. Übers. Engelhardt, S. 101.
30 S. oben Anm. 18.
31 Vgl. *Societas caritatis*, S. 848/49.
32 Vgl. ebd. S. 848. Der Name ist zudem eine Ableitung von Leibniz' Pseudonym "Pacidius", unter dem er seine *Scientia generalis* veröffentlichen wollte. Vgl. LH IV Vol. VII Fasc. A 6. Bl. 6.7: *Guilielmi Pacidii Plus Ultra sive initia et specimina Scientiae generalis sive de instauratione et augmentis scientiarum ac de perficienda mente rerumque inventionibus ad publicam felicitatem*, verzeichnet bei BODEMANN – Hschr. S. 92 f.; ed. bei GERHARDT, Phil. Schr. 7, S. 49; dt. Übs. bei ENGELHARDT, Schöpferische Vernunft (1951), S. 470 - 72. – Wir sehen hier den Titel und eine Art Inhaltsverzeichnis zu dem geplanten Werk, welches wiederum das methodisch-logische System beschreibt, auf das die in Aussicht genommene Universalenzyklopädie aufbauen sollte. Als letzter Programmpunkt in diesem Verzeichnis wird übrigens, sozusagen als Krönung des Gesamtplanes, die *Societas Theophilorum* angekündigt.
33 *Societas caritatis*, S. 848.
34 Ebd. S. 847.
35 Ebd.
36 Ebd.

37 Vgl. ebd. S. 848. Diese Anregung, die bereits in dem 1671 verfaßten *Grundriß* auftaucht (vgl. AA IV, 1 N. 43, S.540), bleibt eine Grundforderung in allen Sozietätsplänen des Philosophen. Sie ist Teil eines von Leibniz entworfenen Programms aufgeklärter Medizin, das von den gelehrten Sozietäten verwirklicht werden sollte. Dazu ausführlicher Kap. III, 2.2.1.4 der vorliegenden Untersuchung. – Allerdings scheint man auch diese Vorschläge des Gelehrten weder zu diesem Zeitpunkt, noch später zur Kenntnis genommen zu haben. So klagt Leibniz nach Jahren seinem jesuitischen Briefpartner Adam Adamandus Kochanski: "Utinam esset qui de Collegio Medico fundando cogitaret. Vellem quasi ordinem religiosum in eam rem instituti aut veterem aliquem applicari quod commodissimum foret. Sed nemo audit salutaria monentes." Vgl. Leibniz an Kochanski, 2. Hälfte Jan. 1693, AA I, 9 N. 152, S. 269.

38 Vgl. AA IV, 3 N. 116. Zur Datierung vgl. ebd. S. 777.

39 Vgl. weiter oben Kap. III, 1.1 S. 55 ff. u. 65 f.

40 Vgl. *Semestria Literaria*, S. 778 f. Und 783 f.

41 Ebd. S. 784; s. auch S. 780.

42 Ebd. S. 784.

43 Ebd. S. 789 - 795.

44 Vgl. ebd. S. 793 ff. Zu den Methodenreflexionen von Leibniz vgl. auch K. HUBER, Leibniz (Repr. 1989), S. 116 ff.

45 Zur Erläuterung dieser Begriffe vgl. AA I, 11 N. 162.

46 Vgl. *Semestria Literaria* (Consilium), S. 793 f. Nach diesem Prinzip ist auch Leibniz' eigener Entwurf zu einer *Scientia generalis* aufgebaut. Vgl. *Plus Ultra*, s. oben Anm. 32.

47 *Semestria Literaria* (Consilium), S. 791.

48 Ebd. s. 795.

49 *Semestria Literaria*, S. 785; s. auch S. 781, 788, 795.

50 Ebd. S. 782 - 786.

51 Vgl. ebd. S. 785. S. auch vorne Kap. III, 1.1.1.1. S. 65.

52 Vgl. ebd. (Consilium), S. 789/90, S. auch vorne Kap. III, 1.1.1, S. 58 f.

53 Ebd. S. 780/81.

54 Vgl. ebd. S. 777. Darüber hinaus sollte dieser europäischen Gelehrtensozietät ein eingeschränktes Aufsichtsrecht über den deutschen und ausländischen Buchhandel übertragen werden: "Veniat in partem curae Societas aliqua Bibliopolarum, nostratium et exterorum". Diese Forderung, die im Zentrum seiner Mainzer Entwürfe stand, wird hier scheinbar nur noch nebenbei bemerkt, macht aber wohl deutlich, daß Leibniz das Thema Buchhandel im allgemeinen, Zensur im besonderen nie aus den Augen verlor, auch wenn er es nicht in jedem seiner Sozietätspläne ausdrücklich erwähnt. Besonders aktuell wird die Frage des Buchhandels wieder in den Spätprojekten, respektive in den einschlägigen Entwürfen für Berlin.

55 Leibniz war sich darüber im Klaren, daß die vornehmlich durch das Hegemoniestreben Frankreichs immer wieder ausgelösten kriegerischen Auseinandersetzungen eine effektive und dauerhafte wissenschaftliche Zusammenarbeit auf europäischer Ebene unmöglich machten. Zudem mußte er immer wieder erkennen, daß die Verwicklung der meisten deutschen Fürsten in das europäische Kriegsgeschehen und die damit verbundene finanzielle Belastung der deutschen Territorien eine Realisierung derartiger Projekte auch auf nationaler bzw. regionaler Ebene eher unwahrscheinlich werden ließ. In diesem Sinne schreibt er an Herzog Johann Friedrich, der die Sozietätspläne seines Hofrates offensichtlich befürwortete (vgl. auch weiter unten): "Mais ce qvi me paroist le plus satisfaisant, c'est qve V.A.S. en me donnant ces soins, me donneroit par là l'occasion, de preparer toutes les choses à ce beau dessein qu' Elle a conçu pour l'avancement des sciences; qvand Dieu nous aura redonné la paix". Leibniz an Herzog Johann Friedrich, Dezember 1678 (?), AA I, 2 N. 95, S. 111.

56 *Semestria Literaria* (Consilium), S. 790.

57 Ebd. S. 779.

58 Ebd. S. 786 - 89.

59 Vgl. vor allem *Grundriß*, AA IV, 1 N. 43, S. 530 ff.; s. auch Kap. III, 1.1.2, S. 85 ff. der vorliegenden Studie.

60 Vgl. *Semestria Literaria* (Propositio), S. 788.

61 Vgl. die den Bittschriften für ein kaiserliches Privileg zur Gründung eines *Nucleus librarius semestralis* (1668/69) beigelegten, ihrem Stil nach auffallend ähnlichen Kurzfassungen des Gesuchs, die ganz offensichtlich für die fachlichen Berater des Kaisers gedacht waren; s. oben Kap. III, 1.1.1.1 S. 56 und Anm. 15.

62 Vgl. *Semestralia Literaria* (Propositio), S. 789. Vgl. auch oben Kap. III, 1.1.2 S. 79 f. und S. 90 ff.

63 Leibniz an Wilhelm Ernst Tentzel, 14.(24.) Dez. 1696, AA I, 13 N. 267, S. 415.
64 Vgl. *"Consilium de Encyclopaedia nova conscribenda methodo inventoria"*. COUTURAT, Opuscules, S. 30 - 41; *Consultatio de Naturae cognitione*, AA IV, 3. N. 133. Querverweise in den Texten, die jeweils auf die andere(n) Schrift(en) hindeuten sowie die Ähnlichkeit des Schriftduktus der beiden Consilia lassen eine fast gleichzeitige Entstehung dieser Abhandlungen annehmen. Vgl. ebd. S. 853 und 867. Vgl. auch die Hinweise im *Consilium de Encyclopaedia nova* ..., COUTURAT, Opuscules, S. 31; s. auch weiter unten. – Datiert hat Leibniz indes nur das bei Couturat abgedruckte Consilium; das Manuskript nennt den 15. (25.) Juni 1679. Die Datierung auf Blatt 2 der Handschrift - 25. Juni 1672 (!) - dürfte ein Versehen des Philosophen gewesen sein, zumal das dritte Blatt wieder das Jahr 1679 ausweist. Vgl. auch COUTURAT, S. 30.
65 S. Anm. 64, im folgenden als "Consilium E." zitiert.
66 S. Anm. 64, im folgenden als "Consilium H." zitiert.
67 S. Anm. 64.
68 Consilium E., S. 32.
69 Vgl. weiter oben.
70 Consilium E., S. 32.
71 Ebd. S. 33.
72 Ebd.
73 Vgl. ebd. S. 35 ff.; s. auch weiter oben S. 123 und Anm. 46. Vgl. dazu K. HUBER, Leibniz (Repr. (1989), S. 116.
74 *Consilium* E., S. 35.
75 Erstmaliger Abdruck des im Archiv der Niedersächsischen Landesbibliothek befindlichen *Consilium H.* 1986 in: AA IV, 3 N. 132.
76 Alle Publikationen sollten grundsätzlich nur mit Zustimmung des Autors und nicht ohne die Zustimmung der übrigen Mitglieder erfolgen. Vgl. ebd. S. 862, Pkt. 5.
77 Vgl. ebd. S. 855/56, Pkt. 9 und 10.
78 Ebd. S. 857, Pkt 12.
79 Ebd. S. 858.
80 Vgl. ebd. Pkt. 13.
81 Ebd. S. 861.
82 "Materia operis erunt Propositiones ab experimentia pendentes universales", ebd.
83 Ebd. S. 860; zur *Leopoldina* vgl. oben Kap. II, 2 S. 45 f.
84 Ebd. S. 861.
85 Vgl. weiter unten Kap. III, 1.3.6.
86 Dazu ausführlicher Kap. III, 2.2.2.3.
87 *Consilium H.*, S. 861; vgl. auch Kap. III, 1.1.2 passim, besonders S. 92 ff.
88 So z.B. B. HARNACK II, S. 26 ff; neuester Abdruck der *Consultatio* in AA IV, 3 N. 133; zur Datierung vgl. ebd. S. 867. Im Gegensatz zu den älteren Leibniz-Editionen werden in der Akademieausgabe erstmals die Entstehungsstufen der *Consulatio* voneinander abgehoben:
Das erste Teilkonzept (L_1) enthält eine Liste mit den Namen von 52 Gelehrten verschiedener Fakultäten, die als Mitglieder der zu gründenden Sozietät bzw. deren Arbeiten für die Veröffentlichung in Frage kämen. In den anschließenden Ausführungen betont Leibniz die Priorität von Experimenten und Erfindungen und legt in acht Punkten die Aufgaben der zukünftigen Sozietät dar. – Das zweite Teilkonzept (L_2) führt die zu bewältigenden Aufgaben in 14 Canones auf. Expressis verbis wird die Forderung einer "Encyclopaedia Scientiarum humanarum" aufgestellt und die Erarbeitung von Katalogen für Experimente und deren Ergebnisse in den Mittelpunkt gerückt. Gegenseitige Beratung bei den gemeinsam zu bewältigenden Arbeiten wird als unabdingbare Voraussetzung für den Erfolg der projektierten Sozietät betont. – Während das dritte Konzept (L_3) Teile der zweiten Aufzeichnung ausführt und wie die beiden anderen nur Fragment bleibt, entwickelt Leibniz im vierten Teilstück alle Pläne und Vorschläge zu einem einheitlichen und durchdachten Ganzen geformt. Vgl. auch ebd.
89 "Sed quoniam scheda haec potius naturae quam linguae colendae causa scripta erat". Ebd. S. 882.
90 Vgl. ebd. S. 875, Z. 4 - 10.
91 Ebd. S. 873.
92 "ideo sententias plurium rogandas duxi, ut opinionibus omnibus expensis illud denique fiat quod plerique probabunt: et quandoquidem in omni Consultatione opus est Propositione quadam, de qua, deliberetur, et quae sit totius negotii basis; id mei esse officii credidi, ut paucis exponam, de quibus cogitandum putem." Ebd. S. 874/75.

93 Vgl. ebd. S. 875, Z. 17/18.
94 "ideo nullam video compendiosiorem et solidiorem simul discendi rationem, quam si utamur quidem autoribus sed vivis, id est illis qui in observationibus (,) experimentis, operibus naturae atque artis versantur(;) nec refert plebeji an docti sint". Ebd. S. 876.
95 Vgl. ebd. S. 879. Zur Definition des Begriffs "Künste" bei Leibniz vgl. Kap. III, 2.1.3. Zur Bedeutng des Spiels in Leibniz' Sozietätskonzeption vgl. Kap. III, 2.2.2.1 dd.
96 *Consultatio*, S. 876.
97 Ebd.
98 S. auch Kap. III, 2 passim.
99 *Consultatio*, S. 872.
100 Vgl. ebd. S. 877 f.; s. auch *Consilium E.* und *Consilium H.*
101 "Künste" hier zu verstehen als Technik, Anwendung der Wissenschaften. S. auch oben Anm. 95.
102 Vgl. *Consultatio*, S. 880 Z. 23 ff.
103 Vgl. ebd. S. 877/78; s. auch weiter oben S. 128 f.
104 Dazu ausführlicher Kap. III, 2.2.2.1 und 2.2.2.3. S. auch die Liste von 54 Gelehrten, die Leibniz für sein Projekt gewinnen wollte, *Consultatio*, S. 867/67.
105 S. oben S. 129 und Anm. 96.
106 "Nam si illud Artium Scientiarumque Verum Inventarium semel habeatur, certum est, eadem opera appariturum quaenam adhuc supersint artium desiderata, et aditum patefactum iri ad inumerabilia quae nunc dispersa latent, tunc autem sub uno obtutu posita, facile ab ingeniosis ad novos planeque insignes usus conjungentur." *Consultatio*, S. 881/82.
107 Vgl. ebd. S. 882/82.
108 Vgl. ebd. L$_4$.
109 Vgl. das erste Teilkonzept der *Consultatio* (L$_1$) sowie die Erläuterungen des Herausgebers zu den genannten Gelehrten. Ebd. S. 867/68 u. Anm. Deren wissenschaftliche Werke sind im übrigen in einem von Leibniz erstellten Bibliotheksplan aufgeführt. Vgl. Leibniz' Entwurf einer Bibliotheca Universalis Selecta für Theodor Althet Heinrich von Strattmann, (Italien, Mai bis Herbst 1689), AA I, 5 N. 247; s. auch das dort abgedruckte Schriftenverzeichnis, S. 726 ff.
110 Vgl. u.a. *Semestria Literaria* (Propositio), AA IV, 3 N. 116, S. 789; *Consilium H.*, ebd. N. 132, S. 859, Pkt. 14, Z. 17 ff.; *Consilium E.*, COUTURAT, Opuscules, S. 31.
111 Elsholz, der Verfasser einer märkischen Flora und eines Werkes über Gartenbau (gest. 1688), hatte über Joh. Dan. Crafft von Leibniz gehört und sich am 27. Okt. (6. Nov.) 1678 mit dem Gelehrten in Hannover brieflich in Verbindung gesetzt, zunächst mit der Bitte, ihm bei der Erlangung eines speziellen Mikroskops behilflich zu sein. Vgl. AA I, 2 N. 364 u. ff.
112 "Elsholzius scribere pluribus potest suppresso nomine proponentis. Proponens destinatia sua breviter explicabit, caeterisqve perficienda submittet." – "Quin imo perseverabit in hoc celandi sui consilio; amicoque viro optimo ac dictissimo, votorum suorum interprete utetur: donec re procedente successus ipse ab omni vanitatis aut captationis eum suspicione absolvat." *Consultatio*, S. 870, Anm. u. S. 873, Z. 15 ff.
113 Vgl. AA I, 2, die Schreiben N. 486, 492, 501, 510 und 512. Leibniz' Brief vom 5. (15.) Aug. 1679 (N. 501) ist im Grunde eine Kurzfassung der *Consultatio*, wiewohl wesentlich klarer und einfacher formuliert.
114 Brief vom 9. (19.) Juli 1679, ebd. N. 492.
115 Brief vom 24. Aug. (3. Sept.) 1679, ebd. N. 510.
116 Vgl. ebd. ; s. auch N. 512, Elsholz an Leibniz, 7. (17.) Sept. 1679, offenbar das letzte Schreiben in dieser Korrespondenz.
117 Vgl. bes. *Nucleus librarius semestralis* (1668/69) und *Grundriß* (1671); s. weiter oben Kap. III, 1.1.1.1 und 1.1.2, S. 90.
118 Vgl. u.a. die Sammlungen bei COUTURAT, Opuscules und GERHARDT, Phil. Schr. 7, S. 3 - 247.
119 *Cogitata quaedam de ratione perficiendi et emendandi encyclopaediam Altstedii.* (1669/71), AA IV, 2 N. 53. In sieben Großbänden veröffentlichte Joh. Heinrich Altstedt 1630 das erste Werk, das den Namen "Enzyklopädie" als Haupttitel trägt *(Encyclopaedia septem tomis distincta*, Herborn 1630). Damit hat er am meisten zur Verbreitung des Begriffs der Enzyklopädie im 17. Jahrhundert und darüber hinaus beigetragen. – Neben der Erweiterung der Philosophie auf "alles Wißbare" kennzeichnet Altstedt mit der Darstellung des gesamten Wissenstoffes nach seinen Grundlagen ein neues methodisches Prinzip, das für die Enzyklopädie bis weit ins 19. Jahrhundert Gültigkeit behielt.
Leibniz, der sich bis ins hohe Alter Gedanken zur Verbesserung von Altstedts enzyklopädischem Werk gemacht hat (vgl. Leibniz' Schreiben an J. Chr. Lange, 1716, Dutens 5, S. 405), geht mit seinen

eigenen Plänen in zweifacher Hinsicht über den Versuch seines Vorgängers hinaus. Zum einen legt er seiner Universalenzyklopädie eine Zweiteilung in einen theoretischen und einen praktischen Teil zugrunde, wobei die jeweiligen Methoden, mit deren Hilfe wissenschaftliche Erkenntnisse gewonnen werden, die Zuordnung entscheiden. Zum anderen verbindet er das Problem der Enzyklopädie mit dem der Universalsprache. Vgl. weiter oben S. 122. Vgl. u.a. U. DIERSE, Enzyklopädie. Zur Geschichte eines philosophischen und wissenschaftstheoretischen Begriffs. (Archiv f. Begriffsgeschichte. Supplementheft 2), Bonn 1977, S. 15 ff. S. auch Kap. III, 2.2.2.2 der vorliegenden Studie. Zur Auseinandersetzung Leibniz' mit der Enzyklopädie Altstedts vgl. seinen Brief an den Professor der Politik in Tübingen, Magnus Hesenthaler (gest. 1681), AA II, 1 N. 97, S. 199 sowie Chr. WOLFF, Lebenslauf, in: DERS., Gesammelte kleine philosophische Schriften, S. 460; des weiteren GERHARDT, Phil. Schr. 4, S. 62. 74. 146 u. Bd. 7, S. 67.

120 GERHARDT, Phil. Schr. 7, S. 37 f. Dieses Manuskript, das COUTURAT (Opuscules, S. 217) als ein "monument curieux de la prodigieuse érudition de Leibniz" bezeichnet, könnte nach GERHARDT (S. 37) das älteste dieses Genres sein.

121 S. oben Anm. 32.

122 S. Kap. III, 1.2. S 112 ff; Vgl. auch K. HUBER, Leibniz (Repr. 1989), S. 170 f.

123 Leibniz an Herzog Johann Friedrich, Herbst 1678, AA I, 2 N. 73, S. 81.

124 Ebd. N. 70.

125 Während der Gebrauch der französischen Sprache - sowie im übrigen auch die Anrede "Monseigneur" und "V.A.S.me" - jene Briefe kennzeichnet, die Leibniz an Herzog Johann Friedrich direkt richtete, bediente sich der Gelehrte bei offiziellen Eingaben des Deutschen. Da die einschlägigen Akten des Herzogs, der Behörden und der Kammer im hannoverschen Staatsarchiv nicht mehr aufzufinden waren, kann nicht mehr festgestellt werde, welche Eingaben und in welcher Form diese tatsächlich abgegangen sind. Bei den in der AA abgedruckten Stücken handelt es sich sämtlich um Konzepte. Vgl. auch AA I, 2 S. XXXI/XXXII.

126 S. weiter oben S. 119 f.

127 AA I, 2 N. 70, S. 76.

128 Brief vom 29. März (8. April) 1679, ebd. N. 127, S. 157.

129 Ebd. N. 3 ff.

130 Ebd. N. 127, S. 160.

131 Genau genommen hatte Leibniz sich schon in Paris, nachdem er für hannoversche Dienste verpflichtet worden war, Gedanken zur Verbesserung der Förderungstechnik in den Harzer Bergwerken gemacht. Er hatte die wirtschaftliche Dringlichkeit dieses Problems richtig erkannt und hoffte, er würde Gelegenheit finden, seine Erkenntnisse zum Wohle des Herzogtums - und sicher nicht zum eigenen Schaden - einzusetzen. Vgl. auch Leibniz' Brief v. 29. März (8. April) 1679, ebd. N. 127. – Allerdings war der eigentliche Urheber dieser Idee nicht Leibniz, sondern der Hof- und Bergrat sowie erster technischer Beamter in Clausthal, Peter Hartzingk, ein Holländer, der sich schon vor dem Gelehrten darum bemüht hatte, seine Erfindung im Harz zur Anwendung zu bringen. Hartzingk starb 1680, nachdem Johann Friedrich zugunsten von Leibniz' Projekt entschieden hatte. Vgl. AA I, 3 S. XXXV. Die Gegnerschaft seitens der Gewerken, die Leibniz von Anfang an entgegenschlug, dürfte nicht zuletzt darauf zurückzuführen sein, daß nicht einer aus ihren Reihen, sondern der Gelehrte aus Hannover, den Zuschlag erhalten hatte. – Über Leibniz' Projekt für den Harzer Erzbergbau und seine Schwierigkeiten, dieses durchzusetzen, berichten u.a. L. STIEGLER, Leibnizens Versuch mit der Horizontalwindkunst auf dem Harz. In: Technikgeschichte 35,4 (1968), S. 265 - 92; H. LOMMATSCH, Gottfr. Wilh. Leibniz als Erfinder im Harz. In: Albert Richers: Erfindungen im Harzer Erzbergbau. Clausthal-Zellerfeld 1968 (Der Harz und sein Vorland H. 3) S. 15 - 24; U. HORST u. J. GOTTSCHALK, Über die Leibnizschen Pläne zum Einsatz seiner Horizontalwindkunst im Oberharzer Bergbau und ihre mißglückte Durchführung. In: Akten des II. Internat. Leibniz-Kongresses Hannover 17. - 22. Juli 1972. Bd. 1 (1973), S. 35 - 59; vgl. neuerdings J. GOTTSCHALKS Aufsatz *Technische Verbesserungsvorschläge im Oberharzer Bergbau* in dem Katalog zur Ausstellung *Gottfried Wilhelm Leibniz. Das Wirken des großen Philosophen und Universalgelehrten als Mathematiker, Physiker, Techniker*, Hannover 1990, S. 62 -71. – Die bemerkenswerte Hartnäckigkeit, mit der Leibniz seine Pläne für den Harzbergbau betrieb, zeigt neben den bereits bekannten Stücken aus AA I, 3 sein umfangreicher Briefwechsel 1680 bis Juni 1683 vorwiegend mit Mitarbeitern dieses Projekts, ed. AA III, 3 (1991); vgl. bes. N. 336.

132 *De Republica*, AA I, 2 N. 70, S. 76 Pkt. 12.

133 Leibniz an Herzog Johann Friedrich, Herbst 1678, ebd. N. 73, S. 83.

134 Vgl. ebd. N. 110 und 127 bzw. AA II, 1 N. 197a und 204a. Vergleicht man die oben untersuchten lateinisch abgefaßten und ganz offensichtlich der gelehrten Fachwelt zugedachten Abhandlungen mit jenen für Herzog Johann Friedrich konzipierten brieflichen Erörterungen, so fällt zunächst deren un-

gleich einfachere, weil für den gebildeten Laien bestimmte Diktion auf. Darüber hinaus setzt Leibniz hier deutlich andere, nämlich ganz auf den Adressaten zugeschnittene Schwerpunkte, die im folgenden herausgearbeitet werden.
135 Vgl. AA I, 2 N. 110 bzw. II, 1 N. 197a.
136 AA II, 1 N. 197a, S. 553.
137 Ebd.
138 Ebd. S. 554.
139 Ebd.
140 Als ein von Leibniz durchgeführtes Beispiel einer mathematischen Beweisführung (more mathematico) außerhalb der Mathematik gilt der für seinen Neffen Simon Löffler angefertigte Entwurf *Sceleton demonstrationis* zu dessen theologischem Dissertationsthema. Vgl. AA I, 11 N. 162.
141 AA II, 1 N. 197a, S. 554.
142 "la plus importante chose que les hommes puissent jamais entreprendre". Ebd. S. 555.
143 Ebd. N. 127, S. 160 und 156.
144 Ebd. S. 157.
145 Ebd.
146 Ebd. S. 160; s. auch weiter oben S. 117.
147 Vgl. ebd. N. 197a, S. 555.
148 Ebd.; s. auch ebd. N. 204a, S 558.
149 "... le vray moyen de fixer cette pensée et de la rendre immortelle sera la fondation qve je viens de dire". Ebd. N. 204a, S. 558.
150 "Ainsi, s'il y a chose au monde qvi puisse estre glorieuse à un Prince protecteur, ce sera l'execution de celle - la." Ebd. N. 197a, S. 555.
151 AA I, 2 N. 127, S. 158; s. u.a. auch "Denkschrift betr. die Wasserwirtschaft im Harz", 29. Nov. (9. Dez.) 1678, ebd. Nr. 87.
152 Bereits im Herbst 1678 hatte Leibniz dem Herzog seine technische Erfindung kurz vorgestellt, auf eine genauere Erläuterung gleichwohl verzichtet, weil er sich damit verbunden zunächst einige persönliche Vorteile, d.h. i. a. eine grundsätzliche Verbesserung seiner Stellung am hannoverschen Hof, konkret, das neuzuschaffende Amt eines Archivdirektors, sichern wollte; "la raison veut qve je me stipule qvelqves avantages, avant qve de venir à la declaration du fonds de l'invention". AA I, 2 N. 73, S. 85 u. f. – Spätestens hier gerät Leibniz' Selbstdarstellung eines ausschließlich uneigennützig motivierten, nur um das Wohl seiner Mitmenschen bemühten Weltverbesserers ins Wanken. In Anbetracht der oben zitierten Aussage des Gelehrten dürfte auch AITONS Urteil zu wohlwollend ausgefallen sein, wenn dieser betont, Leibniz habe nur deshalb zunächst detaillierte Angaben zu seiner Erfindung zurückgehalten, "presumably in order to guard his valuable secret from anyone who might have access to the correspondence in the Chancellery". (Leibniz (1985), S. 87). Daß Leibniz ungeachtet seines Engagements für eine progressive Fortentwicklung der menschlichen Gesellschaft im allgemeinen, der Wissenschaften im besonderen, das nicht geschmälert werden soll, sehr wohl auch darauf bedacht war, seine eigene Person ins rechte Licht zu rükken, wird sich im Verlauf dieser Untersuchung immer wieder zeigen. Vgl. passim.
153 In der für den Herzog aufgestellten Rechnung, die die Gewinnträchtigkeit des Unternehmens demonstrieren sollte, fehlen leider die wesentlichen Zahlen. Vgl. Briefkonzept vom 29. März (8. April) 1679, AA I, 2 N. 127, S. 159.
154 Ebd. S. 157.
155 Aus Leibniz' Brief vom April (?) 1679 an Johann Friedrich (ebd. N. 132) erfahren wir erstmals, daß ein Betrag von jährlich 1200 Talern vom Herzog bewilligt worden war. S. auch den entsprechenden Vertrag vom 20. (30.) September 1679 zwischen Leibniz und dem Bergamt zu Clausthal, ebd. N. 169, S. 202.
156 Ebd. N. 127, S. 158.
157 "Es ist von Serenissime gnädigst resolvirt bey die gruben aufm Harz Windtmühlen und Künste sezen zu laßen; damit das grundwaßer desto leichter heraubracht werden könne. Zu welchen ende auch ein befehl an das Berg=Amt ergangen, mit den Gewercken zu handeln, wegen deßen, so nicht allein anfangs zum anbau und erster anstalt, als hernach qvartaliter zur unterhaltung und conservation zu verwilligen." Leibniz an den Sekretär bei der Regierung in Osterode Friedrich Wilhelm Leidenfrost, 27. Febr. (9. März) 1679. Ebd. N. 118, S. 139.
158 Leibniz' zunehmende Schwierigkeiten im Harz, besonders mit den Gewerken, spiegelt seine Korrespondenz mit Friedrich Wilhelm Leidenfrost. Vgl. AA I, 2 N. 9 ff, bes. N. 129 ff.
159 Ebd. N. 131 und 132.

160 Der entsprechende Vertrag mit dem Bergamt Clausthal kam erst im September 1679 zustande (vgl. ebd. N. 169) und wurde vom Herzog im darauffolgenden Oktober ratifiziert (vgl. ebd. N. 181).
161 Vgl. ebd. N. 157, S. 188; s. auch weiter oben S. 131 f.
162 Vgl. ebd. N. 187.
163 Vgl. Leibniz' Schreiben vom April 1679, ebd. N. 131, S. 166, Z. 10 ff. und vom Juni(?) 1670, ebd. N. 146: "Weil ich vernehme, gnädigster H. daß E. Durchlt. bald verreisen werden", so Leibniz, wolle er noch "einige puncte von wichtigkeit" geklärt wissen (S. 181/82).
164 Andeutungsweise finden wir diesen Gedanken auch schon in den Briefen vom März/April 1679.Vgl. ebd. N. 127 und 132 sowie AA II, 1 N. 204a.
165 Leibniz an Herzog Johann Friedrich im Herbst 1679, AA I, 2 N. 187, S. 226.
166 Ebd. S. 227.
167 Ebd. N. 132, S. 168. Die *Congregatio de Propaganda Fide* war 1622 in Rom begründet worden. Sie rief, über den schon bestehenden Organismus der Weltkirche hinausgreifend, ein System der Weltmission ins Leben. Diese erwies sich in ihrere damaligen Phase als europäische Weltdurchdringung, die zwar den politischen Mächten der Christenheit nicht prinzipiell zu Diensten sein wollte, sich ihrer jedoch bedienen mußte. Vgl. u.a. H. GOLLWITZER, Leibniz als weltpolitischer Denker (1969), S. 15.
168 Leibniz an Herzog Johann Friedrich im Dezember 1678(?); ebd. N. 95, S. 110. In Braunschweig-Lüneburg waren die Landstände nicht, wie fast überall in "Deutschland", entmachtet worden; sie hatten nach wie vor das Recht, Steuern zu bewilligen. Ebenso war es ihnen gelungen, nach der Reformation die Übernahme der säkularisierten kirchlichen Gebäude, Grund- und Barvermögen durch das Herrscherhaus zu verhindern und daraus den "Klosterfond" zu bilden, dessen Einnahmen für Bildungszwecke verwandt wurden. Vgl. u.a. G. MEINHARDT, Die Universität Göttingen. Ihre Entwicklung und Geschichte von 1734 - 1974. Göttingen - Frankfurt/M. - Zürich 1977, S. 9. S. auch weiter unten S. 146 f.
169 S. weiter oben S. 116 ff.
170 AA I, 2 N. 95, S. 111.
171 S. dort Kap. III, 1.1.
172 AA I, 2 N. 95, S. 111.
173 Vgl. auch K. HUBER, Leibniz (Repr. 1989), S. 115; E. PFLEIDERER, Leibniz als Patriot (1870), S. 617.
174 AA I, 2 N. 95, S. 111; s. u.a. auch ebd. N. 73, S. 81 und 82.
175 Ebd. N. 95, S. 111, Z. 23 - 26.
176 Vgl. oben Kap. II, 1, S. 31 und Anm. 78.
177 AA I, 1 N. 327, S. 490.
178 Nach erfolgreicher Erprobung sollten Leibniz jährlich 1200 Taler, allerdings entgegen seinen Erwartungen nur auf Lebenszeit, ausgezahlt werden. Vgl. weiter oben S. 137 und Anm. 155.
179 Vgl. AA I, 4 N. 147.
180 Dies läßt sich auch am geringen Interesse Ernst August für seine Bibliothek ablesen. Mehr als einmal klagt Leibniz über mangelnde Unterstützung im Hinblick auf deren Einrichtung, Ordnung und Erweiterung Vgl. AA I, 3 N. 80 ff., N. 90, N. 113. Es wurden kaum mehr Geldmittel bewilligt. Vgl. ebd. N. 17.28.40.41.69. Als man die herzogliche Bibliothek 1681 zunächst aus dem Hauptflügel, 1688 schließlich gänzlich aus dem Leineschloß ausquartierte, wurde auch Leibniz zunehmend Randfigur am Hofe. Vgl. G. SCHEEL, Hannovers Leben, in: Totok/Haase, Leibniz (1966), S. 83 - 127, S. 112; G. SCHNATH, Das Leineschloß. Kloster - Fürstensitz - Landtagsgebäude. Hannover 1962, S. 250 ff. Zur Geschichte der Kgl. Bibliothek vgl. W. OHNSORGE, Zweihundert Jahre Geschichte der Königlichen Bibliothek zu Hannover (1665 - 1866), Göttingen 1962 (Veröffentl. d. Niedersächs. Archivverwaltung H. 14).
181 Leibniz an E. W. von Tschirnhaus, 3. (13.) Mai 1681, GERHARDT, Math. Brw. 1, S. 145.
182 "Tout ce qui m'incommode est que je ne suis pas dans une grande ville comme Paris ou Londres, qui abonde en sçavans hommes, dont on peut profiter, et dont on peut même s'aider. Car plusieurs choses ne peuvent pas estre executées par un seul. Mais icy à peine trouvet-on à qui parler; ou plustost, ce n'est pas vivre en homme de cour dans ces pays cy, que de parler des matieres scavantes, en sans Madame l'Electrice on en parleroit encor moins." Leibniz an Th. Burnett of Kemney, 7. (17.) März 1696, GERHARDT, Phil. Schr. 3, N. IV, S. 175. Neuester Druck der Korrespondenz zwischen Leibniz und dem schottischen Edelmann AA I, 11 ff. Zur Person Th. Burnetts of Kemney vgl. The Family of Burnett of Leys, Aberdeen 1901, S. 118 - 129.
183 "Madame l'Electrice a un genie elevé: Elle aime les pensées rares extraordinaires ou il y a quelque choses de beau (,) de curieux et de paradox". Leibniz an Gabriel d'Artis, den Herausgeber des Journal de Hamburg, Anfang Juli 1695, AA I, 11 N. 370, S. 547. Die Gemahlin Ernst Augusts, eine Tochter der

Elisabeth von der Pfalz und Enkelin des englischen Königs Jacob I., gehörte zu den gebildetsten Frauen ihres Zeitalters. Sie beherrschte neben mehreren abendländischen Sprachen fließend Latein, war in philosophischen Streitfragen ebenso bewandert wie in religiösen und sie besaß ein besonderes Feingefühl für die politische Fragen ihrer Zeit. Vgl. u.a. M. KROLL, Sophie, Electress of Hannover. A personal portrait. London 1973. Doch ungeachtet der persönlichen Sympathie zwischen zwei so gebildeten Menschen wie Leibniz und Sophie, die das formell vorgegebene Verhältnis sozialer Ungleichheit sicherlich überwog, hatte die äußerst gute Beziehung des Gelehrten zur Fürstin kaum positiven Einfluß auf dessen Stellung am Hofe. Letztlich spielte Leibniz die zwar von ihm sehr geschätzte, wiewohl undankbare Rolle eines intellektuellen Unterhalters für die Ehefrau seines Dienstherrn. Vgl. auch AA I, 11, S. XL. Über die besonders enge Beziehung Leibniz' zu Sophie vgl. M. KNOOP, Kurfürstin Sophie von Hannover. (Veröffentl. d. Histor. Kommission f. Niedersachsen XXXII. Niedersächs. Biographien I), Hildesheim 1964.
184 Vgl. auch G. SCHEEL, Hannovers Leben, S. 98. Vor allem der Briefwechsel mit Christophe Brosseau, dem hannoverschen Residenten in Paris, läßt erkennen, wie sehr sich Leibniz' Stellung in Hannover zu dessen Ungunsten verändert hat. Vgl. AA I, 3 N. 264 ff. Auch gibt es keine Zeugnisse mehr, die auf persönliche Unterredungen Leibniz' mit Ernst August hindeuten. So fehlen vor allem die zu Lebzeiten Johann Friedrichs zahlreichen kurzen Billets eines Kammerdieners, die den Gelehrten zum Herzog beschieden.
185 S. u.a. AA I, 3 N. 74 und 75.
186 Sie machen den größten Teil des Briefwechsels aus, der aus den ersten beiden Regierungsjahren Herzog Ernst Augusts überliefert ist. Vgl. u.a. ebd. N. 21.29.30.31.32.; die von Leibniz gewünschte Bestätigung erfolgte durch Resolution vom 14. (24.) April 1680, ebd. N. 35.
187 Zur Unterscheidung von persönlichen und offiziellen Schreiben vgl. weiter oben Anm. 125.
188 Vgl. K. HUBER, Leibniz (Repr. 1989) S. 153.
189 AA I, 3 N. 17 und 40.
190 Ebd. N. 17.
191 Ebd. N. 40. Während die an den Ersten Minister Ernst Augusts gerichtete Denkschrift sehr allgemein gehalten ist und noch nicht versucht, Leibniz' eigene Wünsche in den Mittelpunkt zu stellen, ist der Gelehrte in seinem Promemoria für den Herzog sehr offen vor allem bemüht, sich in Verbindung mit den vorgetragenen Vorschlägen neue Ämter zu schaffen, die nicht zuletzt seiner Position und seinem Einfluß am Hofe zugute kommen sollten. Vgl. besonders N. 17, Pkt. 9 - 12 und 15 sowie N. 40, Pkt. 6 - 9.
192 Ebd. N. 17, S. 16.
193 Ebd.
194 Vgl. AA IV, 3 N. 30 und N. 69. Vgl. auch das von Scheel mitgeteilte Promemoria, das mit dem in der AA gedruckten Konzept der Eingabe vom November 1680 in engem Zusammenhang steht, zumal es mit dessen Schlußabsatz nicht nur gedanklich übereinstimmt, sondern teilweise sogar gleichlautende Passagen aufweist. S.G. SCHEEL, Drei Denkschriften von Leibniz aus den Jahren 1680 bis 1702 über den Charakter, den Nutzen und die finanzielle Ausstattung der hannoverschen Bibliothek. In: Die Niedersächsische Landesbibliothek in Hannover. Entwicklung und Aufgaben, hrsg. von. Wilhelm Totok und Karl-Heinz Weimann, Frankfurt/M. 1976, S. 60 - 69, S. 63 ff.
195 Die von Herzog August 1550 gegründete Bibliothek war aufgrund ihres außerordentlichen Bestandes über die Grenzen hinweg bekannt und Anziehungspunkt für Gelehrte aus ganz Europa. Vgl. auch weiter unten S. 153 f.
196 AA IV, 3 N. 30, S. 350; s. auch AA I, 3 N. 69, S. 101/102, Z. 24 ff.
197 S. oben Anm. 180.
198 Vgl. AA I, 3 N. 17, S. 17; s. auch weiter oben S. 123.
199 Ebd.
200 Ebd. S. 17/18.
201 Ebd. S. 19. Erst zehn Jahre später, 1690, hat Herzog Ernst August die Einrichtung eines chemischen Laboratoriums in Hannover verfügt und dieses der Leitung seines Leibarztes Christoph Pratisius unterstellt. Vgl. AA I, 6, Einl. S. XXXIX und N. 124, S. 268. Ein direkter Zusammenhang dieser Neugründung mit Leibniz' Anregung im Januar 1680 läßt sich allerdings nicht nachweisen.
202 S. weiter oben Kap. III, 1.2, S. 98 ff.
203 Vgl. in diesem Zusammenhang auch Leibniz' Begründung der von ihm projektierten *"Académie des représentations"*, AA IV, 1 N. 49, S. 565; s. auch oben Kap. III, 1.2, S. 100.
204 AA I, 3 N. 17, S. 18/19.
205 Ebd. S. 19
206 Ebd. N. 28.

207 S. unten Kap. III, 3.4, passim.
208 AA I, 3 N. 28, S. 32; s. auch Kap. III, 2.2.1.1 der vorliegenden Untersuchung.
209 AA I, 3 N. 21.
210 Ebd. S. 24.
211 Vgl. AA IV, 3 N. 28. Von dieser Schrift, die in engstem Zusammenhang steht mit den beiden anderen Arbeiten, *Entwurf gewißer Staatstafeln* (ebd. N. 29) und *Von bestellung eines Registratur-Amts* (ebd. N. 36), lagen bisher nur Teildrucke vor bei KLOPP, Werke 4, S. 415 - 420 und FOUCHER, Oeuvres 7, S. 127 - 137.
212 S. AA I, 2 N. 70, S. 74 ff.; vgl. auch ebd. N. 71, S. 77 ff.; N. 73 S. 86 ff.
213 Wenngleich Leibniz später in der Tat zunehmend als historisch-juristischer Berater in Anspruch genommen wurde, etwa bei der Durchsetzung der Neunten Kur für Hannover, so beschränkten sich seine amtlichen Aufträge weitestgehend auf die für ihn eher unbefriedigende, weil anonyme Tätigkeit, die diplomatischen Aktionen der Minister als Gutachter zu unterstützen oder Denkschriften für die Gesandten zu entwerfen. Sein Spielraum politischen Wirkens, und das war es wohl, worauf es Leibniz angekommen wäre, blieb aufgrund der bestehenden gesellschaftlichen Verhältnisse am hannoverschen Hof eng begrenzt. Für die Durchsetzung seiner politischen Ziele bediente sich Ernst August wie dessen Nachfolger Kurfürst Georg Ludwig des Geheimen Rats, dem der Gelehrte nicht angehörte. Vgl. auch AA I, 8 Einl. S. XXIX.
214 Vgl. AA IV, 3 N. 36: *Von bestellung eines Registratur-Amts*; des gleichen die Briefe und Denkschriften für Ernst August, AA I, 3 N. 27, S. 29 ff; N. 28, S. 30 ff.; N. 40, S. 57 ff. und das Promemoria für Franz Ernst von Platen, ebd. N. 17, S. 20 ff. Vgl. auch L. KNABE, Leibniz' Vorschläge zum Archiv- und Registraturwesen, in: Archivar u. Historiker. Festschr. f. H. O. Meisner, Berlin 1956, S. 107 - 120.
215 Dieser Vorschlag sollte sich als einziger erweisen, an dem der Herzog interessiert war. Vgl. die Resolution vom 31. Juli (10. Aug.) 1685, AA I, 4 N. 159, S. 206. Seine Ausführung wurde für Leibniz jedoch, wiewohl mit großem Enthusiasmus begonnen, zu einem Lebenswerk, das ihm zunehmend zur Last wurde und seinem Ansehen bei Hofe mehr schadete als nützte. Denn während Ernst August wie auch sein Nachfolger Georg Ludwig, dem Zeitgeist entsprechend, vor allem eine Glorifizierung seines fürstlichen Hauses erwartete, hatte es sich der Historiker Leibniz zum Ziel gesetzt, eine wissenschaftlich exakt, auf intensiver und umfassender Quellenforschung aufgebaute Genealogie und Geschichte des Welfenhauses zu verfassen. Zum Verhängnis wurde ihm schließlich, daß er seine Aufgabe zu einer Geschichte des Heiligen Römischen Reiches Teutscher Nation aus der Sicht welfischer Geschichte weitete. Vgl. auch K. HUBER, Leibniz (Repr. 1989), S. 174 ff. Über Leibniz' Geschichtsverständnis s. auch Kap. III, 2.2.2.2 b dieser Studie, dort auch weiterführende Literatur.
216 Vgl. AA I, 3 N. 28, S. 31.
217 Ebd.
218 Vgl. A. STEIN-KARNBACH, Leibniz und der Buchhandel (1982), Sp. 1246 ff., über diesbezügliche Verhandlungen im Reichstag zu Regensburg seit 1667.
219 S. auch Leibniz' Buchhandelspläne für Mainz, oben Kap. III, 1.1 sowie im folgenden Kap. III, 2.2.2.2.
220 Vgl. oben Anm. 168.
221 *Repraesentanda*, AA I, 3 N. 17, S. 21 Pkt. 15.
222 Die bis dato einzige bestehende Universität Helmstedt lag allerdings auf dem Territorium des Herzogtums Braunschweig-Wolfenbüttel. Die auch räumlich ausschließlich zu Hannover gehörende Universität Göttingen wurde erst 1737 offiziell eröffnet.
223 AA I, 3 N. 28, S. 31. S. auch oben Anm. 168.
224 Vgl. meine Ausführungen vorne Kap. III, 1.1, S. 86 ff, sowie im folgenden (Kap. III, 2.1) passim.
225 AA I, 3 N. 40.
226 Ebd. S. 58.
227 Vgl. ebd.; s. auch AA I, 2 N. 70, Pkt. 15.
228 S. vorne Kap. II, 3.
229 Die Ritterakademie war als Alternative zur ritterlich-gelehrten Privaterziehung entstanden. Sie sollte einmal die Erziehung der jungen Adeligen in einer größeren, standesgemäßen Gemeinschaft, zum anderen die Verteilung der divergierenden Unterrichtsfächer auf mehrere qualifizierte Lehrer ermöglichen. Die gelehrten Studien, etwa römisches Recht, Staats- und Lehensrecht, Geschichte sowie die ritterlichen Übungen waren ganz auf die Bedürfnisse künftiger Regenten zugeschnitten. Zunächst von der Aristokratie beargwöhnt, begann diese große Zeit dieser neuen Form der Adelserziehung um die Mitte des 17. Jahrhunderts, "als das Territorialfürstentum mit neuer Macht und neuen politischen Aufgaben aus dem Westfälischen Frieden hervorging" und die Notwendigkeit einer breiten staatswissenschaftlichen Ausbildung immer offenkundiger wurde. Vgl. W. BARNER, Barockrhetorik. Unter-

suchungen zu ihren geschichtlichen Grundlagen. Tübingen 1970, S. 377 - 386. Vgl. u.a. auch F. DEBITSCH, Die staasbürgerliche Erziehung an den deutschen Ritterakademien, Diss. Halle 1927, S. 124 ff.; K. BLEEK, Adelerziehung auf dt. Ritterakademien. Die Lüneburger Adelschulen 1665 - 1850. Teil I, Frankfurt/M. etc. 1977 (Europ. Hochschulschriften R. III, Bd. 89); N. CONRADS, Ritterakademien der frühen Neuzeit. Bildung als Standesprivileg im 16. und 17. Jahrhundert (Schriftenreihe d. Histor. Kommission bei der Bayer. Akademie d. Wissenschaften 21), Göttingen 1982.

229aS. AA I, 3 N. 40, S. 58, Z. 31 - 35; vgl. auch AA III, 3, Einl. S. XLVII.

230 Vgl. Leibnizens Vorschlag zur Errichtung einer Akademie in Göttingen, Hannoversche Geschichtsblätter 1898, 1. Jg. N. 46 (13. Nov.) S. 361 Sp. 2.

231 Vgl. AA I, 4.

232 Leibniz' erstes Schreiben an Herzogin Sophie datiert vom 5. (15.) Jan. 1684; s. ebd. N. 6. Vgl. auch weiter oben Anm. 183.

233 Da sowohl Herzogin Sophie als auch Leibniz ganz offensichtlich das persönliche Gespräch vorzogen, ist die überlieferte Korrespondenz beider eher spärlich, jedenfalls aus den Zeiten, die Leibniz nachweislich in Hannover verbrachte. Ein sprunghafter Anstieg des Briefwechsels ist naturgemäß immer dann zu verzeichnen, wenn sich der Gelehrte auf Reisen befand. Zum Briefwechsel zwischen Leibniz und Sophie von Hannover vgl. neben den edierten Briefen in der Akademieausgabe (AA I, 4 ff.) auch A.-L. FOUCHER DE CAREIL, Leibniz et les deux Sophies, Paris 1876 sowie KLOPP, Werke 9.

234 Vor allem mit dem Hof- und Justizrat Chilian Schrader, seiner wichtigsten Kontaktperson am Celler Hof, erörtert Leibniz die Besetzung von Lehrstühlen an der Helmstedter Universität. S. AA I, 10 N. 116 ff. U.a. setzte er sich für die Berufung W.E. Tentzels und J.A. Schmidts ein (1694, ebd. N. 19 u. 61). Um den Jenaer Theologen und Philosophen für die nach dem Tod Gebhard Theodor Meiers freigewordene theologische Professur zu gewinnen, schickt Leibniz sogar seinen Neffen Friedr. Simon Löffler nach Jena; dieser sollte die Forderungen Schmidts in Erfahrung bringen und mögliche Bedenken zerstreuen. S. ebd. N. 480.

Verstärkte Einflußmöglichkeiten erhielt Leibniz, als die Landesuniversität Helmstedt, deren Rektorat zwischen den welfischen Höfen wechselte, 1697 in den Zuständigkeitsbereich Hannovers fiel. Neben der Besetzung von Lehrstühlen (s. AA I, 14 N. 15, 75, 83) widmete er sich nun auch der Reform von Satzungen (ebd. N. 341, 461) sowie der besseren Dotierung tüchtiger Professoren, um diese an die Universität zu binden (ebd. N. 78, 166, 233, 247). Vgl. auch weiter unten Anm. 307.

235 So bemühte sich Leibniz z.B. 1692, seinem Freund und Vertrauten J. D. Crafft eine Anstellung am Hofe in Hannover zu verschaffen. S. AA I, 8 N. 73.80.81. Über die zu Lebzeiten Leibniz' in Hannover ständig oder zeitweise lebenden Gelehrten vgl. W. ROTERMUND. Das gelehrte Hannover Bd. 1, Bremen 1823.

236 A. SCHRÖCKER, Gabriel d'Artis, Leibniz und das Journal de Hambourg. In: Niedersächs. Jb. f. Landesgeschichte Bd. 49 (1977), S. 109 - 128, S. 109. – Das Journal de Hambourg (1694 - 1696) ist die Fortsetzung einer von d'Artis 1693 in Amsterdam gegründeten Wochenschrift. Wie diese weist auch das Hamburger Journal bereits in seinem vollständigen Titel *Journal de Hambourg, contenant divers memoires curieux et utiles sur toute sorte de sujets*, auf die enzyklopädische Tendenz hin, die sein Herausgeber anstrebte. Indem er neben Bücherbesprechungen Wirtschaftsnachrichten, Informationen über "Monumens anciens et modernes" sowie über Skulpturen und Gemälde, dazu eine gute Mischung von ernsten und leichten Themen vorsah, hoffte d'Artis ein breites Publikum anzusprechen. – Vor allem finanzielle Probleme, fehlende Mitarbeiter sowie ein mangelndes Korrespondenznetz führten schließlich dazu, daß das Journal mit der Nummer vom 27. April 1696 eingestellt wurde. Vgl. SCHRÖCKER, S. 112 ff.; s. auch AA I, 11 N. 267 Erl. Zu der nur teilweise erforschten Biographie des hugenottischen Theologen Gabriel d'Artis (geb. Milhau um 1660, gest. in England nach 1730) vgl. u.a. JÖCHER, Allgemeines Gelehrten-Lexikon Bd. 1, Leipzig 1750, S. 578; BIOGRAPHIE UNIVERSELLE Bd. 56, Paris 1835, S.476 - 478; Emile HAAG, La France protestante, Bd. 1, Paris 1846, S. 139 - 141. Weitere Hinweise s. SCHRÖCKER. S. 110 Anm. 3.

237 Damit erklärt SCHRÖCKER (ebd. S. 128) auch Leibniz' Wunsch, seine anonyme Autorenschaft zu wahren. Es sei eben nicht sein vordringliches Bestreben gewesen, die wissenschaftliche Qualität des Journals zu heben und es berühmt zu machen oder, das sei ergänzend erwähnt, sich selbst als Verfasser großer Aufsätze in die gelehrten Kontroversen seiner Zeit einzuschalten; für diesen Zweck standen ihm weitaus renommiertere Zeitschriften, etwa Otto Menckes *Acta eruditorum* oder das französische *Journal des Sçavans* zur Verfügung. Zu Leibniz' Absicht, das Hamburger Journal als Sprachrohr für lokale Themen zu nutzen vgl. ebd. S. 126. – Leibniz' nur zum Teil erhaltene Korrespondenz mit d'Artis, die mit einem Schreiben des letzteren vom 12. April 1695 beginnt und im Mai 1696 abbricht, ist in den Bänden I, 11 N. 267 ff. sowie I, 12 der Akademieausgabe erstmals ediert.

238 Die Art seiner Beiträge für das von dem Philosophen Etienne Chauvin herausgegebene *Nouveau Journal des Sçavans*, einige davon in Briefform, zeigen allerdings sehr viel deutlicher, daß sich Leibniz mit Hilfe der Berliner Zeitschrift vor allem selbst darstellen wollte, um in Berlin beruflich und im Interesse der geplanten Sozietät der Wissenschaften Fuß zu fassen. Dazu ausführlich, einschließlich Literatur- und Quellenhinweise Kap. III, 3.1.2 dieser Untersuchung.
239 Vgl. Leibniz' Denkschrift für die Geheimen Räte in Hannover, Ende Dezember 1695, Nds. LB. LBr. 872, Bl. 49 und 818, Bl. 39 - 40.
240 Leibniz an den Kammerpräsidenten Friedrich Wilhelm von Görtz oder Franz Ernst von Platen, Mitte - Ende Oktober 1696, AA I, 13 N. 52, S. 67.
241 Vgl. Leibniz' Promemoria, Mitte - Ende Oktober 1696, mit dem er um die Zustimmung der Geheimen Räte zum Kauf der Bibliothek des 1694 gestorbenen Hofrats M. L. von Westenholz nachsucht. Vgl. ebd. N. 47; vgl. in diesem Zusammenhang auch ebd. N. 48.49.50.52. Leibniz konnte seinen Kaufvorschlag erfolgreich durchsetzen, der entsprechende kurfürstliche Befehl erging am 4. November 1696, vgl. ebd. N. 57.
242 Da die Staatsausgaben immer größer wurden, war man ständig auf der Suche nach neuen Geldquellen. So hatte Spanien zu Anfang des 16. Jahrhunderts vermutlich als erstes Land verfügt, daß alle offiziellen Schriftstücke wie Verträge, Beglaubigungen, Vollmachten, amtliche Reskripte, Gerichtsurteile und Eingaben an Behörden auf gestempeltes Papier geschrieben werden mußten; eine genaue Stempeltaxordnung regelte fortan die Höhe dieser Gebühren. Ein entsprechendes Gesetz muß in Holland spätestens 1624 erlassen worden sein; es folgten Frankreich sowie 1682 in "Deutschland" Brandenburg und Sachsen. - Für Hannover hatte erstmals der Gemeine Rat Otto Grote im Rahmen seiner großen Denkschrift vom 18. März 1684 (s. G. SCHNATH, Geschichte Hannovers I, S. 709 - 715) zur Einführung indirekter Verbraucherabgaben die Stempelpapiersteuer angeregt. Leibniz' noch allgemein gehaltenes Konzept mit dem Titel *"Gestämpeltes Papier"* (AA IV, 3 N. 37) aus demselben Jahr orientiert sich ganz offensichtlich an den Groteschen Vorschlägen und faßt vor allem die Besteuerung gestempelten Papiers im Bereich des Justizwesens ins Auge. Bestimmte Verwendungszwecke gibt der Gelehrte hier jedoch nicht an, wenngleich er andererseits schon 1671 in Mainz Überlegungen angestellt hatte wie aus den Erträgen einer Reichspapiersteuer kulturelle Projekte, d.h. genauer, eine "Societas eruditorum Germaniae" zu finanzieren wären. Vgl. oben Kap. III, 1.1.1.2 S. 73 f. und Anm. 129. - Weder Grote noch Leibniz konnten sich zu diesem frühen Zeitpunkt mit ihren Anregungen durchsetzen; gestempeltes Papier läßt sich in Hannover erst ab 1709 nachweisen. Vgl. AA IV, 3 N. 37, S. 381.
243 S. *Einige Rationes warumb das gestämpelte Papier einzuführen*, Leibniz für Kurfürst Ernst August, Mitte - Ende Oktober 1696, AA I, 13 N. 53. Leibniz hatte dieses Promemoria schon in einem vorangegangenen Brief an den Kurfürsten angekündigt. Im Hinblick auf "eine besondere gelegenheit, in dem eben ein gutes Recueil zu Kauf" (= Westenholzsche Bibliothek - s. oben Anm. 241 könnte er einige Vorschläge unterbreiten, "dadurch nicht nur diese ausgabe zu ersezen, sondern ein weit mehreres zu dergleichen rühmlichen und Nützlichen absehen jährlich beyzubringen". Leibniz an Kurfürst Ernst August, Mitte - Ende Oktober 1696, ebd. Nr. 49, S. 62, s. auch S. 63/64.
244 Ebd. N. 53, S. 69; diese spezifische Nutzung der Stempelpapiersteuer dürfte Leibniz' ureigenste Idee gewesen sein, s. auch weiter oben Anm. 242.
245 S. oben Anm. 243.
246 Vgl. G. SCHEEL, Leibniz und die geschichtliche Landeskunde Niedersachsens. In: Niedersächs. Jb. f. Landesgeschichte 38 (1966), S. 61 - 85, S. 74. Vgl. Leibniz für Ernst August: *Pro Apparatu ad Historiam, Jura et Res Serenissimae Domu*. Juli - November (?) 1696, AA I, 13 N. 55. Erste Kenntnis dieser Denkschrift verdanken wir Günther Scheel, der sie bereits 1966 im Anhang zu seinem oben genannten Aufsatz ertmals edierte.
247 Vgl. meine Einleitung Kap. II, 1,S. 32 u. Anm. 85.
248 AA I, 13 N. 55, S. 73.
249 Vgl. ebd. S. 74, Pkt. 9 u ff.
250 Vgl. dazu ausführlich Kap. III, 1.4, S. 190 ff. u. 3.3.1.2, b dieser Untersuchung.
251 AA I, 13 N. 55, S. 75, Pkt. 12. Aufgrund seiner verwandtschaftlichen Beziehungen, - die Tochter Ernst Augusts und Sophies von Hannover, Sophie Charlotte, war 1688 die Gemahlin des nachmaligen Kurfürsten von Brandenburg bzw. Königs von Preußen Friedrich III. (I.) geworden -, könne Hannover auch Kurbrandenburg "hierinn zu beytritt animiren dem Collegio Historico pro illustrandis rebus patriae favorabel zu erscheinen". Ebd. Pkt 13.
252 Vgl. ebd. S. 78, Pkt. 31 und 32.
253 Ebd. Pkt. 34.
254 Vgl. oben S. 150 f. u. Anm. 242.
255 AA I, 13 N. 55, S. 78 Pkt. 36.

256 Vgl. ebd. S. 72 Erl.
257 S. oben Anm. 242.
258 S. ebd.
258a S. SCHEEL, Drei Denkschriften von Leibniz (1976), S. 66 ff.
259 Vgl. Leibnizens Briefwechsel mit dem Minister von Bernstorff und andere Leibniz betreffende Briefe und Aktenstücke aus den Jahren 1705 - 1716, hrsg. v. R. DOEBNER, ZHVN 1881, S. 205 - 380.; DERS., Nachträge zu Leibnizens Briefwechsel mit dem Minister von Bernstorff, ZHVN 1884, S. 206 - 242; E. BODEMANN, Nachträge zu "Leibnizens Briefwechsel mit dem Minister v. Bernstorff und andere Leibniz betr. Briefe"..., ZHNV 1890, S. 131 - 168.
260 S. u.a. oben Kap. II, 1 S. 33.
261 Vgl. AA I, 6 u. ff.
262 Rudolf August, der ältere Sohn Herzog Augusts d. J., führte ein zurückgezogenes, vornehmlich den theologischen Studien gewidmetes Leben und überließ seinem jüngeren Bruder Anton Ulrich die Regierung; nur wenn politische Zwischenfälle es notwendig machten, trat er hervor. Die gemeinsame Regentschaft der herzoglichen Brüder begann 1685 und endete 1704 mit dem Tod des älteren. Vgl. u.a. E. ROSENDAHL, Herzog Anton Ulrich und die Ritterakademie in Wolfenbüttel, in: Hannoversches Magazin, H. 7 (1931), S. 1 - 13, S. 2.
263 S. AA I, 6 N. 17 sowie ebd. N. 1 (Anm.), N. 3 und 4. Die ausgefertigte Bestallungsurkunde datiert von 4.(14.) Januar 1691; vgl. Abdruck der Urkunde bei G. SCHEEL, Leibniz' Beziehungen zur Bibliotheca Augusta in Wolfenbüttel (1678 - 1716), in: Braunschweig. Jb. 54 (1973), S. 172 - 199, S. 195 - 197, S. auch S. 181.
264 Die zunächst briefliche Bekanntschaft hatte Leibniz der indirekten Vermittlung des Landgrafen Ernst von Hessen-Rheinfels zu verdanken, der den Gelehrten in Hannover bat, eine Schrift des Jansenisten Antoine Arnauld an Anton Ulrich weiterzuleiten. Vgl. AA I, 3 N. 233 - 235. Leibniz' erster Brief an den Herzog datiert vom 27. April (7. Mai) 1683. Vgl. ebd. N. 238. Nach dem Antwortschreiben vom 10. (20.) Mai 1683 (ebd. N. 239) bricht die Korrespondenz zunächst ab, um Ende September (?) 1690 (AA I, 6 N. 1) wieder aufgenommen zu werden. Von seinem ersten persönlichen Zusammentreffen mit Anton Ulrich kann Leibniz seinem Dienstherrn Herzog Ernst August im August 1685 berichten. Vgl. AA I, 4 N. 160, S. 206. - Leibniz' Briefwechsel mit Herzog Anton Ulrich von Braunschweig-Wolfenbüttel war erstmals 1888 von Eduard BODEMANN, fast vollständig, ediert worden. Vgl. ZHVN (1888) S. 73 - 244.
265 Eifersüchtig auf seinen Vetter in Braunschweig-Lüneburg, der ständig mit Erfolg darum bemüht war, seine Hausmacht zu erweitern (vgl. vorne Kap. II, 1 Anm. 85), versuchte Anton Ulrich dessen Pläne, so vor allem die Erlangung der Kurwürde, zu durchkreuzen; dies führte immer wieder zu heftigen Auseinandersetzungen zwischen Hannover und Wolfenbüttel. Um selbst Ansehen und Einfluß zu gewinnen, ließ sich der protestantische Herzog, ungeachtet des Unmuts seiner Untertanen und Geistlichkeit, nicht einmal durch den notwendigen Glaubenswechsel von seinen heiratspolitischen Zielen abbringen. Nicht von ungefähr sagt man ihm noch in neuerer Zeit, so z.B. G. SCHNATH in seiner vierbändigen Geschichte Hannovers, übertriebenen Ambitionismus und politisches Intrigenspiel nach. (Vgl. Bd. 3, S. 106; 183; 377; 381. S. auch E. BODEMANN, Briefwechsel mit Anton Ulrich, S. 74 ff.). – Die Heirat seiner Enkelin Elisabeth Christine und Kaiser Karl VI. sowie deren Schwester Charlotte mit dem russischen Thronfolger Aleksiej brachte Anton Ulrich schließlich die erhofften politisch hochkarätigen verwandtschaftlichen Verbindungen.
266 Herzog Anton Ulrich war seit 1659 Mitglied der *Fruchtbringenden Gesellschaft*. Die Liebe des Herzogs zur deutschen Sprache dürfte nicht zuletzt auf seine ehemaligen Lehrer zurückzuführen sein, den Gelehrten und Dichter Justus Georg Schottel (1612 - 1676), u.a. Verfasser einer großangelegten Sprachgeschichte (über Schottel vgl. auch das folgende Kapitel), sowie Sigmund von Birken (1626 - 1681), der neben historischen Werken vornehmlich erbauliche Schriften und Gedichte mit stark religiös-mystischer Tendenz verfaßte. Beide waren Mitglied sowohl in der *Fruchtbringenden Gesellschaft* als auch in dem von Georg Philipp Harsdörfer gegründeten *Pegnesischen Blumenorden*. Vgl. auch E. BODEMANN, Briefwechsel mit Anton Ulrich, S. 73 u. 81; s. auch vorne Kap. II, 2, S 43 f. sowie Kap. II, 2.2.2.3.
267 Fünf Bände, Nürnberg 1669 - 73, 2. Aufl. 1678 - 80 und sieben Bände, Nürnberg 1677 - 1707, 2. Aufl. Braunschweig 1712. Beide Romane zeichnen sich vor allem dadurch aus, daß ihr Verfasser auf sprachliches Schnörkelwerk wie auf Fremdwörter verzichtet. Vgl. auch BODEMANN, ebd. S. 81.
268 Die Kenntnis dieser Denkschrift verdanken wir G. SCHEEL, der sie im Anhang zu seinen Ausführungen über *Leibniz' Beziehungen zur Bibliotheca Augusta in Wolfenbüttel (1678 - 1716)* erstmals ediert hat. Vgl. Braunschw. Jb. 54 (1973), S. 172 - 199, S. 192 - 194. Scheel vermutet, daß Leibniz dieses Promemoria ebenso wie die kurz darauf folgende *"Aufzeichnung über notwendige bibliothekarische Maßnahmen in der Bibliotheca Augusta"* (Dezember 1990), ebd. S. 195, als Grundlage für seine Ver-

handlungen zur Übernahme des Direktorats der fürstlichen Bibliothek entworfen hat. Vgl. ebd. S. 178.
269 Ebd. S. 193.
270 Vgl. AA I, 3 N. 17 und 40.
271 Vgl. AA I, 11 N. 45, s. auch Erl. S. 59.
272 Dem Amtsvorgänger von Leibniz, Caspar Adam Stenger, war es zu verdanken, daß die nach dem Tod ihres Begründers, Herzog Augusts d. J., nur noch sporadisch dotierte Bibliothek seit 1688 wieder regelmäßig in der Kammerdisposition mit 100 Talern jährlich berücksichtigt wurde. S. AA I, 11 N. 45, S. 66, Z. 13 ff. Andere dringlichere Staatsausgaben ließen jedoch 1695 die Bibliotheksmittel fast gänzlich versiegen, so daß Leibniz sich um die Erschließung neuer Geldquellen bemühen mußte. Die oben zitierte wie die folgenden einschlägigen Denkschriften des Gelehrten waren also zunächst durch diesen Umstand motiviert. Vgl. auch G. SCHEEL, (1973) S. 183/84.
273 AA I, 11 N. 45, S. 60.
274 Vgl. ebd. S. 61, Z. 16 ff.; vgl. auch Leibniz' Schreiben an den Wolfenbütteler Minister Friedrich von Steinberg, 2. Hälfte Oktober bis 2. Hälfte November 1696, AA I, 12 N. 54, S. 71, Z. 6 ff. Zur Wolfenbütteler Bibliotheksgeschichte vgl. J. BURCKHARD, Historia Bibliothecae Augustae quae Wolfenbütteli est, Bd. 1 - 3, Leipzig 1744 - 46; K. Ph. Chr. SCHÖNEMANN, Umrisse und Beschreibung der Wolfenbütteler Bibliothek, in: Serapeum 3 (1842), S. 215 f.; 4, (1843) S. 213 f.; 5 (1844); 18 (1857); O. v. HEINEMANN, Die herzogliche Bibliothek zu Wolfenbüttel. 1550 - 1893. 2. Aufl. Wolfenbüttel 1894, Neudr.: Amsterdam 1969.
275 Schon der Vater der herzoglichen Brüder und Begründer der Bibliothek, August d. J., hatte sich intensiv und mit ausgeprägt wissenschaftlichem Interesse um deren Belange gekümmert und selbst mit der Katalogisierung der Bestände begonnen: "Es hat (...) der Glorwürdigste Fundator dieser vortrefl. Bibliothec, E. E. DDt in Gott ruhender H. Vater (,) ein herrliches Inventarium dazu selbst mit unvergleichlichem fleiß, und unsterbl. Ruhm nicht nur angefangen(,) sondern auch sehr weit fort geführet..." AA I, 11 N. 45, S. 63.
276 "Das andere Desideratum aber, nehmlich die verfertigung der vorgeschlagenen Indicum Materialium vel Realium, wäre ad meliorem usum vortrefflich, und würde etwas sonderlich seyn, dergleichen bey keiner andern der grösten Bibliotheken in der welt anzutreffen." Ebd. S. 64/65; vgl. auch AA I, 13 N. 54, S. 72.
277 AA I, 11 N. 45, S. 65/66.
278 S. E. ROSENDAHL (1931), S. 11. Die Gründung der Ritterakademie war eine der ersten größeren Initiativen, die Anton Ulrich nach Übernahme der Mitregentschaft im Jahre 1685 ergriff. Das Ende der Wolfenbütteler Adelsakademie datiert aus dem Jahre 1712, nachdem finanzielle Probleme und stagnierende Besucherzahlen ihre Auflösung unumgänglich gemacht hatten. Zur Wolfenbütteler Ritterakademie vgl. u.a. N. CONRADS, Ritterakademien der frühen Neuzeit (1982), S. 273 - 322; K. BLEEK, Adelserziehung auf deutschen Ritterakademien. Die Lüneburger Adelsschulen 1655 - 1850. Teil 1, Frankfurt/M. - Bern - Las Vegas 1977, S. 126 ff.; A. KUHLENKAMP, Die Ritterakademie Rudolf-Antonia in Wolfenbüttel 1687 - 1715. Braunschweig 1975.
279 *Unvorgreifliche Gedanken betr. Bibl.*, AA I, 13 N. 87, S. 143.
280 Aufzeichnung von Leibniz über notwendige bibliothekarische Maßnahmen in der Bibliotheca Augusta, Dezember 1690, abgedr. bei G. SCHEEL, Bibliotheca Augusta (1973), N. 2, S. 195.
281 S. AA I, 13 N. 87, S. 143, Z. 5/6. Vgl. auch N. CONRADS, Ritterakademien (1982), S. 286.
282 AA I, 11 N. 45, S. 67.
283 Ebd. S. 68.
284 AA I, 13 N. 54.
285 Ebd. N. 86 und 87
286 Vgl. ebd. N. 53; s. auch weiter oben.
287 Vgl. ebd. N. 87, S. 143; vgl. auch weiter oben.
288 Ebd. S. 142. Diese Argumentation kennen wir bereits aus Leibniz' frühesten Plänen für eine *Societas eruditorum* in Mainz (1671). Hier hatte der Gelehrte allerdings noch ausdrücklich darauf hingewiesen, daß die Papiersteuer ohnehin nur eher "müßige Vielschreiber", etwa Kaufleute, Prozessierende oder Gelehrte beträfe, nicht das "hart arbeitende" Volk, sich daraus mithin keine Gefahr möglicher Unruhen ergäbe. Vgl. oben Kap. III, 1.1.1.2, S. 73 f., sowie Anm. 131 ff.
289 AA I, 13 N. 86, S. 137 und 139.
290 Ebd. N. 87 und Einl. S. XL.
291 Zur zeitlichen Einordnung dieses Textes s. auch ebd. Erl. zu N. 87, S. 140.
292 Vgl. ebd. Nr. 83, S. 134 und N. 85: Hertel an Leibniz, 21.(31) Januar 1697, S. 136, Z. 3/4.

293 Leibniz an Hertel, 24. Jan./3. Febr. 1697, ebd. N. 90, S. 146.
294 S. oben S. 153.
295 AA I, 13 N. 90, S. 146, Z. 12 ff. und S. 147
296 Ebd. N. 87, S. 141.
297 Ebd. N. 116.
297a AA I, 14 N. 69.
298 So z.B. 1699, Nds. LB. Bibl. Akten A 6, Bl. 137/138. Vgl. auch G. SCHEEL, Bibliotheca Augusta (1973), S. 184.
299 Leibniz an Herzog Anton Ulrich am 10. Febr. 1701 und 1704 (o. D.). E. BODEMANN, Briefwechsel mit Anton Ulrich, N. 20 und 23. Vgl. auch Leibniz' Finanzierungsvorschläge für die Berliner Sozietät aus den ersten Jahren nach ihrer Gründung. S. Kap. III, 3.1.4.3. – Leibniz' optimistische Prognose, die privilegierte Anpflanzung von Maulbeerbäumen im besonderen könnte "nach Verlauff zwanzig Jahren etliche 1000 Taler bringen", wird von Herzog Anton Ulrich eher skeptisch beurteilt. Vgl. Leibniz' Brief vom Mai 1705, Nds. St.A. W., 2 Alt 3983, S. 51/52, 120 sowie das Antwortschreiben des Herzogs vom 20. Mai, Nds. St.A.W., 2 Alt 3983, S. 53 - 58. Vgl. auch O. v. HEINEMANN (wie Anm. 274), S. 324 f. Dennoch scheint er Leibniz' Vorschlag grundsätzlich zugestimmt zu haben. Ob die Zusage eingehalten wurde, bliebe noch zu untersuchen. Der Bibliothek sind jedenfalls keine Gelder aus einem derartigen Unternehmen zugeflossen. Vgl. auch G. SCHEEL, Bibliotheca Augusta (1973), S. 185 f. und O. v. HEINEMANN, S. 122.
300 Vgl. E. BODEMANN, Briefwechsel mit Anton Ulrich, N. 20.
301 "Wan zu Zeiten was irdisches mir noch einfället, so mir die sterbenslust benehmen wil, so ist es die Bibliothec und Salzdahl, so ich beides in seiner vollkommenheit noch wol sehen mögte". Anton Ulrich am 6. März 1714, ebd. N. 92, S. 237/38.
302 Die Tatsache, daß Herzog Anton Ulrich sich immer wieder bereit zeigte, aus seinem Privatvermögen Bücherkäufe zu finanzieren, zeigt, daß es ihm nicht am guten Willen gefehlt hat. Die Finanzmisere, bedingt durch aufwendige Bauten und kostspielige politische Ambitionen, ließen es offensichtlich nicht zu, einen Fundus zugunsten der Bibliothek zu schaffen. Vgl. auch G. SCHEEL, Bibliotheca Augusta (1973), S. 187.
303 E. BODEMANN, Briefwechsel mit Anton Ulrich, N. 89.
304 Leibniz an Herzog Anton Ulrich am 7. Okt. 1713, ebd. N. 90, S. 236.
305 AA I, 13 N. 86, S. 138.Vgl. auch Leibniz' Denkschrift vom August 1690, G. SCHEEL, Bibliotheca Augusta (1973), S. 194.
306 Vgl. AA I, 13 N. 86, S. 138; s. auch AA I, 11 N. 1, S. 3. Jahre später mahnt Leibniz Herzog Anton Ulrich, die "ehemals recht artige", im Laufe der Zeit gleichwohl stark vernachlässigte Kunstkammer wieder in Ordnung bringen zu lassen. S. E. BODEMANN, Briefwechsel mit Anton Ulrich, N. 93, S. 239: Brief vom 21. März 1714. So böte es sich z.B. an, die von ihm, Leibniz, anläßlich der bevorstehenden Hochzeitsfeierlichkeiten des russischen Thronfolgers Alekseij und Anton Ulrichs Enkelin Charlotte angeregte Miniaturnachbildung des russischen Reiches später der Kunstkammer einzuverleiben. "Das ganze werck ... würde auch Potentaten zur anleitung dienen, ihre Lande dergestalt nach der wahrheit en relief oder erhoben, wie es in der natur ist, mit mehrer genauigkeit als alhier nöthig vorstellen zu laßen." Ebd. N. 65, S. 206, Brief vom 1. September 1711.
307 Das Rektorat der Unversität Helmstedt wechsele zwischen den welfischen Höfen, doch aufgrund ihrer Lage machte Braunschweig-Wolfenbüttel immer wieder vergeblich seinen Ausschließlichkeitsanspruch geltend. Vgl. G. MEINHARDT, Die Universität Göttingen (1977), S. 9. Vgl. auch weiter oben Anm. 234.
308 Vgl. besonders die entsprechenden Gutachten vom 8. Mai 1701 und vom 30. September 1712, E. BODEMANN, Briefwechsel mit Anton Ulrich, N. 21 und 71.
309 Gedr. u.a. bei DUTENS 6, 2, S. 6 - 51 und GUHRAUER, Dt. Schr. 1, S. 440 - 486. Zur Editionsgeschichte s. auch meine Einleitung Kap. I, 2.1, S. 18. Zu den neuesten Erkenntnissen betreffend Abfassungszeit und -geschichte vgl. AA I, 13 Einl. S. XL f.; s. auch weiter unten.
310 Vgl. "Zwei Briefe von Leibniz betr. eine "Teutsche Gesellschaft" zu Wolfenbüttel nebst zwei Briefen von J. G. Schottelius an Herzog August von Braunschweig-Wolfenbüttel", mitgeteilt v. E. BODEMANN. In: ZHVN (1899), S. 299 ff., S. 301 - 303. O. HAHNE, Die deutsche Gesellschaft in Wolfenbüttel, in: Montagsblatt, Wissenschaftl. Wochenbeilage der Magdeburgischen Zeitung. Organ f. Heimatkunde (1912), N. 13, S. 102/103 u. N. 14, S. 107 - 109. Neuester Abdruck der beiden Leibniz-Briefe in AA I, 13 N. 68 u. 77.
311 S. ebd. N. 65 u. 218.
312 Ebd. Nr. 218: Philipp Jacob Oswald von Ochsenstein an Leibniz am 5.(15.) November 1696; ein weiteres Schreiben aus dieser Korrespondenz ist nicht erhalten.

313 Lorenz Hertel an Leibniz, 1.(11.) Dezember 1696, ebd. N. 67, S. 101.
314 Leibniz an Hertel, 4.(14.) Dezember 1696, ebd. N. 68, S. 103.
315 Vgl. ebd. S. 104/105.
316 Leibniz nimmt hier vor allem Bezug auf das von A. Furetiére verfaßte *Dictionaire universel* (1690) und das vierbändige *Dictionnaire de l'Académie Française* (1694). Man habe ihm zudem berichtet, so der Gelehrte, daß nun auch in England an einem ähnlichen Lexikon gearbeitet würde, das wahrscheinlich besser sein werde als das französische. Vgl. dazu das Schreiben von Leibniz' englischem Briefpartner Th. Burnett of Kemney vom 14.(24.) Juni 1696, AA I, 12 N. 418. Das angekündigte, von J. Harris bearbeitete *Lexicon Technicum: or, an Universal English Dictionary of Arts and Sciences* erschien 1704.
317 AA I, 13 N. 68, S. 104.
318 S. vorne S. 153 und Anm. 267.
319 Vgl. AA I, 13 N. 68, S. 105.
320 Ebd. N. 77.
321 Ebd. S. 126.
322 "Je dis aussi mon avis là dessus pour faire le Legislateur", ebd. - Bezeichnenderweise trägt diese früheste Fassung den Titel: *Unvorgreifliche Gedancken betreffend die aufrichtung eines Teutschgesinneten Ordens* (Nds. LB., Ms. IV 444, Bl. 1 - 68).
323 S. Anm. 322.
324 Leibniz an Hertel, 24. Januar (3. Febr.) 1697, AA I, 13 N. 90, S. 146.
325 Ebd.
326 S. ebd. N. 67; des weiteren N. 9. 10. 39. Vgl. auch G. GERKENS, Das fürstliche Lustschloß Salzdahlum, Braunschweig 1974 (Quellen u. Forschungen z. braunschw. Gesch. 22).
327 Vgl. S. 369 u. ff.
328 Er wolle, so der Herausgeber, dieses "goldene Buch", das beredsamste, das jemals über die deutsche Sprache geschrieben wurde, den Deutschen nicht vorenthalten, indem er es nur in französischer Übersetzung mitteile. Vgl. DUTENS 6, 2, S. 4.
329 P. PIETSCH, Leibniz und die deutsche Sprache, in: Wissenschaftl. Beihefte zur Zeitschr. d. Allgem. Dt. Sprachvereins R. 4, H. 30 (1980), S. 327. Zur Editionsgeschichte vgl. u.a. ebd. S. 314/15 sowie W. SCHMIED-KOWARZIK, G. W. Leibniz: Dt. Schriften Bd. 1: Muttersprache und völkische Gesinnung, Leipzig 1916 (Philos. Bibliothek Bd. 161), S. 93; S. auch vorne Kap. I, S. 18.
330 P. PIETSCH, wie oben Anm. 329, S. 327 - 356. Die jüngste, von Uwe PÖRKSEN 1983 vorgelegte Edition der *Unvorgreiflichen Gedanken* (vgl. vorne Kap. I, Anm. 61) stützt sich auf die sog. Meinersche Ausgabe, die 1916 von W. SCHMIED-KOWARZIK (s. oben Anm. 329) besorgt wurde; diese wiederum ist eine modernisierte Wiedergabe der von PIETSCH 1908 herausgegebenen.
331 Vgl. GUHRAUER, Dt. Schriften 1, S. 441; L. NEFF, Über die Abfassungszeit von Leibnizens Unvorgreiflichen Gedanken (Beigabe zum Programm des Großherzogl. Pro- und Realgymnasiums Durlach f.d. Schuljahr 1879 - 80) Durlach 1880, bes. S. 28 ff.; M. HAUPT, in: Monatsberichte d. Kgl. Preuß. Akad. d. Wissenschaften zu Berlin (4. Juli 1861), S. 633.
332 Vgl. A. SCHMARSOW, Leibniz und Schottelius. Die Unvorgreiflichen Gedanken, (Quellen und Forschungen zur Sprach- und Culturgeschichte 23), Straßburg, London (1877), S. 17; diese Auffassung finden wir auch bei L. KELLER, Leibniz und die dt. Sozietäten des 17. Jahrhunderts (1903), S. 149.
333 S. dort.
334 Zur Datierung vgl. neben PIETSCH (1908), S. 318 ff. auch S. v. d. SCHULENBURG, Leibniz als Sprachforscher. Mit einem Vorwort hrsg. v. K. Müller, Frankfurt/M. 1973 (Veröffentlichungen des Leibniz-Archivs 4), S. 125 sowie AA I, 13, Einl. S. XL / XLI.
335 Vgl. bes. die hier abgedruckte Korrespondenz mit dem Bremer Theologen und Sprachforscher Gerhard Meier sowie mit dem Orientalisten Hiob Ludolf, s. AA I, 13, Register sowie das Folgende.
336 S. vorne Kap. I, 1.1 Anm. 58. Ein entsprechender Hinweis ist auch Leibniz' Brief vom 6. Januar 1712 an R. P. Barth. Des Bosses S. J. zu entnehmen: "Proximis nundinis Paschalisbus, Deo volente, prodibit specimen quoddam meum Apparatur ad Philologiam, praesertim Germanicam, in quo aliqua nova inspergentur", DUTENS 6, 1 N. XXXII, S. 195.
337 Nicht von ungefähr haben die *Unvorgreiflichen Gedanken* die Form eines Promemoria, das zudem immer wieder an ein "hocherleuchtetes vornehmes Haupt" appelliert, das vorgetragene Anliegen zu unterstützen. Vgl. u.a. § 30, 53, 118; s. auch oben Kap. 1.3.5.
338 Vgl. bes. AA I, 13 N. 68 und 90.

339 S. Nds. LB. Ms. 444, Bl. 1 - 68, Bl. 1. Neben dieser ältesten Handschrift existieren zwei von Schreibern verfertigte Abschriften, die eine Reihe von Änderungen , z.T. von Leibniz' Hand, aufweisen. Vgl. ebd. Ms. 444 A und 440 B. Der Titel, *Unvorgreifliche Gedancken, betreffend die Ausübung und Verbesserung der Teutschen Sprache*, ist auf den von Eckhart, möglicherweise nach einer vierten, nicht überlieferten Handschrift (s. weiter unten S. 170), besorgten Erstdruck zurückzuführen; auf diesen berufen sich alle folgenden Editionen des 18. und 19. Jahrhunderts.

340 Leibniz' *Unvorgreifliche Gedanken* fanden, wie oben bereits erwähnt wurde, schließlich Verwendung als Teil einer Sammlung sprachwissenschaftlicher und -kritischer Texte. Bemerkungen hinsichtlich der Gründung und Ausgestaltung einer Sprachgesellschaft hätten in diesem Zusammenhang wenig Sinn ergeben; dementsprechend sind in der von Eckhart wiedergegebenen Version wie in den beiden späteren Abschriften des Leibnizschen Manuskripts auch alle anderen einschlägigen Textstellen geändert, d.h. allgemeiner formuliert. Vgl. die §§ 30. 31. 51. 63. 65. 71. 76. 85. 93. 94. 102. 106. 109. 113. Vgl. auch P. PIETSCH (1908), der im Rahmen seiner Edition der *Unvorgreiflichen Gedanken* die diversen Textänderungen in Anmerkungen mitteilt. Es ist anzunehmen, daß noch Leibniz selbst diese Korrekturen vorgenommen hat; vgl. ebd. S. 314.

341 A. SCHMARSOW, Leibniz und Schottelius (1877), S. 37.

342 S. Anm. 337.

343 Für das Folgende vgl. U. G., bes. §§ 114 - 119; zitiert wird nach dem von PIETSCH besorgten Druck, s. oben Anm. 329 und 330.

344 Leibniz' vielfach geäußerte Kritik an der *Fruchtbringenden Gesellschaft* richtete sich vor allem auf deren rigorosen Purismus, der, wie er meint, die Sprache "nicht wenig ärmer" machte. Vgl. u.a. U. G., § 17; vgl. auch weiter unten Anm. 356. Auch die Tatsache, daß sich diese Gesellschaft ausschließlich mit der Dichtkunst beschäftigte, sei der Weiterentwicklung der deutschen Sprache wenig förderlich. Leibniz bemerkt dazu in seiner *Ermahnung*: "Hat man sich also nicht zu verwundern, warumb sovie hohe Standes Personen und andere Vortreffliche leüte das werck so sie angegriffen nicht gnugsam gehoben; dieweil man ungeacht des nahmens der Fruchtbringenden sich gemeiniglich nur mit solchen gewächsen beholffen, welche zwar blumen bringen aber keine früchte tragen. Maßen die blumen der zierlichen einfälle ihre annähmligkeit gleichsam unter den händen verlieren, und bald überdruß machen; wenn sie nicht einen nehrenden safft der unvergänglichen Wißenschafften in sich haben." AA IV, 3 N. 117, S. 811; vgl. auch S. 810, Z. 3 - 15.

345 "Mais quant à la langue Allemande personne n'en encor voulu prendre à coeur les monstrances que j'ay faites ..." Leibniz an Hertel, 4.(14.) Dez. 1696, AA I, 13 N. 68, S. 105. Zur *Ermahnung* vgl. weiter unten.

346 U. G., § 119; s. auch weiter unten S. 169 f.

347 Vgl. ebd. § 31.

348 Vgl. ebd. § 4 u. ff.

349 Ebd. § 1.

350 Zu Leibniz' Deutschlandbegriff vgl. vorne Kap. III, 1.1, Anm. 228.

351 U. G., § 21.

352 Vgl. ebd. § 26. Nicht minder deutlich hatte Leibniz schon 1678 in der *Ermahnung* den Nachahmungstrieb der Deutschen angeprangert: "Sind wir also in den Dingen, so den Verstand betreffen bereits in eine Slaverey gerathen, und werden durch unsre blindheit gezwungen, unsre art zu leben(,) zu reden(,) zu schreiben(,) ja sogar zu gedencken, nach frembden willen einzurichten." AA IV, 3 N. 117, S. 809/810.

353 U. G., § 52.

354 Vgl. Leibniz' Ausgabe des Maurius Nizolius: *De veris principiis et vera ratione philosophandi contra pseudophilosophos libri IV*, Francofurti 1670, Ravier N. 12. Zu seinem Vorwort vgl. AA VI, 2 N. 54; s. auch E. A. BLACKALL, Die Entwicklung des Deutschen zur Literatursprache 1700 - 1775. Mit einem Bericht über neue Forschungsergebnisse 1955 - 1964 von D. Kimpel. Stuttgart 1966 (engl. Original 1959), S. 6 f.

355 Vgl. U. G., § 56 u. ff.

356 "So hat auch die Italiänische Gesellschaft der Cruska oder des Beutel-Tuchs, welche die böse Worte von den guten, wie die Kleyen vom feinen Mehl scheiden wollen, durch allzu eckelhaftes Verfahren ihres Zwecks nicht wenig verfehlet, und sind daher die itzigen Glieder gezwungen worden, bey der letzten Ausgebung ihres WörterBuchs viel Worte zur Hintertür einzulassen, die man vorhero ausgeschlossen ... Also ist auch gewiß, daß einige der Herren fruchtbringende, und Glieder der andern Teutschen Gesellschaften hierinn zu weit gangen, und dadurch andere gegen sich ohne Noth erreget ..." U. G., § 18 und 19. – Noch extremer trat der puristische Übereifer an der von Philipp von Zesen gegründeten *Teutschgesinnten Genossenschaft* hervor. Ihr rigoroses Vorgehen bei der Beseitigung von Fremdwörtern, selbst alteingebürgerter, das zudem nicht selten Unkenntnis der eigenen Sprache ver-

riet, hielt Leibniz für nichtig und überflüssig: "frustra Caesiani nostri id aqunt, ut linguae detrahant fenestram, fenster, aliaqve id genus, etiamsi hujus facile credam cum nomine rem ad nos venisse. Sed dudum Germana civitate donata haec vox est ..." Leibniz an Hiob Ludolf, 18./28. April 1692, AA I, 8 N. 127, S. 229.

357 Vgl. u.g. § 97 - 99.
358 Ebd. § 87.
359 Vgl. ebd. § 85; s. auch § 63.
360 Vgl. ebd. § 113.
361 U. PÖRKSEN (s. meine Einleitung, Anm. 61), S. 118; vgl. auch U. G. § 63 ff.
362 Vgl. U. G., § 68 u. ff.
363 Vgl. ebd. § 32 ff.; vgl. auch den bei DUTENS (6, 2, S. 189) mitgeteilten Auszug aus einem Schriftstück von Leibniz, der mit der Feststellung beginnt: "Tria dictionaria condenda putaverim,1 Lexicon vocabulorum usitatorum, 2, Cornucopiae technicorum, 3, Glossarium etymologicum explicans vocabula obsoleta & provincialia, originesque ..." Dutens hat diese offenbar undatierte und nicht adressierte Aufzeichnung, FELLER folgend (Monumenta varia inedita, Trim. 11, S. 596/97), fälschlicherweise als Anhang zu dem oben zitierten Brief an Hertel vom 4.(14.) Dez. 1696 (AA I, 13 N. 68) wiedergegeben; allein ihre lateinische Abfassung spricht jedoch gegen diese Zuordnung. Vielmehr deutet ihr rein sprachwissenschaftlicher Inhalt auf einen Empfänger aus dem Kreis in- und ausländischer Sprachforscher, mit denen Leibniz seit den 80er Jahren eine lebhafte Korrespondenz pflegte.
364 Vgl.Kap. III, 1.3.5, Anm. 316. Das von der französischen Akademie herausgegebene "Dictionaire" erfaßte allerdings nicht den gesamten Wortschatz, sondern nur das "gute Französisch"; aufgrund der Sprache von dreißig Prosaikern und zwanzig Dichtern sowie der Literatur- und Bildungssprache des 17. Jahrhunderts setzte es die gehobene schriftsprachliche Norm fest. Ergänzt wurde dieses vierbändige Lexikon der gehobenen Sprache durch Antoine Furetières (1619 - 1688) *Dictionnaire universel* (1690), das alle, insbesondere auch veraltete Wörter sowie Fachausdrücke aufgenommen hatte, sowie durch das von Gilles Ménage 1694 vorgelegte zweibändige *Dictionaire éthymologique*. Damit war die von Leibniz für die Einrichtung von Wörterbüchern vorgeschlagene Dreiteilung im Nachbarland Frankreich, wenn auch mit Mängeln, bereits ausgeführt, ohne daß sie eigentlich vorgesehen war. S. U. G., § 35; ebenso den Brief an Hertel vom 4./14. Dezember 1696, AA I, 13 N. 68, S. 104. Vgl. ferner U. PÖRKSEN (1983), S. 85, Anm. 27; S. v.d. SCHULENBURG, Leibniz als Sprachforscher (1973), S. 38 f. u. 136; G. MATROÉ, Histoire des dictionnaires français, Paris 1967.
365 U. G. § 36. Auf die Notwendigkeit und Vorteile der Erfassung technischer Begriffe wies Leibniz schon in seiner *Consultatio* (1678) hin und schlug einen "Nomenclator", also eine Art Sachwörterbuch der Handwerke und Künste, vor; s. oben Kap. III, 1.3.1 S. 130. Neben dem oben bereits erwähnten Wörterbuch des Furetière (s. Anm. 364) galt ihm das von Thomas Corneille (1625 - 1709) zusammengestellte *Dictionnaire des arts et des sciences* (1694) als Vorbild, wenngleich beide Vorlagen seinen Ansprüchen nicht genügen konnten. So wie Leibniz, nach eigenen Aussagen, die Franzosen lange vor dem Erscheinen des Furetièrschen Lexikons zu einer derartigen Sammlung aufgerufen hatte (s. DUTENS 6, 1 S. 236), ebenso hatte er, wie Hertel gegenüber bemerkt, nach Florenz, dem Sitz der Accademia della Crusca, geschrieben, "pour animer les Italiens à joindre aussi les Termes Techniques à leur nouvelle Edition della Crusca, quoyqu'elle ait deja paru". AA I, 13 N. 68, S. 105.
366 U. G. § 39.
367 Ebd. § 1.
368 Ebd. §. 5.
369 Vgl. § 40.
370 Ebd. § 79.
371 Ebd. § 107.
372 Vgl. "Des Freiherrn G. W. Leibniz Unvorgreifliche Gedanken ... Ein Handbuch f. deutsche Jünglinge. Dessau 1831, hrsg. v. H. LINDNER, S. 76.
373 Vgl. weiter unten.
374 E. A. BLACKALL (1966), S. 1.
375 Zur Geschichte der französischen Sprache, vgl. u.a. Ch. BRUNEAU, Petite histoire de la langue française, 2 vol., Paris 1955 - 1958; A. FRANÇOIS, Histoire de la langue française cultivée, des origines à nos jours, 2 vol., Genève 1959; F. BRUNOT et Ch. BRUNEAU, Histoire de la langue française, des origines à nos jours, 20 vol.,Paris 1967 - 1971 (2e ed.). – Über die Entwicklung des Geisteslebens in Frankreich vom 16. Jahrhundert bis zur Gegenwart vgl. u.a. P. BARRIÈRE, La vie intellectuelle en Fance du XVIe siècle à l'époque contemporaine, Paris 1961 (Repr. 1971), bes. S. 133 - 283; s. auch dessen ausführliches Literaturverzeichnis im Angang
376 S. vorne Kap. II, 2 S. 43 f., s. auch oben Anm. 344.

377 Vgl. weiter oben S. 163; U. G., § 20 ff.
378 S. oben S. 162 f.
379 Vgl. Kap. III, 2.2.2.1.
380 Justus Georg Schottel (Schottelius, 1612 - 1676), Sprachforscher und Schriftsteller, nach dem Studium der Jurisprudenz herzoglich braunschweigischer Hofmeister, dann Rat und Bibliothekar und damit Vorgänger von Leibniz in Wolfenbüttel. Mit seinem Hauptwerk *(Ausführliche Arbeit von der Teutschen HaubtSprache ...* Abgetheilet in Fünf Bücher, Braunschweig 1663) legt er die beste Sprachlehre seiner Zeit vor; er regte die sprachgeschichtliche Forschung vielfach an und machte Vorarbeiten zu einem Wörterbuch, Über Schottel vgl. u.a. ADB 32 (1891, Repr. 1971), S. 407 - 412; des weiteren: F. KOLDEWEY, Justus Georg Schottelius, in: Zeitschr. f. dt. Unterricht Jg. 13, 1899, S. 81 ff.; F. GUNDOLF, Justus Georg Schottel, in: Beiträge zur neueren Literaturgeschichte. N. F. Bd. 16, Heidelberg 1930, S. 70 ff.
381 S. oben Anm. 380; Schottels *Ausführliche Arbeit von der Deutschen HaubtSprache* war 1663 als Erweiterung seiner bereits 1651 verfaßten *Teutsche(n) Sprachkunst* erschienen.
382 "55. Es ist unsere Teutsche Sprache der Grichischen / was die Kunst und Glükk zudoppelen betrifft / vollbürtige Schwester / ja redet noch wol reichlicher in vielen von sich / wie sie denn auch an Menge der Vor= und Stammwörter jener wolzuvor = gehet: Warum solte denn nicht vergönnet / oder vielmehr rühmlich seyn einem Teutschen / den leitenden Kräften und grundrichtigem Vermögen seiner MutterSprache klüglich und vernünftlich nachzuforschen / nachzufolgen / wol darin zuschüren / wol zusaubern / und die verborgene Schäze helffen bekant zumachen / damit auch jede Kunst / und jedes Stükke der Wissenschaften gemählig auf Teutsch bekant werden müchte. Wen demnach mit Legung der Gründen in Teutscher Sprache also richtig erst verfahren / die Deutungen und das Vermögen der Wörter recht erkläret / und ein jedes in seine natürliche Gewißheit gepflanzet würde; Alsden würde ohn zweiffel wegen der Menge und Fülle derselben / was man Sprachstükke / Sprachgründe und Sprachvermögen nennet / die nothwendige Folge zumachen seyn / daß kein Theil der Künsten und Wissenschaften der Teutschen Sinn = Begriffe entfliegen und entwachsen künte: Wo man sonst aus vielem Holze noch ein Haus richten / und aus Eisenstükken dienliche Nägel schmieden köndte." *Ausführliche Arbeit*, S. 99.
383 A. SCHMARSOW, Leibniz und Schottelius, S. 10. Schon in Schottels erstem Werk, der *Lamentatio Germaniae expirantis. Der nunmehr hinsterbenden Nymphen Germaniae elendeste Todesklage* (Braunschweig 1640), wurde diese Gesinnung und seine Sorge um "Deutschland" deutlich. In den nach poetologischen Gesichtspunkten wenig gelungenen Versen prangert er die Überfremdung des deutschen Geistes an und schildert die damit einhergehende Verheerung seines Vaterlandes.
384 Vgl. *Ausführliche Arbeit*, Praefatio prioris editionis.
385 Vgl. A. SCHMARSOW, Leibniz und Schottelius (1877), S. 15.
386 Vgl. U. G., § 41. Johann Ludwig Prasch (1637 - 1690), Rechtsgelehrter, Sprachforscher und Dichter, setzte sich wie Leibniz für eine Gründung einer "deutschliebenden Gesellschaft" ein, die sich im besonderen mit der Erstellung eines etymologischen Wörterbuchs und der gründlichen Erforschung aller deutschen Mundarten befassen sollte. Vgl. *Unvorgreiflicher Entwurf der Teutsch-liebenden Gesellschaft*, in: Zeit kürtzender Erbaulichen Lust, oder Allerhand aus erlesener, war - und curioser, so nütz - als ergetzlicher, Geist - und Weltlicher, Merckwürdigkeiten Zweyter Theil ... Herausßgegeben Von KRISTIAN FRANTZ PAULLINI, Frankfurt/M. 1694, S. 137 - 151. Prasch muß mit seinem Plan in den achtziger Jahren an die Öffentlichkeit getreten sein, da dieser bereits 1689 in Tenzels *Monatlichen Unterredungen* (S. 82 ff.) ausführlich besprochen wurde. S. auch S. v. d. SCHULENBURG, Leibniz als Sprachforscher (1973), S. 138 und 216. Neben einem *Glossarium bavaricum* (1689) gehören die *Mysteria linguae Germanicae* (Ratisbonae 1686) sowie die *Gründliche Anzeige von Fürtrefflichkeit und Verbesserung Teutscher Poesie. Samt einer Poetischen Zugabe* (Regensburg 1680) zu seinen wichtigsten Werken. Vgl. u.a. ADB 26 (1888, Repr. 1970), S. 505 - 509 sowie K. DACHS, Leben und Dichtung des J. L. Prasch, Regensburg 1957.

Daniel Georg Morhof (1639 - 1691), Dichter und Literarhistoriker, verfaßte 1682 das Werk *Unterricht von der Teutschen Sprache und Poesie, deren Ursprung, Fortgang und Lehrsätzen* (2. Aufl. Frankfurt 1700). Mit diesem Buch wies er, so PIETSCH (1908, S. 363), "der Forschung nach dem Ursprung der Wörter neue sichere Wege". Über Morhof vgl. u.a. ADB 22, (1885, Repr. 1970), S. 236 - 242. s. auch vorne Kap. III, 1.1 Anm. 37.
387 Vgl. auch S. v. d. SCHULENBURG, Leibniz als Sprachforscher (1973), S. 139.
388 S. U. G., § 41; vgl. auch weiter unten.
389 Vgl. bes. AA I, 12 u. 13, Einl. u. Sachverz.
390 Vgl. weiter unten.
391 Vgl. Leibniz an David Hanisius 9./19. März 1680, AA I, 3 N. 283. Hanisius (gest. 1681) war Schottels unmittelbarer Nachfolger als Bibliothekar in Wolfenbüttel. Vgl. auch Leibniz' wiederholte Anfrage

an Caspar Adam Stenger (bis zu seinem Tod 1690 Direktor der herzoglichen Bibliothek in Wolfenbüttel und damit Leibniz' direkter Vorgänger), ebd. N. 236. 245; besonders N. 247 sowie AA I, 4 N. 294.

392 S. v. d. SCHULENBURG, Leibniz als Sprachforscher (1973), S. 140. Nicht einmal auf unbedingte Schätzung ließe die Nachfrage schließen. Vgl. ebd.

393 Vgl. A. SCHMARSOW, Leibniz und Schottelius (1877), bes. S. 16 ff., 32, 40 f.; dagegen L. NEFF, Abfassungszeit (1880), S. 8 - 13. Noch vehementer tritt v. d. SCHULENBURG den Vermutungen Schmarsows entgegen und konstatiert vielmehr einen generell "weiten Abstand zwischen Leibniz und Schottel". Vgl. ebd. S. 130 u. 124 ff.

394 So gesehen ließe sich eher eine Einflußnahme Praschs auf Leibniz vermuten. S. oben Anm. 386 sowie v. d. SCHULENBURG, ebd. S. 138; E. A. BLACKALL, Entwicklung des Deutschen (1966), S. 7/8. Vgl. auch S. v. d. SCHULENBURG, Leibnizens Gedanken und Vorschläge zur Erforschung der deutschen Mundarten. In: Abh. d. Preuß. Akad. d. Wiss. zu Berlin, Jg. 1937, phil.-hist. Kl., Nr. 2.

395 Vgl. A. SCHMARSOW, Leibniz und Schottelius (1877), S. 40.

396 Vgl. L. NEFF, Abfassungszeit (1880), S. 8. Den Kreis derer, so v. d. SCHULENBURG, an denen Leibniz sich, wie auch immer, orientiert habe, könne man sich nicht weit genug vorstellen. Vgl. "Leibniz als Sprachforscher" (1973), S. 139, s. auch S. 124.

397 Vgl. weiter unten Kap. III, 2.2.2.3.

398 Vgl. U. G., § 119.

399 "Ich habe auch bereits vor vielen Jahren einen sehr gelehrten Mann dahin vermocht, daß er auff die Arbeit eines Sächsischen Glossarii die Gedancken gerichtet, und etwas davon hinterlassen ..." U. G., § 51. Vgl. u.a. auch AA I, 13 N. 283, S. 444; N. 286, S. 454; ebenso die Korrespondenz mit dem Bremer Theologen, Mathematiker und Sprachforscher Gerhard Meier (1646 - 1703) seit 1690 (bis Dezember 1702), AA I, 6 ff. (Korresp. verz.), bes. I, 11 N. 273, 459, 431, 482; diese Briefe zeigen überaus deutlich, welch regen Anteil Leibniz an den Arbeiten Meiers für ein Lexikon der niedersächsischen Sprache nimmt. Oft bittet er auch Brieffreunde um Beisteuer. Vgl. AA I, 14 N, 305, 328, 340, 399. Aus dem Postskriptum, das Meier seinem Brief vom 22. Oktober (1. Nov.) 1697 anfügt (ebd. N. 381), erfahren wir, daß Leibniz ihm – offensichtlich als ersten – die *Unvorgreiflichen Gedanken* hatte zukommen lassen.

400 "Nunc pergo ad dissertationem Tuam Germanicam de lingua Germanica ... qua consultas inque media inquiris ..."; gedr., in den von ECKHART herausgegebenen *Etymologischen Sammlungen* (s. Kap. I, 1.1 Anm. 57), S. 247; vgl. auch DUTENS 6, 2, S. 149 - 153.

401 J. G. ECKHART, Collect. Etym. 2, S. 254.

402 Vgl. GUHRAUER, Dt. Schr. 1, S. 44 - 46.

403 Vgl. Leibniz' Brief an Hiob Ludolf, *Collect. Etym.* 2, S. 305 f.; dieser Brief ist mit dem Datum "28. Dezember 1697" versehen, das PIETSCH (1908, S. 321) zu Recht anzweifelt. Leibniz' Schreiben an Ludolf nimmt Bezug auf den Brief Gerhard Meiers vom 5. Februar 1698 (wie oben Anm. 400), muß also nach diesem entstanden sein. Vgl. auch den in den AA (I, 5 ff.) abgedruckten umfangreichen Briefwechsel zwischen Leibniz und Ludolf aus den Jahren 1687 bis 1703, vornehmlich über politische, geschichtliche und etymologische Themen; über den Orientalisten Hiob Ludolf (1624 - 1704) vgl. außerdem Kap. III, 1.4 der vorliegender Studie.

404 Die nicht nachlassende Wirkung von Leibniz' *Unvorgreiflichen Gedanken* dokumentiert allein schon ihr häufiger Wiederabdruck besonders im 18. und 19. Jahrhundert; s. vorne Kap. I, 1.1, S. 20, oben Anm. 327 u. ff. sowie das Folgende. Vgl. auch den rezeptionsgeschichtlichen Abriß zu den *Unvorgreiflichen Gedanken* bei U. PÖRKSEN (wie oben Anm. 330), Nachwort S. 124 ff.

405 Vgl. P. PIETSCH (1908), s. 315 - 318; s. auch oben Anm. 340.

406 "Ich habe meinen kleinen Auffsatz von der Deutschen Sprach wieder zurück zu fordern vergessen, werde ihn nach meines hochgeehrten Herrn Hof=Predigers guter gelegenheit wieder zurück bekommen, und bin willens, ihn nunmehr, doch vielleicht mit einer kleinen Anderung (s. oben Anm. 336!) in Druck zu geben, damit auch andere aufgemuntert werden. "Leibniz an Jablonski, 30 Aug. 1700, GUHRAUER, Dt. Schr. 2, N. 28, S. 171.

407 S. Kap. III, 3.1.4.

408 "... c'est à présent l'époque la plus favorable d'éxecuter le grand Plan que Leibnitz établit pour premier objet de l'Académie lors de sa création, celui de perfectionner la langue allgemande ... Notre dessein est, de former une deputation des principaux membres allemands de la Classe philosophique et philologique, qui réuniront leurs travaux pendant quelques années, pour composer et publier ensuite une Histoire, une Grammaire, et un Dictionnaire de la langue allemande plus parfait et plus complet, que nous ne l'avons pas eu jusqu'ici ..." Des Staatsministers von Hertzberg Eingabe an den König, betr. die Vervollkommnung der deutschen Sprache ... vom 4. Januar 1792, HARNACK II, N. 180, S. 322; vgl. auch die drei weiteren unter N. 180 mitgeteilten Schriftstücke. – Gewinner des von der

"Deutschen Deputation" der Akademie ausgeschriebenen Wettbewerbs wurde Joachim Heinrich Campe mit seiner Abhandlung "über die Reinigung und Bereicherung der deutschen Sprache" (1793). Campe schließt an die Gedanken von Leibniz an, reduziert dessen breit angelegte Sprachkritik allerdings auf das Problem der Eindeutschung von Fremdwörtern. Vgl. auch CAMPES "Wörterbuch zur Erklärung und Verdeutschung der unserer Sprache aufgedrungenen fremden Ausdrücke", Erstdruck 1801; wiederaufgelegt als Band 6 von Campes "Wörterbuch der deutschen Sprache" (1807-11). Über Campe vgl. mangels einer modernen Biographie: D. LEYSER, Johann Heinrich Campe, 2 Bde., Braunschweig 1877; s. auch vorne Kap. III, 1, Anm. 178.

409 Zur Person Eckharts vgl. u.a. H. RAAB, Biographisches über den Würzburger Hofhistoriographen Johann Georg v. Eckhart, in: Diözesangeschichtsblätter, Würzburg. Bd. 18/19 (1956/57), S. 212 ff.; ADB 5 (1877, Repr. 1968), S. 627 ff; NDB 4 (1959), S. 270 f; L. DAVILLÉ, Un disciple et un plagiaire de Leibniz: J.G. Eckhart. In: Revue germanique 7 (1911), S. 187 - 209. Die bisher umfassendste Biographie wurde 1965 von Hermann LESKIEN vorgelegt, s. vorne Kap. III, 1 Anm. 86. Über Eckharts Beteiligung an den Verhandlungen zur Errichtung einer Sozietät in Dresden vgl. Kap. III, 4.2.

410 Nds. LB. Ms. XLII 1925.

411 S. oben Kap. III, 1 Anm. 86.

412 "Agmen primae partis (sc. Collectaneorum Etymologicorum) claudit judiciosissimum ipsius Leibnitii scriptum, quo modos indicat, quibus cultus nostrae linguae promoveri possit, de quo nil dicimus, quoniam ipse totus & legi ab omnibus meretur. Viam ille hic monstravit ad perfectionem vernaculae, atque utinam sint, qui eam ingrediantur! utinam sint, qui scopum attingant". ECKHART in seiner Praefatio zu den *Collectanea Etymologica* (1717), S. 33.

413 Zusammen mit dem oben erwähnten Konzept für eine wissenschaftliche Zeitschrift (s. oben Anm. 411 bzw. Kap. III, 1, Anm. 86) befindet sich im Staatsarchiv Würzburg noch ein Manuskript mit dem Titel *Grund-Geseze und Einrichtung der Teutschen Academie* (BStA Würzburg, Histor. Verein, Ms. f. 184, Bl. 219r - 221v.). Gleichwohl die besagten Blätter nicht die Handschrift Eckharts, sondern die eines Schreibers aufweisen, besteht über die Autorenschaft des vormaligen Sekretärs von Leibniz kein Zweifel. Uneins sind sich Reuß, der sie 1852 veröffentlichte, und Eckharts jüngster Biograph Leskien (1965) jedoch hinsichtlich deren Entstehungszeit. Während sich Reuß entschieden für 1726 ausspricht und als möglichen Empfänger des Dokuments Fürstbischof Christoph Franz von Hutten identifiziert, plädiert Leskien für einen Entstehungszeitraum zwischen 1727 und 1730; s. auch weiter unten und Anm. 418. Aus dem in Artikel 14 der *Grund-Geseze* formulierten Vorschlag, die Jahresversammlungen der projektierten "Teutschen Academie" jeweils für "den 1n. Octobris, den höchst erfreulichen Geburtstage des ersten Allerhöchsten Oberhaupts dieser Academie" (ebd. Bl. 219r - ohne Kommentar unterschlägt Reuß dieses Datum in dem von ihm veröffentlichten Text!) festzusetzen, schließt er wiederum, daß Eckhart dieselbe unter die Obhut Kaiser Karls VI. (1711 - 1740) stellen wollte, der an diesem Tag seinen Geburtstag (1. Oktober 1685) feierte. Vgl. F. REUSS, Materialien zur Geschichte d. dt. Sprache u. Litteratur im vormaligen Herzogthume Ost-Franken. In: Serapeum 13 (1852), N. 9, S. 129 - 135; H. LESKIEN, Johann Georg von Eckhart (Diss. - masch. schr. 1965), S. 159 - 169.

414 Vgl. Nds. LB. Ms. XLII 1925, Bl. 1v.

415 S. oben Anm. 413.

416 *Grund-Geseze*, § 1.

417 Ebd. § 2 - 5.

418 Am 23.12.1727 wurden die von Johann Christoph Gottsched (1700 - 1766) sowie drei weiteren Mitgliedern erarbeiteten neuen Statuten der 1697 eher zufällig entstandenen *Deutschen Gesellschaft* veröffentlicht. Zur Entstehung und Geschichte der *Deutschen Gesellschaft* vgl. u.a. B. STÜBEL, Die Deutsche Gesellschaft in Leipzig von ihrem Entstehen bis zur Gegenwart. In: Mittheilungen der Deutschen Gesellschaft zur Erforschung vaterländischer Sprache und Alterthümer in Leipzig, Bd. 6, Leipzig 1877, S. 3 - 41.

419 Die entscheidende Gemeinsamkeit sieht Leskien in der besonderen Art des Aufnahmeverfahrens in die Gesellschaft, die beide Verfassungen vorsahen. Durch Preisausschreiben anläßlich der alljährlichen Versammlungen sollten die zukünftigen Mitglieder ermittelt werden; Jahresversammlungen wie Preisausschreiben sollten jeweils am Geburtstage des Landesherrn stattfinden, dessen Obhut die Gesellschaft unterstellt war (s. auch oben Anm. 413). Eben in dieser Verbindung, die in der Tat ein Novum in der Geschichte deutscher Sprachgesellschaften darstellt, sieht LESKIEN (S. 167 f.) das entscheidende, wenn auch alleinige Kriterium, um, mit gutem Recht "eine Abhängigkeit der beiden Verfassungen voneinander" zu vermuten, gleichwohl er in seinen eigenen Bedingungen Abweichungen Eckharts von Gottsched konstatiert. Angesichts der Fülle von Übereinstimmungen inhaltlicher wie formaler Natur, die Eckharts *Grund-Geseze* mit den entsprechenden Vorschlägen und Forderungen von Leibniz aufweisen, erscheint diese "selektive Argumentation" doch eher fragwürdig. S. auch Anm. 420.

420 Die in den *Grund-Gesezen* festgelegte Gliederung der Gesellschaft in vier Klassen mit einem Vorsteher, die geschäftsführende Funktion des Präsidenten sowie die hauptamtliche, festbesoldete Tätigkeit der Mitglieder kennzeichnet LESKIEN (S. 167) sehr richtig als neue Elemente in der Geschichte der Sprachgesellschaften. Eben diese Charakteristika bestimmen aber z.T. schon die sehr frühen Sozietätspläne von Leibniz, wie z.B. die Entwürfe für eine *"Societas Philadelphica"* bzw. *"Societas caritatis"* (s. vorne Kap. III, 1.1.2, S. 75 ff. u. oben S. 120 f.), noch ausgeprägter freilich seine vier großen Spätprojekte. Der wesentliche Unterschied von Leibniz' Projekten und den beiden uns bekannten Plänen Eckharts liegt darin, daß letzterer größere Sorgfalt bei der Darlegung organisatorischer Bestimmungen walten läßt.

421 Vgl. P. PIETSCH (1908), S. 315, 317 f. u. 324 - 326.

422 Vgl. ebd. S. 325/26.

423 *Ermahnung an die Teutsche, ihren verstand und sprache beßer zu üben, samt beygefügten vorschlag einer Teutsch-gesinten gesellschafft*, AA IV, 3 N. 117. Alle folgenden Textbelege aus der "Ermahnung" werden nach diesem Druck zitiert.

424 S. oben Anm. 345.

425 GROTEFENDS Edition kam jedoch nie in den Buchandel, sie wurde vielmehr zur Eröffnung der ersten Germanistenversammlung in Frankfurt/M. am 24. September 1846 als Festschrift überreicht. Vgl. P. PIETSCH, H. 29 (1907), S. 290. Zur Editionsgeschichte vgl. auch vorne Kap. I, S. 20 sowie die entsprechenden Anm. 74 - 76; ebenso AA IV, 3 N. 117, Überlieferung.

426 Vgl. ebd. S. 797. Während die meisten älteren Herausgeber der *Ermahnung*, so schon GROTEFEND, das Entstehungsdatum dieser Schrift ganz richtig nach dem Frieden von Nimwegen (Febr. 1679) vermuteten, entschied sich KLOPP (Werke 6 (1872), S. 187 - 213) für die Zeit nach dem Frieden von Rijswijk, d.h. für 1697. Demgegenüber datieren PIETSCH (H. 29 (1907), S. 291) und, ihm folgend, SCHMIED-KOWARZIK (Dt. Schriften I, 1916, S. 89) auf das Jahr 1683. Der Hinweis auf den möglichen Verlust Wiens im Türkenkrieg (*Ermahnung*, S. 808, Z. 7 f.) sei aber nicht ausreichend, so die Herausgeber der AA, um diese Datierung zu stützen; Wien sei schon in den Jahren vorher einer ständigen Bedrohung durch die Türken ausgesetzt gewesen.

427 E. A. BLACKALL, Entwicklung des Deutschen (1966), S. 2.

428 *Ermahnung*, S. 803.

429 Vgl. auch U. PÖRKSEN (1983), Nachw. S. 114.

430 Vgl. A. SCHMARSOW, Leibniz und Schottelius (1877), S. 17.

431 *Ermahnung*, S. 818.

432 S. vorne Kap. III, 1.1.2, S. 92 ff.

433 Vgl. *Ermahnung*, S. 819.

434 Vgl. ebd. S. 805 ff.

435 Mit dem Begriff der "volkreichen Gemein" kennzeichnet der Merkantilist J. J. Becher seine These, die die Bevölkerung, d.h. die Summe der Arbeitskräfte, als größte Quelle für den wirtschaftlichen Reichtum des Landes definiert. Über Becher und den deutschen Merkantilismus vgl. auch Kap. III, 2.2.1 dieser Untersuchung.

436 *Ermahnung*, S. 806.

437 Ebd.

438 Ebd. S. 808.

439 S. U. G., § 1.

440 *Ermahnung*, S. 809.

441 Die Nationalsprache auch für den Bereich der Wissenschaft anzuerkennen und sie entsprechend zu verbessern, war u.a. das ausdrückliche Ziel der 1635 von Richelieu gegründeten *Académie française*. In ihrem Stiftungsbrief bezeichnet sie es als ihre Aufgabe, "à donner des régles certaines à notre langue et à la rendre pure, éloquente et capable de traiter les arts et les sciences". S. L. AUCOC, L.'Institut de France. Lois, Statuts et Règlements concernant les Anciennes Académies et l'Institut de 1635 à 1889, Paris 1889.

442 Vgl. weiter unten.

443 *Ermahnung*, S. 808/809; vgl. auch *De optima dictione* (1670), AA VI, 2 N. 54, § 13.

444 S. oben Anm. 443.

445 Vgl. u.a. U. G., § 11; *Vorschlag für eine "teutsch liebende Genossenschaft"*, in: H. H. Holz, Polit. Schriften 1, S. 81 - 85, S. 84.

446 *Ermahnung* S. 813.

447 Auch Boineburg, der von Leibniz hochgeschätzte, mittlerweilen verstorbene Freund und Mentor, hatte jener Latinistenpartei angehört. Auch ihm, so schreibt er am 20. März 1663 an den berühmten

Professor der Jurisprudenz in Helmstedt, Hermann Conring (1606 - 1681), rege sich der Magen, wenn er daran dächte, daß Franzosen, Engländer, Italiener, Spanier und Belgier beinahe alle Bücher in ihrer Muttersprache schrieben, als ob sie Latein weder erlernt hätten, noch verstünden. Es täte Not, daß Männer wie Manutius (Aldus, gest. 1597, verfaßte bereits als Vierzehnjähriger ein Traktat über die lateinische Orthographie; vgl. JÖCHER Allgem. Gelehrtenlexikon 3, Sp. 124/125), Folieta (Foglieta Ubertus, 1518 - 1581, Verfasser der 1723 posthum edierten Schrift "De linguae latinae usu & praestantia"; vgl. ebd. 2, Sp. 655), Corradus (Quintus Marius, 1508 - 1575, ebenfalls Verfasser einer Reihe von Schriften über die lateinische Sprache; vgl. ebd. 1, Sp. 2112 - 2113) und andere, die sich für die Beibehaltung des Lateinischen eingesetzt hätten, wieder ins Leben zurückkehrten. Vgl. GRUBER, Commerc. epist. Leibn. Pars 2, S. 1068. – Es mag wie Ironie klingen, daß Leibniz in seiner Neuausgabe des *"Antibarbarus"*, zu der er ja von Boineburg angeregt worden war, so entschieden für die Verwendung der lebenden Sprachen, insbesondere des Deutschen, in der Philosophie eintrat. Jedenfalls ging er mit dieser Forderung weit über die Anschauung und Absicht seines Gönners hinaus, der lediglich die scholastische Diktion zugunsten der ciceronianischen verbannt wissen wollte. Vgl. auch E. PFLEIDERER, Leibniz als Patriot (1870), S. 693.

448 *Ermahnung*, S. 809.

449 "So ist auch nicht zu zweifeln, wenn es also fortgehet, daß herrliche ingenia von uns(,) die wir nichts als was frembd verehren(,) weg, und zu den fremden gehen werden(,) da man sie zu unterscheiden und zu belohnen weis." *Ermahnung*, s. 181.

450 Eb d. S. 815.

451 Vgl. *"Relation de l'état présent de la République des lettres"*, AA IV, 1 N. 50; s. auch vorne Kap. III, 1.2, bes. S. 110 ff.

452 *Ermahnung*, S. 816.

453 Ebd. S. 806.

454 Ebd.S. 798.

455 Ebd.

456 Vgl. auch Kap. III, 1.1.2, bes. S. 85 ff. sowie III, 2 passim.

457 S. auch vorne Kap. III, 1.1.2, S. 82 u. Anm. 181 sowie die ebd. in Anm. 147 aufgeführten Aufsätze von Werner SCHNEIDERS.

458 Vgl. auch vorne Kap. III, 1, S. 59 f.

459 W. TOTOK, Leibniz als Wissenschaftsorganisator (1966), S. 305.

460 Joachim Jungius (1587 - 1657) und Christoph Helwig (Helvicus, 1581 - 1617) gehörten 1613/14 einer Gruppe von Reformpädagogen um Wolfgang Ratke (s. Anm. 461) an, die sich für eine umfassende Reform der didaktischen Methode einsetzten; zu ihren Grundforderungen gehörte auch der Gebrauch der deutschen Sprache in den Wissenschaften. Inhaltliche Auseinandersetzungen, vor allem aber gegenseitiges Mißtrauen und Eifersüchteleien führten zu einem frühen Ende dieser Zusammenarbeit, die durch den von Jungius und Helwig gemeinsam herausgegebenen *"Kurtzen Bericht von der Didactica oder LehrKunst Wolfgangi Ratichii"* (1613) belegt ist. Vgl. ADB 11 (1880, Repr. 1969), S. 715 - 718; NDB 10 (1974), S. 686 - 689 sowie die in Kap. II, 2 Anm. 51 aufgeführte Literatur; vgl. außerdem M. ORNSTEIN, The Rôle of the scientific societies (1963), S. 167/168. Zur Reformpädagogik des frühen 17. Jahrhunderts vgl. ausführlicher weiter unten Kap. III, 2.2.2.1.

461 Gegen die Vorherrschaft des Latein hatte sich im besonderen Maße der Humanist und Pädagoge Ratke (Ratichius, 1571 - 1635) ausgesprochen und in seinem Reformprogramm einen auf der Muttersprache basierenden Unterricht gefordert. Seine eigenen Schulversuche in Augsburg, Köthen und Magdeburg blieben jedoch ohne Erfolg, was weniger an den zugrunde liegenden Ideen als an dem schwierigen Charakter Ratkes lag. Vgl. u.a ADB 27 (1888, Repr. 1970), S. 358 - 364; s. auch Anm. 460. – Ungeachtet seiner praktischen Mißerfolge haben Ratkes Lehren, die dieser in zahlreichen Schriften niedergelegt hat, großen Einfluß auf Amos Comenius gehabt. Vgl. u.a. G. HOHENDORF (Hrsg.), Die neue Lehrart. Pädagogische Schriften, Berlin 1957. Über Comenius vgl. vorne Kap. II, 2, Anm. 62. – Zweifellos beeinflußt von den Ansichten seines verstorbenen Schwiegervaters Christoph Helwig (Helvicus, s. Anm. 460), trat der für seine kraftvollen, volkstümlichen Predigten wie kräftig-derben Satiren bekannte lutherische Theologe Johann Balthasar Schupp (1610 - 1661) in seinen pädagogischen Schriften für die Pflege der Muttersprache ein. Vgl. u.a. ADB 33 (1891, Repr. 1971), S. 67 - 77. Er selbst gab seine Abhandlungen seit 1649 ausschließlich in deutscher Sprache heraus. Vgl. bes. "Neudrucke pädagogischer Schriften", hrsg. v. P. Stötzner, Leipzig 1891, darin als drittes Heft die aus dem Nachlaß Schupps 1667 erstmals veröffentlichte Schrift "Der deutsche Lehrmeister."

462 Der Bayerische Historiograph Aventin, mit bürgerlichem Namen Johannes Turmair (1477 - 1534), ein Schüler des Humanisten und Sozietätsgründer Konrad Celtis, gab den größten Teil seiner lateinisch abgefaßten Geschichtswerke wenig später in deutscher Bearbeitung heraus, so auch sein Hauptwerk, die *Annales Boiorum*, deren deutsche Fassung unter dem Titel *Chronika* veröffentlicht wurde. Vgl.

u.a. ADB 1 (1875, Repr. 1967), S. 700 - 704. Bereits 1527 hielt der Mediziner und Physiker Philipp Theophrast v. Hohenheim (Paracelsus, 1493 - 1541) seine Vorlesungen an der Universität Basel in deutscher Sprache. Vgl. u.a. ADB 12 (1880, Repr. 1969, s. 675 - 683).
463 Vgl. A. SCHMARSOW, Leibniz und Schottelius (1877), bes. S. 9 ff.
464 S. oben S. 167 f.
465 Der Versuch, auch in dieser Frage ausschließlich Schottels Einfluß auf Leibniz geltend zu machen, wird nicht nur von S. v. d. SCHULENBURG heftig kritisiert, die Schmarsows Abhandlung im Ganzen jegliches "Augenmaß" und jegliche "Treffsicherheit" abspricht. Vgl. "Leibniz als Sprachforscher" (1973), S. 126 u. f. Schon vor ihr hatte sich Neff gegen die Ansicht Schmarsows ausgesprochen und Guhrauer folgend, in Weigel die Persönlichkeit gesehen, die Leibniz am nachhaltigsten geprägt hat. Vgl. L. NEFF, Abfassungszeit (1880), S. 7 sowie GUHRAUER I, S. 33. Weigels deutsche Schriften sind zahlreich, sie zeigen, daß Leibniz' Lehrer, anders als sein Schüler, seinem Grundsatz, auch in wissenschaftlichen Abhandlungen deutsch zu schreiben, weitgehend gefolgt ist. Vgl. u.a. die Auflistung von Weigels deutschen Traktaten in JÖCHERS Allgem. Gelehrtenlexikon 4, Sp. 1858/59; ferner H. SCHÜLING, Erhard Weigel (1625 - 1699). Materialien zur Erforschung seines Wirkens. Gießen 1970 (Berichte u. Arbeiten aus der Universitätsbibliothek Gießen Bd. 18); DERS. Erhard Weigel. Gesammelte pädagogische Schriften, Gießen 1970 (ebd. Bd. 19). Zur Person Weigels s. vorne Kap. II, 1, S. 25 f. sowie Anm. 24 u. 25.
466 Vgl. GUHRAUER I, S. 33.
467 Vgl. De optima dictione AA VI, 2 N. 54, § XII, übs. v. P. PIETSCH, H. 29 (1907), S. 287.
468 Selbst die Heilige Schrift könne in keiner anderen Sprache besser lauten; "so offt ich die Offenbahrung auch in Teutsch lese(,) werde ich gleichsam entzücket und finde nicht nur in den göttlichen gedancken ein(en) hohen prophetischen geist, sondern auch in den worthen selbst, eine recht heroische und (,) wenn ich so sagen darff, Virgilianische Majestät". Sie entzücke ihn sogar noch mehr, so Leibniz in der gestrichenen Version, als Virgil, der doch "sein leihbuch" sei. *Ermahnung*, S. 814.
469 Christian Thomasius (1655 - 1728), ein früher Vertreter der deutschen Aufklärung, wirkte ab 1681 zunächst in seiner Geburtsstadt Leipzig, später in Berlin und ab 1694 an der neugegründeten Universität Halle als Professor der Jurisprudenz. Seine in deutscher Sprache gehaltenen Vorlesungen, sein Bemühen, die Rechtswissenschaft, insbesondere das Naturrecht, von der Vorherrschaft der Theologie und der Scholastik zu befreien, sowie sein konsequentes Eintreten für die Freiheit des Gewissens, Denkens und Forschens stieß in konservativen Kollegenkreisen, aber auch in den Reihen der orthodoxen Theologie auf heftigen Widerstand; 1690 erteilte man ihm in Leipzig sogar Vorlesungsverbot. Vgl. ADB 38 (1894, Repr. 1971), S. 93 - 102; des weiteren: M. FLEISCHMANN (Hrsg.), Christian Thomasius. Leben und Lebenswerk. Halle (Saale) 1931; R. LIEBERWIRTH, Christian Thomasius. Sein wissenschaftliches Lebenswerk. Weimar 1955; E. BLOCH, Christian Thomasius, ein deutscher Gelehrter ohne Misere. Frankfurt/M. 1967; G. SCHUBART-FIKENSCHER, Christian Thomasius, Seine Bedeutung als Hochschullehrer am Beginn der deutschen Aufklärung. Berlin 1977.
470 Vgl. die von Thomasius 1688 - 1690 herausgegebene Zeitschrift *"Schertz- und Ernsthaffter, Vernünfftiger und Einfältiger Gedancken über allerhand Lustige und nützlicher Bücher und Fragen"* (Monatsgespräche), s. auch vorne Kap. III, 1.1. Anm. 16. Über Thomasius' Vorgehen zur Rechtfertigung des Deutschen als Sprache des gelehrten Unterrichts und der Wissenschaft vgl. ausführlicher u.a. E. A. BLACKALL, Die Entwicklung des Deutschen (1966), S. 8 ff.
471 Vgl. K. MÜLLER, Leibniz (1966), S. 50.
472 *Ermahnung*, S. 819.
473 Ebd. S. 820.
474 Vgl. vor allem A. SCHMARSOW, Leibniz und Schottelius (1877), S. 17.
475 Vorschlag für eine *"Teutsch liebende Genossenschaft"*, Nds. LB. LH XXXIX 3. Bl. 6 - 8; gedr. bei KLOPP, Werke 5, S. 214 ff. und H.H. HOLZ, Polit. Schriften 1, S. 81 ff.
476 Aus diesem Grund wird auf eine ausführlichere Erörterung der "teutsch liebenden Genossenschaft" verzichtet.
477 *Ermahnung* S. 819, Text und Streichung.
478 Vgl. AA IV, 3 N. 117, Einl. S. 797 ebenso P. PIETSCH, H. 29 (1907), S. 290.
479 U. PÖRKSEN (1983), Nachw. S. 123.
480 Vgl. etwa Leibniz' Überlegungen in seiner 1667 erstmals erschienenen *Nova Methodus discendae docendaeque jurisprudentiae*. AA VI, 2, N. 10 bzw. seine Schrift zur *Ars Combinatoria* (Leipzig 1666), ebd. N. 8.
481 Vgl. G. SCHEEL, Leibniz und die geschichtliche Landeskunde (1966), S. 74.
482 KLOPP, Werke 4, S. 426.

483 E. PFLEIDERER, Leibniz als Patriot (1870), S. 629 f. Zur Gründung und Geschichte der Göttinger Universität vgl. G. MEINHARDT (wie oben Anm. 307).

1.4 Leibniz' Korrespondenz mit Akademieprojektanten und -gründern: Beurteilung und Unterstützung fremder Sozietätsprojekte.

1. Vgl. u.a. oben Kap. III, 1.3.5, S. 158; AA I, 9 N. 381; I, 10 N. 107 ff.
2. S. im folgenden Kap. III, 2.2.2, passim sowie 3.2 passim.
3. S. vorne Kap. III, 1.3.1, S. 131 f.
4. Brief vom 26. Sept. (6. Okt.) 1668, AA II, 1 N. 9, S. 10.
5. Über das *Collegium Historicum Imperiale*, Leibniz' Anteil an dessen Gründung sowie seine inhaltliche Auseinandersetzung mit den beiden Initiatoren vgl. ausführlicher Kap. III, 3.3.1.2 der vorliegenden Studie; hier auch Literatur- und Quellenverweise.
6. AA I, 13 N. 55; s. auch vorne Kap. III, 1.3.4, S. 151.
7. AA I, 13 N. 55, S. 75, Pkt. 12.
8. Vgl. ebd. Pkt. 13-15.
9. "Es ist bekand das einige Eruditi Germaniae eine societät ad Historiam patriam illustrandam angefangen, so aber noch gleichsam in primis viis. Nun köndte man sich solche zimlich zu Nuze machen und vermittelst deren diplomata, chronica, und andere nachrichtungen fischen, wen man sich deren auff eine gewiße weise annehme, und solche encouragirte [,] des gesetzt Churf. Durchl. mit dero Herrn bruder Durchl. ercläreten sich alle Jahr zu der Societät 200 thl. zu contribuiren welche aber NB. angelegt werden solten zu bergschafften Manuscriptorum diplomatum, oder dergleichen monumentorum Historiae patriae, die der Societät zu beßern fundament der künftigen Histori dienen köndten. Das were alhier soviel als nichts und einen solchen applausum haben gleich als ob man anderwerts viel 1000 angewendet hätte. Dan es würde sich die societät solches trefflich zu Nutz machen hoc exemplo auch andere Höffe in Teüdtschland daran zu bringen [,] wen nur einer anfängt, so kan die aemulation machen daß andere folgen. Der aber daß eis gebrochen, hat die gröste Ehre davon". Leibniz an Ludolf Hugo am 4. (14.) Oktober 1694, AA I, 10 N. 61, S. 75.
10. Vgl. AA I, 5 bzw. I, 6 ff., Register.
11. Vgl. u.a. AA I, 11 N. 250.
12. Vgl. auch im folgenden Kap. III, 2.2.2.2.
13. S. oben Kap. III, 1.3.4 und 1.3.5.
14. Seit 1670 unterrichtete Valentin Heins (1637 - 1704) als Rechenmeister an der Kirchenschule St. Michaelis. Daneben war er, nachweislich in den Jahren 1661 bis 1672, als Buchhalter der guineisch-afrikanischen Handelskompanie tätig. Einen Namen machte sich Heins als Verfasser einiger Rechenbücher, die noch lange nach seinem Tode vielfache Auflagen erlebten. – Heinrich Meißner (1644 - 1716), der zunächst an einer Privatschule lehrte, wurde 1688 an die St. Jacobi Kirchenschule berufen. Bis kurz vor seinem Tod übte er hier sein Amt als Rechenmeister aus. Dank der finanziellen Unterstützung seines wohlhabenden Freundes Valentin Heins wie auch der von beiden begründeten mathematischen Gesellschaft konnte Meißner eine Reihe nicht unbedeutender mathematischer Werke herausgeben. – Über Heins und Meißner sowie über deren Veröffentlichungen vgl. J.F. BUBENDEY, Geschichte der Mathematischen Gesellschaft in Hamburg 1690 - 1890. In: Festschrift hrsg. von der Mathematischen Gesellschaft zu Hamburg anläßlich ihres 200-jährigen Jubelfestes 1890. Leipzig 1890, S. 8 - 103, S. 18 ff. und H. SCHIMANK, Die Kunst-Rechnungs-liebende Societät als Gründung deutscher Schreib- und Rechenmeister. In: Mitteilungen der Mathematischen Gesellschaft in Hamburg Bd. 8, T. 3 (1941), S. 22-54, S. 28 f.
15. Die Hamburger Sozietät war nicht nur die erste mathematische Gesellschaft auf deutschem Boden, sondern darüber hinaus neben der von Medizinern gegründeten *Leopoldina* die einzige fachspezifische Vereinigung, die bis in unsere Tage bestehen konnte. Über die *Kunst-Rechnungs-liebende Sozietät* vgl. neben BUBENDEY und SCHIMANK (wie oben Anm. 14) H. MEISSNER, Arithmet. Geometr. und Algebraische Kunst=Kette, Bestehend in 100 Aufgaben oder Gliedern. Dabey ein Anhang von 360 allerhand Quaestionibus, Wie auch eine Publicierung der Personen, welche im neu = auff = gerichteten Kunst-Rechnungs-Liebenden Societät sich anitzo befinden: sambt deren Legibus. Hamburg 1690; C. DANXST; Fruchtbringendes Gesprächsspiel, Darinnen die Eygentliche Beschaffenheit von der zu Hamburg Ao. 1690 Vito Julii aufgerichteten Kunst-Rechnungs-liebenden Societät gesprächs-

weise beschrieben und dargethan wird. Copenhagen 1691. Vgl. des weiteren H. AHLBORN, Mitteilungen aus der Geschichte der mathematischen Gesellschaft zu Hamburg und aus den Werken einiger ihrer bedeutenderen Mitglieder in der ersten Zeit ihres Bestehens. Festschrift zur Feier des 50-jährigen Bestehens des Realgymnasiums des Johaneums in Hamburg. Hamburg 1884; H. SCHIMANK; Zur Geschichte der exakten Naturwissenschaften in Hamburg. Von der Gründung des Akademischen Gymnasiums bis zur ersten Hamburger Naturforschertagung. Hamburg 1928, S. 66-71; G. LONY, Die Mathematische Gesellschaft in Hamburg 1890 - 1940. In: Mitteilungen der Mathematischen Gesellschaft in Hamburg Bd. 8, T. 1 (1941), S. 7-41. Meißners erster Versuch, 1684 eine *Zunft der vereinigten und fleißigen Rechenmeister* zu stiften, scheiterte am mangelnden Interesse seiner Kollegen. Vgl. BUBENDEY (1890), S. 20.

16 SCHIMANK (1941), S. 29. Die Mitglieder der Sozietät werden Zunftgenossen genannt; vgl. die bei MEISSNER (1690) abgedruckten *Leges*, § 3.

17 S. MEISSNER (1690); auch TENTZEL veröffentlichte in seinen *Monatlichen Unterredungen* (Januar 1693) die *Leges* der Hamburger Sozietät, "um sie desto bekannter zu machen", ebd. S. 10 u. ff.

18 *Leges*, § 1.

19 *Leges*, § 4.

20 Abdruck s. Mitteilungen der Mathematischen Gesellschaft in Hamburg Bd. 8, T. 1 (1941), S. 42/43.

21 *Leges*, § 9.

22 *Leges*, § 5. Nach einer Bibliographie in der Zeitschrift Nova Literaria Maris Balthici et Septentrionis (März 1700,, S. 89 - 96) waren zwischen 1690 und 1700 bereits 25 mathematische Schriften aus dem Kreis der Gesellschaft erschienen; allein 14 Werke entstammten der Feder Meißners. Vgl. SCHIMANK (1941), S. 49 - 52.

23 Zit. n. SCHIMANK (1941), S. 34. Vgl. auch den Wortlaut in den *Leges*, § 11: "Wann einer seines Orts jemanden antreffe / es sey eine erwachsene Person oder sonsten unter denen Schul-Knaben ... daß man denen so woll umb ein leidliches / als nach berührter Beschaffenheit des Zustandes / umbsonst mit gutem Rath und getreuer Unterweisung an die Hand gehen wolle".

24 Vgl. SCHIMANK (1941), S. 33 f. und BUBENDEY (1890), S. 15 f.

25 *Monatliche Unterredungen*, Januar 1693, S. 7; vgl. auch BUBENDEY (1890), S. 34.

26 Vgl. SCHIMANK (1941), S. 30 ff.

27 S. *Monatliche Unterredungen*, Januar 1693, S. 22.

28 Vgl. BUBENDEY (1890), S. 33/34.

29 Dieses Rechenbuch dürfte von einem Mitglied der Sozietät, möglicherweise Meißner, verfaßt worden sein. Vgl. oben S. 192 f. u. Anm. 21, s. auch Anm. 15.

30 Vgl. Leibniz' Brief an Placcius vom 8. September 1690, sowie dessen Antwortschreiben vom 3. Januar 1691. DUTENS 6, 1, S. 47 ff.

31 Der Württemberger Theologe und Naturphilosoph Joh. Jakob Zimmermann, ein Anhänger des von Jakob Böhme und Philipp Jakob Spener geprägten Pietismus, war 1689 nach Hamburg gekommen, nachdem man ihn 1685 seiner theologischen Ansichten wegen des Landes verwiesen hatte. In Hamburg arbeitete er zunächst als Privatlehrer. Seine Aussicht auf eine Professur am *Akademischen Gymnasium* opferte er wiederum seiner religiösen Überzeugung, als er in der heftigen Auseinandersetzung zwischen den beiden Hauptpastoren Joh. Friedrich Mayer von der St. Jacobikirche und Joh. Heinrich Horb von der Kirche St. Nicolai, einem Schwager Speners, die Partei des letzteren ergriff. Zimmermann verließ daraufhin Hamburg 1692, um nach Amerika auszuwandern; nur ein Jahr später starb er in Rotterdam. Über Zimmermann vgl. BUBENDEY (1890), S. 34 ff. Über den Hamburger Kirchenstreit vgl. auch Leibniz' Briefe an H. Basnage de Beauval (gest. 1710) vom Dezember 1693 und Anfang 1694, gedr. GERHARDT, Phil. Schr. 3, S. 106 und 112.

32 S. Abschrift von Leibniz, Nds. LB., LBr. 632, Bl. 3.

33 AA I, 8 N. 3, S. 5.

34 Vgl. Joh. Daniel Crafft an Leibniz, Juni 1693, Nds. LB., LBr. 501, Bl. 212-213.

35 S. vorne Kap. III, 1.1, Anm. 142 u. weiter unten 2.2.1, Anm. 68.

36 Nds. LB., LBr. 763, Bl. 21-22.

37 Nds. LB., LBr. 632, Bl. 6-7, 9-10.

38 So Leibniz in seinem Brief an Meißner vom Juni/Juli 1693, Nds. LB., LBr. 632, Bl. 4-5. Vgl. auch Leibniz' Brief an Placcius vom 8. September 1690, DUTENS 6, 1, S. 47 f.

39 Nds. LB., LBr. 632, Bl. 1-2.

40 Briefentwurf v. Januar 1694, ebd. Bl. 3-4.

41 S. auch Bodemann - Brw., N. 632.

42 Brief vom Juni/Juli 1693, Nds. LB., LBr. 632, Bl. 5.

43 Briefentwurf vom Januar 1694, ebd. Bl. 3-4.
44 Nur Meißner selbst hat offensichtlich Anregungen von Leibniz angenommen. Seine nach 1693 erschienenen Werke lassen, so SCHIMANK (1941, S. 36 ff.), Ansätze zu neuen mathematischen Methoden erkennen, die auf Leibniz' Einfluß zurückgeführt werden können.
45 Brief v. 2./12. Januar 1697, AA I, 13 N. 75, S. 121.
46 Vgl. Festschrift hrsg. v.d. Mathematischen Gesellschaft zu Hamburg anläßlich ihres 200-jährigen Jubelfestes 1890, Vorrede S. 4.
47 SCHIMANK (1941), S. 42.
48 Brief v. 3./13. Mai 1692, AA I, 8 N. 142.
49 Auf Veranlassung Grotes schickte Leibniz an Eyben einen ausführlichen Bericht über die Ergebnisse seiner Italienreise. S. AA I, 6 N. 180. Grote fungierte auch weiterhin als Vermittler, oft auch als Absender der Briefe von Leibniz an Eyben. S. u.a. AA I, 8 N. 202, S. 339, Z. 23/24; N. 219, S. 374, Z. 13 /14; vgl. auch N. 198, Erl. S. 335.
50 Nds. LB., LBr. 248, zum größten Teil gedr. in AA I, 6 ff.
51 Vgl. AA I, 8 N. 142, S. 247/248; N. 173, S. 299; N. 194, S. 327.
52 Vgl. E. ULTSCH, Boineburg (1936), S. 67/68 sowie W. WATTENBACH / W. LEVISON, Deutschlands Geschichtsquellen im Mittelalter, H. 1, Weimar 1952, Literarische Einl. S. 14; hier die Information ohne Quellennachweis, daß Boineburg 1670 ein *Collegium universale Eruditorum in Imperio Romano* ins Leben gerufen habe, dessen Arbeitsgebiet die Geschichte sein sollte. Dieses Projekt sei über die Anfänge nicht hinausgekommen.
53 Vgl. die lange Liste der Korrespondenten Boineburgs, E. ULTSCH (1936), Anhang S. 78/79.
54 Zur Person Dieterichs vgl. JÖCHER 2, Sp. 120/121.
55 Wie oben Anm. 51.
56 Brief v. 2./12. Juli 1692, AA I, 8 N. 194, S. 327. Vgl. auch Joh. Chr. v. BOINEBURG, Epistulae ad ... Jo. Conradum Dietericum. Ed. ab R.M. Meelfuhero, Noribergae 1703, S. 326/327, N° XCVII u. C.
57 Brief v. 15./25. Juli 1692, AA I, 8 N. 202, S. 340.
58 Brief v. 6. September 1692, ebd. N. 240, S. 410.
59 S. vorne Kap. III, 1.1 u. ff., passim.
60 AA I, 8 N. 240, S. 408.
61 Brief v. 30. Juli (9. Aug.) 1692, ebd. N. 219, S. 374.
62 Brief v. 2./12. Juli 1692, ebd. N. 194, S. 327.
63 Ebd.
64 Ebd. N. 219, S. 375.
65 Brief v. 15./25. Juli 1692, ebd. N. 202, S. 341.
66 Ebd. N. 194, S. 327.
67 Vgl. Brief v. 4./14. Juni 1692, ebd. N. 173, S. 299.
68 Ebd. N. 219, S. 374/375; s. auch N. 173, S. 299.
69 Ebd. N. 219, S. 375.
70 Leibniz an Franz Ernst von Platen, 22. Sept. (2. Okt.) 1692, ebd. N. 46, S. 64.
71 Vgl. Brief v. 13./23. Sept. 1692, Nds. LB., LBr. 248, Bl. 56 v.
72 AA I, 8 N. 46, S. 64.
73 Dennoch scheint Leibniz Eybens Plan noch einmal mündlich vorgetragen zu haben. S. Leibniz' Brief vom Okt. 1692, ebd. N. 298, S. 489.
74 Ebd.
75 Ebd. N. 202, S. 341.
76 Vgl. Nds. LB., LBr. 248, Bl. 59.
77 Brief v. 3./13. Januar 1693, AA I, 9 N. 135, S. 243.
78 Brief v. 23. Dezember 1693 (2. Jan. 1694), AA I, 10 N. 99, S. 176.
79 1688 - 1697: Pfälzischer Erbfolgekrieg.
80 Brief v. Juni 1693, AA I, 9 N. 329, S. 501.
81 Brief v. April (?) 1694, AA I, 10 N. 241, S. 369; vgl. auch AA I, 9 N. 331, S. 506.
82 Leibniz an Eyben, Juni 1693, ebd. N. 329, S. 501.
83 AA I, 8 N. 240, S. 408.
84 Brief v. Okt. 1692, ebd. N. 298, S. 489.
85 Ebd. N. 240, S. 409.

86 Vgl. u.a. Chr. v. ROMMEL, Landgraf Karl von Hessen-Cassel, o.O. 1858.
87 Der gebürtige Schweizer Joh. Seb. Haes (1641 - 1697) war 1670 nach Kassel gekommen. Zunächst Lehrer der fürstlichen Prinzen, wurde er 1673 zum Bibliothekar und Inspektor der Kunstkammer berufen; ab 1686 übernahm er zusätzlich die Leitung des Hofarchivs. Als Sekretär des Landgrafen war er nach der Aufhebung des Edikts von Nantes (1685) u.a. für die Belange der in Hessen-Kassel aufgenommenen hugenottischen Flüchtlinge zuständig. Bekannt wurde Haes vor allem als Erfinder einer Geheimschrift, der sog. Steganographie. Vgl. F.W. STRIEDER, Grundlagen zu einer Hessischen Gelehrten- und Schriftsteller-Geschichte Bd. 5, Cassel 1785, S. 188-191.
88 S. E. GERLAND (Hrsg.), Leibnizens und Huygens' Briefwechsel mit Papin, nebst der Biographie Papins und einigen zugehörigen Briefen und Aktenstücken. Berlin 1881, N. 39, S. 202.
Leibniz hatte Haes persönlich kennengelernt, als er auf seiner Reise nach Süddeutschland, Österreich und Italien Anfang November 1687 in Kassel Station machte, um das Naturalienkabinett der Bibliothek zu besichtigen. Vgl. MÜLLER/KRÖNERT, Leibniz-Chronik, S. 83. Der Briefwechsel mit dem Kasseler Bibliothekar, der 1691 nach seiner Italienreise begann, endete 1696 mit dem Tod des letzteren. S. BODEMANN-Brw., N. 350. Ein Teil der in Hannover befindlichen Korrespondenz, 45 Briefe von Haes und 13 Schreiben von Leibniz, wurde von GERLAND 1881 im Rahmen seiner obengenannten Edition, jedoch oft nur auszugsweise, wiedergegeben.
89 Leibniz an Joh. Christoph Urbich, nachdem er im Sept. 1707 während seines zweiten Aufenthaltes in Kassel dem Landgrafen erstmals persönlich begegnet war. Vgl. Brief v. 11. Okt. 1707, in: GUERRIER, Leibniz in seinen Beziehungen zu Rußland (1873), N° 58, S. 67; s. auch MÜLLER/KRÖNERT, Leibniz-Chronik, S. 207.
90 U.a. die erste atmosphärische Dampfmaschine (1690) und eine direkt wirkende Dampfpumpe (1698 u. 1706); bekannt wurde Papin durch die Konstruktion eines Dampfkochtopfes mit Sicherheitsventil (Papinscher Topf) 1679/80, der unter den Gelehrten eine kleine Sensation hervorrief. Der Mathematiker Edmonde Mariotte berichtete Leibniz über eine Vorführung dieser Weltneuheit in der *Académie des Sciences*, woraufhin dieser sich umgehend um den Ankauf eines solchen Topfes bemühte. S. AA III, 3 N. 240; N. 84. 178. 218. Über Papin vgl. ADB 25 (1887, 19702), S. 142/143.
91 Vgl. W. ENNENBACH, G.W. Leibniz' Beziehung zu Museen und Sammlungen. Ein Beitrag zur Museumsgeschichte in der Periode der Frühaufklärung. In: DERS., Beiträge zu: Leibniz. Geowissenschaftliche Sammlungen, hrsg. vom Institut für Museumswesen. (Ost-)Berlin 1978 (Institut f. Museumswesen. Schriftenreihe 10), maschinenschriftl. Druck, S. 1-76, S. 26/27.
92 GERLAND, Briefwechsel mit Papin (1881), N. 83, S. 248: Leibniz an Papin am 27. Juni 1699.
93 Leibniz wollte Papin, mit dem er seit 1692 korrespondierte, von diesem Vorhaben abbringen. Er täte besser daran, in Hessen-Kassel zu bleiben, schreibt er am 27. Juni 1699, nachdem Papin ein zweites Mal vergeblich um seine Entlassung nachgesucht hatte; "Je crois que vous aves pris le meilleur parti en restant aupres de Monseigneur le Landgrave, plustot que d'estre curateur des experiences de la Societé Royale ... S.A.S. vous peut mieux aider que personne pour executer vos bons desseins". GERLAND (1881), N. 83, S. 248. Doch Papin wollte sich nicht überzeugen lassen; am 11. Sept. 1699 antwortete er Leibniz: "Je Vous avoue que Monseigneur le Landgrave est bien plus capable de m'aider à executer de nouvelles Machines et Experiences que n'est la Societé Royale: mais les grands Princes ont tant de sortes d'occupations qu'ils ne sçauroient donner beaucoup de temps à chacune: et ainsi Je crois que J'aurois fait du moins autant en Angleterre qu'icy". Ebd. N. 84, S. 249.
94 Vgl. ebd. N. 83, S. 248; s. auch weiter unten.
95 Ebd. sowie N. 84, S. 250.
96 "Ainsi . vous ne me pourres mander une plus agreable nouvelle que celle du beau dessein de S.A.S. vostre Maistre et je n'ay pu m'empecher d'écrire la lettre cy jointe, dont vous pourres faire rapport et meme la monstrer à S.A.S. si vous le jugés à propos". Leibniz an Haes am 24. Febr. 1695, mitgeteilt von GERLAND in einer selbständigen Abhandlung: "Ein bisher noch ungedruckter Brief Leibnizens über eine in Cassel zu gründende Academie der Wissenschaften", in: Bericht des Vereins für Naturkunde zu Cassel 26/27 (1878/80), S. 50-56, S. 55.
97 Ebd.
98 Für das Folgende vgl. ebd. S. 53/54.
99 Ebd. S. 54.
100 Ebd.
101 Ebd.
102 Ebd.
103 Ebd.
104 Ebd. S. 55
105 Ebd.

106 Brief v. 18. März 1695, ebd. S. 56.
107 Ebd. S. 55.
108 Ebd.
109 Vgl. W. ENNENBACH (1978), S. 27.
110 Leibniz an Papin, 20./30. Okt. 1699, GERLAND (1881), N. 85, S. 251.
111 Vgl. U. DIERSE, Enzyklopädie. Zur Geschichte eines philosophischen und wissenschaftstheoretischen Begriffs (Archiv f. Begriffsgeschichte. Supplementheft 2), Bonn 1977, S. 15 ff.
112 Der Theologe Joh. Christian Lange (1669 - 1756), ein Anhänger des von A.H. Francke geprägten Pietismus, kam 1697 nach Gießen. Noch im selben Jahr wurde er auf Empfehlung Speners ordentlicher Professor der Moral; 1707 erhielt er die Professur der Logik und Metaphysik. 1716 wurde er als Superintendent und Hofprediger nach Idstein berufen, wo er 1756 starb. Vgl. ADB 17 (1883; 19692), S. 640 f.
113 Joh. Christian LANGE, Protheoria eruditionis humanae universae: Oder Fragen von der Gelehrsamkeit der Menschen ins gemein, Gießen 1706, S. 655.
114 Vgl. Langes Entwurf eines sechssemestrigen einführenden Kollegs in alle Wissenschaften: *Designatio novi cujusdam instituti circa collegiam isagogicum in eruditionem universam ...* Gießen 1702. Mit dem modernen Enzyklopädiebegriff hatte dieser Einführungskurs freilich noch nicht viel gemein, zumal Lange an der Einteilung in die traditionellen Unterrichtsfächer festhielt. Doch obwohl Lange "nicht nach dem gehörigen encyclopädischen Maaßstabe, sondern in zu großer Ausdehnung die einzelnen Wissenschaften in seinem Cursus abgehandelt", sei es sein Verdienst, als erster, d.h. noch vor Joh. Matthias Geßner (1756, Göttingen), das Thema "Enzyklopädie" an die Universität gebracht zu haben. Vgl. Christian Heinrich SCHMID, Etwas zur Geschichte des Vortrags der allgemeinen Encyclopädie auf Deutschen Universitäten, in: Journal von und für Deutschland, 5. Jg., 7.-12 St. (1788), S. 376-381, S. 378.
115 Auszugsweise wiedergegeben und lobend beurteilt wurde Langes *Protheoria* in den *Acta Eruditorum*, Nov. 1708, S. 528 ff; "dem Werthe dieser gelehrten Arbeit", so LUDOVICI (II, S. 140, Anm. 81), wurde man hier allerdings nicht gerecht.
116 Dieses Memorial wurde bisher nur von J.H. HÖCK mitgeteilt. Vgl. Geschichte des Lang'schen Entwurfs einer Societas vniuersalis Recognoscentium, in: DERS., Miscellen, Gmünd 1815, S. 76-94; Lange selbst hat es in seinen 1720 veröffentlichten Entwurf *Ausführliche Vorstellung von einer neuen und gemein=ersprießlichen zu beßtem Behuf und Auffnahm Aller wahren und rechtschaffenen Gelehrtheit gereichenden Anstalt ...* (Itzstein 1720), S. 19 ff, aufgenommen
117 *Ausführl. Vorstellung*, S. 20, Pkt. 6.
118 Vgl. ebd. S. 5.
119 Ebd. S. 21, Pkt. 11.
120 Ebd., Pkt. 8.
121 Vgl. ebd. S. 24, Pkt. 22 sowie Abt. VI, S. 196/197: "Am allersichersten und hinlänglichsten aber wäre / wann höchst- und hochvermögende Regenten und Obrigkeiten / ... dahin beweget würden / nach Proportion dessen / was die Umbstände ihrer Herrschaft und Gebiets N.B. leicht ertragen könnten / einen jährlichen gewissen Beytrag ... zuverläßig zu versprechen; und solchen Beytrag ... entweder aus einem gemeinen Fundo oder Cassa herzunehmen / oder auch durch eine gewisse jährlich=verordnete Collecte ... zu erheben".
122 Vgl. ebd. S. 24, Pkt. 22.
123 Ebd. S. 22, Pkt. 14.
124 Ebd. S. 23, Pkt. 18.
125 Ebd. S. 27.
126 Vgl. ebd. S. 38.
127 *Eines umb das gemeine Beßte auffrichtig = und treulich = bekümmerten ANONYMI höchst = nöthig = erfundene Betrachtung...*, Frankfurt 1716, ebd. S. 39 ff. - "Besondere Adresse, auch zuversichtlich unmaßgeblicher Vorschlag und Bitte an einige besonders = wohlgeneigte Freunde, Gönner und Patronen, betreffend die Procurrirung derer zu dem in beygehenden gedruckten Bogen mit mehrern fürgelegten guten Vorhaben auch an äusserlicher Baarschafft benöthigten Subsidien", ebd. S. 59/60.Die 1716 erstmals publizierte *Betrachtung* war auf Wunsch gelehrter Freunde und Kollegen, so etwa Jakob Wilh. v. Imhof, Gottfried Thomasius und Daniel Wülfer, entstanden. - Am 10. September 1715 hatte Lange eine Reise durch "Deutschland" angetreten, um bei diesen und anderen Gelehrten für seinen Plan zu werben. Alle Gesprächspartner, so Lange, hätten sein Vorhaben "mit hochgeneigter Approbation beehret / und nur gewünschet / einen außführlichern Entwurff und Erläuterung ... in einiger schrifftlichen Verfassung / zu sehen". Ebd. S. 34.

128 Leibniz hält Altsted für den bedeutendsten "Enzyklopädisten", gleichwohl er in manchem verbesserungswürdig sei. Vgl. AA VI, 1 S. 288 f.; vgl. auch GERHARDT, Phil. Schr. 7, S. 67. Über Leibniz' Überlegungen, wie Altsteds Encyclopaedia zu verbessern und zu erweitern sei vgl. oben Kap. III, 1.3.1, Anm. 119.
129 Vgl. ebd. u. passim.
130 *Ausführl. Vorstellung*, S. 49.
131 Vgl. auch U. DIERSE, Enzyklopädie (1977), S. 38 f.
132 S. LUDOVICI I, S. 234/235, § 212; KORTHOLT III, N. XXXIII, S. 274-276; Wiedergabe von Leibniz' Antwortschreiben sowohl in lateinischer Originalfassung als auch in deutscher Übersetzung in Langes *Ausführl. Vorstellung*, S. 94/95 u. Anh. S. 209 ff.; s. auch Langes Rundschreiben in dt. u. lat. Fassung, ebd. S. 133-135.
133 Ebd. S. 94.
134 Vgl. deren Antworten, wiedergegeben in Langes *Ausführl. Vorstellung*, 4. Abt., 1. St., S. 88 ff.: "Wie der erste öffentliche Vortrag in dieser Sache verschiedentlich sey aufgenommen worden". Laut Lange wurde die *Betrachtung* auch in verschiedenen gelehrten Zeitschriften besprochen, so u.a. in den *Wöchentlichen Relationen* (Halle 1717), S. 100 und in den *Neue(n) Zeitungen von gelehrten Sachen* (Leipzig 1716), 3. Suppl. S. 445. Vgl. *Ausführl. Vorstellung*. S. 113 f.
135 Vgl. ebd. 5. Abt.: "Worinn enthalten ist eine völlige und hinlängliche Beantwortung aller fürkommenden Einwürffe / welche gegen dieses gute Vorhaben mögen scheinbarlich gemacht werden", S. 157 ff.
136 Brief v. 5. Juni 1716, ebd. S. 94.
137 Vgl. oben Anm. 128 und weiter unten Kap. III, 2.2.2.2.
138 Brief v. 5. Juni 1716, *Ausführl. Vorstellung*, S. 94.
139 S. LUDOVICI I, S. 240; KORTHOLT III, N. XXXIV, S. 276/277; dt. Übs. in *Ausführl. Vorstellung*, S. 97/98.
140 "Atque utinam conatu meo tam sincero & ad publica commoda unice vergenti, daretur esse tam felici, ut Serenissima Domus Lüneburgica (...) Te gravissimo intercessore & autore, eo posset adduci, ut institutum publice tam salutare sua gratia fovendum, ornandum atque promovendum susciperet!" Lange in seinem Brief v. 21. Juli 1716, LUDOVICI II, S. 141-146, S. 143.
141 Brief v. 9. Sept. 1716, *Ausführl. Vorstellung*, S. 98.
142 Ebd.
143 Joh. Chr. LANGE, *Summarischer Bericht / nebst beygefügter Bitte und Erbieten: betreffend ein gemein=ersprießliches Vorhaben ... Frankfurt 1719*; s. auch *Ausführl. Vorstellung*, S. 63 u. ff.
144 Lange erhielt insgesamt nur 357 Reichstaler, davon allein 200 Reichstaler von seinem neuen Dienstherrn Georg August von Nassau-Idstein, der ihm weitere Unterstützung zusagte. Vgl. dessen Schreiben vom 9. September 1719, *Ausführl. Vorstellung*, S. 68-70. vgl. auch ebd. S. 66/67 u. 115. Diesen 357 Reichstalern steht Langes Kostenrechnung mit insgesamt 13057 Reichstalern entgegen, die benötigt würden, sollte das Unternehmen jemals wirklich arbeitsfähig werden. Vgl. ebd. S. 194.
145 S. oben Anm. 116.
146 *Ausführl. Vorstellung*, S. 75.
147 Vgl. ebd. S. 186 ff.
148 Ebd. S. 186/187.
149 Ebd. S. 97.
150 Vgl. oben S. 194 f.
151 Brief v. 24. Februar 1695, E. GERLAND, Ein bisher noch ungedruckter Brief (1880), S. 55/56.
152 GERHARDT, Math. Schr. 4, N. XX, S. 517.
153 S. oben Kap. III, 1.3 Anm. 152. Es gehört zu den Eigenheiten der Leibniz-Forschung, daß man in Anbetracht der nicht anzuzweifelnden geistigen Größe des Philosophen seine menschlichen Schwächen gerne übersieht; so z.B. auch bei H. SCHEPERS, *Scientia generalis*. Ein Problem der Leibniz-Edition, in: Leibniz. Tradition und Aktualität. Vorträge II (1989), S. 350 - 359, S. 355.
154 K. KANTHAK, Leibniz. Ein Genius der Deutschen. Berlin 1946, S. 98.
155 Vgl. E.R. SANDVOSS, Leibniz (1976), S. 76.
156 S. u.a. oben Kap. III, 1.1, S. 62 f., 84 f.; 1.2 S. 101 f.

2. Leibniz' wissenschaftsorganisatorische Konzeption als Ausdruck seines Denkens

2.1 Die philosophisch-religiöse Begründung der Sozietätspläne

1   GUERRIER, Leibniz in seinen Beziehungen zu Rußland (1873), N° 143, S. 206/207.
2   Für das Folgende vgl. besonders: A. GÖRLAND, Der Gottesbegriff bei Leibniz, in: Philosophische Arbeiten, hrsg. v. H. Cohen u. P. Natorp, Bd. 1, H. 3, Gießen 1907, S. 103-240; F. X. KIEFL, Leibniz und der Gottesgedanke. In: Ders., Kath. Weltanschauung u. modernes Denken (2. u. 3. Aufl.), Regensburg 1922, S. 57-81; D. MAHNKE, Der Zeitgeist des Barock und seine Verewigung in Leibnizens Gedankenwelt, in: Zeitschr. f. Dt. Kulturphilosophie Bd. 2, H. 2 (1936), S. 95-126, bes. S. 110 ff.; W. TREUE, Leibniz und das Allgemeine Beste (Würzburger Universitätsreden H. 3), Würzburg 1946; J. JALABERT, Le Dieu de Leibniz, Paris 1960; H. HERRING, Die Problematik der Leibnizschen Gottesbeweise und Kants Kritik der spekulativen Theologie, in: Stud. Leibn., Suppl. 4 (1969), S. 21-37; E. HOCHSTETTER, Leibniz als geistesgeschichtliches Problem, in: Stud. Leibn. Sonderh. 1 (1969), S. 89-104; D.R. KEYWORTH, Modal Proofs and Disproofs of God in: Personalist 50 (1969), S. 33-52; L.E. LOMASKY, Leibniz and the modal argument for god's existence, in: Monist 54 (1970), S. 250-269; P. EISENKOPF, Leibniz und die Einigung der Christenheit. Überlegungen zur Reunion der evangelischen und katholischen Kirche (Beiträge zur ökumenischen Theologie, hrsg. v. H. Fries Bd. 11), München - Paderborn - Wien 1975, Kap. 1; T. PINDER, Kants Gedanke vom Grund aller Möglichkeit. Untersuchungen zur Vorgeschichte der "transzendentalen Theologie", Berlin 1975, S. 89-98: Der Leibnizsche Gottesbeweis aus der Realität der ewigen Wahrheiten; A. HIERL, Die apriorischen Gottesbeweise im onto-logischen System des G.W. Leibniz, Bogen 1977 (maschinenschr.); W. HÜBENER, Sinn und Grenzen des Leibnizschen Optimismus, in: Stud. Leibn. 10, 2 (1978), S. 222-246; G. KANTHAK, Akademiegedanke (1987), S. 72 ff; ferner die Aufsätze von W. SCHNEIDERS, s. vorne Kap. III, 1.1. Anm. 147 sowie DERS., Harmonia universalis, in: Stud. Leibn. 16, 1 (1984), S. 27-44.
3   Vgl. EISENKOPF (1975), S. 27; JALABERT (1960), S. 203.
4   Vgl. *Von der Allmacht und Allwissenheit Gottes und der Freiheit des Menschen* (1670/71), übersetzt aus dem Lateinischen des Originals von W. v. ENGELHARDT, Schöpferische Vernunft (1951), S. 55-72, S. 68, § 17 u. S. 72, § 19; s. auch AA VI, 1 N. 20, S. 537 ff.
5   Vgl. W. SCHNEIDERS, Harmonia universalis (1984),S.31u.ff.
6   Vgl. besonders *De rerum originatione radicali* (1697), GERHARDT, Phil. Schr. 7, S. 302-308; *Théodicée* (1710), ebd. 6, § 7.
7   AA I, 1 N. 163, S. 228. Leibniz sieht die Vollkommenheit Gottes nicht additiv, sondern vielmehr in der "négation des limites". Vgl. AA I, 13 N. 150, S. 231.
8   *Théodicée* 201, GERHARDT, Phil. Schr. 6, S. 236. Den Gedanken, daß Gott immer das Bestmögliche wirklich werden lasse, finden wir bereits bei dem französischen Aristoteliker Faber Stapulensis, den Leibniz in sehr jungen Jahren, etwa 1668/1669 gelesen hatte. Vgl. E. HOCHSTETTER, Leibniz als geistesgeschichtliches Problem, in: Stud. Leibn., Sonderh. 1 (1969), S. 88-104, S. 95/96.
9   *Grundriß*, AA IV, 1 N. 43, S. 532.
10 *Discours de métaphysique* § 2, GERHARDT, Phil. Schr. 4, S. 427-463; ins Deutsche übersetzt von W. v. ENGELHARDT, Schöpferische Vernunft (1951), S. 339 ff., s. S. 340. Hier treffen wir auf eine Grundauffassung von Leibniz' ehemaligem Lehrer Erhard Weigel, der seinen Schüler wie kein anderer akademischer Lehrer beeinflußt hat. Weigel hatte eine exakte quantitative Erfassung aller Dinge der Welt gefordert, da nur ein tieferes Eindringen des Menschen in die Schöpfung diesen wieder näher an den Schöpfer heranführen könne. Im Gegensatz zu Comenius und Descartes, die eine weltimmanente Naturerklärung ohne jede Berufung auf transzendente Ursachen fordern, sieht Weigel das wesentliche Anliegen der Naturwissenschaften in der Zurückführung der Kausalketten bis auf den göttlichen Urgrund selbst. Auch darin ist Leibniz seinem Lehrer gefolgt. Wozu also, fragt er, "unternehmen wir unsere Betrachtungen, wenn nicht, um das Letzte zu erfahren und um zu zeigen, daß wir auf anderem Wege niemals zu sicheren Beweisen über Gott und den Geist und zur Befestigung der höchsten Mysterien des Glaubens emporsteigen können! ... Wer solches für nichts achtet, der kann ... einen großen Teil der Wissenschaften entbehren". Zit. n. d. dt. Übs. v. ENGELHARDT, ebd. S. 51; s. auch das Folgende. Vgl. ferner K. MOLL, Der junge Leibniz I (1978), S. 34 und W. HESTERMEYER, Paedagogia Mathematica (1969), S. 53/54.

11 Leibniz an Thevenot, 24. Aug. (3. Sept.) 1691, AA I, 7 N. 173, S. 353. An Herzog Johann Friedrich schreibt Leibniz am 29. März (8. April) 1679 in diesem Sinne: "Car les découuertes importantes de qvelqve theoreme admirable de la mathematiqve, ou de qvelqve experience surprenante de physiqve, sont autant de conqvestes qve le genre humain fait sur la nature, et autant d'hymnes chantés à la louange de l'auteur de l'univers dont la perfection éclate par qvelqves uns de ses rayons." AA I, 2 N. 127, S. 154.

12 Vgl. E. HOCHSTETTER, Leibniz als geistesgeschichtliches Problem, (1969), S. 91; vgl. neuerdings: E. HOLZE, Gott als Grund der Welt im Denken des Gottfried Wilhelm Leibniz, Stud. Leibn. Sonderh. 20 (1991). S. auch oben Anm. 10.

13 Vgl. Leibniz an Pellisson, 8./18. Jan. 1692, AA I, 7 N. 129, S. 248; Leibniz an Spener, 8./18. Juli 1687, AA I,4 N. 538, S. 641; *Théodicée* 184, GERHARDT, Phil. Schr. 6, S. 226 f. Schon in seiner sehr frühen Schrift, *Confessio naturae contra Atheistas* (1668; AA I, 6 N.13) war Leibniz zu dem Ergebnis gekommen, daß am Ende der mechanischen Naturerklärung gewisse Grundtatsachen blieben, die einer anderen Ordnung angehörten, oder anders formuliert, daß die Erscheinungen der Körperwelt sich nicht begründen ließen ohne ein unkörperliches Prinzip, also ohne Gott. Vgl. W.v. ENGELHARDT, Schöpferische Vernunft (1951),S. 30 ff. u. S. 421/422, Anm. 1; s. auch oben Anm. 10.

14 Leibniz an Etienne Chauvin, 4. Sept. 1696, AA I, 13. N. 150, S. 231.

15 Vgl. Leibniz' Lehrgespräch in lat. Sprache *Pacidius Philalethi prima de motu philosophia* (1676), ed. COUTURAT, Opuscules, S. 594-627, zit. n. d. dt. Übs. v. ENGELHARDT, Schöpferische Vernunft (1951), S. 165. S. auch weiter unten S. 226 ff. – Eine ähnlich enge Verbindung von Offenbarung und Wissenschaft wie bei Leibniz finden wir schon in comenianischen Modell der Pansophie, dem Wissen des Ganzen, in dem weltliches Wissen und göttliche Weisheit geeint sind. – Von der objektiven Realität einer einzigen Wahrheit ebenso überzeugt wie Comenius, sieht Weigel gleichwohl die Notwendigkeit, in der Wahrheitsfindung beide Bereiche exakt zu trennen. – Von Descartes wird dagegen sowohl die Einheit der Wahrheit als auch die Verquickung von Wissenschaft und Offenbarung grundsätzlich abgelehnt. Vgl. W. HESTERMEYER, Paedagogia Mathematica (1969), S. 53; D. MAHNKE, Der Barock-Universalismus des Comenius, in: Zeitschr. f. Geschichte d. Erziehung u. des Unterrichts 22, H. 2 (1932), S. 61-90, bes. S. 71 ff.

16 *Nouveau plan d'une science certaine, sur le quel on demande les avis des plus intelligens*, COUTURAT, Opuscules, S. 333/334; dt. Übersetzung bei ENGELHARDT, Schöpferische Vernunft (1951), S. 179-182, S. 181.

17 Leibniz im August 1677, GERHARDT, Phil. Schr. 7, S. 191, Anm.

18 Leibniz für Kurfürstin Sophie und Herzogin Elisabeth Charlotte v. Orléans, Mitte August 1696, AA I, 13, N. 7, S. 11.

19 Leibniz in seiner bisher noch ungedruckten Notiz über den Plan des Grafen von Galveas, "in Evora ein Collegium aufzurichten, in welchem die sacri canones, die philosophia und die mathematica gelehrt werden sollen". Lissabon, 23. Sept. 1700, Nds. LB., LH XL, 3. Bl. 18 - 19, Bl. 19. Gleichwohl er an der Durchführung des Planes zweifelt, "weilen ... die aufrichtung dieses Collegii der Universität zu Coimbra (1307 war die Universität von Lissabon nach Coimbra, Stadt in der historischen portugiesischen Provinz Beira-Litoral und ehemaliger Sitz der portug. Könige (1139-1383), verlegt worden – Anm. d. Verf.) schädlich seyn dürffte" (Bl. 18), äußert Leibniz den Wunsch, daß in einem derartigen Institut neben den vorgeschlagenen Fächern auch gelehrt würde, "more veterum Hebraeorum omnia referre ad Deum Deiqve laudem. Qvod ipis tota deinde vita profuturum esset, ad laetitiam animi, et virtutum exercitia, et cogitationes salutares: dum ipsi etiam artifices et mechanici, quos instruit physica-mathesiqve practica, suum vitae genus exercentes, assuescerent attollere mentem ad Deum et actus divini amoris supremi, non recitatoris, sed animum ex rebus ipsis perceptis commoventes, ita simul divinis humanisqve officiis satisfiet, et rectâ intentione etiam parvis in speciem, pretium accrescet". Bl. 19. Vgl. auch das Folgende.

20 *Grundriß*, AA IV, 1 N. 43, S. 532.

21 Vgl. *Discours de métaphysique*, GERHARDT, Phil. Schr. 4, S. 427 - 463, § 4.

22 *Théodicée*, ebd. 6, § 6, S. 106 in der dt. Übers. v. Buchenau, PhB 71, S. 99.

23 *Nouveau plan* (wie oben Anm. 16) in der deutschen Übersetzung von ENGELHARDT (ebd.), S. 181.

24 Vgl. Weigel, s. oben Anm. 10.

25 Vgl. W. SCHNEIDERS, Harmonia universalis (1984), S. 43.

26 Vgl. *Grundriß*, AA IV, 1 N. 43, S. 535, § 21; s. auch ebd. VI, 2, S. 255.

27 Leibniz an Eyben, Juni 1693, AA I, 9, N. 329, S. 501.

28 Leibniz an Thomas Wentworth Raby, 1707, BODEMANN-Brw.,S. 229.

29 Vgl. u.a. *Bedenken*, AA IV, 1 N. 44, S. 546.

30 Vgl. bes. die folgenden Kapitel.

31 Vgl. W. SCHNEIDERS, Respublica optima (1977).
32 Leibniz an Peter den Großen, 16. Jan. 1712, GUERRIER, Leibniz in seinen Beziehungen zu Rußland (1873), N° 143, S. 208.
33 S. im folgenden Kap. III, 2.2.1.1.
34 Vgl. W. SCHUFFENHAUER, Prospektive sozialphilosophische Ideen bei G.W. Leibniz, in: Leibniz. Tradition und Aktualität, V. Internationaler Leibniz-Kongreß. Vorträge. Hannover 1988, S. 1062/1063.
35 Vgl. AA I, 1, S. 536, 539, 546; I, 3, S. 603.
36 Vgl. *De summa juris regula*, um 1678, in: G. MOLLAT, Mittheilungen aus Leibnizens ungedruckten Schriften. Neue Bearb. Leipzig 1893, S. 85.
37 Vgl. H. HOLZ, Politische Schriften 2, Einl. S. 19.
38 *Über die öffentliche Glückseligkeit* (1677/78), übersetzt aus dem Lateinischen des Originals, ebd. S. 134.
39 Leibniz 1688 in einer Audienz bei Kaiser Leopold I., Nds. HStA., Cal. Br. 4 V 31, Bl. 109 f.
40 *Grundriß*, AA IV, 1 N. 43, S. 533 ff.; s. auch vorne Kap. III, 1.1.2, S. 88.
41 Vgl. HARNACK I, S. 16. Eduard WINTER geht in seiner - marxistisch-tendenziösen-Interpretation allerdings etwas zu weit, wenn er Leibniz jegliche eigenständige, primär theologisch-religiöse Antriebe abspricht: "Für die Ehre Gottes einzutreten", bedeute für Leibniz in Wirklichkeit "danach zu streben, daß Studien, Künste und Wissenschaften Aufnahme finden. Das sei die rechte Religion". S. G.W. Leibniz und die Aufklärung, in: SB d. Dt. Akademie d. Wissenschaften zu Berlin, Berlin-Ost 1968, S. 9.
42 Leibniz an Landgraf Ernst v. Hessen-Rheinfels, Erste Hälfte März 1684, AA I, 4 N. 288, S. 325.
43 Vgl.J.O. FLECKENSTEIN, Leibniz-Faksimiles, S. 1. Vgl. auch W. JAMES, Der Pragmatismus. Ein neuer Name für alte Denkmethoden ... Hamburg 1977; M.-N. DUMAS, Praxis, praktische Wissenschaft und Philosophie im 17. Jahrhundert, in: Stud. Leibn. Suppl. 19 (1980), S. 85-94.
44 Vgl. V. MATHIEU, Wissenschaft und Wirksamkeit bei Leibniz, in: Stud. Leibn. Suppl. 15 (1975), S. 147-155, S. 147/148.
45 Leibniz an Johann Gröning, 24. Dez. 1696 (3. Jan. 1697), AA I, 13 N. 285, S. 452. Wenn wir die Disziplinen an und für sich betrachten, schreibt Leibniz in der *Dissertatio de arte combinatoria* (1666; AA VI, 1, S. 229), sind sie alle theoretisch; wenn wir sie unter dem Gesichtspunkt der Anwendung betrachten, sind sie alle praktisch.
46 AA IV, 1 N. 2 - Erstdr. in französischer Übersetzung Amsterdam 1682.
47 Leibniz an Herzog Johann Friedrich, Herbst 1678, AA I, 2 N. 73, S. 81. Über die Bedeutung von Theorie und Praxis vgl. u.a. den Briefwechsel mit dem Amsterdamer Arzt Justus Schrader, einem Bruder von Leibniz' Celler Korrespondenten Chilian Schrader. Vgl. AA I, 11 ff., bes. I, 11, N. 455.
48 V. MATHIEU (1975), S. 148.
49 Denkschrift vom März 1700 betr. die Berliner Sozietät, HARNACK II, S. 81.
50 Besonders nachdrücklich schon im *Grundriß*; s. oben Kap. III, 1.1.2, S. 85 ff.
51 *Grundriß*, AA IV, 1 N. 43, S. 536, § 22.
52 Leibniz für Eberhard v. Danckelman (?), Mitte Januar 1695 (?), AA I, 11 N. 121, S. 164.
53 AA IV, 3 N. 133, S. 879 f.
54 Ebd. S. 879.
55 AA VI, 1 S. 60.
56 Ebd. S. 457.
57 W. TOTOK, Die Begriffe ars, scientia und philosophia bei Leibniz, in: Leibniz. Tradition und Aktualität (1988), Vorträge II. Teil, S. 381-388, S. 387.
58 *Consultatio*, AA IV, 3 N. 133, S. 880.
59 Ebd.
60 Vgl. G. KANTHAK, Akademiegedanke (1987), S. 75.
61 *Nouveaux Essais sur l'entendement humain*, 4. Buch, Kap. XXI (PhB 69) S. 647.
62 S. auch oben, S. 215 f; für das Folgende vgl. vor allem W. HÜBENER, Der Praxisbegriff der aristotelischen Tradition und der Praktizismus der Prämoderne, in: Stud. Leibn., Suppl. 19 (1980), S. 41-59.
63 Schon für Leibniz' Lehrer Jakob Thomasius bedeuteten Theorie und Praxis nicht mehr getrennte Lebensweisen, sondern die beiden Seiten eines Lebens, die voneinander nicht zu trennen waren. Vgl. *De praestantia theoreticae vitae*, Rede v. 16.12.1676, in: J. THOMASIUS, Orationes ... varii argumenti, Leipzig 1683, S. 495-526.
64 *De rerum humanarum emendatione consultatio catholica* (ed. Prag 1966), I, S. 758, 924; II, S. 1243.
65 W. HÜBENER, Praxisbegriff (1980), S. 53.

66 Petrus POIRET, De eruditione triplici solida, superficiaria, et falsa libri tres, Frankfurt u. Leipzig 1708, S. 489. Nicht ganz so dezidiert formuliert finden wir diese Ansicht u.a. auch bei den Leibniz-Korrespondenten Christian Wolff, J.H. Bisterfeld und Christian Thomasius. Vgl. HÜBENER, S. 53 ff.
67 Ebd. S. 54.
68 Vgl. auch ebd. S. 56.
69 "La de la politique apres la vertu ne doit aller qu'à entretenir l'abondance, à fin qu'on soit plus en estat de travailler d'un commun concert à ces solides connoissances qui font admirer et aimer le souverain Auteur. Plusieurs y peuvent contribuer par des experiences qui fournissent des materieux, mais ceux qui en peuvent profiter, comme Mons. Newton, pour avancer le grand bastiment de la science et qui peuvent dechifrir l'interieur, sont, pour ainsi dire du conseil privé de Dieu, et tous les autres ne travaillent que pour eux". Leibniz 1699 an Th. Burnett of Kemney, GERHARDT, Phil. Schr. 3, N. XIX, S. 261/262.
69a S. Sebastian Scheffer an Leibniz, 24. März (3. April) 1682, AA III, 3 N. 340, S. 585.
69b Leibniz an Sebastian Scheffer, Mitte April 1682, ebd. N. 342.
70 Leibniz an Grimaldi, Mitte Jan. - Anf. Febr. 1697, AA I, 13 N. 321, S. 516.
71 Vgl. H. SCHÜSSLER, Georg Calixt. Theologie und Kirchenpolitik (Veröffentl. d. Instituts f. europ. Gesch., Mainz, Bd. 25), Wiesbaden 1961, S. 165 f.
72 S. u.a. vorne Kap. III, 1.3.1 passim. Akademiebestrebungen katholischer Orden, vor allem der deutschen Benediktiner, sei es innerhalb ihres Ordens oder in einer überkonfessionellen gelehrten Sozietät, setzten verstärkt erst im 18. Jahrhundert ein. Vgl. L. HAMMERMAYER, Akademiebewegung und Wissenschaftsorganisation (1976), S. 5. Über die vielfältigen benediktinischen Akademiebestrebungen vgl. außerdem: DERS., Die Benediktiner und die Akademiebewegung im katholischen Deutschland 1720 bis 1770 (Studien und Mitteilungen zur Geschichte des Benediktinerordens 70), 1960, S. 45-146; DERS., Marianus Brockie und Oliver Legipont. Zur benediktinischen Wissenschafts- und Akademiegeschichte des 18. Jahrhunderts (ebd. 71), 1961, S. 69-121; vgl. auch E. WINTER, Die katholischen Orden und die Wissenschaftspolitik im 18. Jahrhundert. In: Wissenschaftspolitik in Mittel- und Osteuropa. Akademien und Hochschulen im 18. u. beginnenden 19. Jahrhundert. Hrsg. v. E. Amburger u.a., Berlin 1976, S. 85 ff.
73 Während er in Italien und Frankreich nur äußerst gebildete Vertreter der Societas Jesu getroffen habe, mußte Leibniz feststellen: "Pour ce qui est de la veritable erudition je trouve que les Jesuites d'Allemagne commencent à manquer d'habiles gens." AA I, 6 N. 76, S. 157/158.
74 Leibniz an Landgraf Ernst von Hessen-Rheinfels, Anfang 1681 (?), AA I, 3 N. 223, S. 263.
75 Ebd. S. 262/263.
76 Ebd. S. 263.
77 Ebd.
78 DUTENS, 5, 1, S. 98.
79 Leibniz' Korrespondenz mit Mabillon (gest. 1707), vornehmlich über historische Fragen, begann im Februar 1686 und wurde bis zum Februar 1701 mit Unterbrechungen fortgesetzt. Vgl. MÜLLER-KRÖNERT; Leibniz-Chronik. S. 78; s. auch AA I, 4 ff., Register.
80 Vgl. A.-J. Le BOUTHILLIER de RANCÉ, La sainteté des devoirs de l'Etat monastique, Paris 1683; DERS., Réponse au traité des études monastiques, Paris 1692.
J. MABILLON, Traité des études monastiques, Paris 1691; DERS., Réflexions sur la réponse de M. l'Abbé de la Trappe au Traité des études monastiques, Paris 1692.
81 S. u.a. AA I, 8 N. 282 u. 300.
82 Leibniz an Daniel Larroque, Mai (?) 1692, ebd. N. 159, S. 271. vgl. auch N. 192, S. 325; N. 337. Die Kontroverse zwischen Mabillon und dem Abbé de la Trappe über den Wert oder Unwert gelehrter Studien in Klöstern ist auch Thema des Briefwechsels mit dem ostfriesischen Regentschaftsrat Heinrich Avemann, ebd. N. 128 ff.
83 Leibniz an Avemann, Anf. Mai 1692, ebd. N. 128, S. 231. Vgl. auch Leibniz an Antonio Magliabechi, 2. Mai 1692, ebd. N. 129, S. 233.
84 S. oben Anm. 80.
85 Leibniz für *Monatliche Unterredungen*, 27. Okt. 1692, AA I, 8 N. 292, S. 479/480 (Beilage zu N. 290). In einem Brief an den französischen Abt Claude Nicaise schreibt Leibniz: "Je crois toujours que M. l'Abbé de la Trappe, aussi bien que le R.P. dom Mabillon ont raison tous deux, et plus qu'ils ne pensent, et qu'ainsi ils pourroint finir leur dispute quand ils voudront." Brief v. 15./25. Mai 1693, in: E. CAILLEMER, Lettres de divers savants à l'Abbé Claude Nicaise, Lyon 1885, N. V, S. 33. Allerdings, so befürchtet Leibniz, könnte das Erscheinen eines "piece bien fort contre l'Abbé de la Trappe, que les R.R. Peres Benedictius n'avouent point", die Kontroverse wieder anheizen. Leibniz an Larroque, 2.

Hälfte November (?) 1692, AA I, 8 N. 337, S. 547. Leibniz meint hier sehr wahrscheinlich die von D. de Sainte-Marthe anonym herausgegebenen *Lettres à M. l'Abbé de la Trappe* (Amsterdam 1692); s. ebd. Schriftenverzeichnis N. 378.

86 Brief v. 23. März 1690, ebd. I, 5, N. 317, S. 557/558.
87 Ebd. S. 557.
88 Vgl. ebd. S. 558.
89 Vgl. Leibniz an Placcius, 21. Febr. 1696, DUTENS 6, 1, N. 48, S. 65. Leibniz' Idee einer Weltakademie ist heute, wenigstens formell, im *International Council of Scientific Unions* (JCSU) realisiert. Diese seit 1931 bestehende Weltorganisation, die den 1919 fundierten *International Research Council* abgelöst hat, umfaßt mittlerweile über fünfzig Länder als nationale Mitglieder. Vgl. J.O. FLECKENSTEIN, Leibniz-Faksimiles, S. 10/11. - Über Comenius' Plan für ein *Collegium lucis* vgl. vorne Kap. II, 2, S. 46 f.
90 Leibniz an Placcius, 21. Febr. 1696, DUTENS 6, 1, N. 48, S. 65.
91 S. vorne Kap. III, 1.1.2, S. 75 ff.
92 S. vorne Kap. III, 1.3.1, S. 116 ff.
93 Leibniz an Tschirnhaus, o. Dat., GERHARDT, Math. Schr. 4, N. XX, S. 518.
94 Leibniz an Tschirnhaus, o. Dat., GERHARDT, Der Briefwechsel von G. W. Leibniz mit Mathematikern, Bd. 1, Berlin 1899, N. XXVI, S. 480.
95 Leibniz an Magliabechi, 31. Dez. 1689, AA I, 5, N. 275, S. 497.
96 Zu diesem Problemkreis ist u.a. zu vergleichen: G.H. PERTZ, Ueber Leibnizens krichliches Glaubensbekenntnis, in: Allgemeine Zeitschrift f. Geschichte 6 (1846), S. 65-85; O. KLOPP, Das Verhältnis von Leibniz zu den kirchlichen Reunionsversuchen in der zweiten Hälfte des 17. Jahrhunderts, in: ZHVN (1860), S. 246-273; J. BARUZI, Leibniz et l'organisation religieuse de la terre d'après des documents inédits, Paris 1907, (Repr. Aalen 1975); DERS.; Leibniz. Avec de nombreux textes inédits ("La Pensée Chrétienne"), Paris 1909; K. FISCHER, Gottfried Wilhelm Leibniz. Leben, Werke und Lehre (Geschichte d. neueren Philosophie 3), Heidelberg 19205, Kap. 10; G.J. JORDAN; The Reunion of the Churches. A. Study of G.W. Leibnitz and his great attempt, London 1927; E. BENZ, Leibniz und die Wiedervereinigung der christlichen Kirchen, in: Zeitschrift f. Religions- und Geistesgeschichte 2 (1949/50), S. 97-113; P. MENNICKEN, Die Unionsbestrebungen Leibnizens, in: Jahrbuch d. Rhein.- Westf. Technischen Hochschule Aachen 5 (1952/53), S. 104-116; H.H. HOLZ, Leibniz (1958), Kap. 8; E. SCHERING, Gottfried Wilhelm Leibniz. Sein Beitrag zur Theologie und Verwirklichung der Ökumene, in: Ökumenische Profile, Brückenbauer der einen Kirche, hrsg. v. G. GLOEDE, Bd. 1, Stuttgart 1961, S. 97-109; DERS., Leibniz und die Versöhnung der Konfessionen (Arbeiten zur Theologie, R. I, H. 28), Stuttgart 1966; E. WINTER, Frühaufklärung. Der Kampf gegen den Konfessionalismus, Berlin(-Ost) 1966; J. GUITTON, La pensée oecumenique de Leibniz, in: Stud. Leibn. Suppl. 4 (1969), S. 38-51; M.P. FLEISCHER, Katholische und lutherische Ireniker, Göttingen 1968; H.F. WERLING, Die weltanschaulichen Grundlagen der Reunionsbemühungen von Leibniz im Briefwechsel mit Bossuet und Pellison, Frankfurt/M.- Bern - Las Vegas 1977 (Europ. Hochschulschriften, R. 20, Bd. 30); immer noch wichtig: F.X. KIEFL, Leibniz und die religiöse Wiedervereinigung Deutschlands, Regensburg 1925. Die bisher beste Arbeit zu diesem Thema hat m.E. P. EISENKOPF vorgelegt: Leibniz und die Einigung der Christenheit. Überlegungen zur Reunion der evangelischen und katholischen Kirche (Beiträge zur Ökumenischen Theologie 11, hrsg. v. H. FRIES), München - Paderborn -Wien 1975.
97 Vgl. u.a. C.W. HERING, Geschichte der kirchlichen Unionsversuche seit der Reformation bis auf unsere Zeit, 2 Bde., Leipzig 1838; R. ROUSE - S.C. NEILL (Hrsg.), Geschichte der Ökumenischen Bewegung 1517-1948, 2 Bde., Göttingen 1963.
98 Vgl. bes. Leibniz' *Bedenken von Aufrichtung einer Akademie*, s. vorne Kap. III, 1.1.2, sowie seine *Unvorgreiflichen Gedanken*, s. ebd. 1.3.6.
99 Vgl. Leibniz' Selbstbiographie, übers. v. W.v. ENGELHARDT, Schöpferische Vernunft (1951), S. 406; s. auch *Theodicée*, Preface, GERHARDT, Phil. Schr. 6, S. 43.
100 Unter dem Einfluß des Dreißigjährigen Krieges verfocht der lutherische Theologe Georg Calixt (1586-1656) auf der Grundlage der dogmatischen Konzilsbeschlüsse der ersten fünf Jahrhunderte (*consensus quinquaecularis*) die Wiedervereinigung der christlichen Konfessionen. Seine Gegner bekämpften ihn als "Synkretisten" und heimlichen Katholiken. Über Calixt vgl.: J. WALLMANN, Calixt, in: Theologische Realenzyklopädie VII (1981), S. 552-559; H. SCHÜSSLER, Georg Calixt. Theologie und Kirchenpolitik (Veröffentlichungen d. Instituts f. europäische Geschichte, Mainz Bd. 25), Wiesbaden 1961; grundlegend: E.L. Th. HENKE, Georg Calixtus und seine Zeit, 2 Bde., Halle 1853-1860. Vgl. auch weiter unten Anm. 157.
101 In seinen theologischen Werken forderte der niederländische Rechtsgelehrte und Staatsmann Hugo Grotius, eigentlich Huig de Groot (1583-1645), Toleranz gegenüber allen positiven Religionen, Into-

leranz gegenüber den Leugnern Gottes und der Unsterblichkeit; auch für eine Wiedervereinigung von Protestanten und Katholiken setzte er sich ein. Leibniz beruft sich des öfteren auf diesen ihm geistig nahestehenden Mann. Vgl. u.a. AA I, 6 N. 77, S. 165; N. 322, S. 548 f.; I, 5 N. 69, S. 674. Vgl. auch K. MÜLLER, Gottfried Wilhelm Leibniz und Hugo Grotius, in: Forschungen zu Staat und Verfassung (Festgabe f. F. Hartung), hrsg. v. R. DIETRICH u. G. OESTEREICH, Berlin 1958, S. 187-203.

102 S. oben Kap. III, 1.1.2, S. 84 f.

103 Jacques Bénigne Bossuet (1627-1704), Bischof von Meaux, nahm innerhalb Frankreichs eine bedeutende Stellung ein, zumal er als Erzieher des Dauphin großen Einfluß auf Ludwig XIV. hatte. Bossuet hatte sich als gründlicher Kenner der theologischen Kontroversfrage einen Namen gemacht und wäre an sich der gegebene Mann gewesen, das Reunionswerk zu fördern; er tat sich allerdings vornehmlich als Fechter für die Sonderregelungen der französischen Kirche, für den Gallikanismus, hervor. Leibniz fühlte sich zudem von Bossuet oftmals in seinen Vorstellungen und Bemühungen mißverstanden. Vgl. Über die Reunion der Kirchen, eingel. v. L.A. WINTERSWYL, Freiburg i.Br. 1939, Einl. S. 9/10. Vgl. ferner: E. HERZOG, Leibniz und Bossuet über kirchliche Wiedervereinigung, in: Internationale kirchliche Zeitschrift 12 (1923), S. 209-224; W.J. SPARROW - SIMPSON, Bossuet and Leibniz on reunion, in: The Church quarterly Review (London) 116 (1933), S. 53-65; G.J. JORDAN, La correspondance Bossuet-Leibniz et le problème oecumenique actuel, in: Oecumenica (London) 1 (1935), S. 300-311; F. GAQUERE, La reunion des Églises en échec (1691-1702), Paris 1966. Leibniz' Briefwechsel mit Bossuet beginnt 1679 und endet im Februar 1702, s. AA I, 2 ff.; vgl. auch H.MÜLLER (Hrsg.), Gottfried Wilhelm Leibniz - Jacques Bénigne Bossuet. Briefwechsel, 3 Bde., Diss. masch. Göttingen 1968.

104 Fast alle seine Unionsbemühungen seit seiner Übersiedlung nach Hannover unternimmt Leibniz in Zusammenarbeit mit dem von ihm hochgeschätzten Gerard Wolter Molanus. Vgl. u.a. AA I, 4 N. 427, S. 509; I, 7, N. 116, S. 211 f.; ebd. N. 117, S. 217. Der Mathematiker und Theologe Molanus (1633-1722) wurde 1674 von Herzog Johann Friedrich zum ersten Konsistorialrat und Kirchendirektor in Hannover berufen. 1677 wurde er Abt des Klosters Loccum. Als ehemaliger Schüler von Georg Calixt (s. oben Anm. 100) in Helmstedt vertrat er im wesentlichen dessen grundlegenden Thesen. Da Leibniz und Molanus oft genug Gelegenheit zur persönlichen Aussprache fanden, ist ihr Briefwechsel (s. AA I, 4 ff.) nicht sehr umfangreich. Vgl. P. EISENKOPF (1975), S. 59; des weiteren: H. WEIDEMANN, Gerhard Wolter Molanus, Abt zu Loccum. Eine Biographie (Studien zur Kirchengeschichte Niedersachsens Bd. 3 u. 5), 2 Bde. Göttingen 1929; H. SCHÜSSLER, Calixt (1961), S. 157 f., 164-171; H.W. KRUMWIEDE, Molans Wirken für die Wiedervereinigung der Kirche, in: Jahrbuch f. niedersächs. Kirchengeschichte 61 (1963), S. 72-114.

105 Der Hugenotte Paul Pellisson-Fontanier (1624-1693), Staatsrat und Historiograph Ludwigs XIV., konvertierte 1670 zum Katholizismus. In dem fruchtbaren und freundschaftlichen Gedankenaustausch mit Leibniz (AA I, 6 ff.) versucht Pellisson immer wieder, auch seinen Briefpartner zur Konversion zu bewegen. S. u.a. AA I, 6 N. 75, S. 145; I, 8 N. 86, S. 119; ebd. N. 103, S. 177. Vgl. auch P. EISENKOPF (1975), S. 66 ff., ferner: F. X. KIEFL (1925), S. 49-57; G.J. JORDAN, Reunion of the Churches (1927), S. 134-141; F. GAQUERE, Le dialogue irenique (1966), S. 35-37.

106 Der streng kalvinistisch erzogene Landgraf Ernst von Hessen-Rheinfels (1623-1693) konvertierte 1652 zum Katholizismus. Seine Ansichten zur Reunion und Reform der Kirche legte er in einem nur wenigen Exemplaren gedruckten Werk dar: *Catholicus discretus et verus: sive Der so wahrhafte als gantz auffrichtig - und discret gesinnte Catholischer ... Köln 1666* (2. verkürzte Ausg.: *Verus sincerus et discretus Catholicus contractus, o.O. 1674*). Vgl. auch H. RAAB, Der "Discrete Catholische" des Landgrafen Ernst von Hessen-Rheinfels (1623-1693). Ein Beitrag zur Geschichte der Reunionsbemühungen im 17. Jahrhundert, in: Archiv f. mittelrhein. Kirchengeschichte 12 (1960), S. 175-198. Diese Schrift war Anlaß für die Korrespondenz mit Leibniz (1680-1693). In ihren zahlreichen und umfangreichen Briefen (s. AA I, 3 ff.) erörtern der Landgraf und der hannoversche Gelehrte alle wichtigen politischen und religiösen Fragen der Zeit. Wie Pellisson läßt Landgraf Ernst nichts unversucht, Leibniz für den Übertritt zum katholischen Glauben zu gewinnen, was mitunter zu kleinen Verstimmungen führte. S. u.a. AA I, 3 N. 250 S. 324-327; I, 4 N. 362, S. 444; I, 5 N. 69, S. 159 f.; I, 7 N. 146, S. 296; vgl. auch P. EISENKOPF (1975), S. 62 ff. Über Ernst von Hessen-Rheinfels vgl. bes. H. RAAB, Landgraf Ernst von Hessen-Rheinfels (1623-1693), St. Goar 1964; vgl. auch G.J. JORDAN, Reunion of the Churches (1927), S. 110-134. Der Briefwechsel zwischen Leibniz und Landgraf Ernst wurde zum ersten Mal herausgegeben von: Chr. v. ROMMEL, Leibniz und Landgraf Ernst von Hessen-Rheinfels. Ein ungedruckter Briefwechsel über religiöse und politische Gegenstände. Mit einer ausführl. Einl. u. Anmerkungen, 2 Bde., Frankfurt/M. 1847.

107 Vgl. dazu F.X. KIEFL (1925), S. 188-195. Über die unterschiedlichen Meinungen in der historischen Forschung hinsichtlich Leibniz' kirchlichem Bekenntnis s. P. EISENKOPF (1975), S. 37.

108 F. X. KIEFL (1925), S. 6; ebenso H.H. HOLZ, Leibniz (1958), S. 113.

109 Vgl. bes. Leibniz' *Examen religionis christianae*, das vermutlich 1686 entstanden war, jedoch erst 1819 durch seinen ersten Herausgeber P.P. LACROIX unter dem Titel *Systema theologicum* bekannt wur-

de. S. MÜLLER/KRÖNERT, Leibniz-Chronik, S. 80. Das *Systema theologicum* (gedr. FOUCHER, Oeuvres 1, S. 531-652) betrachtet die Frage der Reunion vom Standpunkt eines Katholiken. Damit es nicht a priori als Werk eines Protestanten abqualifiziert würde, hatte Leibniz die Absicht, es unter einem Pseudonym an die maßgeblichen Stellen der römisch-katholischen Kirche gelangen zu lassen: "mais il ne faut pas qv'on sçache en aucune façon, qve l'auteur n'est pas dans la Communion Romaine. Cette seule prevention rend les meilleures choses suspectes". Leibniz an Ernst von Hessen-Rheinfels, 1. Hälfte März 1684, AA I, 4 N. 288, S. 325. F. KIRCHNER (Leibniz' Stellung zur katholischen Kirche, mit besonderer Berücksichtigung seines sog. Stystema theologicum, Berlin 1874) hat das *Systema theologicum* genauer untersucht, denn es war vor allem diese Schrift, die in der älteren Forschung Spekulationen über Leibniz' geheime Zugehörigkeit zur römischen Kirche veranlaßte (s. oben Anm. 107). In Wirklichkeit muß sie jedoch als ein für das 17. Jahrhundert nicht untypisches wissenschaftliches Experiment gesehen werden. Vgl. L.A. WINTERSWYL (1939) in seiner Einleitung S. 3; ähnlich auch K. FISCHER, Leibniz (1920), S. 157/158. Vgl. auch Leibniz' alten Plan einer *Demonstratio catholicarum*, AA I, 2 N. 187, S. 225; *Demonstrationum catholicarum Conspectus* (1668-1669), AA VI, 1 N. 14. Der Gelehrte nimmt dieses Projekt später noch einmal auf und schlägt seinem katholischen Partner bei den Reunionsverhandlungen, Rojas y Spinola (s. weiter unten Anm. 158), vor, jede Seite solle eine Erklärung der Streitfragen abgeben, die aber erscheine, als aus der Feder der anderen stammend. Diese Schriften sollten dann auch in der Druckerei des jeweils anderen veröffentlicht werden. Das würde dazu beitragen, Vorurteile abzubauen. In diesem Sinne verfaßte Leibniz 1694 schließlich sein *Judicium Doctoris Catholici*, FOUCHER, Oeuvres 2, S. 50-64.

110 S. oben Anm. 96.
111 J.G. ECKHART, Lebenslauf (1717), S. 201/202. Das Wortspiel mit Leibniz' Namen geht auf den hannoverschen Pastor Heinemann zurück, der dem Philosophen nicht besonders wohl gesonnen war. Vgl. ebd. S. 219.
112 Vor allem seine Verwandten zeigten große Besorgnis, Leibniz könne sich dem katholischen Glauben zuwenden. So bittet Christian Freiesleben den Gelehrten "die religion, dorinnen er von iugendt auf erzogen, nicht auß dem herzen zuelasen". Brief v. 2./12. Januar 1676, AA I, 1 N. 293, S. 439. Vgl. auch das Schreiben von Leibniz' Schwester Anna Kath. Löffler vom 12./22. Januar 1672, ebd. N. 157, S. 231.
113 S. oben Kap. III, 1.2, S. 83.
114 S. weiter oben Anm. 105 und 106.
115 S. Leibniz an Marie de Brinon, 18./28. Februar 1695,AA I, 11 N. 199, S. 292. Marie de Brinon war die Sekretärin und Vertraute der Äbtissin von Maubuisson, Louise Hollandine, der Schwester Sophies von Hannover. Über lange Jahre vermittelte sie Leibniz' Briefwechsel mit Pellisson und Bossuet. In ihren Begleitschreiben wendet sie sich mit geradezu beschwörenden Appellen an den Philosophen, um ihn zur Konversion zu bewegen. Vgl. bes. AA I, 7 N. 90. 148. 155; I, 8 N. 86. 117. Wie Landgraf Ernst von Hessen-Rheinfels vermutete und hoffte sie, Leibniz habe sich innerlich bereits der römisch-katholischen Kirche zugewandt. S. weiter unten; vgl. auch AA I, 4 N. 302, S. 343 f.; N. 362, S. 444; I, 7 N. 118, S. 219 f.
116 S. vorne Kap. II, 1, S. 32. Vgl. auch L.A. WINTERSWYL (1939), S. 90.
117 Leibniz an Marie de Brinon, 18./28. Februar 1695, AA I, 11 N. 199, S. 292.
118 Leibniz an Ernst von Hessen-Rheinfels, 1./11. Jan.1684, AA I, 4 N. 285, S. 321, übers. bei MÜLLER/KRÖNERT, Leibniz-Chronik, S. 72.
119 Brief v. 18./28. Februar 1695, AA I, 11 N. 199, S. 290.
120 Vgl. auch K. FISCHER (1920), S. 159.
121 Vgl. P. EISENKOPF (1975), S. 105 ff.
122 Leibniz an Ernst v. Hessen-Rheinfels, 7.(?) April 1684, AA I, 4 N. 291, S. 329.
123 Leibniz für Kurfürstin Sophie und Herzogin Elisabeth Charlotte von Orléans, Mitte August 1696, AA I, 13 N. 7, S. 11.
124 "Quand toute l'Eglise se serait soulevée ou se soulèverait contre Copernic ou Galilée, elle aurait tort ... Et si quelqu'un répond que la question du système de Copernic n'est pas du ressort de l'Eglise, je répliquerai qu'une infinité d'autres questions, qu'on veut faire décider à l'Eglise, ne sont guère moins philosophiques et de fait ou historiques, et par conséquent non sujettes à de telles décisions ..." Leibniz an Joh. S. von Reuschenberg (Domherr zu Trier), 27. Sept. 1702, in: J.BARUZI, Leibniz (1909), S. 186/187.
125 Leibniz an Herzog Joh. Friedrich 1679 ?, AA II, 1 N. 213, S. 490. S. auch weiter unten.
126 Vgl. P. EISENKOPF (1975), S. 33 sowie P. BURGELIN, Théologie naturelle et théologie révélée chez Leibniz, in: Stud. Leibn. Suppl. 4 (1969), S. 1-20.

127 *Nouveaux Essais*, 4. Buch, Kap. VII, § 11, in dt. Übers. v. E. CASSIRER, PhB 69 (1971), S. 493.
128 Leibniz in dem die *Théodicée* einleitenden *Discours de la conformité de la foi avec la raison*, GERHARDT, Phil. Schr. 6, S. 49.
129 E. WINTER, Frühaufklärung (1966), S. 8; H.H. HOLZ, Leibniz (1958), S. 114.
130 Vgl. *Théodicée, Discours*, GERHARDT, Phil. Schr. 6, § 3.
131 *Nouveaux Essais*, 4. Buch, Kap. XVIII, § 2, PhB 69,S. 605.
132 Ebd. § 5, S. 606.
133 Ebd. § 7-9, S. 606/607.
134 Leibniz an Ernst v. Hessen-Rheinfels, 1. Hälfte März 1684, AA I, 4 N. 288, S. 325; vgl. auch P. EISENKOPF (1975), S. 35.
135 Winter irrt also, wenn er feststellt, nach seinem philosophischen System kenne Leibniz keine selbständige Gewißheit auf Grund der Offenbarung und sei deshalb gezwungen, einen Schwerpunkt, den festen Gewißheitsgrund der religiösen Wahrheit, in die Vernunft zu verlegen. E. WINTER, Leibniz und die Aufklärung (1968), S. 8.
136 P. EISENKOPF (1975), S. 97.
137 S. weiter oben S. 226 u. Anm. 121.
138 Leibniz an Ernst von Hessen-Rheinfels, 1./11. Januar 1684, AA I, 4 N. 285, S. 320.
139 Zu Leibniz' Kirchenbegriff vgl. P. EISENKOPF (1975),S.80 ff.
140 Leibniz an Ernst von Hessen-Rheinfels, 1./11. Jan. 1684, AA I, 4 N. 285, S. 320.
141 Vgl. auch H. STEINBERG (1967), S. 14.
142 Brief v. 16. Juli 1691, AA I, 6 N. 100, S. 229.
143 Brief v. 16./26. Juli 1691, ebd. N. 102, S. 235.
144 F.X. KIEFL (1925), S. 144.
145 Leibniz an Marie de Brinon, 16./26. Juli 1691, AA I, 6 N. 102, S. 235.
146 S. auch P. EISENKOPF (1975), S. 93 sowie P. WIEDEBURG, Der junge Leibniz (1962), Bd. I, 1, S. 229 ff.
147 F.X. KIEFL (1925), S. 17. An den französischen Jesuiten Joachim Bouvet schreibt Leibniz diesbezüglich: "Je voy que quantité d'habiles gens croyent qu'il faut abolir la philosophie des Ecoles, et substituer une toute autre à sa place... Mais apres avoir tout pesé, je trouve que la philosophie des Anciens est solide, et qu'il faut se servir de celles des modernes pour l'enrichir, et non pas pour la detruire". Er sei durchaus möglich "de rehabiliter la philosophie des anciens ou de l'ecole dont la Theologie se sert si utilement, sans rien deroger aux decouvertes modernes ny aux explications mecaniques". Brief v. 2./12. Dezember 1697; in: R. WIDMAIER (Hrsg.), Leibniz korrespondiert mit China. Der Briefwechsel mit den Jesuitenmissionaren (1689 - 1714). Frankfurt a. Main 1990 (Veröffentl. d. Leibniz-Archivs 11), N. 18, S. 64.
148 Brief v. 10. Sept. 1697, GRUA I, S. 206/207.
149 S. vorne Kap. III, 1.1, Anm. 181.
150 Vgl. P. EISENKOPF (1975), S. 88.
151 S. u.a. Leibniz an Jacques - Benigne Bossuet für Edme Pirot, *Reponse au discours touchant l'autorité du Concile de Trente en France*, 15. Juni 1693, AA I, 9 N. 96. Wie für Calixt (s. oben Anm. 100) steht für Leibniz nur die Ökumenizität der Konzilien der alten Kirche fest; uneingeschränkt anzuerkennen sind daher die Beschlüsse der ersten 500 Jahre; dazu ausführlicher P. EISENKOPF (1975), S. 101 ff; s. auch K.-V. SELGE, Das Konfessionsproblem in Brandenburg im 17. Jahrhundert und Leibniz' Bedeutung für die Unionsverhandlungen in Berlin, in: Stud. Leibn. Sonderh. 16 (1990), S. 170-185, S. 172.
152 Vgl. D. MAHNKE, Zeitgeist des Barock (1936), S. 102; s. auch vorne Kap. III, 1.1.2, S. 82.
153 Vgl. P. EISENKOPF, S. 87 ff; ferner: E. HERBRICH, Die Leibnizische Unionspolitik im Lichte seiner Metaphysik, in: Salzburger Jahrbuch f. Philosophie u. Psychologie 3 (1959), S. 113-136, S. 119-125. E. SCHERING, Leibniz und die Versöhnung der Konfessionen (Arbeiten zur Theologie, R. I, H. 28), Stuttgart 1966, S. 38-44.
154 Vgl. H.H. HOLZ, Leibniz (1958), S. 113.
155 Leibniz an Ernst von Hessen-Rheinfels, 1./11. Jan. 1684, AA I, 4 N. 285, S. 320.
156 Vgl. P. EISENKOPF (1975), S. 105 ff.
157 S. weiter oben Anm. 100. Für Leibniz ist Calixt "un des plus sçavans et de plus moderés Theologiens de la Confession d'Augsbourg", AA I, 9 N. 96, S. 137. Dem gelehrten Beichtvater und Rat der polnischen Könige Johann III. und August II., Karl Moritz Vota S.J., gesteht er: "J'approuve le sentiment des protestans moderés, tels que nostre Calixte... Br. v. 1. Mai 1703, gedr. Th. DISTEL (Hrsg.): Die im Königl. Sächs. Hauptstaatsarchive befindlichen Leibniz-Correspondenzen, S. 152.

158 Vgl. Leibniz' Promemoria f. Ernst v. Hessen-Rheinfels zur Frage der Reunion der Kirchen, Nov. 1687, AA I, 5 N. 6, S. 15. Die Idee für eine präliminare Reunion stammt ursprünglich von dem kaiserlichen Unterhändler Cristobal de Rojas y Spinola, dem vor allem die reichspolitisch so notwendige Schlichtung der ungarischen Glaubensstreitigkeiten am Herzen lag. Vgl. Spinolas 1682 oder 1683 entstandene Schrift *Regulae circa ... Christianorum omnium ecclesiasticam reunionum*, gedr. J.C. Lüning, Publicorum negotiorum syllogae, Frankfurt u. Leipzig 1694, S. 1092-1124. – Spinola (1626-1695), ein in den Niederlanden aufgewachsener Spanier, Angehöriger des Franziskaner-Ordens, war zuerst Gesandter des spanischen Königs, seit 1661 in kaiserlichen Diensten. 1666 wurde er Bischof von Tina (Bosnien) und 1685 Bischof von Wiener Neustadt. Im Auftrag des Kaisers, Leopolds I., und im Einverständnis mit Papst Innozenz XI. nahm er Verbindungen zu den verschiedenen protestantischen Fürstenhöfen auf und stieß vor allem in Hannover auf größtes Interesse. Über Spinola vgl.: G. MENGE, Zur Biographie des Irenikers Spinola, in: Franziskanische Studien 2 (1915), S. 1-62; J. Bog., Christoph de Rojas y Spinola und die deutschen Reichsstände, in: Jahrbuch f. fränkische Landesforschung 14 (1954), S. 191-234; S. J.T. MILLER and J.P. SPIELMAN; Christobal Rojas y Spinola, Cameralist and irenicist 1626-1695. Philadelphica 1962 (Transactions of the American Philosophical Society. N.S. Vol. 52, part 5, 1962).

159 Dazu ausführlicher P. EISENKOPF (1975), S. 163-168.

160 Leibniz an Ernst von Hessen-Rheinfels, 27. Nov. (7. Dez.) 1691, AA I, 7 N. 112, S. 204.

161 Vgl. bes. *Des méthodes de reunion* (1684), dt. Übers. in: L.A. WINTERSWYL (1939), S. 31-52. S. auch die in AA IV, 3 abgedr. Schriften: N. 16.18.19.

162 Vgl. F. KIRCHNER, Leibnitz' Stellung zur katholischen Kirche (1874), S. 14.

163 S. die dt. Übers. des lateinischen Originals *Societas Confessionum Conciliatrix*, in: H.H. HOLZ, Politische Schriften II, S. 28-31, S. 28; s. auch vorne Kap. III, 1.2, S. 82 ff.

164 K. HUBER, Leibniz (Repr. 1989), S. 156.

165 *Societas Conciliatrix*,. § 16.

166 Ebd. § 17.

167 Vgl. Leibniz' Stellungnahme zu dem von den Herzögen von Wolfenbüttel 1692 erlassenen Edikt gegen Schwärmer und Chiliasten, bes. AA I, 8 N. 386 und 389; s. auch ebd.I,7 N. 352 und 358.

168 " ... le meilleur est de laisser faire ces bonnes gens - là, tant qu'ils ne meslent de rien qui puisse estre de consequence." Leibniz an Herzogin Sophie, 16./26. Okt. 1691, in: O. KLOPP (Hrsg.), Correspondenz von Leibniz mit der Prinzessin Sophie ... Hauptsächlich aus den Leibniz-Papieren der Kgl. Bibliothek zu Hannover herausgegeben ..., Bd. I, Hannover 1873, N. XLVIII, S. 152. An seinen Stiefbruder schreibt Leibniz: "Seckendorfium ego mirifice colo, Spenerum maximi facio, ambobus amicis utor, vellemque consilia eorum in Republica et Ecclesia plurimum possent." Brief an Joh. Friedrich Leibniz, 1. Hälfte September 1692, AA I, 8 N. 386.

169 Dazu ausführlicher P. EISENKOPF (1975), S. 82 ff.

170 Leibniz an Herzogin Sophie, 16./26. Okt. 1691, KLOPP, Correspondenz mit Sophie I, N. XLVIII, S. 152.

171 Leibniz an Marie de Brinon, 18./28. April 1695, AA I, 11 N. 298, S. 440.

172 Vgl. H.H. HOLZ, Leibniz (1958), S. 115 ff.

173 P. EISENKOPF (1975), S. 213.

174 Leibniz an Ernst von Hessen-Rheinfels, 10./20. Okt. 1684, AA I, 4 N. 297, S. 335.

175 Leibniz an Herzog Johann Friedrich, Herbst 1679, AA I, 2 N. 187, S. 226.

176 Vgl. auch H.-P. SCHNEIDER, Leibniz' Gedanken zur Ordnung von Kirche und Staat, in: Stud. Leibn. Suppl. 4 (1969), S. 234-248.

177 Leibniz für Edme Pirot, *Reponse au discours touchant l'autorité du Concile de Trente en France*, 15. Juni 1693, AA I, 9 N. 96, § 15 u. 23.

178 Vgl. dazu K. BIEDERMANN, Deutschland im 18. Jahrhundert (1858), Bd. 2, S. 242 ff. In der Tat weist besonders der Briefwechsel zwischen Leibniz und Molanus an manchen Stellen eine deutliche Diskrepanz zu den einschlägigen Schriften des Philosophen auf. Mitunter scheint es sogar, als machten sich die beiden hannoverschen Unterhändler lustig über ihren katholischen Partner in den Reunionsverhandlungen, Rojas y Spinola. Wie das Gros der Protestanten seiner Zeit hat auch Leibniz die Reunionsfrage davon abhängig gemacht, inwieweit sich die katholische Seite bereit erklären würde, auf die in den Augen der Lutheraner unqualifizierten Dogmen zu verzichten. Die zentrale Frage, die sich nun stellt, warum er dennoch soviel Zeit und Mühe für die Lösung des Reunionsproblems verwendet, läßt sich wohl vorwiegend mit den politischen Interessen beantworten, die er damit verbindet. Die Untersuchung dieser Fragen wäre eine eigene Studie wert.

179 Vgl. u.a. auch F.X. KIEFL, Leibniz (1913), S. 116; K. KANTHAK, Leibniz. Ein Genius der Deutschen (1946),S. 20.
180 Leibniz für den Kaiser (Leopold I.), Denkschrift betr. Reunionspläne, Dez. 1688 (?), AA I, 5 N. 191, S. 338; vgl. auch ebd. N. 335, S. 578 f. Spätestens der 1701 beginnende spanische Erbfolgekrieg machte den Plänen und Hoffnungen Leibnizens ein Ende; an einer Reunion war man in Wien nicht mehr sonderlich interessiert. Auch in Hannover hatte die Aussicht auf den englischen Thron das Engagement für eine Wiedervereinigung der Konfessionen völlig lahmgelegt. Daher konzentrierte sich Leibniz nun - allerdings mit ebensowenig Erfolg - darauf, einer evangelischen Kircheneinheit den Weg zu bereiten. Resigniert schreibt er im Januar 1708 an den Professor der Theologie in Helmstedt, Johann Fabricius: "A negotio Irenico, ut nunc est rerum habitus, nil amplius expecto. Ipsa se res aliquando conficiet". KORTHOLT I, S. 124. Zu den innerprotestantischen Unionsbemühungen von Leibniz vgl. u.a.: L. KNABE, Leibniz' Bemühungen um die Union der beiden Kirchen reformatorischen Bekenntnisses, in: Stud. Leibn., Suppl. 4 (1969), S. 52 - 62; W. HÜBENER; Negotium irenicum - Leibniz'Bemühungen um die brandenburgische Union, in: Stud. Leibn., Sonderh. 16 (1990), S. 120 - 169; K.-V. SELGE, Das Konfessionsproblem in Brandenburg und Leibniz'Bedeutung für die Unionsverhandlungen in Berlin, ebd. S. 170 - 185.
181 AA I, 5 N. 191, S. 338.
182 Vgl. bes. die frühen Hannover-Pläne, s. vorne Kap. III, 1.3.1, S. 116 ff.; vgl. ferner: J. JWANICKI, Leibniz et les démonstrations mathématiques de l'existence de Dieu, Straßburg 1933, bes. S. 150-159; P. HENRICI, Herméneutique, Oecumenisme et Religion historique. Le cas Leibniz, in: L'Herméneutique de la Liberté Religieuse. Actes du colloque organisé par le Centre international d'Études Humanistes et par l'Institut d'Études Philosophiques de Rome, Rome, 7-12 Janvier 1968, Paris 1968, S. 553-561.
183 Vgl. Leibniz an Th. Burnett of Kemney, 1./11. Febr. 1697, AA I, 13 N. 330, S. 551; s. auch ebd. N. 282.
184 Leibniz an Herzog Johann Friedrich, April (?) 1679,AA I, 2 N. 132, S. 168.
185 Leibniz an Herzog Ernst August 1685-1687 (?), AA I,4 N. 218, S. 315.
186 Ebd.
187 Leibniz an Herzog Johann Friedrich, Herbst 1679, AA I, 2 N. 187, S. 227.
188 Vgl. ebd.
189 Vgl. E. WINTER, Leibniz als Kulturpolitiker, in: Stud. Leibn. Suppl. 4 (1969), S. 225-233, S. 225.
190 K. HUBER, Leibniz (Repr. 1989), S. 157.
191 J. O. FLECKENSTEIN, Leibniz-Faksimiles (1971), S. 5.
192 S. vorne Kap. III. 1 passim; vgl. auch BODEMANN-Hschr. S. 211.

2.2 Die Universalität der *gelehrten Sozietät*

2.2.1 Die *gelehrte Sozietät* als Wirtschafts- und "sozialpolitische" Institution

1 Vgl. D. MAHNKE, Zeitgeist des Barock (1936), S. 111; W. HESTERMEYER; Paedagogia Mathematica (1969), S. 52/53.
2 M. MACHOVEC, Leibniz und die Idee des Universalismus; in: Stud. Leibn. Suppl. 5 (1971), S. 1-14, S. 2.
3 Vgl. u.a. R. W. MEYER, Europäische Ordnungskrise (1948), S. 181; s. auch weiter oben, Exkurs S. 229 f.
4 D. MAHNKE, Barock-Universalismus des Comenius (1931), S. 253 ff.; DERS., Zeitgeist des Barock (1936), S. 106 f. Den Begriff des "konstruktiven Rationalismus" hat Mahnke von Dilthey übernommen, vgl. ebd. S. 106 sowie W. DIL-THEY, Leibniz und sein Zeitalter (1927), S. 62 ff.
5 Leibniz an den Physiker Edmont Mariotte, Juli 1676, AA III, 1 N. 130, S. 269. S. auch Leibniz' Schrift zur Verteidigung der wissenschaftlichen Universalität, *Spongia Exprobrationum, seu quod nullum doctrinae verae genus sit contemnendum,* die vermutlich zwischen 1690 und 1696 entstanden ist; s. COUTURAT, Opuscules, S. 524; DERS., Logique, S. 159. Vgl. außerdem D. MAHNKE, Leibniz als Gegner der Gelehrteneinseitigkeit, Stade 1912.
6 Vgl. neben den Beiträgen von MAHNKE u.a. auch J. O. FLECKENSTEIN, Gottfried Wilhelm Leibniz. Barock und Universalismus. Thun, München 1958.

7 R. W. MEYER, Europäische Ordnungskrise (1948), S. 25.
8 Vgl. P. BAUMGART, Leibniz und der Pietismus, in: Archiv f. Kulturgeschichte 48 (1966), S. 364 - 386, S. 378.
9 DUTENS 6, 1 N. 50, S. 69.
10 FOUCHER, Oeuvres 7, S. 220; vgl. auch die entsprechenden Instruktionen für J. G. Eckhardt, E. BODEMANN, Leibnizens Plan einer Societät der Wissenschaften in Sachsen (1883), S. 190/191.
11 Vgl. W. TOTOK, Leibniz als Wissenschaftsorganisator(1966) S. 306.
12 Vgl. H. GOLLWITZER, Projektemacherei des Barockzeitalters (1972), S. 155/156; F. BLAICH, Epoche des Merkantilismus (1973), S. 3 ff. Eine zusammenfassende Charakterisierung des Merkantilismus gibt E. SILBERNER, La guerre dans la Pensée Économique du XVIe au XVIIIe Siècle, Paris 1939, S. 11.
13 E. F. HECKSCHER, Merkantilismus (1932), S. 5. Für den norwegischen Interpreten des Merkantilismus stellt dieser Begriff nicht mehr als eine Hilfskonstruktion dar, die uns ermöglichen soll, einen Abschnitt der geschichtlichen Wirklichkeit besser zu verstehen. Vgl. ebd.
14 Vgl. F. BLAICH (1973), S. 1; F. WAGNER, Europa im Zeitalter des Absolutismus und der Aufklärung. Die Einheit der Epoche. In: Th. Schieder (Hrsg.), Hdb. d. Europ. Gesch. Bd. 4, Stuttgart 1968, S. 104.
15 W. TREUE, Merkantilismus und Wirtschaftsgefüge des absoluten Zeitalters, in: Historia Mundi, Bd. 7 (1957), S. 277 - 315, S. 280.
16 Ebd. S. 279.
17 H. HASSINGER, J. J. Becher (1951), S. 29.
18 Vgl. u.a. J. BOG, Reichsmerkantilismus (1959), S. 16; A. SALZ, Leibniz als Volkswirt, ein Bild aus dem Zeitalter des deutschen Merkantilismus, in: Jahrb. f. Gesetzgebung, Verwaltung u. Volkswirtschaft im Deutschen Reich, Jg. 34 (1910), S. 197 - 222, S. 199.
19 F. BLAICH (1973), S. 18.
20 W. TREUE (1957), S. 278.
21 F. BLAICH (1973), S. 16; F. BEHRENS, Die politische Ökonomie bis zur bürgerlichen Klassik, Berlin (Ost) 1962, S. 114.
22 F. BLAICH (1973), S. 17.
23 Eine umfassende Biographie Bechers hat bisher nur H. HASSINGER (1951) vorgelegt.
24 H. LERMANN-SCHMITT, Der Versicherungsgedanke im deutschen Geistesleben des Barock und der Aufklärung, München 1954, S.34.
25 Über die Bedeutung Bechers für die Wiener Wirtschaftspolitik vgl. u.a. H. v. SRBIK, Der staatliche Exporthandel Österreichs von Leopold I. bis Maria Theresia, Wien 1907, passim.
26 S. oben Kap. III, 1.1 Anm. 221, im folgenden abgekürzt PD.
27 F. BLAICH (1973), S. 22.
28 Vgl. C. BÖHLE, Die Idee der Wirtschaftsverfassung im deutschen Merkantilismus. Jena 1940 (Freiburger Staatswiss. Schriften 1), S. 11; ähnlich auch F. BLAICH (1973), S. 64. Für den Biographen Bechers Hassinger bedeutet dessen *Politischer Discurs* den Anfang der merkantilistischen Literatur in Deutschland und seiner nationalen Ökonomie; ohne Becher seien alle späteren merkantilistischen Schriftsteller nicht denkbar (S. 121).
29 Vgl. PD, S. 2 ff.
30 Ebd. S. 1.
31 F. BLAICH (1973), S. 62.
32 Vgl. PD, S. 26 ff. In den Untersuchungen über die Störfaktoren des wirtschaftlichen Wachstums erkennt BLAICH (1973, S. 62) "Ansätze für eine Marktformenlehre". Bechers größtes Verdienst sei es, so BÖHLE (1940, S. 10), durch die Entwicklung einer Terminologie der wirtschaftlichen Ordnungsprinzipien, *Monopol, Polypol, Propol*, bestimmten Konstellationen erstmals benannt zu haben; diese seien dadurch auch steuerbar geworden.
33 Vgl. F. BLAICH (1973), S. 63.
34 Vgl. PD, S. 150 ff.; s. auch H. HASSINGER (1951), S. 102 - 105.
35 Vgl. L. SOMMER, Die österreichischen Kameralisten in dogmengeschichtlicher Darstellung, in: Studien zur Sozial-, Wirtschafts- und Verwaltungsgeschichte, H. 13, Wien 1925, S. 40 f.
36 PD, S. 300; vgl. auch H. HASSINGER (1951), S. 22 u. 85.
37 Vgl. ebd. S. 76; A. HEUBAUM, Joh. Joachim Becher. Ein Beitrag zur Geistesgeschichte des 17. Jahrhunderts, in: MHCG Bd. 9, H. 5 u. 6 (1900), S. 154 - 174, S. 159.
38 Vgl. H. HASSINGER (1951), S. 86; vgl. besonders Bechers Behördenplan, PD, S. 47 ff.

39 I. BOG, Reichsmerkantilismus (1959), S. 18, Anm. 74.
40 A. SALZ, Leibniz als Volkswirt (1910), S. 208.
41 A. STEIN-KARNBACH, Leibniz und der Buchhandel (1982), Sp. 1243.
42 Vgl. H. HASSINGER (1951), S. 123.
43 Philipp Wilhelm v. HÖRNIGK (1640 - 1712) war jahrelang Mitarbeiter Bechers, im Gegensatz zu diesem, der als Universalgelehrter galt, jedoch auf Staat und Wirtschaft fixiert. Hörnigk selbst verstand sich in erster Linie als politischer Publizist. So trägt auch sein bedeutendstes ökonomisches Werk *Österreich über alles, wann es nur will* (1684) einen deutlich politischen Akzent. Ganz in habsburgischem Sinne, nach dem Motto "für Österreich, gegen Frankreich", richten sich Hörnigks Analyse und wirtschaftlichen Empfehlungen auf eine Machterweiterung Österreichs, wenn nötig auch zu Lasten der anderen deutschen Territorialstaaten. Vgl. H. HASSINGER (1951), S. 3; F. BLAICH (1973), S. 66/67. Zur Person Hörnigks ist außerdem zu vgl.: ADB 13 (1881, Repr. 1969), S. 157 f; H. GERSTENBERG, Philipp Wilh. v. Hörnigk, in: Jahrb. f. Nationalökonomie u. Statistik 132, 2 (1930), S. 813 - 871; F. PÖSCH, Philipp Wilh. v. Hörnigk, Werdejahre und österreichisch-steirische Beziehungen, in: MiÖG 61 (1953), S. 335 - 358; H.-J. BRAULEKE, Leben und Werk des Kameralisten Philipp Wilh. Hörnigk. Versuch einer wiss. Biographie. Frankf./M., Bern, Las Vegas 1978. – Als Sohn des Gothaer Kanzlers Wilhelm Schröter entstammte Wilhelm von SCHRÖDER (1640 - 1668), ein ebenso unsteter Abenteurer wie Becher und dessen Nachfolger als Wirtschaftsberater in Wien, dem für die politischen, wirtschaftlichen und sozialen Reformgedanken jener Zeit so bedeutsamen Bannkreis Herzog Ernsts des Frommen. In seinem 1686 erschienenem kameralistischen Hauptwerk *Fürstliche Schatz- und Rentkammer* spricht er sich für einen "starren Absolutismus" aus. Die Wirtschaftstheorie Schröders, der sich längere Zeit in London aufgehalten hat, dort Mitglied der *Royal Society* wurde, ist stark beeinflußt von den Anschauungen der englischen Merkantilisten, namentlich von Mun und Child. Vgl. F. BLAICH (1973) S. 67/68; vgl. ferner: H. v. SBRIK, Wilhelm von Schröder. Ein Beitrag z. Gesch. d. Staatswissenschaft, SB.d. Akad. d. Wissensch. in Wien, Phil.-hist. Kl. 164, 1910, 1. Abhdlg.
44 Vgl. P. WIEDEBURG, Der junge Leibniz (1962), Bd. I, 1, S. 28 f., 176 ff.
45 Vgl. ebd. S. 29 u. 179; s. auch vorne Kap. III, 1.1.2, S. 84 f.
46 Vgl. H. HASSINGER (1951), S. 21.
47 Vgl. P. WIEDEBURG (1962), Bd. I, 1, S. 176.
48 H. HASSINGER (1951), S. 16.
49 Vgl. P. WIEDEBURG (1962), Bd. I, 1, S. 178.
50 Ebd. S. 176/177.
51 Leibniz äußert sich in dieser Abhandlung kritisch über Bechers ähnlichgerichtete Bestrebungen zur Schaffung einer "allgemeinen Charakteristik". Vgl.AA VI, 1 N.8, S 201.
52 S. vorne Kap. III, 1.1.2, S. 75 u. ff. sowie Anm. 142.
53 Vgl. Leibniz an Jakob Thomasius, Sept. 1669, AA II, 1,S. 26; an Gottlieb Spitzel, 3. Okt.(?) 1670, AA I, 1 N. 54, S. 102.
54 Vgl. Leibniz an Joh. Georg Graevius, 7. Juni 1671, AA I, 1 N. 90, S. 154.
55 Leibniz an Lambert van Velthuysen, April 1670, AA II, 1 N. 18, S. 40.
56 Leibniz f. Tentzels *Monatl. Unterredungen*, 27. Okt. 1692, AA I, 8 N. 292, S. 480, Beilage zu N. 200.
57 Leibniz an Ernst v. Hessen-Rheinfels, 14./24. März 1683, AA I, 3 N. 234, S. 278. 1682 war Bechers *Närrische Weisheit und weise Narretey* erschienen, worin dieser die Entwürfe und Erfindungen seiner Zeitgenossen verspottet und auch Leibniz lächerlich zu machen sucht; s. auch AA I, 3 N. 231.
58 Vgl. P. WIEDEBURG (1962), Bd. I, 1, S. 31.
59 Vgl. AA I, 3, Einl. S. XLV.
60 S. AA I, 3 ff., Register.
61 Vgl. AA I, 5, S. XXXI u. XL sowie ebd. N. 313 u. 328.
62 Vgl. K. MÜLLER, Leibniz (1966), S. 28.
63 AA I, 5, Einl. S. XXXV.
64 Vgl. P. WIEDEBURG (1962), Bd. I, 1, S. 31; H. HASSINGER (1951), S. 39 u. 47. Eine Studie über Spinola im Umfeld wirtschaftstheoretischer Neuerer wie Becher, Hörnigk und Crafft wäre wünschenswert.
65 Vgl. AA I, 5, Einl. S. XXXV.
66 AA I, 1 N. 220 ff.
67 Vgl. P. WIEDEBURG (1962), Bd. I, 1, S. 178.
68 Joh. Daniel Crafft (1624 - 1697) war Arzt, Chemiker und praktischer Volkswirt. Ab 1674 in kursächsischen Diensten, bemühte er sich dort vor allem um eine Verbesserung der Seiden- und Wollmanu-

faktur, 1675 wurde er zum Kommerzienrat ernannt. Nach einer kurzzeitigen Inhaftierung 1684 finden wir ihn bis 1690 auf Reisen, u.a. in Wien, wo er 1688 mit Leibniz zusammentraf. Gemeinsam mit Becher entwickelte Crafft 1666 einen Plan für eine kaiserliche indische Handelskompanie, der jedoch scheiterte. Vgl. P. WIEDEBURG (1962), Bd. I, 1, S. 178; H. HASSINGER (1951), S. 48. Über Crafft vgl. ferner: R. FORBERGER, Joh. Daniel Crafft. Notizen zu einer Biographie (1624 - 1697), in: Jahrb. f. Wirtschaftsgesch., Berlin (1964), Tl. II/III, S. 63 - 79.
69 Vgl. AA I, 8 N. 73. 80. 81.
70 Vgl. H. HASSINGER (1951), S. 123.
71 Dieser Briefwechsel befindet sich im Leibniz-Archiv unter der Signatur LBr. 501. Einige allgemeinere Schreiben wurden im Rahmen des *Politischen und historischen Briefwechsels* der *Akademieausgabe* (AA I, 1 N. 142 ff.) bereits publiziert. Der größere Teil, der dem *Mathematischen, naturwissenschaftlichen und technischen Briefwechsel* zuzuordnen ist, harrt dagegen noch der Veröffentlichung; von dieser Reihe (III) liegen bisher nur drei Bände vor, die den Zeitraum bis 1683 umfassen; ein weiterer Band (Juli 1683 bis 1690) ist in Vorbereitung. Eine erste Auswertung dieser Korrespondenz verdanken wir Rudolf FORBERGER (wie oben Anm. 68).
72 Vgl. P. RITTER, AA I, 1, Einl. S. XXX.
73 Vgl. AA I, 10 N. 17 u. 228 sowie ebd. S. XXX u. LV; vgl. ferner: H. OLBRICH, Die von Leibniz und Krafft geplante Gesellschaft zur Gewinnung von Alkohol aus Zucker und Melasse. In: Die Branntweinwirtschaft 105, Nr. 8 (1965), 2. April., S. 197 - 204.
74 Vgl. H. GOLLWITZER, Projektemacherei des Barockzeitalters (1972).
75 S. oben Anm. 68.
76 Vgl. P. WIEDEBURG (1962), Bd. I, 1, S. 179.
77 Vgl. auch K. MÜLLER, Leibniz (1966), S. 28.
78 K. HUBER, Leibniz (Repr. 1989), S. 96. An Dietrich Caspar v. Fürstenberg schreibt Leibniz im April 1673: "Ich habe überdies mich beflissen mit allerhand arten ingenioser Künstler und Handwergs-Leute kundschafft zu tun, dadurch ich eins und das andere erfahren, so theils dem publico, theils zum wenigsten Teutschland unbekand ...", AA I, 1 N. 235, S. 346.
79 "Venu dans une ville considérable, riche et peuplée, capitale d'un royaume extrèmement prospère, il recherche les causes de cette richesse et de cette prosperité et, s'il n'écrivit guère à ce moment d'opuscules proprement économiques, il recueillit une riche moisson d'observations". L. DAVILLÉ; Le séjour de Leibniz à Paris (1912), S. 33
80 S. vorne Kap. I, 1.3, S. 147 u. passim.
81 S. vorne Kap. III, 1.1.1.
82 *Grundriß*, AA IV, 1 N. 43, S. 541/542.
83 Vgl. H. H. HOLZ, Polit. Schriften 2, S. 6.
84 Vgl. auch G. SCHEEL, Leibniz, die Alchimie und der absolute Staat, in: Stud. Leibn., Suppl. 19 (1980), S. 267 - 282, S. 267 f.
85 W. HEITMÜLLER, Leibniz als Wirtschaftspolitiker, in: Schmollers Jahrbuch f. Gesetzgebung, Verwaltung u. Volkswirtschaft, N.F. 63. Jg. (1939), S. 77 - 97, S. 80.
86 Vgl. K. HUBER. Leibniz (Repr. 1989), S. 316.
87 Vgl. auch W. HEITMÜLLER (1939), S. 77 f.
88 Dazu allgemein: E. BODEMANN, Leibnizens volkswirtschaftliche Ansichten und Denkschriften, in: Preußische Jahrbücher 53 (1884), S. 378 - 404.
89 AA IV, 1 N. 47. Diese eigenhändige Aufzeichnung von Leibniz hat ursprünglich keinen Titel, s. Nds. LB., LH XXXIV, 44, Bl. 228. 229.
90 AA IV, 1 N. 47, S. 559.
91 Ebd.
92 Vgl. W. SCHNEIDERS, Sozialutopie (1975), S. 71 ff., der diesen Entwurf etwas genauer untersucht.
93 Vgl. H. H. HOLZ, Polit. Schriften 2, S. 16.
94 Vgl. H. H. HOLZ, Leibniz (1958), S. 115 f.
95 W. SCHNEIDERS, Sozialutopie (1975), S. 72.
96 AA IV, 1 N. 47, S. 560.
97 Vgl. *Grundriß*, ebd. N. 43, S. 542.
98 AA I, 2 N. 25, S. 76.
99 Leibniz dachte u.a. daran, Alchimisten, die durch ihre Extravaganzen oftmals in Mißkredit gerieten, ganz gezielt zum Nutzen des Staates einzusetzen. Vgl. G. SCHEEL, Alchimie und absoluter Staat (1980), S. 270. Vgl. auch *Bedenken*, AA IV, 1 N. 44, § 19. *Grundriß*, S. 537.

100 AA I, 11 N. 120 - 122.
101 Ebd. N. 120, S. 158.
102 Ebd. N. 121, S. 163/164.
103 S. bes. Leibniz' *Denkschrift über den Zweck und Nutzen einer Sozietät*, in: H. H. HOLZ, Polit. Schriften 2, S. 86 - 89 (KLOPP, Werke 10, S. 299 - 304).
104 AA I, 3 N. 334, S. 412.
105 Vgl. bes. Leibniz' *Promemoria* für seine erste Audienz bei Peter I. in Torgau im Oktober 1711, in: GUERRIER, Leibniz in seinen Beziehungen zu Rußland (1873), N° 127.
106 Über Bechers Behördenplan vgl. u.a. H. HASSINGER, J. J. Becher (1951), S. 84 ff.; L. SOMMER, Die österr. Kameralisten H. 13 (1925), S. 18 ff.; s. auch weiter oben Kap. III, 1.1, Anm. 119.
107 Vgl. PD, S. 154 ff.
108 *Grundriß*, AA IV, 1 N. 43, S. 537.
109 Das erste Arbeitshaus wurde 1555 in London aus der Taufe gehoben. Ähnliche Einrichtungen entstanden auf dem Kontinent erst an der Wende zum 17. Jahrhundert zunächst in Amsterdam; hier wurden 1595 das "Tuchthuis" für Männer und zwei Jahre später das "Spinhuis" für Frauen eröffnet. Erste deutsche Gründungen folgten 1609 in Bremen, 1613 in Lübeck, 1620 in Hamburg und 1629 in Danzig. Vgl. Chr. SACHßE/F. TENNSTEDT, Geschichte der Armenfürsorge in Deutschland. Vom Spätmittelalter bis zum Ersten Weltkrieg, Stuttgart 1980, S. 113 ff.
110 *Grundriß*, S. 542.
111 Vgl. *Societät und Wirtschaft*, AA IV, 1 N. 47, S. 560.
112 Ebd.
113 Vgl. dazu auch H. SCHMITT-LERMANN, Versicherungsgedanke (1954), S. 45 ff.
114 Zur Interpretation dieses *Theodicée*-Problems vgl. u.a. W. DILTHEY, Leibniz und sein Zeitalter (1927), S. 64 ff.; K. HUBER, Leibniz (Repr. 1989), S. 248 ff.
115 K. HUBER, S. 249.
116 Diesen Gedanken, angewandt auf die Staatskunst, finden wir besonders akzentuiert in dem wichtigsten Werk von Leibniz' langjährigem Korrespondenten Veit Ludwig von Seckendorff, *Teutscher Fürstenstaat*, das 1656 erstmalig erschien. Abgeleitet aus dem Christentum führt Seckendorff, einer der Hauptvertreter des frühen deutschen Kameralismus, hier die Idee des Wohlfahrtsstaates ein, indem er die Verpflichtung des Fürsten, sich das irdische Glück seiner Untertanen angelegen sein zu lassen, in den Mittelpunkt rückt. Die Kunst der Regierung und Verwaltung, die ihm als Inbegriff der Weisheit gilt, versetzt den Souverän in die Lage, diesen gleichsam göttlichen Auftrag zu erfüllen. Vgl. auch SCHMITT-LERMANN, Versicherungsgedanke (1954), S. 34 ff.
117 Ebd. S. 46.
118 Vgl. W. SCHNEIDERS, Vera Politica. Grundlagen der Politiktheorie bei G. W. Leibniz. In: Recht und Gesellschaft. Festschr. f. H. Schelsky zum 65. Geb., hrsg. v. F. KAULBACH u. W. KRAWIETZ, Berlin 1978, S. 589-604,S. 596 f.; s. auch weiter unten.
119 KLOPP, Werke 6, *Assecuranzen*, S. 231 - 242; Datierung n. SCHMITT-LERMANN, S. 47.
120 *Grundriß*, S. 542.
121 AA I, 2 N. 70, S. 75. Leibniz, der diesen Vorschlag im September 1678 Herzog Johann Friedrich unterbreitete, verweist auf das Beispiel der "Pfarrherrn in Sachsen und der allda gebräuchlichen Witwengelder". In ZEDLERS Universal-Lexicon (Bd. 57, Sp. 1967 ff.) finden wir die Bestätigung, daß dort 1665 eine Pfarrer- und Schulmeisters-Witwen-Versicherung in die Landesordnung aufgenommen worden war. Auch in anderen Teilen "Deutschlands" gab es, z.T. schon vorher, die unterschiedlichsten Versicherungskassen. Vgl. SCHMITT-LERMANN, S. 23 ff. Die "wohl älteste deutsche Einrichtung dieser Art" sei 1636 durch Landesverordnung in Braunschweig-Lüneburg errichtet worden. Ob dieser "Pfarr-Witwen-Kasten", der für alle Pfarrer obligatorisch war, noch existierte, als Leibniz dem Herzog seine Anregungen vortrug, wird nicht mitgeteilt. Vgl. ebd. S. 31.
122 Vgl. *Assecuranzen*, S. 234.
123 Ebd. S. 232/233.
124 *Die natürlichen Gesellschaften*, in: H. H. HOLZ, Polit. Schriften 2, S. 139.
125 Vgl. auch W. SCHNEIDERS, Vera Politica (1978), S. 595 ff.
126 E. ALLO, Leibniz précurseur de la sécurité sociale: quelques problèmes d'optimalité sociale à travers les notions opératoires de Wohlfahrt, d'harmonie et de calcul. In: Leibniz. Werk und Wirkung. IV. Internat. Leibniz-Kongreß. Vorträge. Hannover, 14. bis 19. Nov. 1983, S. 8 - 15, S. 11.
127 *Assecuranzen* , S. 236.
128 Vgl. ebd. S. 234.
129 PD (1668), S. 228.

130 Vgl. SCHMITT-LERMANN, Versicherungsgedanke, S. 38 f.
131 BODEMANN - Hschr., S. 275.
132 AA IV, 1, S. 250.
133 AA IV, 3 N. 133, S. 868.
134 BODEMANN - Brw., S. 365.
135 DERS., Briefwechsel zwischen Leibniz und der Herzogin Elisabet Charlotte von Orléans (1715 - 1716). In: ZHVN (1884), S. 1-54, S. 27.
136 GERHARDT, Phil. Schr. 7, S. 87. Zum Streben des Menschen nach Vollkommenheit vgl. auch das nachfolgende Kapitel.
137 Vgl. M.D. GRMEK, Leibniz et la Médecine pratique, in: Leibniz. Aspects de l'homme et de l'oeuvre (1968), S. 145-177, S. 146; K.E. ROTHSCHUH, Leibniz und die Medizin seiner Zeit, in: Stud. Leibn., Sonderh. 1 (1969), S. 145-163, S. 157 ff. Ferner ist zu diesem Thema zu vgl.: G. RATH, Unbekannte Vorschläge aus dem Leibniz-Archiv, in: Deutsche Medizinische Wochenschrift, Nr. 22 (1951), S. 746-747. J. STEUDEL, Leibniz und die Medizin, Bonn 1960; DERS., Leibniz fordert eine neue Medizin, in: Stud. Leibn., Suppl. 2 (1969), S. 255-274; F. HARTMANN u. M. KRÜGER, Methoden ärztlicher Wissenschaft bei Leibniz, in: Stud. Leibn., Suppl. 12 (1973), S. 235-247. DIESS., Directiones ad rem Medicam pertinentes. Ein Manuskript G.W. Leibnizens aus den Jahren 1671/72 über die Medizin, in: Stud. Leibn. 8 (1976), S. 40-68; M.- N. DUMAS, La pensée de la vie chez Leibniz, Paris 1976, Kap. 1: La Médicine, S. 33-77; DIES.; Leibniz und die Medizin, in: Stud. Leibn., Sonderh. 7 (1978), S. 143-154; K.- H. WEIMANN, Leibniz und die medizinischen Strömungen seiner Zeit, ebd. S. 155-165. Vgl. neuerdings: F. HARTMANN u. W. HENSE, Die Stellung der Medizin in Leibniz' Entwürfen für Sozietäten, in: Stud. Leibn., Sonderh. 16 (1990), S. 241-252.
138 Leibniz an Pellisson, 21. Nov. (1. Dez.) 1692, AA I, 8 N. 112, S. 199. An den bedeutenden Rechtswissenschaftler, Polyhistor und Arzt in Helmstedt, H. Conring, schreibt der junge Leibniz am 8. Sept. 1677: "Quid omnia post studium pietatis cura sanitatis utilius?" GERHARDT, Math. Brw. 1, S. 183.
139 HARTMANN/HENSE (1990), S. 241; M.D. GRMEK (1968), S. 147.
140 K.E. ROTHSCHUH (1969), S. 151.
141 Vgl. auch M. - N. DUMAS (1978), S. 143.
142 DUTENS 2, 1, S. 262.
143 Brief v. 14. Jan. 1694, AA I, 10 N. 116, S. 201.
144 S. RAVIER, Register. Leibniz' Korrespondenzen medizinischen Inhalts sind bislang nur bis zum Juni 1683 vollständig erfaßt; s. AA III, 1-3.
145 K. - H. WEIMANN (1978), S. 160/161; vgl. dazu auch die in Hannover befindlichen umfangreichen Faszikel zum Fachgebiet Medizin, Nds. LB., LH III Vol. I-VI; ebenso BODEMANN-Hschr., S. 41-48. Vgl. außerdem: J. STEUDEL (1969), S. 256 ff. sowie DERS. Leibniz und Italien. Wiesbaden 1970 (Beiträge zur Gesch. d. Wiss. u. d. Technik 11), S. 6 f.
146 *Teutschliebende Genossenschaft*, KLOPP, Werke 5, S. 216.
147 Leibniz an Pellisson, 21. Nov. (1. Dez.) 1692, AA I, 8 N. 112, S. 199.
148 *Nouveau plan d'une science certaine ...*, COUTURAT, Opuscules, S. 333.
149 AA IV, 1, S. 108, § 53. In einem undatierten Konzept zur Gründung einer Akademie in Sachsen spricht sich Leibniz dafür aus, eine "eigne Veranstaltung zu unterweisung junger chirurgorum zu machen vermittelst der anatomi sowohl als würcklicher besuchung der patienten, welches zugleich zu vermehrung der scienz gereichen würde". FOUCHER, Oeuvres 7, S. 246. Ausführlicher erläutert er seine Vorstellung einer praxisorientierten Ausbildung angehender Ärzte in seiner großen *Denkschrift über die Verbesserung der Künste und Wissenschaften im Russischen Reich* (1716): "Die Medici, Chirurgi und Apotheker wären in Anatomicis, Botanicis, Chymicis und Praxi medica zu üben und hätten daher zu den großen Hospitälern oder Krankenhäusern sich zu verfügen und alldahin so wohl als sonst zu den patienten alte erfahrene Medicos und Chirurgicos zu begleiten, hätten auch in denen Apotheken sich umbzusehen und darin visitationen beyzuwohnen". GUERRIER, Leibniz in seinen Beziehungen zu Rußland, No 240, S. 354.
150 *Bedenken*, AA IV, 1 N. 44, S. 552.
151 *Grundriß*, ebd. N. 43, S. 535.
152 AA IV, 1, S. 561 f.
153 *Bedenken*, S. 551, § 22.
153aS. Leibniz' berühmte *Lettre à Remond* (dazu: weiter unten Kap. III, 2.2.2.4, S. 328 u. Anm. 127) in der dt. Übers. v. R. LOOSEN, Antaios 8, 2 (1967), S. 144 - 203, S. 175.

154 Vgl. Leibniz' Schreiben an Justus Schrader, Ende Oktober 1695, AA I, 11 N. 521, L2. Schrader als Praktiker, der der Ratio in den Naturwissenschaften eher mißtraute, entgegnet seinem Briefpartner: "Sed cui bono multum ratiocinari?", Ebd. N. 437, S. 635.
155 *Nouveaux Essais*, 4. Buch, Kap. VII, § 19, PhB 69 (1971), S. 509.
156 *Bedenken*, S. 551/52, § 22 u. 23.
157 *Nouveaux Essais*, ebd. S. 509.
158 S. vorne Kap. III, 1.3.1, S. 125 ff.
159 Vgl. W. VOISÉ, Leibniz und die Entwicklung des sozialen Denkens (1973), S. 188; DERS., Leibniz' Modell des politischen Denkens, Stud. Leibn. Suppl. 4 (1969), S. 183-206, S. 199.
160 Vgl. J. STEUDEL (1969), S. 267.
161 AA I, 11, Einl. S. XXXVII.
162 Der englische Arzt Thomas Sydenham (1624 - 1689), der als Erneuerer der hippokratischen Medizin gilt (engl. Hippokrates), gründete seine Krankheitserfassung auf scharfe Beobachtung und Erfahrung. In London hatte er die *Observationes medicae* der Jahre 1666 bis 1675 zusammengetragen. Vgl. u.a. HARTMANN/HENSE (1990), S. 245.
163 *Grundriß*, S. 540.
164 Leibniz hat auch hinsichtlich der Lösung volkswirtschaftlicher Probleme, vor allem in bezug auf das Versicherungswesen immer auf die Aussagekraft mathematischer Statistiken hingewiesen. Vgl. u.a. W. HEITMÜLLER, Leibniz als Wirtschaftspolitiker(1939), S. 91 f. sowie H. SCHMITT-LERMANN, Versicherungsgedanke (1954), S. 55 f.
165 In Oxford hatte der Naturforscher Robert Hooke (1635 -1703) vergleichende meteorologische Messungen mit Thermometer, Anemometer, Hygroskop und Barometer angestellt, um Klima zu definieren. John Locke führte 1666 bis 1683 regelmäßige Wetterstatistiken. Christopher Wren (1632 - 1723) empfahl einen Vergleich der Klimaverhältnisse mit dem Auftreten epidemischer Krankhungen. Daß Leibniz von diesen Bestrebungen wußte, geht u.a. aus seinen *Directiones* (s. oben Anm. 137, S. 215; s. auch weiter unten Anm. 168) hervor. Ebenso kannte er die von John Graunt (1620 - 1674) und William Petty (1623 - 1687) vorgenommenen Auswertungen der *Bills of mortality* Londons bzw. Dublins. Vgl. HARTMANN/HENSE (1990), S. 246 f.
166 B. RAMAZZINI: *De constitutione anni 1690 ac de rurali epidemia*, diss. Mutinae 1690; *De constitutione anni 1691*. Mutinae 1691.
167 Leibniz an Justus Schrader, 1. Hälfte Sept. 1695, AA I, 11 N. 455, S. 667.
168 Leibniz an Pellisson, 21. Nov. (1. Dez.) 1692, AA I, 8 N. 112, S. 200. In den *Directiones ad rem Medicam pertinentes*, einem Manuskript aus den Jahren 1671/72, erläutert Leibniz ausführlich Methodik und Inhalte einer Medizinalstatistik. Dieser Programm-Entwurf wurde von F. HARTMANN und M. KRÜGER 1976 erstmals vollständig vorgelegt. S. oben Anm. 137.
169 Vgl. u.a. den Briefwechsel mit Pellisson 1692, bes. AA I, 8 N. 95, S. 159 f. u. N. 112, S. 199 f. An Chilian Schrader schreibt Leibniz am 9./19. Febr. 1694: "J'avois écrit à feu Monsieur Pelisson d'y faire songer en France ...". AA I, 10 N. 155, S. 262. Zu Pellissons Reaktion vgl.AA I, 8 N. 103, S. 175 u. N. 117, S. 213.
170 Vgl. *Journal des Sçavans*, 26. Juli 1694, S. 336-340; s. auch DUTENS 2, 2, S. 162/163; Faks. des Konzepts u. dt. Übers. in: LEIBNIZ-Faksimiles, S. 43/44, vgl. auch ebd. S. 16/17. Dieser Aufsatz lag einem Schreiben an seinen Pariser Briefpartner Germain Brice bei, mit dem Leibniz seit 1692 korrespondierte. S. Brief v. Febr. 1694, AA I, 10 N. 163. Brice, der über gute Verbindungen zur wissenschaftlichen Publizistik verfügte, verhalf dem Bericht zur Veröffentlichung.
171 Vgl. *Miscellanea curiosa medico-physica Academiae Naturae Curiosorum sive Ephemeridum ... decuria II, Appendix* 1691, S. 15-56; s. auch *decuria III, Appendix* 1697, S. 63-96.
172 Vgl. Leibniz' Brief an Volckamer, 16./26. Juli 1691, gedr. *Ephemerides, Decuria II*, 1691; vgl. auch Leibniz an Pellisson, AA I, 8 N. 95, S. 160. An Hertel schreibt der Gelehrte am 9./19. Juli 1691: "möchte wündschen daß man unsere teütsche Hn Naturae Curiosorum zu dergleichen auf muntern köndte, wäre eben recht vor ihre Annos; daß alle jahr solche Ephemerides Medicinales des verfloßenen jahres beygefüget würden ... wenn auch nur unterschiedene gelahrte Medici, so sich in der Societät Naturae curiosorum befinden, dem Praesidi in briefen den zustand des verlauffenen jahres in ihrer gegend Natur - und arzt - mäßig überschreiben wolten, also daß solche briefe hernach dem Anno Ephemeridum beygefüget werden köndten, so wäre der zweck ohne weitschweiffige tractatus schohn erreichet". AA I, 6 N. 56, S. 68.
173 Vgl. HARTMANN/HENSE (1990), S. 244; J. STEUDEL (1969), S. 263 f. Über Leibniz' Einfluß und Verhältnis zur Leopoldina vgl. auch: DERS., Leibniz und die Leopoldina. In: Nova Acta Leopoldina. N.F. 16 (1954), S. 465-474.

174 "Welches alles aber nicht wohl müglich als bey einem convictu, orden und Societät auch Nosocomiis zu thun". *Grundriß*, S. 541.
175 *Societät Gottgefällig*, AA IV, 1 N. 48, S. 562.
176 KLOPP, Werke 10, S. 346-350; s. auch HARNACK II,N. 65 a.
177 Ebd. S. 350-353 bzw. HARNACK II, N. 65 b.
178 Vgl. HARTMANN/KRÜGER (1976), S. 48; HARTMANN/HENSE (1990), S. 243; vgl. auch die bei HARNACK (II, N. 120) gedr. Auszüge aus den *Acten, betreffend das Verhältnis der Societät zum Theatrum Anatomicum und zur Academia Medico-Chirurgica*.
179 Joh. Georg Eckhardt in seinem *Reisejournal* vom 18. Aug. 1704. In: E. BODEMANN, Plan einer Societät in Sachsen (1883), S. 192; vgl. auch DERS., Leibnizens Volkswirtschaftliche Denkschriften (1884), S. 390.
180 *Reisejournal*, S. 193.
181 Leibniz an Kaiser Karl VI. im Frühjahr 1713, abgedr. in: E.F. ROESSLER, Beiträge zur Staatsgeschichte Österreichs aus dem G.W. von Leibniz'schen Nachlasse in Hannover, SB d. Phil.- hist. Cl. d. Kaiserl. Akad. d. Wissensch. Bd. 20, H. 1-3 (1856), S. 267-289, S. 279.
182 Denkschrift für Prinz Eugen von Savoyen über die Gründung einer Akademie der Wissenschaften in Wien, 17. Aug. 1714, zit. n. d. dt. Übers. d. franz. Konzepts, in: J.O. FLECKENSTEIN, Leibniz-Faksimiles, N. 14, S. 63.
183 Vgl. auch den *Entwurff eines Artikels, so in die Hannoverische medicinalischen Verordnungen kommen köndte*. BODEMANN-Hschr., S. 276; *Kurze Anzeige des grundes und vortreflichen Nuzens der Observationum meteorologicoepidemiarum, welche nehmlich aus dem gewitter und Kranckheiten, auch deren gegeneinanderhaltung genommen, und wie selbige an unterschieden orthen täglich anzustellen*. Ebd. S. 273. Entsprechende Gedanken enthält auch Leibniz' *Vorschlag zur Bildung einer Medizinalbehörde*, der eine Art Gesundheitsamt vorsieht, dem neben der Krankheits- und Seuchenbekämpfung auch eine Nahrungsmittelkontrolle obliegen sollte. Diese Anregungen, die der Gelehrte vermutlich 1680 vorgebracht hat, fanden in Hannover keine Resonanz. Ein ähnlicher Plan des Kurfürsten Georg Ludwig für Braunschweig-Lüneburg (1710), der mit dem des Philosophen wohl keine Verbindung hatte, wurde nie durchgeführt. Jüngster Abdruck des Leibnizschen Konzepts mit entsprechenden Erläuterungen, AA IV, 3 N. 34.
184 Vgl. *Essai de quelque raisonnement nouvau sur la vie humaine et sur le nombre des hommes*. KLOPP, Werke 5, S. 326-337; *Questiones calculi politici circa hominum vita, et cognata*. Ebd. S. 337-340.
185 Über die Bedeutung der Verbindung von Theorie und Empirie im Bereich der Medizin vgl. u.a. *Nouveaux Essais*, 4. Buch Kap. VII, § 19, PhB 69 (1971), S. 508 f.
186 S. auch HARTMANN/HENSE (1990), S. 250.
187 AA I, 10 N. 155, S. 262.
188 Vgl. BODEMANN-Hschr., S. 275/276.
189 Vgl. u.a. DUTENS 5, 1, S. 177. Die von dem Genfer Heraus-geber dem Konzept entnommene Überschrift "Projet pour l'Erection d'une Société des Sciences à Berlin" ist falsch; sie wurde nachträglich von fremder Hand hinzugefügt. Das Manuskript befaßt sich mit der Einrichtung einer wissenschaftlichen Sozietät in Sachsen; vgl. auch G. van den HEUVEL, Leibniz in Berlin (Aus Berliner Schlössern. Kleine Schriften IX), Berlin 1987, S. 44.
190 Über die geringe Arztdichte in Deutschland und die ungleichmäßige medizinische Versorgung von Stadt und Land vgl. u.a. E. GÖRLICH, Leibniz als Mensch und Kranker (Diss.), Hannover 1987, S. 176 f.; H. DEICHERT, Leibniz über die praktische Medizin und die Organisation der öffentlichen Gesundheitspflege. Sonderdr. aus d. Dt. Medizinischen Wochenschrift N. 18 (1913), S. 2 ff.
191 *Bedenken*, S. 552, § 24. In den *Directiones* bemerkt Leibniz dazu: "Man mus die Medicos nichts vom patienten, sondern nur von der Republick nehmen laßen. / Ja gar man mus dem Medicis verbieten, daß sie keine geschencke nehmen; damit alle mügliche considerationes auffhöhren, und ieder mensch mit gleichen fleiß in acht genommen werde. / Muß sie deswegen laßen juramenta thun. / Muß sie von der Republick unterhalten, samt den ihrigen". HARTMANN/KRÜGER (1976), S. 60. Vgl. in diesem Zusammenhang auch Leibniz' Entwurf für eine *Societas sive ordo caritatis*, der die kostenlose medizinische Versorgung der Bevölkerung durch Mitglieder eines wissenschaftlichen Ordens vorsieht. Vgl. weiter oben Kap. III, 1.3.1, S. 120.; s. auch im vorangegangenen S. 252.
192 S. weiter oben S. 250.
193 *Nouveaux Essais*, 4. Buch, Kap. III, § 20,Phb 69 (1971), S. 455. In dem Vorschlag für eine *Medizinalbehörde* heißt es: "Nächst denen tugenden des gemüths hat die Obrigkeit auch auf die gesundheit des Leibes ihrer Unterthanen zu sehen ..." AA IV, 3 N. 34, S. 371.
194 Brief an Herzogin Elisabeth Charlotte v. Orléans v. 16.12.1715, BODEMANN (1884), S. 35.
195 *Directiones*, S. 60.

196 Ebd. S. 54.
197 AA IV, 1 N. 47, S. 561.
198 *Directiones*, S. 54.
199 Vgl. zu diesem Problem u.a.: E.GÖRLICH (1987),S. 185 ff.; HARTMANN/KRÜGER (1976), S. 43 f.; GRMEK (1968), S. 165 f.; M. KRÜGER, Leibniz' Vorstellungen zur Organisation eines öffentlichen Gesundheitswesens. In: Stud. Leibn., Suppl. 12 (1973), S. 229-234, S. 223.
200 Vgl. R. VIERHAUS, Wissenschaft und Politik im Zeitalter des Absolutismus. Leibniz und die Gründung der Berliner Akademie. In: Stud. Leibn., Sonderh. 16 (1990), S. 186-201, S. 189 ff.; dazu allgemein: E. HINRICHS (Hrsg.), Absolutismus (suhrkamp taschenbuch wissenschaft, 535) Frankfurt/M. 1986; J. KUNISCH, Absolutismus. Europäische Geschichte vom Westfälischen Frieden bis zur Krise des Ancien Régime (UTB 1426) Göttingen 1986; P. ANDERSON, Lineages of the Absolutiste State, London 1974. – Jean BODIN (1530 - 1596) gilt i.a. als Wegbereiter des Absolutismus. Seine Lehre von der Souveränität des Staates hat er in dem 1576 erstmals erschienenem Werk *De la République* niedergelegt. Ergänzend lieferte Thomas HOBBES (1588 - 1679) mit der im *Leviathan* (1651) entwickelten Vertragstheorie die theoretische Begründung des absoluten Staates: Zur Selbsterhaltung gehen die Menschen einen Vertrag ein, in dem sie ihre Naturrechte unwiderruflich auf den Staat übertragen. Dessen Herrschaft ist damit unauflöslich und unteilbar, also absolut. Am vollkommensten repräsentiert sich der Staat daher in nur einer Person, dem absoluten Monarchen. – Mit der Vertragstheorie rechtfertigten auch Hugo GROTIUS (1583 - 1645) und Samuel PUFENDORF (1632 - 1694) das Recht des Fürstenstaates auf uneingeschränkte Souveränität. – Einschränkend gesteht John LOCKE (1632 - 1704) dem Volk das Recht zu, den Vertrag zu lösen, für den Fall, daß der Regent das Naturrecht mißachtet. Locke gab überdies der Gewaltenteilung des Staates in Legislative und Exekutive zur Sicherung der persönlichen Freiheit und des Eigentums des Bürgers ihre theoretische Begründung.
201 R. v. DÜLMEN, Die Utopie einer christlichen Gesellschaft. Johann Valentin Andreae (1978), S. 16.
202 Dazu ausführlicher: B. STOLLBERG-RILINGER, Der Staat als Maschine. Zur politischen Metaphorik des absoluten Fürstenstaates (Hist. Forsch., Bd. 30), Berlin 1986.
203 VIERHAUS (1990), S. 191. Zur Frage, ob der Absolutismus mehr Anspruch als Wirklichkeit war, vgl.: DERS., Deutschland im 18. Jahrhundert, Politische Verfassung, soziales Gefüge, geistige Bewegungen. Ausgewählte Aufsätze. Göttingen 1987.
204 Vgl. dazu: K.-G. FABER, Zum Verhältnis von Absolutismus und Wissenschaft (Akad. d. Wiss. u. d. Lit.; Abh. d. Geistes- u. Soz.wiss. Kl., Jg. 1983, Nr. 5) Mainz 1983.
205 S. weiter oben Kap. III, 2.2.1.1, S. 237.
206 S. oben Anm. 200.
207 Leibniz an Philipp Wilhelm v. Boineburg, 13./23. Sept. 1695, AA I, 11 N. 468, S. 692.
208 Mit dieser Thematik, die vor allem in Leibniz' frühen Sozietätsplänen zum Tragen kommt, hat sich vor allem Werner SCHNEIDERS auseinandergesetzt. S. vorne, Kap. III, 1.1, Anm. 147; s. auch Lit. verz.
209 In dem großen Werk *De civitate Dei* hat der als Heiliger verehrte Kirchenlehrer Aurelius AUGUSTINUS (354 - 430) seine Auffassung der Geschichte als eines Kampfes zwischen Gottesstaat und Weltstaat dargelegt, die auf das Mittelalter von großer Wirkung war.
210 Vgl. u.a. W. SCHNEIDERS, Vera Politica(1978), S. 594 ff.; DERS., Gottesreich und gelehrte Gesellschaft (1977).
211 J. O. FLECKENSTEIN, Leibniz-Faksimiles, S. 3; s. auch DERS. Barock und Universalismus (1958), S. 152; Übers. aus dem Brief v. 23. März 1690, in: Lettres de Leibniz à Arnauld, ed. par G. LEWIS, Paris 1952 (Bibl. de philos. contemporaine), S. 103.
212 Leibniz in einem Promemoria für die Herzöge Rudolf August und Anton Ulrich v. Wolfenbüttel, Ende Aug. 1690, gedr. in: G. SCHEEL, Bibliotheca Augusta (1973), Anhang 1, S. 192.
213 *G.W. Leibniz' Überlegungen über die Vollkommenheit (Tugenden) des Prinzen, die in äußerer Macht, in Verstandesweisheit und Güte des Herzens bestehen und auch über die Vervollkommnung des Körpers*, dt. Übers. d. lat. Originals (s. Kap. III, 2.2.2.1, Anm.24) E. AHLBORN, Pädagogische Gedanken im Werke von Leibniz (maschinenschr.), Göttingen 1968, S. 58.
214 "Bei einem Prinzen, der in stärkerem Maße als die anderen Menschen ein Ebenbild Gottes auf Erden sein muß, sind vor allem zwei Dinge notwendig: eine große Güte und viel Weisheit. Und die Güte ist sogar notwendiger als die Weisheit, denn man kann einer Erkenntnisse von anderen übernehmen, aber der gute Wille muß von selbst kommen". *G.W. Leibniz' Überlegungen über die hervorragende Güte und große Weisheit, die dem jugendlichen Prinzen eingeflößt werden sollen*, dt. Übers. d. lat. Originals (s. Kap. III, 2.2.2.1, Anm. 24), ebd. S. 55. Vgl. auch oben Kap. III, 2.1.1.
215 Über Bossuet vgl. auch weiter oben Kap. III, 2.1 Exkurs, Anm. 103.

216 Daß Leibniz über den Hobbeschen Standpunkt hinausgeht, zeigt besonders deutlich seine Rezension von W. SHERLOCKS Buch *The Case of the Allegiance due to Soveraign Powers*, AA I, 11 N. 349.
217 Vgl. auch W. VOISÉ, Modell des politischen Denkens (1969), S. 204.
218 Leibniz an Arnauld, 23. März 1690, in: LETTRES à Arnauld, S. 103.
219 S. auch C. HAASE, Leibniz als Politiker und Diplomat, S. 222/223.
220 AA IV, 3 N. 32.
221 Ebd. S. 360.
222 Ebd.
223 Ebd.
224 Leibniz an Herzog Johann Friedrich, Herbst 1679, AA II, 1, S. 489. S. auch: *De la fidelité des sujets envers les princes*, Abschnitt aus den *Reflexions sur l'art de connaître les hommes*, Leibniz für Kurfürstin Sophie, 1702, in: FOUCHER, Lettres et opuscules, S. 144.
225 Leibniz an Ernst v. Hessen-Rheinfels, 2./12. Sept. 1691, AA I, 7 N. 92, S. 137, Vgl. auch H.-P. SCHNEIDER, Ordnung von Kirche und Staat (1969), S. 245.
226 Vgl. *Die natürlichen Gesellschaften*, H. H. HOLZ, Polit. Schriften 2, S. 138/139.
227 Über "Les trois voyes dont Dieu se sert pour donner l'autorité aux Rois" vgl. AA I, 11 N. 349, S. 521. Die Konzentration der Regierungsgewalt bis zur absoluten Omnipotenz in nur einer Person, für die Bossuet die Worte "L'état c'est moi" fand, ist für MAHNKE ein Spezifikum des barocken Universalismus, der ein politisches Einheitsstreben hervorbrachte, das sich nicht mehr so sehr räumlich, wohl aber innerhalb der Völker, also innenpolitisch um so mächtiger entwickelte. Vgl. D. MAHNKE, Zeitgeist des Barock (1936), S. 102 u. 122.
228 Vgl. W. SCHNEIDERS, Vera Politica (1978), S. 601; DERS., Sozialutopie (1975), S. 77. – Sein Idealbild eines Fürsten konkretisiert Leibniz in der *Lettre sur l'Education d'un Prince*, die er vermutlich als Entwurf zu einem modernen "Fürstenspiegel" 1685/86 zu Papier gebracht hat. Hier werden neben hohen ethischen Forderungen an den Charakter eines Fürsten höchste Leistungen auf allen Gebieten der Wissenschaften und Künste sowie gesellschaftliche Fähigkeiten in Sport und Spiel verlangt. Vgl. AA IV, 3 N. 68. Gleichwohl das noch bis vor kurzem Leibniz zugeschriebene *Portrait du Prince, tiré des qualitez et des vertus heroiques de S.A.S.me Monseig. Jean Frederic Duc de Brunswick et de Lunebourg* (Nds. LB.; MS XXIII N. 358, gedr. KLOPP, Werke 4, S. 461-488) noch zu Lebzeiten des Herzogs entstanden sein muß und sich in seinen ethischen Forderungen mit dem in der *Lettre* aufgestellten Fürstenideal deckt, hielten die Herausgeber der Akademieausgabe die Autorenschaft des Philosophen für eher unwahrscheinlich und haben dieses Manuskript nicht in den neuesten Band der *Politischen Schriften* (1986) aufgenommen. S. AA IV, 3, S. XXXII.
229 W. VOISÉ, Modell des politischen Denkens (1969), S. 188.
230 Ebd. 206.
231 Vgl. bes. die Publikationen von H.H. HOLZ(s. Lit. verz.), vor allem "Herr und Knecht bei Leibniz und Hegel. Zur Interpretation der Klassengemeinschaft". Neuwied und Berlin 1968. S. auch weiter oben Kap. III, 1.1.2, S. 81.
232 Vgl. H.-P. SCHNEIDER, Denker oder Lenker? Leibniz zwischen Einfallsreichtum und Erfolgsdrang. In: Leibniz. Tradition und Aktualität (1988), S. 871 u. f.
233 Vgl. auch W. SCHNEIDERS, Vera Politica (1978), S. 594 u. ff.
234 J. GESSINGER, Sprache und Bürgertum. Sozialgeschichte sprachlicher Verkehrsformen im Deutschland des 18. Jahrhunderts, Stuttgart 1980, S. 118.
235 Vgl. auch W. SCHNEIDERS, Vera Politica (1978), S. 602.
236 DERS., Sozialutopie (1975), S. 76 u. ff.
237 Vgl. DERS., Vera Politica (1978), S. 596.
238 Vgl. auch DERS., Vera Politica (1978), S. 597; Sozialutopie, S. 79.
239 Vgl. ebd.

2.2.2 Die *gelehrte Sozietät* als kulturpolitische Institution

2.2.2.1 Der pädagogische Anspruch als wesentlicher Grundzug in den Sozietätsplänen

1 *Erfordernisse einer guten Landesregierung* (1680), AA IV, 3 N. 33, S. 366.
2 A. HEUBAUM, J.J. Becher (1900), S. 158.

3   Vgl. auch Th. BALLAUF, Pädagogische Konsequenzen aus der Philosophie von Leibniz. In: Pädagogisches Denken in Geschichte und Gegenwart. Festschrift zum 65. Geb. v. J. Dolch, hrsg. v. Ingrid Schindler, Ratingen 1964, S. 145 - 154, S. 145.
4   G. KANTHAK, Akademiegedanke (1987), S. 15.
5   C. HINRICHS, Idee des geistigen Mittelpunktes (1952), S. 91.
6   Vgl. Th. BALLAUF / K. SCHALLER, Pädagogik. Eine Geschichte der Bildung und Erziehung, Bd. 2: Vom 16. bis zum 19. Jahrhundert, Freiburg / München 1970 (= Orbis Academicus. Problemgeschichten d. Wiss., Bd. I/12), S. 180; D. MAHNKE, Zeitgeist des Barock (1936), S. 108/109.
7   Vgl. ebd. S. 110.
8   BALLAUF / SCHALLER, Pädagogik 2, S. 181.
9   Entsprechend seiner Utopie einer christlichen Gemeinschaft, die das Arndtsche Ideal der Einheit von Leben und Lehre, von Glauben und Handeln (s. auch Anm. 10) paraphrasiert, aktualisiert Joh. Val. Andreae in dem 1649 erschienenen *Theophilus*, dem "frühesten Programm eines pädagogischen Realismus" (v. DÜLMEN (Hrsg.), Christianopolis, Einl. S. 11), ein neuzeitlich-bürgerliches Bildungsideal, das praktisch ausgerichtet ist und in dem an den modernen Naturwissenschaften orientierte Naturforschung, Sprachstudium und Geschichte eine dominierende Rolle spielen. Sachwissen rangiert hier vor Wortwissen. Vgl. Joh. Valentin ANDREAE, Christianopolis, dt. u. lat., eingel. u. hrsg. v. R. v. DÜLMEN, Stuttgart 1972 (Quellen u. Forschungen zur Württembergischen Kirchengeschichte, hrsg. v. M. Brecht u. G. Schäfer Bd. 4), Einl.; vgl. auch DERS. (Hrsg.) Joh. Valentin ANDREAE, Theophilus, dt. u. lat., Stuttgart 1973 (Quellen u. Forschungen ... Bd. 5), Einl. Über Andreae s. auch vorne Kap. II, 2, S. 44. - Die Wirksamkeit Ratkes, Helwigs und Schupps, die sich wie Andreae auf dem Boden des lutherischen Protestantismus bewegen, liegt in ihrem Eintreten für eine natürliche, sachgemäße Vermittlung von Wissen (Didaktik), die die ausdrückliche Anerkennung der Muttersprache und ihre Bedeutung für den Unterricht impliziert. Vgl. BALLAUF / Schaller, Pädagogik 2, S. 152 ff.; s. auch weiter oben Kap. III, 1.3, Anm. 460 u. 461. Dazu allgemein: W. MOOG, Geschichte der Pädagogik, 2. Bd.: Die Pädagogik der Neuzeit von der Renaissance bis zum Ende des 17. Jahrhunderts (7. völlig neugest. Aufl. v. Fr. Hemans "Geschichte der neueren Pädagogik"), Osterwieck-Harz u. Leipzig 1928, bes. Kap. 10 ff.; W. FLITNER, Die wissenschaftliche und didaktische Reform des 17. Jahrhunderts. In: Die Entfaltung der Wissenschaft (1957), S. 97 - 107.
10 Über Johann Arndt (1555 - 1621) und die Auswirkung seiner Theologie der praktischen Frömmigkeit und der *Imitatio Christi* vgl. W. KOEPP, Johann Arndt. Eine Untersuchung über Mystik im Luthertum, Berlin 1912.
11 Vgl. u.a. K. SCHALLER, Die Pädagogik des Johann Amos Comenius und die Anfänge des pädagogischen Realismus im 17. Jahrhundert, Heidelberg 1962 (Pädagog. Forschungen, Veröffentl. d. Comenius-Instituts 21); über Comenius vgl. auch vorne Kap. II, 2, S. 46 f. u. Anm. 62 ff; dort auch weitere Literaturhinweise.
12 H.-H. GROOTHOFF / M. STALLMANN, Pädagogisches Lexikon, Stuttgart/Berlin 1964, S. 1091 f.
13 Vgl. D. MAHNKE, Zeitgeist des Barock (1936), S. 109.
14 Vgl. P. BAUMGART, Leibniz und der Pietismus (1966), S. 378.
15 S. u.a. W. HESTERMEYER, Paedagogia Mathematica (1969), S. 204.
16 Vgl. GROOTHOFF / STALLMANN, Pädag. Lexikon, S. 1091; dieser Ansatz wird besonders deutlich bei Weigel, vgl. u.a. W. HESTERMEYER (1969), S. 118 ff.
17 Vgl. BALLAUF / SCHALLER, Pädagogik 2, S. 226 u. 247 ff.; W. WIATER, G.W. Leibniz und seine Bedeutung in der Pädagogik: Ein Beitrag zur pädagogischen Rezeptionsgeschichte. Hildesheim 1985 (Beiträge zur Historischen Bildungsforschung, hrsg. v. Rudolf W. Keck, Bd.1),S.130/131.
18 Nach Descartes ist die ratio Eigentum des Menschen, durch das er sich als Subjekt entfaltet; mittels der ratio unterwirft er sich die Welt, kann er sie im Prozeß der "Rationalisierung" zu seinem verfügbaren Eigentum machen; ähnlich verfährt er mit seinen Mitmenschen. Vgl.K. SCHALLER, Pädagogik des Comenius (1962), S. 125/126; s. auch BALLAUF / SCHALLER, Pädagogik 2, S. 244 ff.
19 A. HEUBAUM, J.J. Becher (1900), S. 167.
20 BALLAUF / SCHALLER, Pädagogik 2, S. 270.
21 Vgl. H. HASSINGER, J.J. Becher (1951), S. 93.
22 Vgl. A. HEUBAUM, J.J. Becher (1900), S. 173; L. SOMMER, Die österreichischen Kameralisten (1925), S. 25.
23 Als frühestes Zeugnis von Leibniz' Interesse für pädagogische Fragen ist uns die *Nova methodus discendae docendaeque jurisprudentia (1667)* überliefert. AA VI, 1 N. 10, vgl. bes. die §§ 27-42.
24 Zu beachten sind neben der *Nova methodus* und den Sozietätsplänen seit 1669 vor allem Leibniz' Schriften zur Prinzenerziehung, namentlich die *Lettre sur L'Education d'un Prince* (1685/1686), AA IV, 3 N. 68, sowie die beiden aus Gesprächen zwischen Leibniz und der brandenburg-preußischen

Königin Sophie Charlotte hervorgegangenen Schriften über Erziehungsfragen hinsichtlich des Kronprinzen Friedrich Wilhelm, *Cogitata de insigni bonitate et multa sapientia Principi Juveni inspiranda* (1701) und *Cogitata de perfectionibus Principis potentia externa,sapientia in intellectu et bonitate in voluntate interna nec non de perfectione corporis* (1701), ed. J. KVACALA, Neue Leibnizische Fragmente, in: Zeitschr.f.Geschichte d. Erziehung u. d. Unterrichts (1914), S. 80 ff., erstmals ins Deutsche übers. v. E. AHLBORN, Pädagogische Gedanken im Werke von Leibniz (maschinenschr.), Göttingen 1968, S. 53 ff.; des weiteren: die Briefwechsel mit der Familie Boineburg (1672 - 1674, AA I, 1 Abt. V) und mit Placcius (seit 1676, AA II, 1 N. 126 ff.; DUTENS 6, 1, S. 3 - 84.) – Aufschlußreich sind auch die Entwürfe zur allgemeinen Verwaltung des Staates, so etwa *Einige patriotische Gedanken* (1680) und *Erfordernisse einer guten Landesregierung* (1680), AA IV, 3 N. 32 u. 33.

25 Über Leibniz als Rezipient der pädagogischen Diskussion seiner Zeit im Kontext seiner Biographie vgl. W. WIATER, Leibniz' Bedeutung in der Pädagogik (1985), S. 111 ff.

26 DERS. Erziehung als Anleitung zu vernunftgemäßen Handeln - Überlegungen zum Erziehungsbegriff von G.W. Leibniz. In:Leibniz, Werk und Wirkung (1983), S.822 - 827, S. 827.

27 Vgl. dazu bes. BALLAUF / SCHALLER, Pädagogik 2, S. 305 - 310: Die Maßgeblichkeit der Monadologie von Gottfried Wilhelm Leibniz; Th. BALLAUF, Pädagogische Konsequenzen aus der Philosophie von Leibniz (1964).

28 *Principes de la Nature et de la Grâce, fondés en raison*, § 13, GERHARDT, Phil. Schr. 6, S. 604.

29 Vgl. auch G. LIMITI, Leibniz' Aktualität in der heutigen Pädagogik, in: Stud. Leibn. Suppl. 4 (1969), S. 112 - 120, S. 115.

30 *Considerations sur la doctrine d'un Esprit Universel Unique*, GERHARDT Phil. Schr. 6, S. 529 -538, S. 538.

31 G. LIMITI (1969), S. 112.

32 Th. BALLAUF, Pädagogische Konsequenzen (1964), S. 148.

33 S. auch G. LIMITI (1969), S. 114/115.

34 Vgl. auch Th. BALLAUF, Pädagogische Konsequenzen (1964), S. 152.

35 K. SCHALLER, Erhard Weigels Einfluß auf die systematische Pädagogik der Neuzeit, in: Stud. Leibn. 3, 1 (1971), S. 28 - 40, S. 29; vgl. auch H. SCHLEE, Die Pädagogik Erhard Weigels - ein Charakteristikum der Frühaufklärung, ebd. S. 41 - 55 sowie W. HESTERMEYER, Paedagogia Mathematica (1969),bes. S.117ff.; über Weigel s. auch vorne Kap.II,1, Anm. 24 ff.

36 Leibniz fühlte sich in Fragen der pädagogischen Reform von Weigel übergangen; über seinen Hamburger Korrespondenten Placcius, der mit Weigel einen regen Briefwechsel führte, versuchte er dennoch an der Diskussion teilzunehmen. In einem Schreiben vom 21. Februar 1696 beklagt sich Leibniz über die Negation seitens seines alten Lehrers: "Ebenso glaube ich, daß niemand eifriger über diese Frage nachgedacht hat als ich. Es ist unglaublich, wieviel ich von Zeit zu Zeit über diese Dinge schon zu Papier gebracht habe. Daher möget Ihr, Du und der vortreffliche Erhard Weigel, an meinem besten und lebhaftesten Willen nicht zweifeln, obschon ich glaube, daß Dir dieses weniger unerhört sein wird als jenem. Wenigstens hat Weigel niemals an mich geschrieben, außer wenn er etwas bei unserem Fürsten empfohlen haben wollte, was aber nicht allzusehr mit diesen besseren Vorschlägen zusammenhing, woraus ich hinlänglich erkannte, daß man mich in dieser Frage als außenstehend ansieht". DUTENS 6, 1, S. 64/65; dt. Übers. nach E. AHLBORN, Pädagogische Gedanken (1968), S. 67/68.

37 GUHRAUER, Dt. Schriften 2, S. 39.

38 *Von der Tugend*, GERHARDT, Phil. Schr. 7, S. 92.

39 *Von Nutzbarkeit der LebensRegel*, ebd. S. 100.

40 *Von der Tugend*, ebd. S. 92.

41 GERHARDT, Phil. Schr. 5, S. 413.

42 W. HESTERMEYER, Paedagogia Mathematica (1969), S. 118.

43 E. WINTER, Leibniz und die Aufklärung (1968), S. 9.

44 *Definitionen* (1677/78), übers. aus dem Lat. d. Originals, in: H.H. HOLZ, Polit. Schriften 2, S. 130. Dazu schreibt Leibniz an anderer Stelle: "Die Gerechtigkeit ist eine gemeinschaftliche Tugend, oder eine Tugend so die Gemeinschaft erhält". Ebd. S. 138.

44a Leibniz an Heinrich Ernst Kestner (gest. 1723), mit dem er seit 1708 über juristische Schriften zum Natur- und Staatsrecht korrespondierte. S. Brief v. Anfang 1710, GURA II, S. 690, s. auch S. 620.

44b Chr.D. ZANGGER, Welt und Konversation. Die theologische Begründung der Mission bei Gottfried Wilhelm Leibniz. Zürich 1973, S. 184.

45 S. auch Th. BALLAUF, Pädagogische Konsequenzen (1964), S. 149.

46 *Von der Tugend*, GERHARDT; Phil. Schr. 7, S. 93.

47 W. SCHNEIDERS, Vera Politica (1978), S. 594.
48 Vgl. W. WIATER, Erziehung als Anleitung (1983), S. 823.
49 *Über die öffentliche Glückseligkeit*, aus dem Lat. d. Originals in: H.H. HOLZ, Polit. Schriften 2, S. 143.
50 *Mémoire pour des personnes éclairées et de bonne intention* (nach 1690), KLOPP, Werke 10, S. 7 - 33, S. 11. Zur Datierung vgl. BRATHER (1993), Einl. S. XXII, Anm. 43.
51 Dazu ausführlicher W. WIATER, Erziehung als Anleitung (1983); DERS., Leibniz' Bedeutung in der Pädagogik (1985), passim.
52 *Von der Tugend*, GERHARDT, Phil. Schr. 7, S. 94.
53 *Erfordernisse einer guten Landesregierung* (1680), AA IV, 3 N. 33, S. 369; über die "force de l'éducation, qui est comme une seconde nature", vgl. auch Leibniz an Herzogin Sophie, 23. Okt. (2. Nov.) 1691, AA I, 7 N. 38, S. 46.
54 Vgl. dazu auch Weigels Schrift *Kurtzer Entwurff der freudigen Kunst- und Tugend-Lehr / vor Trivial und Kinder-Schulen* (1682). Über den mit zehn Kindern 1684 begonnenen pädagogischen Versuch berichtet er u.a. in der *Kurtze(n) Relation von dem nunmehr zur Prob gebrachten Mathematischen Vorschlag, betreffend die Kunst- und Tugend-Information* (1684), über dessen Ergebnisse in: *Der Europäische Wappen-Himmel* (1688).
55 Vgl. H. SCHLEE, Die Pädagogik Weigels (1971), S. 45.
56 Vgl. u.a. *Einige patriotische Gedanken* (1680), AA IV, 3 N. 32, S. 362 ff. Hier schreibt Leibniz z.b. auch: Man möchte nicht glauben, "was Corneille und Molière mit ihren schöhnen ausfertigungen voll guther gedancken ihren Landsleüten für vortheil geschaffet". (S. 363).
57 Vgl. H. SCHLEE, Die Pädagogik Weigels (1971), S. 44; W. HESTERMEYER, Paedagogia Mathematica (1969), S. 127 ff.
58 *Mémoire pour des personnes éclairées*, KLOPP, Werke 10, S. 11.
59 Weigel sieht Gott als "ewigen Rechenmeister", der die Welt in Anlehnung an die Grundprinzipien "Zahl, Maß und Gewicht" geschaffen hat. Die Aufgabe der von ihm bestimmten "Vicerechenmeister" ist es, die Herrschaft über diejenigen Menschen auszuüben, die des richtigen (arithmetischen) Denkens noch nicht mächtig sind. Vgl. W. VOISÉ, Meister und Schüler, Erhard Weigel und Gottfried Wilhelm Leibniz, in: Stud. Leibn. 3, 1 (1971), S. 55 - 67, S. 58; vgl. auch H. SCHLEE, ebd. S. 44.
60 GERHARDT, Phil. Schr. 5, S. 71.
61 Vgl. auch W. VOISÉ, Meister und Schüler (1971), S. 57; W. KABITZ, Die Philosophie des jungen Leibniz, Heidelberg 1909, bes. S. 11.
62 GERHARDT, Phil. Schr. 7, S. 86.
63 Ebd. S. 102.
64 Ebd. S. 88.
65 Vgl. K. SCHALLER, Pädagogik des Comenius(1962),S.132 ff.; BALLAUF / SCHALLER, Pädagogik 2, S. 170 ff.
66 Zeugnis seiner Bewunderung für Comenius gibt Leibniz' 1671 verfaßtes Epicedium *In Comenii obitum* (AA II, 1 N. 98). Vermutlich ist der hannoversche Gelehrte nie mit Comenius zusammengetroffen, doch er pflegte persönlichen oder brieflichen Umgang mit einigen Freunden und Korrespondenten des Exiltschechen, u.a. mit Skytte (s. vorne Kap. III, 1, Anm. 153), dem Tübinger Politikprofessor Magnus Hesenthaler (gest. 1681; s. AA I, 1 N. 81 ff. u. II, 1 N. 97) sowie, allerdings erst viele Jahre nach dem Tod des Comenius, mit dessen Enkeln, den Brüdern Jablonski, die im Zusammenhang mit der Berliner Sozeitätsgründung in Erscheinung treten (s. dort).
67 D. MAHNKE, Barock-Universalismus (1932), S. 84; DERS., Zeitgeist des Barock (1936), S. 95 ff. Große Gemeinsamkeit zwischen Leibniz und Comenius konstatiert auch Josef BRAMBORA, der beide Philosophen als "Träger des nationalen Gedankens und zugleich Verkünder einer friedlichen Verständigung" charakterisiert. Diesem großen Ziel hätten sie ihr Lebenswerk untergeordnet; die *Pansophie* des Comenius entspräche in nuce der *scientia generalis* des hannoverschen Gelehrten. Vgl. *Comenius und Leibniz*, in: Stud. Leibn., Suppl. 5 (1971), S. 55 - 71, bes. S. 64. Einen grundsätzlichen Unterschied stellt demgegenüber der Slavist Konrad BITTNER fest, der Comenius' *Pansophie* als eher "weltflüchtig-mystisch", Leibniz' Denken und Wirken dagegen als "diesseitig-real" einstuft. S. J.A. Comenius und G.W. Leibniz, in: Zeitschr. f. slavische Philologie 7 (1930),S.53-93,S.87; vgl. auch ebd. 6 (1929),S.115 - 145.
68 Leibniz für Kurfürstin Sophie u. Herzogin Elisabeth Charlotte von Orléans. Stellungnahme zu den Lehren F.M. van Helmonts. 1. Hälfte Okt. (?) 1696, AA I, 13 N. 41, S. 50.
69 GERHARDT, Phil. Schr. 3, S. 262; s. auch Kap. III, 2.1, S. 220 u. Anm. 69.
70 Leibniz an Justus Schrader, 1. Hälfte Sept. 1695, AA I, 11 N. 455, S. 668.

71 Leibniz in dem Entwurf einer Einleitung zu einem Buch über die Naturwissenschaft, W. v. ENGELHARDT, Schöpferische Vernunft (1951), S. 305.
72 AA IV, 1 N. 45, § 5, Zit. n.d. dt. Übers. v. HOLZ, Polit. Schriften 2, S. 21.
73 Vgl. ebd. § 6.
74 GERHARDT, Phil. Schr. 7, S. 87.
75 *Über die öffentliche Glückseligkeit* (1677/78), aus dem Lat. übers. v. HOLZ, Polit. Schriften 2, S. 134; s. auch *Definitionen* (1677/78), ebd. S. 130.
76 "... non minus enim publici juris est veritas quam aër, quem haurimus, et lux quam percipimus ..." Guilielmi Pacidii initia et specimina Scientiae generalis, ERDMANN, Opera omnia, N. XVI, S. 90.
77 S. auch weiter oben, Exkurs, S. 226 f.
78 *Nouveaux Essais*, 4. Buch, Kap. III, § 20, PhB 69, S. 453; vgl. auch G. LIMITI, Leibniz' Aktualität (1969), S. 113.
79 *Nouveaux Essais*, 1. Buch, Kap. I, Phb 69, S. 31.
80 Vgl. K. MOLL, Der junge Leibniz I, S. 115. S. auch oben S. 235.
81 Vgl. K. SCHALLER, Pädagogik des Comenius(1962),S.44 ff. Das Streben des von den verschiedensten Geistesrichtungen beeinflußten Philosophen und Theologen Nikolaus von Kues (1401 - 1464) galt der Versöhnung aller Gegensätze auf einer höheren Ebene, wie er sie ausschließlich im Wesen Gottes realisiert sah. Nur durch ein "wissendes Unwissen", das über die Verstandesbegriffe hinausgeht, sei es möglich, die *coincidentia oppositorum* im Unendlichen zu begreifen. Wie später Comenius und Leibniz versteht schon Nicolaus von Kues den Menschen als einen diese göttliche Unendlichkeit in sich tragenden Mikrokosmos. Vgl. dtv-Lexikon Bd. 13 (1978), S. 138; außerdem: K.H. VOLKMANN-SCHLUCK, Nikolaus Cusanus. Die Philosophie im Übergang vom Mittelalter zur Neuzeit, Frankfurt/M. 1957.
82 Brief v. 2. März 1696, DUTENS 6, 1, S. 64, dt. Übers. n. MÜLLER-KRÖNERT, Leibniz-Chronik, S. 138.
83 An Thomas Burnett of Kemney schreibt Leibniz am 1./11. Februar 1697: "ma maxime est de profiter des livres, et non pas de les critiquer". AA I, 13 N. 330, S. 548. Ähnliche Äußerungen finden wir des öfteren in seinen Briefen; vgl. u.a. AA I, 7 N. 201, S.392; I, 8 N.250, S. 426. Seine Vorstellungen von Toleranz übertragen auf das menschliche Zusammenleben entwickelt Leibniz in der vermutlich 1679 entstandenen Schrift *La place d'autruy*, AA IV, 3 N. 137. Er erhebt hier die Forderung, in der Politik wie im privaten Leben außerhalb des eigenen Denkens und Handelns den Standpunkt des anderen einzunehmen, um eigene Ungerechtigkeiten zu vermeiden, die Beweggründe des anderen zu verstehen und das eigene Verhalten entsprechend einzurichten.
84 R. FALCKENBERG, Geschichte der neueren Philosophie von Nikolaus von Kues bis zur Gegenwart, 9. Aufl. verb. u. erg. v. E. v. Aster, Berlin u. Leipzig 1927, S. 254.
85 *Societas Philadelphica* § 7, dt. Übers. n. H.H.HOLZ, Polit. Schriften 2, S. 21.
86 Vgl. W. TOTOK, Leibniz als Wissenschaftsorganisator (1966), S. 307.
87 *Einige patriotische Gedanken*, AA IV, 3 N. 32, S. 363.
88 AA IV, 1 N. 10.
89 "Nescio an videris, quae iuvenis ante 30 annos edidi titulo Novae Methodi discendae docendaeque iurisprudentiae iuvenilia quidem, sed quae nunc quoque viris quibusdam egregiis magis quam ipsi mihi placeat". Leibniz an A.H. Francke, 7. Aug. 1697, Nds. LB., LBr. 282, Bl. 4.
90 *Grundriß*, AA IV, 1 N. 43, S. 540.
91 GUHRAUER, Dt. Schr. 2, S. 318.
92 *Nouveaux Essais*, 4. Buch, Kap. VIII, § 9, PhB 69, S. 515.
93 Brief an Herzog Johann Friedrich, Dez. 1678 (?), AA I, 2 N. 95, S. 110/111.
94 E. WINTER (Hrsg.); E.W. v. Tschirnhaus. Gründliche Anleitung zu nützlichen Wissenschaften. Stuttgart 1967, Einl. S. VIII.
95 Vgl. BALLAUF / SCHALLER, Pädagogik 2, S. 252.
96 FELLER, Otium Hanoveranum, Leipzig 1718, S. 147 ff.; teilw. abgedr. u. übers. bei E. AHLBORN, Pädagogische Gedanken im Werke Leibniz (1968), S. 87 ff.
97 Ebd. in der dt. Übers. v. Ahlborn, ebd. S. 89.
98 Ebd.
99 Vgl. auch K. HUBER, Leibniz (Repr. 1989), S. 57.
100 *Kurzes wohl gemeyntes Bedencken vom Abgang der Studien und wie denenselben zu helffen*, KLOPP, Werke 10, N. XLIV, S. 437.
101 Ebd. S. 440.

102 S. ebd. S. 441. Die von Herzog Ernst von Sachsen-Gotha (der Fromme; 1640-1675) veranlaßte Schulreform hatte ihre theoretische Grundlage in dem von dem Rektor des Gothaer Gymnasiums (seit 1641) Andreas Reyer (1601 - 1673) 1642 verfaßten *Schulmethodus*. Dieser war im Gegensatz zu früheren Schulordnungen allein der Organisation des Volksschulwesens gewidmet. Vgl. AA IV, 3, S. 973, N. 347; vgl. auch BALLAUF/SCHALLER, Pädagogik 2, S. 216 ff.; W. Moog, Geschichte der Pädagogik Bd. 2, S. 291 ff.
103 S. u.a. *Psychosophia oder Seelenweisheit*, Hamburg 1725, S. 79 u. 315. Vgl. auch H. HASSINGER, J.J. Becher (1951), S. 92; ausführlicher: M. BECHER, Johann Joachim Bechers wirtschaftspädagogisches Wirken (1937), S. 43 ff. u. 139; dazu allgemein: H. GRÜNEBERG, Die Anfänge des Göttinger beruflichen Schulwesens und der geistige Anteil von Professoren der Universität an dieser Entwicklung, in: Göttinger Jahrbuch (1966), S. 163-199, S. 171 ff.
104 Auf diese Schrift Weigels verweist ausdrücklich auch Becher in der *Psychosophia* (S. 336). Vgl. auch E. SPIESS, Erhard Weigel ..., der Lehrer von Leibniz und Pufendorf, Leipzig 1881, S. 107 ff. Erste Anregungen zur Gründung spezifischer Gewerbeeinrichtungen könnten Leibniz schon in Mainz begegnet sein, in Form des sehr wahrscheinlich von Skytte, mit Wissen Boineburgs 1667 am Mainzer Hof eingereichten Planes für ein *Polytechnisches Institut*; s. vorne Kap. III, 1.1, Anm. 179.
105 *Quaenam discenda* ... in d.dt. Übers. v. E. AHLBORN, Pädagogische Gedanken im Werke von Leibniz (1968), S. 91. Zum Thema "Handwerksschule" heißt es in ZEDLERS Universallexikon (Bd. 35, 1743, S. 1490): "Die Aufrichtung solcher Schulen wäre dem gemeinen Wesen nicht undienlich, und müsten sie so beschaffen seyn, daß man darinnen die Jugend unterrichtete, was sie aus den Wissenschaften bey ihrer Kunst und ihrem Handwerke zu wisen nöthig hätte ... Es wird sich aber von rechter Einrichtung der Handwercks-Schulen als denn erst reden lassen, wenn man von allen Künsten und Handwercken tüchtige Beschreibungen haben wird, und wenn sie in Form der Wissenschafften gebracht werden seyn".
106 Vgl. E. SPIESS, Erhard Weigel (1881), S. 115 ff.; zur Biographie Semlers s. auch A. HEUBAUM, Geschichte des deutschen Bildungswesens seit der Mitte des 17. Jahrhunderts, Bd. 1, Berlin 1905, S. 122.
107 Vgl. ebd. S. 361 f.; DERS., Christoph Semlers Realschule und seine Beziehung zu A.H. Francke, in: Neue Jahrbücher f. Philologie und Pädagogik, 2. Abt. 39. Jg., Leipzig 1893/2. Heft, S. 65-77; F. HÜLSEN, Leibniz als Pädagoge und seine Ansichten über Pädagogik, Berlin 1874, S. 27; N. MAASSEN, Quellen zur Geschichte der Mittel- u. Realschulpolitik. Bd. 1: Von den Anfängen bis Ende des 19. Jahrhunderts, bearb. v. W. Schöler, Berlin-Hannover-Darmstadt 1959, S. 25-30: Semlers Realschule in Halle.
108 Nds. LB., LH XXXIV, 41. Bl. 221, erstmals kritisch ediert von AHLBORN (1968), S. 102 ff.; vordem z.T. ungenau, z.T. fehlerhaft oder nur auszugsweise bei HÜLSEN, S. 27, Anm.; A. HEUBAUM, Geschichte des dt. Bildungswesens Bd. 1, S. 361 f.; MAASSEN, S. 26.
109 LH XXXIV, 41. Bl. 221 v. Anfang 1708 konnte Semler sein Projekt mit 12 Knaben beginnen und damit Bechers Idee der mechanischen Schule erstmals verwirklichen. Nach nur zwei Jahren mußte er jedoch infolge des Todes seines Lehrers Christian Benit den Unterricht wieder einstellen. Vgl. die von Semler und Benit gemeinsam herausgegebene Schrift *Neueröffnete Mathematische und Mechanische Real-Schule* (Halle 1709), auszugsweise gedr. bei MAASSEN, S. 25/26; vgl. auch M. BECHER; Joh. Joachim Bechers wirtschaftspädagogisches Wirken, Leipzig (1937), S. 73. Über einen nochmaligen Versuch zur Gründung einer Realschule 1739 ist außer Semlers Nachricht in den *Hallischen Anzeigen* nichts weiter überliefert; s. MAASSEN, S. 29; vgl. außerdem AHLBORN (1968), S. 112; A. HEUBAUM, Geschichte des dt. Bildungswesens Bd. 1, S. 124.
110 W. WIATER, Leibniz und seine Bedeutung in der Pädagogik (1985), S. 157 f.; DERS., Erziehungsphilosophische Aspekte im Werk von. G.W. Leibniz, Frankfurt/M. u.a. 1990 (Erziehungsphilosophie, hrsg. v. H.Kanz, Bd.9),S.81 ff.
111 S. auch vorne Kap. III, 1.3.4, S. 147 f.; 1.3.5, S. 154 f. Über Ritterakademien als eigene Bildungsanstalten für die Standeserziehung vgl. u.a. W. Moog, Geschichte der Pädagogik Bd. 2, S. 311 ff.
112 S. auch weiter oben Kap. III, 2.2.1, Anm. 228; vgl. dazu auch R. GRIESER, Leibniz und das Problem der Prinzenerziehung, in: TOTOK/HAASE, Leibniz (1966), S. 511-533.
113 S. auch weiter oben Kap. III, 2.2.1.5.
114 W. WIATER, Erziehungsphilosophische Aspekte (1990),S.82.
115 Vgl. E. HEIMPEL-MICHEL, Die Aufklärung. Eine historisch-systematische Untersuchung, Langensalza 1928, S. 8 f.
116 Vgl. *Einige patriotische Gedanken*, AA IV, 3 N. 32 S. 364; *Kurzes wohl gemeyntes Bedencken*, KLOPP, Werke 10, S. 440/441. S. auch weiter oben Anm. 102.
117 *Kurzes wohl gemeyntes Bedencken*, S. 442.

118 *Einige patriotische Gedanken*, S. 365. Über die mangelnde Praxisnähe der Universitäten vgl. auch Leibniz' frühe Schrift *Ursachen worumb Cannstatt füglich zur Hauptstadt des Herzogthums Würtenberg zu machen* (1669), AA IV, 1 N. 2; vgl. dazu auch vorne Kap. II,3, S. 51 f.
119 Vgl. K. FISCHER, Leibniz (1920), S. 13.
120 GUERRIER, Leibniz in seinen Beziehungen zu Rußland (1873), No 240, S. 351 f.; vgl. dazu auch L. RICHTER; Leibniz und sein Rußlandbild (1946), S. 109 ff.
121 Vgl. W. WIATER, Erziehungsphilosophische Aspekte (1990), S. 68 u. ff.; DERS., Leibniz und seine Bedeutung in der Pädagogik (1985), S. 132 ff. Eine detaillierte Darstellung und Erörterung des Unterrichtsplanes würde im Rahmen dieser Untersuchung zu weit führen; vgl. dazu ebd.
122 *Denkschrift* für Rußland (1716), GUERRIER, No 240, S. 352.
123 *Grundriß*, AA IV, 1 N. 43, S. 539.
124 *Einige patriotische Gedanken*, S. 364. Zum desolaten Zustand des Schulwesens in protestantischen Territorien s. auch vorne Kap. III, 1.4, S. 193 f.
125 *Erfordernisse einer guten Landesregierung*, AA IV, 3 N. 33, S. 366.
126 *Societät und Wirtschaft*, AA IV, 1 N. 47, S. 560.
127 Vgl. W. WIATER (1990), S. 107; (1985), S. 148.
128 *Grundriß*, S. 539.
129 1685 wurde der evangelische Theologe und Pädagoge A.H. Francke (1663 - 1727) Professor an der Universität in Leipzig. Heftige Auseinandersetzungen wegen seiner pietistischen Gesinnung mit den strenggläubigen (orthodoxen) Lutheranern bewegten ihn jedoch 1692 zur Umsiedlung nach Halle; dort wirkte er bis zu seinem Tode als Pastor und Hochschullehrer. Neben den verschiedenen pädagogischen Anstalten, aus denen die Franckeschen Stiftungen hervorgingen, gründete er hier auch ein *Collegium orientale theologicum* (1702) als Ausgangspunkt der protestantischen Heidenmission. Über Francke ist u.a. zu vgl.: G. KRAMER, August Hermann Francke. Ein Lebensbild, 2 Bde., Halle 1880/82; E. BEYREUTHER, August Hermann Francke und die Anfänge der ökumenischen Bewegung, Leipzig 1957.
130 Vgl. P. BAUMGART, Leibniz und der Pietismus (1966), S. 381; ausführliche Darstellung des Franckeschen Schul- und Bildungssystems in: K. DEPPERMAN, Der hallesche Pietismus und der preußische Staat unter Friedrich III. (I.), Göttingen 1961 S. 89 ff.; C. HINRICHS, Der Hallische Pietismus als politisch-soziale Reformbewegung des 18. Jahrhunderts, in: Preußen als historisches Problem. Gesammelte Abhandlungen, hrsg. v. G. OESTREICH, Berlin 1964 (= Veröff. d. Histor. Komm. zu Berlin, Bd. 10), S. 171-184, S. 176 ff.
131 Vgl. P. BAUMGART (1966), S. 381; N. HAMMERSTEIN, Geschichte der deutschen Universität im Zeitalter der Aufklärung (1970), S. 157.
132 C. HINRICHS, Geistiger Mittelpunkt Europas (1952), S. 107.
133 A.H. Francke, *Project zu einem Seminario Universali oder Anlegung eines Pflanz-Gartens, in welchem man eine reale Verbesserung in allen Ständen in und außerhalb Deutschlands, ja in Europa und allen übrigen Theilen zu gewarten*, hrsg. v. O. Fricke, Halle 1881, S. 15. Vgl. auch HINRICHS (1952), S. 108.
134 W. TOTOK, Leibniz als Wissenschaftsorganisator (1966), S. 308.
135 In dem Brief vom 7. Aug. 1697 (Nds. LB., LBr. 282, Bl. 3-4) bezeichnet Leibniz sich und Francke als "instrumenta gloriae Dei", deren heiligste Pflicht es sei, soweit es in ihrer Macht stünde, das Reich Gottes sichtbar werden zu lassen, "quod in vera virtute sapientiaque latissime propagata consistere dubium mihi non videtur".
136 Vgl. N. HAMMERSTEIN, Geschichte der deutschen Universität im Zeitalter der Aufklärung (1970), S. 159 u. 178, Anm. 81. Dieser Gegensatz kommt im besonderen Maße in dem unterschiedlichen Missionsbegriff beider Gelehrter zum Tragen; s. Anm. 137.
137 Nds. LB., LBr. 282, Bl. 3-4, Bl. 3. Leibniz hatte erst kurz zuvor brieflichen Kontakt mit Francke aufgenommen und ihm ein Exemplar der *Novissima Sinica* (dazu ausführlicher im folgenden Kap. III, 2.2.2.4) zukommen lassen (Br. v. 9./19. Juli 1697, LBr. 282, Bl. 1-2). Francke wiederum ließ seine Antwort und die beigelegte Schrift *Historische Nachrichten, wie sie zur Verpflegung der Armen und Erziehung der Jugend in Glaucha zu Halle gemachten Anstalten veranlasset* durch seinen Schüler Neubauer überbringen. S. Leibniz' Brief an Placcius v. 8. August 1697, DUTENS 6, 1, N. 62. Vgl. auch E. BEYREUTHER, Francke und die Anfänge der ökumenischen Bewegung (1957), S. 85. Die sich anschließende Korrespondenz, die bis 1714 fortgesetzt wurde, jedoch nicht sonderlich rege verlief, berührte vornehmlich Fragen zur Chinamission. Hier zeigten sich allerdings gravierende Unterschiede in den Grundpositionen beider Gelehrter. Während Leibniz vorrangig eine wissenschaftlich-kulturelle Zielsetzung verfolgte, war Franckes Missionsbegriff weitaus stärker durch den Inhalt der biblischen Botschaft bestimmt. Vgl. u.a. auch BEYREUTHER, S. 100 ff.; R.W. MERKEL, G.W. von Leibniz und die China-Mission (Missionsswiss. Forschungen 1), Leipzig 1920, S. 123 u. 169 f.; s. auch weiter unten Kap. III, 2.2.2.4 passim.

138 Vgl. den Briefwechsel mit Placcius seit dem 12. Februar 1696, DUTENS 6, 1, S. 61 ff.
139 Die Pietisten waren bemüht, sich die Aufgeschlossenheit Peters U. für die westliche Bildung und im besonderen für die von Halle ausgehende pädagogische Reform zunutze zu machen. Vgl. P. BAUMGART, Leibniz und der Pietismus (1966), S. 370; E. WINTER, Halle als Ausgangspunkt der deutschen Rußlandkunde im 18. Jahrhundert (Dt. Akad. d. Wiss., Veröff. d. Instituts f. Slavistik 2), Berlin 1953, S. 53 ff.
140 S. Leibniz' Brief an den Helmstädter Professor der Theologie Joh. Fabricius v. 9. Mai 1698, KORTHOLT I, ep. XIV, 2, S. 25. Vgl. auch E. PFLEIDERER, Leibniz als Patriot (1870), S. 612.
141 Leibniz an einen unbekannten Adressaten am Wolfenbütteler Hof, 31. Mai 1697, GUERRIER, Leibniz in seinen Beziehungen zu Rußland, No 8, S. 9.
142 Ebd. No 127, S. 180.
143 Ebd. No 13; dazu ausführlicher Kap. III, 3.4.
144 August Hermann Franckes Schrift über eine Reform des Erziehungs- und Bildungswesens als Ausgangspunkt einer geistlichen und sozialen Neuordnung der Evangelischen Kirche des 18. Jahrhunderts. Der große Aufsatz. Hrsg. v. O. PODCZEK (= Abh. d. Sächs. Akad. d. Wiss. zu Leipzig, phil.-hist. Kl. Bd. 53, H. 3), Berlin 1962, S. 73.
145 *Wohl gemeyntes Bedencken*, KLOPP, Werke 10, S. 440.
146 "Dici non potest, quanta nos laboremus inopia iuvenum bonae spei voluntatisque". Leibniz an Francke, 7. Aug. 1697, Nds. LB., LBr. 282, Bl. 3.
147 *Erfordernisse einer guten Landesregierung*, AA IV, 3 N. 33, S. 366.
148 Vgl. FOUCHER, Oeuvres 7, S. 240.
149 Leibniz im Rahmen seiner Vorschläge zur Reform der Universität Helmstedt für Herzog Anton Ulrich am 8. Mai 1701, in: E. BODEMANN, Briefwechsel mit Herzog Anton Ulrich (1888), Br. 21, S. 152; s. auch vorne Kap. III, 1.3.4, S. 149.
150 GUERRIER; No 240, S. 354. Über das geringe Ansehen jener, "deren beruf die jugend zu unterweisen", vor allem in "Deutschland", klagt Leibniz schon in der *Ermahnung* von 1679. Unter Anspielung auf die Reformpädagogen des frühen 17. Jahrhunderts, insbesondere Ratke, bemerkt der hannoversche Gelehrte: Anstatt diese meist "wohl verdiente(n) leute [,] die mehrentheils thun [,] so viel in ihren kräfften, und sichs sauer gnug werden laßen ... zu beschimpfen und zu verkleinern", täte man besser daran, "ihre Wohl meinenden gedancken" zur Verbesserung des Schulwesens zu unterstützen und zu deren Verwirklichung Gelegenheit und Mittel anzubieten. AA IV, 3 N. 117, S. 804.
151 *Einige patriotische Gedanken*, AA IV, 3 N. 32, S. 364.
152 Vgl. den in der *Nova Methodus* aufgestellten Unterrichtsplan, AA VI, 1 N. 10, § 1-42; s. auch W. WIATER, Erziehungsphilosophische Aspekte (1990), S. 69.
153 Leibniz an Francke, 7. Aug. 1697, Nds. LB. LBr. 282, Bl.3.
154 Entwurf des Auftrages eines Bücher-Commissariates (Juli 1700), HARNACK II N. 46, S. 101; s. auch, KLOPP, Werke 10, S. 324.
155 *Ohnmaassgeblicher Vorschlag, wie durch allerhand Königliche und gemeinnüzige Concessiones der Societät der Wissenschaften abzuhelfen*. September 1704 HARNACK II, N. 76, S. 158; s. auch KLOPP, Werke 10, N. XXIV, S. 390/91.
156 *Entwurf eines Privilegs in Betreff des Unterrichtswesens für die Societät der Wissenschaften* (10. Februar 1705), HARNACK II, N. 79, S. 164; s. auch KLOPP, Werke 10, N. XXVII, S. 403.
157 Eckhardt in seinem Reisejournal, August 1704, E. BODEMANN, Plan einer Societät in Sachsen (1883), S. 195; s. auch FOUCHER, Oeuvres 7, S. 249-265, S. 258/259.
158 S. *Entwurf zu einem kaiserl. Diplome der Stiftung einer Societät der Wissenschaften zu Wien* (1713), ebd. S.379 (bzw. KLOPP, Leibniz' Plan der Gründung einer Societät der Wissenschaften in Wien (1868), Anlage XIII, S. 238); Leibniz an Prinz Eugen, ebd. S. 316.
159 GUERRIER, Leibniz in seinen Beziehungen zu Rußland (1873), No 127, S. 181.
160 L. RICHTER, Leibniz und sein Rußlandbild (1946), S. 138 ff.
161 S. *Denkschrift über die Collegien*, GUERRIER (1873), No 244; RICHTER (1946), S. 133-136. Guerrier bezweifelt die Autorenschaft Leibniz', möchte besagtes Schriftstück eher Heinrich Fick zuschreiben, einem Mann, "dem eine ehrenvolle Anerkennung in der Bildungsgeschichte Rußlands gehört", Vgl. ebd. S. 181 ff., S. 183. Allerdings wurden bisher weder für die eine noch für die andere These überzeugende Beweise erbracht. S. auch weiter unten Kap. III, 3.4.3.2.
162 Vgl. W. Moog, Geschichte der Pädagogik Bd. 2, S. 303 f.; s. auch weiter oben.
163 Vgl. *Nova Methodus*, AA VI, 1 N. 10, § 7; s. auch W. WIATER, Erziehungsphilosophische Aspekte (1990), S. 66.
164 Vgl. H. SCHLEE, Die Pädagogik Weigels (1971), S. 53.

165 Vgl. W. MOOG, Geschichte der Pädagogik Bd. 2, S. 270.
166 Vgl. H. SCHLEE, Die Pädagogik Weigels (1971), S. 53; E. AHLBORN (1968), S. 64.
167 *L'Education d'un Prince*, AA IV, 3 N. 68, S. 548: "ce qu'on apprend avec agrément et par raison, n'echappe pas si aisement de la memoire".
168 S. *De vita beata* (ca. 1670), ERDMANN, Opera omnia, S. 72; s. auch PFLEIDERER, Leibniz als Patriot (1870), S. 610. Daß Theorie und Praxis bei Leibniz nicht immer konform gingen, zeigt die praktische Erziehertätigkeit des Philosophen in Paris. Der Stundenplan (AA I, 1 N. 226), den er für Ph.W. v. Boineburg, den Sohn seines Mainzer Mentors, erstellte, zeichnete sich durch eine immense Fülle an Lernstoff aus; die Zeit, die dem jungen Baron für erholsame Beschäftigungen bzw. zur freien Verfügung stehen sollte, war dagegen gering. So waren die Schwierigkeiten mit seinem Zögling, der seinen Unterrichtsplan gekürzt und aufgelockert haben wollte, vorprogrammiert. Vgl. Leibniz' Korrespondenz mit Angehörigen und Vertrauten der Familie Boineburg in Mainz 1672/1673, AA I, 1 N. 193 ff.; vgl. dazu ausführlich W. WIATER (1990), S. 77 ff.
169 *Erfordernisse einer guten Landesregierung*, AA IV, 3 N. 33, S. 366.
170 PERTZ, Gesammelte Werke I, 4, S. 201/202. So wurde in Weigels Schule das sog. mechanische Lernen, das mit rhythmischen Körperbewegungen verbunden war, praktiziert. Durch die von Weigel entwickelte "Spiel- und Schreibe-Regel" konnte ein einziger Lehrer vielen Kindern gleichzeitig die Buchstaben beibringen, da die Schüler infolge einer mechanischen Verbindung die Schreibbewegung des Lehrers nachahmten. Vgl. W. MOOG, Geschichte der Pädagogik Bd. 2, S. 303/304.
171 In der Schrift *Schola ludus*, die Leibniz des öfteren erwähnt (s. auch weiter unten), entwickelt Comenius seine Lehrmethode "in einer eigenartigen, dramatisierten Form". Vgl. W. MOOG, S. 288; des weiteren: B. DRUSCHKY, Würdigung der Schrift des Comenius Schola ludus. Diss. Erlangen 1904; J. KÜHNEL, Comenius und der Anschauungsunterricht, Leipzig 1911.
172 *L'Education d'un Prince*, AA IV, 3 N. 68, S. 551: "J'approuverois merveilleusement *les Tableaux des arts*, s'il y en avoit, et j'ay souvent souhaitté qu'on fist designer et graver des grandes tailles douces, comme celles qui entrent dans les Atlas, qui representassent d'une seule veue toute une science, art ou profession".
173 *Grundriß*, AA IV, 1 N. 43, S. 540.
174 *Semestria Literaria*, AA IV, 3 N. 116, S. 785; s. auch vorne Kap. III, 1.3, S. 123.
175 *Teutschliebende Genossenschaft* (1697), H.H. HOLZ, Polit. Schriften 1, S. 81-85, S. 84.
176 Leibniz für Kurfürstin Sophie, Anf. Okt. 1694, AA I, 10 N. 58, S. 71.
177 Vgl. ebd.; s. auch Leibniz an Gabriel d'Artis, 2./12. Juli 1695, AA I, 11 N. 377, S. 554.
178 Jg. 1700, S. 881 ff.
179 Zu den genannten Romanen vgl. vorne Kap. III, 1.3.5, S. 153.
180 Leibniz an Herzog Anton Ulrich, 10. Febr. 1701, in: E. BODEMANN, Briefwechsel mit Anton Ulrich (1888), Br. 20, S.149; dt. Übers. d. franz. Originalstelle, ebd. S.81/82.
181 Des Herrn von Leibnitz zufällige Gedancken von Erfindung nützlicher Spiele / aus dessen mündlichen Unterredungen vormals aufgezeichnet von J.F.F., in: FELLER, Monum. ined. No. X, S. 642; s. auch GUHRAUER, Dt. Schriften 2, S. 491-493, S. 493; KORTHOLT III, N. XXXV, S. 279; lat. Fassung in DUTENS 5,1, S. 206.
182 Leibniz an Gilles Filleau des Billettes, 4./14. Dez. 1696, AA I, 13 N. 248, S. 373.
183 *Lebensregeln*, AA IV, 3 N. 145, S. 889.
184 Vgl. E. FELDKAMP, Sprache - ein Spiel? Münster: Institut f. Allgem. Sprachwissenschaft <der Westf. Wilhelms- Univ.>, 1986, S. 12.
185 *Lebensregeln*, AA IV, 3 N. 135, S. 890.
186 Leibniz an Ezechiel Spanheim, 13. Dez. 1705, BODEMANN-Brw., S. 294.
187 *Nouveaux Essais*, 4. Buch, Kap. XVI, § 9, PhB 69, S. 563. In der bei DUTENS (5, 1, S. 203-205) abgedruckten, undatierten Schrift *Annotatio de quibusdam ludis* bemerkt Leibniz dazu: Saepe notavimus, nusquam homines, quam in ludicris ingeniosiores esse: atque ideo ludos Mathematicorum curam mereri, non per se, sed artis inveniendi causa". (S. 203).
188 *Consultatio*, AA IV, 3 N. 133, S. 879/880.
189 S. DUTENS 5, 1, S. 203 ff.; GUHRAUER, Dt. Schr. 2, S. 491 ff.; COUTURAT, Opuscules, S. 568 ff.
190 *Grundriß*, AA IV, 1 N. 43, S. 540.
191 *Ermahnung*, AA IV, 3 N. 117, S. 805. Wir sehen Leibniz auch als Ansprechpartner sozialprivilegierter Damen, die in die noch fast ausschließlich "männliche" Gelehrtenrepublik einzudringen gewillt waren. 1704 wurde er z.B. von der Prinzessin Luise von Hohenzollern-Hechingen um Unter-

stützung für eine *Academie des dames de qualitez* gebeten. S. G. UTERMÖHLEN, Leibniz im Briefwechsel mit Frauen. In: Niedersächs. Jahrb. f. Landesgeschichte 52 (1980), S. 243 f.

192 *Agenda*, AA IV, 3 N. 136, S. 902.

193 G.M. ROSS, Leibniz's Exposition of his System to Queen Sophie Charlotte and other Ladies, in: Stud. Leibn., Sonderh. 16 (1990), S. 61-69, S. 69. Leibniz habe, so Jauch, Frauen als Gesprächspartner immer ernst genommen. Entgegen dem Vorurteil der Zeit sei er vom "zureichenden Vermögen weiblicher Verstandeskräfte" durchaus überzeugt gewesen. Wenn überhaupt, so habe er "auf mangelnde weibliche Bildungschancen und ein daraus evidentermaßen resultierendes intellektuelles Trägheitsmoment der Frauen, nicht aber auf ein (naturgegebenes) intellektuelles Defizit" hingewiesen. U.P. JAUCH, Leibniz und die Damenphilosophie: Zu einem besonderen Aspekt der Popularphilosophie. In: Leibniz Tradition und Aktualität. Vorträge (1988), S. 385-392, S. 388. Zur Bestärkung dieser Auffassung sei hier noch eine Bemerkung des Philosophen aus einem Brief an die spätere Königin von Preußen Sophie Charlotte, vom November 1697 zitiert: "En effet, j'ai souvent pensé que les dames dont l'esprit est élevé, sont plus propres que les hommes à avancer les belles connaissances." HARNACK II, N. 12, S. 44.

194 Denkschrift für Kurfürst Friedrich III., die Gründung der Berliner Sozietät betr., 26. März 1700, HARNACK II, Nr. 30 b, S. 80; s. auch ebd. Nr. 30 a, S. 77.

195 Um das Niveau der Akademien zu wahren, mußte jedoch der Zustrom von Dilettanten und demisavants kanalisiert und ihr Einfluß auf die Arbeit in den Akademien verhindert werden. Zu diesem Zweck standen gewisse Ventile bereit, wie z.B. die Ehrenmitgliedschaft für einflußreiche Adelige und Geistliche oder die jährlichen Preisgaben, an denen sich jeder beteiligen konnte. Vgl. L. HAMMERMAYER, Akademiebewegung und Wissenschaftsorganisation (1976), S. 12.

196 S. vorne Kap. III, 1.2, S. 99 ff.

197 Vgl. *Nouveaux Essais*, 4. Buch, Kap. XVI, § 9, PhB 69, S. 563.

198 "Cogitanti mihi de rationibus procurandi publici boni, succurrit sane, quod vos quoque rectissime judicatis, emendatum iri humanum genus educatione juventutis in melius reformata". DUTENS 6, 1, N. 48, S. 65; dt. Übers. v. E. AHLBORN, Pädagogische Gedanken im Werke von Leibniz (1968), S. 67.

199 S. Brief an Placcius v. 26. Febr. 1696, DUTENS 6, 1, S. 67 f.

200 Ebd. S. 65.

201 "Equidem scholas esse seminaria reipublicae dudum dictum est. Sed nemo uspiam hortulamus plantas novellas tam negligenter tractat, quam nos teneras illas stirpes, in malum bonumve flexiles (flexibiles), prout primae manus fuere". Leibniz an A.H. Francke, 7. Aug. 1697, Nds. LB., LBr. 282, Bl. 3.

202 *Einige patriotische Gedanken*, AA IV, 3 N. 32, S. 361; vgl. auch W. SCHNEIDERS, Vera Politica (1978), S. 593.

203 S. weiter oben Kap. III, 2.2.1.4, S. 247 ff.

204 Vgl. auch W. WIATER, Leibniz' Bedeutung in der Pädagogik (1985), S. 73; DERS., Erziehungsphilosophische Aspekte (1990), S. 143.

205 GUHRAUER, Dt. Schriften 2, S. 39.

206 Vgl. W. SCHNEIDERS, Sozialutopie (1975), S. 73 f.

207 DERS. Vera Politica (1978), S. 594. Ein entschiedenes Plädoyer für eine authoritär-obrigkeitliche Erziehung hat Leibniz in dem Konzept *Erfordernisse einer guten Landesregierung* (1680) zu Papier gebracht. S. AA IV,3 N. 33.

208 *Einige patriotische Gedanken*, AA IV, 3 N. 32, S. 361; s. auch oben Kap. III, 2.2.1.5, S. 257 ff.

209 S. bes. *Grundriß*, AA IV, 1 N. 43; vgl. auch W. WIATER, Erziehungsphilosophische Aspekte (1990), S. 105.

210 *Einige patriotische Gedanken* , S. 362.

211 *Bedencken*, AA IV, 1 N. 44, S. 546.

212 Vgl. KLOPP, Werke 6, S. 221.

213 S. u.a. GRUA II, S. 613; vgl. auch W. SCHNEIDERS, Sozialutopie (1975), S. 73.

214 Vgl. auch E. AHLBORN, Pädagogische Gedanken(1968), S.151.

215 "At Executio optime designatorum, nulla est, nisi sit Executor". Brief an Joh. Lincker, 31. Dez. 1672, gedr. D. MAHNKE, Ein unbekanntes Selbstzeugnis Leibnizens aus seiner Erziehertätigkeit, in: Zeitschr. f.d. Gesch.d. Erziehung u. d. Unterrichts, 20. Jg., H. 4 (1931), S. 259-275, S. 271-275, S. 273.

2.2.2.2 Die Sozietät als Ordner des Buchwesens

1 Zu Leibniz' Auffassung von der Bedeutung des Buchs vgl. u.a. K. HERRMANN, Das Staatsdenken bei Leibniz, Bonn 1958 (Schriften zur Rechtslehre u. Politik 10),bes.S. 73 ff.
2 S. vorne Kap. III, 1.1.1.
3 *Grundriß*, AA IV, 1 N. 43, S. 539.
4 S. weiter unten.
5 Vgl. K. SCHOTTENLOHER, Bücher bewegten die Welt, Bd. 2, Stuttgart 1952, S. 330.
6 Dazu: A. STEIN-KARNBACH, Leibniz und der Buchhandel (1982), Sp. 1197 ff., 1381 ff.
7 "Duo sunt in Bibliopolis, quae eos ambiguos redere solent: unum lucri cupiditas, alterum ignorantia. Ita nesciunt, quid eligere debeant, nec satis fidunt eruditis, quia putant, eos magis intelligere, quid sit doctum, quam quid sit vendibile." ERDMANN, Opera omnia, Epist. XII, S. 456.
8 Leibniz an Daniel Georg Morhof, August (?) 1690, AA I, 5 N. 395, S. 662.
9 Denkschrift betr. die Gründung einer *Societas Literatorum Germaniae*, 9./19. März 1699, gedr. STEIN-KARNBACH (1982), Anhang II, Sp. 1387.
10 "Ita literae et literati a Bibliopolarum servitute vindicabuntur, quorum saepe mercenarios agere et hominum non satis gnarum, unique lucro intentorum vanis destinationibus famulari coguntur." S. *Societatis Imperialis Germanicae designatae schema*, 2. Jan. 1713, KLOPP, Leibniz' Plan einer Sozietät in Wien (1868), Anlage IX, S.223.
11 A. STEIN-KARNBACH (1982), Sp. 1384.
12 Vgl. E. KUHNERT / H. WIDMANN, Geschichte des Buchhandels (1952), S. 908 ff.
13 Vgl. vorne Kap. III, 1.1.1, passim.
14 Leibniz an Jablonski, 26.3.1700, HARNACK II, Nr. 29, S. 74, § 11 u. ff.
15 S. *Einige ohnmaßgebliche Vorschläge pro fundo Societatis Scientiarum* (Juni 1700), ebd. S. 92-94, s. S. 94, Pkt. 5.
16 Vgl. J. GOLDFRIEDRICH, Geschichte des Deutschen Buchhandels (1908), S. 352/53.
17 *Einige ohnmaßgebliche Vorschläge*, S. 94.
18 *Entwurf des Auftrages eines Bücher-Commissariates usw. für die Societät der Wissenschaften* (Juli 1700), HARNACK II, S. 98-101.
19 Ebd. S. 100.
20 *Erzählung von der Absicht der preußischen Sozietät der Wissenschaften, was sie bisher geleistet und wodurch sie gehindert ...* (1702), zit. n. HOLZ, Polit. Schriften 2, S. 90-93, S. 93; s. auch HARNACK II, N. 67, S. 150. Über die Rückständigkeit des preußischen Literaturmarktes vgl. auch STEIN-KARNBACH (1979), S. 83; (1982), Sp. 1349/1350.
21 S. oben S. 288; s. auch *Auftrag eines Bücher-Commissariates* (1700), HARNACK II, S. 100.
22 Ebd.
23 Vgl. ebd. sowie *Erzählung von der Absicht der preuß. Sozietät*, HOLZ, Polit. Schriften 2, S. 93, bzw. HARNACK II, N. 67, S. 150.
24 *Auftrag eines Bücher-Commissariates*, S. 99.
25 Vgl. E. HEYMANN, Bücherprivilegien und Zensur (1932), S. CI.
26 S. *Königliche Verordnung, betr. die Büchercensur durch die Societät vom 24. Aug. 1708*, HARNACK II, N. 92. Das vom Sekretär der Sozietät Joh. Theodor Jablonski vom 25. November 1708 bis 1731 geführte Protokollheft über die Zensurakten beweist, daß die Zensur ausgeübt wurde und zwar ganz im Sinne von Leibniz, insofern als auch wissenschaftliche Bücher auch hinsichtlich ihres wissenschaftlichen Wertes prüfte. Vgl. HEYMANN (1932), S. CIII/CIV.
27 J.G. ECKHARTS *Reisejournal* (1704), in: E. BODEMANN, Leibniz' Plan einer Sozietät in Sachsen (1883), S. 194.
28 FOUCHER, Oeuvres 7, S. 223.
29 *Reisejournal*, S. 194.
30 S. u.a. Entwurf v. 2. Jan. 1713, KLOPP, Sozietät der Wissenschaften in Wien (1868), Anlage IX, S. 224.
31 Vgl. vorne Kap. III, 1.1, Anm. 68 und passim.
32 U. OTTO, Die literarische Zensur als Problem der Soziologie der Politik, Stuttgart 1968, S. 6 u. 22.
33 Vgl. ebd. S. 3/4.
34 Vgl. DUTENS 6, 1, S. 64; s. auch weiter oben S. 270 f.

35 Vgl. *Notanda das Bücherkommissariat betr.*, Jan. 1670 (?), AA I, 1 N. 24, § 12 u. 14.
36 HARNACK I, S. 80, Anm. 2.
37 W. TOTOK, Leibniz als Wissenschaftsorganisator (1966), S. 308.
38 Vgl. U. EISENHARDT, Die kaiserliche Aufsicht über Buchdruck und Presse (1970), S. 153.
39 *Auftrag eines Bücher-Commissariates* (1700), HARNACK II, S. 98.
40 S. vorne Kap. III, 1.1, Anm. 68.
41 E. HEYMANN, Bücherprivilegien und Zensur (1932),S.CVIII. Im Dienste und für die Interessen des Welfenhauses ist Leibniz denn auch als Zensor tätig geworden. Seitens des Geheimen Rates wurde ihm im August 1696 eine hannoversche Chronik zur Prüfung geschickt, die der Buchhändler Förster verlegen wollte (AA I, 13 N. 6). Die sich über mehrere Monate hinziehende Untersuchung des Werkes, das Leibniz schon auf Anhieb als "zimlich schlecht" und "gegen unsere wahre Principia" beurteilt hatte (ebd. Erl.; s. auch PERTZ, Werke I, 4, S. 184), hat dann offensichtlich auch zum Abbruch der bereits begonnenen Drucklegung geführt.
42 HEYMANN (1932), S. CVIII/CIX; vgl. auch EISENHARDT (1970), S.141.
43 Leibniz in seinem Entwurf zu einer *Societas subscriptionum* vom 28. Oktober 1716, gedr. v. J. KIRCHNER, Ein unbekanntes eigenhändiges Schriftstück von Leibniz. In: Ders. Ausgewählte Aufsätze aus Paläographie, Handschriftenkunde, Zeitschriftenwesen und Geistesgeschichte, Stuttgart 1970, S. 82-88, S. 82.
44 S. vorne Kap. III, 1.4, S. 192 ff.
45 Vgl. STEIN-KARNBACH (1982), Sp. 1349.
46 *Reisejournal*, S. 194.
47 S. weiter unten.
48 *Reisejournal* , S. 195.
49 Vgl. *Denkschrift für Prinz Eugen von Savoyen über die Gründung einer Akademie der Wissenschaften in Wien* (1714), in: LEIBNIZ-Faksimiles, S. 64.
50 S. auch vorne Kap. III, 1.1.1.1, S. 65 f.
51 Vgl. auch STEIN-KARNBACH (1982), Sp. 1345 ff.
52 *Auftrag eines Bücher-Commissariates* (1700), S. 100.
53 *Denkschrift über die Fundierung der Sozietät der Wissenschaften auf ein Notizamt*, FOUCHER, Oeuvres 7, S. 358-366, S. 363. Dieses Schriftstück stammt lt. MÜLLER/KRÖ-NERT (Leibniz-Chronik, S. 242) aus dem Jahre 1713.
54 STEIN-KARNBACH (1982), Sp. 1367.
55 S. Denkschrift betr. die Gründung einer *Societas Literatorum Germaniae* v. 9./19. März 1699, die eine Kombination von Leibniz' alten Plänen für einen *Nucleus librorum semestralis* und einer Subkriptionsgesellschaft darstellt; erstmals gedr. ebd. Anhang II, Sp. 1387 ff., s. auch Sp. 1354 ff. Zwölf Jahre später brachte er den Entwurf zu einer *Societas Carolina* (1711) zu Papier. Dieser kennzeichnet eine Variante seiner Subskriptionsgemeinschaft, die gleichzeitig die Vorzüge einer Lebensversicherung haben sollte. Gedr. ebd. Anhang III, Sp. 1389 ff.; s. auch Sp. 1361 ff.
56 Für den Sohn und Privatsekretär Philipp Wilh. v. Boineburgs, Franz von Belmont, legte Leibniz wenige Wochen vor seinem Tod, am 28.10.1716, den Plan zu einer *Societas subscriptionum* schriftlich nieder, den er zuvor schon mit dem Gelehrten Sebastian Kortholt, wenn auch nicht so ausführlich, brieflich diskutiert hatte. Gedr. J. KIRCHNER, wie oben Anm. 43; s. auch die beiden Briefe an Kortholt vom 15.10. und 19.11.1715, gedr. DUTENS 5, 2, Epist. XXVIII und XXIX, S. 331 ff.; vgl. dazu ausführlicher STEIN-KARNBACH (1982), Sp. 1377 ff. Als zukünftige Mitglieder einer solchen Sozietät wollte Leibniz alle Personen gewinnen, "die Bibliotheken haben, unterhalten, anschaffen und vermehren", die also regelmäßig in Bücher investierten; darunter Fürsten, Bischöfe, Gelehrte, ebenso Klöster, Universitäten und Städte, schließlich auch ausländische Interessenten. S. KIRCHNER, S. 83/84. Leibniz' Sekretär Eckhart notiert dazu in der 1717 edierten Vita seines verstorenen Dienstherrn:
"Rem literariam zu beforedern, wolte er eine Societät gelehrter oder wohlhabender Leute, so Bibliothequen haben, zusammen bringen: diese solten sich obligiren, in ihre Bibliothequen gewisse gelehrter Buecher, so die Societät verlegen wolte, zu kaufen: Und meinte er auf diese Weise die Gelehrten zu encouragiren, allerley tiefsinnige materien auszuarbeiten und herauszugeben, die ihnen sonst die bloß auf ihren Vortheil sehenden Buchfuehrer nicht verlegen wollen, weil sie etwa von allgemeinem debit nicht gewesen." J.G. ECKHART, Lebenslauf (1717), S. 190.
57 S. KIRCHNER (1970), S. 83; vgl. auch *Societas Literatorum Germaniae* (1699), STEIN-KARNBACH Sp. 1389, Pkt. 15.
58 KIRCHNER (1970), S. 84.

59 Wie oben Anm. 55, Sp. 1390.
60 KLOPP, Werke 10, S. 390; s. auch weiter oben Kap. III, 2.2.2.1 e, S. 279 f.
61 Br. v. Aug. (?) 1690, AA I, 5 N. 395, S. 661 f.; s. auch vorne Kap. III, 1.1, Anm. 37.
62 G. VOSSIUS, Ars historia sive de historia et historices. Leiden 1623; Historia de controversiis quas Pelagius ejusque reliquiae moverunt. Leiden 1618. S. AA I, 5 Schriftenverz. N. 1567.
63 Br. v. 3./13. Aug. 1692, AA I, 8 N. 222.
64 Br. v. 12./22. Sept. 1692, ebd. N. 250.
65 Br. v. 23. Sept. (3. Okt.) 1692, ebd. N. 270, S. 455.
66 Ebd. N. 250, S. 426.
67 Vgl. K. MOLL, Der junge Leibniz I, S. 34.
68 GERHARDT, Phil. Schr. 7, S. 60. Die *Scientia generalis*, die zwei Teile umfassen sollte, eine *Ars judicandi* und eine *Ars inveniendi*, sollte, so Schepers, dem Aufbau der demonstrativen Enzyklopädie dienen und wäre von dieser zu unterscheiden wie das Werkzeug von dem zu erstellenden Werk. Da aber dieses Werkzeug seinerseits noch zu erstellen war, gingen die Zielvorstellungen gelegentlich ineinander über. Vgl. H. SCHEPERS, Scientia Generalis, Ein Problem der Leibniz-Edition. In: Leibniz. Tradition und Aktualität (1989), S. 350-359, S. 352.
69 Die Idee einer Universalsprache war eine "Lieblingsidee der baulustigen Barockzeit". Man hoffte, die "wahre Sprache der Vernunft" zu finden. Erste, noch primitive Ansätze stellen etwa die Versuche J.J. Bechers und Athanasius Kirchers zur Schaffung eines durchnummerierten Wörterbuchs in verschiedenen Sprachen dar. (vgl. J.J. BECHER, Character pro notitia linguarum universali (1661); A. KIRCHER, Polygraphia nova et universalis (1663)). Demgegenüber will Leibniz, wie schon vor ihm Raimund Lullus (1234-1316; Ars magna), George Dalgarno (Ars signorum, vulgo character universalis et lingua philosophica, 1661) und John Wilkins (An Essay towards a Real Character, and a Philosophical Language, 1668), die Sprache der Begriffe selbst; diese setzt "eine logische Ordnung der elementaren, nicht weiter zerlegbaren Begriffe" voraus. K. HUBER, Leibniz (Repr. 1989), S. 87; vgl. außerdem: H.W. ARNDT, Die Entwicklungsstufen von Leibniz' Begriff einer "lingua universalis". In: Das Problem der Sprache. 8. Deutscher Kongreß f. Philosophie, Heidelberg 1966, München 1967, S. 71-79; H.G. SCHULTE-ALBERT, Leibniz's Plans for a World Encyclopaedia System (Diss.), Cleveland, Ohio 1972, bes. S. 120 ff. Den ersten Versuch zu einer Universalsprache, der das Verfahren Lull's verbessern sollte, stellt Leibniz in der *Dissertatio de Arte combinatoria* (Erstdr. Lipsiae 1666) vor. S. AA VI, 1 N. 8.
70 Vgl. bes. E. WEIGEL, Idea totius Encyclopaedia mathematico-philosophica. Jena 1671; dazu ausführlicher K. MOLL, Der junge Leibniz I, S. 34 ff. u. 114 ff.
71 Leibniz an Pellisson, 28. Nov. (8. Dez.) 1692, AA I, 5 N. 114, S. 206.
72 GUERRIER, Leibniz in seinen Beziehungen zu Rußland(1873), N. 240.
73 Ebd. S. 358.
74 Ebd. S. 356.
75 Ebd. S. 355.
76 S. auch vorne Kap. III, 1.3.1, passim. Vgl. auch H. SCHEPERS, Scientia generalis (1989), S. 358.
77 GUERRIER (1873), S. 357.
78 Ebd. S. 358 f.
79 Offenbar hat Leibniz Christian Wolff, dessen *Anfangsgründe sämtlicher mathematischen Wissenschaften* (1710) er für das bislang beste Werk dieser Art hielt (ebd. S. 358), in seine Pläne eingeweiht. In jungen Jahren, so Wolff in dem *Lebenslauf* Leibniz (WOLFF, Gesammelte kleine philosophische Schriften (1739), S. 460), habe der Philosoph mit Unterstützung Hesenthalers Altstedts Enzyklopädie verbessern und erweitern wollen (s. auch vorne Kap. III, 1.3 Anm. 119). "Ob ihn nun wohl hernachmahls andere Geschäffte hinderten, daß er sein Vorhaben nicht zu Stande bringen konnte: so war er doch auch in seinem Alter noch eben dieser Meynung. Denn als er ohngefähr drey Monathe vor seinem Tode zu Halle mit dem Professor Wolfen sprach: So sagte er, daß er gerne sehen möchte, daß einer nach so vielen Erfindungen der neueren Gelehrten, eine Encyclopädie nach dem Exempel des Altstedts zusammen schriebe, darein man in der Mathematik die Wolffischen Anfangsgründe der gantzen Mathematic einsencken könnte".
80 GUERRIER, N. 240, S. 358.
81 S. auch vorne Kap. III, 1.3.1, passim.
82 GUERRIER, N. 240, S. 358.
83 Über die frühen "Enzyklopädisten" vgl. U. DIERSE, Enzyklopädie. Zur Geschichte eines philosophischen und wissenschaftstheoretischen Begriffs. Bonn 1977, S. 15 ff.

84 *Encyclopédie ou Dictionnaire raisonné des sciences, des arts et des métiers*, 35 Bde., 1751-80. Dem Kreis der sog. Enzyklopädisten, den Mitarbeitern dieses Unternehmens, gehörten u.a. Voltaire, Montesquieu und Rousseau an.
85 COUTURAT, La Logique de Leibniz, Paris 1901, S. 176.
86 Vgl. K. MOLL, Der junge Leibniz I, S. 35.
87 Vgl. auch W. v. ENGELHARDT, Schöpferische Vernunft, S. 457.
88 AA I, 2 N. 296, S. 317; s. auch N. 306, S. 325.
89 *Nouvelles ouvertures*, COUTURAT, Opuscules, S. 225.
90 Vgl. J. STREISAND, Geschichtliches Denken von der deutschen Frühaufklärung bis zur Klassik, Berlin 1964,S.30ff; s. auch Anm. 96.
91 G. SCHEEL, Leibniz' Pläne für das "Opus historicum" und ihre Ausführung. In: Stud. Leibn., Suppl. 4 (1969), S. 134-155.
92 AA I, 3 N. 17, S. 20; N. 40, S. 57.
93 S. AA I, 1 N. 243, S. 358; I, 5 N. 14, S. 38; N. 221, S. 389; N. 331, S. 574; I, 7, N. 280, S. 509; N. 308, S. 549; N. 310, S. 551.
94 S. AA I, 10 N. 438. 439. 444; s. auch AA I, 11 N. 120-123.
95 S. R. DOEBNER, Nachträge zu Leibnizens Briefwechsel mit dem Minister Bernstorff, ZHVN (1884), S. 236. 238. 239.
96 Vgl. J. STREISAND, Geschichtliches Denken (1964), S. 40. Den Schlüssel für den engen Zusammenhang von Historie und Politik, ein "bis zur Französischen Revolution überall im Geltungsbereich des deutschen Staatsrechts zu beobachtendes Phänomen", bietet der im Feudalrecht verankerte Grundsatz, daß gutes altes Recht jüngeres Recht bricht. Dieses alte Recht konnte nur mit Hilfe historischer Forschungen nachgewiesen werden. S.G. SCHEEL, Leibniz und die geschichtliche Landeskunde (1966), S. 73.
97 S. *Annales imperii occidentis Brunsvicenses*, PERTZ, Werke 1-3, 1843-1846.
98 Vgl. J. STREISAND, Geschichtliches Denken (1964), S. 40.
99 K. HUBER, Leibniz (Repr. 1989), S. 223.
100 S. auch vorne Kap. II, 1, S. 25 u. Anm. 20.
101 Vgl. W. VOISÉ; Modell des politischen Denkens (1966), S. 183.
102 Wohl beeinflußt von den historisch-politischen Ideen Conrings, sah Boineburg in der Geschichte die Grundlage der für den Politiker notwendigen Kenntnis der Staaten. Die Belebung der deutschen Geschichtswissenschaft war ihm daher ein Anliegen, wie u.a. seine Pläne für eine gelehrte Gesellschaft zur Bearbeitung einer deutschen Verfassungsgeschichte bezeugen. Nicht mit Unrecht, so Boineburgs Biographin Eva Ultsch, betrachte man ihn als einen der geistigen Vorfahren des Historischen Reichskollegs in Wien. Vgl. E. ULTSCH, Boineburg (1936), S. 67/68; S. auch vorne Kap. III, 1.4, S. 190 ff. sowie 3.3.1.2, S. 430 ff.
103 "Historia Divinae providentiae speculum est". GERHARDT, Phil. Schr. 7, S. 139; s. auch W. v. ENGELHARDT, Schöpferische Vernunft, S. 234. Im Gegensatz zu Leibniz, der eine kontinuierliche Entwicklung vom anfänglichen Chaos zu immer besseren Formen der menschlichen Ordnung annimmt, sieht Bossuet, der Verfasser des *Discours sur l'histoire universelle* (1681), den Widerspruch zwischen der göttlichen Ruhe und Beständigkeit und der irdischen Unruhe und Veränderlichkeit als Grundprinzip der Geschichte. Vgl. auch J. STREISAND, Geschichtliches Denken (1964), S. 15; W. VOISÉ, Leibniz und die Entwicklung des sozialen Denkens (1973), S. 183.
104 *Nouvelles ouvertures*, COUTURAT, Opuscules, S. 226.
105 W. v. ENGELHARDT, Schöpferische Vernunft, S. 235.
106 *Mémoire pour des personnes éclairées*, KLOPP, Werk 10, S. 13/14.; s. auch ENGELHARDT, Schöpferische Vernunft, S. 235 u. ff. Vgl. dazu auch W. CONZE, Leibniz als Historiker (Leibniz zu seinem 300. Geburtstag 1646-1946, hrsg. v. Erich Hochstetter, Lfg. 6), Berlin 1951, S. 45 ff.
107 DUTENS 5, 1, S. 75.
108 *Nouveaux Essais* (PhB 69), Vorrede S. 13.
109 W. VOISÉ, Leibniz und die Entwicklung des sozialen Denkens (1973), S. 182.
110 S. vorne passim.
111 S. *Nouveaux Essais* (PhB 69), 1. Buch.
112 Schon Blaise Pascal (1623-1662) hat diesen Gedanken angedeutet, indem er die Reihe der Generationen als einen einzigen Menschen begreift, der gleichsam immer lebt und beständig lernt. Vgl. C. v. BROCKDORFF, Gelehrte Gesellschaften (1940), S. 17.

113 Vgl. A. KRAUS, Vernunft und Geschichte. Die Bedeutung der deutschen Akademien für die Entwicklung der Geschichtswissenschaft im späten 18. Jahrhundert. Freiburg, Basel, Wien 1963, S. 29 u. ff.
114 *Monadologie* (PhB 253), § 22, S. 36.
115 GERHARDT, Phil. Schr. 6, Partie III, § 360.
116 Vgl. A. KRAUSS, Vernunft und Geschichte (1963), S. 28.
117 *Discours touchant la methode de la certitude et l'art d'inventer*, ERDMANN, Opera omnia, N. LIV, S. 172.
118 COUTURAT, Opuscules, S. 226.
119 Vgl. W. VOISÉ, Leibniz und die Entwicklung des sozialen Denkens (1973), S. 185. Über die Verbindung von Geschichte und Politik bei Leibniz vgl. bes. Ders., Leibniz' Modell des politischen Denkens (1969), S. 186 ff.
120 So z.B. auch im Zusammenhang mit der Legitimierung der Ansprüche Lothringens. S. AA I, 5 N. 96. 99. 116.
121 Vgl. dazu vorne Kap. II, 1, Anm. 85.
122 AA I, 5 N. 222, S. 390.
123 S. auch W. VOISÉ (1973), S. 182 u. 185; (1969), S. 186; s. auch weiter oben.
124 *Accessiones historicae, quibus utilia superiorum temporum historiis illustrandis scripta monumentaque nondum edita, inque iis scriptores diu desiderati continentur.* T. 1, Lipsiae 1698, Vorrede: "Tria sunt quae expetimus in Historia: primum voluptatem noscendis singulares, deinde utilia imprimis vitae praecepta; ac denique origines praesentium a praeteritis repetitas, cum omnia optime ex causis noscantur. Accedit, quod spes posteritatis homines ad praeclara gerenda inflammat, ut quemadmodum legunt veteres, ita ipsi vicissima secuturis leguntur."
125 Leibniz an Leopold I., Ende Oktober 1688, AA I, 5 N. 150 (Beilage zu N. 149), S. 271 u. 273.
126 Vgl. bes. das für Herzog Ernst August angefertigte Gutachten über das *Opus Genealogicum* des Teodoro Damaideno vom April (?) 1685. AA I, 4 N. 149. Die Anforderungen des Philosophen an Arbeits- und Darstellungsweise des Geschichtsforschers und -schreibers zeigt vor allem auch sein Gutachten zu Behrens' Geschichte des Hauses Steinberg. S. AA I, 13 N. 69. Vgl. auch BODEMANN, Leibnizens Entwürfe zu seinen Annalen von 1691 bis 1692, ZHVN (1885), S. 19-25.
127 U.a. mit Du Cange und Mabillon in Frankreich, dem Jesuiten Papebroch in den Spanischen Niederlanden, Sagittarius, Spener und Meibom in "Deutschland" sowie seit 1708 mit Muratori in Italien: S. AA I, 4 ff., Register. Schon in den Mainzer Jahren korrespondierte Leibniz mit den Historikern Boeckler in Straßburg, Conring in Helmstedt, Blum in Heidelberg und seit 1679 mit Phil. Wilh. v. Hörnigk in Passau. S. ebd. I, 1 ff., Register.
128 F. MEINECKE, Die Entstehung des Historismus, Bd. 1, München u. Berlin 1936, S. 37.
129 Dom Jean Mabillon (1632-1707), Mitglied der um die Einführung der historisch-kritischen Methode in die Geschichtswissenschaft verdienten französischen Benediktiner (Mauriner, gegr. 1621), gilt als Begründer der wissenschaftlichen Urkundenlehre. Vgl. *De re diplomatica libri sex* (1681). Über Mabillon, mit dem Leibniz von 1687 (AA I, 4 N. 472) bis 1701 historische Fragen diskutierte, vgl. u.a. H. LECLERCQ, Mabillon, 2 Bde., Paris 1953/57; G. HEER O.S.B., Johannes Mabillon und die Schweizer Benediktiner 1938. Ein Beitr. z. Gesch. d. hist. Quellenforschung im 17. u. 18. Jahrhundert. St. Gallen 1938. – Auf die historisch-kritische Methode der niederländischen Jesuiten (Bollandisten), die in den seit 1643 von Jean Bolland herausgegebenen *Acta Sanctorum* ihren Niederschlag fand, wurde Leibniz vermutlich von einem ihrer Mitherausgeber, dem Jesuiten Johann Gamans (gest. 1684) aufmerksam gemacht, mit dem er in den Jahren 1671 bis 1674 korrespondierte. Vgl. E.R. SANDVOSS, Leibniz (1976), S. 109; MÜLLER/KRÖNERT, Leibniz-Chronik, S. 22.
130 Vgl. K. HUBER, Leibniz (Repr. 1989), S. 225.
131 *Nouveaux Essais* (PhB 69), 4. Buch, Kap. 11, § 11, S. 569.
132 Vgl. bes. Leibniz' Korrespondenz mit Gerhard Meier, AA I, 9 N. 414 ff.
133 *Bedenken*, AA IV, 1 N. 44, S. 544, § 4.
134 GERHARDT, Phil. Schr. 3, S. 61.
135 *Mémoire pour des personnes eclairées*, KLOPP, Werke 10, S. 13.
136 Vgl. G. SCHEEL, Leibniz und die deutsche Geschichtswissenschaft um 1700. In: K. Hammer/J. Voss (Hrsg.), Historische Forschung im 18. Jahrhundert. Bonn 1976, S. 85 f.; DERS., Opus historicum (1969), S. 138; dazu ausführlich mit Belegen DERS., Leibniz als Historiker des Welfenhauses, in: Totok/Haase, Leibniz (1966), S. 235.
137 Vgl. dazu Leibniz' Entwürfe für die Welfengeschichte 1691/92, u.a. AA I, 6 N. 21; I, 8 N. 8 u. 9; BODEMANN, Leibnizens Etnwürfe zu seinen Annalen von 1691 bis 1692, ZHVN 1885, S. 25 ff.

138 Leibniz an Kurfürstin Sophie,, 11./21. Sept. 1695, AA I, 11 N. 80, S. 104.
139 Leibniz an Spener, April (?) 1685, AA I,4 N.481, S. 580.
140 S. u.a. AA I, 13 N. 69. 235. 254.
141 Leibniz an Johann Eisenhardt, Februar (?) 1679, AA I, 2 N. 411, S. 426; s. auch *Nouveaux Essais*(Phb 69), 4. Buch, Kap. 11, § 11, S. 566 f.
142 BODEMANN, Nachträge, ZHVN 1890, S. 142: Leibniz an Herzogin Eleonore von Celle, 3. Jan. 1699.
143 Leibniz an v. Bülow u. Bernstorff, AA I, 13 N. 105, S. 170.
144 Vgl. G. SCHEEL, Opus historicum (1969), S. 136; L. DAVILLÉ, Leibniz historien. Essai sur l'activité et la méthode historique de Leibniz. Paris 1909, S. 474-477. Zur praktischen Anwendung dieses methodischen Verfahrens des Historikers Leibniz bei seinen eigenen Studien vgl. A. SCHRÖCKER, Leibniz als Herausgeber historischer Quellen. In: Mitteilungen des Österr. Staatsarchivs 29 (1976), S. 127/128.
145 Vgl. A. KRAUS, Vernunft und Geschichte (1963), S. 46.
146 Vgl. W. CONZE, Leibniz als Historiker (1951), S. 57.
147 Vgl. ebd. "Il faut avouer aussi", schreibt Leibniz 1692 in einem vermutlich für Herzog Ernst August bestimmten Entwurf zur Welfengeschichte, "que toutes les parties de l'Histoire ne sont pas egalement susceptibles d'exactitude, car qui est ce qui nous Pourroit asseurer des motifs cachés que l'Histoire ancienne rapporte. On a assez de peine à les deviner dans les affaires d'aujourdhuy. Mais aussi faut - il avouer, que c'est ce qu'on demande le moins dans les Hitoires anciennes, et c'est plustot la chronologie et la genealogie qui out le plus besoin de rectification", S. BODEMANN, Leibnizens Entwürfe, ZHVN 1885, S. 22; s. auch S. 6 f. u. S. 21.
148 *Nouveaux Essais* (PhB 69), 4. Buch, Kap. II, § 14, S. 433.
149 Zur Logik der Wahrscheinlichkeit s. bes. GERHARDT; Phil. Schr. 7, S. 167 u. 188; 3, S. 259. Näheres bei COUTURAT, La Logique de Leibniz, chap. 6, § 32.
150 "Didici in Mathematicis ingenio; in Natura experimentis; in Legibus divinis humanisque autoritate; in Historia testimoniis nitendum esse." Leibniz an Heinrich Julius Blum, 20. Jan. 1688, AA I, 5 N. 14, S. 37.
151 Leibniz für Herzog Ernst August, Gutachten über das Opus Genealogicum des Teodoro Damaideno, April (?) 1685, AA I, 4 N. 149, S. 192.
152 *Noveaux Essais* (PhB 69), 4. Buch, Kap. XVI, § 11, S. 566/67.
153 Ebd. S. 561; vgl. auch K. HUBER, Leibniz (Repr. 1989), S. 228/229.
154 S. AA I, 4 N. 206.
155 AA I, 3 N. 17, S. 20.
156 Vgl. bes. die in den Jahren 1707-1711 in drei Foliobänden erschienenen *Scriptores rerum Brunsvicensium*, die SCHEEL als "erste umfassende Sammlung landesgeschichtlicher Quellen auf deutschem Boden" rühmt (Leibniz als Direktor der Bibliotheca Augusta (1973), S. 76). Daneben sind u.a. zu vgl.: Der *Codex juris gentium diplomaticus* (1693) und sein 1700 herausgegebener Ergänzungsband *Mantissa*, eine kritische Sammlung von Urkunden, die für das praktische Staats- und Völkerrecht von Bedeutung waren, sowie die *Accessiones historicae* (1698), eine Zusammenstellung bis dahin noch unbekannter Geschichtswerke des Mittelalters. Vieles, was Leibniz in seiner Eigenschaft als Historiograph der Welfen an Dokumenten zusammengetragen hat, wurde erst später von anderen veröffentlicht, so z.B. der *Corpus historicum medii aevi* (1723) durch Joh. Georg Eckhart und die von Christian Ludwig Scheidt in vier Bänden herausgegebenen *Origines Guelficae* (1749-53). Vgl. u.a. A. SCHRÖCKER, Leibniz als Herausgeber historischer Quellen (1976); des weiteren: H. ECKERT, Gottfr. Wilh. Leibniz' Scriptores Rerum Brunsvicensium. Entstehung und historiographische Bedeutung. (Veröffentl. d. Leibniz-Archivs 3), Frankfurt/M. 1971.
157 A. SCHRÖCKER (1976), S. 140 u. 141.
158 Gedanken zur Geschichtsschreibung, Ende Okt. 1688, AA I, 5 N. 150, S. 271.
159 Vgl. G. SCHEEL, Leibniz historien. In: Leibniz. Aspects de l'homme et de l'oeuvre (1968), S. 45-60, S. 58; E.R. SANDVOSS, Leibniz (1976), S. 110.
160 D.E. Jablonski an Leibniz, 23. März 1700, HARNACK II, N. 28.
161 HARNACK I, S. 78.
162 AA I, 11 N. 120-123.
163 S. weiter oben Anm. 94.
164 AA I, 11 N. 120, S. 158.
165 Ebd. S. 159.
166 Ebd. S. 160.

167 Ebd. S. 159.
168 Br. an Jablonski v. 31. März 1700, HARNACK II, N. 32.
169 *Stiftungsbrief* v. 11. Juli 1700, HARNACK II, N. 48.
170 Vgl. auch HARNACK I, S. 95.
171 HARNACK I, N. 99.
172 Vgl. auch HARNACK I, S. 192-196; 397. Erst 1746 wurde die Geschichte voll in das Programm der Akademie aufgenommen. Ebd. S. 286 u. 306 f.
173 *Gedanken zur Geschichtsschreibung*, AA I, 5 N.150,S. 271.
174 S. vorne Kap. III, 1.4, S. 190 ff.
175 Briefkonzept für Philipp Wilhelm von Hörnigk, April oder Mai 1709, KLOPP, Sozietät der Wissenschaften in Wien, Anlage IV, S. 211. Dieses Schreiben war indirekt an den Kardinal-Fürstbischof von Passau, Joh. Phil. v. Lamberg (1651-1712), gerichtet, von dem er fälschlicherweise annahm, er werde künftig beständig am kaiserlichen Hof in Wien weilen. Ebd. S. 179.
176 Ebd. Anlage X, S. 226.
177 Ebd. Anlage VIII, S. 218.
178 Ebd. S. 218-220.
179 Vgl. ebd. Pkt. 10, S. 220.
180 Entwurf von Leibniz zu einem kaiserlichen Diplome der Stiftung der Sozietät der Wissenschaften zu Wien, o.D., ebd. Anlage XIII, S. 238.
181 Ebd. Anlage XVII, S. 247.
182 FOUCHER, Oeuvres 7, S. 220.
183 Dazu ausführlicher Kap. III, 3.4 dieser Studie.
184 *Specimen einiger Puncte, darinn Moskau denen Scienzen beförderlich seyn köndte*, FOUCHER, Oeuvres 7, S. 400.
185 Ebd. S. 548.

2.2.2.3 Die philologische Verpflichtung der gelehrten Sozietät: die Pflege und Verbesserung der deutschen Sprache

1 Gedr. DUTENS 4, 2, S. 186-198.
2 Vgl. I. BÖGER, Der Spanheim-Kreis und seine Bedeutung für Leibniz' Akademiepläne, in: Stud. Leibn., Sonderh. 16 (1990), S. 201-217, S. 220 f.
3 *Ermahnung*, AA IV, 3 N. 117, S. 819.
4 Die Niedersächs. Landesbibliothek in Hannover birgt noch immer sechs Folio-Bände sprachwissenschaftlicher Thematik, die der kritischen Sichtung und Bearbeitung harren. S. BODEMANN - Hschr., S. 125 ff.
5 Vgl. W. CONZE, Leibniz als Historiker (1951), S.38 u.40.
6 S. KORNINGER, G.W. Leibnizens Sprachauffassung, in: Die Sprache. Zeitschr. f. Sprachwissenschaft 4 (1958),S.4-14, S. 4.
7 G. HEINTZ, Point de vue. Leibniz und die These vom Weltbild der Sprache, in: Zeitschr. f. dt. Altertum u. dt. Literatur 98, 3 (1969), S. 215-40.
8 Vgl. H. LESKIEN, J.G. v. Eckhart (1956), S. 15.
9 S. auch A. HEINEKAMP, Sprache und Wirklichkeit nach Leibniz, in: History of linguistic thought and contemporary linguistics, ed. Herman Parret, Berlin - New York 1976, S. 518-570, S. 519.
10 Vgl. P. RITTER, Leibniz und die deutsche Kultur, in ZHVN 81 (1916), H. 3, S. 186.
11 Dt. Schriften 1, S. 66 ff. GUHRAUER zitiert in diesem Zusammenhang Leibniz' frühe Schrift *Nova Methodus discendae ... jurisprudentiae* (AA VI, 1 N. 10), in der er verlangt, daß der angehende Jurist schon auf der Universität im praktischen deutschen Vortrag geübt werde; s. dort § 98.
12 Dt. Schriften, 1, S. 70.
13 S. u.a. AA I, 1 Einl. S. LV u. ff.; G. SCHEEL; Leibniz und die geschichtliche Landeskunde (1966); S.v.d. SCHULENBURG, Leibniz als Sprachforscher, Frankfurt/M. 1973.
14 H. AARSLEFF, Schulenburg's Leibniz als Sprachforscher with some Observations on Leibniz and the Study of Language, in: Stud. Leibn. 7, 1 (1975), S. 122-134; DERS., The Study and Use of Etymology in Leibniz, in: Stud. Leibn., Suppl. 3 (1969), S. 173-189. Schon 1667 in Frankfurt a. Main habe Leibniz, so Aarsleff (1975, S. 131 f.), durch Benght Skytte (s. vorne Kap. III, 1.1, Anm. 153) von der

Theorie des nordischen Ursprungs aller germanischen Sprachen erfahren, die von einer Gruppe schwedischer Gelehrter, allen voran von Olof Rudbeck (1630-1702) und Georg Stiernhielm (1598-1672) vertreten wurde. Leibniz lehnt die damit verbundene Auffassung, nach der die Urheimat der Germanen in Skandinavien zu finden sei, entschieden ab. S. u.a. AA I, 11 N. 153. Seiner Meinung nach ist die Heimat der europäischen Völker in Scythien zu suchen. Vgl. u.a. AA I, 8 N. 156, S. 262; vgl. auch N. 149. 334. 493. S. auch weiter unten Kap. III, 3.4.4, S. 480 ff.

15 *Ermahnung*, S. 798.
16 Für das Folgende stütze ich mich im wesentlichen auf die Ergebnisse von HEINEKAMP (wie oben Anm. 9); DERS., Natürliche Sprache und Allgemeine Charakteristik bei Leibniz, in: Stud. Leibn., Suppl. 15 (1975), S. 257-286.) und HEINTZ (wie oben Anm. 7).
17 *U.G.* § 7.
18 *Einige patriotische Gedanken*, AA IV, 3 N. 32, S. 362.
19 G. HEINTZ, Point de vue, S. 223; s. auch vorne Kap. III, 1.3.6.
20 *Nouveaux Essais* (PhB 69), 3. Buch, Kap. VII, § 6, S. 380.
21 *Einige patriotische Gedanken*, S. 362.
22 Vgl. dazu: H. AARSLEFF, Leibniz on Locke on Language, in: American Philosophical Quarterly 1 (1964), S. 165-188.
23 S. auch HEINEKAMP (1976), S. 524; HEINTZ, S. 235 f.
24 Vgl. *Nouveaux Essais* (Phb 69), 2. Buch, Kap. I, § 1 u. 23.
25 Dazu vor allem: HEINTZ, S. 222 ff.; HEINEKAMP (1976), S. 554 ff.
26 Da den verschiedenen Sprachen dieselbe Welt der Begriffe und der Dinge zugrunde liegt, so die damalige Meinung, unterscheiden sie sich nur dadurch, daß denselben Begriffen und Dingen verschiedene Namen zugeordnet sind. Dieses Problem bildet den Ausgangspunkt der imaginären Auseinandersetzung zwischen Leibniz und Locke in den *Nouveaux Essais*, s. 2. Buch, Kap. XX, PhB 69, S. 151 ff.; s. auch HEINTZ, S. 219 ff.; HEINEKAMP (1976), S. 554/555; v.d. SCHULENBURG (1973), S. 22/23 u. 145.
27 *U. G.*, § 61.
28 HEINTZ, S. 228.
29 Ebd. S. 226.
30 "Und wie eine und dieselbe Stadt, von verschiedenen Seiten betrachtet, ganz anders und gleichsam in perspektivischer Vielfalt erscheint, so gibt es auch - zufolge der unendlichen Menge der einfachen Substanzen - gleichsam ebenso viele verschiedene Welten, die jedoch nur die Perspektiven einer einzigen unter den verschiedenen Gesichtspunkten jeder Monade sind". *Monadologie* (in der dt. Übers. v. A. BUCHENAU), § 57, PhB 253, S. 53. - "Ich habe ferner bemerkt, daß vermöge der unmerklichen Verschiedenheiten zwei Individuen nicht vollkommen gleich sein können und stets einen mehr als bloß numerischen Unterschied aufweisen müssen". *Nouveaux Essais*, Vorrede, PhB 69, S. 14.
31 Vgl. HEINEKAMP (1976), S. 560 ff. u. demgegenüber W. KNEALE, Leibniz and the picture theory of language, in: Revue int. de philosophie 20 (1966), 76-77, S. 204-215.
32 F.H. HUBERTI, Leibnizens Sprachverständnis, unter besonderer Berücksichtigung des 3. Buches der <Neuen Untersuchungen über den Verstand>, in: Wirkendes Wort 16 (1966), S. 361-375, S. 363.
33 SCHULENBURG (1973), S. 4. Die Vielfalt der Eigenschaften, die jedem Ding eigen ist, impliziert eine Vielfalt von Möglichkeiten der Namengebung, denn verschiedene Menschen greifen verschiedene Merkmale heraus, nach denen sie die selben Gegenstände benennen. Wenn es eine feste Verbindung zwischen Wort und Sache gäbe, dann wäre nur ein Name für eine bestimmte Sache möglich. Dies wäre die Voraussetzung für eine Synonymik der unterschiedlichen Sprachen. Vgl. auch HEINEKAMP (1976), S. 549 ff.
34 S. u.a. *U.G.*, § 50.
35 Dazu: K.H. WEIMANN, Vorstufen der Sprachphilosophie Humboldts bei Bacon und Locke, in: Zeitschr. f. Dt. Philologie 84 (1965), S. 498-508.
36 Sigrid von der SCHULENBURGS (wie oben Anm. 13) Verdienst ist es, die zum größten Teil noch nicht veröffentlichten Aufzeichnungen Leibniz' zur Etymologie zusammengetragen und erschlossen zu haben.
37 Dazu: J. CHOUILLET, Le problème de l'origine des langues au 18e siècle, in: Dixhuitième siècle 4 (1972), S. 39-60.
38 *Nouveaux Essais*, 3. Buch, Kap. I, § 5, PhB 69, S. 299. S. auch HEINEKAMP (1975), S. 257-286, S. 268 u. ff.; DERS. (1976), S. 536 u. ff.
39 "Stecket also im Teutschen Alterthum und sonderlich in der Teutschen uhralten Sprache, so über das Alter aller Griechischen und Lateinischen Bücher hinauff steiget, der Ursprung der Europäischen

Völcker und Sprachen, auch zum theil des uhralten Gottesdienstes, der Sitten, Rechte und Adels, auch offt der alten Nahmen der Sachen, Oerter und Leute, wie solches von andern dargethan, und theils mit mehrern auszuführen". *U.G.*, § 46.

40 HEINTZ, S. 231; dazu auch: H. AARSLEFF, The Study and Use of Etymology in Leibniz, in: Stud. Leibn., Suppl. 3 (1969), S. 173-89.

41 S. vorne Kap. III, 1.3.6, S. 162.

42 Br. an Huldreich von Eyben, 26. März (5. April) 1691, AA I, 6 N. 246, S. 442; s. auch *Nouveaux Essais*, 3. Buch, Kap. II, § 1, PhB 69, S. 311. Auch im Zusammenhang mit seinen Arbeiten an der Welfengeschichte, deren zweiter Teil die Frühgeschichte des Landes unter dem Titel "Migrationes Gentium" umfassen sollte, betont Leibniz die Bedeutung der Sprache als historisches Zeugnis: "Certum est nihil majorem ad antiquas populorum origines indigandas lucem praebere, quam Collationem Linguarum". AA I, 11 N. 125, S. 172. Vor allem wenn schriftliche Quellen fehlten, diene die Sprachverwandtschaft als ein sicheres Zeichen für die Herkunft und Wanderung der Völker. ebd. N. 493, S. 726. Über die Wichtigkeit und Unentbehrlichkeit einer kritisch vergleichenden Sprachwissenschaft für die Beantwortung der Frage nach dem Ursprung und der Verwandtschaft der Völker vgl. bes. den Briefwechsel mit Hiob Ludolf (AA I, 7, bes. N. 247), den Leibniz für den besten Sprachkenner "Deutschlands" hält. Ebd. N. 181, S. 366.

43 "Wer vollkommentlich von Sprachen urtheilen wolte, muste auch die vocabula dialectorum, und voces non nisi plebejis hominibus usitas sameln". Leibniz an H.v. Eyben, 26. März (5. April) 1691, AA I, 6 N. 246, S. 442. Über die Notwendigkeit mundartlicher Wörterbücher (vocabula provincialia, localia) vgl. die Korrespondenz mit Gerhard Meier, bes. AA I, 11 N. 465 u. 482. S. auch vorne Kap. III, 1.3.6, S. 169 f. u. Anm. 399.

44 S. weiter oben S. 299. Ausführlich erörtert Leibniz das Kontinuitätsprinzip als Forschungsmethode der vergleichenden Sprachwissenschaft in der Korrespondenz mit Simon de La Loubère, der 1687/1688 französischer Gesandter im Königreich Siam war und dessen zweibändiges Werk *Du Rauyaume de Siam* er sehr schätzte. S. AA I, 7 N. 203 sowie N. 312 f.

45 *Nouveaux Essais*, 3. Buch, Kap. II, § 1, PhB 69, S. 311; vgl. auch HEINEKAMP (1976), S. 554.

46 Dem Bremer Theologen Gerhard Meier berichtet Leibniz z.B., er habe Wolter Molanus (s. vorne Kap. III, 2.1, Anm. 104) nahegelegt, er möge die Pastoren seines Sprengels verpflichten, Sprachproben "per totam ditionem Electoralem" zu sammeln; "ita vellem unicuique pastorum decem voces rusticas mittendas imponi, superintendenti autem centum". Obgleich dies natürlich mehr als Scherz gemeint gewesen sei, sei er der Überzeugung, "nemo melius pastoribus paganis haec suppeditare posset". Br. v. 22. März (1. April) 1697, AA I, 13 N. 412, S. 676. – Kaum hatte der hannoversche Gelehrte davon gehört, daß brandenburgische und kaiserliche Ingenieure nach Rußland gesandt worden waren, weist er einflußreiche Persönlichkeiten in Berlin, wie etwa Chuno und Spanheim, darauf hin, daß diesen auch sprachliche Rescherchen übertragen werden könnten: "Et comme vôtre Cour a envoyé des ingenieurs en Moscovie qui auront occasion dans la Capitale, et dans les armées de pratiquer des gens informés de ces langues Scythiques modernes, differentes dans le fond du Russien, ou du Sclavonnois; je m'imagine qu'on pourroit en apprendre quelque chose par leur moyen". Leibniz an Spanheim, 24. Febr. (6. März) 1697, AA I, 13 N. 368, S. 617; s. auch N. 270, S. 418; N. 316, S. 509. Auf diesem Wege erhofft er sich Sprachproben vornehmlich religiöser Begriffe; noch lieber wäre ihm das komplette *Vaterunser* in den diversen Sprachen: "je ne doute point qu'il ne fût très aisé à ceux qui sont dans la ville de Moscow, ou dans les armées, ou dans quelque place frontière ou de commerce, comme Astracam et comme Tobolsko en Siberie, de trouver occasion de s'instruire là dessus ..." Leibniz an Chuno, 24. Febr. (6. März) 1697, AA I, 13 N. 366, S. 613; s. auch N. 170, S. 266. Vor allem auch in entfernte Gegenden entsandte Diplomaten könnten in dieser Hinsicht nützliche Dienste erweisen. S. den Brief an Jean-Paul Bignon v. 26. Jan. (5. Febr.) 1694, AA I, 10 N. 142, S. 244/245. Vgl. auch Leibniz' Fragebogen *Desiderata circa linguas quorundam populorum* (AA I, 11 N. 125), den er 1695 an hannoverschen Geschäftsträger in Wien, Bodo v. Oberg (vgl. ebd. N. 124), an Chuno in Berlin (ebd. N. 205) und an den Jesuiten Antoine Verjus (ebd. N. 334) verschickte. Dieser Fragebogen sollte Diplomaten, Kaufleuten, Missionaren und Reisenden mit entsprechenden Kenntnissen vorgelegt werden.

47 *Einige patriotische Gedanken*, S. 362; s. auch vorne Kap. III, 1.3.6, S. 173 f.

48 *Einige patriotische Gedanken*, S. 363.

49 S. vorne Kap. III, 1.3.6, S. 164 f.

50 So regt er u.a. auch im Zusammenhang mit Vorschlägen für das *Collegium historicum Imperiale* die Herstellung eines deutschen Wörterbuchs an, zumal er lexikographische Arbeiten hinsichtlich der Bedeutung sprachwissenschaftlicher Studien zur Erforschung der Urgeschichte der Völker für besonders wichtig hält. Die Mitglieder des Kollegiums will er zunächst zur Sammlung des mundartlichen Materials nach dem Vorbild von J.L. Praschs *Glossarium Bavaricum* (dazu vorne Kap. III, 1.3.5 Anm. 386) heranziehen; aber auch an ein Wörterbuch der wissenschaftlichen und berufssprachlichen Fachausdrücke sei zu denken. Dieser Plan war jedoch aufgrund des schlechten Zustandes, in dem sich das

Kollegium befand, von vorneherein zum Scheitern verurteilt. Vgl. AA I, 9 N. 188, S. 316; s. auch ebd. N. 440 sowie AA I, 10 N. 344, S. 509.
51 Dazu ausführlicher Kap. III, 1.3.6, S. 173 ff.
   Mit dem Verlangen nach einem größeren, europäischen Leserkreis rechtfertigt Leibniz sein Festhalten am Lateinischen. Seine ursprünglich lateinisch abgefaßte Abhandlung *Von der Allmacht und Allwissenheit Gottes und der Freiheit des Menschen* (1671; AA VI, 1 N. 20) hätte er, so schreibt er am 13. Februar 1671 an Joh. Friedrich von Braunschweig-Lüneburg, zwar lieber deutsch geschrieben; "allein es hätte dergestalt dem Ausländer nicht communiciert werden können". W.v. ENGELHARDT, Schöpferische Vernunft (1951), S. 435. Grundsätzlich hält er - in Ermangelung einer *Characteristica universalis* - die Beibehaltung der lateinischen Sprache als internationales Kommunikationsmittel, welches auch die Nachkommenschaft überdauern werde, als "lingua Europaea universalis et durabilis ad posteritatem" (*Wohl gemeyntes Bedencken*, KLOPP, Werke 10, S. 441) ungeachtet seines Eintretens für die Einführung des Deutschen in die Wissenschaften nach wie vor für unentbehrlich. Mit diesem Argument begründete er auch seinen Entschluß, die lateinische Sprache für seine Welfengeschichte zu gebrauchen: "... und bin ich der meinung, daß ob zwar die lebenden Sprachen insgemein denen leuten, so nicht sonderlich profession von Erudition machen, angenehmer, und daher billig zu schedis temporalibus in publicis negotiis zu gebrauchen, so ist doch die lateinische nöthig zu haupt wercken, so auf die entfernte posterität kommen sollen". Nds. STA., Cal. Br. 4 V 31, Bl. 190. Schon für "die Humanisten im Zeitalter der frühbürgerlichen Revolution" sei es, so Suchsland, kein Widerspruch gewesen, "einerseits als Praeceptores Germaniae die deutsche Sprache als nationales Verständigungsmittel zu fördern und andererseits als Angehörige der Intelligenz der sich herausbildenden, über nationale Grenzen hinweg verbündeten bürgerlichen Klasse die lateinische Sprache als internationales Verkehrsmittel beizubehalten". P. SUCHSLAND, Gibt es Widersprüche zwischen Leibnizens theoretischen und praktischen Bemühungen um die deutsche Sprache? In: Zeitschr. f. Phonetik, Sprachwissenschaft und Kommunikationsforschung 29 (1976), S. 472-475, S. 473; vgl. auch DERS., Gottfried Wilhelm Leibniz (1646-1716). Über sein theoretisches und praktisches Verhältnis zur deutschen Sprache. In: Erbe, Vermächtnis und Verpflichtung. Zur sprachwissenschaftlichen Forschung in der Geschichte der Akad. d. Wiss. d. DDR. Eingel. u. hrsg.v. Joachim Schildt. Berlin 1977 (Sprache und Gesellschaft 10), S. 32-59.
52 *Teutschliebende Genossenschaft*, HOLZ, Polit. Schriften 1, S. 84.
53 U. PÖRKSEN (1983), Nachw. S. 110.
54 Dazu: H. AUBIN, Leibniz und die politische Welt seiner Zeit (1946), S. 125 ff.
55 Vgl. J. STREISAND, Geschichtliches Denken (1964),S.34 f.
56 E. WINTER, Leibniz als Kulturpolitiker, S. 227. Albert RIVAUD (Histoire de la Philosophie, t. III, chap. XVII-XX: Leibniz, Paris 1950, S. 411) bezeichnet Leibniz als "Allemand jusqu' aux moelles". Y. BELAVAL (Pour connaître la pensée de Leibniz, Paris 1952, S. 50) die in ihm "un ardent patriote" sieht, bemerkt dazu: "les actes de Leibniz jusqu' à son dernier jour tèmoigneront assez de son patriotisme". Vgl. außerdem: J. BARUZI, Leibniz et l'organisation religieuse (1907), S. 3 u. 14; E. NAERT, La pensée politique de Leibniz, Paris 1964, S. 70 f. Das "sowohl - als auch" nationaler und universaler Züge in Leibniz' Denken, d.h. das Nebeneinander von deutschem patriotischen Fühlen und dem Bewußtsein eines Europas als ganzes, stellt besonders WIEDEBURG (Der junge Leibniz, Bd. II, 4 (1970), Exkurs XXVIII, S. 489 ff.) heraus.
57 H. AUBIN (1946), S. 127.
58 S. vorne Kap. III, 1.1, Anm. 5.
59 Vgl. P. WIEDEBURG, Der junge Leibniz (1962), Bd. I, 1, S. 222 f.; s. auch vorne Kap. III, 1.3.6, passim.
60 *Ermahnung*, S. 817.
61 Ebd. S. 815.
62 S. KORNINGER, Leibnizens Sprachauffassung (1958), S. 4/5.
63 Dazu ausführlich Kap. III, 1.3.6.
64 Vgl. bes. die *Consultatio* sowie das *Consilium de scribenda Historia Naturali*, s. vorne Kap. III, 1.3.1, S. 126 ff.
65 *Stiftungsbrief* v. 11. Juli 1700, KLOPP, Werke 10, N. VIII bzw. HARNACK II, N. 48; Vgl. auch die *Generalinstruktion*, ebd. N. 50.
66 S. vorne Kap. III, 1.3.5, S. 158 ff.
67 Vgl. HARNACK II, N. 119
68 S. vorne Kap. III, 1.3.6, S. 170 f. sowie weiter unten 3.1.4, S. 382.
69 *Einige patriotische Gedanken*, S. 363.
70 *Teutschliebende Genossenschaft*, S. 84.

71 AA I, 11 N. 393, S. 571.
72 S. v./d. SCHULENBURG, Leibniz als Sprachforscher, S. 116.
73 Einige patriotische Gedanken, S. 363.
74 S. vorne Kap. III, 1.3.6, S. 169 u. Anm. 399.
75 S. AA I, 11 N. 393, S. 571; zu Bödickers Wörterbuch-Arbeiten s. v.d. SCHULENBURG (1973), S. 222 f.
76 Leibniz an Gerhard Meier, 24. Sept. (4. Okt.) 1695, AA I, 11 N. 482, S. 709.
77 Ebd.
78 Leibniz an Johannes Dolaeus, 11./21. Juli 1695, ebd. N. 393, S. 571.
79 Einige patriotische Gedanken, S. 363.
80 W. TOTOK, Leibniz als Wissenschaftsorganisator, S. 311.

2.2.2.4 Der zivilisatorische Aspekt in den Sozietätsplänen: die Chinamission der Sozietäten

1 Lange Zeit hat man in der historischen Forschung diesen Aspekt der Leibnizschen Ideenwelt nur am Rande behandelt, obwohl sich gerade hier die philosophisch-religiöse Konzeption des hannoverschen Gelehrten in ihrer ganzen Komplexität offenbart. – Daß Leibniz zu den besten China-Kennern seiner Zeit zählte, wurde erst in unserem Jahrhundert durch die umfangreichen Studien Jean BARUZIS (1907, 1909) wieder bekannt. Der Vielfalt von Leibniz' Interesse an China wurden jedoch - aufgrund ihres zu engen Blickwinkels - weder Baruzis noch die bald darauf folgenden religions- und missionsgeschichtlichen Arbeiten von MERKEL (1920) und O. FRANKE (1928) gerecht. Erst die in den letzten beiden Jahrzehnten zahlreicher gewordenen Einzeluntersuchungen zur Chinakenntnis von Leibniz (MUNGELLO, 1982), zum Briefwechsel mit den Jesuiten-Missionaren und zum Ritenstreit (MUNGELLO, 1977 u. 1985; COLLANI, 1988 u. 1989), zur chinesischen Philosophie (MUNGELLO, 1971 u. 1977; COOK/ROSEMONT 1981) sowie zu den chinesischen Hexagrammen und Schriftzeichen (ZACHER, 1973; WIDMAIER, 1983) geben zusammengenommen einen Eindruck von Leibniz' vielschichtiger Sinophilie (genauere Literaturangaben s. Lit. verz.). Rita WIDMAIER (1990) hat sich schließlich erst in jüngster Zeit um die Erschließung und Edition der maßgeblichen, bisher zum größten Teil noch nicht gedruckten China-Briefe von und an Leibniz aus der Zeit von 1689 bis 1714 verdient gemacht, die, begleitet von einem bemerkenswerten Nachwort, eine Zusammenschau erleichtern. Für die Klärung der noch verbleibenden Fragen darf man auf den von ihr bereits angekündigten zweiten Band hoffen, der jene Korrespondenzen mit Gelehrten in Europa zusammenstellen soll, in denen das Thema China zur Sprache kommt, und in Kürze unter dem Titel *China im Spiegel der Leibnizschen Schriften und Briefe* erscheinen wird. S.R. WIDMAIER, Leibniz korrespondiert mit China. Der Briefwechsel mit den Jesuitenmissionaren (1689-1714). Frankfurt/M. 1990 (Veröffentl. d. Leibniz-Archivs 11), Vorwort, S. XII; s. auch MITTEILUNGEN d. Gottfried-Wilhelm - Leibniz - Gesellschaft Nr. 26 (Okt. 1992), S. 8.
2 WIDMAIER (1990) S. 271.
3 Vgl. P. BAUMGART, Leibniz und der Pietismus (1966), S. 368.
4 T. GRIMM, China und das Chinabild von Leibniz, in: Stud. Leibn., Sonderh. 1 (1969), S. 38-62, S. 43.
5 Vgl. H. GOLLWITZER, Leibniz als weltpolitischer Denker (1969), S. 15.
6 Vgl. DERS., Geschichte des weltpolitischen Denkens Bd.1 (1972), S. 170; GRIMM (1969), S. 38.
7 Vgl. BAUMGART (1966), S. 367.
8 Vgl. GOLLWITZER (1972), S. 171.
9 Vgl. O. FRANKE, Leibniz und China, in: Zeitschrift d. Deutschen Morgenländischen Gesellschaft, N.F. 7 (1928), S. 155 sowie DERS., Leibniz und China, Hamburg 1946, S. 97 f. Kublai Khan, 1215-1294, der Enkel Dschingis Khans, hat die Unterwerfung Chinas vollendet und es, unter der Mongolen-(Yüan)Dynastie geeinigt, einer wirtschaftlichen Blüte zugeführt. Marco Polo, der längere Zeit am Hofe des Großkhans weilte und Statthalter der Provinz Kiangnan war, diktierte seinen Reisebericht einem Mitgefangenen während seiner genuesischen Gefangenschaft 1298/99. S. dtv-Lexikon Bd. 11, S. 33 u. Bd. 14, S. 213.
10 Zur Missionstheologie und -praxis der Jesuiten s. weiter unten.
11 Noch vor 1660 waren wenigstens vier Bücher über China zu Verkaufsschlagern geworden; es waren dies: die Beschreibung des chinesischen Reiches von dem Spanier Gonzales MENDOZA aus dem Jahre 1585, die dieser aufgrund der frühesten Reiseberichte spanischer Missionare verfaßt hat (*The History of the Great and Mightie Kingdom of China*, London 1588); der Bericht des Portugiesen Alvarez SEM-

MEDO, S.J. über die Mission in China (1641), bekannter unter seinem späteren Titel *Histoire universelle du grand Royaume de la Chine* (Lyon-Paris 1667); die Darstellung des "tartarischen Krieges", d.h. die Eroberung Chinas durch die Mandschu, von dem Trientiner Martino MARTINI (*De bello tartarico in Sinis historia*, Antwerpen u. Köln 1654; zu beachten auch dessen 1658 in München aufgelegtes Werk *Sinicae historiae decas prima. Res a gentis origine ad Christum natum in extrema Asia*); und nicht zuletzt die Tagebücher Matteo RICCIS(s. weiter unten). Vgl. u.a. GRIMM (1969), S. 40.

12 So etwa der Augsburger evangelische Theologe und Polyhistor Gottlieb Spizel (1639-1691), in dessen China-Schrift *De re literaria Sinensium commentarius etc.* (Leiden 1660) die Frage nach der Religionsgeschichte außerbiblischer Völker, nach deren Alter etc. im Vordergrund stand. Das Werk Spizels, der ein Anhänger Philipp Jacob Speners, des Führers des lutherischen Pietismus war und der als Fechter gegen den Atheismus hervortrat, ist in erster Linie als Beitrag gegen die Angriffe auf die Glaubwürdigkeit der biblischen Geschichte zu verstehen. Vgl. D. BLAUFUSS, Korrespondenten von G.W. Leibniz. 3. Gottlieb Spizel aus Augsburg (1639-1691). Ein Anhänger Phil. Jac. Speners, des Führers des lutherischen Pietismus. In: Stud. Leibn. 5,1 (1973), S. 116-144; DERS., Gottlieb Spizel (1639-1691), ein Anhänger Speners in Augsburg. Ein Beitrag zu den Anfängen des Pietismus in Süddeutschland, Diss. theol. Erlangen-Nürnberg 1971 (masch.) ist die bisher umfassendste Biographie Spizels. – Die von Kaiser Leopold I. geförderte, reichlich bebilderte und schon deswegen sehr populäre Publikation des deutschen Jesuiten Athanasius KIRCHER (*China monumentis qua sacris qua profanis ... illustrata*, Amsterdam 1667) beruht, wie schon Spizels Arbeit, ausschließlich auf den Berichten der Missionare in China. Auch Kircher war, obwohl er einen entsprechenden Antrag gestellt hatte, nie in China gewesen. Seine Berichte über Geographie, Kultur, Geschichte und Sprache strotzen, so GRIMM (1969, S. 42, Anm. 16), von Absurditäten und "Merckwürdigkeiten" im Sinne der Zeit. Vgl. auch K. WITTSTADT, Athanasius Kircher (1602-1680). Theologieprofessor und Universalgelehrter im Zeitalter des Barock. In: Würzburger Diözesangeschichtsblätter Bd. 46 (1984), S. 109-121; des weiteren: C. REILLY S.J., Athanasius Kircher S.J. Master of a Hundred Arts 1602-1680 (Studia Kircheriana, Bd. 1), Wiesbaden 1974; J. Fletcher, Athanasius Kircher - Versuch eines Porträts, in: Universale Bildung im Barock. Der Gelehrte Athanasius Kircher; eine Ausstellung der Stadt Rastatt in Zusammenarbeit mit der Badischen Landesbibliothek Karlsruhe. Rastatt - Karlsruhe 1981; P. Friedländer, Athanasius Kircher und Leibniz. Ein Beitrag zur Polyhistorie im 17. Jahrhundert. In: Atti della Pontifica Accademia Romana di Archeologica, Serie 3, Rendiconti 13 (1937), S. 229-247. S. auch weiter oben Kap. III, 1.2, S. 99.

13 S. die bei GRIMM (1969, S. 41) abgedruckte Statistik der einschlägigen Publikationen des 17. Jahrhunderts.

14 *Confucius Sinarum Philosophus, sive Scientia Sinensis latine exposita studio et opera Prosperi Intorcetta, Christiani Herdtrich, Francisci Rougemont, Philippi Couplet, Patrum Societatis Jesu. Paris 1687.* Vgl. dazu u.a. D.E. MUNGELLO, Curious Land: Jesuit Accomodation and the Origins of Sinology (Stud. Leibn., Suppl. 25), Stuttgart 1985, S. 247-257; K. LUNDBAEK, The image of Neo-Confucianism in Confucius Sinarum Philosophus, in: Journal of the History of Ideas 44, 1 (1983), S. 19-30.

15 D. E. MUNGELLO, Die Quellen für das Chinabild Leibnizens, in: Stud. Leibn. 14, 2 (1982), S. 233-243, S. 239.

16 WIDMAIER, Briefwechsel (1990), S. 271.

17 LUNDBAEK (1983), S. 19.

18 S. u.a. MUNGELLO, Chinabild (1982), S. 234. Matteo Ricci (1552-1610), Initiator und geistiger Vater der Jesuitenmission in China, lebte seit 1583 bis zu seinem Tode zunächst u.a. in Kanton und Nanking, seit 1601 in Peking. Mit der von ihm begründeten Akkomodationsmethode (s. weiter unten) hat er den Weg für seine Nachfolger überhaupt erst bereitet. Er war der erste, dem es gelang, zunächst durch äußere Anpassung an die Lebensweise und alle äußeren Gewohnheiten und, indem er einen chinesischen Namen sowie das Höflichkeitszeremoniell annahm, die Abneigung der Chinesen gegen Ausländer zu überwinden. Die von ihm angefertigte Weltkarte, die den Chinesen erstmals eine Vorstellung von den Zusammenhängen der Weltstaaten und ihrer eigenen geographischen Lage als "Land der Mitte" vermittelte, erlangte Berühmtheit. Das beste in deutscher Sprache zugängliche Buch über Ricci ist das ebenso lesbare wie zuverlässige Werk des Jesuiten G.H. DUNNE, Das große Exempel. Die Chinamission der Jesuiten. Dt. Übers. Stuttgart 1965; vgl. auch H. Bernard, Le Père Mathiéu Ricci et la societé chinoise de son temps (1552-1610), 2 Bde., Tientsin 1937 sowie MUNGELLO, Curious Land (1985), Kap. II - IV.

19 *De christiana expeditione apud sinas ... Ex P.M. Ricci commentariis ... Auct. P. Nicola Trigaultio, Augusta Vind. 1615.* Bis 1648 waren Riccis Tagebücher bereits in sechs Sprachen übersetzt und in 12 Auflagen erschienen. Vgl. GRIMM (1969), S. 41. Die erste französische Version *Histoire de l'expedition Chrétienne au royaume de la Chine 1582-1610* (Lille 1617) wurde mit einer Einführung von Joseph SHIH in Paris 1978 wiederaufgelegt (= Collection Christus, 45).

20 Vgl. DUNNE, Das große Exempel (1965), S. 74; U. HAMMITZSCH und O. WEGGEL, Zentralregierung, in: China-Handbuch, Düsseldorf 1974, S. 1611-1620.
21 Vgl. H.G. NESSELRATH und H. REINBOTHE (Hrsg.), G.W. Leibniz. Das Neueste von China (1697). Novissima Sinica. Köln 1979, S. 47, Anm. 25.
22 "Et encore qu'en ce royaume les philosophes ne commandent pas, on peut néanmoins dire que les rois mêmes sont gouvernés par les philosophes"; RICCI/TRIGAULT, Histoire de l'expédition chrétienne (Nachdr. 1978), S. 91.
23 GOLLWITZER, Geschichte des weltpolitischen Denkens Bd. 1 (1972), S. 162.
24 Mit der Aufhebung des Edikts von Nantes 1685 hatte Ludwig XIV. eine neue Welle politischreligiöser Verfolgung ausgelöst.
25 Vgl. auch WIDMAIER, Briefwechsel (1990), S. 274.
26 Seit dem von Kaiser K'ang-hsi 1692 erlassenen Toleranzedikt; s. auch weiter unten.
27 Vgl. M. KÜHN, Leibniz und China, in: China und Europa (1973), S. 30-36, S. 30.
28 S. u.a. die von Leibniz zusammengestellten Fragelisten, gedr. WIDMAIER, Briefwechsel (1990), N. 3 u. 16.
29 Leibniz und China (1946), S. 109.
30 Den Grundstein für die französische Jesuitenmission in China legte König Ludwig XIV., als er die Académie des Sciences mit der genauen Vermessung und Beschreibung aller Länder der Erde beauftragte. Da für China keine Mitarbeiter gewonnen werden konnten, ließ er sechs naturwissenschaftlich ausgebildete Jesuiten von der Akademie auswählen und ernannte sie zu Mitgliedern derselben. Ihre Aufgabe bestand neben der eigentlichen Missionsarbeit darin, die in China gewonnenen Kenntnisse nach Paris zu übermitteln. Ein erstes Ergebnis der Zusammenarbeit der missionierenden Jesuiten mit der Pariser Akademie waren die von Th. GOUYE, S.J. herausgegebenen *Observations physiques et mathématiques pour servir à l'histoire naturelle. Envoyées des Indes et de la Chine à l'Académie Royale des Sciences à Paris, par les Pères Jesuites. Avec les réflexions de Mrs de l'Académie et les notes du P. Gouye.* Paris 1692. S. AA I, 11 N. 265 sowie ebd. Schriftenverz. N. 215. Mit der Ankunft der "Mathématiciens du Roy" 1687 begann die einflußreichste Zeit der Jesuiten in China. Zugleich kam die vormals portugiesisch-italienisch geprägte Jesuitenmission unter den Einfluß und den Schutz Frankreichs. Vgl. u.a. C. v. COLLANI, Die Figuristen in der Chinamission (Würzburger Sino-Japonica 8), Frankfurt/M. 1981, S. 4 f.
31 LUNDBAEK, The image of Neo-Confucianism (1983), S. 28.
32 S. weiter unten.
33 Die Darstellung beruht im wesentlichen auf: W. ALLANS, Jesuits at the court of Peking, New York 1935; E.T. HIBBERT, Jesuit adventure in China during the reign of K'ang-hsi, New York 1941. A.H. ROWBOTHAM, Missionary and Mandarin, the Jesuits at the court of China. Los Angeles 1942; G.H. DUNNE, Das große Exempel (1965); G. HAMANN, Geistliche Forscher- und Gelehrtenarbeit im China des 17. und 18. Jahrhunderts. In: Österreich und Europa, Graz - Wien - Köln 1965, S 49 - 67; L. WIESINGER, Die Anfänge der Jesuitenmission und die Anpassungsmethode des Matteo Ricci, In: China und Europa (1973), S. 12-17; MUNGELLO, Curious Land (1985); Ch. E. RONAN (Hrsg.), East meets west. The Jesuits in China, 1582-1773, Chicago 1988. Hilfreich hinsichtlich der biographischen Anmerkungen zu den Jesuitenmissionaren war das zweibändige Werk Louis PFISTERS, Notices biographiques et bibliographiques sur les Jesuits de L'ancienne Mission de Chine, Shanghai 1932 u. 1934, Repr. Lichtenstein 1971. - Das Literaturverzeichnis im Anschluß an diese Untersuchung nennt nur die Werke, die unmittelbar, entweder wörtlich oder inhaltlich, zitiert werden.
34 WIESINGER (1973), S. 12.
35 Schule des Philosophen Chu Hsi (1130-1200), der, als führender Denker des 12. Jahrhunderts, einen "traditionsgebundenen Realismus" vertrat. Zur konfuzianischen Orthodoxie im 16. Jahrhundert vgl. R.F. MERKEL, Leibniz und China, in: Leibniz zu seinem 300. Geburtstag, Nr. 8, Berlin 1952, S. 7.
36 Als missionswissenschaftlicher Terminus bezeichnet *Akkomodation* die Anpassung des Missionssubjekts (Missionar) an das Missionsobjekt (Volk); dieser Begriff umfaßt somit alle Bestrebungen, die darauf abzielen, dem Volksgeist, den Lebensbedingungen und der Kulturentwicklung des zu christianisierenden Volkes innerhalb bestimmter Grenzen entgegenzukommen. S. Lexikon f. Theologie und Kirche 1 (1957), S. 243 f.
37 S. weiter oben Anm. 18.
38 Joachim Bouvet, S.J. (1656-1730) gehörte zur Gruppe jener sechs "Mathématiciens du Roy" (s. weiter oben Anm. 30), die Ludwig XIV. mit Gastgeschenken 1685 nach China entsandt hatte. 1688 in Peking angekommen, wurde er schon bald zum Vertrauten des Kaisers K'ang-hsi, den er u.a. in Mathematik und Chemie unterrichtete. Sein 1697 in Paris erschienenes *Portrait historique de l'Empereur de la Chine* zeugt von seiner außerordentlichen Wertschätzung für K'ang-hsi und führte in Europa zu einem idealisierten Bild des chinesischen Kaisers, in dem das Ideal des aufgeklärten Monarchen des 18. Jahrhun-

derts vorweggenommen scheint. Vgl. GRIMM (1969), S. 59; s. auch C.v. COLLANI, P. Joachim Bouvet S.J. Sein Leben und sein Werk (Monumen-ta Serica Monograph Series 17), Nettetal 1985, S. 9-18. Über den Briefwechsel Leibniz' mit Bouvet vgl. R. WIDMAIER, Europa in China. Leibniz' Briefwechsel mit Joachim Bouvet. In: Leibniz. Tradition und Aktualität. Vorträge (1988), S. 1017 - 1024.

39 Mit dem sog. *Figurismus* geht Bouvet insofern über die Akkomodationsmethode Riccis hinaus, als er sich nicht damit begnügt, die geistigen Grundlagen Chinas und Europas einander anzugleichen. Vielmehr ist er bemüht, den gemeinsamen Ursprung beider Kulturen nachzuweisen. Mit dem Ziel, "den Chinesen das mit ihrem eigenen Gedankengut verschmolzene Christentum zu erklären und sie so zu belehren, das abendländische Christentum aber mit chinesischen Gedanken zu bereichern" (C.v. COLLANI, Eine wissenschaftliche Akademie für China. Stud. Leibn., Sonderh. 18, Stuttgart 1989, S. 18), bedient er sich einer alten Form der Exegese nicht-christlicher Texte. Dabei werden gewisse Charaktere verschiedener Kulturkreise und deren Lehren nicht historisch sondern figürlich, nämlich als bestimmte Gestalten der Bibel und noch verhüllte Botschaften christlicher Glaubensgeheimnisse erklärt. Vgl. neben COLLANI (1989), S. 17 f. DIES., Figuristen (1981), S. 15-27; DIES., Bouvet (1985), S. 1-9 u. 120 ff. S. auch Bouvets Brief vom 8. Nov. 1702, in dem er Leibniz seine figuristische Theorie erläutert, gedr. WIDMAIER, Briefwechsel (1990), N. 47. – Im Hinblick auf die mißtrauische Haltung der Chinesen gegenüber allen fremden Gedanken, die sie nicht in irgendeiner Form in ihren eigenen Büchern, möglichst in den Klassikern finden konnten, schien die neue Missionsstrategie Bouvets erfolgversprechend. Über die Motive, die diesen zur Ausarbeitung des sog. Figurismus für China geleitet haben, s. MUNGELLO, Curious Land (1985), S. 305-307.

40 WIESINGER (1973), S. 14.

41 Im Gegensatz zu den Predigerorden, bes. der Dominikaner und Franziskaner, die sich auf die Bekehrung der unteren Volksschichten konzentrierten und erklärte Gegner der jesuitischen Akkomodation waren, strebten die Patres der Gesellschaft Jesu eine Christianisierung von oben an.

42 Der Kölner Jesuit Johann Adam Schall von Bell (1592-1666) ist neben Ricci der bedeutendste westliche Missionar im China des 16./17. Jahrhunderts. 1619 in Macao eingetroffen, wurde er 1645 zum Leiter der Obersten Mathematischen Behörde in Peking berufen und schließlich Mandarin ersten Grades. Intrigen führten dazu, daß er 1664 ins Gefängnis kam und sogar zum Tode verurteilt wurde. Gleichwohl nach zwei Jahren wieder befreit, wurde er erst nach seinem Ableben von Kaiser K'ang-hsi rehabilitiert und in seine früheren Würden wiedereingesetzt. – Eine ähnlich enge Beziehung, wie sie Schall zum mandschurischen Shun-chi-Kaiser hatte, dem er väterlicher Freund und Ratgeber war, entwickelte sein Mitarbeiter und Nachfolger in Peking, der flämische Jesuit Ferdinand Verbiest (1623-1688), zu dessen Sohn K'ang-hsi. Vgl. NESSELRATH/REINBOTHE, Novissima Sinica, S. 33/34 und 48/50. – Über Schall von Bell vgl. A. VÄTH, Johann Adam Schall von Bell, S.J. Missionar in China, Kaiserlicher Astronom und Ratgeber am Hofe von Peking. 1592-1666. Ein Lebens- und Zeitbild. Köln 1933.

43 K'ang-hsi "was ... an exemplar of the Confucian Monarch, the grand patron of learning. As a Manchu ruler of China, he had two new fields of learning to master (in addition to his native Manchu), classical Chinese studies and the new Western knowledge entering the Middle Kingdom with Jesuit missionaries". L.D. KESSLER, K'ang-hsi and the Consolidation of Ch'ing Rule 1661-1684, Chicago and London 1976, S. 137. S. auch Jonathan D. SPENCE, Emperor of China, Selfportrait of K'ang-hsi, New York 1974, dt.: Ich, Kaiser von China, Frankfurt/M. 1985 sowie das von BOUVET gezeichnete Porträt K'ang-hsis, s. weiter oben Anm. 38.

44 S. Charles L. GOBIEN, *Histoire de l'Edit de l'Empereur de la Chine en faveur de la religion chrestienne avec un eclaircissement sur les honneurs que les Chinois rendent à Confucius et aux morts.* Paris 1698, S. 127-137. Leibniz hat den Wortlaut des Toleranzedikts in seinen *Novissima Sinica* (s. weiter unten Anm. 78), 1. Aufl. 1697, S. 143-145 bzw. 2. Aufl. 1699, S. 141-143, abgedruckt.

45 Die Auseinandersetzung im Ritenstreit, die gleich nach Riccis Tod, 1610, einsetzte, konzentrierte sich auf die Fragen, ob der chinesische Name für Gott (Tien und Schang-ti) sowie der Konfuzius- und Ahnenkult mit dem christlichen Dogma vereinbar seien. Während Ricci und seine Anhänger meinten, die Statthaftigkeit der chinesischen Gepflogenheiten ausschließlich aus der ursprünglichen konfuzianischen Literatur, der sie monotheistische Elemente entnahmen, ableiten zu können, stützten sich ihre Gegner vorwiegend auf die damalige Kommentarliteratur, in der sie eine materialistische Interpretation des Konfuzianismus nachgewiesen glaubten; s. auch weiter unten Anm. 47. Zum Ritenstreit vgl. u.a. NESSELRATH/REIN-BOTHE, Novissima Sinica, S. 69 ff.; ferner: den Artikel J. BECKMANNS im Lexikon für Theologie und Kirche 8 (1963), S. 1323 sowie George MINAMIKI, The Chinese Rites Controversy from its Beginning to Modern Time, Chicago 1985. – Entschiedene Gegner von Riccis Akkomodationsstrategie waren dessen Nachfolger als oberster Leiter der chinesischen Jesuitenmission, Nicolo Longobardi (1559-1655) sowie der Pionier der Franziskanermission in China (seit 1634) Antoine de Sainte-Marie (Antonio Caballero de Santa Maria (1602-1669). Longobardis *Traité sur quelques points de la religion des Chinois* (Paris 1701) und Sainte-Maries *Traité de quelques*

points importants de la Mission de la Chine (Paris 1701) hat Leibniz, gleichwohl er sie erst relativ spät, Ende 1715, zu Gesicht bekam, besonders intensiv studiert. Vgl. dazu D.E. MUNGELLO, Leibniz and Confucianism. The Search for Accord. Honolulu 1977, S. 31/32 und S. 66; R.F. MERKEL, Die Anfänge der protestantischen Missionsbewegung. G.W. von Leibniz und die China-Mission (Missionswissenschaftl. Forschung 1), Leipzig 1920, S. 105-107.

46 S. ROWBOTHAM, Missionary and Mandarin (1942), S. 178.

47 Während die Jesuiten den Ahnen- und Konfuziuskult als ausschließlich weltliche Angelegenheiten, die keine religiöse Verehrung darstellten, und die konfuzianische Lehre, resp. das kanonische Buch J-ching (Buch der Wandlungen) als reine Philosophie interpretierten, hielten ihre Widersacher den Konfuzianismus der alten Chinesen für Materialismus und den modernen für Atheismus und somit unvereinbar mit der Lehre des christlichen Dogmas.

48 Das Toleranzedikt (s. oben Anm. 44) wurde erst nach dem politischen Umschwung in China 1722 aufgehoben.

49 Vgl. WIDMAIER, Briefwechsel (1990), Nachwort, S. 273.

50 D.E. MUNGELLO, Leibniz and Confucianism: failure and future in ecumenism. (Diss.), Berkeley 1973 (gedr. unter dem Titel "Leibniz and Confucianism. The Search for Accord, Honolulu 1977), Kap. 1; zu den nachfolgenden Publikationen Mungellos s. Lit.verz.

51 S. Literaturverzeichnis.

52 S. weiter oben Anm. 12.

53 S. AA I, 1 N. 38 ff. (12 Br.); vgl. bes. Leibniz'Brief vom 7. Febr./8. März 1672, ebd. N. 127, S. 192, in dem er seinem Briefpartner von zwei weiteren einschlägigen Werken berichtet, die er gelesen hatte, u.a. die von R.P. GRESLOU, S.J. verfaßte *Histoire de la Chine sous la domination des Tartares*.

54 GRIMM (1969), S. 42; s. auch weiter oben Anm. 12.

55 Leibniz an Herzog Joh. Friedrich, April (?) 1679, AA I, 2 N. 132, S. 167.

56 S. *Entwurf einer Bibliotheca Universalis Selecta*, Mai bis Herbst 1689, AA I, 5 N. 247, S. 454.

57 S. weiter oben Anm. 11.

58 S. AA I, 5 N. 9, S. 26.

59 Vgl. auch MUNGELLO, Chinabild (1982), S. 239.

60 AA I, 5 N. 9, S. 26.

61 Allein 78 sinologische Werke standen Leibniz als Bibliothekar in Hannover zur Verfügung. Marginalien von seiner Hand zeugen davon, daß er mindestens die wichtigsten sehr genau studiert hat; dies waren u.a. die Arbeiten LONGOBARDIS und SAINTE MARIES (s. oben Anm. 45); Nicolas de MALEBRANCHE, *Entretien d'un philosophe chrétien et d'un philosophe chinois*. Paris 1708. Vgl. MUNGELLO, Chinabild (1982), S. 233 f.; s. auch J. HO, Quellenuntersuchung zur China-Kenntnis bei Leibniz und Wolff (Diss.), Hongkong 1962.

62 S. Leibniz' Niederschrift des in Rom geführten Gesprächs (1. Hälfte Juli 1689), das den Anfang des Kontakts mit Grimaldi dokumentiert; gedr. WIDMAIER, Briefwechsel (1990), N. 1. – Der italienische Jesuit Claudio Filippo Grimaldi (1638-1712), ein hervorragender Mathematiker, der 1660 nach China aufgebrochen war, wurde auf Betreiben Ferdinand Verbiests, S.J. (s. weiter oben Anm. 42) von Kaiser K'ang-hsi 1671 von Kanton als Mitarbeiter an das astronomische Amt nach Peking berufen; er wurde Mandarin und entwickelte ein persönliches Vertrauensverhältnis zum chinesischen Kaiser. Nach Verbiests Tod übernahm er 1688 dessen Amt als Leiter der Obersten Mathematischen Behörde. Nur vier Jahre hielt er sich im Auftrage des chinesischen Kaisers in Europa (Rom, Paris, Wien, München) auf; 1712 starb er in Peking. Vgl. PFISTER, Notices biographiques, Nr. 135, S. 372-377. – Leibniz schrieb Grimaldi bis Ende 1696 immer wieder, bombardierte ihn geradezu mit Fragen über China und Vorschlägen für die dortige Mission. Er erhielt jedoch nur einen kurzen Antwortbrief aus Goa vom 6.12.1693 (WID-MAIER, N. 8), in dem der italienische Pater eher zurückhaltend auf den Wissensdurst des deutschen Gelehrten reagiert. Die erbetenen Informationen blieben zudem aus.

63 S. Leibniz' Fragen für Grimaldi, 19. Juli 1689, ebd. N. 3; dt. Übers., NESSELRATH/REINBOTHE, Novissima Sinica, S. 84-86.

64 Vgl. L. RICHTER, Leibniz und sein Rußlandbild (1946), S. 29.

65 FRANKE (1928), S. 160.

66 WIDMAIER, Briefwechsel (1990), N. 2, S. 3; dt. Übers. NESSELRATH/REINBOTHE, N. 3, S. 83/84.

67 S. auch vorne Kap. II, 1 S. 32 u. Anm. 88.

68 "J'ay toujours eu grande estime pour cette Compagnie; ils vivent exemplairement; ils cultivent les estudes; ils ont eu des excellents hommes. On leur est redevable de beaucoup de biens ... s'ils avoient plus de moderation, et plus de cette lumiere qui éclaire sans échauffer ils seroient parfaits; mais enfin ils sont des hommes commes les autres. Ils se passionnent quelque fois plus pour ce qui sert à l'aggran-

dissement de leur Societé que pour le bien de l'Eglise; et ils cherchent de se vanger de leurs Adversaires sous pretexte qu'il y va de l'interest de leur Societé, et par consequent de celuy de Dieu". Leibniz an Ernst v. Hessen-Rheinfels, AA I, 5 N. 28, S. 72. Der Kontakt zu den Jesuiten in Rom ergab sich für Leibniz aus seiner Mitgliedschaft in der *Accademia fisico-matematica*. Vgl. neuerdings A. ROBINET, G.W. Leibniz. Iter Italicum. La dynamique de la République des Lettres. Nombreux textes inédits. Florenz 1988, S. 121 u. ff.; s. auch Anm. 67.

69 S. weiter oben Anm. 30.
70 M. KÜHN, Leibniz und China (1973), S. 33.
71 Leibniz an Antoine Verjus, 15./25. April 1695, WIDMAIER, N. 10, S. 28.
72 AA I, 10 N. 298. Der Briefwechsel mit Verjus, der bis zum September 1705 dauerte, ist neuerdings, wie auch die anderen Briefwechsel Leibniz' mit französischen Patres, erstmals vollständig abgedruckt bei WIDMAIER, Briefwechsel (1990); s. N. 9 ff.
73 S. ebd. N. 22 ff.
74 Ebd. N. 40 ff.
75 Ebd. N. 50 ff.
76 Vgl. ebd. N. 58 ff.
77 S. weiter oben Anm. 38.
78 "Je les ai lus et relus, toujours avec un nouveau plaisir". Bouvet an Leibniz, 18. Oktober 1697, WIDMAIER (1990), N.15, S. 47. – Die *Novissima Sinica historiam nostri temporis illustratura*, eine mit Original-Berichten und Dokumentationen versehene Publikation über China, der Leibniz eine ausführliche *Praefatio* voranstellte, erschien 1697 in erster Auflage. Die Popularität dieses Buches machte nach nur zwei Jahren eine Neuauflage erforderlich, der Leibniz das inzwischen erschienene *Portrait historique de l'empereur de la Chine* (Paris 1697) seines Briefpartners Bouvet, aus dem Französischen ins Lateinische übersetzt, hinzufügte. Erstmals in deutscher Sprache sowie mit ergänzenden Dokumenten und ausführlichen Erläuterungen versehen, liegt Leibniz' *Novissima Sinica praefatio* seit der 1679 von NESSELRATH/REINBOTHE im Auftrag der Deutschen China-Gesellschaft (Köln) herausgegebenen bilingualen Edition vor. Ihre lateinische Urfassung hatte bereits 1768 DUTENS (4, 1, S. 78 ff.) wiedergegeben.
79 WIDMAIER (1990), Nachwort, S. 276.
80 MUNGELLO, Chinabild (1982), Summary, S. 233.
81 Brief v. 14. Dez. 1697, KLOPP, Werke 10, S. 42.
82 *Briefwechsel* (1990), Nachwort, S. 275.
83 *China und das Chinabild von Leibniz* (1969), S. 39.
84 Leibniz und China (1973), S. 35.
85 S. weiter oben Anm. 78; zitiert wird nach d. dt. Übers.
86 KÜHN (1973), S. 35; s. auch WIDMAIER (1990), Nachwort, S. 296.
87 Leibniz hat hier u.a. den Bericht des portugiesischen Jesuiten José SOARES (1656-1736) über die Geschichte des am 23. März 1692 von Kaiser K'ang-hsi unterzeichneten Toleranzediktes für die Verbreitung des christlichen Glaubens in vollem Wortlaut wiedergegeben: *De Libertate Religionem Christianam apud Sinas propagandi nunc tandem concessa*. Dieser Bericht, den er im März 1697 von einem Jesuiten aus Münster erhalten hatte (AA I, 13, N. 404), gibt nicht nur Einblick in die Schwierigkeiten und Intrigen, mit denen die Jesuiten in China zu kämpfen hatten, sondern auch wertvolle Informationen über die damalige chinesische Bürokratie. Vgl. NESSELRATH/REINBOTHE, Novissima Sinica, S. 7 u. 33.
88 *Quellenuntersuchungen* (1962), S. 52.
89 S. weiter oben Anm. 45. An den Mathematiker Louis Bourguet schreibt Leibniz am 11. April 1711: "In controversia Sinensi, quae hodie Romae agitatur, ego Jesuitarum partibus faveo, favique dudum, ut ex meis novissimis Sinicis olim editis intelligi potest". DUTENS 6, 1, S. 206; s. auch das Schreiben an des Bosses vom 17. März 1712, GERHARDT, Phil. Schr. 2, S. 441.
90 Zur Interpretation von Leibniz' Praefatio zu den Novissima Sinica (im folgenden abgek. Nov. Sin.) vgl. bes.: D.F. LACH, The preface to Leibnz' NOVISSIMA SINICA. Commentary, Translation, Text, Honolulu 1957; vgl. auch MERKEL (1920), S. 37 ff.: Entstehung und Bedeutung der Novissima Sinica.
91 *Nov. Sin.* § 1.
92 ZANGGER, Welt und Konversation (1973), S. 202.
93 HARNACK II, S. 81 bzw. KLOPP, Werke 10, S. 309; GUERRIER, Leibniz in seinen Beziehungen zu Rußland, N° 61, S. 76.

94 Bedencken, wie bey der neuen Königl. Societät der Wißenschafften, der allergnädigsten Instruction gemäß, Propagatio fidei per Scientias förderlichst zu veranstalten. Erster Entwurf. November 1701, HARNACK II, N. 66a, S. 143.
95 Nov. Sin. § 2.
96 AA IV, 1 N. 44, § 25.
97 AA I, 1 N. 127, S. 192; dt. Übers. NESSELRATH/REINBOTHE, N. 1, S. 82.
98 S. Leibniz an Grimaldi, 21. März 1692, dt. Übers. LEIBNIZ - Faksimiles, Nr. 5, S. 38; bzw. WIDMAIER, Briefwechsel, N. 7, S. 15; s. auch ebd. N. 2, S. 3.
99 Leibniz an Bouvet, 2./12. Dez. 1697, ebd. N. 18, S. 62.
100 Nov. Sin., § 4.
101 WIDMAIER (1990), N. 18, S. 62.
102 S. Nov. Sin., § 7.
103 Ebd. § 6.
104 AA I, 11 N. 205, S. 304. "Intellexi autem ex sermonibus Tuis Romae habitis, aliorumque testimonio magnam esse Virtutem, magum amorem sapientiae in Monarcha Sinarum ..." Leibniz an Grimaldi, Mitte Jan. - Anf. Febr. 1697, WIDMAIER (1990), N. 13, S. 34.
105 S. weiter oben Anm. 78; vgl. dazu auch Leibniz' Brief an Bouvet vom 2. Dez. 1697, WIDMAIER (1990), N. 18, S. 59.
106 Nov. Sin., § 7.
107 Ebd. § 9.
108 Novissima Sinica, s. weiter oben Anm. 78; De cultu Confucii civili. Diese kleine Abhandlung in lateinischer Sprache war Beilage zu Leibniz' Brief an Bouvet vom 1./11. Jan. 1700. s. WIDMAIER (1990), N. 34 u. 35. Ihre erste Drucklegung besorgten J. KLUTSTEIN-ROJITMAN u. R.J. Zwi WERBLOWSKY (mit einer franz. Übers. u. einer Einführung), in: Stud. Leibn. 16, 1 (1984), S. 93-101. Die dt. Übersetzung dieses Textes verdanken wir Hermann REINBOTHE von der Dt. China-Gesellschaft, s. Anlage zum Mitteilungsblatt v. 4.12.1984, S. 2-4. Im folgenden wird nach dieser Vorlage zitiert, abgek. De cultu Confucii.
109 KLUTSTEIN-ROJITMAN/WERBLOWSKY (1984), S. 95.
110 Diese Schrift ist, so Collani, eine direkte Reaktion Leibniz' auf das Mandat Maigrots (s. weiter oben), dessen Wortlaut er - das geht aus dem Text hervor - gekannt haben muß. S. C.v. COLLANI, Leibniz und der chinesische Ritenstreit, in: Leibniz. Tradition und Aktualität. Vorträge (1988), S. 156-163, S. 156/157. Vgl. auch weiter oben Anm. 89.
111 S. auch Anm. 36. 45. 47.
112 De cultu Confucii, S. 2; s. auch Nov. Sin., § 11.
113 KLUTSTEIN-ROJITMAN/WERBLOWSKY (1984), S. 96/97.
114 Dazu vorne Kap. III, 2, Exkurs, passim.
115 MERKEL (1952), S. 29.
116 Brief v. 1./11. Jan. 1700, WIDMAIER (1990), N. 34, S. 111.
117 Nov. Sin., § 11. Leibniz beruft sich hier auf den 1. Brief des Apostels Paulus an die Korinther, Kap. 9, Vers 22: "Den Schwachen bin ich geworden ein Schwacher, auf daß ich die Schwachen gewinne. Ich bin allen alles geworden, um etliche selig machen zu können". (Apostelgeschichte 17, 23 f.). S. auch NESSELRATH/REINBOTHE, Anm. 40.
118 Apostelgeschichte 17, 22-34.
119 De cultu Confucii, S. 3.
120 Vgl. auch KLUTSTEIN-ROJITMAN/WERBLOWSKY, S. 96.
121 Leibniz an Bouvet, Mai-Juni (?) 1706, WIDMAIER, N. 64, S. 238.
122 Ebd.; ebenso De cultu Confucii, S. 3.
123 GRIMM (1969), S. 55.
124 Leibniz an Bouvet, 18. Aug. 1705, WIDMAIER, N. 57, S. 217. Leibniz bezieht sich hier auf die Beschreibung des gekreuzigten Gerechten in Platons Politeia II, 5, die bereits im frühen Christentum als Vorausdeutung auf Jesus Christus verstanden wurde. Vgl. ebd. S. 219, Anm. 7.
125 S. weiter oben Anm. 45; vgl. dazu bes. MUNGELLO, Leibniz and Confucianism (Diss., 1973), bes. Kap. 4 u. 5. Hier wird aufgezeigt, wie Leibniz, Longobardi und Sainte-Marie bei der Auslegung derselben chinesischen Abhandlungen zu unterschiedlichen Ergebnissen kommen. Leibniz' Interpretation wird als Grundlage für seinen Glauben an eine Weltökumene gewertet.
126 GERHARDT, Phil. Schr. 2, S. 380 ff.

127 Erstmals gedr. KORTHOLT II, S. 413-494; danach DUTENS 4, 1, S. 169-210. Neuere franz.-dt. Ausgabe in: G.W. Leibniz. Zwei Briefe über das binäre Zahlensystem und die chinesische Philosophie. Aus dem Urtext neu ed., übers. u. komm. v. R. LOOSEN u. F. VONESSEN, Stuttgart 1968, S. 39-132; zit. wird nach der schon ein Jahr vorher erschienenen dt. Übers. v. R. LOOSEN, in: Antaios 8, 2 (1967), S. 144-203, abgek. *Lettre*. – Die Korrespondenz mit dem ersten Rat des Herzogs von Orléans, Nicolas Remond, begann im Juni 1713 und endete am 24. Oktober 1716. Remond, der von Leibniz' *Theodicée* begeistert war, forderte den hannoverschen Gelehrten auf, seine Gedanken zur chinesischen Philosophie niederzulegen, zumal er sich in der *Praefatio* zu den *Novissima Sinica* nicht systematisch genug damit auseinandergesetzt habe. S. Brief v. 1. April 1715, GERHARDT, Phil. Schr. 3, S. 640/41; vgl. auch HO, Quellenuntersuchungen (1962), S. 65 f. In dieser ersten philosophisch vertieften Beschäftigung mit dem chinesischen Denken hat die neuere Forschung Anregungen erkannt, die Leibniz für die Ausbildung eigener philosophischer Theoreme, insbesondere seiner Monadenlehre, deren erste flüchtige Skizzen er im Juli 1714 für Remond zu Papier brachte (GERHARDT, Phil. Schr. 6, S. 607-623; s. auch MÜLLER/KRÖNERT, Leibniz-Chronik, S. 246), der chinesischen Philosophie verdankt. Vgl. vor allem die Beiträge NEEDHAMS und ZEMPLINERS (s. Lit.verz.); s. auch D.J. COOK u. H. ROSEMONT, The Pre-established Harmony between Leibniz' and Chinese thougt, in: Journal of the History of Ideas 42 (1981), S. 253-267.

128 S. BODEMANN - LBr., S. 238.

129 Brief an Remond, 17. Jan. 1716, GERHARDT, Phil. Schr. 3, S. 665.

130 ZANGGER, Welt und Konversation (1973), S. 192 u. f.; vgl. auch ZEMPLINER, Leibniz und die chinesische Philosophie, in: Stud. Leibn., Suppl. 5 (1971), S. 15-30, S. 17 f.

131 *Lettre* (dt. Übers.), S. 170.

132 S. weiter oben Anm. 39 sowie das Folgende.

133 *Lettre*, S. 174.

134 Vgl. dazu: H.J. ZACHER, Die Hauptschriften zur Dyadik von G.W. Leibniz, Frankfurt/M. 1973. Eine kurze Darstellung der Dyadik, s. COLLANI, Figuristen (1981), S. 47-49.

135 S. Leibniz' Brief v. 15. Febr. 1701, WIDMAIER, Briefwechsel, N. 42 und Bouvets Antwortschreiben v. 4. Nov. 1701, ebd. N. 44, bes. S. 149. – In der figuristischen Theorie Bouvets (oben Anm. 39) spielt der erste mythische Kaiser Fu-hsi, der nach der alten chinesischen Vorstellung 2952 v. Chr. die Regierung übernommen haben soll, eine besondere Rolle. Er identifizierte ihn mit dem alttestamentlichen Patriarchen Henoch, dem 7. nach Adam. In dem wichtigsten Buch, dem "Buch der Wandlungen" (J-ching), das dieser hinterlassen habe und, das von Noah durch die Sintflut hindurch gerettet, bei den Chinesen teilweise, doch unverstanden erhalten geblieben sei, habe er die von Adam überlieferten Offenbarungen, sowie solche, die er selbst von Gott empfangen habe, niedergelegt. Vgl. COLLANI, Akademie für China (1989), Einf. S. 18; DIES., Joachim Bouvet und Gottfried Wilhelm Leibniz, in: Neue Zeitschrift f. Missionswissenschaft 39 (1983), S. 214-219; DIES., Bouvet (1985), S. 135, 173-199.

136 Auf die Bedeutung seines binären Zahlensystems (Dyadik) als "imago creationis" und als "Christianis dogmatibus novum et praeclarum testimonium" hat Leibniz auch Grimaldi hingewiesen; s. Briefkonzept, Mitte Jan. - Anf. Febr. 1697, WIDMAIER (1990), N. 13, S. 35. "C'est que suivant cette methode tous les nombres s'ecrivent par le melange de l'unité et du Zero, à peu pres comme toute[s] les creatures viennent uniquement de Dieu et du rien", erläutert er seinem Briefpartner Bouvet. S. Brief v. 15. Febr. 1701, ebd. N. 42, S. 135. S. auch den ausführlichen Neujahrsbrief an Herzog Rudolph August v. Braunschweig-Lüneburg-Wolfenbüttel v. 2. Januar 1697, der unter dem Titel "Das Geheimnis der Schöpfung" in dt. Übers. abgedr. ist in: LOOSEN/VONESSEN, Zwei Briefe über das binäre Zahlensystem (1968), S. 19-23. Zur Analogie des binären Zahlensystems und der biblischen Schöpfungslehre vgl. u.a. ZACHER, Dyadik, S. 35 ff.; zu den Erwartungen, die Leibniz damit verband, s. ebd. S. 4-7 u. 59-64.

137 Leibniz an Bouvet, 18. Mai 1703, WIDMAIER (1990), N. 49, S. 183/184. "Il semble ... que Fohy même a eu en veue la creation, en faisant tout venir de l'un et du Neant, et qu'il a même poussé le rapport à l'Histoire de la Genese". Ebd. S. 187. – Leibniz hat sich schließlich die Auffassung Bouvets zu eigen gemacht, der in den Hexagrammen der Fu-hsi-Ordnung "les principes de toutes les sciences et de la vraie sagesse", von der die Chinesen offensichtlich lange vor Konfuzius die Kenntnis verloren hätten, zu erkennen glaubte. S. ebd. N. 44, S. 150 und N. 21, S. 74. Bouvet hoffe nicht ohne Grund, schreibt Leibniz am 4. April 1703 an Carlo Mauritio Vota, S.J., "de penetrer plus avant par ce moyen (= Dyadik) dans le mystere de leur caracteres et sciences, perdu aujourdhuy entierement"; in: DISTEL, Leibniz - Correspondenzen, S. 148; vgl. auch Leibniz' Schreiben an Verjus, 18. Aug. 1705, WIDMAIER, N. 56, S. 214. - Hier irrten sie wohl beide. Bei der Anordnung der 64 strichweise sich wandelnden Hexagramme handelt es sich nicht um eines der ältesten Denkmäler der Erde, sondern um ein Dokument aus dem 11. Jahrhundert n. Chr., das zudem nicht, wie Leibniz glaubte, "das vollendete System einer perfekten Metaphysik" darstellt, vielmehr ein Symbol für den fortlaufenden

Wandel des Kosmos, in den der Mensch integriert ist. Vgl. ebd. Nachwort S. 284; GRIMM (1969), S. 52/53.
138 S. vorne Kap. III, 1.3.2, bes. S. 138.
139 Leibniz an Bouvet, 15. Febr. 1701, WIDMAIER (1990), N. 42, S. 140.
140 Vgl. BARUZI, L'organisation religieuse, S. 79.
141 Leibniz an Bouvet, 18. Mai 1703, WIDMAIER (1990), N. 49, S. 185; s. auch N. 42, S. 138.
142 Ebd. N. 49, S. 185. Schon im Dezember 1697 schreibt Leibniz diesbezüglich an Antoine Verjus in Paris: "Et le Calcul philosophique nouveau de cette Specieuse universelle, estant independent de quelque langue que ce soit, seroit d'un merveilleux secours pour faire gouster meme aux peuples les plus eloignés dont les langues different tant des nostres comme sont les Chinois et semblables, les plus importantes et abstraites verités de la religion naturelle, sur les quelles la revelée est comme entée". Ebd. N. 17, S. 57. – Damit entsprach der Nichttheologe und lutherische Gelehrte Leibniz wie kein anderer der Missionsstrategie der *propagatio fidei per scientias*, die vor allem von den französischen Jesuiten verfolgt wurde. Vgl. dazu Verjus' Brief an Leibniz v. 30. März 1695, ebd. N. 9, S. 24 sowie N. 10, S. 29; N. 18, S. 64.
143 R. LOOSEN, Leibniz und China, in: Antaios 8, 2 (1966), S. 134-143, S. 143.
144 Vgl. auch HO, Quellenuntersuchungen (1962), S. 57.
145 *Lettre*, S. 148; s. auch weiter oben.
146 *Nov. Sin.*, § 10. An Kurfürstin Sophie schreibt Leibniz am 10. Sept. 1697: "Je l'ay dit, et je dis encor: nous envoyons des Missionaires aux Indes pour precher la religion revelée. Voilà qui va bien. Mais il semble que nous aurions besoin que les Chinois nous envoyassent des missionaires à leur tour, pour nous apprendre la religion naturelle que nous avons presque perdue". GRUA I, S. 207.
147 Vgl. dazu: O. ROY, Leibniz et la Chine, Paris 1972, S. 45 ff.
148 Vgl. auch KÜHN, Leibniz und China (1973), S. 36. "Die Weisen anderer Nationen", schreibt Leibniz dazu in der Theodizee (Vorrede, PhB 71, S. 2/3), "haben hie und da darüber vielleicht genau so viel gesagt, aber es ist ihnen nicht das Glück einer genügenden Nachfolge zuteil geworden, so daß ihre Lehren zum allgemein gültigen Gesetze erhoben werden konnten". Erst Jesus Christus habe die natürliche Religion vollkommen in ihrem Gesetzes-Charakter erkennen lassen und ihr so zu der Würde eines allgemeinen Lehrgebäudes verholfen.
149 Vgl. u.a. WOLFFS Vorrede zu seinen *Vernünfftige(n) Gedancken von dem gesellschaftlichen Leben der Menschen* (1721) sowie die berühmt gewordene Rede *Oratio de Sinarum Philosophia practica*, die er am 12. Juli 1721 anläßlich der Niederlegung seines Prorektorats in Halle hielt; in dt. Übers. unter dem Titel *Rede von der Sittenlehre der Sineser* 1930 in Leipzig herausgegeben (= Dt. Literatur, 1. Reihe: Aufklärung, Bd. 2, S. 174-195). S. auch G.B. BÜLFINGER, Specimen doctrinae veterum Sinarum moralis et politicae ... Frankfurt a.M. 1724.
149a Vgl. u.a. A. REICHWEIN, China und Europa, Berlin 1923, S. 92 ff. D.F. LACHS maschinenschr. Diss. "Contributions of China to German Civilization, 1648-1740" (Dept. of History University of Chicago, 1941), S. 125-131 u. DERS., Leibniz and China, in: Journal of the History of Ideas 6,4 (1945), S. 436-455, S. 454 sowie in jüngerer Zeit W.W. DAVIS, China, the Confucian Ideal, and the European Age of Enlightenment. In: Journal of the History of Ideas 44, 4 (1983), S. 523-548, bes. S. 536 ff.
150 WIDMAIER (1990), Nachwort, S. 297.
151 *Leibniz und die chinesische Philosophie* (1971), S. 22.
152 ZANGGER, Welt und Konversation, S. 199.
153 *Briefwechsel*, Nachwort, S. 272.
154 Leibniz an Verjus, 2./12. Dez. 1697, ebd. N. 17, S. 55; s. auch N. 18, S. 64; N. 69, S. 266.
155 S. MERKEL, Leibniz und China (1952), S. 27.
156 *Lettre*, dt. Übers. § 48.
157 WIDMAIER (1990), N. 18, S. 64.
158 S. weiter oben.
159 S. WIDMAIER (1990), N. 3; dt. Übers. NESSELRATH/REINBOTHE, S. 84 ff. u. ebd. N. 7; dt. Übers. LEIBNIZ-Faksimiles, N. 5.
160 S. auch WIDMAIER (1990), N. 16. 18. 65.
161 LEIBNIZ-Faksimiles, N. 5, S. 39.
162 Leibniz an Bouvet, 2./12. Dez. 1697, WIDMAIER (1990), N. 18, S. 61.
163 Ebd. S. 63.
164 S. auch weiter oben.
165 Leibniz an Bouvet, 18. Aug. 1705, WIDMAIER (1990), N. 57, S. 216.

166 *Sinicae historiae decas prima*, München 1658.
167 Vgl. u.a. M. KÜHN, Leibniz und China (1973), S. 30/31.
168 Vgl. dazu MUNGELLO, Curious Land (1985), S. 125 ff.
169 WIDMAIER (1990), N. 7, S. 16.
170 S. ebd., Nachwort, S. 262; s. auch MERKEL, Leibniz und China (1952), S. 18.
171 S. WIDMAIER (1990), N. 49, S. 190; s. auch N. 34, S. 111 u. N. 67.
172 Ebd. N. 6, S. 12/13; dt. Übers., NESSELRATH/REINBOTHE, N. 4, S. 89.
173 Bouvet an Leibniz, 8. Nov. 1702, WIDMAIER (1990), N. 47, S. 175; s. auch ebd., Nachwort, S. 285 u. MUNGELLO, Curious Land (1985), S. 313-328.
174 S. Leibniz' Brief an Bouvet v. 18. Mai 1703, WIDMAIER (1990), N. 49, S. 188; ebenso N. 57, S. 218.
175 Da Müller (1630 ? - 1694), lutherischer Theologe und Dompropst an der Nikolaikirche in Berlin und zugleich verantwortlich für die sinologische Büchersammlung des Großen Kurfürsten, seine Kenntnisse vorab nicht preisgeben wollte, eine Drucklegung jedoch nie erfolgte, er angeblich kurz vor seinem Tode alle Manuskripte verbrannte, bleibt es ein Rätsel, ob er, wie Leibniz glaubte, tatsächlich den Schlüssel zu den chinesischen Schriftzeichen gefunden hatte, Vgl. Leibniz' Brief an Joh. Sigismund Elsholz v. 24. Juni (4. Juli) 1679, AA I, 2 N. 486, S. 491-492. S. auch WIDMAIER, Die Rolle der chinesischen Schrift in Leibniz' Zeichentheorie, Stud. Leibn., Suppl. 24 (1983), bes. S. 95 ff.
176 WIDMAIER, Briefwechsel, N. 58 ff.
177 Ebd. N. 18, S. 60, s. auch N. 19, S. 68.
178 S. weiter oben Kap. 2.2.2.2 u. 2.2.2.3, passim.
179 WIDMAIER (1990), N. 18, S. 60.
180 Ebd.
181 Leibniz an Verjus, 18. Aug. 1705, ebd. N. 56, S. 215.
182 Ebd. N. 69, S. 266.
183 Ebd. u. f.; s. auch N. 56, S. 215.
184 "Par ce moyen on pourra voir ce qui manque aux Chinois pour le souplêer par le secours des Européen". Ebd. N. 49, S. 179 f.
185 Ebd. N. 57, S. 218.
186 S. Leibniz an Bouvet, 18. Mai 1703, ebd. N. 49, S. 179.
187 Zit. n. FRANKE, Leibniz und China (1928), S. 176.
188 Leibniz an Grimaldi, 21.(?) März 1692, WIDMAIER (1990), N. 7, S. 15.
189 Brief v. 23. März 1690, AA I, 5 N. 317, S. 557/558.
190 Leibniz an Grimaldi, 21.(?) März 1692, zit. n. d. dt. Übers., LEIBNIZ-Faksimiles, N. 5, S. 38.
191 Leibniz an Bouvet, 2./12. Dez. 1697, WIDMAIER (1990), N. 18, S. 64. S. auch *Nov. Sin.* § 10 sowie Leibniz' Brief an Simon de la Loubère v. 5./15. Okt. 1691, AA I, 7 N.203, S.398.
192 *"...et repetens iterumque iterumque monebo ... "*; s. WIDMAIER (1990), N. 69, S. 266.
193 Ebd.; s. auch N. 56, S. 213; N. 63, S. 235; N. 49, S. 179.
194 " ... de croire, que jamais la Religion Chrestienne s'y establisse autrement que par force; c'est en quoy je, ne vois gueres d'apparence tant qu'on s'imagine que la polygamie est incompatible avec le Christianisme". An Landgraf Ernst v. Hessen-Rheinfels, Ende Juni 1690, AA I, 5 N. 342, S. 591; s. auch ebd. N. 360, S. 617. – Für Leibniz ist die Polygamie weder aufgrund eines göttlichen Gesetzes noch nach naturrechtlichen Grundsätzen zu verwerfen. Im Hinblick auf die Missionsarbeit im Orient müsse die Kirche die Frage neu überdenken: "Pour moy je ne voy pourquoy on en fait tant de bruit, et je suis tres persuadé que le Pape et generalement l'Eglise peut accorder des Polygamies et de veritables divorces *propter duritiem cordes*, comme dans le vieux Testament. Ces choses ne sont que contre le droit divin et naturel ordinaire, et ne sont pas absolument mechantes, c'est pourquoy on les peut accorder pour un grand bien; et la Congregation de propaganda fide a grandissime tort, si elle ne tache pas de porter le Pape à accorder la polygamie aux Chinois et autres peuples semblables". Leibniz an denselben, 13./23. Nov. 1691, AA I, 7 N. 109, S. 189. S. auch ebd. N. 92. 203. 264. 354; I, 9, N. 127. – Wenn durch die Anerkennung der Polygamie die Ausbreitung des Christentums in Afrika und Asien erleichtert oder erst ermöglicht werden kann, dann, so Leibniz' ganz persönliche, pragmatische Auffassung, sollte sie toleriert werden. S. dazu u.a. seinen Briefwechsel mit dem Bremer Pastor Gerhard Meier, bes. AA I, 8 N.204 ff.
195 Über die Hoffnungen, die Leibniz in die Person und Bekehrung K'ang-hsis setzte vgl. bes. *Nov. Sin.*, § 7-9. – Von dem Augustiner Nicolo Agostino Cima (1650-1722), der eine Zeitlang als Arzt am Kaiserhof in Peking tätig gewesen war und nach insgesamt siebenjährigem Aufenthalt im Fernen Osten 1705 nach Europa zurückgekehrt war, hatte Leibniz erfahren, daß eine Konversion des chinesischen Kaisers nicht mehr zu erwarten sei. S. WIDMAIER, Briefwechsel, N. 68, S. 264 u. N. 69, S. 266. Leibniz hat

196 WIDMAIER (1990), N. 42, S. 139. Ähnlich motiviert war wohl auch seine Absicht, ein Exemplar seiner Rechenmaschine durch eine Gesandtschaft Peters des Großen an den chinesischen Kaiser gelangen zu lassen. S. ebd. N. 64, S. 238 und Leibniz' Brief an Areskine v. 3. Aug. 1716, GUERRIER, No 243, S. 363; vgl. auch FOUCHER, Oeuvres 7, S. 498. Ob Leibniz' Geschenk China je erreicht hat, ist nach wie vor ungeklärt. Die sechs Rechenmaschinen, die man bislang in Peking gefunden hat, ähneln eher dem Pascalschen Modell als dem von Leibniz; zudem scheinen sie nach entsprechender Vorlage in China gebaut worden zu sein. Vgl. Wei HSIUNG, Leibniz und Kang-hsi (Cam-hy), in: Leibniz. Tradition und Aktualität. Vorträge II (1989), S. 244-247, S. 246/47.
197 WIDMAIER (1990), N. 49, S. 179.
198 Ebd. N. 53, S. 206.
199 Ebd. N. 52, S. 203. Nach COLLANI hat es Pläne K'ang-hsis für eine Akademie der Wissenschaften in Peking gegeben. S. COLLANI, Akademie für China (1989), S. 19.
200 WIDMAIER (1990), N. 53, S. 206.
201 S. vorne Kap. II, 2, S. 46 f.
202 "On y pourroit faire entrer Tartares, Chinois et Européens". WIDMAIER (1990), N. 53, S. 206; s. auch N. 52, S. 203.
203 Ebd. N. 58, S. 223.
204 Ebd.; s. auch weiter oben.
205 Leibniz an Grimaldi, Mitte Jan.-Anf. Febr. 1697, WIDMAIER (1990), N. 13, S. 42.
206 "Et comme on a envoyé de l'Europe dans la Chine quantité de gens habiles dans toutes sortes de professions; ces personnes seroient propres à faire la comparaison de ce qui se practique à la Chine avec ce qui se practique icy". Leibniz an Verjus, 18. Aug. 1705, ebd. N. 56, S. 215.
207 GERHARDT, Phil. Schr. 3, S. 550.
208 WIDMAIER (1990), N. 17, S. 57. Nach einem Bericht im *Mercure Galant* vom September 1684 hat das Erscheinen des jungen Chinesen am Hofe Ludwigs XIV. am 15. September 1684 großes Aufsehen erregt. S. ebd. S. 85, Anm. 13 sowie KÜHN, Leibniz und China (1973), S. 32.
209 Bis 1950 Name von Jakarta, der Hauptstadt Indonesiens auf Java, die 1619 von den Holländern gegründet wurde; dtv-Lexikon Bd. 2, S. 41 u. Bd. 4, S. 136.
210 Leibniz an Fontaney, Febr. 1706, WIDMAIER (1990), N. 62, S.233.
211 S. weiter oben Anm. 30.
212 S. Bouvets Brief v. 8. Nov. 1702, WIDMAIER (1990), N. 47, bes. S. 176 f. sowie sein Schreiben an P. Bertrand-Claude Tachereau de Linyères v. 27. Okt. 1704, in: COLLANI, Akademie für China (1989), S. 120 f.; hier auch nähere Informationen über Bouvets Akademieprojekt, ebd. S. 19 ff.
213 Ebd. S. 19.
214 S. Leibniz' Brief an Verjus v. 18. Aug. 1705, WIDMAIER (1990), N. 56; s. auch N. 53, S. 206 u. N. 57, S. 218. Ein entsprechendes Schreiben an den Beichtvater Ludwigs XIV. und einen der Initiatoren der französischen Jesuitenmission, François d'Aix de La Chaise (1624-1709), den Leibniz gleichfalls von der Idee Bouvets überzeugen sollte (s. N. 47, S. 177), wurde nicht ermittelt (ebd., Anm. 7). Beide, de La Chaise wie auch dessen Sekretär Verjus, so befürchtete Bouvet, "en feront une estime très particuliere, et y auront toute sorte d'égards". Ebd.
215 Dazu: COLLANI, Akademie für China (1989), S. 27 ff.
216 WIDMAIER (1990), N. 56, S. 214/215.
217 Ebd. N. 61, S. 231.
218 Sehr viel unverblümter als Verjus gibt der Herausgeber der von Bolland begonnenen *Acta Sanctorum*, Daniel Papebroch, S.J. seinem Unmut über Leibniz' Wißbegierde Ausdruck. Auf dessen Anfrage, ob die Jesuiten in letzter Zeit aus China etwas mitgebracht hätten, was zur Förderung der Wissenschaften diene, antwortete er: die Missionare hätten dort wichtigere Dinge für das Seelenheil der Ungläubigen zu tun, als daß sie sich mit derartigen "vanitates" beschäftigen könnten. Nds. LB., LBr. 712, Bl. 59-60.
219 S. RICHTER, Leibniz und sein Rußlandbild (1946), S. 35.
220 Leibniz an Andreas Morell, 1. Okt. 1697, GUERRIER, Leibniz in seinen Beziehungen zu Rußland, No 20, S. 27.
221 FOUCHER, Oeuvres 7, S. 512.
222 Vgl. ebd. S. 510; s. auch vorne Kap. III, 2.2.1, passim.
223 *Nov. Sin.*, § 1.

224 S. dazu u.a. Leibniz' Brief an Daniel Papebroch, S.J. vom Nov. 1686, AA I, 4 N. 503, S. 606. – In seiner metaphysischen Theorie von der besten aller möglichen Welten unterscheidet Leibniz das Reich der Natur, d.h. die physische Welt, die gleich einer Maschine durch die Gesetze der Mechanik bestimmt wird, und die moralische Welt, d.h. den großen Staat der Geister unter der Regierung Gottes, in dem sich alles nach den Gesetzen der Gerechtigkeit, Weisheit und Güte vollzieht. Dieses Reich der Gnade, welches das eigentliche Ziel und der Mittelpunkt der Schöpfung ist, entspricht in seiner Ordnung und "Schönheit" dem Reich der Natur; in beiden Welten herrscht vollkommene Harmonie. S. u.a. Theodizee, 2. Teil, § 118, PhB 71, S. 174; vgl. auch A. HEINEKAMP, G.W. Leibniz, in: Klassiker des philosophischen Denkens, Bd. 1 (5. Aufl.), München 1992, S. 274-320, S. 285 ff.

225 ZANGGER, Welt und Konversation, S. 195.

226 Auch Leibniz hatte, wie schon Hochstetter betont, keine Illusionen über eine Dauerhaftigkeit der jesuitischen Erfolge in China. S. E. HOCHSTETTER, Zu Leibniz' Gedächtnis. Eine Einleitung. Leibniz zu seinem 300. Geburtstag, Lfg. 3, Berlin 1948, S. 55.

227 *Nov. Sin.*, § 23.

228 LACH, Leibniz and China, S. 441.

229 S. *Bedencken, wie bey der neuen Königl. Societät der Wißenschafften, der allergnädigsten Instruction gemäß, Propagatio fidei per Scientias förderlichst zu veranstalten.* Erster Entwurf, Nov. 1701, HARNACK II, N. 66a, S. 142. S. u.a. auch Leibniz' Brief an Andreas Morell v. 11. Mai 1697, GRUA I, S. 107 sowie sein Schreiben an Vincent Placcius v. 4. Juni 1697, DUTENS 6, 1, S. 79. An Morell schreibt Leibniz noch einmal am 1. Okt. 1697: "Vous verrez par ma préface des Nov. S. que mon dessein est d'enflammer nos gens à travailler la propagation de la véritable pieté chez les peuples eloignés". GUERRIER, Leibniz in seinen Beziehungen zu Rußland, No 20.

230 Leibniz' umfangreiche Korrespondenz mit Thomas Burnett of Kemny (1656 - 1729) beginnt im März 1695 (AA I, 11 N. 218) und endet 1714. Im Januar 1695 hatte Leibniz Gelegenheit, den schottischen Adeligen persönlich kennenzulernen, als dieser im Gefolge des brandenburgischen Kurfürsten nach Hannover kam.

231 GERHARDT, Phil. Schr. 3, S. 204; s. auch GRUA I, S. 204.

232 Vgl. GOLLWITZER, Geschichte d. weltpolit. Denkens I, S. 170; H. GEISSLER, Comenius als Wegbereiter evangelischen Missionsdenkens. In: Evangel. Missionszeitschrift 14 (1957), S. 77; s. auch vorne Kap. II, 2, S. 46 f.

233 Allerdings wurde in Leyden schon 1622 eine Ausbildungsstätte geschaffen, wo künftige Missionare auf ihre Arbeit in den holländischen Besitzungen in Indien vorbereitet werden sollten. – Pläne für ein evangelisches Konkurrenzunternehmen zur römischen *Propaganda fide* verfolgte man auch in England in der Umgebung Cromwells. Sie wurden jedoch erst mit der Gründung der *Society for the Propagation of the Gospel in Foreign Parts* wirksam, die 1701 ein königliches Patent erhielt. Zu den missionspolitischen Aktivitäten des Protestantismus in England und Holland ist zu vgl.: M. BOWMAN, The Protestant Interest in Cromwells' Foreign Relations, Diss., Heidelberg 1900; M. GALM, Das Erwachen des Missionsgedankens im Protestantismus der Niederlande, St. Ottilien 1915; DERS., Pläne eines protestantischen Gegenstücks zur Propaganda im 17. Jahrhundert. (Die katholische Mission 44), 1915/16; H. CUATTINGIUS, Bishops and Societies. A Study of Anglican Colonial and Missionary Expansion 1698 - 1850, London 1952.

234 S. vorne Kap. II, 1, S. 28.

235 S. [Justinian Ernst v. WELTZ], *Einladungs = Trieb zum heran = nahenden Grossen Abendmahl: und Vorschlag zu einer Christ = erbaulichen Jesus = Gesellschaft, Behandelnd die Besserung des Christentums und Bekehrung des Heidentums, wolmeinend an Tag gegeben durch Justinianum.* Nürnberg 1664; wiederaufgelegt unter dem Titel: Der Missionsweckruf des Baron Justinian von Welz in treuer Wiedergabe des Originaldruckes vom Jahre 1664. Leipzig 1890 (Faber's Missionsbibliothek 1). – Auf Anraten bekannter Theologen und Politiker übergab von Welz seine Vorschläge dem *Corpus Evangelicorum* in Regensburg, wurde jedoch aufgrund des Einflusses von dem damaligen regensburgischen Superintendenten D. Joh. Henr. Ursinus, der ihn als Phantasten und Betrüger hinstellte, abgewiesen, ja sogar verfolgt. Welz flüchtete nach Holland, ließ sich dort zum "Apostel der Heiligen" ordinieren und ging nach Surinam (vormals Niederländisch-Guayana). S. JÖCHER, Allgem. Gelehrten-Lexikon 4, Sp. 1884/5; MERKEL (1920), S. 26 ff.; STAMMLER (1930), S. 17. vgl. auch W. GRÖSSEL, Justinianus von Weltz, der Vorkämpfer der lutherischen Mission, Leipzig 1891.

236 GOLLWITZER, Geschichte d. weltpolit. Denkens I, S. 74.

237 Vgl. bes. das *Consilium Aegyptiacum* (1672) und das Projekt einer *Societas Philadelphica* (1669); s. vorne Kap. III, 1.1.2, S. 75 ff. und II, 1, Anm. 64.

238 *Bedencken* (Nov. 1701), HARNACK II, N. 66a, S. 142.

239 Aufgrund der im Artikel 4 des Friedensvertrages von *Rijswijk* (1697) beigefügten Bestimmung wurden die während des *Pfälzischen Erbfolgekrieges* vorgenommenen gewaltsamen Rekatholisierungen in der

Kurpfalz für gültig erklärt, gleichwohl sie den Religionsartikeln des Westfälischen Friedens widersprachen. S. dtv-Wörterbuch zur Geschichte 2 (4. Aufl. 1980), S. 709. – Die Einstimmigkeit zwischen Frankreich und den katholischen Höfen "Deutschlands", die zu *Rijswijk* sichtbar geworden sei, schreibt Leibniz am 16. September 1698 an den englischen Gesandten Cresset, ziele auf Untergrabung der Grundlagen des *Westfälischen Friedens* und der Sicherheit der Protestanten. S. GUHRAUER, Dt. Schriften 2, S. 67; vgl. auch Leibniz' *Considérations sur la paix faite à Riswyck entre l'Empire et la France*, KLOPP, Werke 6, S. 162 - 170.

240 S. GUERRIER, Leibniz in seinen Beziehungen zu Rußland, Einl. S. 26 u. ebd. Briefwechsel, S. 36-40; BARUZI, L'organisation religieuse (1907), S. 113; vgl. auch GOLLWITZER, Geschichte d. weltpolit. Denkens I, S. 197; LACH, Leibniz and China, S. 441.

241 *Bedencken* (1701), 2. Entw., HARNACK II, N. 66b, S. 147. S. auch GRUA I, S. 107, 204; GERHARDT, Phil. Schr. 3, S. 204, 223; KORTHOLT II, S. 319.

242 AA I, 13 N. 366, S. 612.

243 Vgl. auch ZANGGER, Welt und Konversation (1973), S. 200.

244 Leibniz an A.H. Francke, 7. Aug. 1697, gedr. MERKEL (1920), Anh. I, S. 217: "Qvantum dedecus nostrum, imo quantum crimen est, paratae messi, pulcherrimus occasionibus vocanti Domino deesse, dum interea omnia movent Pontificii ..."

245 *Denkschrift in Bezug auf die Einrichtung einer Societas Scientiarum et Artium in Berlin* v. 26. März 1700, HARNACK II, N. 30b, S. 81.

246 S. weiter oben S. 329.

247 *Bedencken* (1701), 1. Entw., HARNACK II, Nr. 66a, S. 143. s. auch ebd. N. 66b, S. 146/47; ferner: GERHARDT, Phil. Schr. 3, S. 204; GRUA I, S. 107.

248 GOLLWITZER, Geschichte d. weltpolit. Denkens I, S. 193.

249 *Generalinstruktion* v. 11. Juli 1700, HARNACK II, N. 50, S. 104.

250 Vgl. ebd. N. 45. 66a. 66b sowie den bei BRATHER (1993, S. 168 f.) erstmals ediertn Entwurf eines entsprechenden Edikts. In den Briefen, Denkschriften und Entwürfen zur Gründung von Sozietäten in Sachsen und Wien finden sich nur ganz vereinzelt Gedanken zur Mission. Lediglich in einem bei FOUCHER (Oeuvres 7, S. 243 ff.) mitgeteilten Plan für eine Akademie in Sachsen wird Leibniz etwas ausführlicher: "Nachdem auch die erfahrung gibt, daß propagatio fidei per scientias, sonderlich mathesin et medicinam, nächst göttlichem beystand am besten zu erhalten, so würden auch leute, mit in Tartarey, Indien und bis nach China abzuschicken nicht allein die auf sie gewandte kosten mit Handel erstatten, sondern auch der abgelegenen völcker naturalia und wißenschafften, uns durch einen löblichen tausch zurückbringen. Wobey des Czars hoher beystand und guthes vernehmen mit ihrer Mt. dermahleins ein großes beytragen köndte". (Ebd. S. 247). Leibniz spielt hier auf das Bündnis Augusts des Starken, König von Polen und Kurfürst von Sachsen, mit Rußland im Nordischen Krieg (1700 - 1721) an.

251 *Bedencken* (1701), HARNACK II; N. 66a, S. 141. Durch den Übertritt des sächsischen Kurfürsten August des Starken zum Katholizismus (1698) war die Führung der evangelischen Interessen im Reich tatsächlich an Brandenburg-Preußen übergegangen.

252 Ebd. N. 66b, S. 147.

253 Vgl. ebd. N. 66a, S. 143. Für die Mission nach China bestünden günstigere Voraussetzungen nicht nur aufgrund der guten Beziehungen des preußischen Königs zum russischen Zaren; allein die Person des chinesischen Kaisers, der ein "vortrefflicher, die Europäer und die Scienzen liebender Monarch" sei, ließe auf ein erfolgreiches Unternehmen hoffen.

254 Die von dem Berliner Propst Andreas Müller angekündigte, doch niemals erschienene *Clavis Literaturae Sinicae* (s. weiter oben S. 333 u. Anm. 175) war 1678 von Friedrich Wilhelm I. in Auftrag gegeben worden. Ebenso großes Interesse dürfte der Große Kurfürst den Bemühungen seines Leibarztes Christian Mentzel (1622 - 1701), literarische Hilfsmittel für den Unterricht in der chinesischen Sprache zu beschaffen und Informationen über Kultur, Sprache und Medizin aus dem Fernen Osten zu sammeln, entgegengebracht haben. S. R. WINAU, Der Hof des Großen Kurfürsten und die Wissenschaften. In: Europäische Hofkultur im 16. und 17. Jahrhundert, hrsg. von August Buck, Georg Kauffmann, Blake Lee Spahr, Conrad Wiedemann (Wolfenbütteler Arbeiten zur Barockforschung, Bd. 10), Hamburg 1981, S. 647 - 658, bes. S. 652 ff. S. auch W. ARTELT, Christian Mentzel, Leibarzt des Großen Kurfürsten, Botaniker und Sinologe, Leipzig 1940, bes. S. 20-33: Christian Mentzel und der Ferne Osten.

255 Die "beste und reichhaltigste sinologische Bibliothek in Europa, ehe sie von der Pariser abgelöst wurde", zählte, in den 1660er Jahren begonnen, Anfang der 80er Jahre rund 300 Bände. WINAU, Hof des Großen Kurfürsten (1981), S. 655. S. u.a. auch die Abhandlung des bedeutenden Linguisten und Gelehrten Mathurin Veyssière La Croze im 1. Band der *Miscellanea Berolinensia: De libris Sinensium Bibl. Reg. Berolinensis* (1710) sowie F. WILKEN, Geschichte der Königl. Bibliothek, Berlin 1828, S. 29 u. 161.

256 *Denkschrift* v. 26. März 1700, HARNACK II, N. 30b, S. 81.

257 "... Je considère l'Empire du Czar comme pouvant établir une liaison entre la Chine et l'Europe, puisque en effet son Empire touche toutes les deux". Leibniz an den zaristischen Hofmeister Heinrich v. Huyssen, 11. Okt. 1707, GUERRIER, No 59, S. 69; s. auch Leibniz an Francke, 30. Sept. 1697, gedr. MERKEL (1920), Anh. I, S. 220 f. sowie FOUCHER, Oeuvres 7, S. 409.

258 *Bedencken* (1701), HARNACK II, Nr. 66a, S. 143. Leibniz bezieht sich hier auf den Königsberger Vertrag vom 22. Juni (2. Juli) 1697, der den brandenburg-preußischen Kaufleuten den Weg nach den russischen Handelszentren und darüber hinaus nach Astrachan, Persien und China öffnete. Vgl. BRATHER (1993), S. 159, Anm. 201. Gefahren für seinen Plan," "de profiter des caravanes qui vont de Moscou à la Chine par le moyen de la Cour de Brandebourg", sieht Leibniz allerdings im Ausbruch des Nordischen Krieges (1700 - 1721), der mit einer Koalition zwischen Dänemark, Sachsen und Rußland gegen Schweden begann.

259 S. GUERRIER, Einl. S. 26; ferner: Leibniz an Kochanski, Dez. 1691, AA I, 7 N. 267, S. 487.

260 S. *Bedencken* (1701), HARNACK II, N. 66a, S. 143.

261 *Society for the Propagation of the Gospel in Foreign Parts* (S.P.G., 1701); *Society for the Promotion of Christian Knowledge* (S.P.C.K., 1698). Leibniz führt die Gründung der ersteren nicht zuletzt auf den Einfluß seiner *Novissima Sinica* zurück (s. HARNACK II, N. 66a, S. 142; 66b, S. 146), die durch den Oxforder Mathematiker John Wallis auch in England Verbreitung fanden. S. Wallis' Brief an Leibniz v. 21. Okt. 1697, GERHARDT, Math. Schr. 4, S. 43 f. Über die ersten Anfänge einer englisch-zivilisatorischen Mission Ende 1699 vgl. das Schreiben desselben an den Philosophen v. 29. März (9. April) 1700. Ebd. S. 75 f. Über den Einfluß von Leibniz' Missionsgedanken auf den Bischof von Salisbury, Gilbert Burnet, der an der Gründung der S.P.G. entscheidend mitgewirkt hat, vgl. MERKEL (1920), S. 194 ff.

261a "Und indem aus England von Seiten der See vermittelst der nun sich vereinigenden beyden ostindischen Compagnien der Eingang gesuchet würde, so köndten die brandenbg. Missionarii durch die Moscou zur Landseite nach Persien, Indien und Tschina kommen und einer dem andern die Hände bieten". Bedencken (1701), Harnack II, N. 66b, S. 146.

262 Dazu: Kap. III, 3.4.

263 S. GUERRIER, No 240, S. 353; No 158, S. 242/43. Hier greift Leibniz noch einmal die grundsätzliche Frage auf, ob die "Moskowiter" nun Barbaren ohne jegliche Kenntnis Gottes oder Christen sind. Die Tatsache, daß in seinen Schriften und Briefen niemals die Rede von einer evangelischen Mission unter den orthodoxen Gläubigen die Rede ist, demonstriert nicht nur Leibniz' Taktgefühl. Vielmehr zeigt sie seine fundamentale Einsicht, daß Rußland in seinen Wurzeln christlich ist. So mußte das altrussisch-byzantinische Christentum mit Hilfe des methodischen Instruments der *propagatio fidei per scientias* nur aktualisiert werden, damit die russisch-orthodoxe Kirche in Zukunft ihrer Verpflichtung zur Mission in christlich-zivilisatorischem Sinne nachkommen konnte. Vgl. D. GROH, Rußland und das Selbstverständnis Europas, Neuwied 1961, S. 22 ff.; W. GOERDT, Die "russische Idee" als Geschichtsphilosophie, in: Philos. Jahrb. 75, 2 (1968), S. 366 - 381, S. 368 f.; E. BENZ, Leibniz und Peter der Große, Berlin 1947, S. 68 u. 77 f.; s. auch im folgenden Kap. III, 3.4.1.1.1, S. 463 f. sowie Anm. 58 ff.

264 S. ebd. N. 126, S. 177.

265 Vgl. weiter unten, S. 346 f.

266 S. weiter oben Kap. III, 2.2.2.1, Anm. 139.

267 Im Gegensatz zu Leibniz hatte man, wohl nicht zuletzt beeinflußt von Heinrich Wilhelm Ludolf, einem Neffen des berühmten Orientalisten Hiob Ludolf, den Zusammenhang zwischen der russisch-orthodoxen und der orientalischen Kirche richtig erkannt; dazu ausführlicher: BAUMGART, Leibniz und der Pietismus, S. 372 f.; J. TETZNER, H.W. Ludolf und Rußland (Dt. Akad. d. Wiss., Veröffentl. d. Instituts f. Slawistik 6), Berlin 1955, bes. S. 63 ff. S. auch weiter oben Kap. III, 2.2.2.1, Anm. 137.

268 S. ebd.

269 In Hannover (Leibniz-Archiv) befinden sich 6 Briefe aus dieser Korrespondenz (LBr. 586), drei von Ludolf, drei von Leibniz; alle Schreiben datieren aus dem Jahr 1697; neuerdings ed. in: AA I, 14. Das hier zitierte französische Original vom 11./21. Mai 1698 ist neben einem Brief vom 19.11.1703 im Archiv der Franckeschen Stiftungen (Halle) aufbewahrt; zitiert wurde nach dem Abdruck bei TETZNER (s. oben Anm. 267), Beilage 10.

270 BAUMGART, Leibniz und der Pietismus, S. 367; s. auch W. DILTHEY, Leibniz und sein Zeitalter (1927), S. 29.

271 LACH, Leibniz and China. S. 443; s. auch HARNACK I, S. 81.

272 Francke wurde seit dem 12.10.1701 als auswärtiges Mitglied der Königl. Sozietät zu Berlin geführt. S.E. AMBURGER, Mitglieder der Deutschen Akademie (1950), S. 57.; vgl. auch HARNACK I, S. 111.
273 Konzept v. 9. Nov. 1701, s. HARNACK II, S. 141, Anm. 1.
274 *Bedencken* (1701), ebd. N. 66b, S. 145.
275 Ebd. S. 143.
276 S. weiter oben S. 334 f.
277 "... so wollen wir bedacht seyn, ... daß von denen Grentzen Unserer Lande an bis nach China nützliche Observationes astronomicae, geographicae, dabeneben nationum, linguarum et morum rerumque artificialium et naturalium nobis incognitarum und dergleichen gemachet und der Societät zugeschickt werden." *Generalinstruktion* v. 11. Juli 1700, HARNACK II, N. 50, S. 106.
278 S. BARUZI, L'organisation religieuse, S. 78; s. auch weiter oben Anm. 30.
279 *Bedencken* (1701), HARNACK II, N. 66a, S. 142; s. auch 66b, S. 147 sowie N. 45, S. 98 und N. 48 (Stiftungsbrief v. 11. Juli 1700), S. 94.
280 Ebd. N. 66b, S. 147.
281 An den Landshuter Jesuiten Ferdinand Orban schreibt Leibniz am 28. Okt. 1707: "ut Sinenses homines doctos in Europam accersamus, qui adolescentes Europaeos sermone et literatura Sinensium imbuant." Nds. LB., LBr.699,Bl.29 v;s. auch sein Schreiben v. 18. Dez. 1707 an denselben, ebd. Bl. 33. In einem Brief an Kortholt v. 20. Mai 1715 kommt er noch einmal auf seinen Vorschlag zurück: "... olim suasi, ut Batavi Sinenses aliquot ... accerserent in Europam, qui hic scholas aperirent, et pueros delectos lingua scripturaque imbuerent." KORTHOLT I, S. 324 f.; DUTENS 5, 2, S. 324 f.
282 *Bedencken* (1701), HARNACK II, N. 66a, S. 143.
283 Ebd. N. 66a, S. 144.
284 Nds. LB., LBr. 282, passim bzw. MERKEL (1920), Anh. I, S. 220 ff.
285 Allerdings zählte dieses Kolleg nur 13 Mitglieder und endete bereits 1713. Gleichwohl sein Statut (gedr. KRAMER, A.H. Francke 2 (1882), S. 278 ff.) die Ausbildung von Lehrern für Kirche und Schule vor allem im Hinblick auf das zukünftige Arbeits- und Missionsgebiet Abessinien vorgesehen hatte, selbst, wie Leibniz es wünschte, die Betonung der naturwissenschaftlichen Studien nicht fehlte, blieb seine Haupttätigkeit auf die Mitarbeit an der 1720 vollendeten Michaelis'schen Ausgabe der hebräischen Bibel beschränkt. Vgl. R. BÜCKMANN, Die Stellung der lutherischen Kirche des 16. und 17. Jahrhunderts zur Heidenmission und die gemeinsamen Bestrebungen von Leibniz und A.H. Francke zu ihrer Belebung. In: Zeitschrift für kirchl. Wissenschaft und kirchl. Leben, 2. Jg., 1881, S. 362 - 389, S. 379.
286 Vgl. KRAMER, A.H. Francke 2 (1882), S. 87 ff.
287 S. weiter oben Anm. 261.
288 Mitglied seit dem 20.1.1701, s. AMBURGER, Mitglieder der Deutschen Akademie (1950), S. 56.
289 Genauer Wortlaut dieser nur handschriftlich überlieferten Schrift bei C.H. Chr. PLATH, Die Missionsgedanken des Freiherrn von Leibniz. Eine Studie. Berlin 1869, S. 71 - 88. Ihre bei darauf folgende deutsche Fassung, die den Titel *Die Schauburg der Evangelischen Gesandtschaft* trägt, hat MERKEL (1920) im Anhang zu seiner Untersuchung über "Leibniz und die Chinamission" vollständig mitgeteilt; s. Anh. II, S. 225 ff., s. auch S. 175. Vgl. ferner: BÜCKMANN (1881), S. 380 ff. - Anhand des *Pharus* weist MERKEL (1952, S. 9) wiederum den Einfluß Campanellas, namentlich dessen 1615 verfaßten Traktats *Quod Reminiscentur et convertentur ad Dominum Universi Fines Terrae*, auf die Missionsidee von Leibniz nach.
290 S. MERKEL (1920), S. 181. Zusammen mit einem Begleitschreiben (gedr. ebd. S. 180, Anm. 1) hatte Mel das Manuskript des *Pharus* am 21. Januar 1701 an den preußischen Minister Fuchs gesandt, das dieser wiederum auf Anordnung des Königs am 1. Februar an die Sozietät zur Begutachtung weiterleitete. Lt. Sitzungsprotokoll wurde der *Pharus* am 18. Februar 1701 kurz vorgestellt, auf eine Verlesung bzw. ausführlichere Beratung jedoch verzichtet. S. ebd. S. 181, Anm. 1 u. 2.
291 *Missionarius Evangelicus: seu consilia de conversione Ethnicorum, maxime Sinensium ... Authore Conrado Mel ... Lipsiae ... MDCCXI*. S. auch MERKEL (1920), S. 185 u. ff.
292 S. oben Anm. 233.
293 S. MERKEL (1920), S. 185 u. 188, Anm. 2.
294 S. Brief v. 29. März (9. April) 1700 an Leibniz, GERHARDT; Math. Schr. 4, S. 75 f.
295 ZANGGER, Welt und Konversation, S. 188/189. Mit deutlichen Worten kritisiert Leibniz die seiner Meinung nach kurzsichtigen Überlegungen seitens der Berliner Sozietät, die bevorstehende Hochzeit des Zarewitsch mit der Wolfenbüttelschen Prinzessin zum Anlaß zu nehmen, um mit Hilfe des Seelsorgers der Braut, Joh. Mich. Heineccius, einem ihrer Mitglieder, die protestantische Sache in Rußland zu betreiben. Sowohl in seinem Schreiben an Heineccius (Br. v. 11. Jan. 1712, GUERRIER, No

138), der einen entsprechenden Vorschlag vorgetragen hatte, als auch in seiner Stellungnahme gegenüber der Sozietät (ebd. No 137) warnt Leibniz davor, durch voreiliges Missionieren das eigentliche zivilisatorische Ziel zu gefährden. Mit Worten allein sei nichts getan; vielmehr müsse der an den Wissenschaften interessierte Zar durch "Realien", konkrete Vorschläge und "einige Anstalt" für eine kulturelle Verbindung gewonnen werden (s. Leibniz' Brief an den Sekretär der Sozietät, Joh. Theodor Jablonski (undat., vermutlich Ende Dez./Anf. Jan. 1711/12), in: A.v. HARNACK, Berichte des Secretärs der Brandenburgischen Societät der Wissenschaften J. Th. Jablonski an den Präsidenten G.W. Leibniz (1700 - 1715) nebst einigen Antworten von Leibniz (Abhandl. d. Kgl. Preuß. Akad. d. Wiss. zu Berlin, Phil-hist. Abh. III, 1897), N. 134). Nur so ließe sich das größte Hindernis, das Mißtrauen der russischen Geistlichkeit gegen alles Westliche, überwinden. Damit schlägt sich Leibniz ganz auf die Seite des Konrektors Joh. Leonhard Frisch, der sich in der Sitzung der Philologischen Klasse am 19. Nov. 1711, in der dieses Thema diskutiert wurde, gegen Heineccius ausgesprochen hatte. S. Copia Protocolli Classis Philologiae Generalis, GUERRIER, No 129, bes. S. 187. Über die denkwürdige Akademiesitzng am 19. November 1711 vgl. auch K.-G. EICKENJÄGER, Unerwünschte Proselytenmacher. In: Spektrum 7/8 (1975), S. 66 - 68 sowie E. BENZ, Leibniz und Peter der Große, Berlin 1947, S. 70 ff.

296 S. bes. *Bedencken* (1701), HARNACK II, N. 66a, S. 145.

297 Damit wären "diejenigen Mittel und Einkommen, so sonst zu milden Sachen gestiftet und verwendet werden sollen, wo dieselbigen Sachen ein solches erleiden und entbehren mögen, in etwas zu Hülff zu nehmen." Ebd. N. 45, S. 98.

297a Aus dem im Akademiearchiv befindlichen Faszikel "Wissenschaftliche Verhandlungen" von 1704 bis 1734 ginge, so HARNACK (I, S. 143, Anm. 1) hervor, daß die Sozietät Vorbereitungen für eine Expedition nach China getroffen habe, diese jedoch an der Finanzierung gescheitert sei. Bei BRATHER (1993, S. 157 ff.) der sich erst in jüngster Zeit um die Erschließung des Zentralen Archivs der Berliner Akademie der Wissenschaften verdient gemacht hat, finden wir indes keinen entsprechenden Hinweis.

298 HARNACK II, N. 66a, S. 142.

299 S. ebd. N. 30b, S. 81.

300 Ebd.; s. auch N. 66a, S. 143; 66b, S. 146; Leibniz an Bouvet, 15. Febr. 1701, WIDMAIER, Briefwechsel, N. 42, S. 139.

301 *Bedencken* (1701), 2. Entw., HARNACK II, N. 66b, S. 147.

302 Leibniz an Burnet, 18./28. Mai 1697, GRUA I, S. 204; s. auch GERHARDT, Phil. Schr. 3, S. 204.

303 In einem Brief an den englischen König Wilhelm III. von 1694 lesen wir Leibniz' konkreten Vorschlag: "destiner une partie determinée du profit à des causes veritablement pieuses, pour l'avancement de la religion, de la pieté et des arts et sciences." KLOPP, Werke 6, S. 98.

304 Leibniz an denselben, 1695, ebd. S. 99.

305 Vgl. vorne Kap. III, 2.2, passim.

306 Vgl. auch GOLLWITZER, Geschichte d. weltpolit. Denkens I, S. 169.

307 Brief v. 24. Febr. (6. März) 1697, AA I, 13 N. 366, S. 613.

308 *Bedencken* (1701), HARNACK II, N. 66a, S. 144.

309 Ebd.

310 Ebd., 2. Entw., Nr. 66b, S. 147.

311 Vgl. *Nov. Sin.*, § 12.

312 Dazu vorne, Kap. III, 2.1, Exkurs.

313 S. weiter oben S. 342 f.

314 S. Leibniz' Promemoria *Erzählung von der Absicht der preußischen Societät der Wissenschaften, was sie bisher geleistet und wodurch sie gehindert worden ...* Anfang 1702, HARNACK II, N. 67, S. 148 f.; s. auch oben Anm. 258.

315 Dazu ausführlicher Kap. III, 3.1.

316 S. HARNACK II, N. 114 u. 118. Bezeichnenderweise enthält der von der Sozietät 1710 herausgegebene erste Band der *Miscellanea Berolinensia* keine Beiträge, die sich in irgendeiner Form mit diesem spezifischen Auftrag der Gesellschaft auseinandersetzen würden.

317 Vgl. auch GOLLWITZER, Geschichte d. weltpolit. Denkens I, S. 195.

ZUSAMMENFASSUNG:
Die Symbiose von konservativem und fortschrittlichem Denken in Leibniz' Sozietätsplänen

1   Vgl. D. MAHNKE, Zeitgeist des Barock (1936); DERS., Der Barock-Universalismus des Comenius (1931/32).
2   *Societas Theophilorum* (1678), AA IV, 3 N. 131, S. 851.
3   W. SCHNEIDERS, Vera Politica (1978), S. 594.
4   Vgl. auch G. KANTHAK, Akademiegedanke (1987), S. 73.
5   R.W. MEYER, Leibniz und die europäische Ordnungskrise. Hamburg 1948.
6   S. auch C. HINRICHS, Idee des geistigen Mittelpunktes (1952), S. 88.
7   S. vorne Kap. III, 2.2.2.1, S. 268 u. Anm. 62.
8   GOLLWITZER, Leibniz als weltpolitischer Denker (1969), S. 19.
9   S. auch BAUMGART, Leibniz und der Pietismus (1966), S. 379.
10 S. Leibniz' Konzept einer Denkschrift für Peter I. (1712), GUERRIER, No 158, S. 242.
11 D. MAHNKE, Leibnizens Synthese von Universalmathematik und Individualmethaphysik. In: Jahrbuch f. Philosophie u. phänomenologische Forschung, Bd. 7 (1925), S. 305-611, S. 305.
12 P. RITTER, Leibniz als Politiker, in: Dt. Monatshefte f. christl. Politik u. Kultur 1 (1920), S. 420-435, S. 421.
13 *De optima philosophi dictione* (1670), Vorrede zum Marius Nizolius (s. weiter oben Kap. III, 1.3.6, S. 163 u. Anm. 354) in der dt. Übers. v. W. v. ENGELHARDT, Schöpferische Vernunft, S. 19.
14 G. STAMMLER, Leibniz (1930), S. 145.
15 P. WIEDEBURG, Der junge Leibniz Bd. II, 4 (1970), S. 491.
16 MAHNKE, Zeitgeist des Barock, S. 111.

3.1   Leibniz als Initiator der 1700 gegründeten Sozietät der Wissenschaften in Berlin

1   Grundlegend, wiewohl zum Teil veraltet, auch methodisch überholt, bleibt Adolf HARNACKS *Geschichte der Königlich Preußischen Akademie der Wissenschaften*, 3 Bde., Berlin 1900, Bd. 1 u. 2. S. auch vorne Kap. I, 2, S. 15 u. 20. Ferner ist zu vgl.: A. AUWERS, Leibniz' Tätigkeit für die Preußische Akademie. Rede zum Leibniz-Tag 1900. In: SB d. Preuß. Akad. d. Wiss. zu Berlin (1900) 1, S. 657-69. W. DILTHEY, Die Berliner Akademie der Wissenschaften, ihre Vergangenheit und ihre gegenwärtigen Aufgaben. In: Deutsche Rundschau 103 (Juni 1900), S. 420-41: Die Akademie von Leibniz. G. DUNKEN, Die Deutsche Akademie der Wissenschaften zu Berlin in Vergangenheit und Gegenwart, Berlin/O 1958. E. WINTER, Frühaufklärung (Beiträge zur Geschichte des religiösen und wissenschaftlichen Denkens 6), Berlin/O 1966, bes. S. 70-94. S.C. OTHMER, Berlin und die Verbreitung des Naturrechts in Europa (Veröffentlichungen der Historischen Kommission zu Berlin, Bd. 30), Berlin/W 1970. W. HARTKOPF/G. DUNKEN, Von der Brandenburgischen Sozietät der Wissenschaften zur Deutschen Akademie der Wissenschaften zu Berlin, Berlin/O 1967. C. GRAU, "... das Werk samt der Wissenschaft auf den Nutzen ausrichten ..." Aus der Frühgeschichte der Berliner und der Petersburger Akademie der Wissenschaften. In: Jahrbuch für Wirtschaftsgeschichte (1975) T. 2, S. 137-159. DERS., Anfänge der neuzeitlichen Berliner Wissenschaft. 1650-1790. In: Wissenschaft in Berlin. Von den Anfängen bis zum Neubeginn nach 1945, Berlin/O 1987, S. 14-95. W. HARTKOPF; Die Akademie der Wissenschaften der DDR. Ein Beitrag zu ihrer Geschichte. Berlin/O. 1975. DERS.; Die Akademie der Wissenschaften der DDR. Ein Beitrag zu ihrer Geschichte. Biographischer Index. Berlin/O 1983. W. TREUE/K. GRÜNDER (Hrsg.), Berlinische Lebensbilder. Wissenschaftspolitik in Berlin. Minister, Beamte, Ratgeber (Einzelveröffentl. d. Historischen Kommission zu Berlin, Bd. 60), Berlin 1987. R. VIERHAUS, Wissenschaft und Politik im Zeitalter des Absolutismus. Leibniz und die Gründung der Berliner Akademie. In: Stud. Leibn., Sonderh. 16 (1990), S. 186-201. Vgl. neuerdings: H.St. BRATHER (Hrsg.) Leibniz und seine Akademie. Ausgewählte Quellen zur Geschichte der Berliner Sozietät der Wissenschaften 1697 - 1716, Berlin 1993.
2   Dazu allgemien: B. BEUYS, Der Große Kurfürst. Der Mann, der Preußen schuf. Reinbeck 1979.

3   C. HINRICHS, Der Große Kurfürst. 1620-1688. In: Ders., Preußen als historisches Problem (1964) S. 227-252, S. 231/32 u. 228 f. - Der Übertritt des Kurfürsten Johann Sigismund zum Calvinismus (1613) war nicht zuletzt eine Entscheidung machtpolitischer Zweckmäßigkeit, die den Anschluß an Oranien und die Kurpfalz und an die großen westeuropäischen Kämpfe gegen die spanischen und österreichischen Habsburger ermöglichen sollte. Alle seine Nachfolger haben mit der Politik der Ausdehnung auch das reformierte Bekenntnis beibehalten, "das damals die Führung in dem großen Wettkampf zwischen Protestantismus und katholischer Restauration übernommen hatte", während das Luthertum, seinem Wesen nach unpolitisch, auf Vermeidung aller Verwicklungen in die Händel der Zeit bedacht war. S.O. HINTZE, Regierung und Verwaltung (Gesammelte Abhandlungen zur Staats-, Rechts- und Sozialgeschichte Preußens, Bd. III), hrsg. von. G. Oestreich, Göttingen 1967**2**, S. 71/72.
4   Vgl. HINRICHS, Der Große Kurfürst, S. 244.
5   Auf das Herzogtum Pommern hatte Brandenburg-Preußen seit dem Aussterben des dortigen Herrscherhauses (1637) ein vom Kaiser anerkanntes verbrieftes Recht. Ungeachtet dessen wurde Vorpommern, der wertvollste Teil des Herzogtums, im Westfälischen Friedensvertrag (1648) Schweden zugesprochen.
6   Das *Consilium ad Gallos de castigando per Saxonem Brandenburgico* (AA IV, 1 N. 17) hat Leibniz im Zusammenhang mit seinem sog. ägyptischen Projekt (s. vorne Kap. II, 1, S. 29 u. Anm. 64) bereits im Herbst 1672 niedergeschrieben. S. auch MÜLLER/KRÖNERT, Leibniz-Chronik, S. 25. Der Aufsatz *"Über die bis zum Überdruß oft wiederholten Klagen Brandenburgs, daß man es im vorigen Krieg im Stich gelassen"* (zus. mit zwei Vorarbeiten gedr. bei KLOPP, Werke 5, S. 247-296) datiert vom Mai 1683 und war vermutlich für Herzog Ernst August von Braunschweig-Lüneburg bestimmt. Aufs Schärfste kritisiert Leibniz hier die Haltung Friedrich Wilhelms, der in so schweren Zeiten, - in denen es vornehmlich um die Rückgewinnung Straßburgs von den Franzosen ginge -, das Reich im Stich ließe und sogar Absichten zeige, sich dem französischen Feind anzunähern. Der vom Kurfürsten vorgetragene Vorwand, er sei verstimmt über die Haltung des Kaisers, der in der Angelegenheit des Nymweger Friedens seinem Land jegliche Unterstützung versagt habe, treffe weder zu noch entschuldige er das derzeitige Verhalten Friedrich Wilhelms. Vgl. dazu auch HINRICHS, Der Große Kurfürst, S. 246 ff.
7   Vgl. R. WINAU, Der Hof des Großen Kurfürsten und die Wissenschaften. In: Europäische Hofkultur im 16. und 17. Jahrhundert, hrsg. v. A. Buck u.a. (Wolfenbütteler Arbeiten zur Barockforschung, Bd. 10), Hamburg 1981, S. 647-658, S. 650 ff.
8   GRAU, Berliner Wissenschaft, S. 19.
9   G. KANTHAK, Akademiegedanke (1987), S. 7; dazu weiter unten.
10 S. weiter oben Kap. III, 2.2.2.4, Anm. 254.
11 Vgl. WINAU, Hof des Großen Kurfürsten, S. 655; GRAU, Berliner Wissenschaft, S. 26/27. S. auch weiter oben, Kap. III, 2.2.2.4, Anm. 255.
12 Über die Etablierung französischer Hugenotten in Brandenburg-Preußen vgl. neben HARNACK I, S. 107 ff. u.a.: Ch. ANCILLON, Histoire de l'établissement des François refugiez dans les Etats de son Altesse Electorale de Brandebourg, Berlin 1690. E. MURET, Geschichte der französischen Kolonie in Brandenburg=Preußen unter besonderer Berücksichtigung der Berliner Gemeinde, Berlin 1885. G. PAGÈS, Les réfugiés à Berlin d'après la correspondance du comte de Rébenac (1681-1688). In: Bulletin historique et littéraire de la Société de l'histoire du protestantisme français, t. 51, n. 3, Paris 1902, S. 113-140. [Jean Pierre] ERMAN et [Pierre Chr. Fr.] RECLAM, Mémoire historique sur la fondation des colonies Françoises dans les états du Roi publ. à l'occasion du Jubilé... le 29. Oct. 1758, Berlin 1785; J.P. ERMAN, Mémoires pour servir à l'histoire des Refugiés François dans les Etats du Roi, 9 Bde., Berlin 1782 ff., bes. Bd 3 (1784).
13 KANTHAK, Akademiegedanke, S. 7.
14 Vgl. u.a. GRAU, Berliner Wissenschaft, S. 34; 750 Jahre Berlin, Thesen, Berlin 1986, S. 20. - Kurfürst Johann Sigismund verzichtete bei seinem Konfessionswechsel (1613) wie auch seine Nachfolger auf sein *jus reformandi*. Nur der Hof, die Domkirche und die Landesuniversität Frankfurt wurden reformiert; die Bevölkerung blieb lutherisch. Die seitdem in Brandenburg-Preußen herrschende religiöse Toleranz, die vor allem politisch motiviert war, denn "in dem konfessionell so stark gespaltenen Deutschland konnte nur ein Fürstenhaus, das religiöse Duldung übte, sich zu einer Großmacht erweitern", bildete auch eine entscheidende Voraussetzung für die Entwicklung des geistigen Lebens. HINTZE, Regierung und Verwaltung, S. 72.
15 Vgl. C. HINRICHS, König Friedrich I. von Preußen. Die geistige und politische Bedeutung seiner Regierung. In: Ders., Preußen als historisches Problem (1964) S. 253-271, S. 266 f.
16 GRAU, Berliner Wissenschaft, S. 34.

17 S. neben HINRICHS, Friedrich I., S. 267, A. HARNACK, Das geistige und wissenschaftliche Leben in Brandenburg-Preußen um das Jahr 1700. In: Hohenzollern-Jahrbuch, 4. Jg. (1900), S. 170-191, S. 185 f.
18 VIERHAUS, Wissenschaft und Politik im Zeitalter des Absolutismus, S. 187.
19 Vgl. dazu: HINRICHS, Friedrich I., S. 258 ff.
20 Kurfürst August der Starke von Sachsen, dem Kernland der Reformation, zögerte nicht, den Konfessionswechsel zu vollziehen, als sich ihm die Aussicht auf den polnischen Thron eröffnete. Die Personalunion mit dem Königreich Polen bestand bis 1763.
21 Für die Hohenzollern, die das Kirchenregiment über die lutherische Landeskirche nach ihrem Konfessionswechsel beibehielten, war der Gedanke der Vereinigung der beiden evangelischen Bekenntnisse von jeher das Ziel ihrer Kirchenpolitik. Die Unionspolitik war die "Konsequenz der Tatsache, daß sie dieses wesentliche Stück ihrer landesfürstlichen Autorität nicht aus den Händen gegeben hatten". HINTZE, Regierung und Verwaltung, S. 75.
22 Vgl. HINRICHS, Friedrich I., S. 259.
23 Leibniz an den englischen Gesandten Cresset, 16. Sept. 1698, in: GUHRAUER, Dt. Schriften 2, S. 67.
24 Leibniz an Joh. Jacob Chuno, 7./17. Okt. 1697, OELRICHS, Bd. 1, S. 142.
25 S. oben Anm. 21.
26 Leibniz für Eberhard v. Danckelman (?), Mitte Januar 1695 (?), AA I, 11 N. 122, S. 165.
27 Leibniz an Etienne Chauvin, 21. Mai (8. Juni) 1696, AA I, 12 N. 403, S. 623.
28 Brief an Kurfürstin Sophie Charlotte v. 14./24. (?) Dez. 1697, KLOPP, Werke 10, N. V, S. 40 bzw. AA I, 14 N. 488, S. 867.
29 Leibniz für Danckelman (?), Mitte Jan. 1695 (?), AA I, 11 N. 122, S. 165/66.
30 1686 wurde Pufendorf (geb. 1632) Historiograph des Großen Kurfürsten und von dessen Nachfolger Friedrich III. in diesem Amt bestätigt.
31 S. auch vorne Kap. III, 2.2.2.2, S. 304 f.
32 "Et je vous laisse juger, Monsieur [= Spanheim], si vostre recommendation ne pourroit faire en sorte, que je ne fusse point obligé de faire le pretendant, comme en effect bien des raisons m'empechent de m'ingerer trop ouvertement". Leibniz an Ezechiel Spanheim, 20./30. Nov. 1694, AA I, 10 N. 438, S. 633. Die Angelegenheit "a besoin de circomspection et de reserve". Ebd. N. 444, S. 641.
33 "L'électrice a une estime (singulière) pour M. Spanheim". [Jean-Baptiste de la ROSIÈRE]: *Mémoire de la Cour de Brandebourg. 1694. In: Revue d'Histoire diplomatique*, publiée par les soins de la Société d'Histoire diplomatique. Première Année (Paris 1887), S. 271-292; 411-424, S. 412. – Ezechiel v. Spanheim (1629-1710): ab 1651 zunächst Professor für Eloquenz in seiner Heimatstadt Genf; zwischen 1665 und 1679 diplomatische Missionen nach Italien, Frankreich und England in kurpfälzischem Auftrag; 1680 brandenburgischer Staatsrat, ab 1689 Aufenthalt in Paris als brandenburgischer Gesandter; 1690-1697 Aufenthalt vorwiegend in Berlin, 1698-1702 Botschafter in Paris, 1702-1710 in London. Vgl. ADB 35 (1893), S. 50-59; V.LOEWE, Ein Diplomat und Gelehrter. Ezechiel Spanheim (1629-1710). Mit Anhang: Aus dem Briefwechsel zwischen Spanheim und Leibniz. Berlin 1924 (Histor. Studien 160).
34 Vgl. MÜLLER/KRÖNERT, Leibniz-Chronik, S. 17; s. auch Leibniz an Joh. Andreas Bose, 25. Sept. (5. Okt.) 1669, AA I, 1 N. 36, S. 77.
35 "Cum Amplmo Spanhemio nullum mihi literarium commercium intercedit, nisi qvod ei Sualbaci aliqvoties collocutus sum". Leibniz an Bose, 7. Mai 1671, AA I, 1 N. 86, S. 149. Vgl. auch ebd. N. 55, S. 102.
36 Der seiner zahlreichen Vermittlungen von gelehrten Briefwechseln als "facteur du Parnasse" bezeichnete Nicaise (1623-1701) bat Leibniz im Juli 1692, eine theologische Druckschrift an Spanheim weiterzuleiten. S. Leibniz an Sophie von Hannover, 22. Juli (1. Aug.) 1692, AA I, 8 N. 26, S. 46; ebenso das erste Schreiben von Leibniz an Spanheim desselben Datums, ebd. N. 208, S. 354. Vgl. auch *Nouvelles de la République des Lettres*, Mois d'Avril 1702 (Amsterdam), S. 472 sowie E. CAILLEMER, Lettres de divers savants à l'Abbé Claude Nicaise, Lyon 1885.
37 Vgl. die 29 Briefe Spanheims und 35 Schreiben von Leibniz aus den Jahren 1692 bis 1710 im Leibniz-Archiv/Hannover: LBr. 876; teilweise ediert bei LOEWE, Anhang, S. 159 ff., vollständig bis Dezember 1697 in der Akademie-Ausgabe AA I, 8-14 Neben Themen, die das politische Zeitgeschehen, insbesondere die anzustrebende Union von Lutheranern und Reformierten betrafen, werden in den Briefen vorwiegend historisch-philologische und numismatische Fragestellungen erörtert. 1694/95 stand Leibniz' Wunsch, Historiograph am brandenburgischen Hof zu werden, im Mittelpunkt der Korrespondenz; vgl. dazu das Folgende.
38 AA I, 10 N. 438.

39 Eberhard v. Danckelman(n), 1643-1722, war nach seinem Studium in Utrecht zunächst Erzieher des Kurprinzen und späteren ersten Königs in Preußen. Friedrich III (I.) ernannte seinen ehemaligen Lehrer nach seinem Regierungsantritt 1688 zum kurbrandenburgischen Geheimen Staats- und Kriegsrat, 1695 zum Premierminister und Oberpräsidenten des Geheimen Rates. Das erfolgreiche Zusammenspiel der Kurfürstin Sophie Charlotte und seiner Feinde und Neider führte Anfang Dezember 1697 zum Sturz des allgewaltigen Ministers. Am 20.12.1697 in Haft genommen, wurde er zwar 1702 aus Anlaß einer allgemeinen Amnestie wieder entlassen, jedoch erst nach dem Regierungsantritt Friedrich Wilhelms I. (1713) rehabilitiert. Vgl. NDB 3 (Repr. 1957), S. 503 f. S. auch weiter unten.

40 AA I, 10 N. 438, S. 634.

41 Brief v. 27. Nov. (7. Dez.) 1694, ebd. N. 439, S. 636 u. 635: "si vous voudriez ou pourriez prendre ce parti là, et quitter les engagemens de par delà".

42 "J'ay écrit la lettre d'une maniere, que je crois qu'il la pourroit voir". Brief v. 6./16. Dez. 1694, ebd. N. 444, S. 643.

43 S. u.a. ebd. N. 439; I, 11 N. 181 u. 352.

44 Leibniz forderte das volle Gehalt Pufendorfs und war nicht bereit, den Abzug einer Rente für dessen Witwe in Kauf zu nehmen. Vgl. Leibniz an Spanheim, 20./30. Nov. 1694, AA I, 10, S. 633 f. sowie Spanheim an Leibniz, 4./14. Juni 1695, AA I, 11 N. 344, S. 510. Leibniz' Brief v. 28. Juli (7. Aug.) 1695, ebd. N. 417, erwähnt die Angelegenheit zum letzten Mal. Erst 1699 taucht dieses Thema im Briefwechsel des Philosophen kurzfristig wieder auf; s. Anm. 45.

45 Insofern dürfte es Leibniz nicht allzu schwer gefallen sein, das von Jablonski 1699 übermittelte Angebot, Hofhistoriograph mit einem gegenüber der Vergütung des verstorbenen Pufendorf um 400 Imperiales gekürzten Gehalt zu werden, auszuschlagen. S. Brief Jablonskis vom 3./13. Juni 1699, GUHRAUER, Dt. Schriften 2, N. 6, S. 96; s. auch Brief vom 19./29. Sept. 1699, ebd. N. 8, S. 107.

46 Diese vier Denkschriften (AA I, 11 N. 120-123) entstanden vermutlich im Januar 1695, als Danckelman im Gefolge Friedrichs III. für einige Tage (14.-22.Jan.) in Hannover weilte, und Leibniz auf eine Unterredung mit dem Premierminister hoffte. S. ebd. N. 120, S. 157; MÜLLER/KRÖNERT, Leibniz-Chronik, S. 130.

47 S. auch vorne Kap. III, 2.2.2.2, S. 304 f.

48 S. AA I, 11 N. 120, S. 159/160; N. 121.

49 Ebd. N. 121, S. 163.

50 Dazu: weiter oben Kap. III, 2.2.1.3, bes. S. 245 f.

51 S. bes. AA I, 11 N. 121, S. 163, Z. 6-10.

52 Der Cartesianer Etienne Chauvin (1640-1725) flüchtete nach der Aufhebung des Edikts von Nantes zunächst in die Niederlande, wo er in Rotterdam als reformierter Prediger wirkte. Von 1695 bis 1725 war er Hauptprediger der reformierten Kirche in Berlin sowie Inspektor und Professor der Philosophie am *Collège français*. Besondere Aufmerksamkeit erlangte er durch sein *Lexicon rationale sive thesaurus philosophicus ordine alphabetico digestus* (1692), das 1713 in zweiter Auflage erschien. Zur Biographie vgl. Nouvelle Biographie Générale 10 (1856), Sp. 156; ADB 4 (1876), S. 114.

53 Leibniz an Spanheim 6./16. April 1696, AA I, 12 N. 348, S. 538; s. auch Spanheim an Leibniz, 23. März (2. April) 1696, ebd. N. 332, S. 513; Chauvin an Leibniz, 14./24. April 1696, ebd. N. 359, S. 562/63.

54 Der von Spanheim vermittelte Briefwechsel mit Chauvin läßt sich vom 24. April 1696 bis zum Juli 1697 (Leibniz-Archiv, LBr. 153) nachweisen; erstmals ediert in AA I, 12. 13 u. 14.

55 S. *Nouveau Journal des Sçavans, dressé à Berlin, par Mr. C* [Etienne Chauvin], Bd. 1-3, Berlin 1696-1698.

56 Einziger Beitrag bisher: A. SCHRÖCKER, Leibniz' Mitarbeit an Etienne Chauvins Nouveau Journal des Sçavans, in: Stud. Leibn. 8, 1 (1976), S. 128-139. Neuerdings in das engere Beziehungsfeld der Vorgeschichte der Berliner Sozietät eingeordnet von I. BÖGER, Der Spanheim-Kreis und seine Bedeutung für Leibniz' Akademiepläne, in: Stud. Leibn., Sonderh. 16 (1990), S. 201-217, bes. S. 211 ff. Über Chauvins Journal vgl. auch S.C. OTHMER, Berlin und die Verbreitung des Naturrechts (1970), S. 69 ff., die die Existenz einer derartigen Zeitschrift als ein Zeichen für den kulturellen Wandel in Berlin im letzten Jahrzehnt vor der Wende zum 18. Jahrhundert charakterisiert.

57 So z.B. HARNACK I, S. 41; vgl. dazu weiter unten.

58 Die Annahme, Chauvin sei auch schon als Mitunterzeichner der vom Kurfürsten am 19. März 1700 genehmigten Denkschrift in Erscheinung getreten (HARNACK I, S. 73, Anm. 1) beruht, so BRATHER (1993, S. 46, Anm. 4), auf einer Fehlinterpretation Harnacks. Dieser habe den Autorenkreis mit der in der Denkschrift vorgeschlagenen Mitgliederliste verwechselt. S. HARNACK II, N. 23, S. 60 bzw. neuerdings BRATHER(1993), Denkschrift I, S. 52.

59 Nur drei Jahre lang unter der Federführung Bayles, wurden die *Nouvelles de la République des Lettres* ab 1687 bis 1718 von unterschiedlichen Herausgebern fortgeführt.

60 Brief v. 6./16. April 1696, AA I, 12 N. 348, S. 538.
61 GRAU, Berliner Wissenschaft, S. 36; vgl. auch F. HARTWEG, Die Hugenotten in der Berliner Akademie, in: Humanismus und Naturrecht in Berlin-Brandenburg-Preußen. Ein Tagungsbericht, hrsg. v. H. Thieme Berlin-New York 1979, S. 182-205, S. 197 sowie OTHMER (1970), S. 91.
62 Ebd. S. 33 u. 91.
63 S. weiter oben Kap. III, 1.3.4, S. 149.
64 Spanheim an Leibniz, 24. (?) April 1696, AA I, 12 N. 360, S. 564; ähnliche Kritik auch in Spanheims Brief vom 15./25. Juni 1696, ebd. N. 420, S. 655. Ausführliche Erörterung des berlinspezifischen Charakters des *Nouveau Journal* bei SCHRÖCKER (1976), S. 131 ff.
65 Leibniz an Chauvin, 29. Mai (8. Juni) 1696, AA I, 12 N. 403. s. auch Chauvin an Leibniz, 14./24. April 1696, ebd. N. 359.
66 "Messieurs les auteurs des journaux de Leipsic, de Hollande, et même de Paris m'ont fait l'honneur d'inserer dans leurs ouvrages quelques extraicts de mes lettres..." "P.S. Si vous trouvés à propos, Monsieur d'employer un extrait de cette lettre, et d'autres, je vous supplie de ne marquer mon nom tout au plus que par les initiales..." Leibniz an Chauvin, 14./24. April 1696, ebd. N. 403, S. 623 und 627. Vgl. auch die Briefe Spanheims an Leibniz vom 15./25. Juni und 19./29. Juli 1696, ebd. N. 420, S. 654 und N. 477, S. 745.
67 Leibniz spielt hier auf die Subventionierung von Chauvins Journal durch Danckelman an: "Votre Journal même, Monsieur, ne peut faire connoistre..." AA I, 12 N. 403, S. 623. Dazu der Herausgeber selbst in der Epître zur ersten Berliner Ausgabe 1696:"... Le Public doit ce Journal, Monseigneur, à Votre Excellence [= Danckelman], qui veut bien prendre soin des Belles Lettres, pour les entretenir, et même les faire fleurir dans les Etats de Sa Serenité Electorale..." *Nouveau Journal*, Berlin 1696, Bd. 1, Epître, S. 3.
68 AA I, 12 N. 403, S. 623. Auch Chauvin, dem es ein Anliegen war, in Berlin eine geistige Atmosphäre zu schaffen, wie er sie in den Niederlanden angetroffen hatte, war der Meinung, "qu'en effet il se trouve dans cette Capitale du Brandebourg un nombre considérable de Personnes Leterées, qui, tous les jours produisent des Ouvrages d'une exquise érudition..." *Nouveau Journal*, Bd. 1, Epître, S. 2.
69 S. *Nouveau Journal*, Bd. 1, S. 279 f.
70 Brief v. 15./25. Juni 1696, AA I, 12 N. 420, S. 654.
71 Johann Jacob Julius Chuno (Cuneau), 1661-1715, war nach seinem Studium in Herborn zunächst pfälzischer Kirchenrat. 1693 wurde er Sekretär bei Danckelman in Berlin, 1694 kurbrandenburgischer Geheimer Sekretär, 1696 Geheimer Kabinettsarchivar, 1706 Hofrat und erster Archivar des Geheimen Staatsarchivs. In der 1700 gegründeten Sozietät, zu deren ersten und engagiertesten Mitgliedern er zählte, übernahm er das Direktorat der mathematischen Klasse.
72 S. AA I, 9 N. 328. 346. 347.
73 Chuno weilte im Januar 1695 im Gefolge des brandenburgischen Kurfürsten einige Tage in Hannover; s. auch weiter oben Anm. 46.
74 Der Briefwechsel mit Chuno (Nds. LB., LBr. 185), der bis zu dessen Tod dauerte, lediglich von 1698 bis 1701 keine Schreiben verzeichnet, wurde, wiewohl z. T. ungenau, auch verfälscht, erstmals von OELRICHS (Berlinische Bibliothek, I, 1747, S. 131/148, 256/269, 841/849; II, 1748, S. 240/246, 788/794; III, 1749, S. 731/739) herausgegeben; neuester Abdruck (bisher nur bis Ende 1697) AA I, 11 ff.; zur Authentizität der Oelrichs-Edition s. AA I, 11 N. 149, Überlieferung.
75 S. Leibniz' Brief v. 7./17. Okt. 1697, OELRICHS I, N. 3, S. 146/47; neuerdings AA I, 14 N. 346 (= Antwort auf den nichtgefundenen Brief Chunos vom 2./12. Okt.; s. ebd. Erl.), siehe auch Leibniz an Sophie Charlotte, Nov. 1697, ebd. N. 440.
76 Vgl. AA I, 5 N. 115; I, 7 N. 58 u. 69; I, 14 N. 117.
77 So noch MITTELSTRASS (Der Philosoph und die Königin, in: Stud. Leibn., Sonderh. 16 (1990), S. 9-27, S. 11), der mit seiner Einschätzung Bodemann und Varnhagen folgt. Vgl. E. BODEMANN, Leibniz und die Königin Sophie Charlotte von Preußen, in: Illustrierte Deutsche Monatshefte, Folge 4, Bd. 5 (1880), S. 214-225, S. 214; K.A. VARNHAGEN von ENSE, Leben der Königin von Preußen Sophie Charlotte, Berlin 1837, S. 17 f. Vgl. dagegen G. UTERMÖHLEN (Die Rolle fürstlicher Frauen im Leben und Wirken von Leibniz, in: Stud. Leibn., Sonderh. 16 (1990), S. 44-60, S. 50), die für den Einfluß Leibnizens auf Sophie Charlotte keinen Hinweis finden konnte.
78 *Sur la cour de Berlin*, KLOPP, Werke 10, Nr. IV. In dieser undatierten Schrift gibt Leibniz, der bis dahin noch nicht in Berlin gewesen ist, Informationen aus zweiter Hand wieder. Vgl. R. GRIESER, Leibniz' Bemerkungen über den Berliner Hof, ein Bild aus hannoverscher Sicht. In: Niedersächs. Jb. f. Landesgeschichte 38 (1966), S. 185-195, bes. S. 193; zur Datierung s. ebd. S. 189.
79 G. SCHNATH, Geschichte Hannovers II, S. 296.
80 KLOPP, Werke 10, S. 38.

81 Vgl. auch GRIESER (1966), S. 194.
82 S. KLOPP, Werke 10, S. 7-21 u. Einl. S. XXIV. Eine andere Auffassung vertritt hier BRATHER (1993, Einl., S. XXII f.), der weder Hinweise auf einen möglichen Adressaten dieser "inhaltlich ausgefeilten, stilistisch brillanten Denkschrift" erkennen konnte, sie vielmehr zu jenen Schriftstücken zählt, die im Schreibtisch des Philosophen liegenblieben. Zu einzelnen Passagen aus dem *Mémoire* vgl. auch vorne Kap. III, 2, passim.
83 Brief v. Nov. 1697, KLOPP, Werke 8, S. 49 bzw. AA I, 14 N. 440. S. auch Leibniz' Brief an D.E. Jablonski v. 26. März 1698, J. KVACALA, D.E. Jablonsky's Briefwechsel mit Leibniz, in: Acta et Commentationes Imp. Universitatis Jurievensis (olim Dorpatensis), Jg. 1897, No 2, S. 15 bzw. HARNACK II, N. 18, S. 51/52.
84 S. KLOPP, Werke 8; s. auch DERS., Werke 10, Einl. S. XXIV.
85 S. Brief v. 22. Aug. (1. Sept.) 1699, KLOPP, Werke 10, S. 54.
86 S. Leibniz an Sophie Charlotte, 14./24. (?) Dez. 1697, AA I, 14 N. 488, S. 868; Sophie Charlotte an Leibniz, 4./14. Dez. 1697, KLOPP, Werke 8, N. CXXXIII, S. 53 u. f.; Jablonski an Leibniz, 19. Sept. 1699, GUHRAUER, Dt. Schriften 2, N. 8, S. 107; Leibniz an Kurfürst Georg Ludwig, 19. Jan. 1699, KLOPP, Werke 10, N. XII.
87 D.E. Jablonski (1660-1741), ein Enkel des Amos Comenius und wie dieser Mitglied der böhmischen Brüderunität, wirkte nach dem Studium der Theologie u.a. auch in Holland und England als Prediger zunächst in Magdeburg, Lissa und Königsberg. 1693 wurde er als Hofprediger nach Berlin berufen. Mit Leibniz engstens verbunden, wurde er nicht nur Mitbegründer der 1700 gestifteten Sozietät der Wissenschaften, er gehörte ihr schließlich 41 Jahre lang an; ab 1733 war er ihr Präsident. Zur Biographie vgl. ADB 13 (1881), S. 523-525, NDB 10 (1974), S. 212/13; des weiteren: J. KVACALA, Fünfzig Jahre im preußischen Hofpredigerdienste (D.E. Jablonski), in: Acta et Commentationes..., Jg. 1896, No 1, S. 1-23; H. DALTON, D.E. Jablonski. Eine preußische Hofpredigergestalt in Berlin vor zweihundert Jahren. Berlin 1903.
88 *Mémoire pour les deux Electrices de Bronsvic et de Brandebourg*. Februar 1698, HARNACK II, N. 16, S. 48; dt. Übers. v. MÜLLER/KRÖNERT, Leibniz-Chronik, S. 152.
89 S. Brief Jablonskis v. 5. März 1698, KVACALA, Jablonsky's Briefwechsel (1897), No 1, N. 1, S. 12 bzw. HARNACK II, N. 17, S. 50; s. auch HARNACK I, S. 53 ff.; DALTON, Jablonski, S. 209.
90 Vgl. die z.T. noch ungedruckte Korrespondenz im Leibniz-Archiv/Hannover: LBr. 439; bisher teilw. ed. von KVACALA (s. Lit.verz., gedr. Quellen) und GUHRAUER, Dt. Schriften 2, S. 78 ff.
91 S. vorne Kap. III, 2, Exkurs, Anm. 180.
92 Vgl. Jablonski an Leibniz, 15. Okt. 1698, KVACALA, Jablonsky's Briefwechsel, (1897), No 1, N. 10, S. 30. S. auch HARNACK I, S. 60 f.
93 HINRICHS, Geistiger Mittelpunkt (1964), S. 289.
94 Der schwedische Kosmopolit und Verfechter der geistigen und religiösen Freiheit Benedikt (Bengt) Skytte (1614 - 1683) war wie sein Vater Johann Skytte, der Erzieher Gustav Adolfs, ein glühender Verehrer des Amos Comenius, den er 1651 persönlich kennenlernte. Sein Interesse galt der Erfindung einer Universalsprache sowie der Schaffung eines geistigen Weltmittelpunktes; Gedanken, die von dem Exiltschechen herrühren. Als Günstling der gelehrten Nachfolgerin Gustav Adolfs, der Königin Christine, sah er sich der Verwirklichung seiner Ziele sehr nahe. Denn diese hatte die Absicht, Stockholm in einen wissenschaftlich-kulturellen Mittelpunkt Europas zu verwandeln. Als Skytte bei der Königin in Ungnade fiel - das Werk seiner Neider -, verließ er Schweden, um an den verschiedensten europäischen Fürstenhöfen, u.a. auch in London und Paris, für seine Pläne zu werben. Zur Biographie vgl. F. ARNHEIM, Freiherr Benedikt Skytte (1614 - 1683), der Urheber des Planes einer brandenburgischen "Universal-Universität der Völker, Wissenschaften und Künste". In: Beiträge zur brandenburgischen und preußischen Geschichte. Festschrift zu Gustav Schmollers 70. Geburtstag. Hrsg. vom Verein für Geschichte der Mark Brandenburg. Leipzig 1908, S. 65-99, S. 70 ff.
95 Über das brandenburgische Akademieprojekt berichten ausführlicher: ARNHEIM (wie oben Anm. 94); DERS., Die Universal-Universität des Großen Kurfürsten und ihre geistigen Urheber. In: Monatshefte der Comenius-Gesellschaft für Kultur und Geistesleben 20 (= N.F. 3) 1911, S. 19-35; W. BRICKMAN, Swedish supranationalist in education, science, and culture: Bengt Skytte (1614 - 1683). In: Western European Education 15 (1984), 4, S. 3-42; J.P. ERMAN, Sur le projet d'un ville savante dans le Brandenbourg présenté à Fréderic Guillaume le Grand, Berlin 1792. P. KLEINERT, Vom Anteil der Universität an der Vorbildung für's öffentliche Leben. Rede bei Antritt des Rektorats ... der Kgl. Friedrich Wilhelm Universität am 15. Oktober 1885. Berlin 1885; H. LANDWEHR, Die Kirchenpolitik Friedrich Wilhelms, des Großen Kurfürsten. Berlin 1894; J.C.C. OELRICHS, Commentationes historico-literariae quarum prior consilium Friderici Wilhelmi M. Elect. Brand. condendi novam universitatem omnium gentium, scientiarum et artium. Berlin 1751. Vgl. in jüngerer Zeit KANTHAK (Akademiegedanke, 1987, S. 7-13 u. ff.), der, wie vor ihm schon HINRICHS (Geistiger

Mittelpunkt, 1952, S. 85-109 bzw. 1964, S. 272-298), das brandenburgische Sozietätsprojekt in den umfassenden europäischen geistesgeschichtlichen Rahmen einordnet.

96 Vgl. HINRICHS (1964), S. 286 u. 291.

97 Abgedr. in: G. D. SEYLER, Leben und Taten Friedrich Wilhelms des Grossen Churfürsten zu Brandenburg, Leipzig 1730, S. 80-83. Der historische Zusammenhang von Skyttes Wirken und dem Patent des Großen Kurfürsten für eine "Universitas Gentium" wurde unlängst noch einmal von KANTHAK (s. oben Anm. 95) hervorgehoben.

98 S. vorne Kap. II, 2, S. 46 f.

99 Vgl. HINRICHS (1964), S. 288; B. BEUYS, Der Große Kurfürst. Der Mann, der Preußen schuf. Reinbeck 1979, S. 305.

100 S. vorne Kap. III, 1.1.2, S. 75 ff. sowie Anm. 153 u.179.

101 S. Leibniz an Jablonski, 13. Dez. 1700, KVACALA, Jablonsky's Briefwechsel (1897), No 2, N. 61, S. 64/65; Jablonskis Schreiben vom 17. Sept. 1700, ebd. N. 59, in dem der Hofprediger Leibniz berichtet, er habe Informationen über einen derartigen Plan, der "denen hiesigen Herren aber sämptlich unbekandt", aus Polen erhalten. Vgl. auch Jablonskis Notiz über den Fund einschlägiger Akten im kurbrandenburgischen Archiv, HARNACK II, N. 1.

102 "Dahero es geschehen, daß die gedruckte Patenta von selbiger Fundation supprimirt worden und wenig zum Vorschein kommen". Ebd. S. 3.

103 HINRICHS (1964), S. 290; s. auch KANTHAK (1987), S. 12; ARNHEIM (1908), S. 92 f.

104 Teile dieses Abschnitts entstammen dem von mir im Rahmen eines Symposiums anläßlich der 750-Jahr-Feier der Stadt Berlin (1987) gehaltenen Vortrag: *Der Spanheim-Kreis und seine Bedeutung für Leibniz' Akademiepläne*. Ed. Stud. Leibn., Sonderh. 16 (1990), S. 202-217.

105 Vgl. F. HARTWEG, Hugenotten (1979), S. 186 ff.

106 S. weiter oben S. 358 ff. sowie Anm. 33.

106a Dazu: PAGÉS, Les réfugiés à Berlin (1902), S. 113 ff.

107 Während seines Aufenthaltes in Rom (1661 - 1664) fand Spanheim Aufnahme in dem Kreis von Gelehrten, den Königin Christine von Schweden um sich versammelt hatte. Vgl. C. v. CHLEDOWSKI, Rom und die Menschen des Barock, München 1912, bes. S. 289-371. In Paris hatte er Gelegenheit, an den Zusammenkünften im Hause des Herzogs Aumont teilzunehmen. Diese Gesellschaft, die sich vornehmlich mit Fragen des Altertums, respektive der römischen Kaisergeschichte auseinandersetzte, soll für die 1663 gegründete *Académie des Inscriptions et Belles Lettres* nicht ohne Bedeutung gewesen sein. Vgl. F. PETRI, Die Spanheimgesellschaft in Berlin 1689-1697, in: Festschrift zum Fünfzigjährigen Jubiläum des Kgl. Wilhelms-Gymnasiums am 17. Mai 1908, Berlin 1908, S. 123-142, S. 139.

108 Erstmals erwähnt werden die Versammlungen im Hause Spanheims von P. VIEUX: Le bonheur des françois refugiez, en vers burlesques, par M. Vieux Ministre, Berlin 1693, S. 48. Bis vor wenigen Jahren lagen über den sog. Spanheimkreis, auch Spanheim-Gesellschaft, nur zwei etwas ausführlichere Darstellungen vor: J. KVACALA, Die Spanheim-Conferenz in Berlin. Zur Geschichte des Ursprungs der Berliner Akademie der Wissenschaften. In: MHCG Bd. 9 (1900), S. 22-43; basierend auf den Forschungsergebnissen Kvacalas: PETRI (wie oben Anm. 107).

109 S. weiter oben Anm. 12.

110 Ch. ANCILLON, S. 159/161.

111 Das *Diarium minus*, das für die Jahre 1693 bis 1705 in wenigen Zeilen den Tagesablauf seines Verfassers wiedergibt; ergänzend dazu ein *Diarium majus*, das bis 1707 besondere Ereignisse etwas ausführlicher schildert. Für Jablonskis Teilnahme an der Spanheim-Konferenz kommt, so KVACALA, dem wir die Kenntnis über diese beiden Tagebücher verdanken, fast ausschließlich das *Diarium minus* in Betracht. - Die besagten Aufzeichnungen befanden sich im Besitz der Familie Jablonski in Berlin und wurden KVACALA zur Einsicht überlassen (vgl. Spanheim-Conferenz, S. 38, Anm. 11). Ob sie heute noch existieren, ließ sich nicht ermitteln. Die Eintragungen des *Diarium minus*, die sich auf Jablonskis Anwesenheit in der Spanheim-Gesellschaft beziehen, die erste datiert vom 3. Mai 1694, hat KVACALA, nach eigenen Angaben vollständig, bereits 1900 in den *Monatsheften der Comenius-Gesellschaft* (Bd. 9, S. 22-43) veröffentlicht. S. auch oben Anm. 108.

112 "Waren wir abermahls bei der Conference in Hern v. Spanheims Haus, da auch ein Engelländischer reisender Lord sich mit eingefunden ..."; Eintragung vom 21. Juni 1694, ebd. S. 26. - "Bei der Spanheim Conferentz wurde [ich] bekandt mit Hern Downs, einem Engl. Theologo ...", 22. Nov. 1694, ebd. S. 27 - "In der Spanheimischen Conferentz sagte ein Zurcher Studiosus ...", 14. Mai 1696, ebd. S. 32.

113 Ebd. S. 25.

114 "War ich zum erstenmahl in der gelehrten Assemblee bei dem Herrn Geh. Rat v. Spanheim: da 5 frantzösische Prediger und doppelt so viel Politici waren zusammen kommen ...", 3. Mai 1694, ebd.
115 Ch. ANCILLON, Discours sur la vie de feu monsieur David Ancillon, Basel 1698, S. 384; s. auch oben Anm. 109 u. 110.
116 Vgl. u.a. KVACALA, Spanheim-Conferenz, S. 23; HARNACK I, S. 41; HARTWEG, Hugenotten, S. 190.
117 Dazu ausführlicher: meine Ausführungen zum Spanheimkreis, s. oben Anm. 104.
118 Neben Jablonski und Ancillon, unseren beiden Gewährsleuten, kennen wir nur acht Gelehrte, die offensichtlich regelmäßig an den Treffen bei Spanheim teilnahmen. Es waren dies die reformierten Theologen François Bancelin (gest. 1703), François de Gaultier (gest. 1703), François Fétizon (gest. 1696), David Ancillon der Jüngere und sein gleichnahmiger Vater, der allerdings bereits 1692 gestorben war; ferner die "politici" bzw. Juristen Antoine Tessier, ein eher unbedeutender Literat, der gleichwohl später die von Leibniz vergeblich angestrebte Stelle als brandenburgischer Hofhistoriograph einnehmen sollte, und der zukünftige königlich-preußische Staatsminister Marquard von Printzen (1675 - 1725). Schließlich finden wir noch den Theologen und Herausgeber des *Nouveau Journal*, Etienne Chauvin, in dem Tagebuch des Berliner Hofpredigers erwähnt. Vgl. die Eintragungen des *Diarium minus* (KVACALA, S. 25 ff.) vom 21. Juni 1694; 28. März, 18. und 25. April, 13. Juni, 14. Nov. 1695 sowie die Vermerke vom 3. Mai 1694 und 19. Sept. 1695; s. auch oben Anm. 115.
119 Vgl. *Diarium minus*, 19. Sept. 1695 (KVACALA, S. 30). Dem königlich-preußischen Staatsminister wird damit ein grundsätzliches Interesse an derartigen Unternehmungen bezeugt - ein Faktum, das im Hinblick auf die für Leibniz recht unerfreuliche Entwicklungsgeschichte der Sozietät sowie von Printzens Ernennung zu ihrem Ehrenpräsidenten (1710) an Bedeutung gewinnt. Vgl. dazu weiter unten.
120 Charles Ancillons Mitgliedsdiplom datiert vom 9.5.1707 (s. AMBURGER, S. 11),gleichwohl scheint er an den Vorbereitungsgesprächen zur Gründung der Sozietät teilgenommen zu haben; dies könnte man zumindest einer Bemerkung Leibnizens entnehmen, zit. weiter unten S. 371; s. auch Anm. 123. Marquard von Printzen wurde 1710 von Friedrich I. zum Ehrenpräsidenten ernannt, offensichtlich ohne sich vorher selbst um Aufnahme in die Sozietät bemüht zu haben. Vgl. HARNACK I, S. 165 ff.
121 Zu den ersten französischen Mitgliedern der Akademie zählten laut Erik AMBURGERS Mitgliederverzeichnis (1950, S. 10 ff.) neben Chauvin: Philippe Naudé d. Ä. (1654 - 1727), Hofmathematicus und Professor der Mathematik in Berlin, Pierre Dangicourt (1665 - 1727), ebenfalls Mathematiker sowie königlicher Sekretär, Alphonse Des Vignoles (1649 - 1744), Theologe und Mathematiker, und schließlich der hochgebildete konvertierte Benediktinermönch und renommierte Orientalist Maturin Veyssière de la Croze (1661 - 1739), seit 1697 königlicher Bibliothekar in Berlin. – Des Vignoles lebte bis 1703 in Brandenburg und wurde auch in den ersten beiden Jahren als "auswärtiges" Mitglied geführt (s. AMBURGER, S. 11); ihn dürfen wir also allenfalls als gelegentlichen Gast der Versammlungen vermuten. Die Teilnahme von La Croze ist keinesfalls möglich, da der Spanheimkreis bereits wieder aufgelöst war, als er 1697 nach Berlin kam. – Kurioserweise finden wir jene beiden reformierten Theologen, die das geistige Leben Berlins an der Wende vom 17. zum 18. Jahrhundert wesentlich mitbestimmten, weder in dem gelehrten Zirkel um Spanheim noch in der späteren Sozietät. Sowohl Isaac Beausobre (1659 - 1738), Hofkaplan und Inspektor aller französischen Kirchen in der Mark Brandenburg, als auch der Oberkonsistorialrat und Hofprediger Sophie Charlottes, Jacques Lenfant (1661 - 1728), waren gleichwohl Mittelpunkt einer wissenschaftlichen Gesellschaft, die seit 1720 regelmäßig im Hause des letzteren tagte und als erfolgreiches privates Konkurrenzunternehmen zu wenig effektiven staatlichen Sozietät gelten kann. Die in der sog. *Société Anonyme* versammelten ausschließlich französischen Gelehrten, allen voran unzufriedene Akademiemitglieder, u.a. La Croze, Naudé und Des Vignolles, gaben eine *Bibliothèque Germanique* (später *Nouvelle Bibliothèque Germanique*) heraus, die es immerhin auf fünfundzwanzig Bände brachte. Vgl. HARNACK I, S. 240; PETRI, Spanheimgesellschaft, S. 140; Chr. BARTHOLOMÈSS, Le grand Beausobre et ses amis ou la Société française à Berlin entre 1685 et 1740. Paris 1854 (Extrait du Bulletin de la Société de l'Histoire du Protestantisme français, Deuxième année, no 12), bes. S. 16.
122 Vgl. Spanheim an Leibniz, 3./13. Mai 1696, AA I, 12 N. 379, S. 586. vgl. auch Hardt an Leibniz, 1./11. Mai 1696, ebd. S. 578 f. sowie Leibniz an Chauvin, 29. Mai (7. Juni) 1696, ebd. S. 621 - 627.
123 Leibniz an J.Th. Jablonski, 24. März 1701. A. HARNACK, Berichte des Secretärs der Brandenburgischen Societät der Wissenschaften J. Th. Jablonski an den Präsidenten G.W. Leibniz (1700 - 1715) nebst einigen Antworten von Leibniz (Abhandlungen der Kgl. Preußischen Akademie der Wissenschaften zu Berlin, Phil.-hist.Cl. Abt. III, 1897), N. 10, S. 18/19.
124 S. weiter oben; vgl. auch BÖGER, Spanheim-Kreis, S. 210. Chauvins *Nouveau Journal* erwähnt die Versammlungen bei Spanheim nur einmal, s. Bd. 1 (Berlin 1696), Au Lecteur, S. A 2 ff.
125 S. HARNACK II, N. 50, S. 103.
126 DERS., Berichte, N. 8, S. 15.

127 Vgl. OTHMER, Naturrecht (1970), S. 24 sowie die auf S. 22/23 zur Veranschaulichung abgedr. Tabellen.
128 Vgl. ebd., S. 20; HARTWEG, Hugenotten (1979), S. 189. Mit dem sukzessiven Niedergang der Sozietät in den folgenden Jahren (vgl. weiter unten) sank freilich auch das Ansehen ihrer Mitglieder, so daß z.b. der durch seine kommentierenden Pufendorf-Übersetzungen bekannt gewordene Jean Barbeyrac (1674 - 1744) es vorzog, seine Zugehörigkeit zur Sozietät auf dem Titelblatt seiner Bücher nicht mehr zu erwähnen. Vgl. ebd. S. 192.
129 S. G.v.d. HEUVEL, Leibniz in Berlin (1987), S. 23.
130 S. weiter oben Anm. 39.
131 Der vielseitig gebildete Jurist Paul von Fuchs (1640 - 1704) gehörte als brandenburgischer Geheimer Rat (seit 1682) zu den engsten Mitarbeitern und einflußreichsten Beratern des Kurfürsten. Zu seinen diversen Kompetenzbereichen zählten neben der obersten Postverwaltung auch das Kirchen- und Universitätswesen. Engstens verbunden mit Spanheim, mit dem er seit 1667 bekannt war und dessen Übertritt von kurpfälzischen in die Dienste Brandenburg-Preußens (1680) er vermittelt hatte, war er wie dieser in besonderem Maße um die Förderung der französischen Hugenotten bemüht. Vgl. KVACALA, Spanheim-Conferenz, S. 24; zur Biographie vgl. ADB 8 (1878), S. 170/73; NDB 5 (1961), S. 682/83.
132 S. weiter oben.
133 Vgl. E. HAASE, Einführung in die Literatur des Refuge. Der Beitrag der französischen Protestanten zur Entwicklung analytischer Denkformen am Ende des 17. Jahrhunderts, Berlin 1959, S. 414, Anm. 117; vgl. auch vorne Kap. III, 1.3.4, S. 149.
134 *Nouveau Journal*, Berlin 1696, Bd. 1, Au Lecteur, S. A 2.
135 Wie oben Anm. 12, S. 33/34.
136 *Relation des ceremonies faites à la dedicace de la nouvelle Université de Halle. Le 1/11. Juillet 1694.* Par Monsieur [Johann] de BESSER... Amsterdam 1695, S. 5. 1688 war bereits eine Ritterakademie in Halle etabliert worden; deren Umgestaltung in eine Universität bleibt das Verdienst Danckelmans, Vgl. GRAU, Berliner Wissenschaft, S. 34.
137 Denkschrift für Danckelman, Mitte Jan. 1695, AA I, 11 N. 122, S. 165. An Chuno schreibt Leibniz am 21. Febr. (3. März) 1695: "La veneration que j'ay pour ce grand Ministre va au delà de ce que je vous sçaurois dire. Car je reconnois en luy une etendue de lumieres qui passe même l'usage d'un ministre". Ebd. N. 205, S. 304.
138 Vgl. u.a. G. SCHNATH, Geschichte Hannovers II, S. 301 ff.
139 S. auch OTHMER, Naturrecht (1970), S. 91.
140 Dazu ebd. S. 42.
141 Vgl. weiter oben Anm. 121.
142 SCHNATH, Geschichte Hannovers II, S. 302. Danckelman fiel, so Schnath (ebd. S. 296 ff.), nicht hannoverschen Intrigen zum Opfer; auch hat Sophie Charlotte nicht im Auftrag Hannovers gehandelt. Vielmehr waren die Sparpolitik Danckelmans, sein übermächtiger Einfluß auf den Kurfürsten und nicht zuletzt sein Versuch, sich in die Erziehung des Kronprinzen einzumischen, die wahren Ursachen für den jahrelangen hartnäckigen Kampf der jungen Fürstin gegen den hochverdienten Premierminister. Die Feindschaft Sophie Charlottes gegen Danckelman wurde der "Kristallisationskern für die zahlreichen Elemente am Hof, die nach dem Sturz des Ministers trachteten" (O. HINTZE, Die Hohenzollern und ihr Werk. Berlin 19169, S. 259); an ihrer Spitze der Feldmarschall v. Barfus und der Oberkämmerer Kolbe von Wartenberg. Diese fanden in den Mißerfolgen der brandenburgischen Diplomatie auf dem Rijswijker Friedenskongreß, die sie Danckelman anlasteten, und in dessen ablehnender Haltung hinsichtlich des Erwerbs der Königskrone wirksame Argumente, um das Mißtrauen Friedrichs III. gegen seinen ehemaligen Erzieher zu schüren. Vgl. auch J. SCHULTZE, Eberhard Danckelman, in: Forschungen zur brandenburgischen und preußischen Geschichte. Ausgewählte Aufsätze. Berlin 1964, S. 215 ff. – Die negative Stimmung vornehmlich der älteren Mitglieder der Geheimen Rates gegen den so schnell auf den Höhepunkt seines Einflusses emporgestiegenen Günstling des Kurfürsten spiegelt die bei KLOPP (Werke 10, S. 36 ff.) abgedruckte Schrift *Sur la cour de Berlin* (s. auch weiter oben Anm. 78). – Die tragende Rolle Sophie Charlottes in dem Komplott gegen Danckelman offenbaren die Briefe, die diese in den Wochen nach der Entlassung des Oberpräsidenten mit ihrer Mutter in Hannover gewechselt hat. S. G. SCHNATH (Hrsg.), Briefwechsel der Kurfürstin Sophie von Hannover mit dem Preußischen Königshause. Berlin und Leipzig 1927, Nr.21-25, 29, 30, 33-38 ; vgl. auch R. KOSER, Kurfürstin Sophie Charlotte und Eberhard von Danckelman. In: Märkische Forschungen, hrsg. von dem Vereine für Geschichte der Mark Brandenburg, Bd. 20, Berlin 1887, S. 225-233. Vgl. ferner: H. BRESSLAU und J. JSAACSOHN, Der Fall zweier preußischen Minister, Berlin 1878; C. BREYSIG, Der Prozeß gegen Eberhard Danckelman, Leipzig 1889; E. BODEMANN, J.H.v. Ilten, in: ZHVN 1879, bes. S. 93-109; R. GRIESER, Die Denkwürdigkeiten

des Grafen Christoph zu Dohna (1665 - 1733). Veröff. der Niedersächs. Archivverwaltung 33, Göttingen 1974, S. 14-22.
143 Brief v. 4./14. Dez. 1697, KLOPP, Werke 8, S. 50; jetzt auch AA I, 14 N. 476; s. auch das folgende Schreiben v. 14./24. (?) Dez., KLOPP, Werke 10, N. V, S. 40 bzw. AA I, 14 N. 488, S. 867. An Kurfürstin Sophie schreibt Leibniz am 4./14. Dezember: "J'y ay voulu marquer non seulement ma joye, mais encor les raisons que nous en devons avoir, et comment il semble que nous devrions profiter d'une favorabel conjoncture pour le bien commun." (Ebd., N. 68, S. 125/126)
144 Sophie Charlotte konnte, so SCHNATH (Geschichte Hannovers II, S. 308; s. auch III, S. 571), ihren Sieg nicht allzu lange genießen. Spätestens seit 1702 hatte sie so gut wie keine Einflußmöglichkeiten mehr, zumal sich das Verhältnis zu ihrem Gatten, das sich nach der Ausschaltung Danckelmans kurzzeitig gebessert hatte, wieder zunehmend verschlechterte.
145 S. weiter oben S. 365 u. Anm. 88.
146 HARNACK II, Nr. 16, S. 48. Nachdem er sich seines übermächtigen Ministers entledigt hatte, verwies Kurfürst Friedrich III. mit Stolz darauf, daß er nun sein eigener Premierminister sei. Vgl. SCHNATH, Geschichte Hannovers II, S. 306. In der Tat versuchte er, wiewohl beeinflußt von dem Feldmarschall v. Barfus, auch nicht eben erfolgreich, die Zügel selbst in der Hand zu behalten. 1702 folgte schließlich die Regierung Kolbe von Wartenberg. Vgl. HINTZE, Die Hohenzollern (1916), S. 257. Über Kolbe von Wartenberg vgl. ADB 16 (1882), S. 463/66.
147 S. u.a. v. d. HEUVEL, Leibniz in Berlin (1987), S. 18; E. KNOBLOCH, Die Astronomie an der Sozietät der Wissenschaften, in: Stud. Leibn., Sonderh. 16 (1990), S. 231-240, S. 232; J. MITTELSTRASS, Der Philosoph und die Königin - Leibniz und Sophie Charlotte, ebd. S. 9 - 27, S. 21; BRATHER (1993), S. 31.
148 Vgl. den Briefwechsel zwischen Chuno und Leibniz ab Juli 1696, bes. AA I, 12 N. 443; I, 13 N. 270 u. 366 sowie I, 14 N. 120, 265, 436.
149 HARNACK II, N. 17, S. 49; Unterstreichungen v. Verf.
150 Vgl. KNOBLOCH (1990), S. 233; H. LUDENDORFF, Zur Frühgeschichte der Astronomie in Berlin. Preußische Akademie d. Wissenschaften. Vorträge und Schriften, H. 9, Berlin 1942, S. 8-10.
151 Dieser Brief Chunos ist nicht überliefert, sein Inhalt läßt sich jedoch aus Leibniz' Antwort vom 7./17. Oktober 1697 (AA I, 14 N.346, S. 590 - 599) und dem Schreiben an Sophie Charlotte vom November 1697 rekonstruieren. S. ebd. N. 440 bzw. HARNACK II, N. 12, vgl. auch ebd. I, 467.
152 Der Bauplan Rabeners ist nicht überliefert, seine Existenz geht gleichwohl aus dem Brief Jablonskis vom 5. März 1698 (HARNACK II, N. 17, S. 49) hervor. Zu dem Plan, die Sternwarte im neuen Marstall einzurichten s.u.a. Leibniz' Brief an Sophie Charlotte vom November 1697 (ebd. N. 12, S. 44 bzw. AA I, 14 N. 440, S. 772); vgl. auch v.d. HEUVEL, Leibniz in Berlin (1987), S. 19. Einsicht in die baulichen Details des geplanten Observatoriums vermittelt uns Leibniz' "Anfrage an eine Astronomen ... betreffend die Erbauung des Observatoriums", ein unvollendetes Konzept, das vermutlich vom April/Mai 1700 datiert; s. HARNACK II, N. 35.
153 S. Jablonskis Brief v. 5./15. März 1698, HARNACK II, S. 50.
154 GRAU, Berliner Wissenschaft, S. 40.
155 HARNACK II, S. 50.
156 S. oben Anm. 149 und 151.
157 S. oben Anm. 151.
158 Leibniz an Kurfürstin Sophie Charlotte, Nov. (Anf. Dez. ?) 1697, AA I, 14 N. 440, S. 773.
159 Brief an Jablonski vom 26. März 1700, HARNACK II, N. 29, S. 72/73.
160 An denselben, 12. März 1700, ebd. N. 26, S. 69.
161 Vgl. Leibniz'Brief an Sophie Charlotte vom 11. Aug. 1698, ebd. N. 19.
162 KVACALA, Jablonsky's Briefwechsel (1897), No 1, N. 6, S.24.
163 S. Jablonskis Schreiben vom 5. März 1698, HARNACK II, N. 17, S. 50.
164 S. u.a. Jablonski an Leibniz, 15. Okt. 1698, KVACALA (1897), No 1, N. 10; Jablonskis Schreiben vom 17. Dez. 1699, GUHRAUER, Dt. Schriften 2, N. 14, S. 130. Erst am 21. Mai 1700 sollte Leibniz Gelegenheit haben, den wirklichen Geheimen Rat Paul von Fuchs (s. auch oben Anm. 131) auf einer Fahrt von Berlin nach Lützenburg persönlich kennenzulernen. S. Brief an Kurfürstin Sophie, 22. Mai 1700, KLOPP, Werke 8, S. 153.
165 S. weiter oben S. 364.
166 S. Jablonskis Schreiben vom 9./19. Sept. 1699, GUHRAUER, Dt. Schriften 2, N.8, S. 107.
167 Vgl. HESTERMEYER, Paedagogia Mathematica (1969) S. 46 u. ff.

168 Dazu: H.-J. FELBER u. M. FAAK, Leibniz und die Gründung der Berliner Sternwarte, in: Sternzeiten. Zur 275jährigen Geschichte der Berliner Sternwarte, der heutigen Sternwarte Babelsberg. Bd. I, Berlin/O. 1977 (Akademie d. Wissenschaften d. DDR. Veröffentl. d. Forschungsbereichs Geo- und Kosmoswissenschaften, hrsg. v. H.-J. Treder, H. 6), S. 13-25, S. 15.
169 S. *Conclusum Corporis Evangelicorum, Die Calender Verbesserung betreffend*, HARNACK II, N. 22. Die Umstellung erfolgte am 1. März 1700. Nach dem 28. Februar (alten Stils) wurde durch die Auslassung von 10 Tagen in den evangelischen Ländern der neue Gregorianische Kalender für das ganze Reich verbindlich.
170 Ausführliche Bibliographie von Weigels einschlägigen Arbeiten zur Kalenderreform bei: H. SCHÜLING, Erhard Weigel (1625 - 1699). Materialien zur Erforschung seines Wirkens. Berichte und Arbeiten aus der Universitätsbibliothek Gießen 18 (1970), Anhang.
171 S. *Conclusum*, Pkt. 2. Dazu allgemein: H.-J. FELBER, Die Bestimmung des Frühlingsvollmondes in den unterschiedlichen Osterberechnungen. Die Sterne 38 (1962), S. 192-197.
172 E. WEIGEL, *Unmaßgeblicher Vorschlag/die Zeit-Vereinigung auf das füglichste zu treffen; Sammt einem Verzeichnuß des grossen Nutzens im H. Römischen Reich/ von der Bestellung eines Collegii Artis-Consultorium*. o.O. 1699.
173 S. Brief vom 16./26. April 1694, Nds. LB., LBr. 986, Bl. 9 - 10. Weigel teilte seinem ehemaligen Schüler mit, er habe in Regensburg wegen seines Projekts "gute vertröstung" erfahren und werde es "nach möglichkeit weiter urgiren". Ebd. Bl. 10.
174 *Ueber einige von Erhard Weigel vor den Reichstag zu Regensburg gebrachte Vorschläge*. 1697, in: GUHRAUER, Dt. Schriften 2, S. 473-476.
175 Ebd. S. 474.
176 Ebd. S. 475 u. 476.
177 HARNACK I, S. 65.
177a Conclusum des Corpus Evangelicorum vom 23. Sept. (3. Okt.) 1699, HARNACK II, S. 58.
178 Vgl. ebd. I, S. 66/67. HARNACK schließt Inhalt und Datierung dieses Briefes aus Leibniz'Schreiben an Jablonski vom 12. März 1700, erstmals gedr. bei J.E. KAPP, Sammlung einiger vertrauten Briefe, welche zwischen Gottfried Wilhelm von Leibnitz und ... Daniel Ernst Jablonski, auch andern Gelehrten ... gewechselt worden sind. Leipzig 1745, S. 145 ff.; s. auch HARNACK II, N. 26.
179 Vgl. FELBER/FAAK (1977), S. 19. Vgl. auch G. VEESENMAYER (Hrsg.), GG. Leibnitii epistolae ad Joannem Andream Schmidium ex autographis, Nürnberg 1788 sowie KORTHOLT I - II (Korresp. m. Roemer).
180 Dazu: HARNACK I, S. 66. Hier sei allerdings hinzugefügt, daß Leibniz über Weigels Vorschlag noch hinausging. Letzterer wollte die Verleger lediglich per kaiserlichem Dekret zwingen, die astronomischen Daten, mithin den größten Teil der Kalendertexte, gegen Gebühr vom künftigen Reichskollegium zu beziehen. Leibniz hingegen strebte ein Kalendermonopol an, wie es erst wenige Wochen zuvor erstmals in der deutschen Verlagsgeschichte – in Kursachsen eingeführt worden war. Das Edikt des sächsischen Kurfürsten vom 8./18. November 1699 übertrug die Herstellung der Kalender einem einzigen Verleger und untersagte Konkurrenz aller sächsischen und nichtsächsischen privaten Kalenderverleger und -händler. Vgl. BRATHER (1993), S. 41.
181 Brief an Jablonski vom 12. März 1700, HARNACK II, S. 68.
182 GRAU, Berliner Wissenschaft, S. 40/41.
183 Diese Denkschrift liegt in zwei Fassungen, einer ausführlichen und einer zusammenfassenden vor: *Unterthänigster Vorschlag wegen Anrichtung eines Observatorii und Academiae Scienciarum in der Chur-Brandenburgischen Residentz; Unterthänigster Vorschlag, welcher Gestalt allhier in Berlin ein Observatorium und Academia Scientiarum ohne Abgang des Churfürstl. Intraden etablirt und erhalten werden können*. HARNACK II, N. 23 u. 24.
184 S. Jablonskis Brief vom 20. März 1700, dem er den eingereichten Entwurf offensichtlich beigelegt hatte. HARNACK II, N. 27.
185 S. ebd. N. 23, S. 60/61. Jablonskis Entwurf nennt u.a. Tschirnhaus, den Altdorfer Mathematikprofessor Sturm und den Kieler Professor der Mathematik und Rechte Samuel Reyher als mögliche auswärtige Mitglieder. Die von HARNACK (I, S. 73, Anm. 1) irrtümlich als Mitautoren der Denkschriften bezeichneten Hugenotten Etienne Chauvin und Philippe Naudé, die beiden Hofärzte Albinus und Jägwitz sowie der Oberingenieur Johann Heinrich Beer und Rabener, – der einzige, der zumindest einen gewissen Anteil an der Entstehung der Eingabe gehabt haben dürfte (s. weiter oben S. 376) –, werden als einheimische Mitglieder ins Auge gefaßt: "in loco capable Subjecta ... welche absque salariis recipirt zu werden, sich vor eine Ehre achten werden".
186 Brief des Maître des Requêtes Moritz v. Wedel an den Hofprediger Jablonski vom 19. März 1700, HARNACK II, N. 25.

187 Brief vom 26. März 1700, ebd. N. 29, S. 72/73; s. auch Jablonskis Schreiben vom 23. März, ebd. N. 28.
188 S. ebd. N. 26 ff.
189 S. MÜLLER/KRÖNERT, Leibniz-Chronik, S. 162.
190 *General-Instruction wornach sich Unsere von Gottes gnaden, Friderich des Dritten ... Neu fundirte Societas Scientiarum unterthänigst zu achten hat.* HARNACK II, S. 103-109. Die Originalurkunde des Stiftungsdiploms ist nicht überliefert. Das bei HARNACK (I, S. 93 f.) wiedergegebene Konzept weicht nur geringfügig von Leibniz' Entwurf *Diploma fundationis Societatis scientiarum Berolini* ab. S. ebd. Anm. 4.
191 HARNACK II, N. 37. Der Entwurf des Kalenderedikts stammte im wesentlichen von dem Kabinettsarchivar Chuno (s. Jablonski an Leibniz, 6. April 1700, HARNACK II, N. 33, S. 83). Auch die Berufung Kirchs nach Berlin dürfte sein Vorschlag gewesen sein. Chuno kannte den Astronomen, mit dem er seit 1694 korrespondierte, schon von früher her; der Briefwechsel ist allerdings nicht überliefert. Vgl. H.-St. BRATHER, Leibniz und das Konzil der Berliner Sozietät der Wissenschaften. In: Stud. Leibn., Sonderh. 16 (1190), S. 218 - 230, S. 222, Anm. 20.
192 S. ebd. N. 38. Kirchs Mitgliedsdiplom datiert vom 11.7.1700; die Gründungsmitglieder Jablonski, Rabener und Chuno wurden dagegen erst im Dezember offiziell in die Sozietät berufen. S. AMBURGER, Mitglieder der Akademie, S. 10. – Über Kirch, mit dem Leibniz von 1702 bis 1708 korrespondierte, vgl. u.a. E. WINTER, Der Freund B. Spinozas E.W. von Tschirnhaus (1977), S. 19 ff. und BRATHER, Leibniz und seine Akademie (1993), S. 306 - 311; vgl. auch J. IMELMANN (Hrsg.), Briefe von G.W. v. Leibniz an den Astronomen Gottfried Kirch aus den Jahren 1702 - 1707, Berlin 1900; Kirchs Briefe an Leibniz befinden sich im Leibniz-Archiv in Hannover (LBr. 472).
193 S. weiter oben Anm. 183.
193a HARNACK II, N. 30a u. b; Dat.: 26. März 1700.
194 Brief an D.E. Jablonski, 26. März 1700, ebd., N. 29, S. 72.
195 Brief vom 20. März 1700, ebd. N. 27, S. 70. Erst ab 1717 (bis 1732) wurden von diesem Kollegium die *Acta Medicorum Berolinensium in incrementum artis et scientiarum collecta et digesta* herausgegeben. – Gegen Anfeindungen und Intrigen seitens der Mediziner hatte sich die Sozietät vor allem zu wehren, als das *Collegium medicum* unter der Leitung des königlichen Leibarztes Gundelsheim stand (s. auch weiter unten). Aber auch dessen Nachfolger, der berühmteste Chemiker seiner Zeit, Georg Ernst Stahl, scheint kein Freund der Akademie gewesen zu sein. Vgl. Jablonskis Schreiben an Leibniz vom 3. September 1715, KVACALA, Jablonsky's Brw. (1897), No 2, N. 146, S. 128. S. auch weiter oben Kap. III, 2.2.1.4, S. 254 f.
196 Vgl. vorne Kap. III, 1.3.6.
197 S. D.E. Jablonski an Leibniz, 23. März 1700, HARNACK II, N. 28, S. 71.
198 S. ebd. N. 30b, S. 78; s. auch Jablonskis Entwurf vom März 1700, ebd. N. 23, S. 59.
199 S. vorne Kap. III, 1.3.6, S. 170 und Anm. 406; s. auch HARNACK II, N. 56, S. 123.
199a S. Leibniz' Brief an Jablonski vom 31. März 1700, ebd. N. 32, S. 82. Vgl. auch BRATHER (1993), S. 80 ff.
200 Vgl. J.Th. Jablonski an Leibniz, 31. Jan. 1711, HARNACK, Berichte, N. 123, S. 83. Mit Rücksicht auf das spezifische Interesse des Kurfürsten einigten sich die Organisatoren der Sozietät auch darauf, das Aufnahmediplom in deutscher Sprache abzufassen. (s. J.Th. Jablonski an Leibniz, 15. März 1701 KAPP, N. LX, S. 193). Bei dieser Entscheidung hat man sich zweifellos daran erinnert, daß die ein Jahr zuvor eingereichte erste Fassung des Kalenderedikts vom Requetenmeister Wedel wegen zu vieler lateinischer und französischer Termini zurückgegeben worden war mit der Aufforderung, man möge sich "gemäß der teutschliebenden Intention des gnädigsten Fundatoris" der deutschen Sprache bedienen (D.E. Jablonski an Leibniz, 6. April 1700, HARNACK II, N. 33, S. 83/84).
201 Vgl. HARNACK; Berichte, N. 124, 156, 157, 159 sowie HARNACK II, N. 119.
202 G.W. Leibniz (1920), S. 219.
203 HARNACK II, N. 50, S. 106. Vergleichbar mit der umfassenden Konzeption von Leibniz ist in der zweiten Hälfte des 17. Jahrhunderts nur der von Colbert unterstützte Plan Charles Perraults für eine große französische Staatsakademie 1666, der jedoch am Widerstand der bestehenden wissenschaftlichen und kulturellen Gruppierungen scheiterte und zugunsten der Gründung der mathematisch-naturwissenschaftlichen *Académie des Sciences* fallengelassen wurde. Allerdings fehlte in Perraults Entwurf die utilitaristische Komponente, die Leibniz' Wissenschaftsverständnis auszeichnete. Vgl. R. HAHN (1971), S. 11 ff.
204 S. Brief an D. E. Jablonski, 12. März 1700, HARNACK II, N. 26, S. 69.
205 Ebd. N. 30b, S. 79.
206 Denkschrift vom 24. Febr./6. März 1700, ebd. N. 30a, S.76.

207 Vgl. auch DILTHEY, Leibniz und sein Zeitalter (1959), S. 37; KANTHAK, Akademiegedanke (1987), S. 90.
208 Vgl. H. POSER, G.W. Leibniz, in: Berlinische Lebensbilder Bd. 3: Wissenschaftspolitik in Berlin, hrsg. v. W. TREUE und. K. Gründer, Berlin 1987, S. 1-16, S. 13.
209 S. vorne Kap. III, 2.1.3, S. 218.
210 *Stiftungsbrief,* HARNACK I, S. 94; vgl. dazu auch: Chr. BARTHOLOMÈSS, Histoire philosophique de l'Académie de Prussse depuis Leibniz jusqu'à Schelling, tome premier, Paris 1850, S. 29 ff.
211 S. u.a. HARNACK II, N. 44, 68a, 86; dazu auch weiter unten 3.1.4.3.
212 Ebd. N. 30b, S. 78.
213 Ebd. N. 30b, S. 77; vgl. die entsprechende Verordnung in der *Generalinstruktion,* ebd. S. 105.
214 Ebd. N. 30a, S. 77.
215 S. ebd. N. 30b.
216 S. *Generalinstruktion,* ebd. S. 107; dazu auch vorne Kap. III, 2.2.
217 Vgl. dazu HAHN (1971), S. 53 f.
218 HARNACK II, N. 99; dazu: BRATHER, Leibniz und das Konzil (1990), S. 228.
219 S. *Generalinstruktion,* HARNACK II, N. 50, S. 108; s. auch vorne Kap. III, 1.1.1.1.
220 *Miscellanea Berolinensia ad incrementum scientiarum Societatis Regiae Scientiarum exhibitis edita, cum figuris aeneis et indice materiam.* Berolini 1710.
221 Von den insgesamt 60 Beiträgen des ersten Bandes behandeln 53 Aufsätze mathematisch-naturwissenschaftliche Themen; nur 7 Arbeiten kamen aus der philologisch-literarischen Klasse.
222 S. *Generalinstruktion,* S. 104 u. 109.
223 Vgl. dazu weiter unten.
224 S. L. AUCOC, L'Institut de France. Lois, Statuts et Règlements concernant les Anciennes Académies et l'Institut de 1635 à 1889, Paris 1889; dazu auch: HAHN (1971), S. 58 ff. Ein Exemplar der damaligen Pariser Akademie-Statuten liegt lt. HEYMANN (Bücherprivilegien und Zensur, 1932, S. XCIV) bei den Fundationsakten der Berliner Sozietät im Akademischen Archiv, d.h. im heutigen Zentralen Archiv der Akademie der Wissenschaften (der ehemaligen DDR).
225 S. HARNACK II, N. 23, S. 60; 30b, S. 79; 50, S. 105 f.
226 S. Bestallungsurkunde v. 12. Juli 1700, ebd. N. 54; drei Tage später wurde Leibniz zum brandenburgischen Geheimen Justizrat ernannt. Damit war man freilich nicht ganz den Wünschen des Philosophen gefolgt, der den Rang eines Geheimen Rats, eines Ministers sozusagen, vorgezogen hätte. Vgl. BRATHER (1993), S. 92 sowie S. 106 u. ff.
227 *Generalinstruktion,* ebd. S. 106.
228 Rabener war 1701 gestorben. Nach einem Brief D.E. Jablonskis vom 16. April 1701 (KAPP, Sammlung, N. LXVII) wurde auch der Hofmedicus Dr. Jägwitz in das Konzil aufgenommen; allerdings ist er in dieser Funktion niemals in Erscheinung getreten.
229 S. Bestallungsurkunde v. 6. Okt. 1700, HARNACK II, N. 58. J.Th. Jablonski (1654-1731) war längere Zeit auf Reisen durch "Deutschland", "Holland" und England vorwiegend als Prinzenerzieher tätig, bevor er zunächst als Sekretär der Fürstin Radzivil nach Polen, 1689 in gleicher Eigenschaft an den sächsisch-weißenburgischen Hof in Barby berufen wurde. 46-jährig trat er Anfang Oktober 1700 in die Dienste der Sozietät, der er bis zu seinem Tod als Sekretär angehörte. Vgl. u.a. HARNACK I, S. 105; DALTON, D.E. Jablonski (1903), S. 218.
230 *Generalinstruktion,* ebd. S. 106. Daß Leibniz bis zu seinem Tode über das Sozietätsgeschehen auf dem laufenden gehalten wurde, beweist die umfangreiche, leider nur einseitig in den Briefen J.Th. Jablonskis überlieferte Korrespondenz des Sekretärs mit dem Gelehrten in Hannover. S. HARNACK, Berichte des Secretärs (1897).
231 *Generalinstruktion,* S. 105.
232 Tatsächlich gab es Ehrenmitglieder erst ab 1744 nach der Verschmelzung der alten Sozietät mit der *Société Littéraire* des Grafen Schmettau. Vgl. AMBURGER; Einl. S. VII.
233 HARNACK I, S. 121/122.
234 S. v.d. HEUVEL, Leibniz in Berlin, Zeittafel, S. 8 ff.
235 Leibniz und das Konzil (1990), S. 227; DERS, Leibniz und Berlin in: Spectrum 18, 6 (1987), S. 30/31.
236 Nach der feierlichen Eröffnung der Sozietät 1710 und der endgültigen Einrichtung der vier Klassen (s. weiter oben) übernahm Chuno das Direktorat der Mathematischen Klasse.
237 Brief vom 11. Jan. 1716, KVACALA (1897), No 2, N. 147, S. 130. Vgl. auch die Briefe J.Th. Jablonskis, in denen er Leibniz von der schweren Erkrankung Chunos berichtet, die "auch in den Sachen der Societät merklich Hinderung tuht", und der Hoffnung Ausdruck verleiht, daß Gott "uns diesen ab-

sonderlich bei der Societät so nützlichen Mann noch ferner laßen und ihm neue Kräfte verleihen wolle". Brief v. 11. Jan. 1710 und v. 16. Nov. 1709, HARNACK, Berichte, N. 99, S. 60 u. N. 97, S. 68.
238 HARNACK I, S. 121/122.
239 Ebd. II, S. 105.
240 Vgl. AMBURGER, Einl. S. VII.
241 Leibniz an J.Th. Jablonski, 24. März 1701, HARNACK, Berichte, N. 10, S. 18.
242 Ebd.
243 Ab 1711 bildeten die Direktoren der vier Klassen, der Justitiar (1710-1731: Wilhelm Duhram) und der Sekretär das Konzil.
244 *Generalinstruktion*, HARNACK II, S. 107; s. auch Bestallungsurkunde des Sekretärs, ebd. N. 58, S. 128.
245 Brief v. 15. März 1701, GUHRAUER, Dt. Schriften 2, N. 35, S. 186.
246 Ebd. S. 187. Noch im Sommer 1700 hatte Leibniz indes vorgehabt, einen Auszug aus der Generalinstruktion als Anhang zum Stiftungsdiplom drucken zu lassen. S. Punkt 19 seiner Agendenliste vom Juli 1700, gedr. BRATHER (1993), S. 116 ff.
247 S. J. Th. Jablonski an Leibniz, 24. Oktober 1711, HARNACK, Berichte, N. 131; *Epistola ad amicum*, Berlin 1701, S. 12 - 16; von dort übernommen in: *Acta eruditorum*, Leipzig 1701, Apr., S. 182 - 186.
248 S. u.a. die Briefe des Sekretärs an Leibniz vom 15. Jan. 1701 und vom 6. Okt. 1705, HARNACK Berichte, N. 2, S. 8 u. N. 45. Auch der Buchhändler Pape berichtet Leibniz am 16. Okt. 1706 von regelmäßigen ("fast wöchentlich") privaten Zusammenkünften der Brüder Jablonski und Chunos. S. KVACALA (1897), No 2, Beilage II, S. 169. Einzige Ausnahme waren die sog. *Aktivitätskonferenzen* von 1706/07 und eine Art Redaktionskonferenz der *Miscellanea Berolinensia* vom 14. Febr. 1709; dazu weiter unten.
249 Leibniz und das Konzil (1990), S. 219.
250 Vgl. AMBURGER (1950), S. 10 ff. u. 56 ff.
251 I, S. 154 ff. u. II, N. 93.
252 S. Brief J.Th. Jablonskis an Leibniz vom 18. Mai 1715, HARNACK, Berichte, N. 167, S. 113; s. auch HARNACK I, S. 109 sowie weiter oben Anm. 121.
253 J.L. Frisch (1666-1743), Theologe, wurde durch Vermittlung Speners 1698 zum Subdirektor am Berlinischen Gymnasium zum Grauen Kloster berufen, 1706 auf Vorschlag von Leibniz in die Sozietät der Wissenschaften aufgenommen. 1727 wurde Frisch, der wissenschaftlich ähnlich umfassend wie Leibniz tätig war, u.a. umfangreiche Werke über Vögel und Insekten in Deutschland, über den Seidenanbau und ein lateinisch-deutsches Wörterbuch verfaßte, Direktor der historisch-philologischen Klasse der Akademie. S. u.a. ADB 8 (1878/1968), S. 93-95; NDB 5 (1961), S. 616; L.H. FISCHER (Hrsg.), Joh. Leonh. Frisch's Briefwechsel mit G.W. Leibniz. (Sonderdruck), Berlin 1896 (Repr.: Hildesheim, New York 1976), Einl.
254 Vgl. HARNACK I, S. 113 ff.; FISCHER, Frisch-Briefwechsel, Briefe v. Aug. 1707 u. v. 21. Febr. 1708, S. 3 u. 6.
255 J.Th. Jablonski am 1. März 1710, HARNACK Berichte, N. 101, S. 71; vgl. auch die entsprechende Formulierung im Sozietätsdiplom, HARNACK II, N. 62.
256 S. *Connaissance des Temps*. Paris 1680 ff.; *Almanach Royal*. Paris 1700.; *Index biographique de l'Académie des Sciences du 22 decembre de 1666 au 1er octobre 1978*. Paris 1979.
257 1711 standen 36 in Berlin anwesenden bereits 59 abwesende Mitglieder gegenüber. S. AMBURGER, Mitgliederverzeichnis(1950).
258 HARNACK, Berichte, N. 166, S. 113.
259 S. Brief des französischen Jesuiten R.J. Tournemine an Leibniz, o.D., BODEMANN-Brw., N. 937, S. 342.
260 Vgl. G.S. Treuer an Leibniz, 12.8.1713, ebd. N. 839, S. 344.
261 S. dazu u.a. Frischs Brief vom 26. Juli 1715 (FISCHER, N. 27, S. 37), in dem dieser sich bei Leibniz beschwert, daß "alles auf die wenigen directores im Concilio ankäme".
262 "Verschiedene, so zu den künftigen Miscellaneis etwas beizutragen versprochen", schreibt J.Th. Jablonski am 16. Juli an Leibniz, "wenn sie dessen erinnert werden, geben immer neue Vertröstungen, nur daß es allezeit auf einen neuen Aufschub ankommt". HARNACK, Berichte, N.141, S.94.
263 S. Brief J.Th. Jablonskis vom 15. März 1701, GUHRAUER, Dt. Schriften 2, N. 35 sowie die Anmerkungen von Leibniz, ebd. S. 187; s. auch das Schreiben des Sekretärs vom 5. April 1701, HARNACK II, N. 11. Zu den vorangegangenen Verhandlungen über die Aufnahme von Mitgliedern vgl. auch die Korrespondenz mit D.E. Jablonski, bes. die Briefe vom 31. Dez. 1700, 15. Jan. u. 19. Febr. 1701, KVACALA (1897), No 2, N. 61, 64, 66.

264 Vgl. u.a. HARNACK, Berichte, N. 27 u. 28.
265 Leibniz an v. Printzen, 19. Nov. 1715, KVACALA (1897), No 2, Beilage X, S. 188. Bezüglich des Vorschlags, dem ersten Band der *Miscellanea* eine Mitgliederliste einzuverleiben, bemerkt Leibniz in einem Brief an Ancillon am 6. Febr. 1709 (FEDER, Commerc. Epist., S. 3): "Une liste des membres de la Societé ne serviroit de rien. Il y en a que je ne connois pas, et qui ont été reçus sans que j'en aye pu juger..." S. auch den Brief an J.Th. Jablonski vom 17. Mai 1710, HARNACK, Berichte, N. 107.
266 Brief v. 18. Juni 1708, FISCHER, S. 14.
267 Leibniz an D.E. Jablonski, 9. Jan. 1711, HARNACK II, N. 106, S. 203; s. auch sein Schreiben an v. Printzen, 19. Nov. 1715, KVACALA (1897), No 2, Beilage X, S. 188 sowie die von Printzen verfaßte Denkschrift über den Zweck und Bestand der Sozietät, KLOPP, Werke 10, S. 427 ff.
268 S. Brief an Kurfürstin Sophie v. 19. Juni 1700, KLOPP, Werke 8, S. 182 f.
269 Leibniz an Kurfürstin Sophie, 29. Juni 1700, ebd. S. 191.
270 Vgl. u.a. Leibniz' Schreiben an D.E. Jablonski vom 26. März 1700, HARNACK II, N. 29, Pkt. 16.
271 Dazu: HARNACK I, S. 90, Anm. 1. Über das Kalenderwerk der Sozietät vgl. neuerdings BRATHER (1993), S. 233 - 258.
272 Brief vom 5. März 1701, HARNACK, Berichte, N. 6, S. 11.
273 Brief vom 18. März 1701, ebd. N. 8, S. 14. Leibniz schlägt u.a. einen Post-, Gerichts-, Polizei-, Reichs- sowie einen Andachtskalender vor.
274 S.J.Th. Jablonski an Leibniz, 5. April 1701, ebd. N. 11. Die Anlage des Hof- und Staatskalenders hat Leibniz ausführlich mit Chuno und J.Th. Jablonski erörtert; vgl. ebd. N. 16, Brief vom 12. Aug. 1701. Zum ersten Mal wurde der Berliner Adreßkalender, der in drei Rubriken über den Hof, den zivilen Ämter und das Militärwesen informierte, 1704 herausgegeben. S. das Schreiben des Sekretärs vom 6. Nov. 1703, ebd. N. 28, s. aber auch N. 31. Doch erst seit 1706 (ausgenommen 1714) erschien er regelmäßig. Dazu auch GRAU, Berliner Wissenschaft, S. 57.
275 H.-St. BRATHER, Leibniz und Berlin, in: Spectrum 18, 6 (1987), S. 30/31, S. 31.
276 HARNACK, Berichte, N. 30, S. 28; vgl. auch ebd. N. 31 u. 32.
277 J.Th. Jablonski an Leibniz, 19. Mai 1705, ebd. N.36,S.31.
278 S. Leibniz'"Calenderrechnung" 1700-1706, Nds. LB., LH XIX, 14. Bl. 144.
279 S. *Erzählung von der Absicht der preuß. Sozietät d. Wissenschaften* (1702), HARNACK II, N. 67, S. 150.
280 Leibniz an D.E. Jablonski, 31. März 1700, ebd. N. 32, S. 82.
281 S. Nachschrift zum Brief vom 15. Juni 1700, ebd. N.41.
282 Ebd. N. 43-47, 79, 80,86, 117.
283 *Einige Vorschläge pro fundo Societatis Scientiarum* (Juni 1700), ebd. N. 42; *Erzählung von der Absicht...* (Anfang 1702), ebd. N. 67; *Ohnmaassgeblicher Vorschlag, wie durch allerhand Königliche und gemeinnüzige Concessiones der Societät der Wissenschaften aufzuhelfen* (Sept. 1704), ebd. N. 76.
284 Leibniz an Kurfürstin Sophie, Ende Juni 1700, KLOPP, Werke 8, S. 191.
285 Ebd.
286 HARNACK II, N. 42, S. 93.
287 Ebd. N. 44.
288 Ebd. N. 45.
289 Ebd. N. 46.
290 Ebd. N. 42, S. 94; s. auch N. 47.
291 S. HARNACK I, S. 91, Anm. 2; vgl. neuerdings den Quellennachweis bei BRATHER (1993), S. 85, Anm. 19. Die Genehmigung, Lotterien durchzuführen, hat der Kurfürst der Sozietät aber offensichtlich bald wieder entzogen. S. HARNACK II, N. 52, S. 112, Pkt. 13.
292 Gedr. MYLIUS, Corpus constitutionum Marchicarum, 6. Teil, 2. Abt., No. III, Sp. 7-10; danach bei HARNACK II, N. 43.
293 Vgl. auch L.H. FISCHER, Frisch-Briefwechsel, Einl.S.XII.
294 Dazu vorne Kap. III, 2, S. 289 u. Anm. 26. Im Leibniz-Archiv (Hannover) befindet sich außerdem eine Abschrift der vom Kronprinzen Friedrich Wilhelm unterzeichneten Anordnung an die Buchführer, die Bücher erst durch die Sozietät genehmigen zu lassen, ebenfalls vom 24. August 1708. Nds. LB, LH XIX, 14. Bl. 192.
295 Vgl. die Königliche Verordnung vom 25. Juni 1700, gedr. nach einer Abschrift im Leibniz-Archiv, Hannover (LH XIX, 14. Bl. 92.93) in: HARNACK II, N. 44.

296 *Feuer=Cassen=Reglement* vom 15. Okt. 1705 und *General-Feuer=Cassen=Reglement* vom 1. Juni 1706, gedr. MYLIUS, Corp. const. March., 5. Teil, 1. Abt., 2. Kap., No. IX u. X.
297 *Erzählung von der Absicht...*, HARNACK II, N. 67, S. 150.
298 Nds. LB., LH XIX, 14. Bl. 146-147, Bl. 146, Konz. v. 26. März 1707.
299 HARNACK II, N. 114, S. 214/215.
300 *Ohnmaassgeblicher Vorschlag* (Sept. 1704), ebd. N. 76, S. 159; s. auch ebd. N. 67, S. 150.
301 Ebd. N. 76, S. 159; N. 79 u. 80.
302 Leibniz. Eigenhändiges Concept einer Zusammenfassung der bisher gemachten Vorschläge in Hinsicht auf ihre Durchführung, dazu einige neue (Juli 1700), ebd. N. 52, S. 111.
303 S. Denkschrift vom 3. April 1711, KLOPP, Werke 10, N. XLV.
304 Konzept vom Juli 1700, HARNACK II, N. 52, S. 112; vgl. auch vorne, Kap. III, 1.1, S. 71.
305 Leibniz an Kurfürstin Sophie, 12. Mai 1707, KLOPP, Werke 9, S. 281.
306 *Erzählung von der Absicht...*, HARNACK II, N. 67, S. 148/149.
307 HARNACK, Berichte, N. 24.
308 Vgl. bes. die Briefe des Sekretärs der Akademie an Leibniz, ebd. N. 53, 55, 56, 59, 60, 63-66.S. auch Leibniz' Eingabe für den König vom 17. Febr. 1708, KVACALA (1897), No 2, Beilage III.
309 S. D.E. Jablonski an Leibniz, 23. März 1700, HARNACK II, N. 28, S. 71.
310 S. J.Th. Jablonskis Schreiben vom 10. Mai und 2. August 1704, HARNACK, Berichte, N. 31 und 33. – Die Geheime Hofkammer war durch das sog. Ober-Dömänendirektorium aus ihrer Stellung als oberste Zentralbehörde der Kammerverwaltung verdrängt worden. Mit dem Premier Kolbe von Wartenberg, einem Meister der Günstlingswirtschaft, an der Spitze dieses Direktoriums geriet die Domänenverwaltung in der Folgezeit gänzlich in Abhängigkeit von dem beständigen Geldbedürfnis des Hofhalters, so daß das Land jahrelang am Rande des Staatsbankrotts entlangschlitterte. Die alte Ordnung wurde erst wiederhergestellt, nachdem die Staatskrise 1710/11 voll ausgebrochen war, Wartenberg entlassen wurde und die Kronprinzenpartei das Ruder fester in die Hand nahm. Vgl. O. HINTZE, Hohenzollern (1916), S. 265 ff.
311 S. die Kgl. Anweisung an die Amtskammer v. 28. April 1707, Nds. LB., LH. XIX, 14. Bl. 183, und v. 9. März 1708, s. HARNACK, Berichte, N. 68, S. 49/50. Zur Geschichte des Ankaufs des hinter dem Marstall gelegenen Grundstücks (Dorotheenstr. 10) für die Astronomenwohnung vgl. die bei HARNACK II unter N. 87 abgedruckten Dokumente; s. auch KLOPP, Werke 10, S. 413 ff.
312 Dies bestätigt Kirch in seinem Brief an Leibniz vom 24. April 1708, Nds. LB., LBr. 472, Bl. 14. Trotz aller Bemühungen Chunos konnte der Astronom die ihm zugesicherte Wohnung erst im Frühjahr 1708 beziehen. S. J.Th. Jablonski an Leibniz, 7. April 1708, HARNACK, Berichte, N. 71.
313 J.Th. Jablonski an Leibniz, 22. Sept. 1708, ebd. N. 81; vgl. u.a. auch N. 99, S. 69; N. 119, S. 81.
314 S. die Briefe des Sekretärs vom 26. Nov. 1707 u. 15. Dez. 1708, ebd. N. 63 u. N. 82, S. 59.
315 Vgl. weiter oben S. 396 u. Anm. 307; ebenso das Schreiben vom 10. Mai 1704, HARNACK, Berichte, N. 31 sowie D.E. Jablonskis Brief an Leibniz v. 15. Mai 1706, KVACALA (1897), No 2, N. 129, S. 96.
316 Leibniz und das Konzil (1990), S. 225.
317 HARNACK, Berichte, N. 90, S. 63.
318 *Promemoria betreffs des Seidenbaues* (Jan. 1703), HARNACK II, N. 70, S. 153.
319 S. das an Sophie Charlotte gerichtete Schreiben vom 8. Mai 1703 (ebd. N. 72, S. 155), das gleichwohl für den König bestimmt war. S. ebd. N. 71.
320 Undat. Denkschrift, vermutlich vom Mai 1703, FOUCHER, Oeuvres 7, S. 278-286, S. 282.
321 S. Promemoria (verb. Konz): *Vorschlag betreffend die Seidenzielung in den Landen des Königs von Preußen*, O.D. Nds. LB., LH XIX, 14. Bl. 71-74, Bl. 73 v. u . r.; s. auch AA II, 1, N. 11, S. 22 Pkt. 4 u. N. 12. Crafft hatte bereits 1674 die erste, kurzlebige sächsische Seidenmanufaktur in Leipzig gegründet. Vgl. BRATHER (1993), S. 259, Anm. 3.
322 Undat. Denkschrift, KLOPP, Werke 6, N. IV, S. 227 ff.; zur Datierung vgl. MÜLLER/KRÖNERT, Leibniz-Chronik, S. 120.
323 Nds. LB., LH XIX, 14. Bl. 107 v.: "Es sind nun in die Vierzig Jahr und drüber daß man in Teutschland mit der Seidenzielung umbgehet..." Vgl. auch das Promemoria betreffs des Seidenbaues (Jan. 1703), ebd. Bl. 105 f, gedr. HARNACK II, N. 70, S. 152 sowie die Denkschrift für Friedrich I. von 1711, KLOPP, Werke 10, N. XLVI, S. 451.
324 S. Brief v. 5. Febr. 1703, ebd. N. XXI, S. 383.
325 *Vorschlag der Seidenkultur* (Dez. 1702), HARNACK II, N. 68a, S. 150.

326 S. Brief an [Wartenberg], KLOPP, Werke 10, N. XVIII, S. 379; s. auch den Brief an Sophie Charlotte, vermutlich vom Dezember 1702 (ebd. N. XLV) sowie das wohl für v. Ilgen bestimmte Schreiben desselben Datums (ebd. N. XIX, S. 380).
327 HARNACK II, N. 68b.
328 Vgl. bes. die undat. Denkschrift [vermutlich erste Hälfte 1703], Nds. LB, LH XIX, 14. Bl. 122-123.
329 "Je n'espere pas que le Roy sera prevenu contre moy, parceque je suis d'Hanover, et que la societé Royale en souffrira". Brief an Sophie Charlotte, 8. Mai 1703, HARNACK II, N. 71. Vgl. dazu weiter unten.
330 Leibniz an [Hamrath], o.D. [Jan/vor dem 5. Febr. 1703], KLOPP, Werke 10, N. XX, S. 382.
331 Vgl. das ausführliche Promemoria vom Jan. 1703, in dem Leibniz die gewünschten Verordnungen einzeln aufführt. HARNACK II, N. 70.
332 Ebd. N. 84 u. 85.
333 S. weiter oben Anm. 253.
334 37 Briefe, davon nur drei von Leibniz, hrsg. von H.L. FISCHER (1896), s. oben Anm. 253.
335 Vgl. dazu auch Leibniz' Brief an Kurfürstin Sophie (Ende Jan 1709), KLOPP, Werke 9, S. 294 ff.; ebenso die beiden Schreiben J.Th. Jablonskis vom 16. Aug. und 27. Sept. 1710, HARNACK, Berichte, N. 113, S. 78 u. N. 115, S. 79.
336 Vgl. bes. Frischs Schreiben an Leibniz vom 28. April 1708 und vom 31. Juli 1709, FISCHER, Frisch-Briefwechsel, N. 9 u. 13.
337 Ebd. N. 12, S. 17. Als entschiedener Gegner des Seidenbauprojekts erwies sich der Hofkammerpräsident Ernst Bogislav von Kameke; s. J.Th. Jablonskis Schreiben vom 20. und 31. Dez. 1712, HARNACK, Berichte, N. 144, S. 97 u. N. 145, S. 98,
338 S. Frischs Schreiben vom 31. März 1708, FISCHER, N.6 S.9.
339 Brief v. 4. Aug. 1707, ebd. N. 2, S. 3.
340 S. J.Th. Jablonskis Schreiben vom 11. Sept. u. 6. Nov. 1703, HARNACK, Berichte, N. 27 u. 28.
341 FISCHER, Frisch-Briefwechsel, N. 25, S. 35.
342 S. HARNACK, Berichte, N. 144, S. 97; dagegen Frischs Version, FISCHER, Briefwechsel, S. 31 ff.
343 Brief J.Th. Jablonskis v. 16. Dez. 1713. HARNACK, Berichte, N. 155, S. 105.
344 Brief v. 2. Juli 1712, ebd. N. 140, S. 93. Um Unterstützung des Kronprinzen hatte sich Leibniz schon nach dem Tod Sophie Charlottes am 1. Febr. 1705 bemüht, in der Hoffnung, Friedrich Wilhelm werden das Werk seiner Mutter fortführen wollen. S. Leibniz' Brief an die erste Staatsdame und Vertraute der verstorbenen Königin, Henriette Charlotte von Pöllnitz, vom 17. Juni 1705, KLOPP, Werke 10, N. XC, S. 286. Vgl. auch Leibniz an Kurfürstin Sophie, Jan. 1709, KLOPP, Werke 9, S. 294 ff.
345 Brief v. 20 April 1715, HARNACK, Berichte, N.166, S.112.
346 Brief v. 18. Mai 1715, letztes Schreiben des Sekretärs Jablonski an Leibniz, ebd. N. 167, S. 114.
347 KLOPP, Werke 8, S. 172.
348 Seit Ausbruch des Spanischen Erbfolgekrieges war das Sonderbündnis des Herzogtums Braunschweig-Wolfenbüttel mit Frankreich, durch das Ludwig XIV. im norddeutschen Raum über mehr als 10.000 Mann verfügte, zur Bedrohung für das Reich, vor allem aber für Brandenburg-Preußen und Hannover geworden. Die beiden anderen welfischen Länder, Celle und Hannover, entschlossen sich daher zu einem Präventivschlag gegen Wolfenbüttel. In dem Glauben, beiden Seiten einen Dienst zu erweisen, versuchte Leibniz, ausgestattet mit einer von ihm selbst entworfenen Vollmacht Sophie Charlottes, gleichwohl unter Umgehung des preußischen Königs und dessen Minister seinen hannoverschen Dienstherrn zu einem gemeinsamen Vorgehen mit Brandenburg-Preußen zu bewegen. Während man ihn in Berlin der Geheimpolitik mit Hilfe der aus Hannover stammenden Königin bezichtigte, verbat sich Kurfürst Georg Ludwig jegliche preußische Einmischung. Vgl. G.v.d. HEUVEL, Leibniz zwischen Hannover und Berlin, in: Stud. Leibn., Sonderh. 16 (1990), S. 271-280, S. 275.
349 Am 16. Januar 1703 nutzte Herzog Georg Wilhelm von Celle als Schutzherr von Hildesheim die Sedisvakanz des Bischofsstuhls, um unter dem Vorwand, möglichen Unruhen vorzubeugen, die Stadt zu besetzen. In Preußen sah man dieses Vorgehen als Verstoß gegen das kurz zuvor (1700) erneuerte *Ewige Bündnis*, das der Stadt Hildesheim relative Unabhängigkeit zusicherte. Im Gegenzug ließ Friedrich I. daher am 7. Februar seine Soldaten in der Reichsstadt Nordhausen, für die Hannover das Schutzrecht übernommen hatte, einmarschieren. Dazu: SCHNATH, Geschichte Hannovers III, S. 563-66.
350 S. Leibniz' Schreiben an Kurfürstin Sophie vom Februar 1703, KLOPP, Werke 9, S. 4 u. 8.
351 Brief v. 8. Mai 1703, KLOPP, Werke 10, S. 384; dazu auch DOEBNER, ZHVN 1881, Vorw. S. 209.
352 S. Brief an den hannoverschen Minister Hans Caspar von Bothmer vom 22. Mai 1703, DOEBNER, Briefe der Königin, S. 31. Ganz aus der Luft gegriffen waren derartige Mutmaßungen freilich nicht.

Denn schon Anfang 1702 hatte sich Leibniz beim König um ein "beständiges Vermögen" bemüht. Diese Pension, die er durch die Vermittlung Paul von Fuchs' zu erlangen suchte, sollte "mit dem, so von der Societät geschieht, nicht zu vermischen stehen". Die Angelegenheit, in die auch von Ilgen und der Hofprediger Jablonski eingeweiht waren, sollte äußerst diskret behandelt werden. S. Brief an D.E. Jablonski, 26.1.1701, GUHRAUER, Dt. Schriften 2, N. 42, S. 198/99.

353 Der Aufenthalt vom August 1704 bis zum März des folgenden Jahres und eine kurze geheime Reise nach Berlin im April 1705 dienten u.a. diesem Zweck. – Vergeblich hat sich Leibniz in Hannover nach dem Tod des Vizekanzlers Ludolf Hugo um dessen Posten bemüht, der ihm, wie er meinte, als dem nächsten Dienstältesten zustand. S. das Schreiben an Sophie Charlotte vom 16. September 1704, in dem er sie um Vermittlung bei ihrem Bruder bittet. KLOPP, Werke 9, S.95, s. auch ebd.S.109 f.

354 Leibniz erhoffte sich eine *pension*, die es ihm ermöglichen sollte, zur Förderung der Wissenschaften und im Dienste der Reunion der evangelischen Bekenntnisse umherreisen zu können. S. KLOPP, Werke 10, S. 394 ff., bes. S. 398. Alvensleben wiederum wollte Leibniz ganz nach Berlin ziehen. Vgl. SCHNATH, Geschichte Hannovers III, S. 575 f.

355 S. DOEBNER, ZHVN 1881, S. 228.

356 Mit Hilfe der hannoverschen Kurfürstin Sophie, der von Friedrich I. verehrten Mutter seiner verstorbenen Gattin, wandte sich Leibniz am 26. März 1707 auch direkt an den König, um u.a. den so lange verschleppten Bau des Akademiegebäudes in Gang zu bringen. S.E. BERNER (Hrsg.), Briefwechsel König Friedrichs I. von Preußen und seiner Familie. Berlin 1901, S. 123-126.

357 Leibniz in der ersten sog. Aktivitätskonferenz am 27. Dezember 1706, HARNACK II, N. 83, S. 168.

358 S. BRATHER, Leibniz und das Konzil, S. 227,bes. Anm. 35 sowie die Protokolle der sog. Aktivitätskonferenzen, gedr. in: DERS. (1993), S. 180 ff.

359 Als sehr aufschlußreich erweist sich in dieser Hinsicht der noch nicht edierte Briefwechsel mit Chuno (Nds. LB, LBr. 158), der beweist, daß die Redaktion des ersten Bandes der *Miscellanea* nicht zuletzt sein Verdienst war. Vgl. dazu auch J.Th. Jablonskis Schreiben an Leibniz vom 16. Nov. 1709, HARNACK, Berichte, N. 97, S. 68. Chuno war es auch, der sich um ein möglichst rasches Erscheinen des zweiten Bandes bemühte; sein schlechter Gesundheitszustand und die mangelnde Bereitschaft der Mitglieder, Beiträge zu leisten, verhinderten dies allerdings. Vgl. das Schreiben des Akademiesekretärs v. 18. Mai 1715, ebd. N. 167, S. 114.

360 Über Art und Zusammenstellung der 58 Beiträge vgl. auch weiter oben Anm.221.

361 Daß sich Leibniz darüber keine Illusionen machte, entnehmen wir seinem Brief an den Abbé Bignon in Paris vom 3. Okt. 1710, in dem er gesteht: "Cet essai ne me contente pas entièrement. Il faut espérer qu'on fera mieux le tems..." FEDER, Commerc. epist., S. 253 ff.

362 Leibniz und Wilhelm von Humboldt als Begründer der Königlich Preußischen Akademie der Wissenschaften. In: DERS., Aus Wissenschaft und Berlin, Bd. 1, Geißen 1911, S. 23-37, S. 23.

363 S. weiter unten.

364 Vgl. dazu weiter unten Anm. 368 ff. S. auch den neuesten Druck des Reglements vom 3. Juni 1710, versehen mit aufschlußreichen Hinweise zur Überlieferung in: BRATHER (1993), S. 202 ff. Die unzutreffende Bezeichnung "Statut" wurde, so Brather, von den Zeitgenossen nicht verwendet; sie wurde von HARNACK (I, S. 165 - 168; II, S. 192) in die Literatur eingeführt. Vgl. ebd. S. 200, Anm. 8.

365 S. Bestallungsurkunde v. Printzens vom 7. Aug. 1710, HARNACK II, N. 98.

366 Brief v. 9. Jan. 1711 an D.E. Jablonski, ebd. N. 106, S. 203.

367 S. oben Kap. III, 3.1.3.2.

368 Leibniz an v. Printzen, 10. Dez. 1710, HARNACK II, N. 101, S. 198. Offensichtlich wurde Leibniz von Ancillon unterrichtet. S. Brief v. 6. Dez. 1710, Nds. LB, LBr. 12, Bl. 83 f. Der Akademiesekretär übersandte das neue Statut am 9. Dez. 1710, HARNACK, Berichte, N. 119, S. 81.

369 S. Brief an Sophie Dorothea vom 10. Dez. 1710, HARNACK II, N. 100; Brief D.E. Jablonskis an Leibniz vom 30. Dez. 1710, KVACALA (1897), No 2, N. 143, S. 123/24.

370 "Wie es m. h. H. mir vor 7 Jahren communiciret, erinnere mich nicht eigentlich, und bedüncket mich es war ganz was anders..." Brief v. 9. Jan. 1711, HARNACK II, N. 106, S. 203.

371 S. u.a. Brief J.Th. Jablonskis vom 1. März 1704, HARNACK, Berichte. N. 29; auch D.E. Jablonski an Leibniz, 5. März 1704, KAPP, S. 415.

372 I, S. 165/166.

373 Vgl. u.a. Brief J.Th. Jablonskis vom 10. Jan. 1711, HARNACK, Berichte, N. 122, S. 83. Theodor Christoph Krug von Nidda (1653-1719), erster Leibarzt des Königs, wurde Direktor der Physikalischen Klasse; Chuno übernahm die Mathematische, der Kgl. Bibliothekar Johann Karl Schott (1672-1717) die Deutsche und der Hofprediger Jablonski die Orientalische Klasse. Über die Wahl der vier Direktoren und Jablonskis zum Vizepräsidenten vgl. auch L.H. FISCHER, Frisch-Briefwechsel, N. 23.

374 Vgl. Chunos Stellungnahme vom 25. April 1710, KVACALA (1897), No 2, Beilage V. Friedrich I. bestätigte daraufhin Leibniz' Vergütung von 600 Talern am 27. Juni 1710, s. HARNACK II, N. 97.
375 "Seit dem die Societät sich also gefasset, bezeugen die Mit-Glieder durchgehends viel Begierde etwas Rechtes beizutragen". D.E. Jablonski an Leibniz am 6. Febr. 1711, KVACALA (1897), No 2, N. 144, S. 125. Über den Beginn regelmäßiger Arbeitssitzungen berichtet der Bruder des Hofpredigers am 31. Jan. 1711 u. ff., HARNACK, Berichte, N. 123 ff.
376 S. J.Th. Jablonski an Leibniz, 31. Dez. 1712, ebd. N. 145; s. auch N. 147; FISCHER, Frisch-Briefwechsel, N. 24.
377 Vgl. BRATHER, Leibniz und das Konzil, S. 229.
378 "Zum spionieren mich gebrauchen zu laßen, ist gar nicht mein genius, und was ich thue, deßen darff ich mich nicht scheuen". Leibniz für Friedrich I. Ende März 1711, KLOPP, Werke 10, N. XLVI, S. 447. Dat. n. HARNACK II, N. 114. Zum Vorwurf der Spionage gegenüber Leibniz vgl. u.a. SCHNATH, Briefwechsel der Kurfürstin Sophie (1927), S. 207; KLOPP, Werke 9, S. 326 ff.
379 G. v.d. HEUVEL, Leibniz in Berlin (1987), S. 30.
380 Brief v. 11. Jan. 1716, KVACALA (1897), No 2, N. 147, S. 131.
381 Vgl. H. KATHE, Friedrich Wilhelm I., der "Soldatenkönig". In: Preußen. Legende und Wirklichkeit, bearb. u. zusammengest. v. Peter Bachmann u. Inge Knoth. Mit einer Vorbemerkung v. Horst Bartel. Berlin (-Ost) 1983, S. 47-58, S. 50 Die Armee verschlang, so GRAU (Berliner Wissenschaft, S. 51), 85 Prozent des Staatshaushaltes. Über Friedrich Wilhelm I. und seine Sparpolitik vgl. auch: C. HINRICHS, Friedrich Wilhelm I. König in Preußen. Eine Biographie. Hamburg 1941. G. OESTREICH, Friedrich Wilhelm I. Preußischer Absolutismus, Merkantilismus, Militarismus. Göttingen 1977 (Persönlichkeit u. Geschichte, Bd. 96/97); H. KATHE, Der "Soldatenkönig". Friedrich Wilhelm I. 1688-1740, König in Preußen. Eine Biographie, 2. Aufl. Berlin 1978.
382 HARNACK, Berichte, N. 147, S. 99.
383 1727 wurden z.B. auf Anordnung des Königs in Frankfurt/O. und in Halle Professuren der Kameralwissenschaft eingerichtet. S. GRAU, Berliner Wissenschaft, S. 60.
384 Zit. n. PAULSEN, Geschichte des gelehrten Unterrichts I, S. 577.
385 S. DUNKEN (1958), S. 13.
386 J.Th. Jablonski an Leibniz, 18. Mai 1715, HARNACK, Berichte, N. 167, S. 114.
387 Friedrich Wilhelm I. hatte der Sozietät mathematische Instrumente in Aussicht gestellt, die er dann jedoch so Frisch, der Kadettenakademie in Magdeburg zukommen ließ. S. Brief v. 12. Jan. 1711, FISCHER, N. 23, S. 32.
388 S. Brief v. 22. April 1713, HARNACK, Berichte, N. 148. Erst viel später, am 30 März 1715, erfährt Leibniz von der Ausschreibung des Observatoriums zur Miete durch den Hofprediger. S. KVACALA (1897), No 2, N. 145; s. auch den Text der öffentlichen Ausschreibung durch die Amtskammer, gedr. HARNACK I, S. 190. Da kein Mieter für die Räume des Observatoriums gefunden werden konnte, wurden der Sozietät 50 Taler Mietzins auferlegt. S. J.Th. Jablonskis Schreiben vom 6. April 1715, HARNACK, Berichte, N. 164.
389 S. Brief J.Th. Jablonskis vom 20. April 1715, ebd. N. 166, S. 113; s. auch ebd. N. 164, S. 111. "Bey der Societät wird es fast täglich schläfferiger in allen departementen". Joh. Leonh. Frisch an Leibniz, 26. Juli 1715, FISCHER, N. 27, S. 37. Ein Sozietätsmitglied sei von einem Druckreisenden sogar schon gefragt worden, "ob nicht die Societät anfinge, eine Fabel zu werden, wann man nicht besser continuirte?" Brief v. 30. Aug. 1715, ebd. N. 28.
390 S. weiter oben.
391 J.Th. Jablonski an Leibniz, 1. April 1713, HARNACK, Berichte, N. 147, S. 99.
392 Leibniz an J.Th. Jablonski, 6. Dez. 1713, ebd. N. 154, S. 104.
393 S. bes. den von D.E. Jablonski verfaßten Bericht des Konzils für von Printzen vom 11. Dezember 1715, KCACALA (1897), No 2, Beilage XII, S. 190 f.; s. aber auch weiter oben S. 392. Der zweite Band *Miscellanea* erschien erst 1724.
394 Friedrich Hoffmann (1660-1742), seit 1701 abwesendes, von 1709 bis 1712 anwesendes (ordentliches) Mitglied der Sozietät der Wissenschaften.
395 S. J.Th. Jablonski an Leibniz, 19. Sept. 1711, HARNACK, Berichte, N. 130. Für die Durchsetzung von Hoffmanns Vorschlag im Konzil hat sich der Direktor der Mathematischen Klasse, der Geheime Rat Krug von Nidda eingesetzt, ein entsprechender Beschluß wurde am 26. März 1711 gefaßt. S. die "Auszüge aus den Akten, betr. das Verhältnis der Societät zum Theatrum Anatomicum und zur Academia Medico-Chirurgica", HARNACK II, N. 120, S. 227. Über den Plan des Konzils,die Anatomie in die Sozietät einzugliedern, berichtet ausführlich, auf der Grundlage der von ihm ausgewerteten Konzilsprotokolle, BRATHER (1993), S. 272 ff.

396 J.Th. Jablonski an Leibniz, 16. Dez. 1713, HARNACK, Berichte, N. 155, S. 104.
397 S. "Auszüge aus den Akten", HARNACK II, N. 120, S. 228. Im März 1717 scheint die Sozietät die Aufsicht über das *Theatrum anatomicum* tatsächlich übernommen und von da an auch die Professoren sowie das übrige Personal bestellt zu haben. S. ebd. S. 226.
398 "Wir hoffen einen Weg zu finden, S. K.Mt zu disponiren, dass Sie Dero neuangelegtes Theatrum anatomicum, dadurch der sel. Hr. G. [= Gundelsheim] Uns viel tort gethan, der Societät incorporiren; welches ein Mittel wäre, Uns Dero Königl. Huld und Protection zu versichern". D.E. Jablonski an Leibniz, 7. Juli 1716, KVACALA (1897), No 2, N. 152, S. 140.
399 J. Th. Jablonski an Leibniz, 17. Febr. 1714, HARNACK, Berichte, N. 157.
400 S. das Schreiben des Akademiesekretärs vom 6. Nov. 1703, ebd. N. 28.
401 HARNACK I, N. 122; s. auch die wesentlich schärfer formulierte Verordnung desselben Datums, teilw. gedr. HARNACK I, S. 198.
402 Vgl. die Eingabe des Direktoriums der Sozietät an den König vom 21. Nov. 1714, HARNACK II, N. 121. – Da Leibniz' Bestallungsurkunde keine konkreten Regelungen bezüglich seines Gehalts als Präsident der Sozietät enthält, die schließlich erfolgte Festsetzung seiner Aufwandsentschädigung für Korrespondenz- und Reisekosten in Höhe von 600 Talern allein auf einem Beschluß des Konzils vom 11. August 1700 beruhte, der zudem niemals vom Hof bestätigt wurde (s. HARNACK II, N. 54, S. 117/118: Stellungnahme Chunos vom 25. April 1710), sahen sich die Konzilsmitglieder zu diesem ungewöhnlichen Schritt berechtigt. Doch nicht alle Sozietätsmitglieder scheinen mit diesem für Leibniz beschämenden Vorgehen einverstanden gewesen zu sein. John. Leonh. Frisch jedenfalls hielt es "für die größte bassesse in der welt (...), so von denen, so den Namen der gelehrten haben wollen, kan begangen werden". S. Brief v. 28. Dez. 1715, FISCHER, N. 33, S. 42. – Ähnlich urteilt sehr viel später auch der Leibniz-Herausgeber KLOPP und der Verfasser der dreibändigen Geschichte der Königlich Preußischen Akademie HARNACK; s. Bd. I, S. 196 ff u. II, N. 54 sowie O. KLOPP, Zur Ehrenrettung von Leibnitz. Sendschreiben an die Königliche Akademie der Wissenschaften zu Berlin. Berlin 1878, bes. S. 13 ff. Beide verweisen darauf, daß die von Friedrich I. unterzeichnete Bestallungsurkunde des Philosophen vom 12. Juli 1700 zwar allgemeine, doch letztlich sehr viel weiter reichende Zusagen enthielt; neben der Kostenentschädigung ein "anständiges Tractament" und "andere Gnaden und Emolumenta" (HARNACK II, S. 116). Schon unter diesem Aspekt sei die peinliche Erörterung von Leibniz' Kostenentschädigung mehr als überflüssig gewesen. – Demgegenüber gibt Samuel FORMEY, ehemaliger Sekretär und erster Historiograph der Sozietät, in seiner *Histoire de l'académie royale des sciences* (Berlin 1750) unter Unterschlagung bzw. Fälschung entscheidender Dokumente, wie KLOPP nachweist (s.o.), Leibniz die alleinige Schuld an der Gehaltsaffaire.
403 S. die Briefe J.Th. Jablonskis vom 18. Dez. 1714 und vom 6. April 1715, HARNACK, Berichte, N. 163 u. 164.
404 S. D.E. Jablonski am 3. Sept. 1715, KVACALA (1897), No 2, N. 146 sowie Leibniz' Rechtfertigungsschreiben an den Minister von Printzen vom 15. Okt. 1715, KLOPP, Werke 10, S. 457 f.
405 S. von Printzen an Leibniz, 5. Nov. 1715, ebd. S. 459 f.; Leibniz' Brief vom 19. Nov. 1715 an den Minister, ebd. S. 466 ff. S. auch D.E. Jablonskis Gegenschrift vom 11. Dez. 1715, in der der Hofprediger Leibniz die alleinige Schuld an dem "schläfrigen" Zustand der Sozietät gibt. S. KVACALA (1897), No 2, Beilage XII.
406 BRATHER, Leibniz und Berlin (1987), S.31.
407 Vgl. C. GRAU, Akademiegründungen in Europa-Spiegelbild gesellschaftlichen und wissenschaftlichen Umbruchs. In: Spektrum 6, 2 (1975), S. 21 ff., S. 23.

3.2 Entwurf zu einer *gelehrten Sozietät* in Sachsen

1 Joh. Georg ECKHART, Lebenslauf (1717), ed. MURR (1779), S. 174/75; s. auch vorne Kap. II, 1, Anm. 12.
2 E. BODEMANN, Leibnizens Plan einer Societät der Wissenschaften in Sachsen (s. vorne Kap. I, 1, Anm. 38); FOUCHER, Oeuvres 7, S. 218-265. Der Aufsatz von Bodemann ist bisher die einzige ergiebigere Abhandlung über Leibniz' Dresdner Sozietätspläne, die zudem mit einer guten Einsicht in die Quellen verbunden ist.
3 Dazu weiter unten.
4 1700-1721: Angriffskrieg der Tripelallianz Dänemarks, Polens und Rußlands gegen Schweden.

5   Leibniz an Patkul (s. weiter unten Anm. 39), 30. Jan. 1704, BODEMANN (1883), S. 181.
6   Brief an General Jakob Heinrich Graf von Flemming (s. weiter unten Anm. 17) vom 2. Febr. 1704, ebd. S. 183.
7   Leibniz an Patkul, 30. Jan. 1704, ebd. S. 181: "le Roy est luy même un des plus curieux et des plus éclairés princes de l'Europe".
8   Nds. LB, LBr. 968; s. auch BODEMANN-Brw., S. 366-369.
9   Vgl. J.G.FEDER, Sophie. Churfürstin von Hannover im Umriß, Hannover 1810, S. 166 ff.
10 Vgl. die Mitteilung des hannoverschen Residenten in Berlin Heusch vom 3., 6. Febr. und vom 17. März, in: R. DOEBNER, Briefe der Sophie Charlotte von Preußen (1905), S. 28, Anm. 3; s. auch KLOPP, Werke 9, S. 2 f. u.S. 17.
11 Vgl. GUHRAUER II, S. 205.
12 Brief v. 4. Sept. 1703, LBr. 968, Bl. 15.16; BODEMANN (1883, S. 180) druckt hier nur den Schluß, der den Plan zur Errichtung einer Sozietät betrifft.
13 S. das Schreiben von Leibniz' Verbindungsmann am Warschauer Hof, Adam Adamandus Kochanski S.J. vom 9. Febr. 1692, AA I, 7 N. 317, S. 563 sowie Leibniz' Beitrag für die *Monatlichen Unterredungen* als Beilage zu einem Brief an Tentzel vom 27. Okt. 1692, AA I, 8 N. 290 u. 292, S. 480. In dem undat. Schreiben LBr. 968, Bl. 29 - 30 bedankt sich Leibniz bei Vota für dessen Fürsprache beim König.
14 S. Votas Schreiben vom 17.4.1703, LBr. 968, Bl. 13.14, Bl.14.
15 *Lettre sur l'Education d'un Prince*, AA IV, 3 N. 68. Leibniz hatte diese Schrift zuvor schon, um seiner Person wie seinen Plänen in Berlin Nachdruck zu verleihen, über J.J. Chuno an den preußischen König gelangen lassen.
16 Leibniz bedankt sich bei Vota für die Unterstützung: "Mon Essay sur l'Education d'un prince avoit besoin de vostre secours pour paroistre passable, au Roy, dont j'ay appris qve les lumières percent j'usqu au fonds des choses au delà de tout ce qve se pourroient imaginer ceux qvi n'ont pas l'honneur de connoistre Sa Majesté de près". LBr. 968, Bl. 31 (=Konzept, dat. 1703); gedr. nach der Abfertigung vom 1. Mai im sächs. Hauptstaatsarchiv von Dresden bei DISTEL (1879), S. 149 ff.
17 J.H. Flemming (1667-1728), kursächsischer Kabinettsminister und Generalfeldmarschall, stand zunächst in brandenburgischen (ab 1689), seit 1693 bis zu seinem Tod in sächsischen Diensten. Sein Briefwechsel mit Leibniz läßt sich über zehn Jahre, vom 6. Jan. 1702 bis 1712 verfolgen. Zur Biographie Flemmings s. ADB 7 (1887/1968), S. 117/118.
18 S. das Seidenbauprivileg vom 11. Mai 1703, gedr. DISTEL (1879), S. 130-132.
19 S. den Vertrag vom 12. März 1703, ebd. S. 127-129; auch in: LEIBNIZ-Faksimiles, S. 50/51.
20 S. Leibniz' Schreiben an Flemming vom 15. März und 26. Juni 1708, DISTEL (1879), N. III u. V, S. 137 ff.
21 Ehrenfried Walter von Tschirnhaus (1651-1708) ging 1668 nach Holland, um an der Universität Leiden Medizin und Naturwissenschaften zu studieren. Hier lernte er Spinoza kennen, der ihn nachhaltig beeindruckte und ihn veranlaßte, auch nach seiner Rückkehr ins heimatliche Kieslingswalde 1674 immer wieder nach Holland zu reisen. Längere Bildungsaufenthalte in England, Frankreich und Italien brachten ihn in Kontakt mit namhaften Gelehrten, u.a. mit Papin, Boyle und Huygens. 1682 wurde er auswärtiges Mitglied der *Académie des Sciences*. Mit Hingabe widmete sich Tschirnhaus der Entwicklung einer neuen sinnvollen und effektiven Forschungsmethode, die er in den 1679 bis 1681 entstandenen *Medicina mentis* zu Papier brachte. Wie Leibniz vertritt er das Postulat der engen Verbindung von Grundlagenforschung und praktischer Anwendung. – Mit dem hannoverschen Gelehrten, den er 1675 in Paris kennenlernte, korrespondierte er mit Unterbrechungen bis kurz vor seinem Tod. Zur Biographie des Mathematikers vgl. vor allem die diversen Publikationen von Eduard WINTER (s. Lit.verz.).
22 Vgl. u.a. AA II, 1, Einl. S. XXX; Cat. crit. 2, Nr. 1055.
23 Ein gutes Beispiel gibt uns der von Leibniz formulierte Vertrag mit Flemming, betreffend das vom König zu erwirkende Seidenbauprivileg, in dem er sich ausbedingte, daß man ihn, da "er das Werk angegeben, und dienl. Mittel zu deßen Vollstreckung vorgeschlagen, von allen Zuschuß dispensiren und die von ihm etwa zu des Wercks Behuff anwendende Kosten sofort erstahten" würde. Erst bei künftigen Überschüssen sollten "die Kosten vom Ertrag abgezogen und was übrig unter die Associatos gleich getheilet" werden. DISTEL, S. 129. Auch die Auseinandersetzungen um Leibniz' Aufwandsentschädigung in Berlin passen in dieses Bild.
24 S. das Schreiben vom 27. Mai 1682, AA III, 3 N. 356, S. 630 u. 633.
25 Ebd. S. 631.

26 S. AA III, 3 N. 368. Dieser Freundschaftsdienst wirkte sich letztlich negativ auf Leibniz' eigene Ambitionen, Akademiemitglied zu werden, aus. Nach Tschirnhaus wollte Gallois die Aufnahme eines weiteren Ausländers ohne Wohnsitz in Paris offenbar nicht befürworten.
27 Zu Kirch vgl. auch weiter oben, Kap. III, 3.1, Anm. 192.
28 Über Tschirnhaus' Initiativen zur Gründung einer Akademie in Sachsen vgl. vor allem die Beiträge von WINTER und TEICH (s. Lit.verz.) sowie C.J. GERHARDT, Tschirnhaus' Beteiligung an dem Plane, eine Akademie in Sachsen zu begründen. In: Berichte über die Verhandlungen der Königl. Sächs. Gesellschaft d. Wissenschaften zu Leipzig. Phil.-hist. Cl. 10 (1858), S. 88-93. Tschirnhaus ist zweifellos bedeutend, sowohl als Mathematiker und Erfinder, als auch innerhalb der deutschen Akademiegeschichte; er wurde jedoch durch Winter im Interesse der marxistischen Geschichtswissenschaft zu sehr hochgespielt.
29 U.a. die deutsche Übersetzung von Fontenelles *Gesprächen über die Vielheit der Welten*, N. Lemery's *Cours de Chymie* (1. Aufl. Paris 1676) sowie die Edition von Giordano Brunos *Eroici furori*. S. WINTER (1959), S. 9/10.
30 Ed. C.J. GERHARDT (Hrsg.), Der Briefwechsel von G.W. Leibniz mit Mathematikern, Bd. 1, Berlin 1899, S. 309-524. DERS. (Hrsg.), G.W. Leibniz. Mathematische Schriften, Bd. 4, Halle 18. (Repr.: Hildesheim 1962), S. 417 ff.
31 Die *Medicina mentis*, in der Tschirnhaus seine Wissenschaftsmethodik im Hinblick auf deren praktische Anwendung niederlegte, entstand in den Jahren 1679 bis 1681. Die erste Drucklegung des vermutlich in deutscher Sprache abgefaßten Manuskripts erfolgte in lateinischer Übersetzung 1687. S. WINTER, Bahnbrecher (1960), S. 23 ff; s. auch *Medicina mentis*, übers. u. komm. v. Johannes HAUSSLEITER, hrsg. v. Rudolph ZAUNICK (Acta Historica Leopoldina 1), Leipzig 1963.
32 Brief v. 27. Febr. 1694, GERHARDT, Math. Brw., N. XXX, S. 488/89.
33 S. Brief v. 8. März 1698, GERHARDT, Math. Schr., N. XXV, S. 533.
34 Brief v. 27. Febr. 1694, GERHARDT, Math. Brw., N. XXX, S. 489.
35 Brief v. 21. März 1694, ebd. N. XXXI, S. 495.
36 Vgl. u.a. WINTER, Bahnbrecher (1960), S. 55. Als sich im Jahre 1705 endgültig zeigte, daß Joh. Friedrich Böttger (1692-1719) natürlich nicht in der Lage war, Gold herzustellen, bediente sich Tschirnhaus des Berliner Apothekengehilfens für seine eigenen Forschungen. So führte die Überwachung Böttgers schließlich zur Erfindung des Porzellans. Obwohl Böttger nach dem Tode Tschirnhaus' die Ehre, die Produktionsgrundlagen des Meißner Porzellans entdeckt zu haben, für sich reklamierte, ist mittlerweile eindeutig Tschirnhaus als der wahre Erfinder nachgewiesen. S. u.a. C. REINHARDT, Tschirnhaus oder Böttger? Eine urkundliche Geschichte der Erfindung des Meißner Porzellans. In: Neues Lausitzisches Magazin, Bd. 88, Görlitz 1912, S. 1 - 162.
37 Vgl. u.a. M. TEICH, Tschirnhaus und der Akademiegedanke (1960), S. 103.
38 S. Brief an Flemming vom 2. Febr. 1704, BODEMANN (1883), S. 183; vgl. auch Leibniz' Schreiben an den Geheimen Rat und Minister Christian Dietrich von Bose d.J., DISTEL (1879), N. 1, S. 141/42.
39 Patkul, dessen Geburtsjahr mit 1660 angenommen wird, entstammte einer adeligen Familie Livlands; über seine Jugendjahre und seinen Ausbildungsweg ist nichts bekannt, es ist aber wohl zu vermuten, daß er sich im Ausland umfangreiche und gründliche juristische Kenntnisse erworben hat. Diese ermöglichten ihm seine am Ende des 17. Jahrhunderts beginnende steile politische Karriere, vorwiegend in den Diensten Peters I.; Patkul wurde im Mai 1702 russischer Gesandter in Polen. Einen Namen machte er sich als Verteidiger der livländischen Landesrechte gegen Schweden, als Initiator der Tripelallianz Dänemarks, Polens und Rußlands zum Angriffskrieg gegen dasselbe und somit als "Urheber" des Nordischen Krieges. Durch sein politisches Handeln, das grundsätzlich gegen Schweden gerichtet war, hat sich Patkul den Haß sowohl Karls XI. als auch Karls XII. zugezogen und wurde schließlich das Opfer der Rachsucht des letzteren. Nachdem der Schwedenkönig im September 1706 in Sachsen eingerückt war und August II. den Frieden von Altranstädt aufgezwungen hatte, mußte der Livländer an Schweden ausgeliefert werden; am 10. Okt. wurde das von Karl XI. ausgesprochene Todesurteil vollstreckt. Zur Biographie vgl. ADB 25 (1887/1970), S. 225-237; H. BRUININGK, Patkuliana aus dem Livländischen Hofgerichts-Archiv. In: Mittheilungen aus dem Gebiete der Geschichte Liv-, Est- und Kurlands 14 (1890), S. 131-143.
40 "Elle voudra bien s'employer pour m'obtenir un ordre de Sa Majesté qvi m'autorise nommément à regler icy tout ce qu'il faut pour former une Societé des sciences sous l'assistance du Ministere de Saxe. Brief v. 2. Febr. 1704, gedr. nach d. Abfertigung im Hauptarchiv des Auswärtigen in Moskau in: C. SCHIRREN, Patkul und Leibniz, in: Mittheilungen aus dem Gebiete der Geschichte Liv-, Est und Kurlands 13 (1886), S. 435-445, S. 437; mit kleinen Abweichungen auch bei BODEMANN S. (182/83), der das in Hannover befindliche Konzept wiedergibt.
41 Über Weck vgl. GAUTSCH, Lebensbeschreibung des Dresdner Chronisten Anton Weck, in: Archiv für die Sächsische Geschichte, N.F. Bd. 1, Leipzig 1875, S. 349-368, passim.

42 S. Leibniz' Brief an Flemming, o.D., DISTEL (1879), S. 134.
43 Brief an Patkul, 2. Febr. 1704, SCHIRREN (1886), S. 437; BODEMANN, S. 183.
44 Ed. SCHIRREN (1886), S. 439 ff.
45 Patkul an Leibniz, 31. Jan. 1704, BODEMANN, S. 182.
46 Noch am selben Tag schreibt Leibniz an Patkul: "j'ay prié Monsieur Weck... de veiller en ce qui regarde l'erection d'une nouvelle Societé des Sciences et d'en parler avec V.E., comme aussi avec Mr. de Bose". Ebd. S. 185; ein ähnlich lautendes, stark beschädigtes Konzept befindet sich im Leibniz-Archiv: LH XX 5, Bl. 22.
47 Brief vom 22. Febr. 1704, BODEMANN, S. 186.
48 Brief vom 23. April 1704, GERHARDT, Math. Brw., N. XLII, S. 517.
49 Fast vollständig gedr. nach dem Konzept von Leibniz (LH XX 5, Bl. 17. 18) in: BODEMANN, 189 f. In Hannover befindet sich auch eine Reinschrift Eckharts, Bl. 19.20.
50 S. Nds. LB, LBr. 228, Bl. 236 v.
51 Vgl. BODEMANN, S. 200, Anm. 22.
52 Eckharts *Reisejournal* , ebd. S. 190 ff, S. 197/98.
53 S. Leibniz' Schreiben an Vota vom 10. März 1704, ebd. S. 188 sowie Leibniz' Instruktionen für Eckhart, ebd. S. 189.
54 Ebd. S. 190.
55 S. das Schreiben Eckharts vom 6. Sept.1704, ebd. S.201 f.
56 Brief vom 10. Sept. 1704, ebd. S. 203.
57 S. die entsprechende Anweisung an Eckhart, ebd. S. 190.
58 S. Wecks Brief vom 24. Sept. 1704, ebd. S. 206.
59 *Reisejournal*, ebd., Anhang S. 213.
60 Briefkonzept vom 22. Dez. 1704, Nds. LB, LH XX 5, Bl. 25.26.
61 BODEMANN, S. 206 f.
62 S. weiter oben, S. 412.
63 S. Leibniz' vermutlich einziges Schreiben an August II., gedr. nach der Abfertigung vom 18. Dez. 1704 bei BODEMANN, S. 207 f; neben dem Entwurf zu diesem Schreiben befindet sich ein weiteres, ähnlich lautendes Konzept vom 16. Dez. im Leibniz-Archiv: LH XX 5, Bl. 23 u. 24.
64 S. Leibniz' Schreiben an Patkul oder Flemming vom 8. Dez. 1704, BODEMANN, S. 207.
65 Brief vom 20. Mai 1705, ebd. S. 210.
66 Leibniz an Tschirnhaus, 26. Dez. 1704; s. auch das undat., vermutlich ebenfalls im Dez. abgefaßte Schreiben an denselben, BODEMANN, S. 209.
67 S. Tschirnhaus' Schreiben vom 6. Febr. 1705, GERHARDT, Math. Brw., N. XLV, S. 519. Der Mathematikprofessor aus Gröningen war bereits seit dem 11.3.1701 auswärtiges Mitglied der Berliner Akademie. S. AMBURGER, Mitgliederverzeichnis, S. 56.
68 Vgl. u.a. WINTER, Bahnbrecher (1960), S. 69 f.
69 Brief vom 29. Juni 1709, Nds. LB, LBr. 968, Bl. 26 r.
70 Vgl. die bei FOUCHER, Oeuvres 7, S. 218 ff. abgedr. Stücke, bes. den *Königl. Erlaß, die Gründung der Sozietät betr.* (= Stiftungsdiplom), ebd. S. 218-229 sowie das *Dekret betr. die Einrichtung und Unterhaltung der Sozietät*, ebd. S. 249-265. Die entsprechenden z.T. stark korrigierten Konzepte von Leibniz und Abschriften von Eckhart befinden sich im Leibniz-Archiv, Hannover, LH XX 5, Bl. 27-32 u. Bl. 39-47.
71 *Einige Puncta, die aufrichtung einer Societät der Wissenschaften betr.*(Anf. Febr. 1704), gedr. nach den Konzepten im Leibniz-Archiv (LH XX 5, Bl. 36-38), FOUCHER 7, S. 237-247; nach der im Moskauer Hauptarchiv des Auswärtigen bei SCHIRREN (1886), S. 443-445.
72 *Reisejournal*, BODEMANN, S. 191; s. auch *Stiftungsdiplom*, FOUCHER 7, S. 220.
73 Vgl. u.a. ebd. S. 221; s. auch vorne Kap. III, 1.3.6 und 2.2.2.3 passim.
74 FOUCHER 7, S. 243; s. auch ebd. S. 235.
75 *Diploma*, ebd.
76 DUTENS 5, S. 175-179, S. 175/76. Die nachträglich auf dem Konzept (Nds. LB, LH XIX, 14 Bl. 75-76) hinzugefügte Überschrift "Projet pour l'Erection d'une Société des Sciences à Berlin", die Dutens zu der entsprechenden Einordnung dieser Vorlage veranlaßte, ist falsch. S. auch van den HEUVEL, Leibniz in Berlin, S. 44.
77 Vgl. auch W. ENNENBACH, Leibniz' Beziehungen zu Museen (1978), S. 25. Über das kurfürstliche Kunstkabinett hatte sich Leibniz schon 1682 ausführlich von seinem Dresdner Korrespondenten Christoph Daniel Findekeller berichten lassen, s. AA I, 3 N. 492, S. 555.

78 S. *Diploma*, FOUCHER 7, S. 235; *Stiftungsdiplom*, ebd. S. 222.
79 Ebd. S. 243.
80 S. *Stiftungsdiplom*, ebd. S. 221 f.
81 *Reisejournal*, BODEMANN, S. 195.
82 Ebd. S. 196; FOUCHER 7, S. 259/60.
83 *Einige Puncta*..., SCHIRREN, S. 444; Vgl. dazu bes. die Untersuchung von Leibniz' Pariser Plänen, resp. der *Drôle de pensée*, vorne Kap. III, 1.2 sowie III, 2.2.2.1, dd.
84 FOUCHER 7, S. 247.
85 Vgl. u.a. WINTER, Bahnbrecher (1960), S. 28.
86 *Reisejournal*, BODEMANN, S. 193; S. auch *Stiftungsdiplom*, FOUCHER 7, S. 226 f.
87 *Reisejournal*, BODEMANN, S. 191/92; s. auch DUTENS 5, S. 177; *Einige Puncta* ..., Pkt. 12, SCHIRREN, S. 445; *Stiftungsdiplom*, FOUCHER 7; S. 223.
88 DUTENS 5, S. 177.
89 S. ebd.; *Reisejournal*, BODEMANN, S. 192/93; *Stiftungsdiplom*, FOUCHER, S. 225 u. 239.
90 Einige Puncta ..., SCHIRREN, S. 445; s. auch *Reisejournal*, S. 193, *Stiftungsdiplom*, S. 227.
91 S. Leibniz' Instruktion für Eckhart, BODEMANN, S. 189.
92 S. DUTENS 5, S. 178.
93 FOUCHER 7, S. 245.
94 FOUCHER 7, S. 246.
95 *Specimen Einiger Puncten, darinnen Moscau denen Scienzen beförderlich seyn könte"*. Anf. Febr. 1704, SCHIRREN (1886), S. 439-443.
96 Aus dem im *Zentralen Archiv der Berliner Akademie der Wissenschaften* befindliche Faszikel "Wissenschaftliche Verhandlungen" von 1704 bis 1734 geht hervor, daß Vorbereitungen für eine Expedition seitens der Sozietät getroffen wurden; diese scheiterten jedoch an der Finanzierung. Dazu: HARNACK I, S. 143, Anm. 1.
97 *Specimen*, SCHIRREN, S. 440; s. auch FOUCHER 7, S. 247.
98 *Specimen*, S. 441.
99 Ebd. f.
100 DUTENS 5, S. 179.
101 Vgl. Tschirnhaus' Schreiben vom 8. März 1698, GERHARDT, Math. Schr., N. XXV, S. 533.
102 FOUCHER 7, S. 237 u. ff.; S. 243 ff.; vgl. auch weiter oben Kap. III, 3.1.4.3.
103 FOUCHER 7, S. 262/63.
104 Ebd. S. 254.
105 Ebd. S. 232.
106 Ebd. S. 263.
107 Ebd. S. 249 ff.
108 S. *Diploma*, ebd. S. 234-236, S. 234.
109 Ebd. S. 251.
110 Ebd.
111 Ebd. S. 230 ff.
112 Ebd. S. 251/52.
113 Ebd. S. 227 f. u. S. 240.
114 *Reisejournal*, BODEMANN, S. 192; S. auch FOUCHER 7, S. 250.
115 *Diploma*, ebd. S. 234-236. Leibniz ist hier ganz offensichtlich darum bemüht, spätere Auseinandersetzungen um seine Vergütung, wie er sie in Berlin hat hinnehmen müssen, von vornherein auszuschließen.
116 Brief vom 13. Jan. 1693, GERHARDT, Math. Brw., S. 477.
117 BIEDERMANN (Deutschland im 18. Jahrhundert, Bd. 2, 1.Teil (1858), S. 169/97 und 119) macht vor allem das mangelnde Verständnis Augusts II. für die Künste und Wissenschaften verantwortlich. Für ein einziges Fest habe man Hunderttausende ausgegeben. – Andererseits war der sächsische Kurfürst aber auch nicht kleinlich, wenn es um die finanzielle Ausstattung des Dresdner Laboratoriums ging, wohl, weil er hier einen baldigen Nutzen erwarten durfte. Die Erfindung des Meißner Porzellans durch Tschirnhaus und Böttger sollte ihm Recht geben.

3.3 Plan zur Gründung einer Kaiserlichen Sozietät der Wissenschaften in Wien

1 Die bislang umfassendste, immer noch unentbehrliche Darstellung von Leibniz' Wiener Akademieplänen, der zudem ein umfangreicher Quellenanhang beigefügt ist, verdanken wir Onno KLOPP, Leibniz' Plan der Gründung einer Societät der Wissenschaften in Wien. Aus dem handschriftlichen Nachlasse von Leibniz in der königlichen Bibliothek zu Hannover . In: Archiv für österreichische Geschichte, 40 (1868), S. 157-255. Alle folgenden einschlägigen Abhandlungen, mit Ausnahme der in den Sitzungsberichten der Kaiserlichen Akademie veröffentlichten Forschungsergebnisse J. BERGMANNS (s. Lit.verz.) basieren im wesentlichen auf den bei KLOPP mitgeteilten, von FOUCHER im Rahmen seiner "Gesamt"ausgabe von Leibniz' Briefen und Schriften ergänzten (Oeuvres 7, 1875, S. 298-382.) Dokumenten. Hervorzuheben ist indes die umfangreiche Studie M. FAAKS über *Leibniz als Reichshofrat*, für die die Autorin neben den Ost-Berliner (Akademie der Wissenschaften, Handschriftenabteilung der Dt. Staatsbibliothek) die Archive in Hannover (Niedersächs. Landesbibl., Niedersächs. Staatsarchiv) und in Wien (Haus-, Hof- u. Staatsarchiv, Handschriftenabt. der österr. Nationalbibliothek) benutzte. Die äußerst gründlich recherchierte, quellennahe, 1966 der Philosophischen Fakultät der Humboldt-Universität zu Berlin vorgelegte Dissertation Faaks erhellt das Umfeld und die Umstände, unter denen Leibniz' Projekt für eine Kaiserliche Akademie heranreifte, und deckt die vielfältigen Beziehungen auf, die der Philosoph zur Wiener Führungsschicht unterhielt; vgl. auch DIES., Leibniz' Bemühungen um die Reichshofratswürde in den Jahren 1700 bis 1701, in: Stud. Leibn. 12 (1980) S. 114 - 124.
2 Vgl. AAI, 5 Einl., S. XXXV.
3 Vgl. A. HEINEKAMP, Leibniz' letzter Aufenthalt in Wien (Mitte Dezember 1712 - 3. September 1714), in: Akten d. XIV. Internat. Kongresses f. Philosophie, Bd. 5, Wien 1970, S. 542-549, S. 547.
4 S. Leibniz' Brief an Thomas Burnett of Kemney vom 17.3.1696, zit. weiter oben Kap. III, 1.3.4, S. 141 u. Anm. 182.
5 S. vorne Kap. III, 1.1.
6 Vgl. auch K. MÜLLER, Leibniz (1966), S. 33.
7 S. AA I, 1 N. 26. 28. 29.
8 S. ebd. N. 30: Brief Linckers vom 27. Aug. 1671.
9 S. Brief des Reichshofrats Joh. Albert Portner an Leibniz, 3. Sept. 1671, ebd. N. 32.
10 S. bes. Leibniz' Schreiben an Habbeus vom 5. Mai 1673, ebd. N. 277.
11 AA IV, 1 S. 115-130, 141-145 sowie IV, 2 S. 638 ff.
12 S. Leibniz' Brief an Lincker vom Febr. 1674, AA I, 1 N. 261.
13 Brief vom 27. Juli 1673, ebd. N. 243.
14 Ebd. S. 358. Über Lambeck vgl. vorne Kap. III, 1.1, Anm. 73 u. 77.
15 Leibniz an Herzog Ernst August, Febr. (?) 1680, AA I, 3 N. 21, S. 23.
16 Werke 5, Einl. S. XI.
17 Leibniz an Crafft, 24. Mai (3. Juni) 1677, AA II, 1 N. 247, S. 272.
18 Leibniz hat den mit Becher, Hörnigk und Crafft befreundeten Bischof von Tina (ab 1686 von Wiener-Neustadt) vermutlich erst im März 1683 kennengelernt, als sich dieser nach 1676 und 1678 zum dritten Mal in Hannover aufhielt, um mit Molanus und den beiden Generalsuperintendenten Hermann Barckhausen (Hannover) und Joachim Hildebrand (Celle) als kaiserlicher Unterhändler Reunionsgespräche zu führen. S. Spinola an Leibniz, 1./11. März 1683, AA I, 3 N. 501; s. auch ebd. N. 280. Aus dem bei MÜLLER/KRÖNERT (Leibniz-Chronik, S. 55) zitierten Schreiben des Philosophen an Christian Philipp vom 3./13. Januar 1679 (AA I, 2 N. 393, S. 408), das ein erstes Zusammentreffen im Januar 1679 belegen soll, geht lediglich hervor, daß sich Spinola zu dieser Zeit tatsächlich am hannoverschen Hof aufhielt, nicht aber, daß er mit Leibniz bekannt wurde. Über Spinola vgl. auch vorne Kap. III, 2, Exkurs, Anm. 159.
19 AA I, 2 N. 247, S. 274.
20 S. bes. ebd. N. 253. 291. 337.
21 Ebd. N. 332.
22 Vgl. MÜLLER/KRÖNERT, Leibniz-Chronik, S. 62.
23 Promemoria für J.D. Crafft, 2. Hälfte Juli 1680, AA III, 3 N. 82, S. 225.
24 Ebd. S. 227, Z. 3 f.
25 S. oben Anm. 23.
26 Ebd. S. 225 f.

27 Ebd. S. 226.
28 S. AA I, 3 N. 328 u. 329.
29 Ebd. N. 334 ff. und AA III, 3 N. 104.
30 S. Leibniz' Brief vom Juli (?) 1680, AA I, 3 N. 334, S. 412; Lambeck war am 4.4. 1680 gestorben.
31 "De te quidem, Hochero semper affirmare solitus fui, Te non solum ea quae Lambecius eximia habeat, abunde tenere, sed praeter ista Tibi in promptu esse infinita alia quae Lambecius attingere vix ausus fuisset." Brief vom 31. Aug. 1680 ebd. N. 342.
32 Brief vom 27. Juli (6. Aug.) 1680, AA III, 3 N. 93, S. 247.
33 S. Leibniz' Schreiben an Lincker, Juli (?) 1680, AA I, 3 N. 334, S. 413.
34 S. das Schreiben Huldenburgs vom 9. Febr. 1701, LBr. 431, Bl. 28-29 sowie Leibniz' Antwort vom 3. April 1701, ebd. Bl. 30. Die Bibliothek war seit dem Tod Nessels 1700 (s. weiter unten) unbesetzt.
35 Vgl. auch AA I, 3 Einl., S. XLVII.
36 S. Crafft an Leibniz, Anf. Sept. 1680, AA III, 3 N. 103, S. 257; Gudenus an Crafft, Anf. Sept. 1680 (= Beilage zu N. 103), ebd. N. 104; Gudenus an Lincker, 17. Aug. 1680, KLOPP, Werke 5, N. VI, S. 29. Vgl. auch AA I, 3 S. 441, Z. 16; S. 442, Z. 13, S. 445. In Leibniz' Brief von Lincker von Mitte April (?) 1681, seinem letzten Schreiben an den kurtrierischen Geheimen Rat bis 1683, findet sein Wunsch, nach Wien überzusiedeln, keine Erwähnung mehr. Vgl. ebd. N. 397.
37 S. AA I, 4 N. 147 u. 159.
38 Den Hinweis für die Verwandtschaft des Hauses Braunschweig-Lüneburg mit den Este, die Aventin geleugnet hatte, fand Leibniz in Augsburg und München. In Wien hoffte er, auf weitere Beweise zu stoßen, da der letzte alte Welf, Welf III. (gest. 1055), Herzog von Kärnten war. Vgl. u.a. W. TOTOK, Leibniz' erster Aufenthalt in Wien (1688-90). In: Akten des XIV. Internat. Kongresses für Philosophie. Wien, 2. bis 9. Sept. 1968, Bd. 5, Wien 1970, S. 535-541, S. 536.
39 S. Landgraf Ernst v. Hessen-Rheinfels an Kurfürst Philipp Wilhelm von der Pfalz, 1. Dez. 1687, AA I, 5 N. 8.
40 S. Leibniz' Brief an Landgraf Ernst v. Hessen-Rheinfels, 20. Mai 1688, ebd. N. 62.
41 S. vorne Kap. III, 2, Exkurs, Anm. 104 u. passim.
42 S. oben Anm. 18.
43 S. weiter oben.
44 Vgl. Samuel J.T. MILLER / John P. SPIELMAN, Cristobal Rojas y Spinola, cameralist and irenicist 1626-1695. Philadelphia 1962 (Transactions of the American Philosophical Society N.S. Vol. 52, part 5, 1962), S. 88.
45 Vgl. vorne Kap. III, 2, Exkurs, Anm. 109; dazu ausführlicher MILLER/SPIELMAN (1962), S. 64.
46 AA I, 5 N. 190; s. auch N. 169 u. 191.
47 S. AA I, 5 N. 138. 164. 175.
48 AA IV, 1 S. 1-98 u. IV, 2 S. 627 ff., s. auch vorne Kap. II, 1 S. 28 f.
49 S. Spinola an Leibniz, 9. Nov. 1688, AA I, 5 N. 158.
50 S. Leibniz' Brief an einen unbekannten Empfänger, Ende Okt. (?) 1688, ebd. N. 152 sowie N. 148 u. 149. Noch 1694 erinnert sich Leibniz in einem Arbeitsbericht für Kurfürst Ernst August an "Lange Audienzen bey Kayser, Graf von Windischgräz war ganz familiär, Kaysers BeichVater Pater Menegatti intime..." Anf. Nov. (?) 1694, AA I, 10 N. 67, S. 82.
51 AA I, 5 N. 149.
52 Leibniz für den Kaiser, Gedanken zur Geschichtsschreibung, [Ende Okt. 1688], ebd. N. 150 (= Beilage zu N. 149).
53 S. Promemoria für Crafft, Ende (?) Jan. 1689, ebd. N. 217, S. 375.
54 Memorandum v. [Jan. (?) 1689], ebd. N. 218.
55 S. u.a. ebd. N. 192 (Denkschrift betr. Kleider-Accise, die eine Besteuerung luxuriöser Kleidungsstücke zur Sanierung des Staatshaushaltes vorsieht), N. 222 (Pläne zur Modernisierung des Bergbaus und anderer ökonomischer Einrichtungen), N. 223 (Vorschläge betr. Beleuchtungswesen der Stadt Wien, wo er eine Umstellung auf Öllampen und zu diesem Zweck die Einfuhr des Rübsamenöls aus den von den Türken geräumten Gebieten Ungarns empfiehlt).
56 Leibniz (1966), S. 44.
57 Über das Historische Reichskolleg sind vor allem die Ausführungen WEGELES zu vergleichen, die auf der Sichtung des in der Jenaer Universitätsbibliothek befindlichen Paullini-Nachlasses (s. weiter unten Anm. 67) basieren, bes.: Das historische Reichscolleg. In: Im Neuen Reich. Wochenschrift für das Leben des dt. Volkes in Staat, Wissenschaft und Kunst. Hrsg. v. W. Lang. 11. Jg. (1881), Bd. 1, S. 941-960; Geschichte der Deutschen Historiographie seit dem Auftreten des Humanismus, München und Leipzig 1885, S. 598 ff. S. auch vorne Kap. III, 1.4, S. 190 ff.

58 S. u.a. Leibniz an Herzog Ernst August, 27. (?) April 1688, AA I, 5 N. 49, S. 119/120; Leibniz an Christoph Joachim Nicolai von Greiffencrantz, 5. Sept. (?) 1688, ebd. N. 119, S. 231.
59 "Hoffe confirmata unser legum a Caesare zu erhalten...". Kurzer Auszug von Leibniz' Hand aus einem Brief Paullinis an Ludolf vom 19./20. Okt. 1687, LH XIII 27, Bl. 175r.
60 S. Leibniz für Leopold Wilhelm von Königsegg, *De usu collegii imperialis historici arcaniore cogitatio*, [Nov. 1688], AA I, 5 N. 153, S. 278.
61 Leibniz an Ludolf, 19. (?) Dez. 1687, I, 5 N. 10, S. 32. S. auch N. 153, S. 277/78.
62 Leibniz an Ludolf, 2./12. Dez. 1688, ebd. N. 173, S. 310/311; s. auch Ludolfs Antwort vom 11./21. Dez., ebd. N. 179, S. 316.
63 Leibniz an Ludolf, 10./20. Jan. 1689, ebd. N. 208, S. 362. Als nachahmenswertes Beispiel empfiehlt Leibniz die 12-bändigen *Annales ecclesiastici* des C. BARONIUS (Rom 1588-93).
64 *Imperialis Collegii Historici Leges à S. Caes. Maj. confirmandae.* Abschrift im Leibniz-Archiv unter der Signatur LH XIII 27, Bl. 178-179, veröffentlicht in TENTZELS *Monatlichen Unterredungen* vom Mai 1690.
65 Im Januar 1691 wurde die Gründung mit einer Rede des Leipziger Bibliothekars Joachim FELLERI, der zu den eifrigsten Mitgliedern des Reichskollegs zählte, gefeiert: *Joachimi FELLERI dissertatio solemnis de fratribus calendariis (cui historia, ritus et progressus Collegii Hist. imp. succincte praemissa et inexa est. Notis vero illustrata et edita a Chr. Franc. Paullini, Francof. ad M. 1692.*
66 *Propositio*, gedr. KLOPP, Werke 6, S. 4-9; mehrere Abschriften befinden sich im Leibniz-Archiv: LH XIII 27, Bl. 168-173.
67 Mitgliederlisten sowie der Briefwechsel der Mitglieder mit Ludolf und Paullini, teilweise im Original, teilweise in Abschriften und Auszügen, darunter auch Briefe und Denkschriften von Leibniz (1689 bis 1693, gedr. AA I, 5 ff.), befinden sich im Paullini-Nachlaß in der Universitätsbibliothek Jena unter der Signatur Ms. Bud. fol. 347 u. 348 sowie Ms. Bud. fol. 4o 90. Vgl. P. RITTER, Neue Leibniz-Funde. In: Abhandlungen d. Kgl. Preuß. Akad. d. Wiss. (1904), S. 43. Vgl. auch die Mitgliederliste, gedr. FOUCHER, Oeuvres 7, S. 201 ff.
68 Jeder, die *Propositio* unterschrieb, sollte als Mitglied des Reichskollegs gelten. S. WEGELE, Geschichte d. Dt. Historiographie, S. 602.
69 S. Leibniz an Ludolf, 2./12. Dez. 1688, AA I, 5 N 173, S. 310, Z. 13-15; *Monatl. Unterredungen*, Mai 1690, S. 462.
70 S. AA I, 5 N. 79. 80. 82.
71 Ebd. S. 153.
72 Ebd. S. 280. S. auch Leibniz' Denkschrift für Leopold I., *Cogitationes quaedam ad jura pertinentes*, Jan. 1689 (?), ebd. N. 221, S. 389 sowie Leibniz für den Kaiser, Jan. 1689, N. 222, S. 389: multa recondita in lucem proferri poterunt, quae etiam ad Caesaris et Imperii et Reipublicae Germanicae jura et utilitatem pertinebunt".
73 S. ebd. N. 208, S. 363; N. 173, S. 310.
74 S. ebd. N. 208, S. 362/63; N. 372, S. 629.
75 Vgl. ebd. N. 147 u. 151 sowie N. 179, S. 317.
76 Vgl. Leibniz an Ludolf, 2./12. Dez. 1688, ebd. N. 173, S. 310.
76a Vgl. das unter dem Eindruck der Einnahme Belgrads durch kaiserliche Truppen am 6. September 1688 verfaßte Huldigungsschreiben des Philosophen an den Kaiser, Mitte Sept. 1688, ebd. N. 122.
77 Ebd. N. 372, Z. 20-22.
78 S. u.a. ebd. N. 126; I, 8 N. 281, S. 465: Brief Ludolfs vom 30. Sept. (10. Okt.) 1692.
79 S. Brief an Ludolf, 10./20. Nov. 1692, ebd. N. 321, S. 528.
80 Vgl. Leibniz' Schreiben an Ludolf vom 21./31. März 1695, AA I, 11 N. 250.
81 Brief vom 9. Dez. 1695, A.B. MICHAELIS, Jobi Ludolfi et Godofredi Guilielmi Leibnitii Commercium epistolicum..., Gottingae 1755, S. 115/116.
82 Paullini berichtete Leibniz schon 1691 nur noch gelegentlich über das Reichskolleg (s. AA I, 7 N. 192 ff.). Sein Interesse galt bereits einem anderen Projekt, nämlich der Einrichtung eines *Collegium eruditorum*. S. ebd. N. 239. – Ludolf, der sich nach dem Erscheinen des Kommentars zu seiner *Historia Aethiopica* nur noch dem Collegium widmen wollte (ebd. N. 172) und die Abfassung des Vorwortes zu einem Reichsannalen ankündigte (ebd. N. 315. Über die Aufteilung der Arbeitsgebiete unter den Mitgliedern s. Paullinis Schreiben an Leibniz vom 24. Jan./3. Febr. 1691, AA I, 6 N. 196, S. 375 f.) war aufgrund persönlicher Schicksalsschläge und seines Alters dem Ganzen wohl nicht mehr gewachsen. Jedenfalls bemerkt Huldreich von Eyben in einem Brief an Leibniz vom 13./23. Jan. 1697 (AA I, 13 N. 310, S. 497/98): "... und wäre wohl nötig ihme eines jüngeren und munteren Vice Präsidem oder substitutum, cui haec res unice cordi et curae esset, zu adjungiren..."

83 S. das Schreiben des braunschweig-lüneburgischen Residenten in Venedig (1688-90), Francesco de Floramonti vom 1. Jan. 1689, AA I, 5 N. 194.
84 Das Angebot wurde ihm, so Leibniz, sowohl durch den Hofkanzler Strattmann als auch durch den Reichsvizekanzler Königsegg übermittelt. S. u.a. seine Briefe an Joh. Friedrich v. Linsingen, 30. Dez. 1680, ebd. N. 274, S. 495, Z. 24/25 u. an Gottlieb v. Windischgräz, 31. Dez./10. Jan. 1692, AA I, 7 N. 280, S. 508, Z. 27 ff. sowie seine Eingabe für den Kaiser, Anf. Mai 1690, in der er sich auf dieses Angebot beruft, AA I, 5 N. 331, S. 574, Z. 18 ff.
85 FAAK (1966), S. 25.
86 S. Leibniz' Schreiben an Joh. Friedrich v. Linsingen, 30. Dez. 1689, AA I, 5 N. 274, S. 495/96.1
87 Ebd. S. 496.
88 Anf. Mai 1690, ebd. N. 331.
89 Beide Schreiben datieren ebenfalls vom Mai 1690, ebd. N. 330 u. 334.
90 Leibniz an Philipp Wilhelm v. Boineburg, 5. Dez. 1691, AA I, 7 N. 246, S. 453.
91 Vgl. vor allem das Schreiben vom 31. Dez. 1691 (10. Jan. 1692), ebd. N. 280.
92 Ebd. N. 246. 308.
93 Ebd. N. 310 f.
94 Consbruch an Leibniz, 3. April 1692, ebd. N. 365.
95 Leibniz an Phil. Wilh. v. Boineburg, 2. Hälfte Jan. 1692, ebd. N. 308, S. 548/49.
96 S. u.a. Leibniz' Schreiben an Boineburg vom 5. Dez. 1691, ebd. N. 246, S. 453/54 und an Consbruch vom 3. Febr. 1692, ebd. N. 310, S. 551.
97 S. u.a. Leibniz' Brief an Lincker, Aug. 1680, AA I, 3, S. 424 sowie weiter oben.
98 S. u.a. Leibniz' Eingabe für den Kaiser [Anf. Mai 1690], AA I, 5 N. 331, "Bedingungen", S. 575. Vgl. auch FAAK (1966), S. 25; TOTOK, Erster Aufenthalt in Wien (1966), S. 541.
99 Bericht für Ernst August v. Braunschweig-Lüneburg, Anf. Nov. (?) 1694, AA I, 10 N. 67, S. 81.
100 Brief vom 25. Nov./5. Dez. 1691, AA I, 7 N. 246, S. 453.
101 Nur bei BERGMANN (Leibniz in Wien, 1854, S. 43) finden wir eine kurze Information über Leibniz' Besuch in Wien im März 1702, der im Auftrag seines Kurfürsten Georg Ludwig erfolgte. Der hannoversche Justizrat sollte dessen jüngeren Bruder Maximilian Wilhelm, der in kaiserlichen Kriegsdiensten stand, zur Annahme des väterlichen Testamentes bewegen.
102 Spanischer Erbfolgekrieg: 1701-1714.
103 S. *Leibnitii codex Juris gentium impressorii*, 16. Febr. 1693 u. Leibniz' Dankschreiben an den Kaiser desselben Datums, ÖstA, Fasz. 41, Bl. 108 u. 109.
104 Der Reichshofrat bildete bis zur Auflösung des Hl. Röm. Reiches 1806 neben dem Reichskammergericht die oberste Justizbehörde, deren Funktion gleichwohl nicht auf Rechtsprechung beschränkt blieb. Auch Fragen der Innen- und Außenpolitik wurden hier beraten. Über Bedeutung und Verfassung des Reichshofrates vgl. O.v. GSCHLIESSER, Der Reichshofrat, Wien 1942, bes. S. 1-88.
105 Leibniz Historien, Paris 1909, S. 132 u. ff.
106 S. Brief des Reichshofratssekretärs J.W.v. Bertram, 26. 11. 1698, LBr. 60, Bl. 12-13.
107 Vgl. M. FAAK, Leibniz' Bemühungen um die Reichshofratswürde (1980), S. 115.
108 Handschreiben Kaiser Leopolds I. an Kurfürst Georg Ludwig vom 17.5.1700, s. KLOPP, Werke 8, S. XXX.
109 S. Leibniz' Schreiben an Bernsdorff vom 24. Juni/4. Juli 1690, AA I, 5 N. 347 sowie den Entwurf eines Reiseberichts für Kurfürst Ernst August [Herbst 1690], ebd. N. 396.
110 Vgl. MÜLLER /KRÖNERT, Leibniz-Chronik, S. 173.
111 Vgl. F.X. KIEFL, Friedensplan (1903), S. LV f.
112 LBr. 123, LH I 10 u. 11.
113 LH I, 10. Bl. 329.
114 Über die Identität "von Hülsenbergs" vgl. FAAK (1966), S. 34, 42 u. 45 f.
115 S. den Brief Florenvilles vom 5. Sept. 1701 (KLOPP, Leibniz' Plan, S. 210), der die inoffizielle Zusicherung der Reichshofratswürde für Leibniz enthält; dazu weiter unten.
116 S. Kaiser Leopold I. an Kurfürst Georg Ludwig, 11.12.1700, KLOPP, Werke 8, S. XXXI.
117 Leibniz als Buchhaim: Eingabe für den Reichsvizekanzler Dominik Andreas Graf v. Kaunitz, Mai 1701, LH I, 11 Bl. 28-29.

118 *La Justice encouragée contre les chicanes et les menaces d'un partisan des Bourbons (oder) Die Aufgemunterte Gerechtigkeit gegen die Drohungen und Verdrehungen eines Anhängers der Borbonischen Parthey. Seconde édition, o. O. 1701.* Neudr.: FOUCHER, Oeuvres 3, S. 313-344.
119 S. oben Anm. 115.
120 LH XIII 27, Bl. 109-110, Konzept, dat. v. 2. Okt. 1704, gedr. J. BERGMANN, Leibnizens Memoriale an den Kurfürsten Joh. Wilh. v. d. Pfalz wegen Einrichtung einer Akademie der Wissenschaften. In: SB d. phil-hist. Kl. d. Kaiserl. Akad. d. Wiss. 16 (1855), S. 3-22, S. 4-8.
121 Ebd. S. 7.
122 S. die von Leibniz verfaßten Konzepte eines Empfehlungsschreibens Anton Ulrichs an den Kaiser, 13. Nov. 1708, von dessen Reiseinstruktion für Leibniz sowie des Schreibens an Kaiserin Amalia, gedr. BODEMANN (1888), S. 184 f., N. 47-49. Zum Hildesheimer Konflikt vgl. weiter oben Kap. III, 3.1, Anm. 349. Obwohl Herzog Anton Ulrich dem Kaiser militärische Unterstützung im Spanischen Erbfolgekrieg angeboten hatte, wenn dieser ihm Rückendeckung in der Hildesheimer Angelegenheit geben sollte, mußte Leibniz ohne konkrete Zusagen am 28. Dezember 1709 aus Wien abreisen. Sein Verhandlungspartner, Fürst Salm, habe sich, so Leibniz in seinem Bericht für den Herzog, "noch zu nichts resolviren können" und verlange, "daß das werck formlich und judicialiter tractiret werde, wenn es vorgenommen werden solle". Leibniz am 9. Jan. 1709, ebd. N. 50, S. 187.
123 S. u.a. den Bericht des hannoverschen Gesandten Daniel Erasmi von Huldenberg aus Wien an Kurfürst Georg Ludwig vom 26. Jan. 1709, zusammenfassend wiedergegeben in: MÜLLER/KRÖNERT, Leibniz-Chronik, S. 213.
124 S. Leibniz als Herzog Anton Ulrich an Fürst Salm, Nov. 1708, LBr. F 1, Bl. 100-101; Entwurf Leibniz' für die Audienz bei Salm, Anf. Nov. 1708, ebd. Bl. 102.
125 S. Promemoria für Kaiserin Amalia vom 22. Sept. 1710, LH XI 6 B, Bl. 13-14; vgl. auch FAAK (1966), S. 54/55.
126 LH XIII 27, Bl. 166-167, gedr. FOUCHER, Oeuvres 7, S. 266-273; nur teilw. bei KLOPP, Leibniz' Plan, Anl. IV.
127 S. Leibniz' Brief an einen unbekannten Adressaten in Wien [1709], LH XLI 9, Bl. 59 sowie das Schreiben des Wolfenbüttelschen Geheimen Rats Rudolf Christian von Imhof vom 22. Nov. 1710, LBr. 450, Bl. 32-33.
128 S. Herzog Anton Ulrich an Leibniz, 5. Febr. 1712, BODEMANN (1888), S. 212. Leibniz war, so GSCHLIESSER (S. 378 f.), der erste, den Kaiser Karl VI. nach seiner Krönung am 2. Dezember 1711 zum Reichshofrat ernannte.
129 Friede von Utrecht, 11.4.1713.
130 S. das von Leibniz für Herzog Anton Ulrich verfaßte Empfehlungsschreiben an Karl VI. vom [25. Okt. 1712], gedr. KLOPP, Leibniz' Plan, Anl. V, 2.
131 Vgl. dazu: GUERRIER (1873), No 167 u. 171 f. sowie BODEMANN (1888), N. 72 ff.
132 S. DOEBNER (1881), N. 31, S. 261 f.
133 S. das Schreiben von Leibniz' Sekretär Hodann (1711-1714) an denselben vom 23. Dez. 1713, BODEMANN, Nachträge (1890), S. 149.
134 S. Bernstorffs Schreiben an Leibniz, 10. März 1713, DOEBNER (1884), S. 227; das Reskript Kurfürst Georg Ludwigs vom 6. April 1713, ebd. S. 228, sowie W. JUNGE, Leibniz in diplomatischer Mission für Hannover am Wiener Kaiserhof (1712-1714). In: Niedersachsen. Zeitschrift f. Heimat u. Kultur, 70. Jg. (1970), S. 168-174. Vgl. auch DERS., Leibniz und der Sachsen-Lauenburgische Erbfolgestreit. Quellen und Darstellungen zur Geschichte Niedersachsens, Bd. 65, Hildesheim 1965.
135 Gedr. KLOPP, Leibniz' Plan, Anl. VI.
136 Vgl. Herzog Anton Ulrich an Leibniz, 23. Febr. 1713, BODEMANN (1888), S. 226. Der Plan für eine gelehrte Sozietät kam in der ersten Audienz offensichtlich noch nicht zur Sprache. S. Denkschrift vom Januar 1713, gedr. E. ROESSLER, Beiträge zur Staatsgeschichte Österreichs aus dem G.W. von Leibniz'schen Nachlasse in Hannover. In: SB d. Phil.-hist.Kl. d. Kaiserl. Akad. d. Wissenschaften 20 (1856), S. 267-289, S. 271-275. Allerdings hatte Leibniz im vorangegangenen Dezember Karl VI. durch dessen Leibarzt Nicolaus Garelli zwei Denkschriften überreichen lassen, die den Kaiser u.a. auch mit diesem Gedanken vertraut machen sollten. Bezugnehmend auf seine eigenen Leistungen auf dem Gebiet historisch-politischer Editionsarbeit erinnert der hannoversche Gelehrte in der bei KLOPP (Leibniz' Plan, Anl. VIII) mitgeteilten Denkschrift vom 23. Dezember 1712 noch einmal an die Notwendigkeit einer systematischen Erfassung von Rechtsquellen für politische Zwecke nach dem Vorbild der Reunionskammern Ludwigs XIV. (s. weiter oben) und schlägt in diesem Zusammenhang neben der Einrichtung eines Reichsarchivs die Gründung "einer rechten societatis imperialis Germanicae" vor. Eine Ahnung von dem umfassenden Charakter des Wiener Sozietätsprojekts, den Leibniz aus der "übergroße(n) connexion" der Wissenschaften mit allen menschlichen Lebensbereichen ableitet, vermittelt bereits sein allererstes Memorandum für Karl VI. Die als eine Art Bewerbungsschreiben

abgefaßte Denkschrift vom 18. Dezember (Konzept und Reinschrift befinden sich im Leibniz-Archiv: LH XLI 9, Bl. 9-10; 11-14) ist nur bei GROTEFEND (Leibniz-Album, S. 18-20) wiedergegeben und fand daher in der Vergangenheit nur wenig Beachtung.
137 Vgl. u.a. BODEMANN (1888), N.76, S. 220 u. N.84, S.228 f.
138 S. bes. Leibniz' Brief an Kaiser Karl VI. vom 15. Sept. 1713, LH XLI 9, Bl. 129-136; vgl. auch HEINEKAMP, Leibniz' letzter Aufenthalt (1970), S. 546.
139 S. Imhof an Leibniz, 27. Juni 1711, LBr. 450, Bl. 39-40 sowie Leibniz an Imhof, 27. Sept. 1712, KLOPP, Werke 9, S. 365-372. Elisabeth Christine sollte sich vor allem dafür verwenden, daß Leibniz von der Introduktion in den Reichshofrat dispensiert würde und er dennoch die ihm als Mitglied dieses Kollegiums zustehende Besoldung bekäme. Durch seine Vorschläge und Arbeiten zur Sammlung und Wahrung der Reichsrechte glaubte Leibniz dieses den Statuten an sich widersprechende Vorgehen für seine Person gerechtfertigt. Über die Verfassung des Reichshofrates, respektive über die Ausnahmeregelung der Besoldung von Titularhofräten in Form von Pensionen vgl. neben GSCHLIESSER (s.o.) bes. FAAK (1966), S. 13 ff.; über Leibniz' Bemühen, eine ordentliche Besoldung als Reichshofrat zu erreichen, vgl. ebd. S. 140 ff.
140 S. Denkschrift für Karl VI., Anf. 1713, KLOPP, Leibniz' Plan, S. 225.
141 FEDER, Commerc. epist. (1805), S. 9.
142 LBr. 450, Bl. 62.
143 Leibniz an Bernstorff, 18. Jan. 1713, DOEBNER (1881), N. 33, S. 264. Vgl. auch das Schreiben an Kurfürstin Sophie vom 29. November, KLOPP, Werke 9, S. 414.
144 "Ich habe guthe hofnung etwas auszurichten; der Kayserin Amalie Mt nehmen sich meiner gar gnädig an...", schreibt Leibniz am 7. Januar 1713 an Herzog Anton Ulrich. BODEMANN (1888), N. 78, S. 223.
145 S. Leibniz an Buchhaim, [Anf. Dez. 1712], LH XLI 9, Bl. 98 sowie Leibniz' Schreiben an den Kaplan des Bischofs Kittner vom 22. Dez. 1712, ebd. Bl. 15. Vgl. auch KLOPP, Leibniz' Plan, S. 186.
146 Vgl. H. HANTSCH, Reichskanzler Friedrich Karl von Schönborn (1674-1746). Augsburg 1929 (Salzburger Abhandlungen u. Texte aus Wissenschaft u. Kunst 2), S. 435 f.
146aJ. Gentilotti (1671-1725), zunächst geistlicher Kanzleidirektor in Salzburg, in seinem Sterbejahr zum Bischof von Trient ernannt, kam 1704 nach Wien, wo er bereits ein Jahr später zum Leiter der Hofbibliothek ernannt wurde. Über den Historiker Muratori kam der gebürtige Italiener in Berührung mit der katholischen Aufklärung mit ihrer Vorliebe für die Mauriner und der verhaltenen Sympathie für den Jansenismus. Der Schwede K.G. Heraeus (1671-1725), ein Gesinnungsgenosse Gentilottis, stand mit den bedeutendsten Vertretern der Frühaufklärung in ganz Europa in Verbindung. 1709 trat er als Medaillien- und Antiquitäteninspektor in den Dienst des Kaisers, nachdem er zuvor zum Katholizismus konvertiert war. Gentilotti und Heraeus hätten, so WINTER (Frühaufklärung, 1966, S. 120 ff.), den Grundstock der Mitglieder in Leibniz' projektierten Sozietät bilden können. S. auch weiter unten S. 444.
147 S. Leibniz' Brief an Herzog Anton Ulrich vom 18. Febr. 1713, BODEMANN (1888), Nr. 80, S. 225. Eugen, Fürst von Savoyen (1663-1736), zunächst Feldmarschall (1693) und Oberbefehlshaber (1695) des Kaiserlichen Heeres, seit 1703 Präsident des Hofkriegsrates, besaß neben militärischen auch staatsmännische Fähigkeiten, die er nicht nur als österreichischer Unterhändler bei den Friedensverhandlungen von Rastatt und Baden unter Beweis stellte. Als persönlicher Berater des Kaisers gehörte er zu den einflußreichsten Persönlichkeiten in Wien. Zur Biographie vgl. das 5-bändige Werk Max BRAUBACHS: Prinz Eugen von Savoyen, Wien 1963-1965. Vgl. ferner: DERS., Geschichte und Abenteuer. Gestalten um den Prinzen Eugen. München 1950; Helmuth RÖSSLER, Prinz Eugen, Kitzingen/M. 1954 (Der Göttinger Arbeitskreis. Schriftenreihe 46); Friedrich ENGEL-JANOSI, Prinz Eugens Verhalten zur Kultur seiner Zeit. In: Österreichische Rundschau. Dt. Kultur u. Politik 19 (1923), S. 530-537; Helmut OEHLER, Prinz Eugen und Leibniz. Deutschlands abendländische Sendung. In: Leipziger Vierteljahresschrift für Südosteuropa 6 (1942), S. 1-34; sowie in jüngerer Zeit Günther HAMANN, G.W. Leibniz und Prinz Eugen. Auf den Spuren einer geistigen Begegnung. In: Beiträge zur Neueren Geschichte Österreichs (Veröffentl. d. Instituts f. österr. Geschichtsforschung Bd. XX), 1974, S. 206-224; DERS., Prinz Eugen und die Wissenschaften. Österreich in Geschichte und Literatur, Jg. 7, 1963 (Sondernummer zum 300. Geburtstag des Prinzen Eugen), S. 28-42. S. auch weiter unten.
148 Es sind acht Briefe Bonnevals und ebensoviele Schreiben von Leibniz aus den Jahren 1710 bis 1716 überliefert (LBr. 89), größtenteils gedr. bei FEDER, Commerc. epist., S. 423 ff. Der bereits ab 1710 nachgewiesene Briefwechsel mit Bonneval, der dem engsten Kreis um Eugen angehörte und als dessen Sprachrohr galt, läßt vermuten, daß Leibniz schon vor seinem ersten quellenmäßig belegten Treffen mit dem Prinzen im Hause des Grafen Schlick mit Eugen in Berührung gekommen ist. Vgl. BRAUBACH, Gestalten (1950), S. 301. Über Bonneval s. u.a. Heinrich BENEDIKT, Der Pascha - Graf Alexander von Bonneval. 1675-1747. Graz - Köln 1959.

149 Vgl. auch KLOPP, Leibniz' Plan, S. 184.
150 Leibniz für Kaiser Karl VI., Anf. 1713, ebd. Anl. X, S. 228; in dieser Denkschrift finden wir die Namen der Förderer und präsumtiven Ehrenmitglieder der zu gründenden Akademie.
151 Vgl. RÖSSLER, Beiträge (1856), S. 269 f. und die hier wiedergegebenen Denkschriften, S. 271 ff.
152 S. vorne Kap. III, 2.
153 Vgl. OEHLER, Eugen und Leibniz, S. 24.
154 Vgl. KLOPP, Leibniz' Plan, S. 191.
155 Dekret v. 14. Aug. 1713, KLOPP, Leibniz' Plan, Anl. XV.
156 Entwurf von Leibniz zu einem kaiserlichen Diplom der Stiftung einer Sozietät der Wissenschaften, ebd. Anl. XIII. Diesem Entwurf waren Verhandlungen mit Sinzendorf, dem Leiter der Hofkanzlei, vorausgegangen. Leibniz' Ziel war es, den Text so zu gestalten, daß in Hannover der Eindruck entstehen mußte, daß die Gründung der Akademie kurz bevorstünde, sich lediglich durch seine bevorstehende Rückreise verzögern würde. S. Leibniz' Abschrift des Entwurfes der Hofkanzlei vom 2. Aug. 1713 und seine Vorschläge zur Änderung, LH XIII 27, Bl. 181 sowie sein Schreiben an Sinzendorf vom 6. Aug., ebd. Bl. 180. Vgl. auch FAAK (1966), S. 89.
157 Vgl. ebd. S. 76.
158 S. bes. Leibniz an Karl VI., März 1713, KLOPP, Leibniz' Plan, S. 224-229 bzw. FOUCHER, Oeuvres 7, S. 328-331.
159 LH XLI 9, Bl. 3-4.
160 S. Stellungnahme des hannoverschen Gesandten Huldenberg in Wien über die Person Leibniz' gegenüber Kaiserin Amalia: Wegen seiner Unstetigkeit sei vor dem Philosophen zu warnen, zudem eigne er sich nicht als Reichshofrat, da er für diese Tätigkeit nicht ausgebildet sei. Relation vom 22. Febr. 1713, zit. bei DOEBNER (1881), S. 217.
161 S. Bernstorff an Leibniz, 5. April 1713, ebd. S. 269.
162 S. den kaiserlichen Befehl an den General-Hofzahlmeister und Controller, in Betreff der Zahlung des Gehaltes an Leibniz als Reichshofrath, KLOPP, Leibniz' Plan, Anl. XIV. Leibniz' Besoldung als Reichshofrat bestimmt den Briefwechsel mit dem Türsteher Kaiser Karls VI., Theobald Schöttel (Österr. Nationalbibliothek: Cod. Ser. nov. 11.992). Dieser war von dem Philosophen beauftragt worden, seine Gehaltsforderungen in Wien durchzusetzen.
163 Daß Leibniz die ernsthafte Absicht hatte, sich in Wien niederzulassen, beweist seine Suche nach einem festen Hofquartier und sein Wunsch, in der Wiener Stadtbank Geld gegen Zinsen zu deponieren. Vgl. FAAK (1966), S. 156.
164 Leibniz am 13. Mai 1713 an einen unbekannten Adressaten, FOUCHER, Oeuvres 7, S. 333.
165 S. weiter oben Anm. 156.
166 LH XLI 9, Bl. 70-71 u. Bl. 81-82. S. auch FAAK (1966), S. 90 u. ff. sowie KLOPP, Leibniz' Plan, S. 195 f.
167 S. Leibniz an Bernstorff, [April 1714], DOEBNER (1884), S. 235; an den hannoverschen Kammerpräsidenten Friedrich Wilhelm von Goertz, 28. Dez. 1714 u. 12. Febr. 1715, KLOPP, Werke 11, S. 26 f. u. DOEBNER (1881), S. 309-311. Leibniz konnte schließlich an Hand von Wolfenbütteler Handschriften im Jahre 1713 für Kaiser Karl VI. und 1716 für Prinz Eugen die Berechtigung der kaiserlichen Erbansprüche auf das Großherzogtum Toskana nach dem zu erwartenden Aussterben der männlichen Linie des Hauses Medici nachweisen und die Unzulässigkeit der weiblichen Erbfolge mit Urkunden Kaiser Karls V. belegen, die lediglich in einem Band der Mazarinschen Handschriften in Wolfenbüttel überliefert waren. Vgl. G. SCHEEL, Leibniz als Direktor der Bibliotheca Augusta (1973), S. 76/77.
168 Dabei war ihm nur teilweise Erfolg beschieden; noch während seiner Anwesenheit in Wien erhielt er drei Quartale, d.h. 1500 Gulden ausbezahlt.
169 S. die Schreiben des hannoverschen Ministers Bothmer an Leibniz, 17./28. Mai 1715, 11. Aug. u. 27. Okt. 1716, DOEBNER (1884), Nr. 23. 25. 26.
170 S. Leibniz' Schreiben an Kaiser Karl VI. vom 24. Aug. 1714, FOUCHER, Oeuvres 7, S. 353; s. auch Leibniz an den Reichshofratspräsidenten Ernst Friedrich Graf von Windischgrätz, 20. Sept. 1714, BODEMANN-Arw., S. 389.
171 König Georg I. an die Regierung zu Hannover, London, 30. Nov. 1714, DOEBNER (1881), Nr. 55, S. 297.
172 S. weiter oben Anm. 147 u. 148.

173 Über Schlick ließ Leibniz ein lateinisches Huldigungsgedicht an Eugen gelangen, in dem er den Prinzen als einen Mäzen der Künste und Wissenschaften preist; Gedr. PERTZ I, 4 (1847), S. 347.
174 S. u.a. Leibniz' Brief an Heraeus vom 6. Juli 1714, gedr. BERGMANN, Leibnitz in Wien (1854), S. 50.
175 G. HAMANN, Leibniz und Prinz Eugen (1974), S. 224.
176 Auf Eugens Wunsch verfaßte Leibniz eine Zusammenfassung seiner philosophischen Grundideen, die er - nicht zu verwechseln mit der *Monadologie* - unter dem Titel "*Principes de la Nature et de la Grâce fondés en Raison*" dem Prinzen gemeinsam mit vier weiteren Schriften überreichte. Vgl. u.a. ebd. S. 215 f.
177 S. BRAUBACH, Gestalten (1950), S. 363.
178 Bonneval an Leibniz, 1. April 1716, FEDER, Commerc. epist., S. 451.
179 Vgl. BERGMANN, Leibnizens Memoriale, Nachtrag S. 19 ff.
180 S. oben Anm. 148.
181 Brief vom 14.3.1716, FEDER, Commerc. epist., N.CXXXVIII.
182 Brief o. D., gedr. KORTHOLT, Recueil, S. 65; über Schmid vgl. weiter unten.
183 Leibniz an Eugen, 17. Aug. 1714, KLOPP, Leibniz' Plan, S. 246; Denkschrift, ebd. S. 247-251; dt. Übers. in: LEIBNIZ-FAKSIMILES, S. 62 ff.
184 Brief vom 23.3.1714, LBr. 31, Bl. 11.
185 Brief vom 30. Jan. 1715, ebd. Bl. 6-7; Faksimile bei OEHLER, S. 16, Tafel 1.
186 Briefe vom 30. Jan., 23. März, 11. Mai 1715 u. vom 8. Jan. 1716, LBr. 31, Bl. 6-7; 11; 13-14; 16.
187 Vgl. auch BRAUBACH 5, S. 173 sowie FAAK (1966), S. 128.
188 Schmid stand bis 1705 in den Diensten des Grafen Philipp Ludwig von Leiningen-Westerburg. Seitdem lebte er ohne Beschäftigungsverhältnis, fast mittellos in Wien.
189 S. KLOPP, Leibniz' Plan, Anl XV: Dekret betr. das Direktorat der Sozietät, S. 241.
190 S. weiter unten.
191 LBr. 815, Bl. 1-304; in diesem umfangreichen Faszikel befinden sich gleichwohl nur sechs Schreiben von Leibniz, gedr. DUTENS 5, S. 529-533.
192 Schmid an Leibniz, 25. April 1716, LBr. 815, Bl. 204-206.
193 Vgl. auch KLOPP, Leibniz' Plan, S. 203; FAAK (1966), S. 124. Der kaiserliche Antiquar Heraeus warnte Leibniz geradezu vor Schmid: "Il servit bon de prevenir Mr. Schmid, qu'il ménage plus ce qui pourroit Vous faire tort, comme de debiter que Vous ne pretendez plus, Monsieur, Vous mêler des nos affaires, ou de venir ici." Brief vom 11. Okt. 1716, BERGMANN, Heraeus' zehn Briefe, S. 154; s. auch Brief vom 18. Jan. 1716, ebd. S. 151.
194 Leibniz an Theobald Schöttel, [17. Dez. 1715], Österr. Nationalbibliothek, Cod. Ser. nov. 11.992, Nr. 49, 99-100.
195 KLOPP, Leibniz' Plan, Anl. XVII; dt. Übersetzung des französischen Konzepts in: LEIBNIZ-FAKSIMILES, N. 14, S. 62 ff.
196 Vgl. FOUCHER, Oeuvres 7, S. 305 u. 352; vgl. auch HAMANN, Leibniz und Eugen (1974), S. 208.
197 S. *Societatis Imperialis Germanicae designatae schema*. 2. Jan. 1713, KLOPP, Leibniz' Plan, Anl. IX.
198 FOUCHER, Oeuvres 7, S. 330.
199 S. u.a. Leibniz' Memorandum für Prinz Eugen (oben Anm. 195) sowie den Entwurf für das Stiftungsdiplom, KLOPP, Leibniz' Plan, Anl. XIII.
200 Ebd. S. 239.
201 S. oben Anm. 197. Die lateinische Fassung dieses Schriftstückes läßt einen gelehrten Adressaten vermuten, möglicherweise den Jesuiten Orban, der es an den Beichtvater des Kaisers Consbruch weiterleiten sollte. Vgl. auch KLOPP, Leibniz' Plan, S. 188; HAMANN, Leibnizens Plan einer Wiener Akademie, S. 215.
202 S. KLOPP, Leibniz' Plan, Anl. X, S. 228.
203 S. auch vorne Kap. II, 2.2, S. 41 f.
204 FOUCHER, Oeuvres 7, S. 345. Vgl. auch vorne Kap. III, 1.3.1 u. 2.1.4.
205 HAMANN, Leibnizens Plan, S. 221.
206 KLOPP, Anl. XI, S. 230.
207 DUTENS 5, S. 533.
208 KLOPP, Anl. XI, S. 230.
209 S. u.a. ebd., Anl. XV, S. 241.

210 Leibniz am 8. Mai 1713 an Fr. K.v. Schönborn (FOUCHER, Oeuvres 7, S. 349), an Sinzendorf (LH XIII 27, Bl. 114) sowie an den Überbringer dieses Briefes (FOUCHER, S. 339/40).
211 *Stiftungsdiplom*, KLOPP, Anl. XIII, S. 238; s. auch S. 243.
212 S. auch vorne Kap. III, 2.2.2.2, S. 286 ff.
213 LH XIII 27, Bl. 134-135.
214 S. auch FOUCHER, Oeuvres 7, S. 346 u. KLOPP, Anl. X, S. 228.
215 FOUCHER Oeuvres 7, S. 346.
216 LH XIII 27, Bl. 134 r.
217 Ebd. Bl. 135 v; S. auch vorne Kap. III, 1.3, S. 133 f.
218 S. u.a. Leibniz an Kaiserinwitwe Amalia, 20. Sept. 1716, KLOPP, Werke 11, S. 192-195.
219 FOUCHER, Oeuvres 7, S. 331.
220 Denkschrift für Prinz Eugen vom 17. Aug. 1714 in dt. Übers., LEIBNIZ-FAKSIMILES, N. 14, S. 64.
221 KLOPP, Anl. XIII, S. 238.
222 Leibniz an Kaiser Karl VI., Anf. 1713, ebd. Anl. X, S. 227.
223 Ebd. S. 228.
224 Undat. Denkschrift, vermutlich für die Niederösterr. Regierung, betreffend die Fundierung der Sozietät der Wissenschaften auf den Papierstempel; Dat. n. Ritter (Hannover, "Zettel-Katalog"): Aug. 1713-Nov. 1714, LH XIII 27, Bl. 111-112; gedr. u.a. KLOPP, Anl. XVI, s. S. 245.
225 Denkschrift vom 17. Aug. 1714, dt. Übers. LEIBNIZ-FAKSIMILES, N. 14, S. 65.
226 FOUCHER, Oeuvres 7, S. 358-366; Dat. n. MÜLLER/KRÖNERT, Leibniz-Chronik, S. 242: 1713.
227 Ebd. S. 366.
228 Dazu ausführlicher FAAK (1966), S. 149 f.
229 S. Brief an Schmid vom 15. Aug. 1715, DUTENS 5, S. 533. In der Tat scheiterte das von dem Breslauer Kaufmann Martin Matthias v. König initiierte Unternehmen schon in seinen Anfängen; doch nicht nur wegen Widerständen seitens der obersten Leitung der Universalbank, sondern auch wegen Königs dubiosen Charakters.
230 Leibniz an den Kaiser, 24. Aug. 1714, FOUCHER, Oeuvres 7, S. 351.
231 DUTENS 5, S. 534.
232 Leibniz, vermutlich für den Prinzen Eugen, Denkschrift betr. die Schritte bei der Regierung und den Ständen von Niederösterreich zur Fundierung der Sozietät, 17. Aug.-Nov. 1714 (Dat. n. Ritter, "Zettel-Katalog"), LH XIII 27, Bl. 131 r.
233 S. FOUCHER, Oeuvres 7, S. 351.
234 S. u.a. das undat. Briefkonzept an Heraeus, [nach Sept. 1715], in dem Leibniz den Hofantiquar bittet, Verhandlungen in dieser Angelegenheit mit den Grafen Harrach und Schlick zu führen (LH XIII 27, Bl. 128 r), denn auf die Unterstützung des niederösterreichischen Landmarschalls (seit Sept. 1715) und des böhmischen Kanzlers käme es besonders an: "Si les provinces de Boheme et l'Autriche vouloient prendre l'affaire à coeur comme c'est leur veritable interest, elle etoit aisement, et feroit plaisir à l'Empereur." (Leibniz an denselben, 22. Dez. 1715, gedr. BERGMANN, Leibniz in Wien (1854), S. 53). S. auch das Schreiben an Kaiserinwitwe Amalia, [nach Sept. 1715], LH XIII 27, Bl. 127 r sowie Schmids Brief vom 1. Dez. 1714, LBr. 815, Bl. 29-30. Ohne Erfolg bat Leibniz den Hofkanzler v. Sinzendorf, die Sache in Gang zu bringen, d.h. ein Reskript auszufertigen, "qvi donne ordre à M. le Stadthalter et Mess. de la Regence de m'écouter par cette matière, et après l'avoir discutée avec moy..." LH XIII 27, Bl. 118.
235 Schmid an Leibniz, 24. Nov. 1714, LBr. 815, Bl. 27-28; Leibniz an Schmid, 4. Dez. 1714, gedr. BERGMANN, Leibniz in Wien, S. 50; s. auch bei FAAK (1966), S. 125 f.
236 S. Leibniz' Schreiben an Schmid vom 30. Dez. 1714, DUTENS 5, S. 528.
237 Das Original dieser Denkschrift ("Très humble Représentation afin de continuer l'Impôt sur le papier; pour en doter l'Akademie Imp. des Sciences") befindet sich, so ZIMMERMANN (Leibniz und die Kaiserliche Akdamie der Wissenschaften in Wien (1870), S. 199 u. ff.) in der Wiener Nationalbibliothek. Die entsprechende Vorlage, die Schmid an Leibniz zur Begutachtung schickte, ist unter dem Datum des 22. März 1715 (Sign.: LBr. F.31, Bl. 8-10) in Hannover archiviert. Leibniz' Stellungnahme finden wir in dem Brief vom 11. April, DUTENS 5, S. 530 f.; s. auch das undat., an den Kaiser gerichtete Briefkonzept: *Vortrag durch Hr. Hofr. Schmid zu thun*, LBr. 815, Bl. 106 f.
238 S. Bonneval an Leibniz, 2. Mai 1716; Leibniz an denselben, 14. Mai 1716, LBr. 89, Bl. 28 ff.; s. auch BRAUBACH 5, S. 173 u. S. 421, Anm. 230.
239 Vgl. u.a. FAAK (1966), S. 126.

240 Entsprechend lautete auch die Meldung in den Leipziger *"Neuen Zeitungen von gelehrten Sachen"* vom 18. Sept. 1715 (S. 297-300); s. auch Leibniz' Erwiderung, die allerdings erst nach seinem Tod (ebd., 1716, S. 551) abgedruckt wurde; er gibt sich hier durchaus zuversichtlich und betont, es werde "zu seiner Zeit an der vollstreckung (der Gründung) nicht fehlen".

241 BERGMANN, Heraeus' zehn Briefe ..., S. 151.

242 S. Denkschrift für Kaiser Karl VI. vom 23. Juni 1714, FOUCHER, Oeuvres 7, S. 337/38 sowie ebd. S. 367-372.

243 S. Leibniz an den Kaiser, 24. Aug. 1714, ebd. S. 350/51; Schmid an Leibniz, 4. Dez. 1714, BERGMANN, Leibniz in Wien, S. 50.

244 "Mais si l'on prevoyoit qve la Relation ou Gutachten de la Regence à l'Empereur devoit etre peu favorable [,] il faudroit mieux en fait differer la Relation jusqv'à mon retour a fin qve je puisse faire des representations convenables." Leibniz für Eugen (?), 17.8.-Nov. 1714, LH XIII 27, Bl. 131 v.

245 S. FOUCHER, Oeuvres 7, S. 369 ff.

246 Ebd. S. 345.

247 Leibniz an [Heraeus], undat. Konzept, vermutlich nach Sept. 1715, LH XIII 27, Bl. 128 r.

248 S. u.a. das Schreiben des Fräulein von Klenk vom 13. Nov. [1715], LBr. F. 24, Bl. 28-29; Leibniz an Schöttel, 28. Nov. 1715, Österr. Nationalbibl., Ser. nov. 11. 992, Nr. 45, Bl. 83-84. Vgl. auch Leibniz' Schreiben an den Mathematiker Michael Gottlieb Hansch vom 6. u. 27. Dez. 1715, DUTENS 5, S. 171 f.

249 S. u.a. Heraeus' Brief v. 5. Dez. 1715, BERGMANN, Heraeus' zehn Briefe ..., S. 148 sowie Schmids Schreiben vom 22. Sept. 1714, LBr. 815, Bl. 5-6.

250 S. die Briefe vom 18. Jan. u. 14. März 1716, KLOPP, Leibniz' Plan, Anl. XVIII u. XIX.

251 S. DOEBNER (1881), S. 356 f.; vgl. auch Chr. WOLFF, Lebenslauf, S. 488/89 u. J.G. ECKHART, Lebenslauf (1717), S. 184/85.

252 Brief v. 4. Juni 1716, KLOPP, Anl. XX, S. 255.

253 S. Gründungsakte der Akademie der Wissenschaften, unterzeichnet von Ferdinand I., gedr. A. HUBER, Geschichte der Gründung und der Wirksamkeit der Kaiserlichen Akademie der Wissenschaften während der ersten fünfzig Jahre ihres Bestandes, Wien 1897, S. 169-176.

254 Vgl. HAMANN, Leibnizens Plan (1973), S. 226.

255 KORTHOLT (III, S. 294) hat diese Erklärung aus einem halben Briefsatz abgeleitet und die Überschrift zu diesem Schreiben (Leibniz an Schmid, 27. Febr. 1715, ebd.) entsprechend formuliert, gleichwohl hier nicht ausdrücklich von den Jesuiten, sondern von "personnes zélées pour la Religion" die Rede ist. Kortholts Interpretation wurde von den meisten älteren Leibniz-Herausgebern und Autoren übernommen, u.a. von: DUTENS 5, S. 529; COUTURAT, Sur Leibniz fondateur d'académies (1901), S. 525: GUHRAUER II, S. 290 f.; PFLEIDERER, Leibniz als Patriot, S. 440. KLOPP (Leibniz' Plan, S. 200 ff.) hat dieser Auffassung als erster entschieden widersprochen.

256 Gestalten (1950), S. 380.

257 Brief v. 27. Febr. 1715 an Schmid, s. oben Anm. 255; s. auch das Schreiben vom 24. Dez. 1715, in dem Leibniz seinen Gewährsmann um Aufklärung bittet; gedr. KORTHOLT III, S. 303; DUTENS 5, S. 533.

258 H. BENEDIKT, Der Pascha-Graf Alexander von Bonneval (1959), S. 28.

259 Leibniz in Wien, S. 45; vgl. auch A. HEINEKAMP, Letzter Aufenthalt in Wien, S. 543.

3.4 Projekt zur Gründung einer Sozietät der Wissenschaften in St. Petersburg

1 Leibniz' Rußlandbeziehungen im allgemeinen, seine Bemühungen zur Gründung einer Akademie in St. Petersburg im besonderen sind durch die 1843 erschienene Arbeit POSSELTS (1843), der gleichwohl nur die in Rußland befindlichen Leibniziana berücksichtigte, die umfangreiche Materialsammlung GUERRIERS (1873), der auch aus dem Leibniz-Nachlaß in Hannover schöpfte, sowie durch die Darstellungen von L. RICHTER (1946) und E. BENZ (1947) nahezu erschöpfend erschlossen. Die 1966 von Conrad GRAU an der Humboldt-Universität zu Berlin vorgelegte Habilitationsschrift *"Petrinische kulturpolitische Bestrebungen und ihr Einfluß auf die Gestaltung der deutsch-russischen wissenschaftlichen Beziehungen im ersten Drittel des 18. Jahrhunderts"* steckt darüber hinaus den Rahmen ab, in den Leibniz' vielfältige Pläne zur "Europäisierung" Rußlands einzuordnen sind. Besonders er-

wähnenswert sind in diesem Zusammenhang auch die zahlreichen Veröffentlichungen E. WINTERS. S. Literaturverzeichnis.
2   S. Denkschrift für Anton Ulrich von Braunschweig-Wolfenbüttel (1709), GUERRIER, N. 124, S. 171/72; dat. n. MÜLLER/KRÖNERT, S. 215.
3   AA IV, 1 N. 1, S. 3-98, bes. S. 29 ff. u. S. 84 ff.
4   M. KELLER, Wegbereiter der Aufklärung: Gottfried Wilhelm Leibniz' Wirken für Peter den Großen und sein Reich. In: Russen und Rußland aus deutscher Sicht 9.-17. Jahrhundert, hrsg. v. M. Keller, München 1985, S. 391-413, S. 392.
5   Vgl. M. WELKE, Das Bild des Hofes ohne eigene politische Propaganda. Der Moskauer Hof des 17. Jahrhunderts in der deutschen Publizistik. In: Europäische Hofkultur im 16. und 17. Jahrhundert III, Hamburg 1981, S. 619-624, S. 619; DERS., Rußland in der deutschen Publizistik des 17. Jahrhunderts (1613 bis 1689). In: Forschungen zur osteuropäischen Geschichte 23 (1976), S. 105-276.
6   Vgl. u.a. M WELKE, Moskauer Hof, S. 619 ff.; E. WINTER, Frühaufklärung (1966), S. 267 ff.; R. WITTRAM, Peter der Große. Der Eintritt Rußlands in die Neuzeit, Berlin etc. 1954, S. 8 ff.
7   Zwischen 1613 und 1689 wurden im Reich nur drei auf eigenem Augenschein basierende materialreiche Werke gedruckt, die das verfälschte Rußlandbild zumindest teilweise korrigierten. Die bekannteste Publikation war der 1647 und 1656 erschienene Reisebericht des holsteinischen Diplomaten Adam OLEARIUS (1599-1671): *Oft begehrte Beschreibung der Newen Orientalischen Reise/ So durch Gelegenheit einer Holsteinischen Legation an den König in Persien geschehen... Schleswig 1647; Vermehrte Newe Beschreibung Der Muscowitischen und Persischen Reyse... Schleswig 1656* (Fotomechanischer Nachdr., hrsg. u. m.e. Nachw. versehen v. Dieter Lohmeier, Tübingen 1971). Die erste umfangreiche Beschreibung des Russischen Reiches, die schon 1549 in Wien erschien, *Rerum Moscoviticarum commentarii... Vindobonae 1549*, stammte von dem Gesandten Sigismund Freiherr von HERBERSTEIN (1486-1552), der sich zweimal in Moskau aufhielt (1517/18 und 1526/27) und als Kenner dieses Landes galt. Doch erst die 1706 erschienene "*Relation von dem gegenwärtigen Zustand des moscovitischen Reiches*" des russischen Kriegsrates und Erziehers des Zarewitsch, Heinrich von HUYSSEN (vgl. weiter unten), vermochte das Rußlandbild der damaligen Zeit entscheidend positiv zu beeinflussen. Dazu allgemein: M. KELLER (Hrsg.), Russen und Rußland aus deutscher Sicht 9.-17. Jahrhundert, München 1985, bes. Kap. II: Berichte über Moskowien im 16./17. Jahrhundert.
8   So etwa GUHRAUER I, S. 64 u. GUERRIER, S. 4 f.
9   K. BITTNER, Slavica bei G.W. Leibniz. In: Germanoslavica, Jg. 1 (1931-32), H. 1, S. 18 ff.
10 AA IV, 1 N. 5-7 u. 10-18.
11 Vgl. P. BAUMGART, Leibniz und der Pietismus (1966), S. 368.
12 S. bes. *Consilium Aegyptiacum*, Kap. 46: *De Mosco*, AA IV, 1, S. 355. Nach der Thronbesteigung Peters des Großen, namentlich im Zusammenhang mit der ersten Europareise des jungen Zaren 1697 und der im selben Jahr erfolgten Wahl Augusts des Starken zum polnischen König nahm dieser Gedanke konkrete Gestalt an; "l'union de ces trois grandes puissances de l'Empereur, de Moscovie et de la Pologne, fatale à l'Empire Ottoman", war für den Philosophen längst keine Utopie mehr. S. Leibniz an Phil. Wilh. v. Boineburg, 2./12. Juli 1697, AA I, 14 N. 188, S. 310; vgl. auch N. 192, 193 sowie Leibniz an Thomas Burnett of Kemney, 24. Aug. (3. Sept.), 1697, ebd. N. 264, S. 446.
13 Vgl. L. RICHTER, Leibniz und sein Rußlandbild, Berlin 1946, S. 28 und KELLER (1985), S. 393.
14 S. bes. Leibniz' Korrespondenz mit Hiob Ludolf, Chuno und Kochanski Anfang der 90er Jahre, AA I, 5 ff., Reg.; BITTNER hat in seiner umfangreichen Dokumentation über "Slavica bei Leibniz" (Germanoslavica, Jg. I (1931/32), H. 1, S. 3-31, H. 2, S. 161-234 und 509-557) darauf hingewiesen, daß das Rußlandinteresse bei Leibniz mit seinem schon vor der Begegnung mit Grimaldi erwachende sprachwissenschaftliche Interesse verbunden ist, das nach seinem ersten Besuch bei dem Orientalisten Hiob Ludolf 1687 in Frankfurt/M. hervortrat. Da einschlägige Äußerungen erst in Briefen Anfang der 90er Jahre nachzuweisen sind, dürfte es indes kaum möglich sein, über Ursache und Wirkung von Leibniz' Rußlandinteresse mit Bestimmtheit zu urteilen. Unzweifelhaft ist gleichwohl Ludolfs Bedeutung für die Entwicklung der slawischen Philologie und der Rußlandkunde in Deutschland im 17. Jahrhundert. Vgl. den gleichlautenden Aufsatz H. BAUMANNS, in: E. WINTER (Hrsg.), Die deutsch-russische Begegnung und Leonhard Euler, Berlin 1958, S. 86-93.
15 Peter Alexejewitsch, der nachmalige Peter der Große (1672-1725), war zwar bereits nach dem Tod seines Halbbruders Fjodor II. (1682) zusammen mit seinem geistesschwachen Bruder Iwan (V.) zum Zar ernannt worden; die beiden Minderjährigen standen jedoch unter der Regentschaft ihrer Halbschwester Sofja Aleksejewna, die erst 1689 entmachtet werden konnte. Formell ließ Peter der Große das Mit-Zarentum seines Halbbruders Iwan V. bis zu dessen Tod (1697) bestehen.
16 Leibniz an Kochanski, 11./21. März 1692, AA I, 7 N. 347; vgl. auch Kochanskis vorangegangenes Schreiben vom 8./18. Jan., ebd. N. 295.

17 Die Absicht Peters I., Rußland zu "europäisieren", wird erstmals in Leibniz' Brief vom 18. Juli 1695 an den brandenburgischen Hofrat Reyer angesprochen. S. GUERRIER, N. 4, S. 4.
18 Vgl. dazu vorne Kap. III, 2.2.2.4.
19 Als Zarensohn und Zarenenkel, so WITTRAM (1954, S. 24), habe Peter der Große niemals daran gezweifelt, daß er zu den von Gott und der Natur zum Herrschen Berufenen gehörte; dies sei Grundvoraussetzung für sein Wirken gewesen, ohne die seine Erfolge undenkbar wären.
20 Vgl. auch A.T. GRIGORYAN, Leibniz and Russia, in: Organon 7 (1970), S. 195-208, S. 196.
21 Brief v. 16. Jan. 1712, GUERRIER, N. 143, S. 207.
22 Leibniz an Kochanski, 3./13. Juni 1697, AA I, 14 N. 153, S. 260.
23 Leibniz an Andreas Morell, 1./11. Okt. 1697, ebd. N. 322, S. 550. S. auch Leibniz' Brief an H.W. Ludolf, 16./26. Nov. 1697, ebd. N. 430.
24 Vgl. auch D. GROH, Rußland und das Selbstverständnis Europas, Neuwied 1961, S. 36.
25 Über die Reformpolitik Peters des Großen vgl. u.a. WITTRAM (1954) u. DERS., Peter I., Czar und Kaiser. Zur Geschichte Peters des Großen in seiner Zeit, 2 Bde. Göttingen 1964 sowie die ebenso umfassende wie materialreiche Arbeit C. GRAUS (1966).
26 Konzept eines Briefes von Leibniz an den russischen Gesandten am kaiserlichen Hof in Wien, Joh. Christoph von Urbich, 3. Jan. 1708, GUERRIER, N. 61, S. 75.
27 Leibniz an H.W. Ludolf, 2./12. Okt. 1697, AA I, 14 N. 325, S. 555.
28 Vgl. weiter oben Kap. III, 2.2.2.4, S. 342 f.
29 Vgl. ebd. Abschnitt c u. d.
30 E. WINTER, Frühaufklärung (1966), S. 270.
31 Vgl. oben Kap. III, 2.2.2.4, Abschnitt b sowie AA I, 13 N. 371. Über die Bemühungen der Jesuiten, sich den Landweg nach China über Rußland zu eröffnen, vgl. u.a. G. KAMINSKI/ E. UNTERRIEDER. Von Österreichern und Chinesen, Wien-München-Zürich 1980, S. 75; A. HUONDER, Die deutsche Jesuitenmission des 17. und 18. Jahrhunderts, Freiburg i.B. 1899, S. 48; A. VÄTH, Johann Adam Schall von Bell (1933), S. 48;
32 "Doleo Moscorum pertinacia terrestri itinere ad Sinos penetrare non potuisse." Leibniz an den Jesuiten Kochanski, AA I, 7 N. 267, S. 487.
33 Leibniz an Hiob Ludolf, 17. Jan. 1696, GUERRIER, N. 5; s. auch das Schreiben Kochanskis vom 8./18. Jan. 1692, AA I, 7 N. 295.
34 S. Brief Witsens vom 9. April 1699, GUERRIER, N. 38, S. 45; über Witsen vgl. weiter unten.
35 Leibniz an Chuno, 28. Nov. (8.Dez.) 1697, AA I, 14 N. 458, S. 807; s. auch ebd. N. 346, S. 592.
36 S. AA I, 6 N. 151, S. 301. S. auch Leibniz' Brief an Landgraf Ernst von Hessen-Rheinfels vom 10. (?) Jan. 1691, ebd. N. 76, S. 154 u. Erl. sowie AA I, 10 N. 211; *Nicolaas Witsen: Nieuwe Landkaarte van het Noorder en Oesterdeel van Asia en Europa, strekkende van Nova Zemla tot China*, Amsterdam 1687.
37 S. AA I, 10 Einl. S. L sowie N. 192.
38 Vgl. bes. K. BITTNERS Dokumentation "Slavica bei G.W. Leibniz" (1931/32).
39 GOLLWITZER, Projektemacherei (1972), S. 196.
40 Leibniz an H.v. Huyssen, 11. Okt. 1707, GUERRIER, N. 59, S. 69.
41 S. vorne Kap. III, 2.2.2.4, passim.
42 Vgl. KELLER (1985), S. 397.
43 *Novissima Sinica*, § 1, dt. Übers. von NESSELRATH/REINBOTHE (1979), S. 9; vgl. auch die Einleitung zu der bei FOUCHER (Oeuvres 7, S. 404-415) abgedr. Denkschrift, die wohl 1698 abgefaßt wurde und für den Zaren bestimmt war. Vgl. AA I, 14 N. 438, Erl.
44 Gedr. in dt. Übers. in: NESSELRATH/REINBOTHE, S. 100 ff.
45 1711, GUERRIER, N. 126, S. 178; s. auch ebd. N. 148, S. 217.
46 Vgl. RICHTER (1946), S. 36; W. GOERDT, Die "russische Idee" als Geschichtsphilosophie. In: Philosophisches Jahrbuch 75, 2 (1968), S. 366-81, S. 367.
47 S. Denkschrift (1697), vermutlich für den General François Lefort bestimmt, gedr. GUERRIER, N. 13, S. 15; s. auch AA I, 14 N. 225, Erl.
48 Postskriptum zu einem Brief an Peter den Großen vom 16. Jan. 1712, GUERRIER, N. 143, S. 207.
49 S. *Novissima Sinica*, § 1, NESSELRATH/REINBOTHE, S. 8; vgl. auch RICHTER (1946), S. 22, GROH (1961), S. 41.
50 Denkschrift für Peter den Großen (1711), GUERRIER, N. 125, S. 175.
51 S. Postskriptum zu Leibniz' Brief an Peter I. vom 16. Jan. 1712, ebd. N. 143, S. 207; vgl. auch den Brief an A.H. Francke vom 7./17. Aug. 1697, AA I, 14 N. 241, S. 399.
52 Leibniz an Urbich, 27. Aug. 1709, GUERRIER, N. 88, S. 120.

53 Vgl. BENZ (1947), S. 22/23.
54 S. u.a. Brief an Palmieri, 25. Juli (4. Aug.) 1697, AA I, 14 N. 224, S. 367; Denkschrift für F. Lefort (1697), GUERRIER, N. 13, S. 14; Brief an Huyssen, 7. Okt. 1703, ebd. N. 48, S. 51; Brief an Peter d. Großen, 16. Jan. 1712, ebd. N. 143, S. 207.
55 Vgl. vorne Kap. III, 1.1., S. 87 ff. u. 2.1.2, S. 215 ff.
56 Denkschrift für Peter I. (1698), FOUCHER, Oeuvres 7, S. 404 ff., S. 409.
57 Vgl. GOLLWITZER, Projektemacherei (1972), S. 196.
58 S. bes. Leibniz' Briefentwurf an den Metropoliten von Rjazan und Patriarchatsverweser seit 1700, Stefan Javorskij, vom 22. Nov. 1712, GUERRIER, N. 183, S. 278. In einem Brief an Peter den Großen (26. Okt. 1713, ebd. N. 212, S. 312/13) weist Leibniz in diesem Zusammenhang darauf hin, "wie der uralten griechischen Kirche und heiligen Väter Monumenten, Schrifften und Concilien, mehr und mehr aus dem Staube und der Vergessenheit herfür zu suchen, und zu unz zu bringen, zumahl alle oecumenische Synodi so bey den Russen gelten, auch in ganz Europa angenommen..." An anderer Stelle verlangt er einen Katalog "der Griechischen und Russischen alten Manuscripten, die sich hin und wider in Rusland, zumahl in den Clöstern finden. Darunter einige seyn möchten von den alten Griechischen Patribus, so in unserm Europa nicht bekant". Undat. Notiz, Ms. XXXIII, 1749, Bl. 146; s. auch GUERRIER, N. 179, Desiderata von Leibniz, S. 273.
59 Vgl. GOERDT (1968), S. 369; s. auch weiter unten.
59a Auf die Empfindlichkeit der russischen Geistlichkeit in Religions- und Glaubensangelegenheiten hat vor allem Frisch in der Sitzung der Philologischen Klasse der Berliner Sozietät der Wissenschaften vom 19. November 1711 mit aller Deutlichkeit hingewiesen. S. GUERRIER, N. 129, S. 187. In ihren Augen mag auch Leibniz nicht unbedingt ein gerngesehener Berater gewesen sein. Den erklärten Feind der Protestanten Javorskij (s. oben Anm. 58) jedenfalls bat er vergeblich um Unterstützung seiner Pläne. Vgl. auch BENZ, S. 84, Anm. 169. In einem frühen Brief an H. W. Ludolf (11./21.5. 1698, gedr. TETZNER (1955), S. 112) bemerkt Leibniz schon. "Il est vray, que chez les Moscovites il faudroit faire abstraction de tout ce, que pourroit choquer leur preiugés de religion, et ne s'attacher, qu'à cultiver leur esprit et leur meurs..."
60 S. Brief Witsens v. 22. Mai 1698, GUERRIER, N. 32; vgl. auch BENZ, S. 77 f.
61 Vgl. weiter oben, Kap. III, 2.2.2.4, Anm. 295.
62 S. Leibniz' Brief an Peter d. Großen, 26. Okt. 1713, GUERRIER, N. 212, S. 313.
63 S. weiter oben Kap. III, 2.2.2.4, S. 346 f.
64 S. Leibniz an Urbich, 14. Dez. 1710, GUERRIER, N. 113, S. 156.
65 "On prendroit pour modelle la grande *antiquité* etc. Mais ce ne seroient que des preparations, et on iroit par degrés et garderoit la plus grande réserve du monde à l'égard de la practique." Ebd. Vgl. bes. die Korrespondenz mit Urbich, respektive den Brief des russischen Gesandten in Wien an Leibniz vom 15. Okt. 1710 sowie dessen Briefkonzept vom November 1710, ebd. N. 109, S. 148 u. N. 110, S. 150. S. auch BENZ, S. 30 ff. und KIEFL, Leibniz und die religiöse Wiedervereinigung (1925), S. 144 ff.
66 BENZ, S. 87.
67 ZANGGER, Welt und Konversation (1973), S. 179.
68 Ebd. S. 180.
69 Leibniz an den russischen Gesandten Hans Christian von Schleinitz, 23. Sept. 1712, GUERRIER, N. 154, S. 227/28.
70 Konzept einer Denkschrift für Peter I., Dez. 1708, ebd. N. 73, S. 95.
71 Konzept zu einem mündlichen Vortrag für den Zaren (1711) ebd. N. 126, S. 176.
72 S. ebd. N. 127, S. 180.
73 Konzept einer Denkschrift für den Zaren (1711), ebd. N. 125, S. 175. In dem Briefkonzept an Urbich vom 2. Sept. 1709, ebd. N. 89, S. 121 schreibt Leibniz: "Le Czar peut ... mettre l'éducation et les sciences sur un pied ou elles n'ont jamais esté et ne seront pas aisement ailleurs, car chez lui c'est Tabula Rasa et les désordres euracinés ailleurs peuvent estre prévenus par des bons réglements."
74 S. weiter oben Kap. III, 3.3, S. 440, Anm. 150.
75 Denkschrift für F. Lefort (1697), FOUCHER, Oeuvres 7, S. 412.
76 Vgl. dazu auch weiter oben, Kap. III, 2.2.2.1, S. 271 ff.
77 S. AA I, 14 N. 295, 324, 491; 458.
78 Vgl. ebd. N. 203, 248, 321.
79 Denkschrift für Peter I., 1711 auf Wunsch Urbichs angefertigt, ebd. N. 126, S. 178.
80 *Denkschrift über die Verbesserung der Künste und Wissenschaften im Russischen Reich* (1716), ebd. N. 240, S. 359.

81 ZANGGER (1973), S. 183; vgl. auch GROH (1961), S. 35.
82 Vgl. u.a. die Briefe an Urbich vom 3. Jan. u. vom 12. April 1708, GUERRIER, N. 61, S. 75 u. N. 64, S. 82. Vgl. auch KELLER (1985), S. 412.
83 Eine erste Schilderung ließ ihm sein kurbrandenburgischer Briefpartner Chuno zukommen, der sich im Gefolge Friedrichs III. anläßlich der polnischen Königswahl in Königsberg aufhielt, als Peter I. im Mai dort eintraf. S. AA I, 14, Einl. S. XLI sowie N. 125, ebenso N. 138 u. 193. Vgl. auch Leibniz' Bericht über den Aufenthalt des Zaren in Königsberg an den Wolfenbütteler Hof vom 31. Mai 1697, GUERRIER, N. 8.
84 S. weiter oben.
85 H. W. Ludolf (1655-1712) war einer der ersten nicht in Moskau lebenden Westeuropäer, die mit Peter I. bekannt wurden. Seine vielbeachtete Grammatik der gehobenen russischen Umgangssprache (*Henrici Wilhelmi Ludolfi Grammatica Russica, quae continet non tantum praecipua fundamenta russicae linguae, verum etiam Manuductionem quandam ad Grammaticam Slavonicam... Oxford 1696*) widmete er Boris Alekseevic Golicyn als Dank für die ihm erwiesene Gastfreundschaft. Golicyn gehörte damals zu den einflußreichsten Persönlichkeiten am zaristischen Hof. Auch mit den persönlichen Vertrauten des jungen russischen Regenten, Gordon und Lefort, sowie mit dem Leibarzt Blumentrost d. Ä. pflegte Ludolf freundschaftlichen Umgang. Vgl. TETZNER, Ludolf und Rußland (1955), S. 23 ff. Leibniz hatte durch Crafft schon Anfang 1695 von Ludolfs Reise nach Rußland erfahren; bald darauf bekam er auch dessen russische Grammatik zugeschickt. S. Craffts Brief vom 22.1.1695, LBr. 501, Bl. 241 sowie Leibniz' Schreiben an Sparwenfeld vom 29. Jan. (8. Febr.) 1697, AA I, 13 N. 329, S. 543; vgl. auch TETZNER. S. 56 f. Der Briefwechsel zwischen dem Philosophen und Ludolf, der bis 1703 bezeugt ist, wurde in der ersten Hälfte des September 1697 mit einem nicht überlieferten Schreiben des ersteren eröffnet. S. Ludolfs Antwort vom 19. Sept. 1697, AA I, 13 N. 284 u. Erl.
86 Leibniz an den russischen Gesandten Johann Christoph von Urbich (gest. 1715), 3. Jan. 1708, GUERRIER, N. 61, S. 76.
87 Leibniz an Francesco Palmieri, 25. Juli (4. Aug.) 1697, AA I, 14 N. 224, S. 367. S. auch N. 225: Konzept eines Briefes an François Lefort vom 4. (?) Aug. 1697, den Leibniz dem General vermutlich in Minden, wohin er der russischen Gesandtschaft nachreiste, übergeben wollte. François Lefort, gebürtiger Genfer, der über Kriegsdienste in Holland 1675 nach Rußland gekommen ist, hat sich 1690/91 die Gunst Peters I. erworben, nachdem er sich in den Kämpfen gegen die Tartaren bewährt hatte. Peter der Große, der den fast 20 Jahre älteren in allem zu Rate zog und dem nach dessen Tod (1699) kein Ausländer mehr persönlich nahegestanden hat, hat, so WITTRAM (1954, S. 37/38), die Verdienste des reformierten Schweizers in mancher Hinsicht überschätzt. Lefort sei ein "Weltmann ohne tiefere Bildung", doch lebenserfahren genug gewesen, um in keiner Lage zu versagen.
88 GUERRIER (N. 13) gibt die französische Version der auf der Rückseite des oben zitierten Briefes an Lefort befindlichen, in deutscher Fassung konzipierten Denkschrift wieder. S. AA I, 14 N. 225, Erl.
89 S. Leibniz' erstes Schreiben an Pierre Lefort, das Bezug nimmt auf diese persönliche Unterredung in Minden, die vermutlich Anfang August 1697 stattgefunden hat. Ebd. N. 235.
90 *Desiderata circa Linguas quae sub Imperio Moschico et in vicinis regionibus usurpantur.* Ebd. N. 236. Beilage zu N. 235?
91 S. ebd. N. 288 u. 317: Briefe vom 10./20. Sept. und 8. Okt. 1697.
92 S. ebd. N. 438: Brief an François Lefort oder Fedor Alekseevic Golovin (?), Aug. - Nov. 1697 (?), aus dem Leibniz' Absicht hervorgeht, dem Zaren, den er auch in Minden nicht hatte antreffen können, nachzureisen; s. auch oben Anm. 87 f.
93 S. u.a. Leibniz' Brief an Friedrich von Walther, der sich um die Stelle eines Erziehers des Zarewitsch bewarb, vom 14./24. Sept. 1697, ebd. N. 295. Vgl. auch SCHNATH, Geschichte Hannovers II (1976), S. 314. Sophie Charlotte war gemeinsam mit ihrer Mutter, der hannoverschen Kurfürstin Sophie, am 8. August 1697 (ebd. S. 312) auf Schloß Coppenbrügge mit dem jungen Zaren zusammengetroffen. Über diese Begegnung vgl. bes. Walther MEDINGER, Die Begegnung Peters des Großen und der Kurfürstin Sophie von Hannover. In: Niedersächs. Jahrb. f. Landesgeschichte 26 (1954), S. 117-148.
94 S. Leibniz' Brief an Sophie Charlotte, 14./24. Dez. 1697, AA I, 14 N. 488, S. 868. 1685 wurde Golovin vom russischen Hof zum Bevollmächtigten bei den russisch-chinesischen Friedensverhandlungen ernannt. Aufgrund seines Erfolges wurde er Nertschinsk wurde er Ratgeber Peters des Großen, später Feldmarschall und Präsident des Gesandtschafts-Sekretariats. Vgl. NESSELRATH/REINBOTHE (1979), Anmerkungen zum Vertrag von Nertschinsk, S. 119 u. 124.
95 Leibniz an P. Lefort, 3./13. Aug. 1697, AA I, 14 N. 235, S. 387; s. auch H. W. Ludolf an Leibniz, 19. Sept. 1697, ebd. N. 284, S. 477; Leibniz' Brief an Chuno vom 16. Okt. 1697, ebd. Nr. 346, S. 593.
96 Heinrich von Huyssen (1666-1739), von 1693 bis 1695 Erzieher der Söhne des kurbrandenburgischen Ministers Eberhard von Danckelmann, wurde von Patkul an den zaristischen Hof verpflichtet; zu-

nächst Kriegsrat und Lehrer des Zarewitsch, später Leiter der Militärgerichtsbarkeit, wurde er 1706/07 als russischer Gesandter an den kaiserlichen Hof in Wien beordert. Huyssen vermittelte 1710 die Vermählung seines ehemaligen Schützlings Aleksej mit der wolfenbüttelschen Prinzessin Charlotte, die mittelbar zu der Begegnung Leibniz' mit Peter d. Gr. in Torgau (1711) geführt hat. Nachdem er unter der Regierung Anna Ivanovas überraschend aus russischen Diensten entlassen wurde, verließ er im Herbst 1739 Rußland und verstarb noch auf der Rückreise. Im Zusammenhang mit seiner Aufgabe, das negative Rußlandbild im Westen zu korrigieren, entstanden zwei Schriften, die eine für den damaligen Stand der Kenntnisse bemerkenswerte Fülle von Nachrichten über das Zarenreich enthielten: *Relation von dem gegenwärtigen Zustande des Moscowitischen Reiches (1706); Des großen Herrens Czaars und Groß-Fürsten von Moskau Petri... Leben und Thaten (Frankfurt u. Leipzig 1710).* Vgl. E. AMBURGER, Beiträge zur Geschichte der deutsch-russischen kulturellen Beziehungen. Gießen 1961, S. 110 ff.
97 Vgl. H. DOERRIES, Rußlands Eindringen in Europa in der Epoche Peters des Großen, Königsberg u. Berlin 1939, S. 110-116; AMBURGER, Mitglieder (1950), S. 59.
98 S. AA I, 8 N. 230 sowie Leibniz' Brief vom 7. Okt. 1703, GUERRIER, N. 48. Vgl. auch Huyssens nur in englischer Übersetzung überliefertes Schreiben vom 23. Dez., in dem er seine Freude darüber ausdrückt, "that a person of such distinguished merit in the world as yourself [= Leibniz] deigns to retain so favourable a remembrance of me as you show" Ebd. N. 49, S. 53.
99 Jakob Bruce (1670-1735), schottischer Abstammung, doch in Moskau geboren, stand seit 1683 im russischen Militärdienst, wurde 1704 Generalfeldzeugmeister und schied 1726 im Range eines Generalfeldmarschalls aus dem Staatsdienst aus. Seit er sich in den Auseinandersetzungen innerhalb der regierenden Zarenfamilie (s. oben Anm. 15) 1689 als einer der ersten Offiziere auf die Seite Peters I. gestellt hatte, gehörte er zu dessen engsten Vertrauten. Wie alle bedeutenden Berater des Zaren war Bruce in erster Linie Praktiker, doch darüber hinaus zählte er zu den bedeutendsten und vielseitigsten Gelehrten in Rußland im ersten Drittel des 18. Jahrhunderts. Große Verdienste erwarb er sich nicht nur als Naturwissenschaftler und Kartograph, sondern vor allem auch als Übersetzer und Vermittler westeuropäischer Wissenschaft sowie als Förderer des wissenschaftlichen Buchdrucks in Rußland und nicht zuletzt durch die Gewinnung ausländischer Gelehrter und Fachleute für russische Dienste. Vgl. bes. GRAU, Kulturpolitische Bestrebungen (1966), S. 126 ff.
100 Den Mathematiker Ferguson, der 1716 von Peter I. an die Seeakademie in St. Petersburg berufen wurde, hatte Leibniz schon 1676 in Paris kennengelernt. In den Jahren 1680 bis 1684 pflegte er einen regen brieflichen Gedankenaustausch mit ihm (LBr. 264, größtenteils gedr. in AA III, 3), auf den er in seinem einzigen nach 1700 an den Mathematiker gerichteten Schreiben Bezug nimmt: "Aliquando tuas accepi litteras, quibus et respondi." Brief v. 22. Nov. 1712, GUERRIER, N. 184.
101 Leibniz an Urbich, 12. April 1708, ebd. N. 64, S. 81/82; s. auch ebd. N. 59, S. 69 u. N. 61, S. 76.
102 Das letzte von Huyssens insgesamt fünf Schreiben an Leibniz datiert vom 4. Januar 1708, s. ebd. N. 62. Auf die noch folgenden Briefe des Philosophen aus den Jahren 1711 bis 1716 (ebd. N. 121, 131, 155, 231, 235) antwortete Huyssen offensichtlich nicht mehr.
103 S. Leibniz an Huyssen, 11. Okt. 1707, ebd. N. 59, S. 70.
104 S. Urbichs Brief vom 16. Nov. 1707, ebd. N. 60, S. 71 und vom 28. Jan. 1708, ebd. N. 63, S. 78.
105 Das erste Schreiben Urbichs, eines Diplomaten in hannoverschen, später dänischen, seit 1707 in russischen Diensten, datiert vom 10. Mai 1688; s. AA I, 5 N. 54 u. ff. Die Schreiben, die sich auf Rußland und Peter den Großen beziehen, wurden von GUERRIER (Anhang) größtenteils gedruckt; über die umfangreiche Korrespondenz (LBr. 947) s. auch ebd. 1. Teil, S. 52 ff.
106 Urbich an Leibniz, 28. Jan. 1708, ebd. N. 63, S. 78.
107 Leibniz an Urbich, 3. Jan. 1708, ebd. N. 61, S. 76.
108 Ebd. N. 65, S. 83.
109 Leibniz an Urbich, 2. Sept. 1709, ebd. N. 89, S. 121.
110 Kulturpolitische Bestrebungen (1966), S. 78 u. ff.
111 S. u.a. Urbichs Schreiben an den russischen Kanzler Gavril Ivanovic Golofkin vom 5. März 1712, GUERRIER, N. 144, S. 209.
112 Leibniz an La Croze, 10. Dez. 1709, ebd. N. 102.
113 S. u.a. Leibniz an Kurfürstin Sophie von Hannover, 31. Okt. 1711, BODEMANN-Hschr., S. 259; s. auch Leibniz' Brief vom 20. Okt. 1711, KLOPP, Werke 9, S. 349 ff. sowie GUERRIER, 1. Teil, S. 118.
114 S. MÜLLER/KRÖNERT, S. 226 sowie GUERRIER, N. 127.
115 Ebd. S. 181.
116 Vgl. ebd. 1. Teil, S. 120 u. 140 f.; Brief des russischen Gesandten Hans Christian von Schleinitz an Leibniz, 22. Sept. 1712, ebd. N. 153, S. 226. S. auch oben Anm. 99.

117 Der gebürtige Schotte Robert Areskine (Geburtsjahr unbek., gest. 1718), seit 1703 Mitglied der *Royal Society*, hatte sich schon, bevor er 1704 in russische Dienste trat, besonders im Bereich der Anatomie wissenschaftliche Anerkennung erworben. 1706 wurde er Präsident des Apotheker-Prikaz, einer der wichtigsten Behörden im damaligen Rußland, 1713 übernahm er zusätzlich noch die Leitung der Kunstkammer und der Bibliothek in St. Petersburg. Über Areskine und seine Bedeutung für die russische Wissenschaftspolitik s. bes. GRAU (1966), S. 78 ff.

118 Vgl. ebd. S. 86 u. ff. sowie WINTER, Frühaufklärung (1966), S. 295.

119 GUERRIER, N. 195 u. 243.

120 S. weiter unten.

121 Leibniz an La Croze, 14. Dez. 1711, GUERRIER, N. 135; s. auch Leibniz' Brief an Fabricius, 8. Dez. 1711, ebd. N. 134 sowie die der ersten Audienz folgenden Schreiben an verschiedene Vertreter der zaristischen Regierung, die an die in Torgau gegebenen Versprechen erinnern. S. vor allem die Schreiben an Bruce, den russischen Kanzler Gavriil Ivanovic Golovkin und an dessen Sohn, den russischen Gesandten in Berlin, Alexandre Gavrilovic Golovkin, ebd. N. 139-142.

122 Leibniz an Huyssen, 23. Sept. 1712, ebd. N. 155, S. 233/34; s. auch MS. XXXVIII, 1749, Bl. 89 bzw. BODEMANN-Hschr., S. 260; Leibniz' Schreiben an Bruce, 22. Nov. 1711, GUERRIER, N. 132, S. 193. Auch in dem in französischer und deutscher Sprache überlieferten, undatierten Briefkonzept, das Leibniz nach seiner Ernennung zum Geheimen Justizrat am 1. November 1712 abgefaßt haben muß, weist er darauf hin, daß Peter I. ihn schon in Torgau in seinen Dienst genommen und ihm in Dresden (November 1712) rückwirkend 500 Golddukaten für das erste Jahr auszahlen habe lassen. S. Ms. XXXIII, 1749, Bl. 96-98, Bl. 96.

123 S. Leibniz an Bruce, 23. Sept. 1712, GUERRIER, N. 157, S. 236.

124 Brief v. 16. Jan. 1713, ebd. N. 143.

125 Vgl. ebd. 1. Teil, S. 131 sowie N. 144.

126 Ebd. N. 148 u. 149.

127 Ebd. N. 148, S. 217; vgl. auch N. 126, S. 177/78; N. 127, S. 180; N. 141, S. 202; N. 143, S. 205. Eigentlicher Grund seines Drängens war wohl nicht zuletzt die Angst, daß er die Vollendung des Kulturwerks aufgrund seines fortgeschrittenen Alters selbst nicht mehr erleben dürfte. S. Brief an Bruce, 23. Sept. 1712, ebd. N. 157, S. 237 u. f.

128 Leibniz an Bruce, 23. Sept. 1712, ebd. N. 157, S. 237; s. auch N. 149, S. 220.

129 S. Leibniz' Instruktion für Schleinitz anläßlich dessen Reise an den zaristischen Hof nach Greifswald, ebd. N. 150, S. 221/22.

130 Ebd. N. 158.

131 Ebd. N. 157, S. 238.

132 Ebd. N. 159; Bruce bestätigte die Einladung nach Karlsbad am 24. Oktober, ebd. N. 166.

133 Vgl. ebd. N. 163, 167, 171 f. sowie BODEMANN (1888), N. 72 ff.; s. auch vorne, Kap. III, 3.3.1.4.

134 S. den zaristischen Erlaß vom 1./11. Nov. 1712 in russischer Sprache sowie in deutscher Übersetzung, gedr. GUERRIER, N. 175 u. 176.

135 S. Leibniz an Kurfürstin Sophie, 9. Nov. 1712, ebd. N. 178, S. 272; dat. n. MÜLLER/KRÖNERT, S. 232. Allerdings erinnert Leibniz den Zaren in dem Brief vom 26. Okt. 1713 daran, daß "von mir in gnaden zu verlangen geschienen, dass ... zu erläuterung und fortsezung guther *Geseze* in dero grossen Reich... ich das meinige beytragen möchte". GUERRIER, N. 212, S. 312. S. auch ebd. N. 240, S. 348.

136 Ebd. N. 174.

137 Ebd. N. 179.

138 S. u.a. ebd. N. 219, S. 324; N. 221, S. 327; N. 227. S. auch Leibniz' Schreiben an Peter d. Großen vom 18. Juni 1714 bzw. 22. Jan. 1715, in dem er diesem gesteht: "Im übrigen fehlet mir nichts andres als Gelegenheit meinen Eifer zu E.M. Dienst mehr und mehr zu zeigen. Und möchte wünschen, dass Sie durch einige allgn. Befehle mir den Weg dazu bahnen..." N. 218, S. 323.

139 Leibniz entschuldigte das grausame Vorgehen des Zaren, das er gleichwohl zutiefst bedauerte, mit den "désordres domestiques". S. Leibniz an Witsen, 14./24. März 1699, ebd. N. 36, S. 42. Auch über die blutige Niederschlagung des Astrachaner Aufstandes (1705-1706) und des Bauernaufstandes unter K. Bulavin (1707-1708) dürfte Leibniz von seinen Informanten erfahren haben. Reaktionen auf derartige Meldungen finden wir in seinem Briefnachlaß allerdings nicht mehr.

140 Ebd. N. 242.

141 Leibniz an Louis Bourguet, Juli 1716, GERHARDT, Phil. Schr. 3, S. 595 f.

142 Leibniz' Aufsatz für F. Lefort (1677) in dt. Fassung, Ms. XXXIII, 1753, Bl. 3.

143 GUERRIER, N. 240.

144 1966, S. 96.

145 S. WINTER, Frühaufklärung (1966), S. 276.
146 Vgl. WITTRAM (1954), S. 131 ff. Ab 1714 wurde der Besuch der sog. Ziffernschulen, in denen Arithmetik und Teile der Geometrie gelehrt wurden, für alle 10-15 jährigen Söhne von Adeligen und Beamten zur Pflicht. Ohne Abschlußzeugnis gab es keine Heiratserlaubnis. Ab 1716 waren die Kinder aller Stände zugelassen.
147 Die wenigsten Absolventen dieser von der russisch-orthodoxen Kirche gegründeten Lehranstalt, die für alle Volksschichten zugänglich war, wurden indes Geistliche; die meisten wechselten nach der vierjährigen Grundausbildung zu Fachschulen. Vgl. GRAU (1966), S. 34 f.
148 Das Akademische Gymnasium, auch Petrinum genannt, dessen Anfänge bis in das Jahr 1700 zurückreichen, existierte bis 1715. Mit Ukaz vom 25. Februar 1705 bestätigte Peter der Große die bereits bestehende Anstalt, die gleichwohl nach dem Tod ihres Gründers Glück noch im selben Jahr rasch an Bedeutung verlor. Vgl. ebd, S. 62 f; WINTER, Frühaufklärung (1966), S. 284 f.
149 Vgl. WITTRAM (1954), S. 133.
150 Vgl. WINTER (1966), S. 292. Der Toleranz-Ukaz vom April 1702 sicherte den in Rußland lebenden Ausländern Religionsfreiheit zu.
151 Vgl. u.a. ebd. S. 281 ff; WITTRAM (1954), S. 127 ff; GRAU (1966), S. 56.
152 Vgl. auch W.J. TSCHUTSCHMARJOW, G.W. Leibniz und die russische Kultur zu Beginn des 18. Jahrhunderts. In: Deutsche Zeitschrift für Philosophie 8 (1960), S. 94-107, S. 102.
153 Das Folgende entnehmen wir der Denkschrift für F. Lefort von 1697, die in drei Fassungen, einer französischen (gedr. GUERRIER, N. 13) und zwei deutschen (FOUCHER, Oeuvres 7, S. 404-415; Ms. XXXIII, 1753, Bl. 3.4) überliefert ist, sowie dem von Urbich angeregten und an Peter I. weitergeleiteten Memorandum vom Dezember 1708 (gedr. GUERRIER, N. 73).
154 GUERRIER, N. 13, S. 17
155 Ebd. N. 73, S. 97
156 BODEMANN-Hschr., S. 260; s. auch RICHTER (1946), S. 14, die diese im Leibniz-Archiv befindliche undatierte Aufzeichnung (Ms. XXXIII, Bl. 90. 91) ihrem Inhalt nach der Torgauer Zusammenkunft im Jahre 1711 zuordnet.
157 S. oben Anm. 153.
158 GUERRIER, N. 13, S. 16/17.
159 S. weiter oben und Anm. 150.
160 Vgl. WINTER, Frühaufklärung (1966), S. 274 f.
161 GUERRIER, N. 240.
162 S. vorne Kap. III, 2.2.2, S. 275 f.
163 Vgl. GUERRIER, N. 240, S. 353/54.
164 S. vorne Kap. II, 3, S. 51 f.; vgl. auch S. 271 u. ff.
165 Vgl. vorne Kap. III, 1.3.3, S. 138 und passim.
166 GUERRIER, N. 240, S. 354.
167 Vgl. u.a. ZANGGER (1973), S. 187; RICHTER (1946), S. 112, sowie weiter oben Kap. III, 2.2.1.
168 GUERRIER, N. 73, S. 96 u. 98.
169 Dazu: vorne S. 296 f. In seinem Brief an Bruce vom 22. November 1712 äußerte Leibniz die Absicht, sich selbst an dieses große Werk zu wagen: "Wenn ich nur keine Person in der nähe wüsste, die zu translationen in Russisch [zu] gebrauchen, auch sonst beystand hiette, hoffte ich es dahin zurichten, dass eine rechte Encyclopaedi und alle Wissenschafften in die Russische Sprache gebracht möchte werden, welche vielleicht dasjenige übertreffen solte so in andern Sprachen." GUERRIER, N. 185, S. 280.
170 S. ebd. N. 127, S. 182; vgl. auch vorne Kap. III, 1.1.2, S. 75 ff.
171 1843, S. 226-232; bei GUERRIER nach der Vorlage von POSSELT gedr. unter N. 244.
172 GUERRIER vermutet als Verfasser dieser Denkschrift, die nicht Leibniz' Handschrift aufweist, den Hamburger Heinrich Fick, der 1715 in russische Dienste trat. Dieser war in der Tat vom dem Peter I. nahestehenden Oberst Adam Weyde zum genaueren Studium der Kollegialverwaltung nach Schweden gesandt worden und hat entsprechende Entwürfe zu Papier gebracht. Da das Schriftstück aber auch nicht von Fick's Hand ist, mußte GUERRIER den letzten Nachweis freilich schuldig bleiben. Vgl. GUERRIER, 1. Teil, S. 181 ff.; s. auch AMBURGER, Geschichte der Behördenorganisation Rußlands von Peter dem Großen bis 1917. Leiden 1966 (Studien zur Geschichte Osteuropas 10), S. 11. Anhand inhaltlicher Kriterien kann RICHTER (1946), S. 132 ff.) indes die Autorenschaft Leibniz' glaubhaft rechtfertigen, zumal, wie sie betont, selbst der Biograph Fick's (A.R. CEDERBERG, Heinrich Fick, Tartu-Dorpat 1930) Guerriers Mutmaßung in Abrede stellt.

173 GUERRIER, N. 244, S. 366
174 Ebd. N. 240, S. 352.
175 Vgl. u.a. AMBURGER, Behördenorganisation, Einl. S. 1 ff.
176 F.C. WEBER an Leibniz, 28. April 1715, GUERRIER, N. 225, S. 332.
177 1946, S. 137.
178 M. KELLER (1985), S. 409.
179 S. oben Anm. 135.
180 FOUCHER, Oeuvres 7, S. 413.
181 GUERRIER, N. 127, S. 181. Vgl. auch ebd. S. 16, 18, 96, 98, 173, 178, 197, 218, 219-221, 365.
182 Vgl. AMBURGER, Behördenorganisation, S. 12; WITTRAM (1954), S. 117.
183 GUERRIER, N. 240, S. 359/60.
184 Ebd. N. 238, S. 345 f., Postskriptum.
185 Wie hier in dem Brief an den Slawisten H.W. Ludolf vom 2./12. Okt. 1697, AA I, 14 N. 325, S. 555.
186 Vgl. BODEMANN-Brw., S. 64; AMBURGER, Beiträge (1961), S. 108. S. auch Ernst EICHLER, Johann Leonhard Frisch und die russische Sprache, sowie Wolfgang BERNHAGEN, Joh. Leonhard Frisch und seine Beziehungen zu Rußland. In: E. WINTER, Die deutsch-russische Begegnung und Leonhard Euler (1958), S. 94-111 und 112-124.
187 S. Leibniz an Sparwenfeld, 27. Dez. 1698 (6. Jan. 1699), s. RICHTER (1946), S. 77.
188 *Denkschrift über die Untersuchung der Sprachen und Beobachtung der Variation des Magnets im Russischen Reiche* (1712), GUERRIER, N. 158, S. 240.
189 Brief vom 18. Februar 1695, ebd. N. 3.
190 Dazu: vorne Kap. III, 2.2.2.3, S. 310 f.
191 S. weiter oben S. 460; vgl. auch AA I, 14 N. 284, 325, 357, 456 sowie weiter oben S. 466 und ebd. N. 272, 344, 430, 448.
192 Ebd. N. 236.
193 DUTENS 6, 1, N. 10, S. 105.
194 Brief v. 22. Juni 1716, GUERRIER, N. 238, S. 344.
195 *Ueber die Sprachen der Tartarey* (1698), gedr. Leipziger Neue Zeitungen von gelehrten Sachen (1722), S. 542-544; danach in: GUHRAUER, Dt. Schriften 2, S. 478.
196 Ms. XXXIII, Bl. 54, gedr. BODEMANN-Hschr., S. 257; s. auch Leibniz' Brief an Sparwenfeld, 29. Nov. (?) 1697, AA I, 14 N. 435.
197 Vgl. vorne Kap. III, 2.2.2.3, S. 310 f.
198 Leibniz an Sparwenfeld, 1696, GUERRIER, N. 6.
199 S. ebd. N. 144 und Beilage N. 6 u. 7.
200 RICHTER (1946), S. 84; hier auch ausführlichere Anmerkungen zu Leibniz' Theorie der slawischen Sprachen, S. 77 ff; vgl. auch BITTNER, Slavica (1931/32).
201 S. GUERRIER, N. 158 (= Beilage zu dem Brief an Bruce vom 23. Sept. 1712, ebd. N. 157). Eine Anleitung zur Vorgehensweise gibt Leibniz auch schon in dem für Patkul 1704 niedergelegten *Specimen einiger Puncte, darinn Moskau denen Scienzen beförderlich seyn köndte*, wie vorne Kap. III, 3.2, Anm. 95, Pkt. 7.
202 GUERRIER, N. 158, S. 243.
203 Ebd. S. 242.
204 Leibniz' Brief an Vizekanzler Safirov, 22. Juni 1716, ebd. N. 238, S. 344.
205 S. Leibniz' Brief an das Frankfurter Mitglied der *Leopoldina*, Sebastian Scheffer, vom [Herbst 1680], AA III, 3 N. 11). Möglicherweise war das Schreiben des Königl. Bibliothekars Henri Justel zur Variation der Magnetnadel vom 12. 7. 1680 (AA I, 3 N. 332, S. 410) für Leibniz der Anlaß, sich in dieser Angelegenheit mit Mitgliedern der *Leopoldina* in Verbindung zu setzen.
206 S. Leibniz' Denkschrift über die Magnet-Nadel (1716), GUERRIER, N. 239, S. 348.
207 Als Einladungsschreiben verschickte Sturm 1682 die "Epistola invitatoria"; zu deren Entstehungsgeschichte vgl. AA III, 3 N. 248, Erl.; s. auch N. 284, 387 sowie das Schreiben des oben genannten Scheffer an Leibniz vom 12./22. Aug. 1681, in dem dieser über Volckamers Reaktion auf Leibniz' Vorschlag berichtet, indem er die entsprechende Passage aus dessen Brief vom 2. August wörtlich zitiert: "hat mich verursachet, daß ich mit Hn Sturmio, Prof. Mathematicum Altorfi ehester tagen werde conferiren, wie wir in tali negotio hin u. wider, etwan durch ein patent werden eine Societatem Mathematico - magneticam zusammen bringen..." Ebd. N. 271, S. 483.
208 S. Leibniz an Ludolf, 2./12. 10. 1697, AA I, 14 N. 325 u. 357.

209 S. GUERRIER, N. 158, S. 246 sowie Leibniz' Schreiben an Peter I. vom 16. Jan. 1712, ebd. N. 143, S. 205.
210 S. ebd. sowie LH XXXVII, Vol. 7, Bl. 29-37 (auch aufgeführt bei RICHTER (1946), S. 153). Vgl. auch Leibniz' Schreiben an Bruce vom 22. Nov. 1711, in dem er von seiner Arbeit an dem "Globus magneticus" berichtet, GUERRIER, N. 132, S. 192.
211 Ebd. N. 158 u. 239.
212 Soweit nicht anders vermerkt, beziehen sich die wörtlichen Zitate auf Leibniz' Denkschrift für Bruce (1712), ebd. N. 158.
213 Ebd. N. 239, S. 347 u.f.; s. auch RICHTER (1946), S. 99
214 S. GUERRIER, N. 137, S. 197
215 S. ebd. N. 158, S. 248; vgl. auch weiter oben S. 470 sowie GRAU (1966), S. 160 und GUERRIER, 1. Teil, S. 151 ff.
216 Ebd. N. 158, S. 245.
217 Ebd. S. 247.
218 Vgl. W. HINZ, Peters des Großen Anteil an der wissenschaftlichen und künstlerischen Kultur in seiner Zeit. Breslau 1933, S. 37 ff.
219 S. u.a. WINTER, Frühaufklärung (1966), S. 296.
220 S. GUERRIER, N. 14, S. 19.
221 Ebd. N. 158, S. 248.
222 Ebd. S. 249. Vgl. auch ebd., 1. Teil, S. 190; BENZ (1947), S. 49.
223 GUERRIER, N. 132, S. 192.
224 Ebd. N. 158, S. 249.
225 Ebd. N. 240, S. 360.
226 Vgl. u.a. GRAU (1966), S. 160 u. WINTER (1966), S. 295 f. S. auch D.G. MESSERSCHMIDT, Forschungsreise durch Sibirien 1720 - 1727, Hrsg. v. E. Winter/G. Jarosch (Quellen und Studien zur Geschichte Osteuropas, Bd. 8), Teil 1 - 5, Berlin 1962 - 1977.
227 GUERRIER, N. 127, S. 180.
228 1947, S. 11.
229 Leibniz in seinen Konzepten, die er für seine erste Unterredung mit Peter I. in Torgau (1711) angefertigt hat. GUERRIER, N. 127, S. 181/182.
230 Ebd. S. 180/181.
231 S. Denkschrift für Lefort (1697), FOUCHER, Oeuvres 7, S. 411.
232 Ebd. S. 413/414.
233 Vgl. WITTRAM (1954), S. 134.
234 GUERRIER, N. 127, S. 182.
235 Ebd. N. 149, S. 220; s. auch N. 148, S. 218.
236 Leibniz in dem 1704 für Patkul entworfenen *Specimen einiger Puncte, darinn Moskau denen Scienzen beförderlich seyn köndte*, Zit. n. FOUCHER, Oeuvres 7, S. 395 - 403, S. 396; s. auch vorne Kap. III, 3.2, Anm. 95.
237 S. Generalinstruktion vom 11. Juli 1700, HARNACK I, S. 106.
238 GUERRIER, N. 137, S. 196; s. auch vorne Kap. III, 2.2.2.4, Anm. 295.
239 Der Kauf scheiterte an Kopiewicz überhöhten Forderungen; seine Druckerei ging später teilweise in den Besitz der Franckeschen Stiftungen über. Vgl. GRAU (1966), S. 314 - 316 und (1975), S. 139 u. ff.; WINTER, Halle als Ausgangspunkt (1953), S. 214 - 222 – dort auch Quellennachweise aus dem Zentralen Archiv der Berliner Akademie der Wissenschaften; BRATHER, Leibniz und seine Akademie (1993), Einl. S. XXXIV. Über den Auftrag an Lubieniecki, vgl. u.a. Leibniz an Sophie Charlotte, 16. Jan. 1702, KLOPP, Werke 10, S. 132; an Kurfürstin Sophie, 21. Okt. 1701, ebd. Werke 8, S. 291 f; HARNACK, Berichte des Sekretärs, N. 24 u. 25. Vgl. auch HARNACK I, S. 129.
240 Vgl. WINTER, Halle als Ausgangspunkt (1953), S. 85 f; AMBURGER, Beiträge (1961), S 113; DOERRIES, Rußlands Eindringen (1939), S. 110-116.
241 RICHTER (1946), S. 78; s. auch GRAU (1966), S. 151.
242 Dieser Bericht stammte von Evert Isbrandsz Ides (1657-1706), der im Auftrag der russischen Regierung 1692 bis 1694 durch Sibirien nach China gereist war, und erschien 1704 auch im Druck. Vgl. GRAU (1966), S. 317-326; DENS. (1975), S. 140 f.; AMBURGER, Beiträge (1961), S. 110.
243 S. Brochhausen an J. Th. Jablonski, 15./26. Juli 1705, sowie Jablonski an Leibniz, 1./11. Sept., HARNACK, Berichte des Sekretärs, N. 42, S. 34 f.
244 Vgl. GRAU (1975), S. 144.

245 Vgl. DENS. (1966), S. 148 f.
246 Vgl. DENS. (1975), S. 143.
247 Dazu ausführlich: DERS. (1966), Kap. V: Russisch-deutsche Zusammenarbeit bei der Gründung der Petersburger Akademie der Wissenschaften, S. 199 ff.
248 G. MÜHLPFORDT, Deutsch-russische Wissenschaftsbeziehungen in der Zeit der Aufklärung (Christian Wolff und die Gründung der Petersburger Akademie der Wissenschaften). In: 450 Jahre Martin-Luther-Universität Halle - Wittenberg, Bd. II (1952), S. 169-197, S. 183.
249 1966, S. 48 u. passim.
250 Vgl. u.a. auch VOISÉ, Le premier projet (1975), S. 115 ff., S. 118/19.
251 Zit. nach WITTRAM (1954), S. 32.
252 F.C. WEBER. Das veränderte Rußland, in welchem die jetzige Verfassung des Geist = und weltlichen Regiments; der Krieges = Staat zu Lande und zu Wasser; wahre Zustand der Rußischen Finantzen ... Die Begebenheiten des Czarewnitzen, und was sich sonst merckwürdiges in Rußland zugetragen ... in einem biß 1720 gehenden JOURNAL vorgestellt werden ... Frankfurth 1721, S. 10 f., §§ 61-65.
253 S. bes. Leibniz' Brief an La Croze vom 14. Dez. 1711, GUERRIER, N. 135; vgl. auch weiter oben.
254 1966, S. 99
255 S. weiter oben Anm. 59a.
256 Vgl. dazu u.a. auch: BENZ (1947), S. 83 ff.; RICHTER (1946), S. 23; TSCHUTSCHMARJOW (1960), S. 95.
257 1966, S. 59
258 Vgl. auch TETZNER, H.W. Ludolf (1955), S. 59.
259 BENZ (1947), S. 85.
260 Über das von Peter I. am 22. Januar 1724 im Senat bestätigte Projekt der Akademie und dessen wichtigsten Regelungen vgl. u.a. GRAU (1966), S. 216 ff.; E. WINTER, L. Blumentrost d. Jüngere und die Anfängen der Petersburger Akademie der Wissenschaften, in: Jahrbuch für Geschichte der UdSSR und der Volksdemokratischen Länder Europas, Bd. 8 (1964), S. 247-269, S. 252 f.; KUNIK in seiner Einl. zu: "Briefe von Christian Wolff aus den Jahren 1719-1753. Ein Beitrag zur Geschichte der Kaiserlichen Akademie der Wissenschaften zu St. Petersburg. St. Petersburg 1860 (im folgenden zit. als "Wolff-Briefe"), S. XXII ff.
261 S. Leibniz an Areskine, 3. August 1716, GUERRIER, N. 243, S. 363.
262 MÜHLPFORDT, Wissenschaftsbeziehungen (1952), S. 172.
263 WINTER, Blumentrost (1964), S. 255. Vgl. auch G. MÜHLPFORDT, Christian Wolff, ein Bahnbrecher der Aufklärung. In: 450 Jahre Martin-Luther-Universität (wie oben Anm. 248), S. 31 -39. Leider fehlt nach wie vor eine zusammenfassende Untersuchung über Wolff (1679 - 1754), den Protagonisten der deutschen Aufklärung, Staats- und Naturrechtslehrer, Mathematiker und Philosoph, seit 1706 an der Universität Halle, 1723 im Marburger Exil, seit 1740 wieder im preußischen Halle.
264 Dank der Auswertung von Wolffs Rußlandkorrespondenz, die das Akademiemitglied KUNIK schon 1860 ediert hat (s. oben Anm. 260), konnte MÜHLPFORDT (1952, wie oben Anm. 248) ein eindringliches Bild von Wolffs Anteil an der Vorgeschichte der Petersburger Akademie zeichnen. Daß sich der hallische Philosoph darüber hinaus eingehend mit dem Gedanken zur Organisation der Wissenschaft beschäftigt hat, zeigt ein im Wolff-Nachlaß aufgefundener Akademieplan, gedr. in: "Des Weyland Reichs-Freyherrn von Wolff über theils noch gefundene Kleine Schriften als einzelnen Betrachtungen zur Verbesserung der Wissenschaften" (Halle 1755, I. Abt., Nr. XI). Bemühungen, Wolff 1722 als Präsidenten einer in Wien zu etablierenden Akademie der Manufakturen und Wissenschaften zu gewinnen, schlugen indes fehl. Vgl. u.a.: WINTER, Frühaufklärung (1966), S. 133 ff.; DERS., Barock, Absolutismus und Aufklärung in der Donaumonarchie, Wien 1971, S. 99 ff.; des weiteren: W. FRAUENDIENST, Christian Wolff als Staatsdenker, Berlin 1927 (Historische Studien 171), bes. S. 166 ff.
265 S. Denkschrift über die Verbesserung der *Künste und Wissenschaften* im Russischen Reich (1716), GUERRIER, N. 240, S. 358
266 S. u.a. Wolff-Briefe, N. 3 ff.
267 S. Chr. Wolffs eigene Lebensbeschreibung, hrsg. v. H. WUTTKE, Leipzig 1841, S. 150.
268 Vgl. RICHTER (1946), S. 125. In diesem Zusammenhang sollte nicht unerwähnt bleiben, daß das Verhältnis zwischen Wolff und Leibniz nicht ohne Spannungen war. Während der hannoversche Gelehrte den jungen hallischen Mathematikprofessor, mit dem er seit 1704 einen regen Briefwechsel (LBr. 1010) pflegte, als seinen Schüler betrachtete, pochte dieser, nicht ganz frei von Selbstgefälligkeit, gerne auf seine Originalität. Mit seiner Selbstbiographie habe Wolff, so Carboncini, wohl zuletzt das Ziel verfolgt, den Einfluß Leibniz' auf die eigene philosophische Entwicklung als möglichst gering darzustellen oder gar nachträglich zu verschleiern. S. CARBONCINI, der Briefwechsel zwischen

Leibniz und Christian Wolff, in: Leibniz. Tradition und Aktualität. Vorträge (1988), S. 139-146, S. 145; s. auch MÜHLPFORDT, Wissenschaftsbeziehungen, S. 176 f.; dazu grundsätzlich: W. ARNSPERGER, Chr. Wolffs Verhältnis zu Leibniz, Weimar 1897 sowie der von C.J. GERHARDT herausgegebene "Briefwechsel zwischen Leibniz und Christian Wolff aus den Handschriften der Kgl. Bibliothek zu Hannover", Halle 1860 (Nachdr. Hildesheim 1963).
269 Vgl. bes. Wolff-Briefe, N. 97 ff.
270 Vgl. bes. Wolffs Schreiben an Blumentrost vom 1. März u. 7. Mai 1724, ebd. N. 12 u. 13 sowie Schumachers beruhigende Antwort auf Wolffs Befürchtung, er könne von Francke bei der russischen Geistlichkeit verleumdet werden, vom 5. Mai 1724, ebd. N. 104a. Daß diese Befürchtungen freilich nicht ganz von der Hand zu weisen waren, zeigt die Entwicklung innerhalb der 1725 eröffneten Akademie. Sowohl Bülfinger als auch der Jurist Ch. Martini, die in der Akademie die von den Pietisten als deterministisch und daher der öffentlichen Moral schädlich bekämpfte Lehre vertraten, mußten schon 1730 dem Einfluß der religiösen Eiferer weichen. Insbesondere der Erzbischof Feofan Prokopovic, der schon ein enger Mitarbeiter Peters I. gewesen war, zeigte sich als ein Anhänger Franckes. Vgl. u.a. WINTER, Frühaufklärung (1966), S. 307. Vgl. auch allgemein: F.J. SCHNEIDER, Das geistige Leben von Halle im Zeichen des Endkampfes zwischen Pietismus und Rationalismus (Sachsen und Anhalt 14), 1938, S. 137-166.
271 S. Wolff-Briefe, N. 3 ff.
272 S. Wolffs Dankschreiben vom 22. April 1725, ebd. N. 21.
273 S. u.a. Wolffs Briefe vom 19. Nov. 1724 u. 16. Juni 1725, ebd. N. 16, S. 31 u. N. 23; vgl. auch, Wolffs *Vernünftige Gedanken von dem gesellschafftlichen Leben der Menschen und insonderheit dem gemeinen Wesen* ... Frankfurt u. Leipzig 1740 (=5. Aufl.), Kap. 3: "Was bey Einrichtung eines gemeinen Wesens in acht zu nehmen", §§ 270-400; über Akademien, §§ 299-311.
274 Lomonosov (1711-1765), Naturwissenschaftler und Dichter, dessen philologische Arbeiten große Bedeutung für die Entwicklung der russischen Schriftsprache hatten, war 1736 bis 1741 zunächst bei Wolff in Marburg, dann in Freiberg in Sachsen zur Ausbildung in einem chemischen Laboratorium. 1742 trat er zunächst als Adjunkt der Akademie bei.
275 Vgl. u.a. WINTER, Deutsch-russische Begegnung (1958), S. 34.
276 Wissenschaftsbeziehungen (1952), S. 184.
277 Die Brüder Jablonski haben sich in dieser Hinsicht besonders verdient gemacht. S. u.a. den von WINTER herausgegebenen Briefwechsel zwischen Huyssen und der Berliner Akademie: *Die Brüder Daniel Ernst und Johann Theodor Jablonski und Rußland*. In: Archiv pro bádáni o zivoté a díle Jana Komenského, Acta Comeniana, Nr. 23, 1965, S. 122-175, sowie GRAU (1975), S. 147.
278 S. u.a. Bonifatij Michailowitsch Kedrow als Vertreter der Akademie der Wissenschaften der UdSSR in seiner Begrüßungsrede auf dem ersten Internationalen Leibniz Kongreß vom 14.-19. November 1966 in Hannover. In: R. SCHNEIDER / W. TOTOK (Hrsg.); Der Internationale Leibniz-Kongreß in Hannover (vom 14. bis 19. November 1966), Hannover 1968, S. 27.

IV. GENIALER DENKER ODER BAROCKER PROJEKTEMACHER? LEIBNIZ' SOZIETÄTSKONZEPTION ZWISCHEN UTOPIE UND MODERNEM AKADEMIEBEGRIFF

1   SCHNEIDERS, Vera politica (1978), S. 603.
2   R.W. MEYER, Europäische Ordnungskrise (1948), S. 25.
3   P. ERKELENZ, Akademiegedanke im Wandel (1968), S. 10/11.
4   HARANACK I, S. 213.

B Abkürzungen

AA	= Akademie-Ausgabe; G.W. Leibniz: Sämtliche Schriften und Briefe.
ADB	= Allgemeine Deutsche Biographie, Bd. 1 ff. – Reprint: Berlin 1967 ff.
AGB	= Archiv für Geschichte des Buchwesens. Hrsg. v. der Historischen Kommission des Börsenvereins des Deutschen Buchhandels. Band 1 ff.; Frankfurt/M. 1958 ff.
Bibl. Akten	= Bibliotheksakten der Niedersächsischen Landesbibliothek Hannover.
Bodemann-Brw.	= Bodemann, Eduard (Hrsg.): Der Briefwechsel des Gottfried Wilhelm Leibniz in der königl.-öffentl. Bibliothek zu Hannover. Hannover/Leipzig 1889.
Bodemann-Hschr.	= Bodemann, Eduard (Hrsg.): Die Leibniz-Handschriften der königl.-öffentl. Bibliothek zu Hannover. Hannover/Leipzig 1895.
Cat. crit.	= Rivaud, Albert: Catalogue critique des manuscirts de Leibniz. Fasc. 2: Mars 1672 - novembre 1676. Poitiers 1914 - 24.
China und Europa	= Verwaltung der Staatlichen Schlösser und Gärten (Hrsg.): China und Europa. Chinaverständnis und Chinamode im 17. und 18. Jahrhundert. Katalog zur Ausstellung vom 16. September bis 11. November 1973 im Schloß Charlottenburg, Berlin.
Dutens	= Leibniz. Opera omnia. Collecta ... studio Ludovici Dutens. T. 1 - 6. Genevae 1768. – Reprint: Hildesheim 1989.
Grua	= G.W. Leibniz. Textes inédites. Publiés ... par Gaston Grua. T. 1.2. Paris 1948.
Harnack I, II	= Harnack, Adolf: Geschichte der Königlichen Preußischen Akademie der Wissenschaften. Berlin 1900. Bd. 1.1: Von der Gründung bis zum Tode Friedrichs des Großen. Bd. 2: Urkunden und Actenstücke.
Harnack, Berichte	= Harnack, Adolf: Berichte des Secretärs der brandenburgischen Sozietät der Wissenschaften, J.Th. Jablonski an den Präsidenten G.W. Leibniz ... In: Abhandlungen d. Kgl. Preuß. Akad. d. Wiss. zu Berlin, Phil.-hist. Cl. Abt. III. 1897.
Hdb	= Handbuch
Kortholt I, II	= Kortholt, Christian: G.G. Leibnitii epistolae ad diversos. Bd. 1 u. 2, Leipzig 1734/35.
LBr.	= Hannover. Niedersächs. Landesbibliothek, Leibniz - Briefwechsel.
LH	= Hannover. Niedersächs. Landesbibliothek, Leibniz Handschriften.
MHCG	= Monatshefte der Comenius-Gesellschaft.
MIÖG	= Mitteilungen des österr. Instituts f. Geschichte.
MS	= Hannover. Niedersächs. Landesbibliothek, Leibniz-Manuskripte.
NDB	= Neue Deutsche Biographie, hrsg. v. d. Historischen Kommission bei der Bayerischen Akademie der Wissenschaften, Bd. 1 ff., Berlin 1953 ff.
Nds. HStA	= Niedersächs. Hauptstaatsarchiv, Hannover.
Nds. LB	= Niedersächs. Landesbibliothek, Hannover.
Nds. StA W	= Niedersächs. Staatsarchiv, Wolfenbüttel.
Oelrichs	= [J.C.C. Oelrichs]: Berlinische Bibliothek: worinnen von neu herausgekommenen Schriften und andern zur Gelahrtheit gehörigen Sachen kurze Aufsätze und Nachrichten mitgetheilt werden. Bd. 1 - 4, Berlin 1747 - 1750.
ÖStA	= Österr. Staatsarchiv. Abt. Haus-, Hof- und Staatsarchiv.
PD	= Becher, Joh. J.: Politischer Discurs von den eigentlichen Ursachen des Auf- und Abnehmens der Städt, Länder und Republiquen ... Frankfurt/M. 1668.
PhB	= Philosophische Bibliothek, Hamburg 1956 ff.
SB	= Sitzungsberichte
Sekuritätsgutachten	= Leibniz, Gottfried W.: Bedencken welchergestalt Securitas publica interna et externa und Status praesens im Reich auf festen Fuß zu stellen. 1670.
Stud. Leibn.	= Studia Leibnitiana. Zeitschrift f. Geschichte der Philosophie der Wissenschaften. Im Auftrage d. G.W. Leibniz - Gesellschaft e.V.

U.G.	= Leibniz, Gottfried W.: Unvorgreifliche Gedancken, betreffend die Ausübung der Teutschen Sprache.
ZBLG	= Zeitschrift für Bayerische Landesgeschichte.
ZHVN	= Zeitschrift des Historischen Vereins für Niedersachsen.

C Quellen- und Literaturverzeichnis

Vorbemerkung: Das folgende Verzeichnis umfaßt nur die Schriften, Beiträge und Artikel, die in irgendeinem Zusammenhang zitiert oder unmittelbar herangezogen, jedoch bei weitem nicht alle, die eingesehen worden sind. Diese sind jedoch, soweit sie zur Ergänzung, Vertiefung oder Weiterführung dienen, in den Anmerkungen mitgeteilt.

1. Quellen

1.1 Leibnitiana

1.1.1 Werke und Briefe

1.1.1.1 Handschriftlich

Aus dem Leibniz-Archiv der Niedersächsischen Landesbibliothek (Nds. LB):
G.W. Leibniz, Briefwechsel (LBr.)
G.W. Leibniz, Handschriften (LH und Ms)
Bibliotheksakten (Bibl. Akten)

Aus dem Hauptstaatsarchiv Hannover (Nds. HStA):
Archivabteilung Calenberg (Cal.Br.)

Aus dem Niedersächsischen Staatsarchiv Wolfenbüttel (Nds. StA W):
Aktenbestand "Geheimer Rat des Herzogtums Braunschweig" (2 Alt 3983)

Aus dem Österreichischen Staatsarchiv. Abt. Haus-, Hof- und Staatsarchiv (ÖStA):
Impressoria: Leibnitius Gottfriedus Guil. (Fasz. 41)

Aus der Österreichischen Nationalbiliothek. Handschriftensammlungen:
Sammlung Schöttel Nr. 1 - 72 (Ser. nov. 11. 992)

1.1.1.2 Gedruckt

LEIBNIZ, Gottfried Wilhelm: Accessiones historicae, quibus utilia superiorum temporum historiis illustrandis scripta monumentaque nondum edita, inque iis scriptores diu desiderati continentur. T. 1, Lipsiae 1698.
-, -: De cultu Confucii civili (1700); dt. Übers. v. Hermann REINBOTHE. In: Anlage zum Mitteilungsblatt d. Deutschen China-Gesellschaft v. 4.12.1984, S. 2 - 4.
-, -: Discours de Métaphysique. Ed. C.J. GERHARDT, Die philosophischen Schriften von G.W. Leibniz, Bd. 4, Berlin 1881.
-, -: Discours de Métaphysique. Metaphysische Abhandlung. Übers. u. hrsg. v. Herbert HERRING. Hamburg 1958 (Phb 260).
-, -: Ermahnung an die Teutsche, ihren verstand und sprache beßer zu üben, sammt beygefügten vorschlag einer Teutsch gesinten Gesellschaft. Hrsg. von Paul PIETSCH, Leibniz und die deutsche Sprache (siehe dort), H. 29, S. 292 - 312.
-, -: Nouveaux Essais sur l'entendement humain. Neue Abhandlungen über den menschlichen Verstand. Übers., eingel. u. erl. v. Ernst CASSIRER. Hamburg 1971⁴ (PhB 69).
-, -: Unvorgreiffliche Gedancken, betreffend die Ausübung und Verbesserung der Teutschen Sprache. Hrsg. von Paul PIETSCH, Leibniz und die deutsche Sprache (siehe dort), H. 30, S. 327 - 356.

-, -: Unvorgreifliche Gedanken betreffend die ausübung und Verbesserung der deutschen Sprache. Zwei Aufsätze. Hrsg. von Uwe PÖRKSEN und J. SCHIEWE. Stuttgart 1983 (Reclam Universal-Bibliothek Nr. 7987).

-, -: Lettre sur la Philosophie Chinoise à M. de Remond, ins Deutsche übers. v. Renate LOOSEN. In: Antaios 8, 2 (1967), S. 144 - 203.

-, -: Principes de la Nature et de la Grâce fondés en Raison. Ed. C.J. GERHARDT, Die philosophischen Schriften, Bd. 6, Berlin 1885, S. 598 - 607.

-, -: Vernunftprinzipien der Natur und der Gnade. Monadologie. Auf Grund der kritischen Ausgabe von André Robinet (1954) und der Übers. von Artur Buchenau m. Einführungen und Anmerkungen hrsg. v. Herbert HERRING, Hamburg 19822 (PhB 253).

-, -: Über die Reunion der Kirchen. Auswahl und Übersetzung. Eingeleitet von Ludwig A. WINTERSWYL, Freiburg i.Br. 1939.

-, -.: Sämtliche Schriften und Briefe. Hrsg. von der Preußischen (seit 1945: Deutschen) Akademie der Wissenschaften (seit 1972 v. d. Akademie der Wissenschaften der DDR) in Zusammenarbeit mit dem Leibniz-Archiv der Niedersächs. Landesbibliothek und der Leibniz-Forschungsstelle der Westfälischen Wilhelms-Universität Münster, Darmstadt (später: Leipzig, zuletzt: Berlin 1923 ff.).

Reihe I : Allgemeiner, politischer und historischer Briefwechsel
Band 1 : 1668 - 1676. Darmstadt 1923
Band 2 : 1676 - 1679. Darmstadt 1927
Band 3 : 1680 - 1683. Leipzig 1938
Band 4 : 1684 - 1687. Berlin - Leipzig 1950
Band 5 : 1687 - 1690. Berlin 1954
Band 6 : 1690 - 1691. Berlin 1957
Band 7 : 1691 - 1692. Berlin 1964
Band 8 : 1692. Berlin 1970
Band 9 : 1693. Berlin 1975
Band 10 : 1694. Berlin 1979
Band 11 : Januar - Oktober 1695. Berlin 1979
Band 12 : November 1695 - Juli 1696. Berlin 1990
Band 13 : August 1696 - April 1697. Berlin 1987
Band 14 : Mai - Dezember 1697. Berlin 1993

Reihe II : Philosophischer Briefwechsel
Band 1 : 1663 - 1685. Darmstadt 1926

Reihe III : Mathematischer, naturwissenschaftlicher und technischer Briefwechsel
Band 1 : 1672 - 1676. Berlin 1976
Band 2 : 1676 - 1679. Berlin 1987
Band 3 : 1680 - Juni 1683. Berlin 1991

Reihe IV : Politische Schriften
Band 1 : 1667 - 1676. Darmstadt 1931
Band 2 : 1677 - 1687. Berlin 1963
Band 3 : 1677 - 1690. Berlin 1986

Reihe VI : Philosophische Schriften
Band 1 : 1663 - 1672. Darmstadt 1930
Band 2 : 1663 - 1672. Berlin 1990. - Durchgesehener Nachdruck der Erstausgabe.
Band 3 : 1672 - 1676. Berlin 1980.
Band 6 : Nouveaux Essais sur l'entendement humain (1704). Berlin 1962.

-, -: Essais de Théodicée. Ed. C.J. GERHARDT, Die philosophischen Schriften von G.W. Leibniz, Bd. 6, Berlin 1885, S. 1 - 436.

-, -: Die Theodizee. Übers. v. Artur BUCHENAU, einführender Essay v. Morris STOCKHAMMER. Hamburg 19682 (PhB 71).

BODEMANN, Eduard (Hrsg.): Der Briefwechsel G.W. Leibniz' mit Elisabeth Charlotte von Orléans. In: ZHVN (1884), S. 1 - 66.

-, -: Leibnizens Briefwechsel mit dem Herzoge Anton Ulrich von Braunschweig-Wolfenbüttel. In: ZHVN (1888), S. 73 - 244.

-, -: Leibnizens Plan zu einer Societät der Wissenschaften in Sachsen. Mit bisher ungedruckten Handschriften. In: Neues Archiv für Sächsische Geschichte und Altertumskunde 4 (1883), S. 177 - 214.

BODEMANN, Eduard: Nachträge zu "Leibnizens Briefwechsel mit dem Minister v. Bernstorff und andere Leibniz betr. Briefe" in Jahrg. 1881, S. 205 ff. u. 1884, S. 206 ff. In: ZHVN (1890), S. 131 - 168.

BRATHER, Hans-Stephan (Hrsg.). Leibniz und seine Akademie. Ausgewählte Quellen zur Geschichte der Berliner Sozietät der Wissenschaften 1697 - 1716. Berlin 1993.

COUTURAT, Louis: Opuscules et fragmens inédits de Leibniz, Paris 1903. - Reprint: Hildesheim 1966.

DISTEL, Theodor (Hrsg.): Die im Königl. Sächs. Hauptstaatsarchive befindlichen Leibniz-Correspondenzen (Separatabdruck aus den Berichten d. phil. - hist. Cl. d. Kgl. Sächs. Gesellschaft d. Wiss. Öffentl. Gesamtsitzung am 14. Nov. 1879).

DOEBNER, Richard (Hrsg.): Leibnizens Briefwechsel mit dem Minister von Bernstorff und andere Leibniz betreffende Briefe und Aktenstücke aus den Jahren 1705 - 16. In: ZHVN (1881), S. 205 - 380.

-, - (Hrsg.): Nachträge zu Leibnizens Briefwechsel mit dem Minister Bernstorff. In: ZHVN (1884), S. 206 - 242.

DUTENS, Louis: G.G. Leibnitii Opera omnia, Nunc primum collecta. T. 1 - 6, Genevae 1768. - Reprint: Hildesheim 1989.

ENGELHARDT, Wolf von: Gottfried Wilhelm Leibniz. Schöpferische Vernunft. Schriften aus den Jahren 1668 - 1686. Marburg 1951.

ERDMANN, Johann E.: Gottfried Wilhelm Leibniz. Opera philosophica, quae exstant latina, gallica, germanica omnia. Berolini 1840; hrsg. im Faksimile-Druck von Renate Vollbrecht, Scientia Aalen 1959.

FEDER, Johann G.: Commercii Epistolici Leibnitiani. Hannover 1805.

FELLER, Joachim F.: Monumenta varia inedita. Trimestre primum. Jenae 1714.

-, -: Otium Hanoveranum sive Miscellanea ex ore schedis ... Godofr. Guilielmi Leibnitii ..., Leipzig 1718 (2. Aufl. Leipzig 1737).

FISCHER, Leopold Hermann (Hrsg.): Johann Leonhard Frisch's Briefwechsel mit G.W. Leibniz. In: Brandenburgia, 2 (1896). Auch als Sonderdruck erschienen: Berlin 1896 (Repr.: Hildesheim, New York 1976).

FOUCHER de CAREIL, Louis A.: LEIBNIZ. Lettres et opuscules inédits de Leibniz. Paris 1854.

-, -: Oeuvres de Leibniz. Publiés pour la première fois d'après les manuscrits originaux, avec notes et introductions. Bd. 7, Paris 1875 - Reprint: Hildesheim, Olms 1969.

GERHARDT, Carl Immanuel (Hrsg.): Briefwechsel zwischen Leibniz und Christian Wolff aus den Handschriften der Königlichen Bibliothek zu Hannover (Leibnizens gesammelte Werke, hrsg. v. Georg Heinrich Pertz, Suppl. Bd.), Halle/Saale 1860. Reprint: Hildesheim 1962.

-, - (Hrsg.): Der Briefwechsel von Gottfried Wilhelm Leibniz mit Mathematikern, Bd. 1, Berlin 1899.

-, - (Hrsg.): Gottfried Wilhelm Leibniz. Mathematische Schriften Bd. 1 - 7, Halle/Saale 1855 - 1863 (Leibnizens gesammelte Werke, hrsg. v. Georg Heinrich Pertz, Folge 3). - Reprint: Hildesheim 1962. - Register, [bearb. v.] Joseph Ehrenfried Hofmann, Hildesheim 1977 (Olms Paperbacks, Bd. 49).

-, - (Hrsg.): Gottfried Wilhelm Leibniz. Die philosophischen Schriften, Bd. 1 - 7, Berlin 1875 - 1890. - Reprint: Hildesheim 1960 - 1961 (Olms Paperbacks, Bd. 11 - 17).

GERLAND, Ernst (Hrsg.): Ein bisher noch ungedruckter Brief Leibnizens über eine in Cassel zu gründende Academie der Wissenschaften. In: Bericht des Vereins für Naturkunde zu Cassel 26/27 (1878/80), S. 50 - 56.

-, - (Hrsg.): Leibnizens und Huygens' Briefwechsel mit Papin, nebst der Biographie Papins und einigen zugehörigen Briefen und Aktenstücken. Berlin 1881.

-, - (Hrsg.): Leibnizens nachgelassene Schriften physikalischen, mechanischen und technischen Inhalts. Leipzig 1906 (Abhandlungen zur Geschichte d. mathematischen Wissenschaften H. 21).

GROTEFEND, Karl L.: Leibniz-Album. Aus den Handschriften der Kgl. Bibliothek zu Hannover. Hannover 1846.

GRUA, Gaston: Gottfried Wilhelm Leibniz. Textes inédits d'après les manuscrits de la Bibliothèque provinciale de Hannovre. 2 Bde., Paris 1948.

GRUBER, Johannes D.: Commercii epistolici Leibnitiani ... tomus prodromus. Pars 1.2 Hannoverae et Gottingae 1745.

GUERRIER, W[ladimir]: Leibniz in seinen Beziehungen zu Rußland und Peter den Großen. Eine geschichtliche Darstellung dieses Verhältnisses nebst den darauf bezüglichen Briefen und Denkschriften. St. Petersburg und Leipzig 1873 - Reprint: Hildesheim 1975.

GUHRAUER, Gottschalk E. (Hrsg.): Gottfried Wilhelm Leibnitz. Deutsche Schriften, Bd. 1 - 2, Berlin 1838- 1840. - Reprint: Hildesheim 1966.

HARNACK, Adolf: Berichte des Secretärs der brandenburgischen Sozietät der Wissenschaften J.Th. Jablonski an den Präsidenten G.W. Leibniz (1700 - 1715) nebst einigen Antworten von Leibniz. In: Abhandlungen d. Kgl. Preuß. Akad. d. Wiss. zu Berlin, Phil.-hist. Cl. Abt. III. 1897.

-, -: Geschichte der Königlich Preussischen Akademie der Wissenschaften zu Berlin, Bd. 2: Urkunden und Aktenstücke, Berlin 1900.

HESS, Gerhard (Hrsg.): Leibniz korrespondiert mit Paris. Einl. und Übertr. v. G. Hess. Hamburg 1940 (Geistiges Europa).

HOLZ, Hans Heinz (Hrsg.): G.W. Leibniz. Philosophische Schriften, Bd. 1 - 3, Darmstadt 1959.

-, - (Hrsg.): G.W. Leibniz. Politische Schriften, Bd. 1 und 2, Frankfurt und Wien 1966/67.

IMELMANN, Johannes (Hrsg.): Briefe von G.W. v. Leibniz an den Astronomen Gottfried Kirch aus den Jahren 1702 - 1707, Berlin 1900.

KAPP, Johann Eduard: Sammlung einiger Vertrauten Briefe, welche zwischen dem weltberühmten Freyherrn, Gottfried Wilhelm von Leibnitz, und dem berühmten Berlinischen Hof=Prediger, Herrn Daniel Ernst Jablonski, auch andern Gelehrten, Besonders über die Vereinigung der Lutherischen und Reformierten Religion, über die Auf= und Einrichtung der Kön. Preuss. Societät der Wissenschaften ... gewechselt worden sind. Aus ihren Handschriften mit einigen Anmerkungen, nebst neun Leibnitzischen Aufsätzen und Vorschlägen zuerst ans Licht gestellet. Leipzig 1745.

KLOPP, Onno (Hrsg.): Correspondenz von Leibniz mit der Prinzessin Sophie ... Hauptsächlich aus den Leibniz-Papieren der Königl. Bibliothek zu Hannover herausgegeben ..., 3 Bde., Hannover 1873.

-, -: Leibniz' Plan der Gründung einer Sozietät der Wissenschaften in Wien. Aus dem handschriftlichen Nachlasse von Leibniz in der Königl. Bibliothek zu Hannver dargestellt. In: Archiv für österreichische Geschichte 40 (1868), S. 157 - 255.

KLOPP, Onno (Hrsg.): Die Werke von Leibniz. 1. Reihe: Historisch-politische und staatswissenschaftliche Schriften, 11 Bde., Hannover 1864 - 1884. Reprint von Bd. 7 - 11: Hildesheim 1970 - 1973.

KORTHOLT, Christian (Hrsg.): Recueil de diverses Pièces sur la Philosophie, les Mathematiques, l'Histoire etc., Hamburg 1734.

-, - (Hrsg.): Viri illustris Godefredi Guil. Leibnitii epistolae ad diversos ..., Bd. 1 - 4, Leipzig 1734 - 1742.

KUNIK, E. v. (Hrsg.): Briefe von Christian Wolff aus den Jahren 1719 - 1753. Ein Beitrag zur Geschichte der Kaiserlichen Akademie der Wissenschaften zu St. Petersburg. St. Petersburg 1860.

KVACALA, Jan (Hrsg.): Neue Beiträge zum Briefwechsel zwischen D.E. Jablonsky und G.W. Leibniz (Acta et Commentationes Imp. Universitatis Jurievensis - olim Dorpatensis) 1899.

-, - (Hrsg.): D.E. Jablonsky's Briefwechsel mit Leibniz nebst anderen Urkundlichen zur Geschichte des geistigen Lebens in Berlin unter Friedrich III.(I.) und Friedrich Wilhelm I. (Acta et Commentationes Imp. Universitatis Jurievensis olim Dorpatensis) 1897.

-, -: Neue Leibnizsche Fragmente. In: Zeitschrift f. Geschichte d. Unterrichts (1914), 80 - 83.

LEIBNIZ-Faksimiles. Bekanntes und Unbekanntes aus seinem Nachlaß. Übers., transkribiert u. erl. mit Unterstützung der Niedersächsischen Landesbibliothek. Hrsg. v. d. Stiftung Volkswagenwerk, Hildesheim, New York 1971.

LEIBNIZENS Ermahnung an die Teutsche, ihren Verstand und Sprache beßer zu üben, samt beigefügten Vorschlag einer Teutschgesinten Gesellschaft. Aus den Handschriften der Königlichen Bibliothek zu Hannover hrsg. von Carl Ludwig GROTEFEND. Hannvoer 1846.
LETTRES de Leibniz à Arnauld, ed. par Geneviève LEWIS, Paris 1952 (Bibl. de philos. contemporaine).
MICHAELIS, August B.: Jobi Ludolfi et Godofredi Guelielmi Leibnitii Commercium epistolicum, Göttingen 1755.
MOLLAT, Georg: Mittheilungen aus Leibnizens ungedruckten Schriften. Neue Bearb. Leipzig 1893.
NESSELRATH, Heinz-Günther/REINBOTHE, Hermann (Hrsg.): Gottfried Wilhelm Leibniz. Das Neueste von China (1697). Novissima Sinica, mit ergänzenden Dokumenten hrsg., übers., erl., Köln 1979 (Deutsche China-Gesellschaft, H. 1).
OELRICHS, Berlinische Bibliothek, I, 1747, S. 131/148, 256/269, 841/849; II, 1748, S. 240/246, 788/794; III, 1749, S. 731/739 (=Briefwechsel mit Chuno).
PERTZ, Georg H. (Hrsg.): Leibnizens gesammelte Werke, aus den Handschriften der Kgl. Bibliothek. 1. Folge: Geschichte, Bd. 1 - 4, Hannover 1843 - 1847. - Reprint: Hildesheim 1966.
POSSELT, Moritz C.: Peter der Große und Leibniz. Dorpat und Moskau 1843.
ROESSLER, Emil F.: Beiträge zur Staatsgeschichte Österreichs aus dem G.W. von Leibniz'schen Nachlasse in Hannover. Sitzungsberichte d. Phil.-histor. Klasse d. Kaiserl. Akademie d. Wissenschaften Bd. 20, H. 1 - 3 (1856), S. 267 - 289.
ROMMEL, Christian v.: Leibniz und Landgraf Ernst von Hessen-Rheinfels. Ein ungedruckter Briefwechsel über religiöse und politische Gegenstände. Mit e. ausführl. Einl. u. mit Anmerkungen, hrsg. in 2 Bänden, Frankfurt/M. 1847.
SCHMIED-KOWARZIK, Walther (Hrsg.): Gottfried Wilhelm Leibniz. Deutsche Schriften, Bd. 1: Muttersprache und völkische Gesinnung. Leipzig 1916 (Philosophische Bibliothek, Bd. 161).
SCHRECKER, Paul (Hrsg.): Gottfried Wilhelm Leibniz. Lettres et fragments inédits sur les problèmes philosophiques de la réconciliation des doctrines protestantes (1669 - 1704), Paris 1934 (Revue philosophique de la France et de l'étranger, 59, t. 118 (Juli - Dez. 1934).
VEESENMAYER, Georg (Hrsg.): G.G. Leibnitii epistolae ad Joannem Andream Schmidium ex autographis, Nürnberg 1788.
WIDMAIER, Rita (Hrsg.): Leibniz korrespondiert mit China. Der Briefwechsel mit den Jesuitenmissionaren (1689 - 1714). Frankfurt/M. 1990 (Veröffentl. des Leibniz-Archivs 11).

1.1.2 Bibliographien

LEIBNIZ-Bibliographie: Die Literatur über Leibniz bis 1980, begr. v. Kurt Müller, hrsg. v. Albert Heinekamp, Frankfurt/M. 1984 (Veröffentlichungen des Leibniz-Archivs 10). Bd. 2: Die Literatur über Leibniz 1981 - 1990, hrsg. v. Albert Heinekamp(†) unter Mitarbeit v. Marlen Mertens, Frankfurt/M. 1995 (Veröffentl. d. Leibniz-Archivs 12).
RAVIER, Emile: Bibliographie des oeuvres de Leibniz, Paris 1937. - Reprint: Hildesheim 1966. - Ergänzungen: siehe Schrecker, Bibliographie.
SCHRECKER, Paul: Une bibliographie de Leibniz. In: Revue philosophique de la France et de l'étranger 63, t. 126 (1938), S. 324 - 346. - Ergänzungen zu Raviers Bibliographie.

1.1.3 Handschriftenkataloge

BODEMANN, Eduard (Hrsg.): Der Briefwechsel des Gottfried Wilhelm Leibniz in der königl.-öffentl. Bibliothek zu Hannover. Hannover/Leipzig 1889 (Repr. m. Erg. u. Reg. v. G. Krönert u. H. Lackmann, sowie e. Vorw. v. K.-H. Weimann, Hildesheim 1966).
-, - (Hrsg.): Die Leibniz-Handschriften der königl.-öffentl. Bibliothek zu Hannover. Hannover/Leipzig 1895 (Repr. ... Hildesheim 1966).
RITTER, Paul: Kritischer Katalog der Leibniz-Handschriften, H. 1 (1646 - 1672), Berlin (maschinenschr.) 1908.
RIVAUD, Albert: Catalogue critique des manuscrits de Leibniz. Fasc. 2: Mars 1972 - novembre 1676. Poitiers 1914 - 24.

1.2 Sonstige Quellen

1.2.1 Handschriftlich

Aus dem Bayerischen Staatsarchiv Würzburg (BSTA):
Histor. Verein, Ms. f. 184 (Exzerpte von J.G. Eckhart).

1.2.2 Gedruckt

ALMANACH ROYAL. Paris 1700 ff.
ANCILLON, Charles: Discours sur la vie de feu monsieur David Ancillon, Basel 1698.
-, -: Histoire de l'établissement des François refugiez dans les États de son Altesse Electorale de Brandenbourg. Berlin 1690.
ANDREAE, Johann Valentin: Christianopolis, dt. u. lat., eingel. u. hrsg. v. Richard van DÜLMEN, Stuttgart 1972 (Quellen u. Forschungen zur Württembergischen Kirchengeschichte, hrsg. v. M. Brecht u. G. Schäfer Bd. 4).
-, -: Theophilis, dt. u. lat., eingel. u. hrsg. v. Richard van DÜLMEN, Stuttgart 1973 (Quellen u. Forschungen zur Württembergischen Kirchengeschichte, hrsg. v. M. Brecht u. G. Schäfer Bd. 5).
BECHER, Johann J.: Moral Discurs. Von den eigentlichen Ursachen deß Glücks und Unglücks ... Frankfurt am Mayn 1669.
-, -: Politischer Discurs von den eigentlichen Ursachen des Auf- und Abnehmens der Städt, Länder und Republiquen ... Frankfurt/M. 1668.
-, -: Psychosophia oder Seelen=weißheit ... Zweyte Edition. Hamburg 1705.
BERNER, Ernst (Hrsg.): Aus dem Briefwechsel König Friedrichs I. von Preußen und seiner Familie. Berlin 1901 (Quellen u. Untersuchungen zur Geschichte des Hauses Hohenzollern 1).
BOINEBURG, Johann Chr. von: Epistulae ad ... Jo. Conradum Dietericum. Ed. ab R.M. Meelfuhero, Norigergae 1703.
Le BOUTHILLIER de Rancé, A.-J.: Réponse au traité des études monastiques, Paris 1692.
-, -: La sainteté des devoirs de l'Etat monastique, Paris 1683.
CAILLEMER, E[xupère] (Hrsg.): Lettres de divers savants à l'Abbé Claude Nicaise, Lyon 1885.
COMENIUS, Johann Amos: Consulatio catholica de rerum humanarum Emendatione, 2 Bde., Hala 1702. - Reprint: Prag 1966.
CONNAISSANCE des temps. Paris 1680 ff.
DANXST, Cordt: Fruchtbringendes Gesprächsspiel, Darinnen die Eygentliche Beschaffenheit von der zu Hamburg Ao. 1690 Vito Julii aufgerichteten Kunst-Rechnungs-liebenden Societät gesprächsweise beschrieben und dargethan wird. Copenhagen 1691.
DES Weyland Reichs-Freyherrn von Wolff über theils noch gefundene Kleine Schrifte aus einzelnen Betrachtungen zur Verbesserung der Wissenschaften, Halle 1755.
DOEBNER, Richard (Hrsg.): Briefe der Königin Sophie Charlotte von Preußen und der Kurfürstin Sophie von Hannover an hannoversche Diplomaten. Leipzig 1905 (Publ. a. d. Preuß. Staatsarchiven 79). - Reprint: Osnabrück 1965.
ECKHART, Johann G. (Hrsg.): Illustris viri Godofr. Guilielmi Leibnitii Collectaneae etymologica illustrationi linguarum veteris celticae, germanicae, gallicae aliarumque inservientia. Cum praefatione Jo. Georgii Eccardi. Hannoverae Sumptibus Nicolai Foersteri. 1717. Pars I, II.
-, -: Des seel. Herrn von Leibniz Lebenslauf (1717). In: Murr; Journal zur Kunstgeschichte (siehe dort), S. 123 - 231. - Reprint in: J.A. Eberhard/J.G. Eckhart, Leibniz - Biographien, Hildesheim 1982.
Joachimi FELLERI dissertatio solemnis de fratribus calendariis (cui historia, ritus et progressus Collegii Hist. imp. succincte praemissa et inexa est. Notis vero illustrata et edita a Chr. Franc. Paullini, Francof. ad M. 1692.
FONTENELLE, Bernard Le Bovier de: Eloge de M. Leibnitz. In: Histoire de l'Académie royale des sciences. [t. 16], Année MDCCXVI, Paris 1718, S. 94 - 128. Deutsche Übersetzung in: Ders., Philosophische Neuigkeiten für Leute von Welt und für Gelehrte. Ausgewählte Schrif-

ten, hrsg. v. Helga Bergmann, Leipzig 1989 (Reclams Universal-Bibliothek, Bd. 1308), S. 289 - 325.

FRANCKE, August H.: Project zu einem Seminario Universali oder Anlegung eines Pflanz-Gartens, in welchem man eine reale Verbesserung in allen Ständen in und außerhalb Deutschlands, ja in Europa und allen übrigen Theilen zu gewarten, hrsg. v. Otto Fricke, Halle 1881.

August Hermann FRANCKES Schrift über eine Reform des Erziehungs- und Bildungswesens als Ausgangspunkt einer geistlichen und sozialen Neuordnung der Evangelischen Kirche des 18. Jahrhunderts. Der große Aufsatz. Hrsg. v. Otto Podczek (Abh. d. Sächs. Akad. d. Wiss. zu Leipzig, phil.-hist. Kl. Bd. 53, H. 3), Berlin 1962.

GOTTSCHED, Johann Chr.: Beyträge zur kritischen Historie der deutschen Sprache, Poesie und Beredsamkeit, Bd. 1 - 8, Leipzig 1732 - 44.

HILLE, Carl G. von: Der teutsche Palmbaum. Nürnberg 1647. - Reprint: München 1970.

HÖRNIGK, Philipp Wilhelm von: Österreich über alles, wann es nur will ... Nürnberg 1684.

LANGE, Johann Christian: Summarischer Bericht / nebst beygefügter Bitte und Erbieten: betreffend ein gemein = ersprießliches Vorhaben ... Frankfurt 1719.

-, -: Eines umb das gemeine Beßte auffrichtig = und treulich = bekümmerten ANONYMI höchst = nöthig = erfundene Betrachtung ... Frankfurt 1716. - Auch in: Ders., Ausführliche Vorstellung (siehe dort), S. 39 ff.

-, -: Designatio novi cujusdam instituti circa collegiam isagogicum in eruditionem universam ... Gießen 1702.

-, -: Protheoria eruditionis humanae universae: Oder Fragen von der Gelehrsamkeit der Menschen ins gemein. Gießen 1706.

-, -: Ausführliche Vorstellung von einer neuen und gemein = ersprießlichen zu beßtem Behuf und Auffnahm Aller wahren und rechtschaffenen Gelehrtheit gereichenden Anstalt ... Idstein 1720.

MAASSEN, Nikolaus: Quellen zur Geschichte der Mittel- und Realschulpolitik. Bd. 1: Von den Anfängen bis Ende des 19. Jahrhunderts, bearb. v. W. Schöler, Berlin - Hannover - Darmstadt 1959.

MABILLON, Jean: Réflexions sur la réponse de M. l'Abbé de la Trappe au Traité des études monastiques, Paris 1692.

-, -: Traité des études monastiques, Paris 1691.

MEISSNER, Heinrich: Arithmet. Geometr. und Algebraische Kunst = Kette, Bestehend in 100 Aufgaben oder Gliedern. Dabey ein Anhang von 360 allerhand Quaestionibus, wie auch eine Publicierung der Personen, welche in der neu = auff = gerichteten Kunst-Rechnungs-Liebenden Societät sich anitzo befinden.: sambt deren Legibus. Hamburg 1690.

MISCELLANEA BEROLINENSIA ad incrementum scientiarum exhibitis edita, cum figuris aeneis et indice materiam. Berolini 1710.

Danielis Georgi MORHOFI, Polyhistor, in tres Tomos, Literarium, Philosophicum et Practicum, divisus. Opus posthumum. Lubecae 1708.

MYLIUS, Christian O. (Hrsg.): Corpus constitutionum Marchicarum: Oder Königl. Preuß. und. Churfürstl. Brandenburgische in der Chur- und Marck Brandenburg, auch incorporirten Landen, publicirte und ergangene Ordnungen, Edicta, Mandata, Rescripta etc., 1 - 6: Von Zeiten Friedrichs I. Churfürstens zu Brandenburg etc. biß ietzo unter der Regierung Friderich Wilhelms, Königs in Preußen etc. ad annum 1736 inclusive. Berlin 1737 - 1751.

POIRET, Petrus: De eruditione triplici solida, superficiaria, et falsa libri tres, Frankfurt u. Leipzig 1708.

PRASCH, Johann L.: Unvorgreiflicher Entwurf der Teutsch-liebenden Gesellschaft. In: Zeit kürtzender Erbaulichen Lust, oder Allerhand aus erlesener, war - und curioser, so nütz - als ergetzlicher, Geist- und Weltlicher Merchwürdigkeiten Zweyter Theil ... hrsg. von Kristian Frantz Paullini, Frankfurt/M. 1694, S. 137 - 151.

RELATION des ceremonies faites à la dedicace de la nouvelle Université de Halle. Le 1./11. Juillet 1694. Par Monsieur [Johann] BESSER, Conseiller & Introducteur des Ambassadeurs auprés de S.S.E. de Brandebourg. Traduit de l'Alleman par PRUDENT DE LA FAYOLLE. Amsterdam 1695.

RICCI, Mathieu/TRIGAULT, Nicolas: Histoire de l'expédition chrétienne au royaume de la Chine 1582 - 1610 (korrigierter Nachdr. d. Edition: Lille 1617), introduction par Joseph Shih, annotation par Georges Bressiere, tables et index par Joseph Dehergne, S.J., Paris 1978 (Collection Christus, 45).

[ROSIÈRE, Jean-Baptiste de la]: Mémoire de la Cour de Brandenbourg. 1694. In: Revue d'Histoire diplomatique, publiée par les soins de la Societé d'Histoire diplomatique. Première Année (Paris 1887), S. 271 - 292; 411 - 424.

SAINTE-MARTHE, D. de: Lettres à M. l'Abbé de la Trappe. Amsterdam 1692.

SCHOTTEL, Justus G.: Ausführliche Arbeit von der Teutschen HauptSprache ... Abgetheilet in fünf Bücher, Braunschweig 1663.

-, -: Lamentatio Germaniae expirantis. Der nunmehr hinsterbenden Nymphen Germaniae elendste Todesklage. Braunschweig 1640.

SCHNATH, Georg (Hrsg.): Briefwechsel der Kurfürstin Sophie von Hannover mit dem Preußischen Königshause, Berlin und Leipzig 1927.

SCHRÖDER, Wilhelm von: Fürstliche Schatz- und Rentenkammer. Leipzig 1686.

SECKENDORFF, Veit Ludwig von: Teutscher Fürstenstaat. Frankfurt/M. 1656.

SEMLER, Christoph/BENIT, Christian: Neueröffnete Mathematische und Mechanische Real-Schule, Halle 1709.

SPEE, Friedrich von: Güldines Tugendbuch, Cöllen 1649. - Reprint: Ders., Sämtl. Schriften. Historisch-kritische Ausgabe Bd. 2, hrsg. v. Th.G.M. van Oorschot, München 1968.

SPINOLA, Rojas y, Cristobal de: Regulae circa ... Christianorum omnium ecclesiasticum reunionum (1682/83), gedr. J.C. Lüning, Publicorum negotiorum syllogae, Frankfurt u. Leipzig 1694, S. 1092 - 1124.

SPRAT, Thomas: The history of der Royal Society of London for promoting of natural knowledge, London 1667. - Reprint ed. with critical apparatus by J.I. Cope and H.W. Jones, Saint Louis, Missouri 1958.

THOMASIUS, Jakob: Orationes ... varii argumenti, Leipzig 1683.

TSCHIRNHAUS, Ehrenfried W. v.: Medicina mentis sive Tentamen genuinae logicae, in qua disseritur de methodo detegendi incognitas veritates, Amsterdam 1687. - Ed. nov., Leipzig 1695. (Ins Deutsche übers. u. komm. v. Johannes Haussleiter, hrsg. v. Rudolph Zaunick - Acta Historica Leopoldina 1, Leipzig 1963).

VIEUX, Pierre: Le bonheur des françois refugiez, en vers burlesques, par M. Vieux Ministre, Berlin 1693.

WAGENSEIL, Joh. Christoph: Buch von der Meistersinger Holdseligen Kunst, Anfang, Fortübung, Nutzbarkeiten und Lehr=Sätzen. Altdorf Noricum 1697.

WEBER, F.C.: Das veränderte Rußland, in welchem die ietzige Verfassung des Geist= und weltlichen Regiments; der Krieges=Staat zu Lande und zu Wasser; wahre Zustand der Rußischen Finantzen ... Die Begebenheiten des Czarewitzen, und was sich sonst merckwürdiges in Rußland zugetragen ... in einem biß 1720 gehenden JOURNAL vorgestellt werden ... Frankfurth 1721.

WEIGEL, Erhard: Idea totius Encyclopaedia mathematico - philosophica. Jena 1671.

-, -: Kurtzer Entwurff der freudigen Kunst- und Tugend-Lehr, vor Trivial und Kinder-Schulen. Jena 1682.

-, -: Kurtze Relation von dem nunmehr zur Prob gebrachten Mathematischen Vorschlag, betreffend die Kunst- und Tugend-Information ... Jena 1684.

-,-: Unmaßgeblicher Vorschlag / die Zeit-Vereinigung auf das füglichste zu treffen; Sammt einem Verzeichnuß des grossen Nutzens im H. Römischen Reich / von der Bestellung eines Collegii Artis-Consultorium. o.O. 1699.

-, -: Der Europäische Wappen-Himmel, Jena 1688.

WILD, Karl: Eine Denkschrift Boyneburgs über die Errichtung eines polytechnischen Instituts zu Mainz vom Jahre 1669. In: Zeitschrift für die Geschichte des Oberrheins. N.F. 14 (1899), S. 325 - 326.

WINTER, Eduard: Die Brüder Daniel Ernst und Johann Theodor Jablonski und Rußland. In: Archiv pro bádáni o zivoté a dile Jana Amose Komenského. Acta Comeniana 23, Praha 1965, S. 122 - 175 (= Briefwechsel zwischen Heinrich von Huyssen und der Berliner Akademie, 41 Briefe).

-, - (Hrsg.): E.W. v. Tschirnhaus. Gründliche Anleitung zu nützlichen Wissenschaften. Stuttgart 1967.

WOLFF, Christian: Vernünfftige Gedancken von dem gesellschafftlichen Leben der Menschen und insonderheit dem gemeinen Wesen ... Halle 1721 (= 1. Aufl.); Frankfurt und Leipzig 1740 (= 5. Aufl.).

-, -: Lebenslauf Herrn Gottfried Wilhelm von Leibnizens. In: Ders., Gesammelte kleine philosophische Schriften, welche meistens aus dem Lateinischen übersetzt. Vierter Theil, darinnen die zu der Hauptwissenschafft gehörige Stücke enthalten, auch mit nöthigen und nüzlichen Anmerkungen versehen sind von G. F.H.Pr. der Ph. z. B. Halle 1739, S. 449 - 502.
-, -: Rede von der Sittenlehre der Sineser, Leipzig 1930 (Dt. Literatur, 1. Reihe: Aufklärung, Bd. 2, S. 174 - 195). - Dt. Übers. d. "Oratio de Sinarum Philosophica practica" (1721).

1.3 Zeitschriften

Acta eruditorum. Hrsg. v. Otto Mencke, Lipisae 1707 ff.
Journal des Sçavans, hrsg. v. P. Witte [später Pierre le Grand], Paris [später Amsterdam], 1665 ff.
Miscellanea curiosa medico - physica Academiae Naturae Curiosorum sive Ephemeridum ... decuria II (1691); decuria III (1697).
Monatliche Unterredungen einiger guten Freunde von allerhand Büchern ... Hrsg. v. Wilhelm E. Tentzel, Bd. 1 - 10, Leipzig 1689 - 98.
Monatlicher Auszug aus allerhand neuherausgegebenen nützlichen und artigen Büchern. Hrsg. v. Joh. Georg Eckhart. T. 1 - 3, Hannover 1700 - 1702.
Neue Zeitungen von gelehrten Sachen, hrsg. v. J.G. Krause [ab 1735: Joh. Burch. Mencke], Leipzig 1715 - 1784.
Nouveau Journal des Sçavans, dressé à Berlin, par M.C. [Etienne Chauvin]. Bd. 1 - 3, Berlin 1696 - 1698.
Nouvelles de la république des lettres. Hrsg. v. Pierre Bayle, Amsterdam 1684 (erschienen bis 1718 unter unterschiedlichen Herausgebern). - Reprint: Genf. 1966.
Nova Literaria, maris Baltici et Septentrionalis, [Jg. 1 - 11], Lübeck 1698 - 1708.
Wöchentliche Relationen, Halle 1717.

1.4 Lexica

ALLGEMEINE deutsche Biographie, Bd. 1 ff. - Reprint: Berlin 1967 ff.
BIOGRAPHIE universelle, ancienne et moderne. Nouvelle Édition. Paris 1854 ff.
CHINA-Handbuch. Hrsg. v. Wolfgang Franke unter Mitarbeit v. Brunhild Staiger. Düsseldorf 1974.
dtv-Lexikon, Bd. 1 - 20, München 1978/79.
dtv-Wörterbuch zur Geschichte, 2 Bde., hrsg. v. Konrad Fuchs u. Heribert Raab, München 1980 (4. Aufl.).
FURETIÈRE, Antoine: Dictionnaire universel, contenant généralement tous les mots françois tant vieux que modernes, et les termes de toutes les sciences et des arts [éd. par Pierre Bayle], t. 1 - 3, La Haye, Rotterdam 1690. - Reprint: Genève 1970. - 2ème éd., rev., corr. et augm. par Henri Basnage de Beauval, t. 1 - 3, La Haye, Rotterdam 1701.
GROOTHOFF, Hans-Hermann/STALLMANN, Martin: Pädagogisches Lexikon, Stuttgart/Berlin 1964.
JÖCHER; Christian G.: Allgemeines Gelehrten-Lexicon. 4 Bde. Leipzig 1750/51. Fortsetzungen u. Ergänzungen v. J.Chr. Adelung, Bd. 1.2, Leipzig 1784 - 87. - Reprint: 1961.
LEXIKON für Theologie und Kirche, hrsg. von J. Höfer und K. Rahner, Bd. 1 - 10, Freiburg 1957 - 1965.
MÉNAGE, Gilles: Les origines de la langue françoise,Paris 1650. - 2. Aufl.: Dictionnaire étymologique, ou origines de la langue française, nouv. éd. par Pierre Besnier, p. 1 - 2, Paris 1694.
NEUE deutsche Biographie, hrsg. v. d. Historischen Kommission bei d. Bayer. Akademie der Wissenschaften, Bd. 1 ff., Berlin 1953 ff.
NOUVELLE Biographie générale. Depuis les temps les plus reculés jusqu'à nos jours. Publiée par M.M. Firmin Didot Hoefer, Bd. 1 ff.; Paris 1855 ff.
RÖSSLER, Hellmuth/FRANZ, Günther: Sachwörterbuch zur deutschen Geschichte, München 1956/58.

THEOLOGISCHE Realenzyklopädie 7 (1981).
VOCABULARIO degli accademici della Crusca, Venezia 1612. - 3a impr., Firenze 1691.
WILL, Georg A.: Nürnbergisches Gelehrten-Lexikon, Bd. 1-4, Nürnberg und Altdorf 1755 - 1758.
ZEDLER, Johann Heinrich (Verleger): Großes vollständiges Universal-Lexikon aller Wissenschaften und Künste, Bd. 1 - 64, Supplementbde.1 - 4, Halle, Leipzig 1732 - 1754. - Reprint: Graz 1961 - 1964.

2. Neuere Darstellungen

AARSLEFF, Hans: Leibniz on Locke on Language. In: American Philosophical Quaterly 1 (1964), S. 165 - 188.
-, -: The Study and Use of Etymology in Leibniz. In: Studia Leibnitiana, Suppl. 3 (1969), S. 173 - 189.
-, -: Schulenburg's Leibniz als Sprachforscher with some Observations on Leibniz and the Study of Language. In: Studia Leibnitiana 7, 1 (1975), S. 122 - 134.
AHLBORN, H.: Mitteilungen aus der Geschichte der mathematischen Gesellschaft zu Hamburg und aus den Werken einiger ihrer bedeutenderen Mitglieder in der ersten Zeit ihres Bestehens. Festschrift zur Feier des 50-jährigen Bestehens des Realgymnasiums des Johaneums in Hamburg. Hamburg 1884.
AHLBORN, Erich: Pädagogische Gedanken im Werke von Leibniz (Freie wiss. Arbeit im Rahmen d. Prüfung f. Diplom-Handelslehrer an d. Univ. Göttingen vorgel. am 5. Aug. 1968), maschinenschr., Göttingen 1968.
AITON, Erik J.: Leibniz: A Biography. Bristol and Boston 1985.
Der AKADEMIEGEDANKE im 17. und 18. Jahrhundert, hrsg. von Fritz Hartmann und Rudolf Vierhaus. Bremen, Wolfenbüttel 1977 (Wolfenbütteler Forschungen 3).
AKTEN des XIV. Internationalen Kongresses für Philosophie. Wien, 2. bis 9. September 1968, Bd. 5, Wien 1970.
AKTEN des [I.] Internationalen Leibniz-Kongresses, Hannover, 14. - 19.11.1966, Bd. 1 - 5, Wiesbaden 1968 - 71 (Studia Leibnitiana, Supplementa 1 - 5).
AKTEN des II. Internationalen Leibniz-Kongresses, Hannover 17. - 22.7.1972, Bd. 1 - 4, Wiesbaden 1973 - 75 (Studia Leibnitiana, Supplementa 12 - 15).
ALLO, Eliane: Leibniz précurseur de la sécurité sociale: quelques problèmes d'optimalité sociale à travers les notions opératoires de Wohlfahrt, d'harmonie et de calcul. In: Leibniz. Werk und Wirkung (siehe dort), S. 8 - 15.
AMBURGER, Erik: Beiträge zur Geschichte der deutsch-russischen kulturellen Beziehungen. Gießen 1961 (Gießener Abhandlungen zur Argrar- und Wirtschaftsforschung des europäischen Ostens 14).
-, -: Geschichte der Behördenorganisation Rußlands von Peter dem Großen bis 1917. Leiden 1966 (Studien zur Geschichte Osteuropas 10).
-, -: Die Mitglieder der Deutschen Akademie der Wissenschaften zu Berlin 1700 - 1950, Berlin 1950.
-, u.a. (Hrsg.): Wissenschaftspolitik in Mittel- und Osteuropa, Akademien und Hochschulen im 18. und beginnenden 19. Jahrhundert, Berlin 1976.
ANDERSON, Perry: Lineages of the Absolutiste State. London 1974.
ARNHEIM, Fritz: Freiherr Benedikt Skytte (1614 - 1683), der Urheber des Planes einer brandenburgischen "Universal-Universität der Völker, Wissenschaften und Künste". In: Beiträge zur brandenburgischen und preußischen Geschichte. Festschrift zu Gustav Schmollers 70. Geburtstag. Hrsg. vom Verein für Geschichte der Mark Brandenburg. Leipzig 1908, S. 65 - 99.
-, -: Die Universal-Universität des Großen Kurfürsten und ihre geistigen Urheber. In: Monatshefte der Comenius-Gesellschaft für Kultur und Geistesleben (= N.F.3) 1911, S. 19 - 35.
ARNSPERGER, Walther: Christian Wolffs Verhältnis zu Leibniz, Weimar 1897.
ARTELT, Walter: Vom Akademiegedanken im 17. Jahrhundert. In: Nova Acta Leopoldina N.F.36, Nr. 198 (Festgabe zum 70. Geburtstag des XXII. Präsidenten Kurt Mothes), Leipzig 1970, S. 9 - 22.
-, -: Christian Mentzel, Leibarzt des Großen Kurfürsten, Botaniker und Sinologe, Leipzig 1940.

ASCHENBACH, Joseph von: Die frühen Wanderjahre des Konrad Celtes und die Anfänge der von ihm errichteten gelehrten Sodalitäten, Wien 1869.

AUBIN, Hermann: Leibniz und die politische Welt seiner Zeit. In: G.W. Leibniz. Vorträge der aus Anlaß seines 300. Geburtstages in Hamburg abgehaltenen Tagung, hrsg. von der Redaktion der Hamburger Akademischen Rundschau, Hamburg 1946, S. 110 - 142.

AUCOC, Léon: L'Institut de France. Lois, Status et Règlements Concernant les Anciennes Académies et l'Institut de 1635 à 1889. Paris 1889.

BALLAUF, Theodor: Pädagogische Konsequenzen aus der Philosophie von Leibniz. In: Pädagogisches Denken in Geschichte und Gegenwart. Festschrift zum 65. Geburtstag v. J. Dolch, hrsg. v. Ingrid Schindler, Ratingen 1964, S. 145 - 154.

-, -/SCHALLER, Klaus: Pädagogik. Eine Geschichte der Bildung und Erziehung, Bd. 2: Vom 16. bis zum 19. Jahrhundert. Freiburg/München 1970 (Orbis Academicus. Problemgeschichten d. Wissenschaft, Bd. I/12).

BARNER, Wilfried: Barockrhetorik. Untersuchungen zu ihren geschichtlichen Grundlagen. Tübingen 1970.

BARRIÈRE; Pierre: La vie intellectuelle en France du XVIe sièlce à l'époque contemporaine, Paris 1961. - Reprint: 1971.

BARTHOLOMÈSS, Christian: Le grand Beausobre et ses amis ou la Société françoise à Berlin entre 1685 et 1740. Paris 1854 (Extrait du Bulletin de la Société de l'Histoire du Protestantisme français, Deuxième année, no 12).

-, -: Histoire philosophiqe de l'Académie de prusse depuis Leibniz jusqu'à Schelling, particulièrement sous Frédéric-le-grand. Tome premier. Paris 1850.

BARUZI, Jean: Leibniz. Avec de nombreux textes inédits ("La Pensée Chretienne"), Paris 1909.

-, -: Leibniz et l'organisation religieuse de la terre d'après des documents inédits, Paris 1907. - Reprint: Aalen 1975.

BAUMANN, Hasso: Hiob Ludolfs Anteil an den deutsch-russischen Beziehungen im 17. Jahrhundert und seine Bedeutung für die Entwicklung der slawischen Philologie und Rußlandkunde in Deutschland. In: E. Winter (Hrsg.), Die deutsch-russische Begegnung und Leonhard Euler (siehe dort), S. 86 - 93.

BAUMGART, Peter: Leibniz und der Pietismus. Universale Reformbestrebungen um 1700. In: Archiv für Kulturgeschichte 48 (1966), S. 364 - 386.

BECHER, Martin: Johann Joachim Bechers wirtschaftspädagogisches Wirken, Leipzig 1937.

BEHRENS, Friedrich: Die politische Ökonomie bis zur bürgerlichen Klassik, Berlin (Ost), 1962.

BELAVAL, Yvon: Pour connaître la pensée de Leibniz, Paris 1952 - 2. Aufl.: Leibniz: Initiation à sa philosophie, Paris 1962.

-, -: Gottfried Wilhelm Leibniz. In: The New Enzyclopaedia britannica 15 ed. Chicago, London etc.: Enzyclopaedia Britannica, Inc. 1974 Macropaedia Vol 10, S. 785 - 789.

BENEDIKT, Heinrich: Der Pascha-Graf Alexander von Bonneval. 1675 - 1747. Graz-Köln 1959.

BENZ, Ernst: Leibniz und Peter der Große. Der Beitrag Leibnizens zur russischen Kultur-, Religions- und Wirtschaftspolitik, Berlin 1947 (Leibniz zu seinem 300. Geburtstag, Lfg. 2).

-, -: Leibniz und die Wiedervereinigung der christlichen Kirchen. In: Zeitschrift f. Religions- und Geistesgeschichte 2 (1949/50), S. 97 - 113.

BERGMANN, Joseph: Über die Historia metallica seu numismatica Austriaca und Heraeus' zehn Briefe an Leibniz. In: Sitzungsberichte der Kaiserl. Akademie. Phil.-hist. Cl. 16, Wien 1855, S. 122 - 168.

-, -: Leibnizens Memoriale an den Kurfürsten Johann Wilhelm von der Pfalz wegen Errichtung einer Akademie der Wissenschaften in Wien vom 2. Oktober 1704. In: Sitzungsberichte der Kaiserl. Akademie der Wissenschaften. Phil.-hist. Cl. 16, Wien 1855, S. 3 - 22.

-, -: Leibniz als Reichshofrath in Wien und dessen Besoldung. In: Sitzungsberichte der Kaiserl. Akademie der Wissenschaften. Phil.-hist. Cl. 26, Wien 1858, S. 187 - 215.

-, -: Leibnitz in Wien, nebst fünf ungedruckten Briefen desselben über die Gründung einer Kaiserlichen Akademie der Wissenschaften an Karl Gustav Heraeus in Wien. In: Sitzungsberichte der Kaiserl. Akademie der Wissenschaften. Phil.-hist. Cl. 13, Wien 1854, S. 40 - 61.

BERLIN, 750 Jahre: Thesen, Berlin(Ost) 1986.

BERLINISCHE Lebensbilder Bd. 3: Wissenschaftspolitik in Berlin. Minister, Beamte, Ratgeber, hrsg. von Wolfgang TREUE und Karlfried GRÜNDER, Berlin 1987 (Einzelveröffentl. d. Historischen Kommission zu Berlin Bd. 60).

BERNHAGEN, Wolfgang: Johann Leonhard Frisch und seine Beziehungen zu Rußland. In: E. Winter (Hrsg.), Die deutsch-russische Begegnung und Leonhard Euler (siehe dort), S. 112 - 124.
BEUYS, Barbara: Der Große Kurfürst. Der Mann, der Preußen schuf. Reinbeck 1979.
BEYREUTHER, Erich: August Hermann Francke und die Anfänge der ökumenischen Bewegung, Leipzig 1957.
BIEDERMANN, Karl: Deutschland im 18. Jahrhundert, Bd. 2. Deutschlands geistige, sittliche und gesellige Zustände, Teil 1: Bis zur Thronbesteigung Friedrichs des Großen (1749). Leipzig 1858 - Reprint: Aalen 1969.
BIRCHER, Martin/INGEN, Ferdinand van (Hrsg.): Sprachgesellschaften, Sozietäten, Dichtergruppen, Hamburg 1978 (Wolfenbütteler Arbeiten zur Barockforschung, Bd. 7).
BITTNER, Konrad: J.A. Comenius und G.W. Leibniz. In: Zeitschrift für slavische Philologie 6 (1929), S. 115 - 145; 7 (1930), S. 53 - 93.
BITTNER, Konrad: Slavica bei G.W. Leibniz. In: Germanoslavica, Jg. I (1931/32), H.1, S. 3 - 31; H.2, S. 161 - 234 und 509 - 557.
BLACKALL, Eric A.: Die Entwicklung des Deutschen zur Literatursprache 1700 - 1775. Mit einem Bericht über neue Forschungsergebnisse 1955 - 1964 von D. Kimpel. Stuttgart 1966 (engl. Original 1959).
BLAICH, Fritz: Die Epoche des Merkantilismus, Wiesbaden 1973 (Wissenschaftliche Paperbacks 3. Sozial- und Wirtschaftsgeschichte).
BLAUFUSS, Dietrich: Korrespondenten von G.W. Leibniz. 3. Gottlieb Spizel aus Augsburg (1639 - 1691). Ein Anhänger Phil. Jac Speners, des Führers des lutherischen Pietismus. In: Studia Leibnitiana 5, 1 (1973), S.116 - 144.
BODEMANN, Eduard: Zwei Briefe von Leibniz betr. "Teutsche Gesellschaft" zu Wolfenbüttel, nebst zwei Briefen von J.G. Schottelius an Herzog August von Braunschweig-Wolfenbüttel. In: ZHVN (1899), S. 229 - 307.
-, -: Leibniz und die Königin Sophie Charlotte von Preußen. In: Illustrierte Deutsche Monatshefte, Folge 4, Bd. 5 (1880), S. 214 - 225.
-, -: Leibnizens volkswirtschaftliche Ansichten und Denkschriften. In: Preußische Jahrbücher 53 (1884), S. 378 - 404.
-, -: Leibnizens Entwürfe zu seine Annalen von 1691 und 1692. In: ZHVN (1885), S. 1 - 58.
-, -: Leibnizens Plan zu einer Societät der Wissenschaften in Sachsen. Mit bisher ungedruckten Handschriften. In: Neues Archiv f. Sächsische Geschichte und Altertumskunde 4 (1883), S. 177 - 214.
BÖGER, Ines: Der Spanheim-Kreis und seine Bedeutung für Leibniz' Akademiepläne. In: Studia Leibnitiana, Sonderh. 16 (1990), S. 201 - 217.
BÖHLE, Cilly: Die Idee der Wirtschaftsverfassung im deutschen Merkantilismus, Jena 1940 (Freiburger Staatswiss. Schriften 1).
BOG, Ingomar: Der Reichsmerkantilismus. Studien zur Wirtschaftspolitik des Heiligen Römischen Reiches im 17. und 18. Jahrhundert, Stuttgart 1959 (Forschungen zur Sozial- und Wirtschaftsgeschichte 1).
BOULLIER, Francisque: Une parfaite Académie d'après Bacon et Leibniz. In: Revue des deux mondes III, 29, Paris 1878, S. 673-697.
BRAMBORA, Josef: Comenius und Leibniz. In: Studia Leibnitiana, Supplementa 5 (1971), S. 55 - 71.
BRATHER, Hans-Stephan (Hrsg.): Leibniz und seine Akademie. Ausgewählte Quellen zur Geschichte der Berliner Sozietät der Wissenschaften 1697 - 1716. Berlin 1993.
-, -: Leibniz und Berlin. In: Spectrum (Monatszeitschrift d. Akademie d. Wissenschaften d. DDR), 18, 6 (1987), S. 30/31.
-, -: Leibniz und das Konzil der Berliner Sozietät der Wissenschaften. In: Studia Leibnitiana, Sonderh. 16 (1990), S. 218 - 230.
BRAUBACH, Max: Geschichte und Abenteuer. Gestalten um den Prinzen Eugen. München 1950.
-, -: Prinz Eugen von Savoyen, Bd. 5, Wien 1965.
BRAUER, Adalbert: Die kaiserliche Bücherkommission und der Niedergang Frankfurts als Buchhandelsmetropole Deutschlands. In: Genealogisches Jahrbuch 19 (1979), S. 185 - 199.
BRICKMANN, William: Swedish supranationalist in education, science, and culture: Bengt Skytte (1614 - 1683). In: Western European Education. 15. 1984, 4, S. 3 - 42.

BROCKDORFF, Cay von: Gelehrte Gesellschaften im XVIII. Jahrhundert, Kiel 1940 (Veröffentl. d. Hobbes-Gesellschaft 11).

BROWN, Harcourt: Scientific Organisations in 17th Century France (1620 - 80). Baltimore 1934. - Unveränd. Neudr., New York 1967.

BRUININGK, Hermann: Patkulania aus dem Livländischen Hofgerichts-Archiv. In: Mitteilungen aus dem Gebiete der Geschichte Liv-, Est-, und Kurlands 14 (1890), S. 131 - 143.

BUBENDEY, J.F.: Geschichte der Mathematischen Gesellschaft in Hamburg 1690 - 1890. In: Festschrift hrsg. von der Mathematischen Gesellschaft zu Hamburg anläßlich ihres 200-jährigen Jubelfestes 1890, Leipzig 1890, S. 8 - 103.

BUCK, August: Die humanistischen Akademien in Italien. In: Hartmann/Vierhaus, Akademiegedanke (siehe dort), S. 11 - 25.

BÜCKMANN, R[udolf]: Die Stellung der lutherischen Kirche des 16. und 17. Jahrhunderts zur Heidenmission und die gemeinsamen Bestrebungen von Leibniz und A.H. Francke zu ihrer Belebung. In: Zeitschrift f. kirchl. Wissenschaft und kirchl. Leben, 2. Jg., 1881, S. 362 - 389.

BURGELIN, Pierre: Théologie naturelle et théologie révelée chez Leibniz. In: Studia Leibnitiana, Suppl. 4 (1969), S. 1 - 20.

CARBONCINI, Sonia: Der Briefwechsel zwischen Leibniz und Christian Wolff. In: Leibniz. Tradition und Aktualität. Vorträge (siehe dort), S. 139 - 146.

CHLEDOWSKI, Casimir von: Rom und die Menschen des Barock, München 1912.

CHOUILLET, Jacques: Le problème de l'origine des langues au 18e siècle. In: Dixhuitième siècle 4 (1972), S. 39 - 60.

COLLANI, Claudia von: P. Joachim Bouvet S.J. Sein Leben und sein Werk (Monumenta Serica Monograph Series 17), Nettetal 1985.

-, - (Hrsg.): Eine wissenschaftliche Akademie für China. Briefe des Chinamissionars Joachim Bouvet S.J. an Gottfried Wilhelm Leibniz (Studia Leibnitiana, Sonderheft 18), Stuttgart 1989.

-, -: Die Figuristen in der Chinamission (Würzburger Sino-Japonica 8), Frankfurt/M. 1981.

-, -: Leibniz und der chinesische Ritenstreit. In: Leibniz. Tradition und Aktualität. Vorträge (siehe dort), S. 156 - 163.

CONRADS, Norbert: Ritterakademien der frühen Neuzeit. Bildung als Standesprivileg im 16. und 17. Jahrhundert (Schriftenreihe d. Historischen Kommission bei d. Bayerischen Akademie d. Wissenschaften 21), Göttingen 1982.

CONZE, Werner: Leibniz als Historiker (Leibniz zu seinem 300. Geburtstag 1646 - 1946, hrsg. von Erich Hochstetter), Berlin 1951.

COOK, Daniel J./ROSEMONT, Henry Jr.: The Pre-established Harmony between Leibniz' and Chinese thought. In: Journal of the History of Ideas 42 (1981), S. 253 - 267.

CORNEMANN, Klaus: Fruchtbringende Gesellschaft. Der Fruchtbringenden Gesellschaft geöffneter Erzschrein. Das Köthener Gesellschaftsbuch Fürst Ludwigs I. von Anhalt-Köthen 1617 - 1750. Weinheim 1985 (Acat humaniora), 3 Bde.

COUTURAT, Louis: La logique de Leibniz. Paris 1901.

-, -: Sur Leibniz fondateur d'académies. In: Ders., La logique de Leibniz. Paris 1901, S. 501 - 528.

DALTON, Hermann: Daniel Ernst Jablonski. Eine preußische Hofpredigergestalt in Berlin vor zweihundert Jahren. Berlin 1903.

DAVILLÉ, Louis: Leibniz historien. Essais sur l'activité et la méthode historique de Leibniz. Paris 1909. - Reprint: Aalen 1986.

-, -: Le séjour de Leibniz á Paris (1672 - 1676), in: Revue de la Société des Etudes Historiques Jg. 78 (1912), S. 5 - 57. (Wiederabdr.: Archiv f. Gesch. d. Philosophie (1920 - 23): Bd. 32, S. 142 - 149; Bd. 33, S. 67 - 78 u. 165 - 173; Bd. 34, S. 14 - 40 u. 136 - 141; Bd. 35, S. 50 - 61.).

DAVIS, Walter W.: China, the Confucian Ideal, and the European Age of Enlightenment. In: Journal of the History of Ideas 44,4 (1983), S. 523 - 548.

DEICHERT, Heinrich: Leibniz über die praktische Medizin und die Organisation der öffentlichen Gesundheitspflege. Sonderdr. aus d. Dt. Medizinischen Wochenschrift. N. 18 (1913).

DEPPERMANN, Klaus: Der hallesche Pietismus und der preußische Staat unter Friedrich III. (I.), Göttingen 1961.

DICKERHOFF, Harald: Gelehrte Gesellschaften, Akademien, Ordensstudien und Universitäten. Zur sogenannten "Akademiebewegung" vornehmlich im bayerischen Raum. In: ZBLG 45 (1982), S. 38 - 66.

DIERSE, Ulrich: Enzyklopädie. Zur Geschichte eines philosophischen und wissenschaftstheoretischen Begriffs, Bonn 1977 (Archiv f. Begriffsgeschichte. Supplementheft 2).

DILTHEY, Wilhelm: Die Berliner Akademie der Wissenschaften, ihre Vergangenheit und ihre gegenwärtigen Aufgaben. In: Deutsche Rundschau 103 (Juni 1900), S. 420 - 41: Die Akademie von Leibniz.

-, -: Leibniz und sein Zeitalter. In: W. Dilthey, Gesammelte Schriften, Bd. 3: Studien zur Geschichte des deutschen Geistes, hrsg. von Paul RITTER. Leipzig/Berlin 1927 (2. Aufl. Göttingen/Stuttgart 1959), 3 - 80.

-, -: Studien zur Geschichte des deutschen Geistes, hrsg. von P. Ritter (W. Dilthey, Gesammelte Schriften Bd. 3), Leipzig, Berlin 1927. - Darin: Leibniz und sein Zeitalter, S. 3 - 80.

DOMARUS, Max: Würzburger Kirchenfürsten aus dem Hause Schönborn. (Gerolzhofen): [Selbstverlag] 1951.

DOERRIES, Heinrich: Rußlands Eindringen in Europa in der Epoche Peters des Großen. Studien zur zeitgenössischen Publizistik und Staatenkunde. Königsberg und Berlin 1939 (Osteuropäische Forschungen, N.F. Nr. 26).

DÜLMEN, Richard van; Sozietätsbildungen in Nürnberg im 17. Jahrhundert. In: Gesellschaft und Herrschaft. Eine Festgabe f. Karl Bosl zum 60. Geburtstag, Red.: R. v. Dülmen. München 1969, S. 153 - 190.

-, -: Die Utopie einer christlichen Gesellschaft, Johann Valentin Andreae (1586 - 1654). Teil 1, Stuttgart - Bad Cannstatt 1978 (Kultur und Gesellschaft 2, 1).

DUMAS, Marie-Noëlle: Leibniz und die Medizin. In: Studia Leibnitiana, Sonderh. 7 (1978), S. 143 - 154.

-, -: La pensée d la vie chez Leibniz, Paris 1976.

-, -: Praxis, praktische Wissenschaft und Philosophie im 17. Jahrhundert. In: Studia Leibnitiana, Suppl. 19 (1980), S. 85 - 94.

DUNKEN, Gerhard: Die Deutsche Akademie der Wissenschaften zu Berlin in Vergangenheit und Gegenwart, Berlin/Ost 1958.

DUNNE, George H.: Das große Exempel. Die Chinamission der Jesuiten. Dt. Übers. Stuttgart 1965.

EICHLER, Ernst: Johann Leonhard Frisch und die russische Sprache. In: E. Winter (Hrsg.), Die deutsch-russische Begegnung und Leonhard Euler (siehe dort), S. 94 - 111.

EICKENJÄGER, Karl-G.: Unerwünschte Proselytenmacher. In: Spektrum. (Die Monatszeitschrift für den Wissenschaftler, hrsg. v. d. Akademie der Wissenschaften der DDR) 7/8 (1975), S. 66 - 68.

EISENHARDT, Ulrich: Die kaiserliche Aufsicht über Buchdruck, Buchhandel und Presse im Heiligen Römischen Reich Deutscher Nation (1496 - 1806). Ein Beitrag zur Geschichte der Bücher- und Pressezensur. Karlsruhe 1970 (Studien und Quellen zur Geschichte des dt. Verfassungsrechts, Reihe A: Studien 3).

EISENKOPF, Paul: Leibniz und die Einigung der Christenheit. Überlegungen zur Reunion der evangelischen und katholischen Kirche. München - Paderborn - Wien 1975 (Beiträge zur ökumenischen Theologie, hrsg. v. Heinrich Fries, Bd. 11).

ENNENBACH, Wilhelm: G.W. Leibniz' Beziehungen zu Museen und Sammlungen. Ein Beitrag zur Museumsgeschichte in der Periode der Frühaufklärung. In: Ders., Beiträge zu: Leibniz. Geowissenschaftliche Sammlungen. Berlin 1978 (Institut für Museumswesen. Schriftenreihe 10), S. 1 - 76.

Die ENTFALTUNG der Wissenschaft. Vorträge gehalten auf der Tagung der Joachim Jungius-Gesellschaft der Wissenschaften in Hamburg (Veröffentl. d. Joachim Jungius-Gesellschaft d. Wissenschaften) Hamburg 1957.

ERDBERG-KRCZENCIEWSKI, Robert von: Johann Joachim Becher. Ein Beitrag zur Geschichte der Nationalökonomik. Staatswissenschaftl. Studien, hrsg. v. L. Elster, VI/2, Jena 1896.

ERKELENZ Peter: Der Akademiegedanke im Wandel der Zeiten. Plädoyer für ein Deutschland-Institut (Akademische Vorträge und Abhandlungen, 29), Bonn 1968.

ERMAN, Jean-Pierre: Mémoires pour servir à l'histoire des réfugiés françois dans les etats du roi, Bd. 3, 1784.

-, -: Sur le projet d'un ville savante dans le Brandenbourg présenté à Fréderic Guillaume le Grand. Berlin 1792.

ERMAN, [Jean-Pierre]/RECLAM, [Pierre Chr. Fr.]: Mémoire historique sur la fondation des colonies françoises dans les états du roi publ. à l'occasion du Jubilé ... le 29. Oct. 1785, Berlin 1785.

ERNST, Gustav/ENGELHARDT Moritz von: Beyträge zur Kenntniß Rußlands und seiner Geschichte, Dorpat 1818.

EULENBURG, Franz: Die Frequenz der deutschen Universitäten von ihrer Gründung bis zur Gegenwart (Abhandlungen d. Philol.-Hist. Kl. d. Kgl. Sächs. Gesellschaft d. Wissenschaften Bd. 24), Leipzig 1904.

EUROPÄISCHE Hofkultur im 16. und 17. Jahrhundert III, hrsg. von August BUCK u.a., Hamburg 1981 (Wolfenbütteler Arbeiten zur Barockforschung, Bd. 10).

FAAK, Margot: Leibniz' Bemühungen um die Reichshofratswürde in den Jahren 1700 bis 1701. In: Studia Leibnitiana 12 (1980), S. 114 - 124.

-, -: Leibniz als Reichshofrat. Berlin (-Ost), Humboldt-Universität, Phil. Fak., Diss. (maschinenschr.) 1966.

FABER, Karl-Georg: Zum Verhältnis von Absolutismus und Wissenschaft, Mainz 1983 (Akademie d. Wissenschaften u. d. Literatur; Abhandlungen d. Geistes- u. sozialwissenschaftl. Klasse, Jg. 1983, Nr. 5).

FALCKENBERG, Richard: Geschichte der neueren Philosophie von Nikolaus von Kues bis zur Gegenwart, 9. Aufl. verb. u. erg. v. E. v. Aster, Berlin und Leipzig 1927.

FEDER, Johann G.: Sophie. Churfürstin von Hannover im Umriß. Hannover 1810.

FELBER, Hans-Joachim/FAAK, Margot: Leibniz und die Gründung der Berliner Sternwarte. In: Sternzeiten (zur 275 jährigen Geschichte der Berliner Sternwarte, der heutigen Sternwarte Babelsberg), Bd. 1 (Akademie der Wissenschaften der DDR. Veröffentlichungen des Forschungsbereichs Geo- und Kosmoswissenschaften, hrsg. v. H.-J. Treder, H. 6), Berlin/O. 1977, S. 13 - 25.

FELDKAMP, Elisabeth: Sprache - ein Spiel? Münster: Institut f. Allgem. Sprachwissenschaft <der Westf. Wilhelms-Univ.>, 1986.

FESTSCHRIFT hrsg. von der Mathematischen Gesellschaft zu Hamburg anläßlich ihres 200-jährigen Jubelfestes 1890, Leipzig 1890.

FEUERBACH, Ludwig: Geschichte der neueren Philosophie. Darstellung und Kritik der Leibnizschen Philosophie (Gesammelte Werke Bd. 3, hrsg. von W. Schuffenhauer), Berlin 1969.

FISCHER, Kuno: Gottfried Wilhelm Leibniz. Leben, Werke und Lehre, 5. Aufl. Heidelberg 1920 (Geschichte der neueren Philosophie 3).

FLECKENSTEIN, Joachim O.: Leibniz und die wissenschaftlichen Akademien. In: Leibniz-Faksimiles (siehe dort), S. 1 - 11.

-, -: Gottfried Wilhelm Leibniz. Barock und Universalismus, Thun, München 1958 (Plinius - Bücher 2).

FLEISCHER, Manfred P.: Katholische und lutherische Irenicker, Göttingen 1968. (Veröffentl. d. Gesellschaft f. Geistesgeschichte 4).

FLITNER, Wilhelm: Die wissenschaftliche und didaktische Reform des 17. Jahrhunderts. In: Die Entfaltung der Wissenschaft. Vorträge gehalten auf der Tagung der Joachim Jungius-Gesellschaft der Wissenschaften in Hamburg. 1957, S. 97 - 107.

FORBERGER, Rudolf: Johann Daniel Crafft. Notizen zu einer Biographie (1624 - 1697). In: Jahrbuch f. Wissenschaftsgeschichte, Berlin 1964, T. II/III, S. 63 - 79.

[FORMEY, Joh. Heinr. Samuel]: Histoire de l'Académie Royale des Sciences et Belles Lettres, depuis son origine j'usqu'à présent. Avec les pièces originales. A Berlin chez Haude et Spener etc. 1750.

FOUCHER DE CAREIL, Louis A.: Leibniz et les deux Sophies, Paris 1876 (Compte-rendu de l'Académie des Sciences morales et politiques 1876).

FRANKE, Otto: Leibniz und China: In: Zeitschrift der Deutschen Morgenländischen Gesellschaft, N.F. 7 (1928), S. 155 - 178.

-, -: Leibniz und China. 1946. In: G.W. Leibniz. Vorträge ... aus Anlaß seines 300. Geburtstages (siehe dort), S. 97 - 109.

FRAUENDIENST, Werner: Christian Wolff als Staatsdenker, Berlin 1927 (Historische Studien 171).

GAQUERRE, François: Le dialogue irénique Bossuet-Leibniz. La reunion des Églises en échec (1691 - 1702), Paris 1966.

GAUTSCH, [?]: Lebensbeschreibung des Dresdner Chronisten Anton Weck. In: Archiv für die Sächsische Geschichte, N.F. Bd. 1, Leipzig 1875, S. 349 - 368.

GEISSLER, Heinrich: Johann Amos Comenius als Wegbereiter evangelischen Missionsdenkens. In: Evangelische Missionszeitschrift 14 (1957), S. 74 - 82.

GERBER, Georg: Leibniz und seine Korrespondenz. In: Totok/Haase, Leibniz (siehe dort), S. 141 - 171.

GERBER, Georg: Die Neu-Atlantis des Francis Bacon und die Entstehung der Academia Naturae Curiosorum (Leopoldina) und der Sozietät der Wissenschaften in Berlin. In: Wissenschaftliche Annalen 4 (1955), H. 1, S. 552 - 560.

GERHARDT, Carl Immanuel: Tschirnhaus' Beteiligung an dem Plane, eine Akademie der Wissenschaften in Sachsen zu begründen. In: Berichte über die Verhandlungen der Königlich Sächsischen Gesellschaft der Wissenschaften zu Leipzig. Philosophisch-historische Classe 10 (1858), S. 88 - 93.

GESSINGER, Joachim: Sprache und Bürgertum. Sozialgeschichte sprachlicher Verkehrsformen im Deutschland des 18. Jahrhunderts, Stuttgart 1980.

GOERDT, Wilhelm: die "russische Idee" als Geschichtsphilosophie. In: Philosophisches Jahrbuch 75, 2 (1968), s. 366 - 381.

GÖRLAND, Albert: Der Gottesbegriff bei Leibniz. In: Philosophische Arbeiten, hrsg. v. H. Cohen u. P. Natorp, Bd. 1, H. 3, Gießen 1907, S 103 - 240.

GÖRLICH, Ekkehard: Leibniz als Mensch und Kranker (Diss.), Hannover 1987.

GOLDFRIEDRICH, Johann: Geschichte des Deutschen Buchhandels vom Westfälischen Frieden bis zum Beginn der klassischen Literaturperiode (1648 - 1740). Leipzig 1908 (Geschichte des Deutschen Buchhandels 2).

GOLLWITZER, Heinz: Geschichte des weltpolitischen Denkens, Bd. 1: Vom Zeitalter der Entdeckungen bis zum Beginn des Imperialismus. Göttingen 1972. - Kap. 2, Abschn. 3: Projektemacherei des Barockzeitalters.

-, -: Leibniz als weltpolitischer Denker. In: Studia Leibnitiana, Sonderheft 1 (1969), S. 12 - 37.

GRAU, Conrad: Akademiegründungen in Europa - Spiegelbild gesellschaftlichen und wissenschaftlichen Umbruchs. In: Spektrum (Monatszeitschrift d. Akademie d. Wissenschaften d. DDR), 6, 2 (1975), S 21 ff.

-, -: Anfänge der neuzeitlichen Berliner Wissenschaft. 1650 - 1790. In: Wissenschaft in Berlin. Von den Anfängen bis zum Neubeginn nach 1945, Berlin (Ost) 1987, S. 14 - 95.

-, -: Petrinische kulturpolitische Bestrebungen und ihre Einfluß auf die Gestaltung der deutschrussischen wissenschaftlichen Beziehungen im ersten Drittel des 18. Jahrhunderts. Phil. Habilschr. Humboldt-Univ. Berlin 1966 (Maschinenschr.).

-, -: "... das Werk samt der Wissenschaft auf den Nutzen ausrichten ..." Aus der Frühgeschichte der Berliner und der Petersburger Akademie der Wissenschaften. In: Jahrbuch für Wirtschaftsgeschichte (1975) T.2, S. 137 - 159.

GRIESER, Rudolf: Leibniz' Bemerkungen über den Berliner Hof, ein Bild aus hannoverscher Sicht. In: Niedersächsisches Jahrbuch für Landesgeschichte 38 (1966), S. 185 - 195.

-, -: Leibniz und das Problem der Prinzenerziehung. In: Totok/Haase, Leibniz (siehe dort), S. 511 - 533.

GRIGORYAN, Achot T.: Leibniz and Russia. In: Organon 7 (1970), S. 195 - 208.

GRIMM, Tilemann: China und das Chinabild von Leibniz. In: Studia Leibnitiana, Sonderheft 1 (1969), S. 38 - 61.

GRMEK, Mirko D.: Leibniz et la Médecine pratique. In: Leibniz. Aspects de l'homme et de l'oeuvre (siehe dort), S. 145 - 177.

GROH, Dieter: Rußland und das Selbstverständnis Europas. Ein Beitrag zur europäischen Geistesgeschichte. (Politica, Abhandlungen und Texte zur politischen Wissenschaft, hrsg. von W. Hennis und R. Schnur, Bd. 3), Neuwied 1961.

GROTE, Ludwig: Leibniz und seine Zeit, Hannover 1869. - 2. Aufl. 1870.

GRÜNEBERG, Horst: Die Anfänge des Göttinger beruflichen Schulwesens und der geistige Anteil von Professoren der Universität an dieser Entwicklung. In: Göttinger Jahrbuch (1966), S. 163 - 199.

GSCHLIESSER, Oswald von: Der Reichshofrat. Bedeutung und Verfassung, Schicksal und Besetzung einer obersten Reichsbehörde von 1559 bis 1806. Wien 1942 (Veröffentlichungen der Kommission für neuere Geschichte des ehemaligen Österreichs 33).

GUERRIER, W[ladimir]: Leibniz in seinen Beziehungen zu Rußland und Peter den Großen. Eine geschichtliche Darstellung dieses Verhältnisses nebst den darauf bezüglichen Briefen und Denkschriften. St. Petersburg und Leipzig 1873. - Repr. Hildesheim 1975.

GUHRAUER, Gottschalk E.: Gottfried Wilhelm Freiherr von Leibnitz. Eine Biographie. Th. 1 - 2, Berlin 1842 (2. Aufl. Breslau 1846).

-, -: Joachim Jungius und sein Zeitalter nebst Goethe's Fragmenten über Jungius, Stuttgart 1850.

GUITTON, Jean: La Pensée oecumenique de Leibniz. In: Studia Leibnitiana, Suppl. 4 (1969), S. 38 - 51.

HAASE, Carl: Leibniz als Politiker und Diplomat. In: Totok/Haase (Hrsg.), Leibniz (siehe dort), S. 195 - 226.

HAASE, Erich: Einführung in die Literatur des Refuge. Der Beitrag der französische Protestanten zur Entwicklung analytischer Denkformen am Ende des 17. Jahrhunderts, Berlin 1959.

HAHN, Roger: The Anatomy of Scientific Institution: the Paris Academy of Sciences, 1666 - 1803. Berkeley - Los Angeles - London 1971.

HAHNE, Otto: Die deutsche Gesellschaft in Wolfenbüttel .In: Magdeburgische Zeitung, Montagsblatt, Nr. 13 vom 25.03.1912, S. 102/03; Nr. 14 vom 1.4.1912, S. 107/09.

HAKEMEYER, Ulla: Leibniz' Bibliotheca Boineburgica. In: Zeitschrift für Bibliotheksinteressen und Bibliographie 14 (1967), S. 219 - 238.

HAMANN, Günther: Geistliche Forscher- und Gelehrtenarbeit im China des 17. und 18. Jahrhunderts. In: Österreich und Europa. Festgabe für Hugo Hantsch zum 70. Geburtstag, hrsg. v. Institut f. österr. Geschichtsforschung u. v. d. Wiener Katholischen Akademie, Graz - Wien - Köln 1965, S. 49 - 67.

-, -: Leibnizens Plan einer Wiener Akademie der Wissenschaften. In: Studia Leibnitiana, Suppl. 12 (1972), S. 205 - 227.

-, -: G.W. Leibniz und Prinz Eugen. Auf den Spuren einer geistigen Begegnung. In: Beiträge zur Neueren Geschichte Österreichs (Veröffentlichungen des Instituts für österreichische Geschichtsforschung Bd. XX), 1974, S. 206 - 224.

-, -: Prinz Eugen und die Wissenschaften. In: Österreich in Geschichte und Literatur, Jg. 7, 1963 (Sondernummer zum 300. Geburtstag des Prinzen Eugen), S. 28 - 42.

HAMMERMAYER, Ludwig: Akademiebewegung und Wissenschaftsorganisation. Formen, Tendenzen und Wandel in Europa während der zweiten Hälfte des 18. Jahrhunderts. In: Wissenschaftspolitik in Mittel- und Osteuropa, hrsg. von E. Amburger u.a., Berlin 1976, S. 1 - 84; auch als Sonderdruck erschienen.

-, -: Europäische Akademiebewegung und italienische Aufklärung. Gedanken und Notizen zu Alfred Noyer-Weidners Bild der Aufklärung in Oberitalien. In: Historisches Jahrbuch 81 (1962), S. 247 - 263.

-, -: Gründungs- und Frühgeschichte der Bayerischen Akademie der Wissenschaften (Münchener historische Studien, hrsg. v. M. Spindler, Bd. IV), Kallmünz/Opf. 1959.

HAMMERSTEIN, Notker: Zur Geschichte der deutschen Universität im Zeitalter der Aufklärung. In: H. Rössler/G. Franz (Hrsg.), Universität und Gelehrtenstand (siehe dort), S. 145 - 182.

HAMMITZSCH, Ulrich/WEGGEL, Oscar: Zentralregierung, in: China-Handbuch, Düsseldorf 1974, S. 1611 - 1620.

HANTSCH, Hugo: Reichsvizekanzler Friedrich Karl v. Schönborn (1674 - 1746). Augsburg 1929 (Salzburger Abhandlungen und Texte aus Wissenschaft und Kunst 2).

HARNACK, Adolf: Geschichte der Königlich Preußischen Akademie der Wissenschaften zu Berlin, Bd. 1 - 3, Berlin 1900. - Reprint: Hildesheim 1970.

-, -: Das geistige und wissenschaftliche Leben in Brandenburg-Preußen um das Jahr 1700. In: Hohenzollern - Jahrbuch, 4. Jg. (1900), S. 170 - 191.

-, -: Leibniz und Wilhelm von Humboldt als Begründer der Königlich Preußischen Akademie der Wissenschaften. In: Ders., Aus Wissenschaft und Berlin, Bd. 1, Gießen 1911, S. 23 - 37. Auch in: Preußisches Jahrbuch 140 (1910), S. 197 - 208.

HARNACK, Axel von: Die Akademien der Wissenschaft. In: Handbuch der Bibliothekswissenschaft, hrsg. von Franz Milkan, Bd. 1, Leipzig 1931, S. 850 - 876.

HARTKOPF, Werner: Die Akademie der Wissenschaften der DDR. Ein Beitrag zu ihrer Geschichte. Berlin 1975.

-, -: Die Akademie der Wissenschaften der DDR. Ein Beitrag zu ihrer Geschichte. Biographischer Index. Berlin/O. 1983. - Erweit. Neuausgabe: Die Berliner Akademie der Wissenschaften. Ihre Mitglieder und Preisträger 1700 - 1990, Berlin 1992.

HARTKOPF, Werner/DUNKEN, Gerhard: Von der brandenburgischen Sozietät der Wissenschaften zur Deutschen Akademie der Wissenschaften zu Berlin, Berlin/O. 1967.

HARTMANN, Helfried: Die Leibniz-Ausgabe der Berliner Akademie. In: Blätter für Deutsche Philosophie 13 (1939), S. 408 - 421.

HARTMANN, Fritz/HENSE, Wolfgang: Die Stellung der Medizin in Leibniz' Entwürfen für Sozietäten. In: Studia Leibnitiana, Sonderh. 16 (1990), S. 241 - 252.

HARTMANN, Fritz/KRÜGER, Matthias: Directiones ad rem Medicam pertinentes. Ein Manuskript G.W. Leibnizens aus den Jahren 1671/72 über die Medizin. In: Studia Leibnitiana 8,1 (1978), S. 40 - 68.

-, -/-, -: Methoden ärztlicher Wissenschaft bei Leibniz. In: Studia Leibnitiana, Suppl. 12 (1973), S. 235 - 247.

HARTMANN, Fritz/VIERHAUS, Rudolf (Hrsg.): Der Akademiegedanke im 17. und 18. Jahrhundert, Bremen und Wolfenbüttel 1977 (Wolfenbütteler Forschungen, Bd. 3).

HARTWEG, Frédéric: Die Hugenotten in der Berliner Akademie. In: Humanismus und Naturrecht in Berlin - Brandenburg - Preußen. Ein Tagungsbericht, hrsg. von H. Thieme u.a., Berlin - New York 1979, S. 182 - 205.

HASSINGER, Herbert: Johann Joachim Becher 1635 - 1682. Ein Beitrag zur Geschichte des Merkantilismus, Wien 1951 (Veröffentl. d. Kommission f. Neuere Geschichte Österreichs 38).

HAUPT, Moritz: Die Beziehungen Leibnizens zur Entwicklung der deutschen Sprache und Literatur. Festrede gehalten am 4. Juli 1861 zur Feier des Leibnizschen Jahrestages. In: Monatsberichte d. Kgl. Preuß. Akademie d. Wissenschaften zu Berlin 1861, 2 (1862), S. 619 - 637.

HAZARD, Paul: Die Krise des europäischen Geistes 1680 - 1715, Hamburg 1939.

HECKSCHER, Eli Filip: Der Merkantilismus, Jena 1932.

HEIMPEL-MICHEL, Elisabeth: Die Aufklärung. Eine historisch-systematische Untersuchung, Langensalza 1928.

HEINEKAMP, Albert: Louis Dutens und die erste Gesamtausgabe der Werke von Leibniz. In: Leibniz. Werk und Wirkung (siehe dort), S. 263 - 272.

-, -: Gottfried Wilhelm Leibniz. In: Klassiker des philosophischen Denkens, hrsg. v. Norbert Hoerster, 5. Aufl., München 1992 (dtv Wissenschaft 4386), Bd. 1, S. 274 - 320.

-, -: Leibniz' letzter Aufenthalt in Wien (Mitte Dezember 1712 - 3. September 1714). In: Akten des XIV. Internationalen Kongresses für Philosophie, Bd. 5, Wien 1970, S. 542 - 549.

-, -: Natürliche Sprache und Allgemeine Charakteristik bei Leibniz. In: Studia Leibnitiana, Suppl. 15 (1975), S. 257 - 286.

-, -: Sprache und Wirklichkeit nach Leibniz. In: History of linguistic thought and contemporary linguistic, ed. Herman Parret. Berlin, New York 1976, S. 518 - 570.

HEINTZ, Günter: Point de vue. Leibniz und die These vom Weltbild der Sprache. In: Zeitschrift f. dt. Altertum u. dt. Literatur 98, 3 (1969), S. 216 - 40.

HEITMÜLLER, Wilhelm: Leibniz als Wirtschaftspolitiker. In: Schmollers Jahrbuch f. Gesetzgebung, Verwaltung u. Volkswirtschaft, N.F. 63, Jg. (1939), S. 77 - 97.

HERBRICH, Elisabeth: Die Leibnizsche Unionspolitik im Lichte seiner Metaphysik. In: Salzburger Jahrbuch f. Philosophie u. Psychologie 3 (1959), S. 113 - 136.

HENRICI, Peter: Herméneutique, Oecumenisme et Religion historique. Le cas Leibniz. In: L'Herméneutique de la Liberté Religieuse. Paris 1968 (Actes du colloque organisé par le Centre international d'Études Humanistes et par l'Institut d'Études Philosophiques de Rome, Rome, 7. - 12. Janvier 1968), S. 553 - 561.

HERING, Carl W.: Geschichte der kirchlichen Unionsversuche seit der Reformation bis auf unsere Zeit, 2 Bde., Leipzig 1838.

HERRING, Herbert: Die Problematik der Leibnizschen Gottesbeweise und Kants Kritik der spekulativen Theologie. In: Studia Leibnitiana, Suppl. 4 (1969), S. 21 - 37.

HERMANN, Karl: Das Staatsdenken bei Leibniz, Bonn 1958 (Schriften zur Rechtslehre und Politik 10).

HESTERMEYER, Wilhelm: Paedagogia Mathematica. Idee einer universellen Mathematik als Grundlage der Menschbildung und der Didaktik Erhard Weigels, zugleich ein Beitrag zur Geschichte des pädagogischen Realismus im 17. Jahrhundert. Paderborn 1969.

HEUBAUM, Alfred: Johann Joachim Becher. Ein Beitrag zur Geistesgeschichte des 17. Jahrhunderts. In: MHCG Bd. 9, H. 5 u. 6 (1900), S. 154 - 174.

-, -: Geschichte des Deutschen Bildungswesens seit der Mitte des siebzehnten Jahrhunderts, Bd. 1, Berlin 1905.

-, -: Christoph Semlers Realschule und seine Beziehung zu A.H. Francke. In: Neue Jahrbücher f. Philologie u. Pädagogik, 2. Abt., 39. Jg., Leipzig 1893/2. Heft, S. 65 - 77.

HEUVEL, Gerd van den: Leibniz in Berlin. Ausstellung im Schloß Charlottenburg, 10. Juni - 22. Juli 1987 (Aus Berliner Schlössern. Kleine Schriften IX), Berlin 1987.

-, -: Leibniz zwischen Hannover und Berlin. In: Studia Leibnitiana, Sonderheft 16 (1990), S. 271 - 280.

HEYMANN, Ernst: Bücherprivilegien und Zensur in ihrer Bedeutung für die Sozietätsgründung durch Leibniz im Jahre 1700. In: Sitzungsberichte d. Preuß. Akad. d. Wiss. zu Berlin, 1932, S. XCIII - CX.

HIERL, Anton: Die apriorischen Gottesbeweise im onto-logischen System des G.W. Leibniz. Bogen 1977 (maschinenschr.).

HINRICHS, Carl: Der Große Kurfürst. 1620 - 1688. In: Ders., Preußen als historisches Problem (siehe dort) S. 227 - 252.

-, -: König Friedrich I. von Preußen. Die geistige und politische Bedeutung seiner Regierung. In: Ders., Preußen als historisches Problem (siehe dort), S. 253 - 271.

-, -: Der Hallische Pietismus als politisch-soziale Reformbewegung des 18. Jahrhunderts. In: Ders., Preußen als historisches Problem (siehe dort), S. 171 - 184.

-, -: Die Idee des geistigen Mittelpunktes Europas im 17. und 18. Jahrhundert. In: Ders., Preußen als historisches Problem (siehe dort), S. 272 - 298 (auch in: Das Hauptstadtproblem in der Geschichte. Festgabe zum 90. Geburtstag Friedrich Meineckes (Jahrbuch für Geschichte des deutschen Ostens Bd. 1), Tübingen 1952, S 85 - 109).

-, -: Preußen als historisches Problem. Gesammelte Abhandlungen, hrsg. von Gerhard Oestreich. Berlin 1964 (Veröffentl. d. Historischen Kommission zu Berlin beim Friedrich-Meinecke-Institut d. Freien Universität Berlin Bd. 10).

HINRICHS, Ernst (Hrsg.): Absolutismus (suhrkamp taschenbuch wissenschaft, 535), Frankfurt/M. 1986.

HINTZE, Otto: Die Hohenzollern und ihr Werk. Fünfhundert Jahre vaterländischer Geschichte. Berlin 19169.

-, -: Regierung und Verwaltung (Gesammelte Abhandlungen zur Staats-, Rechts- und Sozialgeschichte Preußens, Bd. III), hrsg. von Gerhard Oestreich, Göttingen 19672.

HINZ, Walther: Peters des Großen Anteil an der wissenschaftlichen und künstlerischen Kultur seiner Zeit. Breslau 1933.

HO, John: Quellenuntersuchungen zur China-Kenntnis bei Leibniz und Wolff (Diss.), Hongkong 1962.

HOCHSTETTER, Erich: Zu Leibniz' Gedächtnis. Eine Einleitung. Leibniz zu seinem 300. Geburtstag, Lfg. 3, Berlin 1948.

-, -: Leibniz als geistesgeschichtliches Problem. In: Studia Leibnitiana, Sonderheft 1 (1969), S. 89 - 104.

HÖCK, J[ohann] K.: Geschichte des Langeschen Entwurfs einer Societas universalis Recognoscentium. In: Ders., Miscellen, Gmünd 1815, S. 76 - 94.

HOFFMANN von FALLERSLEBEN, [August Heinrich]: Leibnitz im Verhältnis zur deutschen Sprache und Litteratur. In: Weimarisches Jahrbuch 3 (1855), S. 88 - 110.

HOLZ, Hans-Heinz: Herr und Knecht bei Leibniz und Hegel. Zur Interpretation der Klassengemeinschaft. Neuwied und Berlin 1968.

-, -: Leibniz, Stuttgart 1958; überarb. u. stark erweiterte Neuauflage: G.W. Leibniz. Eine Monographie, Leipzig 1983 (Reclams Universal-Bibliothek 964).

HOLZE, Erhard: Gott als Grund der Welt im Denken des Gottfried Wilhelm Leibniz. Studia Leibnitiana, Sonderh. 20 (1991).

HSIUNG, Wei: Leibniz und Kang-hsi (Cam - hy). In: Leibniz. Tradition und Aktualität (siehe dort). Vorträge II. Teil, S. 244 - 247.

HUBER, Alfons: Geschichte der Gründung und der Wirksamkeit der Kaiserlichen Akademie der Wissenschaften während der ersten fünfzig Jahre ihres Bestehens, Wien 1897.

HUBER, Kurt: Leibniz. Der Philosoph der universalen Harmonie, hrsg. von Inge Köck in Verbindung mit Clara Huber, München 1951. - Unveränd. Neudruck: München - Zürich 1989.

HUBERTI, F.H.: Leibnizens Sprachverständnis, unter besonderer Berücksichtigung des 3. Buches der <Neuen Untersuchungen über den Verstand>. In: Wirkendes Wort 16 (1966), S. 361 - 375.

HÜBNER, Wolfgang: Negotium irenicum - Leibniz' Bemühungen um die brandenburgische Union. In: Studia Leibnitiana, Sonderh. 16 (1990), S. 120 - 169.

-, -: Der Praxisbegriff der aristotelischen Tradition und der Praktizismus der Prämoderne. In: Studia Leibnitiana, Suppl. 19 (1980), S. 41 - 59.

-, -: Sinn und Grenzen des Leibnizschen Optimismus. In: Studia Leibnitiana 10, 2 (1978), S. 222 - 246.

HÜLSEN, Friedrich: Leibniz als Pädagoge und seine Ansichten über Pädagogik. Berlin 1874.

HUMMEL, Gerhard: Die humanistischen Sodalitäten und ihr Einfluß auf die Entwicklung des Bildungswesens der Reformationszeit, Leipzig 1940.

HUONDER, Anton: Die deutsche Jesuitenmission des 17. und 18. Jahrhunderts, Freiburg i. B. 1899.

INDEX biographique de l'Académie des sciences du 22 décembre 1666 au 1er octobre 1978, [publ. par l']Institut de France, Paris 1979.

JWANICKI, Joseph: Leibniz et les démonstrations mathématiques de l'existence de Dieu. Straßburg 1933.

JALABERT; Jacques: Le Dieu de Leibniz, Paris 1960.

JAMES, William: Der Pragmatismus. Ein neuer Name für alte Denkmethoden. Übers. v. Wilhelm Jerusalem. Mit e. Einl. hrsg. v. Klaus Oehler, Hamburg 1977 (Philosophische Bibliothek 297).

JANELL, Walther: Ermahnung an die Teutschen. Leipzig 1925, S. 1 - 37.

JAUCH, Ursula P.: Leibniz und die Damenphilosophie: Zu einem besonderen Aspekt der Popularphilosophie. In: Leibniz. Tradition und Aktualität (siehe dort). Vorträge (1988), S. 385 - 392.

JORDAN, George J.: The Reunion of the Churches. A Study of G.W. Leibniz and his great attempt. London 1927.

JUNGE, Walter: Leibniz in diplomatischer Mission für Hannover am Wiener Kaiserhof (1712 - 1714). In: Niedersachsen. Zeitschrift für Heimat und Kultur, 70. Jg. (1970), S. 168 - 174.

KABITZ, Willy: Die Bildungsgeschichte des jungen Leibniz. In: Zeitschrift für Geschichte der Erziehung und des Unterrichts 2, H. 3 (1912), S. 164 - 184.

-, -: Die Philosophie des jungen Leibniz. Untersuchungen zur Entwicklungsgeschichte seines Systems. Heidelberg 1909. - Reprint: Hildesheim 1974.

KAMINSKI, Gerd/UNTERRIEDER, Else: Von Österreichern und Chinesen, Wien - München - Zürich, 1980.

KANTHAK, Gerhard: Der Akademiegedanke zwischen utopischem Entwurf und barocker Projektemacherei. Zur Geistesgeschichte der Akademiebewegung des 17. Jahrhunderts. Berlin 1982 (Historische Forschungen, Bd. 34).

KANTHAK, Katharina: Leibniz. Ein Genius der Deutschen, Berlin 1946.

KATHE, Heinz: Friedrich Wilhelm I., der "Soldatenkönig". In: Preußen. Legende und Wirklichkeit, bearb. u. zusammengestellt v. Peter Bachmann und Inge Knoth. Mit e. Vorbemerkung v. Horst Bartel. Berlin/O. 1983, S. 47 - 58.

KELLER, Ludwig: Akademien, Logen und Kammern des 17. und 18. Jahrhunderts (Vorträge und Aufsätze aus der Comenius-Gesellschaft, 22. Jg., 2. St.), Jena 1912.

-, -: Comenius und die Akademien der Naturphilosophen des 17. Jahrhunderts. 3 Teile. In: MHCG 4 (1895), S. 1 - 28, 69 - 96, 133 - 184.

-, -: Gottfried Wilhelm Leibniz und die deutschen Sozietäten des 17. Jahrhunderts. In: MHCG 12 (1903), S. 141 - 155.

KELLER, Mechthild: Wegbereiter der Aufklärung: Gottfried Wilhelm Leibniz' Wirken für Peter den Großen und sein Reich. In: Russen und Rußland aus deutscher Sicht (siehe dort), S. 391 - 413.

KERN, Marie: Daniel Georg Morhof (Diss.), Landau/Pfalz 1928.

KESSLER, Lawrence D.: K'ang-hsi and the Consolidation of Ch'ing Rule 1661 - 1684. Chicago and London 1976.

KEYWORTH, Donald R.: Modal proofs and disproofs of God. In: Personalist 50 (1969), S. 33 - 52.

KIEFL, Franz X.: Der europäische Freiheitskampf gegen die Hegemonie Frankreichs auf geistigem und politischem Gebiet. Leibniz. Mainz, Kirchheim 1913 (Weltgeschichte in Charakterbildern 4).

-, -: Der Friedensplan des Leibniz zur Wiedervereinigung der getrennten christlichen Kirchen aus seinen Verhandlungen mit dem Hof Ludwigs XIV., Leopolds I. und Peters des Großen. Paderborn 1903.

-, -: Leibniz und der Gottesgedanke. In: Ders., Katholische Weltanschauung und modernes Denken (2. u. 3. Aufl.), Regensburg 1922, S. 57 - 81.

-, -: Leibniz und die religiöse Wiedervereinigung Deutschlands, Regensburg 1925.

KIRCHNER, Friedrich: Gottfried Wilhelm Leibniz. Sein Leben und Denken, Köthen 1876.

-, -: Leibnitz' Stellung zur katholischen Kirche, mit besonderer Berücksichtigung seines sogenannten Systema theologicum. Berlin 1874.

KIRCHNER, Joachim: Ausgewählte Aufsätze aus Paläographie, Handschriftenkunde, Zeitschriftenwesen und Geistesgeschichte. Zum 80. Geburtstag des Verfassers am 22.8.1970 hrsg. v. Verlag Anton Hiersemann. Stuttgart 1970.

-, -: Zur Entstehungs- und Redaktionsgeschichte der Acta Eruditorium. In: Ders., Ausgewählte Aufsätze (siehe dort), S. 153 - 172 (= erweiterte Fassung des gleichnamigen Aufsatzes, in: Archiv für Buchgewerbe und Gebrauchsgraphik, Leipzig 1928, H. 4, S. 75 - 89).

-, -: Ein unbekanntes eigenhändiges Schriftstück von Leibniz. In: Ders., Ausgewählte Aufsätze (siehe dort), S. 82 - 88. - Zuerst in: Die Bibliothek und ihre Kleinodien. Festschrift zum 250 jährigen Jubiläum der Leipziger Stadtbibliothek. Hrsg. v. Johannes Hoffmann, Leipzig 1927, S. 49 - 53.

KIRCHNER, Joachim: Das Deutsche Zeitschriftenwesen. Seine Geschichte und seine Probleme. Bd. I: Von den Anfängen bis zum Zeitalter der Romantik. 2., erw. Aufl., Wiesbaden 1958.

KLEINERT, Paul: Vom Anteil der Universität an der Vorbildung für's öffentliche Leben. Rede bei Antritt des Rektorats ... der Kgl. Friedrich Wilhelm Universität am 15. Oktober 1885. Berlin 1885.

KLOPP, Onno: Zur Ehrenrettung von Leibnitz. Sendschreiben an die Königliche Akademie der Wissenschaften zu Berlin. Berlin 1878.

-, -: Leibniz' Plan der Gründung einer Sozietät der Wissenschaften in Wien. Aus dem handschriftlichen Nachlasse von Leibniz in der Königl. Bibliothek zu Hannover dargestellt. In: Archiv für österreichische Geschichte 40 (1868), S. 157 - 255.

-, -: Über Leibniz als Stifter wissenschaftlicher Akademien. In: Verhandlungen der 23. Versammlung deutscher Philologen und Schulmänner in Hannover (27. - 30. September 1864), Leipzig 1865, S. 44 - 58.

-, -: Das Verhältnis von Leibniz zu den kirchlichen Reunionsversuchen in der zweiten Hälfte des 17. Jahrhunderts. In: ZHVN (1860), S. 246 - 273.

KLUTSTEIN-ROJTMAN, Ilona/WERBLOWSKY, R.J. ZWI: Leibniz: De cultu Confucii civili. Introduction, édition du texte et traduction. In: Studia Leibnitiana 16, 1(1984), S. 93 - 101.

KNABE, Lotte: Leibniz' Bemühungen um die Union der beiden Kirchen reformatorischen Bekenntnisses. In Studia Leibnitiana, Suppl. 4 (1969), S. 52 - 62.

-, -: Leibniz' Vorschläge zum Archiv- und Registraturwesen. In: Archivar und Historiker. Festschrift f. H.O. Meisner, Berlin 1956, S. 107 - 120.

KNEALE, William: Leibniz and the picture theory of language. In: Revue interntational de philosophie 20 (1966), Fasc. 2 - 3, Nr. 76 - 77, S. 204 - 215.

KNOBLOCH, Eberhard: Die Astronomie an der Sozietät der Wissenschaften. In: Studia Leibnitiana, Sonderheft 16 (1690), S. 231 - 240.

KNOOP, Mathilde: Kurfürstin Sophie von Hannover (Veröffentlichungen der Historischen Kommission f. Niedersachsen 32. Niedersächsische Biographien I), Hildesheim 1964.

KÖNIG, Gebhard: Peter Lambeck (1628 - 1680). Leben und Werke mit besonderer Berücksichtigung seiner Tätigkeit als Präfekt der Hofbibliothek in den Jahren 1663 - 80. Wien, Universität, Phil. Fak., Diss. 1975.

KORNINGER, Siegfried: G.W. Leibnizens Sprachauffassung. In: Die Sprache. Zeitschrift f. Sprachwissenschaft 4 (1958), S. 4 - 14.

KOSER, R.: Kurfürstin Sophie Charlotte und Eberhard von Danckelmann. In: Märkische Forschungen, hrsg. von dem Vereine für Geschichte der Mark Brandenburg, Bd. 20, Berlin 1887, S. 225 - 233.

KRAMER, Gustav: August Hermann Francke. Ein Lebensbild. Bd. 1 und 2, Halle 1880/82.

KRAUS, Andreas: Bürgerlicher Geist und Wissenschaft. Wissenschaftliches Leben im Zeitalter des Barock und der Aufklärung in Augsburg, Regensburg und Nürnberg (Archiv f. Kulturgeschichte 40), 1967.

-, -: Vernunft und Geschichte. Die Bedeutung der deutschen Akademien für die Entwicklung der Geschichtswissenschaft im späten 18. Jahrhundert. Freiburg, Basel, Wien 1963.

KRAUSS, Werner: Entwicklungstendenzen der Akademien im Zeitalter der Aufklärung. In: Ders. Studien zur deutschen und französischen Aufklärung (siehe dort), S. 41 - 63.

-, -: Studien zur deutschen und französischen Aufklärung, Berlin-Ost 1963 (Neue Beiträge zur Literaturwissenschaft 16).

KROLL, Maria: Sophie, Electress of Hannover. A personal portrait. London 1973.

KRÜGER, Matthias: Leibniz' Vorstellungen zur Organisation eines öffentlichen Gesundheitswesens. In: Studia Leibnitiana, Suppl. 12 (1973), S. 229 - 234.

KÜHN, Margarete: Leibniz und China. In: China und Europa (siehe dort), S. 30 - 36.

KUHNERT, Ernst: Geschichte des Buchhandels (neu bearb. v. Hans WIDMANN). In: Handbuch der Bibliothekswissenschaft, hrsg. v. Georg Leyh, Bd. I: Buch und Schrift. 2., verm. u. verb. Aufl., Wiesbaden 1952, S. 849 - 1004.

KUNISCH, Johannes: Absolutismus. Europäische Geschichte vom Westfälischen Frieden bis zur Krise des Ancien Régime (UTB 1426), Göttingen 1986.

KVACALA, Jan: Fünfzig Jahre im preußischen Hofpredigerdienste (D.E. Jablonski). In: Acta et Commentationes Imp. Universitatis Jurievensis (olim Dorpatensis), Jg. 1896, No 1, S. 1 - 23.

-, -: Die Spanheim-Conferenz in Berlin. Zur Geschichte des Ursprungs der Berliner Akademie der Wissenschaften. In: Monatshefte der Comenius-Gesellschaft Bd. 9 (1900), S. 22 - 43.

LACH, Donald F.: Contributions of China to German Civilization, 1648 - 1740 (Diss. maschinenschr.), Dept. of History University of Chicago, 1941.

-, -: Leibniz and China. In: Journal of the History of Ideas 6, 4 (1945), S. 436 - 455.

-, -: The preface to Leibniz' NOVISSIMA SINICA. Commentary, Translation. Text. Honolulu 1957.

LANDWEHR, Hugo: Die Kirchenpolitik Friedrich Wilhelms, des Großen Kurfürsten. Berlin 1894.

LAVISSE, Ernest: Louis XIV., t. 1 u. 2, Paris 1978 (Collection Monumenta historiae).

LEHMANN, Paul: Geisteswissenschaftliche Gemeinschafts- und Kollektivunternehmen in der geschichtlichen Entwicklung (Bayerische Akademie der Wissenschaften, Philosophisch-Historische Klasse, Sitzungsberichte, Jahrgang 1956, Heft 5), München 1956.

LEIBNIZ 1646 - 1716. Aspects de l'homme et de l'oeuvre (1646 - 1716). Journées Leibniz, organisées au Centre Interntional de Synthèse, les 28, 29 et 30 mai 1966. Paris 1968.

LEIBNIZ, Gottfried W.: Vorträge der aus Anlaß seines 300. Geburtstages in Hamburg abgehaltenen wissenschaftlichen Tagung. Hrsg. v. d. Redaktion d. Hamburger akademischen Rundschau. Hamburg 1946.

LEIBNIZ in Berlin. Symposion der Leibniz-Gesellschaft und des Instituts für Philosophie, Wissenschaftstheorie, Wissenschafts- und Technikgeschichte der Technischen Universität Berlin in Verbindung mit dem Bezirksamt Charlottenburg und der Verwaltung der staatlichen Schlösser und Gärten Berlin im Schloß Charlottenburg, Berlin 10. bis 12. Juni 1987. Hrsg. v. Hans Poser und Albert Heinekamp (Studia Leibnitiana, Sonderheft 16), Stuttgart 1990.

LEIBNIZ und Europa, hrsg. von A. Heinekamp, Isolde Hein, Stiftung Niedersachsen, Hannover 1994.

LEIBNIZ à Paris <1672 - 1676>. Symposion de la G.W. Leibniz-Gesellschaft <Hannover> et du Centre National de la Recherche Scientifique <Paris> à Chantilly <France> du 14 au 18 Novembre. Wiesbaden 1978 (Studia Leibnitiana, Suppl. 17.18).

LEIBNIZ. Tradition und Aktualität, V. Internationaler Leibniz-Korngreß. Vorträge, Hannover 1988.

LEIBNIZ. Werk und Wirkung. IV. Internationaler Leibniz-Kongreß. Vorträge. Hannover, 14. bis 19. November 1983. Hrsg. v. d. Gottfried-Wilhelm-Leibniz-Gesellschaft, Hannover 1983.

-. Vorträge II. Teil, Hannover 1989.

LEICHT, Walter H.: Die Gründung der deutschen Akademie der Naturforscher. In: Festschrift zur Gedenkfeier an die vor 300 Jahren in Schweinfurt erfolgte Gründung der Deutschen Akademie der Naturforscher (Veröffentlichungen d. historischen Vereins Schweinfurt 2), Schweinfurt 1952, S. 5 - 17.

LERMANN-SCHMITT, Hans: Der Versicherungsgedanke im deutschen Geistesleben des Barock und der Aufklärung, München 1954.

LESKIEN, Hermann: Joh. Georg von Eckhart. (1674 - 1730). Das Werk eines Vorläufers der Germanistik. (Diss.-maschinenschr.), Würzburg 1965.

LIMITI, Giuliana: Leibniz' Aktualität in der heutigen Pädagogik. In: Studia Leibnitiana, Suppl. 4 (1969), S. 112 - 120.

LINDNER, Heinrich: Des Freiherrn G.W. Leibniz Unvorgreifliche Gedanken betreffend die Ausübung und Verbesserung der teutschen Sprache. Ein Handbuch für deutsche Jünglinge. Dessau 1831, Einleitung.

LOEWE, Victor: Ein Diplomat und Gelehrter. Ezechiel Spanheim (1629 - 1710). Mit Anhang: Aus dem Briefwechsel zwischen Spanheim und Leibniz. Berlin 1924 (Historische Studien 160).

LOMASKY, Loren E.: Leibniz and the modal argument for god's existence. In: Monist 54 (1979), S 250 - 269.

LONY, G: Die Mathematische Gesellschaft in Hamburg 1890 - 1940. In: Mitteilungen der Mathematischen Gesellschaft in Hamburg Bd. 8, T. 1 (1941), S. 7 - 41.

LOOSEN, Renate/VONESSEN, Franz: Gottfried Wilhelm Leibniz. Zwei Briefe über das binäre Zahlensystem und die chinesische Philosophie. Stuttgart 1968.

LOOSEN, Renate: Leibniz und China. Zur Vorgeschichte der <Abhandlung über die chinesische Philosophie> In: Antaios 8, 2 (1966), S. 134 - 143.

LUDENDORFF, Hans: Zur Frühgeschichte der Astronomie in Berlin. Preußische Akademie der Wissenschaften. Vorträge und Schriften, H. 9, Berlin 1942.

LUDOVICI, Carl G.: Ausführlicher Entwurf einer vollständigen Historie der Leibnitzschen Philosophie. Zum Gebrauch seiner Zuhörer herausgegeben. 2 Bde. Leipzig 1737. - Reprint: Hildesheim 1966.

LUNDBAEK, Knud: The image of Neo-Confucianism in Confucius Sinarum Philosophus. In: Journal of the History of Ideas 44, 1 (1983), S. 19 - 30.

MACHOVEC, Milan: Leibniz und die Idee des Universalismus.In Studia Leibnitiana, Suppl. 5 (1971), S 1 - 14.

MAGIA naturalis und die Entstehung der modernen Naturwissenschaften. Symposion der Leibniz-Gesellschaft Hannover, 14. und 15. November 1975. Wiesbaden 1978 (Studia Leibnitiana, Sonderh. 7)

MAHNKE, Dietrich: Der Brock-Universalismus des Comenius. I. Die "natürliche" Pädagogik. II. Der konstruktive Rationalismus. Anhang: Die persönlichen Beziehungen des Descartes, Leibniz' und anderer Barock-Rationalisten zu Comenius. In: Zeitschrift für Geschichte der Erziehung und des Unterrichts 21 (1931), S. 97 - 128, 253 - 279; 22, H. 2 (1932), S. 61 - 90.

-, -: Leibniz als Gegner der Gelehrteneinseitigkeit, Stade 1912.

-, -: Leibnizens Synthese von Universalmathematik und Individualmetaphysik. In: Jahrbuch für Philosophie und phänomenologische Forschung, Bd. 7 (1925), S. 305 - 611. - Reprint: Stuttgart - Bad Cannstadt 1964.

-, -: Ein unbekanntes Selbstzeugnis Leibnizens aus seiner Erziehertätigkeit. In: Zeitschrift f. d. Geschichte d. Erziehung u. d. Unterrichts 20, H. 4 (1931), S. 259 - 275.

-, -: Der Zeitgeist des Barock und seine Verewigung in Leibnizens Gedankenwelt. In: Zeitschrift f. Dt. Kulturphilosophie Bd. 2, H. 2 (1936), S 95 - 126.

MATTHIEU, Vittorio: Wissenschaft und Wirksamkeit bei Leibniz. In: Studia Leibnitiana, Suppl. 15 (1975), S. 147 - 155.

MATORÉ, Georges: Histoire des dictionnaires français, Paris 1968 (La langue vivante).

MEDINGER, Walther: Die Begegnung Peters des Großen und der Kurfürstin Sophie von Hannover. In: Niedersächsisches Jahrbuch für Landesgeschichte 26 (1954), S. 117 - 148.

MEINECKE, Friedrich: Die Entstehung des Historismus, Bd. 1: Vorstufen und Aufklärungshistorie, München und Berlin 1936.

MEINHARDT, Günther: Die Universität Göttingen. Ihre Entwicklung und Geschichte von 1734 - 1974. Göttingen - Frankfurt/M. - Zürich 1977.

MENNICKEN, Peter: Die Unionsbestrebungen Leibnizens. In: Jahrbuch der Rheinisch - Westfälischen Technischen Hochschule Aachen 5 (1952/53), S. 104 - 116.

MERKEL, Rudolf F.: Die Anfänge der protestantischen Missionsbewegung. G.W. von Leibniz und die China-Mission (Missionswissenschaftl. Forschungen 1), Leipzig 1920.

-, -: Leibniz und China, Berlin 1952 (Leibniz zu seinem 300. Geburtstag, Lfg. 8).

MEYER, Rudolf W.: Leibniz und die europäische Ordnungskrise, Hamburg 1948.

MILLER, Samuel J.T./SPIELMAN, John P.: Cristobal Rojas y Spinola, cameralist and irenicist 1626 - 1695. Philadelphia 1962 (Transactions of the American Philosophical Society N.S. Vol. 52, part 5, 1962).

MINAMIKI, George: The Chinese Rites Controversy from its Beginning to Modern Time, Chicago 1985.

MINOWSKI, Helmut: Die Neu-Atlantis des Francis Bacon und die Leopoldina-Carolina. Zur Vorgeschichte der ersten deutschen naturwissenschaftlichen Gelehrten-Gesellschaft. In: Archiv für Kulturgeschichte 26 (1936), S. 283 - 295.

MITTEILUNGEN der Gottfried-Wilhelm-Leibniz-Gesellschaft, N. 1 ff., Hannover 1966 ff.

MITTEILUNGEN der Mathematischen Gesellschaft in Hamburg Bd. 8, T. 1 (1941).

MITTELSTRASS, Jürgen: Der Philosoph und die Königin - Leibniz und Sophie Charlotte. In: Studia Leibnitiana, Sonderheft 16 (1990), S. 9 - 27.

MOLL, Konrad: Eine unausgetragene Kontroverse zwischen G.W. Leibniz und seinem Lehrer Erhard Weigel über den angeblichen Mangel seines theoretischen Philosophierens an pädagogischer und praktischer Relevanz. In: Studia Leibnitiana, Suppl. 21 (1980), S. 112 - 125.

-, -: Der junge Leibniz. 1: Die wissenschaftstheoretische Problemstellung seines ersten Systementwurfs. Der Anschluß an Erhard Weigels Scientia generalis, Stuttgart - Bad Cannstadt 1978.

-, -: Von Erhard Weigel zu Christian Huygens, Feststellungen zu Leibnizens Bildungsweg zwischen Nürnberg, Mainz und Paris. In: Studia Leibnitiana 14, 1 (1982), S. 56 - 72.

MOOG, Willy: Geschichte der Pädagogik. 2. Band: Die Pädagogik der Neuzeit von der Renaissance bis zum Ende des 17. Jahrhunderts. 7. völlig neugest. Aufl. v. Fr. Hemans "Geschichte der neueren Pädagogik". Osterwieck u. Leipzig 1928 (Der Bücher=schatz des Lehrers Bd. X).

MORAWIETZ, Kurt: Gottfried Wilhelm Leibniz. Herrenhausen-Weimar, Hannover 1962.

MÜHLPFORDT, Günter: Deutsch-russische Wissenschaftsbeziehungen in der Zeit der Aufklärung (Christian Wolff und die Gründung der Petersburger Akademie der Wissenschaften). In: 450 Jahre Martin-Luther-Universität Halle - Wittenberg, Bd. II (1952), S. 169 - 197.

-, -: Christian Wolff, ein Bahnbrecher der Aufklärung. In 450 Jahre Martin-Luther-Universität Halle - Wittenberg, Bd. II (1952), S. 31 - 39.

MÜLLER, Kurt: Bericht über die Arbeiten des Leibniz-Archivs der Niedersächsischen Landesbibliothek Hannover. In: Studia Leibnitiana, Suppl. 3 (1969), S. 217 - 229.

-, -: Die Erschließung des Leibniz-Nachlasses. In Forschungen und Fortschritte 28 (1954), S. 57 - 60.

-, -: Gottfried Wilhelm Leibniz. In: Leibniz. Sein Leben - sein Wirken - seine Welt, hrsg. von Wilhelm Totok und Carl Haase, Hannover 1966, S. 1 - 65.

-, -: Gottfried Wilhelm Leibniz und Hugo Grotius. In: Forschungen zu Staat und Verfassung (Festgabe f. F. Hartung), hrsg. v. R. Dietrich u. G. Oestreich, Berlin 1958, S. 187 - 203.

-, -: Zur Entstehung und Wirkung der wissenschaftlichen Akademien und gelehrten Gesellschaften des 17. Jahrhunderts. In: H. Rössler und G. Franz (Hrsg.), Universität und Gelehrtenstand (siehe dort), S. 127 - 144.

MÜLLER, Kurt/KRÖNERT, Gisela: Leben und Werk von Gottfried Wilhelm Leibniz. Eine Chronik. Frankfurt/M. 1969 (Veröffentlichungen des Leibniz-Archivs 2).

MUNGELLO, David E.: Curious Land: Jesuit Accomodation and the Origins of Sinology (Studia Leibnitiana, Supplementa 25), Stuttgart 1985.

-, -: Leibniz' Interpretation of Neo-Confucianism. In: Philosophy East and West 21,1 (1971), S. 3 - 22.

-, -: Die Quellen für das Chinabild Leibnizens. In: Studia Leibnitiana 14, 2 (1982), S. 232 - 243.

-, -: Leibniz and Confucianism. The Search for Accord, Honolulu 1977. - Ed. d. Diss. (Berkeley 1973): Leibniz and Confucianism: failure and future in ecumenism.

MURET, Eduard: Geschichte der französischen Kolonie in Brandenburg - Preußen unter besonderer Berücksichtigung der Berliner Gemeinde, Berlin 1885.

MURR, Christoph G. v. (Hrsg.): Journal zur Kunstgeschichte und zur allgemeinen Litteratur 7, Nürnberg 1779.

NAERT, Emilienne: La pensée politique de Leibniz, Paris 1964.

NEEDHAM, Joseph: Science and Civilisation in China, Vol. II, Cambridge 1954.

NEFF, Landolin: Über die Abfassungszeit von Leibnizens Unvorgreiflichen Gedanken, Durlach 1880 (Beigabe zum Programm des Großherzogl. Pro- und Realgymnasiums Durlach für das Schuljahr 1879 - 80).

OBERHUMMER, Wilfried: Die Akademien der Wissenschaft. In: Universitas Litterarum, Handbuch der Wissenschaftskunde, hrsg. von Werner Schuder, Berlin 1955, S. 700 - 708.

OEHLER, Helmut: Prinz Eugen und Leibniz. Deutschlands abendländische Sendung. In: Leipziger Vierteljahresschrift für Südosteuropa 6 (1942), S. 1 - 34.

OHNSORGE, Werner: Leibniz als Staatsbediensteter. In: Totok/Haase, Leibniz (siehe dort) S. 173 - 194.

OELRICHS, Johann Carl C.: Commentationes historico-literariae quarum prior consilium Friderici Wilhelmi M. Elect. Brand. condendi novam universitatem omnium gentium, scientiarum et artium. Berlin 1751.

ORNSTEIN, Martha: The rôle of scientific societies in the seventeenth century. Chicago 1938. - Reprint: London 1963 (History of medicine series, no. 6). - Erstdruck: New York 1913.

OTHMER, Sieglinde C.: Berlin und die Verbreitung des Naturrechts in Europa. Kultur- und sozialgeschichtliche Studien zu Jean Barbeyracs Pufendorf - Übersetzung und eine Analyse seiner Leserschaft. Mit einem Vorwort von Gerhard Oestreich. Berlin 1970 (Veröffentlichungen der Historischen Kommission zu Berlin, Bd. 30).

OTTO, Ulla: Die literarische Zensur als Problem der Soziologie der Politik, Stuttgart 1968 (Bonner Beiträge zur Soziologie 3).

PAGÈS, Georges: Les réfugiés à Berlin d'après la correspondance du comte de Rébenac (1681 - 1688). In: Bulletin historique et littéraire de la Société de l'histoire du protestantisme française, t. 51, n. 3, Paris 1902, S. 113 - 140.

PAULSEN, Friedrich: Geschichte des gelehrten Unterrichts auf den deutschen Schulen und Universitäten vom Ausgang des Mittelalters bis zur Gegenwart. Mit besonderer Rücksicht auf den klassischen Unterricht. Bd. I, Leipzig 19193.

PERTZ, Georg H.: Ueber Leibnizens kirchliches Glaubensbekenntnis. In: Allgemeine Zeitschrift f. Geschichte 6 (1846), S. 65 - 86.

PETERSEN, Peter: Geschichte der aristotelischen Philosophie im protestantischen Deutschland, Leipzig 1921. - Reprint: Stuttgart - Bad Cannstadt 1964.

PETRI, Ferdinand: Die Spanheimgesellschaft in Berlin. 1689 - 1697. In: Festschrift zum Fünfzigjährigen Jubiläum des Kgl. Wilhelms-Gymnasiums am 17. Mai 1908, Berlin 1908, S. 123 - 142.

PFISTER, Louis: Notices biograpiques et bibliographiques sur les Jesuits d L'ancienne Mission de Chine, Shanghai 1932 und 1934. - Reprint: Lichtenstein 1971.

PFLEIDERER, Edmund: Gottfried Wilhelm Leibniz als Patriot, Staatsmann und Bildungsträger. Ein Lichtpunkt aus Deutschlands trübster Zeit. Leipzig 1870.

PIETSCH, Paul: Leibniz und die deutsche Sprache. In: Wissenschaftliche Beihefte zur Zeitschrift des Allgemeinen deutschen Sprachvereins. 4. Reihe, H. 21 - 30, Berlin 1902 - 08, S. 265 - 371.

PINDER, Tillmann: Kants Gedanke vom Grund aller Möglichkeit. Untersuchungen zur Vorgeschichte der "transzendentalen Theologie", Berlin 1975; S. 89 - 98: Der Leibnizsche Gottesbeweis aus der Realität der ewigen Wahrheiten.

PLAISANCE, Michel: Une première affirmation de la politique culturelle de Côme 1er: La transformation de l'Académie des "Humidi" en Académie Florentine (1540 - 1542). In: Les écrivains et le pouvoir en Italie à l'époque de la Renaissance (Prem. Ser.), Paris 1973, S. 361 - 438.

PLATH, Carl Heinrich Chr.: Die Missionsgedanken des Freiherrn von Leibnitz. Eine Studie. Berlin 1869.

POHLMANN, Hansjörg: Neue Materialien zum deutschen Urheberschutz im 16. Jahrhundert. Ein Quellenbeitrag zur neuen Sicht der Urheberrechtsentwicklung. In: AGB 4, Lfg. 1 (1961), Sp. 89 - 171.

POSER, Hans: Gottfried Wilhelm Leibniz. In: Berlinische Lebensbilder Bd. 3: Wissenschaftspolitik in Berlin, hrsg. von Wolfgang Treue und Karlfried Gründer, Berlin 1987, S. 1 - 16.

POSSELT, Moritz C.: Peter der Große und Leibniz. Dorpat und Moskau 1843.

PREUSSEN als historisches Problem. Gesammelte Abhandlungen, hrsg. v. Gerhard OESTREICH (Veröff. d. Histor. Komm. zu Berlin, Bd. 10), Berlin 1964.

RAAB, Heribert: Der "Discrete Catholische" des Landgrafen Ernst von Hessen-Rheinfels (1623 - 1693). Ein Beitrag zur Geschichte der Reunionsbemühungen im 17. Jahrhundert. In: Archiv f. mittelrheinische Kirchengeschichte 12 (1969), S. 175 - 198.

RATH, Gernot: Unbekannte Vorschläge aus dem Leibniz-Archiv. In: Deutsche Medizinische Wochenschrift, Nr. 22 (1951), S. 745 - 47.

REICHWEIN, Adolf: China und Europa. Geistige und künstlerische Beziehungen im 18. Jahrhundert. Berlin 1923.

REINHARDT, Curt: Tschirnhaus oder Böttger? Eine urkundliche Geschichte der Erfindung des Meißner Porzellans. In: Neues Lausitzisches Magazin, Bd. 88, Görlitz 1912, S. 1 - 162.

REUSS, F.: Materialien zur Geschichte der deutschen Sprache und Litteratur im vormaligen Herzogthume Ost-Franken. In: Serapeum 13 (1852), N. 9, S. 129 - 135.

RICHTER, Liselotte: Leibniz und sein Rußlandbild. Berlin 1946.

RITTER, Paul: Gottfried Wilhelm Leibniz. In: Grundriss der Geschichte der Philosophie, hrsg. v. Friedrich Ueberweg, Bd. 3, 12 (neu bearb. Aufl.) Berlin 1924, S. 299 - 340.

-, -: Leibniz' Ägyptischer Plan, Darmstadt 1930.

-, -: Leibniz und die deutsche Kultur. Rede zu seinem zweihundertjährigen Todestage bei der vom Historischen Verein für Niedersachsen veranstalteten Gedächtnisfeier am 15. November 1916. In: ZHVN 81 (1916), H. 3.

-, -: Leibniz als Politiker. In: Deutsche Monatshefte für christliche Politik und Kultur 1 (1920), S. 420 - 435.

-, -: Neue Leibniz-Funde. In: Abhandlungen der Königl. Preußischen Akademie der Wissenschaften (Philosophische und historische Abhandlungen, Abh. IV, S. 1 - 47), 1904.

RIVAUD, Albert: Histoire de la Philosophie, t. III, Paris 1950.

ROBINET, André: G.W. Leibniz. Iter Italicum (Mars 1689 - Mars 1690). La dynamique de la République des Lettres. Nombreux textes inédits. (Accademia Toscana di Scienze et Lettere, Studi 90), Florenz 1988.

ROMMEL, Chr[istoph] von: Landgraf Karl von Hessen-Cassel, o.O. 1858.

RONAN, Charles E.: East meets west. The Jesuits in China, 1582 - 1773, Chicago 1988.

ROSENDAHL, Erich: Herzog Anton Ulrich und die Ritterakademie in Wolfenbüttel. In: Hannoversches Magazin, H. 7 (1931), S. 1 - 13.

ROSS, George M.: Leibniz and Alchemy. In: Studia Leibnitiana, Sonderh. 7 (1978), S. 166 - 177.

-, -: Leibniz's Exposition of his System to Queen Sophie Charlotte and other Ladies. In: Studia Leibnitiana, Sonderh. 16 (1990), S. 61 - 69.

-, -: Leibniz and the Nuremberg Alchemical Society. In: Studia Leibnitiana 6,1 (1974), S. 222 - 248.

ROESSLER, Emil F.: Beiträge zu Staatsgeschichte Österreichs aus dem G.W. von Leibniz'schen Nachlasse in Hannover. In: Sitzungsberichte der Kaiserl. Akademie der Wissenschaften. Phil.-hist. Cl. 20, Wien 1856, H. 2, S. 267 - 289.

RÖSSLER, Hellmuth/FRANZ, Günther (Hrsg.): Universität und Gelehrtenstand 1400 - 1800 (Büdinger Vorträge 1966), Limburg/Lahn 1970 (Deutsche Führungsschichten in der Neuzeit, Bd. 4).

ROTHSCHUH, Karl E.: Leibniz und die Medizin seiner Zeit. In: Studia Leibnitiana, Sonderh. 1 (1969), S. 145 - 163.

ROUSE, Ruth/NEILL, Stephen Ch. (Hrsg.): Geschichte der Ökumenischen Bewegung 1517 - 1948, 2 Bde., Göttingen 1963.

ROWBOTHAM, Arnold H.: Missionary and Mandarin, the Jesuits at the court of China. Los Angeles 1942.

ROY, Olivier: Leibniz et la Chine, Paris 1972.

RUSSEN und Rußland aus deutscher Sicht 9. - 17. Jahrhundert, hrsg. von Mechthild KELLER, München 1985 (West-östliche Spiegelungen Bd. 1).

SACHSE, Christoph/TENNSTEDT, Florian: Geschichte der Armenfürsorge in Deutschland. Vom Spätmittelalter bis zum Ersten Weltkrieg, Stuttgart 1980.

SALOMON-BAYET, Claire: Les Académies scientifiques: Leibniz et l'Académie Royale des Sciences 1672 - 1676. In: Studia Leibnitiana, Suppl. 17 (1978),S. 155 - 170.

SALZ, Arthur: Leibniz als Volkswirt, ein Bild aus dem Zeitalter des deutschen Merkantilismus. In: Jahrbuch f. Gesetzgebung, Verwaltung u. Volkswirtschaft im Deutschen Reich, Jg. 34 (1910), S. 197 - 222.

SANDVOSS, Ernst R.: Gottfried Wilhelm Leibniz. Jurist, Naturwissenschaftler, Politiker, Philosoph, Historiker, Theologe. Göttingen, Zürich, Frankfurt/M. 1976 (Persönlichkeit und Geschichte 89/90).

SCHALK, Fritz: Von Erasmus' res pubublica literaria zur Gelehrtenrepublik der Aufklärung: In: Ders., Studien zur französischen Aufklärung (siehe dort), S. 143 - 163.

-, -: Studien zur französischen Aufklärung, Frankfurt/M. (2. verb. u. erw. Aufl.) 1977. (Das Abendland N. F. 8).

SCHALLER, Klaus: Die Pädagogik des Johann Amos Comenius und die Anfänge des pädagogischen Realismus im 17. Jahrhundert, Heidelberg 1962 (Pädagogische Forschungen, Veröffentl. d. Comenius-Instituts 21).

-, -: Erhard Weigels Einfluß auf die systematische Pädagogik der Neuzeit. In. Studia Leibnitiana 3,1 (1971), S. 28 - 40.

SCHEEL, Günter: Drei Denkschriften von Leibniz aus den Jahren 1680 bis 1702 über den Charakter, den Nutzen und die finanzielle Ausstattung der hannoverschen Bibliothek. In: Die Niedersächsische Landesbibliothek in Hannover. Entwicklung und Aufgaben, hrsg. v. Wilhelm Totok u. Karl-Heinz Weimann, Frankfurt/M. 1976, S. 60 - 69.

SCHEEL, Günter: Hannovers politisches, gesellschaftliches und geistiges Leben zur Leibnizzeit. In: Totok/Haase, Leibniz (siehe dort), S. 83 - 127.

-, -: Leibniz, die Alchimie und der absolute Staat. In: Studia Leibnitiana, Suppl. 19 (1980), S. 267 - 282.

-, -: Leibniz' Beziehungen zur Bibliotheca Augusta in Wolfenbüttel (1678 - 1716). In: Braunschweigisches Jahrbuch 54 (1973), S. 172 - 199.

-, -: Leibniz als Direktor der Bibliotheca Augusta in Wolfenbüttel. In: Studia Leibnitiana, Suppl. 12 (1973), S. 71 - 83.

-, -: Leibniz und die deutsche Geschichtswissenschaft um 1700. In: Karl Hammer/Jürgen Voss (Hrsg.), Historische Forschung im 18. Jahrhundert. Organisation, Zielsetzung, Ergebnisse (Deutsch-französisches Historikerkolloquium 12, 1974), Bonn 1976 (Pariser historische Studien 13), S. 82 - 101.

-, -: Leibniz historien. In: Leibniz. Aspects de l'homme et de l'oeuvre (siehe dort), S. 45 - 60.

-, -: Leibniz als Historiker des Welfenhauses. In: Totok/Haase, Leibniz (siehe dort), S. 227 - 76.

-, -: Leibniz und die geschichtliche Landeskunde Niedersachsens. In: Niedersächs. Jahrbuch f. Landesgeschichte 38 (1966), S. 61 - 85.

-, -: Leibniz' Pläne für das "Opus historicum" und ihre Ausführung. In: Studia Leibnitiana, Suppl. 4 (1969), S. 134 - 155.

SCHEPERS, Heinrich: Gottfried Wilhelm Leibniz. In: NDB 14 (1984), S. 126/127.

-, -: Scientia Generalis. Ein Problem der Leibniz-Edition. In: Leibniz. Tradition und Aktualität, 1989 (siehe dort), S. 350 - 359.

SCHERING, Ernst: Gottfried Wilhelm Leibniz. Sein Beitrag zur Theologie und Verwirklichung der Ökumene. In: Ökumenische Profile, Brückenbauer der einen Kirche, hrsg. v. G. Gloede, Bd. 1, Stuttgart 1961.

-, -: Leibniz und die Versöhnung der Konfessionen, Stuttgart 1966 (Arbeiten zur Theologie, R. I, H. 28).

SCHIMANK, Hans: Zur Geschichte der exakten Naturwissenschaften in Hamburg. Von der Gründung des Akademischen Gymnasiums zur ersten Hamburger Naturforschertagung. Hamburg 1928.

-, -: Die Kunst - Rechnungs - liebende Societät als Gründung deutscher Schreib- und Rechenmeister. In: Mitteilungen der Mathematischen Gesellschaft in Hamburg Bd. 8, T. 3 (1941), S. 22 - 54.

SCHIRREN, C.: Patkul und Leibniz. In: Mittheilungen aus dem Gebiete der Geschichte Liv-, Est- und Kurlands 13 (1886), S. 435 - 445.

SCHLEE, Hildegard: Die Pädagogik Erhard Weigels - ein Charakteristikum der Frühaufklärung. In Studia Leibnitiana 3,1 (1971), S. 41 - 55.

SCHMARSOW, August: Leibniz und Schottelius. Die Unvorgreiflichen Gedanken, untersucht und herausgegeben ..., Straßburg, London 1877 (Quellen und Forschungen zur Sprach- und Culturgeschichte der germanischen Völker, Bd. 23).

SCHMID, Christian Heinr.: Etwas zur Geschichte des Vortrags der allgemeinen Encyklopädie auf Deutschen Universitäten. In: Journal von und für Deutschland, 5. Jg., 7. - 12. St. (1788), S. 376 - 381.

SCHNATH, Georg: Geschichte Hannovers im Zeitalter der neunten Kur und der englischen Sukzession 1674 - 1714, Bd. 1 - 4, Hildesheim 1938 - 82 (Veröffentlichungen d. Historischen Kommission f. Niedersachsen, Bd. 18).

-, -: Das Leineschloß. Kloster - Fürstensitz - Landtagsgebäude. Hannover 1962.

SCHNEIDER, Ferdinand J.: Das geistige Leben von Halle im Zeichen des Endkampfes zwischen Pietismus und Rationalismus. In: Sachsen und Anhalt 14 (1938), S. 137 - 166.

SCHNEIDER, Hans-Peter: Denker oder Lenker? Leibniz zwischen Einfallsreichtum und Erfolgsdrang. In: Leibniz. Tradition und Aktualität, 1988 (siehe dort), S. 866 - 874.

-, -: Justitia Universalis. Quellenstudium zur Geschichte des "Christlichen Naturrechts" bei Gottfried Wilhelm Leibniz. Frankfurt/M. 1967 (Jurist. Abhandlungen Bd. 7).

-, -: Gottfried Wilhelm Leibniz. In: Staatsdenker im 17. und 18. Jahrhundert. Reichspublizistik, Politik, Naturrecht. Hrsg. v. Michael Stolleis. Frankfurt/M. 1977, S. 198 - 227.

-, -: Leibniz' Gedanken zur Ordnung von Kirche und Staat. In: Studia Leibnitiana, Suppl. 4 (1969), S. 234 - 248.

SCHNEIDER, Rolf/TOTOK, Wilhelm (Hrsg.): Der Internationale Leibniz-Kongress in Hannover (vom 14. - 19. November 1966), Hannover 1968.

SCHNEIDERS, Werner: Gottesreich und gelehrte Gesellschaft. Zwei politische Modelle bei G.W. Leibniz. In: Der Akademiegedanke im 17. und 18. Jahrhundert (siehe dort), S. 47 - 61.

-, -: Harmonia universalis. In: Studia Leibnitiana 16,1 (1984), S. 27 - 44.

-, -: Vera Politica. Grundlagen der Politiktheorie bei G.W. Leibniz. In: Recht und Gesellschaft. Festschrift f. Helmut Schelsky zum 65. Geburtstag. Hrsg. von Friedrich Kaulbach und Werner Krawietz. Berlin 1978, S. 589 - 604.

-, -: Respublica optima. Zur metaphysischen und moralischen Fundierung der Politik bei Leibniz. In: Studia Leibnitiana 9,1 (1977), S. 1 - 26.

-, -: Sozietätspläne und Sozialutopie bei Leibniz. In: Studia Leibnitiana 7,1 (1975), S. 58 - 80.

SCHOTTENLOHER, Karl: Bücher bewegten die Welt, Bd. 2, Stuttgart 1952.

SCHRÖCKER, Alfred: Gabriel d'Artis. Leibniz und das Journal de Hambourg. In: Niedersächsisches Jahrbuch für Landesgeschichte 49 (1977), S. 109 - 128.

-, -: Leibniz als Herausgeber historischer Quellen. In: Mitteilungen des Österreichischen Staatsarchivs 29 (1976), S. 122 - 142.

-, -: Leibniz' Mitarbeit an Etienne Chauvins Nouveau Journal des Sçavans. In: Studia Leibnitiana 8,1 (1976), S. 128 - 139.

SCHROHE, Heinrich: Johann Christian von Boineburg. Kurmainzer Oberhofmarschall. Mainz 1926.

SCHÜLING, Hermann: Erhard Weigel (1625 - 1699). Materialien zur Erforschung seines Wirkens. Gießen 1970 (Berichte und Arbeiten aus der Universitätsbibliothek Gießen 18).

SCHÜSSLER, Hermann: Georg Calixt. Theologie und Kirchenpolitik (Veröffentlichungen d. Instituts f. europäische Geschichte, Mainz, Bd. 25), Wiesbaden 1961.

SCHUFFENHAUER, Werner: Prospektive sozialphilosophische Ideen bei G.W. Leibniz. In: Tradition und Aktualität, 1988 (siehe dort), S. 1062/1063.

SCHULENBURG, Sigrid von der: Leibniz als Sprachforscher. Mit e. Vorw. hrsg. v. Kurt Müller, Frankfurt/M. 1973 (Veröffentl. d. Leibniz-Archivs 4).

-, -: Leibnizens Gedanken und Vorschläge zur Erforschung der deutschen Mundarten. In: Abhandlungen d. Preußischen Akademie d. Wissenschaften zu Berlin (1937), Philosophisch-historische Klasse, Nr. 2.

SCHULTZE, Johannes: Eberhard Danckelman. In: Forschungen zur brandenburgischen und preußischen Geschichte. Ausgewählte Aufsätze. Mit einem Vorwort von Wilhelm Berger (Veröffentlichungen der Historischen Kommission zu Berlin beim Friedrich-Meinecke Institut der Freien Universität Berlin, Bd. 13), Berlin 1964, S. 214 - 230.

SCHUSTER, Julius: Die wissenschaftliche Akademie als Geschichte und Problem (Forschungsinstitute, ihre Geschichte, hrsg. von L. Brauer, 1), Hamburg 1930.

SCHWETSCHKE, Gustav: Literar = Geschichte. Die Rubrik "Bücher-Inspection" im Archive des Römers zu Frankfurt. In: Allgemeine Monatsschrift für Literatur I (1850), S. 185 - 191.

SELGE, Kurt-Victor: Das Konfessionsproblem in Brandenburg im 17. Jahrhundert und Leibniz' Bedeutung für die Unionsverhandlungen in Berlin. In: Studia Leibnitiana, Sonderh. 16 (1990), S. 170 - 185.

SEYLER, Georg Daniel: Leben und Taten Friedrich Wilhelms des Grossen Churfürsten zu Brandenburg. Leipzig 1730.

SILBERNER, Edmund: La guerre dans la Pensée Économique du XVIe au XVIIIe Siècle, Paris 1939.

SOMMER, Louise: Die österreichischen Kameralisten in dogmengeschichtlicher Darstellung. 2 Teile. In: Studien zur Sozial-, Wirtschafts- und Verwaltungsgeschichte, H. 12/13, Wien 1920 - 25.

SPIESS, Edmund: Erhard Weigel, weiland Professor der Mathematik und Astronomie zu Jena, der Lehrer von Leibniz und Pufendorf. Leipzig 1881.

SPITZ, Lewis W.: Conrad Celtis. The German Arch Humanist, Cambridge 1957.

STAMMLER, Gerhard: Leibniz. München 1930 (Geschichte der Philosophie in Einzeldarstellungen, Abt. IV. Die Philosophie der neueren Zeit I, Bd. 19).

STEIN[-KARNBACH], Annegret: Leibniz und der Buchhandel. In: Bücher und Bibliotheken im 17. Jahrhundert in Deutschland. Vorträge des vierten Jahrestreffens des Wolfenbütteler Arbeitskreises für Geschichte des Buchwesens in der Herzog August Bibliothek Wolfenbüttel, 22. bis 24. Mai 1679. Hrsg. v. Paul Raabe, Hamburg 1980 (Wolfenbütteler Schriften zur Geschichte des Buchwesens, Bd. 6), S. 78 - 87.

-, -: G.W. Leibniz und der Buchhandel. In: AGB 23, Lfg. 6 u. 7 (1982), Sp. 1189 - 1418. - Sonderdruck: Frankfurt/M. 1983.

STEINBERG, Heinz: Wer war Leibniz? In: Reinickendorfer Rathausvorträge 1 - 12, 1, Berlin 1967, S. 4 - 18.

STEUDEL, Johannes: Leibniz und Italien. Wiesbaden 1970 (Beiträge zur Geschichte der Wissenschaft und der Technik 11).

-, -: Leibniz und die Leopoldina. In: Nova Acta Leopoldina. N.F. Bd. 16, Nr. 114 (1954), S. 465 - 474.

-, -: Leibniz und die Medizin, Bonn 1960 (Bonner Akad. Reden, Nr. 20).

-, -: Leibniz fordert eine neue Medizin. In: Studia Leibnitiana, Suppl. 2 (1969), S. 255 - 274. [Unter dem Titel: Leibniz' Vorschläge für eine Erneuerung der Medizin, in: Vortragsreihe, hrsg. i. A. d. Gesellschaft d. Freunde d. Medizinischen Hochschule Hannover e.V. (1967), S. 7 - 24.]

STOLL, Christoph: Sprachgesellschaften im Deutschland des 17. Jahrhunderts, München 1973.

STOLLBERG-RILINGER, Barbara: Der Staat als Maschine. Zur politischen Metaphorik des absoluten Fürstenstaates (Historische Forschungen 30), Berlin 1986.

STREISAND, Joachim: Geschichtliches Denken von der deutschen Frühaufklärung bis zur Klassik, Berlin 1964 (Dt. Akad. d. Wissenschaften zu Berlin. Schriften d. Instituts f. Geschichte. Reihe 1: Allgem. u. dt. Geschichte, Bd. 22).

STRIEDER, Friedrich: Grundlagen zu einer Hessischen Gelehrten- und Schriftsteller-Geschichte, Bd. 5, Cassel 1785.

SUCHSLAND, Peter: Gottfried Wilhelm Leibniz (1646 - 1716). Über sein theoretisches und sein praktisches Verhältnis zur deutschen Sprache. In: Erbe, Vermächtnis und Verpflichtung. Zur sprachwiss. Forschung in d. Geschichte d. Akad. d. Wiss. d. DDR. Eingl. u. hrsg. v. Joachim Schildt. Berlin 1977 (Sprache u. Gesellschaft 10), S. 32 - 59.

-, -: Gibt es Widersprüche zwischen Leibnizens theoretischen und praktischen Bemühungen um die deutsche Sprache? In: Zeitschrift f. Phonetik, Sprachwissenschaft u. Kommunikationsforschung 29 (1976), S. 472 - 475.

SYSTEMPRINZIP und Vielheit der Wissenschaften. Vorträge an der westf. Wilhelms-Universität Münster aus Anlaß des 250. Todestages von G.W. Leibniz. Hrsg. v. Udo W. Bargenda u. Jürgen Blühdorn, Wiesbaden 1969 (Studia Leibnitiana, Sonderh. 1).

TEICH, M.: Tschirnhaus und der Akademiegedanke. In: E. Winter (Hrsg.), Tschirnhaus und die Frühaufklärung (siehe dort), S. 93 - 107.

TETZNER, Joachim: H.W. Ludolf und Rußland, Berlin 1955 (Deutsche Akademie der Wissenschaften zu Berlin, Veröffentlichungen des Instituts für Slawistik 6).

THEORIA cum praxi. Zum Verhältnis von Theorie und Praxis im 17. und 18. Jahrhundert. Akten des III. Internationalen Leibniz-Kongresses, Hannover, 12. - 17.11.1977, 4 Bde., Wiesbaden 1980 - 1982 (Studia Leibnitiana, Suppl. 19 - 22).

TOTOK, Wilhelm: Die Begriffe ars, scientia und philosophia bei Leibniz. In: Tradition und Aktualität, 1989 (siehe dort), S. 381 - 388.

-, -: Leibniz' erster Aufenthalt in Wien (1688 - 90). In: Akten des XIV. Internationalen Kongresses für Philosophie, Bd. 5, Wien 1970, S. 535 - 541.

-, -: Leibniz als Wissenschaftsorganisator. In: Totok/Haase (Hrsg.), Leibniz (siehe dort), S. 293 - 320.

-, -: Leibniz als Wissenschaftsorganisator. In: Leibniz und Europa, hrsg. von A. Heinekamp, Isolde Hein, Stiftung Niedersachsen, Hannover 1994, S. 115 - 138.

TOTOK, Wilhelm/HAASE, Carl (Hrsg.): Leibniz. Sein Leben, sein Wirken, seine Welt, Hannover 1966.

TREUE, Wilhelm: Leibniz und das Allgemeine Beste (Würzburger Universitätsreden H. 3), Würzburg 1946.

-, -: Merkantilismus und Wirtschaftsgefüge des absoluten Zeitalters. In: Historia Mundi, Bd. 7 (1957), S. 277 - 315.

TREUE, Wolfgang/GRÜNDER, Karlfried (Hrsg.): Berlinische Lebensbilder. Bd. 3: Wissenschaftspolitik in Berlin. Minister, Beamte, Ratgeber (Einzelveröffentlichungen der Historischen Kommission zu Berlin, Bd. 60), Berlin 1987.

TSCHUTSCHMARJOW, W.J.: G.W. Leibniz und die russische Kultur zu Beginn des 18. Jahrhunderts. In: Zeitschrift für Philosophie 8 (1960), S. 94 - 107.

ULRICH, Otto: Leibnizens Vorschlag zur Errichtung einer Akademie in Göttingen. In: Hannoversche Geschichtsblätter (1898), Jg. 1, N. 46, S. 361 - 362.

ULTSCH, Eva: Johann Christian von Boineburg. Ein Beitrag zur Geistesgeschichte des 17. Jahrhunderts (Diss.), Berlin 1936. Teildruck Würzburg 1936.

UTERMÖHLEN, Gerda: Der Briefwechsel des Gottfried Wilhelm Leibniz - Die umfangreichste Korrespondenz des 17. Jahrhunderts und der "République des Lettres". In: W. Frühwald u.a. (Hrsg.), Probleme der Briefedition. Kolloquium der Deutschen Forschungsgemeinschaft, Schloß Tutzing am Starnberger See 8. - 11. September 1975 (Kommission für germanistische Forschung, Mitteilung II), Boppard 1977, S. 87 - 103.

-, -: Leibniz im Briefwechsel mit Frauen. In: Niedersächsisches Jahrbuch f. Landesgeschichte 52 (1980), S. 219 - 244.

-, -: Die Rolle fürstlicher Frauen im Leben und Wirken von Leibniz. In: Studia Leibnitiana, Sonderheft 16 (1990), S. 44 - 60.

VARNHAGEN von ENSE, K[arl] A[ugust]: Leben der Königin von Preußen Sophie Charlotte, Berlin 1837.

VÄTH, Alfons: Johann Adam Schall von Bell, S.J. Missionar in China, Kaiserlicher Astronom und Ratgeber am Hofe von Peking 1592 - 1666. Ein Lebens- und Zeitbild. Köln 1933.

VEIT, Andreas Ludwig: Kirchliche Reformbestrebungen im ehemaligen Erzstift Mainz unter Erzbischof Johann Philipp von Schönborn. 1647 - 1673, Freiburg i. Brsg. 1910 (Studien u. Darstellungen aus dem Gebiet d. Geschichte i.A. d. Görresgesellschaft u. in Verb. m. d. Redakt. d. Histor. Jahrb., hrsg. v. Prof. Dr. H. Grauert, Bd. VII, H. 3).

VERWALTUNG der Staatlichen Schlösser und Gärten (Hrsg.), China und Europa. Chinaverständnis und Chinamode im 17. und 18. Jahrhundert. Katalog zur Ausstellung vom 16. September bis 11. November 1973 im Schloß Charlottenburg, Berlin.

VIERHAUS, Rudolf: Deutschland im 18. Jahrhundert. Politische Verfassung, soziales Gefüge, geistige Bewegungen. Ausgewählte Aufsätze. Göttingen 1987.

-, -: Wissenschaft und Politik im Zeitalter des Absolutismus. Leibniz und die Gründung der Berliner Akademie. In: Studia Leibnitiana, Sonderheft 16 (1990), S. 186 - 201.

VOGEL, Kurt: Mathematische Forschung und Bildung im frühen 17. Jahrhundert. In: Die Entfaltung der Wissenschaft (siehe dort), S. 32 - 46.

VOISÉ, Waldemar: Leibniz und die Entwicklung des sozialen Denkens im 17. Jahrhundert. In: Studia Leibnitiana, Supplementa 12 (1973), S. 181 - 189.

-, -: Leibniz' Modell des politischen Denkens. In: Studia Leibnitiana, Supplementa 4 (1969), S. 183 - 206.

-, -: Meister und Schüler: Erhard Weigel und Gottfried Wilhelm Leibniz. In: Studia Leibnitiana 3,1 (1971), S. 55 - 67.

-, -: Le premier projet de l'académie russe des sciences à la lumière de la correspondance de Leibniz avec Pierre Ier. In: Organon 11 (1975), S. 115 - 135.

WAGNER, Friedrich: Europa im Zeitalter des Absolutismus und der Aufklärung. Die Einheit der Epoche (Th. Schieder (Hrsg.), Hdb. d. Europ. Gesch. Bd. 4, Stuttgart 1968).

WATTENBACH, Wilhelm/LEVISON, Wilhelm: Deutschlands Geschichtsquellen im Mittelalter. Vorzeit und Karolinger, H. 1, Weimar 1952.

WEGELE, Franz X. von: Geschichte der Deutschen Historiographie seit dem Auftreten des Humanismus, München und Leipzig 1885.

-, -: Das historische Reichscolleg. In: Im Neuen Reich. Wochenschrift für das Leben des deutschen Volkes in Staat, Wissenschaft und Kunst, 11. Jg. (1881), Bd. 1, S. 941 - 960.

WEHLER, Hans-Ulrich: Geschichte und Psychoanalyse. In: Ders., Geschichte als Historische Sozialwissenschaft, Frankfurt/M. 1973, S. 58 - 123.

WEIMANN, Karl-Heinz: Leibniz und die medizinischen Strömungen seiner Zeit. In: Studia Leibnitiana, Sonderh. 7 (1978), S. 155 - 165.

-, -: Vorstufen der Sprachphilosophie Humboldts bei Bacon und Locke. In: Zeitschrift f. Dt. Philologie 84 (1965), S. 498 - 508.

WELD, Carl R.: A History of the Royal Society, Bd. 1 - 2, London 1848.

WELKE, Martin: Das Bild des Hofes ohne eigene politische Propaganda. Der Moskauer Hof des 17. Jahrhunderts in der deutschen Publizistik. In: Europäische Hofkultur im 16. und 17. Jahrhundert III, hrsg. von August Buck u.a., Hamburg 1981 (Wolfenbütteler Arbeiten zur Barockforschung, Bd. 10), S. 619 - 624.

-, -: Rußland in der deutschen Publizistik des 17. Jahrhunderts (1613 - 1689). In: Forschungen zur ost-europäischen Geschichte 23 (1976), S. 105 - 276.

WERLING, Hans F.: Die weltanschaulichen Grundlagen der Reunionsbemühungen von Leibniz im Briefwechsel mit Bossuet und Pellisson. Frankfurt/M. - Bern - Las Vegas 1977 (Europ. Hochschulschriften, R. 20, Bd. 30).

WIATER, Werner: Erziehung als Anleitung zu vernunftgemäßem Handeln - Überlegungen zum Erziehungsbegriff von G.W. Leibniz. In: Leibniz. Werk und Wirkung (siehe dort), S. 822 - 827.

-, -: Erziehungsphilosophische Aspekte im Werk von G.W. Leibniz, Frankfurt/M. u.a. 1990 (Erziehungsphilosophie, hrsg. v. H. Kanz, Bd. 9).

-, -: G.W. Leibniz und seine Bedeutung in der Pädagogik. Ein Beitrag zur pädagogischen Rezeptionsgeschichte. Hildesheim 1985 (Beiträge zur Historischen Bildungsforschung, hrsg. v. Rudolf W. Keck, Bd. 1).

WIDMAIER, Rita: Europa in China. Leibniz' Briefwechsel mit Joachim Bouvet. In: Leibniz. Tradition und Aktualität. Vorträge, 1988 (siehe dort), S. 1017 - 1024.

-, -: Die Rolle der chinesischen Schrift in Leibniz' Zeichentheorie (Studia Leibnitiana, Supplementa 24), Stuttgart 1983.

WIDMANN, Hans: Leibniz und sein Plan zu einem "Nucleus librarius". In: AGB 4 (1962/63), Sp. 621 - 636.

WIEDEBURG, Paul: Der junge Leibniz, das Reich und Europa. Teil 1: Mainz. Darstellungsband, Anmerkungsband; Teil 2: Paris (4 Bde.), Wiesbaden 1962 bzw. 1970 (Historische Forschungen 4).

-, -: "Je ne vous dis rien sur les projets d'une Guerre Sainte, mais vous sçaurez qu'elles ont cessé d'estre à la mode depuis Saint Louis." Ein Beitrag zur Wertung des Consilium Aegyptiacum Leibnizens. In: Studia Leibnitiana, Suppl. 4 (1969), S. 207 - 224.

WIESINGER, Liselotte: Die Anfänge der Jesuitenmission und die Anpassungsmethode des Matteo Ricci. In: China und Europa (siehe dort), S. 12 - 17.

WILKE, Jürgen: Literarische Zeitschriften des 18. Jahrhunderts (1688 - 1789). Teil I: Grundlegung, Stuttgart 1978 (Reihe Metzler M 174).

WILKEN, Friedrich: Geschichte der Königlichen Bibliothek, Berlin 1828.

WINAU, Rolf: Zur Frühgeschichte der Academia Naturae Curiosorum. In: Hartmann/Vierhaus, Akademiegedanke (siehe dort), S. 117 - 137.

-, -: Der Hof des Großen Kurfürsten und die Wissenschaften. In: Europäische Hofkultur im 16. und. 17. Jahrhundert III, hrsg. von August Buck, Georg Kauffmann, Blake Lee Spahr, Conrad Wiedemann (Wolfenbütteler Arbeiten zur Barockforschung, Bd. 10), Hamburg 1981, S. 647 - 658.

WINTER, Eduard: Der Bahnbrecher der deutschen Frühaufklärung E.W. v. Tschirnhaus und die Frühaufklärung in Mittel- und Osteuropa. In: Ders. (Hrsg.), Tschirnhaus und die Frühaufklärung (siehe dort), S. 1 - 82.

-, -: Barock, Absolutismus und Aufklärung in der Donaumonarchie, Wien 1971.

-, -: Die deutsch-russische Begegnung und Leonhard Euler. Beiträge zu den Beziehungen zwischen der deutschen und der russischen Wissenschaft und Kultur im 18. Jahrhundert. Berlin 1958 (Quellen und Studien zur Geschichte Osteuropas, Bd. 1).

-, -: L. Blumentrost der Jüngere und die Anfänge der Petersburger Akademie der Wissenschaften. In: Jahrbuch für Geschichte der UdSSR und der volksdemokratischen Länder Europas, Bd. 8, Berlin 1964, S. 247 - 269.

-, -: Der Freund B. Spinozas E.W. v. Tschirnhaus. Die Einheit von Theorie und Praxis, Berlin(-Ost) 1977 (Sitzungsberichte der Akademie der Wissenschaften der DDR, Gesellschaftswissenschaften, Jg. 1977, Nr. 7 G).

-, -: Frühaufklärung. Der Kampf gegen den Konfessionalismus in Mittel- und Osteuropa und die deutsch-slawische Begegnung. Berlin(-Ost) 1966 (Beiträge zur Geschichte des religiösen und wissenschaftlichen Denkens 6).

-, -: Halle als Ausgangspunkt der deutschen Rußlandkunde im 18. Jahrhundert, Berlin 1953 (Deutsche Akademie der Wissenschaften zu Berlin, Veröffentlichungen des Instituts für Slawistik 2).

-, -: G.W. Leibniz und die Aufklärung, Berlin(-Ost) 1968 (Sitzungsberichte der Deutschen Akademie der Wissenschaften zu Berlin, Nr. 3).

-, -: Leibniz als Kulturpolitiker. In: Studia Leibnitiana, Supplementa 4 (1969), S. 225 - 233.

-, -: E.W. von Tschirnhaus (1651 - 1708). Ein Leben im Dienste des Akademiegedankens, Berlin(-Ost)1959 (Sitzungsberichte der Deutschen Akademie der Wissenschaften zu Berlin, Klasse für Philosophie, Geschichte, Staats-, Rechts- und Wirtschaftswissenschaften, Jg. 1959, Nr. 1).

-, - (Hrsg.): E.W. Tschirnhaus und die Frühaufklärung in Mittel- und Osteuropa, Berlin(-Ost) 1960 (Quellen und Forschungen zur Geschichte Osteuropas 7).

-, -: Erhard Weigels Ausstrahlungskraft. Die Bedeutung der Weigel-Forschung. In: Studia Leibnitiana 3,1 (1971), S. 1 - 5.

WITTRAM, Reinhard: Peter I., Czar und Kaiser. Zur Geschichte Peters des Großen in seiner Zeit, 2 Bde., Göttingen 1964.

-, -: Peter der Große. Der Eintritt Rußlands in die Neuzeit. Berlin etc. 1954 (Verständliche Wissenschaft 52).

WITTSTADT, Klaus: Athanasius Kircher (1602 - 1680). Theologieprofessor und Universalgelehrter im Zeitalter des Barock. In: Würzburger Diözesangeschichtsblätter Bd. 46 (1984), S. 109 - 121.

WOLF, A[braham]: A history of Science, technology and philosophy in the sixteenth and seventeenth centuries, London 1935 (2. Aufl. 1950).

WOLF, Erik: Idee und Wirklichkeit des Reiches im deutschen Rechtsdenken des 16. und 17. Jahrhunderts, 4. Abschnitt: Der neue Reichsgedanke von Leibniz. In: Reich und Recht in der deutschen Philosophie, hrsg. v. K. Lorenz, Bd. 1), Stuttgart u. Berlin 1943 (Dt. Philosophie 4,1), S. 133 - 168.

WOLFF, Georg: Leibniz, der geistige Gründer der deutschen Akademie der Wissenschaften. In: LDP-Informationen. Mitteilungsblatt der Parteileitung (Berlin-Ost) 4 (1950), Nr. 14, S. 319/20.

CHRISTIAN WOLFFS eigene Lebensbeschreibung. Hrsg. von Heinrich Wuttke. Leipzig 1841.

YATES, Frances A.: The Fench Academies in the sixteenth Century, London 1947.

-, -: The Art of Memory, London 1966.

-, -: The Rosicrucian enlightenment. London 1972. - Dt. Ausgabe: Aufklärung im Zeichen des Rosenkreuzes, Stuttgart 1975.

ZACHER, Hans J.: Die Hauptschriften zur Dyadik von G.W. Leibniz. Ein Beitrag zur Geschichte des binären Zahlensystems, Frankfurt/Main 1973 (Veröffentlichungen des Leibniz-Archivs 5).

ZANGGER, Christian D.: Welt und Konversation. Die theologische Begründung der Mission bei Gottfried Wilhelm Leibniz (Basler Studien zur historischen und systematischen Theologie, hrsg. v. M. Geiger, Bd. 21), Zürich 1973.

ZAUNICK, Rudolph: Dreihundert Jahre Leopoldina. Bestand und Wandel. In: Nova Acta Leopoldina N.F. Bd. 15 (1952), S. 31 - 42.

ZEMPLINER, Artur: Gedanken über die erste deutsche Übersetzung von Leibniz' Abhandlung über die chinesische Philosophie. In: Studia Leibnitiana, 2,3 (1970). S. 223 - 231.

-, -: Leibniz und die chinesische Philosophie. In: Studia Leibnitiana, Supplementa 5 (1971), S. 15 - 30.

ZIMMERMANN, Robert: Leibniz und die Kaiserliche Akademie der Wissenschaften in Wien. In: Ders. Studien und Kritiken zur Philosophie und Ästhetik, Bd. 1, Wien 1870, S. 193 - 204 (Erstdruck in: Österreichische Blätter für Literatur und Kunst (1854), Nr. 49, S. 329 - 31).